国家出版基金项目
NATIONAL PUBLICATION FOUNDATION

大 中 华 文 库
BIBLIOTECA
DE CLÁSICOS CHINOS

学术顾问委员会：（按姓氏笔画排序）
丁往道　叶水夫　任继愈　刘杲
刘重德　汤博文　李学勤　李赋宁
杨宪益　沙博理　张振玉　林戊荪
季羡林　金开诚　金立群　胡文仲
袁行霈　梁良兴　韩素音　戴文葆

Comité de Consulta Académica: (Según los trazos de los apellidos en chino)
Ding Wangdao, Ye Shuifu, Ren Jiyu, Liu Gao,
Liu Zhongde, Tang Bowen, Li Xueqin,
Li Funing, Yang Xianyi, Sha Boli, Zhang Zhenyu,
Lin Wusun, Ji Xianlin, Jin Kaicheng, Jin Liqun,
Hu Wenzhong, Yuan Xingpei, Liang Liangxing,
Han Suyin, Dai Wenbao

工作委员会：
主　　任：杨牧之
副主任：黄友义　李岩
　　　　陆彩荣　尹飞舟
　　　　徐俊　黄松
委　　员：（按姓氏笔画排序）
牙库甫　李永强　李成权　李声笑
李朋义　肖丽媛　宋文艳　宋志军
张高里　陈万雄　易言者　金英伟
周洪波　赵岩　荆孝敏　胡开敏
施海涛　徐建中　唐晴　黄强
游道勤　谢清风　薛文斌

Comité de Trabajo:
Presidente: Yang Muzhi
Vice-presidentes:
Huang Youyi, Li Yan,
Lu Cairong, Yin Feizhou,
Xu Jun, Huang Song
Miembros: (Según los trazos de los apellidos en chino)
Ya Kufu, Li Yongqiang, Li Chengquan,
Li Shengxiao, Li Pengyi, Xiao Liyuan,
Song Wenyan, Song Zhijun, Zhang Gaoli,
Chen Wanxiong, Yi Yanzhe, Jin Yingwei,
Zhou Hongbo, Zhao Yan, Jing Xiaomin,
Hu Kaimin, Shi Haitao, Xu Jianzhong,
Tang Qing, Huang Qiang, You Daoqin,
Xie Qingfeng, Xue Wenbin

编辑委员会：
总 编 辑：杨牧之
副总编辑：
黄友义　尹飞舟　徐明强　胡开敏

Comité Editorial:
Editor en Jefe: Yang Muzhi
Sub-editores en jefe:
Huang Youyi, Yin Feizhou,
Xu Mingqiang, Hu Kaimin

工作委员会办公室：
主　　任：张若楷
胡开敏（兼）　黄松（兼）
顾铭

Oficina del Comité de Trabajo:
Director: Zhang Ruokai,
Hu Kaimin (concurrente),
Huang Song (concurrente),
Gu Ming

大中华文库

汉西对照

BIBLIOTECA DE CLÁSICOS CHINOS

Chino-Español

宋明平话选

CUENTOS SELECTOS DE LAS DINASTÍAS SONG Y MING
I

〔明〕冯梦龙　凌濛初　编著

〔古巴〕奥尔加·玛丽亚·罗德里格斯·马雷诺　译

Compilados por Feng Menglong y Ling Mengchu

Traducidos al español por Olga María Rodríguez Marrero

外文出版社

Ediciones en Lenguas Extranjeras

Primera Edición 2021

Todos los derechos reservados. Este material no se habrá de reproducir, almacenar usando un sistema de archivo y recuperación de datos ni transmitir de cualquier forma o por cualquier medio —electrónico, mecánico, fotocopia, grabación, escaneo o una combinación de éstos—, a menos que esté autorizado por la ley, sin el debido consentimiento por escrito del Editor.

IISBN 978-7-119-12901-3

Publicado por Ediciones en Lenguas Extranjeras Cía. Ltda.
Baiwanzhuang No.24, Beijing Zona postal 100037
http://www.flp.com.cn
E-mail: flp@cipg.org.cn
Distribuidor:
Corporación China de Comercio Internacional del Libro
Chegongzhuang Xilu No.35 Zona postal 100044
Apartado postal 399, Beijing

Impreso en la República Popular China

总　序

杨牧之

《大中华文库》终于出版了。我们为之高兴，为之鼓舞，但也倍感压力。

当此之际，我们愿将郁积在我们心底的话，向读者倾诉。

一

中华民族有着悠久的历史和灿烂的文化，系统、准确地将中华民族的文化经典翻译成外文，编辑出版，介绍给全世界，是几代中国人的愿望。早在几十年前，西方一位学者翻译《红楼梦》，将书名译成《一个红楼上的梦》，将林黛玉译为"黑色的玉"。我们一方面对外国学者将中国的名著介绍到世界上去表示由衷的感谢，一方面为祖国的名著还不被完全认识，甚至受到曲解，而感到深深的遗憾。还有西方学者翻译《金瓶梅》，专门摘选其中自然主义描述最为突出的篇章加以译介。一时间，西方学者好像发现了奇迹，掀起了《金瓶梅》热，说中国是"性开放的源头"，公开地在报刊上鼓吹中国要"发扬开放之传统"。还有许多资深、友善的汉学家译介中国古代的哲学著作，在把中华民族文化介绍给全世界的工作方面做出了重大贡献，但或囿于理解有误，或缘于对中国文字认识的局限，质量上乘的并不多，常常是隔靴搔痒，说不到点子上。大哲学家黑格尔曾经说过：中国有最完备的国史。但他认为中国古代没有真正意义上的哲学，还处在哲学史前状态。这么了不起的哲学家竟然做出这样大失水准的评论，何其不幸。正如任何哲学家都要受时间、地点、条件的制约一样，黑格尔也离不开这一规律。当时他也只能从上述水平的汉学家译过去的文字去分析、理解，所以，黑格尔先生对中国古代社会的认识水平是什么状态，也就不难想象了。

中国离不开世界，世界也缺少不了中国。中国文化摄取外域的新成分，丰富了自己，又以自己的新成就输送给别人，贡献于世界。从公元5世纪开始到公元15世纪，大约有一千多年，中国走在世界的前列。在这一千多年的时间里，她的光辉照耀全世界。人类要前进，怎么能不全面认识中国，怎么能不认真研究中国的历史呢？

二

中华民族是伟大的，曾经辉煌过，蓝天、白云、阳光灿烂，和平而兴旺；也有过黑暗的、想起来就让人战栗的日子，但中华民族从来是充满理想，不断追求，不断学习，渴望和平与友谊的。

中国古代伟大的思想家孔子曾经说过："三人行，必有我师焉。择其善者而从之，其不善者而改之。"孔子的话就是要人们向别人学习。这段话正是概括了整个中华民族与人交往的原则。人与人之间交往如此，在与周边的国家交往中也是如此。

秦始皇第一个统一了中国，可惜在位只有十几年，来不及做更多的事情。汉朝继秦而继续强大，便开始走出去，了解自己周边的世界。公元前139年，汉武帝派张骞出使西域。他带着一万头牛羊，总值一万万钱的金帛货物，作为礼物，开始西行，最远到过"安息"（即波斯）。公元73年，班超又率36人出使西域。36个人按今天的话说，也只有一个排的人数，显然是为了拜访未曾见过面的邻居，是去交朋友。到了西域，班超派遣甘英作为使者继续西行，往更远处的大秦国（即罗马）去访问，"乃抵条支而历安息，临西海以望大秦"（《后汉书·西域传》）。"条支"在"安息"以西，即今天的伊拉克、叙利亚一带，"西海"应是今天的地中海。也就是说甘英已经到达地中海边上，与罗马帝国隔海相望，"临大海欲渡"，却被人劝阻而未成行，这在历史上留下了遗憾。可以想见班超、甘英沟通友谊的无比勇气和强烈愿望。接下来是唐代的玄奘，历经千难万险，到"西天"印度取经，带回了南亚国家的古老文化。归国后，他把带回的佛教经典组织人翻译，到后来很多经典印度失传了，但中国却保存完好，以至于今天，没有玄奘的《大唐西域记》，印度人很难完整地编写印度古代史。明代郑和"七下西洋"，把中华文化传到东南亚一带。鸦片战争以后，一代又一代先进的中国人，为了振兴中华，又前赴后继，向西方国家学习先进的科学思想和文明成果。这中间有我们的国家领导人朱德、周恩来、邓小平；有许许多多大文学家、科学家、艺术家，如郭沫若、李四光、钱学森、冼星海、徐悲鸿等。他们的追求、奋斗，他们的博大胸怀，兼收并蓄的精神，为人类社会增添了光彩。

中国文化的形成和发展过程，就是一个以众为师、以各国人民为师，不断学习和创造的过程。中华民族曾经向周边国家和民族学习过许多东西，假如没有这些学习，中华民族绝不可能创造出昔日的辉煌。回顾历史，我们怎么能够不对伟大的古埃及文明、古希腊文明、古印度文明满怀深深的感激？怎么能够不对伟大的欧洲文明、非洲文明、美洲文明、大洋洲文明，以及中国周围的亚洲文明充满温情与敬意？

中华民族为人类社会曾经做出过独特的贡献。在15世纪以前，中国的科学技术一直处于世界遥遥领先的地位。英国科学家李约瑟说："中国在公元3世纪到13世纪之间，保持着一个西方所望尘莫及的科学知识水平。"美国耶鲁大学教授、《大国的兴衰》的作者保罗·肯尼迪坦言："在近代以前时期的所有文明中，没有一个国家的文明比中国更发达，更先进。"

世界各国的有识之士千里迢迢来中国观光、学习。在这个过程中，中国唐朝的长安城渐渐发展成为国际大都市。西方的波斯、东罗马，东亚的高丽、新罗、百济，南亚的南天竺、北天竺，频繁前来。外国的王侯、留学生，在长安供职的外国官员，商贾、乐工和舞士，总有几十个国家，几万人之多。日本派出的"遣唐使"更是一批接一批。传为美谈的日本人阿部仲麻吕（晁衡）在长安留学的故事，很能说明外国人与中国的交往。晁衡学成仕于唐朝，前后历时五十余年。晁衡与中国的知识分子结下了深厚的友情。他归国时，传说在海中遇难身亡。大诗人李白作诗哭悼："日本晁卿辞帝都，征帆一片绕蓬壶。明月不归沉碧海，白云愁色满苍梧。"晁衡遇险是误传，但由此可见中外学者之间在中国长安交往的情谊。

后来，不断有外国人到中国来探寻秘密，所见所闻，常常让他们目瞪口呆。《希腊纪事》（希腊人波桑尼阿著）记载公元2世纪时，希腊人在中国的见闻。书中写道："赛里斯人用小米和青芦喂一种类似蜘蛛的昆虫，喂到第五年，虫肚子胀裂开，便从里面取出丝来。"从这段对中国古代养蚕技术的描述，可见当时欧洲人与中国人的差距。公元9世纪中叶，阿拉伯人来到中国。一位阿拉伯作家在他所著的《中国印度见闻录》中记载了曾旅居中国的阿拉伯商人的见闻：

——一天，一个外商去拜见驻守广州的中国官吏。会见时，外商总盯着官吏的胸部，官吏很奇怪，便问："你好像总盯着我的胸，这是怎么回事？"那位外商回答说："透过你穿的丝绸衣服，我隐约看到你胸口上长着一个黑痣，这是什么丝绸，我感到十分惊奇。"官吏听后，失声大笑，伸出胳膊，说："请你数数吧，看我穿了几件衣服。"那商人数过，竟然穿了五件之多，黑痣正是透过这五层丝绸衣服显现出来的。外商惊得目瞪口呆，官吏说："我穿的丝绸还不算是最好的，总督穿的要更精美。"

——书中关于茶（他们叫干草叶子）的记载，可见阿拉伯国家当时还没有喝茶的习惯。书中记述："中国国王本人的收入主要靠盐税和泡开水喝的一种干草税。在各个城市里，这种干草叶售价都很高，中国人称这种草叶叫'茶'，这种干草叶比苜蓿的叶子还多，也略比它香，稍有苦味，用开水冲喝，治百病。"

——他们对中国的医疗条件十分羡慕，书中记载道："中国人医疗条件很好，穷人可以从国库中得到药费。"还说："城市里，很多地方立一石碑，高10肘，上面刻有各种疾病和药物，写明某种病用某种药医治。"

——关于当时中国的京城，书中作了生动的描述：中国的京城很大，人口众多，一条宽阔的长街把全城分为两半，大街右边的东区，住着皇帝、宰相、禁军及皇家的总管、奴婢。在这个区域，沿街开凿了小河，流水潺潺；路旁，葱茏的树木整然有序，一幢幢宅邸鳞次栉比。大街左边的西区，住着庶民和商人。这里有货栈和商店，每当清晨，人们可以看到，皇室的总管、宫廷的仆役，或骑马或步行，到这里来采购。

此后的史籍对西人来华的记载，渐渐多了起来。13世纪意大利旅行家马可·波罗，尽管有人对他是否真的到过中国持怀疑态度，但他留下一部记述元代事件的《马可·波罗游记》却是确凿无疑的。这部游记中的一些关于当时中国的描述使得西方人认为是"天方夜谭"。总之，从中西文化交流史来说，这以前的时期还是一个想象和臆测的时代，相互之间充满了好奇与幻想。

从16世纪末开始，由于航海技术的发展，东西方航路的开通，随着一批批传教士来华，中国与西方开始了直接的交流。沟通中西的使命在意大利传教士利玛窦那里有了充分的体现。利玛窦于1582年来华，1610年病逝于北京，在华二十余年。他把科学作为传教的工具，激起中国一些读书人对西方科学的兴趣。除了传教以外，他还做了两件具有历史象征意义的事，一是1594年前后在韶州用拉丁文翻译《四书》，并作了注释；二是与明代学者徐光启合作，用中文翻译了《几何原本》。

西方传教士对《四书》等中国经典的粗略翻译，以及杜赫德的《中华帝国志》等书对中国的介绍，在西方读者的眼前展现了一个异域文明，在当时及稍后一段时期引起了一场"中国热"，许多西方大思想家都曾注目于中国文化。有的推崇中华文明，如莱布尼兹、伏尔泰、魁奈等，有的对中华文明持批评态度，如孟德斯鸠、黑格尔等。莱布尼兹认识到中国文化的某些思想与他的观念相近，如周易的卦象与他发明的二进制相契合，对中国文化给予了热情的礼赞；黑格尔则从他整个哲学体系的推演出发，认为中国没有真正意义上的哲学，还处在哲学史前的状态。但是，不论是推崇还是批评，是吸纳还是排斥，都对中西文化的交流产生了巨大的影响。随着先进的中国科学技术的西传，特别是中国的造纸、火药、印刷术和指南针四大发明的问世，大大改变了世界的面貌。马克思说："中国的火药把骑士阶层炸得粉碎,指南针打开了世界市场并建立了殖民地,而印刷术则变成了新教的工具,变成对精神发展创造必要前提的最强大的杠杆。"英国的哲学家培根说:中国的四大发明"改变了全世界的面貌和一切事物的状态"。

三

大千世界,潮起潮落。云散云聚,万象更新。中国古代产生了无数伟大的科学家:祖冲之、李时珍、孙思邈、张衡、沈括、毕昇……产生了无数科技成果:《齐民要术》《九章算术》《伤寒杂病论》《本草纲目》……以及保存至今的世界奇迹:浑天仪、地动仪、都江堰、敦煌石窟、大运河、万里长城……但从15世纪下半叶起,风水似乎从东方转到了西方,落后的欧洲只经过400年便成为世界瞩目的文明中心。英国的牛顿、波兰的哥白尼、德国的伦琴和爱因斯坦、法国的居里、意大利的伽利略、俄国的门捷列夫、美国的费米和爱迪生……光芒四射,令人敬仰。

中华民族开始思考了。潮起潮落究竟是什么原因?中国人发明的火药,传到欧洲,转眼之间反成为欧洲列强袭击中国大门的炮弹,又是因为什么?

鸦片战争终于催醒了中国人沉睡的迷梦,最先"睁眼看世界"的一代精英林则徐、魏源迈出了威武雄壮的一步。曾国藩、李鸿章搞起了洋务运动。中国的知识分子喊出"民主与科学"的口号。中国是落后了,中国的志士仁人在苦苦探索。但落后中饱含着变革的动力,探索中孕育着崛起的希望。"向科学进军",中华民族终于又迎来了科学的春天。

今天，世界即将跨入21世纪。分散隔绝的世界，逐渐变成联系为一体的世界。现在，经济全球化趋势日益明显，一个民族、一个国家的历史也就在愈来愈大的程度上成为全世界的历史。当今，任何一种文化的发展都离不开对其他优秀文化的汲取，都以其他优秀文化的发展为前提。在近现代，西方文化汲取中国文化，不仅是中国文化的传播，更是西方文化自身的创新和发展；正如中国文化对西方文化的汲取一样，既是西方文化在中国的传播，同时也是中国文化在近代的转型和发展。地球上所有的人类文化，都是我们共同的宝贵遗产。既然我们生活的各个大陆，在地球史上曾经是连成一气的"泛大陆"，或者说是一个完整的"地球村"，那么，我们同样可以在这个以知识和学习为特征的网络时代，走上相互学习、共同发展的大路，建设和开拓我们人类崭新的"地球村"。

西学仍在东渐，中学也将西传。各国人民的优秀文化正日益迅速地为中国文化所汲取，而无论西方和东方，也都需要从中国文化中汲取养分。正是基于这一认识，我们组织出版汉英对照版《大中华文库》，全面系统地翻译介绍中国传统文化典籍。我们试图通过《大中华文库》，向全世界展示，中华民族五千年的追求，五千年的梦想，正在新的历史时期重放光芒。中国人民就像火后的凤凰，万众一心，迎接新世纪文明的太阳。

1999年8月 北京

PREFACIO

Yang Muzhi

La publicación de la *Biblioteca de Clásicos Chinos* es para nuestro motivo de enorme satisfacción y estímulo. Pero también somos conscientes de que asumimos una gran responsabilidad.

Al mismo tiempo, queremos aprovechar esta oportunidad para expresar a nuestros lectores el sentimiento que brota de lo más hondo de nuestros corazones.

1

La nación china tiene una historia milenaria y una cultura esplendorosa. Ha sido una aspiración de varias generaciones de chinos traducir, editar y publicar en forma sistemática y precisa las obras clásicas de la literatura china para divulgar entre todos los pueblos del mundo las sublimes creaciones culturales de nuestra civilización. Hace algunos decenios, un estudioso occidental, al traducir la obra clásica china *Sueño de las Mansiones Rojas*, tituló la novela como *Sueño de las Recámaras Rojas*, mientras que a Lin Daiyu, protagonista de la historia, la llamó "Jade Negro". Al referirnos a temas de esta índole, quisiéramos dejar constancia de que, por un lado, estamos sinceramente agradecidos por la traducción de trascendentales obras chinas por estudiosos extranjeros. Pero, pese a sus loables esfuerzos, también constatamos el insuficiente conocimiento de las obras clásicas chinas e incluso la distorsión de su contenido en muchos casos. Al respecto cabría señalar a un estudioso occidental que al traducir la obra *Jin Ping Mei (La Ciruela del Jarrón Dorado)*, una novela antigua china, puso énfasis en los párrafos de la descripción naturalista, creyendo que ahí había descubierto una especie de milagro, e inclusive pregonó en la prensa que China había sido la "fuente del erotismo" y que "China debiera seguir la tradición de permisividad".

En cuanto a la traducción de las obras antiguas, muchos sinólogos, distinguidos y bien intencionados, han traducido obras de la antigua filosofía china y han hecho importantes contribuciones a la difusión mundial de su cultura. No obstante, debido a la comprensión no exacta o al inadecuado entendimiento de la escritura china suele suceder que la traducción no concuerda totalmente con el original, por lo que resulta como "rascarse una picazón por encima de la bota". Valdría entonces hasta emplear el proverbio latino que reza: "Gato con guantes no caza ratones".

El gran filósofo alemán Georg Wilhelm Friedrich Hegel dijo que China contó con la más completa historia nacional, pero carecía de filosofía en sentido auténtico y se encontraba en un estado de prehistoria filosófica. Es muy lamentable que un filósofo tan célebre universalmente haya llegado a una conclusión tan colosalmente errónea. Sin embargo, no es sorprendente que el eminente maestro haya incurrido en tal error, pues igual que otros filósofos, Hegel no pudo eludir las limitaciones de tiempo y lugar ni responder a las condiciones objetivas de su época, ya que no podía sino entender y analizar a la China antigua a través de las lamentables traducciones realizadas por los sinólogos de entonces. De ahí que no sea difícil imaginar el escaso nivel de conocimiento de Hegel respecto a la sociedad de la antigua China.

China no puede marginarse del resto del mundo, mientras que el resto del mundo tampoco puede ignorar su existencia. La civilización china ha absorbido elementos nuevos del mundo exterior, enriqueciéndose a sí misma, a la vez que ha realizado destacados aportes al progreso de la civilización mundial. En un periodo de más de mil años, entre los siglos V y XV, China lideró el avance de la civilización mundial e irradió sabiduría a diversos países del planeta. La humanidad prosigue su avance, pero ¿puede acaso ignorar a China? ¿Cómo podría dejar de estudiar meticulosamente su historia?

2

La nación china es excelsa. Históricamente, el país ha resplandecido por su magnífica cultura, orgullosa sabiduría y desarrollo pacífico y próspero, aunque también ha vivido tiempos sombríos y vicisitudes. Sin embargo, no por eso dejó de avanzar en aras de sus ideales y de nuevos conocimientos, a la vez que procura la paz y la amistad con todos los pueblos.

Confucio, gran pensador antiguo chino, aseveró: "Cuando vamos los tres juntos, seguro que hay alguien que puede enseñarme. Aprenderé sus buenas cualidades y desecharé las defectuosas". Las palabras de Confucio instruyen a la gente a aprender de los demás y resumen el principio que el pueblo chino siempre ha mantenido en sus relaciones con el resto del mundo, no solamente en el aspecto individual, sino también en las relaciones entre los Estados.

Después de los conflictos internos durante generaciones, China fue unificada por primera vez por el emperador Qin Shi Huang en el año 221 a.n.e. Pero la dinastía Qin fue efímera y no tuvo tiempo para establecer vínculos con el exterior, lo cual sí hizo la posterior dinastía Han, de mayor poderío, para conocer sus entornos. En el año 139 a.n.e., el emperador Han Wu Di envió a Zhang Qian a la región occidental, actual Asia Central. En su segundo viaje llevó como obsequios diez mil cabezas entre ovejas y reses y una fabulosa cantidad de oro y seda. El contingente llegó incluso más allá de Persia, actual Irán. En el año 73, Ban Chao fue enviado también a la región occidental, con 36 subalternos, para entablar amistad con vecinos desconocidos. Una vez en tierras lejanas, Ban Chao mandó a un servidor llamado Gan Ying para continuar el viaje con rumbo al Imperio Romano. De acuerdo con la crónica de la sección Regiones Occidentales del *Libro de Han Posterior*, Gan Ying y compañía atravesaron territorios que actualmente pertenecen a Irán, Iraq y Siria, llegando a las costas del Mar Mediterráneo, desde donde pudieron contemplar al otro lado el Gran Imperio Romano. Fue una verdadera lástima en la historia que Gan Ying detuviese su avance ante la travesía marítima como le aconsejaron otros. Sin embargo, de todo ello se desprenden la inigualable valentía y el vehemente deseo de Zhang Qian, Ban Chao y Gan Ying de entablar vínculos amistosos con otros pueblos. Más tarde, en la dinastía Tang (618-907), el monje Xuan Zang realizó la peregrinación al "Cielo Oeste", la India, en busca de las sagradas Escrituras Búdicas. Fue una expedición repleta de contratiempos y peligros, pero también fructífera, pues del sur de Asia trajo a la antigua China muchos elementos culturales de esa región. Después de muchos años en la India, Xuan Zang, cargado de sutras budistas, retornó al país y organizó a los entendidos en la materia para traducirlas. Años más tarde, cuando se perdieron muchas obras budistas en la India, China aún las tenía muy bien conservadas. De no haber sido por la obra de Xuan Zang *Recuerdos del Viaje al Oeste en Tiempos de la Gran Dinastía Tang*, resultaría difícil hoy para el pueblo indio reconstruir su propia historia de esa época. Posteriormente en la dinastía Ming (1368-1644), Zheng He comandó siete grandes travesías marítimas por Asia Sudoriental y divulgó en países de esa región la cultura china. Tras la Guerra del Opio a mediados del siglo XIX, los progresistas chinos, con un fuerte deseo de revitalizar el país y con el firme espíritu de progresar constantemente, viajaron a Occidente a estudiar los pensamientos científicos avanzados y logros culturales. En ese grupo se encontraban Zhu De, Zhou Enlai y Deng Xiaoping, quienes posteriormente llegaron a ser líderes de la nueva China. También lo hicieron numerosos y destacados científicos, literatos y artistas como Guo Moruo, Li Siguang, Qian Xuesen, Xian Xinghai y Xu Beihong, entre otros. Sus nobles aspiraciones, sus esfuerzos tenaces, su amplia visión y su avidez de aprendizaje y asimilación de cosas de diferente naturaleza añadieron brillantes páginas en los anales del progreso de la sociedad humana.

La formación y el desarrollo de la cultura china suponen el proceso de tomar a los demás pueblos y países como ejemplo y avanzar incesantemente en el aprendizaje y el cultivo del espíritu creativo. Sin estos aprendizajes, la nación china no habría podido crear su esplendoroso pasado. Al realizar una mirada retrospectiva a la historia, ¿cómo podríamos no sentir profunda gratitud por los legados de las antiguas y grandiosas civilizaciones de Egipto, Grecia y la India? ¿Cómo podríamos no guardar afecto y admiración por las grandiosas civilizaciones de Europa, África, América y Oceanía, así como también por las civilizaciones asiáticas en los alrededores de China?

Históricamente, la nación china realizó contribuciones importantes a la humanidad. Antes del siglo XV, China llevaba la delantera mundial en ciencia y tecnología. El científico británico Joseph Needham dijo en una ocasión: "Entre los siglos III y XIII China mantuvo un nivel tan avanzado en ciencia y tecnología que Occidente ni siquiera le llegaba a la altura de los tobillos". Paul Kennedy, catedrático de la Universidad de Yale en EE.UU. y autor de *El Surgimiento y la Caída de las Grandes Potencias*, manifestó: "De todas las civilizaciones del periodo premoderno no hubo ninguna más desarrollada o más progresiva que la de China".

Las personas perspicaces de los diversos países del mundo venían a China, tras recorrer miles de kilómetros, para hacer visitas y estudiar. Durante el periodo en que la cultura china alcanzó su pleno florecimiento, Chang'an en la dinastía Tang se convirtió en una metrópoli internacional, a la que acudían decenas de miles de extranjeros, entre ellos dignatarios, estudiantes, diplomáticos, comerciantes, artesanos y artistas, procedentes incluso de Persia y del Imperio Bizantino (Roma Oriental), para no hablar ya de los países cercanos de Asia como Corea, etc. Vale destacar de manera especial el envío de contingentes de emisarios de Japón a la Corte Tang. En ese grupo destaca el estudioso japonés Abeno Nakamaro, quien vivió más de 50 años en China, donde estudió, se perfeccionó y logró sellar una profunda amistad con muchos intelectuales chinos. Cuando Abeno murió supuestamente en un naufragio durante el regreso a su país, el ilustre poeta chino Li Bai compuso con profundo dolor un poema para honrar su memoria. Este hecho dejó clara constancia de la estrecha amistad entre los estudiosos chinos y extranjeros durante el periodo de los intercambios culturales y académicos en la ciudad de Chang'an.

En los tiempos posteriores siguieron llegando más extranjeros a China para captar curiosidades y explorar los secretos y misterios de esta longeva civilización. Muchos quedaron muy asombrados por lo que veían y escuchaban. El geógrafo griego Pausanias en su obra *Crónicas de Grecia* narró lo que veían los griegos en China en el siglo II: "Los chinos crían con mijo y carrizo verde unos insectos parecidos a las arañas. Al quinto año aparece una rajadura en el vientre del insecto, de la cual se extraían hilos de seda". En este párrafo que describe la cría de gusanos de seda en la antigua China, se puede notar la distancia entre los europeos de aquel entonces con los chinos. A mediados del siglo IX, los árabes empezaron a llegar a China. Un escritor árabe relató en su obra *Anécdotas de China y la India* las impresiones de los comerciantes árabes que entonces residían en China:

–Cierto día un comerciante árabe fue a una cita con un funcionario de la Guarnición en Guangzhou. Durante la entrevista, el visitante clavó la mirada en el pecho del funcionario. Este, extrañado, preguntó a aquél: "¿Qué le sucede? ¿Por qué se fija tanto en mi pecho?" El comerciante respondió: "Yo veo un lunar negro en su pecho a través de su ropa de seda. Y ¿cómo es posible eso? No puedo siquiera imaginarlo". Al oírlo el funcionario echó a reír a carcajadas y dijo: "Haga el favor de contar las prendas de ropa que llevo". El árabe se puso a contar y descubrió que en total eran cinco prendas y el lunar negro precisamente se traslucía a través de esas cinco prendas de seda. El comerciante árabe se quedó boquiabierto. Sin embargo, su sorpresa fue mayor cuando el funcionario le dijo que su ropa no estaba hecha con la más fina seda. Porque la seda de la mejor calidad estaba reservada para confeccionar las prendas del gobernador provincial.

–La referencia al té en ese libro (los árabes lo llamaban hojas secas) revela que los países árabes aún desconocían entonces el hábito de tomar té. En el libro se lee: "Los ingresos del emperador de China provienen principalmente de los impuestos a la sal y a un tipo de hojas secas, con las cuales se prepara una bebida con agua hirviente. En muchas ciudades las hojas secas tienen un precio bastante alto. Los chinos lo denominan 'Cha'. Su planta tiene más hojas que la alfalfa y también más fragancia. Resulta algo amargo, se sirve la infusión con agua hirviente y tiene efectos terapéuticos".

–Dicho libro también revela la admiración por la buena asistencia médica en China y así escribe: "Los chinos son beneficiados con buenas condiciones de asistencia médica e incluso los pobres pueden gozar de ciertas subvenciones del erario público para cubrir gastos de medicamentos. En muchos lugares de las ciudades se ven lápidas en las que están inscritos los nombres de los medicamentos y sus respectivas propiedades curativas para diferentes enfermedades".

–En referencia a la ciudad de Chang'an, el autor dejó correr su pluma para hacer impresionantes descripciones: La ciudad, tan grande y bastante poblada, está separada por una avenida divisoria de norte a sur. En el barrio este viven el emperador y su familia, el primer ministro, la guardia del Palacio Imperial, el mayordomo y las sirvientas. Allá se ven hileras de suntuosas residencias y mansiones. Las casas están bien alineadas, el agua corriente susurra y la vegetación exuberante muestra su perpetuo verdor. En el barrio oeste viven plebeyos y comerciantes. Allí hay grandes almacenes y tiendas. Se advierte una impresionante concurrencia multitudinaria cada madrugada. Algunos van a pie y otros montados a caballo. Entre ellos hay funcionarios administrativos y sirvientes del Palacio Imperial, pobladores y comerciantes, todos ocupados en las compras.

Las centurias posteriores presenciaron un creciente incremento de registros en las crónicas históricas sobre la afluencia de occidentales a China. El más destacado de ellos fue Marco Polo, famoso viajero italiano, quien dejó para la posteridad su obra *Los Viajes de Marco Polo*. Algunos relatos de dicho libro sobre China fueron incluso tomados en Occidente como los cuentos de *Las Mil y Una Noches*. En fin de cuentas, hablando de la historia de los intercambios culturales entre China y Occidente, los periodos anteriores a esos días fueron épocas de imaginación y conjeturas. Entre ambas partes prevalecía solo la curiosidad y la fantasía.

Desde las postrimerías del siglo XVI, debido al avance de la navegación y la consiguiente apertura de la ruta marítima entre Oriente y Occidente, y a medida que llegaban a China cada vez más grupos de misioneros, se sucedieron intensos intercambios directos entre China y Occidente. El misionero jesuita italiano Matteo Ricci fue un típico ejemplo en el cumplimiento de esta misión de intercomunicación entre China y Occidente. Vino a China en 1582 y falleció en Beijing en 1610. Durante sus más de 20 años en territorio chino, con la ciencia como un instrumento para su misión evangélica, Ricci despertó gran interés hacia la ciencia en ciertos intelectuales chinos. Aparte de su misión evangélica, él cumplió dos tareas de trascendencia histórica y simbólica: una fue la traducción con anotaciones en latín de *Los Cuatro Libros* alrededor del año 1594, y la otra fue la traducción al chino de *Los Elementos de Geometría*, en colaboración con un erudito chino llamado Xu Guangqi de la dinastía Ming.

La traducción a grandes rasgos de las obras clásicas chinas como *Los Cuatro Libros* por misioneros occidentales y la publicación de *La Descripción Geográfica, Histórica, Cronológica, Política y Física del Imperio de China*, escrita por Pere Du Halde's, además de presentar la imagen de China, divulgaron entre los lectores de Occidente una exótica cultura china, suscitando de este modo una cierta "fiebre china". Durante esa etapa no pocos pensadores célebres de Occidente dirigieron su mirada hacia la antigua China. Entre ellos, por ejemplo, el alemán Gottfried Leibniz, que mostró un gran aprecio por la civilización china. El sostenía que algunos aspectos de la cultura china eran parecidos a su concepto, y *El Libro de los Cambios* coincidía con su sistema binario. Otros como Hegel mantenían una actitud crítica al respecto y creían que la antigua China no tenía filosofía en sentido propio y en este plano todavía se encontraba en la prehistoria filosófica. Cabe destacar que sean cuales fueran sus actitudes, de admiración o de crítica, de aceptación o de rechazo, es innegable que los intercambios culturales entre Oriente y Occidente han producido influencias fenomenales. Con la transmisión de las avanzadas ciencias y tecnologías chinas a Occidente, en especial los cuatro grandes inventos chinos, tales como la fabricación de papel, la pólvora, la imprenta y la brújula, cambiaron notablemente la fisonomía del mundo. Karl Marx dijo: "La explosión de la pólvora china hizo añicos a la clase de caballería; la brújula expandió el mercado mundial y estableció las colonias; y la imprenta se convirtió en un instrumento del protestantismo y en una poderosa palanca destinada a fomentar las necesarias premisas del desarrollo espiritual". Roger Bacon, filósofo británico, sentenció que los cuatro inventos chinos modificaron la fisonomía del mundo entero y el estado de todas las cosas.

3

En el universo ilimitado son frecuentes los flujos y reflujos. Se aglomeran las nieblas y se disipan las nubes. Todos los fenómenos se renuevan. A lo largo de su historia, la antigua China contribuyó con sus innumerables creaciones científicas y tecnológicas al avance de la humanidad, aportando eminentes figuras como Zu Chongzhi, Li Shizhen, Sun Simiao, Zhang Heng, Shen Kuo y Bi Sheng entre los autores de brillantes obras científicas como *Manual de Artes Importantes para el Bienestar del Pueblo, Nueve Capítulos del Arte Matemático, Tratamientos de las Enfermedades Febriles, Compendio de Materia Médica* y otros. También dejaron obras milagrosas que aún subsisten, tales como la esfera armilar, el sismógrafo, el Reservorio de Aguas Dujiangyan, las Grutas de Dunhuang, el Gran Canal y la Gran Muralla, entre muchas otras. Sin embargo, desde la segunda mitad del siglo XV, el polo de desarrollo giró hacia Occidente. En apenas 400 años, Europa se convirtió en el centro de una civilización que cautivó la atención mundial. Surgieron científicos que alcanzaron renombre universal y ganaron alta reputación como Isaac Newton en Inglaterra, Nicolás Copérnico en Polonia, Marie Curie en Francia, Galileo Galilei en Italia, Wilhelm Conrad Rontgen y Albert Einstein en Alemania, Dmitri Mendelev en Rusia, Thomas Edison en EE. UU., etc.

Ante esta situación, el pueblo chino empezó a reflexionar: ¿Cuál es la causa del surgimiento y la caída de las naciones? La pólvora, que fue inventada en China y después transmitida a Europa, había sido convertida rápidamente en bombas por las potencias europeas que usaron para violentar las puertas de la propia China. ¿A qué se debía eso?

Fue la Guerra del Opio lo que despertó a la nación china de su letárgico sueño. Los precursores que dieron el valiente paso para "dirigir nuestras miradas una vez más al resto del mundo" fueron Lin Zexu y Wei Yuan. Zeng Guofan y Li Hongzhang iniciaron el Movimiento de Occidentalización. Más tarde, los intelectuales chinos lanzaron la consigna de "Democracia y Ciencia" y los patriotas de China de nobles ideales se dieron cuenta de que el país había quedado atrasado en la corriente de modernización y emprendieron una dolorosa exploración. Pero en el atraso germinaría la motivación para buscar cambios y en la búsqueda se gestaría el embrión de la esperanza. Finalmente, el pueblo chino ha logrado reunirse bajo una bandera proclamando la "Marcha por la Ciencia", alzando sus brazos para saludar la llegada de la primavera.

Hoy día ya hemos entrado en los umbrales del siglo XXI en que el mundo que antes había quedado disperso, ahora se encamina hacia una entidad global. La globalización económica presenta una tendencia cada día más predominante. En realidad, la historia de una nación y de un país está también convirtiéndose en la historia de la humanidad en su conjunto. En las épocas modernas y premodernas la cultura occidental se nutrió de la cultura china, lo que no sólo implicaba la difusión de la última, sino también suponía creación y desarrollo para la primera. Para la cultura china, absorber la flor y nata de la cultura occidental no sólo implicaba la difusión de la cultura occidental, sino también su transformación de la modalidad y desarrollo en la época moderna. Todas las civilizaciones del planeta constituyen el valioso patrimonio de la humanidad. Se puede decir que hoy vivimos en una gran "Aldea Global", de modo que resulta más factible aprender mutuamente, sobre todo en la época de internet que se caracteriza por la rápida difusión de conocimientos y gran espacio de estudios, para que de esta manera nos concentremos en un camino de desarrollo conjunto y construyamos una "Aldea Global" totalmente nueva para la humanidad.

La erudición de Occidente sigue transmitiéndose a Oriente y viceversa. China acelera su ritmo para absorber lo mejor de la cultura de otros países. Tanto Occidente como Oriente necesitan alimentarse de la cultura china. Justamente sobre la base de este entendimiento, hemos editado y publicado la *Biblioteca de Clásicos Chinos* en un formato chino-inglés, con el objetivo de hacer una traducción y presentación sistemáticas de los clásicos tradicionales chinos. A través de esta colección, procuramos exponer al mundo la aspiración y el sueño de la nación china durante cinco mil años, que hoy día ha vuelto a emitir su resplandor en la nueva etapa histórica de China. El pueblo chino, rejuvenecido como el ave fénix que renace de sus cenizas, aclama al unísono el sol naciente de la cultura del nuevo siglo.

Agosto de 1999, Beijing

"一带一路"沿线国家语言对照版
序　言

杨牧之

时间如飞,各位读者打开的这批书,已经是《大中华文库》的第三批书了。

一

从1994年《大中华文库》经新闻出版署立项开始,到今天,2019年10月,已经过去25年。这25年,《大中华文库》的出版经历了三个阶段:

从1994年到2016年,我们用20多年的时间完成了"汉英对照版",总计110种图书的译介出版。这是我们国家首次全面、系统地向世界推介中国文化典籍,弘扬中华民族优秀传统文化的国家重大出版工程。这是第一阶段。

第二阶段从2009年开始。为了进一步扩大国际影响和受众覆盖面,我们又着手启动"多语种项目",继续把中文典籍翻译成联合国使用的另外4种官方语言,即法语、俄语、西班牙语、阿拉伯语,再加上另外3种重要语言德语、日语、韩语,这样,总计就是7种语言。我们从汉英对照版110种典籍中,选出常用且必备的25种典籍,用上述7种语言和中文对照出版,总计175个品种,目前也已全部完成。

现在这一批书，应该是第三个阶段了。这一阶段主要是配合中央"一带一路"倡议，开展"一带一路"沿线国家语言对照版的翻译工作。第一批涉及29种语言（乌克兰语、柬埔寨语、老挝语、马来语、缅甸语、泰语、印尼语、越南语、孟加拉语、乌尔都语、印地语、哈萨克语、吉尔吉斯语、波斯语、土耳其语、希伯来语、斯瓦希里语、捷克语、匈牙利语、保加利亚语、罗马尼亚语、马其顿语、塞尔维亚语、葡萄牙语、阿拉伯语、法语、俄语、西班牙语、德语等），84种典籍。

千百年来，中华民族从陆上、从海上开拓了举世闻名的丝绸之路。那是一条和平之路，一条与世界交往、广交朋友之路。沿着古老的丝绸之路，中华民族走向世界，创造了举世无双、持续不断的灿烂文明。今天，我们继承这份辉煌的遗产，开始了"一带一路"新的征程。"一带一路"上，国家林立，语言丰富，文化多彩，我们要把《大中华文库》送过去，把他们的灿烂文化学过来。

二

《大中华文库》启动伊始，在封面设计上，我们突出了三个标志性的图案。这三个图案，便是我们编辑这套大书、进行这项工程的志向。

一个是中国传统建筑大门上的"门环"，以此作为本书的标志。门环图案是复制的故宫大门上的"门环"，象征着去叩开中华民族文化的宝库。

二是封面上汹涌澎湃的黄河壶口瀑布。黄河是中华民族的摇篮，源远流长，奔腾向前，最具中国特色。

三是书脊下方的长城垛口图案。当整套书摆在一起的时候，书脊上的长城垛口连接起来，便构成连绵不断的万里长城，象征中国文化如万里长城般巍峨挺立，悠久绵长。

为了不辜负这三个标志，我们制定了编辑《大中华文库》"三个精"的原则，以求达到国家出版水平的高标准。大家从这三个方面保证质量：一是精选书目，二是精细翻译，三是精心印制。

"精选书目"是根本。中国古代典籍约有20多万种，从中选出能代表中华民族传统文化的精华是搞好这套《文库》的根本。工作委员会、编辑委员会三次座谈、两次发调查表，征求北大、清华等全国著名高校和中科院、社科院、军科院以及国家图书馆专家的意见，反复论证，最终确定了110种典籍。这110种典籍，上自先秦，下至近代，内容涵盖哲学、宗教、政治、经济、军事、历史、文学以及科技等各个方面。既有已广为国外所了解的《老子》《论语》《孙子兵法》等经典书目，更多的则是目前没有译本，或没有完整译本，很少为国外所知的经典图书。我们担心优秀的图书漏掉，《文库》全部选题落实后，再一次征求各学科有代表性的专家意见。专家们一致表示，选题涵盖很全面，一流的中国古代典籍基本都入选了。

这110种典籍，也是第二期"多语种"工程和第三期"一带一路"工程选题的基础。

"精细翻译"，质量第一。2001年朱镕基总理、李岚清副总理视察新闻出版总署，听我们汇报这套书时，镕基总理说："这套书不错，应该很有读者，很有市场啊。"岚清副总理说："关键是要搞好翻译，保证翻译质量。"他们的意见是很中肯的。我们把他们的意见，作为我们编译工作的指导思想。

《文库》把保证翻译质量作为首要任务，组织中外专家进行翻译审校，中文原文版本也都经过了精心选择、认真校对。一开始是几家做过类似图书的出版社参加，逐渐有近30家出版社加入进来。实施大工程，组织工作是关键。我们设有两个委员会：工作委员会和编辑委员会。工作委员会负责出版社的遴选，签订出版合同，制订出版计划等组织协调工作，从而保证《文库》工作有计划稳步进行；编辑委员会负责版本选择、译者确定、内容审查。在翻译质量上，出版社进行一、二、三审，编辑委员会进行四审和五审。四审主要请外文局的一大批外文专家以及学术界的中文专家论证审稿，五审由编辑委员会总编辑和副总编辑进行，如果不合格就要退回去重新做编辑加工，以确保质量。此外，《文库》约请专家撰写"导言"，编制词目索引，满足海内外读者阅读需要。

"精心印制"，要体现中国出版风格和水平。因为这项工程先后有30余家出版社共同参与，而且图书品种、印制数量庞大，不可能一次印制完成。为了保证全书质量、外观的一致性，保证多批印制纸张颜色、质量的一致性，在工作委员会下设印制小组，主要工作是统一版式、统一纸张、统一印刷、统一装帧，达到四个统一。《文库》是个大工程，由于坚持了质量第一，坚持了四个统一，保证了工程的整体质量。

1999年8月，《大中华文库》汉英对照版第一批15种正式出版。

第一回合的胜利，一批带有故宫门环图标、黄河壶口瀑布图像、连绵不断的长城垛口图案的精美图书摆在我们面前，大大鼓舞了参与工作的全体同志。第一批《文库》图书出版后，先后获得了国家图书奖最高奖"国家图书奖荣誉奖"、全国古籍整理优秀图书一等奖。2011年12月，经中央批准，《大中华文库》出版工程获新闻出版总署表彰。

《大中华文库》以其深厚的文化内涵、优异的出版质量，已成为名副其实的国家名片。2006年4月，胡锦涛主席访问美国，将《大中华文库》作为国礼赠送给美国耶鲁大学；2009年1月温家宝总理访问西班牙，向马德里塞万提斯学院赠送了《大中华文库》；2011年10月李克强同志访问朝鲜，向金日成综合大学赠送了《大中华文库》；2012年4月伦敦书展期间，李长春同志向英国伦敦南岸大学孔子学院赠送了《大中华文库》，并且在他出访印尼、澳大利亚、韩国、新加坡等国时，都选择了将《大中华文库》作为礼物；刘延东同志出访美国赠书，以及在2012年4月的伦敦书展开幕式上，向大英图书馆赠送的也是《大中华文库》。

特别是2014年9月，习近平主席向斯里兰卡政府赠送《大中华文库》汉英对照版图书100种188册。2015年5月，国务院总理李克强出访南美四国，向哥伦比亚总统赠送了《大中华文库》西班牙语系列全套图书，进一步推动了《大中华文库》走向世界的成功实践。

三

回忆25年历程，总结我们的体会，是为了在过去的基础上，把《大中华文库》第三期工程即"一带一路"项目做得更好。

如果说汉英对照版是《大中华文库》的第一个高峰，多语种对照版是《大中华文库》的第二个高峰，那么，这"一带一路"沿线国家语言对照版便是《大中华文库》的第三个高峰。目前已有30余家出版社投入到这个项目中来。

任重而道远，继续向《大中华文库》第三个高峰前进的脚步已经迈出。文化是民族的血脉，是人民的精神家园。文化的软实力集中体现了一个国家基于文化而具有的凝聚力和生命力，以及由此而产生的吸引力和影响力。今天我们继承古代中国丝绸之路精神，将其发扬光大，把我国的发展同"一带一路"沿线国家的发展结合起来，文明互鉴，民心相通，赋予古代的丝绸之路以新的时代内涵。在这个大形势下，实施"一带一路"沿线国家语种的翻译出版，是《大中华文库》在新时代的一次历史性选择，是我们为提升中华文化软实力应做的贡献。如今《大中华文库》"一带一路"工程已被确定为2019年国家出版基金资助项目。我们要发扬精心设计、精心施工的优良传统，牢记使命，不辜负前辈的嘱托，不辜负广大读者的期望，一定要"以伟大的爱国热忱，宽广的世界眼光和严谨的科学态度"，锲而不舍地把这项光辉的事业进行到底。

2019年10月1日 北京

Versiones de Comparación entre Idiomas de los Países a lo largo de "la Franja y la Ruta"

Prólogo

Yang Muzhi

El tiempo vuela: las obras que están leyendo ustedes ya son el tercer lote de publicaciones de la Biblioteca de Clásicos Chinos.

1

Hoy, octubre de 2019, ha pasado 25 años desde que la Administración General de Prensa y Publicaciones aprobara el proyecto de la Biblioteca de Clásicos Chinos en 1994. En los últimos 25 años, la publicación de la Biblioteca de Clásicos Chinos ha pasado por tres etapas:

De 1994 a 2016, completamos la edición chino-inglés. En más de 20 años, tradujimos y publicamos un total de 110 obras. Es el primer gran proyecto de publicación en nuestro país que presenta de manera integral y sistemática los clásicos culturales chinos al mundo y promueve la excelente cultura tradicional de la nación china. Esta es la primera etapa.

La segunda fase comenzó en 2009. Para aumentar aún más la influencia internacional y la cobertura de la audiencia, iniciamos el proyecto multilingüe y continuamos traduciendo los clásicos chinos a los otros cuatro idiomas oficiales utilizados por las Naciones Unidas, a saber, francés, ruso, español y árabe, a los cuales añadimos otros tres idiomas importantes, que son el alemán, el japonés y el coreano, para alcanzar una totalidad de 7 idiomas extranjeros. De las 110 obras clásicas de edición chino-inglés, seleccionamos 25 más conocidas y de lectura obligada para elaborar ediciones de comparación entre los 7 idiomas y chino. Hasta hoy se han completado un total de 175 variedades.

El lote presente de obras debe ser de la tercera etapa. La tarea principal de esta etapa es llevar a cabo el trabajo de traducción de las versiones de contraste entre chino y los idiomas de los países a lo largo de "la Franja y la Ruta", en cooperación con la Iniciativa de "la Franja y la Ruta" del gobierno central. El primer lote abarca 84 variedades de clásicos en 29 idiomas (español, camboyano, laosiano, malayo, birmano, tailandés, indonesio, vietnamita, bengalí, urdu, hindi, kazajo, kirguís, persa, turco, hebreo, swahili, checo, húngaro, búlgaro, rumano, macedonio, serbio, portugués, ucraniano, árabe, francés, ruso y alemán, etc.).

Durante miles de años, la nación china ha sido pionera en la construcción desde el continente y el mar de la mundialmente famosa Ruta de la Seda. Fue un camino hacia la paz, un camino para hacer amigos con el mundo. A lo largo de la antigua Ruta de la Seda, la nación china se dirigió al mundo, creando una civilización ininterrumpida y brillante, sin iguales en el mundo. Hoy, heredamos este glorioso legado y comenzamos un nuevo viaje a través de "la Franja y la Ruta", a lo largo de las cuales encontramos muchos países, con idiomas ricos y culturas coloridas. Necesitamos enviarles la Bibliteca de Clásicos Chinos y aprender su brillante cultura.

2

Al comienzo del proyecto de la Biblioteca de Clásicos Chinos, en el diseño de la portada, destacamos tres signos icónicos, los cuales reflejaron nuestras aspiraciones para editar este gran libro y llevar a cabo este proyecto.

Uno es la aldaba en la puerta de la arquitectura tradicional china, que se utiliza como símbolo de la obra. Es una copia del "aldaba" en la puerta de la Ciudad Prohibida, que simboliza el llamador de la puerta de la casa del tesoro de la cultura nacional china.

El segundo es la creciente cascada Hukou del Río Amarillo en la portada. El Río Amarillo es la cuna de la nación china, con una larga historia, siempre corre hacia adelante y es el símbolo con las características chinas.

El tercero es el signo de fuertes de la Gran Muralla debajo del lomo del libro. Cuando todo el conjunto de libros se junta, las imágenes de los fuertes en la columna vertebral se conectan para formar una Gran Muralla continua, lo que simboliza que la cultura china se mantiene firme y cuenta con una larga historia, igual como la Gran Muralla.

Para no fallar a estos tres signos, con el fin de cumplir con los altos estándares de la publicación estatal, formulamos los tres principios para garantizar la calidad de la Biblioteca de Clásicos Chinos, a saber, la selección minuciosa de obras, la traducción precisa y la impresión esmerada.

La "selección minuciosa" es fundamental. Hay más de 200.000 tipos de clásicos chinos antiguos, y seleccionar la esencia que pueda representar la cultura tradicional de la nación china es la base para hacer un buen trabajo en esta Biblioteca de Clásicos Chinos. El comité de trabajo y el comité editorial sostuvieron tres discusiones y emitieron cuestionarios dos veces, recogiendo opiniones de expertos de la Universidad de Pekín, Tsinghua y otras universidades conocidas en el país y expertos de la Academia China de Ciencias, la Academia China de Ciencias Sociales, la Academia China de Ciencias Militares y la Biblioteca Nacional de China. Los 110 tipos de clásicos finalmente seleccionados después de repetidas demostraciones abarcan la historia desde pre-Qin hasta los tiempos modernos, y cubren todos los aspectos de filosofía, religión, política, economía, lo militar, historia, literatura y ciencia y tecnología. Hay libros clásicos como *Lao Tzu*, *Las Analectas de Confucio* y *El Arte de la Guerra de Sun Tzu* que han sido ampliamente conocidos en el extranjero, y muchos más son clásicos que actualmente no tienen traducción, o traducciones completas, y rara vez se conocen en el extranjero. Para que no se perdieran las obras excelentes, después de que se hubiezan definido todos los temas en la Biblioteca de Clásicos Chinos, una vez más buscamos opiniones de los especialistas representativos de varias disciplinas. Los expertos declararon por unanimidad que la selección del tema fue exhaustiva, y básicamente habían sido incluídos los clásicos chinos antiguos de primera clase.

Estos 110 tipos de clásicos también fueron la base para seleccionar temas para la segunda etapa del proyecto "multilingüe" y la tercera fase del proyecto "la Franja y la Ruta".

La "traducción precisa" significa "la calidad primero". En 2001, el entonces primer ministro Zhu Rongji y el viceprimer ministro Li Lanqing inspeccionaron la Administración General de Prensa y Publicaciones. Al escuchar el informe sobre la obra, Zhu Rongji dijo: "Este conjunto de libros es bastante bueno para gozar de muchos lectores y un mercado amplio". "La clave es hacer un buen trabajo de traducción y garantizar la calidad de la traducción". indicó Li Lanqing. Sus opiniones eran pertinentes y las tomamos como guía para el trabajo de compilación.

Para los editores de la Biblioteca de Clásicos Chinos, garantizar la calidad de la traducción era la máxima prioridad, para lo cual invitaron a expertos chinos y extranjeros a realizar la revisión de la traducción. La versión original en chino también fue cuidadosamente seleccionada y corregida. Al principio, participaron varias editoriales con experiencias en la compilación de libros similares, y posteriormente se fueron incorporando al trabajo cerca de 30 entidades editoras. Considerando que el trabajo organizativo era la clave para implementar grandes proyectos, creamos dos comités: un comité de trabajo y un comité editorial. El comité de trabajo era responsable de la organización y coordinación de la selección de las editoriales, la firma de contratos de publicación y la formulación de planes de publicación, a fin de garantizar que el trabajo de la Biblioteca de Clásicos Chinos se llevara a cabo de manera constante; por su parte, el comité editorial se encargó de la selección de la versión, la determinación de traductores y la revisión del contenido. En cuanto a la calidad de la traducción, los editores realizaron las primeras, segundas y terceras revisiones, y el comité editorial realizó las cuartas y quintas revisiones. Para la cuarta revisión se invitó principalmente a un gran número de expertos en idiomas extranjeros del Grupo de Publicaciones Internacionales de China y académicos chinos especialistas para verificar y revisar el borrador. La quinta revisión fue realizada por el editor en jefe y el editor en jefe adjunto del comité editorial. Además, invitamos a expertos a escribir la "introducción" y compilar índice de entradas para satisfacer las necesidades de los lectores dentro y fuera del país.

Con la "impresión esmerada", procuramos reflejar el estilo y el nivel de la publicación china. Debido a que más de 30 editoriales habían participado en este proyecto, y fueron enormes la variedad de libros y la cantidad de impresiones, sería imposible imprimirlos todos a la vez. Con el fin de garantizar la consistencia de la calidad y el aspecto de todos los libros, y la consistencia del color y la calidad de múltiples lotes de papel impreso, se estableció un grupo de trabajo de impresión adscrito al comité de trabajo, encargado de unificar el diseño, el papel, la impresión, la composición y la encuadernación, por lo que garantizamos la calidad general del proyecto de gran significado que es la publicación de la Biblioteca de Clásicos Chinos .

En agosto de 1999, se publicó oficialmente el primer lote de 15 variedades en versión chino-inglesa.

La primera ronda de la victoria, con los libros exquisitos con el ícono de la Aldaba de la Ciudad Prohibida, la imagen de la Cascada Hukou del Río Amarillo y el patrón continuo de fuertes de la Gran Muralla, alentó a todo el persona involucrado en el trabajo. Después de la publicación del primer lote, el proyecto de la Biblioteca de Clásicos Chinos ganó sucesivamente el Premio de Honor del Premio Nacional de Libros, el premio de libros de nivel más alto en el país, y el primer premio del Premio Nacional a los Excelentes Libros por Clasificar los Libros Antiguos. En diciembre de 2011, con la aprobación del Comité Central del Partido Comunista de China, la Administración General de

Prensa y Publicaciones alabó el proyecto de publicación de la Biblioteca de Clásicos Chinos.

La Biblioteca de Clásicos Chinos se ha convertido en una verdadera tarjeta de presentación nacional con su profunda connotación cultural y excelente calidad editorial. En abril de 2006, el entonces presidente Hu Jintao visitó los Estados Unidos y presentó la Biblioteca de Clásicos Chinos a la Universidad de Yale como un regalo nacional. En enero de 2009, el entonces primer ministro Wen Jiabao visitó España y regaló la Biblioteca de Clásicos Chinos al Instituto Cervantres de Madrird; en octubre de 2011, el primer ministro Li Keqiang visitó la República Popular Democrática de Corea y regaló la Biblioteca de Clásicos Chinos a la Universidad Kim Il Sung. Durante la Feria del Libro de Londres en abril de 2012, el camarada Li Changchun presentó la Biblioteca de Clásicos Chinos al Instituto Confucio de la Universidad de South Bank en Londres, Reino Unido, y al visitar Indonesia, Australia, Corea del Sur, Singapur y otros países, optó por usar la Biblioteca de Clásicos Chinos como regalo; por su parte, la camarada Liu Yandong también tomó como regalo a la Biblioteca de Clásicos Chinos en su visita a los Estados Unidos y la presentó a la Biblioteca Británica en la ceremonia de apertura de la Feria del Libro de Londres en abril de 2012.

Especialmente en septiembre de 2014, el presidente Xi Jinping regaló al gobierno de Sri Lanka 188 volúmenes de 100 variedades de versión chino-inglesa de la Biblioteca de Clásicos Chinos. En mayo de 2015, durante la gira por cuatro países de América del Sur, el primer ministro del Consejo de Estado Li Keqiang obsequió al presidente de Colombia un conjunto completo de libros en español de la Biblioteca de Clásicos Chinos, promoviendo aún más la práctica exitosa de la Biblioteca de Clásicos Chinos hacia el mundo.

3

Recordando los 25 años de historia y resumiendo nuestra

experiencia, es para mejorar el trabajo en la tercera fase del proyecto de la Biblioteca de Clásicos Chinos, el proyecto "la Franja y la Ruta".

Si la versión chino-inglesa y la versión multilingüe son el primer y el segundo pico de la Biblioteca de Clásicos Chinos, respectivamente, la versión de comparación entre chino e idiomas a lo largo de "la Franja y la Ruta" es el tercer pico de la obra, con la participación de más de 30 editoriales.

Todavía hay un largo camino por recorrer, y los pasos para continuar hasta el tercer pico de la Biblioteca de Clásicos Chinos ya se han tomado. La cultura es la sangre de una nación y el hogar espiritual del pueblo. El poder blando de la cultura encarna la cohesión y la vitalidad de un país en función de su cultura, así como el atractivo y la influencia que genera. Hoy heredamos el espíritu de la antigua Ruta de la Seda de China, lo llevamos adelante, combinamos el desarrollo de nuestro país con el desarrollo de los países a lo largo de "la Franja y la Ruta", aprendemos unos de otros a través de las civilizaciones y compartimos los corazones de las personas, dando a la antigua Ruta de la Seda un nuevo significado de la era. En esta situación general, la implementación de la traducción y publicación de las versiones en los idiomas de los países a lo largo de "la Franja y la Ruta" es una opción histórica para la Biblioteca de Clásicos Chinos en la nueva era y nuestra contribución para mejorar el poder blando de la cultura china. En la actualidad, el proyecto "la Franja y la Ruta" de la Biblioteca de Clásicos Chinos ha sido identificado como un proyecto financiado por el Fondo Nacional de Publicaciones en 2019. Debemos llevar adelante la buena tradición de diseño fino y labor cuidadoso, tener en cuenta nuestra misión, cumplir con la confianza de nuestros predecesores, sin frustrar las expectativas de nuestros lectores. Llevaremos esta brillante causa hasta el final, "con gran entusiasmo patriótico, amplia visión del mundo y rigurosa actitud científica".

1 de octubre de 2019
Beijing

前　言

　　中国古代小说在使用语言上分为白话小说和文言小说两大类。文言是自周秦（公元前11世纪—前207年）以来逐渐形成的与口语分离的书面文字，由于它的精选性、同质性和保守性，一直作为中国的标准化书写手段沿用至20世纪初叶。用文言记叙故事的小说就是文言小说。白话小说则是运用接近口语的白话来记叙故事，口语在南北各地区是不同的，所谓"接近口语"，是指以北方方言为基础的带有一定规范性的语言，各地方言发音不同，词汇也有差异，但文字却一样，因而这种"接近口语"的白话可以在全国各地通行无阻。"平话"是元明清时代（1271—1911年）对白话小说的一种称呼。"平话"原是讲说故事的表演技艺，表演方式是只说不唱，没有音乐伴奏，与有说有唱的"诗话""词话"不同。后来这类口头表演内容被记录整理成书面文字，也就是早期的白话小说，元代人开始专指演叙历史题材的白话小说为"平话"，到了明清两代，"平话"便成了涵盖各种题材的白话小说的通称。本书选辑的小说只是白话小说中的一种体裁，都是短篇小说。

　　白话短篇小说的早期作品多是由口头表演的"平话"整理而成的，在叙事上不仅使用接近口语的白话，而且模拟口头表演的程式。作品开头往往要加上一段"入话"，这"入话"大多是一个或者几个小故事，例如《十五贯戏言成巧祸》叙南宋临安商人刘贵得到岳父资助的十五贯,却向他的小妾戏称是卖她的身价钱,吓得小妾连夜逃去娘家,以致歹徒乘虚而入,酿成一桩凶案和冤案。作品在叙述这个故事之前加上一个"入话",讲的是一位考中进士的丈夫,给他妻子写信开玩笑说他在京中娶了小妾,他妻子回信也戏称自己在家里嫁了一个小老公,这书信被朋友看到,传扬开去,被人弹劾品行不检,失去了官场的美好前程。作者强调的是"謦笑之间,最宜谨慎",一时戏笑,可能带来严重后果。有的作品也用与作品故事有关联的一组诗歌做"入话",例如《崔待诏生死冤家》就引用宋代多首咏春的诗作,由这引出咸安郡王游春归来在路上发现会绣作的秀秀,并招纳进王府,展开一段可歌可泣的爱情悲剧。白话短篇小说的这种体制,其实是"平话"口头表演的痕迹。"平话"在书场里表演时,观众总是陆续地到场,表演者为了让后进场的观众能听到完整的故事,便先讲点别的小故事或吟唱些有关诗词,这种表演也有使进场的观众安静下来的作用。白话短篇小说的叙事方式同样也保留着口头表演的胎记,在叙述中常常穿插一些韵文套语,或用来形容描状,或用来议论诠释,或用来调节叙述节奏。例如《卖油郎独占花魁》写卖油郎秦重一夜服侍醉酒的妓女美娘,美娘见他如此老实忠厚、知情识趣,酒醒后着实感激和惦念他。这时就插入一首《挂技儿》云:"俏冤家,须不是串花家的子弟,你是个做经纪本分人儿,那匡你会温存,能软款,知心知意。料你不是个使性的,料你不是个薄情的。几番待放下思量也,又不觉思量起。"用以描状美娘的心理活动。此外,白话短篇小说在叙述中还可以中断情节,作者直接面对读者说话。例如《转运汉遇巧洞庭红,波斯胡指破鼍龙壳》叙述到文若虚上荒岛捡到鼍龙壳时，作者插进来说道："若是说话的同年生，并时长，有个未卜先知的法儿，便双脚走不动，也柱个拐儿随他同去一番，也不柱的。"这些叙事方式与现代短篇小说有着明显的不同。

　　白话小说的初兴可以追溯到唐五代（618—960年），敦煌石室所发现的《唐太宗入冥记》《韩擒虎话本》等等，应该就是白话小说的早期形态。但是从宋（960—1279年）到元（1271—1368年）到明代（1368—1644年）前期，白话小说的发展却十分缓慢。白话小说与文言小说不同，文言小说的作者和读者是士大夫，属于雅文化，而白话小说却面向包括士大夫在内的广大民众，属于大众文化。它的编刊是一种商业行为，印刷技术、成本、交通和读者市场，都是直接制约它产生和发展的因素。白话小说使用白话，最初的作品内容都是由口头表演的"平话"整理改编而成，整理改编者大多是俗儒野老，这样产生出来的作品被传统士人指斥为鄙俗，根本不能登大雅之堂。因而在宋元明很长一段历史时期中有身份、有文学才能的士人不屑于参与白话小说的创作，这是阻滞白话小说发展的一个重要因素。到了明代嘉靖（1522—1560年）以后，情况发生变化。当时王阳明心学突起，取代程朱理学成为思想主流。王阳明力图把他的思想传播到民间，与百姓的人伦日用结合起来，也就是为社会大众立教，因此，他特别强调向那些不识字和识字不多的"愚夫愚妇"传道，必须要用他们感到亲切熟悉和所能接受的方式和手段，他说"须做得个愚夫愚妇方可与人讲学"。白话小说是"愚夫愚妇"们喜欢的东西，用白话小说向大众宣教岂不是一个很好的渠道？王阳明的心学就这样历史性地填平了士人与白话小说之间的鸿沟。明代嘉靖以后,一大批著名文人参与了白话小说的创作和批评,使白话小说的思想艺术得到空前的提升,迅速取得了与传统诗文并肩而立的文坛地位。

　　本书的作品都是从明代嘉靖以后的著名白话短篇小说专集中选入的。《喻世明言》《警世通言》《醒世恒言》是冯梦龙编撰的作品。冯梦龙(1574—1646年),字犹龙,别号龙子犹、墨憨斋主人等等,寄籍吴县(今苏州)的长洲。出身书香世家,少年进学为诸生,此后则科场蹭蹬,仕进无门,不得不坐馆执教。崇祯三年(1630年)补为贡生,次年出任丹徒县训导,崇祯七年(1634年)迁为福建寿宁知县。四年后致仕回乡,不久明朝覆亡,清军入主中原,他在改朝换代的动乱中郁郁而殁。冯梦龙一生著述颇丰,经学和史学方面都有著作传世,但他的贡献主要在通俗文学方面,戏曲创作有《双雄记》《万事足》等,民歌采编有《挂枝儿》《山歌》等,文言故事类编有《笑府》《智囊》《情史》等,而影响最大的就是他编撰的三部白话短篇小说专集:《古今小说》(后易名《喻世明言》)、《警世通言》《醒世恒言》,这三个专集总称"三言"。

　　"三言"的120篇小说并不都是冯梦龙创作的作品,其中一部分是通过对宋、元旧作加工修订而成的。本书选入的《崔待诏生死冤家》,在明代兼善堂本《警世通言》的题下有注云:"宋人小说题作《碾玉观音》。"又有"可一主人"眉批说:"此等闲话是宋元人胜过今人处。"可知描述这个故事的宋元小说叫《碾玉观音》。《十五贯戏言成巧祸》为《醒世恒言》的第三十三卷,该书明代叶敬池本的题下有注云:"宋本作《错斩崔宁》。"《小夫人金钱赠年少》所写生活习俗和语言风格略近于宋元作品，学者亦多疑为宋元小说。《简帖僧巧骗皇甫妻》选自《古今小说》(《喻世明言》第三十五卷)，此篇在《清平山堂话本》中题作《简帖和尚》，而《也是园书目》著录《简帖和尚》称作"宋人词话"，故多疑为宋人小说。不过，尽管它们都有宋元旧本，但我们看到的"三言"中的文本，绝对不是宋元旧本的原貌，无论是思想和语言，冯梦龙都进行了不同程度的修改加工。

本书从《拍案惊奇》和《二刻拍案惊奇》选入了五篇作品。"二拍"中的短篇小说基本上是根据以往的文言小说再创作的，但作者凌濛初不是简单地将文言翻译成白话：首先，选择什么故事，他是有自己的思想艺术标准的；其次，他的改写是按"平话"的体制和方式来做的，同时对情节的取舍、强化和弱化，对人物性格的开掘等等，都有创造性的加工。所以这些作品，应当被视为是凌濛初的创作。

凌濛初（1580—1644年）一名凌波，字玄房，一字波厈，号初成，别号即空观主人。浙江乌程（今属湖州市）人。他十八岁补廪膳生，以后却屡试不第，直到崇祯七年（1634年）才以副贡授上海县丞。崇祯十五年（1642年）擢为徐州判，分署房村。崇祯十六年（1644年）在房村抵抗李自成农民军进攻，病死阵前。凌濛初与冯梦龙有着某些相似的经历，他们都生活在晚明时局动荡的年代，出身世家，但科场上都不得意，遂把自己的精力投向通俗文学，试图以此警醒世人，挽救正在崩陷的世道人心。凌濛初与冯梦龙不同的是，他还是一位著名的出版家，他的家族从他的祖父开始就经营出版，凌家的套色刊本十分精美，名扬天下。这种商人身份对凌濛初的人生观、价值观和文学思想无疑具有深刻影响。

"平话"的题材很少是军国大事,它描写的人物也很少是帝王将相,它非常贴近世俗日常生活,描写的多是市井小人物的荣枯沉浮和悲欢离合,从而它表现的是与传统士大夫诗文迥然不同的市俗精神风貌。

男女情爱是"平话"演绎较多的一个主题。"平话"描写情爱特别突出一个"情"字,这个"情"不受礼教、门第和贫贱的约束,只要情真,男女便可结合。《崔待诏生死冤家》写郡王府中两个仆役的爱情,塑造了一位大胆追求婚姻自由的女性形象璩秀秀。璩秀秀主动向崔宁求婚,又一道私奔他乡,外逃私合之事败露,璩秀秀被郡王处死,但她变成鬼仍要与崔宁相伴相随。作为失去人身自由的"养娘"秀秀,却要婚姻自主,在封建时代显然是目无王法;作为一名女性,却主动向男子投怀送抱,在礼教的观念里无疑是寡廉鲜耻。但秀秀为了情爱可以置王法礼教于不顾,她的这种执着热烈的情爱甚至超越生死。作者对这位不顾一切地追求情爱的卑贱女性寄予了深切的同情,表现出一种反封建的思想倾向。《卖油郎独占花魁》写一个小贩与名妓的爱情。文言小说中写妓女题材的作品并不罕见,以《李娃传》为代表,它们多是写士人与名妓的风流佳话,所谓才子配佳人,几乎成了这类主题的传统模式。然而这篇作品的男主人公秦重却是一位小商贩,这个秦重虽是市井之辈,但忠厚老实,对身为娼妓的"花魁娘子"情深意笃,体贴备至,相处之中毫无轻贱之意,从而打动了"花魁娘子"之心,使她情愿拿出自己所有积蓄赎身出来嫁给他。"花魁娘子"深知与她相处的那些公子哥儿都是酒色之徒,但知买笑追欢,毫无怜香惜玉的真心，只有秦重这种平等待她的志诚君子方可托付终身。作品赞扬了这两位贫贱男女的真情。与《卖油郎独占花魁》可以对照的是《杜十娘怒沉百宝箱》，两篇作品都是写妓女从良，前者是个喜剧，后者则是个大悲剧。杜十娘看中的从良对象李甲是世家公子，在北京做监生，迷恋杜十娘美色，耗尽了囊箧中的银子，杜十娘也是拿出自己的积蓄赎身出来，一心跟随李甲回乡过良家生活，不料李甲嫌她烟花贱质，难以被家长接纳，在途中就将她卖给别人，杜十娘在愤怒绝望之际怀抱自己一生积累的巨大财富沉入江底。李甲的无情恰好凸显了卖油郎真情的可贵。

"平话"中描写商人生活的作品比较多，与封建传统轻视商人的观念大不相同。中国传统社会结构是士、农、工、商，商被排在末位。明代前期朝廷实行的是重农抑商的政策，商人的社会地位低下，以服饰为例，农民可以用绸、纱、绢、布，商人却不能用绸、纱，只能用绢、布，正德元年（1506年）还规定"商贩、仆役、倡优、下贱不许服用貂裘"（《明史·舆服三》），可见商人的社会地位与仆役、倡优、下贱之辈相仿佛。"平话"中商人不仅频频出场，而且是作品的要角，不乏正面的形象。《小夫人金钱赠年少》所写的张胜是开封府一个钱铺的伙计，他拒绝了年轻的老板娘的色财引诱，故而免去了一场杀身大祸。作品赞曰："谁不贪财不爱淫？始终难染正人心。少年得似张主管，鬼祸人非两不侵！"《卖油郎独占花魁》的小商贩秦重所以得到"花魁娘子"的芳心，就是因为他的忠厚和真情。《转运汉遇巧洞庭红，波斯胡指破鼍龙壳》描述失意商人文若虚出海，不意之中发了大财。作者写他无非分之想，却得到意外之财；见财而不贪，毫无暴发户心理。当波斯商人指出他从海外带回的鼍龙壳中内藏有二十四颗硕大的夜明珠，其中一颗就值事先商定的鼍龙壳的价钱，同行中就有人撺掇他推翻原议、重新要价，但文若虚说："不要不知足……若非这主人识货，也只当得废物罢了，还亏他指点晓得，如何还好昧心争论？"作者赞他"存心忠厚，所以该有此富贵"。商业长期被看成是俗务贱业，但"平话"通过生动的情节和人物否定了这种偏见，商亦有道，商人亦有仁人之心。

"平话"中有许多故事都与民事、刑事案件有关，这些作品也许并不专写案件侦破，而是描摹与事件相关的世态人情，但它们或多或少，或从不同侧面揭露了官府的昏庸黑暗。《十五贯戏言成巧祸》写了一桩冤案，商人刘贵从岳父家带回十五贯钱，却戏称是出卖小妾的身价钱，小妾当夜离家往邻家借宿，次晨往娘家走去，路上遇着一个年轻商人崔宁，遂结伴同行。突然有邻居二人赶来，将他们捉了回去。原来刘贵昨夜被杀，十五贯钱也不知去向，特来要她回去调查对理，见她与一男子同行，疑为奸夫淫妇，便一并送与官府。府尹不由分说，严加拷讯，二人屈打成招，双双被处死刑。后来一个偶然的机会，杀死刘贵劫去十五贯的真凶自行暴露，这桩冤案才得真相大白。作者评论说："看官听说，这段公事，果然是小娘子与那崔宁谋财害命的时节，他两人须连夜逃走他方，怎的又去邻舍人家借宿一宵？明早又走到爹娘家去，却被人捉住了？这段冤枉，仔细可以推详出来。谁想问官糊涂，只图了事，不想捶楚之下，何求不得。"这桩冤案在封建时代不是个别和偶然，断案不凭证据，只重刑讯和口供，乃是中国古代司法中的根深蒂固的传统。这个传统又是以蔑视人权为其思想基础的，公民一旦被指为嫌犯，便立即失去了一切权利。这篇作品还反映了古代法律的伦理主义特征，刘贵的小妾与崔宁男女同行即被视为不轨，因而邻居们群情激愤，众口皆称奸夫淫妇该杀，这种舆论对冤案的形成无疑也起了推波助澜的作用。在"平话"中揭露封建法制的本质，《十五贯戏言成巧祸》应当是最深刻的作品之一。

宋明"平话"的题材非常广泛，其可贵之处就在于它真实地描绘了那个漫长历史年代中的市井社会相，这些活生生的人物和有声有色的社会图景，是我们在传统诗文和史传中很难见到的，在艺术上和认识上都有极高的价值。

"三言""二拍"的一些作品在十九世纪就传到欧洲。"三言""二拍"在明末清初有一个著名选本《今古奇观》，共选作品四十篇，国内流传极广的就是这个选本，国外据以翻译的也多是这个选本。《宋小官团圆破毡笠》的英文题《相爱的一对儿》(The Affectionate Pairs, or the History of Sungkin, a Chinese Tale)，托姆斯（P. P. Thoms）译，1820年伦敦布莱克印刷所出版。《卖油郎独占花魁》的法文译本《Le Vendeur d'huile qui seul Possède la Veine-beauté ou splendeurs et misères des courtisanes chinoises》，1877年分别由巴黎梅松纳夫出版和荷兰莱顿布里尔出版社出版。《金玉奴棒打薄情郎》等四篇作品的拉丁译文载《中国文化教程》（Cursus Literaturae Sinicae）第一卷，晁德莅译，1879年在上海出版。日本翻译"三言""二拍"的时间更早，十八世纪就有选译本和改编本。《今古奇观》有不同的全译本，井上红梅译《今古奇观》于1942年由东京清水书店出版，千田九一、驹田信二合译《今古奇观》被列入"中国古典文学全集"，并被收入"东洋文库"。

本书选译"三言""二拍"作品共二十篇。中文部分以"三言""二拍"的天许斋本、兼善堂本、叶敬池本、尚友堂本为底本综合点校而成，其中个别地方有所删改。

中国社会科学院
文学研究所教授

石昌渝

INTRODUCCIÓN

En términos de lenguaje, la antigua ficción china puede dividirse en dos categorías: principalmente ficción en chino clásico y ficción en lengua vernácula. A partir de los periodos Zhou (1046-256 a.n.e) y Qin (221-206 a.n.e.), el chino clásico evolucionó gradualmente a una forma literaria que se desvió de la lengua hablada. Como resultado de su naturaleza precisa, homogénea y conservadora, se utilizó como chino escrito estándar hasta principios del siglo XX. Las obras en este formato es lo que hoy conocemos como ficción en chino clásico. El chino vernáculo es muy cercano al chino hablado y a las obras escritas en esa lengua se les conoce en la actualidad como ficción en lengua vernácula. En China, la lengua hablada difiere según la localidad. El denominado "cercano al chino hablado" significa chino basado en el dialecto utilizado en el Norte de China que es, en cierta medida, considerado como la norma. Diferentes dialectos tienen diferentes acentos y pronunciaciones de las palabras e incluso la elección de las palabras puede variar. No obstante, la escritura es la misma. Por tanto, el chino vernáculo, al ser "cercano al chino hablado", se difundió y fue rápidamente aceptado en todo el país.

Pinghua (平话) fue el término empleado durante las dinastías Yuan, Ming y Qing (1279-1911) para referirse a las obras en chino vernáculo. Originalmente, *pinghua* se refería al arte escénico de la narración de cuentos en la que el intérprete contaba la historia sin ningún tipo de canto o acompañamiento musical. Posteriormente, la escritura hizo posible la perpetuación del contenido de esas historias, dando paso así al surgimiento de la ficción vernácula. En la dinastía Yuan (1279-1368), el término *pinghua* se utilizó para identificar los registros vernáculos de relatos de temática histórica. En las dinastías Ming (1368-1644) y Qing (1644-1911), el vocablo *pinghua* hacía referencia a los relatos vernáculos independientemente del tema. Las historias seleccionadas para esta colección pertenecen a un género específico de ficción vernácula: los cuentos cortos.

Los primeros cuentos cortos en formato vernáculo eran obras del *pinghua* interpretadas de forma oral. Como tal, su lengua es muy cercana al chino hablado de la época. En estos registros se reflejaba hasta la manera en que se contaba el cuento. Con frecuencia, un relato comienza con un prólogo que contiene uno o dos cuentos muy cortos. El cuento corto titulado "Las quince sartas de monedas" (十五贯戏言成巧祸) es un buen ejemplo. La trama de la historia es la siguiente: El suegro de Liu Gui, comerciante de Lin'an en la dinastía Song del Sur (1127-1279), le da 15 sartas de monedas. Cuando Liu llega a casa, más bien contento por lo que había bebido, le dice a su concubina en broma que la había vendido exactamente por esa misma suma de dinero. Atemorizada, la concubina escapa a casa de sus padres. Un rufián aprovecha que Liu estaba solo en casa para entrar, asesinarlo y llevarse el dinero, hecho por el que se cometió una injusticia. Antes de abordar la trama principal, viene el prólogo. Esta breve redacción recuenta cómo un joven académico (exitoso candidato a los exámenes del servicio civil imperial más encumbrado) le escribe una misiva a su esposa en la que le dice, en broma, que se había casado con una concubina de la capital. Su cónyuge le contesta, también en broma, que ella al igual que él había contraído nupcias con otro hombre. Un amigo del académico se hace con la carta y difunde el escándalo, que a su vez llega a oídos de la corte imperial y decreta la destitución del académico por mala conducta y, con esta, el fin de su brillante futuro. El mensaje que el autor quería transmitir es que se debe ser cuidadoso cuando se bromea; una broma puede tener consecuencias muy graves.

Algunas veces se utilizan poemas que guardan relación con la historia como prólogo. Por ejemplo, hay varios poemas de la dinastía Song (960-1279) antecediendo el cuento "El maestro del jade" (崔待诏生死冤家). Al regresar de su paseo de primavera, el príncipe Xian'an conoce a Xiuxiu, una joven con un gran talento para el bordado y se la lleva a trabajar en su mansión, escenario de una gran tragedia amorosa. Esta característica introductoria de los cuentos cortos vernáculos revela los vestigios de la interpretación oral del *pinghua*. La narración de las historias normalmente tenía lugar en una sala de teatro y parte del público llegaba siempre un poco tarde. Para que los retrasados no se perdieran el principio de la historia, el artista contaría un cuento corto o recitaría unos cuantos poemas. Asimismo, esta era una forma de ir preparando al público para el cuento que le seguiría a continuación.

Igualmente, durante el transcurso de la narración, el artista introducía con frecuencia versos que rimaban o frases estereotipadas para crear una suerte de situación, hacer comentarios, explicar o ajustar el tempo. Por ejemplo, "El vendedor de aceite y la cortesana" (卖油郎独占花魁), que relata cómo un vendedor de aceite cuida con devoción durante toda una noche de la joven y embriagada cortesana Wang Mei. Cuando la chica despierta, se percata de que el vendedor de aceite es un hombre sencillo, honesto y de buen corazón, a quien le está eternamente agradecida. En este preciso momento, el autor agrega unos versos para describir los sentimientos de Wang Mei: "Es un comerciante decente, cariñoso, / No es un caballero refinado; / Pero fue tan bondadoso, / que no lo puedo imaginar basto. / ¡Y aunque lucho para olvidarlo, / No logro sacármelo de la cabeza!".

Algunas veces, como en "Las mandarinas y el carapacho de tortuga" (转运汉巧遇洞庭红, 波斯胡指破鼉龙壳), el autor interrumpe la narración para hablarle directamente al lector. Cuando Wen Ruoxu se encuentra un caparazón de tortuga vacío tan grande como una cama en una isla desierta, el autor comenta: "Si yo hubiese estado allí entonces, lector, y fuese capaz de predecir el futuro, hasta cojo le habría seguido ayudado de un bastón. Habría valido la pena". Esta técnica raramente la encontramos en la ficción actual.

El inicio de la ficción vernácula se remonta a la dinastía Tang (618-907) y al Periodo de las Cinco Dinastías (907-960). Los manuscritos del *Emperador Taizong de la dinastía Tang en el mundo de los muertos* y *El cuento del cazador Han de tigres* descubiertos en las grutas Dunhuang constituyen las primeras narraciones en chino vernáculo. Sin embargo, en las dinastías Song, Yuan y principios de la Ming, la ficción vernácula progresó muy paulatinamente. A diferencia de la ficción en chino clásico, escrita y valorada por los literatos, la ficción en lengua vernácula estaba dirigida a la gente común, incluidos los literatos. Era cultura para todos. La compilación de las colecciones de estas historias se convirtió en una actividad comercial y su producción y desarrollo se vieron afectados directamente por factores como la tecnología de impresión, los costes, el transporte y el mercado lector. Como estos cuentos se transmitían en principio de forma oral, los compiladores eran personas sin mucha educación. Las obras de este tipo eran criticadas y catalogadas con frecuencia como "populares" y "corrientes". Estas obras jamás las encontraría en el estudio de los literatos o los funcionarios. De manera que en el largo periodo de las dinastías Song, Yuan y Ming, los literatos despreciaron la ficción vernácula y no participaron en su creación. Este fue uno de los principales elementos que atentó contra el desarrollo del género. No obstante, las cosas comenzaron a cambiar durante el reinado del emperador Jiajing (1522-1566) de la dinastía Ming. La llegada de la teoría del idealismo subjetivo del filósofo y educador, Wang Yangming (1472-1529), sustituyó el confucianismo idealista de las dinastías Song y Ming representado por Cheng Hao (1032-1085), Chen Yi (1033-1107) y Zhu Xi (1130-1200). Wang se esforzó mucho para difundir sus ideas entre el ciudadano común y corriente y combinó su filosofía con las creencias del pueblo sobre las relaciones humanas. Además, concedió especial atención a la difusión de su filosofía entre los "hombres y mujeres analfabetos" o personas con poco conocimiento de la cultura y, por tanto, empleó un lenguaje que les fuera familiar y aceptable. Wang aseveró: "Solo cuando uno actúa como un hombre analfabeto, se puede hablar con ellos". La ficción vernácula era la favorita de los "hombres y mujeres analfabetos", ¿no era acaso una buena idea recurrir a esas historias para difundir sus creencias entre la población? El idealismo subjetivo de Wang dio al traste con la brecha entre los literatos y la ficción vernácula, un hecho de significación histórica. A partir del reinado del emperador Jiajing, muchos académicos reconocidos empezaron a involucrarse en la creación de ficción vernácula. Su participación le dio al género una nueva dimensión artística e ideológica que le permitió adquirir el mismo estatus literario que disfrutaban la poesía y la prosa clásicas.

Los relatos que aparecen en esta colección fueron seleccionados entre los cuentos cortos vernáculos más conocidos escritos con posterioridad al reinado del emperador Jiajing de la dinastía Ming. Los autores más famosos de ese periodo son Feng Menglong (1574-1646) y Ling Mengchu

(1580-1644). Feng compliló *Historias para iluminar el mundo* (喻世明言), *Historias para advertir al mundo* (警世通言) e *Historias para despertar al mundo* (醒世恒言). Feng, autoproclamado Maestro del Estudio Mohan y conocido también por sus nombres de cortesía Youlong o Longziyou, era natural de Changzhou, Wuxian (actual ciudad de Suzhou en la provincia de Jiangsu) y nacido en el seno de una familia de académicos. Feng comenzó a estudiar desde que era muy pequeño y se presentó en varias ocasiones a los exámenes imperiales para la selección de funcionarios, pero sin tener éxito alguno. Como consecuencia, tuvo que ganarse la vida enseñando a leer y a escribir a niños. En 1630, tercer año del reinado del emperador Chongzhen, el último de la dinastía Ming, y a sus 57 años de edad, se convirtió en *gongsheng* (estudiante homenajeado recomendado por el gobierno local para que continuara estudios en la capital nacional). Al año siguiente, fue nombrado *xundao* (maestro asistente) del distrito de Dantu. En 1634, se mudó al distrito de Shouning, provincia de Fujian y se convirtió en magistrado. Cuatro años más tarde, se retiró y regresó a su pueblo natal. Poco después, la dinastía Ming era derrocada y el ejército manchú llegaba a las planicies centrales de China. Feng murió presa de la desesperación en este caótico periodo de la caída de la dinastía. Feng fue un escritor prolífero, así como todo un experto en los clásicos y la historia. De hecho, algunos de sus libros sobre estas materias han llegado hasta nuestros días. Sin embargo, su principal logro fue en el campo de la escritura creativa para el pueblo de a pie. Entre sus obras más representativas se encuentran: las óperas *Cuento de los dos héroes* (双雄记) y *Todo satisfecho* (万事足), las canciones folclóricas *Gua Zhi Er* (挂枝儿), *Shan Ge* (山歌) y los cuentos escritos en chino clásico *El Tesoro de chistes* (笑府), *Cuentos sapienciales* (智囊) y *Anécdotas de amor* (情史). Sus escritos más influyentes son las tres compilaciones de historias antes mencionadas, conocidas generalmente como "Tres compilaciones" ("三言"). Los 120 cuentos recogidos en las "Tres compilaciones" no son en su totalidad creaciones del propio Feng. Algunos son cuentos de las dinastías Song y Ming que trabajó, mejoró y luego incluyó en las compilaciones.

"El maestro del jade", uno de los cuentos elegidos para este volumen, incluye en la versión publicada por el Salón Qianshan de las *Historias para advertir al mundo* una nota que dice: "Este cuento, escrito en la dinastía Song, fue originalmente titulado 'El Guanyin de jade de la misericordia' (碾玉观音)". Otro ejemplo es la narración titulada "Las quince sartas de monedas". De acuerdo con el académico de la dinastía Ming, Ye Jingchi, la historia está basada en un relato de la dinastía Song titulado "Cui Ning asesinado por error" (错斩崔宁). La tradición y el lenguaje de "El vendedor honesto" (小夫人金钱赠年少) son muy cercanos a los de las dinastías Song y Yuan, lo que hace pensar a muchos académicos que originalmente se trataba de un relato de las citadas dinastías.

"El boleto de la suerte del monje" (简帖僧巧骗皇甫妻) aparece en *Cuentos de la compilación del Salón Qingpingshan*, bajo el título de "El monje" (简帖和尚). El catálogo de libros conservados por Qian Zeng, de la dinastía Qing, etiqueta "El monje" como "*cihua* (narrativa con canciones y baladas intercaladas) de la dinastía Song". Sin embargo, el contenido de los cuentos que hoy leemos difiere sobremanera con el de sus versiones originales. Feng realizó un gran trabajo de edición en términos de lenguaje e ideas.

Cinco cuentos de esta selección fueron tomados de *Golpeando la mesa con asombro* (拍案惊奇) y *Golpeando la mesa con asombro II* (二刻拍案惊奇) de Ling Mengchu. De hecho, se trata de reelaboraciones de relatos originalmente escritos en chino clásico. Ling no solo representó el chino clásico en el vernáculo: en primer lugar, utilizó su propio criterio ideológico y artístico en los relatos; en segundo, los llevó al formato y el estilo *pinhua*. Por otra parte, conservó intacto lo que consideró apropiado y eliminó lo que creyó innecesario, dio más o menos fuerza a determinados episodios para lograr una mejor caracterización. Esos cuentos deben ser considerados obras de Ling.

Ling Mengchu, también conocido como Ling Bo, era oriundo de Wucheng (hoy en día la ciudad de Huzhou), provincia de Zhejiang. En la sociedad feudal, se elegía a los funcionarios a través de los exámenes imperiales. Ling no tuvo mucha suerte en esos exámenes y no fue hasta que cumplió los 54 años de edad que fue nombrado magistrado del distrito de Shanghai, con el título de *fugong* (estudiante homenajeado de segunda clase). En 1642, en las postrimerías de la dinastía Ming, fue ascendido a magistrado asistente de la prefectura de Xuzhou, encargado de la subprefectura de Fangcun. Partícipe de la lucha contra los ejércitos insurreccionales campesinos liderados por Li Zicheng, Ling Mengchu murió aquejado de enfermedad en el frente de combate. Ling tuvo una experiencia de vida muy similar a la de Feng Menglong: ambos vivieron en los caóticos tiempos de la extinta Ming; ninguno de los dos tuvo mucha suerte en su carrera política pese a haber nacido en el seno de familias de académicos y, como resultado, los dos se entregaron en cuerpo y alma a la escritura creativa con la esperanza de despertar al pueblo y evitar el derrumbe de la moralidad social. Ling fue además editor. Desde los tiempos de su abuelo, su clan tenía una imprenta y los libros impresos con bloques de madera en colores de la Casa Ling eran muy populares por aquel entonces. Su participación en el negocio tuvo evidentemente una gran influencia en su perspectiva, valores y creación literaria.

Pinghua raramente abordó temas afines al ejército, el Estado, los emperadores, los altos funcionarios y los generales. Más bien describía al hombre común y corriente, sus alegrías y sus penas. Lo que el autor deseaba transmitir a través de *pinhua* era completamente diferente a lo que perseguían la poesía y los ensayos literarios.

Una de las temáticas principales abordadas por *pinghua* es el amor entre el hombre y la mujer, temática a la que le concede un papel primordial en los relatos. Los amantes ignoran las limitaciones de los ritos, el estatus social o la riqueza; siempre que exista amor verdadero, nada puede impedir la unión entre un hombre y una mujer. "El maestro del jade" describe el amor entre dos sirvientes de un príncipe y crea un personaje femenino que busca valientemente el derecho a contraer nupcias con la persona que ama. Qu Xiuxiu es una joven y talentosa bordadora que mientras se desempeña como costurera en el palacio del príncipe Xian'an se enamora de Cui Ning, maestro del jade contratado por Su Alteza para trabajar una pieza de ese material. Xiuxiu toma la iniciativa y le propone matrimonio a Cui Ning. La pareja se escapa, pero, desafortunadamente, es capturada y el príncipe condena a Xiuxiu a muerte. Luego, el fantasma de Xiuxiu acompaña a Cui. En la sociedad feudal, una sirvienta no tenía derecho a elegir su esposo por lo que la acción de Xiuxiu es considerada una flagrante violación de la ley. De acuerdo con la ética feudal, la mujer que toma la iniciativa de amar a un hombre es una vergüenza. Pese a todas esas limitaciones feudales, Xiuxiu busca su propio amor, aunque esa búsqueda le cueste la vida. El autor muestra su solidaridad con la joven al compartir su sentir hacia la moralidad feudal.

"El vendedor de aceite y la cortesana" cuenta el romance entre un comerciante y una cortesana. Antiguamente, era muy común escribir sobre las prostitutas en la ficción en chino clásico. Dicha ficción, representada por "La historia de Li Wa" (李娃传), da fe principalmente de los amoríos entre académicos y cortesanas famosas. La unión "de un hombre talentoso y una hermosa mujer" se ha convertido en un modelo estereotipado de esos cuentos. En este relato, sin embargo, el héroe Qin Zhong es un vendedor que va haciendo negocio de calle en calle. Qin, hombre sencillo y honesto, cuida con esmero de una cortesana conocida como la "reina de la belleza" sin jamás mostrar el más mínimo desprecio, lo que conmueve a la chica, quien accede a casarse con él. La joven sacrifica todos sus ahorros para comprar su libertad y dejar por siempre el prostíbulo. La muchacha es consciente de que los hombres que la pretenden, que no saben más que entregarse a los placeres de la bebida y las mujeres, compran favores sexuales, no buscan el amor verdadero. Únicamente, podría confiar por siempre en un hombre como Qin. El cuento exalta el amor verdadero de la pareja en el estrato más bajo de la sociedad. Otra historia sobre una joven cortesana es la titulada "El joyero de la cortesana Du" (杜十娘怒沉百宝箱). Ambos relatos abordan la temática de la cortesana que sueña con una vida decente y normal contrayendo matrimonio con un buen hombre. El primer cuento tiene un final feliz mientras que el segundo termina en tragedia. Du Wei, célebre cortesana, se enamora de Li Jia, descendiente de una familia de funcionarios. Li, estudiante del colegio imperial en Beijing, se siente atraído por la cortesana y dilapida todo su dinero en ella. Du toma todos sus ahorros y compra su libertad. La joven está lista para ir con Li a su pueblo natal y llevar una vida normal. Sin embargo, Li la menosprecia en lo más profundo de su alma por ser prostituta y en el camino de vuelta a casa, al pensar que sus padres no la aceptarán, la vende. Enojada y decepcionada, la cortesana se lanza al río con todos sus ahorros —un joyero con prendas de gran valor—. La crueldad de Li contrasta enormemente con la honestidad y la fidelidad del vendedor de aceite.

Otro rasgo importante de *pinghua* es sus personajes comerciantes, lo cual contradecía la creencia tradicional de que ser comerciante es un trabajo de la clase baja. En la sociedad feudal china, el estrato social, en orden descendiente, era como sigue: académicos, campesinos, artesanos y, el escalón más bajo lo ocupaban los comerciantes. A principios de la dinastía Ming, las políticas de la corte imperial favorecían la agricultura y restringían el comercio. El estatus de los comerciantes era muy bajo tal y como ejemplificaban las restricciones impuestas al vestuario. Los campesinos podían vestir ropa de seda, lana, seda cruda fina y paño; en cambio, los comerciantes solo podían confeccionar su ropa con seda cruda fina y paño, nada de seda o lana. Su bajo estatus social queda ilustrado en la regulación anunciada en 1506: "Los comerciantes, sirvientes, artistas y pueblo de la clase baja no pueden vestir abrigos de visón". No obstante, en *pinghua*, los comerciantes son con mucha frecuencia héroes o personajes positivos. En el cuento "El vendedor honesto", el héroe Zhang Sheng, dependiente de una tienda de hilos, se niega a ser seducido por su jefa, una joven dama acaudalada. Afortunadamente, por su negativa, Zhang evade el infortunio. El autor escribe con autoridad: "Aunque la mayoría de los hombres venera la riqueza y la belleza también, el buen hombre no se deja seducir por su encanto. Y si uno es tan honesto como Zhang Sheng, ¡ni los hombres ni los fantasmas pueden hacerle daño!". Qin Zhong en "El vendedor de aceite y la cortesana" consigue la mano de su amada gracias a su honestidad y preocupación por ella. "Las mandarinas y la tortuga" describe la aventura de un comerciante fracasado llamado Wen Ruoxu, que se marcha a una isla desierta donde se encuentra un caparazón de tortuga vacío y se saca la lotería. Wen llega a amasar una fortuna impensable. Cuando un comerciante persa le dice que en el caparazón de tortuga que había traído, había 24 perlas ocultas y cada una de ellas tenía el mismo valor que el caparazón que él quería comprarle, otros comerciantes exhortaron a Wen a cambiar de parecer y pedir un precio más alto. Sin embargo, cuando Wen afirma que "uno no debe ser avaro… Si el persa no hubiese considerado el caparazón como un tesoro, no habría tenido ningún valor para nosotros. Estamos endeudados con él por habérnoslo revelado. ¿Cómo podría ser tan malagradecido y discutir el precio con él?". El escritor exalta a Wen como hombre honesto y merecedor de su buena fortuna. Antaño, ser comerciante había sido considerado un oficio de bajo nivel, pero en las temáticas y personajes del *pinghua*, este punto de vista prejuiciado se niega, demostrando que los comerciantes también son personas de buena moral y bondadosas.

Muchos cuentos *pinghua* abordan casos criminales y civiles. No obstante, no explican cómo un caso es investigado y aclarado. Los escritores están más interesados en la descripción de las personas involucradas en estos casos que, de una forma u otra, exponen indirectamente la estupidez de los funcionarios y la sordidez de los gobiernos. Por su parte, "Las quince sartas de monedas" es un relato sobre una injusticia. El comerciante Liu Gui tiene 15 sartas de monedas que le dio su suegro y le dice a su concubina en broma que la había vendido por esa misma cantidad. La concubina se marcha de la casa y pasa la noche con uno de sus vecinos antes de emprender el viaje de vuelta a la casa de sus padres a la mañana siguiente. Por el camino se encuentra con el joven comerciante Cui Ning y realizan el viaje juntos. De repente, dos vecinos le dan alcance y los traen de regreso para que enfrenten a la justicia. El dilema era que su esposo había sido asesinado esa misma noche en que ella se marchó y las 15 sartas de monedas habían desaparecido. Entonces, como la concubina viajaba en compañía de Cui Ning, los dos eran sospechosos de adulterio. El magistrado de la ciudad tortura una y otra vez a Cui Ning y a la concubina hasta que pierden el conocimiento. La desafortunada pareja acaba declarándose culpable y aceptando que, tentados por el dinero, asesinaron y robaron a Liu Gui. Lamentablemente, Cui Ning y la concubina son condenados a pena de muerte. Posteriormente, casi que por casualidad, el verdadero asesino es apresado y se enmienda la injusticia. El autor realiza el siguiente comentario: "Ahora, mis dignos lectores, si la concubina y Cui Ning hubiesen cometido el asesinato y el robo, ¿no se habrían marchado esa misma noche? ¿Por qué la concubina se habría quedado a pasar la noche en casa del vecino y seguir camino al día siguiente a casa de sus padres facilitando así su captura? Cualquier persona que lo pensara dos veces se percataría de que se había cometido una injusticia. Si embargo, el magistrado de la ciudad fue un tonto, que presa de la impaciencia por cerrar el caso, no se detuvo a pensar que todo ser humano bajo tortura confiesa haber cometido el delito". En la sociedad feudal, las injusticias como estas no eran poco comunes ni accidentales. Los jueces se basaban no en la evidencia, sino en la tortura y las "confesiones" forzosas. Esta era una metodología muy arraigada en el sistema judicial de la antigua China, fundamentada por una ideología que desdeñaba los derechos humanos. Una vez que se sospechaba que un ciudadano había cometido un delito, perdía automáticamente todos sus derechos. Sencillamente como viajaban juntos, se asumió el adulterio de la concubina y el hombre porque los vecinos estaban indignados y pedían castigar a los adúlteros. Consecuentemente, se acabó cometiendo una injusticia. De cierta forma, "Las quince sartas de monedas" es uno de los cuentos más exhaustivos en lo que a la exposición de la naturaleza del sistema feudal concierne.

Los *pinghua* de las dinastías Song y Ming son muy abarcadores en lo que a temática se refiere. Es significativo destacar que retratan fielmente la sociedad en la larga historia de China. Es difícil encontrar, tanto en la poesía y los ensayos de los literatos como en los registros históricos y biografías, personajes tan vívidos y una sociedad tan variopinta como la que describen estas narraciones. De ahí su excepcional valor artístico e ideológico. Los relatos de las "Tres compilaciones" de Feng Menglong y las dos series de *Golpeando la mesa con asombro* de Ling Mengchu llegaron a Europa a principios del siglo XIX. En las postrimerías de las dinastías Ming y Qing, se seleccionaron 40 narraciones de las "Tres compilaciones" de Feng Menglong y las dos series de *Golpeando la mesa con asombro* y se compilaron en la famosa colección titulada *Cuentos maravillosos del presente y el pasado* (今古奇观), los cuales circularon ampliamente en China. Las traducciones publicadas en el extranjero pertenecían en su mayoría a esta compilación. En 1820, "La pareja entrañable" o "La historia de Sungkin", cuento chino traducido por P.P. Thoms de "El sombrero de fieltro deshilachado" (宋小官团圆破毡笠), fue publicado por Black & Co., Londres. "El vendedor de aceite y la cortesana" fue traducido al francés como "Le Vendeur d'huile qui seul possède la Reine-de-Beauté ou Splendeurs et misères des courtisanes chinoises", y publicado en 1877 por Ed. Maisonneuve en París y Brill en Leiden en los Países Bajos. "La hija del jefe de los mendigos" (金玉奴棒打薄情郎) y otros tres cuentos fueron traducidos al latín por Angelo Zottoli (Chao Deli) y publicados en el primer volumen de *Cursus Literaturae Sinicae* en Shanghai, 1879. En tanto, las traducciones al japonés datan de mucho antes. En el siglo XVIII, ya circulaban obras selectas y colecciones. De hecho, existían varias ediciones de las traducciones de *Cuentos maravillosos del presente y el pasado*. Una de ellas fue realizada por Inoue Kobai y publicada por la librería Shimizu en Tokio. Otra fue traducida por Chida Kuichi y Komada Shinji e incluida en las Obras Completas de la Literatura Clásica China y el Tesoro Literario Oriental.

Esta colección incluye 20 cuentos seleccionados de las "Tres compilaciones" y las dos series de *Golpeando la mesa con asombro*. El texto chino fue compilado sobre la base de las versiones de Tianxuzhai (天许斋), Jianshantang (兼善堂), Ye Jingchi (叶敬池) y Shangyoutang (尚友堂), con muy pocas omisiones y cambios en algunos relatos.

Shi Changyu
Profesor del Instituto de Investigación de Literatura
de la Academia de Ciencias Sociales de China

滕大尹鬼断家私

El testamento escondido

刘小官雌雄兄弟

Los dos hermanos

金玉奴棒打薄情郎
La hija del jefe de los mendigos

沈小霞相会出师表

El hombre justo es vengado

宋小官团圆破毡笠

El sombrero de fieltro deshilachado

杜十娘怒沉百宝箱

El joyero de la cortesana Du

目　录

崔待诏生死冤家	1
小夫人金钱赠年少	39
十五贯戏言成巧祸	77
简贴僧巧骗皇甫妻	129
小水湾天狐诒书	159
滕大尹鬼断家私	217
刘小官雌雄兄弟	285
金玉奴棒打薄情郎	345
沈小霞相会出师表	377
宋小官团圆破毡笠	481
杜十娘怒沉百宝箱	551

ÍNDICE

El maestro del jade	1
El vendedor honesto	39
Las quince sartas de monedas	77
El boleto de la suerte del monje	129
La venganza de los zorros	159
El testamento escondido	217
Los dos hermanos	285
La hija del jefe de los mendigos	345
El hombre justo es vengado	377
El sombrero de fieltro deshilachado	481
El joyero de la cortesana Du	551
Notas	611

崔待诏生死冤家

EL MAESTRO DEL JADE

绍兴年间，行在有个关西延州延安府人。本身是三镇节度使咸安郡王。当时怕春归去，将带着许多钧眷游春。至晚回家，来到钱塘门里车桥，前面钧眷轿子过了，后面是郡王轿子到来。则听得桥下裱褙铺里一个人叫道："我儿出来看郡王！"当时郡王在轿里看见，叫帮窗虞候道："我从前要寻这个人，今日却在这里。只在你身上，明日要这个人入府中来。"当时虞候声诺，来寻这个看郡王的人，是甚色目人。正是：

尘随车马何年尽？情系人心早晚休。

只见车桥下一个人家，门前出着一面招牌，写着"璩家装裱古今书画"。铺里一个老儿，引着一个女儿，生得如何？

云鬟轻笼蝉翼，蛾眉淡拂春山，朱唇缀一颗樱桃，皓齿排两行碎玉。莲步半折小弓弓，莺啭一声娇滴滴。

Durante el periodo Shaoxing (1131-1162) vivía en Hangzhou, la capital del Sur, el príncipe Xian'an, oriundo de Yan'an y gobernador militar de tres enclaves defensivos. Un buen día, al percatarse de que la primavera estaba por despedirse, invitó a un grupo de amigas de la corte a dar un paseo para disfrutar del paisaje. En la tarde, en el camino de regreso, ya habían atravesado la puerta Qiantang y los palanquines de las damas habían cruzado el puente del carruaje, cuando el príncipe, cuyo palanquín se había quedado rezagado, escuchó a alguien que gritaba en una tienda junto al puente:

—Sal muchacha a ver al príncipe.

Acto seguido, salió una joven y tan pronto como el príncipe la vio le dijo a su guardaespaldas:

—¡Esa es la joven que he estado esperando! Asegúrate de llevarla mañana al palacio.

El guardaespaldas asintió e inmediatamente se dispuso a cumplir la orden del príncipe. Al lado del puente había una casa con un letrero que decía: "La Casa de Qu, se montan pinturas modernas y antiguas". Fue precisamente de este establecimiento que salió un anciano acompañado por una joven. ¿Qué cómo era la chica?

> *Cabello de nube más ligero que las alas de una cigarra;*
> *Cejas cual polilla más perfectas que las colinas en primavera;*
> *Labios rojo cereza, dientes de jade y canto más dulce que el de un oriol.*

便是出来看郡王轿子的人。虞候即时来他家对门一个茶坊里坐定。婆婆把茶点来，虞候道："启请婆婆，过对门裱褙铺里请璩大夫来说话。"婆婆便去请到来，两个相揖了就坐。璩待诏问："府干有何见谕？"虞候道："无甚事，闲问则个。适来叫出来看郡王轿子的人是令爱么？"待诏道："正是拙女，止有三口。"虞候又问："小娘子贵庚？"待诏应道："一十八岁。"再问："小娘子如今要嫁人，却是趋奉官员？"待诏道："老拙家寒，那讨钱来嫁人？将来也只是献与官员府第。"虞候道："小娘子有甚本事？"待诏说出女孩儿一件本事来，有词寄《眼儿媚》为证：

深闺小院日初长，娇女绮罗裳。不做东君造化，金针刺绣群芳。

斜枝嫩叶包开蕊，唯只欠馨香。曾向园林深处，引教蝶乱蜂狂。

Así era la muchacha que había salido a ver el palanquín del príncipe. El guardaespaldas fue y se sentó en una casa de té enfrente y cuando la anciana le trajo la infusión le pidió:

—¿Me haría el favor de preguntarle al señor Qu, el de la tienda de montaje de pinturas al cruzar la calle, si podría venir a hablar conmigo?

La mujer buscó al viejo Qu; y tras intercambiar los respectivos saludos, los dos hombres tomaron asiento.

—¿En qué puedo servirle? —preguntó el viejo Qu.

—No es nada, solo una pregunta sin importancia. ¿La chica que usted llamó y le pidió que saliera a ver el palanquín del príncipe es su hija?

—Sí, es mi hija. Solo tenemos una hija.

—¿Qué edad tiene?

—18 años.

—¿Tiene intenciones de ofrecer su mano en matrimonio a alguien o presentársela a algún funcionario?

—Yo soy un hombre pobre. ¿De dónde sacaría el dinero para casarla? Tendré que mandarla a servir en la casa de algún funcionario.

—¿Cuáles son las virtudes de su hija?

Entonces, el viejo Qu le respondió como dice la letra de la canción:

Los días se hacen eternos,

Y en su apacible recámara,

La joven borda flores,

Con su aguja desafía a la naturaleza.

Bordando hermosas flores en una rama inclinada,

De tiernas hojas, delicados brotes y abundantes zarcillos,

En todo menos en el aroma, idénticas a las reales;

Errantes mariposas y abejas vuelan para iluminar su bordado.

原来这女儿会绣作。虞候道："适来郡王在轿里,看见令爱身上系着一条绣裹肚。府中正要寻一个绣作的人,老丈何不献与郡王?"璩公归去,与婆婆说了。到明日写一纸献状,献来府中。郡王给与身价,因此取名秀秀养娘。

不则一日,朝廷赐下一领团花绣战袍,当时秀秀依样绣出一件来,郡王看了欢喜道："主上赐与我团花战袍,却寻甚么奇巧的物事献与官家?"去府库里寻出一块透明的羊脂美玉来,即时叫将门下碾玉待诏,问："这块玉堪做甚么?"内中一个道："好做一副劝杯。"郡王道："可惜恁般一块玉,如何将来只做得一副劝杯?"又一个道："这块玉上尖下圆,好做一个摩侯罗儿。"郡王道："摩侯罗儿,只是七月七日乞巧使得,寻常间又无用处。"数中一个后生,年纪二十五岁,姓崔,名宁,趋事郡王数年,是升州建康府人。当时叉手向前,对着郡王道："告恩王,这块玉

—Precisamente —acotó el guardaespaldas— llamó la atención del príncipe. Desde su palanquín, el mandil bordado que llevaba su hija. Estamos buscando una joven para que borde en el palacio. ¿Por qué no le presenta su hija al príncipe?

El anciano volvió a casa y lo consultó con su esposa. Al día siguiente, formuló la petición y llevó a su hija al palacio. El príncipe pagó por la muchacha y le dio el nombre de Xiuxiu.

Pasado un tiempo, el emperador le obsequió al príncipe una túnica de batalla bordada con patrones de flores, que Xiuxiu replicó a la perfección. El príncipe extremadamente alagado afirmó:

—Su Majestad me ha regalado esta túnica de batalla bordada. ¿Qué regalo exótico podré hacerle a cambio?

El príncipe encontró una fina y traslúcida pieza de jade blanco en su tesorería. Inmediatamente, convocó a sus trabajadores del jade y les preguntó:

—¿Qué pueden hacer con esta pieza de jade?

—Un juego de copas de vino —respondió uno.

—Eso sería una lástima —aseveró el príncipe—. ¡Cómo destinar una pieza de jade tan fina como esta para hacer unas copas de vino!

—Esta pieza es puntiaguda en su parte superior y redondeada en su parte inferior —aseguró otro—. Podría usarse para hacer esas muñecas que las mujeres utilizan para rezar y rogar porque les den hijos.

—Ese tipo de figurilla solo se utiliza el séptimo día del séptimo mes —objetó el príncipe—. No sería útil en otras ocasiones.

Se encontraba en el grupo Cui Ning, artesano de 25 años de edad, oriundo de Jiankang, Shengzhou, que había servido al príncipe durante varios años. El joven dio un paso adelante con las manos apretadas y afirmó:

—Su Alteza: esta pieza en forma de pera no es buena. Todo lo

上尖下圆，甚是不好，只好碾一个南海观音。"郡王道："好，正合我意！"就叫崔宁下手。不过两个月，碾成了这个玉观音。郡王即时写表进上御前，龙颜大喜。崔宁就本府增添请给，遭遇郡王。

不则一日，时遇春天，崔待诏游春回来，入得钱塘门，在一个酒肆，与三四个相知方才吃得数杯。则听得街上闹吵吵，连忙推开楼窗看时，见乱烘烘道："井亭桥有遗漏！"吃不得这酒成，慌忙下酒楼看时，只见：

初如萤火，次若灯光，千条蜡烛焰难当，万座糁盆敌不住。六丁神推倒宝天炉，八力士放起焚山火。骊山会上，料应褒姒逗娇容；赤壁矶头，想是周郎施妙策。五通神牵住火葫芦，宋无忌赶番赤骠子。又不曾泻烛浇油，直恁的烟飞火猛。

崔待诏望见了，急忙道："在我本府前不远。"奔到府中看时，已搬挈得罄尽，静悄悄地无一个人。崔待诏既不见人，且循着左手廊下入去，火光照得如同白日。去那左廊下，一个妇女，摇摇摆摆，从府堂里出来。自言自语，与崔宁打个胸厮撞。崔宁认得是秀秀养娘，倒退两步，低身

que se puede hacer con ella es un Guanyin.

—¡Bien! —exclamó el príncipe—. ¡Fenomenal!

Y le ordenó a Cui poner manos a la obra.

En menos de dos meses, el Guanyin de jade estaba terminado y cuando el príncipe lo envió con una petición al palacio imperial, el emperador quedó encantado con el obsequio. A Cui le aumentaron el salario y continuó trabajando para el príncipe.

El tiempo pasó y pasó y la primavera volvió una vez más. Un día, cuando regresaba de un viaje de placer, Cui fue con tres o cuatro amigos a una taberna en la puerta Qiantang. Había bebido solo unas cuantas copas cuando escuchó un alboroto en la calle. Al abrir la ventana para ver lo que sucedía, escuchó que la gente gritaba:

—¡Fuego en el puente Jingting!

Vaciando sus copas de un solo sorbo, Cui y sus amigos bajaron las escaleras de prisa y salieron a la calle, desde donde divisaron un gran incendio:

Primero, ardía como la luz de una luciérnaga,
Luego como antorchas brillantes,
Eclipsó el resplandor de mil velas,
Las llamas se apoderaron del aire,
El fuego devoraba montañas enteras,
¡Oh, el horno del Cielo se ha volcado!
¡Así de horrible era el incendio!

—¡Eso no está muy lejos del palacio! —exclamó Cui.

Entonces fue corriendo al palacio, solo para descubrir que no quedaba nada y que el lugar estaba desierto. Sin la más mínima esperanza de encontrar un alma con vida, caminaba por el corredor de la izquierda al resplandor del fuego cuando de repente aparece una dama, murmurando para sí misma y choca con él. Al percatarse de

唱个喏。原来郡王当日，尝对崔宁许道："待秀秀满日，把来嫁与你。"这些众人，都撺掇道："好对夫妻！"崔宁拜谢了，不则一番。崔宁是个单身，却也痴心；秀秀见恁地个后生，却也指望。当日有这遗漏，秀秀手中提着一帕子金珠富贵，从左廊下出来。撞见崔宁，便道："崔大夫，我出来得迟了。府中养娘各自四散，管顾不得，你如今没奈何只得将我去躲避则个。"当下崔宁和秀秀出府门，沿着河，走到石灰桥。秀秀道："崔大夫，我脚疼了走不得。"崔宁指着前面道："更行几步，那里便是崔宁住处，小娘子到家中歇脚，却也不妨。"到得家中坐定。秀秀道："我肚里饥，崔大夫与我买些点心来吃！我受了些惊，得杯酒吃更好。"当时崔宁买将酒来，三杯两盏，正是：

　　三杯竹叶穿心过，两朵桃花上脸来。

道不得个"春为花博士，酒是色媒人"。秀秀道："你记得

que era Xiuxiu, Cui retrocedió y susurró una disculpa.

El príncipe le había prometido previamente a Cui: "Cuando Xiuxiu cumpla su contrato de servicio, te la daré en matrimonio".

Los sirvientes le habían reiterado en varias ocasiones: "Harán una bonita pareja". Y Cui les había agradecido por el cumplido.

Cui era soltero y había soñado que la chica, mientras él fuera un joven apuesto, le querría como esposo también.

Ahora, entre toda aquella confusión, emergía Xiuxiu en el corredor izquierdo con un pañuelo en la mano lleno de oro y joyas. Cuando tropezó con Cui le dijo:

—Maestro Cui, me dejaron atrás. Todas las sirvientas se marcharon y no quedó nadie para cuidarme. Tiene que buscarme un lugar donde quedarme.

Cui la acompañó y juntos abandonaron el palacio. Caminaron por la orilla del río hasta que llegaron al puente de mármol blanco. Entonces, la joven exclamó:

—¡Oh, maestro Cui, me duelen los pies! No puedo dar un paso más.

Cui señaló una casa en la cercanía y le respondió:

—Mi casa está a tan solo unos cuantos pasos de aquí y allí podrá descansar.

Así que fueron hasta su casa y se sentaron.

—Tengo mucha hambre —afirmó Xiuxiu—. Cómpreme pasteles y, después del gran susto que he pasado, un poco de vino no me vendría nada mal.

Cui compró el vino y bebieron varias copas juntos.

Después de que la joven sus tres copas de vino vaciara,
Dos flores carmesí se dibujaron en sus suaves mejillas.

Como reza el proverbio: ¡La primavera es la estación de las flores y el vino, el esclavo del amor!

当时在月台上赏月，把我许你，你兀自拜谢。你记得也不记得？"崔宁叉着手，只应得"喏"。秀秀道："当日众人都替你喝采，'好对夫妻！'你怎地到忘了？"崔宁又则应得"喏"。秀秀道："比似只管等待，何不今夜我和你先做夫妻？不知你意下何如？"崔宁道："岂敢。"秀秀道："你知道不敢，我叫将起来，教坏了你，你却如何将我到家中？我明日府里去说。"崔宁道："告小娘子，要和崔宁做夫妻不妨，只一件，这里住不得了，要好趁这个遗漏人乱时，今夜就走开去，方才使得。"秀秀道："我既和你做夫妻，凭你行。"当夜做了夫妻。

四更已后，各带着随身金银物件出门。离不得饥餐渴饮，夜住晓行，迤逦来到衢州。崔宁道："这里是五路总头，是打那条路去好？不若取信州路上去，我是碾玉作，信州有几个相识，怕那里安得身。"即时取路到信州。住

A continuación, Xiuxiu le preguntó a Cui:

—¿Recuerda aquel día en que contemplábamos la luna en la torre y el príncipe prometió casarnos y usted le agradeció? ¿Lo recuerda?

Cui juntó sus dos manos y respetuosamente murmuró:

—Sí.

—Ese día —señaló Xiuxiu— todo el mundo le animó y le aseguró que formaríamos una bonita pareja.

—¿Cómo podría olvidarlo?

Una vez más, Cui simplemente murmuró:

—Sí.

—¿Para qué seguir esperando? ¿Por qué no convertirnos en marido y mujer esta misma noche? ¿Qué piensa?

—No me atrevería.

—Si se niega, —amenazó la joven— gritaré y lo meteré en problema. ¿Si no, para qué me trajo a su casa? Me iré y mañana, en el palacio, les diré a todos lo que sucedió.

—Muy bien, señorita —afirmó Cui—. Podemos ser marido y mujer como desea, pero con una condición: tenemos que irnos de aquí. Podemos aprovechar el incendio, la confusión que ha causado y escapar esta noche.

—Como ya soy su esposa, —aseguró Xiuxiu— haré lo que crea es lo mejor.

Esa noche, se hicieron marido y mujer y, antes de que amaneciera, emprendieron el camino con todo el dinero y sus posesiones. Parando solo para comer, descansando por la noche y viajando por el día llegaron finalmente a Quzhou.

—Hay cinco caminos para salir del pueblo —apuntó Cui—. ¿Cuál tomaremos? Supongamos que vamos a Xinzhou. Soy artesano del jade, tengo amigos en esa ciudad así que podríamos establecernos allí.

了几日，崔宁道："信州常有客人到行在往来，若说道我等在此，郡王必然使人来追捉，不当稳便。不若离了信州，再往别处去。"两个又起身上路，径取潭州，不则一日，到了潭州。却是走得远了，就潭州市里讨间房屋，出面招牌，写着"行在崔待诏碾玉生活"。崔宁便对秀秀道："这里离行在有二千余里了，料得无事，你我安心，好做长久夫妻。"潭州也有几个寄居官员，见崔宁是行在待诏，日逐也有生活得做。崔宁密使人打探行在本府中事。有曾到都下的，得知府中当夜失火，不见了一个养娘，出赏钱寻了几日不知下落。也不知道崔宁将他走了，见在潭州住。

　　时光似箭，日月如梭，也有一年之上。忽一日方早开门，见两个着皂衫的，一似虞候府干打扮，入来铺里坐地，问道："本官听得说有个行在崔待诏，教请过来做生活。"崔宁分付了家中，随这两个人到湘潭县路上来。

Dicho esto, tomaron el camino que conducía a Xinzhou.

Sin embargo, tras pasar varios días en Xinzhou, Cui indicó:

—Hay mucha gente yendo y viniendo de la capital y si alguien le dice al príncipe que estamos aquí, seguramente mandará a sus hombres a arrestarnos. No estamos seguros aquí. Mejor nos vamos a otro sitio.

Así que una vez más emprendieron la marcha, ahora rumbo a Tanzhou.

Transcurrido un tiempo llegaron a Tanzhou, localidad que estaba muy lejos de la capital. Allí alquilaron una casa en la zona del mercado y pusieron un gran letrero que decía: Cui, maestro del jade de la capital.

—Estamos a aproximadamente mil kilómetros de la capital ahora —le dijo Cui a Xiuxiu—. Creo que aquí estaremos a salvo. Podremos olvidar todas nuestras preocupaciones y vivir el resto de nuestra vida como marido y mujer.

En Tanzhou vivía algún que otro funcionario y, cuando supieron que Cui era un artesano muy habilidoso de la capital, le ofrecían trabajo de vez en cuando.

Cui hizo indagaciones secretas sobre el príncipe Xian'an. Entonces, alguien que había estado en la capital le dijo que la noche del incendio, una sirvienta del palacio había desaparecido. El príncipe ofreció una recompensa al que la encontrara y la habían buscado durante varios días, pero no la encontraron. Nadie sabía que Cui había escapado con ella ni que los dos vivían en Tanzhou.

El tiempo pasó tan rápido como una flecha. Algo más de un año después, una mañana cuando Cui abría su taller, llegaron dos lacayos vistiendo libreas negras. Lo hombres tomaron asiento y dijeron:

—Nuestro amo ha escuchado que hay un artesano Cui de la capital y quiere que vaya a hacerle un trabajo.

Luego de informarle a su esposa adonde se dirigía, Cui partió

便将崔宁到宅里相见官人，承揽了玉作生活，回路归家。正行间，只见一个汉子头上带个竹丝笠儿，穿着一领白段子两上领布衫，青白行缠扎着裤子口，着一双多耳麻鞋，挑着一个高肩担儿，正面来，把崔宁看了一看，崔宁却不见这汉面貌，这个人却见崔宁，从后大踏步尾着崔宁来。正是：

谁家稚子鸣榔板，惊起鸳鸯两处飞。

竹引牵牛花满街，疏篱茅舍月光筛；琉璃盏内茅柴酒，白玉盘中簇豆梅。

休懊恼，且开怀，平生赢得笑颜开；三千里地无知己，十万军中挂印来。

这只《鹧鸪天》词是关西秦州雄武军刘两府所作。从顺昌大战之后，闲在家中，寄居湖南潭州湘潭县。他是个不爱财的名将，家道贫寒，时常到村店中吃酒。店中人不识刘两府，谨呼啰唣。刘两府道："百万番人，只如等闲，如今却被他们诬罔！"做了这只《鹧鸪天》流传直到都

con los dos hombres al distrito de Xiangtan. Lo llevaron a una mansión donde lo esperaba el funcionario, aceptó el trabajo y regresó a casa. Por el camino se encontró con un viajero. El hombre llevaba un sombrero de bambú, chaqueta de paño de cuello blanco, sandalias y cargaba dos bultos en una vara sobre sus hombros. Cuando se encontraron cara a cara, el viajero examinó detalladamente a Cui. Por el contrario, Cui no le prestó atención al viajero, quien había reconocido al maestro del jade y de inmediato lo siguió a paso redoblado.

Bien, podríamos preguntar:

¿Quién será el niño travieso que sonará la claqueta hoy para que los tórtolos levanten el vuelo?

En la cerca de bambú florecen las glorias de la mañana,
La luna proyecta una sombra a cuadros en mi habitación de paja;
Mis copas de cristal rebosan de vino campestre,
Mis platos de jade fino desbordan manjares del campo,
Mis preocupaciones ya debería haber olvidado,
Y mi tiempo, a la alegría y la risa haber dedicado;
Aunque todos mis amigos muertos o lejos estén,
Cien mil soldados una vez comandé.

Este poema lo escribió el general Liu Qi del ejército Xiongwu, en la zona de Qinzhou. Luego de la batalla de Shunchang en 1140, el general Liu se retiró al distrito de Xiangtan, Tanzhou. Fue un general famoso que nunca llegó a amasar una fortuna, de hecho llevaba una vida precaria. A menudo frecuentaba las tabernas de la aldea para beber y los aldeanos, que no lo conocían se burlaban de él.

—Sometí a un millón de tropas bárbaras en un abrir y cerrar de ojos —subrayó en cierta ocasión el general—. Sin embargo, ahora sus paisanos se reían de él.

Esta fue la razón que lo llevó a escribir este poema que llegó a oí-

下。当时殿前太尉是杨和王,见了这词,好伤感,"原来刘两府直恁孤寒!"教提辖官差人送一项钱与这刘两府。今日崔宁的东人郡王,听得说刘两府恁地孤寒,也差人送一项钱与他,却经由潭州路过。见崔宁从湘潭路上来,一路尾着崔宁到家,正见秀秀坐在柜身子里,便撞破他们道:"崔大夫,多时不见,你却在这里。秀秀养娘他如何也在这里?郡王教我下书来潭州,今日遇着你们。原来秀秀养娘嫁了你,也好。"当时吓杀崔宁夫妻两个,被他看破。

那人是谁?却是郡王府中一个排军,从小伏侍郡王,见他朴实,差他送钱与刘两府。这人姓郭名立,叫做郭排军。当下夫妻请住郭排军,安排酒来请他,分付道:"你到府中千万莫说与郡王知道!"郭排军道:"郡王怎知得你两个在这里。我没事,却说甚么。"当下酬谢了出门,回到府中,参见郡王,纳了回书。看着郡王道:"郭立前日下书回,打潭州过,却见两个人在那里住。"郡王问:"是

dos de toda la capital. Cuando el príncipe de Yanghe, comandante de la guardia imperial, vio el poema quedó profundamente conmovido.

—¡Pensar que el general Liu es tan pobre! —exclamó.

Acto seguido, pidió a los funcionarios que le enviarán dinero. Cuando el otrora amo de Cui, el príncipe Xian'an, supo de la pobreza del general, también envió un mensajero a llevarle dinero. Este mensajero, que pasó por Tanzhou, fue precisamente el hombre que vio a Cui en el camino de Xiangtan y lo siguió hasta su morada.

Entonces vio a Xiuxiu sentada en el mostrador del taller y gritó:

—¡Maestro Cui! ¡Cuánto tiempo sin verlo! ¿Cómo es qué Xiuxiu también está aquí? He venido a entregar una misiva del príncipe a Tanzhou; esa es la razón por la que estoy aquí. ¡Así que Xiuxiu es su esposa! ¡Vaya, vaya, vaya!

Cui y su esposa sucumbieron al pánico ahora que los habían reconocido. El recién llegado era un sargento del palacio que estaba al servicio del príncipe desde que era niño. Como era digno de confianza, había sido elegido para llevarle el dinero al general Liu. Se llamaba Guo Li y también era conocido como sargento Guo.

Cui y Xiuxiu ofrecieron un banquete al sargento Guo y le imploraron:

—Cuando regrese a palacio, por el amor de Dios, ¡no le diga ni una sola palabra al príncipe sobre nosotros!

—El príncipe nunca lo sabrá —respondió Guo—. Solo me ocupo de mis propios asuntos.

Entonces, les dio las gracias y se marchó. Cuando llegó al palacio, le dio al príncipe el mensaje del general Liu. Luego, mirando a los ojos de su amo le informó:

—En mi camino de regreso, cuando pasaba por Tanzhou, vi a dos personas.

谁？"郭立道："见秀秀养娘并崔待诏两个，请郭立吃了酒食，教休来府中说知。"郡王听说便道："叵耐这两个做出这事来，却如何直走到那里？"郭立道："也不知他仔细，只见他在那里住地，依旧挂招牌做生活。"

郡王教干办去分付临安府，即时差一个缉捕使臣，带着做公的，备了盘缠，径来湖南潭州府，下了公文，同来寻崔宁和秀秀。却似：

　　皂雕追紫燕，猛虎啖羊羔。

不两月，捉将两个来，解到府中。报与郡王得知，即时升厅。原来郡王杀番人时，左手使一口刀，叫做"小青"；右手使一口刀，叫做"大青"。这两口刀不知剁了多少番人。那两口刀，鞘内藏着，挂在壁上。郡王升厅，众人声喏，即将这两个人押来跪下。郡王好生焦躁，左手去壁牙上取下"小青"，右手一掣，掣刀在手，睁起杀番人的眼儿，咬得牙齿剥剥地响。当时吓杀夫人，在屏风背后道："郡王，这里是帝辇之下，不比边庭上面，若有罪

—¿Quiénes eran?

—La joven Xiuxiu y el maestro del jade Cui. Me dieron comida y vino y me pidieron que no le dijera nada.

—¡Entonces, eso es lo que han estado haciendo! —exclamó el príncipe—. ¿Cómo fueron a parar allá?

—No lo sé —aseguró Guo—. Solo sé que ahora él vive allí y tiene un letrero puesto en su casa y está trabajando.

El príncipe ordenó a sus sirvientes ir al gobierno de la ciudad y pedir que mandaran de inmediato un funcionario a Tanzhou con una orden de detención. El susodicho enviado llevó varios asistentes con él y dinero para el camino. Cuando llegó a Tanzhou, solicitó a las autoridades del lugar a ayudarle para encontrar a Cui y a Xiuxiu. ¡Fue como si una bandada de rápidos halcones se abalanzaran sobre los débiles gorriones o como si los tigres se lanzaran sobre los corderitos!

En menos de dos meses, Cui y Xiuxiu fueron apresados y llevados al palacio. Tan pronto como el príncipe supo de su llegada, tomó su asiento en la corte. Durante su campaña contra los tártaros, el príncipe había blandido una "espada azul pequeña" en la mano izquierda y una "espada azul grande" en la mano derecha. ¡Muchos fueron los tártaros que esas dos espadas mataron! Ahora, las dos armas estaban enfundadas y adornaban una pared de la corte. Cuando el príncipe hubo tomado asiento y todos los presentes le habían reverenciado, trajeron a Cui y Xiuxiu, quienes fueron obligados a arrodillarse ante Su Alteza. Consumido por la ira, con la mano izquierda el príncipe tomó la espada azul pequeña y con la derecha la desenfundó, deslumbrante como si volviera a matar tártaros y rechinando los dientes con furia.

La esposa del príncipe estaba muy nerviosa.

—¡Su Alteza! —le susurró a su esposo desde detrás de la cortina—. Aquí estamos bajo la mirada del emperador. No estamos en la

过，只消解去临安府施行，如何胡乱凯得人？"郡王听说道："叵耐这两个畜生逃走，今日捉将来，我恼了，如何不凯？既然夫人来劝，且捉秀秀入府后花园去，把崔宁解去临安府断治。"当下喝赐钱酒，赏犒捉事人。解这崔宁到临安府，一一从头供说："自从当夜遗漏，来到府中，都搬尽了。只见秀秀养娘从廊下出来，揪住崔宁道：'你如何安手在我怀中？若不依我口，教坏了你！'要共崔宁逃走。崔宁不得已，只得与他同走。只此是实。"临安府把文案呈上郡王，郡王是个刚直的人，便道："既然恁地，宽了崔宁。且与从轻断治。崔宁不合在逃，罪杖，发遣建康府居住。"

当下差人押送。方出北关门，到鹅项头，见一顶轿儿，两个人抬着，从后面叫："崔待诏，且不得去！"崔宁认得像是秀秀的声音，赶将来又不知恁地？心下好生疑惑！

frontera. Si han cometido alguna falta, permita que sean las autoridades de la ciudad quienes los juzguen. No corte cabezas al azar.

El príncipe respondió a su esposa:

—¿Cómo estos dos desgraciados se atrevieron a escapar? Ahora están atrapados y yo estoy enojado, ¿por qué no los puedo matar? Pero como me desaconsejas hacerlo, haré que lleven a la sirvienta al jardín del fondo y a Cui lo enviaré al tribunal de la ciudad para que sea juzgado.

El príncipe ordenó también pagar una recompensa en efectivo y vino a los funcionarios que detuvieron a los fugitivos. Ante el tribunal de la ciudad, Cui confesó:

—Después del incendio aquella noche, cuando llegué al palacio vi que se lo habían llevado todo. Entonces, me encontré con Xiuxiu en el corredor, quien me agarró y me dijo: "¿Por qué me has puesto tu mano sobre mi pecho? Si no haces lo que te pido, te meteré en problemas". Ella quería escapar y yo tuve que acompañarla. Le estoy diciendo la verdad.

Las autoridades de la ciudad enviaron las declaraciones del caso al príncipe Xian'an, un hombre muy severo, pero a la vez muy justo.

—Como este es el caso, —sentenció— el castigo de Cui será leve.

Por haber huido, Cui fue golpeado y desterrado a Jiankang. Una escolta armada le acompañaba a Cui en su camino al exilio. Había cruzado la puerta Norte, pasaba el recodo Cuello de Ganso cuando vio dos hombres tirando de un palanquín negro y escuchó que alguien le gritaba:

—Espere por mí maestro Cui.

El joven creyó reconocer la voz de Xiuxiu, pero no entendía cómo era posible que fuera detrás de él. Una vez mordido, dos ve-

伤弓之鸟，不敢揽事，且低着头只顾走。只见后面赶将上来，歇了轿子，一个妇人走出来，不是别人，便是秀秀，道："崔待诏，你如今去建康府，我却如何？"崔宁道："却是怎地好？"秀秀道："自从解你去临安府断罪，把我捉入后花园，打了三十竹篦，遂便赶我出来。我知道你建康府去，赶将来同你去。"崔宁道："恁地却好。"讨了船，直到建康府。押发人自回。若是押发人是个学舌的，就有一场是非出来。因晓得郡王性如烈火，惹着他不是轻放手的。他又不是王府中人，去管这闲事怎地？况且崔宁一路买酒买食，奉承得他好，回去时就隐恶而扬善了。

　　再说崔宁两口在建康居住，既是问断了，如今也不怕有人撞见，依旧开个碾玉作铺。浑家道："我两口却在这里住得好，只是我家爹妈自从我和你逃去潭州，两个老的吃了些苦。当日捉我入府时，两个去寻死觅活，今日也好教人去行在取我爹妈来这里同住。"崔宁道："最好。"便教人来行在取他丈人丈母，写了他地理脚色与来人。到临安

ces tímido: así que bajó la cabeza y siguió su camino. Finalmente, el palanquín le dio alcance y la mujer que descendió de éste resultó ser nada más y nada menos que Xiuxiu.

—Tú vas a Jiankang, pero ¿qué será de mí? —inquirió la muchacha.

—¿Qué quieres?

—Después de que te llevaron al tribunal de la ciudad para que te juzgaran, a mí me llevaron al jardín del fondo, me pegaron 30 veces con una vara de bambú y me expulsaron del palacio. Cuando supe que te ibas a Jiankang, salí corriendo detrás de ti para darte alcance.

—Bien —aseveró Cui.

Así que alquilaron una embarcación y viajaron sin escalas a Jiankang. Una vez allí, la escolta de Cui regresó a la capital. Si la escolta habría sido un hablantín, Cui se habría metido en problemas una vez más. La escolta sabía que el príncipe Xian'an tenía muy mal temperamento y que la gente que lo ofendía no escapaba a la ligera. No obstante, como no servía al príncipe, lo que estaba ocurriendo no era de su incumbencia. Por otra parte, Cui lo había tratado muy bien por todo el camino, comprándole vino y comida. Así que mantuvo su boca cerrada. Cui y su esposa se establecieron en Jiankang. Como ya había sido sentenciado, Cui nunca más sintió miedo de que la gente lo reconociera y continuó con su trabajo como maestro del jade.

—Nos va muy bien aquí, —dijo Xiuxiu un día— pero mis ancianos padres deben estarla pasando mal desde que me fui contigo a Tanzhou. Cuando nos arrestaron, intentaron suicidarse. Enviemos a alguien a la capital por ellos para que vivan aquí con nosotros.

—Muy bien —respondió Cui.

Acto seguido, le dijo a un hombre dónde vivían los padres de su esposa y lo envió a buscarlos a la capital. Cuando el emisario llegó a

府寻见他住处，问他邻舍，指道："这一家便是。"来人去门首看时，只见两扇门关着，一把锁锁着，一条竹竿封着。问邻舍："他老夫妻那里去了？"邻舍道："莫说！他有个花枝也似女儿，献在一个奢遮去处。这个女儿不受福德，却跟一个碾玉的待诏逃走了。前日从湖南潭州捉将回来，送在临安府吃官司，那女儿吃郡王捉进后花园里去。老夫妻见女儿捉去，就当下寻死觅活，至今不知下落，只恁地关着门在这里。"来人见说，再回建康府来，兀自未到家。

且说崔宁正在家中坐，只见外面有人道："你寻崔待诏住处？这里便是。"崔宁叫出浑家来看时，不是别人，认得是璩父璩婆。都相见了，喜欢的做一处。那去取老儿的人，隔一日才到，说如此这般，寻不见，却空走了这遭。两个老的且自来到这里了。两个老人道："却生受你，我不知你们在建康住，教我寻来寻去，直到这里。"其时四口同住，不在话下。

la capital, encontró el barrio donde vivían los padres de Xiuxiu y les pidió a los lugareños que lo llevaran a su morada.

—Es allí —alguien le indicó.

Fue hasta la puerta, pero estaba cerrada con candado y atrancada con una vara de bambú. ¿Adónde se habrán ido los ancianos?, preguntó al vecino, quien respondió:

—Es una triste historia. Tenían una hija tan bella como una flor, a la que presentaron a una familia noble. Sin embargo, la joven no estaba contenta con su buena fortuna y escapó con un maestro del jade. Hace un tiempo, ella y su amante fueron apresados y traídos de vuelta a Tanzhou para ser juzgados. A la joven la llevaron al jardín del fondo del príncipe para que recibiera su castigo y, cuando eso ocurrió, la longeva pareja intentó quitarse la vida. Desde entonces, nadie los ha vuelto a ver jamás y esa es la razón por la que su casa está cerrada con candado.

Siendo este el caso, el emisario regresó a Jiankang. Un día antes de que el hombre regresara, Cui escuchó que alguien afuera de su taller decía:

—¿Querías saber dónde estaba el taller de Cui? Pues aquí está.

Cuando llamó a Xiuxiu para que viera quiénes eran, la joven constató que eran sus padres. Se saludaron y estaban encantados de volverse a ver. Al día siguiente, llegó el mensajero lamentando que el viaje hubiera sido en vano porque no había encontrado a los ancianos, quienes habían venido por su propia cuenta.

—Gracias por tomarse tanto trabajo —le dijeron los padres de Xiuxiu al mensajero.

—No sabíamos dónde estabas —le comunicaron a Xiuxiu—. Te buscamos por todas partes, anduvimos mucho antes de encontrarte.

Ahora, todos vivían juntos.

且说朝廷官里，一日到偏殿看玩宝器，拿起这玉观音来看，这个观音身上，当时有一个玉铃儿，失手脱下。即时问近侍官员："却如何修理得？"官员将玉观音反覆看了，道："好个玉观音！怎地脱落了铃儿？"看到底下，下面碾着三字："崔宁造。""恁地容易，既是有人造，只消得宣这个人来，教他修整。"敕下郡王府，宣取碾玉匠崔宁。郡王回奏："崔宁有罪，在建康府居住。"即时使人去建康，取得崔宁到行在歇泊了。当时宣崔宁见驾，将这玉观音教他领去，用心整理。崔宁谢了恩，寻一块一般的玉，碾一个铃儿接住了，御前交纳。破分请给养了崔宁，令只在行在居住。崔宁道："我今日遭际御前，争得气。再来清湖河下寻间屋儿开个碾玉铺，须不怕你们撞见！"

可煞事有斗巧，方才开得铺三两日，一个汉子从外面过来，就是那郭排军。见了崔待诏，便道："崔大夫恭喜

Un buen día, el emperador fue a su tesorería para admirar sus tesoros y cuando tomó en sus manos el Guanyin de jade que había hecho Cui, una de las campanillas de jade de la figura se cayó.

—¿Cómo la podremos reparar? —le preguntó al funcionario que le acompañaba.

El funcionario estudió la figurilla y aseguró:

—¡Qué obra tan fina! Es una pena que se haya roto una campanilla.

Cuando miró la base, vio una inscripción que decía: Hecho por Cui Ning.

—¡Es muy sencillo! —señaló—. Como sabemos quién la esculpió, todo lo que tenemos que hacer es mandarlo a llamar para que la arregle.

Entonces, el emperador ordenó al príncipe Xian'an mandar a Cui Ning al palacio.

Cuando el príncipe le comunicó que Cui vivía en Jiankang porque había cometido un delito, el emperador envió de inmediato a sus mensajeros a buscarlo y traerlo a la capital. El emperador le dio a Cui la figurilla de jade y le dijo que la arreglara con mucho cuidado. Cui dio las gracias al emperador, buscó un jade del mismo color que la pieza original, esculpió una campanilla nueva y arregló el Guanyin. Cuando devolvió la estatuilla al emperador, recibió una jugosa recompensa y le fue ordenado mudarse a la capital.

—¡Ahora estoy en los buenos libros del emperador y la suerte me vuelve a sonreír! —espetó Cui—. Tengo que buscar otra casa a la orilla del río donde pueda poner mi taller, sin que me importe quien me vea.

Tal y como lo había deseado, llevaba abierto su taller tan solo dos días cuando el sargento Guo pasó por el sitio. Al ver a Cui, le dijo:

了!你却在这里住?"抬起头来,看柜身里却立着崔待诏的浑家。郭排军吃了一惊,拽开脚步就走。浑家说与丈夫道:"你与我叫住那排军!我相问则个。"正是:

平生不作皱眉事,世上应无切齿人。

崔待诏即时赶上扯住,只见郭排军把头只管侧来侧去,口里喃喃地道:"作怪,作怪!"没奈何,只得与崔宁回来,到家中坐地。浑家与他相见了,便问:"郭排军,前者我好意留你吃酒,你却归来说与郡王,坏了我两个的好事。今日遭际御前,却不怕你去说。"郭排军吃他相问得无言可答,只道得一声"得罪!"相别了,便来到府里,对着郡王道:"有鬼!"郡王道:"这汉则甚?"郭立道:"告恩王,有鬼!"郡王问道:"有甚鬼?"郭立道:"方才打清湖河下过,见崔宁开个碾玉铺,却见柜身里一个妇女,便是秀秀养娘。"郡王焦躁道:"又来胡说!秀秀被我打杀了,埋在后花园,你须也看见,如何又在那里?却不是取笑我?"郭立道:"告恩王,怎敢取笑!方才叫住郭立,相

—¡Felicitaciones, señor Cui!¡Así que aquí es donde vives!

Pero cuando levantó la vista y vio a Xiuxiu parada detrás del mostrador, se llevó tal susto que dio la vuelta y se marchó.

—Dile a ese sargento que vuelva —le pidió Xiuxiu a Cui—. Quiero hacerle una pregunta.

El hombre que no causa sufrimiento a sus amigos nunca sentirá su odio ni su desprecio.

Cui dio alcance a Guo, quien sacudía la cabeza y murmuraba: "¡Qué extraño! ¡Qué extraño!". Y tuvo que regresar con Cui al taller.

Luego de que Xiuxiu saludó a Guo, ésta le dijo:

—Sargento Guo, en Tanzhou fuimos buenos contigo y te agasajamos con un banquete, pero cuando regresaste le dijiste al príncipe y rompiste nuestro matrimonio. Ahora que nos hemos ganado el favor del emperador, no le tenemos miedo a nada de lo que pueda decir.

Guo no emitió respuesta alguna y se limitó a murmurar una disculpa mientras se escabullía. De regreso al palacio le comunicó al príncipe:

—¡He visto un fantasma!

—¿Acaso estás delirando? —preguntó el príncipe.

—¡Su Alteza: he visto un fantasma!

—¿Qué fantasma?

—Iba caminando por la orilla del río cuando divisé el taller de jade de Cui. Entonces, vi una mujer detrás del mostrador y era la sirvienta Xiuxiu.

¡Eso no tiene sentido! —vociferó el príncipe—. Yo ordené que le dieran una paliza a muerte a Xiuxiu y la enterraran en el jardín del fondo. Tú dices haberla visto con tus propios ojos. ¿Cómo es posible que esté ahí otra vez? ¿Te estás burlando de mí?

—¡Jamás me atrevería, Su Alteza! —se quejó Guo—. Ella acaba de pararme y hablar conmigo. Si Su Alteza no me cree, estoy dispues-

问了一回。怕恩王不信，勒下军令状了去。"郡王道："真个在时，你勒军令状来！"那汉也是合苦，真个写一纸军令状来。郡王收了，叫两个当直的轿番，抬一顶轿子，教："取这妮子来。若真个在，把来凯取一刀；若不在，郭立，你须替他凯取一刀！"郭立同两个轿番来取秀秀。正是：

麦穗两岐，农人难辨。

郭立是关西人，朴直，却不知军令状如何胡乱勒得。三个一径来到崔宁家里，那秀秀兀自在柜身里坐地。见那郭排军来得恁地慌忙，却不知他勒了军令状来取你。郭排军道："小娘子，郡王钧旨，教来取你则个。"秀秀道："既如此，你们少等，待我梳洗了同去。"即时入去梳洗，换了衣服出来，上了轿，分付了丈夫。两个轿番便抬着，径到府前。郭立先入去，郡王正在厅上等待。郭立唱了喏，道："已取到秀秀养娘。"郡王道："着他入来！"郭立出来

to a poner mi vida en juego.

—Muy bien —afirmó el príncipe—. Escribe todo lo que me acabaste de contar y fírmalo.

Guo estaba destinado a meterse en problemas: acababa de rubricar una apuesta que el príncipe guardó. Entonces, el príncipe ordenó a dos portadores que estaban de guardia llevar un palanquín al taller de Cui y le dijo a Guo:

—Busca a esa mujer y tráela aquí! Si en verdad es Xiuxiu, haré que la decapiten. Si no es Xiuxiu, tú serás castigado en su lugar.

De inmediato partieron Guo y los dos portadores a buscar a Xiuxiu.

Guo era del Noroeste, un hombre sencillo, incapaz de percatarse de que no se puede firmar un documento como este así como así. Guo fue directo al taller de Cui con los dos portadores y allí estaba Xiuxiu sentada detrás del mostrador. Xiuxiu vio cómo Guo irrumpir en el taller, sin tener la menor idea de que había apostado su vida a que era un fantasma y había venido a arrestarla.

—¡Señora! —gritó Guo—. El príncipe nos ha ordenado que la llevemos al palacio.

—Esperen un momento —mantuvo Xiuxiu— a que me asee y me peine.

Una vez bañada y tras cambiarse de ropa, salió, subió al palanquín y le dijo adiós a su esposo.

Cuando los portadores llegaron al palacio con Xiuxiu, el sargento Guo pasó primero a ver al príncipe que aguardaba en el corredor. Al saludarlo, Guo aseveró:

—He traído a Xiuxiu.

—Háganla pasar —ordenó el príncipe.

Guo salió y le dijo:

道：“小娘子，郡王教你进来。”掀起帘子看一看，便是一桶水倾在身上，开着口，则合不得，就轿子里不见了秀秀养娘。问那两个轿番道：“我不知，则见他上轿，抬到这里，又不曾转动。”那汉叫将入来道：“告恩王，怎地真个有鬼！”郡王道：“却不叵耐！”教人：“捉这汉，等我取过军令状来，如今凯了一刀。先去取下'小青'来。”那汉从来伏侍郡王，身上也有十数次官了。盖缘是粗人，只教他做排军。这汉慌了道：“见有两个轿番见证，乞叫来问。”即时叫将轿番来道：“见他上轿，抬到这里，却不见了。”说得一般，想必真个有鬼，只消得叫将崔宁来问。便使人叫崔宁来到府中。崔宁从头至尾说了一遍。郡王道：“怎地，又不干崔宁事，且放他去。”崔宁拜辞去了。

—Señora, el príncipe le ordena pasar.

Sin embargo, cuando levantó la cortina del palanquín, sintió como si le hubiesen vertido encima un balde de agua helada. Se quedó allí boquiabierto porque Xiuxiu había desaparecido.

—No sabemos lo que pudo haber pasado —aseguraron los dos portadores cuando les preguntó—. La vimos subir al palanquín, la trajimos aquí y no nos hemos separado del palanquín.

El sargento fue llamado de vuelta al palacio.

—¡Su Alteza! —gritó—. ¡Era un fantasma de verdad!

El príncipe vociferó:

—¡Esto es demasiado! —y ordenó—: ¡Deténganlo! Permítanme ir por esa apuesta y le cortaré la cabeza.

Entonces tomó la espada azul pequeña colgada en la pared.

El sargento Guo había servido al príncipe durante muchos años, tiempo durante el cual el príncipe lo había ascendido una docena de veces. No obstante, como era un hombre rudo no había superado nunca el rango de sargento. Ahora, presa del pánico, declaró:

—Tengo a los dos portadores como testigos. Por favor, hágalos llamar e interróguelos.

Inmediatamente mandaron a llamar a los dos portadores quienes declararon:

—La vimos subir al palanquín y la trajimos aquí, pero entonces desapareció.

Como sus declaraciones coincidían, todo parecía indicar que Xiuxiu tenía que ser verdaderamente un fantasma. Así que el príncipe mandó a buscar a Cui, quien le contó todo lo sucedido.

—Aparentemente Cui no es culpable —sentenció el príncipe—. Déjenlo que se vaya.

Sin embargo, cuando Cui se había marchado, el enfurecido prín-

郡王焦躁，把郭立打了五十背花棒。

崔宁听得说浑家是鬼，到家中问丈人丈母。两个面面厮觑，走出门，看着清湖河里，扑通地都跳下水去了。当下叫救人，打捞，便不见了尸首。原来当时打杀秀秀时，两个老的听得说，便跳在河里，已自死了。这两个也是鬼。崔宁到家中，没情没绪，走进房中，只见浑家坐在床上。崔宁道："告姐姐，饶我性命！"秀秀道："我因为你，吃郡王打死了，埋在后花园里。却恨郭排军多口，今日已报了冤仇，郡王已将他打了五十背花棒。如今都知道我是鬼，容身不得了。"道罢起身，双手揪住崔宁，叫得一声，匹然倒地。邻舍都来看时，只见：

　　两部脉尽总皆沉，一命已归黄壤下。

崔宁也被扯去，和父母四个，一块儿做鬼去了。后人评论得好：

　　咸安王捺不下烈火性，郭排军禁不住闲磕牙。
　　璩秀娘舍不得生眷属，崔待诏撇不脱鬼冤家。

cipe le dio 50 golpes en la espalda al sargento.

Tan pronto como Cui supo que su esposa era un fantasma, fue a la casa de sus padres para preguntarles. Los ancianos intercambiaron miradas, salieron por la puerta y saltaron al río. Cui pidió ayuda e intentó salvarlos, pero la pareja se desvaneció. El hecho es que cuando los padres de Xiuxiu supieron que la habían golpeado a muerte, ellos se habían quitado la vida lanzándose al río y, por lo tanto, ellos también eran fantasmas.

Cui volvió a casa muy desanimado. Cuando llegó a su habitación, allí estaba Xiuxiu sentada en la cama.

—Mi amor —imploró Cui—. Perdóname.

—Por ti, —respondió Xiuxiu— el príncipe ordenó que me mataran golpes y me enterraran en el jardín del fondo. Pero todo fue culpa del sargento Guo porque habló demasiado. Hoy, he recuperado mi espalda porque el príncipe le dio 50 golpes en la espalda al sargento. Sin embargo, ahora que todo el mundo sabe que soy un fantasma, no puedo quedarme aquí más tiempo.

Acabando de decir esto, se levantó y tomó a Cui con las dos manos. El hombre empezó a llorar y cayó derrumbado al suelo. Cuando los vecinos acudieron a la morada para ver que sucedía, descubrieron que: No tenía pulso, su espíritu se había marchado y el infeliz hombre estaba muerto.

Se lo llevaron para que se uniera a sus fantasmales esposa y padres.

小夫人金钱赠年少

EL VENDEDOR HONESTO

谁言今古事难穷？大抵荣枯总是空。
算得生前随分过，争如云外指溟鸿！
暗添雪色眉根白，旋落花光脸上红。
惆怅凄凉两回首，暮林萧索起悲风。

这八句诗，乃西川成都府华阳县王处厚，年纪将及六旬，把镜照面，见须发有几根白的，有感而作。世上之物，少则有壮，壮则有老，古之常理，人人都免不得的。原来诸物都是先白后黑，惟有髭须却是先黑后白。又有戴花刘使君，对镜中见这头发斑白，曾作《醉亭楼》词：

平生性格，随分好些春色，沉醉恋花陌。虽然年老心未老，满头花压巾帽侧。鬓如霜，须似雪，自嗟恻！

¿Cómo podemos juzgar el presente y el pasado?
El esplendor no es más que vanidad; también lo es la decadencia.
Sin mi conocimiento, el tiempo se escurre cual gansos que vuelan al lejano horizonte.
Mis cejas son blancas como la nieve,
Mis mejillas carmesí de antaño se han desvanecido;
Y triste de corazón miro atrás a los calveros
Donde los fuertes vientos serpentean cuando la luz del día desaparece.

Estas líneas las escribió Wang Chuhou, natural del distrito de Huayang, en la prefectura de Chengdu, cuando se acercaba a los 60 años de edad y al mirarse en el espejo vio que su cabello se pintaba de blanco. Todo en este mundo pasa de la juventud a la madurez y luego a la vejez. Esta es una ley natural sin excepciones. En general, todo lo blanco se torna negro, únicamente las barbas pasan de negro a blanco. Cuando el comisario Liu, quien llevaba flores en el cabello, vio en el espejo sus blancas canas, escribió los siguientes versos:

La mía ha sido una vida de placer,
Borracho en la primavera solía mentir;
Aunque entrado en años mi corazón aún es joven,
Las flores inclinan mi gorro muy mal.
Ahora tengo el cabello y la barba blancos, tan blancos como la nieve:
¡Esto me hace suspirar!

几个相知劝我染,几个相知劝我摘;染摘有何益!当初怕作短命鬼,如今已过中年客。且留些,妆晚景,尽教白。

如今说东京汴州开封府界,有个员外,年逾六旬,须发皤然。只因不伏老,兀自贪色,荡散了一个家计,几乎做了失乡之鬼。这员外姓甚名谁?却做甚么事来?正是:尘随车马何年尽?事系人心早晚休。

话说东京汴州开封府界身子里,一个开线铺的员外张士廉,年过六旬,妈妈死后,孑然一身,并无儿女。家有十万资财,用两个主管营运。张员外忽一日拍胸长叹,对二人说:"我许大年纪,无儿无女,要十万家财何用?"二人曰:"员外何不取房娘子,生得一男半女,也不绝了香火。"员外甚喜,差人随即唤张媒李媒前来。这两个媒人端的是:

开言成匹配,举口合姻缘;医世上凤只鸾孤,管

En vano mis amigos me han exhortado
Mi blanco cabello y blanca barba teñir;
Una vez temí morir sin barba,
Ahora, a la mediana edad, no me importa cuán blanco tenga el cabello;
Así lo he de llevar hasta que muera.

Este cuento trata sobre un anciano de Kaifeng, de más de 60 años de edad que peina canas. Sin embargo, no se reconcilia con la vejez y su pasión por el sexo débil lo lleva a perder todo su dinero y a convertirse en un fantasma errante. ¿Cuál era su nombre y qué hizo? Como dijera el poeta:

Aunque los pies siempre levanten el polvo al pisarlo,
El corazón humano muy pronto dejará de latir.

En Kaifeng, la capital oriental, vivía un caballero llamado Zhang Shilian, propietario de una tienda de hilos. Zhang tenía más de 60 años, era viudo, vivía solo, sin hijos, pero amasaba una fortuna de 100 mil monedas que le permitía emplear a dos vendedores para que gestionaran su negocio. Un día, el señor Zhang se dio un par de golpes en el pecho y suspiró.

—Me estoy poniendo viejo, —les dijo a sus dos vendedores— pero no tengo hijos; ¿de qué me sirven mis 100 mil monedas?

—Señor, —dijeron los vendedores— ¿por qué no se casa de nuevo para que tenga hijos que puedan seguir sacrificándose por sus ancestros?

Entusiasmado por la buena idea, el señor mandó a buscar inmediatamente a las casamenteras Zhang y Li. ¿Cómo eran las dos casamenteras?

A todos los solteros a contraer nupcias animaban,
En el lecho matrimonial, la soledad acababa;
Con constante presión y astutas artimañas,

宇宙单眠独宿。传言玉女，用机关把臂拖来；侍案金童，下说词拦腰抱住。调唆织女害相思，引得嫦娥离月殿。

员外道："我因无子，相烦你二人说亲。"张媒口中不道，心下思量道："大伯子许多年纪，如今说亲，说甚么人是得？教我怎地应他？"则见李媒把张媒推一推，便道："容易。"临行，又叫住了道："我有三句话。"只因说出这三句话来，教员外：

青云有路，番为苦楚之人；
白骨无坟，化作失乡之鬼。

媒人道："不知员外意下何如？"张员外道："有三件事，说与你两人：第一件，要一个人材出众，好模好样的；第二件，要门户相当；第三件，我家下有十万贯家财，须着个有十万贯房奁的亲来对付我。"两个媒人，肚里暗笑，口中胡乱答应道："这三件事都容易。"当下相辞员外自去。

张媒在路上与李媒商议道："若说得这头亲事成，也有百十贯钱撰。只是员外说的话太不着人，有那三件事的他

Con furtivas tentaciones y seductoras sonrisas,
Podían hacer a una diosa languidecer y suspirar,
Y su corte celestial en lo alto abandonar.

El señor Zhang comentó a las casamenteras:

—Estoy preocupado, señoras, porque no tengo hijos. Por ese motivo, solicito sus servicios para que me busquen una esposa.

La casamentera Zhang permaneció en silencio. "Este anciano ya tiene un pie en el cementerio", pensó. "¿Quién se casaría con él? ¿Qué respuesta le voy a dar?".

Por su parte, la casamentera Li dio un empujoncillo a su compañera y declaró:

—Eso es muy fácil.

Cuando las casamenteras se marchaban, el señor Zhang les pidió que regresaran porque había olvidado decirles un pequeño detalle:

—Tengo tres condiciones.

Las palabras que acababa de pronunciar sellaban su destino,
Para acabar como el fantasma desamparado sin tumba.

—¿Cuáles son esas tres condiciones? —preguntaron las casamenteras.

—Les explicaré —aseguró el señor—. Primero, no quiero una mujer común y corriente: tiene que ser hermosa. Segundo, su estatus familiar tiene que ser igual al mío. Tercero, como tengo una fortuna de cien mil monedas, su dote tiene que igualar esta cantidad.

Riendo disimuladamente, las dos casamenteras afirmaron:

—Esas tres condiciones son muy fáciles de cumplir.

Acto seguido, abandonaron la morada del señor Zhang. En el camino de regreso, la casamentera Zhang le comentó a su compañera Li:

—Si lo conseguimos, ganaremos cien mil monedas. Pero, ¿algu-

不去嫁个年少郎君，却肯随你这老头子？偏你这几根白胡须是沙糖拌的？"李媒道："我有一头到也凑巧，人材出众，门户相当。"张媒道："是谁家？"李媒云："是王招宣府里出来的小夫人。王招宣初娶时，十分宠幸，后来只为一句话破绽些，失了主人之心，情愿白白里把与人，只要个有门风的便肯。随身房计少也有几万贯，只怕年纪忒小些。"张媒道："不愁小的忒小，还嫌老的忒老，这头亲张员外怕不中意，只是雌儿心下必然不美。如今对雌儿说，把张家年纪瞒过了一二十年，两边就差不多了。"李媒道："明日是个和合日，我同你先到张宅讲定财礼，随到王招宣府一说便成。"是晚各归无话。次日，二媒纳会了，双双的到张员外宅里说："昨日员外分付的三件事，老媳寻得一头亲，难得恁般凑巧！第一件，人材十分足色；第二件，是王招宣府里出来，有名声的；第三件，十万贯房

na vez escuchaste semejantes condiciones? Una mujer como la que él quiere... ¿No se casaría con un joven en vez de con un anciano como él? ¿Acaso piensa que su blanca barba está hecha de azúcar?

—Sé de alguien que puede ser la candidata ideal —subrayó Li—. Es hermosa y su familia tiene un estatus social similar al del señor Zhang.

—¿De quién estás hablando?

—Fue concubina del ministro Wang. Cuando llegó a casa del ministro, él la adoraba, pero la concubina hizo unos comentarios fuera de lugar y ahora está dispuesto a regalarla a la familia respetable que la quiera. La concubina debe tener unas cuantas decenas de miles de monedas como mínimo. Mi única preocupación es que sea demasiado joven para él.

—No tenemos que preocuparnos porque ella es demasiado joven para él, sino porque él es demasiado viejo para ella. Por supuesto, el señor Zhang estará satisfecho con ella, en cambio, ella no estará nada contenta con él. No obstante, si le quitamos 20 años de encima cuando hagamos la propuesta de matrimonio, no deberá haber ningún problema.

—Mañana es un día de buen augurio para el emparejamiento. Iré primero contigo a la casa del señor Zhang para hacer el trato. Luego, iremos a ver al ministro Wang.

De acuerdo las dos, se dirigieron a sus respectivos hogares.

Al día siguiente, las dos casamenteras fueron juntas a la casa del señor Zhang.

—Ayer, usted puso tres condiciones, señor, y hemos tenido más que suerte en encontrar a la mujer adecuada para usted —le anunciaron—. Primero, es muy hermosa. Segundo, viene de una familia respetable, o sea de la familia del ministro Wang. Tercero, tiene cien mil

耷。则怕员外嫌他年小。"张员外问道："却几岁？"张媒应道："小如员外三四十岁。"张员外满脸堆笑道："全仗作成则个！"

　　话休絮烦，当下两边俱说允了。少不得行财纳礼，奠雁已毕，花烛成亲，次早参拜家堂，张员外穿紫罗衫，新头巾，新靴新袜。这小夫人着干红销金大袖团花霞帔，销金盖头，生得：

　　　　新月笼眉，春桃拂脸；意态幽花殊丽，肌肤嫩玉生光。说不尽万种妖娆，画不出千般艳冶！何须楚峡云飞过，便是蓬莱殿里人。

张员外从上至下看过，暗暗地喝采！小夫人揭起盖头，看见员外须眉皓白，暗暗地叫苦。花烛夜过了，张员外心下喜欢，小夫人心下不乐。

　　过了月余，只见一人相揖道："今日是员外生辰，小道

monedas como dote. Nuestra única preocupación es que sea demasiado joven.

—¿Cuántos años tiene?

—La chica es unos cuarenta años más joven que usted.

El señor Zhang estaba feliz y sonriente.

—¡Cuento con ustedes para que sellen la unión! —gritó entusiasmado.

Para no alargar demasiado la historia, ambas partes estuvieron de acuerdo y tras el establecido intercambio de obsequios y el regalo de un cisne, entre flores y velas rojas la pareja contrajo matrimonio. A la mañana siguiente tuvo lugar la ceremonia de sacrificio para los ancestros. El señor Zhang vestía una túnica de seda color violeta, botas, medias y un gorro nuevos y, la novia, un vestido de seda roja con estampados de flores doradas y mangas anchas, una capa y un velo también bordados con hilos dorados.

Con las cejas arqueadas como la luna creciente,
Con las mejillas suaves como el melocotón en flor,
Preciosa como el jade y una feria de flores.
Sus encantos eran muchos e incomparables,
Su gracia era infinita, su espíritu elevado.
¡En resumen, parecía una diosa del cielo!

Cuando el señor Zhang examinó a su esposa de cabeza a pies, se felicitó en silencio, pero cuando la joven levantó su velo y vio la blanca barba y las canas de su esposo, se maldijo en silencio. Después de la noche de boda, el señor Zhang estaba feliz, pero su joven esposa estaba desesperada. Pasado un mes y un día, llegó un sacerdote a la casa y luego de hacer la debida reverencia le comunicó al señor Zhang:

—Hoy tu estrella está en el ascendente y por eso te he traído tu horóscopo.

送疏在此。"原来员外但遇初一月半，本命生辰，须有道疏。那时小夫人开疏看时，扑簌簌两行泪下，见这员外年已六十，埋怨两个媒人将我误了。看那张员外时，这几日又添了四五件在身上：腰便添疼，眼便添泪，耳便添聋，鼻便添涕。

一日，员外对小夫人道："出外薄干，夫人耐静。"小夫人勉强应道："员外早去早归。"说了，员外自出去。小夫人自思量："我恁地一个人，许多房奁，却嫁一个白须老儿！"好不生恼。身边立着从嫁道："夫人今日何不门首看街消遣？"小夫人听说，便同养娘到外边来看。这张员外门首，是胭脂绒线铺，两壁装着厨柜，当中一个紫绢沿边帘子。养娘放下帘钩，垂下帘子，门前两个主管，一个李庆，五十来岁；一个张胜，年纪三十来岁。二人见放下帘子，问道："为甚么？"养娘道："夫人出来看街。"两个主管躬身在帘子前参见。小夫人在帘子底下启一点朱唇，露

De hecho, el señor Zhang siempre hacía que le adivinaran la suerte los días uno y quince de cada mes, así como el día de su cumpleaños.

Sin embargo, tras echar un vistazo al horóscopo, la joven señora Zhang rompió en llanto. Había visto la edad de su esposo, ¡tenía más de 60 años! Mientras maldecía en silencio a las casamenteras por arruinar su vida, se percató de que el anciano cada vez estaba más débil. Los riñones le dolían todo el día, tenía secreción nasal y ojos reumáticos. ¡Su aspecto era impactante!

Un buen día el señor Zhang le dijo:

—Tengo que salir por negocios, cariño. Lamento mucho tener que dejarte sola.

—Espero que regrese pronto, —respondió la joven esposa haciendo un gran sacrificio—. Pero tan pronto como se fue, pensó: "Con mi belleza y mi rica dote, estar casada con un anciano de barba blanca, ¡es demasiado infortunio!".

Su sirvienta, que estaba parada junto a ella, sugirió:

—¿Por qué no sale un rato, señora, para pasar el tiempo?

Acto seguido, la joven esposa salió con su sirvienta.

Fuera de la casa estaba la tienda del señor Zhang, que vendía hilos y tinturas. A ambos lados de la tienda había estantes y en el centro una cortina con una franja de seda violeta en la puerta. En la tienda trabajaban dos dependientes. Uno de ellos, Li Qing, tenía más de 50 años y, el otro, Zhang Sheng, tenía unos 30. Cuando la sirvienta quitó el gancho y bajó la cortina, los dos dependientes le preguntaron por qué lo hacía y ella les contestó:

—La señora salió para mirar a la calle.

Los dos dependientes salieron del establecimiento e hicieron una reverencia ante la señora, la joven dejó asomar entre sus labios carmesí

两行碎玉，说不得数句言语，教张胜惹场烦恼：

　　远如沙漠，何殊没底沧溟；

　　重若丘山，难比无穷泰华。

小夫人先叫李主管问道："在员外宅里多少年了？"李主管道："李庆在此三十余年。"夫人道："员外寻常照管你也不曾？"李主管道："一饮一啄，皆出员外。"却问张主管。张主管道："张胜从先父在员外宅里二十余年，张胜随着先父便趋事员外，如今也有十余年。"小夫人问道："员外曾管顾你么？"张胜道："举家衣食，皆出员外所赐。"小夫人道："主管少待。"小夫人折身进去不多时，递些物与李主管，把袖包手来接，躬身谢了。小夫人却叫张主管道："终不成与了他不与你？这物件虽不直钱，也有好处。"张主管也依李主管接取，躬身谢了。小夫人又看了一回，自入去。两个主管，各自出门前支持买卖。原来李主管得的是十文银钱，张主管得的却是十文金钱。当时张主管也不知道李主管得的是银钱，李主管也不知张主管得的是金钱。当日天色已晚，但见：

unos relucientes dientes blancos: Las exiguas palabras que articulaba atravesaban el corazón de Zhang Sheng. Primero, la señora llamó a Li Qing y le preguntó:

—¿Cuánto tiempo lleva trabajando para el señor Zhang?

—Más de 30 años.

—¿Lo trata bien?

—Todo lo que tengo, me lo ha dado el señor —respondió Li Qing.

Cuando le hizo la misma interrogante a Zhang Sheng, éste contestó:

—Mi padre trabajó aquí más de 20 años y vine con mi él a servir al señor. Y llevo más de 10 años trabajando aquí.

—¿Te trata bien tu amo?

—El señor se ocupa de la comida y la ropa de toda mi familia.

—Un momento —dijo la joven señora.

Se dio la vuelta y entró para salir de nuevo y darle algo a Li Qing, quien cubrió la palma de su mano con la manga de su túnica para recibir el regalo e hizo una reverencia para expresar su agradecimiento. Luego llamó a Zhang Sheng y señaló:

—Tengo que darte algo también. Esto no es mucho, pero te será útil.

Zhang Sheng también hizo una reverencia para agradecerle por el presente. La joven dama contempló el escenario de la calle durante un buen rato antes de entrar a la casa, mientras los dos dependientes atendían el negocio. A Li Qing le había dado 10 piezas de plata y a Zhang Sheng, 10 piezas de oro. Zhang no sabía que Li había recibido plata de la misma manera que Li ignoraba que el joven Zhang había recibido oro.

El día llegaba a su fin.

野烟四合，宿鸟归林，佳人秉烛归房，路上行人投店。渔父负鱼归竹径，牧童骑犊返孤村。

当日晚算了帐目，把文簿呈张员外，今日卖几文，买几文，人上欠几文，都佥押了。

原来两个主管，各轮一日在铺中当直，其日却好正轮着张主管值宿。门外面一间小房，点着一盏灯。张主管闲坐半晌，安排歇宿。忽听得有人来敲门。张主管听得，问道："是谁？"应道："你快开门，却说与你！"张主管开了房门，那人跄将入来，闪身已在灯光背后。张主管看时，是个妇人。张主管吃了一惊，慌忙道："小娘子，你这早晚来有甚事？"那妇人应道："我不是私来。早间与你物事的教我来。"张主管道："小夫人与我十文金钱，想是教你来讨还？"那妇人道："你不理会得，李主管得的是银钱。如今小夫人又教把一件物来与你。"只见那妇人背上取下一包衣装，打开来看道："这几件把与你穿的，又有几件妇女

Los pájaros regresaban a los árboles en medio de la creciente penumbra;
Vela en mano, la buena esposa va a su habitación;
Los viajeros descansan en el hostal al pie del camino,
Mientras, los pescadores regresan a casa andando atravesando el bambusal;
Y conduciendo lentamente a sus bueyes de trabajo,
A la solitaria aldea vuelven los pastores.

Los dependientes hicieron las cuentas y entregaron los libros de contabilidad a su ama. El registro de todo lo que se había comprado y vendido, incluyendo la cantidad de crédito dado, estaba debidamente firmado.

Los dos dependientes se alternaban en las guardias nocturnas de la tienda y esa noche era el turno de Zhang Sheng. Fuera de la tienda había una pequeña habitación iluminada por una lámpara y allí se sentaba Zhang hasta que estaba listo para irse a la cama, cuando de repente escuchó un golpe en la puerta.

—¿Quién es? —preguntó.

—Abre rápido —fue la respuesta—. Entonces, te diré.

Cuando abrió la puerta, alguien entró y se ocultó en la penumbra. Era una mujer. Muy sorprendido, Zhang exigió:

—¿Qué le trae por aquí tan tarde, señora?

—No he venido en asunto privado —respondió—. La dama que le dio el presente hoy, me envió.

—La señora me dio 10 piezas de oro. Supongo que la ha enviado porque quiere recuperarlas.

—No, no, no, usted no entiende. Li Qing solo recibió plata, pero la señora me encargó traerle ahora otro presente.

Entonces, se quitó el bulto de ropa que traía atado a su espalda y le dijo:

—Estas son para usted y estas para su madre.

的衣服把与你娘。"只见妇女留下衣服,作别出门,复回身道:"还有一件要紧的到忘了。"又向衣袖里取出一锭五十两大银,撇了自去。当夜张胜无故得了许多东西,不明不白,一夜不曾睡着。明日早起来,张主管开了店门,依旧做买卖。等得李主管到了,将铺面交割与他,张胜自归到家中,拿出衣服银子与娘看。娘问:"这物事那里来的?"张主管把夜来的话,一一说与娘知。婆婆听得说道:"孩儿,小夫人他把金钱与你,又把衣服银子与你,却是甚么意思?娘如今六十已上年纪,自从没了你爷,便满眼只看你。若是你做出事来,老身靠谁?明日便不要去。"这张主管是个本分之人,况又是个孝顺的,听见娘说,便不往铺里去。张员外见他不去,使人来叫,问道:"如何主管不来?"婆婆应道:"孩儿感些风寒,这几日身子不快,来不得。传语员外得知,一好便来。"又过了几日,李主管见他不来,自来叫道:"张主管如何不来?铺中没人相帮。"老娘只是推身子不快,这两日反重。李主管

Acto seguido, se despidió y se marchó. De repente, se dio la vuelta y agregó:

—¡Se me olvidaba lo más importante!

De la manga se sacó un trozo de plata que pesaba más de 50 taels y dándoselo a Zhang Sheng desapareció.

Zhang Sheng estaba tan desconcertado por todos los inesperados regalos que no pudo pegar un ojo en toda la noche. La mañana siguiente bien temprano, abrió la tienda y atendió a los clientes como de costumbre, pero tan pronto como Li Qing llegó, Zhang lo dejó encargado de todo el trabajo en la tienda y se fue a su casa. Allí, le mostró la ropa y la plata a su madre.

—¿De dónde sacaste todo esto? —preguntó.

Cuando le contó todo lo ocurrido el día anterior, su madre le preguntó:

—Hijo, ¿qué pretende la joven señora al darte todo este oro, plata y ropa? Ya tengo más de 60 años y como tu padre está muerto, tú eres todo lo que tengo. Si te metes en problemas, ¿a quién voy a recurrir? Mañana no puedes ir a la tienda.

Como Zhang Sheng era un joven respetuoso, que nunca antes había contradicho a su madre, tomó su consejo y dejó de ir a la tienda. Cuando el señor Zhang notó la ausencia de su joven dependiente, mandó a averiguar la razón y la madre del joven le dijo al mensajero:

—Mi hijo está resfriado y no se siente bien. Es por esa razón que no puede ir. Dígale al señor Zhang que volverá al trabajo tan pronto como se sienta mejor.

Unos días después, al ver que Zhang Sheng no volvía al establecimiento, Li Qing pasó por su casa y preguntó:

—¿Por qué no va a trabajar? Necesito ayuda en la tienda.

Sin embargo, la madre del joven continuaba alegando que no se

自去。张员外三五遍使人来叫，做娘的只是说未得好。张员外见三回五次叫他不来，猜道："必是别有去处。"张胜自在家中。

　　时光迅速，日月如梭，捻指之间，在家中早过了一月有余。道不得"坐吃山崩"。虽然得这小夫人许多物事，那一锭大银子，容易不敢出笏，衣裳又不好变卖；不去营运，日来月往，手内使得没了。却来问娘道："不教儿子去张员外宅里去，闲了经纪，如今在家中日逐盘费如何措置？"那婆婆听得说，用手一指，指着屋梁上道："孩儿你见也不见？"张胜看时，原来屋梁上挂着一个包，取将下来。道："你爷养得你这等大，则是这件物事身上。"打开纸包看时，是个花栲栲儿。婆婆道："你如今依先做这道路，习爷的生意，卖些胭脂绒线。"

　　当日时遇元宵，张胜道："今日元宵夜端门下放灯。"便问娘道："儿子欲去看灯则个。"娘道："孩儿，你许多时

sentía bien y que, de hecho, en los últimos días su condición había empeorado, por lo que Li se marchó insatisfecho con la respuesta. El señor Zhang envió otros cuatro o cinco mensajeros, pero todas las veces la madre de Zhang Sheng mantenía que su hijo seguía enfermo. Cuando el señor Zhang supo que continuaba ausente, llegó a la conclusión de que había encontrado otro empleo.

El tiempo pasó y en un abrir y cerrar de ojos Zhang Sheng había pasado más de un mes en casa. Como dicen por ahí: si el hombre come, pero no trabaja, puede comerse una montaña. Aunque la joven señora le había dado mucho, no se atrevió a tocar la plata ni la ropa. No obstante, como pasaba los días cruzado de brazos, se vio sin dinero. Entonces le dijo a su madre:

—Como no me permitió volver a la casa del señor Zhang, perdí mi trabajo. ¿Cómo voy a pagar los gastos, si paso los días en casa?

Cuando la anciana escuchó su reclamo, apuntó al techo y le preguntó:

—Hijo, ¿Lo ves?

Al levantar la vista, Zhang vio un bulto que colgaba del travesaño.

Su madre bajó el bulto y le dijo:

—Con esto te crió tu padre.

Cuando abrió el bulto vio un neceser de costura.

—Sigue por este camino —le pidió la anciana—. Puedes aprender el oficio de tu padre y vender telas e hilos.

Cuando llegó la Fiesta de las Linternas, Zhang Shen pensó: "Esta noche es la Fiesta de las Linternas y habrá una exhibición de linternas por la puerta del palacio". Seguidamente, le preguntó a su madre:

—¿Puedo ir a ver las linternas?

—Hijo, —respondió su madre— hacía mucho tiempo que no

不行这条路，如今去端门看灯，从张员外门前过，又去惹是招非。"张胜道："是人都去看灯，说道'今年好灯'，儿子去去便归，不从张员外门前过便了。"娘道："要去看灯不妨，则是你自去看不得，同一个相识做伴去才好。"张胜道："我与王二哥同去。"娘道："你两个去看不妨，第一莫得吃酒！第二同去同回！"分付了，两个来端门下看灯。正撞着当时赐御酒，撒金钱，好热闹。王二哥道："这里难看灯，一来我们身小力怯，着甚来由吃挨吃搅？不如去一处看，那里也抓缚着一座鳌山。"张胜问道："在那里？"王二哥道："你到不知，王招宣府里抓缚着小鳌山，今夜也放灯。"两个便复身回来，却到王招宣府前。原来人又热闹似端门下，就府门前不见了王二哥。张胜只叫得声苦："却是怎地归去？临出门时，我娘分付道：'你两个同去同回。'如何不见了王二哥！只我先到屋里，我娘便不焦躁；若是王二哥先回，我娘定道我那里去。"当夜看不

te veía así. Si vas a ver las linternas, pasarás frente a la casa del señor Zhang de nuevo y te meterás en problemas.

—Todo el mundo va —apuntó Zhang—. Dicen que las linternas de este año son impresionantes. Regresaré temprano y no necesito pasar frente a la casa del señor Zhang.

—Está bien —respondió su madre—. Pero no puedes ir solo. Pídele a algún amigo que te acompañe.

—Iré con Wang.

—Muy bien. Solo quiero que me prometan que no beberán y que regresarán juntos.

Así quedó todo dispuesto y los dos jóvenes partieron juntos rumbo a la puerta de palacio para ver las linternas. Llegaron justo a tiempo para ver la presentación del vino y el oro imperial. Reinaban la algarabía y la alegría y Wang apuntó:

—De aquí no podemos ver bien, no somos lo suficientemente altos o fuertes. ¿Por qué vamos a permitir que nos empujen y nos golpeen? Vamos a otro sitio donde podamos ver mejor. Sé dónde hay otra linterna del monstruo marino y la montaña.

—¿Dónde?

—¿No lo sabes? El ministro Wang tiene una linterna pequeña del monstruo marino y la montaña y la exhibirá esta noche.

Así que volvieron sobre sus pasos hasta que llegaron a la mansión del ministro Wang, pero allí había tanta gente como en la puerta del palacio.

Entonces, Zhang perdió de vista a Wang y se preocupó. "¿Cómo voy a regresar?", se preguntó. "Mi madre insistió en que estuviéramos juntos, pero ahora no lo puedo encontrar. Si regreso primero que él, mi madre se preocupará por él y, si él vuelve primero que yo, se preguntará que me habrá pasado". Tras haber perdido repentinamente

得那灯，独自一个行来行去。猛省道："前面是我那旧主人张员外宅里，每年到元宵夜，歇浪钱铺，添许多烟火，今日想他也未收灯？"迤逦信步行到张员外门前，张胜吃惊，只见张员外家门便开着，十字两条竹竿，缚着皮革底钉住一碗泡灯，照着门上一张手榜贴在。张胜看了，唬得目睁口呆，罔知所措。张胜去这灯光之下，看这手榜上写着道："开封府左军巡院，勘到百姓张士廉，为不合……"方才读到"不合"三个字，兀自不知道因甚罪，则见灯笼底下一人喝声道："你好大胆，来这里看甚的！"张主管吃了一惊，拽开脚步便走。那喝的人大踏步赶将来，叫道："是甚么人？直恁大胆！夜晚间，看这榜做甚么？"唬得张胜便走。

渐次间，行到巷口，待要转弯归去，相次二更，见一轮明月，正照着当空。正行之间，一个人从后面赶将来，叫道："张主管，有人请你。"张胜回头看时，是一个酒博士。张胜道："想是王二哥在巷口等我，买些酒吃归去，恰也好。"同这酒博士到店内，随上楼梯，到一个阁儿前面。量酒道："在这里。"掀开帘儿，张主管看见一妇女，

todo interés por las linternas, deambulaba tristemente cuando se le ocurrió una gran idea: "La casa de mi otrora maestro no está lejos de aquí. Cada año, durante la Fiesta de las Linternas, cierra la tienda y hace un espectáculo de fuegos artificiales que no debe haber acabado todavía".

Caminó sin rumbo hasta la casa del señor Zhang. Menuda sorpresa se llevó cuando vio que la puerta estaba cerrada y atrancada con dos varas de bambú de forma transversal. La luz de una lámpara de aceite alumbraba el anuncio que estaba en la puerta. Incrédulo, el joven no sabía lo que había sucedido. Al acercarse al anuncio leyó: "La policía de Kaifeng ha declarado al ciudadano Zhang Shilian culpable de...". Pero antes de que le diera tiempo de leer los cargos que se le imputaban, alguien que estaba cerca de allí gritó:

—¿Quién demonios eres? ¿Qué estás haciendo aquí?

El sorprendido Zhang Sheng puso los pies en polvorosa, pero el hombre que le había gritado le perseguía preguntándole:

—¿Quién eres? ¡Cómo te atreves! ¿Por qué estás leyendo el anuncio a esta hora de la noche?

El joven Zhang corrió aterrorizado hasta la esquina del callejón, donde dio la vuelta y se dirigió a casa. Ya era casi medianoche y la luna brillaba en el cielo. Cuando caminaba solo, alguien le dio alcance y le gritó:

—Señor Zhang, lo están buscando.

Zhang se dio la vuelta y vio que se trataba de un sirviente de una posada. "Supongo que el joven Wang me está esperando en la esquina", pensó. "Podemos tomarnos una copa antes de volver a casa".

Así que decidió acompañar al sirviente hasta la posada, quien lo condujo escaleras arriba hasta la puerta de una habitación.

—Aquí está —aseveró el hombre.

身上衣服不堪齐整，头上蓬松，正是：

乌云不整，唯思昔日豪华；粉泪频飘，为忆当年富贵。秋夜月蒙云笼罩，牡丹花被土沉埋。

这妇女叫："张主管，是我请你。"张主管看了一看，虽有些面熟，却想不起。这妇女道："张主管如何不认得我？我便是小夫人。"张主管道："小夫人如何在这里？"小夫人道："一言难尽！"张胜问："夫人如何恁地？"小夫人道："不合信媒人口，嫁了张员外。原来张员外因烧煅假银事犯，把张员外缚去左军巡院里去，至今不知下落。家计并许多房产，都封估了。我如今一身无所归着，特地投奔你。你看我平昔之面，留我家中住几时则个。"张胜道："使不得！第一家中母亲严谨；第二道不得'瓜田不纳履，李下不整冠'。要来张胜家中，断然使不得。"小夫人听得道："你将为常言俗语道：'呼蛇容易遣蛇难'，怕日久岁深，盘费重大；我教你看……"用手去

Cuando levantaron la cortina, Zhang Sheng vio a una mujer muy mal vestida y con el cabello despeinado.

Desaliñados mechones en forma de nube,
Lágrimas que surcan y estropean su empolvado rostro;
Su otrora esplendor y riqueza han desaparecido,
Parece una luna opacada por las taciturnas nubes,
O una flor pisoteada por el polvoriento camino.

—¡Señor Zhang! —exclamó—. Fui yo quien pidió que lo trajeran aquí.

La mujer le parecía familiar, aunque no sabía de dónde.

—¡No me diga que no me reconoce, señor Zhang! —dijo en voz alta.

—Soy la esposa del viejo señor Zhang.

—¿Qué está haciendo aquí?

—Es una larga historia.

—¿Qué sucedió?

—Nunca debí haber confiado en las casamenteras y mucho menos haberme casado con el señor Zhang. Resulta que el señor Zhang forjaba plata y fue arrestado y llevado a los tribunales. Desde entonces, no he sabido de él. Todas sus propiedades fueron confiscadas y ahora no tengo adónde ir y solo puedo apelar a tu misericordia. Déjame quedarme en tu casa por un tiempo, por los viejos tiempos.

—Eso es imposible, señora —respondió Zhang—. En primer lugar, mi madre es muy estricta y, en segundo lugar, no debemos hacer nada que pueda ponernos en evidencia. No hay nada que discutir.

—Supongo —prosiguió ella— que está pensando en el proverbio: es fácil convocar a una serpiente, pero es difícil despedirla. Tiene miedo de que me quede y resulte ser una carga para usted. Pero, permítame mostrarle algo.

怀里提出件物来：

　　闻钟始觉山藏寺，傍岸方知水隔村。

　　小夫人将一串一百单八颗西珠数珠，颗颗大如鸡豆子，明光灿烂。张胜见了喝采道："有眼不曾见这宝物！"小夫人道："许多房奁，尽被官府籍没了，则藏得这物。你若肯留在家中，慢慢把这件宝物逐颗去卖，尽可过日。"张主管听得说，正是：

　　归去只愁红日晚，思量犹恐马行迟。

　　横财红粉歌楼酒，谁为三般事不迷？

　　当日张胜道："小夫人要来张胜家中，也得我娘肯时方可。"小夫人道："和你同去问婆婆，我只在对门人家等回报。"张胜回到家中，将前后事情逐一对娘说了一遍。婆婆是个老人家，心慈，听说如此落难，连声叫道："苦恼，苦恼！小夫人在那里？"张胜道："见在对门等。"婆婆道："请相见！"相见礼毕，小夫人把适来说的话，从头细说一遍："如今都无亲戚投奔，特来见婆婆，望乞容留！"婆婆听得说道："夫人暂住数日不妨，只怕家寒怠慢，思量

Entonces, sacó un collar de perlas de su bolsillo. En total tenía 108 perlas brillantes, relucientes, tan grandes como guisantes.

Zhang no pudo ocultar su asombro.

—¡Jamás había visto semejante belleza! —afirmó extasiado.

—La mayor parte de mis pertenencias fueron confiscadas —le confesó—. Pero me las ingenié para esconderlo. Si me dejas quedarme en tu casa, puedes vender perla tras perla y con eso viviremos durante un buen tiempo.

El viajero que regresa a casa encuentra el día demasiado corto,
La presa preocupada encuentra su caballo demasiado lento;
Vino en la taberna, amor y riqueza,
¿Cuántos hombres renunciarían a esas tres cosas?

—Si realmente desea venir, —sentenció Zhang— déjeme pedirle permiso a mi madre primero.

—Le acompañaré —indicó reincorporándose—. Esperaré al otro lado de la calle mientras le preguntas.

Zhang Sheng volvió a casa y le contó a su madre todo lo que había ocurrido. Su madre era un alma caritativa y cuando supo la situación de la joven suspiró:

—¡Pobre muchacha! ¡Pobre muchacha! ¿Dónde está?

—Está esperando al cruzar la calle.

—Dile que entre.

La joven entró y, después de los saludos, le contó toda su historia a la anciana. Al final concluyó:

—No tengo a nadie a quien recurrir, por eso he acudido a usted. Por favor, déjeme quedarme en su casa.

—Me parece bien que te quedes aquí unos días —aseguró la madre de Zhang—. El único problema es que somos pobres y temo que nuestra casa no sea digna de usted, pero al menos le permitirá pensar

别的亲戚再去投奔。"小夫人便从怀里取出数珠递与婆婆。灯光下婆婆看见，就留小夫人在家住。小夫人道："来日剪颗来货卖，开起胭脂绒线铺，门前挂着花栲栳儿为记。"张胜道："有这件宝物，胡乱卖动，便是若干钱。况且五十两一锭大银未动，正好收买货物。"张胜自从开店，接了张员外一路买卖，其时人唤张胜做小张员外。小夫人屡次来缠张胜，张胜心坚似铁，只以主母相待，并不及乱。

当时清明节候，怎见得：

  清明何处不生烟？郊外微风挂纸钱；
  人笑人歌芳草地，乍晴乍雨杏花天。
  海棠枝上绵蛮语，杨柳堤边醉客眠；
  红粉佳人争画板，彩丝摇曳学飞仙。

满城人都出去金明池游玩，小张员外也出去游玩。到晚回来，却待入万胜门，则听得后面一人叫"张主管"。当时张胜自思道："如今人都叫我做小张员外，甚人叫我主

en la casa de algún pariente adonde pueda ir más adelante.

Entonces, sacó el collar de perlas de su bolsillo y se lo enseñó a la madre de Zhang, quien las admiró a la luz de la lámpara y reiteró su invitación a la joven para que se quedara en su casa. Posteriormente agregó:

—Mañana venderás una perla y pondrás tu tienda de hilo y el neceser de costura será tu forma de anunciarte.

—Ahora que contamos con esto, —afirmó Zhang— por muy barato que lo vendamos, recibiremos una gran suma y aún no hemos tocado los 50 taels de plata: con esto podemos comprar un inventario.

Acto seguido, Zhang Sheng asumió el viejo negocio del señor Zhang y la gente lo llamaba el nuevo señor Zhang. Aunque su expatrona lo tentó en repetidas ocasiones, el joven señor Zhang insistió en tratarla como su superior y no sucumbió a sus encantos. Entonces, llegó la Fiesta Qingming.

Cuando el humo se eleva enroscado en las colinas y valles,
Y el papel moneda ondea en la brisa,
Cuando el campesino llora o canta a sus muertos,
La estación de las lluvias repentinas y los árboles en flor,
Entonces, lloran los orioles en las ramas del cerezo,
Bajo los sauces duermen los embriagados,
Y las muchachas bonitas se divierten en la primavera,
Balanceándose en cuerdas de colores cual ninfas en lo alto.

Todos los ciudadanos de Kaifeng acudieron al estanque Jinming, el joven señor Zhang incluido. A su regreso esa noche, acababa de cruzar por la Puerta Wansheng cuando escuchó una voz que lo llamaba:

—¡Zhang Sheng! ¡Zhang Sheng!

—Ahora todo el mundo me llama el joven señor Zhang —pensó—. ¿Quién será el que llama Zhang Sheng?

管？"回头看时，却是旧主人张员外。张胜看张员外面上刺着四字金印，蓬头垢面，衣服不整齐，即时邀入酒店里一个稳便阁儿坐下。张胜问道："主人缘何如此狼狈？"张员外道："不合成了这头亲事！小夫人原是王招宣府里出来的。今年正月初一日，小夫人自在帘儿里看街，只见一个安童托着盒儿打从面前过去。小夫人叫住问道：'府中近日有甚事说？'安童道：'府里别无甚事，则是前日王招宣寻一串一百单八颗西珠数珠不见，带累得一府的人，没一个不吃罪责。'小夫人听得说，脸上或青或红。小安童自去。不多时二三十人来家，把他房奁和我的家私，都搬将去。便捉我下左军巡院拷问，要这一百单八颗数珠。我从不曾见，回说'没有'。将我打一顿毒棒，拘禁在监。到亏当日小夫人入去房里自吊身死，官司没决撒，把我断了。则是一事，至今日那一串一百单八颗数珠，不知下落。"张胜闻言，心下自思道："小夫人也在我家里，数珠也在我家里，早剪动几颗了。"甚是惶惑。劝了张员外些酒食，相别了。

张胜沿路思量道："好是惑人！"回到家中，见小夫人，张胜一步退一步道："告夫人，饶了张胜性命！"小夫人问道："怎怎地说？"张胜把适来大张员外说的话说了一

Al darse la vuelta, vio que era su maestro el señor Zhang. El anciano tenía cuatro caracteres dorados tatuados en el rostro, el cabello despeinado, la cara sucia y harapientamente vestido. Zhang Sheng lo llevó a una habitación tranquila en la taberna y cuando se habían sentado le preguntó:

—¿Cómo llegó a este estado, señor?

—Nunca debí haberme casado con esa mujer de la casa del ministro Wang —respondió el anciano—. El día de Año Nuevo estaba mirando a la calle a través de la cortina de la puerta cuando pasó un paje que llevaba un cesto. Ella lo llamó y le preguntó: "¿Qué novedades hay en la casa del ministro?". "Nada del otro mundo", aseguró el muchacho. "Sin embargo, ayer a nuestro amo se le perdieron 108 perlas y culpó a toda la servidumbre". Cuando ella escuchó la noticia, cambió de color. Primero se puso blanca, luego roja y el muchacho siguió su camino. Poco después, dos docenas de hombres vinieron a mi casa, confiscaron todos sus bienes y los míos y me llevaron a la corte para investigarme y torturarme. Me pidieron las perlas, pero nunca las había visto y eso fue lo que dije. Luego, me golpearon cruelmente y me encerraron en la cárcel. Afortunadamente, ese mismo día se ahorcó en su habitación y el caso quedó cerrado. Sin embargo, hasta hoy, no hay rastro de las 108 perlas.

Desconcertado y alarmado, luego de darle de comer y de beber al anciano se marchó.

Por todo el camino a casa fue pensando: "No puedo ser la cabeza o la cola de esto". Cuando llegó a casa y vio a la joven, retrocedió varios pasos y le imploró:

—¡Señora, perdóneme!

—¿Qué quieres decir? —preguntó.

Cuando repitió todo lo que le había contado el señor Zhang, ella

遍。小夫人听得道："却不作怪，你看我身上衣裳有缝，一声高似一声，你岂不理会得？他道我在你这里，故意说这话教你不留我。"张胜道："你也说得是。"又过了数日，只听得外面道："有人寻小员外！"张胜出来迎接，便是大张员外。张胜心中道："家里小夫人使出来相见，是人是鬼，便明白了。"教养娘请小夫人出来。养娘入去，只没寻讨处，不见了小夫人。当时小员外既知小夫人真个是鬼，只得将前面事，一一告与大张员外。问道："这串数珠却在那里？"张胜去房中取出，大张员外叫张胜同来王招宣府中说，将数珠交纳，其余剪去数颗，将钱取赎讫。王招宣赎免张士廉罪犯，将家私给还，仍旧开胭脂绒线铺。大张员外仍请天庆观道士做醮，追荐小夫人。只因小夫人生前甚有张胜的心，死后犹然相从。亏杀张胜立心至诚，到底不曾有染，所以不受其祸，超然无累。如今财色迷人者纷纷皆是，如张胜者万中无一。有诗赞云：

comentó:

—¡La idea! ¡Mírame! Mi ropa está cosida a mano y mi voz es clara no hueca. ¿No lo ves por ti mismo? Él sabe que yo estoy aquí y ha inventado toda esa historia para que te deshagas de mí.

—En eso puede que lleves razón —admitió Zhang.

Unos días después, alguien llamó de la calle:

—¡Lo buscan joven señor Zhang!

Zhang Sheng salió y vio que era el viejo señor Zhang. "Traeré a la mujer para que lo vea", pensó. "Entonces, podré decir si es un fantasma". Así que ordenó a la sirvienta pedirle a la joven señora que saliera. Cuando la empleada fue a la recámara interior a buscarla, no la encontró. ¡La señora se había esfumado!

Al percatarse de que había sido un fantasma todo el tiempo, Zhang Sheng le contó todo lo sucedió al viejo señor Zhang, quien le preguntó:

—¿Dónde están las perlas?

Zhang Sheng las trajo de su habitación. El viejo señor Zhang le pidió que lo acompañara a la casa del ministro a devolver el collar y el dinero de las perlas que había vendido. El ministro Wang perdonó al viejo señor Zhang, quien recuperó su propiedad y pudo volver a abrir su tienda. El anciano mandó a llamar a un sacerdote del monasterio taoísta Tianqing para ofrecer un sacrificio al espíritu de su esposa para que ésta descansara en paz.

Como la joven señora se había enamorado de Zhang Sheng en vida, después de muerta lo había venido a buscar, pero afortunadamente él era un hombre honesto, que no cayó en la tentación, y así evadió todo tipo de problema. Sin embargo, demasiadas personas hoy en día son presa de la riqueza y la lujuria: ni uno de cada diez mil es como Zhang Sheng.

谁不贪财不爱淫？始终难染正人心。
少年得似张主管，鬼祸人非两不侵。

Pese a que la mayoría de los hombres adora la riqueza y la belleza también,

El buen hombre no claudica ante sus encantos;

Y si uno es tan honesto como Zhang Sheng,

Entonces, ni el hombre ni el fantasma pueden hacerte daño.

十五贯戏言成巧祸

LAS QUINCE SARTAS DE MONEDAS

聪明伶俐自天生，懵懂痴呆未必真。
嫉妒每因眉睫浅，戈矛时起笑谈深。
九曲黄河心较险，十重铁甲面堪憎。
时因酒色亡家国，几见诗书误好人！

这首诗，单表为人难处。只因世路窄狭，人心叵测。大道既远，人情万端。熙熙攘攘，都为利来；蚩蚩蠢蠢，皆纳祸去。持身保家，万千反覆。所以古人云：颦有为颦，笑有为笑。颦笑之间，最宜谨慎。这回书，单说一个官人，只因酒后一时戏笑之言，遂至杀身破家，陷了几条性命。且先引下一个故事来，权做个德胜头回。

却说故宋朝中，有一个少年举子，姓魏名鹏举，字冲霄，年方一十八岁，娶得一个如花似玉的浑家。未及一

Ahora algunos nacen inteligentes,
Otros ocultan los regalos que el cielo les envía;
Una sola mirada te enemista,
La plática exaltada acaba en pelea.
El corazón de los hombres es retorcido como la corriente de un río,
Y tan severo como sus rostros;
Las mujeres y el vino derrocan reinos,
Pero el estudio no hace daño alguno.

Estos versos subrayan cuán difícil es para un hombre comportarse correctamente porque la vida está plagada de peligros y el corazón humano es difícil de entender. Desde que se perdió el estilo de vida antiguo, los hombres han tomado muchos caminos en su búsqueda de la riqueza y con frecuencia acaban ahogándose en sus problemas. Demasiados, también, son los accidentes que pueden ocurrirle a la familia de un hombre. Como dice el antiguo refrán: Cada ceño y cada sonrisa tienen un significado, por eso el hombre tiene que ser muy cuidadoso cuando frunce el ceño y cuando sonríe.

Mi cuento trata de un caballero que perdió su vida, arruinó a su familia y causó la muerte de muchas otras personas por las afirmaciones realizadas en broma bajo los efectos del alcohol. Primero, permítanme contarles otra historia a manera de introducción.

Durante el periodo Yuanfeng (1078-1085), vivió un joven académico llamado Wei Pengju. Tenía 18 años y no hacía un mes que había

月，只因春榜动，选场开，魏生别了妻子，收拾行囊，上京应取。临别时，浑家分付丈夫："得官不得官，早早回来，休抛闪了恩爱夫妻！"魏生答道："功名二字，是俺本领前程，不索贤卿忧虑。"别后登程到京，果然一举成名，除授一甲第二名榜眼及第，在京甚是华艳动人。少不得修了一封家书，差人接取家眷入京。书上先叙了寒温及得官的事，后却写下一行，道是："我在京中早晚无人照管，已讨了一个小老婆，专候夫人到京，同享荣华。"家人收拾书程，一径到家，见了夫人，称说贺喜。因取家书呈上。夫人拆开看了，见是如此如此，这般这般，便对家人道："官人直恁负恩！甫能得官，便娶了二夫人。"家人便道："小人在京，并没见有此事，想是官人戏谑之言。夫人到京，便知端的，不得忧虑。"夫人道："恁地说，我也罢了！"却因人舟未便，一面收拾起身，一面寻觅便人，先寄封平安家书到京中去。那寄书人到了京中，寻问新科

contraído nupcias con una hermosa y adorable muchacha, cuando anunciaron los exámenes de primavera. El recién casado se vio obligado a separarse de su esposa, hacer las maletas y viajar a la capital. Mientras se despedían, su cónyuge le pidió que en dependencia de si obtenía o no un puesto como funcionario regresara cuanto antes a casa y que no olvidara su amor.

—La fama y la fortuna están a mi alcance —respondió Wei—. No te preocupes por mí.

Acto seguido, salió rumbo a la capital.

Con absoluta certeza, pasó los exámenes. Wei obtuvo el segundo lugar en el primer rango y asumió su puesto en la capital con bombos y platillos. Entonces, Wei le escribió una carta a su esposa y envió un sirviente para que la trajera a la capital. En su misiva, después del debido saludo y luego de comunicarle la noticia de su puesto como funcionario, escribió: "Como no tenía a nadie que me cuidara en la capital, me busqué una concubina, pero te estamos esperando para que disfrutemos de nuestra riqueza y esplendor juntos".

El sirviente de Wei tomó la misiva y partió camino a su morada. Cuando vio a la joven señora, la felicitó y le entregó la epístola. Al abrirla y leer su contenido la joven exclamó:

—¡Cómo puede ser tan cruel tu amo! ¿Acaba de ser nombrado funcionario y ya tiene una concubina?

—No escuché nada al respecto mientras estuve en la capital —le aseguró el sirviente—. Tiene que ser una broma, señora. Se dará cuenta cuando llegue a la capital. No tiene de qué preocuparse.

—Muy bien —sentenció la esposa—. Si tú lo dices.

Mientras esperaban por un barco, recogió todas sus pertenencias y envió una carta a la capital con otro mensajero. El enviado preguntó dónde quedaba el hostal donde se hospedaba Wei. Tan pronto como

魏榜眼寓所,下了家书,管待酒饭自回,不题。

却说魏生接书拆开来看了,并无一句闲言闲语,只说道:"你在京中娶了一个小老婆,我在家中也嫁了一个小老公,早晚同赴京师也!"魏生见了,也只道是夫人取笑的说话,全不在意。未及收好,外面报说有个同年相访。京邸寓中,不比在家宽转,那人又是相厚的同年,又晓得魏生并无家眷在内,直到里面坐下,叙了些寒温。魏生起身去解手,那同年偶翻桌上书帖,看见了这封家书,写得好笑,故意朗诵起来。魏生措手不及,通红了脸,说道:"这是没理的事!因是小弟戏谑了他,他便取笑写来的。"那同年呵呵大笑道:"这节事却是取笑不得的!"别了就去。那人也是一个少年,喜谈乐道,把这封家书一节,顷刻间遍传京邸。也有一班妒忌魏生少年登高科的,将这桩事只当做风闻言事的一个小小新闻,奏上一本,说这魏生年少不检,不宜居清要之职,降处外任。魏生懊恨无及,后来

arribó a la capital, le hizo entrega de la misiva y se marchó después de aceptar una comida.

Cuando Wei abrió la carta y la leyó se percató de que era bien corta. Todo lo que su esposa le había escrito era: "Como te has casado con una concubina en la capital, yo también me he buscado un concubino aquí y muy pronto viajaremos los dos a la capital".

Wei intuyó que su esposa estaba bromeando y olvidó el asunto, pero antes de que pudiera guardar la carta, su sirviente anunció a otro candidato exitoso. En los hostales de la capital uno no tiene tantas habitaciones como en casa y el colega que venía a hacerle la visita era un buen amigo que sabía que la esposa de Wei no estaba con él, así que pasó directamente a la sala y se sentó. Luego de hablar durante un buen rato sobre el tiempo, Wei salió a lavarse. En ese momento, el invitado echó un vistazo por casualidad a los documentos en su buró y vio la misiva. Muy divertido, la leyó en voz alta y Wei, al no poder esconderla, se ruborizó.

—Esto es una tontería —acotó de inmediato—. Le hice una broma de mal gusto y así fue como me respondió.

Su amigo, que reía a carcajadas, apuntó:

—¡Esto no es una broma!

Y se marchó. Ese amigo era un joven al que le gustaba cotillear. Como es de suponer, la historia sobre la carta de la señora Wei muy pronto fue del conocimiento de todos los huéspedes del hostal. Algunos académicos, que sentían envidia de Wei por haber alcanzado tamaña distinción pese a su juventud, sacaron partido del incidente. Uno de ellos lo reportó incluso a la corte, alegando que Wei era demasiado joven y frívolo para ocupar un puesto importante en el gobierno. Como resultado, Wei fue degradado a un puesto de nivel provincial y pese a arrepentirse amargamente de su insensatez ya era

毕竟做官蹭蹬不起，把锦片也似一段美前程，等闲放过去了。这便是一句戏言，撒漫了一个美官。今日再说一个官人，也只为酒后一时戏言，断送了堂堂七尺之躯，连累三个人，枉屈害了性命。却是为着甚的？有诗为证：

世路崎岖实可哀，傍人笑口等闲开。

白云本是无心物，又被狂风引出来。

却说南宋时，建都临安，繁华富贵，不减那汴京故国。去那城中箭桥左侧，有个官人姓刘名贵，字君荐，祖上原是有根基的人家，到得君荐手中，却是时乖运蹇。先前读书，后来看看不济，却去改业做生意，便是半路上出家的一般。买卖行中，一发不是本等伎俩，又把本钱消折去了。渐渐大房改换小房，赁得两三间房子，与同浑家王氏，年少齐眉。后因没有子嗣，娶下一个小娘子，姓陈，是陈卖糕的女儿，家中都呼为二姐。这也是先前不十分穷薄的时做下的勾当。至亲三口，并无闲杂人在家。那刘君荐，极是为人和气，乡里见爱，都称他刘官人。"你是一

demasiado tarde. A raíz del incidente, nunca jamás fue promovido y su carrera, que cierta vez se vislumbró prometedora, estaba arruinada.

Después de escuchar la historia de cómo una broma le costó a un hombre un puesto oficial, le contaré otra sobre un caballero que fue anulado en su mejor momento y responsable de la muerte de dos o tres inocentes también a causa de una broma que hizo bajo los efectos del alcohol. ¿Cómo sucedió? Tal y como lo cuentan estos versos:

> *El peligro acecha a nuestra vida en la tierra,*
> *Mientras otros ríen y cotillean a sus anchas;*
> *La nube blanca no es dueña de su destino,*
> *Condenada a ser arrastrada por la brisa.*

Durante el reinado del emperador Gaozong (1127-1162), la capital fue trasladada al Sur, a la ciudad de Hangzhou, donde compitió en riqueza y esplendor con la otrora capital del Norte. A la izquierda del puente Jianqiao vivía el caballero Liu Gui, hijo de una acaudalada familia. Lamentablemente tras heredar su fortuna, la suerte dejó de sonreírle. Pese a su esmerada entrega al estudio al principio, vio muy pocas esperanzas de llegar a ser funcionario. Por tanto, decidió apostar por el comercio. Como no era un profesional, no tenía cabeza para los negocios y muy pronto perdió su capital. Liu Gui había vendido su mansión para comprar una residencia más pequeña y vivir en dos o tres habitaciones con su esposa, la señora Wang, con quien había contraído nupcias en su juventud, y la concubina con la que se casó posteriormente porque su esposa no era capaz de darle un hijo. La concubina, de apellido Chen, era hija de un vendedor de pasteles. La llamaban la segunda hermana y Liu se había casado con ella cuando su situación económica era holgada. La familia de Liu se reducía a ellos tres. Además, Liu era considerado un hombre muy agradable y muy querido por sus vecinos, quienes solían decirle:

时运限不好，如此落莫，再过几时，定时有个亨通的日子！"说便是这般说，那得有些些好处？只是在家纳闷，无可奈何。

却说一日闲坐家中，只见丈人家里的老王，年近七旬，走来对刘官人说道："家间老员外生日，特令老汉接取官人娘子，去走一遭。"刘官人便道："便是我日逐愁闷过日子，连那泰山的寿诞，也都忘了。"便同浑家王氏，收拾随身衣服，打叠个包儿，交与老王背了，分付二姐："看守家中，今日晚了，不能转回，明晚须索来家。"说了就去。离城二十余里，到了丈人王员外家，叙了寒温。当日坐间客众，丈人女婿，不好十分叙述许多穷相。到得客散，留在客房里宿歇。直到天明，丈人却来与女婿攀话，说道："姐夫，你须不是这般算计，坐吃山空，立吃地陷。咽喉深似海，日月快如梭。你须计较一个常便！我女儿嫁了你，一生也指望丰衣足食，不成只是这等就罢了。"刘

—Solo está atravesando por una racha de mala suerte, señor Liu. Ya vendrán tiempos mejores.

Esto era lo que todos ellos le decían. Sin embargo, nunca vio la bonanza y Liu permanecía en casa deprimido, incapaz de encontrar una solución a sus problemas.

Un día estaba sentado ocioso en su casa cuando se presentó el viejo Wang, que a sus 70 años de edad seguía trabajando para el suegro de Liu.

—Es el cumpleaños de nuestro amo, señor, —le informó el viejo Wang— y me ha enviado a invitarlo a usted y a su señora a su casa.

—¡Así es! —exclamó Liu—. He estado tan inmerso en mis problemas que olvidé completamente el cumpleaños del viejo.

Entonces, él y su esposa empacaron varias mudas de ropa y le pidieron al sirviente que las llevara. Toda vez que dejaron a la concubina al frente de la casa y le comunicaron que no regresarían esa noche sino al día siguiente, emprendieron el viaje. La residencia del Sr. Wang se encontraba a unas siete u ocho millas de la ciudad. Liu saludó a su suegro, pero como había muchos otros invitados presentes, no podía hablar sobre su pobreza. Sin embargo, toda vez que los visitantes se hubieron marchado, el suegro de Liu le pidió que se quedara en la habitación para huéspedes y le informó su intención de mantener una conversación con él a la mañana siguiente.

—No puedes seguir así —le dijo—. Conoces el proverbio que reza: El hombre que no hace más que comer se come una montaña y la garganta del hombre es tan profunda como el mar, pero el tiempo pasa tan rápido como un cohete. Tienes que pensar en una forma de ganarte la vida. Cuando mi hija se casó contigo, ella esperaba que fueras capaz de procurarle alimento y vestido. Pero eso no lo es todo y tú lo sabes.

官人叹了一口气道："是！泰山在上，道不得个上山擒虎易，开口告人难。如今的时势，再有谁似泰山这般看顾我的。只索守困，若去求人，便是劳而无功。"丈人便道："这也难怪你说。老汉却是看你们不过，今日赍助你些少本钱，胡乱去开个柴米店，撰得些利息来过日子，却不好么？"刘官人道："感蒙泰山恩顾，可知是好。"当下吃了午饭，丈人取出十五贯钱来，付与刘官人道："姐夫，且将这些钱去，收拾起店面，开张有日，我便再应付你十贯。你妻子且留在此过几日，待有了开店日子，老汉亲送女儿到你家，就来与你作贺，意下如何？"刘官人谢了又谢，驮了钱一径出门。到得城中，天色却早晚了，却撞着个相识，顺路在他家门首经过。那人也要做经纪的人，就与他商量一会，可知是好。便去敲那人门时，里面有人应喏，出来相揖，便问："老兄下顾，有何见教？"刘官人一一说知就里。那人便道："小弟闲在家中，老兄用得着时，便来相帮。"刘官人道："如此甚好！"当下说了些生意的勾

Liu dejó escapar un suspiro y afirmó:

—Usted tiene razón señor, pero es más fácil cazar un tigre en la montaña que encontrar un amigo en apuros. ¿Quién en el mundo simpatizaría conmigo como usted, señor? Tenemos que resignarnos a la pobreza: implorar por ayuda sería trabajo perdido.

—Tienes parte de razón en lo que dices —mantuvo su suegro—. Pero no puedo permitir que las cosas continúen así. Hoy te voy a prestar una suma de dinero para que pongas un puesto de verduras y así ganes suficiente para vivir. ¿Qué te parece la idea?

—Estoy más agradecido de lo que puedo expresar —respondió Liu—. ¡Esa podría ser la solución para nosotros!

Después del almuerzo, el Sr. Wang sacó quince sartas de monedas y se las entregó a Liu diciéndole:

—Acepta estas monedas y abre cuanto antes tu puesto de venta. Cuando esté listo, te daré otras diez sartas de monedas. Deja que tu esposa se quede aquí unos días y cuando ya tengas la fecha de la apertura del puesto de verduras, yo mismo la llevaré a casa para felicitarte, si estás de acuerdo, claro.

Luego de agradecerle una vez más a su suegro, Liu tomó el dinero y se marchó. Ya era tarde cuando llegó a la ciudad, pero al pasar frente a la casa de un conocido, quien también deseaba poner un negocio, pensó que era una buena idea hacerle la visita para hablar con él sobre el tema. Llamó a la puerta y alguien le respondió desde el interior de la vivienda. Acto seguido, su amigo salió, lo saludó y le preguntó a qué se debía su visita. Cuando Liu le explicó sus planes, el conocido le contestó:

—No tengo nada que hacer en este momento. Si me puedes dar empleo en tu tienda, estaría feliz de poder ayudar.

—¡Fenomenal! —aseveró Liu.

当。那人便留刘官人在家,现成杯盘,吃了三杯两盏。刘官人酒量不济,便觉有些朦胧起来,抽身作别,便道:"今日相扰,明早就烦老兄过寒家,计议生理。"那人又送刘官人至路口,作别回家,不在话下。若是说话的同年生,并肩长,拦腰抱住,把臂拖回,也不见得受这般灾悔!却教刘官人死得不如:

《五代史》李存孝,《汉书》中彭越。

却说刘官人驮了钱,一步一步捱到家中。敲门已是点灯时分,小娘子二姐独自在家,没一些事做,守得天黑,闭了门,在灯下打瞌睡,刘官人打门,他那里便听见。敲了半晌,方才知觉,答应一声:"来了!"起身开了门。刘官人进去,到了房中,二姐替刘官人接了钱,放在桌上,便问:"官人何处那移这项钱来,却是甚用?"那刘官人一来有了几分酒,二来怪他开得门迟了,且戏言吓他一吓,便道:"说出来,又恐你见怪;不说时,又须通你得知。只是我一时无奈,没计可施,只得把你典与一个客人,又因舍不得你,只典得十五贯钱。若是我有些好处,加利赎你

Tras haber pasado un buen rato hablando de negocios, el amigo de Liu le pidió que se quedara a cenar. Como la cena y el vino estaban listos, bebió unas cuantas copas. Liu no era un buen bebedor y cuando se dio cuenta de que el vino se le estaba yendo a la cabeza se despidió diciendo:

—Hoy he abusado de su hospitalidad. Por favor, venga a mi humilde hogar mañana para seguir hablando del negocio.

Su amigo lo acompañó hasta la esquina de la calle, donde se despidió de él.

Con el dinero sobre la espalda, Liu llegó a su casa tambaleándose. Tuvo que llamar a la puerta porque ya había pasado la hora de encender las lámparas y su concubina, quien se había quedado sola en casa sin nada que hacer, luego de esperar por ellos hasta el anochecer había cerrado el portón y se había quedado dormida delante de la lámpara. Por tal motivo, no lo escuchó tocar. Liu estuvo llamando a la puerta un buen rato hasta que finalmente la concubina se despertó y respondió:

—Ya voy.

Entonces, se levantó y le abrió la puerta.

Al tomar la bolsa de dinero y colocarla en la mesa, la concubina le preguntó:

—¿De dónde sacaste tanto dinero? ¿Qué vas a hacer con él?

Liu aún estaba ebrio y también enojado por el tiempo que había demorado para abrirle la puerta por lo que decidió asustarla.

—Si te lo digo, te enfadarás, —señaló— pero no puedo ocultártelo, tienes que saberlo. Estoy en una situación tan difícil que no me quedó más remedio que empeñarte a otra persona. No quiero dejarte ir para siempre, por eso solo le pedí 15 sartas de monedas. Si la suerte me sonríe, te recuperaré con intereses. Pero si me sigue yendo tan mal

回来；若是照前这般不顺溜，只索罢了！"那小娘子听了，欲待不信，又见十五贯钱堆在面前。欲待信来，他平白与我没半句言语，大娘子又过得好，怎么便下得这等狠心辣手！疑狐不决。只得再问道："虽然如此，也须通知我爹娘一声。"刘官人道："若是通知你爹娘，此事断然不成。你明日且到了人家，我慢慢央人与你爹娘说通，他也须怪我不得。"小娘子又问："官人今日在何处吃酒来？"刘官人道："便是把你典与人，写了文书，吃他的酒，才来的。"小娘子又问："大姐姐如何不来？"刘官人道："他因不忍见你分离，待得你明日出了门才来。这也是我没计奈何，一言为定。"说罢，暗地忍不住笑。不脱衣裳，睡在床上，不觉睡去了。那小娘子好生摆脱不下："不知他卖我与甚色样人家？我须先去爹娘家里说知。就是他明日有人来要我，寻到我家，也须有个下落。"沉吟了一会，却把这十五贯钱，一垛儿堆在刘官人脚后边。趁他酒醉，轻轻的收拾了随身衣服，款款的开了门出去，拽上了门。却去

como siempre, tendré que dejarte ir.

La concubina no podía creer lo que acababa de escuchar, pero allí estaban las quince sartas de monedas para confirmárselo. Liu nunca le había hablado malhumorado en su vida y su relación con su esposa era buena también. ¿Por qué se había transformado en alguien tan cruel de repente?

—Bien, —dijo titubeando— espero que al menos se lo haya dicho a mi padre y a mi madre.

—Si les hubiera contado a tus padres, seguramente habrían puesto algún tipo de reparo. Mañana cuando ya te hayas ido a casa del hombre, enviaré a alguien a convencerlos de la necesidad que tuve de hacerlo. No podrán culparme de nada.

—¿Dónde estuvo bebiendo hoy?

—Con el hombre al que te empeñé. Luego de elaborar el contrato, bebí unas cuantas copas con él antes de regresar.

—¿Por qué no ha vuelto la hermana mayor?

—Porque no podía soportar la idea de separarse de ti. Ella volverá mañana después de que te hayas ido. Esta era la única salida que tenía y ya todo está arreglado.

Mientras hablaba, se reía para sus adentros. Entonces, sin quitarse la ropa, se acostó en la cama y se quedó dormido.

La joven estaba muy enfadada. "¿A qué tipo de hombre me habrá vendido?", se preguntaba. "Primero tengo que ir a mi casa y contarles a mi madre y a mi padre. Como dice que mañana vendrá el otro hombre a buscarme, pueden ir a mi casa y cerrar el negocio allí".

Después de darle vueltas y vueltas al asunto, recogió las quince sartas de monedas que yacían a los pies de Liu y aprovechando que estaba ebrio, en silencio, empacó algo de ropa, abrió la puerta lentamente y salió en puntillas, cerrando la puerta detrás de ella. La concubina

左边一个相熟的邻舍,叫做朱三老儿家里,与朱三妈宿了一夜,说道:"丈夫今日无端卖我,我须先去与爹娘说知。烦你明日对他说一声,既有了主顾,可同我丈夫到爹娘家中来,讨个分晓,也须有个下落。"那邻舍道:"小娘子说得有理,你只顾自去,我便与刘官人说知就理。"过了一宵,小娘子作别去了不题。正是:

鳌鱼脱却金钩去,摆尾摇头再不回。

放下一头。却说这里刘官人一觉,直至三更方醒,见桌上灯犹未灭,小娘子不在身边。只道他还在厨下收拾家火,便唤二姐讨茶吃。叫了一回,没人答应,却待挣扎起来,酒尚未醒,不觉又睡了去。不想却有一个做不是的,日间赌输了钱,没处出豁,夜间出来掏摸些东西,却好到刘官人门首。因是小娘子出去了,门儿拽上不关,那贼略推一推,豁地开了。捏手捏脚,直到房中,并无一人知觉。到得床前,灯火尚明。周围看时,并无一物可取。摸到床上,见一人朝着里床睡去,脚后却有一堆青钱,便去取了几贯。不想惊觉了刘官人,起来喝道:"你须不近道理!我从丈人家借办得几贯钱来,养身活命,不争你偷了我的去,却是怎的计结!"那人也不回话,照面一拳,刘

fue a la casa de su vecino a la izquierda, que se hacía llamar Zhu y allí pasó la noche con su señora a quien le confesó:

—Hoy, sin razón alguna, mi esposo me ha vendido. Tengo que ir a mi casa a contarle a mis padres. Necesito que mañana le diga a mi esposo donde puede encontrarme. El hombre que me compró puede ir con mi esposo a la casa de mis padres a discutir el asunto y llegar a una solución justa.

—Tienes razón —alegó la señora Zhu—. Le daré tu mensaje al señor Liu después de que te hayas ido.

Al día siguiente, la concubina regresó a su casa. Como el pez que escapa al anzuelo, se marchó sin mirar atrás.

El señor Liu durmió hasta la medianoche. Cuando se despertó vio que la lámpara estaba encendida aún y que su concubina no estaba a su lado. Pensando que estaba en la cocina limpiando, le pidió que le trajera té. Pese a llamarla varias veces, nunca obtuvo respuesta así que se levantó haciendo un gran esfuerzo, pero como estaba medio aturdido y confundido, se dejó caer de nuevo el lecho.

Justo entonces, apareció un hombre malvado, que tras perder todo su dinero en el juego, se escabulló y salió a robar. Así fue como llegó a la casa de Liu. Como la concubina había echado la puerta hacia adelante al marcharse, el ladrón la abrió de un empujón y entró en la residencia sin que nadie lo viera. Cuando llegó a la habitación, vio la lámpara encendida, pero nada valioso que pudiera llevarse. Sin embargo, mientras palpaba a tientas la cama, vio que un hombre dormía mirando hacia la pared con una pila de dinero a sus pies. Estaba tomando unas cuantas sartas, cuando Liu se despertó y gritó:

—¡Oye! ¡No puedes hacer eso! ¡Mi suegro me prestó ese dinero para que pudiera vivir! ¿Qué voy a hacer, si te lo robas?

Sin tomarse el trabajo de responder, el ladrón lanzó un golpe

官人侧身躲过，便起身与这人相持。那人见刘官人手脚活动，便拔步出房。刘官人不舍，抢出门来，一径赶到厨房里，恰待声张邻舍起来捉贼。那人急了，正好没出豁，却见明晃晃一把劈柴斧头，正在手边；也是人急计生，被他绰起，一斧正中刘官人面门，扑地倒了，又复一斧，斫倒一边。眼见得刘官人不活了，呜呼哀哉，伏惟尚飨。那人便道："一不做，二不休，却是你来赶我，不是我来寻你。"索性翻身入房，取了十五贯钱。扯条单被，包裹得停当，拽扎得爽俐，出门，拽上了门就走，不题。

次早邻舍起来，见刘官人家门也不开，并无人声息，叫道："刘官人，失晓了。"里面没人答应。捱将进去，只见门也不关。直到里面，见刘官人劈死在地。"他家大娘子两日前已自往娘家去了，小娘子如何不见？"免不得声张起来。却有昨夜小娘子借宿的邻家朱三老儿说道："小娘子昨夜黄昏时，到我家宿歇，说道：刘官人无端卖了他，他一径先到爹娘家里去了，教我对刘官人说，既有了主顾，可同到他爹娘家中，也讨得个分晓。今一面着人去追他转来，便有下落。一面着人去报他大娘子到来，再作区

al rostro de Liu, que este logró esquivar abandonando la cama de un salto para enfrentarlo. Cuando el ladrón vio lo activo que estaba su rival, salió de la habitación. Liu no estaba dispuesto a dejarlo escapar y lo siguió hasta la cocina donde estaba a punto de gritar para despertar a los vecinos. El ladrón, bajo presión y sin saber qué hacer, vio de repente un hacha que relucía al alcance de su mano. Presa de la desesperación, tomó el hacha, la lanzó al rostro de Liu y este cayó al suelo. Inmediatamente, le propinó otro golpe y el infeliz fue asesinado.

—No pude evitarlo; me obligaste a ponerte la mano encima —afirmó el ladrón jadeando—. Fuiste tú quien me persiguió, yo no quería quitarte la vida.

El ladrón regresó a la habitación, tomó las quince sartas de monedas, las envolvió en la sábana, se echó el bulto a la espalda y se marchó tirando la puerta detrás de él.

A la mañana siguiente cuando los vecinos se levantaron, la puerta de Liu estaba cerrada y no se escuchaba ruido en su habitación.

—Señor Liu —lo llamaron—. ¿Se quedó dormido?

Pero nadie respondió. Entonces, empujaron la puerta y entraron solo para encontrar el cuerpo inmóvil y sin vida de Liu que yacía en el suelo. Su esposa se había ido a la casa de sus padres hacía dos días, pero ¿dónde estaba la concubina? Se formó un gran alboroto. Entonces, el viejo Zhu, el vecino donde la concubina había pasado la noche, aseguró:

—Ayer en la noche, la concubina se quedó en nuestra casa. Nos dijo que el señor Liu la había vendido sin razón alguna y por eso regresaba a casa de sus padres. Incluso, me pidió que le dijera al señor Liu que llevara a su nuevo dueño a la casa de sus padres para cerrar el negocio. Si la hacemos venir, llegaremos al fondo del asunto. También tenemos que mandar a buscar a la señora Liu antes de tomar cualquier

处。"众人都道："说得是。"先着人去到王老员外家报了凶信。老员外与女儿大哭起来，对那人道："昨日好端端出门，老汉赠他十五贯钱，教他将来作本，如何便恁的被人杀了？"那去的人道："好教老员外、大娘子得知，昨日刘官人归时，已自昏黑，吃得半酣，我们都不晓得他有钱没钱，归迟归早。只是今早刘官人家门儿半开，众人推将进去，只见刘官人杀死在地，十五贯钱一文也不见，小娘子也不见踪迹。声张起来，却有左邻朱三老儿出来，说道：'他家小娘子昨夜黄昏时分，借宿他家。小娘子说道：刘官人无端把他典与人了，小娘子要对爹娘说一声。住了一宵，今日径自去了。'如今众人计议，一面来报大娘子与老员外，一面着人去追小娘子。若是半路里追不着的时节，直到他爹娘家中，好歹追他转来，问个明白。老员外与大娘子，须索去走一遭，与刘官人执命。"老员外与大娘子急急收拾起身，管待来人酒饭，三步做一步，赶入城中。不题。

却说那小娘子，清早出了邻舍人家，挨上路去，行不

decisión.

—Tiene razón —dijeron todos de acuerdo.

Primero, enviaron un emisario a la residencia del señor Wang a dar la mala noticia. El anciano y la hija lloraban sin consuelo. A continuación, el suegro de Liu declaró:

—Liu estaba muy bien cuando se fue ayer. Yo le había dado quince sartas de monedas para que pusiera un negocio. ¿Cómo fue que lo asesinaron?

—Esto fue lo que ocurrió —apuntó el emisario—. Cuando el señor Liu llegó a su casa ya era de noche y estaba ebrio. Ninguno de nosotros sabía de la existencia del dinero y tampoco sabemos con seguridad a qué hora regresó, pero esta mañana encontramos su puerta entreabierta y cuando entramos allí estaba él, muerto en el suelo. No había rastro de las quince sartas de monedas ni de la concubina. Hicimos tanto escándalo, que el viejo Zhu, que vive en la casa a la izquierda de la residencia del señor Liu, salió a ver lo que sucedía. El señor Zhu nos dijo que la concubina había pasado la noche en su casa porque el señor Liu la había vendido sin motivo alguno y ella quería ir a su casa y contarles a sus padres. La joven pasó la noche allí y se fue temprano esta mañana. Entonces, decidimos que debíamos informarle lo sucedido y ya enviamos a un grupo de hombres a buscar a la concubina. Si no le dan alcance por el camino, irán hasta la casa de sus padres, pero deberán traerla de vuelta para conocer la verdad. Usted y su hija deberían regresar ahora para vengar al señor Liu.

El anciano señor Wang y su hija hicieron todos los preparativos necesarios de inmediato y tan pronto como ofrecieron vino y alimento al mensajero partieron de prisa a la ciudad.

La concubina, por su parte, había dejado la casa del viejo Zhu muy temprano en la mañana para volver a la suya. Tan solo había re-

上一二里，早是脚疼走不动，坐在路旁。却见一个后生，头带万字头巾，身穿直缝宽衫，背上驮了一个搭膊，里面却是铜钱，脚下丝鞋净袜，一直走上前来。到了小娘子面前，看了一看：虽然没有十二分颜色，却也明眉皓齿，莲脸生春，秋波送媚，好生动人。正是：

野花偏艳日，村酒醉人多。

那后生放下搭膊，向前深深作揖："小娘子独行无伴，却是往那里去的？"小娘子还了万福，道："是奴家要往爹娘家去，因走不上，权歇在此。"因问："哥哥是何处来？今要往何方去？"那后生叉手不离方寸："小人是村里人，因往城中卖了丝帐，讨得些钱，要往褚家堂那边去的。"小娘子道："告哥哥则个，奴家爹娘也在褚家堂左侧，若得哥哥带挈奴家，同走一程，可知是好。"那后生道："有何不可！既如此说，小人情愿伏侍小娘子前去。"两个厮赶着，一路正行，行不到二三里田地，只见后面两个人脚不点地赶上前来，赶得汗流气喘，衣襟敞开。连叫："前面小娘子慢走！我却有话说知。"小娘子与那后生看见赶得蹊

corrido media milla cuando le empezaron a doler los pies y se detuvo a descansar al lado del camino. Justo en ese momento, apareció un joven caballero, ataviado con un gorro con diseños en zigzag, una holgada túnica, medias limpias y zapatos de seda. Sobre los hombros llevaba una bolsa con dinero. Cuando llegó adonde la concubina descansaba, se percató de que aunque no era del todo bella, tenía unas cejas hermosas y dientes saludables, un rostro color rosa y unos ojos que invitaban. En una sola palabra, la encontró muy atractiva.

Los hombres se deslumbran por una flor de campo,
La cabeza embriagada por el vino del campo domina al hombre.

El joven dejó caer la bolsa al suelo, se acercó a la concubina, hizo una reverencia e interrogó:

—¿Está usted sola, señorita? ¿Puedo preguntarle hacia dónde se dirige?

Luego de hacer una reverencia, la concubina respondió:

—Voy a casa de mis padres. Estoy cansada y me detuve a descansar. ¿De dónde es usted, señor, y adónde va?

Juntando las manos al frente, el joven caballero contestó respetuosamente:

—Soy del campo. Acabo de vender toda mi seda en la ciudad y llevo el dinero de la venta a Chujiatang.

—¡Mis padres viven cerca de Chujiatang! Me encantaría que me acompañara una parte del camino.

—No hay ningún problema, si así usted lo desea —respondió el joven—. Será un placer para mí acompañarle.

De esta forma, los jóvenes echaron a andar juntos. No habían avanzado una milla cuando dos hombres corriendo, sudando y jadeando con las chaquetas abiertas les dieron alcance.

—¡Deténgase señora! —le gritaron—. Tenemos algo que decirle.

蹺，都立住了脚。后边两个赶到跟前，见了小娘子与那后生，不容分说，一家扯了一个，说道："你们干得好事！却走往那里去？"小娘子吃了一惊，举眼看时，却是两家邻舍，一个就是小娘子昨夜借宿的主人。小娘子便道："昨夜也须告过公公得知，丈夫无端卖我，我自去对爹娘说知。今日赶来，却有何说？"朱三老道："我不管闲帐，只是你家里有杀人公事，你须回去对理。"小娘子道："丈夫卖我，昨日钱已驮在家中，有甚杀人公事？我只是不去。"朱三老道："好自在性儿，你若真个不去，叫起地方有杀人贼在此，烦为一捉。不然，须要连累我们。你这里地方也不得清净。"那个后生见不是话头，便对小娘子道："既如此说，小娘子只索回去，小人自家去休！"那两个赶来的邻舍，齐叫起来说道："若是没有你在此便罢，既然你与小娘子同行同止，你须也去不得！"那后生道："却也古怪，我自半路遇见小娘子，偶然伴他行一程路，路途上有甚皂

Perplejos, la concubina y el joven caballero se detuvieron. Cuando los dos hombres llegaron a ellos, los aprehendieron sin explicación alguna y gritaron:

—¡Menuda hazaña la suya! ¿Adónde crees que vas?

La concubina, superada la sorpresa inicial, pudo reconocer en los a sus vecinos. Uno de ellos era el dueño de la casa donde había pasado la noche.

—¿No se lo dije anoche —preguntó la concubina— que a mi esposo se le metió en la cabeza súbitamente la idea de venderme y que por esa razón me iba a casa de mis padres? ¿Por qué ha venido a buscarme?

—Esa historia suya carece de importancia —replicó el viejo Zhu—. Se ha cometido un asesinato en su casa y tiene que regresar para probar su inocencia.

—Mi esposo me ha vendido, hasta trajo el dinero ayer a casa. ¿De qué asesinato me habla? No pienso regresar.

—¿Con que te haces la terca, eh? —rugió el viejo Zhu—. Bien, si no vienes con nosotros, funcionarios, aquí. ¡Son unos asesinos! ¡Deténganlos! De lo contrario, nos veremos implicados y ustedes no tendrán paz jamás tampoco.

Al ver que las cosas tomaban el rumbo equivocado, el joven caballero dijo a la concubina:

—Parece que lo mejor es que regrese, señora. Hasta aquí le acompaño.

Sin embargo, los dos vecinos gritaron:

—Si no hubieses estado presente, no habrías ningún problema. Pero como los dos viajan juntos, no te podemos dejar ir tampoco.

—¡Esto es ridículo! —protestó el joven caballero—. Acabo de conocer a esta dama en el camino y apenas anduve una corta distancia

丝麻线，要勒揩我回去？"朱三老道："他家有了杀人公事，不争放你去了，却打没对头官司！"当下怎容小娘子和那后生做主。看的人渐渐立满，都道："后生你去不得。你日间不作亏心事，半夜敲门不吃惊。便去何妨！"那赶来的邻舍道："你若不去，便是心虚。我们却和你罢休不得！"四个人只得厮挽着一路转来。

到得刘官人门首，好一场热闹！小娘子入去看时，只见刘官人斧劈倒在地死了，床上十五贯钱分文也不见。开了口合不得，伸了舌缩不上去。那后生也慌了，便道："我怎的晦气！没来由和那小娘子同走一程，却做了干连人。"众人都和闹着。正在那里分豁不开，只见王老员外和女儿一步一撷走回家来，见了女婿身尸，哭了一场，便对小娘子道："你却如何杀了丈夫，劫了十五贯钱，逃走出去？今日天理昭然，有何理说！"小娘子道："十五贯钱，

con ella. No tengo nada que ver con lo que dice. ¿Qué quieren hacer conmigo?

—Se ha cometido un asesinato —afirmó el viejo Zhu—. ¿Piensas que te vamos a dejar ir y vernos involucrados en una demanda con el acusado ausente?

Los hombres ignoraron los reclamos de la concubina y el joven caballero. Para ese entonces, ya se había reunido una multitud y la gente aconsejó al joven caballero:

—Usted no puede huir. El hombre con la conciencia tranquila no teme cuando llaman a su puerta a medianoche. Será mejor que los acompañe.

—Si te niegas a venir con nosotros, —subrayó un vecino del viejo Zhu— eso quiere decir que tienes la conciencia sucia. No te dejaremos escapar.

Aprehendieron a la concubina y al joven caballero y se los llevaron.

Cuando llegaron al portón de la residencia de Liu, había un gran alboroto en la casa. Cuando la concubina entró y vio que Liu yacía muerto en el suelo, asesinado de un hachazo y se percató de que las quince sartas de monedas habían desaparecido, quedó petrificada, con la boca abierta, demasiado aterrorizada para hablar. El joven caballero quedó impactado también y exclamó:

—¡Cuán desafortunado soy! ¡Por acompañar a esta joven dama, me he involucrado en un asesinato!

En medio de toda la confusión, el anciano señor Wang y su hija se abrieron paso y gimiendo sobre el cadáver, miraron a la concubina y le exigieron:

—¿Por qué mataste a tu esposo, le robaste el dinero y te fuiste? El Cielo es justo y has sido atrapada. ¿Qué tienes que decir?

委是有的。只是丈夫昨晚回来,说是无计奈何,将奴家典与他人,典得十五贯身价在此,说过今日便要奴家到他家去。奴家因不知他典与甚色样人家,先去与爹娘说知,故此趁夜深了,将这十五贯钱,一垛儿堆在他脚后边,拽上门,到朱三老家住了一宵,今早自去爹娘家里说知。临去之时,也曾央朱三老对我丈夫说,既然有了主顾,可同到我爹娘家里来交割。却不知因甚杀死在此?"那大娘子道:"可又来!我的父亲昨日明明把十五贯钱与他驮来作本,养赡妻小,他岂有哄你说是典来身价之理?这是你两日因独自在家,勾搭上了人;又见家中好生不济,无心守耐;又见了十五贯钱,一时见财起意,杀死丈夫,劫了钱。又使见识,往邻舍家借宿一夜,却与汉子通同计较,一处逃走。现今你跟着一个男子同走,却有何理说,抵赖得过!"众人齐声道:"大娘子之言,甚是有理。"又对那后生道:"后生,你却如何与小娘子谋杀亲夫?却暗暗约定在僻静处等候,一同去逃奔他方,却是如何计结!"那人道:"小人自姓崔名宁,与那小娘子无半面之识。小人昨晚

—Es cierto que había quince sartas de dinero —afirmó la concubina—. Pero cuando regresó anoche me dijo que estaba tan necesitado de dinero que me había empeñado por quince sartas de monedas y que hoy tenía que irme a la casa de mi nuevo dueño. Como desconocía el tipo de familia a la que me había empeñado, decidí contarles a mis padres primero y anoche bien tarde puse todo el dinero a sus pies, cerré la puerta y fui a pasar la noche a casa del viejo Zhu para así irme a casa hoy a primera hora. Cuando me fui, le pedí al señor Zhu que le dijera a mi esposo que como me había buscado un nuevo amo podían ir a casa de mi familia a cerrar el trato. No tengo idea de quien lo asesinó.

—¡Mira que bien! —dijo llorando la esposa—. Ayer, mi padre le dio quince sartas de monedas para que las trajera a casa como capital para ayudarnos. ¿Por qué te mentiría diciendo que era el dinero recibido por empeñarte? En estos dos días que te quedaste sola en casa tienes que haber tenido un romance con algún hombre. Al ver lo pobre que éramos, no querías quedarte aquí y cuando viste el dinero se te ocurrió la idea. Tú mataste a mi esposo y te robaste el dinero. Entonces, astutamente pasaste la noche con los vecinos, tras planear tu huida con tu amante. Ibas caminando junto a un hombre hoy. ¿Qué explicación vas a dar? ¿Lo vas a negar?

Todos los presentes corearon al unísono:

—La señora Liu tiene razón.

A continuación interrogaron al joven caballero:

—¿Planeaste la muerte del señor Liu con su concubina y acordaron encontrarse en secreto en algún lugar y huir juntos? ¿Qué tienes que decir?

—Mi nombre es Cui Ning —respondió el joven caballero—. Nunca antes había visto a esta joven. Anoche, vine a la ciudad a ven-

入城，卖得几贯丝钱在这里，因路上遇见小娘子，小人偶然问起往哪里去的，却独自一个行走。小娘子说起是与小人同路，以此作伴同行，却不知前后因依。"众人那里肯听他分说，搜索他搭膊中，恰好是十五贯钱，一文也不多，一文也不少。众人齐发起喊来道："是天网恢恢，疏而不漏。你却与小娘子杀了人，拐了钱财，盗了妇女，同往他乡，却连累我地方邻里打没头官司！"

当下大娘子结扭了小娘子，王老员外结扭了崔宁，四邻舍都是证见，一哄都入临安府中来。那府尹听得有杀人公事，即便升堂。便叫一干人犯，逐一从头说来。先是王老员外上去，告说："相公在上，小人是本府村庄人氏，年近六旬，只生一女，先年嫁与本府城中刘贵为妻。后因无子，取了陈氏为妾，呼为二姐。一向三口在家过活，并无片言。只因前日是老汉生日，差人接取女儿、女婿在家，住了一夜。次日，因见女婿家中全无活计，养赡不起，把十五贯钱与女婿作本，开店养身。却有二姐在家看守。到得昨夜，女婿到家时分，不知因甚缘故，将女婿斧劈死

der seda. Llevo conmigo el dinero de la venta y hoy en el camino de regreso me encontré con esta dama. Cuando le pregunté adónde iba y por qué estaba sola, me dijo que iba en la misma dirección que yo y por eso la estaba acompañando. No tengo conocimiento de lo que ha pasado aquí.

¿Creen que le escucharon? Le revisaron la bolsa y encontraron en su interior exactamente quince sartas de monedas, ni una más ni una menos y gritaron:

—¡El culpable nunca escapa a la justicia divina! Tú lo mataste, robaste su dinero y su concubina e intentaste escapar, involucrándonos en una demanda en la que el acusado ha escapado.

Entonces, la esposa aprehendió a la concubina y el señor Wang a Cui Ning. Con todos los vecinos como testigo, fueron a la oficina del magistrado de la ciudad. Al escuchar que se trataba de un caso de asesinato, el magistrado de la ciudad ocupó su asiento en el tribunal y ordenó a los demandantes exponer el caso desde el principio. El señor Wang fue el primero en hacer uso de la palabra.

—Su Señoría —dijo—. Soy oriundo de este distrito y vivo en el campo. Tengo casi 60 años y una sola hija a quien casé hace unos años con Liu Gui, vecino de esta ciudad. Posteriormente, como no tenían hijos, Liu tomó una concubina de la familia Chen. A la concubina la llamaban Segunda Hermana, los tres se llevaban muy bien y nunca discutían. Hace dos días, como era mi cumpleaños, mandé a un sirviente a buscar a mi hija y a mi yerno para que pasaran la noche conmigo. Al día siguiente, al percatarme de que mi yerno no tenía los medios necesarios para mantener a la familia, le entregué quince sartas de monedas para que pusiera un negocio que les diera lo suficiente para vivir. La concubina se había quedado a cuidar la vivienda. Anoche cuando mi yerno volvió a casa, al parecer ella lo mató con un

了！二姐却与一个后生，名唤崔宁，一同逃走，被人追捉到来。望相公可怜见老汉的女婿，身死不明，奸夫淫妇，赃证现在，伏乞相公明断！"府尹听得如此如此，便叫陈氏上来："你却如何通同奸夫，杀死了亲夫，劫了钱，与人一同逃走，是何理说？"二姐告道："小妇人嫁与刘贵，虽是个小老婆，却也得他看承得好。大娘子又贤慧，却如何肯起这片歹心？只是昨晚丈夫回来，吃得半酣，驮了十五贯钱进门，小妇人问他来历，丈夫说道，为因养赡不周，将小妇人典与他人，典得十五贯身价在此，又不通我爹娘得知，明日就要小妇人到他家去。小妇人慌了，连夜出门，走到邻舍家里，借宿一宵。今早一径先往爹娘家去，教他对丈夫说，既然卖我有了主顾，可到我爹妈家里来交割。才走得到半路，却见昨夜借宿的邻家赶来，捉住小妇人回来，却不知丈夫杀死的根由。"那府尹喝道："胡说！这十五贯钱分明是他丈人与女婿的，你却说是典你的身价，眼见的没巴臂的说话了。况且妇人家，如何黑夜行走？定是脱身之计。这桩事须不是你一个妇人家做的，一定有奸夫帮你谋财害命，你却从实说来。"那小娘子正待

hacha y escapó con un joven llamado Cui Ning. Ahora que los dos han sido capturados, le ruego, Su Señoría, que se apiade de la extraña muerte de mi yerno. Aquí están el hombre malvado y la adúltera con el dinero robado como evidencia. Por favor, Su Señoría, en su sensatez, dicte sentencia.

A continuación, el magistrado de la ciudad llamó a declarar a la concubina:

—Acérquese. ¿Cómo planeó con su amante asesinar a su esposo, robar el dinero y escapar? ¿Qué tiene que decir a su favor?

—Pese a ser solo la concubina de Liu Gui, —respondió— él me trataba bien y su esposa era buena conmigo. ¿Por qué querría hacerles daño? Sin embargo, anoche, mi esposo llegó a casa medio ebrio, con quince sartas de monedas. Cuando le pregunté de dónde había sacado el dinero me dijo que me había empeñado por quince sartas de monedas porque él no podía mantener a la familia. Me aseguró que no le había dicho nada a mis padres, pero que al día siguiente tenía que ir con mi nuevo amo. Me enojé tanto que me fui a pasar la noche a casa del vecino y, por la mañana temprano, me fui a casa de mis padres. Le pedí a mi vecino que le dijera a mi esposo que fuera con mi nuevo dueño a casa de mis padres para cerrar el negocio. Iba camino a casa cuando el vecino, en cuya residencia pernocté, me atrapó y me trajo de regreso arrastras. No sé nada del asesinato de mi esposo.

—¡Eso es absurdo! —gritó el magistrado de la ciudad—. Su suegro le dio las quince sartas de monedas y aun así declara que obtuvo el dinero empeñándola. ¡Esto es una gran mentira! ¿Por qué escaparía una mujer en la oscuridad de la noche? No pudo haberlo hecho sola. Algún hombre tiene que haberla incitado a cometer el asesinato y el robo. ¡Diga la verdad ahora!

Antes de que la concubina pudiera hablar de nuevo, varios veci-

分说，只见几家邻舍一齐跪上去告道："相公的言语，委是青天。他家小娘子，昨夜果然借宿在左邻第二家的，今早他自去了。小的们见他丈夫杀死，一面着人去赶，赶到半路，却见小娘子和那一个后生同走，苦死不肯回来。小的们勉强捉他转来，却又一面着人去接他大娘子与他丈人，到时，说昨日有十五贯钱，付与女婿做生理的。今者女婿已死，这钱不知从何而去。再三问那小娘子时，说道：他出门时，将这钱一堆儿堆在床上。却去搜那后生身边，十五贯钱，分文不少。却不是小娘子与那后生通同作奸？赃证分明，却如何赖得过？"府尹听他们言言有理，就唤那后生上来道："帝辇之下，怎容你这等胡行？你却如何谋了他小老婆，劫了十五贯钱，杀死他亲夫？今日同往何处？从实招来。"那后生道："小人姓崔名宁，是乡村人氏，昨日往城中卖了丝，卖得这十五贯钱。今早偶然路上撞着这小娘子，并不知他姓甚名谁，那里晓得他家杀人公事？"府尹大怒，喝道："胡说！世间不信有这等巧事！他家失去

nos dieron un paso al frente, se arrodillaron y afirmaron:

—¡Su Señoría que todo lo ve como el Cielo! Es cierto que la concubina pasó la noche en la segunda casa a la izquierda de la suya y se marchó esta mañana. Cuando descubrimos que su esposo había sido asesinado, mandamos a unos hombres a darle alcance. Iba caminando con ese joven y los dos se negaron a regresar. Tuvimos que traerlos por la fuerza. También mandamos a buscar a la señora Liu y a su padre y, cuando llegaron, el suegro de Liu confirmó que le había dado al difunto quince sartas de monedas ayer para que pusiera un negocio, pero hoy Liu estaba muerto y no había rastro del dinero. Cuando le preguntamos a la concubina, aseguró que había dejado el dinero sobre la cama. Sin embargo, encontramos las quince sartas de monedas en posesión del joven caballero. Esto demuestra que la concubina y el joven tienen que haber planeado el asesinato juntos. ¿Cómo pueden negarlo existiendo una evidencia tan rotunda en su contra?

El magistrado de la ciudad creyó todo lo que los hombres relataron. Tras pedirle al joven caballero que diera un paso al frente, exigió:

—Aquí, ante el tribunal del Gobierno Imperial, ¿cómo te atreves a cometer una ilegalidad? Confiesa ahora que coludiste con la concubina de Liu, le robaste sus quince sartas de monedas y lo asesinaste, así como adónde se dirigían juntos.

—Mi nombre es Cui Ning, —declaró el joven caballero— y vivo en el campo. Ayer vine al pueblo y vendí un poco de seda: así fue como me gané estas quince sartas de monedas. Esta mañana, me tropecé con esta joven dama en el camino, pero no sabía ni su nombre para no hablar del asesinato.

Poseído por la ira, el magistrado de la ciudad espetó:

—Eso es un soberano disparate. ¿Cómo es posible tamaña coincidencia? ¿Ellos pierden quince sartas de monedas y tú recibes quince

了十五贯钱,你却卖的丝恰好也是十五贯钱,这分明是支吾的说话了。况且他妻莫爱,他马莫骑,你既与那妇人没甚首尾,却如何与他同行共宿?你这等顽皮赖骨,不打,如何肯招?"当下众人将那崔宁与小娘子,死去活来拷打一顿。那边王老员外与女儿并一干邻佑人等,口口声声,咬他二人。府尹也巴不得了结这段公案。拷讯一回,可怜崔宁和小娘子,受刑不过,只得屈招了。说是一时见财起意,杀死亲夫,劫了十五贯钱,同奸夫逃走是实。左邻右舍都指画了十字,将两人大枷枷了,送入死囚牢里。将这十五贯钱,给还原主,也只好奉与衙门中人做使用,也还不勾哩。府尹叠成文案,奏过朝廷,部覆申详,倒下圣旨,说:"崔宁不合奸骗人妻,谋财害命,依律处斩。陈氏不合通同奸夫,杀死亲夫,大逆不道,凌迟示众。"当下读了招状,大牢内取出二人来,当厅判一个斩字,一个剐字,押赴市曹,行刑示众。两人浑身是口,也难分说。正是:

哑子谩尝黄蘗味,难将苦口对人言。

sartas de monedas por tu seda? Estás mintiendo. Además, un hombre no debe codiciar la esposa o el caballo de su vecino. Si no la conocías, ¿por qué iban caminando juntos? Sin duda alguna, alguien tan astuto como tú no confesará jamás a menos que seas torturado.

El magistrado de la ciudad ordenó torturar a Cui Ning y a la concubina hasta que se desmayaron una y otra vez. El viejo Wang, su hija y los vecinos insistían en que la pareja era culpable y el magistrado de la ciudad quería cerrar el caso. Como resultado, la desafortunada concubina y Cui Ning fueron torturados hasta que confesaron que la tentación del dinero los llevó a asesinar a Liu, robar las quince sartas de monedas y escapar. Los vecinos, en calidad de testigos del caso, pusieron las cruces a las confesiones y Cui Ning y la concubina fueron ridiculizados y llevados a la prisión de los condenados a muerte. Las quince sartas de monedas fueron entregadas al señor Wang, quien se percató que no eran suficientes para pagarles a los hombres en el yamen.

El magistrado de la ciudad redactó el informe del caso que envió a la corte imperial. Tras la debida consideración, se publicó el edicto imperial que declaraba que Cui Ning, culpable de adulterio, robo y asesinato, sería decapitado según la ley mientras que la concubina, quien había planeado con su amante el asesinato de su esposo, era culpable del peor crimen cometido y debía morir por desmembramiento. A continuación, se leyeron las confesiones en el tribunal. Acto seguido, Cui Ning y la concubina comparecieron ante el mismo para escuchar la sentencia: él sería decapitado y ella desmembrada. La pareja, llevada a la plaza pública para que su ejecución sirviera de escarmiento, no tenía forma de protestar.

Cuando los hombres tontos comen ajenjo,
¡Qué gran angustia!
No pueden expresar su temor a su agudeza.

看官听说，这段公事，果然是小娘子与那崔宁谋财害命的时节，他两人须连夜逃走他方，怎的又去邻舍人家借宿一宵？明早又走到爹娘家去，却被人捉住了？这段冤枉，仔细可以推详出来。谁想问官糊涂，只图了事，不想捶楚之下，何求不得。冥冥之中，积了阴骘，远在儿孙近在身。他两个冤魂，也须放你不过。所以做官的，切不可率意断狱，任情用刑，也要求个公平明允。道不得个死者不可复生，断者不可复续，可胜叹哉！

　　闲话休题。却说那刘大娘子到得家中，设个灵位，守孝过日。父亲王老员外劝他转身，大娘子说道："不要说起三年之久，也须到小祥之后。"父亲应允自去。光阴迅速，大娘子在家，巴巴结结，将近一年。父亲见他守不过，便叫家里老王去接他来，说："叫大娘子收拾回家，与刘官人做了周年，转了身去罢。"大娘子没计奈何，细思："父言亦是有理。"收拾了包裹，与老王背了，与邻舍

Ahora, dignos lectores, si la concubina y Cui Ning hubiesen cometido verdaderamente el asesinato y el robo, ¿no habrían huido esa misma noche? ¿Por qué se dejaría ella atrapar, pasando la noche en casa del vecino y partiendo el día siguiente a la casa de sus padres? Cualquiera que lo hubiese pensado dos veces podría haber visto la injusticia que se había cometido, pero el magistrado de la ciudad era un tonto que, impaciente por cerrar el caso, no se detuvo a pensar que víctima de la tortura, cualquiera confiesa. Ahora, cuando un hombre comete una injusticia, él y sus descendientes sufrirán porque los fantasmas de los inocentes no descansarán hasta que se hayan vengado. Por lo tanto, un juez no puede condenar al pueblo por capricho ni torturar a los prisioneros a su antojo: la justicia y la sabiduría se imponen porque el muerto no puede volver a la vida y el desmembrado tampoco puede recuperar su ser íntegro.

La señora Liu permaneció en la casa de su esposo e hizo construir un santuario en su nombre donde lo lloraba todos los días. Cuando su padre le aconsejó volver a contraer nupcias, subrayó:

—Si no guardo luto durante los tres años requeridos, al menos debo hacerlo durante uno.

Su padre estuvo de acuerdo y le permitió guardar luto por un año. El tiempo pasó volando y luego de casi un año de miserable existencia en solitario, el señor Wang se dio cuenta de que su hija no podía seguir así por mucho más tiempo y la mandó a buscar diciendo:

—Pídale a la señora que recoja sus pertenencias y vuelva a casa. Tan pronto como se cumpla el aniversario de la muerte de su esposo tiene que volverse a casar.

Como la señora Liu estaba en apuros, luego de pensarlo muy bien le dio la razón a su padre. Por lo tanto, recogió sus pertenencias, que entregó al viejo Wang para que las llevara y tan pronto se despidió

家作别,暂去再来。

一路出城,正值秋天,一阵乌风猛雨,只得落路,往一所林子去躲,不想走错了路。正是:

　　猪羊走屠宰之家,一脚脚来寻死路。

走入林子里去,只听他林子背后,大喝一声:"我乃静山大王在此!行人住脚,须把买路钱与我。"大娘子和那老王吃那一惊不小,只见跳出一个人来:头带乾红凹面巾,身穿一领旧战袍,腰间红绢搭膊裹肚,脚下蹬一双乌皮皂靴,手执一把朴刀,舞刀前来。那老王该死,便道:"你这剪径的毛团!我须是认得你,做这老性命着与你兑了罢!"一头撞去,被他闪过空。老人家用力猛了,扑地便倒。那人大怒道:"这牛子好生无礼!"连捌一两刀,血流在地,眼见得老王养不大了。那刘大娘子见他凶猛,料道脱身不得,心生一计,叫做脱空计。拍手叫道;"杀得好!"那人便住了手,睁员怪眼,喝道:"这是你甚么

de sus vecinos dejó la ciudad. Era otoño y atrapados en una repentina tormenta en el viaje de vuelta a casa, tuvieron que apartarse del camino y buscar refugio en el bosque. Desafortunadamente, tomaron el sendero equivocado.

Cual cerdos u ovejas que se acercan al cuchillo del carnicero,
Cada paso que daban les acortaba la vida.

Cuando la señora Liu y su sirviente caminaban por el bosque, alguien gritó a sus espaldas:

—¡Soy el rey de la montaña! ¡Deténganse y paguen el tributo!

Los viajeros quedaron petrificados, temblando, cuando un hombre vistiendo un harapiento uniforme de batalla, un gorro rojo y un par de botas oscuras se les paró en frente de un salto. A medida que avanzaba blandía una espada en la mano. El viejo Wang dictó su propia sentencia de muerte cuando gritó:

—¡Bandido! ¡Sinvergüenza! Conozco tu tipo. No me importa perder mi vieja vida para acabar contigo.

El anciano lo atacó con la cabeza gacha, pero el bandido lo esquivó y Wang cayó tendido a la larga en el suelo. Enfurecido, el bandido rugió:

—¡Buey viejo y malhumorado!

Entonces, hizo correr al viejo de un lado a otro con su espada hasta que la sangre del anciano Wang pintó el suelo y era evidente que había muerto.

La señora Liu, al ver lo despiadado que era el asaltante, se temió lo peor y acudiendo a un desesperado plan que le salvara la vida, empezó a aplaudir y gritó:

—¡Bravo!

Contemplándola, el bandido le preguntó:

—¿Qué relación tenías con él?

人?"那大娘子虚心假气的答道:"奴家不幸丧了丈夫,却被媒人哄诱,嫁了这个老儿,只会吃饭。今日却得大王杀了,也替奴家除了一害!"那人见大娘子如此小心,又生得有几分颜色,便问道:"你肯跟我做个压寨夫人么?"大娘子寻思,无计可施,便道:"情愿伏侍大王。"那人回嗔作喜,收拾了刀杖,将老王尸首掼入涧中。领了刘大娘子到一所庄院前来,甚是委曲。只见大王向那地上,拾些土块,抛向屋上去,里面便有人出来开门。到得草堂之上,分付杀羊备酒,与刘大娘子成亲。两口儿且是说得着。正是:

明知不是伴,事急且相随。

不想那大王自得了刘大娘子之后,不上半年,连起了几主大财,家间也丰富了。大娘子甚是有识见,早晚用好言语劝他:"自古道:瓦罐不离井上破,将军难免阵中亡。你我两人下半世也勾吃用了,只管做这没天理的勾当,终须不是个好结果!却不道是梁园虽好,不是久恋之家。不若改行从善,做个小小经纪,也得过养身活命。"那大王早晚被他劝转,果然回心转意,把这门道路撇了。却去城

—Soy una infeliz —mintió—. Cuando mi esposo murió, las casamenteras me engañaron al ofrecerme en matrimonio a este viejo bueno para nada que solo sabía comer. Ahora, tú lo has matado por mí y me has librado del mal.

Cuando el bandido vio que era sumisa y bien parecida, le preguntó:

—¿Te quedarías y serías mi esposa?

Consciente de que no tenía opción alguna, respondió:

—Me gustaría servirle a Su Alteza.

Sonriendo ahora, el bandido enfundó su espada y después de lanzar el cadáver en una quebrada, condujo a la señora Liu a una choza con muy mal aspecto. Tomó un terrón de tierra y lo lanzó al techo. Seguidamente, un hombre salió a abrir la puerta y entraron al salón. El bandido mandó a matar una cabra y calentar vino y se casó con la señora Liu. La verdad es que los dos se llevaron muy bien y aunque no estaban destinados a ser marido y mujer, la necesidad les salvó la vida.

Curiosamente, en menos de medio año de unión con la señora Liu, el bandido dio varios golpes muy buenos y llegó a acumular cierta riqueza. La señora Liu, quien era muy inteligente, siempre le daba muy buenos consejos y le repetía:

—El proverbio reza: La jarra de barro tarde o temprano se rompe en el pozo y el general cae en el campo de batalla. Ya tenemos suficiente para vivir holgadamente el resto de nuestras vidas, pero si sigues tentando la voluntad del Cielo, vas a acabar mal. Aunque la vida del proscrito es buena, no hay nada como tener un hogar. ¿Por qué no pasas la página y comienzas un pequeño negocio con el que te ganes la vida decentemente?

La señora Liu le suplicaba al bandido noche y día hasta que logró que abandonara el mal camino y alquilara una casa en la ciudad donde

市间赁下一处房屋，开了一个杂货店。遇闲暇的日子，也时常去寺院中，念佛赴斋。忽一日在家闲坐，对那大娘子道："我虽是个剪径的出身，却也晓得冤各有头，债各有主。每日间只是吓骗人东西，将来过日子。后来得有了你，一向不大顺溜。今已改行从善，闲来追思既往，正会枉杀了两个人，又冤陷了两个人，时常挂念，思欲做些功德，超度他们，一向未曾对你说知。"大娘子便道："如何是枉杀了两个人？"那大王道："一个是你的丈夫，前日在林子里的时节，他来撞我，我却杀了他。他须是个老人家，与我往日无仇，如今又谋了他老婆，他死也是不甘心的！"大娘子道："不恁地时，我却那得与你厮守？这也是往事，休题了！"又问："杀那一个，又是甚人？"那大王道："说起来这个人，一发天理上放不过去；且又带累了两个人，无辜偿命。是一年前，也是赌输了，身边并无一文，夜间便去掏摸些东西。不想到一家门首，见他门也不闩，推进去时，里面并无一人。摸到门里，只见一人醉倒在床，脚后却有一堆铜钱，便去摸他几贯。正待要走，却惊醒了。那人起来说道：这是我丈人家与我做本钱的，不

puso una tienda de comestibles. En sus horas de ocio visitaba con frecuencia los monasterios para adorar a buda y ayunar.

Un buen día, mientras descansaba en casa, le dijo a su esposa:

—Aunque comencé mi vida como bandido, sabía que un hombre tiene que pagar por sus delitos. Por eso solo asustaba a la gente para que me dieran su dinero y poderme ganar la vida. Luego, después de que te hice mía, nunca hice mucho y ahora he cambiado mis métodos. Sin embargo, algunas veces me acongoja pensar que asesiné a dos hombres por error en el pasado y arruiné la vida de otros dos inocentes. Nunca antes te he hablado de esto, pero quisiera expiar mis pecados recitando sutras a sus espíritus para sacarlos del infierno.

—¿Cómo es eso de que mataste a dos hombres por error? —le preguntó la esposa.

—Uno fue tu esposo. Recuerdas como me atacó en el bosque y yo lo maté. Era un anciano y no le guardaba rencor alguno, pero lo maté y me quedé con su mujer. Él no puede estar descansando en paz en su tumba.

—Pero si no hubiera sido así, —acotó ella— ahora no estaríamos juntos. No te preocupes por lo que ya pasó o está hecho. ¿Quién fue el otro?

—Asesinar al otro fue mucho peor aún —aseguró—. Y dos personas inocentes se vieron involucradas y lo pagaron con la vida. Todo ocurrió hace algo más de un año. Había perdido dinero en el juego, no tenía un centavo y huía una noche para ver lo que encontraba. Encontré una puerta que no estaba cerrada con llave y cuando entré vi que no había ni un alma allí, pero en la habitación interior encontré un hombre ebrio en su cama con una pila de dinero a sus pies. Tomé una parte del dinero y ya me iba cuando el hombre se despertó y empezamos a discutir. Me dijo: "Ese dinero me lo dio mi suegro para que empezara

争你偷去了，一家人口都是饿死。起身抢出房门，正待声张起来。是我一时见他不是话头，却好一把劈柴斧头在我脚边，这叫做人急计生，绰起斧来，喝一声道，不是我，便是你，两斧劈倒。却去房中将十五贯钱，尽数取了。后来打听得他，却连累了他家小老婆，与那一个后生，唤做崔宁，冤枉了他谋财害命，双双受了国家刑法。我虽是做了一世强人，只有这两桩人命，是天理人心打不过去的！早晚还要超度他，也是该的。"那大娘子听说，暗暗地叫苦："原来我的丈夫也吃这厮杀了，又连累我家二姐与那个后生无辜被戮。思量起来，是我不合当初做弄他两人偿命；料他两人阴司中，也须放我不过。"当下权且欢天喜地，并无他说。

　　明日捉个空，便一径到临安府前，叫起屈来。那时换了一个新任府尹，才得半月。正值升厅，左右捉将那叫屈的妇人进来。刘大娘子到于阶下，放声大哭。哭罢，将那大王前后所为："怎的杀了我丈夫刘贵，问官不肯推详，含糊了事，却将二姐与那崔宁，朦胧偿命。后来又怎的杀了老王，奸骗了奴家。今日天理昭然，一一是他亲口招

un negocio. Si me lo robas, toda mi familia morirá de hambre". Entonces, echó a correr hacia la puerta para pedir ayuda. Las cosas no pintaban bien para mí, cuando vi el hacha de cortar la leña a mis pies. Desesperado, tomé el hacha y le grité: "¡Eres tú o yo quien va a morir!". Le di dos hachazos, regresé a su habitación y me llevé las quince sartas de monedas. Luego supe que su concubina y un joven llamado Cui Ning fueron injustamente acusados por el robo y el asesinato y finalmente ejecutados. Aunque he sido un bandido toda mi vida, estos dos casos son los únicos que ni el Cielo ni los hombres perdonarían. Yo debería ofrecer sacrificios a los espíritus de mis víctimas.

Cuando la señora Liu escuchó la confesión, tragó en seco y se dijo para sus adentros: "¡Entonces fue esta bestia que mató a mi esposo! ¡Segunda Hermana y el joven caballero eran inocentes después de todo! Ahora que lo pienso, me equivoqué al insistir en que pagaran con su vida. Nunca me perdonarán en las regiones bajas". No obstante, la señora Liu fingió no estar afectada, pero guardó silencio.

Al día siguiente, aprovechó la primera oportunidad que tuvo para huir y fue directamente a la oficina del magistrado de la ciudad para informarle sobre el asesino de su esposo. El nuevo magistrado de la urbe, quien había asumido el puesto hacía quince días, estaba presidiendo el tribunal cuando los asistentes la condujeron ante él. Cuando llegó a los escalones, empezó a llorar desconsoladamente. Después, denunció al bandido, describió la forma en que había matado a su esposo Liu Gui, cómo el magistrado anterior no había investigado cuidadosamente porque estaba ansioso por cerrar el caso, cómo la concubina y Cui Ning habían perdido la vida siendo inocentes y cómo posteriormente el bandido había matado al sirviente de su padre y la había hecho su esposa. Ahora que se había hecho justicia y el criminal había confesado su culpa, le imploró al magistrado de la ciudad juzgar

承。伏乞相公高抬明镜,昭雪前冤!"说罢又哭。府尹见他情词可悯,即着人去捉那静山大王到来,用刑拷讯,与大娘子口词一些不差。即时问成死罪,奏过官里。待六十日限满,倒下圣旨来:"勘得静山大王谋财害命,连累无辜,准律:杀一家非死罪三人者,斩加等,决不待时。原问官断狱失情,削职为民。崔宁与陈氏枉死可怜,有司访其家,谅行优恤。王氏既系强徒威逼成亲,又能伸雪夫冤,着将贼人家产,一半没入官,一半给与王氏养赡终身。"刘大娘子当日往法场上,看决了静山大王,又取其头去祭献亡夫并小娘子及崔宁,大哭一场。将这一半家私,舍入尼姑庵中。自己朝夕看经念佛,追荐亡魂,尽老百年而终。有诗为证:

善恶无分总丧躯,只因戏语酿殃危。

劝君出话须诚信,口舌从来是祸基。

y corregir el mal pasado. Cuando terminó de hablar, empezó a llorar de nuevo.

Conmovido por sus palabras, el magistrado de la ciudad envió a sus hombres a arrestar al bandido y cuando fue torturado descubrieron que su confesión se correspondía al pie de la letra con la declaración de la señora. El bandido fue condenado a muerte. El caso fue informado a la corte imperial y al término de los estipulados sesenta días, el emperador declaró que teniendo en cuenta que el bandido había robado, asesinado y provocado la ruina de gente inocente, debía ser ejecutado en el acto según la ley. El otrora magistrado de la ciudad, que había dictado una sentencia errónea, debía ser destituido de su cargo y borrado su nombre del listado oficial. A las familias de Cui Ning y la concubina, quienes habían muerto injustamente, las autoridades pagarían una pensión. En tanto, la señora Liu, a quien el bandido había obligado a ser su esposa y había vengado la muerte de su cónyuge, se quedaría a vivir en la mitad de la propiedad del bandido mientras la otra mitad sería confiscada. La señora Liu fue a la ejecución para ver cómo se cumplía la sentencia. Cuando la cabeza del bandido rodó, la tomó y la ofreció en sacrificio ante los santuarios de su difunto esposo, la concubina y Cui Ning. Luego de lamentar amargamente lo que les había sucedido, cedió la propiedad que había recibido a un monasterio. Desde ese día y hasta que se despidió de este mundo a una avanzada edad, todas las mañanas y todas las noches recitaba sutras budistas a las almas de los muertos. Como reza el verso:

Culpables o inocentes, murieron sin ser bendecidos,
La broma imprudente causó su ruina;
Aprende a decir la verdad mientras eres joven,
La raíz de todo mal es la lengua.

简贴僧巧骗皇甫妻

**EL BOLETO DE LA SUERTE
DEL MONJE**

东京汴州开封府枣槊巷里，有个官人，覆姓皇甫，单名松，本身是左班殿直，年二十六。有个妻子杨氏，年二十四岁。一个十三岁的丫环，名唤迎儿。只这三口，别无亲戚。当时皇甫殿直官差去押衣袄上边，回来是年节了。

这枣槊巷口一个小小的茶坊，开茶坊的唤做王二。当日茶市已罢，已是日中，只见一个官人入来。那官人生得：

浓眉毛，大眼睛，蹶鼻子，略绰口。头上裹一顶高样大桶子头巾，着一领大宽袖斜襟褶子，下面衬贴衣裳，甜鞋净袜。

入来茶坊里坐下。开茶坊的王二拿着茶盏，进前唱喏奉茶。那官人接茶吃罢，看着王二道："少借这里等个人。"王二道："不妨。"等多时，只见一个男女，名叫僧儿，托个盘儿，口中叫卖鹌鹑馂馅儿。官人把手打招，叫："买馂

En la calle Zaoshuo, en Kaifeng, la capital oriental, vivía un capitán de la guardia imperial llamado Huangfu Song. A sus 26 años de edad, tenía una esposa de 24 años con el apellido de Yang y una sirvienta de 13 que respondía al nombre de Ying'er. Los tres vivían solos sin más parientes.

Un buen día, al capitán Huangfu lo mandaron a entregar los uniformes de invierno a la frontera y no volvió hasta después de Año Nuevo. A eso del mediodía en la fecha señalada para su regreso y después de que los clientes de la mañana se habían marchado, llegó un hombre a la pequeña casa de té de Wang Er en la calle Zaoshuo. ¿Cómo era este hombre? Tenía ojos grandes debajo de pobladas cejas, nariz chata y labios gruesos, un turbante del tamaño de un balde, un abrigo de mangas anchas y pantalones, medias y zapatos limpios.

Cuando el hombre entró y se sentó, Wang Er le sirvió una taza de té y lo saludó. Mientras el cliente bebía el té, miraba a Wang.

—Me gustaría esperar por alguien aquí —declaró.

—No hay ningún problema —respondió Wang Er.

Al poco rato, iba un joven calle abajo con una bandeja en mano pregonando:

—¡Buñuelos de codorniz! ¿Quién quiere comprar mis buñuelos de codorniz?

El hombre le hizo señas al muchacho.

—¡Aquí! —lo llamó.

馉饳儿。"僧儿见叫，托盘儿入茶坊内，放在桌上。将条篾黄穿那馉饳儿，捏些盐放在官人面前，道："官人，吃馉饳儿。"官人道："我吃。先烦你一件事。"僧儿道："不知要做甚么？"那官人指着枣槊巷里第四家，问僧儿："认得这人家么？"僧儿道："认得，那里是皇甫殿直家里。殿直押衣袄上边，方才回家。"官人问道："他家有几口？"僧儿道："只是殿直，一个小娘子，一个小养娘。"官人道："你认得那小娘子也不？"僧儿道："小娘子寻常不出帘儿外面。有时叫僧儿买馉饳儿，常去认得，问他做甚么？"官人去腰里取下版金线篋儿，抖下五十来钱，安在僧儿盘子里。僧儿见了，可煞喜欢，叉手不离方寸："告官人，有何使令？"官人道："我相烦你则个。"袖中取出一张白纸，包着一对落索环儿，两只短金钗子，一个简帖儿，付与僧儿，道："这三物事，烦你送去适间问的小娘子。你见殿直，不要送与他。见小娘子时，你只道官人再三传语，将

El chico entró al establecimiento con su bandeja, la puso sobre una mesa, ensartó unos buñuelos en un pincho de bambú y le añadió una pizca de sal.

—Aquí tiene señor.

Y dejó los buñuelos delante del cliente.

—Muy bien —señaló el hombre—. ¿Me harías un favor?

—¿De qué se trata señor?

El hombre apuntó a la cuarta casa de la calle.

—¿Conoces esa casa? —le preguntó.

—Sí —replicó el chico—. Esa es la residencia del capitán Huangfu. Acaba de volver de llevar uniformes a la frontera.

—¿Cuántos son en su familia?

—Solo él, su esposa y una sirvienta.

—¿Conoces a su esposa?

—Su esposa casi siempre permanece detrás de la cortina de bambú, pero como voy a venderles buñuelos con frecuencia, la conozco. ¿Por qué me lo pregunta?

El hombre tiró de la bolsita bordada con hilos de oro que pendía de su cinturón, sacó 50 monedas y las puso en la bandeja del muchacho, quien quedó muy pero muy satisfecho.

—¿Qué puedo hacer por usted, señor? —interrogó con sus manos apretadas respetuosamente ante él.

—Te lo diré —sentenció el hombre.

Acto seguido, sacó de la manga del abrigo un sobre blanco con un par de pendientes, dos horquillas pequeñas de oro, una carta y se lo entregó al chico.

—Te molestaré para que se lo entregues a la dama por la que te acabo de preguntar —aseveró—. No se lo des al capitán. Pero cuando veas a su esposa dile que te pedí asegurarte de entregárselo a ella y ro-

这三件物来与小娘子，万望笑留。你便去，我只在这里等你回报。"

那僧儿接了三件物事，把盘子寄在王二茶坊柜上，僧儿托着三件物事，入枣槊巷来。到皇甫殿直门前，把青竹帘掀起，探一探。当时皇甫殿直正在前面交椅上坐地，只见卖馉饳儿的小厮掀起帘子，猖猖狂狂，探了一探，便走。皇甫殿直看着那厮，震威一喝，便是：

当阳桥上张飞勇，一喝曹公百万兵。

喝那厮一声，问道："做甚么？"那厮不顾便走。皇甫殿直拽开脚，两步赶上，捽那厮回来，问道："甚意思，看我一看了便走？"那厮道："一个官人，教我把三件物事与小娘子，不教把来与你。"殿直问道："甚么物事？"那厮道："你莫问，不要把与你。"皇甫殿直捻得拳头没缝，去顶门上屑那厮一暴，道："好好的把出来教我看！"那厮吃了一暴，只得怀里取出一个纸裹儿，口里兀自道："教我把与小娘，又不教把与你，你却打我则甚？"皇甫殿直劈手夺了纸包儿，打开看，里面一对落索环儿，一双短金钗，一个简帖儿。皇甫殿直接得三件物事，拆开简帖，看时：

"某惶恐再拜，上启小娘子妆前：即日孟春初时，恭惟懿处，起居万福。某外日荷蒙持杯之款，深切仰思，未尝少替。某偶以薄干，不及亲诣，聊有小词，名《诉衷情》，以代面禀，伏乞懿览。"

词道是：

garle que lo acepte. Ve ahora. Te voy a estar esperando aquí.

El chico dejó la bandeja sobre el mostrador de la casa de té y llevó el sobre calle abajo. Cuando llegó a la residencia del capitán Huangfu levantó la cortina de bambú en la puerta y echó un vistazo. El capitán estaba sentado en una butaca junto a la puerta y vio cuando el joven vendedor levantó la cortina, miró furtivamente y se echó hacia atrás.

—¡Oye! —gritó—. ¿Qué quieres?

Cuando el muchacho no respondió, sino que puso pie en polvorosa, el capitán se levantó de un salto, le dio alcance en un par de pasos y le obligó a regresar.

—¿Qué es lo que sucede? —exigió—. ¿Por qué me miraste y saliste corriendo?

—Un caballero me pidió que le trajera tres cosas a su esposa, —afirmó el chico— pero me dijo que no se las diera a usted.

—¿Qué tres cosas son esas?

—No tiene que preguntar. No son para usted.

El capitán Huangfu le pegó fuerte en la cabeza.

—¡Vamos! ¡Déjame verlas! —le ordenó.

Adolorido por el golpe, el muchacho sacó el sobre del bolsillo.

—Me dijo que se lo entregara a la señora, —refunfuñó— no a usted.

El capitán tomó el sobre, lo abrió y vio un par de pendientes, dos horquillas de pelo doradas pequeñas y una nota que desdobló enseguida.

"¡Saludos para mi dama!", leyó. "Ahora que ya llegó la primavera, espero que se encuentre bien. El otro día tuve la suerte de beber con usted y desde entonces no he dejado de pensar en usted. Mis asuntos me impiden presentarme personalmente y por ello le he escrito un pequeño poema para expresarle mi añoranza por usted". El poema dice así:

"知伊夫婿上边回,懊恼碎情怀。落索环儿一对,简子与金钗。

伊收取,莫疑猜,且开怀。自从别后,孤帏冷落,独守书斋。"

皇甫殿直看了简贴儿,劈开眉下眼,咬碎口中牙,问僧儿道:"谁教你把来?"僧儿用手指着巷口王二哥茶坊里道:"有个粗眉毛、大眼睛、蹶鼻子、略绰口的官人,教我把来与小娘子,不教我把与你。"皇甫殿直一只手捽住僧儿狗毛,出这枣槊巷,径奔王二哥茶坊前来。僧儿指着茶坊道:"恰才在这里面打的床铺上坐地的官人,教我把来与小娘子,又不教把与你,你却打我!"皇甫殿直见茶坊没人,骂声:"鬼话!"再捽僧儿回来,不由开茶坊的王二分说。

当时到家里,殿直把门来关上,搋来搋了,唬得僧儿战做一团。殿直从里面叫出二十四岁花枝也似浑家出来,道:"你且看这件物事!"那小娘子又不知上件因依,去交椅上坐地。殿直把那简帖儿和两件物事度与浑家看,那妇人看着简帖儿上言语,也没理会处。殿直道:"你见我三个月日押衣袄上边,不知和甚人在家中吃酒?"小娘子道:

Su esposo tiene que estar de vuelta y yo paso toda la noche angustiado.
Acepte estas prendas de oro y acepte también este boleto de la suerte.
Tómelos y no dude de mí;
Sea feliz, querida,
Aunque yo, desde la última vez que la vi, lloro en mi lecho solitario.

Después de leer el poema, el capitán le dirigió una feroz mirada al chico y rechinó los dientes.

—¿Quién te dio esto? —le preguntó al muchacho.

El joven apuntó a la casa de té de Wang Er, calle arriba.

—Un caballero de cejas pobladas, ojos grandes, nariz chata y labios gruesos me pidió entregárselo a su esposa —aseguró—. Me dijo que no se lo diera a usted.

Tomando al pobre chico por el pelo, el capitán fue calle arriba hasta la casa de té de Wang Er.

—El caballero estaba aquí en la butaca —dijo el muchacho señalando al interior del establecimiento—. Me dijo que le entregara el sobre a su esposa, pero no a usted. ¿Por qué me pega?

Sin embargo, agarrando de nuevo al muchacho por el pelo y haciendo caso omiso a la protesta de Wang Er, el capitán regresó a casa. Poseído por la ira, cerró la puerta. Mientras tanto, el vendedor de buñuelos temblaba del miedo. Entonces, el capitán llamó a su esposa de 24 años de edad, quien era tan hermosa como una flor.

—¡Mira esto! —le gritó.

Sin saber lo que había ocurrido, se sentó en la butaca mientras su esposo le mostraba la carta y las prendas. La esposa estaba desconcertada por el billete de la suerte.

—¿Quién ha estado bebiendo contigo durante estos tres meses que pasé en la frontera? —interrogó el capitán.

—Somos marido y mujer desde que éramos niños —se quejó la

"我和你从小夫妻，你去后，何曾有人和我吃酒？"殿直道："既没人，这三件物从那里来？"小娘子道："我怎知？"殿直左手指，右手举，一个漏风掌打将去。小娘子则叫得一声，掩着面，哭将入去。皇甫殿直再叫将十三岁迎儿出来，去壁上取下一把箭簳子竹来，放在地上，叫过迎儿来。看着迎儿，生得：

　　短胳膊，琵琶腿。劈得柴，打得水，会吃饭，能窝屎。

皇甫松去衣架上取下一条绦来，把妮子缚了两只手，掉过屋梁去，直下打一抽，吊将妮子起去。拿起箭簳子竹来，问那妮子道："我出去三个月，小娘子在家中和甚人吃酒？"妮子道："不曾有人。"皇甫殿直拿起箭簳子竹，去妮子腿下便摔，摔得妮子杀猪也似叫。又问又打，那妮子吃不得打，口中道出一句来："三个月殿直出去，小娘子夜夜和个人睡。"皇甫殿直道："好也！"放下妮子来，解了

dama—. ¿Cómo podría beber con otro hombre cuando tú no estás?

—¿Entonces de dónde salieron estas prendas?

—¿Cómo voy a saberlo?

Señalando a la dama con su dedo acusador, el capitán le dio una fuerte bofetada con la mano derecha. La mujer gritó, escondió el rostro entre las manos y se fue llorando a su habitación.

A continuación, el capitán llamó a la chica de 13 años de edad, Ying'er. Tomó unas cañas de bambú de la pared para hacer flechas, las colocó en el suelo y le ordenó dar un paso al frente. ¿Qué apariencia tenía Ying'er?

De piernas y brazos gruesos y cortos,
La jovencita cortaba la leña y sacaba el agua del pozo,
Comía y bebía por tres,
Era la perfecta sirvienta lujuriosa.

El capitán tomó una cuerda del aparador y le ató las manos a la muchacha detrás de la espalda, pasó la cuerda por encima de una viga y dejó a la chica colgando. Luego, recogió una vara de bambú del suelo.

—¿Quién ha estado bebiendo aquí con tu señora durante los tres meses que me ausenté? —le preguntó.

—Nadie —respondió ella.

El capitán le pegó con la vara de bambú hasta que le rasgó la piel de las piernas y la muchacha gritó como el cerdo que lo están sacrificando. Entonces, repitió la pregunta y como recibió la misma respuesta, le volvió a pegar. Ying'er no pudo soportar el castigo por mucho más tiempo.

—Estos tres meses que usted estuvo fuera, —declaró— la señora no durmió sola ni una noche.

—¡Ajá! —resopló el capitán.

Bajó a la joven y le quitó las amarras.

绦，道："你且来，我问你，是和兀谁睡？"那妮子揩着眼泪道："告殿直，实不敢相瞒，自从殿直出去后，小娘子夜夜和个人睡，不是别人，却是和迎儿睡。"皇甫殿直道："这妮子，却不弄我？"喝将过去。

带一管锁，走出门去，拽上那门，把锁锁了。走去转湾巷口，叫将四个人来，是本地方所由，如今叫做"连手"，又叫做"巡军"。张千、李万、董超、薛霸四人，来到门前，用钥匙开了锁，推开门。从里扯出卖馉饳的僧儿来，道："烦上名收领这厮。"四人道："父母官使令，领台旨。"殿直道："未要去，还有人哩。"从里面叫出十三岁的迎儿和二十四岁花枝的浑家，道："和他都领去。"四人唱喏道："告父母官，小人怎敢收领孺人？"殿直发怒道："你们不敢领他，这件事干人命！"唬倒四个所由，只得领小娘子和迎儿并卖馉饳的僧儿三个同去，解到开封钱大尹厅下。

皇甫殿直就厅下唱了大尹喏，把那简帖儿呈覆了。钱大尹看罢，即时教押下一个所属去处，叫将山前行山定

—Ven aquí —le ordenó—. Dime ahora, ¿con quién durmió?

—No me atrevo a mentirle, amo —aseveró Ying'er, secándose las lágrimas—. Después de que usted se marchó, la señora no durmió sola ni una noche. Ella durmió conmigo.

—¡Maldita seas! —blasfemó el capitán—. ¿Te estás burlando de mí?

Y le ordenó retirarse muy enojado. Al poco rato buscó un candado, salió, cerró la puerta por fuera y fue de prisa hasta la esquina a buscar a cuatro sargentos de la policía local. Regresó a casa acompañado por ellos, quitó el candado, abrió la puerta y agarró al vendedor de buñuelos.

—Los he molestado, oficiales, para que arresten a este bandido —sentenció.

—Con gusto, señor —respondieron los sargentos.

—No se marchen todavía —les pidió el capitán—. Hay más bandidos.

Llamó a la muchacha de 13 años de edad, Ying'er, y a su esposa de 24, tan hermosa como una flor.

—¡Llévenselas a ellas también! —vociferó.

—Señor, —indicó uno de los sargentos apologéticamente— no nos atrevemos a llevarnos a su magnífica señora.

—¿Qué no se atreven a llevársela? —interrogó atronadoramente el capitán—. Solo les voy a decir que se trata de un caso de asesinato.

Así fue como persuadió a los cuatro sargentos para que se llevaran a su esposa, a Ying'er y al vendedor de buñuelos al yamen del magistrado de la ciudad, de apellido de Qian.

Al llegar al yamen, el capitán Huangfu saludó al magistrado de la ciudad y le entregó el boleto de la suerte. El magistrado de la ciudad Qian ordenó llevar a los acusados a la casa de detención y convocó al inspector de la policía, Shan Ding, para dejarlo a cargo del caso. Pri-

来。当时山定承了这件文字,叫僧儿问时,应道:"则是茶坊里见个粗眉毛、大眼睛、蹶鼻子、略绰口的官人,他把这封简子来与小娘子。打杀也只是恁地供招。"问这迎儿,迎儿道:"即不曾有人来同小娘子吃酒,亦不知付简帖儿来的是何人,打杀也只是恁地供招。"却待问小娘子,小娘子道:"自从少年夫妻,都无一个亲戚往来,只有夫妻二人,亦不知把简帖儿来的是何等人。"

山前行山定看着小娘子,生得恁地瘦弱,怎禁得打勘?怎地讯问他?从里面交拐将过来两个狱卒,押出一个罪人来,看这罪人时:

面长皱轮骨,胲生渗癞腮。

犹如行病鬼,到处降人灾。

这罪人原是个强盗头儿,绰号"静山大王"。小娘子见这罪人,把两只手掩着面,那里敢开眼?山前行喝着狱卒道:"还不与我施行!"狱卒把枷稍一纽,枷稍在上,罪人头向下,拿起把荆子来,打得杀猪也似叫。山前行问道:"你曾杀人也不曾?"静山大王应道:"曾杀人。"又

mero, Shan Ding interrogó al joven vendedor de buñuelos.

—Fue un hombre en la casa de té, de cejas pobladas, nariz chata y labios gruesos, quien me pidió que le entregara el sobre a la dama —declaró el chico.

Pese a las reiteradas golpizas que le propinaron, el vendedor no cambió su declaración.

A continuación, el inspector de la policía interrogó a Ying'er.

—Nadie vino a beber con la señora —declaró la joven—. Y no sé quien escribió la carta.

La sirvienta también mantuvo su declaración intacta pese a las golpizas de las que fue objeto. Entonces, el inspector de la policía escuchó la declaración de la esposa del capitán.

—Nos convertimos en marido y mujer cuando éramos apenas unos muchachos, —señaló— y siempre hemos sido nosotros dos. No tenemos familiares que nos reclamen. No tengo idea de quien pudo escribir esa carta.

El inspector se percató de que era una mujer demasiado delicada para soportar la tortura y como no sabía cómo presionarla para que confesara, ordenó a dos carceleros traer a un bandido de la cárcel.

Con las mejillas hundidas y barbilla cubierta por una espesa barba,
Ese pájaro preso era más asqueroso que el pecado.

La joven se cubrió el rostro con ambas manos y no se atrevió a mirar al desgraciado. Seguidamente, el inspector ordenó a los carceleros imponer el castigo. Halaron hacia adelante al delincuente por el grillete de púas que llevaba en el cuello y, después de tirarle de la cabeza, lo golpearon con varas de bambú hasta que chilló como un cerdo cuando lo sacrifican.

—¿Has matado a alguien? —preguntó el inspector.

—Sí, sí.

问:"曾放火不曾？"应道:"曾放火。"教两个狱卒把静山大王押入牢里去。山前行回转头来，看着小娘子道:"你见静山大王，吃不得几杖子，杀人放火都认了。小娘子，你有事，只好供招了。你却如何吃得这般杖子？"小娘子簌地两行泪下，道:"告前行，到这里隐讳不得。觅幅纸和笔，只得与他供招。"小娘子供道:"自从少年夫妻，都无一个亲戚来往，即不知把简贴儿来的是甚色样人。如今看要侍儿吃甚罪名，皆出赐大尹笔下。"便怎么说，五回三次问他，供说得一同。

　　似此三日，山前行正在州衙门前立，倒断不下。猛抬头看时，却见皇甫殿直在面前相揖，问及这件事:"如何三日理会这件事不下？莫是接了寄简帖的人钱物，故意不与决这件公事？"山前行听得，道:"殿直，如今台意要如何？"皇甫松道:"只是要休离了。"当日，山前行入州衙里，到晚衙，把这件文字呈了钱大尹。大尹叫将皇甫殿直

—¿Has provocado un incendio?

—Sí.

Tras pedirle a los carceleros que llevaran al bandido de vuelta a su celda, el inspector retomó el interrogatorio de la esposa del capitán.

—Acaba de ver a ese delincuente —subrayó—. Luego de unos cuantos golpes confesó haber asesinado y provocado un incendio. Así que si es culpable, señora, mejor confiese de una vez. ¿Soportaría usted una paliza como esa?

Las lágrimas corrían por las mejillas de la dama.

—Inspector, —declaró— yo sería incapaz de ocultarle algo.

Buscaron papel y lápiz para escribir su confesión y esta fue la suya:

"Nos convertimos en marido y mujer cuando apenas éramos unos muchachos. No recibimos visitas de familiares y no sé quién pudo haber enviado la carta. Le corresponde a usted Su Señoría declarar cuál ha sido mi falta".

Luego de cuatro o cinco interrogatorios, su respuesta era siempre la misma. De esta manera pasaron tres días y el inspector estaba desconcertado. Al cuarto día estaba parado afuera del yamen cuando llegó el capitán y lo saludó.

—¿Cómo es posible que hayan transcurrido tres días y no haya resuelto el caso? —exigió el capitán Huangfu—. Pronto empezaré a sospechar que lo ha sobornado el hombre que escribió la carta y por eso está demorando el asunto.

—Bien, señor, —acotó el inspector— ¿qué es lo que quiere?

—Todo lo que quiero es el divorcio —respondió.

El inspector entró al yamen y, cuando llegó la hora de la sesión nocturna, informó al magistrado de la ciudad la petición del capitán. El magistrado de la ciudad Qian mandó a llamar al vendedor de buñuelos.

来，当厅问道："捉贼见赃，捉奸见双。又无证见，如何断得他罪？"皇甫松告钱大尹："松如今不愿同妻子归去，情愿当官休了。"大尹台判："听从夫便。"殿直自归。僧儿、迎儿喝出，各自归去。

只有小娘子见丈夫又不要他，把他休了，哭出州衙门来，口中自道："丈夫又不要我，又没一个亲戚投奔，教我那里安身？不若我自寻个死休。"至天汉州桥，看着金水银堤汴河，恰待要跳将下去。则见后面一个人，把小娘子衣裳一捽捽住。回转头来看时，恰是一个婆婆，生得：

　　　　眉分两道雪，鬓挽一窝丝。眼昏一似秋水微浑，发白不若楚山云淡。

婆婆道："孩儿，你却没事寻死做甚么？你认得我也不？"小娘子道："不识婆婆。"婆婆道："我是你姑姑。自从你嫁了老公，我家寒，攀陪你不着，到今不来往。我前日听得与丈夫官司，我日逐在这里伺候。今日听得道休离了，

—Para sentenciar al ladrón tenemos que encontrar los bienes robados y para sentenciar a los amantes culpables tenemos que atraparlos en el acto —afirmó—. Sin pruebas, ¿cómo vamos a emitir un veredicto?

—Yo no quiero a mi esposa de vuelta —apuntó el capitán—. Prefiero divorciarme de ella aquí, ante este tribunal.

—Hágase entonces la voluntad del esposo —decretó el magistrado de la ciudad.

De esta forma, el capitán regresó solo a su residencia. El vendedor de buñuelos y Ying'er fueron puestos en libertad, pudiendo volver a casa. Sin embargo, la esposa del capitán, al saber que su esposo no la quería y se había divorciado de ella, salió del yamen llorando.

"Mi esposo no me quiere y no tengo familia a quien acudir", pensó. "¿Qué voy a hacer? Mejor me quito la vida".

Así que se fue caminando hasta el puente Tianhanzhou y cuanto estaba a punto de saltar al río Bianjiang alguien la sujetó por detrás. Cuando se dio la vuelta, vio a una anciana.

Sus cejas eran tan blancas como la nieve,
Su cuerpo jorobado y enjuto.
Sus ojos, oscuros como los estanques en el otoño,
Y su cabello tan blanco como las nubes.

—Hija, —le dijo la anciana— ¿por qué atentas contra tu vida? ¿No me reconoces?

—No, señora —respondió la joven—. No la reconozco.

—Yo soy tu tía. Después de tu matrimonio, como mi familia era pobre y temía que me despreciaras, nunca te busqué. Pero el otro día supe que tú y tu esposo se habían disgustado y he estado esperando todo este tiempo para encontrarme contigo. Ahora, sé que estás divorciada. Sin embargo, sigo sin entender por qué quieres saltar al río.

你要投水做甚么？"小娘子道："我上无片瓦，下无立锥，丈夫又不要我，又无亲戚投奔，不死更待何时？"婆婆道："如今且同你去姑姑家里，看后如何。"妇女自思量道："这婆子，知他是我姑姑也不是，我如今没投奔处，且只得随他去了，却再理会。"即时随这姑姑家去看时，家里莫甚么活计，却好一个房舍，也有粉青帐儿，有交椅、桌凳之类。

在这姑姑家里过了两三日，当日方才吃罢饭，则听得外面一个官人，高声大气叫道："婆子，你把我物事去卖了，如何不把钱来还？"那婆子听得叫，失张失志，出去迎接来叫的官人，请入来坐地。小娘子着眼看时，见入来的人：

粗眉毛，大眼睛，蹶鼻子，略绰口。头上裹一顶高样大桶子头巾，着一领大宽袖斜襟褶子，下面衬贴衣裳，甜鞋净袜。

小娘子见了，口喻心，心喻口，道："好似那僧儿说的寄简帖儿官人。"只见官人入来，便坐在凳子上，大惊小怪道："婆子，你把我三百贯钱物事去卖了，今经一个月日，不把钱来还。"婆子道："物事自卖在人头，未得钱。支得

—No tengo un techo sobre mi cabeza ni tierra bajo mis pies —replicó la esposa del capitán—. Mi esposo ya no me quiere y yo no tengo familia a quien pedirle ayuda. ¿Qué puedo hacer además de morir?

—¿Por qué no vienes a vivir conmigo hasta que puedas pensar en algo mejor? —le preguntó la anciana.

"¿Quién sabe si es mi tía o no?", pensó la muchacha. "No tengo donde quedarme. Mejor me voy con ella y ya veré que sucede".

Así que se fue a casa de la anciana que carecía de cualquier medio de sustento, donde encontró unos modestos muebles y unos retazos de tela verde por cortinas. Allí se quedó un par de días.

Un día, cuando habían terminado de comer, escucharon una voz masculina que llamaba desde afuera.

—Anciana —llamaba el hombre—. Si ya has vendido mis cosas, ¿por qué no me pagas?

Evidentemente muy nerviosa, la anciana salió a darle la bienvenida al inoportuno visitante.

—Entre y tome asiento, por favor —lo invitó.

Entonces, la joven dama vio a un hombre de ojos grandes ocultos bajo unas cejas pobladas, nariz chata y labios gruesos, un turbante como un balde, un abrigo de mangas anchas, pantalones, medias y zapatos muy limpios.

"¿Por qué?", pensó. "Se parece mucho a la descripción que el vendedor de buñuelos hizo del hombre que envió la carta".

El extraño entró y se sentó en una banqueta.

—Anciana, —comenzó a hablar con aire altivo— ¿has vendido mi mercancía valorada en 300 sartas de monedas? Ya ha pasado un mes y no me has pagado un solo centavo.

—Aunque encontré un cliente, aún no me ha pagado —explicó

时，即便付还官人。"官人道："寻常交关钱物东西，何尝捱许多日了？讨得时，千万送来。"官人说了自去。

婆子入来，看着小娘子，簌地两行泪下，道："却是怎好？"小娘子问道："有什么事？"婆子道："这官人原是蔡州通判，姓洪，如今不做官，却卖些珠翠头面。前日一件物事教我把去卖，吃人交加了，到如今没这钱还他，怪他焦躁不得。他前日央我一件事，我又不曾与他干得。"小娘子问道："却是甚么事？"婆子道："教我讨个细人，要生得好的。若得一个似小娘子模样去嫁与他，那官人必喜欢。小娘子你如今在这里，老公又不要你，终不然罢了？不若听姑姑说合，你去嫁了这官人，你终身不致担误，挈带姑姑也有个倚靠，不知你意如何？"小娘子沉吟半晌，不得已，只得依允。婆子去回复了。不一日，这官人娶小娘子来家，成其夫妇。

逡巡过了一年，当年是正月初一日。皇甫殿直自从休了浑家，在家中无好况。正是：

　　时间风火性，烧了岁寒心。

自思量道："每年正月初一日，夫妻两个，双双地上本州大

la anciana—. Tan pronto como me dé el dinero, se lo haré llegar, señor.

—Nunca te habías demorado tanto en otras transacciones —protestó el hombre—. Asegúrate de traerme el dinero tan pronto como lo tengas en tu poder.

Cuando la anciana regresó tras despedirlo, miró a la esposa del capitán y rompió a llorar.

—¿Qué voy a hacer? —masculló entre lágrimas.

—¿Qué sucede? —preguntó la joven.

—Este caballero era un funcionario en la prefectura de Caizhou, se llama Hong —le contó la anciana—. Ahora ya no es funcionario, sino vendedor de baratijas. El otro día, me pidió que le vendiera algo, pero alguien me timó y por eso no tengo el dinero para pagarle. Por supuesto que está enojado. Luego me hizo otro encargo que tampoco he sido capaz de cumplir.

—¿De qué se trataba?

—Me pidió que le buscara una mujer bonita. Si pudiera encontrar a alguien como tú, quedaría complacido. Ahora que estás aquí, tu esposo te ha abandonado y no puedes seguir así, ¿por qué no dejas que te presente al caballero? Para entonces, ya tendrás un hogar y tu tía alguien de quien depender. ¿Qué te parece la idea?

Luego de una cuidadosa reflexión, la joven dama decidió que no tenía más alternativa que aceptar y se mudó a la residencia del hombre.

Muy pronto pasó un año y una vez más era día de Año Nuevo. Desde que el capitán Huangfu se divorció de su mujer, había sido muy infeliz.

"Cada día de Año Nuevo", pensaba, "mi esposa y yo solíamos visitar el templo Taxiangkuo para quemar incienso, pero este año ten-

相国寺里烧香。我今年却独自一个,不知我浑家那里去了?"簌地两行泪下,闷闷不已。只得勉强着一领紫罗衫,手里把着银香盒,来大相国寺里烧香。到寺中烧了香,恰待出寺门,只见一个官人领着一个妇女。看那官人时,粗眉毛,大眼睛,蹶鼻子,略绰口;领着的妇女,却便是他浑家。当时丈夫看着浑家,浑家又觑着丈夫,两个四目相视,只是不敢言语。那官人同妇女两个入大相国寺里去。

皇甫松在这山门头正沉吟间,见一个打香油钱的行者,正在那里打香油钱。看见这两人入去,口里道:"你害得我苦,你这汉,如今却在这里!"大踏步赶入寺来。皇甫殿直见行者赶这两人,当时呼住行者道:"五戒,你莫待要赶这两个人上去?"那行者道:"便是。说不得,我受这汉苦,到今日抬头不起,只是为他。"皇甫殿直道:"你认得这个妇女么?"行者道:"不识。"殿直道:"便是我的浑家。"行者问:"如何却随着他?"皇甫殿直把送简帖儿和休离的上件事,对行者说了一遍。行者道:"却是怎地!"行者却问皇甫殿直:"官人认得这个人么?"殿直道:"不认

dré que ir solo. Ni tan siquiera sé dónde está mi esposa".

Las lágrimas le corrían y estaba desesperado; sin embargo, se puso la túnica de seda color púrpura en contra de su voluntad y tomó el incensario plateado para ir al templo a ofrecer incienso.

Iba saliendo del templo cuando vio a un hombre acompañado de una mujer. El hombre tenía ojos grandes escondidos bajo unas cejas pobladas, nariz chata y labios gruesos. Por su parte, la mujer que le acompañaba era su ex esposa.

El capitán Huangfu miró a su ex esposa y ella lo miró a él y aunque sus miradas se cruzaron no se atrevieron a intercambiar palabra. Entonces, el hombre condujo a la dama al interior del templo.

Parado afuera, en la puerta preguntándose qué hacer, el capitán vio a un mendigo pidiendo limosnas allí.

—¡Eres el causante de mi desgracia! —exclamó el mendigo al ver al hombre con la esposa del capitán—. Y ahora estás aquí.

Caminaba detrás de ellos cuando el capitán lo llamó y le pidió que se detuviera.

—¿Estás intentando adelantarlos? —preguntó el capitán.

—Sí —respondió el mendigo—. He sufrido mucho por su causa. Es su culpa que yo no pueda sostener mi cabeza.

—¿Conoces a la mujer?

—No, no la conozco.

—Ella era mi esposa.

—En ese caso, ¿qué está haciendo con él?

Entonces, el capitán le contó la historia del boleto de la suerte y el divorcio.

—Con que eso es todo —aseveró el mendigo—. ¿Sabe quién es él?

—No —aseguró el capitán.

得。"行者道："这汉原是州东墦台寺里一个和尚，苦行便是墦台寺里行者。我这本师，却是墦台寺里监院，手头有百十钱，剃度这厮做小师。一年已前时，这厮偷了本师二百两银器，逃走了，累我吃了好些拷打。如今赶出寺来，没讨饭吃处。罪过这大相国寺里知寺厮认，留苦行在此间打化香油钱。今日撞见这厮，却怎地休得！"方才说罢，只见这和尚将着他浑家，从寺廊下出来。行者牵衣拔步，却待去捽这厮，皇甫殿直扯住行者，闪那身已在山门一壁，道："且不要捽他，我和你尾这厮去，看那里着落，却与他官司。"两个后地尾将来。

话分两头。且说那妇人见了丈夫，眼泪汪汪，入去大相国寺里烧了香出来。这汉一路上却问这妇人道："小娘子，如何你见了丈夫便眼泪出？我不容易得你来。我当初从你门前过，见你在帘子下立地，见你生得好，有心在你处。今日得你做夫妻，也非通容易。"两个说来说去，恰到家中门前。入门去，那妇人问道："当初这个简帖儿，却是兀谁把来？"这汉道："好教你得知，便是我教卖馉饳的

—Ese sinvergüenza era monje del monasterio Fantai, que está al este de esta prefectura, cuando yo estaba allí. Mi amo era el abad del monasterio. Mi amo gastó cien monedas para iniciar a este sujeto en la orden como asistente. Sin embargo, un año después, este sinvergüenza desapareció llevándose con él utensilios de plata de mi amo valorados en 200 taels y a mí me culparon por el robo. Después de ser golpeado y expulsado del monasterio, he tenido que mendigar por comida. Todo eso se lo debo a él. Conozco al sacerdote de aquí y por eso me dejan pedir limosna en este templo. Pero ahora que he visto a ese pícaro de nuevo, no lo pienso dejar escapar.

Justo en ese preciso momento, el hombre del que estaba hablando venía pasillo adelante con la esposa del capitán. El mendigo se habría lanzado a por él de no haber sido por el capitán que lo detuvo y lo hizo a un lado en la puerta del templo.

—No le pongas la mano encima todavía —le dijo—. Veamos adónde van, entonces le demandaremos.

Así que siguieron al hombre. Luego de ver a su esposo, la joven dama no pudo contener las lágrimas a medida que entraba al templo a ofrecer incienso.

—¿Por qué lloras a la vista de tu ex esposo, señora? —le preguntó el monje cuando salían del templo—. Pasé mucho trabajo para conseguirte. La primera vez que pasé frente a tu puerta y te vi parada detrás de la cortina, mi corazón enloqueció ante tu extraordinaria belleza. Me he buscado muchos problemas para hacerte mía.

Para ese entonces ya estaban de vuelta en su casa.

—Me pregunto quién pudo haberme enviado aquella carta —dijo la joven cuando entraban a la vivienda.

—Si quieres saberlo, —respondió— fui yo quien le pidió al vendedor de buñuelos que te hiciera llegar la misiva. Tu esposo creyó el

僧儿把来你的。你丈夫中了我计，真个便把你休了。"妇人听得说，摔住那汉，叫声屈，不知高低。那汉见那妇人叫将起来，却慌了，就把两只手去克着他脖项，指望坏他性命。外面皇甫殿直和行者尾着他两人，来到门首，见他们入去，听得里面大惊小怪，抢将入去看时，见尅着他浑家，阁阕性命。皇甫殿直和这行者两个，即时把这汉来捉了，解到开封府钱大尹厅下。这钱大尹是谁？

  出则壮士携鞭，入则佳人捧臂。
  世世靴踪不断，子孙出入金门。

他是两浙钱王子，吴越国王孙。大尹升厅，把这件事解到厅下。皇甫殿直和这浑家把前面说过的话，对钱大尹历历从头说了一遍。钱大尹大怒，教左右索长枷把和尚枷了。当厅讯一百腿花，押下左司理院，教尽情根勘这件公事。勘正了，皇甫松责领浑家归去，再成夫妻，行者当厅给赏。和尚大情小节，一一都认了：不合设谋奸骗，后来又不合谋害这妇人性命。准《杂犯》断，合重杖处死。这婆子不合假妆姑姑，同谋不首，亦合编管邻州。当日推出这和尚来，一个书会先生看见，就法场上做了一只曲儿，唤做《南乡子》：

  "怎见一僧人，犯滥铺摸受典刑。案款已成招状了，遭刑，棒杀髡囚示万民。
  沿路众人听，犹念高王观世音。护法喜神齐合掌，低声，果谓金刚不坏身。"

ardid y se divorció de ti.

Cuando la joven dama escuchó la verdad, agarró al hombre y empezó a gritar por ayuda. Sus gritos le provocaron tal pánico al hombre que intentó estrangularla. En tanto, el capitán y el mendigo que los habían seguido todo el camino y los habían visto entrar a su morada, al escuchar los gritos de ayuda, entraron como un bólido y vieron al monje estrangulando a la señora. El capitán Huangfu y el mendigo controlaron de inmediato al perverso monje y lo llevaron ante el magistrado de la ciudad.

Cuando el magistrado de la ciudad Qian tomó asiento en el tribunal para juzgar el caso, el capitán y su ex esposa le explicaron todo lo que había ocurrido. El magistrado de la ciudad se enojó tanto que ordenó a sus funcionarios darle cien golpes al villano y llevarlo luego a la estación de la policía para realizar una investigación exhaustiva.

Concluido el juicio, el capitán Huangfu recuperó a su cónyuge y volvieron a ser marido y mujer otra vez. El mendigo fue recompensado. En tanto, el malvado monje confesó todos sus pecados y como había perpetrado esta trama cobarde, seducido a la esposa de otro hombre e intentado asesinarla, fue condenado a una paliza a muerte. La vieja bruja que le había servido de cómplice haciéndose pasar por la tía de la joven dama, fue condenada a trabajo forzoso en otra ciudad.

Un contador de cuentos que estaba presente cuando llevaron al seductor a la ejecución improvisó estos versos:

En este momento conducen al monje culpable,
Será azotado y flagelado hasta que muera.
Pero a lo largo del camino, a medida que avanza,
La gente lo mira para escucharlo rezar su rosario.
Y cuando esta escena los ángeles de la guarda escudriñan,
¡Seguramente lo alaban como un hombre santo!

小水湾天狐诒书

LA VENGANZA DE LOS ZORROS

蠢动含灵俱一性，化胎湿卵命相关。

得人济利休忘却，雀也知恩报玉环。

这四句诗，单说汉时有一秀才，姓杨名宝，华西人氏，年方弱冠，天资颖异，学问过人。一日，正值重阳佳节，往郊外游玩。因行倦，坐于林中歇息。但见树木翁郁，百鸟嘤鸣，甚是可爱。忽闻扑碌的一声，堕下一只鸟来，不歪不斜，正落在杨宝面前。口内吱吱地叫，却飞不起，在地上乱扑。杨宝道："却不作怪！这鸟为何如此？"向前抬起看时，乃是一只黄雀，不知被何人打伤，叫得好生哀楚。杨宝心中不忍，乃道："将回去喂养好了放罢。"正看间，见一少年，手执弹弓，从背后走过来道："秀才，这黄雀是我打下的，望乞见还。"杨宝道："还亦易事。但

Todas las criaturas vivientes comparten una naturaleza común,
Ya sean mamíferos o animales que nacen de huevos;
Si eres bueno con ellos jamás lo olvidarán,
Solo piensa en el pájaro que le pagó a su protector con anillos.

Estos versos hacen referencia al académico de la dinastía Han, Yang Bao, nativo de Huaxi, un joven erudito brillante a sus 20 años de edad. Un año durante la fiesta del Doble Nueve[1], salió a dar un paseo por la periferia de la ciudad y cuando estuvo cansado, se sentó a descansar en un bosque. Los exuberantes árboles daban una fresca sombra y los pájaros trinaban. De repente, en medio de tanta hermosura, un pájaro cayó a sus pies estruendosamente. Piando lastimosamente intentó volar, pero solo podía revolotear impotente en el suelo. "¡Qué extraño!", pensó Yang Bao. "¿Qué le habrá pasado a este pájaro?".

Al recogerlo se percató de que era un oriol dorado que alguien había herido y por eso piaba lastimosamente.

—Te llevaré a casa y te cuidaré hasta que puedas volar de nuevo —aseguró Yang Bao, compadeciéndose de la pequeña criatura de corazón.

Entonces, detrás de él apareció un joven con un arco.

—Fui yo quien le disparó a ese oriol, señor —apuntó—. ¿Me lo puede dar?

—Podría dártelo sin ningún problema, —respondió Yang Bao y agregó— pero aunque un pájaro no es como un hombre, la vida tiene

禽鸟与人体质虽异，生命则一，安忍戕害？况杀百命，不作供君一膳，鬻万鸟不能致君之富，奚不别为生业？我今愿赎此雀之命。"便去身边取出钱钞来。少年道："某非为口腹利物，不过游戏技耳。既秀才要此雀，即便相送。"杨宝道："君欲取乐，禽鸟何辜！"少年谢道："某知过矣！"遂投弓而去。杨宝将雀回家，贮于巾箱中，日采黄花蕊饲之，渐渐羽翼长换。育至百日，便能飞翔。时去时来，杨宝十分珍重。忽一日，去而不回。杨宝心中正在气闷，只见一个童子单眉细眼，身穿黄衣，走入其家，望杨宝便拜。杨宝急忙扶起。童子将出玉环一双，递与杨宝道："蒙君救命之恩，无以为报，聊以微物相奉。掌此当累世为三公。"杨宝道："与卿素昧平生，何得有救命之说？"童子笑道："君忘之耶？某即林中被弹，君巾箱中饲黄花蕊之人也！"言讫，化为黄雀而去。后来杨宝生子

el mismo valor para él. ¿Por qué lo matarías? Si matas cien, no tendrás suficiente para una comida y, si vendes 10 mil, no harás una fortuna. ¿Por qué no te ganas la vida de otra forma? Me gustaría comprarte el pájaro para salvarle la vida.

Buscó en su bolsillo y le mostró el dinero que tenía.

—No cazo pájaros para comérmelos o por dinero, sino por placer —mantuvo el joven—. Si quiere este oriol, señor, es todo suyo.

—¿Por qué te divertirías a expensas de criaturas inocentes? —preguntó Yang Bao.

—Sé que no está bien lo que hago —admitió el cazador, deshaciéndose de su arco cuando se marchaba.

Yang Bao llevó al oriol dorado a casa, lo puso en una caja de sombrero y lo alimentó con pétalos amarillos hasta que su ala sanó. A los 100 días, el pájaro volvió a volar. El oriol se iba y volvía y Yang Bao se apegaba a él cada vez más. Un buen día, sin embargo, el ave no regresó. Yang Bao estaba muy preocupado por su desaparición cuando un muchacho con un abrigo amarillo, de delicadas cejas y hermosos ojos se postró ante él y tocó el suelo con la frente. Yang Bao lo ayudó a ponerse de pie de inmediato y el joven le dio dos anillos de jade.

—Usted me salvó la vida, señor, —aseveró— pero solo tengo estos insignificantes anillos para demostrarle mi gratitud. Con estos anillos, sus descendientes serán ministros excepcionales.

—Nunca te he visto antes —respondió Yang Bao—. ¿Cuándo te salvé la vida?

—¿No me reconoce? —preguntó el joven esbozando una sonrisa—. Después de que me dispararon en el bosque, me alimentó con pétalos amarillos en la caja de sombrero.

Dicho esto, se transformó en un oriol dorado y salió volando. Posteriormente, los descendientes de Yang Bao destacaron de hecho

震,明帝朝为太尉;震子秉,和帝朝为太尉;秉子赐,安帝朝为司徒;赐子彪,灵帝朝为司徒。果然世世三公,德业相继。有诗为证:

> 黄花饲雀非图报,一片慈悲利物心。
> 累世簪缨看盛美,始知仁义值千金。

说话的,那黄雀衔环的故事,人人晓得,何必费讲!看官们不知,只为在下今日要说个少年,也因弹了个异类上起,不能如弹雀的恁般悔悟,干把个老大家事,弄得七颠八倒,做了一场话柄,故把衔环之事,做个得胜头回。劝列位须学杨宝这等好善行仁,莫效那少年招灾惹祸。正是:

> 得闭口时须闭口,得放手时须放手。
> 若能放手和闭口,是岁安宁有八九。

话说唐玄宗时,有一少年,姓王名臣,长安人氏。略知书史,粗通文墨,好饮酒,善击剑,走马挟弹,尤其所长。从幼丧父,惟母在堂,娶妻于氏。同胞兄弟王宰,膂力过人,武艺出众,充羽林亲卫,未有妻室。家颇富饶,童仆多人。一家正安居乐业,不想安禄山兵乱,潼关失守,天子西幸,王宰随驾扈从。王臣料道立身不住,弃下房产,收拾细软,引母妻婢仆,避难江南,遂家于杭州,

en cada generación sucesiva.

"¿Por qué, contador de cuentos?" Escucho que alguien protesta. "Todo el mundo conoce el cuento del oriol y los anillos de jade. ¿Para qué perder el tiempo repitiéndola?"

Bien, lector, lo hice porque ahora le voy a contar sobre otro joven que hiere animales salvajes. No obstante, este hombre no se arrepintió como el muchacho que disparó al oriol y por eso perdió casi todo lo que tenía y se convirtió en tema de conversación del pueblo. Relaté el cuento del oriol dorado a forma de introducción y para aconsejarles que hagan buenas acciones como Yang Bao y no se metan en problemas como el otro joven.

Es mejor quedarse callado cuando la situación lo exige;
Es mejor renunciar a las cosas cuando más se desean.
Si cumplen estas dos máximas, libre de conflictos,
Disfrutarán de una larga vida llena de paz.

En el reinado del emperador Xuanzong (712-756) de la dinastía Tang, vivía un joven llamado Wang Chen, natural de Chang'an y versado en el conocimiento clásico. El joven podía hacer escritos aceptables y disfrutaba de la bebida y la esgrima. Pero lo que más le gustaba de todo, sin embargo, era montar a caballo y disparar con el arco. Tras perder a su padre cuando era niño, vivía con su madre, su esposa, hija del clan Yu, y con su hermano soltero, Wang Zai, quien tenía una gran fuerza física, sobresalía en las artes militares y servía en la guardia imperial. Su familia era acaudalada, tenía muchos sirvientes y vivían juntos y felices hasta que la rebelión de An Lushan tomó el paso Tongguan y obligó al emperador a huir al Oeste. Wang Zai partió con el tren imperial y Wang Chen, temeroso de permanecer en la capital, empacó todas sus pertenencias valiosas y abandonó su hogar también, llevando a su madre, su esposa y a toda la familia al valle del

地名小水湾，置买田产，经营过日。后来闻得京城克复，道路宁静，王臣思想要往都下寻访亲知，整理旧业，为归乡之计。告知母亲，即日收拾行囊，止带一个家人，唤做王福，别了母妻，繇小路直至扬州马头上。

那扬州隋时谓之江都，是江淮要冲，南北襟喉之地，往来樯橹如麻，岸上居民稠密，做买做卖的，挨挤不开，真好个繁华去处。当下王臣舍舟登陆，雇倩脚力，打扮做军官模样，一路游山玩水，夜宿晓行。不则一日，来至一所在，地名樊川，乃汉时樊哙所封食邑之处。这地方离都城已不多远。因经兵火之后，村野百姓，俱潜避远方，一路绝无人烟，行人亦甚稀少。但见：

冈峦围绕，树木阴翳，危峰秀拔插青霄，峻岭崔嵬横碧汉。斜飞瀑布，喷万丈银涛；倒挂藤萝，飔千条锦带。云山漠漠，鸟道逶迤行客少；烟林霭霭，荒村寥落土人稀。山花多艳如含笑，野鸟无名只乱啼。

río Changjiang por seguridad. Compraron tierra y una propiedad en Bahía Pequeña, cerca de Hangzhou, y allí se establecieron.

Cuando llegó la noticia de que habían recuperado la capital y los caminos volvían a disfrutar de la seguridad de antaño, Wang Chen decidió regresar a Chang'an a buscar a sus viejos amigos y parientes y poner los asuntos de sus propiedades en orden antes de llevar a la familia de vuelta. Tan pronto como puso a madre al corriente de su plan, no perdió tiempo, preparó su equipaje y acompañado de un solo sirviente —Wang Fu— se despidió de su madre y su esposa y partió en barco a Yangzhou, la ciudad más próspera de la época. En su condición de centro importante de la zona de los ríos Changjiang y Huaihe, por la que estaban obligados a pasar los viajeros tanto del Norte como del Sur, su puerto estaba lleno de embarcaciones; su costa, abarrotada de gente; y sus mercados, saturados de comerciantes y clientes. Wang Chen, desembarcó, se vistió de militar y contrató a un hombre para que llevara su equipaje. Entonces, siguió camino a caballo, disfrutando del paisaje de la montaña y el río mientras viajaba. Pasados unos días, llegó a un lugar conocido como Fanchuan, no lejos de la capital. Como Fanchuan había sido escenario de la guerra, todos sus aldeanos habían huido, las casas a lo largo del camino estaban abandonadas y muy pocos viajeros transitaban por allí.

Rodeado de montañas y tupidos y fríos bosques,
Picos que se elevaban al cielo,
Cataratas convertidas en brillantes cascadas de plata,
Y enredaderas colgando como mil serpentinas de seda.
Pocos escalaban los sinuosos senderos a través de las brumosas montañas,
Pocos vivían en las solitarias profundidades de estos sombríos bosques,
Pero las hermosas flores de la montaña reían en la brisa,
Y los pájaros sin nombre cantaban al unísono.

王臣贪看山林景致，缓辔而行，不觉天色渐晚。听见茂林中，似有人声。近前看时，原来不是人，却是两个野狐，靠在一株古树上，手执一册文书，指点商榷，若有所得，相对谈笑。王臣道："这孽畜作怪！不知看的是什么书？且教他吃我一弹。"按住丝缰，绰起那水磨角靶弹弓，探手向袋中，摸出弹子放上，觑得较亲，弓开如满月，弹去似飞星，叫声"着！"那二狐正在得意之时，不知林外有人窥看。听得弓弦响，方才抬头观看，那弹早已飞到，不偏不斜，正中执书这狐左目。弃下书，失声嗥叫，负痛而逃。那一个狐，却待就地去拾，被王臣也是一弹，打中左腮，放下四足，嗥叫逃命。王臣纵马向前，教王福拾起那书来看，都是蝌蚪之文，一字不识。心中想道："不知是甚言语在上？把去慢慢访博古者问之。"遂藏在袖里，拔马出林，循大道望都城而来。

　　那时安禄山虽死，其子安庆绪犹强，贼将史思明降而复叛，藩镇又各拥重兵，俱蓄不臣之念。恐有奸细至京探听，故此门禁十分严紧，出入盘诘。刚到晚，城门就闭。

Disfrutando del paisaje montañoso, Wang Chen viajaba sin prisa. Ya era tarde cuando escuchó voces en el bosque y al acercarse no vio a un grupo de hombres, sino a dos zorras. Recostada a un viejo árbol, una de ellas sostenía un libro entre las patas. Las zorras reían y conversaban mientras señalaban a las páginas como si entendieran lo que estaba escrito allí.

"¿Qué se traen esas dos bestias tontas entre manos?", se preguntó Wang. "Me gustaría saber qué están leyendo. Les daré una pequeña caricia con mi arco".

Tras asegurar las riendas de su caballo, tomó el arco de cuerno pulido, buscó una piedra en su bolsillo y disparó.

—¡Allá va eso!

El arco se arqueó como una luna llena y el misil voló cual estrella fugaz.

Las zorras, que se la estaban pasando fenomenal, jamás sospecharon que las habían visto. Cuando Wang tensaba la cuerda del arco, los animales miraron hacia arriba y la piedra dio en el ojo izquierdo de la zorra que sostenía el libro. Aullando adolorida, la zorra dejó caer el libro y salió huyendo como un bólido. Cuando Wang Chen vio que la otra zorra se agachó a recoger el libro, volvió a disparar, impactando esta vez la mejilla izquierda del animal que también huyó despavorido por el dolor. Al avanzar en su caballo y pedirle a Wang Fu que recogiera el libro, vio que estaba lleno de jeroglíficos incomprensibles.

"¿Qué lengua será esta?", se preguntó. "Tengo que preguntarle a un anticuario.

Guardó el libro en la manga de su túnica, atravesó el bosque y siguió camino a la capital. En ese entonces, se mantenía una estricta vigilancia en las puertas de la ciudad y todo el que entraba y salía era interrogado. Además, las puertas se cerraban tan pronto como caía el

王臣抵城下时,已是黄昏时候。见城门已扃,即投旅店安歇。到店门口,下马入来。主人家见他悬弓佩剑,军官打扮,不敢怠慢,上前相迎道:"长官请坐。"便令小二点杯茶递上。王福将行李卸下,驮进店中。王臣道:"主人家,有稳便房儿,开一间与我。"答道:"舍下客房尽多,长官只拣中意的住便了。"即点个灯火,引王臣往各房看过,择了一间洁净所在,将行李放下,把生口牵入后边喂料。收拾停当,小二进来问道:"告长官,可吃酒么?"王臣道:"有好酒打两角,牛肉切一盘。伴当们照依如此。"小二答应出去。王臣把房门带转,也走到外边。小二捧着酒肉问道:"长官,酒还送到房里去饮,或就在此间?"王臣道:"就在此罢。"小二将酒摆在一副座头上,王臣坐下。王福在旁斟酒。吃过两三杯,主人家上前问道:"长官从那镇到此?"王臣道:"在下从江南来。"主人家道:"长官语

sol. Cuando Wang Chen llegó a la urbe ya el sol se había puesto y al ver la puerta cerrada decidió pasar la noche en una posada afuera de la muralla de la ciudad. Una vez en la puerta, cuando el posadero vio que llevaba espada, arco y uniforme militar se apresuró a recibirle respetuosamente.

—Por favor, tome asiento, señor —le pidió, y dijo al mozo que le sirviera una taza de té.

Mientras tanto, Wang Fu había llevado el equipaje al interior de la posada.

—Si tiene usted buenas habitaciones, posadero, —indicó Wang Chen— por favor deme una.

—Tengo muchas habitaciones —respondió el dueño de la posada—. Elija usted mismo, señor.

Encendió una lámpara para mostrarle la posada y tan pronto como Wang Chen eligió una habitación limpia, el posadero se encargó de llevar el equipaje a la misma y el caballo al establo. Hecho esto, llegó el chico con la tetera.

—¿Desea beber algo señor? —preguntó.

—Si tiene un buen vino, tráigame una jarra y un plato de carne de res —ordenó Wang Chen—. Y póngale lo mismo a mi sirviente.

Cuando el mozo se retiró, Wang Chen salió también, cerrando la puerta detrás de él. Poco después, volvió el mozo con el vino y la carne.

—¿Beberá en su habitación o aquí en el pasillo, señor? —le preguntó.

—Aquí afuera —respondió Wang Chen.

El mozo dejó el vino sobre la mesa y Wang Chen se sentó. Wang Fu le sirvió el vino y tras beber unas cuantas copas llegó el posadero.

—¿Puedo preguntarle de dónde viene, señor? —interrogó.

—Del valle del río Changjiang.

音,不像江南人物。"王臣道:"实不相瞒,在下原是京师人氏。因安禄山作乱,车驾幸蜀,在下挈家避难江南。今知贼党平复,天子还都,先来整理旧业,然后迎接家小归乡。因恐路途不好行走,故此军官打扮。"主人家道:"原来是自家人!老汉一向也避在乡村,到此不上一年哩!"彼此因是乡人,分外亲热,各诉流离之苦。正是:

　　江山风景依然是,城郭人民半已非。

　　两下正说得热闹,忽听得背后有人叫道:"主人家,有空房宿歇么?"主人家答应道:"房屋还有,不知客官有几位安歇?"答道:"只有我一人。"主人家见是个单身,又没包裹,乃道:"若止你一人,不敢相留。"那人怒道:"难道赖了你房钱,不肯留我?"主人家道:"客官,不是这般说。只因郭令公留守京师,颁榜远近旅店,不许容留面生歹人。如隐匿藏留者,查出重治。况今史思明又乱,愈加紧急。今客官又无包裹,又不相认,故不好留得。"那人

—Usted no habla como un sureño, señor.

—De hecho, solía vivir en la capital. Pero después de la rebelión de An Lushan y de que el emperador se fuera a Sichuan, llevé a mi familia al Sur para evitar problemas. Tan pronto me enteré de que los rebeldes habían sido derrotados y su majestad imperial había regresado a la capital, decidí volver para poner mis asuntos en orden antes de traer a mi familia de vuelta a casa. Como dicen que el camino es inseguro, me vestí de militar.

—¡Con que somos del mismo distrito! —exclamó el dueño de la posada—. Yo me escondí en el campo también y volví hace menos de un año.

Como paisanos de la misma provincia, se hicieron muy buenos amigos en el acto y empezaron a intercambiar experiencias sobre las vicisitudes del exilio. El paisaje es tan hermoso como antes, pero la mitad de los ciudadanos ya no está aquí. Estaban en medio de una animada conversación cuando alguien preguntó a sus espaldas:

—¿Tiene una habitación disponible, posadero?

—Claro que sí —respondió el dueño del establecimiento—. ¿Para cuántas personas?

—Solo para mí.

De hecho el visitante estaba solo y sin equipaje.

—En ese caso, lo siento, pero no lo puedo aceptar —mantuvo el posadero.

—¿Por qué no? —exigió enojado el recién llegado—. ¿Tiene miedo de que no te pague?

—Sinceramente no, señor. Lo que sucede es que el señor Guo, el comandante del cuartel, ha prohibido a todos los posaderos hospedar a extraños. La persona que lo haga a escondidas recibirá un castigo severo. Usted no tiene equipaje, señor, y no lo conocemos, ¿cómo lo

笑道："原来你不认得我，我就是郭令公家丁胡二。因有事往樊川去了转回，赶进城不及，借你店里歇一宵，故此没有包裹。你若疑惑，明早同到城门上去，问那管门的，谁个不认得我！"这主人家被他把大帽儿一磕，便信以为真，乃道："老汉一时不晓得是郭爷长官，莫怪，请里边房里去坐。"那人道："且慢着。我肚里饿了，有酒饭讨些来吃了，进房不迟。"又道："我是吃斋，止用素酒。"走过来，向王臣桌上对面坐下。小二将酒菜放下。王臣举目看时，见他把一只袖子遮着左眼，似觉疼痛难忍之状。那人开言道："主人家，我今日造化低，遇着两个毛团，跌坏了眼。"主人家道："遇着什么？"答道："从樊川回来，见树林中两个野狐打滚嗥叫，我赶上前要去拿他，不想绊上一交，狐又走了，反在地上磕损眼睛。"主人家道："怪道长官把袖遮着眼儿。"王臣接口道："我今日在樊川过，也遇

voy a hospedar?

—¿Con que no me conoce? Soy Hu Er, el mayordomo del señor Guo. Estaba haciendo negocios en Fanchuan y se me hizo tarde para entrar a la ciudad. Esta es la razón por la que quiero pasar la noche en su posada y por la que no tengo equipaje. Si no me cree, venga conmigo mañana a la puerta de la ciudad a preguntarle a los guardias. Todos ellos me conocen.

Impresionado por el vínculo del extraño con el señor Guo, el posadero le creyó.

—No quise ofenderlo, señor —le dijo—. No lo reconocí a primera vista. Por favor, pase y descanse.

—Más tarde —le respondió—. Tengo hambre. Tráigame vino y algo de comer. Otra cosa, estoy ayunando, —agregó— así que no me traiga carne.

El visitante pasó frente a la mesa de Wang Chen y se sentó frente a él. Mientras tanto, el mozo fue a buscar el vino y la comida. Wang Chen observó que se tapaba el ojo izquierdo con la manga como si le estuviera doliendo.

—Tuve un día de mala suerte hoy, posadero —comentó el forastero—. Me encontré con dos bestias que me hirieron el ojo en una caída.

—¿Con qué bestias se encontró?

—En el camino de regreso de Fanchuan, vi dos zorras arrastrándose por el bosque aullando del dolor. Cuando intenté atraparlas, resbalé y me caí. Las zorras salieron corriendo y yo casi pierdo un ojo.

—No es de extrañar que se esté cubriendo el ojo —aseguró el posadero.

—Hoy, yo también venía de Fanchuan, —relató Wang Chen— y también me encontré con dos zorras.

着两个野狐。"那人忙问道:"可曾拿到么?"王臣道:"他在林中把册书儿观看,被我一弹,打了执书这狐左眼,遂弃书而逃。那一个方待去拾,又被我一弹打在腮上,也亡命而走。故此只取得这册书,没有拿到。"那人和主人家都道:"野狐会看书,这也是奇事!"那人又道:"那书上都是甚么事体?借求一观。"王臣道:"都是异样篆书,一字也看他不出。"放下酒杯,便向袖中去摸那册书出来。说时迟,那时快,手还未到袖里时,不想主人家一个孙儿,年才五六岁,正走出来。小厮家眼净,望见那人是个野狐,却叫不出名色,奔向前指住道:"老爹!怎么这个大野猫坐在此?还不赶他!"王臣听了,便省悟是打坏眼的野狐,急忙拔剑,照顶门就砍。那狐望后一躲,就地下打个滚,露出本相,往外乱跑。王臣仗剑追赶了十数家门面,向个墙里跳进。王臣因黑夜之间,无门寻觅,只得回转。主人家点个灯火,同着王福一齐来迎着道:"饶他性命罢!"王臣道:"若不是令孙看破,几乎被这孽畜赚了书

—¿Las atrapó? —preguntó ansioso el forastero.

—Estaban leyendo un libro en el bosque —explicó Wang Chen—. Con mi arco, le disparé en el ojo izquierdo a la zorra que estaba leyendo, que dejó caer el libro al suelo y echó a correr. Cuando la otra zorra intentó recoger el libro, le disparé en la mejilla izquierda, obligándola a huir y salvar su vida también. Tengo el libro, pero no a las zorras.

—¡Zorras leyendo un libro! —exclamaron el forastero y el posadero—. ¡Increíble!

—Me gustaría saber lo que está escrito en ese libro —subrayó el forastero—. ¿Puedo echarle un vistazo?

—Está lleno de jeroglíficos extraños —apuntó Wang Chen—. No pude leer una sola palabra.

Puso la copa de vino sobre la mesa y se dispuso a sacar el libro de la manga. Antes de que tuviera tiempo de hacerlo, sin embargo, el nieto de cinco años de edad del posadero llegó al patio y se percató de que uno de los huéspedes era una zorra, pese a que no sabía cómo llamar al animal que estaba viendo.

—¡Abuelo! —gritó, corriendo hacia él y señalando a la zorra—. ¿Por qué está ese gato grande sentado ahí? ¿Por qué no lo ahuyentas?

De pronto, Wang Chen se dio cuenta de que era la zorra, cuyo ojo él había herido y sacando su espada de prisa le dio un golpe en la cabeza. La zorra retrocedió revelando su verdadera fisonomía mientras rodaba por el suelo para luego echar a correr. Espada en mano, Wang Chen la persiguió hasta que saltó el muro y entonces, incapaz de encontrar la puerta, tuvo que darse la vuelta solo para encontrarse con el posadero, que venía con una lámpara encendida, y Wang Fu.

—Debiste haberla dejado ir —sentenció el posadero.

—Si tu nieto no la hubiese visto, —indicó Wang Chen— se ha-

去。"主人家道:"这毛团也奸巧哩!只怕还要生计来取。"王臣道:"今后有人把野狐事来诱我的,定然是这孽畜,便挥他一剑。"一头说,已到店里。店左店右住宿的客商闻得,当做一件异事,都走出来讯问,到拌得口苦舌干。

　　王臣吃了夜饭,到房中安息。自想野狐忍痛来掇赚这册书,必定有些妙处,愈加珍秘。至三更时分,外边一片声打门叫道:"快把书还了我,寻些好事酬你。若不还时,后来有些事故,莫要懊悔!"王臣听得,气忿不过,披衣起身,拔剑在手,又恐惊动众人,悄悄的步出房来,去摸那大门时,主人家已自下了锁。心中想道:"便叫起主人开门出去,那毛团已自走了,砍他不着,空惹众人憎厌,不如别着鸟气,来朝却又理会。"王臣依先进房睡了。那狐喊了多时,方去。合店的人,尽皆听得。到次早,齐劝王臣道:"这书既看不出字,留之何益,不如还他去罢。倘真

bría llevado el libro.

—Las zorras son criaturas traicioneras —agregó el posadero—. Puede que regrese de nuevo.

—La próxima vez que un forastero me hable de esas bestias, sabré que se trata de una zorra de nuevo —afirmó Wang Chen—. Tendré mi espada lista.

Mientras conversaban llegaron a la posada, donde los demás huéspedes, quienes habían escuchado la historia asombradísimos, estaban todos reunidos listos para interrogar a Wang Chen. Luego de hablar hasta que se le secó la boca, cenó y se retiró a su habitación a pasar la noche. Como la zorra había intentado recuperar el libro, con una estratagema pese al dolor, Wang estaba convencido de que el libro tenía que ser muy valioso y, por ello, lo apreció más que nunca. A medianoche, alguien llamó a la puerta.

—¡Date prisa y devuélvenos el libro! —gritaron las zorras—. Si lo devuelves, serás recompensado; de lo contrario, te arrepentirás de no haberlo hecho.

Cuando Wang escuchó la advertencia, se enojó mucho. Así que se vistió, tomó la espada y salió de su habitación en puntillas por temor a despertar a los demás huéspedes. Cuando llegó a la puerta, se percató de que el posadero la había cerrado con llave.

"En lo que despierto al posadero para que abra la puerta, las zorras ya habrán desaparecido y no podré atraparlas", pensó. "No puedo molestar por nada. Mejor espero a que se haga de día".

Así que se fue a dormir. Sin embargo, las zorras continuaron gritando a la puerta de la posada durante un largo rato, despertando a todos sus huéspedes. A la mañana siguiente, los huéspedes se pusieron a razonar con Wang Chen.

—Si no sabe lo que dice el libro, ¿por qué quiere quedárselo? —le

个生出事来，懊悔何及！"王臣若是个见机的，听了众人言语，把那册书掷还狐精，却也罢了。只因他是个倔强汉子，不依众人说话，后来被那狐把个家业弄得七零八落。正是：

不听好人言，必有恓惶泪。

当下王臣吃了早饭，算还房钱，取出行李，上马进城。一路观看，只见屋宇残毁，人民稀少，街市冷落，大非昔日光景。来到旧居地面看时，惟存一片瓦砾之场。王臣见了，不胜凄惨。无处居住，只得寻个寓所安顿了行李，然后去访亲族。却也存不多几家。相见之间，各诉向来踪迹。说到那伤心之处，不觉扑簌簌泪珠抛洒。王臣又言："今欲归乡，不想屋宇俱已荡尽，没个住身之处。"亲戚道："自兵乱已来，不知多少人家，父南子北，被掳被杀，受无限惨祸。就是我们一个个都从刀尖上脱过来的，非容易得有今日。像你家太平无事，止去了住宅，已是无量之福了。况兼你的田产，亏我们照管，依然俱在。若有念归乡，整理起来，还可成个富家。"王臣谢了众人，遂买一所房屋，制备日用家伙物件，将田园逐一经理停妥。

约过两月，王臣正走出门，只见一人从东而来，满身

preguntaron—. Es mejor que lo devuelva; de lo contrario, las zorras causarán un gran problema y cuando se vaya a arrepentir ya será demasiado tarde.

Si Wang hubiera sido lo suficientemente receptivo y sensible para tomar el consejo, todo habría salido bien. Pero como era demasiado testarudo para escucharlos, las zorras casi lo arruinan. El hombre que no escucha el consejo de un amigo, se lamenta y derrama lágrimas de arrepentimiento al final.

Cuando Wang hubo desayunado y pagado su cuenta en la posada, recogió sus pertenencias y cabalgó hasta la ciudad, donde todo lo que vio fue viviendas en ruina, calles semi desiertas y muy pocos transeúntes comparado con los buenos y viejos tiempos. Cuando llegó a su antiguo hogar, todo lo que encontró fue una montaña de escombros y como no podía quedarse allí buscó una posada donde pudiera dejar su equipaje y salir en busca de los pocos parientes que le quedaban. Una vez con ellos, se contaron todo lo que había sucedido desde la última vez que se vieron y en las partes más tristes de sus historias derramaban lágrimas de dolor.

—Muchas, muchas familias fueron separadas durante la rebelión, —relataron sus familiares— porque fueron capturados, asesinados o porque sufrieron infinitas dificultades. Nosotros salvamos la vida de milagro. Puedes considerarte muy afortunado por solo haber perdido tu casa y tener a tu familia sana y salva. Además, hemos velado por la propiedad de tu tierra para que no se apoderaran de ninguna de tus fincas, con lo cual seguirán siendo una familia acaudalada cuando vuelvan.

Wang Chen les agradeció, se compró una casa, la amuebló con todo lo necesario y restauró el orden y la producción en sus tierras. Había pasado dos meses muy atareado cuando un buen día al salir de

穿着麻衣,肩上背个包裹,行履如飞,渐渐至近。王臣举目观看,吃了一惊。这人不是别个,乃是家人王留儿。王臣急呼道:"王留儿,你从那里来?却这般打扮?"王留儿见叫,乃道:"原来官人住在这里!教我寻得个发昏!"王臣道:"你且住!为何恁般妆束?"王留儿道:"有书在此,官人看了就知道。"至里边放下包裹,打开取出书信,递与家主。王臣接来拆开看时,却是母亲手笔。上写道:

从汝别后,即闻史思明复乱,日夕忧虑,遂沾重疾,医祷无效,旦夕必登鬼籍矣。年逾六秩,已不为夭。第恨衰年值此乱离,客死远乡,又不得汝兄弟送我之终,深为痛心耳。但吾本家秦,不愿葬于外地。而又虑贼势方炽,恐京城复如前番不守,又不可居。终夜思之,莫若尽弃都下破残之业,以资丧事。我尸骨入土之后,原返江东。此地田土丰阜,风俗醇厚,可惜开创甚难,决不可轻废。俟干戈宁静,徐图归乡

su casa, un hombre vestido de luto y con un fardo a la espalda se le acercó de prisa por el este. Wang Chen quedó asombrado al ver que se trataba nada más y nada menos que de su sirviente Liu'er.

—¿De dónde vienes Liu'er? —le preguntó—. ¿Por qué estás vestido así?

—Con que aquí es donde vive, amo —dijo Liu'er—. Me ha costado mucho trabajo encontrarle.

—Dime, —volvió a preguntarle Wang— ¿por qué estás vestido de luto?

—Aquí le traigo una carta, amo. En ella encontrará la respuesta.

Fueron a la casa, abrió el fardo y le entregó la carta a su amo. Wang vio que era la caligrafía de su madre.

—Hijo, —leyó— después de que te fuiste supimos que hubo más disturbios en el Norte y como pasaba los días y las noches preocupada, me enfermé. Todos los medicamentos han sido en vano y muy pronto moriré, pero como tengo más de 60 años no pienso morir antes de que me toque. Lo único que reprocho son todos estos disturbios en mis últimos años y el hecho de que moriré lejos de casa y sin ninguno de mis hijos a mi lado. Esto es lo que verdaderamente me perturba. Como soy oriunda del Noroeste, no quiero que me entierren en tierra extraña, pero los rebeldes siguen siendo fuertes y si la capital vuelva a caer en sus manos, no puedes permanecer allí. Luego de una cuidadosa reflexión, creo que lo mejor será vender todas las propiedades en la capital y usar el dinero en mi entierro. Entonces, cuando me hayas enterrado, vuelve al valle del río Changjiang, donde la tierra es fértil y la gente es buena. Por supuesto, una finca no se levanta fácilmente, por eso no puedes disponer de nuestra propiedad deliberadamente. Cuando la guerra acabe, puedes planear tu regreso al Norte. Si no me obedeces y los rebeldes te matan, no habrá nadie que continúe

可也。倘违吾言，自罹罗网，颠覆宗祀，虽及泉下，誓不相见。汝其志之。

王臣看毕，哭倒在地道："指望至此重整家业，同归故乡，不想母亲反为我而忧死。早知如此，便不来得也罢！悔之何及！"哭了一回，又问王留儿道："母亲临终，可还有别话？"王留儿道："并无别话，止叮嘱说：此处产业已荒废，总然恢复，今史思明作反，京城必定有变，断不可守。教官人作速一切处置，备办丧葬之事，迎柩葬后，原往杭州避难。若不遵依，死不瞑目。"王臣道："母亲遗命，岂敢违逆！况江东真似可居，长安战争未息，弃之甚为有理。"急忙制办缞裳，摆设灵座，一面差人往坟上收拾，一面央人将田宅变卖。王留儿住了两日，对王臣道："官人修筑坟墓起来，尚有整月延迟，家中必然悬望。等小人先回，以安其心。"王臣道："此言正合我意。"即

el legado de la familia y yo no te reconoceré como mi hijo cuando vuelvas a reunirte conmigo en las regiones bajas. ¡Ten bien presente lo que te he dicho!

Cuando Wang terminó de leer la carta se desplomó llorando.

—Vine a recuperar las tierras para que pudiéramos regresar a casa —sentenció—. Nunca imaginé que la ansiedad por mí provocaría la muerte de mi madre. Si lo hubiese sabido, no habría venido. Pero ahora de nada valen mis lamentos.

Luego de llorar por un buen rato preguntó:

—¿Mi madre dijo algo más antes de morir?

—No, —contestó Liu'er— solo que las residencias y las fincas del Norte tienen que estar arruinadas y aun cuando las recuperen y las restauren no pueden permanecer aquí porque podría haber otra rebelión en la capital en cualquier momento. Quería que usted hiciera los arreglos para su funeral tan pronto como fuera posible y se estableciera seguramente en Hangzhou después de traer su ataúd al Norte. También dijo que si no cumplía con su última voluntad, no descansaría en paz en su tumba.

—Por supuesto que no puedo hacer caso omiso a la última voluntad de mi madre —señaló Wang Chen—. Y hay mucho de razón en su propuesta de vivir en el Sur porque la lucha aún no termina aquí. Por lo tanto, son muchos los motivos para irse.

Wang Chen se apresuró a adquirir la ropa de luto y construir un santuario. A continuación, envió a un grupo de hombres a preparar el cementerio ancestral. Al mismo tiempo, les rogaba a los amigos que le ayudaran a vender sus propiedades.

—Necesitará al menos un mes para construir el sepulcro, amo, —apuntó Liu'er dos días después— y la familia se preocupará. ¿Puedo volver primero para decirles que todo está bien?

便写下家书，取出盘缠，打发他先回。王留儿临出门，又道："小人虽去，官人也须作速处置快回。"王臣道："我恨不得这时就飞到家，何消叮嘱！"王留儿出门，洋洋而去。

且说王臣这些亲戚晓得，都来吊唁，劝他不该把田产轻废。王臣因是母命，执意不听众人言语，心忙意急，上好田产，都只卖得个半价。盘桓二十余日，坟上开土筑穴，诸事色色俱已停妥，然后打叠行装，带领仆从离了长安，星夜望江东赶来，迎灵车安葬。可怜：

仗剑长安悔浪游，归心一片水东流。
北堂空作斑衣梦，泪洒白云天尽头。

话分两头。且说王臣母妻在家，真个闻得史思明又反，日夜忧虑王臣，懊悔放他出门。过了两三月，一日，忽见家人来报，王福从京师赍信回了。姑媳闻言，即教唤进。王福上前叩头，将书递上。却见王福左眼损坏，无暇详问，将书拆开观看。上写道：

—Esa es una buena idea —respondió Wang.

Así que le escribió una carta a su esposa y le dio al sirviente dinero para que regresara él primero.

—Me marcho, señor —le dijo Liu'er cuando se iba—. Espero que pueda arreglar todos los asuntos aquí y vuelva a casa tan pronto como sea posible.

—No tienes que recordármelo —replicó Wang Chen—. Solo deseo poder salir volando a casa ahora mismo.

Liu'er dejó la casa con un aire de satisfacción.

Cuando los familiares de Wang Chen escucharon lo sucedido, vinieron a expresarle sus condolencias y aconsejarle no renunciar a sus propiedades en el Norte. Sin embargo, como se trataba de la última voluntad de su madre, Wang Chen no los escuchó. Por la premura, vendió sus tierras por la mitad de su precio y, en poco más de 20 días, cuando ya habían cavado la tumba en el cementerio ancestral y todo estaba listo, recogió sus pertenencias y abandonó precipitadamente la capital con Wang Fu. Juntos partieron con destino a Hangzhou para buscar el ataúd de su madre.

Volvamos ahora a la familia de Wang. Al saber que otra rebelión había estallado en el Norte, la madre y la esposa se preocupaban noche y día por Wang Chen y se arrepentían de haberlo dejado ir. De manera que cuando dos o tres meses después, el portero anunció que el sirviente del amo, Wang Fu, había vuelto trayendo una carta de la capital, ordenaron dejarlo pasar de inmediato. Wang Fu se postró ante las damas tocando el suelo con la cabeza y, acto seguido, les entregó la misiva. Aunque se percataron de que estaba herido en su ojo izquierdo, en su prisa por leer la carta no repararon en hacerle preguntas. La misiva decía así:

"Tras dejarlas a ustedes, madre, hice buen viaje a la capital, don-

自离膝下，一路托庇粗安。至都查核旧业，幸得一毫不废，已经理如昔矣。更喜得遇故知胡八判官，引至元丞相门下，颇蒙青盼扶持，一官幽蓟，诰身已领，限期甚迫。特遣王福迎母同之任所。书至，即将江东田产尽货，火速入京。勿计微值，有误任期。相见在迩，书不多赘。男臣百拜。

姑媳看罢书中之意，不胜欢喜，方问道："王福，为甚损了一目？"王福道："不要说起！在生口上打瞌睡，不想跌下来，磕损了这眼。"又问："京师近来光景，比旧日何如？亲戚们可都在么？"王福道："满城残毁过半，与前大不相同了。亲戚们杀的杀，掳的掳，逃的逃，总来存不多几家。尚还有抢去家私的，烧坏屋宇的，占去田产的。惟有我家田园屋宅，一毫不动。"姑媳闻说，愈加欢悦。乃道："家业又不曾废，却又得了官职，此皆天地祖宗保佑之力方。感谢不尽！到临起身，须做场好事报答。再祈此去

de encontré todas nuestras propiedades a salvo y ya he realizado todos los arreglos pertinentes. Tuve suerte de encontrarme con mi viejo amigo, el secretario Hu, que me presentó al primer ministro, quien a su vez me ofreció un puesto de funcionario en el Noreste. Teniendo en cuenta que ya recibí mis credenciales y tengo que partir en breve, he enviado a Wang Fu para invitarlas a acompañarme en mi nueva posición. Tan pronto como reciban esta carta, vendan todas las propiedades en el Sur y viajen a la capital tan rápido como puedan. No retrasen la venta porque pierdan dinero. Como nos reuniremos muy pronto, no les contaré nada más. Su hijo obediente: Chen".

Cuando la madre y la esposa de Wang Chen leyeron esta carta, no podían contener la alegría.

—¿Cómo te hiciste daño en el ojo, Wang Fu? —le preguntaron.

—Me da vergüenza decírselo —contestó Wang Fu—. Me dormí en la silla de montar, me caí del caballo y por poco pierdo el ojo.

—¿Ha cambiado mucho la capital? ¿Siguen todos nuestros parientes allí?

—Más de la mitad de la ciudad está destruida —les contó—. Nada es igual que antes. A la mayoría de nuestros familiares los mataron, los capturaron o huyeron. Solo quedan unas cuantas familias y a todas les robaron sus propiedades, quemaron sus casas o confiscaron sus tierras. Nuestra familia es la única que no ha perdido una sola casa o un solo campo.

Cuando las mujeres escucharon la buena noticia se regocijaron más aún.

—¡Nuestra propiedad está segura y al señor le han dado un puesto de funcionario! —gritaron—. Debemos darle gracias al Cielo y a nuestros espíritus ancestrales que nos han protegido. Cuando estemos listas para partir, les ofreceremos sacrificios y rezaremos por un futu-

前程远大，福禄永长。"又问道："那胡八判官是谁？"王福道："这是官人故交。"王妈妈道："向来从不见说起有姓胡做官的来往。"媳妇道："或者近日相交的，也未可知。"王福接口道："正是近日相识的。"当下问了一回，王妈妈道："王福，你路上辛苦了，且去吃些酒饭，歇息则个。"到了次日，王福说道："奶奶这里收拾起来，也得好几日。官人在京，却又无人服侍。待小人先去回覆，打叠停当。候奶奶一到，即便起身往任，何如？"王妈妈道："此言甚是有理。"写起书信，付些盘缠银两，打发先行。王福去后，王妈妈将一应田地宇舍，什物器皿，尽行变卖，止留细软东西。因恐误了儿子任期，不择善价，半送与人。又延请僧人做了一场好事，然后雇下一只官船，择日起程。有几个平日相往的邻家女眷，俱来相送，登舟而别。离了杭州，由嘉禾苏州常润州一路，出了大江，望前进发。那些奴仆，因家主得了官，一个个手舞足蹈，好不兴头！

避乱南驰实可哀，谁知富贵逼人来。
举家手额欢声沸，指日长安昼锦回。

ro brillante y continua prosperidad.

Entonces preguntaron:

—¿Quién es ese secretario Hu?

—Un viejo amigo de nuestro señor —comunicó Wang Fu.

—Nunca le escuché hablar de un amigo llamado Hu que fuera funcionario —subrayó la anciana.

—Quizás sea un amigo nuevo —sugirió su esposa.

—Tiene razón —asintió Wang Fu—. Hace muy poco que lo conoció.

—Wang Fu, has hecho un largo viaje —aseguró la anciana una vez realizadas todas las preguntas—. Ve ahora a comer, bebe una copa de vino y descansa.

Al día siguiente Wang Fu indicó:

—Les tomará varios días preparar el viaje, señora, y no hay nadie que atienda al señor en la capital. ¿No sería mejor que yo regresara primero a darle su respuesta y prepararlo todo para que tan pronto ustedes lleguen pueda asumir su nuevo cargo?

La anciana estuvo de acuerdo. Le dio a Wang Fu una carta y dinero para el viaje. Tras su partida, vendió toda la tierra, las casas, los muebles y utensilios, dejó solo algo de ropa y algunas pertenencias de valor. Como estaba tan ansiosa de no perder tiempo no regateó el precio y gran parte de la propiedad prácticamente la regaló. Finalmente, mandó a buscar a los monjes para ofrecer los sacrificios, alquiló una embarcación y eligió un día de buen augurio para emprender el viaje. Las esposas de algunos amigos vinieron a despedirlas. Las damas fueron en barco de Hangzhou a Suzhou primero y luego siguieron río Changjiang arriba hasta llegar a Yangzhou. Como su amo había sido designado para un puesto de funcionario, los sirvientes estaban tan entusiasmados que les era difícil conservar la ecuanimidad. Luego de

且说王臣自离都下,兼程而进。不则一日,已到扬州马头上。把行李搬在客店上,打发生口去了。吃了饭,教王福向河下雇觅船只。自己坐在客店门首,守着行囊,观看往来船只。只见一只官船溯流而上,船头站着四五个人,喜笑歌唱,甚是得意。渐渐至近,打一看时,不是别个,都是自己家人。王臣心中惊异道:"他们不在家中服役,如何却在这只官船上?"又想道:"想必母亲亡后,又归他人了。"正疑讶间,舱门帘儿启处,一个女子舒头而望。王臣仔细观看,又是房中侍婢。连称"奇怪!"刚欲询问,那船上家人却也看见,齐道:"官人如何也在这里?却又恁般服色?"忙教稍子拢船。早惊动舱中王妈妈姑媳,掀帘观看。王臣望见母亲尚在,急将麻衣脱下,打开包裹,换了衣服巾帽。船上家人登岸相迎。王臣教将行李齐搬下船,自己上船来见母亲。一眼觑着王留儿在船头上,不问情繇,揪住便打。王妈妈走出说道:"他又无罪

abandonar la capital, Wang Chen viajó tan rápido como pudo hasta que llegó a Yangzhou. Allí, dejó su equipaje en una posada por el muelle, dispuso de su caballo y luego comió. Inmediatamente, le ordenó a Wang Fu alquilar un bote mientras él, sentado afuera de la posada vigilaba sus pertenencias y las embarcaciones que pasaban. Entonces, avistó un barco que venía río arriba con cuatro o cinco hombre riendo y cantando en la proa. A medida que el bote se acercaba, vio para sorpresa suya que se trataba de sus propios sirvientes.

"¿Por qué no están en casa?", se preguntó. "¿Qué están haciendo en ese barco?". Entonces se le ocurrió que probablemente tras la muerte de su madre se habían ido a trabajar para otra familia.

Así especulaba cuando levantaron la cortina de la cabina y reconoció a la joven que miraba hacia afuera como una de sus criadas.

"¡Qué extraño!", exclamó para sí mismo.

Wang Chen estaba a punto de saludar a la embarcación cuando los sirvientes lo vieron.

—¿Qué hace por aquí, señor? —gritaron—. ¿Por qué está de luto?

De inmediato, le pidieron al lanchero que llevara la embarcación a la orilla.

Mientras tanto, despiertas por la algarabía, la madre y la esposa de Wang Chen levantaron la cortina de su cabina para ver qué sucedía. Cuando Wang Chen vio que su madre no estaba muerta, se apresuró a despojarse del luto. Buscó en su equipaje y se puso una túnica común y corriente. Para cuando se hubo cambiado, los sirvientes ya estaban en tierra saludándolo, así que les ordenó recoger su equipaje y abordó el navío para saludar a su madre. Cuando vio a Liu'er en la proa, sin embargo, lo agarró y lo empezó a golpear.

—Él no ha hecho nada malo —aseveró la anciana, saliendo de la cabina—. ¿Por qué lo estás golpeando?

过,如何把他来打?"王臣见母亲出来,放手上前拜道:"都是这狗才将母亲书信至京,误传凶信,陷儿于不孝!"姑媳俱惊讶道:"他日日在家,何尝有书差到京中!"王臣道:"一月前,赍母亲书来,书中写的如此如此,这般这般。住了两日,遣他先回,安慰家中。然后将田产处置了,星夜赶来。怎说不曾到京?"合家大惊道:"有这等异事!那里一般又有个王留儿?"连王留儿到笑起来道:"莫说小人到京,就是这个梦也不曾做。"王妈妈道:"你且取书来看,可像我的字迹?"王臣道:"不像母亲字迹,我如何肯信?"便打开行李,取出书来看时,乃是一幅素纸,那有一个字影。把王臣惊得目睁口呆,只管将这纸来翻看。王妈妈道:"书在那里?把来我看。"王臣道:"却不作怪!书上写着许多言语,如何竟变做一幅白纸?"王妈妈不信道:"焉有此理!自从你出门之后,并无书信往来。直至前日,你差王福将书接我,方有一信,令他先来覆你。如何有个假王留儿将假书哄你?如今却又说

Cuando Wang Chen vio a su madre, soltó a Liu'er e hizo una reverencia.

—Por llevar su carta a la capital y levantar una falsa alarma, —apuntó— este perro me ha hecho actuar de una manera para nada filial.

—Pero si él ha estado todo este tiempo en casa —exclamaron sorprendidas—. Nunca llevó carta alguna a la capital.

—Hace un mes, me llevó una carta suya, madre —refutó Wang Chen—. Y yo lo mandé de regreso al cabo de dos días a tranquilizar a la familia. Luego, vendí nuestra propiedad y emprendí la vuelta a casa. ¿Cómo puede decir que nunca fue a la capital?

"¿Qué habrá pasado?", se preguntaban incrédulos. "¿Liu'er tiene un doble?"

Hasta Liu'er rió.

—Nunca he ido a la capital, ni en sueños —enfatizó.

—Muéstrame la carta —pidió la madre de Wang Chen—. Déjame ver si es mi caligrafía.

—Si no fuera su caligrafía, —replicó Wang— nunca lo habría creído.

Sin embargo, cuando abrió su equipaje y sacó la carta, vio que la hoja de papel estaba en blanco. Boquiabierto y consternado, miraba el papel por delante y por detrás una y otra vez.

—¿Dónde está la carta? —le exigió la madre—. Muéstramela.

—Esto es increíble —balbuceó Wang Chen—. ¿Cómo puede haber desaparecido todo lo que aquí estaba escrito?

—¡No lo puedo creer! —apuntó la madre—. Las únicas cartas que hemos intercambiado desde tu partida fueron la que escribiste cuando mandaste a Wang Fu a buscarme y la carta que él te llevó con mi respuesta. ¿Cómo podría existir un Liu'er falso capaz de engañar-

变了白纸！这是那里学来这些鬼话。"

王臣听说王福曾回家这话，也甚惊骇，乃道："王福在京，与儿一齐起身到此，几曾教他将书来接母亲？"姑媳都道："呀！这话愈加说得混帐了！一月前王福送书到家，书上说都中产业俱在，又遇什么胡八判官，引在元丞相门下，得了官职，教将江东田宅，尽皆卖了，火速入京，同往任上。故此弃了家业，雇倩船只入京。怎说王福没有回来？"王臣大惊道："这事一发奇怪！何曾有甚胡八判官引到元丞相门下，选甚官职，有书迎接母亲？"王妈妈道："难道王福也是假的？"快叫来问。王臣道："他去唤船了，少刻就来。"众家人都到船头一望，只见王福远远跑来，却也穿着凶服。众人把手乱招。王福认得是自家人，也道诧异，说："他们如何都在这里？"走近船边，众人看

te con una carta falsa? Y ahora me dices que el contenido de la carta desapareció y que todo lo que tienes es un pedazo de papel blanco. ¡Nunca había escuchado semejante insensatez en mi vida!

Cuando Wang Chen escuchó que Wang Fu había estado en su casa, entonces fue él el sorprendido.

—Wang Fu ha estado conmigo en la capital todo el tiempo —les aseguró.

—Ahora es que viene conmigo aquí. Nunca lo envíe con una carta para usted.

—Eso es más absurdo aún —protestaron la madre y la esposa—. Hace un mes, Wang Fu nos trajo una carta tuya en la que decías que toda la propiedad de la capital estaba segura y que el secretario Hu te había presentado al primer ministro, quien te ofreció un puesto de funcionario. En la misiva nos decías que vendiéramos todas las casas y la tierra en el Sur y fuéramos a la capital a acompañarte en tu nuevo puesto. Así que nos deshicimos de todo y alquilamos esta embarcación para el viaje. ¿Cómo me vas a decir que Wang Fu nunca regresó?

—¡Esto es cada vez más surrealista! —exclamó Wang Chen—. Ningún secretario Hu me presentó al primer ministro o me consiguió un empleo. Y yo nunca le escribí una carta invitándote a la capital.

—¿Ahora Wang Fu es un impostor también? —preguntó la anciana—. Tráiganlo aquí de una vez.

—Wang Fu fue a alquilar una embarcación —respondió Wang Chen—. Estará de vuelta enseguida.

Los sirvientes se reunieron en la proa para vigilar y muy pronto divisaron a Wang Fu a lo lejos corriendo hacia el muelle. También llevaba ropa de luto. De inmediato comenzaron a saludarlo frenéticamente hasta que Wang Fu los reconoció.

"¿Qué estarán haciendo aquí?", se preguntó.

时，与前日的王福不同了。前日左目已是损坏，如今这王福两只大眼滴溜溜，恰如铜铃一般。众人齐问道："王福，你前日回家，眼已瞎了，如今怎又好好地？"王福向众人喷一口涎沫道："啐！你们的眼便瞎了。我何曾回家？却又咒我眼瞎！"众人笑道："这事真个有些古怪。奶奶在舱中唤你，且除下身上麻衣，快去相见。"王福见说，呆了一呆道："奶奶还在？"众人道："那里去了，不在？"王福不信，也不脱麻衣，径撞入舱来。王臣看见，喝道："这狗才，奶奶在这里，还不换了衣服来见。"王福慌忙退出船头脱下，进舱叩头。王妈妈擦磨老眼，仔细一看，连称："怪哉！怪哉！前日王福回家，左目已损，今却无恙。料然前日不是他了。"急去开了那封书来看时，也是一张白纸，并无一点墨迹。那时合家惶惑，正不知假王留儿、王

Cuando se acercó se percataron de que estaba cambiado. Cuando llevó la carta, no veía de su ojo izquierdo y ahora sus dos ojos se veían tan redondos y brillantes como dos campanas de bronce.

—¡Wang Fu! —dijeron todos—. Cuando viniste a casa el otro día no veías del ojo izquierdo. ¿Cómo es posible que ahora estés perfectamente bien?

Wang Fu escupió y les dijo:

—Ustedes son los que están ciegos. ¿Cuándo regresé a casa? ¿Por qué me dicen que estaba ciego?

—¡Todo esto es muy extraño! —afirmaron mientras reían a carcajadas—. Nuestra señora te espera en el camarote. Quítate esa ropa de luto y entra.

Wang Fu les preguntó estupefacto:

—¿La anciana está viva?

—Por supuesto —respondieron todos.

Wang Fu no les creyó así que sin cambiarse la ropa de luto se dirigió de inmediato al camarote.

—¡Tonto! —gritó Wang Chen—. Tu señora está aquí. Ve y cámbiate esa ropa de una vez.

Entonces Wang Fu se cambió de ropa de prisa, regresó al camarote y se postró ante la anciana tocando el suelo con la frente. La señora se frotó los ojos mientras lo observaba asombrada.

—¡Jamás, jamás! —decía la anciana una y otra vez—. Cuando vino a casa el otro día, había perdido la visión del ojo izquierdo, pero hoy ve perfectamente bien. Supongo que después de todo no pudo haber sido él.

La anciana se apresuró a buscar la carta de su hijo para enseñársela y cuando la abrió, el papel estaba en blanco, no había el más mínimo rastro de tinta. Toda la familia quedó petrificada. No sabían quién

福是甚变的,又不知有何缘故,却哄骗两头把家业破毁?还恐后来尚有变故,惊疑不定。

王臣沉思凝想半日,忽想到假王福左眼是瞎的,恍然而悟,乃道:"是了!是了!原来却是这孽畜变来弄我。"王妈妈急问是甚东西。王臣乃将樊川打狐得书,客店变人诒骗,和夜间打门之事说出。又道:"当时我只道这孽畜不过变人来骗此书,到不提防他有恁般贼智。"众人闻言,尽皆摇首咋舌道:"这妖狐却也奸狡利害哩!隔着几多路,却会仿着字迹人形,把两边人都弄得如耍戏一般。早知如此,把那书还了他去也罢!"王臣道:"叵耐这孽畜无礼!如今越发不该还他了!若再缠帐,把那祸种头一火而焚之。"于氏道:"事已如此,莫要闲讲了,且商量正务。如今住在这里,不上不下,还是怎生计较?"王臣道:"京中

pudo haberse hecho pasar por Liu'er y Wang Fu o por qué alguien engañaría a Wang Chen en Chang'an y a su madre en Hangzhou para arruinar a la familia. Temiendo que lo peor aún estaba por venir, eran presa de las dudas y los presentimientos. Sin embargo, luego de mucho reflexionar, Wang Chen recordó que el Wang Fu impostor estaba ciego del ojo izquierdo y entonces se hizo la luz.

—¡Ya sé lo que sucedió! —gritó—. ¡Esto es obra de esas malditas bestias!

Su madre le preguntó de inmediato de qué hablaba. Wang le contó a su madre cómo les había disparado a las zorras en Fanchuan y tomado su libro; cómo una de ellas se había hecho pasar por hombre en la posada para recuperar el libro y cómo las zorras habían golpeado la puerta de la posada una noche entera.

—Pensé que se habían transformado en hombre sencillamente para recuperar el libro —aseguró—. Jamás imaginé que fueran tan astutas.

Todos los presentes sacudieron la cabeza y se mordieron la lengua estupefactos.

—Estas hadas zorro son muy astutas —declararon—. En dos lugares tan distantes uno del otro fueron capaces de burlarse de nosotros imitando la caligrafía y la apariencia de los hombres a la perfección. Si lo hubiera sabido, les habrías devuelto el libro.

—¡Qué les caiga una plaga a estas malvadas bestias! —maldijo Wang Chen—. No les devolveré el libro. Si me vuelven a molestar, quemaré el maldito libro.

—Mejor vayamos al punto y discutamos nuestro problema principal —sentenció la esposa de Wang Chen—. Aquí estamos, ni en el Norte ni en el Sur, ¿qué vamos a hacer?

—Toda la propiedad en la capital se vendió —aseveró Wang

产业俱已卖尽，去也没个着落。况兼路途又远，不如且归江东。"王妈妈道："江东田宅也一毫无存，却住在何处？"王臣道："权赁一所住下，再作区处。"当下拨转船头，原望江东而回。那些家人起初像火一般热，到此时化做冰一般冷，犹如断线偶戏，手足掸软，连话都无了。正是乘兴而来，败兴而返。到了杭州，王臣同家人先上岸，在旧居左近赁了一所房屋，制办日用家伙，各色停当，然后发起行李，迎母妻进屋。计点囊橐，十无其半，又恼又气。门也不出，在家纳闷。这些邻家见王妈妈去而复回，齐来询问。王臣道知其详，众人俱以为异事。互相传说，遂嚷遍了半个杭城。

一日，王臣在堂中，督率家人收拾，只见外边一人走将入来，威仪济楚，服饰整齐。怎见得？但见：

头戴一顶黑纱唐巾，身穿一领绿罗道袍；碧玉环正缀巾边，紫丝绦横围袍上；袜似两堆白雪，舄如二朵红云。堂堂相貌，生成出世之姿；落落襟怀，养就凌云之气。若非天上神仙，定是人间官宰。

Chen—. Si vamos a la capital, no tenemos donde quedarnos. Además, el camino es largo. Mejor regresamos al Sur.

—Pero no tenemos nada en el Sur tampoco —objetó su madre. ¿Dónde vamos a vivir?

—Tendremos que alquilar algo por el momento, —señaló Wang— y hacer planes luego.

Mientras cambiaban el rumbo del barco al Sur, los sirvientes, otrora entusiasmados y emocionados, estaban tan desalentados y cabizbajos como las marionetas, cuyos hilos se han roto —silenciosas y derrotadas—. Habían partido pletóricos y regresado, desesperados. Cuando llegaron a Hangzhou, Wang Chen y los sirvientes desembarcaron primero para alquilar una casa en el barrio donde habían vivido antes y comprar los muebles y utensilios necesarios. Luego llevaron el equipaje y finalmente fueron por la madre y la esposa de Wang Chen.

Cuando contaron el dinero que les quedaba, tenían menos de la mitad del capital original. Presas de la ira y la desesperación, permanecieron en casa sin deseos de salir. Los vecinos que habían visto a la madre de Wang Chen irse y luego regresar se interesaron por su situación. Cuando Wang les contó la historia, quedaron atónitos y difundieron el cuento hasta que medio Hangzhou lo conocía.

Un día, Wang Chen estaba mirando a sus sirvientes limpiar el pasillo cuando llegó un distinguido forastero muy bien vestido.

> *Llevaba un gorro de gaza negra y túnica de seda verde,*
> *Un aro de jaspe en el gorro y cinturón púrpura;*
> *Sus medias eran tan blancas como la nieve,*
> *Sus zapatos, nubes rosadas;*
> *Tenía aspecto señorial y dignidad natural.*
> *Un hombre como ese, si no es dios,*
> *Tiene que ser al menos un alto funcionario o gobernante de los hombres.*

那人走入堂中，王臣仔细看时，不是别人，正是同胞兄弟王宰。当下王宰向前作揖道："大哥别来无恙？"王臣还了个礼，乃道："贤弟，亏你寻到这里！"王宰道："兄弟到京回旧居时，见已化为白地。只道罹于兵火，甚是悲痛。即去访问亲故，方知合家向已避难江东。近日大哥至京，整理旧业，因得母亲凶问，刚始离京。兄弟闻了这信，遂星夜赶来。适才访到旧居，邻家说新迁于此，母亲却也无恙，故此又到舟中换了衣服才来。母亲如今在那里？为何反迁这等破屋里边？"王臣道："一言难尽！待见过了母亲，与你细说。"引入后边，早有家人报知。王妈妈闻次子归家，好生欢喜，即忙出来，恰好遇见。王宰倒身下拜，拜毕起身。王妈妈道："儿！我日夜挂心，一向好么？"王宰道："多谢母亲记念。待儿见过了嫂嫂，少停细细说与母亲知道。"当下王臣浑家并一家婢仆，都来见

Wang Chen se dio cuenta de que el forastero no era otro sino su hermano, Wang Zai, quien se le acercó e hizo una reverencia ante él.

—¿Cómo has estado, hermano, —preguntó— desde que nos separamos?

Wang Chen le devolvió la reverencia.

—¡Jamás pensé que nos encontrarías aquí! —exclamó.

—Cuando regresé a la capital y fui a nuestra vieja residencia, —le explicó Wang Zai— vi que había sido arrasada y el pensamiento de todo el sufrimiento que debieron haber vivido a causa de la guerra me entristeció mucho. Luego, sentí un gran alivio cuando nuestros familiares me dijeron que se habían refugiado en el Sur. También me dijeron que habías ido a la capital a restaurar nuestra propiedad, pero que te habías marchado de nuevo al saber que nuestra madre había muerto. Así que vine aquí y fui a la casa donde vivieron, pero cuando los vecinos me contaron que habías vuelto y que nuestra madre estaba bien, volví a la embarcación a deshacerme de la ropa de luto antes de venir. ¿Dónde está nuestra madre? ¿Y por qué vives en una casa en tan mal estado?

—Es una larga historia —respondió Wang Chen—. Te la contaré después de que veas a mamá.

Condujo a Wang Zai al interior de la vivienda y los sirvientes anunciaron su llegada a la anciana. La noticia de que su segundo hijo había regresado a casa la hizo muy feliz y salió de prisa a su encuentro. Entonces, Wang Zai se postró ante ella tocando el suelo con la frente.

—¡Hijo! —gritó—. No he dejado de pensar en ti noche y día. ¿Cómo has estado?

—Gracias, madre. Tan pronto como salude a mi cuñada le diré lo que estuve haciendo.

Después de que la esposa de Wang Chen y todos los sirvientes

过。王宰扯王臣住外就走，王妈妈也随出来。至堂中坐下。问道："大哥，你且先说，因甚弄得恁般模样？"王臣乃将樊川打狐起，直至两边掇赚，变卖产业，前后事细说一遍。王宰听了说："元来有这个缘故，以致如此！这却是你自取，非干野狐之罪。那狐自在林中看书，你是官道行路，两不妨碍，如何却去打他，又夺其书？及至客店中，他忍着疼痛来赚你书，想是万不得已而然。你不还他罢了，怎地又起恶念，拔剑斩逐？及至夜间好言苦求，你又执意不肯。况且不识这字，终于无用，要他则甚！今反吃他捉弄得这般光景，都是自取其祸。"王妈妈道："我也是这般说。要他何用！如今反受其累！"

王臣被兄弟数落一番，嘿然不语，心中好不耐烦。王宰道："这书有几多大？还是什么字体？"王臣道："薄薄的一册，也不知是什么字体，一字也识不出。"王宰道："你且把我看看。"王妈妈从旁衬道："正是！你去把来与兄弟看看，或者识得这字也不可知。"王宰道："这字料也难

lo saludaron, Wang Zai tomó a su hermano por el brazo y lo llevó al pasillo. Su madre fue tras ellos y se sentaron juntos.

—Empieza tu primero, hermano —le pidió Wang Zai—. ¿Cómo llegaste a este estado?

Wang Chen le contó con lujo de detalles cómo les había disparado a las zorras en Fanchuan y cómo estas los habían engañado a él y a su madre para que vendieran todas las propiedades.

—¡Con qué esa es la razón! —exclamó Wang Zai—. Bien, es tú culpa; no puedes culpar a las zorras. Solo estaban leyendo en el bosque mientras tú ibas pasando por el camino público. Si las zorras no te molestaron, ¿por qué les disparaste y te llevaste su libro? Si una de ellas fue a la posada, pese al dolor que sentía, a recuperar el libro, eso quiere decir que lo necesitaban desesperadamente. Aun así no solo te negaste a devolvérselo, sino que las perseguiste enojado con la espada desenvainada y esa noche, cuando te imploraron que les dieras el libro, te negaste de nuevo. No puedes leer el libro y, por lo tanto, no te sirve de nada. ¿Por qué te lo quieres quedar? Eres el único a culpar por la situación en que te encuentras ahora.

—Eso es lo que yo digo —coincidió la madre—. ¿Para qué quedarte con el libro? Es buscar más problemas.

Wang Chen no dijo nada, pero esta lección lo había dejado muy enojado.

—¿Cuán grande es el libro? —interrogó Wang Zai—. ¿Cómo es la caligrafía?

—Es un libro fino —respondió Wang Chen—. No sé en qué lengua está escrito porque no puedo descifrar una sola palabra.

—Déjame echarle un vistazo —solicitó Wang Zai.

—Me parece bien —acotó la anciana—. Enséñaselo a tu hermano. Quizás él pueda leerlo.

识,只当眼见希奇物罢了。"当时王臣向里边取出,到堂中,递与王宰。王宰接过手,从前直揭至后,看了一看,乃道:"这字果然稀见!"便立起身,走在堂中,向王臣道:"前日王留儿便是我。今天天书已还,不来缠你了。请放心!"一头说,一头往外就奔。王臣大怒,急赶上前,大喝道:"孽畜大胆,那里走!"一把扯住衣裳,走的势发,扯的力猛,只听得聒喇一响,扯下一幅衣裳。那妖狐索性把身一抖,卸下衣服,见出本相,向门外乱跑,风团也似去了。王臣同家人一齐赶到街上,四顾观看,并无踪影。王臣一来被他破荡了家业,二来又被他数落这场,三来不忿得这书,咬牙切齿,东张西望寻觅。只见一个瞎道人,站在对面檐下。王臣问道:"可见一个野狐从那里去了?"瞎道人把手指道:"向东边去了。"王臣同家人急望东而赶。行不上五六家门面,背后瞎道人叫道:"王臣,前日王福便是我,令弟也在这里。"众人闻得,复转身

—No creo que deba hacerlo —aclaró Wang Zai—. Aunque tengo curiosidad por verlo.

Wang Chen buscó el libro y se le dio a su hermano, quien pasó las páginas de principio a fin.

—Sin lugar a dudas es una caligrafía extraña —indicó.

Entonces, se puso de pie y caminó hasta el centro del pasillo.

—Yo era Liu'er el otro día —anunció—. Ahora que has devuelto nuestro libro mágico, ya no me preocuparé más de ti. Ya puedes quedarte tranquilo.

Dicho esto, salió de prisa. Wang Chen le persiguió muy enojado.

—¿Cómo te atreves bestia detestable? —gritó—. ¡No puedes irte!

Agarró a la zorra por la ropa y tiró tan fuerte de ella que la túnica de seda se rompió. La zorra se sacudió, se deshizo de la ropa, recuperó su verdadera fisonomía y se fue tan rápido como el viento. Wang Chen y sus sirvientes salieron de prisa a la calle y aunque la buscaron en todas las direcciones no vieron ni rastro de la bestia. Como las zorras habían arruinado a su familia, lo habían regañado y se habían llevado el libro, Wang Chen rechinaba los dientes de rabia. Mientras buscaba por los alrededores, vio a un sacerdote ciego parado debajo del alero de la casa frente a él.

—¿Vio pasar a una zorra? —le preguntó Wang Chen.

El sacerdote ciego apuntó al este.

—Se fue por allá —afirmó.

Wang Chen y sus hombres echaron a correr calle abajo, pero cuando habían pasado cinco o seis casas escucharon que alguien los llamaba.

—¡Wang Chen! —lo llamaba el sacerdote ciego—. Yo era Wang Fu el otro día. Tu hermano está aquí también.

Cuando se dieron la vuelta para mirar, las dos zorras jugaban tra-

来。两个野狐执着书儿在前戏跃。众人奋勇前来追捕。二狐放下四蹄，飞也似去了。王臣刚奔到自己门首，王妈妈叫道："去了这败家祸胎，已是安稳了。又赶他则甚！还不进来？"王臣忍着一肚子气，只得依了母亲，唤转家人进来。逐件检起衣服观看，俱随手而变。你道都是甚么东西？

　　破芭蕉，化为罗服；烂荷叶，变做纱巾。碧玉环，柳枝圈就；紫丝绦，薜萝搓成。罗袜二张白素纸，朱舄两片老松皮。

　　众人看了，尽皆骇异道："妖狐神通这般广大！二官人不知在何处，却变得恁般厮像？"王臣心中转想转恼，气出一场病来，卧床不起。王妈妈请医调治，自不必说。

　　过了数日，家人们正在堂中，只见走进一个人来。看时，却是王宰，也是纱巾罗服，与前妖狐一般打扮。众家人只道又是假的，一齐乱喊道："妖狐又来了！"各去寻棍

viesamente con el libro entre sus garras. Sin embargo, cuando se apresuraron a atraparlas, los animales se fueron volando como el viento. Cuando Wang Chen pasaba frente a su casa, su madre le gritó que se detuviera.

—¡Estoy feliz de que la causa del problema haya desaparecido! —le gritó—. ¿Por qué las persigues? Vuelve a casa ahora.

Aunque a punto de estallar de la ira, por deferencia con su madre Wang Chen tuvo que pedirles a sus hombres que regresaran. Cuando recogieron la ropa que la zorra había usado para escudriñarlas, las prendas cambiaron de apariencia en sus manos.

> *La túnica de seda se transformó en hojas de banano,*
> *El gorro de paño negro en una hoja de loto,*
> *El anillo de jaspe en una rama de sauce,*
> *El cinturón violeta en una enredadera;*
> *Las medias eran dos hojas de papel blanco,*
> *Y los zapatos rosa, corteza de pino.*

Todos se quedaron asombrados al verlo.

—¡Qué dominio de las artes mágicas tienen esas zorras! —aseguraron los sirvientes—. ¿Dónde estará nuestro segundo amo? ¡La zorra lo imitó tan bien!

Mientras más reflexionaba Wang Chen sobre lo ocurrido, más se enfadaba. Finalmente, se enfermó y su madre mandó a buscar al médico para que lo atendiera.

Unos días después, algunos sirvientes estaban en el pasillo cuando Wang Zai llegó de nuevo vistiendo el mismo gorro de gaza y la misma túnica de seda. Naturalmente pensaron que se trataba de la zorra disfrazada una vez más como había sucedido previamente.

—La zorra regresó de nuevo! —gritaron.

Luego de ir por sus varas, se apresuraron a darle una buena paliza.

觅棒，拥上前乱打。王宰喝道："这些泼男女，为何这等无礼！还不去报知奶奶！"众人那个採他，一味乱打。王宰止遏不住，惹恼性子，夺过一根棒来，打得众人四分五落，不敢近前，都闪在里边门旁指着骂道："你这孽畜！书已拿去了，又来做甚？"王宰不解其意，心下大怒直打入去。众人往内乱跑。早惊动王妈妈，听得外边喧嚷，急走出来，撞见众人，问道："为何这等慌乱？"众人道："妖狐又变做二官人模样，打进来也。"王妈妈惊道："有这等事！"言还未毕，王宰已在面前。看见母亲，即撇下棒子，上前叩拜道："母亲，为甚这些泼男女将儿叫做妖狐孽畜，执棍乱打？"王妈妈道："你真个是我的孩儿不？"王宰道："儿是母亲生的，有什么假！"

正说间，外面七八个人，扛抬铺程行李进来。众家人方知是真，上前叩头谢罪。王宰问其缘故。王妈妈乃将妖狐前后事细说，又道："汝兄为此气成病症，尚未能愈。"

—¡Tontos! —gritó Wang Zai—. ¿Cómo se atreven? Vayan a decirle a su señora que estoy aquí.

Sin embargo, no le prestaron atención y siguieron avasallando a Wang Zai hasta que este perdió los estribos, les arrebató una de las varas y la blandió al aire de forma tan amenazante que los sirvientes no se atrevieron a acercarse, sino que se escondieron en las habitaciones contiguas.

—¡Maldita bestia! —le gritaban todos señalándole con el dedo—. Si ya tienes el libro, ¿a qué has venido?

Desconcertado y a la vez enojado, Wang Zai se abrió paso a la fuerza. Mientras los sirvientes corrían hacia las habitaciones del fondo, la anciana escuchó el ruido y salió a indagar la razón de tanto alboroto.

—La zorra se ha transformado de nuevo en nuestro segundo amo, —le dijeron— e intenta entrar a la residencia.

Cuando gritaba consternado, Wang Zai se presentó ante ella. Al ver a su madre, puso la vara en el suelo y dio un paso al frente para postrarse tocando el suelo con la frente.

—Madre, —le preguntó— ¿por qué esos tontos me dicen zorra y me golpean?

—¿Eres realmente mi hijo? —exigió la anciana.

—Me aburren —respondió—. Por supuesto que soy su hijo.

Mientras conversaban, unos siete u ocho hombres entraban el equipaje de Wang Zai. Fue entonces cuando los sirvientes supieron que se trataba verdaderamente de su amo y se disculparon postrándose y tocando el suelo con la frente. A continuación, Wang Zai quiso saber todo lo acontecido y su madre le contó la historia de las zorras.

—Tu hermano se enfadó tanto que se enfermó —añadió la señora—. Todavía no se encuentra bien.

Wang Zai estaba horrorizado.

王宰闻言，亦甚惊骇道："怎样说起来，儿在蜀中，王福赍书至，也是这狐假的了。"王妈妈道："你且说书上怎写？"王宰道："儿是随驾入蜀，分隶于剑南节度严武部下，得蒙拔为裨将。故上皇还京，儿不相从归国。两月前，忽见王福赍哥哥书来，说：向避难江东，不幸母亲有变，教儿速来计议，扶柩归乡。王福说：要至京打扫茔墓，次日先行。儿为此辞了本官，把许多东西都弃下了，轻装兼程趱来。才访至旧居，邻家指引至此。知母亲无恙，复到舟中易服来见。正要问哥哥为甚把这样凶信哄我，不想却有此异事！"即去行李中开出那封书来看时，也是一幅白纸。合家又好笑，又好恼。王宰同母至内见过嫂子，省视王臣，道其所以。王臣又气得个发昏。王妈妈道："这狐虽然尧懒，也亏他至蜀中赚你回来，使我母子相会。将功折罪，莫怨他罢！"王臣病了两个月，方才痊可。遂入籍于杭州。所以至今吴越间称拐子为野狐精。

—En ese caso, —apuntó— supongo que la misiva que Wang Fu me llevó a Sichuan era falsa también.

—¿Qué decía la carta?

—Abordé el tren imperial a Sichuan, donde trabajaría a las órdenes del gobernador Yan Wu de Jiannan y luego sería ascendido a teniente. Este el motivo por el que cuando Su Majestad Imperial volvió a la capital no le acompañé. Hace dos meses Wang Fu me llevó una carta de mi hermano en la que me decía que se había mudado al valle del Changjiang a causa de los disturbios, que usted había muerto y yo debía venir de inmediato para ayudar a llevar su féretro a nuestro cementerio ancestral. Wang Fu me aseguró que tenía que ir a la capital a preparar la tumba y se marchó al día siguiente. Entonces, renuncié a mi puesto, me deshice de todas mis propiedades y vine tan rápido como pude. Cuando llegué a nuestra casa, los vecinos me enviaron aquí y al saber que estaba viva regresé a la embarcación para cambiarme de ropa y venir a preguntarle a mi hermano por qué me había mandado noticias falsas. ¿Quién podría imaginar que algo tan increíble como esto hubiera ocurrido?

Cuando sacó la carta de su equipaje y descubrió que era un papel en blanco, no supieron si reír o llorar. Acto seguido, Wang Zai entró acompañado de su madre a saludar a su hermano y su cuñada y, de paso, contarle su historia. A Wang Chen por poco le da un ataque apoplético.

—Aunque las zorras nos provocaron muchos problemas, —afirmó la anciana— fueron a Sichuan a buscar a Zai y gracias a ellos estamos todos juntos de nuevo. Agradezcámosles a las zorras y no nos quejemos más.

Transcurridos dos meses, Wang Chen se recuperó y se estableció permanentemente en Hangzhou.

Hasta el día de hoy, lectores, en el valle del río Changjiang, al impostor se le llama zorra.

滕大尹鬼斷家私

EL TESTAMENTO ESCONDIDO

玉树庭前诸谢，紫荆花下三田；

埙篪和好弟兄贤，父母心中欢忭。

多少争财竞产，同根苦自相煎；

相持鹬蚌枉垂涎，落得渔人取便。

这首词，名为《西江月》，是劝人家弟兄和睦的。且说如今三教经典，都是教人为善的。依我说，要做好人，只消个两字经，是"孝弟"两个字。那两字经中，又只消理会一个字，是个"孝"字。假如孝顺父母的，见父母所爱者亦爱之，父母所敬者亦敬之，何况兄弟行中，同气连枝，想到父母身上去，那有不和不睦之理？就是家私田产，总是父母挣来的，分什么尔我？较什么肥瘠？假如你生于穷汉之家，分文没得承受，少不得自家挽起眉毛，挣扎过活。见成有田有地，兀自争多嫌寡，动不动推说爹娘偏爱，分受不均。那爹娘在九泉之下，他心上必然不乐。此岂是孝子所为？所以古人说得好，道是："难得者兄弟，易得者田地。"

怎么是难得者兄弟？且说人生在世，至亲的莫如爹娘，爹娘养下我来时节，极早已是壮年了，况且爹娘怎守得我同去？也只好半世相处。再说至爱的莫如夫妇，白头相守，极是长久的了。然未做亲以前，你张我李，各门各

En la actualidad, aunque los clásicos del confucianismo, el taoísmo y el budismo enseñan a los hombres a perseguir la virtud, a mi juicio, sus eternas exhortaciones son muy superfluas puesto que para ser un buen hombre todo lo que se necesita es piedad filial y amor fraternal. De estas dos cualidades, la más importante es el amor filial. Un buen hijo, que ama lo que sus padres aman y respeta lo que ellos respetan, naturalmente vivirá en perfecta armonía con sus hermanos que son su propia sangre, si quiere complacer a sus padres. Teniendo en cuenta que toda la propiedad familiar ha sido adquirida por los padres, ¿por qué los hermanos harían distinciones entre "tuyo" y "mío", entre valioso e inservible? Los hijos de la familia pobre, que no heredan nada, tienen que crear su riqueza con su sudor y trabajo propios. Por eso, cuando los que tienen tierras y propiedades se pelean por su parte de la herencia y acusan a sus progenitores de favoritismo o injusticia, ellos no descansan en paz en su tumba. Esta no es la actitud de los hijos filiales. Como decían nuestros ancestros: "Los hermanos son más valiosos que las propiedades". Nadie es más cercano a un hombre que sus padres, sin embargo, ellos son mayores cuando él nace, morirán antes que él y solo pasarán la mitad de su vida con él. Nadie es más querido para un hombre que su esposa, quien comparte su vida con él hasta la vejez, pero antes de contraer nupcias cada uno pertenece a una familia diferente y cada uno pasa su infancia separado.

户,也空着幼年一段。只有兄弟们,生于一家,从幼相随到老,有事共商,有难共救,真像手足一般,何等情谊!譬如良田美产,今日弃了,明日又可挣得来的;若失了个弟兄,分明割了一手,折了一足,乃终身缺陷。说到此地,岂不是"难得者兄弟,易得者田地"?若是为田地上坏了手足亲情,到不如穷汉赤光光没得承受,反为干净,省了许多是非口舌。

如今在下说一节国朝故事,乃是"滕县尹鬼断家私"。这节故事是劝人重义轻财,休忘了"孝弟"两字经。看官们或是有弟兄没兄弟,都不关在下之事,各人自去摸着心头,学好做人便了。正是:

善人听说心中刺,恶人听说耳边风。

话说国朝永乐年间,北直顺天府香河县,有个倪太守,双名守谦,字益之,家累千金,肥田美宅。夫人陈氏,单生一子,名曰善继,长大婚娶之后,陈夫人身故。倪太守罢官鳏居,虽然年老,只落得精神健旺。凡收租放债之事,件件关心,不肯安闲享用。其年七十九岁,倪善继对老子说道:"'人生七十古来稀'。父亲今年七十九,

Los hermanos, no obstante, nacen en la misma familia y permanecen juntos durante toda la niñez hasta la vejez. Los hermanos solucionan los problemas juntos, se ayudan mutuamente en tiempos difíciles y son tan íntimos como las manos y los pies. Ese es el verdadero amor fraternal. Si hoy en día pierdes una propiedad valiosa, mañana comprarás otra, pero perder un hermano es como perder tus extremidades —jamás en la vida volverás a ser un todo completo—. Aquí vemos cuán cierto es el refrán que sentencia: "Los hermanos son más valiosos que lsa propiedades". Es mucho mejor ser un mendigo sin nada que heredar antes que destruir el amor fraternal por el bien de la tierra. Esta es la única forma de evitar problemas.

Ahora les narraré la historia de un magistrado llamado Teng de nuestra dinastía Ming, quien resolvió una disputa por riqueza entre dos hermanos. Este cuento debe ayudar a todos los que lo escuchen a apreciar la virtud, conceder menos importancia a la riqueza y abrazar la piedad filial y el amor fraternal. No importa, lector, si tiene hermanos o no. Analicemos cada uno de nosotros nuestros corazones y aprendamos a vivir mejor.

Los hombres buenos escucharán y sus corazones sangrarán,
Pero los hombres malvados atención no prestarán.

En el reinado del emperador Yongle (1403-1425) vivía el prefecto Ni Shouqian en el distrito de Xianghe, prefectura de Shuntian, poseedor de una gran fortuna, una rica propiedad y residencias de lujo. Su esposa, una hija de la familia Chen, dio a luz a su hijo Shanji, pero murió poco después del matrimonio de este. Tras su muerte, el prefecto Ni renunció a su puesto para vivir su viudez en paz. Sin embargo, como todavía era un hombre fuerte, lejos de quedarse tranquilo, continuó cobrando rentas y gestionando préstamos personalmente.

—Muy poca gente tenía la suerte de llegar a los 70 años de edad

明年八十齐头了，何不把家事交卸与孩儿掌管，吃些见成茶饭，岂不为美？"老子摇着头，说出几句道：

"在一日，管一日。替你心，替你力，挣些利钱穿共吃。直待两脚壁立直，那时不关我事得。"

每年十月间，倪太守亲往庄上收租，整月的住下。庄户人家，肥鸡美酒，尽他受用。那一年，又去住了几日。偶然一日，午后无事，绕庄闲步，观看野景。忽然见一个女子同着一个白发婆婆，向溪边石上捣衣。那女子虽然村妆打扮，颇有几分姿色：

发同漆黑，眼若波明。纤纤十指似栽葱，曲曲双眉如抹黛。随常布帛，俏身躯赛着绫罗；点景野花，美丰仪不须钗钿。五短身材偏有趣，二八年纪正当时。

倪太守老兴勃发，看得呆了。那女子捣衣已毕，随着老婆婆而走。那老儿留心观看，只见他走过数家，进一个小小

—le dijo Shanji a su padre—. No obstante, ya usted tiene 79 y el año que viene alcanzará la venerable edad de 80 años. ¿No sería mejor que usted me confíe la administración de la finca y se tome la vida con más calma?

El anciano sacudió la cabeza y recitó el siguiente verso:

Mientras tenga vida, yo administraré la tierra,
No quiero que te preocupes o trabajes hasta tarde.
Te protegeré del frío, el hambre y la sed,
Hasta que me saquen por esa puerta con los pies por delante.

Durante todo el décimo mes del año, el prefecto Ni solía hacer las rondas por las parcelas de su propiedad para cobrar la renta. Este era el momento en que sus arrendatarios lo agasajaban con las aves más gordas y el mejor vino. Ese año, el prefecto salió como de costumbre. Un buen día por la tarde estaba dando un paseo por la aldea, disfrutando del paisaje, cuando se encontró con una chica y una anciana entrada en canas lavando la ropa en una laja en el arroyuelo. Aunque la joven vestía sencillo al estilo del campo, era muy hermosa.

Su cabello brillante era negro como el azabache,
Sus ojos puros tan cristalinos como riachuelos,
Sus dedos finos como brotes de cebolleta,
Sus cejas arqueadas como las distantes colinas;
Su ropa sencilla le sentaba tan bien como la seda o el bordado más fino,
Encantadora cual flor silvestre, podía prescindir de la elegancia.
Nunca antes se había visto una joven tan delicada,
Apenas tenía dieciséis primaveras.

En este preciso instante y por siempre, el prefecto Ni se enamoró perdidamente de la muchacha. Cuando la chica terminó de lavar la ropa y se marchó con la anciana, el prefecto las siguió con la vista mientras caminaban. Las mujeres pasaron por delante de varias casas

白篱笆门内去了。倪太守连忙转身，唤管庄的来，对他说如此如此，教他访那女子跟脚，曾否许人，"若是没有人家时，我要娶他为妾，未知他肯否？"管庄的巴不得奉承家主，领命便走。

原来那女子姓梅，父亲也是个府学秀才。因幼年父母双亡，在外婆身边居住。年一十七岁，尚未许人。管庄的访得的实了，就与那老婆婆说："我家老爷见你女孙儿生得齐整，意欲聘为偏房。虽说是做小，老奶奶去世已久，上面并无人拘管。嫁得成时，丰衣足食，自不须说，连你老人家年常衣服、茶、米，都是我家照顾，临终还得个好断送，只怕你老人家没福。"老婆婆听得花锦似一片说话，即时依允。也是姻缘前定，一说便成。管庄的回覆了倪太守，太守大喜。讲定财礼，讨皇历看个吉日，又恐儿子阻挡，就在庄上行聘，庄上做亲。成亲之夜，一老一少，端的好看！真个是：

恩爱莫忘今夜好，风光不减少年时。

para luego atravesar la puerta de un cercado. El prefecto Ni regresó de inmediato a la aldea, mandó a llamar a su jefe y le pidió que le preguntara a la chaperona de la joven si estaba comprometida o no.

—Si no está comprometida, —le comentó el prefecto Ni— me gustaría hacerla mi concubina. Desconozco si ella acepte o no.

Extremadamente ansioso de servir a su amo, el jefe de la aldea puso manos a la obra para cumplir su encomienda. Fue así como descubrió que la joven se llamaba Mei. Su padre había aprobado los exámenes de nivel de prefectura, pero tanto él como la madre habían muerto cuando ella era muy pequeña y desde entonces siempre había vivido con su abuela. La chica tenía diecisiete años y aún no estaba comprometida.

—A nuestro amo le gusta su nieta —le comunicó el jefe a la abuela una vez que estuvo al tanto de la historia de la joven—. Quiere casarse con ella. Aunque será su segunda esposa, hace mucho tiempo que su anciana señora falleció por lo que no habrá nadie dándole órdenes. Por supuesto, ella tendrá acceso a lo mejor de todo y usted recibirá toda la ropa, el té y el arroz que necesite para no hablar del digno entierro del que será objeto cuando le llegue la hora de partir. Solo espero que no deje escapar esta buena oportunidad.

Deslumbrada por las maravillosas perspectivas, la anciana dio su consentimiento en el acto. Los arreglos del matrimonio se llevaron a cabo sin dificultad y el jefe regresó a informarle el éxito de su misión al prefecto Ni, quien se regocijó sobremanera. Luego de acordar la cantidad de los regalos de boda y elegir un día auspicioso, decidió enviar los presentes y celebrar la boda en la aldea para evitar que su hijo se opusiera. Así contrajeron nupcias y formaron una pareja muy dispareja también: él era demasiado viejo y ella demasiado joven.

Tres días después, el prefecto pidió un palanquín y llevó a su

过了三朝，唤个轿子，抬那梅氏回宅，与儿子媳妇相见。阖宅男妇，都来磕头，称为"小奶奶"。倪太守把些布帛赏与众人，各各欢喜。只有那倪善继，心中不美。面前虽不言语，背后夫妻两口儿议论道："这老人忒没正经！一把年纪，风灯之烛，做事也须料个前后。知道五年十年在世，却去干这样不了不当的事！讨这花枝般的女儿，自家也得精神对付他，终不然担误他在那里，有名无实。还有一件，多少人家老汉身边有了少妇，支持不过，那少妇熬不得，走了野路，出乖露丑，为家门之玷。还有一件，那少妇跟随老汉，分明似出外度荒年一般，等得年时成熟，他便去了。平时偷短偷长，做下私房，东三西四的寄开；又撒娇撒痴，要汉子制办衣饰与他；到得树倒鸟飞时节，他便颠作嫁人，一包儿收拾去受用。这是木中之蠹，米中之虫。人家有了这般人，最损元气的。"又说道："这女子娇模娇样，好像个妓女，全没有良家体段，看来是个做声分的头儿，擒老公的太岁。在咱爹身边，只该半妾

joven esposa a casa para que conociera a su hijo y a su nuera. Todos los miembros de la familia se postraron tocando el suelo con la frente ante su nueva señora y se pusieron muy contentos cuando el prefecto les regaló ropa nueva. Ni Shanji era el único que no estaba feliz y aunque no le dijo nada a su padre, fue mucho lo que conversó con su esposa cuando se quedaron solos.

—El viejo se ha puesto en ridículo él mismo —declaró—. Un hombre de su edad es como una vela en una sequía. Debería de pensar en lo que está haciendo. Él sabe que le quedarán cinco o diez años de vida a lo sumo y, aun así, comete la ridiculez de casarse con una chica que solo puede ser su esposa de nombre. Piensa en todos los casos que conocemos de viejos que no pueden satisfacer a sus jóvenes esposas, que se ven obligadas a buscar la plenitud en otro lugar. ¡Qué desgracia para nuestra familia cuando salga a la luz un escándalo como este!

—También hay otro factor. Las mujeres jóvenes que se unen en matrimonio a hombres viejos son como refugiados en tiempos de hambruna, tan pronto como mejora la situación vuelven corriendo a casa de nuevo. Esa mujer se robará todo lo que pase por sus manos, esconderá un poquito aquí y un poquito allá y se las ingeniará para que su esposo le compre ropa y joyas. Sin embargo, cuando el árbol se caiga, el pájaro saldrá volando. Ella se casará de nuevo, llevándose consigo un botín con el que garantizará su comodidad. La úlcera es al árbol como el gusano es al grano. Nada es más perjudicial para una familia que acoger a una mujer como ella en su seno.

—Esa mujer tiene unos métodos tan seductores, —continuó— que parece más bien una prostituta que una joven de buena familia. Ella es de las que sabe cómo reafirmarse y aprovechará el hecho de que mi padre está en su segunda niñez para tenerlo controlado. Como es mitad concubina y mitad esclava, no tenemos por qué tratarla con

半婢，叫声姨姐，后日还有个退步。可笑咱爹不明，就叫众人唤他做'小奶奶'，难道要咱们叫他娘不成？咱们只不作准他，莫要奉承透了，讨他做大起来，明日咱们颠到受他呕气。"夫妻二人，唧唧哝哝，说个不了。早有多嘴的传话出来，倪太守知道了，虽然不乐，却也藏在肚里。幸得那梅氏秉性温良，事上接下，一团和气，众人也都相安。

　　过了两个月，梅氏得了身孕，瞒着众人，只有老公知道。一日三，三日九，捱到十月满足，生下一个小孩儿出来，举家大惊。这日正是九月九日，乳名取做重阳儿。到十一日，就是倪太守生日，这年恰好八十岁了，贺客盈门。倪太守开筵管待，一来为寿诞，二来小孩儿三朝，就当个汤饼之会。众宾客道："老先生高年，又新添个小令郎，足见血气不衰，乃上寿之征也。"倪太守大喜！倪善继背后又说道："男子六十而精绝，况是八十岁了，那见枯树上生出花来？这孩子不知那里来的杂种，决不是咱爹嫡血，我断然不认他做兄弟。"老子又

respeto y así la podremos controlar más fácilmente en el futuro. Aun así, mi padre tiene ideas tan ridículas como su insistencia en que todo el mundo la llame concubina o incluso señora. ¿Eso quiere decir que tenemos que llamarla madre? ¡No podemos permitir que se salga con la suya! Si somos demasiado corteses con ella se le subirán los aires a la cabeza y nos hará la vida imposible.

La pareja se quejaba todo el tiempo y cuando un entrometido le dijo al prefecto Ni lo que estaban diciendo, el anciano se guardó el disgusto para sí mismo. Afortunadamente, su mujer era tan dulce y trataba a todo el mundo con tanto respeto que muy pronto se llevaba muy bien con toda la familia. Pasados dos meses estaba embarazada, pero no se lo dijo a nadie solo a su esposo. Un día se convirtió en tres y tres días, en nueve hasta que pasaron 10 meses[1]. Entonces, para sorpresa de todos, dio a luz a un varón. Como el alumbramiento tuvo lugar a los nueve días del noveno mes, le pusieron al niño el sobrenombre[2] de Chongyang. El undécimo día, el prefecto celebraba su 80 cumpleaños y los invitados abarrotaron la casa para felicitarlo. El prefecto Ni ofreció un banquete para celebrar su onomástico y el de su hijo a la misma vez. El pequeño recibió el tradicional baño ceremonial al tercer día de nacido.

—Señor, —expresaron los invitados— el nacimiento de otro hijo demuestra que sus energías vitales están perfectamente bien pese a su avanzada edad.

El prefecto Ni se sintió muy halagado ante semejantes cumplidos, pero Shanji comenzó a quejarse de nuevo a sus espaldas.

"Los hombres son impotentes a los 60 para no hablar de a los 80", murmuró. "¿Cómo puede florecer un árbol marchito? Solo Dios sabe de quién es ese bastardo. Estoy convencido de que mi padre nunca lo engendró y por eso no pienso reconocerlo como mi hermano".

晓得了，也藏在肚里。

光阴似箭，不觉又一年。重阳儿周岁，整备做晬盘故事。里亲外眷，又来作贺。倪善继到走了出门，不来陪客。老子已知其意，也不去寻他回来。自己陪着诸亲，吃了一日酒。虽然口中不语，心内未免有些不足之意。自古道："子孝父心宽"。那倪善继平日做人，又贪又狠，一心只怕小孩子长大起来，分了他一股家私，所以不肯认做兄弟，预先把恶话谣言，日后好摆布他母子。那倪太守是读书做官的人，这个关窍怎不明白？只恨自家老了，等不及重阳儿成人长大，日后少不得要在大儿子手里讨针线，今日与他结不得冤家，只索忍耐。看了这点小孩子，好生痛他；又看了梅氏小小年纪，好生怜他。常时想一会，闷一会，恼一会，又懊悔一会。

再过四年，小孩子长成五岁。老子见他伶俐，又忑会顽耍，要送他馆中上学。取个学名，哥哥叫善继，他就叫

Cuando su padre tuvo conocimiento de lo que había dicho, una vez más ocultó su decepción.

El tiempo pasó volando, otro año quedó relegado al pasado y Chongyang cumplió sus 12 meses de vida. Familiares cercanos y lejanos se dieron cita para la tradicional celebración de la Bandeja del Año[3]. Nuevamente transmitieron su enhorabuena, pero Shanji abandonó la ceremonia en vez de quedarse a agasajar a los invitados. Aunque su padre sabía cómo se sentía su corazón ni se molestó en mandarlo a buscar y se encargó de hacerle compañía a sus familiares durante todo el día. Pese a no decir nada, el prefecto estaba muy decepcionado.

Reza el proverbio que el buen hijo alegra el corazón del padre. Sin embargo, Shanji era tan avaricioso y vengativo que no podía soportar la idea de que su hermano creciera y tener que compartir la herencia con él. Así que en vez de reconocerlo como hermano, difundía rumores malintencionados para lastimar a la madre y al hijo.

El prefecto Ni, en calidad de académico y otrora funcionario, comprendía la situación a la perfección. Lamentaba ser tan anciano para poder ver a Chongyang crecer y que el pequeño quedara muy pronto a merced de su hermano mayor. Entonces, para no provocar el resentimiento de Shanji, se obligó a mostrar tolerancia. Le dolía el corazón por su hijo pequeño y se compadecía por su joven esposa también. Por tal motivo, a menudo reflexionaba tristemente sobre el asunto y se arrepentía de sus actos.

Muy pronto habían pasado cuatro años y el pequeñín ya tenía. Como era muy inteligente y despierto, su padre decidió darle un nombre afín a la escuela y comenzar su educación. Como su hermano mayor se llamaba Shanji (Virtud Mantenida), el prefecto lo llamó Shanshu (Virtud Manifiesta). Decidido el nombre, esperó por un día

善述。拣个好日，备了果酒，领他去拜师父。那师父就是倪太守请在家里教孙儿的，小叔侄两个同馆上学，两得其便。谁知倪善继与做爹的不是一条心肠，他见那孩子，取名善述，与己排行，先自不像意了；又与他儿子同学读书，到要儿子叫他叔叔，从小叫惯了，后来就被他欺压，不如唤了儿子出来，另从个师父罢。当日将儿子唤出，只推有病，连日不到馆中。倪太守初时只道是真病，过了几日，只听得师父说："大令郎另聘了个先生，分做两个学堂，不知何意？"倪太守不听犹可，听了此言，不觉大怒，就要寻大儿子，问其缘故。又想到："天生恁般逆种，与他说也没干，由他罢了。"含了一口闷气，回到房中，偶然脚慢，拌着门槛一跌。梅氏慌忙扶起，搀到醉翁床上坐下，已自不省人事。急请医生来看，医生说是中风。忙取姜汤灌醒，扶他上床。虽然心下清爽，却满身麻木，动掸不得。梅氏坐在床头，煎汤煎药，殷勤伏侍。连进几

de buen agüero, preparó vino y dulces y llevó al niño a rendirle sus respetos a su maestro. El hombre era el tutor que el prefecto había contratado para su nieto y ahora había decidido que tanto el joven tío como el sobrino estudiaran juntos y se beneficiaran de la misma instrucción. Desafortunadamente, Shanji tenía ideas muy diferentes. Primero, se molestó por el hecho de que a su hermano menor le dieron un nombre semejante al suyo. Luego, temía que si Shanshu estudiaba con su hijo, el último se acostumbrara a llamarlo tío y más adelante este lo intimidara. Así que prefirió llevarse a su hijo lejos y buscarle otro maestro. Aquel mismo día, sacó a su hijo de la clase y no le permitió regresar poniendo como pretexto que estaba enfermo. Al principio, el prefecto Ni creyó que el niño estaba verdaderamente indispuesto, pero unos días más tarde, el tutor lo iluminó.

—Su digno hijo ha contratado otro maestro para su nieto porque desea que se le enseñe solo —aseguró—. No logro entenderlo.

El prefecto Ni se enfadó mucho y decidió mandar a llamar a Shanji y exigirle una explicación. Pero en ese momento, lo pensó mejor.

"Como nació desobediente, no tiene caso hablar con él", pensó. "Dejemos que haga lo que le plazca".

Cuando regresaba apesadumbrado a su habitación, tropezó con el umbral y midió su longitud desde el suelo donde yacía inconsciente. Su concubina lo llevó de prisa al sofá y mandó a llamar al doctor, quien diagnosticó que al prefecto le había dado un derrame y se dispuso a revivirlo sin perder tiempo. El médico le dio una decocción de jengibre y lo trasladó a la cama de inmediato. Aunque estaba lúcido, el prefecto Ni había quedado completamente paralizado. Su concubina pasaba los días al lado de su lecho, preparando sopas y medicinas para él con la esperanza de que moviera una mano o un pie, pero todos los remedios fueron en vano.

服,全无功效。医生切脉道:"只好延捱日子,不能全愈了。"倪善继闻知,也来看觑了几遍。见老子病势沉重,料是不起,便呼么喝六,打童骂仆,预先装出家主公的架子来。老子听得,愈加烦恼。梅氏只得啼哭,连小学生也不去上学,留在房中,相伴老子。

　　倪太守自知病笃,唤大儿子到面前,取出簿子一本,家中田地、屋宅及人头帐目总数,都在上面,分付道:"善述年方五岁,衣服尚要人照管,梅氏又年少,也未必能管家,若分家私与他,也是枉然,如今尽数交付与你。倘或善述日后长大成人,你可看做爹的面上,替他娶房媳妇,分他小屋一所,良田五六十亩,勿令饥寒足矣。这段话我都写绝在家私簿上,就当分家,把与你做个执照。梅氏若愿嫁人,听从其便。倘肯守着儿子度日,也莫强他。我死之后,你一一依我言语,这便是孝子。我在九泉,亦得瞑目。"倪善继把簿子揭开一看,果然开得细,写得明,满脸堆下笑来,连声应道:"爹休忧虑,恁儿一一依爹分付便

—Es solo cuestión de tiempo ahora —aseguró el doctor, luego de tomarle el pulso al paciente—. La posibilidad de una recuperación completa está descartada.

Al conocer el diagnóstico, Shanji acudió varias veces a la habitación del enfermo. Al percatarse de que la enfermedad de su padre parecía mortal, empezó a dar órdenes a diestra y siniestra y a maldecir y maltratar a la servidumbre como si fuera el amo de la casa. Su actitud hizo que el prefecto se enfadara más aún. Su concubina no paraba de llorar y el pequeño pupilo pidió permiso para ausentarse de clases y quedarse con su padre.

Cuando el prefecto Ni supo que tenía los días contados, mandó a buscar a Shanji y le dio un libro que contenía el inventario de todas sus tierras, casas y bienes.

—Shanshu apenas tiene cinco años, —sentenció el prefecto— y todavía necesita que alguien vele por él. No obstante, su madre es muy joven para encargarse de la administración de la propiedad y, en consecuencia, sería arriesgado darle una parte de la propiedad ahora. Por eso, te hago responsable de todo a ti. Cuando Shanshu crezca, por mi tranquilidad por favor búscale una esposa y dale una casa pequeña y diez acres de tierra para que no pase hambre o frío. Todo esto lo he dejado escrito en este libro para que cuentes con una guía llegado el momento de dividir la propiedad. Si mi concubina desea contraer nupcias de nuevo, permite que lo haga, pero si desea quedarse viuda y vivir con su hijo, no la presiones. Si cumples todas mis instrucciones tras mi muerte como todo buen hijo, podré descansar en paz en el mundo inferior.

Cuando Shanji abrió el libro, vio que todo estaba escrito allí clara y detalladamente.

—No se preocupe padre. No se preocupe —dijo esbozando una

了。"抱了家私簿子，欣然而去。

梅氏见他走得远了，两眼垂泪，指着那孩子道："这个小冤家，难道不是你嫡血？你却和盘托出，都把与大儿子了，教我母子两口，异日把什么过活？"倪太守道："你有所不知，我看善继，不是个良善之人，若将家私平分了，连这小孩子的性命也难保。不如都把与他，像了他意，再无妒忌。"梅氏又哭道："虽然如此，自古道'子无嫡庶'，忒杀厚薄不均，被人笑话。"倪太守道："我也顾他不得了。你年纪正小，趁我未死，将儿子嘱付善继。待我去世后，多则一年，小则半载，尽你心中拣择个好头脑，自去图下半世受用，莫要在他们身边讨气吃。"梅氏道："说那里话！奴家也是儒门之女，妇人从一而终，况又有了这小孩儿，怎割舍得抛他？好歹要守在这孩子身边的。"倪太守道："你果然肯守志终身么？莫非日久生

amplia sonrisa—. Cumpliré sus instrucciones al pie de la letra.

A continuación, abrazando el inventario de la propiedad, se marchó rebosante de alegría. Tan pronto como Shanji estuvo bien lejos como para escuchar lo que diría, la concubina del prefecto señalando a su hijo le preguntó con lágrimas en los ojos.

—¿Acaso este pobre niño no es tu propia carne y sangre? —inquirió—. ¿Por qué lo desheredas y le dejas todo a tu hijo mayor? ¿De qué vamos a vivir en el futuro?

—No lo entiendes —indicó el prefecto Ni—. Sé que Shanji no es de fiar. Si divido la propiedad equitativamente, pongo en peligro la vida de este niño. Es mejor complacer a Shanji dándole toda la propiedad y no provocar sus celos.

—Todo eso está muy bien —sollozó la concubina—. Pero el refrán dice que no se debe hacer diferencia entre el hijo de la primera esposa y el hijo de la concubina. Es ridículo darle tanto a uno y tan poco a otro.

—No puedo hacer nada —respondió el prefecto Ni—. Como aún eres joven, le encargué a Shanji el cuidado del niño para que dentro de seis meses o un año después de mi muerte, puedas buscar un buen hombre que te mantenga por el resto de tu vida. No te quedes aquí para ser maltratada.

—¿Cómo pudiste sugerir algo así? —gritó la concubina—. Yo también procedo de una familia de académicos y sé perfectamente que ninguna mujer puede casarse dos veces. Además, tengo un hijo. ¿Cómo podría abandonarlo? No, no, para bien o para mal me voy a quedar con él.

—¿Estás segura de que eso es lo que quieres? —preguntó el prefecto Ni— ¿Estás segura de que no te arrepentirás de esta decisión después?

悔？"梅氏就发起大誓来。倪太守道："你若立志果坚，莫愁母子没得过活。"便向枕边摸出一件东西来，交与梅氏。梅氏初时只道又是一个家私簿子，却原来是一尺阔、三尺长的一个轴子。梅氏道："要这小轴儿何用？"倪太守道："这是我的行乐图，其中自有奥妙。你可悄地收藏，休露人目，直待孩子年长。善继不肯看顾他，你也只含藏于心。等得个贤明有司官来，你却将此轴去诉理，述我遗命，求他细细推详，自然有个处分，尽勾你母子二人受用。"梅氏收了轴子。话休絮烦，倪太守又延了数日，一夜痰厥，叫唤不醒，呜呼哀哉死了，享年八十四岁。正是：

　　三寸气在千般用，一日无常万事休。
　　早知九泉将不去，作家辛苦着何由！

且说倪善继得了家私簿，又讨了各仓各库匙钥，每日只去查点家财杂物，那有功夫走到父亲房里问安？直等呜

La concubina, juró que le sería fiel a su memoria.

—Como estás tan determinada, —señaló el prefecto Ni— me aseguraré de que ni a ti ni a mi hijo les falte de nada.

Acto seguido, sacó algo debajo de su almohada y se lo entregó. Al principio, la concubina pensó que se trataba de otro inventario de la propiedad, pero resultó ser un pergamino de un pie de ancho y tres de largo.

—¿Qué es esto? —preguntó.

—Es un portarretrato mío que guarda un secreto —explicó el prefecto—. Guárdalo bien y no se lo enseñes a nadie. Si Shanji se niega a ayudar a nuestro hijo cuando crezca, recuerda lo que te voy a decir. Espera hasta que un funcionario sabio y honesto venga a este distrito. Entonces, le mostrarás el pergamino, presentarás tu queja y le harás partícipe de mis últimas palabras. Cuando haya estudiado el retrato cuidadosamente, verá que tú y mi hijo son capaces de vivir con comodidad.

La concubina guardó el pergamino con mucho cuidado. El prefecto Ni se aferró al mundo de los vivos unos días más hasta que una noche dejó de respirar y ya no respondió cuando lo llamaron porque estaba muerto. El prefecto Ni falleció a los 84 años de edad.

Todo es posible mientras los hombres respiran,
Pero todo acaba con su muerte;
Si no se pueden llevar la riqueza a la tumba,
¿Para qué tanto trabajar, escatimar y ahorrar?

Después de que Ni Shanji recibió el inventario de la propiedad y las llaves de los graneros y almacenes, todos los días estaba muy ocupado contando el dinero y sus posesiones sin tiempo para indagar por la salud de su padre. De hecho, cuando el anciano exhaló por última vez, la concubina tuvo que enviar a una sirvienta a darle a Shanji la

呼之后，梅氏差丫环去报知凶信，夫妻两口方才跑来，也哭了几声"老爹爹"。没一个时辰，就转身去了，到委着梅氏守尸。幸得衣衾棺椁，诸事都是预办下的，不要倪善继费心。殡殓成服后，梅氏和小孩子两口，守着孝堂，早暮啼哭，寸步不离。善继只是点名应客，全无哀痛之意。七中便择日安葬，回丧之夜，就把梅氏房中，倾箱倒箧，只怕父亲存下些私房银两在内。梅氏乖巧，恐怕收去了他的行乐图，把自己原嫁来的两只箱笼，到先开了，提出几件穿旧衣裳，教他夫妻两口检看。善继见他大意，到不来看了。夫妻两口儿乱了一回，自去了。梅氏思量苦切，放声大哭。那小孩子见亲娘如此，也哀哀哭个不住。恁般光景：

　　任是泥人应堕泪，从教铁汉也酸心。

　　次早，倪善继又唤个做屋匠来看这房子，要行重新改造，与自家儿子做亲。将梅氏母子，搬到后园三间杂屋内栖身，只与他四脚小床一张和几件粗台粗凳，连好家火都没一件。原在房中伏侍有两个丫环，只拣大些的又唤去

desafortunada noticia. Fue entonces cuando él y su esposa se apresuraron a gemir y gritar el nombre de su padre, pero en menos de una hora ya se habían marchado dejando sola a la concubina velando por el difunto. Por suerte, ya se había elegido la ropa y el ataúd para el entierro y se habían hecho todos los preparativos necesarios por lo que Shanji no tenía que tomar ninguna decisión. Una vez tendido el cadáver, la concubina y su hijo lo velaron y lo lloraron noche y día sin separarse del ataúd. En cambio, Shanji no hizo más que atender a los invitados sin la menor señal de dolor. Antes de que concluyeran las siete semanas establecidas, Shanji eligió el día para el entierro. Esa misma noche tras el sepulcro, Shanji registró la habitación de la concubina para asegurarse de que su padre no le había dejado ni una sola moneda de plata. Temiendo que pudiera llevarse el pergamino, a la concubina se le ocurrió una audaz idea. La joven abrió las dos valijas que había traído con ella cuando se casó, las llenó de harapos y le pidió a Shanji y su esposa que las revisaran. Cuando Shanji se percató de que estaba muy deseosa de que revisaran dichas valijas, ni se molestó en mirarlas. Así que luego de poner la habitación patas arriba con la ayuda de su esposa se marchó tranquilamente. En ese momento, la concubina dio riendas sueltas al dolor y empezó a llorar amargamente, mientras su pequeño también rompía en llanto.

¿Por qué una figura de arcilla habría llorado a la vista y una estatua de bronce derramaría lágrimas de sufrimiento?

A la mañana siguiente, Shanji mandó a llamar a un constructor para que echara un vistazo a las habitaciones para redecorarlas para el matrimonio de su hijo y les ordenó a Shanshu y su madre mudarse a tres habitaciones en el patio del fondo, donde les dieron una sola cama pequeña y unas cuantas mesas y banquetas muy rústicas. No tenían ni un solo mueble bonito. En cuanto a las dos sirvientas que vivían con

了，止留下十一二岁的小使女，每日是他厨下取饭。有菜没菜，都不照管。梅氏见不方便，索性讨些饭米，堆个土灶，自炊来吃。早晚做些针指，买些小菜，将就度日。小学生到附在邻家上学，束修都是梅氏自出。善继又屡次教妻子劝梅氏嫁人，又寻媒妪与他说亲，见梅氏誓死不从，只得罢了。因梅氏十分忍耐，凡事不言不语，所以善继虽然凶狠，也不将他母子放在心上。

　　光阴似箭，善述不觉长成一十四岁。原来梅氏平生谨慎，从前之事，在儿子面前一字也不题，只怕娃子家口滑，引出是非，无益有损。守得一十四岁时，他胸中渐渐泾渭分明，瞒他不得了。一日，向母亲讨件新绢衣穿，梅氏回他："没钱买得。"善述道："我爹做过太守，止生我弟兄两人。见今哥哥恁般富贵，我要一件衣服，就不能勾了，是怎地？既娘没钱时，我自与哥哥索讨。"说罢就走。梅氏一把扯住道："我儿，一件绢衣，直甚大事，也去开口求人。常言道：'惜福积福。''小来穿线，大来穿

ellos, le quitaron a la mayor y los dejaron con una chica de apenas 12 años. Todos los días, el arroz que comían salía de la cocina de Shanji y a nadie le preocupaba si tenían verduras o carne. Un buen día, la concubina finalmente pidió un poco de arroz crudo e hizo una cocina de barro para cocinar ella misma. Día y noche le pedía a su aguja ganar dinero suficiente para comprar verduras, cubrir las necesidades diarias y mandar a su hijo a la casa del vecino a estudiar.

Shanji envió a su esposa varias veces a persuadir a la joven viuda de que se casara de nuevo. Incluso, mandó intermediarios a proponerle partidos, pero cuando juró que prefería morir a contraer nupcias de nuevo, tuvieron que dejarla en paz. Finalmente, como ella era tan noble y no se quejaba, pese a su temperamento violento, Shangji terminó sacándose de la cabeza a la madre y al hijo.

Los años pasaron y muy pronto Shanshu cumplió los 14. Su madre había sido muy cuidadosa y nunca dejó escapar ni una sola palabra de todo lo que había acontecido antes de la muerte de su padre por temor a que el hijo dijera algo por descuido que les pudiera acarrear problema. No obstante, a esta edad ya era capaz de entender las cosas por sí mismo y le fue imposible mantenerlo al margen de todo. Un día, el muchacho le pidió a la madre una túnica de seda y ella le respondió que no tenía dinero para comprársela.

—Mi padre era prefecto, —protestó Shanshu— y solo tenía dos hijos. ¿Por qué mi hermano mayor vive rodeado de lujo y yo no puedo tener una túnica nueva? Si no tiene dinero madre, yo se lo pediré a mi hermano.

Estaba dando la vuelta para irse cuando su madre lo retuvo.

—¡Hijo! —le llamó—. ¿Por qué pedir un favor por algo tan insignificante como una túnica? El refrán dice que "quien no desperdicia su buena suerte, siempre podrá contar con ella". Si vistes de al-

绢。'若小时穿了绢,到大来线也没得穿了。再过两年,等你读书进步,做娘的情愿卖身来做衣服与你穿着。你那哥哥不是好惹的,缠他什么!"善述道:"娘说得是。"口虽答应,心下不以为然,想着:"我父亲万贯家私,少不得兄弟两个大家分受。我又不是随娘晚嫁,拖来的油瓶,怎么我哥哥全不看顾?娘又是怎般说,终不然一匹绢儿,没有我分,直待娘卖身来做与我穿着。这话好生奇怪!哥哥又不是吃人的虎,怕他怎的?"心生一计,瞒了母亲,径到大宅里去。寻见了哥哥,叫声:"作揖。"善继到吃了一惊,问他:"来做什么?"善述道:"我是个缙绅子弟,身上蓝缕,被人耻笑。特来寻哥哥讨匹绢去做衣服穿。"善继道:"你要衣服穿,自与娘讨。"善述道:"老爹爹家私,是哥哥管,不是娘管。"善继听说"家私"二字,题目来得大了,便红着脸问道:"这句话,是那个教你说的?你今日来讨衣服穿,还是来争家私?"善述道:"家私少不得有日分析,今日先要件衣服,装装体面。"善继道:"你这般野

godón cuando eres joven, de mayor vestirás de seda, pero si vistes de seda cuando eres joven, quizás después no tengas ni algodón. Espera un año o dos, hasta que hayas avanzado más en tus estudios y entonces no me importará venderme como esclava para comprarte la túnica. Tu hermano es uno de esos hombres que es mejor no molestarlo.

—Muy bien madre —aseveró Shanshu.

Sin embargo, el joven no estaba convencido.

"Mi padre era un hombre muy rico; por tanto, debe haber suficiente para sus dos hijos", pensó. "Y no es que yo sea un hijastro o un bastardo. ¿Por qué mi hermano no hace nada por mí? Pese a lo que mi madre diga, no creo que mi hermano me guarde rencor por comprarme una túnica. ¿Cómo mi madre se va a vender para comprarme una túnica? Mi hermano no es un tigre que come hombres. ¿Por qué le tendría miedo?". Así que sin decirle nada a su madre, fue a la casa grande donde vivía su hermano y lo saludó. Shangji, apenas lo vio, le preguntó a que había ido.

—Mi padre era un caballero, —afirmó Shanshu— pero ando tan pobremente vestido que la gente se burla de mí. Vine a pedirte que me des un poco de seda para hacerme una túnica.

—Si necesitas ropa, —respondió Shanji— pídesela a tu madre.

—Pero mi madre no está a cargo de las propiedades de nuestro padre, hermano, sino tú.

Tan pronto como hizo referencia a la propiedad, Shanji se sonrojó de la ira.

—¿Quién te mandó? —gritó—. ¿Viniste a pedirme una túnica o a exigirme parte de la propiedad?

—La propiedad habrá que dividirla algún día —subrayó Shanshu—. Pero hoy he venido a pedirte una túnica para poder mantener las apariencias.

种，要什么体面！老爹爹纵有万贯家私，自有嫡子嫡孙，干你野种屁事！你今日是听了甚人撺掇，到此讨野火吃？莫要惹着我性子，教你母子二人无安身之处！"善述道："一般是老爹爹所生，怎么我是野种？惹着你性子，便怎地？难道谋害了我娘儿两个，你就独占了家私不成？"善继大怒，骂道："小畜生，敢挺撞我！"牵住他衣袖儿，捻起拳头，一连七八个栗暴，打得头皮都青肿了。善述挣脱了，一道烟走出，哀哀的哭到母亲面前来，一五一十，备细述与母亲知道。梅氏抱怨道："我教你莫去惹事，你不听教训，打得你好！"口里虽如此说，扯着青布衫，替他摩那头上肿处，不觉两泪交流。有诗为证：

少年嫠妇拥遗孤，食薄衣单百事无。
只为家庭缺孝友，同枝一树判荣枯。

梅氏左思右量，恐怕善继藏怒，到遣使女进去致意，

—¡Bastardo! —lo increpó enfurecido Shanji—. ¿Qué apariencias tienes tú que mantener? La fortuna de mi padre es para el hijo de su esposa y sus nietos, no para un intruso como tú. Alguien tiene que haberte metido eso en la cabeza y mandado aquí a causar problema. Más vale que no me hagas perder los estribos o tú y tu madre se van a ver sin techo sobre sus cabezas.

—Somos hijos del mismo padre —reclamó Shanshu—. ¿Por qué me llamas bastardo? ¿Y a quién le importa si pierdes los estribos? Supongo que quieres matarnos a mi madre y a mí para quedarte con todo.

—Desgraciado, miserable —vociferó Shanji—. ¿Cómo te atreves a enfrentarme?

Sujetó al muchacho por la manga y le pegó seis o siete veces hasta que se le inflamó la magullada cabeza. Shanshu consiguió soltarse y salió disparado como un rayo llorando adonde estaba su madre a contarle el incidente.

—Te advertí que no buscaras problema, pero no me escuchaste —lo regañó—. Me alegro de que te haya dado una paliza.

Pese a haberle dicho esto, le acarició la cabeza con su falda y sus lágrimas se juntaron con las suyas.

> *La joven viuda consuela a su hijo huérfano,*
> *Apenas tienen comida y ropa, comodidades ninguna.*
> *La falta de piedad filial enemista a los hermanos,*
> *Una rama florece mientras la otra, en el mismo árbol, está prácticamente desnuda.*

Mientras más vueltas le daba al asunto la viuda, más le temía a la ira de Shanji. Fue entonces cuando decidió enviar a la sirvienta a transmitir su disculpa.

—El chico es ignorante, —indicó y agregó— y lamenta profun-

说小学生不晓世事，冲撞长兄，招个不是。善继兀自怒气不息。次日侵早，邀几个族人在家，取出父亲亲笔分关，请梅氏母子到来，公同看了，便道："尊亲长在上，不是善继不肯养他母子，要捻他出去。只因善述昨日与我争取家私，发许多说话，诚恐日后长大，说话一发多了，今日分析他母子出外居住。东庄住房一所，田五十八亩，都是遵依老爹爹遗命，毫不敢自专，伏乞尊亲长作证。"这伙亲族，平昔晓得善继做人利害，又且父亲亲笔遗嘱，那个还肯多嘴，做闲冤家？都将好看的话儿来说。那奉承善继的说道："'千金难买亡人笔'。照依分关，再没话了。"就是那可怜善述母子的，也只说道："'男子不吃分时饭，女子不着嫁时衣'。多少白手成家的！如今有屋住，有田种，不算没根基了，只要自去挣持。得粥莫嫌薄，各人自有个命在。"

damente haberlo ofendido.

Sin embargo, esto no fue suficiente para apaciguar la ira de Shanji. Temprano a la mañana siguiente, convocó a varios parientes, buscó el testamento escrito de puño y letra por su padre y mandó a llamar a Shanshu y a su madre para mostrárselo.

—Venerables ancianos: —comenzó su disertación— no se trata de que no esté dispuesto a ayudar a Shanshu y a su madre o que esté intentando echarlos de aquí. Sin embargo, ayer Shanshu vino a discutir conmigo sobre la propiedad. Si ahora tiene tanto que opinar, temo que cuando crezca, sus reclamos no tengan fin. Por eso, hoy le daré la parte que les corresponde de la propiedad: una casa en la aldea de Dongzhuang en la que podrán vivir y 58 *mu* de tierra. Así consta en el testamento de mi difunto padre, el cual no me atrevo a alterar en lo más mínimo. Les ruego me sirvan de testigos en este momento.

Los familiares allí reunidos conocían muy bien el temperamento violento de Shanji y las instrucciones estaban escritas con la letra del prefecto por lo que ninguno de ellos osó protestar por temor a ofender a Shanji. Por lo tanto, dieron su aprobación.

—Mil taels de oro no pueden comprar la caligrafía de un muerto —aseguraron algunos para congraciarse—. Como estás cumpliendo las instrucciones de tu padre, no hay nada más que hablar.

Los que sentían lástima por Shanshu y su madre se limitaron a afirmar:

—El hombre sensible no vive únicamente de su patrimonio; la mujer sensata no usa únicamente la ropa que trajo en su ajuar de novia. Mucha gente que empieza de la nada llega a amasar una riqueza considerable y ahora tienes casa y tierra propias, así que ese es un buen comienzo. Tienes que trabajar mucho y dejar de pensar en que tienes muy poco. La fortuna de cada hombre depende de su propio esfuerzo.

梅氏料道在园屋居住，不是了日，只得听凭分析，同孩儿谢了众亲长，拜别了祠堂，辞了善继夫妇，教人搬了几件旧家火和那原嫁来的两只箱笼，雇了牲口骑坐，来到东庄屋内。只见荒草满地，屋瓦稀疏，是多年不修整的。上漏下湿，怎生住得？将就打扫一两间，安顿床铺。唤庄户来问时，连这五十八亩田，都是最下不堪的。大熟之年，一半收成还不能勾；若荒年，只好赔粮。梅氏只叫得苦。到是小学生有智，对母亲道："我弟兄两个，都是老爹爹亲生，为何分关上如此偏向？其中必有缘故。莫非不是老爹爹亲笔？自古道：'家私不论尊卑'。母亲何不告官申理？厚薄凭官府判断，到无怨心。"梅氏被孩儿题起线索，便将十来年隐下衷情，都说出来道："我儿休疑分关之语，这正是你父亲之笔。他道你年小，恐怕被做哥的暗算，所以把家私都判与他，以安其心。临终之日，只与我

La viuda pensó que no podía pasar toda la vida en el patio del fondo por lo que mostró su disposición a llevarse a su hijo y vivir por su cuenta. Tanto Shanshu como ella agradecieron a los familiares, hicieron la reverencia ante el santuario ancestral y se despidieron de Shanji y su esposa. La viuda buscó a alguien para que la ayudara a cargar los viejos muebles y las dos maletas que había traído con ella como novia. Luego alquilaron un animal y se marcharon a la casa en la aldea de Dongzhuang. La tierra estaba cubierta de maleza y la casa era más que evidente que no la habían reparado en años: faltaban muchas tejas del techo, había goteras y el suelo estaba empapado. La viuda no veía la forma de que pudieran vivir allí, pero limpió una o dos habitaciones y en ellas puso las camas y la ropa de cama. Cuando llamó a uno de los trabajadores para hacerle algunas preguntas, este le confesó que esos 58 *mu* de tierra eran el peor suelo que podía encontrar. En los años buenos, la cosecha rendía la mitad, mientras que en los años malos se perdía hasta la semilla. Sin embargo, mientras la viuda lamentaba su mala suerte, su hijo demostró su inteligencia.

—Mi hermano y yo somos los hijos de nuestro padre —aseguró—. Tiene que existir alguna razón que justifique esta injusta división. ¿El testamento no podría ser falso? El adagio reza que el patrimonio debe compartirse entre viejos y jóvenes por igual. ¿Por qué no demandas a Shanji, madre? Que sea el magistrado quien decida lo que es una división justa y nunca más me quejaré.

Esta reflexión fue un recordatorio para su madre, quien finalmente le contó al muchacho el secreto que había guardado durante casi una década.

—Puedo garantizarte que el testamento lo escribió tu padre, hijo —le aseguró—. Él temía que tu hermano pudiera hacerte daño porque eras muy pequeño y por eso le dejó todos sus bienes a él para

行乐图一轴，再三嘱付：'其中含藏哑谜，直待贤明有司在任，送他详审，包你母子两口有得过活，不致贫苦。'"善述道："既有此事，何不早说？行乐图在那里？快取来与孩儿一看。"梅氏开了箱儿，取出一个布包来。解开包袱，里面又有一重油纸封裹着。拆了封，展开那一尺阔、三尺长的小轴儿，挂在椅上，母子一齐下拜。梅氏通陈道："村庄香烛不便，乞恕亵慢。"善述拜罢，起来仔细看时，乃是一个坐像，乌纱白发，画得丰采如生。怀中抱着婴儿，一只手指着地下。揣摩了半晌，全然不解，只得依旧收卷包藏，心下好生烦闷。

　　过了数日，善述到前村要访个师父讲解。偶从关王庙前经过，只见一伙村人，抬着猪羊大礼，祭赛关圣。善述立住脚头看时，又见一个过路的老者，挂了一根竹杖，也

calmarlo. Pero justo antes de morir, me dio un portarretrato suyo que guarda un secreto y me dijo que cuando un funcionario honesto e inteligente viniera al distrito, se lo diera para que lo estudiara cuidadosamente. Para ese entonces, me prometió, recuperaríamos nuestros derechos y no nos faltaría de nada.

—¿Por qué no me lo dijo antes? —gritó Shanshu—. ¿Dónde está el portarretrato, madre? Permítame verlo.

Su madre abrió una de las valijas y sacó un bulto de tela que abrió para revelar otro bulto envuelto en papel aceitado. Después de romper el sello, sacó un pergamino pequeño de un pie de ancho y tres de largo. Lo colocaron sobre el respaldar de una silla y madre e hijo se arrodillaron ante él.

—No podemos comprar incienso ni velas en esta aldea para encenderlos en su honor —aseveró la viuda respetuosamente postrada ante el portarretrato—. Perdone por favor nuestra falta de respeto.

Tan pronto como Shanshu rindió el debido tributo a la imagen de su padre, se puso de pie para examinarlo minuciosamente. Era una pintura maravillosamente realista que mostraba al prefecto sentado en una silla, con su gorro de funcionario sobre su canoso cabello. El prefecto sostenía a su hijo con el brazo izquierdo y con la mano derecha apuntaba al suelo. Madre e hijo estudiaron el retrato durante un rato, pero no lograron descubrir nada y finalmente lo enrollaron y lo volvieron a guardar sintiéndose más perdidos que nunca.

Pasados unos días, Shanshu pasaba por el templo del Dios de la Guerra en camino a la aldea vecina para ver si podía encontrar a alguien que lo ayudara a resolver su problema, cuando se encontró con un grupo de aldeanos que llevaba un cerdo, una cabra, y otros sacrificios para ofrecerlos en el santuario. Mientras Shanshu se detuvo para observar, un anciano cruzó el camino y se apoyó en su bastón de

来闲看，问着众人道："你们今日为甚赛神？"众人道："我们遭了屈官司，幸赖官府明白，断明了这公事。向日许下神道愿心，今日特来拜偿。"老者道："什么屈官司？怎生断的？"内中一人道："本县向奉上司明文，十家为甲。小人是甲首，叫做成大。同甲中，有个赵裁，是第一手针线，常在人家做夜作，整几日不归家的。忽一日出去了，月余不归。老婆刘氏央人四下寻觅，并无踪迹。又过了数日，河内浮出一个尸首，头都打破的。地方报与官府，有人认出衣服，正是那赵裁。赵裁出门前一日，曾与小人酒后争句闲话，一时发怒，打到他家，毁了他几件家私，这是有的。谁知他老婆把这桩人命告了小人，前任漆知县，听信一面之词，将小人问成死罪。同甲不行举首，连累他们都有了罪名。小人无处伸冤，在狱三载。幸遇新任滕爷，他虽乡科出身，甚是明白。小人因他热审时节，哭诉其冤。他也疑惑道：'酒后争嚷，不是大仇，怎的就谋他一

bambú para observar también a la multitud.

—¿Por qué ofrecen sacrificios hoy? —le preguntó el anciano a uno de los aldeanos.

—Fuimos injustamente acusados —le respondieron—. Afortunadamente, nuestro magistrado es muy sabio y se encargó de que se hiciera justicia. Le habíamos pedido ayuda al dios y por eso venimos hoy a darle las gracias.

—¿Cómo fue que se cometió la injusticia? ¿Y cómo resolvieron el caso?

—Soy el jefe de un vecindario de 10 familias —sentenció un hombre—. Mi nombre es Cheng Da. En mi vecindario vive un sastre llamado Zhao, muy diestro con la aguja. Algunas veces trabajaba durante toda la noche en las casas de sus clientes o pasaba días sin ir a la suya. Un buen día salió y nunca más volvió. Transcurrido un mes, su esposa lo mandó a buscar por todas partes, pero ni rastro de él. Unos días más tarde, el cadáver de un hombre con un golpe en la cabeza fue encontrado flotando en el río. La gente del pueblo reportó el hallazgo a las autoridades y en la investigación alguien reconoció a Zhao por su ropa. El día antes de que Zhao abandonara su casa, estuve bebiendo con él y acabamos discutiendo. Yo perdí los estribos, lo seguí hasta su casa y rompí algunos de sus muebles, pero jamás pensé que su esposa me acusaría de asesinato. El magistrado anterior, el señor Qi, le creyó a la viuda y me condenó a muerte. Cuando la gente de mi vecindario se negó a declarar en mi contra, los acusó de ser cómplices. No tenía a quien apelar y pasé tres años en la cárcel. Afortunadamente, nuestro nuevo magistrado, el señor Teng, es un hombre muy sabio pese a solo haber pasado el examen provincial. Cuando revisó el caso de nuevo, le dije que habían cometido una injusticia conmigo y me dio el beneficio de la duda.

—Una discusión después de haber bebido no significa que fue-

命？'准了小人状词，出牌拘人覆审。滕爷一眼看着赵裁的老婆，千不说，万不说，开口便问他曾否再醮。刘氏道：'家贫难守，已嫁人了。'又问：'嫁的甚人？'刘氏道：'是班辈的裁缝，叫沈八汉。'滕爷当时飞拿沈八汉来，问道：'你几时娶这妇人？'八汉道：'他丈夫死了一个多月，小人方才娶回。'滕爷道：'何人为媒？用何聘礼？'八汉道：'赵裁存日，曾借用过小人七八两银子。小人闻得赵裁死信，走到他家探问，就便催取这银子。那刘氏没得抵偿，情愿将身许嫁小人，准折这银两，其实不曾央媒。'滕爷又问道：'你做手艺的人，那里来这七八两银子？'八汉道：'是陆续凑与他的。'滕爷把纸笔，教他细开逐次借银数目。八汉开了出来，或米或银共十三次，凑成七两八钱之数。滕爷看罢，大喝道：'赵裁是你打死的，如何妄陷平人？'便用夹棍夹起，八汉还不肯认，滕爷道：'我说出情弊，教你心服：既然放本盘利，难道再没有

ran enemigos a muerte —indicó—. ¿Qué razón tenías para asesinarlo?

El magistrado accedió a concederme otra audiencia y llamó a los testigos. Lo primero que le preguntó a la viuda del sastre fue si se había casado de nuevo o no.

—¿Por qué? Sí, —respondió ella— era muy pobre para salir adelante sola.

—¿Con quién se casó?

—Con otro sastre. Se llama Shen Bahan.

El magistrado Teng mandó a buscar a Shen Bahan de inmediato.

—¿Cuándo se casó con esta mujer? —le preguntó.

—Un mes después de la muerte de su esposo.

—¿Quién fue su intermediario? ¿Qué regalos le envió a la dama?

—Zhao me había pedido prestados casi ocho taels de plata y cuando supe de su muerte fui a reclamar mi dinero. La viuda me dijo que no podía pagarme, pero que estaba dispuesta a casarse conmigo para pagar la deuda. Por eso no hubo intermediarios.

—¿Cómo un hombre trabajador como tú podía darse el lujo de prestar siete u ocho taels de plata?

—Se los presté en cuotas, Su Señoría.

El magistrado le alcanzó papel y pincel y le pidió que escribiera la cantidad exacta de cada préstamo. Entonces, Shen Bahan declaró que le había prestado arroz o plata a Zhao en trece ocasiones por un valor de siete taels y ochenta centavos de plata en total.

—¡Tú asesinaste a Zhao! —gritó el magistrado tan pronto como leyó la declaración—. ¿Cómo pudiste permitir que se acusara a un hombre inocente?

El magistrado Teng hizo torturar a Shen, sin lograr que confesara.

—Te daré una prueba de tu delito, —apuntó el magistrado Teng— para demostrarte que no tiene sentido que lo sigas negando.

第二个人托得，恰好都借与赵裁？必是平昔间与他妻子有奸，赵裁贪你东西，知情故纵。以后想做长久夫妻，便谋死了赵裁。却又教导那妇人告状，拄在成大身上。今日你开帐的字，与旧时状纸笔迹相同，这人命不是你是谁？'再教把妇人拶指，要他承招。刘氏听见滕爷言语，句句合拍，分明鬼谷先师一般，魂都惊散了，怎敢抵赖，拶子套上，便承认了。八汉只得也招了。原来八汉起初与刘氏密地相好，人都不知。后来往来勤了，赵裁怕人眼目，渐有隔绝之意。八汉私与刘氏商量，要谋死赵裁，与他做夫妻，刘氏不肯。八汉乘赵裁在人家做生活回来，哄他店上吃得烂醉，行到河边，将他推倒，用石块打破脑门，沉尸河底。只等事冷，便娶那妇人回去。后因尸骸浮起，被人认出，八汉闻得小人有争嚷之隙，却去唆那妇人告状。那妇人直待嫁后，方知丈夫是八汉谋死的。既做了夫妻，便不言语。却被滕爷审出真情，将他夫妻抵罪，释放小人宁家。多承列位亲邻斗出公分，替小人赛神。老翁，你道有这般冤事么？"老者道："恁般贤明官府，真个难遇！本县

Un verdadero usurero habría prestado dinero a otras personas como Zhao. Tú y su esposa se traían algo entre manos y Zhao lo sabía, pero estaba dispuesto a no decir nada mientras le pagaras. Luego, cuando decidiste que te gustaría contraer matrimonio con la mujer, asesinaste a Zhao y le dijiste a su esposa que acusara del crimen a Cheng Da. La caligrafía en tu declaración de hoy es exactamente igual a la de la acusación que ella entregó entonces. ¡Tú tienes que ser el asesino!

A continuación, ordenó torturar a la mujer para hacerla confesar. Tras escuchar al magistrado narrar todo lo que había sucedido como si lo hubiera visto con sus propios ojos, la mujer tenía demasiado miedo como para seguir negando los hechos. Tan pronto como procedieron a torturarla, confesó y Shen Bahan tuvo que reconocer su culpa también.

—El hecho es que Shen Bahan y la esposa de Zhao se veían a escondidas desde hacía algún tiempo, pero cuando él empezó a frecuentar la casa, Zhao intentó acabar con el romance por temor a que la gente se enterara. Entonces, Shen le pidió a la esposa de Zhao que lo ayudara a matar a su cónyuge y así poderse casar con ella, pero la mujer se negó. Un día, Shen invitó a Zhao a una taberna de camino a su casa y lo emborrachó, lo llevó al río, lo golpeó en la cabeza con una piedra y lanzó su cuerpo inerte al agua. Luego de esperar un tiempo para no llamar la atención, se casó con la mujer y se la llevó con él. Para cuando el cadáver salió a flote y fue identificado, él sabía que yo había discutido con Zhao y por eso le dijo a la mujer que me acusara. Ella no supo que él era el asesino hasta después de casarse con él, pero para entonces, ya era su esposa y no podía decir nada. Después de que el magistrado sacó la verdad a la luz, los condenó y me dio la libertad. Ahora, mis buenos vecinos han reunido dinero para este sacrificio a los dioses. Dígame, anciano, ¿alguna vez escuchó un caso como este?

—Los magistrados honestos y sabios son una rareza —subrayó

百姓有幸了。"

倪善述听在肚里,便回家学与母亲知道,如此如此,这般这般,"有恁地好官府,不将行乐图去告诉,更待何时?"母子商议已定,打听了放告日期,梅氏起个黑早,领着十四岁的儿子,带了轴儿,来到县中叫喊。大尹见没有状词,只有一个小小轴儿,甚是奇怪,问其缘故。梅氏将倪善继平昔所为,及老子临终遗嘱,备细说了。滕知县收了轴子,教他且去,"待我进衙细看。"正是:

一幅画图藏哑谜,千金家事仗搜寻。
只因嫠妇孤儿苦,费尽神明大尹心。

不题梅氏母子回家。且说滕大尹放告已毕,退归私衙,取那一尺阔、三尺长的小轴,看是倪太守行乐图:一手抱个婴孩,一手指着地下。推详了半日,想道:"这个婴孩就是倪善述,不消说了;那一手指地,莫非要有司官念他地下之情,替他出力么?"又想道:"他既有亲笔分关,官府也难做主了。他说轴中含藏哑谜,必然还有个道理。"

el anciano—. Tienen mucha suerte de tener uno en su distrito.

Esto fue suficiente para que Shanshu regresara de inmediato a casa a poner al corriente de todo a su madre.

—Ahora que hemos encontrado un funcionario tan honesto, ¿por qué no le llevamos el portarretrato y apelamos a él de una vez y por todas? —le imploró el muchacho—. ¿A qué estamos esperando?

Lo primero que hicieron fue averiguar el día que el magistrado escuchaba las quejas, se levantaron antes de que amaneciera y emprendieron camino al yamen con el pergamino.

Cuando le dijeron que habían sido perjudicados, el magistrado se sorprendió al ver que en vez de presentar una petición, todo lo que habían traído era un pergamino. En respuesta a su interrogante, la viuda le contó todas las fechorías de Shanji y las últimas palabras que su esposo le había dicho. El magistrado Teng se quedó con el pergamino y les pidió que se marcharan, no sin antes prometerles que estudiaría el portarretrato cuidadosamente en sus ratos de ocio.

Un secreto guardaba el portarretrato,
Serían ricos tan pronto fuera desvelado.
Para sacarla a ella y a su hijo de la indigencia,
El magistrado hizo alarde de sabiduría.

Cuando el magistrado Teng no tuvo más casos que escuchar, se fue a sus habitaciones para estudiar minuciosamente el pergamino de un pie de ancho y tres de largo, en el que aparecía el prefecto Ni con un niño en brazo y apuntando al suelo.

"El niño evidentemente es Shanshu", pensó el magistrado. "¿Pero ese dedo apuntando al suelo significa que el prefecto espera que yo cumpla sus designios aunque el descanse bajo tierra? Teniendo en cuenta que dejó un testamento de su propio puño y letra es difícil actuar. No, si él dijo que el portarretrato tiene la clave del misterio, debe

若我断不出此事，枉自聪明一世。"每日退堂，便将画图展玩，千思万想。如此数日，只是不解。

也是这事合当明白，自然生出机会来。一日午饭后，又去看那轴子。丫环送茶来吃，将一手去接茶瓯，偶然失挫，泼了些茶把轴子沾湿了。滕大尹放了茶瓯，走向阶前，双手扯开轴子，就日色晒干。忽然，日光中照见轴子里面有些字影，滕知县心疑，揭开看时，乃是一幅字纸，托在画上，正是倪太守遗笔。上面写道：

"老夫官居五马，寿逾八旬，死在旦夕，亦无所恨。但孽子善述，方年周岁，急未成立。嫡善继素缺孝友，日后恐为所戕。新置大宅二所，及一切田产，悉心授继。惟左偏旧小屋，可分与述。此屋虽小，室中左壁埋银五千，作五坛；右壁埋银五千，金一千，作六坛，可以准田园之额。后有贤明有司主断者，述儿奉酬白金三百两。八十一翁倪守谦亲笔。年，月，日，花押。"

haber mucho más por desvelar. Si no logro llegar al fondo de este asunto, mi reputación quedará en entredicho".

Todos los días, cuando terminaba de trabajar, desenrollaba el portarretrato y lo examinaba. Sin embargo, pese a estudiarlo minuciosamente durante días, no podía sacar nada en claro. No obstante, el problema estaba destinado a ser resuelto, por lo que no es una sorpresa para nadie que la solución fuera encontrada.

Un día, el magistrado estaba estudiando el portarretrato después de almorzar cuando una sirvienta le trajo una taza de té. Al intentar asir la taza, derramó un poco de té sobre el pergamino. Entonces, hizo la taza a un lado y salió a la veranda para secar el pergamino al sol, cuando para asombro suyo vislumbró una escritura muy tenue debajo de la imagen. Inmediatamente sacó la pintura del marco y extrajo una hoja de papel que estaba escondida entre los dos. Se trataba del testamento del prefecto Ni y estos eran sus términos:

Este es el testamento de un anciano prefecto de más de 80 años que puede morir en cualquier momento. No me arrepiento de nada, solo lamento dejar a Shanshu, el hijo de mi concubina, de apenas un año de edad sabiendo que pasará mucho tiempo antes de que sea un hombre. Shanji, el hijo de mi esposa, no tiene piedad filial y temo que le haga daño a su joven hermano. Le dejaré a Shanji toda mis tierras y las dos casas grandes que recientemente adquirí. Únicamente, la casa pequeña que está a la izquierda será para Shanshu. Aunque esta vivienda no es muy grande, en ella hay cinco botijas con cinco mil taels de plata enterradas debajo de la pared izquierda y seis botijas con cinco mil taels de plata y mil taels de oro debajo de la pared derecha. Este dinero compensará la falta de terrenos.

Que Shanshu recompense al funcionario astuto que resolvió este dilema con tres cientos taels de plata.

Escrito por Ni Shouqian a sus 81 años de edad

A continuación aparecían la fecha y el sello del prefecto.

原来这行乐图，是倪太守八十一岁上，与小孩子做周岁时，预先做下的。古人云"知子莫若父"，信不虚也。滕大尹最有机变的人，看见开着许多金银，未免垂涎之意。眉头一皱，计上心来，差人："密拿倪善继来见我，自有话说。"

却说倪善继独呑家私，心满意足，日日在家中快乐。忽见县差奉着手批拘唤，时刻不容停留。善继推阻不得，只得相随到县。正直大尹升堂理事，差人禀道："倪善继已拿到了。"大尹唤到案前，问道："你就是倪太守的长子么？"善继应道："小人正是。"大尹道："你庶母梅氏，有状告你，说你逐母逐弟，占产占房，此事真么？"倪善继道："庶弟善述，在小人身边，从幼抚养大的。近日他母子自要分居，小人并不曾逐他。其家财一节，都是父亲临终亲笔分析定的，小人并不敢有违。"大尹道："你父亲亲笔在那里？"善继道："见在家中，容小人取来呈览。"大尹道："他狀词内告有家财万贯，非同小可。遗笔真伪，也未

Este portarretrato y este testamento fueron hechos con considerable previsión por parte del prefecto Ni cuando él tenía 81 años de edad y Shanshu, uno. Con razón decían los sabios de la antigüedad que nadie conoce mejor al hijo que el padre.

El magistrado Teng sabía cómo sacar el máximo provecho a cada oportunidad y la tan sola mención de todo ese oro y plata le hizo la boca agua. Con ceño pensativo, elaboró un plan y envió a un mensajero a citar a Ni Shanji al yamen.

Ahora Shanji disfrutaba de ser el dueño exclusivo de la propiedad. Cuando el mensajero llegó con la citación que decía que Shanji tenía que acudir cuanto antes al yamen, se vio obligado a partir sin demora. Al llegar, vio al magistrado presidiendo el tribunal.

—Ha llegado Ni Shanji —anunció el mensajero.

El magistrado le ordenó acercarse.

—¿Eres el hijo mayor del prefecto Ni? —le preguntó.

—Sí, Su Señoría.

—Tu madrastra ha hecho una denuncia en tu contra. Alega que tú los echaste de la casa a ella y a tu hermano menor y te apropiaste de todos los bienes y tierras de tu padre. ¿Es eso cierto?

—Yo he criado a mi hermanastro Shanshu desde que era pequeño —respondió Shanji—. Hace poco él y su madre dijeron que les gustaría vivir por su cuenta. Yo no los eché. En cuanto a la propiedad, fue dividida según el testamento que mi propio padre redactó antes de morir. Yo no me atreví a desobedecer sus deseos.

—¿Dónde está el testamento?

—Lo tengo en casa y puedo traerlo para que lo vea.

—De acuerdo con la demanda, la propiedad está valorada en diez mil sartas de efectivo, lo cual no es una suma insignificante. Siendo este el caso, la autenticidad del testamento aún está por demostrarse.

可知。念你是缙绅之后，且不难为你。明日可唤齐梅氏母子，我亲到你家查阅家私。若厚薄果然不均，自有公道，难以私情而论。"喝教皂快押出善继，就去拘集梅氏母子，明日一同听审。公差得了善继的东道，放他回家去讫，自往东庄拘人去了。

再说善继听见官府口气利害，好生惊恐。论起家私，其实全未分析，单单持着父亲分关执照，千钧之力，须要亲族见证方好。连夜将银两分送三党亲长，嘱托他次早都到家来，若官府问及遗笔一事，求他同声相助。这伙三党之亲，自从倪太守亡后，从不曾见善继一盘一盒，岁时也不曾酒杯相及，今日大块银子送来，正是"闲时不烧香，急来抱佛脚"，各各暗笑，落得受了买东西吃。明日见官，旁观动静，再作区处。时人有诗云：

休嫌庶母妄兴词，自是为兄意太私。
今日将银买三党，何如匹绢赠孤儿？

Como eres hijo de un funcionario, no deseo causarte ningún inconveniente que no sea necesario. Mañana, mandaré a buscar a tu madrastra y su hijo e iré a tu casa personalmente a inspeccionar la propiedad. Si ha habido una división injusta, no permitiremos que las consideraciones personales interfieran en la administración de la justicia.

Dicho esto, el magistrado ordenó a sus mensajeros acompañar a Shanji y convocar a Shanshu y su madre para una audiencia la mañana siguiente. Como Shanji había sobornado a los mensajeros, lo dejaron partir sin mayor dilación y se dirigieron de inmediato a la aldea de Dongzhuang como les habían encomendado. Shanji ahora era presa del pánico debido al intimidador tono adoptado por el magistrado. Era cierto que no se había dividido la propiedad, pero el testamento de su padre solo no era suficiente, aún necesitaba que sus familiares lo respaldaran. Así que pasó toda la noche muy ocupado enviando regalos de plata a los jefes de todas las ramas de la familia, a quienes les pidió ir a su casa la mañana siguiente para hablar en su nombre, si el magistrado cuestionaba el testamento de su padre. Ninguno de estos parientes había recibido un solo presente de Shanji desde la muerte del prefecto como tampoco habían sido invitados a beber ni una sola copa de vino en las festividades. Ahora él les mandaba montañas de plata. Shanji era como los hombres que no queman incienso cuando les va bien, pero que se arrodillan ante Buda cuando se ven en problemas. Riendo para sí mismos se echaron la plata al bolsillo y decidieron ver cuál sería la actitud del magistrado a la mañana siguiente antes de comprometerse a nada. Como escribiera un contemporáneo:

> *No culpes a la viuda de tu padre por la acción que ha entablado,*
> *Pagarás por tu propia crueldad.*
> *Si le hubieras dado la seda a tu hermano cuando te pidió ayuda la primera vez,*

且说梅氏见县差拘唤,已知县主与他做主。过了一夜,次日侵早,母子二人,先到县中,去见滕大尹。大尹道:"怜你孤儿寡妇,自然该替你说法。但闻得善继执得有亡父亲笔分关,这怎么处?"梅氏道:"分关虽写得有,却是保全孩子之计,非出亡夫本心。恩相只看家私簿上数目,自然明白。"大尹道:"常言道:'清官难断家事'。我如今管你母子一生衣食充足,你也休做十分大望。"梅氏谢道:"若得免于饥寒足矣,岂望与善继同作富家郎乎?"滕大尹分付梅氏母子:"先到善继家伺候。"

倪善继早已打扫厅堂,堂上设一把虎皮交椅,焚起一炉好香。一面催请亲族,早来守候。梅氏和善述到来,见十亲九眷,都在眼前,一一相见了,也不免说几句求情的

Hoy no estarías repartiendo plata.

Cuando la madre de Shanshu recibió la citación de manos de los mensajeros del distrito, supo que el magistrado estaba interviniendo en su nombre, así que a la mañana siguiente se levantó temprano, tomó a su hijo y fueron juntos al yamen.

—Simpatizo con usted señora y su hijo huérfano de padre —sentenció el magistrado Teng—. Y naturalmente me gustaría ayudarla, pero entiendo que Shanji ha estado actuando según un testamento de puño y letra de su padre. Entonces, ¿qué puedo hacer?

—Aunque su padre escribió ese testamento, lo hizo para proteger a mi hijo —explicó la viuda—. Ese testamento no representa sus verdaderos designios. Si pudiera ver los libros de contabilidad, Su Señoría, y las cifras correspondientes a la propiedad lo vería todo con mayor claridad.

—Usted conoce el refrán que dice: Es difícil para un funcionario honesto resolver las disputas familiares —aseguró el magistrado Teng—. Tengo que asegurarme de que usted y su hijo tengan lo suficiente para vivir, pero no debe esperar demasiado.

—Estaremos satisfechos si nos libra del hambre y el frío —respondió la viuda—. Nosotros no pretendemos hacernos ricos como Shanji.

Acto seguido, el magistrado les ordenó ir a casa de Shanji y esperar por él allí.

Mientras tanto, Shanji barría y ultimaba detalles en su salón de recepción. Hasta colocó una silla tapizada con piel de tigre en el lugar de honor. Entonces, tras quemar algunas varillas de su mejor incienso, envió a los mensajeros a incentivar a sus familiares a ser puntuales.

Cuando Shanshu y su madre llegaron, saludaron a los parientes allí reunidos uno por uno y les pidieron que hablaran bien de ellos.

话儿。善继虽然一肚子恼怒，此时也不好发泄，各各暗自打点见官的说话。

等不多时，只听得远远喝道之声，料是县主来了，善继整顿衣帽迎接。亲族中年长知事的，准备上前见官。其幼辈怕事的，都站在照壁背后张望，打探消耗。只见一对对执事两班排立，后面青罗伞下，盖着有才有智的滕大尹。到得倪家门首，执事跪下，吆喝一声。梅氏和倪家兄弟，都一齐跪下来迎接。门子喝声："起去！"轿夫停了五山屏风轿子。滕大尹不慌不忙，踱下轿来。将欲进门，忽然对着空中，连连打恭，口里应对，恰像有主人相迎的一般。众人都吃惊，看他做甚模样。只见滕大尹一路揖让，直到堂中。连作数揖，口中叙许多寒温的言语。先向朝南的虎皮交椅上打个恭，恰像有人看坐的一般。连忙转身，就拖一把交椅，朝北主位排下，又向空再三谦让，方才上坐。众人看他见神见鬼的模样，不敢上前，都两旁跕立呆看。只见滕大尹在上坐拱揖，开谈道："令夫人将家产事告

Aunque Shanji estaba enfurecido por esto, tuvo que controlar su ira mientras cada uno de los presentes pensaba qué le diría al magistrado. Muy pronto escucharon los gritos a lo lejos que anunciaban la llegada de un funcionario. Shanji se arregló la ropa y salió al encuentro del magistrado Teng. Los familiares más longevos, que tenían cierto conocimiento de las normas de la sociedad, le siguieron, mientras los más jóvenes y tímidos se refugiaron detrás del biombo que estaba frente a la puerta y estiraron el cuello para mirar.

De esta forma divisaron una procesión doble de auxiliares del yamen portando letreros y pancartas, seguidos por un toldo azul que cobijaba el palanquín del sabio y talentoso funcionario. Cuando el magistrado Teng llegó a la puerta de Shanji, sus auxiliares se arrodillaron y gritaron al unísono mientras los dos hermanos y la viuda se arrodillaban también para darle la bienvenida. A continuación el jefe de los mensajeros les ordenó levantarse y el magistrado descendía lenta y dignamente. Justo cuando estaba a punto de cruzar el umbral, empezó de repente a hacer reverencias ante la silla vacía una y otra vez y parecía que correspondía a un anfitrión invisible que lo estaba saludando. Todos los presentes observaban con asombro. Lo vieron inclinarse por todo el pasillo mientras mantenía una conversación cortés. Una vez que llegó al salón, inclinó su cabeza hacia la silla cubierta con la piel de tigre como si alguien lo hubiera invitado a sentarse allí; luego se dio la vuelta y cogió otra silla, que colocó en posición para el anfitrión. Después de varias insinuaciones corteses fue que finalmente tomó asiento.

Sospechando que el magistrado había visto un fantasma, nadie se atrevía a acercársele. Todos estaban paralizados por la sorpresa a ambos lados y observando atentamente. Sentado allí y juntando las manos, el magistrado empezó a hablar.

—Su esposa presentó una demanda ante mí, señor, en relación a

到晚生手里，此事端的如何？"说罢，便作倾听之状。良久，乃摇首吐舌道："长公子太不良了。"静听一会，又自说道："教次公子何以存活？"停一会，又说道："右偏小屋，有何活计？"又连声道："领教，领教。"又停一时，说道："这项也交付次公子？晚生都领命了。"少停又拱揖道："晚生怎敢当此厚惠？"推逊了多时，又道："既承尊命恳切，晚生勉领，便给批照与次公子收执。"乃起身，又连作数揖，口称："晚生便去。"众人都看得呆了。

只见滕大尹立起身来，东看西看，问道："倪爷那里去了？"门子禀道："没见甚么倪爷。"滕大尹道："有此怪事！"唤善继问道："方才令尊老先生，亲在门外相迎，与

su propiedad. ¿Cómo piensa que debamos resolver esta disputa?

Dicho esto, el magistrado asumió la actitud de una persona que está escuchando. Después de un largo rato, negó con la cabeza y sacó la lengua horrorizado.

—¡La conducta de su hijo mayor es verdaderamente deplorable! —exclamó.

El magistrado volvió a hacer como que escuchaba de nuevo y luego preguntó:

—¿Qué dispuso en el caso de su hijo menor?

Pasado un corto lapso de tiempo indicó:

—¿La casa más pequeña al este? ¿Pero cómo se mantendrá?... Ah, sí, sí. Veo que eso ya está hecho. ¿Esto es para su hijo menor también? Me encargaré de que se cumplan todas sus instrucciones.

Entonces se produjo otro silencio tras el cual el magistrado volvió a juntar las manos una vez más.

—¿Cómo me atrevería a aceptar semejante obsequio? —murmuraba y lo rechazaba reiteradamente.

—Bien, señor, ya que insiste, —aseveró finalmente— tendré que aceptarlo. Sin lugar a dudas, redactaré una escritura de propiedad para su hijo menor.

Acto seguido, se puso de pie y se inclinó varias veces más, diciendo que tenía que despedirse.

Los espectadores, que habían estado observando asombrados, lo vieron buscando por los alrededores.

—¿Dónde está el prefecto Ni? —interrogó.

—No hemos visto al prefecto Ni —respondieron los mensajeros.

—¡Extraordinario! —exclamó el magistrado y llamó a Shanji.

—En este preciso momento, tu respetado padre me saludó en la puerta y estuvo sentado aquí hablando conmigo todo este tiempo.

我对坐了,讲这半日说话,你们谅必都听见的。"善继道:"小人不曾听见。"滕大尹道:"方才长长的身儿,瘦瘦的脸儿,高颧骨,细眼睛,长眉大耳,朗朗的三牙须,银也似白的,纱帽皂靴,红袍金带,可是倪老先生模样么?"唬得众人一身冷汗,都跪下道:"正是他生前模样。"大尹道:"如何忽然不见了?他说家中有两处大厅堂,又东边旧存下一所小屋,可是有的?"善继也不敢隐瞒,只得承认道:"有的。"大尹道:"且到东边小屋去一看,自有话说。"众人见大尹半日自言自语,说得活龙活现,分明是倪太守模样,都信道倪太守真个出现了,人人吐舌,个个惊心。谁知都是滕大尹的巧言,他是看了行乐图,照依小像说来,何曾有半句是真话!有诗为证:

圣贤自是空题目,惟有鬼神不敢触。

若非大尹假装词,逆子如何肯心服?

倪善继引路,众人随着大尹,来到东偏旧屋内。这旧

Seguramente escuchaste lo que dijo.

—No, Su Señoría —aseguró Shanji.

—Era un caballero alto, —prosiguió el magistrado— con un rostro delgado, pómulos elevados, ojos en forma de almendra, cejas largas, orejas grandes y una rala barba plateada. Llevaba un gorro oficial, botas negras y una túnica roja con un cinturón dorado. ¿No era ese el prefecto Ni?

Todos los presentes empezaron a sudar frío y cayeron de rodillas.

—Así era como lucía exactamente cuando estaba vivo —declararon.

—Me pregunto por qué desapareció tan súbitamente —reflexionó el magistrado—. Bien, me dijo que hay dos casas grandes en esta propiedad, así como una casa más pequeña al este. ¿Es cierto?

—Es cierto —respondió Shanji, quien no se atrevió a ocultar nada.

—Vayamos a echarle un vistazo a la casa pequeña —ordenó el magistrado—. Tengo algo más que decirte una vez que hayamos llegado allí.

Tras escuchar al magistrado hablar consigo mismo durante un buen rato y describir al prefecto Ni con tanto detalle, todos creyeron que el fantasma del prefecto había aparecido y empezaron a hablar consternados. No sabían que el astuto magistrado sencillamente había estado describiendo el portarretrato que había visto y que ni una sola palabra de lo que había dicho era verdad.

Nadie escucha las palabras del sabio, pero todos los hombres huyen de los fantasmas;

Con este ardid, el magistrado convenció al hijo mayor.

Ni Shanji fue delante indicando el camino y los demás lo siguieron hasta llegar a la pequeña vivienda al este de las mansiones. Esta

屋是倪太守未得第时所居，自从造了大厅大堂，把旧屋空着，只做个仓厅，堆积些零碎米麦在内，留下一房家人。看见大尹前后走了一遍，到正屋中坐下，向善继道："你父亲果是有灵，家中事体，备细与我说了，教我主张，这所旧宅子与善述，你意下何如？"善继叩头道："但凭恩台明断。"大尹讨家私簿子细细看了，连声道："也好个大家事。"看到后面遗笔分关，大笑道："你家老先生自家写定的，方才却又在我面前，说善继许多不是，这个老先儿也是没主意的。"唤倪善继过来，"既然分关写定，这些田园帐目，一一给你，善述不许妄争。"梅氏暗暗叫苦，方欲上前哀求，只见大尹又道："这旧屋判与善述，此屋中之所有，善继也不许妄争。"善继想道："这屋内破家破火，不直甚事，便堆下些米麦，一月前都粜得七八了，存不多

había sido la morada del prefecto antes de aprobar el examen, pero desde que construyó las casas grandes, la había usado de granero y había nombrado a un vigilante para que la cuidara.

Luego de recorrer las premisas, el magistrado Teng se sentó en el medio de la habitación.

—Ese debe haber sido el espíritu de tu padre, —le comunicó a Shanji— el que me reveló todos los negocios de tu familia y me pidió que hiciera cumplir sus instrucciones. Esta casa vieja le pertenece a Shanshu. ¿Estás de acuerdo con la decisión?

Shanji se arrodilló y tocó el suelo con la frente.

—Acataré la decisión de Su Señoría —afirmó.

El magistrado pasó revista luego al inventario de la propiedad.

—¡Una magnífica propiedad! —enfatizó en más de una ocasión mientras leía. Y cuando llegó a las disposiciones sobre la división de la propiedad al final, sonrió.

—Es cierto que el prefecto dejó estas disposiciones por escrito —se dijo a sí mismo—. Sin embargo, como me acaba de confesar que Shanji no ha sido un buen hijo, el anciano cambió de parecer.

Entonces le pidió a Shanji que diera un paso al frente.

—Como las instrucciones aquí están en blanco y negro, todas las tierras te pertenecen aún —declaró—. Eso es algo que Shanshu no puede disputar.

La viuda dejó escapar un gemido y estuvo a punto de dar un paso al frente para apelar la decisión del magistrado cuando este retomó el discurso:

—Esta choza se la dejo a Shanshu y Shanji no puede disputar la posesión de nada de lo que en ella hay.

"Estos muebles destartalados no valen nada", pensó Shanji. "En cuanto a los cereales que estaban almacenados aquí, hace un mes

儿，我也勾便宜了。"便连连答应道："恩台所断极明。"大尹道："你两人一言为定，各无翻悔。众人既是亲族，都来做个证见。方才倪老先生当面嘱付说：'此屋左壁下埋银五千两，做五坛，当与次儿。'"善继不信，禀道："若果然有此，即使万金，亦是兄弟的，小人并不敢争执。"大尹道："你就争执时，我也不准。"便教手下讨锄头铁锹等器，梅氏母子作眼，率领民壮，往东壁下掘开墙基，果然埋下五个大坛。发起来时，坛中满满的，都是光银子。把一坛银子，上秤称时，算来该是六十二斤半，刚刚一千两足数。众人看见，无不惊讶。善继益发信真了：若非父亲阴灵出现，面诉县主，这个藏银，我们尚且不知，县主那里知道？只见滕大尹教把五坛银子一字儿摆在自家面前，又分付梅氏道："右壁还有五坛，亦是五千之数。更有一坛

trasladé unas tres cuartas partes así que queda bien poco. No perderé gran cosa".

Shanji se apresuró a responder:

—Este es un juicio muy perspicaz, Su Señoría.

—Como los dos han estado de acuerdo, —continuó el magistrado— ninguno de los dos puede retractarse. Sus familiares están aquí como testigos. El único problema es que el anciano prefecto me acaba de decir que hay cinco botijas con cinco mil taels de plata debajo de la pared de la izquierda de esta casa y que son para su hijo menor.

Shanji no podía creer lo que acababa de escuchar, pero señaló:

—Aunque hubiera diez mil taels, le pertenecerían a mi hermano y no me atrevería a discutir su posesión.

—Si lo intentaras, —replicó el magistrado— yo no lo permitiría.

Por tanto, ordenó a sus auxiliares ir por picos y azadones mientras la viuda y su hijo guiaban a los hombres a la pared oriental de la cabaña donde, en efecto, encontraron cinco botijas grandes enterradas, cada una de ellas llenas hasta el tope de reluciente plata. Cuando pesaron el contenido de una de las botijas era equivalente a 62,5 cabezas de ganado o exactamente mil taels.

Todos los que presenciaron el hallazgo quedaron anonadados, hasta Shanji estaba convencido ahora de que el magistrado estaba diciendo la verdad.

"Si el fantasma de mi padre no se le hubiera aparecido al magistrado y le hubiera dicho esto, ¿cómo podría él saber dónde estaba escondida la plata?", se dijo a sí mismo. "Nosotros no lo sabíamos".

El magistrado pidió que colocaran las cinco botijas en una fila delante de él y se dirigió a la viuda.

—Hay otras cinco botijas con cinco mil taels de plata debajo de la pared de la derecha, —le comunicó— así como una de oro. En ese

金子,方才倪老先生有命,送我作酬谢之意,我不敢当,他再三相强,我只得领了。"梅氏同善述叩头说道:"左壁五千,已出望外;若右壁更有,敢不依先人之命。"大尹道:"我何以知之?据你家老先生是恁般说,想不是虚话。"再教人发掘西壁,果然六个大坛,五坛是银,一坛是金。善继看着许多黄白之物,眼里都放出火来,恨不得抢他一锭。只是有言在前,一字也不敢开口。滕大尹写个照帖,给与善继为照,就将这房家人,判与善述母子。梅氏同善述不胜之喜,一同叩头拜谢。善继满肚不乐,也只得磕几个头,勉强说句"多谢恩台主张"。大尹判几条封皮,将一坛金子封了,放在自己轿前,抬回衙内,落得受用。众人都认道真个倪太守许下酬谢他的,反以为理之当然,那个敢道个"不"字?这正叫做"鹬蚌相持,渔

momento, el prefecto Ni decreto que este oro debería otorgárseme como recompensa. Cuando me negué, el insistió hasta que me obligó a aceptarlo.

La viuda y su hijo Shanshu se arrodillaron y tocaron el suelo con la frente.

—Los cinco mil taels enterrados debajo de la pared de la izquierda superaron todas nuestras expectativas —aseguraron—. Si hay más botijas debajo de la pared derecha, ¿cómo nos atreveríamos a cuestionar los designios del magistrado?

—Solo estoy repitiendo lo que el prefecto Ni me dijo —subrayó el magistrado—. No creo que me haya engañado.

De inmediato, ordenó a sus hombres cavar debajo de la pared occidental, donde encontraron con toda certeza las otras seis botijas -cinco con plata y una con oro. A Shanji le brillaban los ojos de la codicia y añoraba poder apoderarse de un lingote, pero no se atrevía a retractarse de la palabra empeñada.

El magistrado Teng escribió un certificado de propiedad a nombre de Shanshu y también puso a sus órdenes al cuidador del granero. La viuda y el hijo estaban felices y juntos volvieron a postrarse tocando el suelo con la frente ante el magistrado en señal de agradecimiento. Por su parte, Shanji, casi a punto de estallar de la ira, tuvo que postrarse igual una o dos veces y murmurar una expresión formal de agradecimiento.

Entonces, el magistrado escribió su nombre sobre unas tiras de papel y con estas selló la jarra de oro que había caído en sus garras antes de que la pusieran en su palanquín para llevarla al yamen. Además, todo el mundo decía que el prefecto Ni había querido que él tuviera ese dinero y era correcto que él lo aceptara. Nadie se atrevió a articular una sola palabra en protesta. Como cuenta una fábula anti-

人得利"。若是倪善继存心忠厚,兄弟和睦,肯将家私平等分析,这千两黄金,弟兄大家该五百两,怎到得滕大尹之手?白白里作成了别人,自己还讨得气闷,又加个不孝不弟之名,千算万计,何曾算计得他人,只算计得自家而已!

闲话休题。再说梅氏母子,次日又到县拜谢滕大尹。大尹已将行乐图取去遗笔,重新裱过,给还梅氏收领。梅氏母子方悟行乐图上,一手指地,乃指地下所藏之金银也。此时有了这十坛银子,一般置买田园,遂成富室。后来善述娶妻,连生三子,读书成名。倪氏门中,只有这一枝极盛。善继两个儿子,都好游荡,家业耗废。善继死后,两所大宅子,都卖与叔叔善述管业。里中凡晓得倪家之事本末的,无不以为天报云。诗曰:

从来天道有何私?堪笑倪郎心太痴。
忍以嫡兄欺庶母,却教死父算生儿。
轴中藏字非无意,壁下埋金属有司。
何似存些公道好,不生争竞不兴词。

gua, cuando la almeja y el zarapito se enzarzan en una contienda, hay oportunidad para el pescador.

Si Shanji hubiese sido más generoso con su hermano y accedido a dividir la propiedad justamente, él y Shanshu habrían compartido estos mil taels de oro y nunca habrían ido a parar a las manos de un extraño. Tal y como estaban las cosas, Shanji consumido por la ira, se granjeó una mala reputación como hijo y el calificativo de hermano desalmado. Sus continuas intrigas para privar a Shanshu de sus derechos de nacimiento se volvieron en su contra. Por su parte, la viuda y su hijo fueron al día siguiente al yamen a agradecerle al magistrado Teng y él les devolvió el portarretrato, que había vuelto a enmarcar luego de sacar el testamento. Fue entonces cuando Shanshu y su madre entendieron que el dedo señalando al suelo indicaba la presencia del oro y la plata enterrados.

Con sus diez botijas de plata, compraron campos y plantaciones y se hicieron ricos. Shanshu se casó y tuvo tres hijos, que sobresalieron en sus estudios. No obstante, la familia de Shanshu fue la única que prosperó del clan Ni. Los dos hijos de Shanji crecieron y no fueron más que un par de holgazanes que acabó vendiéndole las dos mansiones a su tío tras la muerte de su padre. Todos los que conocían la historia, aseguraban que los hermanos Ni fueron tratados con justicia por el Cielo.

Los designios del Cielo son siempre estrictamente justos,
A Ni Shanji lo pudo la codicia;
Tanto agravió a la segunda esposa de su padre,
Que el prefecto se vio obligado a proteger a su hijo.
Por un testamento oculto en un pergamino,
Un extraño, del oro bajo el muro se apoderó;
Las disputas acaban en demandas costosas,
¡Sirva esta historia de advertencia para todos!

刘小官雌雄兄弟

LOS DOS HERMANOS

这话本出在本朝宣德年间，有一老者，姓刘名德，家住河西务镇上。这镇在运河之旁，离北京有二百里之地，乃各省出入京都的要路。舟楫聚泊，如蚂蚁一般。车音马迹，日夜络绎不绝。上有居民数百余家。边河为市，好不富庶。那刘德夫妻两口，年纪六十有余，并无弟兄子女。自己有几间房屋，数十亩田地，门首又开一个小酒店儿。刘公平昔好善，极肯周济人的缓急。凡来吃酒的，偶然身边银钱缺少，他也不十分计较。或有人多把与他，他便勾了自己价银，余下的定然退还，分毫不肯苟取。有晓得的，问道："这人错与你的，落得将来受用，如何反把来退还？"刘公说："我身没有子嗣，多因前生不曾修得善果，所以今世罚做无祀之鬼，岂可又为恁样欺心的事！倘然命

Esta historia data del periodo Xuande (1426-1435) de nuestra dinastía. Su protagonista es el anciano Liu De, quien vivía en el pueblo de Hexiwu, a orillas del Gran Canal, a 70 millas de Beijing. El sitio era una parada importante en el camino a la capital —las embarcaciones se aglomeraban en el puerto cual hormigas y el crujido de las carretas y el repicar de los cascos de los caballos nunca cesaban del alba al atardecer—. Varios cientos de familias habitaban el área, que gracias al río se erigía como una localidad comercial próspera. Tanto Liu De como su esposa tenían más de 60 años de edad y no tenían ni hermanos ni hijos. El anciano era propietario de una vivienda y unas cuantas hectáreas de tierra y en la puerta tenía una pequeña taberna. Liu De era un hombre generoso, a quien le gustaba ayudar a las personas en apuro. Si los clientes venían a beber licor a su taberna y no traían dinero suficiente para pagar la cuenta, él era incapaz de pelearse con ellos. Si alguien le pagaba de más, siempre le devolvía el excedente porque no aceptaba ni un centavo más ni uno menos.

—Ese paisano cometió un error —opinó un amigo al conocer el caso—. Debes considerarlo como un acto de buena suerte. ¿Por qué devolverle dinero?

—La razón por la que no tengo hijo, —respondió Liu— tiene que ser porque no hice suficiente bien en mi otra vida y por eso en esta seré castigado a morir sin un hijo por quien sacrificarme. ¿Cómo voy a seguir haciendo mal? Si acepto un centavo más de lo que real-

里不该时,错得了一分到手,或是变出些事端,或是染患些疾病,反用去几钱,却不到折便宜。不若退还了,何等安逸。"因他做人公平,一镇的人无不敬服,都称为刘长者。一日,正值隆冬天气,朔风凛冽,彤云密布,降下一天大雪。原来那雪:

> 能穿帷幕,善度帘栊。乍飘数点,俄惊柳絮飞扬;狂舞一番,错认梨花乱坠。声从竹叶传来,香自梅枝递至。塞外征人穿冻甲,山中隐士拥寒衾。王孙绮席倒金尊,美女红炉添兽炭。

刘公因天气寒冷,暖起一壶热酒,夫妻两个向火对饮。吃了一回,起身走到门首看雪。只见远远一人背着包裹,同个小厮迎风冒雪而来。看看至近,那人扑的一交,跌在雪里,挣扎不起。小厮便向前去搀扶。年小力微,两个一拖,反向下边跌去,都滚做一个肉饺儿。抓了好一

mente merezco, puede que tenga un accidente o que me enferme y en ese caso tendré que gastar más. ¿No sería mejor devolver el dinero excedente y no preocuparnos más por él?

Como Liu era tan justo, todos los pobladores lo respetaban y lo consideraban un sabio.

Un día, en la temporada más fría del invierno sopló un gélido viento del Norte, los nubarrones se apoderaron del cielo y se desató una fuerte tormenta de nieve.

Aunque las cortinas cuelgan en gruesos pliegues,

La nieve entra a la deriva y penetra a través de las celosías y los biombos de fino bambú;

Suavemente cual ligeras semillas de sauce revolotean los centelleantes copos de nieve,

Arremolinándose como pétalos blancos que el viento ha hecho girar en lo alto.

De las hojas del bosque de bambú vienen sus apagadas voces,
Trayendo consigo la fragancia de la ciruela dorada del invierno;
Los soldados en la frontera se congelan tan pronto como montan la guardia,
Los ermitaños tiemblan en las colinas sobre camastros fríos y duros;
Los jóvenes nobles llenan copas de oro y celebran hasta altas horas de la noche,
Mientras las muchachas bonitas alimentan con carbón las brasas que arden.

Como hacía frío, Liu De calentó una cazuela de vino y bebía con su esposa delante del brasero. Luego se levantó y fue hasta la puerta para ver la nieve caer. A lo lejos divisó un hombre con un bulto a la espalda que luchaba contra el viento y la nieve acompañado de un chico. Se fueron acercando y de repente el hombre se desplomó en la nieve sin poder ponerse en pie. El muchacho corrió a socorrerlo, pero como era tan joven y enjuto, se cayó también y los dos rodaron por el suelo. Hombre y muchacho tardaron un buen rato en erguirse nuevamente.

回，方才得起。刘公擦摩老眼看时，却是六十来岁的老儿，行缠绞脚，八搭麻鞋，身上衣服甚是褴褛。这小厮到也生得清秀，脚下穿一双小布袜鞋。那老儿把身上雪片抖净，向小厮道："儿，风雪甚大，身上寒冷，行走不动。这里有酒在此，且沽壶来荡荡寒再行。"便走入店来，向一副座头坐下，把包裹放在桌上。那小厮坐于旁边。刘公去暖一壶热酒，切一盘牛肉，两碟小菜，两副杯箸，做一盘儿托过来摆在桌上。小厮捧过壶来，斟上一杯，双手递与父亲，然后筛与自己。刘公见他年幼，有些礼数，便问道："这位是令郎么？"那老儿道："正是小犬。"刘公道："今年几岁了？"答道："乳名申儿，十二岁了。"又问道："客官尊姓？是往哪里去的？恁般风雪中行走？"那老儿答道："老汉方勇，是京师龙虎卫军士，原籍山东济宁。今要回去取讨军庄盘缠，不想下起雪来。"问主人家尊姓，刘公道："在下姓刘，招牌上近河，便是贱号。"又道："济宁离此尚远，如何不寻个脚力，却受这般辛苦？"答道："老

Liu De se frotó los ojos y se percató de que el viajero adulto, de unos sesenta años, calzaba zapatos de cáñamo y su ropa estaba hecha jirones. El otro era un joven muy delicado y llevaba unos zapatos de tela. El anciano se sacudió la nieve de la ropa, se dio la vuelta hacia el muchacho y le dijo:

—La tormenta es muy fuerte y estamos muertos de frío para seguir viaje. Allí hay una taberna. Compremos una jarra de licor para calentarnos antes de continuar viaje.

De esta forma entraron a la taberna, pusieron su bulto en una mesa y tomaron asiento. El chico se sentó al lado del anciano. Liu De calentó un poco de licor, preparó un plato con carne de res y lo colocó en una bandeja junto con dos platos fríos, dos vasos y dos juegos de palillos que llevó a la mesa.

El muchacho tomó el licor y llenó un vaso que le alcanzó a su padre con las dos manos y entonces se sirvió otro para él.

—¿Es su hijo? —preguntó Liu, al ver los buenos modales del muchacho pese a ser tan joven.

—Sí, señor —afirmó el anciano.

Liu le preguntó cuántos años tenía y el padre respondió que se llamaba Shen'er y tenía 12 años.

—¿Puedo preguntarle su nombre, señor, y hacia dónde se dirigen? —interrogó Liu—. ¿Por qué viaja cuando azota una tormenta de nieve como esta?

—Me llamo Fang Yong y soy soldado de la guardia imperial de la capital. Como mi casa está en Jining, provincia de Shandong, voy de regreso para cobrar mi salario. No contaba con esta nieve.

Entonces, le preguntó a Liu cuál era su nombre.

—Mi nombre es Liu, está escrito en el letrero. Jining está muy lejos de aquí: ¿por qué no alquila una bestia para que lo lleve en vez de

汉是个穷军,那里雇得起脚力!只得慢慢的捱去罢了。"刘公举目看时,只见他单把小菜下酒,那盘牛肉,全然不动。问道:"长官父子想都是奉斋么?"答道:"我们当军的人,吃什么斋!"刘公道:"既不奉斋,如何不吃些肉儿?"答道:"实不相瞒,身边盘缠短少,吃小菜饭儿,还恐走不到家。若用了这大菜,便去了几日的口粮,怎生得到家里?"刘公见他说恁样穷乏,心中惨然,便说道:"这般大雪,腹内得些酒肉,还可挡得风寒,你只管用,我这里不算账罢了。"老军道:"主人家休得取笑!那有吃了东西,不算账之理?"刘公道:"不瞒长官说,在下这里,比别家不同。若过往客官,偶然银子缺少,在下就肯奉承。长官既没有盘缠,只算我请你罢了。"老军见他当真,便道:"多谢厚情,只是无功受禄,不当人子。老汉转来,定当奉酬。"刘公道:"四海之内,皆兄弟也。这些小东西,值得几何,怎说这奉酬的话!"老汉方才举箸。刘公又盛

viajar a pie?

—Soy un soldado pobre, ¿cómo me voy a permitir ese lujo? Tenemos que avanzar lentamente.

Liu se percató de que solo comían los platos de verdura fría y que no habían tocado la carne de res.

—¿Los dos están ayunando? —preguntó.

—¿Cómo vamos a ayunar nosotros los soldados? —le respondió—.

—¿Entonces por qué no han tocado la carne?

—Para serle honesto, no llevamos mucho dinero encima. Aun comiendo solo las verduras, puede que no tengamos suficiente para volver a casa. Si comemos la carne nos costarán varias raciones diarias y, ¿cómo vamos a seguir camino después?

Al ver cuan pobres eran, Liu sintió lástima por ellos.

—En una ventisca como esta, —apuntó— el licor y la carne de res ayudan a combatir el frío. Por favor coman sin pena. No les cobraré un solo centavo por la carne.

—Usted tiene que estarse burlando de nosotros. ¿Cómo vamos a comer sin pagarle?

—La verdad es que esta no es como las demás tabernas. Si los clientes no tienen mucho dinero, yo los invito a una comida. Como ustedes no tienen mucho dinero, permítanme ser su anfitrión.

—Es un muy amable de su parte —aseguró el anciano al percibir la honestidad de Liu—. Sin embargo, no es correcto aceptar favores inmerecidos. Cuando regrese por aquí, le pagaré.

—En este mundo, todos los hombres son hermanos —subrayó Liu—. Este bocadillo no vale nada. ¿Por qué tendría que pagarme?

Entonces, el viejo soldado probó la carne mientras Liu llenaba dos cuencos de arroz.

过两碗饭来,道:"一发吃饱了好行路。"老军道:"忒过分了!"父子二人正在饥馁之时,拿起饭来,狼餐虎咽,尽情一饱。这才是:

救人须救急,施人须当厄。

渴者易为饮,饥者易为食。

当下吃完酒饭,刘公又叫妈妈斟两杯热茶来吃了。老军便腰间取出银子来还饭钱。刘公连忙推住道:"刚才说过,是我请你的,如何又要银子?恁样时,到像在下说法卖这肉了。你且留下,到前途去盘缠。"老军便住了手,千恩万谢,背上包裹,作辞起身。走出门外,只见那雪越发大了,对面看不出人儿。被寒风一吹,倒退了几步。小厮道:"爹,这样大雪,如何行走?"老军道:"便是没奈何,且捱到前途,觅个宿店歇罢。"小厮眼中便流下泪来。刘公心中不忍,说道:"长官,这般风寒大雪,着甚要紧,受此苦楚!我家空房床铺尽有,何不就此安歇,候天

—Puede comer hasta hartarse antes de continuar la marcha —le dijo.

El viejo soldado le agradeció una vez más. Como padre e hijo estaban famélicos, se abalanzaron sobre la comida como lobos hambrientos y comieron hasta saciarse.

Todos los hombres deberían salvar a las criaturas en peligro,
Salvar primero a las hambrientas;
Cualquier alimento sabe a gloria al que muere por probar un bocado de carne,
Como cualquier bebida es buena para el que muere de sed.

Cuando habían terminado de comer, Liu le pidió a su esposa que trajera dos tazas de té caliente, pero cuando el viejo soldado sacó la plata de su bolsillo para pagarle, Liu se apresuró a detenerlo.

—Ya le dije que invitaba yo —le recordó ofendido—. ¿Cómo podría aceptar su dinero? Si lo hago, eso querría decir que lo engañé para que comprara un plato de carne. Guarde el dinero para su viaje.

Cuando el viejo soldado guardó el dinero, volvió a expresarle su gratitud a Liu, se llevó sus pertenencias al hombro y se despidió. Cuando dejaron la taberna, la nieve era tan espesa que no se podía ver a un hombre delante de uno. Empujados por el fuerte y cruel viento, retrocedieron unos cuantos pasos.

—Padre, —dijo el muchacho— ¿cómo vamos a avanzar cuando está nevando tan fuerte?

—¿Y qué podemos hacer? —le respondió el soldado—. Tenemos que seguir hasta que encontremos una posada donde pasar la noche.

Las lágrimas corrían por el rostro del muchacho y Liu se compadecía de ellos de todo su corazón.

—¿Por qué tienen que pasar tanto trabajo y avanzar en medio de esta ventisca? —les preguntó—. Tengo una habitación disponible y

晴了走，也未迟。"老军道："若得如此，甚好，只是打搅不当。"刘公道："说那里话！谁人是顶着房子走的？快些进来，不要打湿了身上。"老军引着小厮，重新进门。刘公领去一间房里，把包裹放下。看床上时，席子草荐都有。刘公还恐怕他寒冷，又取出些稻草来，放在上面。老军打开包裹，将出被窝铺下。此时天气尚早，准顿好了，同小厮走出房去。刘公已将店面关好，同妈妈向火。看见老军出房，便叫道："方长官，你若冷时，有火在此，烘一烘暖活也好。"老军道："好到好，只是奶奶在那里，恐不稳便。"刘公道："都是老人家了，不妨得。"老汉方才同小厮走过来，坐于火边。那时比前又加识熟，便称起号来。说："近河，怎么只有老夫妻两位？想是令郎们另居么？"刘公道："不瞒你说，老拙夫妻今年都痴长六十四岁，从来不曾生育，那里得有儿子？"老军道："何不承继

suficiente ropa de cama. ¿Por qué no se quedan aquí hasta que mejore el tiempo?

—Nada nos vendría mejor —replicó el viejo soldado—. Pero no debemos causarle tantas molestias.

—¡No hay nada más que hablar! Ningún hombre viaja con su casa a cuestas. Entren rápido antes de que se mojen.

Dicho esto, el viejo soldado entró nuevamente a la taberna con el muchacho y Liu los llevó a la habitación donde acomodaron sus pertenencias. Aunque la cama estaba lista con esteras y pajas, por temor a que pasaran frío, Liu apiló más paja. A continuación, el viejo soldado desempacó y se puso su ropa de dormir. Era temprano aun cuando el soldado y el chico habían hecho la cama y salido de la habitación. Liu acababa de cerrar la puerta de la taberna y estaba sentado junto al fuego en compañía de su esposa.

—Señor Fang —lo llamó—. Si tiene frío, tenemos un brasero aquí donde puede calentarse.

—Nada me gustaría más, —corroboró el soldado— pero estando su señora presente no sería apropiado.

—Somos un par de viejos —le respondió Liu—. No tiene que ser tan moralista.

Acto seguido, el soldado, seguido por el muchacho, se sentó cerca del fuego. Al sentirse como en familia por vez primera, el soldado le preguntó llamándolo por su nombre:

—¿Liu, por qué usted y su esposa están tan solos? ¿Sus hijos viven en otro lugar?

—Para serle sincero, —respondió Liu— aunque este año los dos cumplimos 64 años de edad, no hemos sido bendecidos con la gracia y no tenemos hijos.

—¿Por qué no adoptan un hijo? Es bueno tener a alguien que

一个，伏侍你老年也好。"刘公答道："我心里初时也欲得如此。因常见人家承继来的，不得他当家替力，反惹闷气，不如没有的到得清净。总要时，急切不能有个中意的，故此休了这念头。若得你令郎这样一个，却便好了。只是如何得能够？"两个闲话一回。看看日晚，老军讨了个灯火，叫声安置，同儿子到客房中来安歇。对儿子说："儿，今日天幸得遇这样好人。若没有他时，冻也要冻死了。明日莫管天晴下雪，早些走罢。打搅他，心上不安。"小厮道："爹说得是。"父子上床安息。

不想老军受了些风寒，到下半夜，火一般热起来，口内只是气喘，讨汤水吃。这小厮家夜晚间又在客店里，那处去取。巴到天明，起来开房门看时，那刘公夫妻还未曾起身。他又不敢惊动。原把门儿掩上，守在床前。少顷，听得外面刘公咳嗽声响，便开门走将出来。刘公一见，便道："小官儿，如何起得恁早？"小厮道："告公公得知，不想爹爹昨夜忽然发起热来，口中不住吁喘，要讨口水吃，故此起得早些。"刘公道："嗳呀！想是他昨日受些寒了。这冷水怎么吃得？待我烧些热汤与你。"小厮道："怎好又

cuide de uno cuando envejecemos.

—Quise adoptar uno, pero luego vi como los hijos adoptados rehúsan cuidar de los asuntos familiares y acaban causando males mayores. Por tanto, es mejor no tener a nadie porque cuando buscas desesperadamente a alguien, nunca encuentras a la persona indicada. Este es el motivo por el que desistimos de la idea. Si encontrara a alguien tan bueno como su hijo, sería maravilloso, pero ¿cómo podría ser posible?

Conversaron animadamente hasta que se hizo tarde. Entonces, el viejo soldado pidió una lámpara, le dio las buenas noches a Liu y se fue a la cama junto con su hijo.

—Hijo, —le dijo— hemos tenido la suerte hoy de conocer a un buen hombre. De no haber sido por él, habríamos muerto congelados. Mañana, nieve o no, partiremos bien temprano. No quiero ocasionar más molestias.

—Sí, padre —sentenció el chico.

Entonces, se acostaron a dormir. El viejo soldado estaba resfriado y pasadas unas horas ardía en fiebre y moría de la sed. De noche y en un lugar extraño, el muchacho no podía buscar ni agua, así que tuvo que esperar hasta el amanecer. Cuando se levantó, abrió la puerta y echó un vistazo a la taberna. El viejo Liu y su esposa aún estaban dormidos. Sin atreverse a despertarlos, el joven cerró la puerta de nuevo y esperó en la cama hasta que escuchó a Liu tosiendo afuera.

—¿Qué hace levantado tan temprano, joven maestro? —le preguntó Liu.

—Señor, a mi padre le empezó una fiebre repentina y está jadeando por agua. Por eso estoy levantado tan temprano.

—¡Caramba! —exclamó Liu—. Debe haberse resfriado ayer. En su estado no puede beber agua fría, permítame calentar un poco de

劳公公？"刘公便教妈妈烧起一大壶滚汤。刘公送到房里，小厮扶起来吃了两碗。老军睁眼观看，见刘公在旁，谢道："难为你老人家！怎生报答？"刘公走近前道："休恁般说。你且安心自在，盖热了，发出些汗来便好了。"小厮放倒下去，刘公便扯被儿与他盖好。见那被儿单薄，说道："可知道着了寒！如何这被恁薄？怎能发得汗出？"妈妈在门外听见，即去取出一条大被絮来道："老官儿，有被在此。你与他盖好了。这般冷天气，不是当耍的。"小厮便来接去。刘公与他盖得停当，方才走出。少顷，梳洗过，又走进来，问："可有汗么？"小厮道："我才摸时，并无一些汗气。"刘公道："若没汗时，这寒气是感的重的了。须请个太医来用药，表他的汗出来方好。不然，这风

agua.

—Me avergüenza estarle causando tantas molestias —aseguró el chico.

Liu le pidió a su esposa que calentara una tetera grande de agua y él mismo la llevó a la habitación. El muchacho ayudó al viejo soldado a sentarse y beber dos cuencos. Cuando el soldado abrió los ojos y miró a su alrededor, vio a Liu.

—Es demasiado bueno con nosotros señor —acotó—. ¿Cómo podremos pagarle?

—No diga eso —le pidió Liu—. Descanse y cúbrase bien. Una vez que transpire la fiebre, se pondrá bueno y sano.

El muchacho ayudó al padre a acostarse de nuevo y Liu, al cubrirlo, notó lo delgado que estaba.

—Estos cobertores no son suficientes para un hombre con un resfriado —señaló—. ¿Cómo va a sudar así?

Su esposa, quien había permanecido todo el tiempo detrás de la puerta, al escuchar esto fue corriendo en busca de un edredón más grueso.

—Aquí tiene otro edredón, joven maestro —le dijo—. Asegúrese de cubrirlo bien. Con este tiempo tan adverso, un resfriado no es cosa de juego.

El muchacho aceptó el edredón y Liu se aseguró de que el viejo soldado estuviera bien tapado antes de salir de la habitación. Luego de lavarse y vestirse, volvió a la habitación del enfermo.

—¿Todavía no está sudando? —inquirió.

—Acabo de tocarlo, —indicó el chico— y no hay señales de sudoración.

—Eso quiere decir que su caso es grave. Tenemos que llamar a un médico para que le prescriba un remedio y sude, de lo contrario,

寒怎么勾发泄？"小厮道："公公，身伴无钱，将何请医服药？"刘公道："不消你费心，有我在此。"小厮听说，即便叩头道："多蒙公公厚恩，救我父亲。今生若不能补报，死当为犬马偿恩。"刘公连忙扶起道："快不要如此，既在此安歇，我便是亲人了，岂忍坐视！你自去房中伏侍，老汉与你迎医。"

其日雪止天霁，街上的积雪被车马践踏，尽为泥泞，有一尺多深。刘公穿了木屐，出街头望了一望，复身进门。小厮看刘公转进来，只道不去了，噙着两行珠泪，方欲上前叩问。只见刘公从后屋牵出个驴儿骑了，出门而去。小厮方才放心。且喜太医住得还近，不多时便到了。那太医也骑个驴儿，家人背着药箱，随在后面，到门首下了。刘公请进堂中，吃过茶，然后引至房里。此时老军已是神思昏迷，一毫人事不省。太医诊了脉，说道："这是个双感伤寒，风邪已入于腠理。伤寒书上有两句歌云：'两感

¿cómo vamos a curarlo?

—No tenemos dinero, señor. ¿Cómo vamos a llamar a un médico y pagar por las medicinas?

—No te preocupes. Yo me las arreglaré.

El joven se postró ante Liu y tocó el suelo con la frente.

—Ya que es tan bueno y se empeña en salvar a mi padre, señor, si no puedo pagarle en esta vida, en la próxima seré su perro o su caballo.

Liu lo ayudó a levantarse del suelo de inmediato.

—No lo haga más por favor —le pidió—. Como se están quedando aquí, yo respondo por ustedes. ¿Cómo podría permanecer cruzado de brazos sin hacer nada? Vaya a cuidar de su padre mientras yo voy a buscar un médico.

Para ese entonces, había dejado de nevar y estaba despejado, pero los carruajes y los caballos habían transformado la nieve en una capa de aguanieve de más de un pie de profundidad. Luego de ponerse los zuecos de madera, Liu salió a echar un vistazo y regresó a la taberna. Pensando que el anciano había cambiado de parecer, las lágrimas empezaron a agolparse en los ojos del muchacho. Sin embargo, cuando estaba a punto de preguntarle, Liu salió de nuevo montado en un burro. Aun así, el chico solo se sintió más tranquilo cuando lo vio alejarse. Afortunadamente, el médico vivía cerca y muy pronto llegó montado en otro burro seguido por su asistente que cargaba la caja de medicamentos. El galeno se apeó en la puerta y Liu le pidió pasar al pasillo a beber una taza de té y enseguida lo condujo a la habitación del enfermo. Cuando llegaron, el viejo soldado estaba inconsciente. El doctor le tomó el pulso y afirmó:

—Tiene un doble resfriado —diagnosticó—. Los humores corporales han penetrado sus órganos internos. Como dicta el libro en

伤寒不须治，阴阳毒遍七朝期。'此乃不治之症。别个医家，便要说还可以救得。学生是老实的，不敢相欺，这病下药不得了。"小厮见说，惊得泪如雨下，拜倒在地上，道："万望先生垂怜我异乡之人，怎生用贴药救得性命，决不忘恩！"太医扶起道："不是我作难，其实病已犯实，教我也无奈。"刘公道："先生，常言道：药医不死病，佛度有缘人。你且不要拘泥古法，尽着自家意思，大了胆医去，或者他命不该绝，就好了也未可知。万一不好，决无归怨你之理。"先生道："既是长者恁般说，且用一贴药看。若吃了发得汗出，便有可生之机，速来报我，再将药与他吃。若没汗时，这病就无救了，不消来复我。"教家人开了药箱，撮了一贴药剂，递与刘公道："用生姜为引，快煮与他吃。这也是万分之一，莫做指望。"刘公接了药，便去封出一百文钱，递与太医道："些少药资，权为利

estos casos: Un doble resfriado no tiene cura; En siete días, su vida se apagará. Esto es incurable. Otros médicos te dirían que lo podrían salvar, pero yo soy un hombre honesto y no te engañaré. No tiene caso recetarle nada.

El chico estaba tan aterrorizado que las lágrimas corrían cual arroyo mientras se postraba ante el galeno y tocaba el suelo con la frente.

—¡Apiadase de nosotros que estamos tan lejos de casa! —gritó entre sollozos—. Si le receta algo que le salve la vida, nunca olvidaremos su bondad.

El médico lo ayudó a reincorporarse.

—No quiero poner las cosas más difíciles, —le explicó— pero esta enfermedad es mortal. No hay nada que hacer.

—Señor, —le imploró Liu— hay un proverbio que dice que la medicina cura solo a los que están destinados a vivir y Buda ayuda únicamente a los que están destinados a alcanzar la santidad. Por favor, no se sienta comprometido por las reglas antiguas y recétele con valentía como mejor entienda. Es posible que él no esté condenado a morir y se recupere después de tomar su medicina. Pero si muere, no lo haremos responsable de su deceso.

—Muy bien —accedió el médico—. Le recetaré algo que lo hará sudar, puede que tenga una oportunidad. Si ese es el caso, avísenme y entonces les prescribiré algo más. Si no suda, su enfermedad es incurable y no habrá necesidad de que me manden a llamar.

A continuación le ordenó a su asistente que abriera la caja de los medicamentos y sacó una medicina que le entregó a Liu.

—Hiervan esto con jengibre de inmediato —indicó—. Solo hay una en diez mil oportunidades, pero no cuenten demasiado con ello.

Liu sacó un sobre con cien monedas para el médico.

市。"太医必不肯受而去。刘公夫妻两人,亲自把药煎好,将到房中与小厮相帮,扶起吃了,将被没头没脑的盖下。小厮在旁守候。刘公因此事忙乱一朝,把店中生意都担阁了,连饭也没工夫去煮。直到午上,方吃早膳。刘公去唤小厮吃饭。那小厮见父亲病重,心中慌急,那里要吃。再三劝处,方吃了半碗。看看到晚,摸那老军身上,并无一些汗点。那时连刘公也慌张起来。又去请太医时,不肯来了。准准到第七日,呜呼哀哉。正是:

三寸气在千般用,一日无常万事休。

可怜那小厮申儿哭倒在地。刘公夫妇见他哭的悲切,也涕泪交流,扶起劝道:"方小官,死者不可复生,哭之无益。你且将息自己身子。"小厮双膝跪下哭告道:"儿不幸,前年丧母,未能入土,故与父谋归原籍,求取些银两来殡葬。不想逢此大雪,路途艰楚。得遇恩人,赐以酒饭,留宿在家,以为万千之幸。谁料皇天不祐,父忽骤

—Por favor, acepte este dinero como su pago —acotó.

Pero el médico lo rechazó enfáticamente y se marchó. Liu y su esposa prepararon el remedio, lo llevaron a la habitación del enfermo, ayudaron al chico a incorporar al soldado para que bebiera la pócima y, finalmente, lo cubrieron bien con el edredón. El joven se quedó a su lado en vigilia. El señor Liu había estado tan ocupado con la enfermedad del soldado que no había abierto la taberna y mucho menos desayunado. El ayuno continuó hasta el mediodía, cuando llamó al muchacho a comer. El pobre chico había perdido el apetito con la gravedad de su padre. Obligado por la familia Liu se comió medio tazón de arroz. Esa noche cuidaron del enfermo, pero no vieron señales de transpiración y Liu se preocupó mucho. El médico se negó a ir a visitarlo cuando lo llamaron una vez más. Al séptimo día, el viejo soldado exhaló por última vez.

Hacemos mil cosas mientras tenemos aliento, pero todo acaba con nuestra muerte.

El infeliz muchacho se derrumbó llorando y la pareja de ancianos no pudo evitar derramar unas lágrimas al ver su profundo dolor. Los ancianos le ayudaron a levantarse e intentaron razonar con él.

—No puede devolverles la vida a los muertos, señor Fang. De nada sirve tanto llanto. Tiene que pensar en su salud.

Arrodillándose ante ellos de nuevo, el chico no podía contener las lágrimas.

—¡Qué desafortunado soy! —exclamó—. Hace dos años murió mi madre y como no teníamos dinero para enterrarla, mi padre y yo nos fuimos de la casa en busca de plata. Jamás previmos esta tormenta de nieve ni que el viaje sería tan difícil. Cuando los conocimos a ustedes, nuestros benefactores, que nos dieron licor y comida y nos permitieron alojarnos en su casa, nos consideramos más que afortunados.

病。又蒙恩人延医服药，日夜看视，胜如骨肉。只指望痊愈之日，图报大恩。那知竟不能起，有负盛意！此间举目无亲，囊乏钱钞，衣棺之类，料不能办。欲求恩人借数尺之土，把父骸掩盖，儿情愿终身为奴仆，以偿大恩。不识恩人肯见允否？"说罢，拜伏在地。刘公扶起道："小官人休虑！这送终之事，都在于我。岂可把来藁葬？"小厮又哭拜道："得求隙地埋骨，已出望外，岂敢复累恩人费心破钞！此恩此德，教儿将何补报？"刘公道："只是我平昔的志，那望你的报偿！"当下忙忙的取了银子，便去买办衣衾棺木。唤两个土工来，收拾入殓过了。又备羹饭祭奠，焚化纸钱。那小厮悲恸，自不必说。就抬到屋后空地上埋葬好了。又立一个碑额，上写"龙虎卫军士方勇之墓"。诸事停当，小厮向刘公夫妇拜谢。过了两日，刘公对小厮

Cuando el Cielo no nos protegió y mi padre se enfermó súbitamente, ustedes fueron muy bondadosos, hicieron venir al médico, compraron la medicina, cuidaron de mi padre día y noche y nos trataron mejor que nuestra propia familia. Había pensado que cuando mi padre se recuperara, podríamos devolverles los favores, pero ahora está muerto y toda su bondad ha sido en vano. Como no tengo familiares aquí y tampoco dinero en el bolsillo, no lo podré enterrar. Por eso les pido me concedan unos cuantos pies de tierra para cavar su tumba y yo les serviré toda mi vida como su esclavo y así compensarlos por tanta bondad. Ignoro si estarán de acuerdo —concluyó el joven postrándose ante Liu.

—No se preocupe, joven maestro.

El anciano lo ayudó a reincorporarse y le aseguró:

—Puede dejar el funeral en mis manos. No podemos enterrar su cadáver así como así sin un ataúd.

El chico rompió en llanto otra vez y volvió a postrarse tocando el suelo con la frente.

—Un pedazo de tierra para sepultarlo es más de lo que me atrevo a pedir. ¿Cómo me atrevería a hacerlo gastar más dinero? ¿Cómo podré pagarle?

—Eso es lo que quiero hacer —replicó Liu—. Y no espero nada a cambio.

Buscó algo de dinero para comprar la ropa, el ataúd y contrató a dos hombres para que pusieran el cadáver en el ataúd. Luego preparó una ofrenda de sacrificio y quemó papel moneda. De más está decir que el chico lloró y lloró mientras enterraban el ataúd en un pedazo de tierra yerma detrás de la casa y la tumba se erigía indicando que allí descansaban los restos de Fang Yong, soldado de la guardia imperial. Cuando todo terminó, el chico expresó su agradecimiento a Liu y a su

道："我欲要打发你回去，访问个亲族来，搬丧回乡，又恐怕你年纪幼小，不认得路途。你且暂住我家，俟有识熟的在此经过，托他带回故乡，然后徐图运柩回去。不知你的意下何如？"小厮跪下泣告道："儿受公公如此大恩，地厚天高，未曾报得，岂敢言归！且恩人又无子嗣，儿虽不才，倘蒙不弃，收充奴仆，朝夕伏侍，少效一点孝心。万一恩人百年之后，亦堪为坟前拜扫之人。那时到京取回先母遗骨，同父骸葬于恩人墓道之侧，永守于此，这便是儿之心愿。"刘公夫妇大喜道："若得你肯如此，乃天赐与我为嗣！岂有为奴仆之理！今后当以父子相称。"小厮道："既蒙收留，即今日就拜了爹妈。"便掇两把椅儿居中放下，请老夫妇坐了，四双八拜，认为父子。遂改姓为刘。刘公又不忍没其本姓，就将方字为名，唤做刘方。自此日

esposa.

Dos días después, Liu le comunicó al muchacho:

—Me gustaría mandarlo a su casa a buscar a algún pariente para que lleve el ataúd de su padre a su pueblo natal, pero me temo que sea demasiado joven para viajar solo. Por tanto, lo mejor será que se quede aquí por el momento. Cuando alguien que conozca pase por aquí, podrá acompañarle y hará todas las coordinaciones pertinentes para trasladar el ataúd a su pueblo natal más adelante. ¿Qué le parece la idea?

El chico se arrodilló en el suelo.

—Es tan generoso como la Tierra y tan bondadoso como el Cielo —declaró—. ¿Cómo voy a abandonarlo antes de poder pagarle por todo lo que ha hecho? Además, no tiene hijos. Aunque no soy talentoso, si me acepta como su esclavo, lo serviré noche y día como si fuera mi padre. Y cuando muera, mantendré su tumba limpia. Entonces, buscaré el ataúd de mi madre en la capital y enterraré a mis dos padres al lado de su tumba para que sus espíritus siempre lo protejan. Este es mi humilde deseo.

Los ancianos estaban encantados de escuchar su decisión.

—Si se queda, —afirmó Liu— quiere decir que el Cielo me está dando un hijo. ¿Cómo lo voy a considerar un sirviente? A partir de ahora, seremos padre e hijo.

—Como ha expresado su consentimiento, —agregó el chico— permítame postrarme ante usted y tocar el suelo con la frente.

Colocó dos sillas en el medio del pasillo y le pidió a Liu y su esposa que se sentaran para rendirles su respeto como hijo y adoptar su apellido también. Sin embargo, Liu, que no deseaba que renunciara a su apellido del todo, le pidió hiciera de Fang su nombre y partir de ese instante lo llamó Liu Fang. El muchacho trabajaba arduamente todo

夜辛勤，帮家过活，奉侍刘公夫妇，极其尽礼孝敬。老夫妇也把他如亲一般看待。有诗为证：

　　刘方非亲是亲，刘德无子有子。
　　小厮事死事生，老军虽死不死。

时光似箭，不觉刘方在刘公家里已过了两个年头。时值深秋，大风大雨，下了半月有余，那运河内的水，暴涨有十来丈高下，犹如白拂汤一般，又紧又急。往来的船只，坏了无数。一日午后，刘方在店中收拾，只听得人声鼎沸。他只道什么火发，忙来观看，只岸上人摧挤不开，都望着河中。急走上前来看时，却是上流头一只大客船，被风打坏，淌将下来，船上之人，飘溺已去大半。余下的抱桅攀舵，呼号哀泣，只叫"救人。"那岸上看的人，虽然有救捞之念，只是风水利害，谁肯从井救人。眼盼盼看他一个个落水，口中只好叫句"可怜"而已。忽然一阵大风，把那船吹近岸旁。岸上人一齐喊声"好了！"顷刻挽挠钩子二十多张，一齐都下，搭住那船，救起十数多人，各自分头投店内。有一个少年，年纪不上二十，身上被挽

el día, cuidaba de los asuntos de la familia y trataba a la longeva pareja muy respetuosamente por lo que lo consideraban como si fuera su propio hijo.

> *Un devoto padre Liu Fang encontró,*
> *Un hijo filial Liu De adoptó;*
> *El chico cuidó muy bien de sus dos padres del vivo y del difunto.*

El tiempo pasó como pasa el viento y pronto se cumplieron los dos años de la llegada de Liu Fang. Era a finales del otoño y llevaba más de 15 días de torrenciales lluvias y fuertes vientos, el agua en el canal había subido aproximadamente cien pies, había fuertes olas y muchas embarcaciones que pasaban naufragaban. Una tarde, limpiaba la taberna cuando escuchó una gran algarabía. Pensando que se trataba de un incendio, salió de prisa a ver que sucedía. Había una multitud a la orilla del canal con la mirada puesta en el agua. Se abrió paso entre la gente para ver lo que ocurría y vio que una embarcación grande de pasajeros que navegaba canal arriba había naufragado y era arrastrada por la corriente. Más de la mitad de los pasajeros se habían ahogado mientras que los sobrevivientes se aferraban al timón o al mástil sollozando, maldiciendo y pidiendo ayuda a gritos. Aunque los hombres en la orilla querían acudir en su ayuda, la tormenta era tan fuerte que ir en su auxilio significaba arriesgar su propia vida. Por eso, todos permanecían estáticos viendo como los pobres infelices caían al agua y se limitaban a suspirar y apiadarse del dolor ajeno. De repente, una fuerte racha de viento arrastró la embarcación hacia la orilla y los vítores de los hombres allí reunidos no se hicieron esperar. En menos de lo que cantaba un gallo, 20 varas largas provistas de ganchos ensartaron el barco y la docena de personas que fueron rescatadas fueron acogidas de inmediato en diferentes casas.

Había un muchacho de menos de 20 años que, con heridas múl-

钩摘伤几处，行走不动，倒在地下，气息将绝，尚紧紧抱住一只竹箱，不肯放舍。刘方在旁睹景伤情，触动了自己往年冬间之事，不觉流下泪来，想道："此人之苦，正与我一般。我当时若没有刘公时，父子尸骸不知归于何处矣。这人今日却便没人怜救了。且回去与爹妈说知，救其性命。"急急转家，把上项事报知刘公夫妇，意欲扶他回家调养。刘公道："此是阴德美事，为人正该如此。"刘妈妈道："何不就同他来家？"刘方道："未曾禀过爹妈，怎敢擅便？"刘公道："说那里话！我与你同去。"父子二人，行至岸口，只见众人正围着那少年观看。刘公分开众人，挺身而入，叫道："小官人！你挣扎着，我扶你到家去将息。"那少年睁眼看了一看，点点头儿。刘公同刘方向前搀扶，一个年幼力弱，一个年老力衰，全不济事。旁边转过一个轩昂刺的后生道："老人家闪开，待我来。"向前一抱，轻轻的就扶了起来。那后生在右，刘公在左，两旁挟住胳膊便走。少年虽然说话不出，心下却甚明白，把嘴弩

tiples causadas por los garfios, yacía desmayado en el suelo, abrazado a una maleta de bambú. Liu Fang sintió pena por él y se le salieron las lágrimas de recordar lo que le había pasado a él hacía un par de inviernos.

"Este hombre se encuentra en la misma situación lamentable", pensó. "De no haber sido por el señor Liu, mi padre y yo habríamos muerto lejos de casa. Ahora él no tiene a nadie que lo ayude. Iré a casa y le contaré a mis padres y le salvaré la vida".

Fang fue corriendo a casa a contarle lo sucedido a Liu y su esposa y les propuso cuidar del joven y curarlo.

—Esta será una buena obra, —afirmó Liu— y es nuestro deber.

—¿Por qué no lo trajiste contigo? —preguntó la señora Liu—.

—No me atrevería sin antes pedirles permiso.

—Tonterías —declaró el anciano Liu—. Iré contigo.

Juntos partieron a la orilla del canal donde encontraron una multitud reunida alrededor del joven.

—Muchacho, —le dijo— intente levantarse y lo llevaré a casa conmigo para que descanse.

El joven abrió los ojos, miró hacia arriba y asintió. El viejo Liu y su hijo Liu Fang trataron de ayudarlo a reincorporarse, pero el primero era demasiado viejo y endeble y el segundo, demasiado joven y débil y no pudieron moverlo.

—Hágase a un lado, señor —pidió un hombre fornido que estaba a su lado—. Permítame ayudarlo.

Colocó sus brazos alrededor del joven y lo levantó con facilidad. Luego, padre e hijo, uno a cada lado, sostuvieron al joven por los brazos y lo llevaron a la taberna. Aunque sin fuerzas para hablar, el herido estaba consciente y asentía con la cabeza en dirección a la maleta de bambú.

着竹箱，刘方道："这箱子待我与你驮了。"把来背在肩上，在前开路。众人闪在两边，让他们前行，随后便都跟来看。内中认得刘公的，便道："还是刘长者有些义气。这个异乡落难之人，在此这一回，并没有个慈悲的，肯收留去，偏他一晓的了便搀扶回家。这样人，真个是世间少有！只可惜无个儿子，这也是天公没分晓！"又有道："他虽没有亲儿，如今承继这刘方，甚是孝顺，比嫡亲的尤胜，这也算是天报他了。"那不认得的，见他老夫妻自来搀扶一个小厮，与他驮了竹箱，就认做那少年的亲族。以后见土人纷纷传说，方才晓得，无不赞叹其义。还有没肚子的人，称量他那竹箱内有物无物，财多财少。此乃是人面相似，人心不同，不在话下。

且说刘公同那后生扶少年到家，向一间客房里放下。刘公叫声"劳动"，后生自去。刘方把竹箱就放在少年之旁。刘妈妈连忙去取干衣，与他换下湿衣，然后扶在铺上。原来落水人吃不得热酒，刘公晓得这道数。教妈妈取酽酒略温一下，尽着少年痛饮，就取刘方的卧被，与他盖了。夜间就教刘方伴他同卧。到次早，刘公进房来探问。

—Yo me encargaré de la maleta —comunicó Liu Fang.

La levantó del suelo, la puso sobre sus hombros y se colocó al frente, mientras la muchedumbre se apartó para dejarlos pasar y luego escoltarlos.

—Este es un buen gesto del señor Liu —mantenían algunos hombres que lo conocían—. Este pobre paisano está lejos de casa sin nadie lo suficientemente bondadoso como para que lo cuide. Únicamente el señor Liu, al conocer el caso, se lo llevaría a su casa. Los hombres nobles como él no abundan. Es una pena que no tenga un hijo de sangre. El Cielo es muy injusto.

—Aunque el señor Liu no tiene un hijo de sangre, Liu Fang, a quien adoptó, es muy filial mejor que un verdadero hijo. Esta debe ser la forma en que el Cielo lo recompensa.

Aquellos que no conocían a Liu, al ver al anciano venir a ayudar al joven y llevar su maleta, asumieron que debía ser un pariente. Sin embargo, una vez que sabían la verdad, quedaban estupefactos. En tanto, los desalmados discutían sobre cuánto dinero podría haber en la maleta de bambú. Aunque los hombres se parecen, todos tienen corazones diferentes. Pero dejemos este tema a un lado.

Cuando el viejo Liu y el extraño dejaron al herido en la habitación para huéspedes, el primero agradeció al otro antes de que se marchara de la taberna mientras Liu Fang dejaba la maleta de bambú al lado del joven. La señora Liu trajo enseguida ropa seca, lo ayudó a cambiarse y lo acostó. Liu sabía que un hombre que había estado a punto de ahogarse no podía beber licor caliente y por eso le pidió a su esposa que le diera licor al tiempo para quitarle el resfriado, se asegurara de que bebiera hasta saciarse y lo cubriera con el edredón de Liu Fang. Esa noche, Liu Fang compartió la cama con él. A la mañana siguiente, el viejo Liu vino a preguntar por el herido y el joven, sintién-

那少年已觉健旺，连忙挣扎起来，要下床称谢。刘公急止住道："莫要劳动，调养身子要紧！"那少年便向枕上叩头道："小子乃垂死之人，得蒙公公救拔，实再生之父母。但不知公公尊姓？"刘公道："老拙姓刘。"少年道："原来与小子同姓。"刘公道："官人那里人氏？"少年答道："小子刘奇，山东张秋人氏。二年前，随父三考在京。不幸遇了时疫，数日之内，父母俱丧。无力扶柩还乡，只得将来火化。"指着竹箱道："奉此骸骨归葬。不想又遭此大难。自分必死，天幸得遇恩人，救我之命。只是行李俱失，一无所有，将何报答大恩？"刘公道："官人差矣！不忍之心，人皆有之。救人一命，胜造七级浮屠。若说报答，就是为利了。岂是老汉的本意。"刘奇见说，愈加感激。将息了两日，便能起身，向刘公夫妇叩头泣谢。那刘奇为人温柔俊雅，礼貌甚恭。刘公夫妇十分爱他，早晚好酒好食管

dose mejor, intentaba dejar la cama para expresarle su gratitud, pero el viejo Liu se lo impidió.

—No se canse —le aconsejó—. Su salud es lo primero.

El muchacho se postró ante él en la cama.

—Pude haber muerto, pero usted me salvó la vida —le explicó—. Usted es como mi segundo padre; sin embargo, no le he preguntado cómo se llama.

El viejo Liu le dijo su nombre.

—Su apellido es igual que el mío —le comunicó el joven.

—¿De dónde es?

—Me llamo Liu Qi y soy de Zhangqiu, Shandong. Hace dos años, fui a la capital con mis padres para tomar el examen. Lamentablemente, había una plaga asolando la capital y en cuestión de días se llevó a mi madre y a mi padre. Como no tenía dinero para pagar el traslado de sus ataúdes, los cremé.

—Entonces, —apuntó a la maleta de bambú— decidí llevar sus cenizas de vuelta a casa para enterrarlas sin pensar jamás que me vería en semejante peligro. Habría muerto con toda certeza si no me hubieran salvado la vida. He perdido todo lo que tenía, no tengo nada. ¿Cómo le voy a pagar por tanta bondad?

—No diga eso —respondió el viejo Liu—. Todos los hombres son compasivos y salvar la vida de alguien es mejor que construir una pagoda. Si esperara que me pagara, eso querría decir que lo hice buscando beneficiarme y yo no soy así.

En ese momento, Liu Qi se sintió más agradecido aún. Tras descansar durante dos días seguidos, pudo levantarse de la cama y postrarse tocando el suelo con la frente y con lágrimas en los ojos agradecer al señor y la señora Liu. Como el joven era gentil, de buenos modales y muy respetuoso, el matrimonio estaba encantado con él y le

待。刘奇见如此殷勤，心上好生不安。欲要辞归，怎奈钩伤之处溃烂成疮，步履不便，身边又无盘费，不能行动。只得暂且住下。正是：

不恋故乡生处好，受恩深处便为家。

却说刘方与刘奇年貌相仿，情投契合，各把生平患难细说。二人因念出处相同，遂结拜为兄弟，友爱如嫡亲一般。一日，刘奇对刘方道："贤弟如此美质，何不习些书史？"刘方答道："弟甚有此志，只是无人教导。"刘奇道："不瞒贤弟说，我自幼攻书，博通今古，指望致身青云。不幸先人弃后，无心于此。贤弟肯读书时，寻些书本来，待我指引便了。"刘方道："若得如此，乃弟之幸也。"连忙对刘公说知。刘公见说是个饱学之士，肯教刘方读书，分外欢喜，即便去买许多书籍。刘奇罄心指教，那刘方颖悟过人，一诵即解。日里在店中看管，夜间挑灯而读。不过数月，经书词翰，无不精通。

且说刘奇在刘公家中住有半年，彼此相敬相爱，胜如

ofrecía licor y comida todas las mañanas y todas las noches. Este tratamiento hizo que Liu Qi se avergonzara aún más y sintiera que tenía que partir, pero como sus heridas se habían enconado, no podía viajar y tampoco tenía dinero. No tuvo más alternativa que permanecer allí. Como eran contemporáneos, Liu Fang y Liu Qi se llevaron muy bien desde que el momento en que se conocieron. Cada uno relató las vicisitudes vividas y simpatizaban entre sí. Como resultado, se hicieron hermanos jurados y se amaron como si fueran hermanos de carne y hueso.

Un buen día, Liu Qi le dijo a Liu Fang:

—Eres muy inteligente, ¿por qué no estudias los clásicos y la historia?

—Me gustaría estudiar, —respondió Liu Fang— pero no tengo quien me enseñe.

—De hecho, yo estudio los clásicos desde pequeño y algo he aprendido porque aspiraba a tener una carrera como funcionario, pero después de la muerte de mis padres ya no tengo grandes ambiciones. Si quieres estudiar, busca unos libros y te enseñaré.

—¡Qué dichoso soy! —exclamó Liu Fang, quien se apresuró a contarle al viejo Liu y cuando este supo que Liu Qi era académico y estaba dispuesto a enseñar a Liu Fang, se puso tan contento que les compró muchos libros. Así fue como Liu Qi le enseñó todo lo que sabía a su nuevo discípulo. Liu Fang resultó ser más inteligente que la mayoría de los hombres y Liu Qi no tenía que explicarle las cosas dos veces. Por el día, trabajaba en la taberna y por la noche leía a la luz de la lámpara. Al cabo de unos meses, era todo un experto en los clásicos y la literatura. Para ese entonces, Liu Qi había permanecido en la casa del viejo Liu durante medio año y todos se querían más que si fueran una verdadera familia. No obstante, aunque había encontrado un ho-

骨肉。虽然依傍得所，只是终日坐食，心有不安。此时疮口久愈，思想要回故土，来对刘公道："多蒙公公夫妇厚恩，救活残喘，又搅扰半年，大恩大德，非口舌可谢。今欲暂辞公公，负先人骸骨归葬。服阕之后，当图报效。"刘公道："此乃官人的孝心，怎好阻当。但不知几时起行。"刘奇道："今日告过公公，明早就行。"刘公道："既如此，待我去觅个便船与你。"刘奇道："水路风波险恶，且乏盘缠，还从陆路行罢。"刘公道："陆路脚力之费，数倍于舟，且又劳碌。"刘奇道："小子不用脚力，只是步行。"刘公道："你身子怯弱，如何走得远路？"刘奇道："公公，常言说得好，有银用银，无银用力。小子这样穷人，还惜得什么辛苦！"刘公想了一想道："这也易处。"便教妈妈整备酒肴，与刘奇送行。饮至中间，刘公泣道："老拙与官人萍水相逢，聚首半年，恩同骨肉，实是不忍分离。但官人送尊人入土，乃人子大事，故不好强留。只

gar aquí, le mortificaba el hecho de pensar que no ganaba su sustento. Y como sus heridas ya habían sanado, decidió volver a casa.

—Les estoy muy agradecido a usted y a la señora Liu de haberme salvado la vida —le comentó al anciano—. Les he estado causando molestias durante medio año y ustedes han sido más bondadosos de lo que las palabras pueden expresar. Ahora tengo que dejarlos para ir a enterrar las cenizas de mis padres. Una vez cumplido el luto, buscaré la forma de pagarles el favor.

—Es un acto muy piadoso de su parte, —aseveró Liu— y no se lo puedo impedir. ¿Cuándo piensa marcharse?

—Esta es mi despedida porque partiré mañana en la mañana.

—En ese caso, permítame alquilarle una embarcación.

—El transporte fluvial es peligroso y, además, no tengo dinero. Por ese motivo, viajaré por tierra.

—Viajar por tierra a caballo es mucho más caro que viajar por agua, sin mencionar que es mucho más agotador.

—No pienso alquilar un caballo, haré el viaje a pie.

—Está demasiado débil para hacer tan largo viaje a pie.

—Según el proverbio, el hombre que tiene plata, usa su plata y el hombre que no tiene plata, usa su fuerza. ¿Cómo podría un hombre pobre como yo tenerle miedo a las dificultades?

—Este dilema lo resolveremos muy fácil —aseguró el viejo Liu tras varios minutos de reflexión. Mientras tanto, le pidió a su esposa que preparara un banquete de despedida para Liu Qi y en plena celebración el anciano se echó a llorar.

—Como las flotantes lentejas de agua nos conocimos por casualidad, —apuntó— y durante estos seis meses hemos sido como una sola sangre. Por supuesto que lamentamos tener que dejarlo ir, pero darles santa sepultura a sus padres es de importancia primordial y por

是自今一别，不知后日可能得再见否？"说罢，歔欷不胜。刘妈妈与刘方尽皆泪下。刘奇也泣道："小子此行，实非得已。俟服一满，即星夜驰来奉候，幸勿过悲。"刘公道："老拙夫妇年近七旬，如风中之烛，早暮难保。恐君服满来时，在否不可知矣。倘若不弃，送尊人入土之后，即来看我，也是一番相知之情。"刘奇道："公公嘱咐，敢不如命？"一宿晚景不题。到了次早，刘妈妈又整顿酒饭与他吃了。刘公取出一个包裹，放在桌上，又叫刘方在后边牵出那小驴儿来，对刘奇道："此驴畜养已久，老汉又无远行，少有用处，你就乘他去罢，省得路上雇倩。这包裹内是一床被窝，几件粗布衣裳，以防路上风寒。"又在袖中摸一包银子交与道："这三两银子，将就盘缠，亦可到得家了。但事完之后，即来走走，万勿爽信。"刘奇见了许多厚赠，泣拜道："小子受公公如此厚恩，今生料不能报，俟来世为犬马以酬万一。"刘公道："何出此言！"当下将包

eso no podemos obligarlo a quedarse. Me pregunto si después de que se haya marchado lo volveremos a ver.

El señor Liu estaba abrumado por el dolor y tanto su esposa como Liu Fang lloraban también.

—Estoy obligado a abandonarlos ahora —sentenció Liu Qi, quien también lloraba—. Una vez que el periodo de luto haya terminado, vendré corriendo a servirles. Por favor no estén tan tristes.

—Mi esposa y yo ya estamos llegando a los 70. Cual velas al viento, el día menos pensado nos apagaremos. ¿Cómo podremos saber si estaremos vivos para cuando el periodo de luto haya concluido? Si realmente nos aprecia, vuelva tan pronto como haya enterrado a los suyos y ese será el consuelo de tus viejos amigos.

Liu Qi estuvo de acuerdo con la petición. A la mañana siguiente, la señora Liu se levantó temprano para prepararle el desayuno y el viejo Liu preparó un bulto que puso sobre la mesa y le pidió a Liu Fang ir por el burro que estaba en la parte de atrás de la casa.

—He tenido este burro durante un buen tiempo —le dijo a Liu Qi—. Pero como no viajo lejos, de nada me sirve, así que mejor se lo lleve y así no tiene que alquilar ninguno. En este bulto tiene un edredón y ropa de algodón crudo para que no se resfríe por el camino.

De la manga, se sacó una bolsa con monedas de plata y se la entregó también.

—Con estos tres taels de plata para el camino debe llegar a casa —acotó—. Tan pronto como cumpla su encomienda, asegúrese de regresar. No nos olvide.

En vista de tan generosos obsequios, Liu Qi rompió en llanto.

—Han sido tan generosos conmigo, que jamás les podré pagar tanta bondad en esta vida —concluyó—. En mi próxima vida seré su perro o su caballo y les serviré para expresarles mi gratitud.

裹竹箱都装在生口身上，作别起身。刘公夫妇送出门首，洒泪而别。刘方不忍分舍，又送十里之外，方才分手。正是：

　　萍水相逢骨肉情，一朝分袂泪俱倾。
　　骊驹唱罢劳魂梦，人在长亭共短亭。

且说刘奇一路夜住晓行，饥餐渴饮，不一日来到山东故乡。那知去年这场大风大雨，黄河泛溢，张秋邿镇，尽皆漂溺，人畜庐舍，荡尽无遗。举目遥望时，几十里田地，绝无人烟。刘奇无处投奔，只得寄食旅店。思想欲将骸骨埋葬于此，却又无处依栖，何以营生。须寻了个着落之处，然后举事。遂往各处镇邿乡邿访问亲旧，一无所有。住了月余，这三两银子盘费将尽。心下着忙："若用完了这银子，就难行动了。不如原往河西务去求恩人一搭之地，埋了骨殖，倚傍在彼处，还是个长策。"算还店钱，上了生口，星夜赶来，到了刘公门首，下了生口。只见刘方正在店中，手里拿着一本书儿在那里观看。刘奇叫了一声："贤弟，公公、妈妈一向好么？"刘方抬头看时，却是刘奇。把书撇下，忙来接住生口，牵入家中，卸了行李，

—¡Pero qué dice! —exclamó el viejo Liu.

A continuación cargaron al burro con el bulto y la maleta de bambú y Liu Qi se marchó. El viejo Liu y su esposa lo acompañaron hasta la puerta y se despidieron con lágrimas en los ojos. Liu Fang, renuente a ver como se marchaba su amigo, le acompañó durante tres o cuatro millas hasta que finalmente lo dejó ir. Después de varios días de viaje, Liu Qi arribó a su antiguo hogar en Shandong. No obstante, el año anterior, fuertes vientos e intensas lluvias habían azotado la zona; el río Amarillo se había desbordado e inundado el distrito de Zhangqiu y el pueblo, el ganado y las viviendas fueron arrasados. En muchas millas a la redonda, no había más que desolación. Sin tener a donde ir, Liu Qi se alojó en una posada. El joven quería enterrar a sus padres, pero al no tener familia ni medios con que ganarse la vida, primero tuvo que buscar donde quedarse. Buscó por todos los poblados y aldeas cercanas con la esperanza de encontrar algún familiar o amigo, pero no tuvo suerte. Pasado un mes desde que se había alojado en la posada, ya había gastado prácticamente sus tres taels y estaba preocupado. Una vez que se le acabara el dinero sería muy difícil moverse y por eso decidió regresar a Hexiwu a casa de su benefactor y pedirle un pedazo de tierra pequeño donde enterrar las cenizas de sus padres y luego se podría quedar allí.

Con la decisión tomada, pagó su cuenta en la posada y emprendió el camino de vuelta a la casa de Liu montado en el burro tan pronto como pudo. Al desmontarse del burro, vio a Liu Fang leyendo en la taberna.

—¿Cómo han estado tus padres, bien? —preguntó Liu Qi.

Liu Fang levantó la vista y vio que se trataba de Liu Qi. Dejó su libro y llevó el burro adentro, desató el equipaje y le saludó con una reverencia.

作揖道:"爹妈日夜在此念你。来得正好!"一齐走入堂中。刘公夫妇看见,喜从天降,便道:"官人,想杀我也!"刘奇上前倒身下拜。刘公还礼不迭。见罢,问道:"尊人之事,想已毕了?"刘奇细细泣诉前因。又道:"某故乡已无处容身,今复携骸骨而来,欲求一搭余地葬埋,就拜公公为父,依傍于此,朝夕奉侍,不知尊意允否?"刘公道:"空地尽有,任凭取择。但为父子,恐不敢当!"刘奇道:"若公公不屑以某为子,便是不允之意了。"便即请刘公夫妇上坐,拜为父子,将骸骨也葬于屋后地上。自此兄弟二人,并力同心,勤苦经营,家业渐渐兴隆。伏侍父母,极尽人子之礼。合镇的人,没一个不欣羡刘公无子而有子,皆是阴德之报。

时光迅速,倏忽又经年余。父子正安居乐业,不想刘

—Mi padre y mi madre han pensado en ti noche y día —le dijo—. Tu llegada es muy bienvenida.

Fueron juntos por el pasillo y cuando los ancianos lo vieron se regocijaron mucho.

—¡Hemos estado deseando verte! —exclamaron.

Liu Qi dio un paso al frente y se postró ante ellos tocando el suelo con la frente y el señor Liu hizo una reverencia a cambio.

—Supongo que ya dio santa sepultura a sus padres —aseveró el viejo Liu.

Sollozando, Liu Qi les contó todo lo que había pasado.

—No tengo donde quedarme en mi antiguo hogar, —señaló y adicionó— por eso he traído las cenizas conmigo para implorarle que me conceda un pedazo de tierra donde enterrarlas. Luego, me gustaría ser su hijo y quedarme aquí para ayudarles todos los días, si están de acuerdo.

—Hay suficiente tierra yerma. Elija el pedazo que desee. En cuanto a convertirse en mi hijo, eso me honraría mucho.

—Si no me acepta como su hijo es porque no está de acuerdo con mi petición.

A continuación, les pidió a los señores Liu tomar los asientos de honor y se postró ante ellos tocando el suelo con la frente. Luego, dio sagrada sepultura a las cenizas de sus padres detrás de la casa. Después de esto, Liu Fang y Liu Qi se convirtieron en hermanos y trabajaban juntos. Los jóvenes fueron tan responsables con sus labores que la taberna cada día progresaba más. Además, ayudaron a sus padres como corresponde a los verdaderos hijos. Los habitantes del pueblo envidiaban al viejo Liu, al tiempo que aseguraban que el Cielo lo había recompensado por su virtud.

El tiempo pasó y pasó y otro año se cumplió de vida familiar

公夫妇，年纪老了，筋力衰倦，患起病来。二子日夜伏侍，衣不解带，求神罔效，医药无功，看看待尽。二子心中十分悲切，又恐伤了父母之心，惟把言语安慰，背地吞声而泣。刘公自知不起，呼二子至床前分付道："我夫妻老年孤子，自谓必作无祀之鬼，不意天地怜念，赐汝二人与我为嗣。名虽义子，情胜嫡血。我死无遗恨矣！但我去世之后，汝二人务要同心经业，共守此薄产。我于九泉亦得瞑目。"二子哭拜受命。又延两日，夫妻相继而亡。二子恸地呼天，号淘痛哭，恨不得以身代替。置办衣衾棺椁，极其从厚，又请僧人做九昼夜功果超荐。入殓之后，兄弟商议筑起一个大坟，要将三家父母合葬一处。刘方遂至京中，将母柩迎来，择了吉日，以刘公夫妇葬于居中，刘奇迁父母骸骨葬于左边，刘方父母葬于右边，三坟拱列，如连珠相似。那合镇的人，一来慕刘公向日忠厚之德，二来敬他弟兄之孝，尽来相送。

en absoluta armonía. Sin embargo, la avanzada edad comenzaba a ser mellas en la salud de los ancianos. Pese a la esmerada atención dispensada por los jóvenes al longevo matrimonio día y noche, todas las oraciones a dios y las prescripciones médicas fueron en vano —los ancianos estaban muriendo ante sus propios ojos—. Los dos jóvenes estaban muy tristes, pero por temor a que su tristeza pudiera afectar al matrimonio, se consolaban y lloraban a sus espaldas. El viejo Liu sabía que sus días estaban contados y llamó a sus hijos a su lecho.

—No teníamos hijos en nuestra vejez y pensábamos que el día de nuestra muerte no tendríamos a nadie por quien sacrificarnos —afirmó—. Jamás imaginamos que el Cielo se apiadaría de nosotros y nos daría a los dos como hijos. Aunque son adoptados, nos queremos más que si fuéramos padres e hijos de la misma sangre. Por eso, ahora puedo morir sin remordimientos. Si tras mi muerte, continúan trabajando juntos y conservan esta pequeña propiedad, cerraré mis ojos feliz en las regiones inferiores.

Los jóvenes sollozaron y se postraron, así como prometieron cumplir su última voluntad. Dos días más tarde, el anciano y su esposa suspiraron por última vez. Los dos hermanos lloraron la pérdida amargamente, deseando haber muerto ellos en su lugar. Resignados, prepararon la mejor ropa fúnebre y los mejores ataúdes e invitaron a los monjes a decir sutra durante nueve días y nueve noches. Luego del sepelio, decidieron cavar una gran tumba en la que pudieran descansar los padres de las tres familias juntas y Liu Fang fue a la capital a buscar los restos de su madre. En un día de buen auspicio, el viejo Liu y su esposa fueron enterrados en el centro, los padres de Liu Qi a la izquierda y los padres de Liu Fang a la derecha. Las tres tumbas yacían cual cadena de perlas. Los aldeanos admiraron su piedad filial y asistieron al entierro para rendir tributo a la bondad del viejo Liu.

话休絮烦。且说刘奇二人，自从刘公亡后，同眠同食，情好愈笃。把酒店收了，开起一个布店来。四方过往客商来买货的，见二人少年志诚，物价公道，传播开去，慕名来买者，挨挤不开。一二年间，挣下一个老大家业，比刘公时已多数倍。讨了两房家人，两个小厮，动用家火器皿，甚是次第。那镇上有几个富家，见二子家业日裕，少年未娶，都央媒来与之议姻。刘奇心上已是欲得，只是刘方却执意不愿。刘奇劝道："贤弟今年一十有九，我已二十有二，正该及时求配，以图生育，接续三家宗祀，不知贤弟为何不愿？"刘方答道："我与兄方在壮年，正好经营生理，何暇去谋此事。况我弟兄向来友爱，何等安乐！万一娶了一个不好的，反是一累，不如不娶为上。"刘奇道："不然，常言说得好，无妇不成家。你我俱在店中支持了生意时，里面绝然无人照管。况且交游渐广，设有个客人到来，中馈无人主持，成何体面。此还是小事。当初义

Después del deceso del viejo Liu, Liu Fang y Liu Qi pasaban todo el tiempo juntos, no solo compartían la comida sino también la cama y cada día que pasaba aumentaba la devoción del uno hacia el otro. Dejaron la taberna para abrir una tienda de ropa. Cuando los comerciantes viajeros, que les compraban su ropa se dieron cuenta de que eran honestos y sus precios, justos, difundieron su fama y gente de todas partes venía a comprarles sus prendas. En un par de años, habían adquirido una excelente propiedad que valía varias veces más que la propiedad del viejo Liu. Tenían dos casas con sirvientes y dos pajes, así como abundantes muebles y utensilios. Muy pronto, se convirtieron en figuras respetables.

En el distrito vivían unas cuantas familias acaudaladas, que al ver como estos dos jóvenes crecían, prosperaban y estaban solteros, enviaban casamenteras a visitarlos. Liu Qi estaba deseoso de contraer nupcias, pero Liu Fang insistía en seguir soltero.

—Este año cumples 19, —le dijo Liu Qi— y yo 22. Ya es hora de que nos casemos y tengamos hijos para que nuestras tres familias tengan herederos. ¿Por qué no quieres casarte?

—Los dos estamos en nuestro mejor momento, —respondió Liu Fang— y debemos dedicar todas nuestras neuronas a nuestro negocio. ¿De dónde vamos a sacar tiempo para casarnos? Además, somos los mejores amigos y estamos muy felices juntos. Si nos casamos con una mala esposa, acabará siendo una carga para nosotros. Es mejor seguir soltero.

—No —refutó Liu Qi—. El proverbio dice que sin esposa no hay familia. Mientras nos encargamos del negocio en la tienda, nadie espera por nosotros en casa. Por si fuera poco, ahora tenemos muchos amigos. Entonces, si tenemos invitados y no tenemos esposa que prepare de comer, eso nos hará quedar muy mal parados. Esas son

父以我二人为子时，指望子孙绍他宗祀，世守此坟。今若不娶，必然绝祀，岂不负其初念，何颜见之泉下。"再三陈说，刘方只把言支吾，终不肯应承。刘奇见兄弟不允，自己又不好独娶。

一日，偶然到一相厚朋友钦大郎家中去探望。两个偶然言及姻事，刘奇乃把刘方不肯之事，细细相告。又道："不知舍弟是甚主意？"钦大郎笑道："此事浅而易见。他与兄共创家业，况他是先到，兄是后来，不忿得兄先娶，故此假意推托。"刘奇道："舍弟乃仁义端直之士，决无此意。"钦大郎道："令弟少年英俊，岂不晓得夫妇之乐，恁般推阻。兄若不信，且教个人私下去见他，先与之为媒，包你一说就是。"刘奇被人言所惑，将信将疑，作别而回。恰好路上遇见两个媒婆，正要到刘奇家说亲，所说的是本镇开绸缎店崔三朝奉家。叙起年庚，正与刘方相合。刘奇道："这门亲，正对我家二官人了。只是他有些古怪，人面前就害羞。你只悄地去对他说，若说得成时，自当厚

pequeñeces, pero cuando nuestro padre nos adoptó, esperaba que tuviéramos descendientes para continuar su linaje y velar por la tumba ancestral. Si no nos casamos y no tenemos hijos, ¿no les estaremos faltando? ¿Cómo los vamos a enfrentar en las regiones inferiores?

Pese a sus muchas súplicas, Liu Fang solo daba excusas y se oponía a la idea. Como su hermano no se casaba, Liu Qi sentía que él tampoco podía hacerlo. Un buen día, llamó a un buen amigo llamado Qing, quien sacó a colación el tema del matrimonio. Liu Qi le habló sobre la negativa de Liu Fang a contraer nupcias.

—No sé qué está pensando —le confesó.

—Es obvio —le respondió el amigo riendo—. Tú y él son hermanos, pero recuerda que él llegó primero a la familia y se pondría celoso si tú te casas primero. Esa es la razón por la que se niega.

—Mi hermano es muy honesto y directo —acotó Liu Qi—. Esa no puede ser la razón.

—Él está en plena juventud y debe comprender las alegrías del lecho matrimonial. ¿Por qué otro motivo se negaría? Si no me crees, envíale una casamentera exclusivamente a él. Te aseguro que funcionará.

Receloso, Liu Qi dio por terminada la conversación con su amigo. De camino a casa, se encontró casualmente con dos casamenteras que iban a verlo para proponerle desposar a la hija del señor Cui, quien era propietario de un taller de seda en el pueblo. Cuando Liu preguntó la edad de la joven, se dio cuenta de que era perfecta para Liu Fang.

—Esta unión sería magnífica para mi hermano menor, —les comunicó— pero él es un poco tímido y extraño. Les recomiendo que vayan y conversen con él en privado. Si logran convencerlo, les recompensaremos muy bien. No iré a casa ahora, pero las estaré espe-

酬。我且不归去,坐在巷口油店里等你回话。"两个媒婆应声而去。不一时,回复刘奇道:"二官人果是古怪,老媳妇恁般撺掇,只是不允。再说时,他喉急起来,好教媳妇们老大没趣。"

刘奇方才信刘方不肯是个真心,但不知什么意故。一日,见梁上燕儿营巢。刘奇遂题一词于壁上,以探刘方之意。词云:

营巢燕,双双雄,朝暮衔泥辛苦同。若不寻雌继壳卵,巢成毕竟巢还空。

刘方看见,笑诵数次,亦援笔和一首于后。词曰:

营巢燕,双双飞,天设雌雄事久期。雌兮得雄愿已足,雄兮将雌胡不知。

刘奇见了此词,大惊道:"据这词中之意,吾弟乃是个女子了。怪道他恁般娇弱,语音纤丽,夜间睡卧,不脱内衣,连袜子也不肯去,酷暑中还穿着两层衣服。原来他却学木兰所为!"虽然如此,也还疑惑,不敢去轻易发言。又到钦大郎家中,将词念与他听。钦大郎道:"这词意明

rando en el puesto de aceite a la entrada del callejón para que me den la noticia.

Las dos casamenteras asintieron y fueron a ver a Liu Fang. Al poco rato, regresaron a informarle:

—Su hermano es muy raro, por mucho que lo animamos, no estuvo de acuerdo y cuando insistimos se enojó y nos trató muy mal.

Liu Qi comprendió que Liu Fang no quería casarse de ninguna manera y seguía sin entender el por qué.

Un día vio dos golondrinas haciendo un nido en las vigas y escribió un poema en la pared para tantear a su hermano. Sus versos decían así:

> *Dos golondrinas macho construyen su nido en las vigas,*
> *Juntos trabajan todos los días sin descanso,*
> *Pero si no encuentran una golondrina hembra,*
> *Se quedarán con un nido desnudo y vacío.*

Cuando Liu Fang lo vio, sonrió, lo leyó varias veces, luego tomó un pincel y escribió el siguiente verso a continuación:

> *Dos golondrinas vuelan juntas ahora al nido,*
> *El Cielo se ha encargado de que sean pareja,*
> *La hembra de felicidad reboza porque tiene compañero,*
> *¿Por qué el macho no sabe que hay una hembra allí?*

Liu Qi se quedó perplejo. "Este poema parece revelar que mi hermano es una mujer", pensó. "Con razón se ve tan delicada y tiene una voz dulce. Este debe ser el motivo por el que no se quita la ropa interior por la noche, ni las medias. Incluso, en los días más tórridos del verano lleva dos mudas de ropa. Aparentemente, ha estado imitando a la Mulán[1] de antaño".

Aun así, no estaba seguro del todo y no se atrevía a abrir la boca demasiado pronto. Así que fue a la casa de Qing y le recitó el poema.

白,令弟确然不是男子。但与兄数年同榻,难道看他不出?"刘奇叙起向来并未曾脱衣之事。钦大郎道:"恁般一发是了!如今兄当以实问之,看他如何回答。"刘奇道:"我与他恩义甚重,情如同胞,安忍启口。"钦大郎道:"他若果是个女子,与兄成配,恩义两全,有何不可。"谈论已久,钦大郎将出酒肴款待。两人对酌,竟不觉至晚。刘奇回至家时,已是黄昏时候。刘方看见,见他已醉,扶进房中问道:"兄从何处饮酒,这时方归?"刘奇答道:"偶在钦兄家小饮,不觉话长坐久。"口中虽说,细细把他详视。当初无心时,全然不觉是女。此时已是有心辨他真假,越看越像个女子。刘奇虽无邪念,心上却要见个明白,又不好直言。乃道:"今日见贤弟所和燕子词,甚佳,非愚兄所能及。但不知贤弟可能再和一首否?"刘方笑而不答,取过纸笔来,一挥就成。词曰:

—El significado es muy claro —afirmó Qing—. Tu hermano no puede ser hombre. Pero, si todos estos años han dormido juntos, ¿cómo no te diste cuenta de nada?

Liu Qi le contó como jamás se había desvestido.

—Eso lo confirma todo —continuó Qing—. Ahora pídele que te diga la verdad y presta atención a lo que te dice.

—Nos hemos querido como verdaderos hermanos. ¿Cómo voy a preguntarle algo así?

—Si realmente es una mujer, puede casarse contigo, en cuyo caso los dos pueden demostrar su gratitud a sus padres y preservar su amor de hermandad. ¿Qué objeción puede poner?

Como abordaron el tema en profundidad, Qing tuvo tiempo de preparar comida y vino y celebraron juntos hasta que se hizo muy tarde. Para cuando Liu Qi volvió a casa, ya el sol se había puesto y cuando Liu Fang vio que estaba ligeramente ebrio, lo ayudó a llegar a la habitación.

—¿Dónde estuviste bebiendo? —preguntó Liu Fang—. ¿Por qué regresaste tan tarde?

—Estuve bebiendo con Qing y se me fue el tiempo volando mientras conversábamos.

Mientras articulaba sus palabras, estudiaba el rostro de Liu Fang. Previamente, nunca había sospechado que era una mujer, pero ahora que deseaba saber la verdad, mientras más la miraba, más mujer le parecía. Aunque no tenía malas intenciones, estaba ansioso de satisfacer su curiosidad, pero no se atrevía a preguntar directamente.

—El poema que escribiste hoy en respuesta al mío era muy bueno, —le dijo— mucho mejor que el mío. ¿Escribirás otro?

Liu Fang sonrió sin decir palabra alguna, pero tomó papel y pincel y añadió otra estrofa:

营巢燕，声声叫，莫使青年空岁月。可怜和氏璧无瑕，何事楚君终不纳？

刘奇接来看了，便道："原来贤弟果是女子。"刘方闻言，羞得满脸通红，未及答言。刘奇又道："你我情同骨肉，何必避讳。但不识贤弟昔年因甚如此妆束？"刘方道："妾初因母丧，随父还乡，恐途中不便，故为男扮。后因父殁，尚埋浅土，未得与母同葬，妾故不敢改形。欲求一安身之地，以厝先灵。幸得义父遗此产业，父母骸骨，得以归土。妾是时意欲说明，因思家事尚微，恐兄独力难成，故复迟延。今见兄屡劝妾婚姻，故不得不自明耳。"刘奇道："原来贤弟用此一段苦心，成全大事。况我与你同榻数年，不露一毫棱角，真乃节孝兼全，女中丈夫，可敬可羡！但弟词中已有俯就之意，我亦决无他娶之理。萍水相逢，周旋数载，昔为兄弟，今为夫妇，此岂人谋，实繇

Dos golondrinas lloran juntas mientras anidan,

Y tú deberías buscar un compañero mientras eres joven;

¿Cómo es posible que siendo jade puro y sublime el rey de Chu no lo acepte?

Liu Qi tomó la estrofa y la leyó.

—¡Entonces, eres mujer después de todo! —indicó.

Liu Fang se ruborizó de la vergüenza y, por un momento, no supo que decir.

—Somos como verdaderos hermanos —prosiguió Liu Qi.

—¿Por qué nunca hablamos de esto? Puedo preguntarte ¿por qué te vestías de hombre en primer lugar?

—Cuando mi madre murió y regresaba a casa con mi padre, pensamos que sería más conveniente para el viaje si me vestía como un chico. Luego mi padre murió, no tenía un lugar donde vivir permanentemente y tampoco lo podía enterrar ni a él ni a mi madre. Por eso no me atreví a cambiarme la ropa. Sin embargo, quería establecerme en algún lugar y cuidar de la tumba de mis padres. Afortunadamente, nuestro padre adoptivo nos cedió un lugar en su propiedad y pude enterrar a mis padres. En aquel entonces te lo habría dicho, pero acabábamos de empezar nuestro taller de ropa, temía que no pudieras hacerte cargo del negocio tú solo y por eso demoré la confesión. Sin embargo, ahora que seguías insistiendo con lo del matrimonio, tenía que aclararlo todo.

—¡Cuánto dolor soportaste para ver a tus padres enterrados! —exclamó Liu Qi—. Hemos compartido la misma cama todos estos años y nunca revelaste tu secreto en lo más mínimo. Eres una verdadera heroína piadosa y casta. ¡Cuánto te admiro! Pero en tu poema insinuaste que me aceptarías a mí y por eso no me casaré con nadie más. Nos conocimos por casualidad y hemos estado juntos varios años. Éramos hermanos y ahora seremos marido y mujer. Esto no es obra de los hombres, sino del Cielo. Y sí tú me das tu consentimiento,

天合。倘蒙一诺,便订百年。不知贤弟意下如何?"刘方道:"此事妾亦筹之熟矣。三宗坟墓,俱在于此,妾若适他人,父母三尺之土,朝夕不便省视。况义父义母,看待你我犹如亲生,弃此而去,亦难恝然。兄若不弃陋质,使妾得侍箕帚,供奉三姓香火,妾之愿也。但无媒私合,于礼有亏。惟兄裁酌而行,免受傍人谈议,则全美矣。"刘奇道:"贤弟高见,即当处分。"是晚两人便分房而卧。次早,刘奇与钦大郎说了,请他大娘为媒,与刘方说合。刘方已自换了女妆。刘奇备办衣饰,择了吉日,先往三个坟墓上祭告过了,然后花烛成亲,大排筵席,广请邻里。那时哄动了河西务一镇,无不称为异事,赞叹刘家一门孝义贞烈。刘奇成亲之后,夫妇相敬如宾,挣起大大家事,生下五男二女。至今子孙蕃盛,遂为巨族。人皆称为刘方三义村云。有诗为证:

无情骨肉成吴越,有义天涯作至亲。
三义村中传美誉,河西千载想奇人。

podemos jurarnos amor eterno. ¿Qué piensas al respecto?

—Hace mucho tiempo que lo he pensado. Todas nuestras tumbas ancestrales se encuentran aquí y si me caso con otro hombre no me será nada fácil rendir mis respetos ante la tumba de mis padres. Además, nuestros padres adoptivos nos trataron como si fuéramos sus propios hijos y no sería justo abandonar este lugar. Si no me desprecias, seré tu esclava y cuidaré de las tumbas de nuestras tres familias. Eso es lo que quiero. Contraer matrimonio en secreto sin un intermediario adecuado no sería apropiado. Espero que consideres este asunto cuidadosamente para evitar los rumores. Eso sería lo mejor.

—Lo haremos todo según tu excelente sugerencia —aseveró Liu Qi.

Esa noche durmieron en habitaciones diferentes. A la mañana siguiente, Liu Qi le pidió a Qing enviar a su esposa de intermediaria a proponerle matrimonio a Liu Fang, quien en ese momento ya vestía como una mujer. Por su parte, Liu Qi preparó la ropa y las joyas y eligió un día de buen agüero. Luego, ofrecieron los debidos sacrificios ante las tres tumbas y contrajeron nupcias en la debida ceremonia e invitaron a todos los vecinos a un gran banquete.

La boda fue el gran acontecimiento de Hexiwu y todo el mundo elogiaba maravillado la virtud de la familia Liu. Tras el matrimonio, Liu Qi y Liu Fang se amaron, respetaron y juntos adquirieron una gran propiedad, tuvieron cinco hijos y dos hijas. Sus descendientes siguen siendo acaudalados hoy en día y forman un gran clan, mientras su pueblo es conocido como el pueblo de los Tres Justos tal y como dan fe los siguientes versos:

La falta de amor convierte a los hermanos en enemigos,
Mientras el amor hace al extraño amigo;
Su fama ha llegado tan lejos,
Que son conocidos en todo el país.

金玉奴棒打薄情郎

LA HIJA DEL JEFE DE LOS MENDIGOS

话说故宋绍兴年间,临安虽然是个建都之地,富庶之乡,其中乞丐的依然不少。那丐户中有个为头的,名曰"团头",管着众丐。众丐叫化得东西来时,团头要收他日头钱。若是雨雪时,没处叫化,团头却熬些稀粥,养活这伙丐户,破衣破袄,也是团头照管。所以这伙丐户,小心低气,服着团头,如奴一般,不敢触犯。那团头见成收些常例钱,一般在众丐户中放债盘利,若不嫖不赌,依然做起大家事来。他靠此为生,一时也不想改业。只是一件:"团头"的名儿不好。随你挣得有田有地,几代发迹,终是个叫化头儿,比不得平等百姓人家。出外没人恭敬,只好闭着门,自屋里做大。虽然如此,若数着"良贱"二字,只说娼、优、隶、卒,四般为贱流,到数不着

Durante el periodo Shaoxing (1131-1162) de la dinastía Song, Hangzhou era la capital del imperio y pese a ser una ciudad muy próspera abundaban los mendigos. Estos vagabundos tenían un jefe que llamaban "amo", que era el que controlaba todas sus actividades y exigía un tributo diario de todas las limosnas que recibían. Si no podían salir a mendigar a causa de la lluvia o la nieve, el amo les preparaba gachas y les proporcionaba ropa hecha de jirones. De esta manera, cual esclavos, no se atrevían a ofender a su amo, sino que le obedecían a ciegas.

Con el tributo que recaudaba diariamente de sus seguidores, el jefe practicaba la usura. Si no malgastaba el dinero en el juego o las cortesanas bonitas podía llegar a amasar una fortuna. El puesto era una fuente de ingresos confiables que a ningún hombre en su sano juicio se le ocurriría renunciar a ella. Sin embargo, tenía un inconveniente. El título no sonaba muy bien. No importaba cuántas propiedades pudiera adquirir un jefe de los mendigos o de cuántas generaciones de antepasados ricos pudiera vanagloriarse, siempre sería el rey de los mendigos, el título apenas lo distanciaba del ciudadano ordinario. Nadie fuera de su familia lo respetaría. Solo podría actuar como un gran hombre en su propia casa.

Pero aunque este fuera el caso, la sociedad, tal y como la conocía, estaba dividida en dos grandes clases: la respetable y la baja, a esta última pertenecen las prostitutas, los actores, los siervos y los subordinados de los funcionarios —los mendigos ni remotamente figuran en

那乞丐。看来乞丐只是没钱，身上却无疤瘢。假如春秋时伍子胥逃难，也曾吹箫于吴市中乞食；唐时郑元和做歌郎，唱莲花落，后来富贵发达，一床锦被遮盖：这都是叫化中出色的。可见此辈虽然被人轻贱，到不比娼、优、隶、卒。

闲话休题。如今且说杭州城中一个团头，姓金名老大。祖上到他，做了七代团头了，挣得个完完全全的家事。住的有好房子，种的有好田园，穿的有好衣，吃的有好食；真个廒多积粟，囊有余钱，放债使婢。虽不是顶富，也是数得着的富家了。那金老大有志气，把这团头让与族人金癞子做了，自己见成受用，不与这伙丐户歪缠。然虽如此，里中口顺，还只叫他是团头家，其名不改。金老大年五十余，丧妻无子，止存一女，名唤玉奴。那玉奴生得十分美貌，怎见得？有诗为证：

无瑕堪比玉，有态欲羞花。

只少宫妆扮，分明张丽华。

ella—. Los vagabundos puede que no tengan dinero, pero tampoco se les atribuye ningún estigma. Piensen en Wu Zixu del Periodo de Primavera y Otoño (722-481 a.n.e.), quien abandonó su país y tocó su flauta a cambio de comida en un mercado en el reino de Wu. O recuerden a Zheng Yuanhe de la dinastía Tang, quien en un determinado momento cantó y mendigó para subsistir, pero posteriormente prosperó y durmió cubierto con frazadas de seda. Estos hombres dan fe del crédito de la profesión. Por eso, aunque esta clase de ciudadano generalmente es despreciada, es incuestionablemente superior a las prostitutas, los actores, los siervos y los subordinados de los funcionarios. Pero olvidemos por un momento esta digresión.

Nuestra historia es sobre un jefe de mendigos en Hangzhou llamado Jin Laoda, cuyos antepasados habían tenido la misma ocupación por siete generaciones. Hombre acaudalado, Jin poseía residencias lujosas, tierras fértiles, ropa elegante, buena comida y cereales suficientes para llenar sus graneros, dinero para llenar sus bolsillos y un ejército de sirvientes que le aguardaban. Aunque no el más rico, figuraba entre los hombres más pudientes de la capital. Como Jin aspiraba a ser respetado, le cedió el título a un colega de clan llamado Laizi para retirarse y vivir cómodamente, dando así por terminada su conexión de mala reputación con la prole de los mendigos. Tamaña es la fuerza del hábito, que el pueblo del distrito continuaba refiriéndose a él como el jefe de los mendigos. Definitivamente, no podía librarse del título. Jin ya superaba los cincuenta años por ese entonces y su esposa había fallecido sin haberle dado hijos varones, sino una hija que respondía al nombre Yunu, una chica de inigualable belleza.

La joven era tan exótica como la pieza de jade perfecta,
Y tan justa como cualquier flor de mayo;
Ataviada con túnicas de palacio parecía una belleza de antaño.

金老大爱此女如同珍宝,从小教他读书识字。到十五六岁时,诗赋俱通,一写一作,信手而成。更兼女工精巧,亦能调筝弄管,事事伶俐。金老大倚着女儿才貌,立心要将他嫁个士人。论来就名门旧族中,急切要这一个女子也是少的,可恨生于团头之家,没人相求。若是平常经纪人家,没前程的,金老大又不肯扳他了。因此高低不就,把女儿直捱到一十八岁,尚未许人。

　　偶然有个邻翁来说:"太平桥下有个书生,姓莫名稽,年二十岁,一表人才,读书饱学。只为父母双亡,家穷未娶。近日考中,补上太学生,情愿入赘人家。此人正与令爱相宜,何不招之为婿?"金老大道:"就烦老翁作伐何如?"邻翁领命,径到太平桥下,寻那莫秀才,对他说了:"实不相瞒,祖宗曾做个团头的,如今久不做了。只贪他好个女儿,又且家道富足,秀才若不弃嫌,老汉即当玉成其事。"莫稽口虽不语,心下想道:"我今衣食不周,无

Jin apreciaba a su hija más que a las joyas. Había hecho que aprendiera a leer desde muy pequeña y a los 15 o 16 años ya escribía poemas enteros de diferentes métricas o improvisaba versos. También era una excelente costurera, así como habilidosa artista capaz de tocar varios instrumentos musicales. La muchacha destacaba en todo lo que hacía. Por tal motivo, Jin se había propuesto de corazón casar a su hija con un caballero. Sin embargo, aunque no era fácil encontrar a una joven como ella en las familias de abolengo, ningún pretendiente elegible se le acercaba por ser la hija del jefe de los mendigos. Como su padre estaba reacio a desposarla a un comerciante común y corriente, a los 18 años de edad, la chica aún no estaba prometida.

Un buen día, un vecino le dijo a Jin:

—Por el puente Taiping vive un apuesto y versado joven académico de unos veinte años llamado Mo Ji. Como sus padres murieron y su familia es pobre, aún no ha contraído matrimonio, pero hace muy poco pasó los exámenes que le permiten unirse al Colegio Imperial y, por si fuera poco, está dispuesto a vivir con la familia de su esposa una vez consumada la unión matrimonial. ¿Por qué no le pide que sea su yerno?

—Esa es una sugerencia muy buena —sentenció Jin—. ¿Sería mucho pedirle que sea mi casamentero?

El vecino aceptó y fue directamente al puente Taiping a hablar con el joven académico.

—Seré muy sincero contigo —le dijo a Mo ji—. Sus ancestros fueron jefes de mendigos, pero el señor Jin hace mucho tiempo que dejó de serlo. Ella es una buena muchacha y la familia es rica. De manera que, si no te parece indigno, te ayudaré a concertar el matrimonio.

Mo Ji no articulaba palabra alguna. "Yo no puedo mantenerme y mucho menos buscar esposa", pensaba en silencio. "Si me caso con

力婚娶，何不俯就他家，一举两得？也顾不得耻笑。"乃对邻翁说道："大伯所言虽妙，但我家贫乏聘，如何是好？"邻翁道："秀才但是允从，纸也不费一张，都在老汉身上。"邻翁回覆了金老大，择个吉日，金家到送一套新衣穿着，莫秀才过门成亲。莫稽见玉奴才貌，喜出望外，不费一钱，白白的得了个美妻，又且丰衣足食，事事称怀。就是朋友辈中，晓得莫稽贫苦，无不相谅，到也没人去笑他。

到了满月，金老大备下盛席，教女婿请他同学会友饮酒，荣耀自家门户。一连吃了六七日酒，何期恼了族人金癞子。那癞子也是一班正理，他道："你也是团头，我也是团头，只你多做了几代，挣得钱钞在手，论起祖宗一脉，彼此无二。侄女玉奴招婿，也该请我吃杯喜酒。如今请人做满月，开宴六七日，并无三寸长、一寸阔的请帖儿到我。你女婿做秀才，难道就做尚书、宰相，我就不是亲叔公？坐不起凳头？直恁不觑人在眼里！我且去蒿恼他一

esta chica y vivo con su familia, mataré dos pájaros de un solo tiro. No estoy como para ponerme a pensar si la gente se ríe de mí".

—Su propuesta es excelente, señor —le respondió al casamentero—. Pero soy demasiado pobre para comprarle regalos a la novia. ¿Qué puedo hacer?

—No tendrás que comprar ni una hoja de papel —contestó el casamentero—. Déjalo todo en mis manos.

Cuando el vecino comunicó la respuesta de Mo Ji a Jin, se eligió de inmediato un día auspicioso para la boda y, en vez de enviar regalos para la novia, Mo Ji recibió ropa nueva para su matrimonio de parte de su suegro. Cuando supo que Yunu era hermosa y talentosa, se puso muy feliz. Acababa de conseguir una linda esposa y un reconfortante hogar sin gastar ni un solo centavo. El joven sentía que estaba en el cielo. En cuanto a sus amigos, al tanto de su pobreza, lo perdonaron por formar parte de esa familia. Ninguno de ellos se burló de él.

Cuando la pareja llevaba un mes de casada, Jin preparó un fastuoso banquete y le pidió a su yerno que invitara a sus amigos académicos a honrarles con su presencia. Al enterarse de que habían estado celebrando durante seis o siete días seguidos, Laizi, su compañero de clan, se sintió ofendido y con razón.

—Él es un jefe de mendigos y yo también —refunfuñó—. La única diferencia entre nosotros es que su familia tuvo el trabajo durante generaciones y amasó una buena fortuna. Como pariente suyo que soy, debí haber sido invitado a beber en la boda de mi sobrina; sin embargo, invitó a unos desconocidos a celebrar y ya llevan seis o siete días de fiesta y yo aún no he recibido ni una invitación. Su yerno es tan solo un académico, no un ministro o consejero de Estado. ¿Acaso no soy el tío de Yunu? ¿No soy lo suficientemente bueno como para sentarme a la misma mesa? ¿Por qué me desprecia así? ¡Iré, formaré

场,教他大家没趣!"叫起五六十个丐户,一齐奔到金老大家里来。但见:

开花帽子,打结衫儿。旧席片对着破毡条,短竹根配着缺糙碗。叫爹叫娘叫财主,门前只见喧哗;弄蛇弄狗弄猢狲,口内各呈伎俩。敲板唱杨花,恶声聒耳;打砖搽粉脸,丑态逼人。一班泼鬼聚成群,便是钟馗收不得。

金老大听得闹吵,开门看时,那金癞子领着众丐户,一拥而入,嚷做一堂。癞子径奔席上,拣好酒好食只顾吃,口里叫道:"快教侄婿夫妻来拜见叔公!"唬得众秀才站脚不住,都逃席去了,连莫稽也随着众朋友躲避。金老大无可奈何,只得再三央告道:"今日是我女婿请客,不干我事。改日专治一杯,与你陪话。"又将许多钱钞分赏众丐户,又抬出两瓮好酒和些活鸡、活鹅之类,教众丐户送去癞子家,当个折席。直乱到黑夜,方才散去。玉奴在房中气得两泪交流。这一夜,莫稽在朋友家借宿,次早方回。金老大见了女婿,自觉出丑,满面含羞,莫稽心中未免也有三分不乐,只是大家不说出来。正是:

un gran escándalo y acabaré con su fiesta!

Tomada la decisión, mandó a llamar a unos cincuenta o sesenta mendigos para que fueran con él a casa de Jin. Así era como lucían los mendigos:

En sucios harapos y con sombreros rotos, llevan alfombras raídas y esteras mugrientas;

Con bastones de bambú y cuencos abollados, se aglomeran ante la puerta del hombre acaudalado y un gran escándalo provocan.

Cuando Jin abrió la puerta para averiguar la razón de tanto alboroto, Laizi entró de prisa con todos sus mendigos para levantar el pandemonio. Laizi se dirigió adonde se encontraban los comensales y se sirvió una buena copa de licor y buena comida mientras gritaba a voz en cuello:

—¡Díganle a la joven pareja que venga a rendirle el debido respeto a su tío!

Los académicos se alarmaron, al igual que Mo Ji. El viejo Jin no pudo hacer otra cosa que disculparse con los mendigos.

—Hoy, el anfitrión es mi yerno —le dijo a Laizi—. No tengo nada que ver con esto. Prepararé un banquete especial en otro momento para expresarles cuanto lo siento.

Acto seguido, hizo gala de generosidad ante todos los mendigos y les pidió que se llevaran dos garrafas de su mejor licor, así como carne de pollo y ganso para que celebraran en casa de Laizi. La confusión duró hasta el atardecer, cuando finalmente los alborotadores se dispersaron. Yunu lloraba de la ira en su habitación. Esa noche, Mo Ji se quedó en casa de un amigo y regresó a la mañana siguiente. Al ver a su yerno, Jin se ruborizó de la vergüenza porque había perdido toda su reputación. Mo Ji estaba muy enojado también, pero al igual que su suegro, no dijo lo que sentía.

哑子尝黄柏，苦味自家知。

却说金玉奴只恨自己门风不好，要挣个出头，乃劝丈夫刻苦读书。凡古今书籍，不惜价钱，买来与丈夫看；又不吝供给之费，请人会文会讲；又出资财，教丈夫结交延誉。莫稽由此才学日进，名誉日起，二十三岁发解，连科及第。这日，琼林宴罢，乌帽宫袍，马上迎归。将到丈人家里，只见街坊上一群小儿争先来看，指道："金团头家女婿做了官也。"莫稽在马上听得此言，又不好揽事，只得忍耐。见了丈人，虽然外面尽礼，却包着一肚气忿气，想道："早知有今日富贵，怕没王侯贵戚招赘成婚？却拜个团头做岳丈，可不是终身之玷！养出儿女来，还是团头的外孙，被人传作话柄。如今事已如此，妻又贤慧，不犯七出之条，不好决绝得。正是事不三思，终有后

Cuando los tontos toman ajenjo, por más grande que sea su angustia, no pueden expresar su pavor por su agudeza.

Yunu, avergonzada de pertenecer a una familia de tan baja clase, decidió incentivar a su esposo a abrirse paso en el mundo. Lo instó a estudiar mucho y no escatimar en la compra de todos los libros, antiguos y modernos, que necesitara. Tampoco escatimó dinero para que invitara a los académicos a practicar la redacción de ensayos y estudiar los clásicos con él. Igualmente, le concedió una generosa remesa para su esparcimiento para que ampliara su círculo de conocidos y, en consecuencia, aumentara su reputación. De esta forma, la erudición de Mo Ji mejoraba a diario y su fama se esparcía hasta que a los 23 años de edad pasó los exámenes de nivel provincial, el examen más riguroso en la capital, y se convirtió en miembro de la Academia Hanlin. Luego del banquete de bienvenida a los nuevos académicos, Mo Ji emprendió la vuelta triunfal a casa ataviado con su gorro de seda negro y túnica de palacio, pero a medida que se acercaba a la residencia de Jin, la gente se aglomeraba en la calle para verlo y los niños lo señalaban.

—¡Miren! —gritaban—. ¡El yerno del mendigo es un funcionario!

Mo Ji toleró los comentarios por todo el camino porque no podía hacer un escándalo en la calle. Cuando llegó a casa y vio a Jin, le rindió a su suegro el debido respeto mientras pensaba: "Si hubiese sabido lo exitoso que sería, habría esperado para casarme con la hija de una familia noble, pero ahora todo lo que tengo es un jefe de mendigos por suegro. Nunca podré librarme de este estigma. Es más, cuando tenga hijos, serán los descendientes de un jefe de mendigos y el pueblo los señalará con el dedo con desprecio. Bueno, lo hecho, hecho está y la conducta de mi esposa es ejemplar. No ha cometido ninguno de los siete pecados por los que pudiera divorciarme de ella. ¡Cuán cierto es

悔。"为此心中怏怏，只是不乐。玉奴几遍问而不答，正不知甚么意故。好笑那莫稽，只想着今日富贵，却忘了贫贱的时节，把老婆资助成名一段功劳，化为春水，这是他心术不端处。

不一日，莫稽谒选，得授无为军司户，丈人治酒送行。此时众丐户，料也不敢登门闹吵了。喜得临安到无为军，是一水之地。莫稽领了妻子，登舟赴任。行了数日，到了采石江边，维舟北岸。其夜月明如昼，莫稽睡不能寐，穿衣而起，坐于船头玩月。四顾无人，又想起团头之事，闷闷不悦。忽然动一个恶念，除非此妇身死，另娶一人，方免得终身之耻。心生一计，走进船舱，哄玉奴起来看月华。玉奴已睡了，莫稽再三逼他起身。玉奴难逆丈夫之意，只得披衣，走至马门口，舒头望月。被莫稽出其不意，牵出船头，推堕江中。悄悄唤起舟人，分付："快开船前去，重重有赏！不可迟慢。"舟子不知明白，慌忙撑篙

el dicho que reza cásate de prisa y te arrepentirás demasiado tarde!"

Mo Ji estaba muy deprimido y por mucho que Yunu le preguntaba por qué estaba tan triste, él no le decía la razón. Lo cierto es que la buena suerte hizo que Mo Ji olvidara todo lo que su esposa había hecho por él cuando era pobre. En efecto, su absoluto desprecio por toda su ayuda demostraba que su corazón no estaba en el sitio correcto.

Transcurridos unos días, Mo Ji fue designado Funcionario del Censo en la prefectura de Wuwei. Su suegro preparó una fiesta de despedida en su honor y esta vez los mendigos no se atrevieron a causar revuelo. Como Wuwei no estaba lejos de la capital y se podía viajar hasta allí por río, Mo Ji decidió llevarse a Yunu con él a su nuevo puesto. Luego de varios días de navegación, llegaron al peñón Caishi y atracaron en la ribera Norte. Esa noche, la luna llena iluminaba con tanta fuerza que parecía que era de día. Mo Ji, incapaz de conciliar el sueño, se vistió y salió a disfrutar de la luz de la luna desde la proa del barco. No había nadie a la vista y mientras meditaba amargamente sobre la desgracia de tener un jefe de los mendigos como suegro, un malvado pensamiento le cruzó por la mente: "Si esta mujer estuviera muerta, podría casarme con otra y librarme de esta vergüenza eterna". Inmediatamente, fue al camarote a llamar a su esposa para que saliera a admirar la luna. Yunu estaba dormida, pero Mo Ji la despertó e insistió para que se levantara. No dispuesta a rechazar a su esposo, se puso algo de ropa por encima de los hombros y salió a la puerta del camarote para contemplar la luna. Entonces, Mo Ji, tomándola por sorpresa, la arrastró hasta la proa y la lanzó al río. Hecho esto, fue y despertó tranquilamente a los barqueros.

—¡Remen de una vez! —les ordenó—. Si lo hacen bien, les daré una buena recompensa.

Sin saber lo que había ocurrido, levaron anclas y remaron rápi-

荡浆，移舟于十里之外，住泊停当，方才说："适间奶奶因玩月堕水，捞救不及了。"却将三两银子，赏与舟人为酒钱。舟人会意，谁敢开口？船中虽跟得有几个蠢婢子，只道主母真个坠水，悲泣了一场，丢开了手。不在话下。有诗为证：

　　只为"团头"号不香，忍因得意弃糟糠。
　　天缘结发终难解，赢得人呼薄幸郎。

你说事有凑巧，莫稽移船去后，刚刚有个淮西转运使许德厚，也是新上任的，泊舟于采石北岸，正是莫稽先前推妻坠水处。许德厚和夫人推窗看月，开怀饮酒，尚未曾睡。忽闻岸上啼哭，乃是妇人声音，其声哀怨，好生不忍。忙呼水手打看，果然是个单身妇人，坐于江岸。便教

do sin parar hasta que se habían alejado unas cuatro millas. Cuando volvieron a atracar, Mo Ji les contó que su esposa había caído al río mientras contemplaba la luna y que no había podido salvarla. Como les dio tres taels de plata, los hombres comprendieron muy bien lo que acababa de ocurrir, pero no se atrevieron a decir nada. Las sirvientas más tontas que viajaban en la embarcación se creyeron la historia de que su ama se había caído al río accidentalmente y luego de llorar su pérdida por un buen rato dejaron de pensar en el asunto.

Como despreciaba el nombre del jefe mendigo,
El desalmado esposo a su amada rechazó;
Pero aquel que rompe los sagrados lazos del matrimonio es considerado una sabandija toda su vida.

El miedo se apoderó de Yunu, que cuando se vio en el agua pensó que le había llegado la última hora. Justo entonces sintió que algo sostenía sus pies debajo del agua y la llevaba a la orilla. Después de mirar a su alrededor, no vio más que una gran masa de agua. La embarcación se había ido. Fue en ese momento que comprendió que su esposo la despreciaba ahora y quiso ahogarla para poderse casar con alguien de una familia respetable. Aunque había salido con vida de esta, no tenía adónde ir y la angustia de su situación la hizo llorar amargamente.

Por casualidades de la vida, poco después de que el barco de Mo Ji zarpó, el recién nombrado comisario de Transporte de Huaixi, Xu Dehou, atracó su barco en el mismo lugar que Mo Ji había lanzado al agua a Yunu. Mientras conversaban y bebían vino antes de irse a la cama, Xu y su esposa disfrutaban de la luna desde la ventana de su camarote cuando escucharon el llanto de una mujer en la orilla. Lloraba tan desconsoladamente que Xu ordenó a sus barqueros investigar de inmediato y, como era de esperar, encontraron a una mujer sentada

唤上船来，审其来历。原来此妇正是无为军司户之妻金玉奴，初坠水时，魂飞魄荡，已拚着必死。忽觉水中有物，托起两足，随波而行，近于江岸。玉奴挣扎上岸，举目看时，江水茫茫，已不见了司户之船，才悟道丈夫贵而忘贱，故意欲溺死故妻，别图良配。如今虽得了性命，无处依栖，转思苦楚，以此痛哭。见许公盘问，不免从头至尾，细说一遍。说罢，哭之不已，连许公夫妇都感伤堕泪，劝道："汝休得悲啼，肯为我义女，再作道理。"玉奴拜谢。许公分付夫人取干衣替他通身换了，安排他后舱独宿。教手下男女都称他小姐，又分付舟人，不许泄漏其事。

不一日，到淮西上任。那无为军正是他所属地方，许公是莫司户的上司，未免随班参谒。许公见了莫司户，心中想道："可惜一表人才，干恁般薄幸之事。"约过数月，许公对僚属说道："下官有一女，颇有才貌，年已及笄，欲择一佳婿赘之。诸君意中，有其人否？"众僚属都闻得莫司户青年丧偶，齐声荐他才品非凡，堪作东床之选。许公道："此子吾亦属意久矣，但少年登第，心高望厚，未必肯

sola en la orilla. Al llevarla a bordo y preguntarle de dónde venía, Yunu le contó a Xu que era la esposa del Funcionario del Censo de la prefectura de Wuwei. A petición del comisario le relató toda su historia de principio a fin llorando mientras hablaba. Xu y su esposa, muy conmovidos, la consolaron.

—No llores más —le pidieron—. Te adoptaremos como nuestra hija y pensaremos cómo podremos ayudarte.

Yunu hizo una reverencia en agradecimiento. Entonces, Xu le pidió a su esposa que le buscara ropa seca para cambiarse y la llevaron a descansar al camarote del fondo. Acto seguido, le dijo a la servidumbre que debían tratarla como su joven ama y prohibió a los barqueros decir una sola palabra de lo acontecido esa noche. Unos días más tarde, Xu asumía su cargo. Como la prefectura de Wuwei estaba dentro de su jurisdicción y él era el superior del funcionario del censo. Mo Ji se encontraba en la larga lista de subordinados que irían a rendir sus respetos al nuevo comisario de Transporte.

"Es un hombre apuesto", pensó Xu, al ver por vez primera a Mo Ji. "¡Qué lástima que cometiera un acto tan vil!"

Pasados unos meses, Xu les comunicó a sus subordinados:

—Tengo una hija talentosa y hermosa y como ya está en edad de contraer nupcias, me gustaría encontrarle un buen esposo que esté dispuesto a vivir en nuestra familia. ¿Pueden recomendar a alguien adecuado?

Todos los funcionarios habían escuchado que el joven Mo Ji había perdido a su esposa y lo recomendaron a él, añadiendo que con sus extraordinarios talentos sería el yerno ideal para el comisario Xu.

—Había pensado en él también —aseveró Xu—. Pero un hombre que ha alcanzado el éxito tan joven puede ser muy ambicioso. Probablemente, no quiera vivir con nuestra familia.

赘吾家。"众僚属道："彼出身寒门，得公收拔，如蒹葭倚玉树，何幸如之，岂以入赘为嫌乎？"许公道："诸君既酌量可行，可与莫司户言之。但云出自诸君之意，以探其情，莫说下官，恐有妨碍。"众人领命，遂与莫稽说知此事，要替他做媒。莫稽正要攀高，况且联姻上司，求之不得，便欣然应道："此事全仗玉成，当效衔结之报。"众人道："当得，当得。"随即将言回复许公。许公道："虽承司户不弃，但下官夫妇，钟爱此女，娇养成性，所以不舍得出嫁。只怕司户少年气概，不相饶让，或致小有嫌隙，有伤下官夫妇之心。须是预先讲过，凡事容耐些，方敢赘入。"众人领命，又到司户处传话，司户无不依允。此时司户不比做秀才时节，一般用金花彩币为纳聘之仪，选了吉期，皮松骨痒，整备做转运使的女婿。

—El joven procede de una familia pobre —explicaron los subordinados—. Con usted como suegro, señor, será tan afortunado como el junco protegido por el árbol fino. ¿Qué podría objetar?

—Si creen que es posible, ¿podrían sugerirle la unión a Mo Ji? —interrogó Xu—. Proponérselo como si fuera cosa suya para ver cuál es su reacción. No mencione que yo lo estoy deseando para que no se avergüence.

Tal y como acordaron, los colegas de Mo Ji hablaron con él y se ofrecieron a ser su casamentero. Mo Ji estaba ansiando relacionarse con los funcionarios de alto rango, pero una alianza por matrimonio con su superior no se le había ocurrido ni en sus sueños más ambiciosos.

—Si logra arreglar este matrimonio, —le dijo— le estaré eternamente agradecido.

—Déjelo todo en mis manos —le aseguró y se fue a comunicarle la respuesta al comisario.

—Mo Ji ha sido muy amable al aceptar —manifestó Xu—. Queremos tanto a nuestra hija que temo que la hallamos malcriado demasiado y por eso no queremos que abandone la casa cuando contraiga matrimonio. Como Mo Ji es joven y tiene voluntad propia, nos preocupa que puedan surgir discrepancias ocasionales que nos angustiarían mucho. Esto tenemos que esclarecerlo de antemano y espero que sepa cómo consentirla y tolerarla. Solo lo invitaremos a nuestra casa cuando tenga conciencia y exprese su consentimiento al respecto.

Cuando Mo Ji supo los términos, los aceptó incondicionalmente. Teniendo en cuenta que ya no era un académico pobre, envió flores de color dorado y seda a casa de la novia. El día de buen auspicio fue acordado y Mo Ji ardía en deseos de convertirse en el yerno del comisario. Mientras tanto, Xu le pidió a su esposa que pusiera a Yunu al corriente:

却说许公先教夫人与玉奴说:"老相公怜你寡居,欲重赘一少年进士,你不可推阻。"玉奴答道:"奴家虽出寒门,颇知礼数。既与莫郎结发,从一而终。虽然莫郎嫌贫弃贱,忍心害理,奴家各尽其道,岂肯改嫁,以伤妇节?"言毕,泪如雨下。夫人察他志诚,乃实说道:"老相公所说少年进士,就是莫郎。老相公恨其薄幸,务要你夫妻再合。只说有个亲生女儿,要招赘一婿,却教众僚属与莫郎议亲,莫郎欣然听命,只今晚入赘吾家。等他进房之时,须是如此如此,与你出这口呕气。"玉奴方才收泪,重匀粉面,再整新妆,打点结亲之事。到晚,莫司户冠带齐整,帽插金花,身披红锦,跨着雕鞍骏马,两班鼓乐前导,众僚属都来送亲。一路行来,谁不喝采!正是:

鼓乐喧阗白马来,风流佳婿实奇哉!

团头喜换高门眷,采石江边未足哀。

—El comisario considera que una joven de tu edad no puede permanecer soltera y desea que te unas en matrimonio a un académico joven que ha pasado los exámenes imperiales. Por favor, no te niegues.

—Aunque procedo de una familia pobre, —explicó la muchacha— sé cómo debo actuar. Como me casé con Mo Ji le debo ser fiel toda la vida. Aun cuando me haya abandonado porque era demasiado vulgar para él y pese haber actuado malvada y cruelmente, tengo que hacer lo que es correcto. Se vería mal que me casara con otro hombre.

Acto seguido, empezó a llorar. La señora Xu, al ver que era sincera, le contó la verdad.

—Este joven graduado de palacio no es otro sino el propio Mo Ji. Mi esposo está muy enojado con él por su falta de sensibilidad, pero quiere que vuelvan a ser un matrimonio. Por tal motivo, te ha hecho pasar por su hija y les pidió a sus colegas arreglar la unión matrimonial. Mo Ji estuvo de acuerdo al instante y esta noche se convertirá en nuestro yerno. Podrás vengarte de él esta noche en la recámara nupcial.

Yunu se secó las lágrimas, se empolvó la cara y se arregló para la boda. Cuando llegó la noche, Mo Ji se vistió inteligentemente con una capa roja sobre sus hombros y adornó su gorro con una flor de papel dorado. Luego partió a casa del comisario montando una pura raza con una montura hermosamente decorada y adelantado por dos grupos de músicos. Todos los funcionarios escoltaron al novio hasta su nuevo hogar aupado por los vítores de la muchedumbre a ambos lados de la carretera.

> *En un fino caballo blanco, con timbales y tambores,*
> *Miren por donde viene el apuesto y señorial novio.*
> *Roto su último vínculo con el jefe de los mendigos,*
> *Por su desdichada esposa no siente dolor alguno.*

是夜，转运司铺毡结彩，大吹大擂，等候新女婿上门。莫司户到门下马，许公冠带出迎，众官僚都别去。莫司户直入私宅，新人用红帕覆首，两个养娘扶将出来。掌礼人在槛外喝礼，双双拜了天地，又拜了丈人、丈母，然后交拜。礼毕，送归洞房，做花烛筵席。莫司户此时心中，如登九霄云里，欢喜不可形容，仰着脸，昂然而入。才跨进房门，忽然两边门侧里，走出七八个老妪、丫鬟，一个个手执篱竹细棒，劈头劈脑打将下来，把纱帽都打脱了，肩背上棒如雨下，打得叫喊不迭，正没想一头处。莫司户被打，慌做一堆蹲倒，只得叫声："丈人，丈母，救命！"只听房中娇声宛转，分付道："休打杀薄情郎，且唤来相见。"众人方才住手。七八个老妪、丫鬟，扯耳朵，拽胳膊，好似六贼戏弥陀一般，脚不点地，拥到新人面前。司户口中还说道："下官何罪？"开眼看时，画烛辉

Esa noche, se pusieron las alfombras y se colgaron sedas de distintos colores en la residencia del comisario de Transporte y las trompetas y los tambores anunciaban la entrada del novio. Al llegar a la puerta, Mo Ji se apeó de su caballo y Xu, vistiendo su túnica y cinturón estatales, salió a darle la bienvenida. Acto seguido, los funcionarios que le acompañaron se retiraron y Mo Ji entró a la residencia. La novia, con el rostro cubierto con un velo de seda roja, fue conducida por dos sirvientas. Entonces, el maestro de ceremonias fuera de la balaustrada llamó a la joven pareja a hacer una reverencia al Cielo y la Tierra, ante los padres de la novia y finalmente entre ellos. Después, la pareja recién casada fue escoltada a la recámara nupcial para su festín de boda.

En ese momento, Mo Ji sentía que estaba en el cielo y su felicidad era inefable. Con la cabeza en el aire fue pavoneándose a la recámara nupcial. Prácticamente no había entrado, cuando detrás de ambos lados de la puerta salieron siete u ocho sirvientas, unas jóvenes otras viejas, armadas con palos y varas de bambú y antes de que pudiera reaccionar empezaron a golpearle en los hombros y la espalda hasta que se le cayó el gorro de gaza. Por mucho que gritó del dolor, no logró escapar. Por último, víctima de la desesperación cayó al suelo y gritó:

—¡Suegro! ¡Suegra! ¡Sálvenme!

Entonces, escuchó la voz de una joven que ordenó:

—No maten a ese bruto. Tráiganmelo.

En ese preciso instante, cesaron los golpes. Pellizcándole las orejas, tirándole de los brazos y haciendo oídos sordos a sus protestas, las sirvientas lo levantaron del suelo y lo llevaron ante la novia.

—¿Qué he hecho para merecer esto? —gritó Mo Ji.

Sin embargo, cuando levantó la vista, vio sentada tranquilamente

煌，照见上边端端正正坐着个新人，不是别人，正是故妻金玉奴。莫稽此时魂不附体，乱嚷道："有鬼！有鬼！"众人都笑起来。

只见许公自外而入，叫道："贤婿休疑，此乃吾采石江头所认之义女，非鬼也。"莫稽心头方才住了跳，慌忙跪下，拱手道："我莫稽知罪了，望大人包容之。"许公道："此事与下官无干，只吾女没说话就罢了。"玉奴唾其面，骂道："薄幸贼！你不记宋弘有言：'贫贱之交不可忘，糟糠之妻不下堂。'当初你空手赘入吾门，亏得我家资财，读书延誉，以致成名，侥幸今日。奴家亦望夫荣妻贵，何期你忘恩负本，就不念结发之情，恩将仇报，将奴推堕江心。幸然天天可怜，得遇恩爹提救，收为义女。倘然葬江鱼之腹，你别娶新人，于心何忍？今日有何颜面，再与你完聚？"说罢，放声而哭，千薄幸，万薄幸，骂不

a la luz de la vela a su ex esposa, Yunu.

—¡Un fantasma, un fantasma! —aseguró chillando Mo Ji aterrorizado.

Las sirvientas rieron a carcajadas. En ese momento, hizo su entrada Xu.

—No te preocupes —afirmó el comisario—. No es ningún fantasma, sino la hija adoptiva que encontré en Roca Caishi.

El corazón de Mo Ji dejó de palpitar como caballo desbocado y se apresuró a arrodillarse y postrarse ante él tocando el suelo con la frente.

—Reconozco mi culpa —indicó—. Por favor, perdóneme.

—No es a mí a quien corresponde perdonarte —le respondió Xu—. Es el perdón de mi hija el que debes pedir.

Yunu escupió a su esposo en la cara y lo maldijo.

—¡Bruto sin corazón! —le gritó—. ¿Olvidaste el antiguo proverbio? El hombre no debe olvidar a sus amigos de la pobreza; el hombre rico no debe abandonar jamás a la mujer que compartió su pobreza. Llegaste a mi familia con las manos vacías y fue gracias a nuestra ayuda que pudiste estudiar y hacerte famoso. Así fue como alcanzaste tu éxito actual. Esperaba compartir contigo tu grandeza, jamás imaginé que serías tan ingrato como para olvidar todo lo que habías vivido. Sin embargo, olvidando nuestro amor y reciprocando bondad con crueldad me lanzaste al río. Afortunadamente, el Cielo se apiadó de mí y el comisario Xu me rescató y me hizo su hija. De lo contrario, me habría ahogado y mi cuerpo habría sido devorado por los peces. ¿Cómo pudiste ser tan despiadado como para asesinarme y volverte a casar? ¿Cómo te atreves a mirarme a la cara ahora?

Luego se derrumbó y sollozando amargamente lo maldijo por su ingratitud y crueldad. Mo Ji, avergonzado, no tenía nada que decir.

住口。莫稽满面羞惭,闭口无言,只顾磕头求恕。

许公见骂得够了,方才把莫稽扶起,劝玉奴道:"我儿息怒,如今贤婿悔罪,料然不敢轻慢你了。你两个虽然旧日夫妻,在我家只算新婚花烛。凡事看我之面,闲言闲语,一笔都勾罢。"又对莫稽说道:"贤婿,你自家不是,休怪别人。今宵只索忍耐,我教你丈母来解劝。"说罢,出房去。少刻夫人来到,又调停了许多说话,两个方才和睦。

次日,许公设宴,管待新女婿,将前日所下金花彩币,依旧送还,道:"一女不受二聘。贤婿前番在金家已费过了,今番下官不敢重叠收受。"莫稽低头无语,许公又道:"贤婿常恨令岳翁卑贱,以致夫妇失爱,几乎不终。今下官备员如何?只怕爵位不高,尚未满贤婿之意。"莫稽涨得面皮红紫,只是离席谢罪。有诗为证:

痴心指望缔高姻,谁料新人是旧人?

Solo pudo postrarse tocando el suelo con la frente para pedirle perdón. Cuando Xu creyó que Yunu había injuriado a su esposo lo suficiente, ayudó a Mo Ji a reincorporarse.

—No dejes que la ira se apodere de ti ahora, hija —le suplicó a Yunu—. Tu esposo se ha arrepentido y estoy convencido de que en el futuro siempre te tratará respetuosamente. Aunque ya estaban casados, hoy están comenzando de nuevo. Por favor evítale más reproches, hazlo por mí.

En tanto, a Mo Ji le dijo:

—Esto te lo buscaste tú mismo, no puedes culpar a nadie más por ello. Esta noche, tienes que aceptar tu castigo, pero le pediré a tu suegra que interceda por ti.

Dicho esto, Xu abandonó la recámara.

Transcurrido un breve tiempo, llegó la esposa del comisario a persuadir a Yunu para que perdonara a Mo Ji. Al día siguiente, Xu preparó un banquete para su yerno y le devolvió todos sus regalos de boda.

—Una joven solo puede aceptar regalos de boda una vez —le explicó—. Tienes que haber enviado regalos a la familia Jin y por eso no puedo aceptarlos.

Cuando Mo Ji inclinó la cabeza sin pronunciar palabra, Xu prosiguió:

—Tu desprecio por tu suegro envenenó tanto tu relación con tu esposa que estuviste a punto de cometer un terrible crimen. Yo soy un simple comisario de Transporte y temo que mi cargo sea demasiado bajo para ti.

Mo Ji se ruborizó y se inclinó una y otra vez para disculparse.

Él soñaba con una alianza con la grandeza,
Y jamás pensó que volvería a ver a su esposa;

打骂一场羞满面,问他何取岳翁新?

自此莫稽与玉奴夫妇和好,比前加倍。许公共夫人待玉奴如真女,待莫稽如真婿;玉奴待许公夫妇,亦与真爹娘无异。连莫稽都感动了,迎接团头金老大在任所,奉养送终。后来许公夫妇之死,金玉奴皆制重服,以报其恩。莫氏与许氏,世世为通家兄弟,往来不绝。诗云:

宋弘守义称高节,黄允休妻骂薄情。

试看莫生婚再合,姻缘前定枉劳争。

Pero golpeado, maldecido y cubierto en desgracia,
Las ambiciones del malvado hombre fueron en vano.

A partir de ese momento, Mo Ji y Yunu vivieron juntos y fueron más felices que nunca. Xu y su esposa trataban a Yunu como si fuera su propia hija y a Mo Ji como su yerno. Como Yunu cuidaba del longevo matrimonio como si fueran sus padres, Mo Ji, conmovido por su ejemplo, le pidió a Jin que viviera con ellos por el resto de sus días. Cuando Xu y su esposa murieron, Yunu los lloró como una hija agradecida por su bondad. Luego de lo ocurrido y durante generaciones, la familia Mo y la Xu mantuvieron las mejores relaciones.

El hombre leal cosecha elogios a lo largo de su vida,
Pero maldito sea el que desprecia a la amada esposa.
Una esposa asesinada puede volver a la vida:
Haciendo añicos los intentos para engañar a los dioses.

沈小霞相会出师表

EL HOMBRE JUSTO ES VENGADO

闲向书斋阅古今，偶逢奇事感人心；忠臣翻受奸臣制，肮脏英雄泪满襟。

休解绶，慢投簪，从来日月岂常阴？到头祸福终须应，天道还分贞与淫。

话说国朝嘉靖年间，圣人在位，风调雨顺，国泰民安。只为用错了一个奸臣，浊乱了朝政，险些儿不得太平。那奸臣是谁？姓严名嵩，号介溪，江西分宜人氏。以柔媚得幸，交通宦官，先意迎合，精勤斋醮，供奉青词，由此骤致贵显。为人外装曲谨，内实猜刻。谗害了大学士夏言，自己代为首相，权尊势重，朝野侧目。儿子严世蕃，由官生直做得到工部侍郎。他为人更狠，但有些小人

Descansando en mi estudio leyendo libros de historia,
Me encontré el conmovedor y extraño cuento,
De un funcionario honesto destruido por un malvado señor;
Mi túnica humedecí llorando por el valiente hombre,
Pero no desprecié el cargo por semejante injusticia,
Porque el Sol y la Luna no dejarán de brillar por siempre,
La retribución llegará cuando se haga justicia al bien y al mal.

Durante el periodo Jiajing (1522-1566), un sabio emperador ocupaba el trono, el país prosperaba y el pueblo vivía en paz. Sin embargo, el nombramiento de un malvado ministro corrompió todo el gobierno y puso en peligro la seguridad del Estado. ¿Quién fue este ministro malvado? Nada más y nada menos que Yan Song, oriundo de Fenyi, provincia Jiangxi. Habiendo ganado el favor de la adulación y congraciándose con los eunucos, se sacrificó como un taoísta y montó un gran espectáculo escribiendo invocaciones y ayunando para complacer al emperador. Como resultado, fue ascendido rápidamente a un puesto de relevancia. La forma circunspecta en que se comportaba encubría su naturaleza vengativa y, después de calumniar y arruinar al primer ministro, Xia Yan, ocupó su lugar. Entonces, exaltado y poderoso, fue el terror de funcionarios y ciudadanos comunes por igual.

El hijo de Yan Song, Yan Shifan, quien pasó paulatinamente del rango *Guansheng* a viceministro de la Junta de Obras, era más astuto que su padre. Como combinaba talento con conocimiento, buena me-

之才，博闻强记，能思善算。介溪公最听他的说话，凡疑难大事，必须与他商量，朝中有"大丞相"、"小丞相"之称。他父子济恶，招权纳贿，卖官鬻爵。官员求富贵者，以重赂献之，拜他门下做干儿子，即得超迁显位。由是不肖之人，奔走如市，科道衙门，皆其心腹牙爪。但有与他作对的，立见奇祸，轻则杖谪，重则杀戮，好不利害！除非不要性命的，才敢开口说句公道话儿；若不是真正关龙逢、比干，十二分忠君爱国的，宁可误了朝廷，岂敢得罪宰相？其时，有无名子感慨时事，将《神童诗》改成四句云：

"少小休勤学，钱财可立身。

君看严宰相，必用有钱人。"

又改四句，道是：

"天子重权豪，开言惹祸苗。

万般皆下品，只有奉承高。"

只为严嵩父子恃宠贪虐，罪恶如山，引出一个忠臣来，做出一段奇奇怪怪的事迹，留下一段轰轰烈烈的话

moria y mente fría y calculadora, su padre escuchaba siempre sus consejos y le hacía consultas cada vez que tenía dudas. Como resultado, el personal de la corte los llamaba el viejo primer ministro y el joven primer ministro.

Trabajando mano a mano, estos malvados hombres se hicieron con el poder, aceptaron sobornos y vendieron puestos y títulos del gobierno. Todo aquel funcionario que deseara ser promovido, lo único que tenía que hacer era sobornar al primer ministro muy bien e implorarle convertirse en su ahijado para ser nombrado a un puesto importante. Así, las personas más despreciables acudieron a ellos, hasta que todos los ministerios y oficinas quedaron ocupados por sus hombres mientras todos aquellos que se les oponían sufrían amargamente y eran blanco de dolorosas palizas, el desprecio e incluso la muerte. El resultado fue que solamente los preparados a sacrificar sus vidas se atrevían a protestar contra las injusticias de Yan y todos, excepto los patriotas más devotos, prefirieron ver el país en ruina antes que ofender al primer ministro. Como escribió un poeta anónimo de ese periodo:

¿Para qué estudiar tanto en la juventud cuando el oro puede comprarte un puesto importante?
Miren al primer ministro Yan:
Siempre nombra a los ricos para puestos oficiales.

Otra estrofa decía:

El hijo del Cielo confía en el poderoso,
Y cualquier remordimiento solo ocasionará problema;
Por tanto, todo es secundario, menos la adulación que es lo primero.

Yan Song y su hijo se aprovecharon de contar con el favor del emperador para explotar y oprimir al pueblo hasta que sus pecados fueron demasiado grandes. Entonces, un súbdito leal realizó una gran

柄。一时身死，万古名扬。正是：

　　家多孝子亲安乐，国有忠臣世泰平。

那人姓沈名錬，别号青霞，浙江绍兴人氏。其人有文经武纬之才，济世安民之志。从幼慕诸葛孔明之为人，孔明文集上有《前出师表》、《后出师表》，沈錬平日爱诵之，手自抄录数百遍，室中到处粘壁。每逢酒后，便高声背诵，念到"鞠躬尽瘁，死而后已"，往往长叹数声，大哭而罢。以此为常，人都叫他是狂生。嘉靖戊戌年中了进士，除授知县之职。他共做了三处知县，那三处？溧阳、茌平、清丰。这三任官做得好，真个是：

　　吏肃惟遵法，官清不爱钱。

　　豪强皆敛手，百姓尽安眠。

因他生性亢直，不肯阿奉上官，左迁绵衣卫经历。一到京师，看见严家赃秽狼藉，心中甚怒。忽一日值公宴，见严世蕃倨傲之状，已自九分不象意。饮至中间，只见严世蕃狂呼乱叫，旁若无人，索巨觥飞酒，饮不尽者罚之。

proeza y dejó un conmovedor relato detrás de sí. Aunque murió, su nombre vivirá por siempre.

Cuando los hijos son obedientes, los padres son felices;
Cuando los funcionarios son leales, la tierra está en paz.

Este hombre se llamó Shen Lian, natural de Shaoxing, provincia Zhejiang. Versado en todas las artes de la paz y la guerra, su ambición era servir a su país y a su pueblo. Desde niño había sentido una gran admiración por Zhuge Lang[1], y especialmente por los dos memoriales que su héroe había escrito mientras se dirigía al frente de batalla. De hecho, hizo cientos de copias de ellos que pegó en las paredes de su casa y luego de beber los recitaba en voz alta. Además, cuando llegaba a la parte que decía: "¡Me entrego en cuerpo y alma a los asuntos del Estado y así lo haré hasta que muera!", suspiraba y lloraba. Esto lo hacía con tanta frecuencia que todo el mundo lo consideraba un excéntrico.

En 1538, Shen Lian pasó los exámenes imperiales y fue nombrado magistrado de distrito. Sirvió tres mandatos como magistrado, desempeñándose tan bien que:

Sus subordinados obedecían la ley,
Él no aceptaba sobornos;
Los déspotas dejaron de delinquir,
Y el pueblo vivió en paz.

Debido a su integridad y su negativa a adular a sus superiores, Shen Lian fue transferido a la capital en calidad de Secretario de la Guardia Imperial y allí presenció con indignación los corruptos métodos y la riqueza ilícita de la familia Yan. Un día en un banquete oficial se disgustó por la arrogancia de Yan Shifan. En pleno banquete, Yan empezó a gritar frenéticamente para invitar a los presentes a beber de una gran copa. Todos los que no vaciaban la copa cuando él les orde-

这巨觥约容酒斗余，两坐客惧世蕃威势，没人敢不吃。只有一个马给事，天性绝饮；世蕃固意将巨觥飞到他面前，马给事再三告免，世蕃不依。马给事略沾唇，面便发赤，眉头打结，愁苦不胜。世蕃自去下席，亲手揪了他的耳朵，将巨觥灌之。那给事出于无奈，闷着气，一连几口吸尽。不吃也罢，才吃下时，觉得天在下，地在上，墙壁都团团转动，头重脚轻，站立不住。世蕃拍手呵呵大笑。沈鍊一肚子不平之气，忽然揎袖而起，抢那只巨觥在手，斟得满满的，走到世蕃面前说道："马司谏承老先生赐酒，已沾醉不能为礼，下官代他酬老先生一杯。"世蕃愕然，方欲举手推辞，只见沈鍊声色俱厉道："此杯别人吃得，你也吃得。别人怕着你，我沈鍊不怕你！"也揪了世蕃的耳朵灌去。世蕃一饮而尽。沈鍊掷杯于案，一般拍手呵呵大笑。唬得众官员面如土色，一个个低着头，不敢则声。世蕃假醉，先辞去了。沈鍊也不送，坐在椅上，叹道："咳！'汉、贼不两立'！'汉、贼不两立'！"一连念了七八句。

naba brindar, eran castigados. La copa contenía más de una pinta de licor, pero aun así los invitados no se atrevían a llevarle la contraria a Yan. Sin embargo, entre los invitados se encontraba el censor Ma, quien estaba impedido físicamente para beber. Cuando Yan le ordenó beber, el censor le imploró una y otra vez que lo disculpara, pero Yan no escuchó sus ruegos.

Después de un sorbo, el censor se sonrojó y mostró señales de malestar agudo. Entonces Yan se acercó a su mesa, agarró al infeliz hombre por una oreja y vertió todo el contenido de la copa en su garganta. Luego de beber forzosamente el licor, el censor Ma se sintió mareado y las paredes empezaron a girar a su alrededor. Sentía la cabeza pesada, los pies ligeros y mientras se tambaleaba y se caía, Yan aplaudía y reía estruendosamente.

Shen Lian no pudo contenerse más, se subió las mangas de la túnica, tomó la copa, la llenó hasta arriba y se la llevó a Yan.

—Le hizo el honor al censor Ma de invitarlo a beber —le dijo—. Como está demasiado borracho para devolverle la cortesía, permítame invitarlo en su lugar.

Tomado por sorpresa, Yan iba a levantar la mano para rechazar la invitación cuando Shen Lian lo miró muy enfadado.

—Si los demás pueden beber, usted también —sentenció rotundamente—. Los demás le tienen miedo, pero yo no.

Agarró a Yan por una oreja y vertió todo el líquido en su garganta. A continuación tiró la copa en la mesa, aplaudió y se echó a reír a carcajadas. Todos los funcionarios presentes se pusieron pálidos y bajaron la cabeza en silencio aterrador. Por si fuera poco, cuando Yan abandonó el banquete alegando que había bebido demasiado, Shen no se puso de pie para despedirlo.

—Los hombres leales y los traidores no pueden trabajar juntos

这句书也是《出师表》上的说话，他把严家比着曹操父子。众人只怕世蕃听见，到替他捏两把汗。沈鍊全不为意，又取酒连饮几杯，尽醉方散。

睡到五更醒来，想道："严世蕃这厮，被我使气，逼他饮酒，他必然记恨来暗算我。一不做，二不休，有心只是一怪，不如先下手为强。我想严嵩父子之恶，神人怨怒，只因朝廷宠信甚固。我官卑职小，言而无益，欲待觑个机会，方才下手。如今等不及了，只当做张子房在博浪沙中椎击秦始皇，虽然击他不中，也好与众人做个榜样。"就枕头上思想疏稿，想到天明有了，起来焚香盥手，写就表章。表上备说严嵩父子招权纳贿，穷凶极恶，欺君误国十大罪，乞诛之以谢天下。圣旨下道："沈鍊谤讪大臣，沽名钓誉，着锦衣卫重打一百，发出口外为民。"严世蕃差人分付锦衣卫官校，定要将沈鍊打死。喜得堂上官是个有主

—señaló suspirando—. No pueden trabajar juntos.

Shen repitió siete u ocho veces la afirmación, otra cita de Zhuge Liang con la que comparaba a Yan Song y Yan Shifan con Cao Cao[2] y su hijo. Aunque otros sudaban por temor a que Yan Shifan lo escuchara, Shen los ignoró completamente. Luego de beber varias copas de vino en una rápida sucesión, se fue a casa y durmió profundamente hasta el amanecer. Al despertar, recordó lo que había hecho. "En un arrebato de ira obligué a ese maldito de Yan Shifan a beber", reflexionó. "Seguramente tratará de vengarse de mí; y ya que lo he ofendido, lo mejor será que actúe primero si puedo. Dios y los hombres odian sus delitos, pero él cuenta con el favor de la corte y mi puesto es demasiado insignificante como para que mis palabras tengan algún peso. Tengo que encontrar el momento adecuado para denunciarlos, pero no puedo esperar…"

Con la cabeza sobre la almohada, estuvo redactando mentalmente el memorial al emperador hasta que amaneció. Entonces, se levantó, quemó incienso, se lavó las manos y escribió un memorando describiendo las incontables malas acciones de Yan Song y Yan Shifan, y cómo se estaban apropiando del poder y aceptando sobornos. Enumeró 10 delitos de consideración con los que habían engañado a su soberano y puesto en peligro el reino y le imploró al emperador ejecutarlos por el bien del Estado.

Entonces, el siguiente edicto fue emitido: "Shen Lian ha sido declarado culpable de calumniar a altos funcionarios con el fin de aumentar su buena reputación. Que se le castigue con un centenar de golpes en el cuartel imperial, se le despoje de su cargo y sea desterrado a la frontera Norte".

Yan Shifan envió a sus hombres a instar a los guardias imperiales a propinarle una paliza a muerte a Shen Lian, pero afortunadamente

意的人，那人姓陆名炳，平时极敬重沈公的节气；况且又是属官，相处得好的。因此反加周全，好生打个出头棍儿，不甚利害。户部注籍，保安州为民。沈鍊带着棒疮，即日收拾行李，带领妻子，雇着一辆车儿，出了国门，望保安进发。

原来沈公夫人徐氏，所生四个儿子。长子沈襄，本府廪膳秀才，一向留家。次子沈衮、沈褒，随任读书。幼子沈褧，年方周岁。嫡亲五口儿上路，满朝文武，惧怕严家，没一个敢来送行。有诗为证：

一纸封章忤庙廊，萧然行李入遐荒。

相知不敢攀鞍送，恐触权奸惹祸殃。

一路上辛苦，自不必说，且喜到了保安州了。那保安州属宣府，是个边远地方，不比内地繁华。异乡风景，举目凄凉，况兼连日阴雨，天昏地黑，倍加惨戚。欲赁间民房居住，又无相识指引，不知何处安身是好。正在傍徨之际，只见一人打个小伞前来，看见路旁行李，又见沈鍊一表非俗，立住了脚，相了一回，问道："官人尊姓？何处来

Lu Ping, el oficial encargado del castigo tenía sentido de la justicia. De hecho, siempre había admirado la integridad de Shen Lian y había mantenido muy buenas relaciones con él. Por lo tanto, hizo lo que pudo ante su superior y fingió que le pegaba con toda su fuerza cuando en realidad lo golpeaba suavemente.

El Ministerio de Asuntos Civiles registró a Shen Lian como ciudadano común de Bao'an y con las heridas aún sin sanar, lo obligaron a partir inmediatamente, alquilar un carruaje y emprender el largo y tortuoso viaje en compañía de su esposa e hijos. Shen Lian tenía cuatro hijos —el mayor de ellos, Shen Xiang, era académico remunerado y se había quedado en Shaoxing, pero los tres restantes habían ido a Beijing con su padre. Shen Gun y Shen Bao habían estudiado en la capital, mientras Shen Qiu tan solo tenía un año de edad—. Estos tres hijos se marchaban ahora con sus padres. Sin embargo, por temor a la familia Yan, ninguno de los funcionarios del gobierno se atrevió a despedirlos.

Con un memorial ofendió al todo poderoso,

Ahora, marcha solitario a la desolada frontera.

Nadie se atreve a despedirlo o aferrarse a su silla de montar por temor a ofender a los grandes y que los hagan sufrir.

Luego de pasar infinitas vicisitudes en el camino, arribaron finalmente a Bao'an, en la zona militar de Xuanfu, un puesto fronterizo carente de todos los lujos que se encuentran en las ciudades del interior. El paisaje desconocido los deprimió porque pasados varios días de lluvia, el lugar se veía inusualmente oscuro y sombrío. Shen Lian quería alquilar una casa, pero como no tenía conocidos allí, no sabía cómo hacerlo. Mientras se preguntaba qué hacer, un transeúnte que llevaba un pequeño paraguas se detuvo al ver el equipaje a la orilla del camino, afectado por el aire distinguido de Shen.

的？"沈鍊道："姓沈，从京师来。"那人道："小人闻得京中有个沈经历，上本要杀严嵩父子，莫非官人就是他么？"沈鍊道："正是。"那人道："仰慕多时，幸得相会。此非说话之处，寒家离此不远，便请携宝眷同行到寒家权下，再作区处。"沈鍊见他十分殷勤，只得从命。行不多路便到了，看那人家，虽不是个大大宅院，却也精致。那人揖沈鍊至于中堂，纳头便拜。沈鍊慌忙答礼，问道："足下是谁？何故如此相爱？"那人道："小人姓贾名石，是宣府卫一个舍人。哥哥是本卫千户，先年身故无子，小人应袭；为严贼当权，袭职者都要重赂，小人不愿为官。托赖祖荫，有数亩薄田，务农度日。数日前闻阁下弹劾严氏，此乃天下忠臣义士也。又闻编管在此，小人渴欲一见，不意天遣相遇，三生有幸！"说罢又拜下去。沈公再三扶

—¿Puedo preguntarle su nombre y de dónde viene, señor? —interrogó.

—Me llamo Shen y vengo de la capital.

—Escuché sobre un secretario Shen de la capital que escribió un memorial al trono solicitando la ejecución de Yan Song y su hijo. ¿Es usted acaso?

—Yo mismo.

—Lo he admirado mucho y me siento afortunado de haberlo conocido, pero aquí no podemos hablar. Mi humilde morada no está muy lejos. ¿Accedería a traer a su honorable familia e instalarse en mi casa por un tiempo hasta que usted haga sus planes?

Impresionado por semejante sinceridad, Shen Lian asintió. Muy pronto, llegaron a la casa del forastero que, aunque no era una mansión, era limpia y acogedora. El extraño invitó a Shen a pasar al salón, se postró ante él tocando el suelo con la frente y Shen se apresuró a devolverle el saludo.

—¿Quién es usted? —le preguntó—. ¿Por qué es tan bueno con nosotros?

—Me llamo Jia Shi —le respondió—. Soy guardia del cuartel local. Mi hermano era teniente aquí y tras su muerte, como no tenía hijos, yo tomé su lugar. Sin embargo, tan pronto como el traidor de Yan tomó el poder, todos los que habíamos heredado rangos teníamos que pagar sobornos muy grandes. Yo no tenía deseos de ser oficial y afortunadamente mis ancestros me dejaron unas cuantas hectáreas de tierra y ahora soy campesino. Hace unos días, me enteré de que había impugnado a los Yans e inmediatamente supuse que tenía que ser un hombre justo y un ministro leal. Cuando supe que vendría para aquí, moría en deseos de conocerlo. Así que ahora que el Cielo me ha concedido mi deseo, me considero la persona más afortunada del mundo.

起，便教沈衮、沈褒与贾石相见。贾石教老婆迎接沈奶奶到内宅安置。交卸了行李，打发车夫等去了。分付庄客，宰猪买酒，管待沈公一家。贾石道："这等雨天，料阁下也无处去，只好在寒家安歇了。请安心多饮几杯，以宽劳顿。"沈鍊谢道："萍水相逢，便承款宿，何以当此？"贾石道："农庄粗粝，休嫌简慢。"当日宾主酬酢，无非说些感慨时事的说话。两边说得情投意合，只恨相见之晚。

过了一宿。次早，沈鍊起身，向贾石说道："我要寻所房子，安顿老小，有烦舍人指引。"贾石道："要什么样的房子？"沈鍊道："只像宅上这一所，十分足意了，租价但凭尊教。"贾石道："不妨事。"出去踅了一回，转来道："赁房尽有，只是龌龊低洼，急切难得中意的。阁下不若就在草舍权住几时，小人领着家小自到外家去住。等阁下还朝，小人回来，可不稳便？"沈鍊道："虽承厚爱，岂敢

A continuación, volvió a postrarse y Shen Lian lo ayudó a incorporarse. Acto seguido les pidió a Shen Gun y Shen Bao que se acercaran a saludar a su anfitrión. Jia Shi le dijo a su esposa que llevara a descansar a la señora Shen a una de las habitaciones. Tan pronto como descargaron el equipaje y se le pagó y despidió al cochero, les ordenó a sus hombres matar un cerdo y preparó licor para los huéspedes.

—Está lloviendo fuerte y no creo que haya encontrado alojamiento todavía —señaló Jia—. Es mejor que se queden en mi humilde casa. Por favor, siéntanse como en casa y beban una copa de licor para que se refresquen luego de tan agotador viaje.

—¿Cómo oponerme a su hospitalidad después de conocernos por casualidad? —le preguntó Shen regocijado luego de agradecerle.

—Los métodos de nuestro país son despiadados —comentó Jia—. Por favor no piense que somos negligentes.

Después de realizar sus respectivos brindis, pasaron a hablar sobre los acontecimientos del presente y descubrieron que tenían tanto en común que lamentaron no haberse conocido antes. A la mañana siguiente Shen le comunicó a su anfitrión:

—¿Podría pedirle que me ayude a encontrar una casa para mi familia?

—¿Qué tipo de vivienda? —preguntó Jia.

—Si pudiera encontrar una como la suya, me daría por satisfecho. En cuanto a la renta, eso se lo dejo a usted.

Jia salió a buscar la casa y pasado un tiempo regresó.

—Hay muchas casas en alquiler, —anunció— pero todas están sucias y húmedas. Será difícil encontrar algo apropiado en tan poco tiempo. Lo mejor para usted es que se quede aquí por el momento; en tanto, llevaré a mi familia a vivir con unos parientes hasta que regrese a la capital. ¿Qué le parece?

占舍人之宅？此事决不可。"贾石道："小人虽是村农，颇识好歹。慕阁下忠义之士，想要执鞭坠镫，尚且不能；今日天幸降临，权让这几间草房与阁下作寓，也表得我小人一点敬贤之心。不须推逊。"话毕，慌忙分付庄客，推个车儿，牵个马儿，带个驴儿，一伙子将细软家私搬去，其余家常动使家火，都留与沈公日用。沈鍊见他慨爽，甚不过意，愿与他结义为兄弟。贾石道："小人是一介村农，怎敢僭扳贵宦？"沈鍊道："大丈夫意气相许，那有贵贱？"贾石小沈鍊五岁，就拜沈鍊为兄。沈鍊教两个儿子拜贾石为义叔，贾石也唤妻子出来都相见了，做了一家儿亲戚。贾石陪过沈鍊吃饭已毕，便引着妻子到外舅李家去讫。自此，沈鍊只在贾石宅子内居住，时人有诗叹贾舍人借宅之事，诗曰：

倾盖相逢意气真，移家借宅表情亲。

世间多少亲和友，竞产争财愧死人！"

却说保安州父老，闻知沈经历为上本参严阁老，贬斥

—Usted es demasiado bueno —respondió Shen Lian—. ¿Pero cómo vamos a echarte de su propia casa? Eso no tiene discusión.

—Aunque solo soy un campesino, sé distinguir perfectamente lo correcto de lo incorrecto —explicó Jia—. Lo admiro por ser un verdadero caballero, señor, y he deseado conocerlo para servirle. Finalmente, el Cielo me ha concedido la oportunidad. Al prestarle estas humildes habitaciones, simplemente le demuestro mi respeto. No puede rechazarlas.

Entonces y allí les ordenó a sus hombres traer la carreta, el caballo y el burro para transportar las pertenencias personales de su familia, dejando a Shen Lian todos los muebles y utensilios domésticos. Profundamente conmovido por tanta generosidad, Shen le pidió a Jia que fuera su hermano jurado.

—Soy un simple campesino —objetó Jia—. Y usted es un caballero.

—Cuando un hombre encuentra un amigo de corazón, no hay distinción entre alto y bajo —sentenció Shen.

Como Jia era cinco años más joven, se dirigió a Shen como hermano mayor y Shen les pidió a sus hijos que lo llamaran tío. Acto seguido, Jia presentó a su esposa y festejaron todos juntos como familia. Al término de la celebración, Jia se fue a vivir con su cuñado mientras Shen Lian se instalaba en su casa. Un contemporáneo escribió los siguientes versos para elogiar el gesto:

En un encuentro casual demostró su sinceridad, y a su amigo su casa cedió para demostrarle su amor.

¡Qué vergüenza que tantos amigos y parientes se peleen por las propiedades y se disputen la riqueza!

Cuando los ciudadanos de Bao'an se enteraron de que el secretario Shen había sido desterrado a su distrito por impugnar al primer

到此，人人敬仰，都来拜望，争识其面。也有运柴运米相助的，也有携酒肴来请沈公吃的，又有遣子弟拜于门下听教的。沈鍊每日间与地方人等，讲论忠孝大节，及古来忠臣义士的故事。说到关心处，有时毛发倒竖，拍案大叫；有时悲歌长叹，涕泪交流。地方若老若小，无不耸听欢喜。或时唾骂严贼，地方人等齐声附和，其中若有不开口的，众人就骂他是不忠不义。一时高兴，以后率以为常。又闻得沈经历文武全材，都来合他去射箭。沈鍊教把稻草扎成三个偶人，用布包裹，一写"唐奸相李林甫"，一写"宋奸相秦桧"，一写"明奸相严嵩"，把那三个偶人做个射鹄。假如要射李林甫的，便高声骂道："李贼看箭！"秦贼、严贼，都是如此。北方人性直，被沈经历唣得热闹了，全不虑及严家知道。

自古道："若要不知，除非莫为"。世间只有权势之家，报新闻的极多。早有人将此事报知严嵩父子，严嵩父子深以为恨，商议要寻个事头杀却沈鍊，方免其患。适值

ministro Yan, sintieron tanta admiración por él que todos deseaban conocerlo. Algunos le enviaron arroz y combustible; otros licor y platos de comida y hasta hubo quien mandó a sus hijos y hermanos menores para que fueran sus pupilos. Todos los días, Shen debatiría con los lugareños sobre lealtad y piedad o les contaría relatos sobre los hombres justos y verdaderos de la historia, golpeando la mesa con indignación mientras refería sus desgracias. En otras ocasiones cantaría también canciones trágicas, suspiraría y hasta lloraría. Viejos y jóvenes de Bao'an escuchaban hechizados y unían sus voces cuando Shen maldecía a la familia Yan. De hecho, todo el que permanecía en silencio durante estas diatribas era sermoneado por su falta de humanidad y justicia. Los pobladores la pasaban tan bien en su compañía que, cuando supieron que Shen Lian también era un versado en las artes militares, le pidieron que participara en sus concursos de tiro con arco.

Shen Lian les pidió que hicieran tres muñecos de paja.

En el primero escribió el nombre de Li Linfu, el traidor de la dinastía Tang; en el segundo, Qin Hui, el traidor de la dinastía Song y en el tercero, Yan Song, el traidor de la dinastía Ming. Los tres muñecos de paja serían los blancos de Shen.

—¡Traidor! —gritaba cuando disparaba a los tres muñecos de paja—. ¡Ahí va mi flecha!

Los norteños honestos disfrutaban de este deporte con él, sin importarles si la familia Yan se enteraba o no. Pero como reza el proverbio: "Todo hombre poderoso tiene sus informantes". Cuando alguien le comunicó a Yan Song y a su hijo lo que estaba sucediendo, se devanaron los sesos encolerizados buscando un pretexto para hacer que mataran a Shen Lian.

Casualmente, el puesto de gobernador militar en Xuanfu y Da-

宣大总督员缺,严阁老分付吏部,教把这缺与他门下干儿子杨顺做去。吏部依言,就将杨侍郎杨顺差往宣大总督。杨顺往严府拜辞,严世蕃置酒送行,席间屏人而语,托他要查沈鍊过失。杨顺领命,唯唯而去。正是:

合成毒药惟需酒,铸就钢刀待举手。

可怜忠义沈经历,还向偶人夸大口。

却说杨顺到任不多时,适遇大同鞑虏俺答,引众入寇应州地方,连破了四十余堡,掳去男妇无算。杨顺不敢出兵救援,直待鞑虏去后,方才遣兵调将,为追袭之计。一般筛锣击鼓,扬旗放炮,都是鬼弄,那曾看见半个鞑子的影儿?杨顺情知失机惧罪,密谕将士搜获避兵的平民,将他剽头斩首,充做鞑虏首级,解往兵部报功,那一时不知杀死了多少无辜的百姓。沈鍊闻知其事,心中大怒,写书一封,教中军官送与杨顺。中军官晓得沈经历是个揽祸的太岁,书中不知写甚么说话,那里肯与他送。沈鍊就穿了青衣小帽,在军门伺候杨顺出来,亲自投递。杨顺接来看

tong estaba vacante y Yan Song hizo que el Ministerio de Asuntos Civiles nombrara a su ahijado, Yang Shun, para ocuparlo. Cuando Yang Shun fue a despedirse de sus patrones, Yan Shifan lo agasajó con un gran banquete en el que despidió a los participantes para decirle en privado a Yang que buscara la forma de poner a Shen Lian públicamente en el mal camino. Después de asegurar que estaba listo, Yang se marchó.

> *El veneno está listo para mezclarlo con el vino,*
> *La espada está desenfundada, lista para atacar;*
> *Compadézcanse del leal Shen Lian,*
> *Todavía alardeando delante de los muñecos de paja.*

Poco después de que Yang Shun asumió el puesto, Kan Altan, el jefe tártaro de Datong, invadió Yinzhou, se apoderó de 40 bastiones por sorpresa y capturó a muchos prisioneros sin que el gobernador Yang se atreviera a ofrecer resistencia. Después de que el enemigo se hubo marchado, envió las tropas a perseguirlo, que iban tocando gongs y tambores, ondeando banderas, disparando sus armas y provocando un gran alboroto sin ver ni siquiera la sombra de un tártaro.

Consciente de que se había equivocado y podía ser castigado, el gobernador Yang ordenó en secreto a sus hombres apresar a los lugareños que huían al paso de los soldados, afeitarles y cortarles la cabeza y enviarlas al Ministerio de Guerra como si fueran cabezas del pueblo tártaro. Como resultado, mucha gente inocente fue masacrada.

Tan pronto como Shen Lian conoció los hechos, presa de la indignación, escribió una carta en la que le pedía a un teniente entregar al gobernador Yang. Como el teniente consideraba a Shen un alborotador capaz de escribir cualquier cosa, se negó a aceptar la misiva. Ante su negativa, Shen se vistió de color oscuro, se puso un gorro de ciudadano y esperó fuera del yamen por el gobernador Yang y le en-

时，书中大略说道：一人功名事极小，百姓性命事极大。杀平民以冒功，于心何忍？况且遇鞑贼止于掳掠，遇我兵反加杀戮，是将帅之恶，更甚于鞑虏矣。书后又附诗一首，诗云：

"杀生报主意何如？解道'功成万骨枯'。
试听沙场风雨夜，冤魂相唤觅头颅。"

杨顺见书大怒，扯得粉碎。

却说沈鍊又做了一篇祭文，率领门下子弟，备了祭礼，望空祭奠那些冤死之鬼。又作《塞下吟》云：

"云中一片虏烽高，出塞将军已著劳。
不斩单于诛百姓，可怜冤血染霜刀。"

又诗云：

"本为求生来避虏，谁知避虏反戕生？
早知虏首将民假，悔不当时随虏行。"

杨总督标下有个心腹指挥，姓罗名铠，抄得此诗并祭文，密献于杨顺。杨顺看了，愈加怨恨，遂将第一首诗改窜数字，诗曰：

"云中一片虏烽高，出塞将军枉著劳。

tregó la carta él mismo.

"Los logros personales y la fama no significan nada", leyó el gobernador, "pero la vida del pueblo es de suma importancia. ¿Cómo tuvo el corazón de matar a su propio pueblo para obtener créditos falsos? Los tártaros robaron y se llevaron cautivo a nuestro pueblo, en cambio, nuestras propias tropas lo asesinaron. Nuestros oficiales son más temidos que los mismos tártaros".

A continuación añadió los siguientes versos a la carta:

¿Mató para informar sus logros a su soberano y obtener crédito al precio de diez mil vidas?

¡Escucha, una noche de tormenta en el campo de batalla, los injustamente asesinados reclamarán sus cabezas!

El gobernador rompió la misiva con mucha furia.

Shen Lian escribió un lamento y fue con sus jóvenes a ofrecer sacrificios a los espíritus de los injustamente asesinados. Además, escribió estos dos versos sobre la guerra en la frontera:

Mientras el faro del enemigo dispara una bengala en la frontera,
¡Cuánto se esfuerza el general!
El general no mata al kan, sino a nuestro pueblo y
Mancha su espada con la sangre de los muertos por error.

Y:

Huían de los tártaros con la esperanza de salvar la vida y encontraron la muerte.
Si hubieran sabido que sus cabezas serían enviadas como cabezas enemigas, habrían elegido rendirse ante el kan.

Cuando el teniente de confianza del gobernador hizo copias de los versos y el lamento y se los envió a Yang Shun, la ira del último no se hizo esperar. El teniente cambió los primeros versos:

Mientras el faro del enemigo dispara una bengala en la frontera, el general

何似借他除佞贼，不须奏请上方刀。"

写就密书，连改诗封固，就差罗铠送与严世蕃。书中说："沈鍊怨恨相国父子，阴结死士剑客，要乘机报仇。前番鞑虏入寇，他吟诗四句，诗中有借虏除佞之语，意在不轨。"世蕃见书大惊，即请心腹御史路楷商议。路楷曰："不才若往按彼处，当为相国了当这件大事。"世蕃大喜，即分付都察院便差路楷巡按宣大。临行世蕃治酒款别，说道："烦寄语杨公，同心协力，若能除却这心腹之患，当以侯伯世爵相酬，决不失信于二公也。"路楷领诺。不一日，奉了钦差敕命，来到宣府到任，与杨总督相见了。路楷遂将世蕃所托之语，一一对杨顺说知。杨顺道："学生为此事朝思暮想，废寝忘餐，恨无良策，以置此人于死地。"路楷道："彼此留心，一来休负了严公父子的

se esfuerza en vano.

Ojalá el kan matara a este ministro alardoso y así no habría que esgrimir la espada del emperador.

El teniente redactó una carta en la que plasmó los versos, la selló, la clasificó como confidencial y se la envió a Yan Shifan. En esta misiva declaraba que Shen Lian estaba reuniendo en secreto asesinos para matar a Yan Song y a su hijo con el fin de despertar su odio. Agregaba que había escrito estos versos durante la invasión tártara para exhortar al kan a matar al primer ministro. En otras palabras, Shen Lian era culpable de traición.

Cuando Yan Shifan leyó la carta, se asustó tanto que le pidió ayuda a su censor de mayor confianza, Lu Kai.

—Si me envía a inspeccionar ese distrito, —aseguró Lu— yo me encargo de todo en su lugar.

A Yan Shifan le gustó la idea y ordenó de inmediato a la Corte de los Censores enviar a Lu a la zona. La víspera de la partida del censor, lo invitó a un banquete de despedida.

—Transmítale mis saludos a Yang Shun —le pidió—. Espero que coopere con él. Si consigue sacarme esta espina que tengo enterrada, no los decepcionaré a ninguno de los dos, sino que los recompensaré con un título de nobleza.

Lu asintió. Uno o dos días más tarde partió con sus credenciales rumbo a Xuanfu, donde se reunió con el gobernador Yang y le comunicó las instrucciones de Yan Shifan.

—Este problema me ha estado afectando noche y día. No he podido dormir ni comer —le confesó Yang—. Sin embargo, aún no tengo un buen plan para deshacerme de Shen Liang.

—Debemos mantener los ojos bien abiertos —sentenció Lu—. No debemos decepcionar al primer ministro como tampoco podemos

付托,二来自家富贵的机会,不可挫过。"杨顺道:"说得是,倘有可下手处,彼此相报。"当日相别去了。

杨顺思想路楷之言,一夜不睡。次早坐堂,只见中军官报道:"今有蔚州卫拿获妖贼二名,解到辕门外,伏听钧旨。"杨顺道:"唤进来。"解官磕了头,递上文书,杨顺拆开看了,呵呵大笑。这二名妖贼,叫做阎浩、杨胤夔,系妖人萧芹之党。

原来萧芹是白莲教的头儿,向来出入虏地,惯以烧香惑众,哄骗虏酋俺答,说自家有奇术,能咒人使人立死,喝城使城立颓。虏酋愚甚,被他哄动,尊为国师。其党数百人,自为一营。俺答几次入寇,都是萧芹等为之向导,中国屡受其害。先前史侍郎做总督时,遣通事重赂虏中头目脱脱,对他说道:"天朝情愿与你通好,将俺家布粟换你家马,名为'马市'。两下息兵罢战,各享安乐,此是美事。只怕萧芹等在内作梗,和好不终。那萧芹原是中国一个无赖小人,全无术法,只是狡伪,哄诱你家,抢掠地

dejar escapar esta oportunidad de ser ascendidos.

—Tiene razón —señaló Yang—. Si uno de los dos encuentra una oportunidad, nos lo haremos saber.

Tras su partida, la preocupación por lo que Lu Kai le había dicho mantuvo al gobernador Yang en vela toda la noche. A la mañana siguiente cuando fue al yamen el teniente le informó:

—Los dos rebeldes capturados en Weizhou ya están aquí a la espera de la sentencia de Su Excelencia.

—Háganlos pasar —ordenó Yang.

La escolta entró, rindió el debido respeto y presentó el documento oficial. Cuando el gobernador Yang lo abrió y lo leyó empezó a reír de la alegría porque los dos rebeldes, Yan Hao y Yang Yinkui, eran seguidores del hechicero Xiao Qin, líder de la secta del Loto Blanco, quien viajaba constantemente a territorio tártaro y engañaba a la gente con sus ritos supersticiosos. Xiao Qin le había asegurado al kan Altan que contaba con medios mágicos para matar a los hombres y hacer que la muralla de la ciudad se derrumbara. El kan, lo suficientemente tonto como para creerle, le había concedido el título de Gran Maestro. Xiao Qin tenía centenares de seguidores, que formaban una unidad separada del ejército tártaro y le servía de guía al kan Altan cada vez que atacaba la frontera. De esta forma, le habían causado mucho daño al país. El antecesor de Yang, el gobernador Shi, había mandado enviados con regalos para el jefe tártaro, Tuotuo, a informarle:

—El hijo del Cielo está dispuesto a pactar la paz con usted y crear un sistema de trueque para intercambiar ropa y cereales por sus caballos. El cese de las hostilidades y un periodo de paz beneficiarían a las dos partes, pero tememos que Xiao Qin intente socavar el acuerdo y provocar un conflicto. Este Xiao Qin es un rebelde, charlatán que no tiene poderes mágicos y le ha engañado para que lleve adelante

方，他于中取事。郎主若不信，可要萧芹试其术法。委的喝得城颓，咒得人死，那时合当重用；若咒人人不死，喝城城不颓，显是欺诳，何不缚送天朝？天朝感郎主之德，必有重赏。'马市'一成，岁岁享无穷之利，煞强如抢掠的勾当。"脱脱点头道是，对郎主俺答说了。俺答大喜，约会萧芹，要将千骑随之，从右卫而入，试其喝城之技。萧芹自知必败，改换服色，连夜脱身逃走，被居庸关守将盘诘，并其党乔源、张攀隆等拿住，解到史侍郎处，招称妖党甚众，山陕畿南，处处俱有。一向分头缉捕，今日阎浩、杨胤夔亦是数内有名妖犯。杨总督看见获解到来，一者也算他上任一功，二者要借这个题目，牵害沈𬭚，如何不喜？当晚就请路御史，来后堂商议道："别个题目摆布沈𬭚不了，只有白莲教通虏一事，圣上所最怒。如今将妖贼阎浩、杨胤夔招中，窜入沈𬭚名字，只说浩等平日师事沈𬭚，沈𬭚因失职怨望，教浩等煽妖作幻，勾虏谋逆。天幸

ataques según sus propios fines egoístas. Si tiene dudas al respecto, pídale alguna prueba de las artes de las que presume. Si puede hacer que los muros se derrumben y matar a hombres con su brujería, dispénsele el mejor de los tratamientos. Si no lo consigue, entonces le ha engañado y será mejor que nos lo entregue encadenado. Nuestra corte celestial, halagada por su ayuda, lo recompensará generosamente y una vez que el trueque de los caballos entre en vigor, obtendrá jugosos beneficios año tras año. ¿No es este pacto más ventajoso que el saqueo?

Tuotuo expresó su aprobación a la propuesta y se lo informó al kan Altan, quien le dijo a Xiao Qin que sería escoltado al otro lado de la frontera por una caballería de mil hombres para que demostrara su poder para derribar los muros. Xiao, consciente de que estaba condenado a la exposición, se disfrazó y huyó por la noche. Xiao fue desafiado y atrapado por el cuartel del Paso Juyong. Posteriormente, fue llevado ante el gobernador Shi y cuando confesó que tenía muchos seguidores en el Oeste y el Sur, se ordenó su detención. Como los nombres de los rebeldes Yan Hao y Yang Yinkui estaban en la lista de Xiao Qin, el gobernador Yang estaba encantado de que hubieran sido detenidos porque su captura le daría crédito y podía aprovecharse de ellos para tenderle una trampa a Shen Lian.

Esa misma noche, invitó al censor Lu a estudiar el asunto en una de sus habitaciones interiores.

—No podemos atrapar a Shen bajo ningún otro cargo, —aseguró Yang— pero no hay nada que disguste más al emperador que una alianza traicionera entre los tártaros y la secta del Loto Blanco. Ahora podemos obligar a estos dos hombres a escribir en su confesión que eran pupilos de Shen Lian, quien descontento por perder su puesto, los incitó a practicar la brujería y a aliarse a los tártaros para someter a su propio país. Como el Cielo decretó su captura, podemos pedirle

今日被擒,乞赐天诛,以绝后患。先用密禀禀知严家,教他叮嘱刑部作速覆本。料这番沈錬之命,必无逃矣。"路楷拍手道:"妙哉,妙哉!"

两个当时就商量了本稿,约齐了同时发本。严嵩先见了本稿及禀贴,便教严世蕃传语刑部。那刑部尚书许论,是个罢软没用的老儿,听见严府分付,不敢怠慢,连忙覆本,一依杨、路二人之议。圣旨倒下,妖犯着本处巡按御史即时斩决。杨顺荫一子锦衣卫千户,路楷纪功,升迁三级,俟京堂缺推用。

话分两头。却说杨顺自发本之后,便差人密地里拿沈錬下于狱中。慌得徐夫人和沈衮、沈褒没做理会,急寻义叔贾石商议。贾石道:"此必杨、路二贼为严家报仇之意,既然下狱,必然诬陷以重罪。两位公子及今逃窜远方,待等严家势败,方可出头。若住在此处,杨、路二贼,决不干休。"沈衮道:"未曾看得父亲下落,如何好去?"贾石

permiso a Su Majestad para ejecutar a Shen Lian y así evitar problemas en el futuro, siempre después de enviar una comunicación privada a los Yan, exhortándolos a ordenarle al Ministerio de Justicia informarlo cuanto antes a la corte imperial. Entonces, Shen Lian no podrá escapar.

Lu aplaudió en señal de aprobación. En ese preciso instante, los dos hombres decidieron el contenido de los informes y lo dispusieron todo para enviarlos a la misma vez. Cuando Yang los recibió, le pidió a su hijo que informara al Ministerio de Justicia. El ministro, Xu Lun, era un anciano cobarde e incompetente, que tras recibir la orden del primer ministro no perdió tiempo en redactar un memorial al trono siguiendo las sugerencias de Yang y Lu. De inmediato se emitió el edicto imperial que ordenaba la ejecución inmediata del brujo Shen Lian por parte de las autoridades locales. El hijo de Yang fue ascendido a teniente mientras Lu subió tres rangos y le prometieron un puesto en la capital tan pronto como hubiese una vacante.

Una vez que el gobernador Yang hubo enviado su informe, ordenó a sus hombres a aprehender a Shen Lian y meterlo en la cárcel. La esposa y los hijos de Shen se asustaron tanto que los dos muchachos fueron a pedirle consejo a Jia Shi.

—Las ratas de Yang Shun y Lu Kai tienen que haber hecho esto para complacer al primer ministro —sentenció Jia—. Y el hecho de que su padre haya sido encarcelado significa que lo acusan de algo muy grave. Ustedes dos, muchachos, lo mejor que pueden hacer es irse tan lejos como puedan y permanecer ocultos hasta que los Yan hayan sido derrocados. Si se quedan aquí, los matarán también.

—¿Cómo nos vamos a ir sin saber lo que pasará con nuestro padre? —preguntó Shen Gun.

—Ahora que su padre cayó en las garras del enemigo, no hay

道:"尊大人犯了对头,决无保全之理。公子以宗祀为重,岂可拘于小孝,自取灭绝之祸?可劝令堂老夫人,早为远害全身之计。尊大人处贾某自当央人看觑,不烦悬念。"二沈便将贾石之言,对徐夫人说知。徐夫人道:"你父亲无罪陷狱,何忍弃之而去?贾叔叔虽然相厚,终是个外人。我料杨、路二贼奉承严氏,亦不过与你爹爹作对,终不然累及妻子。你若畏罪而逃,父亲倘然身死,骸骨无收,万世骂你做不孝之子,何颜在世为人乎?"说罢,大哭不止。沈衮、沈褒齐声恸哭。贾石闻知徐夫人不允,叹惜而去。

过了数日,贾石打听的实,果然扭入白莲教之党,问成死罪。沈鍊在狱中大骂不止。杨顺自知理亏,只恐临时处决,怕他在众人面前毒骂,不好看相,预先问狱官责取病状,将沈鍊结果了性命。贾石将此话报与徐夫人知道,母子痛哭,自不必说。又亏贾石多有识熟人情,买出尸

nada que podamos hacer para ayudarlo", les explicó Jia. "Es más importante preservar la familia que entregar la vida por piedad filial. Les recomiendo que aconsejen a su madre que se salve también. En cuanto a su padre, yo me encargaré de que se le cuide adecuadamente. No tienen que preocuparse por eso.

Cuando los dos hermanos fueron a hablar con su madre, ella puso reparos.

—Su padre es inocente —les dijo—. ¿Cómo lo vamos a abandonar ahora que está en la cárcel? Aunque el tío Jia ha sido muy generoso con nosotros, no es familia. Estoy convencida de que esas dos sabandijas de Yang y Lu solo están enojadas con su padre. Ellos no pueden involucrarnos en esto. Si huyen porque tienen miedo y su padre muere, no habrá quien lo entierre y ustedes serán condenados por siempre como hijos no filiales. ¿Cómo podrán mantener la cabeza en alto?

Al terminar sus palabras, empezó a llorar sin consuelo y sus hijos también. En cuanto a Jia Shi, supo que la señora Shen no entraba en razón, suspiró y se marchó. Unos días después, recibió información confiable de que Shen Lian había sido condenado a muerte por ser miembro de la secta de Loto Blanco. En tanto, Shen Lian continuaba maldiciendo a sus enemigos a voz en cuello en la cárcel. Por su parte, el gobernador Yang, consciente de que había cometido una injusticia y por temor a perder su reputación si el reo lo denunciaba públicamente en camino al sitio de la ejecución, ordenó a los carceleros informar que Shen Lian había muerto a causa de una enfermedad y que luego lo asesinaran.

Cuando Jia Shi le dio la noticia a la señora Shen, está de más decir que tanto ella como sus hijos lo lamentaron profundamente. Jia, quien tenía muchos contactos, se las arregló para pagar por el cadáver

首，嘱付狱卒："若官府要枭示时，把个假的答应。"却瞒着沈衮兄弟，私下备棺盛殓，埋于隙地。事毕，方才向沈衮说道："尊大人遗体已得保全，直待事平之后，方好指点与你知道，今犹未可泄漏。"沈衮兄弟感谢不已。贾石又苦口劝他弟兄二人逃走，沈衮道："极知久占叔叔高居，心上不安。奈家母之意，欲待是非稍定，搬回灵柩，以此迟延不决。"贾石怒道："我贾某生平，为人谋而尽忠，今日之言，全是为你家门户，岂因久占住房，说发你们起身之理？既嫂嫂老夫人之意已定，我亦不敢相强。但我有一小事，即欲远出，有一年半载不回，你母子自小心安住便了。"觑着壁上贴得有前后《出师表》各一张，乃是沈𬭚亲笔楷书，贾石道："这两幅字可揭来送我，一路上做个记念。他日相逢，以此为信。"沈衮就揭下二纸，双手折迭，递与贾石。贾石藏于袖中，流泪而别。原来贾石算定

de Shen y persuadir al carcelero de que buscara otro cuerpo en caso de la cabeza fuera a exhibirse públicamente.

Posteriormente, sin que los hermanos Shen se enteraran, les dio santa sepultura a los restos de su viejo amigo con todo el ritual debido en un terreno libre.

—He enterrado el cadáver de su padre y les haré saber dónde descansa cuando todo haya acabado —les indicó—. Por el momento, tiene que seguir en secreto.

Los jóvenes le agradecieron una y otra vez mientras Jia les instaba una vez más a abandonar el distrito.

—Sabemos que hemos ocupado su casa durante mucho tiempo, tío, —afirmó Shen Gun— y nos sentimos muy mal por ello. Pero nuestra madre quiere quedarse aquí hasta que se le haga justicia al nombre de nuestro padre y entonces llevaremos sus restos a la tumba ancestral. Esa es la razón por la que no nos queremos ir.

—Siempre he aconsejado a la gente por su propio bien —respondió Jia enojado—. Les pido que se marchen por su propio bien no porque quiero que me devuelvan la casa. Como su respetada madre ha tomado la decisión, no puedo seguir insistiendo. Sin embargo, yo siento la necesidad de irme de aquí por al menos un año. Pueden quedarse aquí tanto tiempo como gusten.

Justo en ese momento, vio en la pared los dos memoriales de Zhuge Liang que Shen Lian había copiado.

—¿Puedo quedarme esos dos pergaminos como recuerdo? —inquirió Jia—. Entonces, cuando nos volvamos a ver, nos conoceremos por ellos.

Shen Gun tomó los dos pergaminos de la pared, los enrolló y se los entregó a Jia Shi, quien los guardó en las mangas de su túnica y se marchó con lágrimas en los ojos. Jia sabía que el gobernador Yang y el

杨、路二贼,设心不善,虽然杀了沈鍊,未肯干休。自己与沈鍊相厚,必然累及,所以预先逃走,在河南地方宗族家权时居住,不在话下。

却说路楷见刑部覆本,有了圣旨,便于狱中取出阎浩、杨胤夔斩讫,并要割沈鍊之首,一同枭示。谁知沈鍊真尸已被贾石买去了,官府也那里辨验得出?不在话下。

再说杨顺看见止于荫子,心中不满,便向路楷说道:"当初严东楼话我事成之日,以侯伯爵相酬,今日失言,不知何故?"路楷沉思半晌,答道:"沈鍊是严家紧对头,今止诛其身,不曾波及其子。斩草不除根,萌芽复发。相国不足我们之意,想在于此。"杨顺道:"若如此,何难之有?如今再上个本,说沈鍊虽诛,其子亦宜知情,还该坐罪,抄没家私,庶国法可伸,人心知惧。再访他同射草人的几个狂徒,并借屋与他住的,一齐拿来治罪,出了严家父子之气,那时却将前言取赏,看他有何推托?"路楷道:"此计大妙!事不宜迟,乘他家属在此,一网而尽,岂不快哉!只怕他儿子知风逃避,却又费力。"杨顺道:"高

censor Lu eran hombres perversos, que no se contentarían con matar a Shen Lian y que él, como amigo de Shen, estaba muy propenso a verse afectado. Por ese motivo, se fue a casa de un pariente en Henan.

Cuando el censor Lu recibió el edicto imperial basado en el informe del Ministerio de Justicia, ordenó la ejecución de los rebeldes Yan Hao y Yang Yinkui y la exhibición de sus cadáveres junto a la cabeza de Shen Lian. Para ese entonces, Jia ya había comprado el cuerpo de Shen y el censor no se percató de que había otro en su lugar. Sin embargo, el gobernador Yang quedó muy resentido al ver que su única recompensa había sido un puesto de funcionario para su hijo.

—Yan Shifan prometió darme un título de nobleza —le dijo a Lu—. Me pregunto por qué no habrá cumplido su palabra.

—Shen Lian era el archienemigo de los Yan —acotó Liu tras reflexionar—. Aunque está muerto, sus hijos siguen con vida. De nada sirve cortar la hierba si no arrancas la raíz. Indudablemente, el primer ministro no está satisfecho del todo.

—Eso es fácil —aseveró Yang—. Podemos enviar otro memorial informando que Shen Lian ha sido ejecutado, pero al parecer sus hijos están en complot también y deben ser castigados y su propiedad confiscada como escarmiento para todos los malhechores. También debemos arrestar a todos esos jóvenes que practicaban tiro con arco con Shen Lian, así como al amigo que le prestó su casa y asegurarnos de que todos sean castigados. Entonces, la venganza del primer ministro habrá sido completa y no podrá incumplir su promesa.

—Ese es un plan excelente —asintió Lu—. Pero no hay tiempo que perder. Si los podemos atrapar a todos mientras su familia está aquí, mucho mejor. Lo único que me preocupa es que los hijos de Shen se huelan el peligro y escapen, en cuyo caso estaremos en problema.

见甚明。"一面写表申奏朝廷,再写禀帖到严府知会,自述孝顺之意;一面预先行牌保安州知州,着用心看守犯属,勿容逃逸。只等旨意批下,便去行事。诗曰:

破巢完卵从来少,削草除根势或然。

可惜忠良遭屈死,又将家属媚当权。

再过数日,圣旨下了。州里奉着宪牌,差人来拿沈鍊家属,并查平素往来诸人姓名,一一挨拿。只有贾石名字,先经出外,只得将在逃开报。此见贾石见几之明也。时人有诗赞云:

义气能如贾石稀,全身远避更知几。

任他罗网空中布,争奈仙禽天外飞!

却说杨顺见拿到沈衮、沈褒,亲自鞫问,要他招承通房实迹。二沈高声叫屈,那里肯招?被杨总督严刑拷打,打得体无完肤。沈衮、沈褒熬炼不过,双双死于杖下。可怜少年公子,都入枉死城中。其同时拿到犯人,都坐个同谋之罪,累死者何止数十人。幼子沈褒尚在襁褓,免罪,随着母徐氏,另徙在云州极边,不许在保安居住。

路楷又与杨顺商议道:"沈鍊长子沈襄,是绍兴有名秀

Yang Shun estuvo de acuerdo y procedieron a enviar un memorial al trono y una carta a la familia Yan prometiendo lealtad. Al mismo tiempo, ordenaron al prefecto de Bao'an vigilar bien a los culpables y no permitirles huir ya que tan pronto como se emitiera el edicto, serían detenidos.

Pocos huevos permanecen enteros cuando se rompe el nido;
Cuando se corta la hierba, se arrancan las raíces;
Se sacrifica a los hijos de un buen hombre injustamente asesinado para complacer a los poderosos.

A los pocos días llegó el edicto imperial y las autoridades locales dieron la orden de detener a la familia de Shen Lian y todos sus amigos. Jia Shi ya se había ido y tuvieron que informar que había escapado. Un contemporáneo escribió lo que sigue elogiando la previsión de Jia:

Raro es un amigo leal como Jia, cuya huida demuestra su capacidad de previsión.
Aunque la red se lanzó para atrapar a todos los que estaban cerca, este pájaro ya había volado más allá del horizonte.

El gobernador Yang juzgó personalmente a los hijos de Shen y les exigió confesar que habían trabajado para el enemigo. Cuando protestaron y dijeron que eran inocentes, los mandó a torturar hasta que se les rompieron los huesos, se les desgarró la carne, murieron en agonía bajo las varas y sus espíritus alzaron el vuelo hacia las regiones inferiores. Las docenas de personas que fueron detenidas junto con ellos también fueron ejecutadas por ser cómplices. El hijo más joven de Shen Lian, fue el único que se salvó porque aún era un niño, pero fue desterrado junto con su madre al puesto de avanzada de Yunzhou.

Seguidamente, el censor Lu le comentó al gobernador Yang:

—El hijo mayor de Shen, Shen Xiang, es un reconocido acadé-

才,他时得地,必然衔恨于我辈。不若一并除之,永绝后患,亦要相国知我用心。"杨顺依言,便行文书到浙江,把做钦犯,严提沈襄来问罪。又分付心腹经历金绍,择取有才干的差人,赍文前去,嘱他中途伺便,便行谋害,就所在地方,讨个病状回缴。事成之日,差人重赏,金绍许他荐本超迁。金绍领了台旨,汲汲而回,着意的选两名积年干事的公差,无过是张千、李万。金绍唤他到私衙,赏了他酒饭,取出私财二十两相赠。张千、李万道:"小人安敢无功受赐?"金绍道:"这银两不是我送你的,是总督杨爷赏你的,教你赍文到绍兴去拿沈襄。一路不要放松他,须要如此如此,这般这般,回来还有重赏。若是怠慢,总督老爷衙门不是取笑的,你两个自去回话!"张千、李万道:"莫说总督老爷钧旨,就是老爷分付,小人怎敢有违?"收了银两,谢了金经历。在本府领下公文,疾忙上

mico en Shaoxing. Una vez que pase los exámenes imperiales intentará vengarse. Es mejor que nos deshagamos de él ahora para evitar problemas en el futuro. El primer ministro dará el visto bueno a nuestra precaución.

Yang estuvo de acuerdo y escribió a las autoridades de la provincia Zhejiang pidiéndoles que enviaran a Shen Xiang a su distrito para ser juzgado. Luego, le pidió a su secretario de confianza, Jin Shao, buscar unos corredores capaces de llevar la carta a Shaoxing y matar a Shen Xiang a la vuelta. Si lograban conseguir un certificado emitido por las autoridades locales diciendo que Shen había muerto a causa de una enfermedad y poner punto final al asunto, les prometió recompensarlos muy bien y recomendar a Jin para un ascenso. El secretario estaba encantado con la propuesta, así que eligió a dos corredores experimentados, Zhang Qian y Li Wan, a quienes invitó a su residencia para una buena cena y obsequiarles 20 taels de plata de su propio bolsillo.

—¿Cómo vamos a aceptar este dinero si no hemos hecho nada por usted? —reclamaron Zhang y Li.

—Esta plata no es mía, sino del gobernador Yang —respondió Jin—. Quiere que lleven un mensaje a Shaoxing y se encarguen de la detención de Shen Xiang. Sean muy estrictos con él en el camino de regreso y si se aseguran de que no llegue aquí con vida, serán muy bien recompensados. Pero si fracasan, verán que el gobernador no es una persona con la que se puede jugar. Ustedes serán responsables de lo que suceda.

—¿Cómo nos atreveríamos a desobedecer los designios del gobernador? —interrogaron Zhang y Li—. Sus instrucciones serán cumplidas al pie de la letra.

Dicho esto, se echaron la plata al bolsillo, agradecieron a Jin, to-

路，往南进发。

却说沈襄，号小霞，是绍兴府学廪膳秀才。他在家久闻得父亲以言事获罪，发出口外为民，甚是挂怀，欲亲到保安州一看。因家中无人主管，行止两难。忽一日，本府差人到来，不由分说，将沈襄锁缚，解到府堂。知府教把文书与沈襄看了备细，就将回文和犯人交付原差，嘱他一路小心。沈襄此时方知父亲及二弟，俱已死于非命，母亲又远徙极边，放声大哭。哭出府门，只见一家老小，都在那里搅做一团的啼哭。原来文书上有"奉旨抄没"的话，本府已差县尉封锁了家私，将人口尽皆逐出。沈小霞听说，真是苦上加苦，哭得咽喉无气。霎时间亲戚都来与小霞话别，明知此去多凶少吉，少不得说几句劝解的言语。小霞的丈人孟春元，取出一包银子，送与二位公差，求他路上看顾女婿，公差嫌少不受。孟氏娘子又添上金簪子一对，方才收了。沈小霞带着哭，分付孟氏道："我此去死多生少，你休为我忧念，只当我已死一般，在爷娘家过活。你是书礼之家，谅无再醮之事，我也放心得下。"指着小妻闻淑女，说道："只这女子年纪幼小，又无处着落，

maron el mensaje de la prefectura y salieron a toda prisa rumbo al sur.

Shen Xiang era un académico que recibía un estipendio de la prefectura de Shaoxing. Cuando supo que su padre había sido privado de su rango oficial y desterrado a la frontera, se preocupó mucho y quiso ir a Bao'an. Sin embargo, no pudo ir porque no tenía a nadie a quien confiarle el cuidado de su familia. Ahora, de repente, un grupo de hombres del yamen del prefecto lo encadenó y lo llevó sin la más mínima explicación a la corte, donde el prefecto le mostró las órdenes de comparecencia y lo entregó junto con la respuesta oficial a los corredores de Bao'an, a quienes les pidió fueran muy cuidadosos en el camino de vuelta. Al percatarse de que su padre y sus dos hermanos menores habían sido asesinados y su madre exiliada a un puesto solitario, Shen Xiang empezó a gritar desde que lo sacaron del tribunal. Al llegar a la puerta vio a toda su familia que lo esperaba llorando. Las autoridades habían ordenado la confiscación de su propiedad y el prefecto había mandado a sus hombres a sellar su casa y echar a su familia a la calle. Todo esto agudizó el dolor de Shen Xiang, que lloró hasta quedar sin aliento. Sus familiares acudieron a despedirse de él e intentaron consolarlo sabiendo que probablemente no lo verían jamás. Su suegro, Meng Chunyuan, ofreció una bolsa de plata a los corredores y les imploró que cuidaran bien a Shen Xiang por el camino, pero estos se negaron a aceptar el dinero hasta que su esposa adicionó dos pares de horquillas de oro.

—Todo indica que me van a matar —le dijo Shen Xiang a su esposa llorando—. No me guardes luto, considérate viuda y regresa a vivir con tus padres. Provienes de una buena familia y nadie cuestionará que te vuelvas a casar. De esta forma, yo descansaré en paz.

Entonces señaló con el dedo a Shunü, su concubina.

—Ella es muy joven, —le dijo a su esposa— y no tiene familia a

合该教他改嫁。奈我三十无子,他却有两个半月的身孕,他日倘生得一男,也不绝了沈氏香烟。娘子你看我平日夫妻面上,一发带他到丈家去住几时,等待十月满足,生下或男或女,那时凭你发遣他去便了。"话声未绝,只见闻氏淑女说道:"官人说那里话,你去数千里之外,没个亲人朝夕看觑,怎生放下?大娘自到孟家去,奴家情愿蓬首垢面,一路伏侍官人前行。一来官人免致寂寞,二来也替大娘分得些忧念。"沈小霞道:"得个亲人做伴,我非不欲;但此去多分不幸,累你同死他乡何益?"闻氏道:"老爷在朝为官,官人一向在家,谁人不知?便诬陷老爷有些不是的勾当,家乡隔绝,岂是同谋?妾帮着官人到官申辩,决然罪不至死。就使官人下狱,还留贱妾在外,尚好照管。"孟氏也放丈夫不下,听得闻氏说得有理,极力撺掇丈夫带淑女同去。沈小霞平日素爱淑女有才有智,又见孟氏苦劝,只得依允。

　　当夜,众人齐到孟春元家,歇了一夜。次早,张千、李万催趱上路,闻氏换了一身布衣,将青布裹头,别了孟氏,背着行李,跟着沈小霞便走。那时分别之苦,自不必

la que regresar. Debería pedirle que contrajera nupcias de nuevo, pero tengo 30 años, no tengo hijos y ella tiene dos meses de embarazo. Si da a luz un varón, nuestros sacrificios ancestrales podrán continuar. Para mi tranquilidad, esposa, ¿la llevarías a tu casa por un tiempo? Después de alumbrar le puedes pedir que se marche, si así lo deseas.

—¿Cómo puede sugerir algo así, esposo? —reclamó Shunü antes de que él pudiera terminar—. Si permitimos que se vaya cientos de millas sin nadie que le cuide, nuestra conciencia jamás estará en paz. Nuestra señora puede regresar a la casa de su familia, pero yo debo acompañarlo, tan gorda como estoy. Así tendrá a alguien que le haga compañía y nuestra señora se preocupará menos.

—Por supuesto que me gustaría tener compañía, —le dijo Shen Xiang— pero este viaje no va a terminar bien. ¿Por qué te involucraría y causaría tu muerte en una provincia extraña?

—Todo el mundo sabe que estuvo en casa todo el tiempo que su padre permaneció en la capital —afirmó Shunü—. Aun cuando hayan calumniado a su padre, no le pueden acusar de ser su cómplice si estaba tan lejos. Debo ir con usted a la capital e implorar por su inocencia. Estoy convencida de que no le condenarán a muerte. Y si lo encierran en la cárcel, estaré lo suficientemente cerca para cuidarlo.

La esposa de Shen Xiang estaba muy preocupada por él también y como Shunü tenía razón en lo que acababa de decir, lo exhortó a que llevara a la concubina con él. Como a Shen Xiang siempre le había gustado Shunü por su talento e inteligencia y ahora su esposa apoyaba su propuesta accedió a que esta le acompañara. Esa noche se quedaron en casa de su suegro y a la mañana siguiente, cuando los corredores Zhang Qian y Li Wan lo presionaban para partir de una vez, Shunü se vistió, se puso un pañuelo negro y se despidió de la esposa de Shen Xiang, cargó su equipaje y emprendió la marcha detrás de su

说。一路行来，闻氏与沈小霞寸步不离，茶汤饭食，都亲自搬取。张千、李万初时还好言好语，过了扬子江，到徐州起旱，料得家乡已远，就做出嘴脸来，呼幺喝六，渐渐难为他夫妻两个来了。闻氏看在眼里，私对丈夫说道："看那两泼差人，不怀好意，奴家女流之辈，不识路径，若前途有荒僻旷野的所在，须是用心提防。"沈小霞虽然点头，心中还只是半疑不信。

又行了几日，看见两个差人不住的交头接耳，私下商量说话。见他包裹中有倭刀一口，其白如霜，忽然心动，害怕起来，对闻氏说道："你说这泼差人其心不善，我也觉得有七八分了。明日是济宁府界上，过了府去，便是大行山、梁山泺。一路荒野，都是响马出入之所。倘到彼处，他们行凶起来，你也救不得我，我也救不得你，如何是好？"闻氏道："既然如此，官人有何脱身之计，请自方便。留奴家在此，不怕那两个泼差人生吞了我！"沈小霞道："济宁府东门内，有个冯主事，丁忧在家。此人最有侠气，是我父亲极相厚的同年，我明日去投奔他，他必然相纳。只怕你妇人家，没志量打发这两个泼差人，累你受苦，于心何安？你若有力量支持他，我去也放胆。不然，

esposo. Ya podrán imaginar el sufrimiento de la familia a la hora de la partida. Durante el periplo, la concubina no se apartó ni un solo paso de Shen Xiang y ella misma le servía su comida y su bebida. Al principio, Zhang y Li los trataban muy bien, pero tan pronto cruzaron el río Changjiang y continuaron el viaje a pie desde Xuzhou, lejos del hogar de Shen, los corredores empezaron a ser rudos, los maldecían y le hacían la travesía más difícil al prisionero. Shunü se percató del cambio.

—Estos hombres malvados se traen algo entre manos —le susurró a su esposo—. Yo soy mujer y no conozco el camino, pero si pasamos por tierras solitarias y salvajes, es mejor que esté prevenido.

Shen Xiang asintió pese a que confiaba en que todo saldría bien. Pasados unos días, sin embargo, se percató de que los dos corredores se comportaban de manera sospechosa, tenían una brillante espada japonesa en su equipaje y empezó a sentir miedo.

—Dijiste que estos corredores se traían algo entre manos, —le dijo a Shunü— y estoy a punto de darte la razón. Después de que crucemos el límite de la prefectura de Jining mañana, llegaremos a los montes Taihang y Liang y esa es una zona salvaje y llena de bandidos. ¿Qué vamos a hacer?

—Si sabe una forma de escapar, váyase y déjeme con ellos —le imploró—. Ellos no me pueden comer.

—En la puerta Este de Jining vive el secretario Feng, quien renunció a su cargo para guardar luto por la muerte de su padre —le explicó Shen Xiang—. El secretario es un hombre honesto, compañero de clase y muy buen amigo de mi padre. Si mañana llamo a su puerta estoy seguro de que me dejará entrar. Pero, ¿cómo una mujer como tú va a lidiar con estos dos rufianes? Tengo miedo de que te responsabilicen de mi huida y no me gusta nada la idea. Si estás segura de que puedes arreglártelas con ellos, yo escapo tranquilo. De lo contrario,

与你同生同死，也是天命当然，死而无怨。"闻氏道："官人有路尽走，奴家自会摆布，不劳挂念。"这里夫妻暗地商量，那张千、李万辛苦了一日，吃了一肚酒，齁齁的熟睡，全然不觉。

次日早起上路。沈小霞问张千道："前去济宁还有多少路？"张千道："只四十里，半日就到了。"沈小霞道："前去济宁东门内冯主事，是我年伯，他先前在京师时，借过我父亲二百两银子，有文契在此。他管过北新关，正有银子在家。我若去取讨前欠，他见我是落难之人，必然慨付。取得这项银两，一路上盘缠也得宽裕，免致吃苦。"张千意思有些作难，李万随口应承了，向张千耳边说道："我看这沈公子是忠厚之人，况爱妾、行李都在此处，料无他故。放他去走一遭，取得银两，都是你我二人的造化，有何不可？"张千道："虽然如此，到饭店安歇行李，我守住小娘子在店上，你紧跟着同去，万无一失。"

viviremos o moriremos juntos como depare el destino. Enfrentaré la muerte sin remordimiento.

—Tiene que escapar mientras pueda —respondió Shunü—. Yo puedo arreglármelas con ellos. No se preocupe.

Así, concubina y cónyuge deliberaban en secreto mientras los dos corredores roncaban a pata suelta después de un largo día de tortuoso viaje que terminó ahogado en bebida. A la mañana siguiente cuando se disponían a retomar la marcha, Shen Xiang le preguntó a Zhang Qian:

—¿Cuán lejos estamos de Jining?

—A tan solo 12 o 13 millas —le respondió Zhang—. Deberemos llegar antes del mediodía.

—En la puerta Este de ese pueblo vive el secretario Feng, quien era amigo de mi padre —le contó Shen—. Cuando estaba en la capital, le pidió prestados 200 taels de plata a mi padre y yo tengo su nota en mi poder. Feng estuvo a cargo de la aduana de Beixin, con lo cual tiene mucho dinero y estoy convencido de que me pagará el préstamo ahora que estoy en apuros si se lo pido. Con ese dinero tendremos más que suficiente para gastar en el camino y viajar con mayor comodidad.

Mientras Zhang Qian dudaba, Li Wan dio su aprobación al plan de inmediato.

—Shen parece un hombre honesto —le dijo al oído a Zhang—. Además, su equipaje y el de la concubina están aquí, ¿qué puede salir mal? Déjame ir a buscar el dinero y será todo nuestro, ¿Qué dices?

—Muy bien —aseveró Zhang—. Pero espera a que hayamos dejado nuestro equipaje en una posada. Entonces, yo podré vigilar a la mujer mientras tú sigues a Shen. Así nos aseguraremos de que todo salga bien.

话休絮烦，看看巳牌时分，早到济宁城外，拣个洁净店儿，安放了行李。沈小霞便道："你二位同我到东门走遭，转来吃饭未迟。"李万道："我同你去，或者他家留酒饭也不见得。"闻氏故意对丈夫道："常言道：'人面逐高低，世情看冷暖'。冯主事虽然欠下老爷银两，见老爷死了，你又在难中，谁肯唾手交还？枉自讨个厌贱，不如吃了饭赶路为上。"沈小霞道："这里进城到东门不多路，好歹去走一遭，不折了什么便宜。"李万贪了这二百两银子，一力撺掇该去。沈小霞分付闻氏道："耐心坐坐，若转得快时，便是没想头了。他若好意留款，必然有些赍发，明日雇个轿儿抬你去。这几日在牲口上坐，看你好生不惯。"闻氏觑个空，向丈夫丢个眼色，又道："官人早回，休教奴久待则个。"李万笑道："去多少时，有许多说话，好不老气！"闻氏见丈夫去了，故意招李万转来嘱付道："若冯家留饭坐得久时，千万劳你催促一声。"李万答应

A eso de las diez de la mañana llegaron a Jining y se instalaron en una limpia posada en las afueras de la ciudad.

—¿Cuál de los dos me acompañará a la Puerta Este? —preguntó Shen—. Podremos comer cuando estemos de regreso.

—Yo iré contigo —indicó Li—. Puede que nos inviten a una comida con licor.

—Ya conoce el proverbio: —le dijo Shunü a su esposo— El mundo está lleno de amigos para festejar, los mismos que lo desprecian cuando está en dificultades. Aunque el secretario Feng le debe dinero a su familia, ahora que su padre está muerto y usted está en problema puede que no quiera devolverte el dinero. Puede que se niegue hasta verlo. Es mejor comer algo y seguir camino.

—La Puerta Este no está lejos de aquí —le respondió Shen—. No perdemos nada con irlo a ver.

Li Wan, quien ardía en deseos de poner sus manos sobre esos 200 taels de plata, exhortó a Shen a seguir camino.

—Espérame aquí —le pidió Shen a su concubina—. Si regresamos pronto, eso significará que nuestro viaje fue en vano, pero si nos invita a comer significa que está dispuesto a pagarme algo. Entonces, mañana podremos rentar un palanquín para ti. Tienes que haber viajado incómoda todos estos días montada en ese burro.

—Muy bien —sentenció Shunü dirigiendo una mirada expresiva a su esposo—. Vuelva tan pronto como pueda. No me deje esperando demasiado.

—¿Cuánto piensas que se va a demorar? —interrogó Li Wan riendo—. ¿No puedes perderlo de vista por un segundo?

Mientras Shen Xiang se alejaba, Shunü le pidió deliberadamente a Li que se acercara.

—Si el secretario Feng los invita a comer por favor no permita

道:"不消分付。"比及李万下阶时,沈小霞已走了一段路了。李万托着大意,又且济宁是他惯走的熟路,东门冯主事家,他也认得,全不疑惑。走了几步,又里急起来,觑个毛坑上自在方便了,慢慢的望东门而去。

却说沈小霞回头看时,不见了李万,做一口气急急的跑到冯主事家。也是小霞合当有救,正值冯主事独自在厅。两人京中旧时识熟,此时相见,吃了一惊。沈襄也不作揖,扯住冯主事衣袂道:"借一步说话。"冯主事已会意了,便引到书房里面。沈小霞放声大哭,冯主事道:"年侄有话快说,休得悲伤,误其大事。"沈小霞哭诉道:"父亲被严贼屈陷,已不必说了;两个舍弟随任的,都被杨顺、路楷杀害;只有小侄在家,又行文本府提去问罪。一家宗祀,眼见灭绝。又两个差人,心怀不善,只怕他受了杨、路二贼之嘱,到前途大行、梁山等处暗算了性命。寻思一计,脱身来投老年伯。老年伯若有计相庇,我亡父在天之

que los retenga demasiado tiempo.

—No te preocupes —respondió el corredor.

Cuando Li Wan bajó los escalones de la posada, Shen Xiang sintió que había empezado en muy buenos términos con él. El corredor era un tipo descuidado. Shen conocía el pueblo porque lo había visitado varias veces con anterioridad y sabía perfectamente cuál era la casa del secretario Feng. Por lo tanto, no estaba nada ansioso. Luego de caminar unas cuantas yardas buscó una letrina pública y luego fue caminando lentamente hacia la Puerta Este.

Cuando Shen Xiang vio que Li no lo seguía, corrió a casa del secretario Feng, donde por suerte lo encontró solo en el salón. Los dos habían sido muy buenos amigos en la capital y Feng estaba encantado con su visita. No obstante, en vez de saludarlo, Shen tiró de la manga de su túnica.

—¿Puedo hablar con usted en privado? —le rogó.

Al darse cuenta de que la situación era grave, Feng lo condujo a la biblioteca, donde Shen se echó a llorar.

—¿Mi querido sobrino, qué te sucede? —le preguntó Feng—. No pierdas tiempo llorando, si hay que actuar con premura.

—Imagino que esté al tanto de cuán injustamente mi padre fue condenado a muerte por ese traidor —señaló Shen—. Mis dos hermanos menores que estaban con él fueron asesinados por Yang Shun y Lu Kai. Fui el único que permaneció en casa, pero enviaron una orden de captura a nuestro distrito y a unos corredores a llevarme a Bao'an. Todo indica que quieren desaparecer a toda mi familia. Los dos corredores que me escoltan traman algo. Sospecho que tienen órdenes de matarme cuando lleguemos a las montañas Taihang y Liang que están más adelante. Así que me les he escapado y he venido a pedirle que se apiade de mí. Si me puede proteger, el espíritu de mi

灵，必然感激。若老年伯不能遮护小侄，便就此触阶而死，死在老年伯面前，强似死于奸贼之手。"冯主事道："贤侄不妨。我家卧室之后，有一层复壁，尽可藏身，他人搜检不到之处。今送你在内权住数日，我自有道理。"沈襄拜谢道："老年伯便是重生父母。"冯主事亲执沈襄之手，引入卧房之后，揭开地板一块，有个地道。从此钻下，约走五六十步，便有亮光，有小小廊屋三间，四面皆楼墙围裹，果是人迹不到之处。每日茶饭，都是冯主事亲自送入。他家法极严，谁人敢泄漏半个字？正是：

深山堪隐豹，柳密可藏鸦。

不须愁汉吏，自有鲁朱家。

且说这一日，李万上了毛坑，望东门冯家而来。到于门首，问老门公道："主事老爷在家么？"老门公道："在家里。"又问道："有个穿白的官人来见你老爷，曾相见否？"老门公道："正在书房里吃饭哩。"李万听说，一发放心。看看等到未牌，果然厅上走一个穿白的官人出来。

padre le estará agradecido en el Cielo. Si no puede ayudarme, golpearé mi cabeza contra los escalones de piedra y moriré aquí en vez de en manos de esos traidores.

—No te preocupes —afirmó el secretario Feng—. Tengo una doble pared detrás de mi habitación donde te puedes esconder y nadie te encontrará. Te quedarás ahí durante unos días. Tengo un plan, si esperas pacientemente.

—¡Usted es como mi segundo padre! — sollozó Shen, haciendo una reverencia en señal de gratitud.

Acto seguido, Feng lo tomó del brazo y lo llevó al fondo de su habitación, donde quitó unos tablones del suelo que revelaron una escalera subterránea. Luego de bajar 50 o 60 escalones, vieron una luz y tres habitaciones pequeñas amuralladas a las que nadie podría llegar. Todos los días, el propio Feng le traía té y comida a Shen. Como imponía una estricta disciplina en la servidumbre, nadie se atrevería a desvelar la presencia del fugitivo.

Los leopardos pueden esconderse en los peñascos de la montaña,
Y los cuervos entre las hojas de los sauces;
¿Quién les temería a los corredores del gobierno en la casa de un amigo noble?

Mientras tanto, Li Wan procedía de manera pausada hacia la residencia del secretario Feng en la Puerta Este.

—¿Se encuentra tu amo en casa? —preguntó al llegar a la puerta.

—Sí —respondió el viejo portero—. Está en casa.

—Un caballero vestido de blanco vino a verlo. ¿Lo recibió el secretario Feng?

—Sí. Lo invitó a almorzar con él en la biblioteca.

Al oír esto, Li se acomodó para esperar con tranquilidad y a las dos de la tarde salió un caballero vestido de blanco. Pero cuando Li

李万急上前看时，不是沈襄。那官人径自出门去了。李万等得不耐烦，肚里又饥，不免问老门公道："你说老爷留饭的官人，如何只管坐了去，不见出来？"老门公道："方才出去的不是？"李万道："老爷书房中还有客没有？"老门公道："这到不知。"李万道："方才那穿白的是甚人？"老门公道："是老爷的小舅，常常来的。"李万道："老爷如今在那里？"老门公道："老爷每常饭后，定要睡一觉，此时正好睡哩。"李万听得话不投机，心下早有二分慌了。便道："不瞒大伯说，在下是宣大总督老爷差来的。今有绍兴沈公子名唤沈襄，号沈小霞，系钦提人犯。小人提押到于贵府，他说与你老爷有同年叔侄之谊，要来拜望。在下同他到宅，他进宅去了，在下等候多时，不见出来，想必还在书房中。大伯，你还不知道，烦你去催促一声，教他快快出来，要赶路走。"老门公故意道："你说的是甚么说话？我一些不懂。"李万耐了气，又细细的说一遍。老门公当面的一啐，骂道："见鬼！何常有什么沈公子到来？老爷在丧中，一概不接外客。这门上是我的干纪，出入都是

se adelantó apresuradamente para acercarse a él, descubrió que no era Shen, sino un extraño. El corredor estaba hambriento e impaciente, así que volvió a interrogar al viejo portero.

—¿Por qué no ha salido el caballero que tu amo invitó a comer?

—Acaba de salir.

—¿Tu amo no tiene otro invitado en la biblioteca?

—No que yo sepa.

—¿Quién era el caballero de blanco que acaba de salir?

—Ese es el cuñado de nuestro amo, que lo visita con frecuencia.

—¿Dónde está tu amo ahora?

—Siempre toma una siesta después de comer. Debe estar durmiendo ahora.

El hecho de estar recibiendo las respuestas erróneas hizo que Li se empezara a preocupar.

—Lo cierto es que estoy aquí cumpliendo una encomienda de Su Excelencia el gobernador de Xuanfu y Datong —afirmó—. Estoy escoltando a un prisionero de Estado llamado Shen Xiang, un joven caballero de Shaoxing quien dijo estar relacionado con tu amo y quería venir a verlo. Lo seguí hasta aquí, lo vi entrar y llevo esperando todo este tiempo y no ha salido aún. Supongo que todavía está en la biblioteca, aunque usted no lo sepa. Por favor, pídale que se dé prisa y salga porque tenemos que seguir camino.

—¿Qué estás diciendo? —exigió el anciano, fingiendo un desconcierto absoluto—. No entiendo una sola palabra de lo que dices.

Cuando Li hubo controlado su ansiedad para explicarle la situación de nuevo en detalle, el anciano lo escupió.

—¡Estás viendo fantasmas! —le juró—. Ningún señor Shen ha estado aquí. Mi amo está de luto por lo que no recibe a nadie que no sea de la familia. Yo estoy a cargo de la puerta y anuncio a todo el que

我通禀，你却说这等鬼话！你莫非是白日撞么？强装么公差名色，掏摸东西的。快快请退，休缠你爷的帐！"李万听说，愈加着急，便发作起来道："这沈襄是朝廷要紧的人犯，不是当耍的！请你老爷出来，我自有话说。"老门公道："老爷正瞌睡，没甚事，谁敢去禀！你这獠子，好不达时务！"说罢，洋洋的自去了。

　　李万道："这个门上老儿好不知事，央他传一句话甚作难。想沈襄定然在内，我奉军门钧帖，不是私事，便闯进去怕怎的？"李万一时粗莽，直撞入厅来，将照壁拍了又拍，大叫道："沈公子好走动了。"不见答应。一连叫唤了数声，只见里头走出一个年少的家童，出来问道："管门的在那里？放谁在厅上喧嚷？"李万正要叫住他说话，那家童在照壁后张了张儿，向西边走去了。李万道："莫非书房在那西边？我且自去看看，怕怎的！"从厅后转西走去，原来是一带长廊。李万看见无人，只顾望前而行。只见屋宇深邃，门户错杂，颇有妇人走动。李万不敢纵步，依旧

entra. ¿Cómo eres capaz de decirme algo así? Supongo que eres uno de esos ladrones que se escabullen a plena luz del día haciéndose pasar por corredores del gobierno. Vete de aquí ahora y no me molestes más.

Li estaba tan preocupado que dejó escapar toda la ira que sentía.

—Shen Xiang es un criminal de Estado importante —gritó—. Esto no es una broma. Por favor, pídele a tu amo que salga para poder hablar con él.

—El secretario Feng está durmiendo ahora y no me atrevo a molestarlo por nada. Ustedes bárbaros norteños son unos tontos.

Diciendo esto, el portero le dio la espalda y empezó alejarse lentamente.

—¡Viejo idiota! —perjuró Li—. ¿Por qué te molestaste porque te pedí que le dieras mi mensaje a tu amo? Shen Xiang tiene que estar adentro. Tengo la orden de arresto conmigo y esto no es un asunto privado. Así que voy a entrar también.

Fue atrevidamente hasta el pasillo y golpeó la mampara.

—Es hora de irnos señor Shen —gritó.

Al no recibir respuesta alguna, siguió gritando hasta que salió un joven sirviente.

—¿Dónde está el portero? —inquirió el muchacho, mirando al corredor detrás de la mampara—. ¿Quién dejó pasar a este sujeto que está haciendo semejante escándalo?

Antes de que Li pudiera decirle al joven que se detuviera, este salió caminando en dirección oeste.

"Puede que la biblioteca esté allí", pensó Li. "Echaré un vistazo".

Dio la vuelta al oeste en el pasillo y caminó por un corredor largo y desierto hasta que llegó a unas habitaciones obviamente de muje-

退回厅上，听得外面乱嚷。李万到门首看时，却是张千来寻李万不见，正和门公在那里斗口。张千一见了李万，不由分说，便骂道："好伙计，只贪图酒食，不干正事！巳牌时分进城，如今申牌将尽，还在此闲荡！不催趱犯人出城去，待怎么？"李万道："呸！那有什么酒食？连人也不见个影儿！"张千道："是你同他进城的！"李万道："我只登了个东，被蛮子上前了几步，跟他不上。一直赶到这里，门上说有个穿白的官人在书房中留饭，我说定是他了。等到如今不见出来，门上人又不肯通报，清水也讨不得一杯吃。老哥，烦你在此等候等候，替我到下处医了肚皮再来。"张千道："有你这样不干事的人！是甚么样犯人，却放他独自行走？就是书房中，少不得也随他进去。如今知他在里头不在里头？还亏你放慢线儿讲话。这是你的干纪，不关我事！"说罢便走。李万赶上扯住道："人是在里头，料没处去。大家在此帮说句话儿，催他出来，也是个

res y no se atrevió a seguir adelante, sino que volvió al pasillo. En ese momento, escuchó gritos afuera y al llegar a la puerta se percató de que Zhang Qian había venido a buscarlo y estaba discutiendo con el portero. Tan pronto como Zhang divisó a Li empezó a increparlo.

—¡Qué gran amigo eres! —le gritó—. Lo único que te importa es la comida, el licor y no hacer tu trabajo bien. Te fuiste desde las diez de la mañana y son casi las cinco de la tarde y tú todavía estás divirtiéndote aquí en vez de hacer que el criminal termine su visita de una vez. ¿Qué estás esperando?

—¡Maldición! —blasfemó Li—. ¿Qué comida ni que ocho cuartos? ¡No lo puedo encontrar!

—Pero viniste con él al pueblo.

—Me detuve un momento para ir al baño en el camino y el maldito sureño se me adelantó y no pude darle alcance. Lo seguí hasta aquí y el portero me dijo que un hombre vestido de blanco estaba almorzando en la biblioteca y yo di por sentado que se trataba de él. Sin embargo, aunque llevo todo este tiempo esperando, no ha salido todavía y el portero no quiere anunciarme. No he bebido ni una sola gota de agua, hermano. Por favor, espera unos minutos más hasta que llene mi panza.

—¿Cómo pudiste ser tan tonto? —preguntó enojado Zhang—. ¿Cómo vas a perder de vista a un criminal como él? Si fue a la biblioteca tenías que haber ido con él. ¿Ahora quién sabe si está adentro o no? Y tú aquí, hablando como si nada hubiera pasado. Bien, tú eres el responsable de esto, yo no tengo nada que ver.

Entonces, comenzó a alejarse, pero Li salió de prisa detrás de él y lo detuvo.

—El hombre tiene que estar adentro —insistió Li—. Estoy seguro de que no ha salido. Los dos tenemos que intentar hacerlo salir;

道理。你是吃饱的人，如何去得这等要紧？"张千道："他的小老婆在下处，方才虽然嘱付店主人看守，只是放心不下。这是沈襄穿鼻的索儿，有他在，不怕沈襄不来。"李万道："老哥说得是。"当下张千先去了。

李万忍着肚饥守到晚，并无消息。看看日没黄昏，李万腹中饿极了，看见间壁有个点心店儿，不免脱下布衫，抵当几文钱的火烧来吃。去不多时，只听得扛门声响，急跑来看，冯家大门已闭上了。李万道："我做了一世的公人，不曾受这般呕气！主事是多大的官儿，门上直恁作威作势？也有那沈公子好笑，老婆、行李都在下处，既然这里留宿，信也该寄一个出来。事已如此，只得在房檐下胡乱过一夜，天明等个知事的管家出来，与他说话。"此时十月天气，虽不甚冷，半夜里起一阵风，樕樕的下几点微雨，衣服都沾湿了，好生凄楚。

捱到天明雨止，只见张千又来了，却是闻氏再三再四催逼他来的。张千身边带了公文解批，和李万商议，只等开门，一拥而入，在厅上大惊小怪，高声发话。老门公拦

además, si ya comiste, ¿por qué tienes tanta prisa?

—Su concubina está en la posada aún —le respondió Zhang—. Aunque le pedí al posadero que no la perdiera de vista, no me quedo tranquilo sabiendo que la dejé sola. Ella es como la cuerda en la nariz del buey: mientras esté en la posada, podemos estar seguros de que Shen regresará.

—De acuerdo —señaló Li.

Zhang se marchó y Li continuó esperando con el estómago vacío hasta que cayó la noche sin noticias de Shen. Al atardecer tenía un hambre voraz. Al percatarse de que al lado había una pastelería, se tocó los bolsillos del abrigo con la esperanza de encontrar alguna moneda para comprarse unos raviolis. Tan pronto como se alejó de la residencia escuchó el ruido de una puerta que se cerraba y regresó corriendo solo para ver cómo habían clausurado el portón de la casa del secretario Feng.

—¡Jamás me han tratado así en todos mis años de corredor! —aseveró Li—. ¿Cuán alto cree que es el rango de un secretario para darse tamaños aires? Shen Xiang también está en aprietos. Su concubina y su equipaje están en la posada, así que si quería pasar la noche aquí, lo menos que pudo haber hecho era avisarnos. Bueno, como no hay nada que pueda hacer, lo que me resta es intentar pasar la noche lo mejor que pueda bajo este alero. Al amanecer, me las arreglaré para hablar con un sirviente más inteligente.

Era el mes de octubre y no hacía tanto frío, pero se levantó un viento a medianoche y comenzó a llover. Muy pronto Li estaba empapado y temblaba lastimosamente. Cuando amaneció, la lluvia paró y Zhang Qian se personó de nuevo a petición de Shunü. Ahora traía consigo la comunicación y la orden oficiales y acordaron que tan pronto como abrieran la puerta entrarían. Así lo hicieron. El anciano

阻不住，一时间家中大小都聚集来，七嘴八张，好不热闹。街上人听得宅里闹炒，也聚拢来，围住大门外闲看。惊动了那有仁有义、守孝在家的冯主事，从里面踱将出来。且说冯主事怎生模样：

　　头带栀子花匾摺孝头巾，身穿反折缝稀眼粗麻衫，腰系麻绳，足着草履。

众家人听得咳嗽响，道一声："老爷来了。"都分立在两边。主事出厅问道："为甚事在此喧嚷？"张千、李万上前施礼道："冯爷在上，小的是奉宣大总督爷公文来的，到绍兴拿得钦犯沈襄，经由贵府。他说是冯爷的年侄，要来拜望。小的不敢阻挡，容他进见。自昨日上午到宅，至今不见出来，有误程限，管家们又不肯代禀。伏乞老爷天恩，快些打发上路。"张千便在胸前取出解批和官文呈上，冯主事看了，问道："那沈襄可是沈经历沈鍊的儿子么？"李万道："正是。"冯主事掩着两耳，把舌头一伸，说道："你这班配军，好不知利害！那沈襄是朝廷钦犯，尚犹自可；

portero no logró detenerlos y se armó un gran escándalo en el pasillo. Casi toda la servidumbre se había congregado allí y empezado a gritar también, haciendo un ruido ensordecedor. Era tanto el alboroto que los transeúntes se acercaban a la puerta para mirar. Finalmente, el secretario Feng salió para ver cuál era el motivo del clamor. Los sirvientes lo escucharon toser mientras se acercaba.

—¡Viene el amo! —gritaban mientras se apresuraban a formarse a ambos lados del recinto.

—¿A qué se debe toda esta algarabía? —exigió Feng mientras hacía su entrada en el salón.

Los dos corredores dieron un paso al frente para rendirle el debido respeto.

—Señor, —dijeron— estamos aquí cumpliendo una misión del gobernador de Xuanfu y Datong. Arrestamos al criminal de Estado Shen Xiang en Shaoxing y lo escoltábamos por su distrito cuando dijo que era pariente suyo y quería visitarlo. Sin atrevernos a contradecirle, le permitimos venir. Sin embargo, eso fue ayer en la mañana y aún no ha salido de su residencia. Este inconveniente está retrasando nuestro viaje, sin contar el hecho de que sus sirvientes no nos anunciaban. Esperamos señor que usted lo exhorte gentilmente a abandonar la residencia ahora.

Acto seguido, Zhang Qian sacó de una bolsa la orden de detención y el despacho oficial.

—¿Se refieren a Shen Xiang, el hijo de Shen Lian? —interrogó Feng, tras leer los documentos.

—Sí, señor —respondió Li.

Feng se puso las manos sobre las orejas y sacó la lengua en señal de preocupación.

—¡Pero qué negligencia criminal! —exclamó—. Shen Xiang

他是严相国的仇人,那个敢容纳他在家?他昨日何曾到我家来?你却乱话,官府闻知传说到严府去,我是当得起他怪的?你两个配军,自不小心,不知得了多少钱财,买放了要紧人犯,却来图赖我!"叫家童与他乱打那配军出去,把大门闭了,不要惹这闲是非,严府知道不是当耍。冯主事一头骂,一头走进宅去了。大小家人,奉了主人之命,推的推,攘的攘,霎时间被众人拥出大门之外。闭了门,兀自听得嘈嘈的乱骂。

张千、李万面面相觑,开了口合不得,伸了舌缩不进。张千埋怨李万道:"昨日是你一力撺掇,教放他进城,如今你自去寻他。"李万道:"且不要埋怨,和你去问他老婆,或者晓得他的路数,再来抓寻便了。"张千道:"说得是,他是恩爱的夫妻,昨夜汉子不回,那婆娘暗地流泪,巴巴的独坐了两三个更次。他汉子的行藏,老婆岂有不知?"两个一头说话,飞奔出城,复到饭店中来。

却说闻氏在店房里听得差人声音,慌忙移步出来,问道:"我官人如何不来?"张千指李万道:"你只问他就

no es solamente un criminal de Estado, sino enemigo del primer ministro. ¿Quién se atrevería a ofrecer refugio a un hombre como él? ¿Cuándo fue que vino a mi casa? Comiencen a rezar. ¿Están delirando? Si este rumor llega a las autoridades y le informan a la familia Yan, ¿qué será de mí? Me gustaría saber cuán grande fue el soborno que ustedes, sabandijas irresponsables, aceptaron para dejar escapar un criminal tan importante. ¡Y ahora intentan echarme la culpa a mí! Sáquenlos de aquí, hombres, y cierren la puerta, de lo contrario nos veremos involucrados. No es nada gracioso que la familia Yan se entere de esto.

El secretario Feng regresó a su habitación entre juramentos mientras los sirvientes empujaban y sacaban a los dos corredores y cerraban la puerta tras ellos, maldiciéndolos desde adentro.

Zhang y Li, con la lengua afuera, intercambiaron miradas de consternación.

—Ayer me pediste que lo dejara venir al pueblo —le recordó Zhang—. Así que ahora te corresponde a ti encontrarlo.

—Deja de refunfuñar y regresemos a la posada a interrogar a su concubina —sugirió Li—. Ella tiene que saber dónde está y entonces podremos venir a buscarlo.

—De acuerdo —indicó Zhang—. La verdad es que los dos están muy compenetrados. Ayer, cuando no regresó, ella estuvo llorando durante horas e insistió en esperarlo levantada. Ella tiene que saber dónde está.

Mientras iban conversando, apuraron el paso para llegar a la posada. Tan pronto como Shunü escuchó sus voces desde la habitación salió corriendo a la puerta.

—¿Dónde está mi esposo? —exigió.

—¡Pregúntale a él! —Zhang señaló a Li.

是。"李万将昨日往毛厕出恭,走慢了一步,到冯主事家起先如此如此,以后这般这般,备细说了。张千道:"今早空肚皮进城,就吃了这一肚寡气。你丈夫想是真个不在他家了,必然还有个去处,难道不对小娘子说的?小娘子趁早说来,我们好去抓寻。"说犹未了,只见闻氏噙着眼泪,一双手扯住两个公人叫道:"好,好,还我丈夫来!"张千、李万道:"你丈夫自要去拜什么年伯,我们好意容他去走走,不知走向那里去了,连累我们在此着急,没处抓寻。你到问我要丈夫,难道我们藏过了他?说得好笑!"将衣袂掣开,气忿忿地对虎一般坐下。闻氏到走在外面,拦住出路,双足顿地,放声大哭,叫起屈来。

老店主听得,忙来解劝。闻氏道:"公公有所不知,我丈夫三十无子,娶奴为妾。奴家跟了他二年了,幸有三个多月身孕。我丈夫割舍不下,因此奴家千里相从,一路上寸步不离。昨日为盘缠缺少,要去见那年伯,是李牌头同去的。昨晚一夜不回,奴家已自疑心。今早他两个自回,一定将我丈夫谋害了。你老人家替我做主,还我丈夫便罢休。"老店主道:"小娘休得急性,那排长与你丈夫前日无

Li le contó todo lo que había ocurrido el día anterior.

—Esta mañana me fui de prisa al pueblo sin desayunar y no conseguí nada que aliviara mis dolores —explicó Zhang—. Al parecer, tu esposo no está con el secretario Feng, por lo que debió haber ido a otro sitio. Tiene que haberte contado sus planes. Si nos dices donde está iremos a buscarlo.

Antes de que pudiera terminar de hablar, los ojos de Shunü se llenaron de lágrimas y la concubina se aferró a los dos corredores.

—¡Devuélvanme a mi esposo! —gritó.

—Su esposo nos pidió que lo dejáramos ir a ver a un familiar y fuimos lo suficientemente buenos que lo dejamos ir —protestaron—. Ahora está desaparecido y nosotros estamos en una encrucijada y tú actúas como si lo hubiésemos escondido en algún lugar. ¡Esto es ridículo!

Los hombres suspiraron profundo y se sentaron enfurruñados. Shunü corrió hacia la puerta para impedir que salieran, luego dio unos taconazos en el suelo y empezó a gritar que se había cometido una injusticia. El anciano posadero vino corriendo a ver que estaba pasando.

—Permítame decirle lo que ha pasado, tío —declaró Shunü—. Mi esposo no tenía hijos a sus 30 años de edad y por eso me tomó como concubina. Llevo dos años casada con él y como desde hace tres meses llevo a su vástago en mi vientre, no me pudo enviar de vuelta a casa y por eso lo he seguido todo el camino hasta aquí, sin perderle de vista ni un solo instante. Ayer, como no teníamos suficiente dinero para el viaje, quiso ir a ver a un amigo y ese corredor, Li, fue con él. Cuando no regresó anoche, empecé a sospechar y ahora estos dos regresan sin él. Yo sé que ellos lo asesinaron. Por favor, ayúdeme señor, y haga que me devuelvan a mi esposo.

—No puede llegar a esa conclusión, señora —le dijo el posade-

怨,往日无仇,着甚来由,要坏他性命?"闻氏哭声转哀道:"公公,你不知道我丈夫是严阁老的仇人,他两个必定了严府的嘱托来的,或是他要去严府请功。公公,你详情,他千乡万里,带着奴家到此,岂有没半句说话,突然去了?就是他要走时,那同去的李牌头,怎肯放他?你要奉承严府,害了我丈夫不打紧,教奴家孤身妇女,看着何人?公公,这两个杀人的贼徒,烦公公带着奴家同他去官府处叫冤。"张千、李万被这妇人一哭一诉,就要分析几句,没处插嘴。老店主听见闻氏说得有理,也不免有些疑心,到可怜那妇人起来,只得劝道:"小娘子说便是这般说,你丈夫未曾死也不见得,好歹再等候他一日。"闻氏道:"依公公等候一日不打紧,那两个杀人的凶身,乘机走脱了,这干系却是谁当?"张千道:"若果然谋害了你丈夫要走脱时,我弟兄两个又到这里则甚?"闻氏道:"你欺负我妇人家没张智,又要指望奸骗我。好好的说,我丈夫的尸首在那里?少不得当官也要还我个明白。"老店官见妇

ro—. Estos funcionarios no son enemigos de su esposo. ¿Por qué lo asesinarían?

Al escuchar su interrogante, Shunü lloró más amargamente todavía.

—Puedo decirle el por qué —dijo sollozando—. El primer ministro Yan odia a mi esposo y a estos dos hombres los debió de haber enviado la familia Yan o se atrevieron a pedirle una recompensa. Piense señor: ¿por qué desaparecería mi esposo repentinamente sin decirme nada después de que me trajo hasta aquí? Y suponiendo que así fuera, ¿por qué Li Wan lo dejaría ir? No, para ganarse el favor del primer ministro estos malvados desaparecieron a mi esposo. ¿Y qué puede hacer una pobre y solitaria mujer? Por favor tío, atrape a estos asesinos por mí que yo iré al yamen a denunciarlos.

En medio del llanto y el drama de la concubina, Zhang y Li se habían quedado sin palabras. Esto hizo pensar al posadero que la concubina tenía algo de razón en lo que decía y sintió pena de ella.

—Suponiendo que fuera verdad, señora, —agregó el posadero— su esposo no tiene por qué estar muerto. ¿Por qué no espera otro día más?

—Está muy bien que me diga que espere otro día, pero ¿quién se hará cargo de estos dos asesinos? Ellos pueden aprovechar la oportunidad para escapar.

—Si hubiésemos asesinado a su esposo y quisiéramos escapar, —explicó Zhang— ¿por qué habríamos regresado a la posada?

—Porque contaban con el hecho de que yo era una mujer indefensa —aseguró Shunü.

—Supongo que pensaron en secuestrarme. Digan la verdad ahora: ¿dónde está el cadáver de mi esposo? Tendrán que confesarlo cuando vayamos a los tribunales.

人口嘴利害，再不敢言语。

　　店中闲看的，一时间聚了四五十人，闻说妇人如此苦切，人人恼恨那两个差人，都道："小娘子要去叫冤，我们引你到兵备道去。"闻氏向着众人深深拜福，哭道："多承列位路见不平，可怜我落难孤身，指引则个！这两个凶徒，相烦列位，替奴家拿他同去，莫放他走了。"众人道："不妨事，在我们身上。"张千、李万欲向众人分剖时，未说得一言半字，众人便道："两个排长不消辨得，虚则虚，实则实，若是没有此情，随着小娘子到官，怕他则甚！"妇人一头哭，一头走。众人拥着张千、李万，搅做一阵的，都到兵备道前，道里尚未开门。

　　那一日，正是放告日期，闻氏束了一条白布裙，径抢进栅门，看见大门上架着那大鼓，鼓架上悬着个槌儿，闻氏抢槌在手，向鼓上乱挝，挝得那鼓振天的响。唬得中军官失了三魂，把门吏丧了七魄，一齐跑来，将绳缚住，喝道："这妇人好大胆！"闻氏哭倒在地，口称泼天冤枉。只

Al percatarse de la seguridad con que la concubina hablaba, el posadero no se atrevió a pronunciar una sola palabra. Para ese entonces, se habían congregado en el lugar unas cuarenta o cincuenta personas, que al tener conocimiento de la triste historia de la concubina estaban muy enfadadas con los dos corredores.

—Si quiere denunciarlos, señora, la llevaremos ante el comisario militar —sugirieron.

Shunü se inclinó ante ellos aun llorando.

—Gracias por su bondad —les dijo—. Gracias por sentir pena por una mujer en peligro y ofrecer su ayuda. Llévense a estos dos asesinos y no los dejen escapar.

—No se preocupe —le respondieron—. Puede contar con nosotros.

Cuando los corredores intentaron explicar la situación, fueron silenciados.

—No necesitamos explicaciones —sentenció la multitud—. La verdad siempre sale a relucir. Si son inocentes, ¿por qué dudan en acompañarla al yamen?

Shunü iba llorando escoltada por la muchedumbre que llevaba a rastras a Zhang Qian y Li Wan hasta la oficina del comisario militar. Sin embargo, esa mañana aún era temprano para la sesión matutina del día.

Entonces, Shunü, quien se había puesto un mandil blanco en señal de luto, salió como un bólido hacia la empalizada, donde cerca de la puerta había un tambor con una baqueta colgando de su marco. La concubina tomó la baqueta y empezó a tocar el tambor tan fuerte como pudo. Impactados y sorprendidos, los asistentes del yamen y el portero se precipitaron sobre ella y la ataron.

—¿Cómo se atreve, mujer? —le preguntaron a gritos.

见门内幺喝之声，开了大门，王兵备坐堂，问："击鼓者何人？"中军官将妇人带进，闻氏且哭且诉，将家门不幸遭变，一家父子三口死于非命，只剩得丈夫沈襄，昨日又被公差中途谋害，有枝有叶的细说了一遍。王兵备唤张千、李万上来，问其缘故。张千、李万说一句，妇人就剪一句，妇人说得句句有理，张千、李万抵搪不过。王兵备思想到："那严府势大，私谋杀人之事，往往有之，此情难保其无。"便差中军官押了三人，发去本州勘审。

那知州姓贺，奉了这项公事，不敢怠慢，即时扣了店主人到来，听四人的口词。妇人一口咬定：二人谋害他丈夫。李万招称："为出恭慢了一步，因而相失。"张千、店主人都据实说了一遍。知州委决不下。那妇人又十分哀切，像个真情；张千、李万又不肯招认。想了一回，将四人闭于空房，打轿去拜冯主事，看他口气若何。

冯主事见知州来拜，急忙迎接归厅。茶罢，贺知州提起沈襄之事，才说得沈襄二字，冯主事便掩着双耳道："此

Shunü cayó al suelo llorando y desde allí empezó a gritar que había sido cruelmente agraviada. Inmediatamente se escuchó un fuerte alarido en el interior, la puerta se abrió y el comisario militar tomó asiento en el tribunal e inquirió quién había tocado el tambor. Su teniente condujo a Shunü, quien no dejó de sollozar mientras relataba las desgracias que le habían ocurrido a su familia y describía detalladamente cómo Shen Lian y sus hijos habían sido asesinados, quedando solo su esposo, quien el día anterior había sido asesinado por los corredores. Como sus evidencias eran circunstanciales, cuando el comisario interrogó a Zhang y a Li, la joven se encargó de hacer añicos todos sus argumentos. Además, hablaba con tanta convicción que eran incapaces de contradecirla.

"El primer ministro es poderoso y con frecuencia organiza complots para matar a hombres inocentes. Lo que dice la joven podría ser verdad", pensó el comisario militar. Por consiguiente, le pidió a su teniente que llevara a Shunü y a los dos corredores ante el prefecto local, He. Tan pronto como el prefecto recibió el caso, hizo llamar al posadero y contrastó las declaraciones de los cuatro. La mujer insistía en que los dos corredores habían asesinado a su esposo, Li declaró que se quedó rezagado porque había ido al baño y perdido de vista al hombre, mientras que Zhang y el posadero expusieron los hechos tal y como los conocían. El prefecto no podía determinar quién decía la verdad. Shunü estaba tan triste que su historia parecía verdadera, pese a que Zhang y Li no admitían el asesinato de Shen Xiang. Finalmente, el prefecto He decidió dejar detenidos a los cuatro mientras él iba en su palanquín a ver qué pensaba el secretario Feng al respecto. Cuando el secretario Feng supo que el prefecto estaba en su residencia, lo hizo pasar de inmediato al salón, donde bebieron té. Sin embargo, tan pronto como se mencionó el nombre de Shen Xiang, Feng se tapó los

乃严相公仇家,学生虽有年谊,平素实无交情。老公祖休得下问,恐严府知道,有累学生。"说罢,站起身来道:"老公祖既有公事,不敢留坐了。"贺知州一场没趣,只得作别。在轿上想道:"据冯公如此惧怕严府,沈襄必然不在他家,或者被公人所害也不见得;或者去投冯公见拒不纳,别走个相识人家去了,亦未可知。"

回到州中,又取出四人来,问闻氏道:"你丈夫除了冯主事,州中还认得有何人?"闻氏道:"此地并无相识。"知州道:"你丈夫是甚么时候去的?那张千、李万几时来回复你的说话?"闻氏道:"丈夫是昨日未吃午饭前就去的,却是李万同出店门。到申牌时分,张千假说催趱上路,也到城中去了。天晚方回来,张千兀自向小妇人说道:'我李家兄弟跟着你丈夫冯主事家歇了,明日我早去催他出城。'今早张千去了一个早晨,两人双双而回,单不见了丈夫,不是他谋害了是谁?若是我丈夫不在冯家,昨日李

oídos.

—Ese hombre es el enemigo del primer ministro —aseveró—. Aunque lo conocí en la capital, nunca fuimos muy amigos. Por favor, no me mencione el nombre de Shen Xiang. Si los Yan se enteran de esto, me pueden perjudicar.

Seguidamente se puso de pie.

—Como tiene asuntos públicos que atender señor, —le dijo— no le robo más tiempo.

Luego de semejante desplante, el prefecto tuvo que marcharse.

"A juzgar por el miedo que Feng le tiene al primer ministro, no puede estar escondiendo a Shen Xiang", pensó en el camino de regreso. "Quizás el hombre fue asesinado por esos corredores después de todo. O a lo mejor fue a pedirle ayuda a Feng y al negársela, se fue a ver a otro conocido".

Ya de regreso en el yamen, solicitó la comparecencia de los cuatro individuos del caso una vez más.

—¿Qué otros amigos tenía su esposo en este distrito además del secretario Feng? —le preguntó a Shunü.

—Ninguno, Su Señoría.

—¿Cuándo fue que su esposo salió de la posada? ¿Y cuándo le dijeron ellos que había desaparecido?

—Mi esposo salió de la posada ayer antes de almuerzo con Li Wan. Sobre las cuatro de la tarde, Zhang Qian dijo que iba al pueblo a buscarlos y no volvió hasta que se hizo de noche. "El hermano Li se quedó con tu esposo en casa del secretario Feng", me dijo y agregó: "Mañana temprano en la mañana iré a por ellos". Hoy, Zhang estuvo fuera toda la mañana y regresó con Li, pero sin mi esposo. ¡Tienen que haberlo asesinado! Si mi esposo no estaba en casa del secretario Feng ayer, seguramente Li lo habría buscado y Zhang se abría preocu-

万就该追寻了，张千也该着忙，如何将好言语稳住小妇人？其情可知：一定张千、李万两个在路上预先约定，却教李万乘夜下手。今早张千进城，两个乘早将尸首埋藏停当，却来回复我小妇人。望青天爷爷明鉴！"贺知州道："说得是。"张千、李万正要分辨，知州相公喝道："你做公差所干何事？若非用计谋死，必然得财买放，有何理说！"喝教手下将那张、李重责三十，打得皮开肉绽，鲜血迸流，张千、李万只是不招。妇人在旁，只顾哀哀的痛哭，知州相公不忍，便讨夹棍将两个公差夹起。那公差其实不曾谋死，虽然负痛，怎生招得？一连上了两夹，只是不招。知州相公再要夹时，张、李受苦不过，再三哀求道："沈襄实未曾死，乞爷爷立个限期，差人押小的捱寻沈襄，还那闻氏便了。"知州也没有定见，只得勉从其言。闻氏且发尼姑庵住下。差四名民壮，锁押张千、李万二人，追寻沈襄，五日一比。店主释放宁家。将情具由申详兵备道，道里依缴了。

张千、李万一条铁链锁着，四名民壮，轮番监押。带

pado. ¿Por qué me aseguraron que estaba allí? Es evidente lo que tiene que haber pasado. Se pusieron de acuerdo por el camino para que Li lo matara esa noche y hoy por la mañana Zhang regresó al pueblo para ayudarlo a enterrar el cuerpo. Luego, volvieron a decirme que mi esposo estaba desaparecido. ¡Haga justicia ante esta mujer infeliz, Su Señoría!

—Creo que tienes razón —afirmó el prefecto.

Y cuando Zhang y Li protestaron, los mandó a callar.

—¡Menudos corredores son ustedes! —exclamó—. Si no planearon su muerte, entonces fueron sobornados para que lo dejaran escapar. ¿Qué más tienen que decir?

Acto seguido, ordenó a sus hombres que les dieran 30 golpes con el garrote más pesado y pese a sangrar y tener los huesos rotos, ninguno de los dos confesó. Shunü lloraba amargamente y la lástima que el prefecto sintió por ella lo llevó a torturar a los corredores, pero naturalmente no reconocerían un crimen que no habían cometido. Pese a que los torturaron dos veces, no abrieron la boca. Cuando el prefecto ordenó que los volvieran a torturar, sabían que no podrían soportarlo.

—Shen Xiang no puede estar muerto, Su Señoría —imploraron—. Si envía a sus hombres con nosotros, prometemos encontrarlo en un tiempo razonable y devolvérselo a su esposa.

Como el prefecto no estaba seguro de su culpa, estuvo de acuerdo. A Shunü la mandaron a esperar en un convento mientras Zhang y Li eran encadenados y enviados con cuatro milicianos a buscar a Shen con la orden de reportarse al yamen cada cinco días. El posadero fue puesto en libertad y se envió un informe completo del caso al comisario militar.

Zhang y Li iban encadenados y eran vigilados por turnos por los cuatro milicianos, quienes destinaron su dinero para el viaje a

得几两盘缠，都被民壮搜去，为酒食之费；一把倭刀，也当酒吃了。那临清去处又大，茫茫荡荡，来千去万，那里去寻沈公子？也不过一时脱身之法。闻氏在尼姑庵住下，刚到五日，准准的又到州里去啼哭，要生要死。州守相公没奈何，只苦得批较差人张千、李万。一连比了十数限，不知打了多少竹批，打得爬走不动。张千得病身死，单单剩得李万，只得到尼姑庵来拜求闻氏道："小的情极，不得不说了。其实奉差来时，有经历金绍，口传杨总督钧旨，教我中途害你丈夫，就所在地方，讨个结状回报。我等口虽应承，怎肯行此不仁之事？不知你丈夫何故，忽然逃走，与我们实实无涉。青天在上，若半字虚情，全家祸灭！如今官府五日一比，兄弟张千已自打死；小的又累死，也是冤枉！你丈夫的确未死，小娘子他日夫妻相逢有日。只求小娘子休去州里啼啼哭哭，宽小的比限，完全狗命，便是阴德。"闻氏道："据你说不曾谋害我丈夫，也难

comprar comida y bebida y hasta sus espadas vendieron para adquirir licor. En un distrito tan grande como este, por el que pasaban viajeros constantemente, no tenían la más mínima esperanza de encontrar al hombre desaparecido. La búsqueda era sencillamente una forma de evadir la tortura.

Shunü, quien se había instalado en el convento, iba cada cinco días a llorar y a lamentarse al yamen y a amenazar con quitarse la vida. Como el prefecto no podía resolver el caso, exigió que los corredores encontraran a Shen en una fecha determinada. Más de una docena de veces mandó a llamar a Zhang y Li y fueron tantas las palizas propinadas cada vez que acudían sin el prisionero, que apenas se podían mover. Finalmente, Zhang Qian se enfermó y murió y Li Wan, al verse solo, fue al convento a implorarle a la concubina.

—Estoy desesperado, —le confesó— así que te contaré la verdad. Antes de salir de Xuanfu, el secretario Jin Shao nos dijo que el gobernador Yang nos ordenaba matar a tu esposo por el camino y pedir un certificado a las autoridades locales para sellar el asunto. Aunque estuvimos de acuerdo, naturalmente, nunca habríamos cometido semejante crueldad. Con el Cielo como testigo, te aseguro que tu esposo escapó y nosotros no tuvimos nada que ver con su desaparición. Si estoy mintiendo, que toda mi familia se muera ahora mismo. El prefecto me manda a llamar cada cinco días para que le lleve al prisionero y el hermano Zhang ya murió a causa de las golpizas. ¡Cuán injusto sería si yo muero también! Estoy convencido de que tu esposo no está muerto y de que se volverán a ver. Por favor, ten piedad de mí y deja de llorar en el yamen. Dame un poco más de tiempo para encontrarlo. Estarás haciendo una buena acción, si salvas mi maltrecha vida.

—Me es muy difícil creer que no hayas asesinado a mi esposo

准信；既然如此说，奴家且不去禀官，容你从容查访。只是你们自家要上紧用心，休得怠慢。"李万喏喏连声而去。有诗为证：

　　白金廿两酿凶谋，谁料中途已失囚。
　　锁打禁持熬不得，尼庵苦向妇人求。

官府立限缉获沈襄，一来为他是总督衙门的紧犯，二来为妇人日日哀求，所以上紧严比。今日也是那李万不该命绝，恰好有个机会。却说总督杨顺、御史路楷，两个日夜商量，奉承严府，指望旦夕封侯拜爵；谁知朝中有个兵科给事中吴时来，风闻杨顺横杀平民冒功之事，把他尽情劾奏一本，并劾路楷朋奸助恶。嘉靖爷正当设醮祝釐，见说杀害平民，大伤和气，龙颜大怒，着锦衣卫扭解来京问罪。严嵩见圣怒不测，一时不及救护，到底亏他于中调停，止于削爵为民。可笑杨顺、路楷杀人媚人，至此徒为人笑，有何益哉？再说贺知州听得杨总督去任，已自把这公事看得冷了；又闻氏连次不来哭禀，两个差人又死了一

—respondió Shunü—. Pero tal y como me lo pides, dejaré de ir al yamen y dejaré que te tomes el tiempo que necesitas para encontrarlo. Más te vale que busques bien, sin descanso, que levantes cada piedra que encuentres a tu paso.

Li Wan asintió y se marchó.

El prefecto había fijado una fecha límite para la recaptura de Shen Xiang y convocaba a los corredores constantemente porque Shen era un malhechor buscado por el gobernador Yang y también porque su concubina continuaba implorando que se hiciera justicia. Por fin, la suerte de Li Wan cambió y ocurrió algo que le salvaría la vida. El gobernador Yang y el censor Lu pensaban noche y día cuál sería la mejor manera de adular a la familia Yan con la esperanza de obtener un título nobiliario cuanto antes, cuando el secretario Wu Shilai del Ministerio de Guerra tuvo conocimiento de que Yang Shun asesinaba gente inocente para obtener crédito y presentó un memorial denunciándolo indignado y acusando a Lu Kai de ser cómplice de sus malvadas acciones. El emperador, que en ese momento ofrecía sacrificios para invocar la bendición del Cielo, se enojó al saber de la masacre porque esto significaba que las armoniosas influencias debían haber sido perjudicadas. Por tanto, ordenó a la guardia imperial detener a los culpables y llevarlos a la capital para que recibieran el merecido castigo. Como el emperador estaba muy furioso, Yan Song no podía salvar del todo a sus protegidos, pero al encomiarlos consiguió que solo fueran despojados de sus rangos y no ejecutados. De esta forma, Yang Shun y Lu Kai, quienes habían masacrado a ciudadanos inocentes para congraciarse con los poderosos, sencillamente se cubrieron de vergüenza. El prefecto de Jining, al conocer la noticia de que Yang Shun había sido despojado de su cargo, estaba dispuesto a olvidar el caso de Shen Xiang especialmente después de que Shunü había dejado

个，只剩得李万，又苦苦哀求不已。贺知州分付打开铁链，与他个广捕文书，只教他用心缉访，明是放松之意。李万得了广捕文书，犹如捧了一道赦书，连连磕了几个头，出得府门，一道烟走了。身边又无盘缠，只得求乞而归，不在话下。

却说沈小霞在冯主事家复壁之中，住了数月，外边消息无有不知，都是冯主事打听将来，说与小霞知道。晓得闻氏在尼姑庵寄居，暗暗欢喜。过了年余，已知张千、李万都逃了，这公事渐渐懒散。冯主事特地收拾内书房三间，安放沈襄在内读书，只不许出外，外人亦无有知者。冯主事三年孝满，为有沈公子在家，也不去起复做官。

光阴似箭，一住八年。值严嵩一品夫人欧阳氏卒，严世蕃不肯扶柩还乡，唆父亲上本留己侍养，却于丧中簇拥姬妾，日夜饮酒作乐。嘉靖爷天性至孝，访知其事，心中甚是不悦。时有方士蓝道行，善扶鸾之术。天子召见，教

de ir a pedirle que hiciera justicia, uno de los corredores había muerto y el otro le rogaba que fuera misericordioso.

Así que el prefecto liberó a Li Wan de sus cadenas y le entregó una orden judicial encomendándole hacer una búsqueda cuidadosa del hombre perdido, lo que equivalía a liberarlo. Li Wan se sintió tan aliviado como el delincuente que recibe una amnistía. Luego de postrarse una y otra vez tocando el suelo con la frente, salió del yamen tan rápido como pudo. Como no tenía dinero, hizo todo el camino de vuelta a casa mendigando.

Mientras tanto, Shen Xiang había permanecido en la habitación secreta del secretario Feng durante varios meses, al tanto de todo lo que estaba ocurriendo afuera gracias a su anfitrión. Al mismo tiempo, Shen Xiang estaba feliz de tan solo pensar que Shunü seguía en el convento cercano. Al cabo de un año, con la muerte de Zhang Qian, la partida de Li Wan y el caso olvidado, Feng desocupó tres de las habitaciones interiores para que Shen Xiang pudiera estudiar en la casa, pero no le permitía salir ni que nadie de afuera supiera de su presencia. Por otra parte, como alojaba a un fugitivo en su casa, Feng no retomó su puesto oficial hasta que concluyó el periodo de tres años de luto.

El tiempo voló y en un abrir y cerrar de ojos habían transcurrido ocho años. La esposa de Yan Song murió y Yan Shifan, en vez de acompañar el féretro de su madre a su pueblo natal en el campo, persuadió al primer ministro para que conseguir un permiso que lo autorizara a quedarse en la capital "esperando a su padre". De hecho, pasó todo el periodo de luto bebiendo y disfrutando con sus concubinas y como el emperador era un hijo obediente, cuando se enteró de esto se enojó mucho. Entonces, vivía un sacerdote llamado Lan Daoxing, que podía hablar con los espíritus, y el emperador lo mandó a buscar para

他请仙，问以辅臣贤否。蓝道行奏道："臣所召乃是上界真仙，正直无阿。万一箕下判断有忤圣心，乞恕微臣之罪。"嘉靖爷道："朕正愿闻天心正论，与卿何涉？岂有罪卿之理？"蓝道行书符念咒，神箕自动，写出十六个字来。道是：

"高山番草，父子阁老。日月无光，天地颠倒。"
嘉靖爷爷看了，问蓝道行道："卿可解之。"蓝道行奏道："微臣愚昧未解。"嘉靖爷道："朕知其说？'高山'者，'山'字连'高'，乃是'嵩'字；'番草'者，'番'字'草'头，乃是'蕃'字。此指严嵩、严世蕃父子二人也。朕久闻其专权误国，今仙机示朕，朕当即为处分，卿不可泄于外人。"蓝道行叩头，口称不敢，受赐而出。从此嘉靖爷渐渐疏了严嵩。

averiguar si sus ministros eran buenos o malos.

—Yo solo convoco a las deidades reales de las regiones superiores que dicen la verdad y no se pueden adular —aseguró el sacerdote—. Si el oráculo por casualidad ofende a Su Majestad, espero que me perdone.

—Deseo escuchar la verdad desde el Cielo —respondió el emperador—. Tú no tienes nada que ver en esto y no me enfadaré contigo.

El sacerdote trazó un amuleto y leyó un conjuro, la arena en su bandeja comenzó a moverse para desvelar las siguientes líneas:

En una alta colina crece una hierba extraña,
Tanto padre como hijo son ministros de Estado.
El Sol y la Luna han perdido su brillo,
Y el Cielo y la Tierra están al revés.

—¿Me puedes explicar lo que quiere decir? —interrogó el emperador.

—Soy un hombre ignorante —respondió el sacerdote—. No lo entiendo.

—Yo lo entiendo —sentenció el emperador.

—La colina alta simboliza el carácter de Song y la hierba extraña, el de Fan. Esta es por tanto una alusión a Yan Song y Yan Shifan. Hace mucho tiempo que sospechaba que estaban usurpando la autoridad y perjudicando al Estado y ahora que el Cielo lo ha confirmado ya sé qué hacer con ellos. Tiene terminantemente prohibido decir una sola palabra de lo que aquí ha acontecido.

El sacerdote se postró ante el emperador tocando el suelo con la frente.

—No le diré nada a nadie —prometió.

Luego se marchó tras aceptar su recompensa.

Después del oráculo, el emperador comenzó a tratar a Yan Song

有御史邹应龙，看见机会可乘，遂劾奏：严世蕃凭借父势，卖官鬻爵，许多恶迹，宜加显戮。其父严嵩溺爱恶子，植党蔽贤，宜亟赐休退，以清政本。嘉靖爷见疏大喜，即升应龙为通政右参议。严世蕃下法司，拟成充军之罪，严嵩回籍。未几，又有江西巡按御史林润，复奏严世蕃不赴军伍，居家愈加暴横，强占民间田产，畜养奸人，私通倭虏，谋为不轨。得旨三法司提问，问官勘实覆奏，严世蕃即时处斩，抄没家财。严嵩发养济院终老。被害诸臣尽行昭雪。

冯主事得此喜信，慌忙报与沈襄知道，放他出来，到尼姑庵访问那闻淑女。夫妇相见，抱头而哭。闻氏离家时，怀孕三月，今在庵中生下一孩子，已十岁了。闻氏亲自教他念书，五经皆已成诵，沈襄欢喜无限。冯主事方上

con frialdad y el censor Zou Yinglong aprovechó la oportunidad para presentar un memorial al trono acusando al primer ministro y su hijo. Zou subrayaba que Yan Shifan se había aprovechado de la posición de su padre para vender puestos y rangos oficiales, así como cometido otros delitos por lo que solicitaba su ejecución. Igualmente recomendaba que como Yan Song había incitado a su derrochador hijo a formar una camarilla para perjudicar al pueblo, debía ser destituido del cargo para poder reformar el gobierno. El emperador estaba encantado de haber recibido el memorial. Como resultado, promovió a Zou al puesto de asesor de la Junta de Transmisión y ordenó que Yan Shifan fuera juzgado por el jefe de la Justicia, quien lo desterró a la frontera. A Yan Song se le ordenó retirarse al campo también. Poco después, el censor que inspeccionaba Jiangxi, Lin Run, informó que Yan Shifan se negaba a cumplir el servicio militar y actuaba como un déspota local, adueñándose de las propiedades del pueblo, refugiando a los prófugos, haciendo propuestas secretas a los piratas japoneses y tramando alta traición. El emperador decretó que el caso debía ser investigado y cuando el jefe de Justicia le comunicó que las acusaciones eran ciertas, Yan Shifan fue ejecutado de inmediato y sus propiedades confiscadas. En cuanto a Yan Song, acabó sus días en la casa de un anciano. En tanto, todos los que habían sido víctimas de sus atropellos y atrocidades recuperaron sus puestos y propiedades.

Cuando Feng escuchó las buenas noticias, no perdió tiempo para decirle a Shen Xiang que ya podía salir. Shen salió corriendo a buscar a Shunü al convento. Luego de abrazarse fervientemente empezaron a llorar. Cuando salieron de Shaoxing, Shunü tenía casi tres meses de embarazo. En el convento había dado a luz a un niño que ahora tenía 10 años de edad. Shen estaba feliz al ver que Shunü había educado al niño y éste podía leer los Cinco Clásicos.

京补官,教沈襄同去讼理父冤,闻氏暂迎归本家园上居住。沈襄从其言。到了北京,冯主事先去拜了通政司邹参议,将沈鍊父子冤情说了,然后将沈襄讼冤本稿送与他看,邹应龙一力担当。次日,沈襄将奏本往通政司挂号投递。圣旨下,沈鍊忠而获罪,准复原官,仍进一级,以旌其直。妻子召还原籍。所没入财产,府县官照数给还。沈襄食廪年久准贡,敕授知县之职。沈襄复上疏谢恩,疏中奏道:"臣父鍊向在保安,因目击宣大总督杨顺,杀戮平民冒功,吟诗感叹,适值御史路楷,阴受严世蕃之嘱,巡按宣大,与杨顺合谋,陷臣父于极刑,并杀臣弟二人,臣亦几于不免。冤尸未葬,危宗几绝,受祸之惨,莫如臣家。今严世蕃正法,而杨顺、路楷安然保首领于乡,使边廷万家之怨骨,衔恨无伸;臣家三命之冤魂,含悲莫控。恐非所以肃刑典而慰人心也。"圣旨准奏,复提杨顺、路楷到

Por su parte, Feng decidió ir a la capital y solicitar un puesto de funcionario y le aconsejó a Shen ir con él a hacerle justicia al nombre de su padre. Durante ese tiempo, su concubina podía vivir con la familia Feng. Shen aceptó el consejo y viajó a Beijing. Cuando Feng habló con el consejero Zou, le contó la injusticia cometida con Shen Lian y sus hijos y le mostró el informe escrito por Shen Xiang, Zou prometió ocuparse del asunto. Al día siguiente, Shen Xiang envió su informe y muy pronto se emitió un decreto imperial declarando que como Shen Lian había sido asesinado por ser leal al Estado, se restablecía su puesto oficial y era ascendido póstumamente un rango para exaltar su virtud. Su esposa y su hijo regresaron a casa, donde las autoridades locales les devolvieron todas las propiedades confiscadas. En tanto, Shen Xiang, quien había recibido durante mucho tiempo un estipendio del gobierno, fue nombrado magistrado.

Posteriormente, Shen Xiang redactó el siguiente memorial al trono: "Cuando mi padre, Shen Lian, estaba en Bao'an y vio al gobernador Yang Shun asesinar al pueblo inocente a cambio de la grandeza personal, escribió unos versos para expresar su indignación. Luego, el censor Lu Kai, cumpliendo en secreto las órdenes de Yan Shifan, inspeccionó la zona y se confabuló con Yang para ejecutar a mi padre y matar a mis dos hermanos. Yo logré escapar con vida a duras penas. De esta forma, los injustamente asesinados no recibieron sepultura y nuestra familia fue prácticamente aniquilada. ¡Ninguna otra familia ha sufrido tanto como la nuestra! Yan Shifan ha sido castigado, pero mientras Yang Shun y Lu Kai continúen con vida, los injustamente masacrados en la frontera no serán vengados y los tres miembros de mi familia asesinados vagarán en las regiones inferiores. Me temo que la decisión tomada no responde a las estipulaciones de la ley y la justicia".

京，问成死罪，监刑部牢中待决。

沈襄来别冯主事，要亲到云州，迎接母亲和兄弟沈褒到京，依傍冯主事寓所相近居住；然后往保安州访求父亲骸骨，负归埋葬。冯主事道："老年嫂处适才已打听个消息，在云州康健无恙。令弟沈褒，已在彼游庠了。下官当遣人迎之。尊公遗体要紧，贤侄速往访问，到此相会令堂可也。"

沈襄领命，径往保安，一连寻访两日，并无踪迹。第三日，因倦借坐人家门首，有老者从内而出，延进草堂吃茶。见堂中挂一轴子，乃楷书诸葛孔明两次《出师表》也。表后但写年月，不着姓名。沈小霞看了又看，目不转睛。老者道："客官为何看之？"沈襄道："动问老丈，此字是何人所书？"老者道："此乃吾亡友沈青霞之笔也。"沈小霞道："为何留在老丈处？"老者道："老夫姓贾名石，当初沈青霞编管此地，就在舍下作寓。老夫与他八拜之交，最相契厚。不料后遭奇祸，老夫惧怕连累，也往河南逃避。带得这二幅《出师表》，裱成一幅，时常展视，如见

El emperador sancionó la petición de Shen y Yang y Lu fueron llevados a la capital, sentenciados a muerte y encerrados en la cárcel a esperar el día de la ejecución. Shen Xiang fue a despedirse de Feng antes de partir a Yunzhou para escoltar a su madre y hermano menor de vuelta a la capital y así vivir cerca de su amigo. Luego, iría a Bao'an a recuperar los restos de su padre para darles santa sepultura.

—He recibido buenas noticias de tu madre en Yunzhou —indicó Feng—. Se encuentra bien y tu hermano menor ya está estudiando en la escuela del distrito. Permíteme enviar a alguien a buscarlos mientras tú vas a recuperar los restos mortales de tu padre que es la tarea más importante. Podrás reunirte con tu madre una vez que los hayas recuperado.

Shen estuvo de acuerdo y viajó a toda velocidad a Bao'an, donde indagó durante dos días seguidos sin encontrar una sola pista. Al tercer día, se aprestaba a sentarse al lado del camino para descansar cuando un anciano salió de una casa cercana y lo invitó a tomar té. Shen vio un pergamino colgando de la pared que contenía dos memorandos de Zhuge Liang fechados, pero sin firma. Lo miraba fijamente como si no pudiera quitarle los ojos de encima.

—¿Por qué le llama tanto la atención ese pergamino? —inquirió el anciano.

—¿Puedo preguntarle quién lo escribió? —interrogó Shen.

—Lo escribió mi extinto amigo, Shen Lian.

—¿Por qué lo conserva?

—Me llamo Jia Shi. Cuando el señor Shen fue desterrado a vivir aquí, se instaló en mi casa y nos hicimos hermanos jurados. Al desatarse la tragedia, tuve miedo de verme involucrado y me fui a He'nan, pero me llevé conmigo los dos escritos y los monté en este pergamino. Cada vez que lo miro, siento como si viera a mi viejo amigo de

吾兄之面。杨总督去任后，老夫方敢还乡。嫂嫂徐夫人和幼子沈褒，徙居云州，老夫时常去看他。近日闻得严家势败，吾兄必当昭雪，已曾遣人去云州报信。恐沈小官人要来移取父亲灵柩，老夫将此轴悬挂在中堂，好教他认认父亲遗笔。"沈小霞听罢，连忙拜倒在地，口称"恩叔"。

贾石慌忙扶起道："足下果是何人？"沈小霞道："小侄沈襄，此轴乃亡父之笔也。"贾石道："闻得杨顺这厮，差人到贵府来提贤侄，要行一网打尽之计。老夫只道也遭其毒手，不知贤侄何以得全？"沈小霞将临清事情，备细说了一遍。贾石口称难得，便分付家童治饭款待。沈小霞问道："父亲柩榇，恩叔必知，乞烦指引一拜。"贾石道："你父亲屈死狱中，是老夫偷尸埋葬，一向不敢对人说知。今日贤侄来此，搬回故土，也不枉老夫一片用心。"说罢，刚欲出门，只见外面一位小官人骑马而来。贾石指道："遇巧，遇巧！恰好令弟来也。"那小官便是沈褒。下马相见，贾石指沈小霞道："此位乃大令兄讳襄的便是。"此日

nuevo. Solo me atreví a regresar cuando el gobernador Yang fue destituido. La esposa de Shen Lian y su hijo menor, Shen Qiu, se mudaron a Yunzhou, donde voy con frecuencia a visitarlos. Acabo de enviar un hombre para que le avise que los Yan han caído y ahora puede vengar a su esposo. Ahora espero que el joven señor Shen venga cuanto antes a buscar los restos de su padre y por eso colgué el pergamino en el salón para que pueda reconocer su escritura.

Diciendo esto, Shen Xiang se postró de inmediato tocando el suelo con la frente y se dirigió a Jia Shi como su tío y benefactor.

—¿Pero quién eres tú? —le preguntó Jia mientras lo ayudaba a ponerse de pie.

—Yo soy Shen Xiang y esa es la caligrafía de mi padre.

—Supe que Yang Shun envió corredores a tu distrito a atraparte y así sellar la extinción de toda la familia —le dijo Jia—. Pensé que te había matado. ¿Cómo lograste escapar?

Mientras Shen le contaba todo lo que había pasado en Jining, Jia exclamaba con regocijo y sorpresa al mismo tiempo. Acto seguido, le ordenó a la servidumbre preparar comida para su invitado.

—Usted debe saber dónde enterraron a mi padre —afirmó Shen Xiang—. ¿Me mostrará el lugar donde podré rendirle mis respetos?

—Después de que asesinaron a tu padre en la cárcel, yo me robé el cadáver y le di sepultura —le confesó Jia—. Sin embargo, nunca me atreví a hablar del tema hasta hoy. Ahora podrás llevar sus restos de vuelta a casa y mis esfuerzos no habrán sido en vano.

Estaban a punto de salir cuando llegó a caballo un joven caballero.

—¡Qué coincidencia! —gritó Jia señalando al recién llegado—. Aquí está tu hermano menor.

Y de hecho era Shen Qiu quien se bajó a saludarlos.

—Este es tu hermano mayor, Shen Xiang —le dijo Jia.

弟兄方才识面，恍如梦中相会，抱头而哭。

贾石领路，三人同到沈青霞墓所，但见乱草迷离，土堆隐起。贾石引二沈拜了，二沈俱哭倒在地。贾石劝了一回道："正要商议大事，休得过伤。"二沈方才收泪。贾石道："二哥、三哥当时死于非命，也亏了狱卒毛公存仁义之心，可怜他无辜被害，将他尸藁葬于城西三里之外。毛公虽然已故，老夫亦知其处，若扶令先尊灵柩回去，一起带回，使他父子魂魄相依，二位意下何如？"二沈道："恩叔所言，正合愚弟兄之意。"当日又同贾石到城西看了，不胜悲感。次日，另备棺木，择吉破土，重新殡殓。二人面色如生，毫不朽败，此乃忠义之气所致也。二沈悲哭自不必说。当时备下车仗，抬了三个灵柩，别了贾石起身。临别，沈襄对贾石道："这一轴《出师表》，小侄欲问恩叔取去，供养祠堂，幸勿见拒。"贾石慨然许了，取下挂轴相赠。二沈就草堂拜谢，垂泪而别。沈襄先奉灵柩到张家湾，觅船装载。

Los hermanos sintieron como si se vieran en sueños y se abrazaron fuertemente y lloraron. Entonces, con Jia mostrándoles el camino, los tres juntos se dirigieron a la tumba de Shen Lian —un montículo de tierra cubierto de zarzas salvajes y hierbas—. El anciano les indicó que se postraran tocando el suelo con la frente y los hijos se desplomaron en llanto. Sin embargo, Jia les pidió levantarse de inmediato.

—Tenemos que discutir asuntos importantes ahora, no se dejen llevar por el dolor —aseveró y les pidió.

Los hermanos se secaron las lágrimas de inmediato.

—Cuando sus dos hermanos fueron injustamente asesinados, —les contó Jia— había un carcelero bondadoso llamado Mao, quien se apiadó de ellos y los enterró al oeste de la ciudad. Aunque Mao ya está muerto, yo sé dónde descansan. Por eso, lo correcto es que lleven sus restos junto con los de su padre para que el espíritu de los hijos descanse con el del padre. ¿Qué piensan al respecto?

—No podríamos pedir nada mejor, tío —subrayaron.

Ese mismo día acompañaron a Jia al oeste de la ciudad y el dolor los superó al divisar el lugar. Al día siguiente, prepararon los ataúdes y eligieron una fecha auspiciosa para abrir las tumbas y exhumar los cadáveres, que gracias a la lealtad y la integridad de los muertos no se habían descompuesto en absoluto. Luego de derramar más lágrimas, los hermanos dieron la orden al carruaje de trasladar los tres ataúdes y se despidieron de Jia Shi.

—Me gustaría colgar este pergamino en nuestro templo ancestral —le dijo Shen Xiang—. Espero que me dé su consentimiento, tío.

Jia les entregó el pergamino sin titubear y tras agradecerle con lágrimas en los ojos, emprendieron el camino. Shen Qiu llevó los ataúdes a Zhangjiawan y una vez que hicieron todos los arreglos pertinentes para su traslado por barco, Shen Xiang regresó solo a Beijing a

沈襄复身又到北京，见了母亲徐夫人，回覆了说话，拜谢了冯主事起身。此时，京中官员，无不追念沈青霞忠义，怜小霞母子扶柩远归，也有送勘合的，也有赠赆金的，也有馈赆仪的。沈小霞只受勘合一张，余俱不受。到了张家湾，另换了官座船，驿递起人夫一百名牵缆，走得好不快。不一日，来到临清，沈襄分付座船，暂泊河下，单身入城，到冯主事家，投了主事平安书信，园上领了闻氏淑女并十岁儿子下船。先参了灵柩，后见了徐夫人。那徐氏见了孙儿如此长大，喜不可言。当初只道灭门绝户，如今依旧有子有孙；昔日冤家，皆恶死见报。天理昭然，可见做恶人的到底吃亏，做好人的到底便宜。

　　闲话休题。到了浙江绍兴府，孟春元领了女儿孟氏，在二十里外迎接。一家骨肉重逢，悲喜交集。将丧船停泊马头，府县官员都在吊孝。旧时家产，已自清查给还。二沈扶柩葬于祖茔，重守三年之制，无人不称大孝。抚按又替沈鍊建造表忠祠堂，春秋祭祀。亲笔《出师表》一轴，

ver a su madre. Tan pronto como hizo su reporte ante las autoridades, le agradeció a Feng por la ayuda prestada y abandonó su hogar.

Todos los funcionarios de la capital estaban orgullosos de la lealtad y la justicia de Shen Lian. También admiraban a los hermanos por el largo periplo con los ataúdes y, por lo tanto, les enviaron regalos, dinero y credenciales de viaje.

Shen Xiang, sin embargo, aceptó una sola credencial. Cuando llegó a Zhangjiawan, alquiló una embarcación grande, que un centenar de hombres hizo navegar velozmente. Pasados unos días llegaron a Jining, donde Shen Xiang dejó fondeada la embarcación para ir a la ciudad y dejarle saber a la familia Feng que todo había salido bien. A continuación, llevó a Shunü y su hijo de 10 años al barco. Una vez allí, rindieron sus respetos al ataúd de Shen Lian y luego a la madre de Xiang, quien al ver lo grande que estaba su nieto se regocijó. La anciana había creído que toda la familia había sido aniquilada, pero ahora tenía a sus hijos y su nieto con ella y todos los otrora enemigos habían muerto en la miseria. La historia demuestra que la maldad siempre llega a su fin y el bien triunfa al final.

Cuando llegaron a Shaoxing, provincia de Zhejiang, el viejo señor Meng y su hija, la esposa de Shen Xiang, salieron a recibirlos a unas seis o siete millas de la ciudad. De esta forma, toda la familia quedó reunida y la felicidad se entrelazó con su tristeza. Mientras la embarcación estuvo anclada en el puerto, las autoridades locales se acercaban a rendirle sus respetos al difunto. La familia Shen recuperó la totalidad de sus bienes y después de que los dos hermanos enterraron los ataúdes en la tumba ancestral, guardaron tres años de luto tan obedientemente que eran elogiados por todos. El gobernador local también ordenó construir un templo en honor a Shen Lian, donde se celebraban sacrificios en primavera y otoño y se conservó hasta el pre-

至今供奉在祠堂之中。

服满之日,沈襄到京受职,做了知县。为官清正,直升到黄堂知府。闻氏所生之子,少年登科,与叔叔沈袞同年进士。子孙世世书香不绝。

冯主事为救沈襄一事,京中重其义气,累官至吏部尚书。忽一日,梦见沈青霞来拜说道:"上帝怜某忠直,已授北京城隍之职。屈年兄为南京城隍,明日午时上任。"冯主事觉来,甚以为疑。至日午,忽见轿马来迎,无疾而逝。二公俱已为神矣。有诗为证,诗曰:

生前忠义骨犹香,魂魄为神万古扬。
料得奸魂沉地狱,皇天果报自昭彰。

sente el pergamino escrito de su puño y letra.

Concluidos los tres años de luto, Shen Xiang regresó a la capital y fue nombrado magistrado. Ser un buen funcionario se tradujo muy pronto en un ascenso a prefecto. El hijo de Shunü aprobó los exámenes a principios de su carrera y se convirtió en graduado de palacio el mismo año que su tío Shen Qiu. Todos sus descendientes fueron académicos. Como Feng había salvado la vida de Shen Xiang, toda la capital exaltaba su valentía y por ello fue designado ministro de Asuntos Civiles. Un día soñó que Shen Lian lo llamaba y le decía:

—Como soy leal y justo, el Cielo me ha hecho el espíritu guardián de Beijing. Tú eres el espíritu guardián de Nanjing. Mañana al mediodía debemos ir a ocupar nuestros respectivos puestos.

Feng se despertó desconcertado, pero al día siguiente al mediodía vio llegar una caravana de carruajes a darle la bienvenida y se marchó en paz de este mundo. Los dos amigos se convirtieron en deidades.

Leales y justos en vida, ahora son inmortales,
Cual dioses serán conocidos por toda la eternidad.
Todos los malhechores al infierno irán,
Porque así se manifiesta la justicia del Cielo.

宋小官团圆破毡笠

EL SOMBRERO DE FIELTRO DESHILACHADO

不是姻缘莫强求，姻缘前定不须忧；

任从波浪翻天起，自有中流稳渡舟。

话说正德年间，苏州府昆山县大街，有一居民，姓宋名敦，原是宦家之后。浑家卢氏，夫妻二口，不做生理，靠着祖遗田地，见成收些租课为活。年过四十，并不曾生得一男半女。宋敦一日对浑家说："自古道，'养儿待老，积谷防饥'。你我年过四旬，尚无子嗣。光阴似箭，眨眼头白。百年之事，靠着何人？"说罢，不觉泪下。卢氏道："宋门积祖善良，未曾作恶造业；况你又是单传，老天决不绝你祖宗之嗣。招子也有早晚，若是不该招时，便是养得长成，半路上也抛撇了，劳而无功，枉添许多悲泣。"宋敦点头道是。方才拭泪未干，只听得坐启中有人

Si el destino está en contra, es una locura casarse;
Pero si el destino lo ha ordenado, no hay nada que temer;
Aunque las olas se eleven y se formen nubes de trueno,
Pese a todo, tu nave conyugal capeará la tormenta.

Durante el periodo Zhengde (1506-1521), vivió en la calle principal de Kunshan, prefectura de Suzhou, un hombre llamado Song Dun, descendiente de una familia con una larga historia de funcionarios y cuya esposa pertenecía a la familia Lu. El matrimonio no se dedicaba al comercio, sino que vivía de la renta de la propiedad ancestral del clan Song y aunque ya superaba los 40 años de edad no tenía hijos.

Un buen día, Song le comentó a su esposa:

—Ya sabes lo que dice el proverbio: Cría hijos para la vejez y guarda cereales para los tiempos de hambruna. Tú y yo ya tenemos más de 40 años y no tenemos hijo. El tiempo vuela, muy pronto peinaremos canas y, ¿quién se encargará de enterrarnos?

Diciendo esto, se echó a llorar.

—Tus antepasados fueron hombres de bien y tú eres su único descendiente —le recordó la esposa—. El Cielo nunca permitirá que tu apellido desaparezca. Después de todo, las parejas maduras también pueden tener hijos. Si no es el momento correcto, aunque los tengamos se pueden morir primero que uno. Entonces tendríamos más trabajo por gusto, sin contar el dolor innecesario que sufriríamos.

Song expresó su acuerdo asintiendo. De hecho, se secaba las lá-

咳嗽，叫唤道："玉峰在家么？"原来苏州风俗，不论大家、小家，都有个外号，彼此相称。玉峰就是宋敦的外号。宋敦侧耳而听，叫唤第二句，便认得声音，是刘顺泉。那刘顺泉双名有才，积祖驾一只大船，揽载客货，往各省交卸。趁得好些水脚银两，一个十全的家业，团团都做在船上。就是这只船本，也值几百金，浑身是香楠木打造的。江南一水之地，多有这行生理。那刘有才是宋敦最契之友。听得是他声音，连忙趋出坐启，彼此不须作揖，拱手相见，分坐看茶，自不必说。宋敦道："顺泉今日如何得暇？"刘有才道："特来与玉峰借件东西。"宋敦笑道："宝舟缺什么东西，到与寒家相借？"刘有才道："别的东西不来干渎，只这件，是宅上有余的，故此敢来启口。"宋敦道："果是寒家所有，决不相吝。"刘有才不慌不忙，说出这件东西。正是：

　　背后并非擎诏，当前不是围胸，鹅黄细布密针缝，净手将来借奉。

　　还愿曾装冥钞，祈神并衬威容，名山古刹几相从，染下炉香浮动。

原来宋敦夫妻二口，因难于得子，各处烧香祈嗣，做

grimas cuando escucharon una tos en el pasillo y alguien que preguntaba:

—¿Se encuentra Yufeng en casa?

Era costumbre en Suzhou, más allá del estatus social, que los amigos se llamaran por su segundo nombre. El segundo nombre de Song Dun era Yufeng. Song ladeó la cabeza para escuchar mejor y cuando el visitante volvió a llamar por segunda vez, reconoció la voz de su amigo Liu Shunquan. Liu había heredado un barco grande en el que transportaba mercancías a las diferentes provincias. Como había prosperado en este transporte, todo lo que poseía en su vida lo llevaba en la embarcación. El propio navío estaba valorado en centenares de taels de plata por estar hecho en su totalidad de madera fragante de nanmu. En el sur, con su red de ríos y canales, muchas familias se dedicaban al comercio náutico.

Liu Shunquan era el mejor amigo de Song Dun. Así que al escuchar su voz, Song se le unió de inmediato. En vez de hacerle una reverencia ceremoniosa, se estrecharon las manos en señal de saludo. Seguidamente se sentaron y se les sirvieron té como ya era habitual.

—¿Y eso que hoy tuviste tiempo para hacerme la visita? —preguntó Song.

—Vine a pedirte algo prestado —le respondió Liu.

Song sonrió.

—¿Qué te puede faltar en tu lujoso barco que tengas que pedir prestado en mi humilde casa? —le preguntó.

—No te molestaría, pero tienes suficiente y hasta te sobra. Es por eso por que estoy recurriendo a tu bondad.

—Sinceramente, no te guardaría rencor por nada de lo que tengo.

Song Dun y su esposa, como no habían sido bendecidos con un hijo, llevaban mucho tiempo quemando incienso y rezando por un

成黄布袱、黄布袋，装裹佛马楮钱之类。烧过香后，悬挂于家中佛堂之内，甚是志诚。刘有才长于宋敦五年，四十六岁了。阿妈徐氏亦无子息。闻得徽州有盐商求嗣，新建陈州娘娘庙于苏州阊门之外，香火甚盛，祈祷不绝。刘有才恰好有个方便，要驾船往枫桥接客，意欲进一炷香。却不曾做得布袱布袋，特特与宋家告借。其时说出缘故，宋敦沉思不语。刘有才道："玉峰莫非有吝惜之心么？若污坏时，一个就赔两个。"宋敦道："岂有此理！只是一件，既然娘娘庙灵显，小子亦欲附舟一往。只不知几时去？"刘有才道："即刻便行。"宋敦道："布袱布袋，拙荆另有一副，共是两副，尽可分用。"刘有才道："如此甚好。"宋敦入内，与浑家说知，欲往郡城烧香之事。刘氏也欢喜。宋敦于佛堂挂壁上取下两副布袱布袋，留下一副自用，将一副借与刘有才。刘有才道："小子先往舟中伺候，玉峰可快来。船在北门大坂桥下，不嫌怠慢时，吃些见成素饭，

descendiente en los diferentes templos. Incluso habían hecho envoltorios y bolsas de tela amarilla para llevar el dinero de papel utilizado en los sacrificios. Después de cada una de estas peregrinaciones, los colgaban en el santuario a buda que tenían en casa. Liu Shunquan tenía 46 años, era cinco años mayor que su amigo y tampoco tenía hijos. Recientemente, había escuchado que un comerciante de sal de Huizhou había construido un templo a la diosa de la fertilidad en las afueras de la Puerta Occidental de Suzhou para rezar por un vástago y que dicho templo estaba siempre abarrotado de peregrinos. Como Liu tenía que ir por negocios al puente Fengqiao, en los suburbios de Suzhou, decidió ofrecer incienso en este templo. Sin embargo, como no tenía bolsas de tela en las que llevar el papel para el sacrificio había ido pedirle algunas prestadas. Cuando le explicó todo, Song permaneció en silencio.

—¿No quieres prestármelas? —preguntó Liu—. Si rompo una te daré dos nuevas en su lugar.

—No se trata de eso —respondió Song—. Estaba pensando que si la diosa es tan poderosa, me gustaría ir contigo. ¿Cuándo zarpa tu barco?

—Ahora mismo.

—Mi esposa y yo tenemos dos juegos de bolsas y envoltorios. Cada uno podemos llevar uno.

—Perfecto.

Cuando Song fue a contarle a su esposa que iría a otro distrito a ofrecer incienso, se puso muy contenta. Así que no perdió tiempo, fue a su santuario budista y tomó los dos juegos de bolsas y envoltorios: uno para él y otro para su amigo.

—Me voy a ir primero, te espero en el barco —indicó Liu—. No se demoren. La embarcación se encuentra en el puente Daban, en

不消带米。"宋敦应允。当下忙忙的办下些香烛、纸马、阡张、定段，打叠包裹，穿了一件新联就的洁白湖䌷道袍，赶出北门下船。趁着顺风，不勾半日，七十里之程，等闲到了，舟泊枫桥，当晚无话。有诗为证：

　　月落乌啼霜满天，江枫渔火对愁眠；
　　姑苏城外寒山寺，夜半钟声到客船。

次日起个黑早，在船中洗盥罢，吃了些素食，净了口手，一对儿黄布袱驮了冥财，黄布袋安插纸马、文疏，挂于项上，步到陈州娘娘殿前，刚刚天晓。庙门虽开，殿门还关着。二人在两廊游绕，观看了一遍，果然造得齐整。正在赞叹，"呀"的一声，殿门开了，就有庙祝出来迎接进殿。其时香客未到，烛架尚虚，庙祝放下琉璃灯来，取火点烛，讨文疏替他通陈祷告。二人焚香礼拜已毕，各将几十文钱，酬谢了庙祝，化纸出门。刘有才再要邀宋敦到

la Puerta Norte. Si no te molestan nuestros vastos hábitos y sencillez, puedes compartir nuestra humilde comida. No te molestes en traer arroz.

Una vez puestos de acuerdo y tras empacar de prisa incienso, velas, papel de sacrificio y otras ofrendas, Song se puso una túnica nueva de seda blanca y se fue a la Puerta Norte para abordar la embarcación. Con viento a favor recorrieron 20 millas en menos de medio día y echaron anclas en el puente Fengqiao cuando caída la noche. Un viejo poeta escribió sobre este lugar:

Cuando sale la luna, los cuervos graznan bajo el helado cielo;
Cerca de los arces y las fogatas de los pescadores mi sueño es perturbado;
El redoblar de las campanas del templo de Hanshan a medianoche se escucha en la embarcación del viajero.

A la mañana siguiente, se levantaron antes de que amaneciera, se lavaron, desayunaron ligero, se lavaron manos y bocas, pusieron el dinero de papel en los envoltorios amarillos y el resto de las ofrendas de papel e invocaciones en las bolsas del mismo color. Entonces, se pusieron las bolsas en el cuello, fueron a la orilla y salieron caminando lentamente al templo. Apenas había amanecido y aunque la puerta del templo estaba abierta, la del santuario permanecía cerrada. Por tal motivo se dispusieron a caminar por los paseos bajo techo admirando la construcción hasta que la puerta del templo crujió y apareció un acólito, quien los invitó a pasar. Como no había llegado ningún peregrino todavía, los candelabros estaban vacíos. El acólito encendió las velas de las lámparas del templo y tomó sus invocaciones para interceder por ellos ante la diosa. Después de que Liu y Song habían ofrecido incienso y adorado a la deidad, cada uno le dio una docena de monedas al acólito. Luego quemaron el dinero de papel y se marcharon.

Liu le pidió a Song que regresara a su barco, pero no quiso. En-

船，宋敦不肯。当下刘有才将布袱布袋交还宋敦，各各称谢而别。刘有才自往枫桥接客去了。宋敦看天色尚早，要往娄门趁船回家。刚欲移步，听得墙下呻吟之声。近前看时，却是矮矮一个芦席棚，搭在庙垣之侧，中间卧着个有病的老和尚，恹恹欲死，呼之不应，问之不答。宋敦心中不忍，停眸而看。傍边一人走来说道："客人，你只管看他则甚？要便做个好事了去。"宋敦道："如何做个好事？"那人道："此僧是陕西来的，七十八岁了。他说一生不曾开荤，每日只诵《金刚经》。三年前在此募化建庵，没有施主。搭这个芦席棚儿住下，诵经不辍。这里有个素饭店，每日只上午一餐，过午就不用了。也有人可怜他，施他些钱米，他就把来还了店上的饭钱，不留一文。近日得了这病，有半个月不用饮食了。两日前还开口说得话，我们问他：'如此受苦，何不早去罢？'他说：'因缘未到，还等两日。'今早连话也说不出了，早晚待死。客人若可怜他时，买一只薄薄棺材，焚化了他，便是做好事。他说'因缘未到'，或者这因缘，就在客人身上。"宋敦想道："我

tonces, Liu le devolvió la bolsa y los envoltorios a Song y luego de agradecerse mutuamente se separaron. Liu volvió al puente Fengqiao para reunirse con unos comerciantes.

Como era temprano aún, Song decidió ir a la Puerta Oriental para tomar un barco de regreso a casa. De repente, escuchó que alguien gemía muy cerca. Al investigar, encontró un cobertizo de esteras apoyado contra la pared del templo y en su interior yacía moribundo un viejo monje, demasiado débil para responder a cualquier pregunta. Song observaba al monje preocupado, cuando un hombre se le acercó.

—¿Por qué lo mira señor? —inquirió el extraño—. ¿Quiere hacer una obra de caridad?

—¿Qué obra de caridad puedo hacer?

—Este monje es oriundo de Shaanxi. Tiene 78 años de edad y dice que jamás ha comido carne en toda su vida. No hace más que cantar *Sutra del Diamante*. Hace tres años, comenzó a pedir limosnas aquí para construir un templo, pero como no encontró patrocinador se hizo este cobertizo y siguió cantando el sutra. Hay una fonda vegetariana cerca donde él solía ir a comer todas las mañanas, pero nunca comía por las tardes. La gente que se preocupaba por él le daba dinero y arroz y con eso le pagaba a la fonda. Nunca guardó un solo centavo para él. Hace muy poco se enfermó y no ingiere alimento desde hace dos semanas. Hace dos días podía abrir la boca para hablar y cuando le preguntamos por qué se aferraba a la vida pese a lo mucho que había sufrido, nos dijo que aún no era el momento, que tenía que esperar otros dos días. Hoy ya no puede hablar y puede morir en cualquier momento. Si siente lástima por él señor, ¿por qué no le compra un ataúd sencillo y lo crema? Eso sería una obra de caridad. Cuando dijo que aún no había llegado el momento de partir, probablemente quiso

今日为求嗣而来，做一件好事回去，也得神天知道。"便问道："此处有棺材店么？"那人道："出巷陈三郎家就是。"宋敦道："烦足下同往一看。"

那人引路到陈家来。陈三郎正在店中支分镟匠锯木。那人道："三郎，我引个主顾作成你。"三郎道："客人若要看寿板，小店有真正婺源加料双幷的在里面。若要见成的，就店中但凭拣择。"宋敦道："要见成的。"陈三郎指着一副道："这是头号，足价三两。"宋敦未及还价。那人道："这个客官是买来舍与那芦席棚内老和尚做好事的，你也有一半功德，莫要讨虚价。"陈三郎道："既是做好事的，我也不敢要多，照本钱一两六钱罢，分毫少不得了。"宋敦道："这价钱也是公道了。"想起汗巾角上带得

decir que estaba esperando por usted.

"Yo vine hoy aquí a rezar por un hijo", pensó Song. "Si hago una obra de caridad antes de regresar, seguramente el Cielo escuchará mi súplica". Así que preguntó:

—¿Hay un enterrador aquí?

—Sí. El establecimiento del señor Chen está al doblar la esquina.

—¿Puedo pedirle que me lleve hasta allí?

El extraño llevó a Song al negocio del enterrador, donde encontró al señor Chen supervisando a sus hombres mientras cortaban madera.

—Le he traído un cliente, señor Chen —señaló el extraño.

—Si desea elegir madera para un ataúd señor, —le informó el enterrador— adentro tenemos madera de Wuyuan súper fina, genuina, contrachapada. Si desea un ataúd ya hecho, puede echar un vistazo a los que están allí.

—Quiero uno que ya esté hecho —le comunicó Song.

—Este es de la mejor calidad —aseveró Chen, señalando uno—. Este de aquí cuesta tres taels.

Antes de que Song pudiera empezar a regatear el precio con el vendedor, el extraño agregó:

—Este caballero quiere hacer una obra de caridad comprando un ataúd para el viejo monje del cobertizo. Esto también le dará crédito a usted, señor Chen, así que no le cobre demasiado.

—Si ese es el caso, —respondió el enterrador— ¿cómo me atrevería a ganarme algo en la venta? Puede llevarse el ataúd por el precio de coste —un tael y seis centavos— pero ni un centavo más ni un centavo menos.

—Me parece justo —sentenció Song.

Entonces pensó: "La plata que traigo encima vale poco más de

一块银子，约有五六钱重，烧香剩下，不上一百铜钱，总凑与他，还不勾一半。"我有处了，刘顺泉的船在枫桥不远。"便对陈三郎道："价钱依了你，只是还要到一个朋友处借办，少顷便来。"陈三郎到罢了，说道："任从客便。"那人怫然不乐道："客人既发了个好心，却又做脱身之计，你身边没有银子，来看则甚？……"说犹未了，只见街上人纷纷而过，多有说这老和尚，可怜半月前还听得他念经之声，今早呜呼了。正是：

　　　　三寸气在千般用，一旦无常万事休。

那人道："客人不听得说么？那老和尚已死了，他在地府睁眼等你断送哩！"宋敦口虽不语，心下复想道："我既是看定了这具棺材，倘或往枫桥去，刘顺泉不在船上，终不然呆坐等他回来。况且常言得'价一不择主'，倘别有个主顾，添些价钱，这副棺木买去了，我就失信于此僧了。罢罢！"便取出银子，刚刚一块，讨等来一称，叫声惭愧。原来是块元宝，看时像少，称时便多，到有七钱多重。先教陈三郎收了，将身上穿的那一件新联就的洁白湖细道袍脱下，道："这一件衣服，价在一两之外，倘嫌不值，权时

medio tael y después de ofrecer incienso me habrán quedado menos de cien monedas. Eso quiere decir que aunque le diera todo lo que tengo, sería menos de la mitad del precio… ¡Ya sé lo que voy a hacer! El barco de Liu Shunquan no está anclado muy lejos de aquí".

Estoy de acuerdo con el precio —le comunicó al enterrador—. Pero debo ir a ver a un amigo para que me preste dinero. Regreso enseguida.

El señor Chen no puso reparo alguno.

—Como guste señor —acotó.

El extraño, sin embargo, estaba enojado.

—Ofreció hacer una obra de caridad y ahora se está echando atrás —subrayó—. Si no tenía dinero, ¿para qué vino hasta aquí?

Mientras seguía hablando, la gente que iba calle abajo lamentaba que el monje, que hacía quince días cantaba el sutra, estaba muerto.

—¿Escuchó eso señor? —preguntó el extraño—. El viejo monje está muerto. Está observando atentamente desde las regiones inferiores a ver si lo entierra o no.

Song no respondió de inmediato. "He dicho que compraría el ataúd", pensaba, "y si no encuentro a Liu en el puente Fengqiao, no puedo sentarme allí a esperar por él. Al comerciante no le interesa quién compra la mercancía. Si llega otro comprador y le ofrece un poco más, el señor Chen le venderá el ataúd a él. Entonces, habré incumplido la promesa que le hice al monje".

En consecuencia, sacó toda la plata y pidió una balanza para pesarla. Para sorpresa suya, descubrió que, como se trataba de un lingote, pesaba más de lo que creía. De hecho, valía unos setenta centavos. Dándole este dinero al enterrador, se quitó la túnica nueva de seda blanca.

—Esta túnica vale más de un tael, —apuntó— pero si cree que

相抵,待小子取赎。若用得时,便乞收算。"陈三郎道:"小店大胆了,莫怪计较。"将银子衣服收过了。宋敦又在髻上拔下一根银簪,约有二钱之重,交与那人,道:"这枝簪,相烦换些铜钱,以为殡殓杂用。"当下店中看的人都道:"难得这位做好事的客官,他担当了大事去,其余小事,我们地方上也该凑出些钱钞相助。"众人都凑钱去了。宋敦又复身到芦席边,看那老僧,果然化去,不觉双眼垂泪,分明如亲戚一般,心下好生酸楚,正不知什么缘故,不忍再看,含泪而行。到娄门时,航船已开,乃自唤一只小船,当日回家。

浑家见丈夫黑夜回来,身上不穿道袍,面又带忧惨之色,只道与人争竞,忙忙的来问。宋敦摇首道:"话长哩!"一径走到佛堂中,将两副布袱布袋挂起,在佛前磕

vale menos, permítame dejarla como depósito y yo vendré después a recuperarla. Si está dispuesto a aceptarla, sume su coste.

—Me atreveré a aceptarla, señor, —acotó el enterrador— si perdona mi presunción.

De esta manera, aceptó la plata y la túnica. Seguidamente, Song se quitó una horquilla de plata para el cabello valorada en unas veinte monedas de plata y se la dio al hombre que lo había llevado allí.

—Lamento que tenga que cambiar esta horquilla de plata por unas cuantas monedas para que cubra los costes adicionales generados por el entierro —afirmó.

—¡Qué buen corazón tiene el caballero! —exclamaron todos los que presenciaron los hechos en el negocio—. Como él ha pagado los gastos más grandes, nosotros, los del pueblo, nos encargaremos de los insignificantes.

Y dicho esto se fueron a recaudar el dinero.

Cuando Song regresó al cobertizo del viejo monje y vio que yacía muerto, lloró tan amargamente como si fuera un familiar suyo. Aunque no podía calcular la magnitud de su dolor, tampoco soportaba mirar al hombre muerto, así que dio la vuelta y se marchó con lágrimas en los ojos.

Cuando llegó a la Puerta Oriental, el barco regular de pasajeros ya había zarpado y no le quedó más remedio que alquilar un sampán que lo llevara a casa. Al verlo regresar tan avanzada la noche, sin su túnica y apesadumbrado su esposa a pensó que se había peleado con alguien. La mujer no perdió tiempo en preguntarle qué le había sucedido.

—Es una larga historia —respondió Song sacudiendo la cabeza.

Luego de ir al altar budista a colgar los dos juegos de bolsas y envoltorios y postrarse ante la imagen de buda tocando el suelo con

了个头,进房坐下,讨茶吃了,方才开谈,将老和尚之事备细说知。浑家道:"正该如此!"也不嗔怪。宋敦见浑家贤慧,到也回愁作喜。是夜夫妻二口睡到五更,宋敦梦见那老和尚登门道谢,道:"檀越命合无子,寿数亦止于此矣。因檀越心田慈善,上帝命延寿半纪。老僧与檀越又有一段因缘,愿投宅上为儿,以报盖棺之德。"卢氏也梦见一个金身罗汉走进房里,梦中叫喊起来,连丈夫也惊醒了。各言其梦,似信似疑,嗟叹不已。正是:

种瓜还得瓜,种豆还得豆。

劝人行好心,自作还自受。

从此卢氏怀孕,十月满足,生下一个孩儿。因梦见金身罗汉,小名金郎,官名就叫宋金。夫妻欢喜,自不必说。此时刘有才也生一女,小名宜春。各各长成,有人撺掇两家对亲,刘有才到也心中情愿。宋敦却嫌他船户出身,不是名门旧族。口虽不语,心中有不允之意。那宋金

la frente, fue a su habitación, se sentó y le pidió una taza de té. Acto seguido, le contó a la esposa la historia del monje.

—Hiciste lo correcto —subrayó—. No te culpo.

La bondad de su esposa transformó el dolor de Song en alegría.

Durante la quinta guardia esa noche, cuando aún dormían, Song soñó que el viejo monje había ido a su casa a agradecerle.

—Estabas predestinado a no tener hijos, —sentenció el monje— y tu vida estaba predestinada a terminar hoy, pero como te había demostrado tu caridad, el Cielo ha decretado que vivas otros seis años. Además, como eres mi benefactor, me convertiré en hijo en tu casa para pagar tu bondad de comprarme un ataúd.

La esposa de Song también soñó que un arhat dorado había entrado a su habitación. La mujer comenzó a gritar en medio del sueño, despertando a su esposo. Entonces, ambos se contaron lo que habían soñado. Incrédulos quedaron atrapados en el asombro.

Siembra guisantes y recogerás guisantes;
Siembra calabazas y recogerás calabazas;
Que todos los hombres hagan buenas acciones,
Porque cada hombre cosechará lo que ha sembrado.

La esposa de Song quedó embarazada y cumplido el periodo de gestación dio a luz a un varón al que llamaron Jin, que significa dorado, porque ella había soñado con un arhat dorado. La felicidad de los padres es imaginable. Por entonces, Liu Shunquan tenía una hija llamada Yichun, y cuando los niños tenían unos cuantos años y alguien sugirió que debían comprometerlos en matrimonio, Liu estuvo de acuerdo. Sin embargo, Song Dun deseaba que su hijo contrajera nupcias con la hija de alguna familia respetable y no con la de un navegante. Aunque no puso reparo alguno, en el fondo de su corazón no estaba contento.

方年六岁，宋敦一病不起，呜呼哀哉了。自古道："家中百事兴，全靠主人命"。十个妇人，敌不得一个男子。自从宋敦故后，卢氏掌家，连遭荒歉，又里中欺他孤寡，科派户役，卢氏撑持不定，只得将田房渐次卖了，赁屋而居。初时，还是诈穷，以后坐吃山崩，不上十年，弄做真穷了。卢氏亦得病而亡。断送了毕，宋金只剩得一双赤手，被房主赶逐出屋，无处投奔。且喜从幼学得一件本事，会写会算。偶然本处一个范举人选了浙江衢州府江山县知县，正要寻个写算的人。有人将宋金说了，范公就教人引来。见他年纪幼小，又生得齐整，心中甚喜。叩其所长，果然书通真草，算善归除。当日就留于书房之中，取一套新衣与他换过，同桌而食，好生优待。择了吉日，范知县与宋金下了官船，同往任所。正是：

冬冬画鼓催征棹，习习和风荡锦帆。

却说宋金虽然贫贱，终是旧家子弟出身。今日做范公门馆，岂肯卑污苟贱，与童仆辈和光同尘，受其戏侮。那些管家们欺他年幼，见他做作，愈有不然之意。自昆山起程，都是水路，到杭州便起旱了。众人撺掇家主道："宋金

Cuando Song Jin cumplió los seis años, su padre se enfermó y murió. Reza el proverbio que la fortuna de una casa depende de su amo y diez mujeres no son tan buenas como un hombre. Tras el deceso de Song Dun, su esposa se hizo cargo de la casa. Hubo varias hambrunas y las autoridades del distrito se aprovecharon del hecho de que era viuda para aumentarle los impuestos. Incapaz de hacerle frente a la situación, vendió toda la propiedad por títulos y alquiló unas habitaciones para vivir. Al principio daban la apariencia de que habían quedado en la pobreza; pero posteriormente, como nadie traía dinero a casa se agotaron los ahorros. En menos de diez años, la señora Song era muy pobre y murió a causa de una enfermedad. Después de enterrar a su madre, Song Jin no contaba con nada más que sus manos. Su casero lo dejó sin techo y no tenía adonde ir. Afortunadamente, de niño había aprendido a escribir y a calcular. Entonces, un académico local llamado Fan, que había sido nombrado magistrado de Jiangshan, provincia de Zhejiang, necesitaba un contador. Alguien recomendó a Song Jin y cuando Fan lo mandó a buscar y vio lo joven y apuesto que era, quedó gratamente impresionado. Luego de ponerlo a prueba y comprobar que el muchacho sabía escribir en caracteres estándar y dominaba la multiplicación y la división, Fan le permitió quedarse en su estudio, le dio una muda de ropa limpia y cenó con él en su propia mesa. Parecía que nada era demasiado bueno para el joven. Así que, eligiendo un día de buena suerte, el magistrado Fan partió junto con Song Jin en el barco oficial a ocupar su nuevo puesto.

Aunque Song Jin era pobre y provenía de una vieja familia, ahora que era el contador del magistrado Fan no podía comportarse como un lacayo ni permitir que los sirvientes se tomaran libertades con él. A los mayordomos de Fan, que pensaban aprovecharse de él, no les gustaba los aires que se daba, así que cuando el grupo llegó a Hangzhou y

小厮家,在此写算服事老爷,还该小心谦逊,他全不知礼。老爷优待他忒过分了,与他同坐同食;舟中还可混帐,到陆路中火歇宿,老爷也要存个体面。小人们商议,不如教他写一纸靠身文书,方才妥贴。到衙门时,他也不敢放肆为非。"范举人是棉花做的耳朵,就依了众人言语。唤宋金到舱,要他写靠身文书。宋金如何肯写。逼勒了多时,范公发怒,喝教剥去衣服,喝出船去。众苍头拖拖拽拽,剥的干干净净,一领单布衫,赶在岸上,气得宋金半晌开口不得。只见轿马纷纷伺候范知县起陆,宋金噙着双泪,只得回避开去。身边并无财物,受饿不过,少不得学那两个古人:

伍伯吹箫于吴门,韩王寄食于漂母。

日间街坊乞食,夜间古庙栖身。还有一件,宋金终是旧家子弟出身,任你十分落泊,还存三分骨气,不肯随那叫街丐户一流,奴言婢膝,没廉没耻。讨得来便吃了,讨不来忍饿,有一顿没一顿。过了几时,渐渐面黄肌瘦,全无昔日丰神。正是:

hubo que continuar el viaje por tierra, se acercaron al magistrado.

—Este chico Song Jin está aquí para escribir y llevar las cuentas por usted, señor —dijeron—. Él tiene que saber cuál es su lugar. El joven no tiene modales y usted ha sido demasiado bueno con él. En el barco no tenía importancia si le permitía sentarse y comer con usted en la misma mesa, pero ahora que viajaremos por tierra debe mantener una distancia apropiada con él, señor. Le sugerimos humildemente que lo más satisfactorio sería hacerlo redactar un documento en el que declare ser su fiador y evitar que se tome libertades luego en el yamen.

Como la cera en sus manos, el magistrado fue persuadido. Sin embargo, cuando llamó a Song Jin a su camarote y le pidió redactar el borrador de dicho acuerdo, Song Jin naturalmente se negó. Luego de presionarlo por un buen tiempo, el magistrado se enojó y les ordenó a sus hombres que le quitaran la ropa y lo bajaran de la embarcación. Entonces, las ásperas manos de los hombres del magistrado se encargaron de desnudar al muchacho, dejándolo en camisón abandonado en la orilla, donde permaneció parado durante varios minutos poseído por la ira. Varios palanquines y caballos esperaban por el magistrado Fan en tierra, pero Song Jin tuvo que dar la vuelta con lágrimas en los ojos. Sin dinero ni ningún objeto de valor consigo, pedía comida en las calles por el día y pasaba la noche en los templos viejos. Tan pobre como era, como provenía de una familia pobre, aún conservaba su orgullo. Él no imploraría por unas monedas como hacían esos mendigos que adulaban o se encogían sin un ápice de vergüenza. Si tenía algo para comer, bien y, si no, se quedaba con la panza vacía. De esta forma, comiendo una sola comida y saltándose la otra, adelgazó mucho, empezó a palidecer y perdió toda su apuesta apariencia.

好花遭雨红俱褪，芳草经霜绿尽凋。

时值暮秋天气，金风催冷，忽降下一场大雨。宋金食缺衣单，在北新关关王庙中担饥受冻，出头不得。这雨自辰牌直下至午牌方止。宋金将腰带收紧，挪步出庙门来，未及数步，劈面遇着一人。宋金睁眼一看，正是父亲宋敦的最契之友，叫做刘有才，号顺泉的。宋金无面目"见江东父老"，不敢相识，只得垂眼低头而走。那刘有才早已看见，从背后一手挽住，叫道："你不是宋小官么？为何如此模样？"宋金两泪交流，叉手告道："小侄衣衫不齐，不敢为礼了，承老叔垂问。"如此如此，这般这般，将范知县无礼之事，告诉了一遍。刘翁道："'恻隐之心，人皆有之。'你肯在我船上相帮，管教你饱暖过日。"宋金便下跪道："若得老叔收留，便是重生父母。"当下刘翁引着宋金到于河下。刘翁先上船，对刘妪说知其事。刘妪道："此

Cuando la lluvia lava las hermosas flores,
El color carmesí desaparece;
Las hierbas aromáticas se desvanecen
y su verdor a la escarcha ceden.

Era el final del otoño, el viento se enfriaba y repentinamente comenzaba a llover. Mal arropado y medio muerto de hambre, Song Jin temblaba en el templo al dios de la guerra en Beixinguan, sin atreverse a asomar la cabeza desde las siete de la mañana hasta el mediodía. Cuando al fin dejó de llover, se apretó el cinturón y se aventuró a salir. Había dado apenas unos pasos cuando vio a un hombre que reconoció de inmediato como el mejor amigo de su padre, Liu Shunquan. Abrumado por la vergüenza de enfrentarlo, Song Jin bajó la cabeza y la mirada abatida. No obstante, Liu, quien también lo había reconocido, lo detuvo por la espalda.

—¿Tú no eres Song Jin? —le preguntó—. ¿Cómo es que estás en este estado?

Song Jin se echó a llorar y llevando las manos hizo una reverencia.

—Estoy tan mal vestido que no me atreví a saludarle, tío —aseguró—. Pero como me preguntó…

A continuación, Song Jin le explicó cómo el magistrado lo había maltratado.

—¡Pobre muchacho! —suspiró Liu—. Si quieres trabajar en mi barco, me ocuparé de que tengas suficiente comida y ropa.

Song Jin se arrodilló.

—Si usted me acoge tío, —declaró— lo consideraré mi segundo padre.

Liu llevó a Song Jin hasta el río y subió solo primero a la embarcación para decirle a su esposa lo que había hecho.

乃两得其便，有何不美。"刘翁就在船头上招宋小官上船。于自身上脱下旧布道袍，教他穿了。引他到后艄，见了妈妈徐氏，女儿宜春在傍，也相见了。宋金走出船头。刘翁道："把饭与宋小官吃。"刘妪道："饭便有，只是冷的。"宜春道："有热茶在锅内。"宜春便将瓦罐子舀了一罐滚热的茶。刘妪便在厨柜内取了些腌菜，和那冷饭，付与宋金道："宋小官！船上买卖，比不得家里，胡乱用些罢！"宋金接得在手。又见细雨纷纷而下，刘翁叫女儿："后艄有旧毡笠，取下来与宋小官戴。"宜春取旧毡笠看时，一边已自绽开。宜春手快，就盘髻上拔下针线将绽处缝了，丢在船篷之上，叫道："拿毡笠去戴。"宋金戴了破毡笠，吃了茶淘冷饭。刘翁教他收拾船上家火，扫抹船只，自往岸上接客，至晚方回，一夜无话。次日，刘翁起身，见宋金在船头上闲坐，心中暗想："初来之人，莫惯了

—Las dos partes nos beneficiamos —aseveró la señora Liu—. No veo por qué tendría que oponerme.

Entonces, Liu le hizo una señal al muchacho desde la popa invitándolo a subir a bordo. Luego de que le dio ropa nueva para que se deshiciera de la raída túnica que vestía, lo llevó a la popa para que viera a su esposa y a Yichun, quien también estaba parada allí.

—Traigan arroz para que el muchacho coma —ordenó Liu, cuando Song hubo avanzado hasta la popa.

—Hay arroz, —explicó la señora Liu— pero está frío.

—Tenemos té caliente en el fogón —declaró Yichun.

La chica le llenó un tazón de barro de té hirviendo mientras la señora Liu buscaba unas verduras en salmuera y arroz frío de la alacena y se los ofrecía a Song.

—En un barco no podemos vivir tan cómodos como en una casa, maestro Song —aseguró la señora Liu—. Debe aceptarnos tal y como nos encuentra.

Tan pronto como Song Jin empezó a comer el arroz, empezó a lloviznar de nuevo.

—Hay un sombrero viejo de fieltro en el camarote del fondo —le dijo Liu a su hija—. Tráeselo al maestro Song para que se lo ponga.

Al ver que el sombrero estaba roto, Yichun buscó una aguja desde su cabello, cosió el sombrero y lo lanzó al techo del camarote.

—Aquí —gritó—. Tómalo.

Song Jin se puso el viejo sombrero de fieltro y una vez que había terminado de comer el arroz frío con el té caliente, Liu le pidió que limpiara la cubierta. Seguidamente, Liu bajó a tierra a encontrarse con unos comerciantes y no regresó hasta bien entrada la noche. A la mañana siguiente, vio a Song Jin sentado en la popa sin hacer nada.

"El muchacho acaba de llegar", pensó Liu. "No podemos permi-

他。"便吆喝道:"个儿郎吃我家饭,穿我家衣,闲时搓些绳,打些索,也有用处。如何空坐?"宋金连忙答应道:"但凭驱使,不敢有违。"刘翁便取一束麻皮,付与宋金,教他打索子。正是:

　　在他矮檐下,怎敢不低头。

宋金自此朝夕小心,辛勤做活,并不偷懒。兼之写算精通,凡客货在船,都是他记帐,出入分毫不爽。别船上交易,也多有央他去拿算盘,登帐簿,客人无不敬而爱之,都夸道好个宋小官,少年伶俐。刘翁刘妪见他小心得用,另眼相待,好衣好食的管顾他。在客人面前,认为表侄。宋金亦自以为得所,心安体适,貌日丰腴。凡船户中无不欣羡。光阴似箭,不觉二年有余。刘翁一日暗想:"自家年纪渐老,止有一女,要求个贤婿以靠终身,似宋小官一般,到也十全之美。但不知妈妈心下如何?"是夜与妈妈饮酒半酣,女儿宜春在傍,刘翁指着女儿对妈妈道:"宜春年纪长成,未有终身之托,奈何?"刘妪道:"这是你我靠老的一桩大事,你如何不上紧?"刘翁道:"我也日常在

tir que se convierta en un holgazán". Así que le gritó:

—¡Oye, aquí! Después de comerte nuestra comida y vestir nuestra ropa no puedes quedarte de brazos cruzados. Si no tienes nada mejor que hacer, ponte a trenzar cuerdas. Siempre son muy útiles.

—Seguro —contestó Song rápidamente—. Estoy a su servicio.

Liu le dio un bulto de cáñamo para que hiciera cuerdas.

El hombre que es alimentado por otro, no se atreve a levantar la cabeza.

Tras este incidente, Song Jin fue muy cuidadoso y se aseguró de trabajar duro desde el amanecer hasta el atardecer. Como era buen dependiente y contador, llevaba la contabilidad de todas las mercancías que transportaban sin cometer el más mínimo error. Por ese motivo, con frecuencia, los propietarios de otras embarcaciones le pedían que tomara el ábaco y les ayudara con sus cuentas, mientras sus clientes lo respetaban y estaban encantados con el joven inteligente.

Cuando Liu Shunquan y su esposa se percataron de lo confiable y útil que era Song Jin, empezaron a tratarlo mejor, a darle mejor ropa y a presentarlo como su sobrino. Como Song estaba alegre y feliz, recuperó su peso y su buena salud, al punto que todos los navegantes envidiaban su buena apariencia. Sin apenas darse cuenta, habían pasado dos años.

"Estoy envejeciendo", pensó Liu un día, "y solo tengo esta hija. Tengo que buscarle un buen esposo. Alguien joven como Song sería perfecto pero me pregunto qué pensará mi esposa al respecto".

Esa noche, Liu bebió unas cuantas copas de vino con su esposa y de repente señaló a su hija que estaba al lado de ellos.

—Yichun está creciendo, —le dijo a su esposa— pero no la hemos casado todavía. ¿Qué vamos a hacer al respecto?

—Es importante encontrar un yerno que nos cuide hasta nuestros últimos días —aportó la señora Liu—. ¿Por qué no has hecho

念，只是难得个十分如意的。像我船上宋小官恁般本事人才，千中选一，也就不能勾了。"刘妪道："何不就许了宋小官？"刘翁假意道："妈妈说那里话！他无家无倚，靠着我船上吃饭。手无分文，怎好把女儿许他？"刘妪道："宋小官是宦家之后，况系故人之子。当初他老子存时，也曾有人议过亲来，你如何忘了？今日虽然落薄，看他一表人才，又会写，又会算，招得这般女婿，须不辱了门面。我两口儿老来也得所靠。"刘翁道："妈妈，你主意已定否？"刘妪道："有什么不定？"刘翁道："如此甚好。"原来刘有才平昔是个怕婆的，久已看上了宋金，只愁妈妈不肯。今见妈妈慨然，十分欢喜。当下便唤宋金，对着妈妈面许了他这头亲事。宋金初时也谦逊不当，见刘翁夫妇一团美意，不要他费一分钱钞，只索顺从刘翁。往阴阳生家

nada al respecto?

—He estado pensando mucho en el asunto, pero es difícil encontrar un hombre verdaderamente adecuado. Jóvenes apuestos e inteligentes como Song hay uno en un millón. ¿Dónde vamos a encontrar otro como él?

—Bueno, ¿entonces por qué no la casamos con el maestro Song?

Liu fingió que lo tomaba por sorpresa.

—¿Qué? —gritó—. ¿Un hombre sin familia de la que depender, que trabaja para mí y no tiene un solo centavo suyo? ¿Cómo vamos a casar a nuestra hija con él?

—El maestro Song proviene de una familia de funcionarios y es el hijo de un viejo amigo nuestro —protestó la señora Liu—. En vida de su padre se habló de casar a Song Jin con nuestra hija, ¿ya se te olvidó? Aunque la suerte no lo ha acompañado, es un muchacho apuesto que sabe escribir y llevar las cuentas. Un yerno así jamás sería una desgracia para nosotros y estoy convencida de que se ocupará de nosotros en la vejez.

—¿Estás segura de que no cambiarás de parecer, cariño?

—¿Por qué lo haría?

—Muy bien entonces.

El hecho es que Liu, quien le temía a su esposa, deseaba desde hacía mucho tiempo que Song Jin fuera su yerno, pero le preocupaba que su compañera no estuviera de acuerdo. Ahora que ella había expresado su aprobación, él estaba encantado y llamó enseguida a Song Jin para proponerle la unión matrimonial en presencia de su mujer. Al principio, el joven dijo no ser el adecuado, pero cuando vio que Liu hablaba en serio y no le pediría un solo centavo, accedió.

Sin perder tiempo, Liu fue a ver a un geomántico para que escogiera un día de buen augurio para la boda y toda vez que le comunicó

选择周堂吉日,回复了妈妈,将船驾回昆山。先与宋小官上头,做一套䌷绢衣服与他穿了,浑身新衣、新帽、新鞋、新袜,妆扮得宋金一发标致。

虽无子建才八斗,胜似潘安貌十分。

刘妪也替女儿备办些衣饰之类。吉日已到,请下两家亲戚,大设喜筵,将宋金赘入船上为婿。次日,诸亲作贺,一连吃了三日喜酒。宋金成亲之后,夫妻恩爱,自不必说。从此船上生理,日兴一日。

光阴似箭,不觉过了一年零两个月。宜春怀孕日满,产下一女。夫妻爱惜如金,轮流怀抱。期岁方过,此女害了痘疮,医药不效,十二朝身死。宋金痛念爱女,哭泣过哀,七情所伤,遂得个痨瘵之疾。朝凉暮热,饮食渐减,看看骨露肉消,行迟走慢。刘翁、刘妪初时还指望他病好,替他迎医问卜。延至一年之外,病势有加无减。三分人,七分鬼,写也写不动,算也算不动。到做了眼中之钉,巴不得他死了干净;却又不死。两个老人家懊悔不迭,互相抱怨起来。当初只指望半子靠老,如今看这货色,不死不活,分明一条烂死蛇缠在身上,摆脱不下。把

la fecha a su esposa, levaron anclas rumbo a Kunshan. Allí, le dio a Song Jin un gorro y una túnica de seda, lo vistió con ropa nueva de pies a cabeza y se veía más apuesto que nunca.

Mientras tanto, la señora Liu preparaba el ajuar de su hija. Cuando el día feliz llegó, todos los parientes de las dos familias fueron invitados al gran banquete y Song Jin se convirtió en el yerno de Liu. Al día siguiente, todos los conocidos pasaron a felicitarlos y la fiesta continuó durante tres días. Después del matrimonio, está demás decir, que la joven pareja se amaba profundamente y que el negocio de Liu Shunquan prosperaba también.

Otro año y dos meses transcurrieron como por arte de magia y Yichun alumbró una niña que los jóvenes padres adoraban, turnándose para cargarla. Lamentablemente, la bebé contrajo la viruela y los medicamentos no lograron salvarla. Doce días más tarde moría la criatura. En su amargo dolor por la pérdida de su hija, Song Jin se sumió en una profunda depresión. Por las mañanas estaba bien, pero le daba fiebre todas las noches. Además, fue perdiendo el apetito y se fue consumiendo hasta que no era más que piel y hueso y apenas podía arrastrarse. Al principio, Liu y su esposa llamaban a los médicos y consultaban a los adivinos con la esperanza de que el joven se recuperara, pero la enfermedad fue de mal en peor y pasado un año parecía más un fantasma que un hombre. Song Jin estaba tan débil que era incapaz de escribir o utilizar el ábaco. Para entonces, el matrimonio Liu lo consideraba una espina clavada y anhelaba su muerte, pero Song Jin se aferraba a la vida.

"Nosotros que contábamos con él para que nos mantuviera cuando fuéramos viejos", se quejaban con tristeza. "Mira el estado en que se encuentra: un cadáver andante. Es una serpiente moribunda que se nos ha enrollado en el cuello y no nos la podremos quitar. Por otra

个花枝般女儿，误了终身，怎生是了？为今之计，如何生个计较，送开了那冤家，等女儿另招个佳婿，方才称心。两口儿商量了多时，定下个计策。连女儿都瞒过了。只说有客货在于江西，移船往载。行至池州五溪地方，到一个荒僻的所在，但见孤山寂寂，远水滔滔，野岸荒崖，绝无人迹。是日小小逆风，刘公故意把舵使歪，船便向沙岸上阁住，却教宋金下水推舟。宋金手迟脚慢，刘公就骂道："瘆病鬼！没气力使船时，岸上野柴也砍些来烧烧，省得钱买。"宋金自觉惶愧，取了斫刀，挣扎到岸上砍柴去了。刘公乘其未回，把舵用力撑动，拨转船头，挂起满风帆，顺流而下。

不愁骨肉遭颠沛，且喜冤家离眼睛。

且说宋金上岸打柴，行到茂林深处，树木虽多，那有气力去砍伐，只得拾些儿残柴，割些败棘，抽取枯藤，束做两大捆，却又没有气力背负得去。心生一计，再取一条枯藤，将两捆野柴穿做一捆，露出长长的藤头，用手挽之而行，如牧童牵牛之势。行了一时，想起忘了斫刀在地，又复身转去，取了斫刀，也插入柴捆之内，缓缓的拖下岸来。到于泊舟之处，已不见了船。但见江烟沙岛，一望无

parte, está arruinando la vida de nuestra hija también. ¿Qué vamos a hacer? Tenemos que pensar en una forma de deshacernos de este miserable para que Yichun pueda encontrar un buen esposo".

Luego de discutir el asunto exhaustivamente, idearon un plan que mantuvieron en secreto de su hija. Con el pretexto de que tenían que recoger mercancía en la ribera norte del río, Liu condujo la embarcación a un desolado lugar cerca de Wuxi, donde no se divisaba nada en millas a la redonda a no ser colinas solitarias y río desierto, un vacío sin ninguna señal de vida. Ese día había viento ligeramente en contra y Liu se desvió deliberadamente de su curso e hizo encallar la embarcación en la arenosa orilla. Entonces, le pidió a Song Jin que se metiera en el río a empujar la embarcación y lo maldijo al ver su lentitud.

—¡Demonio consumido! —gritó—. Si no tienes fuerza para empujar el barco, al menos puedes ahorrarnos dinero cortando un poco de leña en la orilla.

Avergonzado, Song tomó un hacha y se abrió paso hasta la orilla. Tan pronto como lo perdió de vista, su suegro empujó el barco, lo orientó en sentido opuesto y navegó río abajo a toda vela. Song llegó a un bosque donde encontró madera suficiente, pero como estaba tan débil y podía caerse se limitó a recoger algunas ramas y zarzas del suelo que amarró en dos bultos con unas lianas. Consciente de que no tenía la fuerza suficiente para echarse la carga a hombros, decidió que su mejor plan era atar los dos bultos juntos con una liana y arrastrarlo tras él como el vaquero que arrastra a un búfalo. Había andado ya un rato cuando se percató de que se había olvidado el hacha y tuvo que volver por ella. Recuperada el hacha, la ató a la carga y empezó a tirar lentamente de vuelta a la orilla. Sin embargo, al regresar al sitio donde habían fondeado, no había barco, solo el brumoso río y las islas

际。宋金沿江而上，且行且看，并无踪影。看看红日西沉，情知为丈人所弃。上天无路，入地无门，不觉痛切于心，放声大哭。哭得气咽喉干，闷绝于地，半晌方苏。忽见岸上一老僧，正不知从何而来，将拄杖卓地，问道："檀越伴侣何在？此非驻足之地也！"宋金忙起身作礼，口称姓名："被丈人刘翁脱赚，如今孤苦无归，求老师父提挈，救取微命。"老僧道："贫僧茅庵不远，且同往暂住一宵，来日再做道理。"宋金感谢不已，随着老僧而行。约莫里许，果见茅庵一所。老僧敲石取火，煮些粥汤，把与宋金吃了，方才问道："令岳与檀越有何仇隙？愿问其详。"宋金将入赘船上，及得病之由，备细告诉一遍。老僧道："老檀越怀恨令岳乎？"宋金道："当初求乞之时，蒙彼收养婚配，今日病危见弃，乃小生命薄所致，岂敢怀恨他人？"老僧道："听子所言，真忠厚之士也。尊恙乃七情所伤，非

de arena que se perdían en el horizonte. Buscó río arriba, pero no vio rastro del barco y cuando el Sol comenzó a ponerse, supo que lo habían abandonado. Sin tener adonde ir empezó a llorar presa de la desesperación hasta que asfixiado, perdió el conocimiento y cayó al suelo. Cuando volvió en sí, vio a un viejo monje en la orilla, que no tenía la menor idea de dónde había salido.

—¿Dónde están tus compañeros? —preguntó el viejo monje apoyándose en su bastón—. Este no es un lugar para quedarse.

Poniéndose de pie rápidamente, Song Jin saludó al viejo monje y le dijo su nombre.

—He sido engañado y abandonado por mi suegro —le contó—. Ahora estoy solo y no tengo adonde ir. Le ruego que me ayude, padre, y me salve la vida.

—Mi humilde monasterio no está lejos de aquí —respondió el monje—. Si pasas la noche conmigo, podemos pensar en un plan mañana.

Lleno de gratitud, Song Jin siguió al monje varios cientos de metros hasta que llegaron a una construcción de paja, donde el anciano encendió el fuego y preparó unas gachas.

—¿Cuál es la causa de la enemistad entre tú y tu suegro? —interrogó.

Song relató cómo se había casado con la hija de un navegante y se había enfermado.

—¿Entonces odias a tu suegro? —preguntó el monje.

—Cuando yo era mendigo, —le confesó Song— fue lo suficientemente bondadoso para acogerme en su familia. Es mi destino infeliz haberme enfermado y haber sido abandonado, ¿cómo voy a culpar a los demás por eso?

—Hablas como un buen hombre —aseguró el monje—. El do-

药饵可治,惟清心调摄可以愈之。平日间曾奉佛法诵经否?"宋金道:"不曾。"老僧于袖中取出一卷相赠,道:"此乃《金刚般若经》,我佛心印。贫僧今教授檀越,若日诵一遍,可以息诸妄念,却病延年,有无穷利益。"宋金原是陈州娘娘庙前老和尚转世来的,前生专诵此经。今日口传心受,一遍便能熟诵,此乃是前因不断。宋金和老僧打坐,闭眼诵经,将次天明,不觉睡去。及至醒来,身坐荒草坡间,并不见老僧及茅庵在那里。《金刚经》却在怀中,开卷能诵。宋金心下好生诧异,遂取池水净口,将经朗诵一遍。觉万虑消释,病体顿然健旺,方知圣僧显化相救,亦是夙因所致也。宋金向空叩头,感谢龙天保佑。然虽如此,此身如大海浮萍,没有着落,信步行去,早觉腹中饥馁。望见前山林木之内,隐隐似有人家,不免再温旧稿,向前乞食。只因这一番,有分教宋小官凶中化吉,难过福来。正是:

路逢尽处还开径,水到穷时再发源。

lor es la causa de tu enfermedad. Ninguna medicina la puede curar. Lo único que puedes hacer es descansar y purificar tu corazón. ¿Has abrazado la fe budista? ¿Cantas sutras?

Cuando Song respondió que no, el viejo monje sacó un libro de la manga de su túnica y se lo entregó.

—Este es el *Sutra del diamante* que nos legó buda —afirmó—. Te lo voy a enseñar y si lo lees una vez al día te liberarás a ti mismo de los deseos banales, mejorará tu salud y recibirás beneficios incalculables.

Como Song Jin había sido monje en su vida anterior y había pasado todo el tiempo recitando precisamente este sutra, solo tuvo que escucharlo una vez para ser capaz de repetirlo. Se sentó con el viejo monje a meditar, recitar el sutra con los ojos cerrados y al amanecer cayó rendido del sueño. Cuando se despertó, estaba sentado en una ladera cubierta de hierba sin monje ni templo a la vista, aunque el *Sutra del diamante* descansaba en su regazo y podía recitarlo. Maravillado, se enjuagó la boca con agua del manantial y cantó el sutra. Inmediatamente, sus preocupaciones desaparecieron, la fuerza volvió a sus músculos y comprendiendo que la providencia había enviado un santo a la tierra a salvarlo se inclinó ante el Cielo en agradecimiento. Sin embargo, aún estaba desamparado como el alga a la deriva en el océano y vagaba consumido por el hambre hasta que, al divisar una construcción en la colina boscosa frente a él, decidió retomar su antiguo oficio y mendigar por comida. Así fue cómo cambió su mala suerte y sus vicisitudes dieron paso a la prosperidad.

Cada vez que llegas al final del camino,
Otro rumbo encontrarás,
Cada vez que la fuente de agua se agote,
Otra fuente encontrarás.

宋金走到前山一看，并无人烟，但见枪、刀、戈、戟，遍插林间。宋金心疑不决，放胆前去，见一所败落土地庙，庙中有大箱八只，封锁甚固，上用松茅遮盖。宋金暗想："此必大盗所藏，布置枪刀，乃惑人之计。来历虽则不明，取之无碍。"心生一计，乃折取松枝插地，记其路径，一步步走出林来，直至江岸。也是宋金时亨运泰，恰好一只大船，因逆浪冲坏了舵，停泊于岸下修舵。宋金假作慌张之状，向船上人说道："我陕西钱金也。随吾叔父走湖广为商，道经于此，为强贼所劫。叔父被杀，我只说是随跟的小主郎，久病乞哀，暂容残喘。贼乃遣伙内一人，与我同住土地庙中，看守货物，他又往别处行劫去了。天幸同伙之人，昨夜被毒蛇咬死，我得脱身在此。幸方便载我去。"舟人闻言，不甚信。宋金又道："见有八巨箱在庙内，皆我家财物。庙去此不远，多央几位上岸，抬归舟中，愿以一箱为谢。必须速往，万一贼徒回转，不惟无及于事，且有祸患。"众人都是千里求财的，闻说有八箱货

Al llegar a la colina de enfrente, Song Jin no encontró señales de vida humana, sino espadas y lanzas clavadas entre los árboles. Aunque estaba confundido, se dirigió audazmente al templo enmohecido de una deidad local, donde descubrió ocho baúles grandes, cerrados con candados y cubiertos con ramas de pino y paja.

"Esto tiene que ser el motín de unos bandidos que lo ocultaron aquí", pensó. "Seguramente, clavaron las espadas y las lanzas para asustar a la gente. No sé de dónde se robaron estas cosas, pero no veo razón para no quedármelas".

Song Jin fue clavando ramas de pino en la tierra para marcar el camino del bosque a la orilla del río. La suerte definitivamente estaba de su lado ahora porque allí encontró un barco grande que la tormenta arrastró a la orilla y a su tripulación que reparaba el timón averiado.

—Soy de Shaanxi y me llamo Qian Jin —Song Jin les dijo a los boteros fingiendo estar aterrorizado—. Vine al Sur con mi tío para hacer negocios; pero al pasar por aquí nos robaron y mi tío fue asesinado. Como me hice pasar por su sirviente y llevaba mucho tiempo enfermo, los delincuentes me perdonaron la vida y le ordenaron a uno de sus hombres vigilarme en el templo sin perder de vista el botín, mientras ellos iban a cometer otro hurto. Por suerte, una serpiente venenosa mató al hombre que me estaba cuidando anoche y así logré escapar. ¿Me llevarían con ustedes?

Los hombres del barco lo miraron con escepticismo.

—En el templo hay ocho cofres grandes que le pertenecen a mi familia, no es lejos de aquí —les aseguró Song—. ¿Por qué no me ayudan a subirlos al barco? Les prometo que les daré un cofre, pero tenemos que apurarnos. Si los ladrones vuelven, será demasiado tarde y estaremos en peligro.

Los boteros viajan muy lejos en busca de fortuna, así que tan

物,一个个欣然愿往。当时聚起十六筹后生,准备八副绳索杠棒,随宋金往土地庙来。果见巨箱八只,其箱甚重。每二人抬一箱,恰好八杠。宋金将林子内枪刀收起藏于深草之内,八个箱子都下了船。舵已修好了,舟人问宋金道:"老客今欲何往?"宋金道:"我且往南京省亲。"舟人道:"我的船正要往瓜州,却喜又是顺便。"当下开船,约行五十余里,方歇。众人奉承陕西客有钱,到凑出银子,买酒买肉,与他压惊称贺。次日西风大起,挂起帆来,不几日,到了瓜州停泊。那瓜州到南京只隔十来里江面,宋金召唤了一只渡船。将箱笼只拣重的抬下七个,把一个箱子送与舟中众人,以践其言。众人自去开箱分用,不在话下。宋金渡到龙江关口,寻了店主人家住下,唤铁匠对了匙钥。打开箱看时,其中充牣,都是金玉珍宝之类。原来这伙强盗积之有年,不是取之一家,获之一时的。宋金先把一箱所蓄,鬻之于市,已得数千金。恐主人生疑,迁寓

pronto supieron que había ocho cofres llenos de riqueza todos se ofrecieron para ir. Dieciséis hombres siguieron a Song hasta el templo con ocho varas y cuerdas suficientes. De hecho, encontraron ocho cofres grandes allí, todos muy pesados, pero al dividir la carga por parejas, pudieron llevarlos todos a la orilla sin mayores dificultades. Cuando Song Jin hubo escondido las lanzas y las espadas en la espesa maleza, llevaron los ocho cofres al barco. Para ese entonces, la tripulación que quedó en la orilla ya había reparado el timón también.

—¿Adónde quiere ir? —le preguntaron a Song.

—Quiero ir a Nanjing a reunirme con unos parientes.

—Nosotros vamos a Guazhou, —afirmaron— así que podemos adelantarlo en su viaje.

Dicho esto, levaron anclas y navegaron más de doce millas antes de detenerse al caer la noche. Entonces, asumiendo que Song era el comerciante de Shaanxi que les había hecho creer, compraron vino y carne para celebrar su escapada. Al día siguiente, sopló un viento del Oeste, izaron velas y en muy pocos días arribaron a Guazhou, que se encontraba a tan solo dos o tres millas de Nanjing. Aquí, Song Jin alquiló otro barco más pequeño al que subió sus siete cofres pesados, dejando uno a los boteros que le habían ayudado tal y como les había prometido. Cómo abrieron el cofre y cómo dividieron el tesoro ya eso es otra historia.

Después de haberse instalado en una posada cerca de la puerta Longjiang, Song Jin mandó a buscar a un cerrajero para que abriera los cofres y desvelar su contenido. Los baúles estaban llenos de oro, jade y otras joyas por lo que era el botín acumulado de muchos años, no la riqueza de una simple familia. Después de vender el contenido de uno de los cofres en varios miles de taels y para evitar que el dueño de la posada empezara a sospechar, Song Jin se mudó a la ciu-

于城内，买家奴伏侍，身穿罗绮，食用膏粱。余六箱，只拣精华之物留下，其他都变卖，不下数万金。就于南京仪凤门内买下一所大宅，改造厅堂园亭，制办日用家火，极其华整。门前开张典铺，又置买田庄数处，家僮数十房，出色管事者千人。又畜美童四人，随身答应。满京城都称他为钱员外，出乘舆马，入拥金赀。自古道："居移气，养移体"。宋金今日财发身发，肌肤充悦，容采光泽，绝无向来枯瘠之容，寒酸之气。正是：

人逢运至精神爽，月到秋来光彩新。

话分两头。且说刘有才那日哄了女婿上岸，拨转船头，顺风而下，瞬息之间，已行百里。老夫妇两口暗暗欢喜。宜春女犹然不知，只道丈夫还在船上，煎好了汤药，叫他吃时，连呼不应。还道睡着在船头，自要去唤他。却被母亲劈手夺过药瓯，向江中一泼，骂道："痨病鬼在那

dad, donde se vistió con la seda más fina, vivió de la tierra y de los esclavos que compró para que la trabajaran. Luego de vender todo el contenido de los restantes seis cofres menos las mejores joyas, recaudó decenas de miles de taels de plata que destinó a la compra de una gran mansión en el interior de la puerta Yifeng. Song Jin remodeló las habitaciones, los pabellones y los jardines y amuebló la residencia de la forma más lujosa posible. También abrió una tienda de empeño fuera de su casa, adquirió varias granjas y docenas de sirvientes, incluyendo diez mayordomos muy experimentados y cuatro hermosas muchachas para que lo esperaran. Muy pronto todo Nanjing supo de la existencia de este Sr. Qian, quien no daba un paso si no era en carruaje o a caballo y tenía su inmueble lleno de oro y plata.

Como decían los antepasados: "La forma de vida del hombre repercute en su salud y apariencia". Ahora que Song Jin era rico, su riqueza se había multiplicado. Incluso, hasta había aumentado de peso y sus mejillas recuperaron el color rosado. Ahora era un ser completamente diferente al viejo y demacrado Song con la mirada de mendigo.

En el otoño, la luna brilla más;
Cuando la suerte te sonríe, el corazón pesado se aligera.

Permítanme retomar ahora al personaje de Liu Shunquan. Tras engañar a su yerno para que fuera a la orilla, Liu llevó su embarcación río abajo y como el viento estaba a favor, en muy poco tiempo había recorrido treinta millas. Mientras el veterano matrimonio se regocijaba en secreto, Yichun ignoraba completamente lo que había sucedido. Imaginando que su esposo aún estaba a bordo, lo llamó para que bebiera la pócima. Al ver que nadie respondía su llamado, pensó que se había quedado dormido en la cubierta y fue a buscarlo. Entonces, su madre tomó el cuenco y vertió todo su contenido en el río.

—¡Ese diablo tullido se largó! —le gritó—. Y tú deja de pensar

里？你还要想他！"宜春道："真个在那里？"母亲道："你爹见他病害得不好，恐沾染他人，方才哄他上岸打柴，径自转船来了。"宜春一把扯住母亲，哭天哭地叫道："还我宋郎来。"刘公听得艄内啼哭，走来劝道："我儿，听我一言，妇道家嫁人不着，一世之苦。那害痨的死在早晚，左右要拆散的，不是你因缘了，到不如早些开交干净，免致担误你青春。待做爹的另拣个好郎君，完你终身，休想他罢！"宜春道："爹做的是什么事！都是不仁不义，伤天理的勾当。宋郎这头亲事，原是二亲主张；既做了夫妻，同生同死，岂可翻悔？就是他病势必死，亦当待其善终，何忍弃之于无人之地？宋郎今日为奴而死，奴决不独生。爹若可怜见孩儿，快转船上水，寻取宋郎回来，免被傍人讥谤。"刘公道："那害痨的不见了船，定然转往别处村坊乞食去了，寻之何益？况且下水顺风，想去已百里之遥，一动不如一静，劝你息了心罢！"

宜春见父亲不允，放声大哭，走出船舷，就要跳水。

en él.

—¿Dónde está? —preguntó Yichun temerosamente.

—Tu padre se percató de que no iba a mejorar y como tenía miedo de que nos infectara a todos, lo mandó a la orilla a buscar leña y luego echó a andar el barco y nos alejamos.

Invocando horrorizada al Cielo y la tierra, Yichun agarró a su madre por los hombres y le gritó:

—¡Devuélveme a mi esposo!

Al escuchar el llanto y los gritos en el camarote, Liu Shunquan fue a razonar con ella.

—Hija —le dijo—. ¡Escúchame! Cuando una joven se casa con el hombre equivocado, sufre por él toda la vida. Ese ser consumido se iba a morir tarde o temprano de cualquier manera. Él no era el esposo destinado para ti. Es mejor cortar por lo sano. Te buscaré otro esposo que te apoye. Deja de pensar en Song Jin.

—¿Qué han hecho? —gritó Yichun—. ¡Eso fue muy cruel, malvado, un acto despiadado! Fuiste tú quien le propuso este matrimonio a Song Jin y como marido y mujer debemos vivir y morir juntos. ¿Cómo pudiste acabar con nuestro matrimonio? Aunque estuviese condenado a morir, debimos haberle permitido morir en paz. ¿Cómo pudieron abandonarlo en ese desolado lugar? Si se muere por mi culpa, me suicidaré. Si realmente me quieren, naveguen río arriba y encuéntrenlo. De lo contrario, todo el mundo los condenará.

—Cuando el tullido vio que el barco no estaba, seguro que fue a alguna aldea a mendigar comida —afirmó Liu—. Nunca lo encontraremos. Además, como veníamos río abajo con viento a favor estamos a millas de allí. Lo mejor es olvidarlo. Te aconsejo que te olvides de él.

Cuando Yichun vio que su padre no daría la vuelta, lloró y corrió hacia la borda para tirarse al río. Por suerte su madre fue lo suficien-

喜得刘妈手快，一把拖住。宜春以死自誓，哀哭不已。两个老人家不道女儿执性如此，无可奈何，准准的看守了一夜。次早只得依顺他，开船上水。风水俱逆，弄了一日，不勾一半之路。这一夜啼啼哭哭又不得安稳。第三日申牌时分，方到得先前阁船之处。宜春亲自上岸寻取丈夫，只见沙滩上乱柴二捆，斫刀一把，认得是船上的刀。眼见得这捆柴，是宋郎驮来的，物在人亡，愈加疼痛，不肯心死，定要往前寻觅，父亲只索跟随同去。走了多时，但见树黑山深，杳无人迹。刘公劝他回船，又啼哭了一夜。第四日黑早，再教父亲一同上岸寻觅，都是旷野之地，更无影响。只得哭下船来，想道："如此荒郊，教丈夫何处乞食？况久病之人，行走不动，他把柴刀抛弃沙崖，一定是赴水自尽了。"哭了一场，望着江心又跳，早被刘公拦住。宜春道："爹妈养得奴的身，养不得奴的心。孩儿左右是要死的，不如放奴早死，以见宋郎之面。"两个老人家

temente rápida para detenerla esta vez, pero Yichun juró que se quitaría la vida y siguió llorando como si le hubieran roto el corazón. Sus padres, que jamás pensaron que su hija sería tan testaruda, se vieron obligados a vigilarla toda la noche y a la mañana siguiente no tuvieron más remedio que navegar río arriba. Sin embargo, con el viento y la corriente en contra, solo consiguieron cubrir la mitad del camino ese día y esa noche, Yichun lloró y sollozó nuevamente sin darles un minuto de paz. A las cuatro de la tarde del tercer día llegaron al lugar donde se habían detenido antes e Yichun fue a la orilla a buscar a su esposo. Allí encontró dos bultos de leña y un hacha que reconocía perfectamente como suya. Estaba segura de que su esposo había estado allí, pero como no había ni rastro de Song Jin, el hallazgo la entristeció aún más. Negada a rendirse, insistió en hacer una búsqueda más exhaustiva y su padre la acompañó. Caminaron durante mucho rato solo para ver bosques oscuros y colinas escarpadas y ni rastro de un hombre mortal. Finalmente, Liu la persuadió para regresar al bote, donde pasó otra noche llorando. Al cuarto día, antes del amanecer, ella insistió en que su padre debía acompañarla de nuevo en la búsqueda, pero en ese campo aislado no había señales de Song Jin e Yichun fue llorando por todo el camino de vuelta a la embarcación.

"¿Dónde iba a mendigar comida mi esposo en este solitario lugar?", se preguntaba. "Luego de tanto tiempo enfermo no pudo haber llegado lejos. Si dejó el hacha en este arrecife arenoso, seguro que se ahogó allí". Llorando amargamente, hizo otro intento por lanzarse al río, pero una vez más su padre la detuvo.

—Puedes vigilar mi cuerpo, pero no mi corazón —sollozaba Yichun ante sus padres—. Como estoy determinada a morir, es mejor que me dejen morir y así me reuniré cuanto antes con mi esposo.

El matrimonio estaba muy apesadumbrado al ver la agonía de su

见女儿十分痛苦，甚不过意。叫道："我儿，是你爹妈不是了，一时失于计较，干出这事。差之在前，懊悔也没用了。你可怜我年老之人，止生得你一人，你若死时，我两口儿性命也都难保。愿我儿恕了爹妈之罪，宽心度日，待做爹的写一招子，于沿江市镇各处粘贴。倘若宋郎不死，见我招帖，定可相逢。若过了三个月无信，凭你做好事，追荐丈夫。做爹的替你用钱，并不吝惜。"宜春方才收泪谢道："若得如此，孩儿死也瞑目。"刘公即时写个寻婿的招帖，粘于沿江市镇墙壁触眼之处。

过了三个月，绝无音耗。宜春道："我丈夫果然死了。"即忙制备头梳麻衣，穿着一身重孝，设了灵位祭奠，请九个和尚，做了三昼夜功德。自将簪珥布施，为亡夫祈福。刘翁、刘妪爱女之心无所不至，并不敢一些违拗，闹了数日方休。兀自朝哭五更，夜哭黄昏。邻船闻之，无不感叹。有一班相熟的客人，闻知此事，无不可惜宋小官，可怜刘小娘者。宜春整整的哭了半年六个月方才住声。刘公对阿妈道："女儿这几日不哭，心下渐渐冷了，

hija.

—Hija, —le dijeron— te hemos hecho un mal. Actuamos precipitadamente, pero el daño ya está hecho y de nada sirve lamentarse. Apiádate de nosotros porque eres nuestra única hija. Si te mueres, nosotros no viviremos mucho más que tú. Por favor perdónanos, hija, y no te lo tomes tan a pecho. Escribiremos un aviso y haremos que lo pongan en todas las aldeas y pueblos a lo largo del río y si Song Jin aún está vivo lo verá y regresará. Si pasados tres meses no hay noticias suyas, celebrarás el funeral y ofrecerás sacrificios en su nombre y no repararemos en los gastos.

Yinchun se secó las lágrimas y aseveró:

—Si lo hacen, moriré feliz.

Liu Shunquan escribió inmediatamente el aviso pidiendo noticias de su yerno e hizo que lo pusieran en todos los pueblos a lo largo del río donde todo el mundo lo pudiera ver. Pasaron tres meses y no hubo noticia alguna.

—Mi esposo se murió, es un hecho —indicó Yichun.

Rápidamente se vistió de luto, hizo un santuario, ofreció sacrificios a Song Jin y buscó a nueve monjes para que cantaran misas durante tres días y tres noches. También ofreció sus joyas a cambio de una bendición para su esposo. El cariño que sentían por su hija hizo que Liu Shunquan y su esposa no se atrevieran a oponerse. Yichun guardó luto durante varios días, llorando al amanecer y luego al atardecer hasta que todos los barqueros vecinos se conmovieron. Cuando los viejos clientes de Liu se enteraron de lo ocurrido, todos lo lamentaron por Song y se apiadaron de su joven esposa. No fue hasta seis meses después cuando Yichun paró de llorar.

—Nuestra hija dejó de llorar finalmente —le comentó Liu a su esposa—. Ahora que parece haberlo superado, debemos animarla

好劝他嫁人，终不然我两个老人家守着个孤孀女儿，缓急何靠？"刘妪道："阿老见得是，只怕女儿不肯，须是缓缓的偎他。"又过了月余，其时十二月二十四日，刘翁回船到昆山过年，在亲戚家吃醉了酒，乘其酒兴来劝女儿道："新春将近，除了孝罢！"宜春道："丈夫是终身之孝，怎样除得？"刘翁睁着眼道："什么终身之孝！做爹的许你带时便带，不许你带时，就不容你带。"刘妪见老儿口重，便来收科道："再等女儿带过了残岁，除夜做碗羹饭起了灵，除孝罢！"宜春见爹妈话不投机，便啼哭起来，道："你两口儿合计害了我丈夫，又不容我带孝，无非要我改嫁他人，我岂肯失节以负宋郎，宁可带孝而死，决不除孝而生。"刘翁又待发作，被婆子骂了几句，劈颈的推向船舱睡了。宜春依先又哭了一夜。到月尽三十日，除夜，宜春祭奠了丈夫，哭了一会。婆子劝住了。三口儿同吃夜饭。

para que vuelva a contraer nupcias. ¿Cómo puede ayudar una viuda joven a sus viejos padres en caso de emergencia?

—Tienes razón —le dijo su esposa—. Sin embargo, tengo miedo de que se niegue. Nos tomará tiempo convencerla.

Un mes después, el 24 del duodécimo mes del calenderio lunar, Liu llevó su barco de regreso a Kunshan para Año Nuevo. Esa noche, después de beber con un pariente, se sintió animado para hablar con su hija.

—Muy pronto será Año Nuevo —comentó—. ¿Por qué no dejas ya el luto?

—Una viuda guarda luto toda la vida —le respondió Yichun—. ¿Cómo me lo voy a quitar?

—¿Qué? —dijo su padre mientras la miraba fijamente—. ¿Guardar luto toda tu vida? Guardarás luto cuando yo entienda que sea conveniente.

La señora Liu, al escuchar a su esposo hablar de esa forma intervino de inmediato.

—Deja que Yichun guarde luto hasta fin de año, se lo puede quitar después de que haya ofrecido los sacrificios en víspera de Año Nuevo.

Al darse cuenta de que sus padres la estaban presionando, Yichun comenzó a llorar de nuevo.

—Ustedes planearon el asesinato de mi esposo, —afirmó entre sollozos— ¿cómo voy a perder mi castidad y traicionar a Song Jin? Prefiero morir viuda antes que vivir sin ellos.

Liu estaba a punto de estallar de la ira, pero su esposa lo regañó y lo empujó al camarote a dormir. Yichun volvió a llorar toda la noche y la víspera de Año Nuevo. Tras ofrecer los sacrificios a su esposo empezó a llorar una vez más hasta que su madre la persuadió para que

爹妈见女儿荤酒不闻，心中不乐。便道："我儿！你孝是不肯除了，略吃点荤腥，何妨得？少年人不要弄弱了元气。"宜春道："未死之人，苟延残喘，连这碗素饭也是多吃的，还吃甚荤菜？"刘妪道："既不用荤，吃杯素酒儿，也好解闷。"宜春道："一滴何曾到九泉，想着死者，我何忍下咽。"说罢，又哀哀的哭将起来，连素饭也不吃就去睡了。刘公夫妇料想女儿志不可夺，从此再不强他。后人有诗赞宜春之节。诗曰：

闺中节烈古今传，船女何曾阅简编？

誓死不移金石志，《柏舟》端不愧前贤。

话分两头，再说宋金住在南京一年零八个月，把家业挣得十全了，却教管家看守门墙，自己带了三千两银子，领了四个家人，两个美童，顾了一只航船，径至昆山来访刘翁、刘妪。邻舍人家说道："三日前往仪真去了。"宋金将银两贩了布匹，转至仪真，下个有名的主家，上货了

parara. Luego se sentaron para disfrutar de su cena de víspera de Año Nuevo, pero el matrimonio se percató de que su hija no tenía intenciones de probar un bocado de carne ni mucho menos de beber una copa de vino.

—Hija, —le dijeron— aunque estés de luto, ¿qué tiene de malo comer carne? Los jóvenes necesitan conservar la fuerza.

—Para alguien que espera la muerte, estas verduras ya son demasiado —respondió Yichun—. ¿Para qué necesito la carne?

—Si no comes carne, —agregó la señora Liu— al menos bebe una copa de vino para que te animes.

—Ni una sola gota de vino puede alcanzarlo bajo tierra —suspiró Yichun—. ¿Cómo voy a beber pensando en él?

Entonces, empezó a llorar de nuevo y se fue a la cama sin cenar. Sus padres, al ver que no la podían convencer renunciaron a todos los intentos para hacer que se casara de nuevo.

Los siguientes versos fueron escritos para elogiar la castidad de Yichun:

> *Las castas esposas y viudas del pasado*
> *No han superado a la amada de este barquero;*
> *Ella prefiere morir a demostrar lo contrario;*
> *Ninguna esposa puede hacer más que esto.*

Retomemos ahora la situación de Song Jin, quien pasado un año y ocho meses en Nanjing tenía sus asuntos en excelente orden. Tras pedirles a sus mayordomos que cuidaran de sus propiedades y llevando con él tres mil taels de plata, cuatro sirvientes y dos pajes apuestos, alquiló un barco con destino a Kunshan para buscar a su suegro. Cuando los vecinos le dijeron que Liu Shunquan había viajado a Yizhen hacía tres días, Song Jin compró ropa con su plata y siguió viaje a Yizhen después de dejar su mercancía con un agente reconocido.

毕。次日，去河口寻着了刘家船只，遥见浑家在船艄麻衣素妆，知其守节未嫁，伤感不已。回到下处，向主人王公说道："河下有一舟妇，带孝而甚美，我已访得是昆山刘顺泉之船，此妇即其女也。吾丧偶已将二年，欲求此女为继室。"遂于袖中取出白金十两奉与王公，道："此薄意权为酒资，烦老翁执伐。成事之日，更当厚谢。若问财礼，虽千金吾亦不吝。"王公接银欢喜，径往船上邀刘翁到一酒馆，盛设相款，推刘翁于上坐。刘翁大惊，道："老汉操舟之人，何劳如此厚待？必有缘故。"王公道："且吃三杯，方敢启齿。"刘翁心中愈疑道："若不说明，必不敢坐。"王公道："小店有个陕西钱员外，万贯家财，丧偶将二载，慕令爱小娘子美貌，欲求为继室。愿出聘礼千金，特央小子作伐，望勿见拒。"刘翁道："舟女得配富室，岂非至

Al día siguiente cuando fue caminando al muelle a buscar la embarcación de Liu divisó a su esposa de luto en la proa y al darse cuenta de que le había sido fiel en vez de contraer matrimonio de nuevo quedó profundamente conmovido. Al regresar a donde se hospedaba, mandó a llamar al propietario del local.

—Hay una hermosa barquera de luto en el río, señor Wang —le comentó Song—. Vi que el barco donde estaba pertenece a Liu Shunquan de Kunshan, cuya hija debe ser. Perdí a mi esposa hace casi dos años y me gustaría tomar a esa mujer como mi segunda esposa.

Diciendo esto, sacó diez taels de plata de su manga y se los dio a Wang.

—Por favor cómprese algo de beber con este menudo y acceda a ser mi intermediario —le rogó—. Si tiene éxito, le recompensaré muy bien. En cuanto al regalo de matrimonio para la familia de la muchacha, estoy dispuesto a darle mil taels.

Contento de recibir tanta plata, Wang fue al muelle e invitó a Liu Shunquan a una taberna, donde ordenó una buena comida y le pidió a Liu que tomara el puesto de honor.

—Soy un barquero común y corriente —le aseguró Liu sorprendido—. ¿Por qué me trata así? Tiene que haber una razón.

—Beba tres copas de vino y le contaré —respondió Wang.

—No me sentaré hasta que me haya explicado —subrayó un sospechoso Liu.

—En mi hospedería —le contó Wang— hay un tal señor Qian de Shaanxi, que tiene miles de taels de plata. Su esposa murió hace casi dos años y como admira la belleza de su hija, le gustaría casarse con ella. De hecho, le ofrece una dote matrimonial de mil taels y me ha pedido que sea su intermediario. Espero que no se niegue.

—Por supuesto que estaríamos muy contentos, si nuestra hija se

愿！但吾儿守节甚坚，言及再婚，便欲寻死。此事不敢奉命，盛意亦不敢领。"便欲起身。王公一手扯住道："此设亦出钱员外之意，托小子做个主人。既已费了，不可虚之，事虽不谐，无害也。"刘翁只得坐了。饮酒中间，王公又说起："员外相求，出于至诚，望老翁回舟，从容商议。"刘翁被女儿几遍投水唬坏了，只是摇头，略不纵口。酒散各别。

　　王公回家，将刘翁之语，述与员外。宋金方知浑家守志之坚，乃对王公说道："姻事不成也罢了，我要雇他的船载货往上江出脱，难道也不允？"王公道："天下船载天下客，不消说，自然从命。"王公即时与刘翁说了雇船之事，刘翁果然依允。宋金乃分付家童，先把铺陈行李发下船来，货且留岸上，明日发也未迟。宋金锦衣貂帽，两个美童，各穿绿绒直身，手执熏炉如意跟随。刘翁夫妇认做

casara con un hombre rico —aseguró Liu—. Pero mi hija está determinada a seguir viuda. Si nada más le insinuamos que debe casarse de nuevo, amenaza con suicidarse. Temo que tengo que rechazar su oferta.

Comenzaba a marcharse cuando Wang lo hizo retroceder.

—Este banquete fue idea del señor Qian —le confesó—. Yo solo hago de anfitrión en su lugar. No importa si la unión no se consuma.

Cuando Liu se había sentado y estaban bebiendo, Wang volvió a sacar el tema de nuevo.

—El Sr. Qian está muy interesado en esta petición —dijo—. Espero que lo considere cuidadosamente cuando vuelva a su barco.

Liu, sin embargo, estaba tan asustado por las repetidas amenazas de su hija de saltar al río que no hizo más que sacudir la cabeza, sin atreverse a dar su consentimiento.

Cuando terminó la comida se separaron, y Wang regresó para contarle a Song Jin lo que el viejo barquero había dicho. Entonces Song supo con toda certeza que su esposa le había sido fiel.

—No importa si no tuviste éxito —le dijo a Wang—. Quiero alquilar su embarcación para que lleve mercancía río arriba. ¿Cree que estará de acuerdo?

—Todos esos barcos están en alquiler —respondió Wang—. Por supuesto que estará de acuerdo.

De hecho, tan pronto como Wang le comentó a Liu que el señor Qian deseaba alquilar su navío, este expresó su consentimiento al instante. Entonces, Song ordenó a sus sirvientes llevar su equipaje a bordo y dejar la mercancía en la orilla hasta la mañana siguiente. Cuando Song Jin llegó al barco vistiendo un brocado y gorro de marta, asistido por dos muchachos apuestos con abrigos de terciopelo verde que sostenían incensarios y varitas, Liu y su esposa no lo reconocieron,

陕西钱员外,不复相识。到底夫妇之间,与他人不同。宜春在艄尾窥视,虽不敢便信是丈夫,暗暗的惊怪,道:"有七八分厮像。"只见那钱员外才上得船,便向船艄说道:"我腹中饥了,要饭吃,若是冷的,把些热茶淘来罢。"宜春已自心疑。那钱员外又吆喝童仆道:"个儿郎吃我家饭,穿我家衣,闲时搓些绳,打些索,也有用处,不可空坐!"这几句分明是宋小官初上船时刘翁分付的话。宜春听得,愈加疑心。少顷,刘翁亲自捧茶奉钱员外,员外道:"你船艄上有一破毡笠,借我用之。"刘翁愚蠢,全不省事,径与女儿讨那破毡笠。宜春取毡笠付与父亲,口中微吟四句:

"毡笠虽然破,经奴手自缝;
因思戴笠者,无复旧时容。"

钱员外听艄后吟诗,嘿嘿会意。接笠在手,亦吟四句:

sino que lo tomaron por un noble de Shaanxi. Marido y mujer se conocen mejor que nadie, por eso cuando Yichun se asomó por la popa del barco, aunque no podía jurar que era su marido, se asombró por el gran parecido. Entonces, escuchó cuando el caballero tan pronto como abordó pedía mirando hacia donde ella estaba:

—Tengo hambre y me gustaría comer algo. Si tu arroz está frío, acompáñalo con té caliente.

Esto la puso a pensar.

Al poco rato, el caballero le ordenó a su sirviente:

—Cuando haya terminado de comer y me haya vestido, no puedes quedarte de brazos cruzados. Si no tienes nada mejor que hacer, puedes ponerte a trenzar cuerdas que siempre son útiles.

Como estas habían sido exactamente las primeras palabras que Liu le dijo a Song Jin cuando lo trajo al barco por primera vez, Yichun se comenzó a hacer más preguntas.

Posteriormente, cuando su padre le sirvió té al pasajero, el caballero le preguntó:

—Tiene un sombrero de fieltro deshilachado en el camarote del fondo, ¿me lo presta?

Demasiado torpe como para pensar que la petición era muy extraña, Liu fue a preguntarle a su hija por el sombrero. No obstante, cuando Yichun se lo entregó a su padre, cantó:

El gorro de fieltro deshilachado,
yo misma lo remendé.
Pienso en el portador del gorro...
¡Cuán cambiado está!

El caballero al escuchar el canto desde la cubierta, entendió su significado. Y al tomar el gorro que le entregaba Liu, le respondió cantando también:

"仙凡已换骨，故乡人不识，
　　虽则锦衣还，难忘旧毡笠。"

　　是夜宜春对翁妪道："舱中钱员外，疑即宋郎也。不然何以知吾船有破毡笠。且面庞相肖，语言可疑，可细叩之。"刘翁大笑道："痴女子！那宋家痨病鬼，此时骨肉俱消矣。就使当年未死，亦不过乞食他乡，安能致此富盛乎？"刘妪道："你当初怪爹娘劝你除孝改嫁，动不动跳水求死，今见客人富贵，便要认他是丈夫，倘你认他不认，岂不可羞？"宜春满面羞惭，不敢开口。刘翁便招阿妈到背处道："阿妈你休如此说，姻缘之事，莫非天数。前日王店主请我到酒馆中饮酒，说陕西钱员外，愿出千金聘礼，求我女儿为继室。我因女儿执性，不曾统口。今日难得女儿自家心活，何不将机就机，把他许配钱员外，落得你我下半世受用。"刘妪道："阿老见得是。那钱员外来顾我家船只，或者其中有意。阿老明日可往探之。"刘翁道："我自有道理。"

El hombre común se ha transformado tanto
que ni su propia gente lo reconoce;
Y aunque regresa ataviado en rico brocado,
No olvida el viejo gorro de fieltro.

Esa noche, Yichun le dijo a su madre:

—Yo creo que este señor Qian del camarote de enfrente no es otro que Song Jin. De lo contrario, ¿cómo sabía que teníamos un gorro de fieltro raído? Además, también se parece a mi esposo y nadie más pudo haber dicho lo que él dijo. ¿Podrías preguntarle si es él?

—¡Muchacha tonta! —rio su padre—. Ese demonio consumido tuyo probablemente hace mucho tiempo que se pudrió. Y si no se murió, debe ser un mendigo. ¿Cómo iba a hacer rico?

—Cuando te pedimos que abandonaras el luto y te casaras de nuevo, amenazaste con ahogarte —le recordó su madre—. Ahora resulta que ves a este caballero rico y dices que es tu esposo. Supongamos que dice que no lo es, ¿no perjudicarías tu prestigio?

Yichun se ruborizó de la vergüenza y no se atrevió a decir una sola palabra más, pero Liu llamó a su esposa a un lado.

—No desalientes a la muchacha —le pidió—. Los matrimonios se pactan en el Cielo. El otro día, el señor Wang me invitó a la taberna y me dijo que este señor Qian de Shaanxi está dispuesto a darnos mil taels, si se casa con nuestra hija, pero como ella es tan testaruda yo no le prometí nada. Hoy, ella parece estar interesada en el hombre, ¿por qué no aprovechamos la oportunidad para casarla con él? Así viviremos cómodamente por el resto de nuestras vidas.

—Tienes razón —confirmó su esposa—. Este señor Qian debe haber tenido esta idea en mente cuando alquiló nuestro barco. Mañana puedes preguntarle.

—Así lo haré —concluyó el esposo.

次早,钱员外起身,梳洗已毕,手持破毡笠于船头上翻覆把玩。刘翁启口而问道:"员外,看这破毡笠则甚?"员外道:"我爱那缝补处,这行针线,必出自妙手。"刘翁道:"此乃小女所缝,有何妙处。前日王店主传员外之命,曾有一言,未知真否?"钱员外故意问道:"所传何言?"刘翁道:"他说员外丧了孺人,已将二载,未曾继娶,欲得小女为婚。"员外道:"老翁愿也不愿?"刘翁道:"老汉求之不得,但恨小女守节甚坚,誓不再嫁,所以不敢轻诺。"员外道:"令婿为何而死?"刘翁道:"小婿不幸得了个痨瘵之疾,其年因上岸打柴未还,老汉不知,错开了船,以后曾出招帖寻访了三个月,并无动静,多是投江而死了。"员外道:"令婿不死,他遇了个异人,病都好了,反获大财致富。老翁若要会令婿时,可请令爱出来!"此时宜春侧耳而听,一闻此言,便哭将起来。骂道:"薄幸钱

A la mañana siguiente después de que el caballero se hubo levantado y lavado, se paró en la proa del navío y se puso a jugar con el gorro de fieltro.

—¿Por qué sigue examinando este gorro, señor? —inquirió Liu.

—Me gustan las puntadas que tiene —aseveró—. Tienen que ser obra de una costurera muy habilidosa.

—Nuestra hija lo cosió —agregó Liu—. No amerita ni hablar de ello. El otro día, el señor Wang me trajo un mensaje suyo, señor. ¿Me pregunto si hablaba en serio?

—¿Qué mensaje? —preguntó deliberadamente Song Jin.

—Dijo —continuó Liu— que usted perdió su esposa hace casi dos años y nunca más se volvió a casar, señor, pero que deseaba contraer matrimonio con mi hija.

—¿Estaría usted de acuerdo? —interrogó el caballero.

—Esto es más de lo que yo pudiera esperar —subrayó Liu—. Por supuesto que estaría de acuerdo. El único problema es que mi hija le es tan fiel a su último esposo que decidió no volver a casarse jamás. Por eso, no me atrevo a prometerle nada.

—¿Cómo murió su yerno?

—Desafortunadamente se enfermó consumido por la pena. Un día en que bajó a la orilla a buscar leña cometí el error de pensar que él estaba abordo y levé anclas. Pusimos anuncios pidiendo noticias suyas durante tres meses, pero nunca lo encontramos. Tiene que haberse ahogado en el río.

—No —sentenció el caballero—. Su yerno no se ahogó. Luego de conocer a un hombre santo que lo curó de su enfermedad, la suerte le sonrió. Si quiere conocer a su yerno, pídale a su hija que venga.

Yichun, quien había estado escuchando a escondidas, sollozó al escuchar lo que había dicho.

郎,我为你带了三年重孝,受了千辛万苦,今日还不说实话,待怎么?"宋金也堕泪道:"我妻!快来相见!"夫妻二人抱头大哭。刘翁道:"阿妈,眼见得不是什么钱员外了,我与你须索去谢罪!"刘翁刘妪走进舱来,施礼不迭。宋金道:"丈人丈母!不须恭敬,只是小婿他日有病痛时,莫再脱赚。"两个老人家羞惭满面。

宜春便除了孝服,将灵位抛向水中。宋金便唤跟随的童仆来与主母磕头。翁妪杀鸡置酒,管待女婿,又当接风,又是庆贺筵席。安席已毕,刘翁叙起女儿自来不吃荤酒之意,宋金惨然下泪,亲自与浑家把盏,劝他开荤。随对翁妪道:"据你们设心脱赚,欲绝吾命,恩断义绝,不该相认了。今日勉强吃你这杯酒,都看你女儿之面。"宜春道:"不因这番脱赚,你何由发迹?况爹妈日前也有好

—¡Hombre sin corazón! —gritó—. He llorado por ti durante tres años y he sufrido diez mil penurias por tu culpa. ¿Por qué sigues sin decir la verdad?

En ese preciso instante, Song Jin empezó a llorar también.

—¡Querida esposa! ¡Déjame verte!

Entonces, los dos se abrazaron y lloraron juntos.

—Este no parece ser ningún señor Qian, mujer —aseveró Liu—. Es mejor que nos disculpemos con él.

Dicho esto, el matrimonio entró al camarote y se inclinó ante él una y otra vez.

—¡Padre! ¡Madre! —exclamó Song Jin—. Tanta cortesía es innecesaria, pero por favor no me abandonen la próxima vez que me enferme.

La pareja no sabía hacia donde mirar de la vergüenza.

Acto seguido, Yichun se quitó el luto y lanzó el santuario de su difunto esposo al río. Song ordenó a sus sirvientes rendir sus respetos a su señora, mientras Liu y su esposa mataban un pollo y calentaban vino para agasajar a su yerno con un banquete de bienvenida y reunión al mismo tiempo. Cuando sirvieron la mesa, Liu le contó cómo su hija se había abstenido de comer carne y de beber vino y Song, con lágrimas en los ojos, le sirvió vino a su esposa y le rogó que comiera algo de carne. Entonces, se dirigió al matrimonio longevo.

—Me abandonaron con la esperanza de que muriera —les dijo—. Por eso no existe amor entre nosotros como tampoco razón para que yo los reconozca. Es solo por su hija que hoy bebo su vino.

—Si mi padre no te hubiera abandonado en esa orilla, —protestó Yichun— ¿cómo te habrías enriquecido? Además, mis padres fueron buenos contigo antes de ese momento. Debes recordar su bondad contigo y no su crueldad.

处，今后但记恩，莫记怨。"宋金道："谨依贤妻尊命。我已立家于南京，田园富足，你老人家可弃了驾舟之业，随我到彼，同享安乐，岂不美哉。"翁、妪再三称谢，是夜无话。

次日，王店主闻知此事，登船拜贺，又吃了一日酒。宋金留家童三人于王店主家发布取帐，自己开船先往南京大宅子。住了三日，同浑家到昆山故乡扫墓，追荐亡亲。宗族亲党各有厚赠。此时范知县已罢官在家，闻知宋小官发迹还乡，恐怕街坊撞见没趣，躲向乡里，有月余不敢入城。宋金完了故乡之事，重回南京，阖家欢喜，安享富贵，不在话下。

再说宜春见宋金每早必进佛堂拜佛诵经，问其缘故。宋金将老僧所传《金刚经》却病延年之事，说了一遍。宜春亦起信心，要丈夫教会了，夫妻同诵，到老不衰。后享寿各九十余，无疾而终。子孙为南京世富之家，亦有发科第者。后人评云：

刘老儿为善不终，宋小官因祸得福。

《金刚经》消除灾难，破毡笠团圆骨肉。

—Muy bien —asintió Song—. Haré lo que me pides. Tengo un hogar y tierras muy ricas en Nanjing por lo que se pueden retirar y venir con nosotros a vivir felizmente juntos.

Liu y su esposa le agradecieron reiteradamente por la invitación.

Al día siguiente, cuando Wang el posadero supo lo que había acontecido, fue de inmediato al barco a felicitarlos y celebraron durante otro día más. Song dejó tres sirvientes con Wang para que vendieran la ropa. Mientras tanto, ellos regresaban a Nanjing en barco para pasar unos tres días en su mansión antes de volver a Kunshan con su esposa a visitar la tumba de su padre. También obsequió ricos presentes a todos sus parientes. Para ese entonces, el magistrado Fan ya no ocupaba el cargo y había vuelto a casa. Al enterarse de que Song Jin era un hombre rico, se escondió en el campo y no se aventuró a ir al pueblo en todo un mes para evitar encontrarse con él en la calle y ser despreciado.

Atendidos todos sus negocios en Kunshan, Song Jin volvió a Nanjing, donde toda la familia vivió feliz, disfrutando de su riqueza y esplendor. Cuando Yichun se percató de que su marido iba cada mañana al santuario budista para rezarle a buda y cantar el sutra, le preguntó la razón, y Song Jin le relató cómo el viejo monje le había enseñado el *Sutra del diamante* y había curado su enfermedad.

A partir de ese momento, Yichun también abrazó la fe y le pidió a su esposo que le enseñara el sutra, que cantaron juntos hasta que envejecieron. Song Jin e Yichun vivieron más de 90 años y murieron en paz en sus lechos. Sus descendientes continuaron siendo una de las familias más acaudaladas de Nanjing y muchos de ellos llegaron a aprobar los exámenes imperiales.

杜十娘怒沉百宝箱

EL JOYERO DE LA CORTESANA DU

话中单表万历二十年间，日本国关白作乱，侵犯朝鲜。朝鲜国王上表告急，天朝发兵泛海往救。有户部官奏准：目今兵兴之际，粮饷未充，暂开纳粟入监之例。原来纳粟入监的，有几般便宜：好读书，好科举，好中，结末来又有个小小前程结果。以此宦家公子，富室子弟，到不愿做秀才，都去援例做太学生。自开了这例，两京太学生，各添至千人之外。内中有一人，姓李名甲，字干先，浙江绍兴府人氏。父亲李布政所生三儿，惟甲居长。自幼读书在庠，未得登科，援例入于北雍。因在京坐监，与同

Nuestra historia comienza en la invasión de Corea por el general japonés Hideyoshi, en el vigésimo año del periodo Wanli (1592). Cuando el rey de Corea pidió ayuda, el Hijo del Cielo envió tropas por mar para salvarlo. La Junta del Tesoro dispuso que teniendo en cuenta que los cereales y la plata designados para los efectivos no eran suficientes para la expedición, se impondría un impuesto especial a la venta de plazas en los colegios imperiales. El emperador, por su parte, dio el visto bueno a la medida.

Este sistema suponía muchas ventajas para los que tenían dinero. Además de contar con mejores instalaciones para estudiar y aprobar los exámenes, los estudiantes de estos colegios tenían garantizado puestos oficiales de bajo rango. Como resultado, los hijos de funcionarios y familias acaudaladas que no querían presentarse a los exámenes de distrito sacaban partido del sistema para comprar una plaza en uno de los colegios imperiales. De esta forma, la matrícula en los colegios de Nanjing y Beijing llegó a superar los mil estudiantes, respectivamente.

Uno de estos pupilos se llamó Li Jia. Oriundo de Shaoxing, provincia de Zhejiang, Li Jia era el mayor de los tres hijos del tesorero provincial. Pese a ser licenciado, no consiguió superar el examen de nivel de prefectura y se vio obligado a comprar una plaza en el colegio imperial de Beijing, amparándose en el nuevo sistema. Durante su residencia en la capital, fue con un compañero de estudio de su mis-

乡柳遇春监生同游教坊司院内,与一个名姬相遇。那姬姓杜名媺,排行第十,院中都称为杜十娘,生得:

> 浑身雅艳,遍体娇香。两弯眉画远山青,一对眼明秋水润。脸如莲萼,分明卓氏文君;唇似樱桃,何减白家樊素。可怜一片无瑕玉,误落风尘花柳中。

那杜十娘自十三岁破瓜,今一十九岁,七年之内,不知历过了多少公子王孙,一个个情迷意荡,破家荡产而不惜。院中传出四句口号来,道是:

> 坐中若有杜十娘,斗筲之量饮千觞;院中若识杜老媺,千家粉面都如鬼。

却说李公子,风流年少,未逢美色,自遇了杜十娘,喜出望外,把花柳情怀,一担儿挑在他身上。那公子俊俏庞儿,温存性儿,又是撒漫的手儿,帮衬的勤儿,与十娘一双两好,情投意合。十娘因见鸨儿贪财无义,久有从良之志;又见李公子忠厚志诚,甚有心向他。奈李公子惧怕老爷,不敢应承。虽则如此,两下情好愈密,朝欢暮乐,终日相守,如夫妇一般,海誓山盟,向无他志。真个:

ma provincia a visitar el barrio de las cortesanas. Aquí conoció a una famosa cortesana llamada Du Mei, quien, por ser la décima chica del local, también era conocida como Décima.

> *Era la dulzura y la belleza encarnada;*
> *Finas cejas arqueadas cual colinas distantes;*
> *Ojos claros como el agua de otoño;*
> *Rostro fresco como el loto bañado por el rocío;*
> *Labios carmesí como cerezas maduras.*
> *¡Ah, qué lástima que la encantadora doncella haya sido arrojada a la orilla del polvoriento camino!*

Desde que Décima era cortesana había conocido a incontables jóvenes de familias ricas y nobles que no habían titubeado en gastar todo lo que poseían por su amor, razón por la que otras cortesanas solían decir:

> *Cuando Décima está en la fiesta,*
> *El bebedor más pobre bebe mil copas;*
> *Cuando Décima aparece en el patio,*
> *Todos los rostros empolvados se convierten en fantasmas.*

Pese a que Li era un joven alegre, nunca antes había visto una joven tan hermosa. En su primer encuentro con Décima, quedó absolutamente fascinado por ella y se enamoró perdidamente. Como él no solo era apuesto y simpático, sino abierto e incansable en su búsqueda por ella, la atracción muy pronto fue mutua. Consciente de que su ama era avariciosa y desalmada, hacía mucho tiempo que Décima anhelaba dejarla y, ahora que veía lo amable y devoto que era Li, deseaba compartir su suerte con él. Aunque el joven le tenía demasiado miedo a su padre como para contraer matrimonio con ella, cada vez se enamoraba más, pasando los días y las noches juntos, inseparables como si fueran marido y mujer. La pareja juró solemnemente no amar

恩深似海恩无底，义重如山义更高。

再说杜妈妈女儿被李公子占住，别的富家巨室，闻名上门，求一见而不可得。初时李公子撒漫用钱，大差大使，妈妈胁肩谄笑，奉承不暇。日往月来，不觉一年有余，李公子囊箧渐渐空虚，手不应心，妈妈也就怠慢了。老布政在家闻知儿子嫖院，几遍写字来唤他回去。他迷恋十娘颜色，终日延挨。后来闻知老爷在家发怒，越不敢回。古人云："以利相交者，利尽而疏。"那杜十娘与李公子真情相好，见他手头愈短，心头愈热。妈妈也几遍教女儿打发李甲出院，见女儿不统口，又几遍将言语触突李公子，要激怒他起身。公子性本温克，词气愈和，妈妈没奈何，日逐只将十娘叱骂道："我们行户人家，吃客穿客，前门送旧，后门迎新，门庭闹如火，钱帛堆成垛。自从那李甲在此，混帐一年有余，莫说新客，连旧主顾都断了，分

a nadie más.

> *Su amor era más profundo que el mar,*
> *Y su fe más sublime que los picos de las montañas.*

Después de que Li se convirtió en el amante de Décima, otros hombres ricos que habían escuchado sobre su fama intentaron en vano llegar a ella. Al principio, Li gastaba dinero generosamente en ella y la alcahueta, toda sonrisas y halagos, le atendía atentamente. Sin embargo, muy pronto había pasado algo más de un año y Li se había quedado prácticamente sin dinero. Ya no podía ser tan generoso como le hubiera gustado y la vieja alcahueta comenzó a tratarlo con frialdad. El tesorero provincial se enteró de que su hijo frecuentaba la casa de las cortesanas y le escribió una carta tras otra ordenándole regresar a casa, pero el joven estaba tan enamorado de la belleza de Décima que posponía una y otra vez su regreso. Luego, cuando supo lo enojado que estaba su padre con él, no se atrevió a regresar.

El proverbio reza que la amistad construida con dinero termina toda vez que el dinero se acaba. Décima, sin embargo, amaba a Li tan sinceramente que mientras más pobre era el joven, más apasionadamente se apegaba a él. La dueña del negocio le pedía constantemente que lo mandara a ocuparse de sus negocios. Al ver que la muchacha se negaba a hacerlo, la vieja alcahueta empezó a insultarlo con la esperanza de que se marchara enojado. Sin embargo, sus insultos no tenían efecto alguno en Li y la alcahueta terminó reprochándole a Décima por su conducta día tras día:

—En nuestra ocupación dependemos de nuestros clientes para comer y vestir —le dijo—. Mientras más rápido despidiéramos a un cliente por la puerta de enfrente más rápido llega otro por la puerta del fondo. Mientras más clientes tengamos, más dinero y seda tendremos. Pero ahora que este Li Jia lleva aquí más de un año, no tiene

明接了个钟馗老,连小鬼也没得上门。弄得老娘一家人家,有气无烟,成什么模样!"杜十娘被骂,耐性不住,便回答道:"那李公子不是空手上门的,也曾费过大钱来。"妈妈道:"彼一时,此一时,你只教他今日费些小钱儿,把与老娘办些柴米,养你两口也好。别人家养的女儿便是摇钱树,千生万活,偏我家晦气,养了个退财白虎,开了大门,七件事般般都在老身心上。到替你这小贱人白白养着穷汉,教我衣食从何处来?你对那穷汉说:有本事出几两银子与我,到得你跟了他去,我别讨个丫头过活却不好?"十娘道:"妈妈,这话是真是假?"妈妈晓得李甲囊无一钱,衣衫都典尽了,料他没处设法。便应道:"老娘从不说谎,当真哩。"十娘道:"娘,你要他许多银子?"妈妈道:"若是别人,千把银子也讨了,可怜那穷汉出不起,只要他三百两,我自去讨一个粉头代替。只一件,须是三日内交付与我,左手交银,右手交人。若三日没有银时,老身也不管三七二十一,公子不公子,一顿孤拐,打那光棍出去。那时莫怪老身!"十娘道:"公子虽在客边乏

sentido hablar de nuevos clientes, hasta los viejos clientes han dejado de venir. Parece que estuviéramos poseídas por Zhong Kui[1], el que aleja los demonios, porque ni una sola alma se nos acerca. Muy pronto nuestra chimenea dejará de echar humo. ¿Qué va a ser de nosotras?

Décima, no obstante, no se quedaba callada.

—El señor Li no vino aquí con las manos vacías —refutó—. ¡Mire todo el dinero que se ha gastado aquí!

— Eso era antes, yo te estoy hablando de ahora. Hoy le dices que te dé dinero para la leña y el arroz de ustedes dos. En otras casas, las muchachas son árboles de dinero que solo hay que sacudirlos para que empiece a caer la riqueza. ¡Qué mala suerte la mía por tener a una muchacha que ahuyenta el dinero! Todos los días me preocupa cómo vamos a llegar a fin de mes porque tú insistes en mantener a tu mendigo. ¿De dónde crees que sale nuestra comida y nuestra ropa? Ve y dile a ese mendigo que, si sirve para algo, tiene que darme plata para que te vayas con él y yo pueda comprar otra chica. ¿No les parece bien?

—¿Lo dice en serio? —preguntó Décima.

—¿Acaso te he mentido alguna vez? —respondió la vieja alcahueta, consciente de que Li no tenía un centavo encima, ya había empeñado hasta su ropa, y pensando que le sería imposible recaudar el dinero—. Por supuesto que lo digo en serio.

—¿Cuánto dinero quieres que te dé?

—Si se tratara de otra persona le pediría mil taels, pero a un pobre diablo como él, le pediré solo 300. Con ese dinero podré comprar otra chica para que tome tu lugar. Pero tengo una condición: tiene que pagarme dentro de tres días, sino se te entregaré a él inmediatamente. Si no paga dentro de tres días, le daré una soberana paliza con mi bastón y echaré a ese miserable, caballero o no. De esta forma, nadie

钞，谅三百金还措办得来。只是三日忒近，限他十日便好。"妈妈想道："这穷汉一双赤手，便限他一百日，他那里来银子。没有银子，便铁皮包脸，料也无颜上门。那时重整家风，嬿儿也没得话讲。"答应道："看你面，便宽到十日。第十日没有银子，不干老娘之事。"十娘道："若十日内无银，料他也无颜再见了。只怕有了三百两银子，妈妈又翻悔起来。"妈妈道："老身年五十一岁了，又奉十斋，怎敢说谎？不信时与你拍掌为定。若翻悔时，做猪做狗。"

　　从来海水斗难量，可笑虔婆意不良。
　　料定穷儒囊底竭，故将财礼难娇娘。

　　是夜，十娘与公子在枕边，议及终身之事。公子道："我非无此心。但教坊落籍，其费甚多，非千金不可。我囊空如洗，如之奈何！"十娘道："妾已与妈妈议定只要三百金，便须十日内措办。郎君游资虽罄，然都中岂无亲友

podrá culparme tampoco.

—Aunque está lejos de casa y se ha quedado sin dinero, —afirmó Décima— él puede reunir los 300 taels. Pero tres días es muy poco tiempo. ¿No le puedes dar diez?

"El tonto no cuenta más que con sus propias manos", pensó la alcahueta. "Ni aunque le dé cien días podrá recaudar el dinero. Y cuando no lo reúna, la piel gruesa ese no tendrá el valor de aparecerse por aquí de nuevo. Una vez más, tendré el control de mi establecimiento y Décima no podrá decir nada".

—Bien, para complacerte, te comunico que le daré diez días. Pero si no tiene el dinero para ese entonces, no me culpes.

—Si no logra reunir el dinero para ese entonces, no creo que tenga el descaro de regresar —aseguró Décima—. Solo me preocupa que si trae los trescientos taels usted no cumpla su palabra.

—Soy una anciana de 51 años de edad —protestó la alcahueta—. Venero a buda y ayuno diez días todos los meses, pondré la palma de mi mano sobre la tuya y me comprometeré. ¡Que me convierta en un perro o un cerdo en mi próxima vida, si no cumplo la palabra empeñada!"

¿Quién puede medir el mar con una jarra de cerveza?
La obscena anciana, a pesar de sus intrigas, fue muy tonta al pensar que como la bolsa del erudito era ligera, podría su amor frustrar.

Esa noche, Décima discutió su futuro con Li.

—No es que no quiera casarme contigo —le dijo el joven—. Pero comprar tu libertad cuesta al menos mil taels y, ¿de dónde voy a sacar esa cantidad ahora que he gastado todo mi dinero?

—Ya he hablado con la señora —le explicó Décima—. Solo pide 300 taels, pero hay que pagarlos en diez días. Aunque ya te has gastado toda tu remesa, seguramente tienes parientes o amigos en la capital

可以借贷？倘得如数，妾身遂为君之所有，省受这虔婆之气。"公子道："亲友中为我留恋行院，都不相顾。明日只做束装起身，各家告辞，就开口假贷路费，凑聚将来，或可满得此数。"起身梳洗，别了十娘出门。十娘道："用心作速，专听佳音。"公子道："不须分付。"

公子出了院门，来到三亲四友处，假说起身告别，众人到也欢喜。后来叙到路费欠缺，意欲借贷。常言道："说着钱，便无缘。"亲友们就不招架。他们也见得是，道李公子是风流浪子，迷恋烟花，年许不归，父亲都为他气坏在家。他今日抖然要回，未知真假。倘或说骗盘缠到手，又去还脂粉钱，父亲知道，将好意翻成恶意，始终只是一怪，不如辞了干净。便回道："目今正值空乏，不能相济，惭愧！惭愧！"人人如此，个个皆然，并没有个慷慨丈夫，肯统口许他一十、二十两。李公子一连奔走了三日，

que te puedan prestar esa suma. Si reúnes el dinero, seré tuya y no tendremos que soportar jamás el mal genio de la anciana.

—Mis amigos y mis familiares me han dado la espalda porque he pasado demasiado tiempo contigo —le confesó Li—. Mañana les diré que estoy recogiendo mis cosas para irme, que solo voy a despedirme y entonces les pediré dinero para los gastos del viaje. Es posible que pueda reunir los 300 taels.

Dicho esto, se levantó, se vistió y se preparó para marcharse.

—¡Date prisa! —lo exhortó Décima cuando salía—. Estaré esperando buenas noticias.

Li prometió dar lo mejor de sí.

Al dejar la casa, Li llamó a unos cuantos amigos y parientes y fingió que había ido a despedirse. Todos estaban aliviados de escuchar que regresaba a casa, pero tan pronto como mencionaba que estaba corto de dinero para el viaje, todos enmudecían. Ya lo dice el proverbio: Hablar de un préstamo es poner fin a una amistad. Todos, con muy buena razón, consideraban a Li un joven irresponsable, cuyo capricho con una cortesana lo había mantenido alejado de su hogar durante un año y sabían que su padre estaba enojado con él.

"¿Quién sabe si está diciendo la verdad?", se preguntaron. "Supongamos que le prestamos dinero para el viaje y se lo gasta en las chicas de nuevo, cuando su padre se entere, nos catalogará de lo peor. Como de cualquier forma nos echarán la culpa, ¿por qué no nos negamos todos?"

—Lo siento mucho —fueron diciendo uno por uno—. No tengo mucha plata en este momento, no puedo ayudarte.

Li recibió exactamente la misma respuesta de cada uno de ellos. Ni uno solo de sus conocidos fue lo suficientemente generoso como para prestarle al menos diez o veinte taels. Li fue de casa en casa du-

分毫无获,又不敢回决十娘,权且含糊答应。到第四日又没想头,就羞回院中。平日间有了杜家,连下处也没有了,今日就无处投宿。只得往同乡柳监生寓所借歇。柳遇春见公子愁容可掬,问其来历。公子将杜十娘愿嫁之情,备细说了。遇春摇首道:"未必,未必。那杜媺曲中第一名姬,要从良时,怕没有十斛明珠,千金聘礼?那鸨儿如何只要三百两?想鸨儿怪你无钱使用,白白占住他的女儿,设计打发你出门。那妇人与你相处已久,又碍却面皮,不好明言。明知你手内空虚,故意将三百两卖个人情,限你十日。若十日没有,你也不好上门。便上门时,他会说你笑你,落得一场亵渎,自然安身不牢。此乃烟花逐客之计。足下三思,休被其惑。据弟愚意,不如早早开交为上。"公子听说,半晌无言,心中疑惑不定。遇春又道:"足下莫要错了主意。你若真个还乡,不多几两盘费,还

rante tres días sin conseguir que le prestaran un solo centavo, pero no se atrevía a decírselo a Décima por lo que le daba respuestas evasivas. Sin embargo, al cuarto día estaba tan desesperado que sintió vergüenza de regresar a ella. Como hacía mucho tiempo que vivía con Décima, ahora no tenía otro sitio donde pernoctar. Al no tener donde pasar la noche, fue a ver a Liu, compatriota de su misma provincia, y a implorarle por una cama. Cuando Liu le preguntó por qué estaba tan preocupado, Li le contó toda la historia de cómo Décima quería casarse con él. Liu sacudió la cabeza.

—No lo puedo creer —indicó—. Décima es la cortesana más famosa de esa casa y su precio tiene que rondar como mínimo las diez sartas de perlas o los mil taels de plata. Su señora jamás la dejaría marchar por 300 taels. La anciana tiene que estar enojada porque ya no tienes dinero y estás monopolizando a la muchacha sin pagarle. Por eso salió con este ardid para librarse de ti. La alcahueta te conoce desde hace mucho, tiene que mantener las apariencias y no te puede echar. También sabe que no tienes dinero y por eso solo pide 300 taels. Así aparenta ser bondadosa y te da diez días para que reúnas el dinero. Ella cree que si no logras recaudar la suma, no tendrás el descaro de regresar. Igualmente piensa que si lo consigues, se burlará y te insultará para que no puedas quedarte ahí de ninguna manera. Esta es la estratagema que este tipo de persona siempre utiliza. Reflexiona al respecto y no caigas en su juego. En mi humilde opinión, mientras más pronto termines tu relación con ellas, mejor.

Cuando Li escuchó todo esto se llenó de dudas y permaneció en silencio durante mucho tiempo.

—No puedes tomar la decisión equivocada —prosiguió Liu—. Si realmente deseas volver a casa y necesitas dinero para el viaje, tus amigos podrían reunir unos cuantos taels. Pero dudo que puedas re-

有人搭救。若是要三百两时，莫说十日，就是十个月也难。如今的世情，那肯顾缓急二字的。那烟花也算定你没处告债，故意设法难你。"公子道："仁兄所见良是。"口里虽如此说，心中割舍不下。依旧又往外边东央西告，只是夜里不进院门了。公子在柳监生寓中，一连住了三日，共是六日了。

　　杜十娘连日不见公子进院，十分着紧，就教小厮四儿街上去寻。四儿寻到大街，恰好遇见公子。四儿叫道："李姐夫，娘在家里望你。"公子自觉无颜，回复道："今日不得功夫，明日来罢。"四儿奉了十娘之命，一把扯住，死也不放，道："娘叫咱寻你，是必同去走一遭。"李公子心上也牵挂着婊子，没奈何，只得随四儿进院。见了十娘，嘿嘿无言。十娘问道："所谋之事如何？"公子眼中流下泪来。十娘道："莫非人情淡薄，不能足三百之数么？"公子含泪而言，道出二句："不信上山擒虎易，果然开口告人难。一连奔走六日，并无铢两，一双空手，羞见芳卿，故

caudar 300 taels en diez meses para no hablar de diez días porque a la gente hoy no les preocupan los problemas de sus amigos. Esa mujer sabe perfectamente que nunca podrás reunir esa cantidad y esa es la razón de la cifra que fijó.

—Supongo que tienes razón, mi amigo —afirmó Li.

Aún renuente a renunciar a la chica, continuó llamando a la puerta de sus conocidos para pedir un préstamo y sin volver a los brazos de Décima por las noches. Li se quedó con Liu durante tres días seguidos.

Cumplidos seis de los diez días del plazo, Décima estaba tan ansiosa que mandó a su niño sirviente a buscarlo. El chico encontró a Li en la calle principal.

—¡Señor Li! —lo llamó—. Nuestra señora lo espera.

Li, se sintió tan avergonzado de regresar que le dijo:

—Hoy estoy ocupado. Iré mañana.

El niño, siguiendo las indicaciones de Décima, sujetó a Li por el abrigo y no lo dejaba ir.

—Me dijo que lo buscara —señaló—. Tiene que venir conmigo.

De manera que Li, quien por supuesto añoraba a su señora, acompañó al chico hasta la casa de las cortesanas. Sin embargo, cuando vio a Décima, enmudeció.

—¿Qué has logrado hacer? —preguntó Décima.

Li empezó a llorar sin decir palabra alguna.

—¿Tan duro es el corazón de los hombres —preguntó— que no pudiste reunir trescientos taels?

Con lágrimas en los ojos, Li respondió:

—Es más fácil atrapar a un tigre en la montaña que encontrar al amigo que uno necesita. Llevo seis días yendo de puerta en puerta y no he logrado que me presten ni un solo centavo. Ha sido por la ver-

此这几日不敢进院。今日承命呼唤，忍耻而来，非某不用心，实是世情如此。"十娘道："此言休使虔婆知道。郎君今夜且住，妾别有商议。"十娘自备酒肴，与公子欢饮。睡至半夜，十娘对公子道："郎君果不能办一钱耶？妾终身之事，当如何也？"公子只是流涕，不能答一语。渐渐五更天晓，十娘道："妾所卧絮褥内藏有碎银一百五十两，此妾私蓄，郎君可持去。三百金，妾任其半，郎君亦谋其半，庶易为力。限只四日，万勿迟误。"十娘起身将褥付公子，公子惊喜过望，唤童儿持褥而去。径到柳遇春寓中，又把夜来之情与遇春说了。将褥拆开看时，絮中都裹着零碎银子，取出兑时果是一百五十两。遇春大惊道："此妇真有心人也。既系真情，不可相负。吾当代为足下谋之。"公子道："倘得玉成，决不有负。"当下柳遇春留李公子在寓，自出头各处去借贷。两日之内，凑足一百五十

güenza que siento al venir con las manos vacías por que he pasado los últimos días alejado. Hoy me mandaste a buscar y vengo abrumado. No es que no me haya esforzado al máximo, sino que la gente es despiadada.

—No permitas que la anciana te escuche —aseveró Décima—. Quédate aquí esta noche y lo hablaremos de nuevo.

La joven preparó de comer y disfrutaron de los alimentos y el vino juntos.

En medio de la noche Décima preguntó:

—¿No pudiste reunir ni un solo centavo? ¿Qué será de mí entonces?

Li no tenía una respuesta que darle y lo único que podía hacer era llorar. Muy pronto amaneció y Décima dijo:

—En mi colchón hay escondidos ciento cincuenta taels de plata que he ahorrado y quiero que los tomes. Ahora que te he dado la mitad de la suma, debe serte más fácil conseguir la otra mitad. No olvides que solo quedan cuatro días, así que no pierdas tiempo.

Al levantarse de la cama, le dio el colchón a Li, quien rebozaba de felicidad.

Tras ordenarle al niño sirviente que llevara el colchón en su lugar, Li fue directo a casa de Liu, a quien le contó todo lo que había acontecido la noche anterior. Cuando abrieron el colchón encontraron en el relleno de algodón muchas piezas de plata que, al pesarlas, sumaron ciento cincuenta taels. Liu quedó muy impresionado.

—La joven tiene que estar muy enamorada de ti —le dijo—. Ya que es tan seria, no puedes decepcionarla. Veré que puedo hacer por ti.

—Si me ayudas ahora, —le respondió Li— nunca lo olvidaré.

Liu le pidió a Li que se quedara en su casa mientras él iba a ver a todos sus conocidos. En dos días, le habían prestado ciento cincuenta

两交付公子道："吾代为足下告债，非为足下，实怜杜十娘之情也。"

李甲拿了三百两银子，喜从天降，笑逐颜开，欣欣然来见十娘，刚是第九日，还不足十日。十娘问道："前日分毫难借，今日如何就有一百五十两？"公子将柳监生事情，又述了一遍。十娘以手加额道："使吾二人得遂其愿者，柳君之力也。"两个欢天喜地，又在院中过了一晚。次日，十娘早起，对李甲道："此银一交，便当随郎君去矣。舟车之类，合当预备。妾昨日于姊妹中借得白银二十两，郎君可收下为行资也。"公子正愁路费无出，但不敢开口，得银甚喜。说犹未了，鸨儿恰来敲门叫道："嬃儿，今日是第十日了。"公子闻叫，启户相延道："承妈妈厚意，正欲相请。"便将银三百两放在桌上。鸨儿不料公子有银，嘿然变色，似有悔意。十娘道："儿在妈妈家中八年，所致金帛，不下数千金矣。今日从良美事，又妈妈亲

taels que él entregó a Li no sin antes decirle:

—No lo he hecho por ti, sino porque me conmovió la devoción de la chica hacia ti.

Un feliz, radiante y sonriente Li fue a ver Décima con los trescientos taels de plata al noveno día, 24 horas antes de que se cumpliera el plazo.

—El otro día no pudiste conseguir ni un solo centavo —aseguró Décima—. ¿Cómo es que hoy has venido con ciento cincuenta taels?

Al Li contarle lo que su compañero de estudios Liu había hecho por él, se llevó las manos a la frente en señal de gratitud.

—Tenemos que agradecerle al señor Liu por hacer nuestro deseo realidad —declaró.

Pasaron la noche muy felices juntos y a la mañana siguiente, Décima se levantó temprano y le dijo a Li:

—Tan pronto como le hayas dado el dinero, me podré ir contigo. Espero que hayas decidido cómo vamos a viajar. Ayer le pedí prestados veinte taels a mis amigas que puedes destinar para el viaje.

De hecho Li se había estado preguntando de dónde sacaría dinero para el viaje, pero no había querido mencionar esta dificultad. Ahora estaba encantado de recibir los veinte taels.

Mientras conversaban, la dueña de la casa llamó a la puerta.

—¡Es el décimo día, Décima! —le dijo.

Al escucharla, Li abrió la puerta y la invitó a entrar.

—Gracias, tía —le dijo—. En este momento iba a buscarla.

Y acto seguido puso los trescientos taels sobre la mesa.

La alcahueta nunca pensó que Li reuniría el dinero. La cara se le caía y estaba a punto de retractarse cuando Décima intervino:

—He trabajado aquí durante ocho años y debo haber ganado varios miles de taels durante todo ese tiempo para usted. Este es un

口所订,三百金不欠分毫,又不曾过期。倘若妈妈失信不许,郎君持银去,儿即刻自尽。恐那时人财两失,悔之无及也。"鸨儿无词以对,腹内筹画了半晌,只得取天平兑准了银子,说道:"事已如此,料留你不住了。只是你要去时,即今就去。平时穿戴衣饰之类,毫厘休想。"说罢,将公子和十娘推出房门,讨锁来就落了锁。此时九月天气,十娘才下床,尚未梳洗,随身旧衣,就拜了妈妈两拜,李公子也作了一揖。一夫一妇,离了虔婆大门。

鲤鱼脱却金钩去,摆尾摇头再不来。

公子教十娘且住片时:"我去唤个小轿抬你,权往柳荣卿寓所去,再作道理。"十娘道:"院中诸姊妹平昔相厚,理宜话别。况前日又承他借贷路费,不可不一谢也。"乃同公子到各姊妹处谢别,姊妹中惟谢月朗、徐素素与杜家相近,尤与十娘亲厚。十娘先到谢月朗家。月朗见十娘秃

día feliz en el que voy a comenzar una nueva vida y usted estuvo de acuerdo. Aquí están los trescientos taels, ni un centavo más ni uno menos y fueron pagados en el plazo indicado. Si incumple su palabra, el señor Li se llevará el dinero y yo me quitaré la vida. Entonces habrá perdido no solo el dinero, sino a mí también y lo lamentará mucho.

La anciana no tenía nada que argumentar en contra. Después de pensarlo un largo rato, finalmente fue a buscar su balanza para pesar la plata.

—Bueno, bueno, —dijo al fin— supongo que no puedo retenerte. Pero si te vas a ir, vete de una vez y ni sueñes con llevarte ropa o prendas contigo.

La anciana les dio un empujón, los sacó de la habitación y pidió un candado para cerrar la puerta.

Ya estaban en otoño. Décima, que se acababa de levantar de la cama y no había tenido tiempo de vestirse, llevaba puesto una ropa vieja. Los jóvenes hicieron una reverencia ante la señora y cual marido y mujer se marcharon juntos.

Cual carpa que escapa al anzuelo dorado, se escabulleron para no volver jamás.

—Espera mientras busco un palanquín para ti —le dijo Li a Décima—. Podemos ir adonde vive el Sr. Liu antes de decidir nada.

Pero Décima se mostró reacia.

—Mis amigas siempre han sido muy buenas conmigo, —señaló— y debería despedirme de ellas. Además, tuvieron la amabilidad de prestarnos el dinero para los gastos del viaje el otro día y deberíamos agradecérselo.

Así que llevó a Li a despedirse de las otras cortesanas. Dos de las chicas, Yuelang y Susu, vivían cerca y eran las mejores amigas de Décima. Primero, llamó a Yuelang, quien, sorprendida al verla vestida

髻旧衫，惊问其故。十娘备述来因。又引李甲相见，十娘指月朗道："前日路资，是此位姐姐所贷，郎君可致谢。"李甲连连作揖。月郎便教十娘梳洗，一面去请徐素素来家相会。十娘梳洗已毕，谢徐二美人各出所有，翠钿金钏，瑶簪宝珥，锦袖花裙，鸾带绣履，把杜十娘装扮得焕然一新，备酒作庆贺筵席。月朗让卧房与李甲杜媺二人过宿。次日，又大排筵席，遍请院中姊妹。凡十娘相厚者，无不毕集，都与他夫妇把盏称喜。吹弹歌舞，各逞其长，务要尽欢，直饮至夜分。十娘向众姊妹一一称谢。众姊妹道："十姊为风流领袖，今从郎君去，我等相见无日。何日长行，姊妹们尚当奉送。"月朗道："候有定期，小妹当来相报。但阿姊千里间关，同郎君远去，囊箧萧条，曾无约束，此乃吾等之事。当相与共谋之，勿令姊有穷途之虑也。"众姊妹各唯唯而散。

是晚，公子和十娘仍宿谢家。至五鼓，十娘对公子

con ropa vieja y sin adornos en el cabello, le preguntó qué había sucedido. Décima le contó todo y le presentó a Li. Luego, señalando a Yuelang, Décima le dijo a Li:

—Ella es la amiga que nos prestó el dinero el otro día. Debes agradecerle.

Li se inclinó ante ella una y otra vez.

Yuelang ayudó a Décima a lavarse y peinarse, al tiempo que mandó a llamar a Susu. Después de que Décima terminó de bañarse, sus dos amigas sacaron todas sus joyas de esmeralda, pulseras de oro, horquillas y pendientes de jade, así como una túnica y una falda de brocado, una faja de fénix y un par de zapatillas bordadas y muy pronto habían vestido elegantemente a Décima. Luego celebraron juntos y Yuelang le prestó su cama a los amantes para que pasaran la noche.

Al día siguiente, organizaron otro gran banquete al que fueron invitadas todas las cortesanas. Ninguna de las amigas de Décima se lo perdió. Después de brindar por la feliz pareja, tocaron instrumentos de viento y cuerda, cantaron y bailaron, cada una haciendo lo posible por agradar a todos los presentes. Este festín duró hasta la medianoche, cuando Décima dio las gracias a cada una de sus amigas.

—Tú eras la jefa de todas nosotras —afirmaron las cortesanas—. Pero ahora que te marchas con tu esposo, jamás nos volveremos a ver. Cuando hayan decidido la fecha de la partida, los iremos a despedir.

—Cuando lo hayan decidido, se los haré saber —les aseguró Yuelang—. Décima emprenderá un largo viaje con su esposo y sus recursos son más bien limitados. Tenemos que asegurarnos de que no pase necesidades en el camino.

Las demás cortesanas asintieron y se marcharon.

Décima y Li volvieron a pasar la noche de nuevo en la habitación de Yuelang. Cuando amaneció Décima le preguntó a Li:

道:"吾等此去,何处安身?郎君亦曾计议有定着否?"公子道:"老父盛怒之下,若知娶妓而归,必然加以不堪,反致相累。展转寻思,尚未有万全之策。"十娘道:"父子天性,岂能终绝。既然仓卒难犯,不若与郎君于苏杭胜地,权作浮居。郎君先回,求亲友于尊大人面前劝解和顺,然后携妾于归,彼此安妥。"公子道:"此言甚当。"次日,二人起身辞了谢月郎,暂往柳监生寓中,整顿行装。杜十娘见了柳遇春,倒身下拜,谢其周全之德:"异日我夫妇必当重报。"遇春慌忙答礼道:"十娘钟情所欢,不以贫窭易心,此乃女中豪杰。仆因风吹火,谅区区何足挂齿!"三人又饮了一日酒。次早,择了出行吉日,雇倩轿马停当。十娘又遣童儿寄信,别谢月朗。临行之际,只见肩舆纷纷而至,乃谢月朗与徐素素拉众姊妹来送行。月朗道:"十姊从郎君千里间关,囊中消索,吾等甚不能忘情。今合具薄

—¿Adónde iremos? ¿Tienes algún plan?

—Mi padre está enojado conmigo, —respondió Li—y si se entera de que me he casado con una cortesana no solo me hará sufrir a mí, sino a ti también que sentirás todo el peso de su ira. Esto me preocupa desde hace un tiempo, pero aún no tengo una solución para ello.

—Un padre no puede renunciar al amor de su hijo, —aseveró Décima— no estará enojado contigo por siempre. No obstante, como ir directo a tu casa podría ofenderlo, mejor vamos mientras tanto a algún lugar bonito como Suzhou o Hangzhou. Luego podrás ir a casa y pedirles a tus familiares o amigos que persuadan a tu padre para que te perdone. Una vez que hayas hecho las paces con él, vienes a buscarme y todo saldrá bien.

—Esa es una buena idea —subrayó Li.

A la mañana siguiente se despidieron de Yuelang y fueron a la casa de Liu para hacer el equipaje. Cuando Décima vio a Liu se postró ante él tocando el suelo con la frente para agradecerle por su ayuda y le prometió devolverle el dinero en el futuro.

Liu hizo una reverencia apresuradamente a cambio.

—Tiene que ser una mujer extraordinaria, —le dijo— para seguirle siendo fiel a su amante incluso cuando era pobre. Yo simplemente soplé el fuego en la dirección del viento. Un servicio tan insignificante no es digno de mención.

Los tres celebraron todo el día y a la mañana siguiente eligieron una fecha auspiciosa para el viaje, alquilaron palanquines y caballos. Décima también mandó a su niño sirviente a entregar una carta de agradecimiento y despedida a Yuelang. Cuando se iban, llegaron varios palanquines transportando a Yuelang, Susu y otras cortesanas que vinieron a despedirlos.

—Vas a emprender un largo viaje con tu esposo y no tienes mu-

赆，十姊可检收，或长途空乏，亦可少助。"说罢，命从人挈一描金文具至前，封锁甚固，正不知什么东西在里面。十娘也不开看，也不推辞，但殷勤作谢而已。须臾，舆马齐集，仆夫催促起身。柳监生三杯别酒，和众美人送出崇文门外，各各垂泪而别。正是：

他日重逢难预必，此时分手最堪怜。

再说李公子同杜十娘行至潞河，舍陆从舟，却好有瓜洲差使船转回之便，讲定船钱，包了舱口。比及下船时，李公子囊中并无分文余剩。你道杜十娘把二十两银子与公子，如何就没了？公子在院中嫖得衣衫蓝缕，银子到手，未免在解库中取赎几件穿着，又制办了铺盖，剩来只勾轿马之费。公子正当愁闷，十娘道："郎君勿忧，众姊妹合赠，必有所济。"乃取钥开箱。公子在傍自觉惭愧，也不敢窥觑箱中虚实。只见十娘在箱里取出一个红绢袋来，掷

cho dinero —indicó Yuelang—. Así que te hemos preparado un pequeño obsequio para expresarte nuestro amor. Por favor, acéptalo. Si llegaras a necesitar dinero durante el viaje, te será de mucha utilidad.

De inmediato le pidió a un sirviente que trajera una caja dorada de las que se usan para llevar artículos de papelería. La misma estaba cerrada con candado y no se podía ver su contenido. Décima ni rechazó el regalo ni lo abrió, sino que les dio las gracias a todas.

Los palanquines y los caballos estaban listos y los portadores y los novios ordenaron la salida. Liu ofreció a los viajeros tres copas de vino antes de partir y en compañía de las cortesanas los escoltaron hasta la puerta Chongwen. Con lágrimas en los ojos, dijeron adiós a sus amigos.

Sin saber si volverían a encontrarse de nuevo, todos se despidieron llorando.

En su debido tiempo, Li y Décima llegaron al río Luhe, donde tomaron una embarcación. Tuvieron mucha suerte de encontrar un barco de despacho oficial que regresaba a Guazhou y una vez que acordaron la tarifa, reservaron dos plazas. Ya en el barco, Li se dio cuenta de que no le quedaba un centavo. Aunque Décima le había dado veinte taels ya los habían gastado. El hecho era que Li estuvo instalado en la casa de las cortesanas hasta que no le quedó más que la ropa que llevaba puesta. Por tanto, tan pronto como se vio con algo de dinero, fue a la tienda de empeño a recuperar una parte de sus prendas y también mandó a hacer ropa de cama nueva. Lo que quedó de la plata alcanzaba únicamente para los palanquines y los caballos.

—No te preocupes —le dijo Décima, al ver lo ansioso que estaba—. El regalo que me dieron mis amigas nos será útil.

Así que tomó la llave y abrió la caja. Li, parado a su lado, estaba demasiado avergonzado como para mirar mientras Décima sacaba una bolsita de seda y la colocaba encima de la mesa.

于桌上道:"郎君可开看之。"公子提在手中,觉得沉重,启而观之,皆是白银,计数整五十两。十娘仍将箱子下锁,亦不言箱中更有何物。但对公子道:"承众姊妹高情,不惟途路不乏,即他日浮寓吴越间,亦可稍佐吾夫妻山水之费矣。"公子且惊且喜道:"若不遇恩卿,我李甲流落他乡,死无葬身之地矣。此情此德,白头不敢忘也。"自此每谈及往事,公子必感激流涕。十娘亦曲意抚慰,一路无话。

不一日,行至瓜洲,大船停泊岸口。公子别雇了民船,安放行李。约明日侵晨,剪江而渡。其时仲冬中旬,月明如水,公子和十娘坐于舟首。公子道:"自出都门,困守一舱之中,四顾有人,未得畅语。今日独据一舟,更无避忌。且已离塞北,初近江南,宜开怀畅饮,以舒向来抑郁之气,恩卿以为何如?"十娘道:"妾久疏谈笑,亦有此

—Mira a ver qué hay en su interior —le pidió.

Li tomó la bolsita, que pesaba bastante. Cuando la abrió constató que contenía exactamente cincuenta taels de plata. Por su parte, Décima había cerrado de nuevo la caja con candado sin revelar el resto de su contenido.

¡Qué generosas las muchachas al hacernos este regalo! —exclamó Décima—. Ahora no solo tenemos suficiente para el camino sino también para nuestros gastos cuando visitemos los sitios hermosos de Suzhou o Hangzhou.

Sorprendido y encantado, Li afirmó regocijado:

—De no haber sido por tu ayuda, habría muerto lejos de casa sin un lugar donde enterrar mis restos. Nunca olvidaré lo buena que has sido conmigo.

En lo adelante, cada vez que recordaban el pasado, Li derramaba lágrimas de gratitud mientras Décima lo consolaba tiernamente.

Después de varios días de viaje sin contratiempos, llegaron al puerto de Guazhou, donde atracó la nave. Li alquiló un barco de pasajeros, puso el equipaje a bordo y continuaron viaje a la mañana siguiente al amanecer. Era pleno invierno y la luna llena era tan clara y brillante como el agua.

—Desde que salimos de la capital, —le dijo Li a Décima cuando se sentaron juntos en la embarcación— siempre hemos compartido camarote con otros pasajeros y no hemos podido hablar tranquilamente. Sin embargo, hoy tenemos el barco para nosotros solos y podemos hacer lo que nos plazca. Ahora que nos alejamos del Norte de China y nos adentramos en el valle del río Changjiang, ¿no crees que deberíamos beber un poco de vino para celebrar y animarnos un poco?

—Sí —indicó Décima—. Hace tiempo que no conversamos ni

心,郎君言及,足见同志耳。"公子乃携酒具于船首,与十娘铺毡并坐,传杯交盏。饮至半酣,公子执卮对十娘道:"恩卿妙音,六院推首。某相遇之初,每闻绝调,辄不禁神魂之飞动。心事多违,彼此郁郁,鸾鸣凤奏,久矣不闻。今清江明月,深夜无人,肯为我一歌否?"十娘兴亦勃发,遂开喉顿嗓,取扇按拍,呜呜咽咽,歌出元人施君美《拜月亭》杂剧上"状元执盏与婵娟"一曲,名《小桃红》。真个:

声飞霄汉云皆驻,响入深泉鱼出游。

却说他舟有一少年,姓孙名富,字善赍,徽州新安人氏。家资巨万,积祖扬州种盐。年方二十,也是南雍中朋友。生性风流,惯向青楼买笑,红粉追欢,若嘲风弄月,到是个轻薄的头儿。事有偶然,其夜亦泊舟瓜洲渡口,独

nos reímos. Me siento igual que tú.

Li sacó las copas y el vino y los colocó en la cubierta, luego tendió una alfombra en la que se sentaron a beber juntos hasta que fueron hechizados por el vino.

—Tenías la voz más hermosa de todas las chicas en la casa —le aseguró brindando por Décima—. La primera vez que te vi y te escuché cantar tan extraordinariamente, me enamoré perdidamente de ti. Sin embargo, hemos estado tan preocupados últimamente que hace muchos días que no escucho tu voz celestial. Ahora que la luna resplandece en las cristalinas olas, es medianoche y no hay nadie en los alrededores, ¿cantarías para mí?

Décima estaba feliz, así que aclaró la voz y golpeando con su abanico en la cubierta para marcar el tempo, empezó a cantar. Su canción era sobre el erudito que ofrecía vino a una chica, de la ópera *El pabellón de la Luna* escrita por Shi Junmei de la dinastía Yuan y conocida como "La florecita del durazno rojo".

A medida que su voz se elevaba al cielo, las nubes se detenían para escucharla;

A medida que su voz llegaba a las olas, los peces retozaban felices.

En otra embarcación cercana a la de ellos viajaba un joven llamado Sun Fu, nativo de Xin'an, Huizhou. El caballero era dueño de una propiedad millonaria, resultado del negocio de la sal, que durante generaciones tuvo su familia en Yangzhou. Ahora, a sus veinte años de edad, había matriculado en el Colegio Imperial de Nanjing. Sun era un joven disoluto que frecuentaba las casas de las cortesanas buscando diversión o comprar la sonrisa de una de las chicas. Sin lugar a dudas, era el típico libertino que anda a la búsqueda de placer.

El barco de Sun estaba anclado en el puerto de Guazhou también esa misma noche. Sun estaba bebiendo solo para matar el aburri-

酌无聊。急听得歌声嘹亮,凤吟鸾吹,不足喻其美。起立船头,伫听半响,方知声出邻舟。正欲相访,音响倏已寂然。乃遣仆者潜窥踪迹,访于舟人。但晓得是李相公雇的船,并不知歌者来历。孙富想道:"此歌者必非良家,怎生得他一见?"展转寻思,通宵不寐。挨至五更,忽闻江风大作。及晓,彤云密布,狂雪飞舞。怎见得,有诗为证:

千山云树灭,万径人踪绝。

扁舟蓑笠翁,独钓寒江雪。

因这风雪阻渡,舟不得开。孙富命艄公移船,泊于李家舟之傍。孙富貂帽狐裘,推窗假作看雪。值十娘梳洗方毕,纤纤玉手,揭起舟傍短帘,自泼盂中残水,粉容微露,却被孙富窥见了,果是国色天香。魂摇心荡,迎眸注目,等候再见一面,杳不可得。沉思久之,乃倚窗高

miento, cuando escuchó a una mujer cantar tan exquisita y claramente que ni el canto de un ave fénix podía compararse con su voz. Se paró en la proa y allí permaneció escuchando un rato hasta que se dio cuenta de que el canto venía de la embarcación contigua. Justo cuando se disponía a investigar, la canción terminó. El sirviente que envió a preguntarle discretamente al barquero averiguó que la nave vecina había sido alquilada por un tal señor Li, pero no consiguió averiguar nada sobre la cantante.

"Tiene que ser una profesional, no una joven respetable", pensó Sun. "¿Qué podré hacer para verla?". La preocupación por resolver el enigma lo dejó conciliar el sueño en toda la noche.

Cuando dieron las cinco campanadas sopló un fuerte viento y al amanecer el cielo estaba cubierto de negras nubes. Muy pronto, se desató una tormenta de nieve.

Los árboles en las colinas se esconden tras las nubes,
Las huellas de los hombres han desaparecido;
En el río congelado por la nieve,
Un anciano pesca en su pequeño bote.

Como la tormenta de nieve impedía la navegación, todas las embarcaciones se vieron obligadas a permanecer en el puerto. Sun le ordenó a su barquero acercarse más al barco del señor Li y entonces, luego de ponerse su gorro de marta y su abrigo de piel de zorro, se asomó a la ventana con el pretexto de ver la nieve. Así fue cómo logró divisar a Décima, quien al terminar de vestirse levantó la cortina de la ventana del camarote con su delgada mano blanca para vaciar la bacinilla al río. Su belleza más que terrenal hizo que la cabeza de Sun empezara a dar vueltas y fijara su mirada en el lugar donde la había visto con la esperanza de poder verla de nuevo, pero sufrió una decepción. Luego de reflexionar sobre el asunto, se recostó en la ventana de su

吟高学士《梅花诗》二句,道:"雪满山中高士卧,月明林下美人来。"

李甲听得邻舟吟诗,舒头出舱,看是何人。只因这一看,正中了孙富之计。孙富吟诗,正要引李公子出头,他好乘机攀话。当下慌忙举手,就问:"老兄尊姓何讳?"李公子叙了姓名乡贯,少不得也问那孙富。孙富也叙过了。又叙了些太学中的闲话,渐渐亲熟。孙富便道:"风雪阻舟,乃天遣与尊兄相会,实小弟之幸也。舟次无聊,欲同尊兄上岸,就酒肆中一酌,少领清诲,万望不拒。"公子道:"萍水相逢,何当厚扰?"孙富道:"说那里话!'四海之内,皆兄弟也。'"喝教艄公打跳,童儿张伞,迎接公子过船,就于船头作揖。然后让公子先行,自己随后,各各登跳上涯。行不数步,就有个酒楼,二人上楼,拣一副洁净座头,靠窗而坐。酒保列上酒肴。孙富举杯相劝,二人赏雪饮酒。先说些斯文中套话,渐渐引入花柳之事。二

camarote y cantó en voz alta los versos de Gao Qi en *Flor del Ciruelo*:

Como el ermitaño que descansa en la colina nevada,
Como la encantadora chica en el claro de Luna.

Cuando Li escuchó a alguien cantando poesía en la embarcación contigua, se asomó a ver tal y como Sun había previsto que sucedería. El plan de Sun era atraer la atención de Li por estos medios para entablar así una conversación. Levantando la mano en señal de saludo, Sun se apresuró a interrogar:

—¿Cuál es su honorable nombre, señor?

Después de que Li se presentó naturalmente le preguntó el nombre a Sun. Una vez que Sun se presentó empezaron a hablar sobre el Colegio Imperial y sin darse cuenta hablaban como si fueran amigos.

—Tiene que ser la voluntad del Cielo, —indicó Sun— que esta tormenta de nieve haya retenido nuestras embarcaciones para que nos conociéramos. ¡Qué suerte tengo! Viajar en barco es terriblemente aburrido y me gustaría ir a una taberna en tierra contigo para disfrutar de su compañía mientras bebemos. Espero que no se niegue.

—Nos hemos conocido de casualidad, —respondió Li— ¿cómo se me ocurriría algo así?

—¡Vamos, que no se diga! —protestó Sun—. En los cuatro mares, todos los hombres somos hermanos.

Dicho esto, ordenó al barquero poner el puente y le pidió a su sirviente tomar un paraguas e ir por el señor Li. Acto seguido, hizo una reverencia ante Li en la proa y lo siguió cortésmente a la orilla.

A unos pocos pasos encontraron una taberna. Subieron las escaleras, eligieron una mesa limpia al lado de la ventana y se sentaron. Tan pronto como el mozo les sirvió vino y comida, Sun invitó a Li a beber y mientras lo hacían disfrutaban del paisaje nevado. Luego de intercambiar sobre las becas, Sun fue desviando la conversación

人都是过来之人，志同道合，说得入港，一发成相知了。孙富屏去左右，低低问道："昨夜尊舟清歌何人也？"李甲正要卖弄在行，遂实说道："此乃北京名姬杜十娘也。"孙富道："既系曲中姊妹，何以归兄？"公子遂将初遇杜十娘，如何相好，后来如何要嫁，如何借银讨他，始末根由，备细述了一遍。孙富道："兄携丽人而归，固是快事，但不知尊府中能相容否？"公子道："贱室不足虑。所虑者，老父性严，尚费踌躇耳！"孙富将机就机，便问道："既是尊大人未必相容，兄所携丽人，何处安顿？亦曾通知丽人，共作计较否？"公子攒眉而答道："此事曾与小妾议之。"孙富欣然问道："尊宠必有妙策。"公子道："他意欲侨居苏杭，流连山水。使小弟先回，求亲友宛转于家君之前。俟家君回嗔作喜，然后图归，高明以为何如？"孙

paulatinamente hacia el tema de las cortesanas. Ahora que habían descubierto que tenían un interés común porque ambos tenían mucha experiencia en este campo y empezaron a conversar francamente y a confiarse secretos.

En ese momento, Sun le pidió a su sirviente que se alejara y le preguntó a Li en voz baja:

—¿Quién es la chica que cantaba anoche en tu barco?

Li, demasiado presto para presumir de su conquista, reveló toda la verdad:

—Es Du Mei, la famosa cortesana de Beijing.

—Si es una cortesana, ¿qué hiciste para quedártela?

Entonces Li le contó toda la historia: Cómo se habían enamorado, cómo Décima quería casarse con él y cómo pidió prestado el dinero para comprar su libertad.

—Sin duda tiene que ser muy agradable —aseveró Sun— llevarse a casa una belleza, pero ¿tu honorable familia lo aprobará?

—No me preocupa el linaje de mi primera esposa —respondió Li—. El único problema es que mi padre es más bien estricto y esto me va a crear discrepancias con él.

Esto le dio a Sun la oportunidad que había estado esperando.

—Si tu respetado padre se opone, ¿dónde piensas instalarte con tu belleza? —le preguntó—. ¿Ya lo has discutido con ella?

—Sí, ya lo hemos hablado —replicó Li frunciendo el ceño.

—¿Y tiene ella un buen plan? —siguió preguntando Sun muerto de la curiosidad.

—Ella quiere pasar un tiempo en Suzhou o Hangzhou —agregó Li—. Y una vez que hayamos visitado sus hermosos paisajes, yo iré casa primero a pedirle a mis amigos y parientes que persuadan a mi padre. Entonces, cuando ya no esté enojado, regresaré a buscarla.

富沉吟半晌，故作愀然之色，道："小弟乍会之间，交浅言深，诚恐见怪。"公子道："正赖高明指教，何必谦逊？"孙富道："尊大人位居方面，必严帷薄之嫌，平时既怪兄游非礼之地，今日岂容兄娶不节之人。况且贤亲贵友，谁不迎合尊大人之意者？兄枉去求他，必然相拒。就有个不识时务的进言于尊大人之前，见尊大人意思不允，他就转口了。兄进不能和睦家庭，退无词以回复尊宠。即使留连山水，亦非长久之计。万一资斧困竭，岂不进退两难！"公子自知手中只有五十金，比时费去大半，说到资斧困竭，进退两难，不觉点头道是。孙富又道："小弟还有句心腹之谈，兄肯俯听否？"公子道："承兄过爱，更求尽言。"孙富道："疏不间亲，还是莫说罢。"公子道："但说何妨。"

¿Qué piensas de este plan?

Sun puso cara de pensativo fingiendo estar muy preocupado.

—Nos acabamos de conocer, —afirmó con lujo de detalles— y puedes ofenderte si un recién conocido te aconseja sobre un asunto tan íntimo.

—Necesito tu consejo —le pidió Li—. Por favor no dudes en ser sincero.

—Está bien —prosiguió Sun—. Entiendo que tu padre, funcionario provincial de alto rango, debe ser un hombre muy celoso de la reputación de la familia. Si ya te ha expresado su descontento porque frecuentabas esos sitios de mala vida, ¿crees que permitirá que tomes por esposa a una cortesana? En cuanto a tus amigos y familiares, todos secundarán el ejemplo de tu respetado padre. Será inútil pedirles ayuda porque seguramente se negarán. Aun cuando algunos de ellos sean lo suficientemente tontos para defender tu causa ante tu padre, tan pronto sepan que el veterano caballero se opone al matrimonio, cambiarán de idea. En consecuencia, tú estarás llevando la discordia a tu familia y no obtendrás una respuesta satisfactoria que comunicar a tu cortesana. Por lo tanto, aunque disfrutes del paisaje de Suzhou y Hangzhou por un tiempo, no puedes vivir así indefinidamente. Una vez que se te acabe el dinero, te verás en un dilema.

Consciente de que todo lo que poseía eran cincuenta taels de plata, la mayor parte de ellos ya gastados, cuando Sun se refirió a las posibles dificultades financieras, Li asintió y reconoció que ese era precisamente el caso.

—Ahora, sinceramente, me gustaría darte un consejo —adicionó Sun—. Quizás no te guste escucharlo.

—Me siento obligado ante ti —declaró Li—. Por favor, sé franco.

—Mejor no —señaló—. Los amigos casuales no deben interve-

孙富道："自古道：'妇人水性无常'，况烟花之辈，少真多假。他既系六院名姝，相识定满天下；或者南边原有旧约，借兄之力，挈带而来，以为他适之地。"公子道："这个恐未必然。"孙富道："即不然，江南子弟，最工轻薄，兄留丽人独居，难保无逾墙钻穴之事。若挈之同归，愈增尊大人之怒。为兄之计，未有善策。况父子天伦，必不可绝。若为妾而触父，因妓而弃家，海内必以兄为浮浪不经之人。异日妻不以为夫，弟不以为兄，同袍不以为友，兄何以立于天地之间？兄今日不可不熟思也！"

公子闻言，茫然自失，移席问计："据高明之见，何以教我？"孙富道："仆有一计，于兄甚便。只恐兄溺枕席之爱，未必能行，使仆空费词说耳！"公子道："兄诚有良策，使弟再睹家园之乐，乃弟之恩人也。又何惮而不言耶？"孙富道："兄飘零岁余，严亲怀怒，闺阁离心，设身以处兄之地，诚寝食不安之时也。然尊大人所以怒兄者，

nir entre los amantes.

—No te preocupes por eso —le pidió Li.

—Como decían nuestros antepasados, las mujeres son caprichosas —argumentó Sun—. Y las cortesanas en particular pueden salir falsas. Como tu mujer es una cortesana famosa debe tener amigos en todas partes. Puede que tenga uno de sus ex amantes en el Sur y se esté aprovechando de ti para el viaje y luego marcharse con el otro.

—¡Oh, no! No lo creo —aseguró Li.

—Quizás tengas razón —respondió Sun—. Pero esos jóvenes sureños son unos filántropos famosos y si dejas a tu mujer sola puede que sucumba a sus encantos. Por otra parte, si la llevas a casa, vas a hacer enojar a tu padre aún más. De hecho, creo que no tienes salida. La relación entre padre e hijo es inviolable y sagrada. Si ofendes a tu padre y abandonas tu hogar por la cortesana, serás condenado universalmente como un derrochador disoluto. Tu esposa no te creerá digno de su esposo; tu hermano menor no te respetará como su hermano mayor y tus amigos no querrán saber de ti. Te verás convertido en un paria. Por eso te aconsejo que lo pienses muy bien hoy.

El discurso dejó a Li muy confundido. Acercando su asiento a Sun, le preguntó seriamente:

—¿Qué crees que debería hacer?

—Tengo un plan que sería muy ventajoso para ti —respondió Sun—. Pero me temo que te gusta demasiado tu concubina como para considerarlo y habré desperdiciado mi aliento.

—Si tienes un buen plan para devolverme al seno de mi familia, te estaré tremendamente agradecido. No dudes en hablar.

—Has estado fuera de casa durante más de un año, por lo que tu padre está enfadado y tu esposa disgustada contigo. Si yo fuera tú, no podría comer ni dormir del remordimiento. Pero tu digno padre está

不过为迷花恋柳,挥金如土,异日必为弃家荡产之人,不堪承继家业耳!兄今日空手而归,正触其怒。兄倘能割衽席之爱,见机而作,仆愿以千金相赠。兄得千金,以报尊大人,只说在京授馆,并不曾浪费分毫,尊大人必然相信。从此家庭和睦,当无间言。须臾之间,转祸为福。兄请三思。仆非贪丽人之色,实为兄效忠于万一也。"李甲原是没主意的人,本心惧怕老子,被孙富一席话,说透胸中之疑,起身作揖道:"闻兄大教,顿开茅塞。但小妾千里相从,义难顿绝,容归与商之。得其心肯,当奉复耳。"孙富道:"说话之间,宜放婉曲。彼既忠心为兄,必不忍使兄父子分离,定然玉成兄还乡之事矣。"二人饮了一回酒,风停雪止,天色已晚。孙富教家僮算还了酒钱,与公子携手下船。正是:

enfadado contigo solo porque te has encaprichado en una cortesana y estás gastando el dinero como si fuera agua. Te estás mostrando incapaz de heredar su propiedad porque si sigues así llevarás a tu familia a la ruina. Si vuelves a casa con las manos vacías, tu padre descargará su ira sobre ti. Pero si estás dispuesto a separarte de tu concubina y a hacer el mejor negocio posible, no me importaría ofrecerte mil taels por ella. Con esta suma, puedes decirle a tu padre que estuviste impartiendo clases en la capital en vez de malgastar dinero y seguramente te creerá. Entonces, la paz reinará en tu hogar y se acabarán tus problemas. De un solo golpe habrás convertido la calamidad en buena suerte. Por favor considera mi oferta cuidadosamente. No es que yo codicie la belleza de tu cortesana. Solo quiero hacer lo que esté a mi alcance para ayudarte.

Li siempre había sido un joven de carácter débil, que sentía mucha admiración por su padre. Por ese motivo, el argumento de Sun lo convenció. Levantándose de su asiento, hizo una reverencia a Sun para expresarle su agradecimiento.

—Tu excelente consejo me ha abierto los ojos —le confirmó—. Pero como mi concubina me ha acompañado cientos de millas, no puedo romper mi relación con ella abruptamente. Hablaré con ella y te dejaré saber tan pronto como tenga su aprobación".

—Díselo con mucho cuidado —sugirió Sun—. Como está tan enamorada de ti, no querrá distanciarte de tu padre. Estoy convencido de que te ayudará a recuperar a tu familia.

Entonces continuaron bebiendo hasta el atardecer, hora en que el viento amainó y la nieve dejó de caer. Sun le pidió a su sirviente que pagara la cuenta y regresaron caminando juntos a sus respectivas embarcaciones.

逢人且说三分话，未可全抛一片心。

却说杜十娘在舟中，摆设酒果，欲与公子小酌，竟日未回，挑灯以待。公子下船，十娘起迎，见公子颜色匆匆，似有不乐之意，乃满斟热酒劝之。公子摇首不饮，一言不发，竟自床上睡了。十娘心中不悦，乃收拾杯盘，为公子解衣就枕，问道："今日有何见闻，而怀抱郁郁如此？"公子叹息而已，终不启口。问了三四次，公子已睡去了。十娘委决不下，坐于床头而不能寐。到夜半，公子醒来，又叹一口气。十娘道："郎君有何难言之事，频频叹息？"公子拥被而起，欲言不语者几次，扑簌簌掉下泪来。十娘抱持公子于怀间，软言抚慰道："妾与郎君情好，已及二载，千辛万苦，历尽艰难，得有今日。然相从数千里，未曾哀戚。今将渡江，方图百年欢笑，如何反起悲伤，必有其故。夫妇之间，死生相共，有事尽可商量，万

Al extraño solo cuéntale un tercio de la verdad;
Abrirle tu corazón no es inteligente.

Décima había preparado vino y dulces en el barco para Li, pero él no había regresado en todo el día. Al atardecer encendió la lámpara para esperarlo y cuando lo vio llegar se levantó para darle la bienvenida, pero notó que parecía perturbado y enfadado. Mientras le servía una copa de vino tibio, él sacudió la cabeza en señal de desaprobación y se fue a la cama sin decir una palabra. Décima estaba muy confundida. Inmediatamente retiró las copas y los platos y mientras ayudaba a Li a desvestirse le preguntó:

—¿Qué sucedió hoy que estás tan triste?

Un suspiro fue todo lo que Li dio por respuesta. Ella volvió a repetir la pregunta tres o cuatro veces hasta que él se durmió. Para entonces estaba tan inquieta que se sentó en el borde de la cama sin poder cerrar los ojos. En medio de la noche el joven se despertó y dio otro gran suspiro.

—¿Qué es lo que te preocupa tanto? —preguntó Décima. ¿Por qué no puedes contármelo?

Li se sentó, se echó el edredón por encima e intentó hablar varias veces, pero una y otra vez las lágrimas corrían por sus mejillas. Luego, tomando a Li en sus brazos, Décima lo consoló con tiernas palabras diciendo:

—Hemos sido amantes durante casi dos años, hemos superado miles de dificultades y no te vi deprimido ni una sola vez durante todo este largo viaje. ¿Por qué estás tan contrariado ahora que vamos a cruzar el río Changjiang para establecernos y vivir felices por siempre? Tiene que haber una razón. Como marido y mujer tenemos que vivir y morir juntos, así como discutir nuestros problemas juntos también. Por favor no me niegues ese derecho.

勿讳也。"公子再被逼不过，只得含泪而言道："仆天涯穷困，蒙恩卿不弃，委曲相从，诚乃莫大之德也。但反覆思之，老父位居方面，拘于礼法，况素性方严，恐添嗔怒，必加黜逐。你我流荡，将何底止？夫妇之欢难保，父子之伦又绝。日间蒙新安孙友邀饮，为我筹及此事，寸心如割。"十娘大惊道："郎君意将如何？"公子道："仆事内之人，当局而迷。孙友为我画一计颇善，但恐恩卿不从耳！"十娘道："孙友者何人？计如果善，何不可从？"公子道："孙友名富，新安盐商，少年风流之士也。夜间闻子清歌，因而问及。仆告以来历，并谈及难归之故，渠意欲以千金聘汝。我得千金，可藉口以见吾父母；而恩卿亦得所天。但情不能舍，是以悲泣。"说罢，泪如雨下。十娘放开两手，冷笑一声道："为郎君画此计者，此人乃大英雄

Después de implorarle varias veces que hablara, con lágrimas en los ojos Li dijo:

—Cuando no tenía adonde ir estando lejos de casa, tú fuiste buena conmigo y me acogiste pese a las dificultades y por eso te estoy eternamente agradecido. Pero he estado pensando las cosas. Mi padre es un funcionario provincial de alto rango, muy respetuoso de las convenciones y muy testarudo. Si lo hago enojar al punto de que me eche de la familia, nos veremos obligados a vagar sin hogar y, ¿qué será de nosotros entonces? Eso significaría una ruptura completa con mi padre. Tampoco tendremos la certeza de que llevaremos una vida matrimonial feliz. Hoy mi amigo Sun de Xin'an discutía la situación conmigo mientras bebíamos y ahora siento que tengo el corazón partido.

—¿Qué piensas hacer? —preguntó Décima muy alarmada.

—Un hombre en problemas no puede ver su camino con claridad —indicó Li—. Pero el señor Sun ha ideado un excelente plan para mí. Mi único temor es que no estés de acuerdo.

—¿Quién es ese señor Sun? Si su plan es bueno, ¿por qué no iba a estar de acuerdo?

—Su nombre es Sun Fu, es comerciante de sal de Xin'an y un apuesto y joven académico. Te escuchó cantar anoche y me preguntó por ti. Cuando le conté nuestra historia y mencioné que no podíamos ir a casa, me ofreció mil taels de plata por tu mano. Si yo tuviera mil taels me sería más fácil enfrentar a mis padres y tú tendrías un hogar también. Sin embargo, no soporto la idea de renunciar a ti. Esa es la razón por la que estoy triste.

Cuando acabó de hablar, sus lágrimas se precipitaban como la lluvia. Apartando los brazos de sus hombros, Décima rio extrañamente.

—Debe ser un caballero muy fino para haber pensado este plan.

也。郎君千金之资，既得恢复，而妾归他姓，又不致为行李之累。发乎情，止乎礼，诚两便之策也。那千金在那里？"公子收泪道："未得恩卿之诺，金尚留彼处，未曾过手。"十娘道："明早快快应承了他，不可挫过机会。但千金重事，须得兑足交付郎君之手，妾始过舟，勿为贾竖子所欺。"

时已四鼓，十娘即起身挑灯梳洗道："今日之妆，乃迎新送旧，非比寻常。"于是脂粉香泽，用意修饰，花钿绣袄，极其华艳，香风拂拂，光采照人。装束方完，天色已晓。孙富差家童到船头候信。十娘微窥公子，欣欣似有喜色，乃催公子快去回话，及早兑足银子。公子亲到孙富船中，回复依允。孙富道："兑银易事，须得丽人妆台为信。"公子又回复了十娘，十娘即指描金文具道："可便抬去。"孙富喜甚，即将白银一千两，送到公子船中。十娘

Tú recuperarás tus mil taels y yo no seré un estorbo para ti, si le pertenezco a otro hombre. ¿Qué podría ser más razonable y con más principios? Este plan nos conviene a ambos. ¿Dónde está la plata?

—Como no tenía tu consentimiento, mi amor, —le dijo Li que para entonces había dejado de llorar— él tiene el dinero en su poder. El dinero todavía no ha cambiado de manos.

—Ten mucho cuidado con él cuando lo veas mañana a primera hora —sugirió Décima—. No debes perder esta oportunidad. Pero mil taels es mucho dinero; asegúrate de que los pese y los entregue en su totalidad antes de que yo me vaya al otro barco. No dejes que ese comerciante de sal te engañe.

Daban las cuatro de la madrugada y como el amanecer ya se abría paso, Décima se levantó y encendió una lámpara para vestirse.

—Hoy me visto para despedir a un viejo cliente y dar la bienvenida a uno nuevo —declaró—. Esta es una ocasión importante.

Se aplicó colorete, polvo y aceite perfumado con gran esmero, luego se puso su mejor vestido brocado y sus más espléndidas joyas. Su perfume se apoderó del aire y era un espectáculo deslumbrante. Cuando terminó, ya había amanecido y Sun había enviado un sirviente a su barco por la respuesta. Cuando Décima miró furtivamente a Li y vio que estaba satisfecho, lo exhortó a darle la respuesta de una vez y apropiarse de la plata tan pronto como fuera posible. Li fue al barco de Sun para anunciar que Décima estaba de acuerdo.

—No hay ningún problema con el dinero —subrayó Sun—. Pero necesito tener el joyero de la dama como compromiso.

Cuando Li se lo dijo a Décima, ella señaló su caja dorada.

—Que se la lleva —respondió.

Entonces Sun, evidentemente satisfecho, rápidamente envió los mil taels de plata al barco de Li. Cuando Décima miró los paquetes y

亲自检看，足色足数，分毫无爽。乃手把船舷，以手招孙富。孙富一见，魂不附体。十娘启朱唇，开皓齿道："方才箱子可暂发来，内有李郎路引一纸，可检还之也。"孙富视十娘已为瓮中之鳖，即命家童送那描金文具，安放船头之上。十娘取钥开锁，内皆抽替小箱。十娘叫公子抽第一层来看，只见翠羽明珰，瑶簪宝珥，充牣于中，约值数百金。十娘遽投之江中。李甲与孙富及两船之人，无不惊诧。又命公子再抽一箱，乃玉箫金管。又抽一箱，尽古玉紫金玩器，约值数千金。十娘尽投之于大江中。岸上之人，观者如堵。齐声道："可惜！可惜！"正不知什么缘故。最后又抽一箱，箱中复有一匣。开匣视之，夜明之珠，约有盈把。其他祖母绿、猫儿眼，诸般异宝，目所未睹，莫能定其价之多少。众人齐声喝采，喧声如雷。十娘又欲投之于江。李甲不觉大悔，抱持十娘恸哭，那孙富也来劝解。

　　十娘推开公子在一边，向孙富骂道："我与李郎备尝艰

comprobó que la plata era de la mejor calidad y que la cantidad era correcta, apoyó una mano en el barco y con la otra hizo una señal a Sun para que rebosara de felicidad.

—¿Podría devolverme el joyero un minuto? —le pidió dejando ver sus perlados dientes a través de sus labios carmesí—. Contiene el permiso de viaje del señor Li y debo dárselo.

Satisfecho de que Décima no podría abandonarlo ahora, ordenó a su sirviente llevar de vuelta el joyero y colocarlo en la cubierta. Décima tomó la llave y lo abrió dejando al descubierto varios cajones en su interior. Cuando le pidió a Li que abriera el primero, vio que estaba lleno de joyas, perlas, jade y piedras preciosas por el valor de varios cientos de taels de plata. Estas joyas, para la consternación de Li, Sun y todos los presentes en los dos barcos, Décima las tiró de repente al río. Luego le pidió a Li que sacara el segundo cajón que en su interior guardaba flautas y pipas doradas y un tercer cajón lleno de adornos muy peculiares de oro y jade valorados en varios miles de taels. Todas esas riquezas, Décima las lanzó al agua.

En ese momento, una gran multitud se había agolpado a la orilla del río.

—¡Qué pena! —exclamaron.

Maravillados por su comportamiento, vieron que Décima sacó el último cajón en el que había un cofre. Abrió el cofre y vieron que estaba repleto de brillantes perlas y otras piedras preciosas como esmeraldas y ojos de gato como nunca antes habían visto y cuyo valor ni siquiera podían adivinar. Los espectadores expresaban su admiración. Cuando Décima hizo como que iba a tirar todas estas joyas al río también, un arrepentido Li la abrazó y lloró amargamente mientras Sun se acercó para suplicarle también. Sin embargo, Décima empujó a Li y arremetió furiosa contra Sun.

苦,不是容易到此。汝以奸淫之意,巧为谗说,一旦破人姻缘,断人恩爱,乃我之仇人。我死而有知,必当诉之神明,尚妄想枕席之欢乎!"又对李甲道:"妾风尘数年,私有所积,本为终身之计。自遇郎君,山盟海誓,白首不渝。前出都之际,假托众姊妹相赠,箱中韫藏百宝,不下万金。将润色郎君之装,归见父母,或怜妾有心,收佐中馈,得终委托,生死无憾。谁知郎君相信不深,惑于浮议,中道见弃,负妾一片真心。今日当众目之前,开箱出视,使郎君知区区千金,未为难事。妾椟中有玉,恨郎眼内无珠。命之不辰,风尘困瘁,甫得脱离,又遭弃捐。今众人各有耳目,共作证明,妾不负郎君,郎君自负妾耳!"于是众人聚观者,无不流涕,都唾骂李公子负心薄幸。公子又羞又苦,且悔且泣,方欲向十娘谢罪,十娘抱持宝匣,向江心一跳。众人急呼捞救,但见云暗江心,波

—¡El Sr. Li y yo sufrimos muchas dificultades para llegar hasta aquí! —gritó ella—. Pero tú, para satisfacer tu lujuria, le mentiste astutamente para romper nuestro matrimonio y destruir nuestro amor. ¡Te odio! Después de mi muerte, si me convierto en fantasma, te acusaré ante los dioses. ¡Cómo te atreviste a pensar que ibas a disfrutar de mí!

A continuación, Décima se volvió hacia Li.

—Llevé la vida infeliz de una cortesana durante muchos años, —le dijo— y durante ese tiempo ahorré lo suficiente para mi vejez. Pero después de conocerte, juramos amarnos toda la vida. Cuando salimos de la capital te hice creer que este joyero era un regalo de mis amigas, cuando en realidad contenía joyas por valor de más de diez mil taels de plata con las que pretendía acomodarte para que cuando fueras a ver a tus padres se sintieran orgullosos de mí y me aceptaran como una más de la familia. Habría vivido felizmente contigo por siempre. Pero no confiaste en mí y te dejaste embaucar fácilmente por las mentiras. Ahora me has abandonado a medio camino, sin importar mi amor verdadero. He abierto este joyero delante de toda esta gente para demostrarte que un millar de taels no significan nada para mí. Tenía joyas en mi cofre, pero tú, por desgracia, no tenías ojos. El destino debe estar en mi contra. Escapé del triste destino de la cortesana solo para ser abandonada por ti. ¡Todos ustedes hoy aquí son mis testigos! No le he sido infiel, pero él me ha demostrado que no sirve.

Entonces todos los presentes se conmovieron hasta las lágrimas, maldijeron y escupieron a Li y lo acusaron de ingratitud e infidelidad. El joven lloraba amargamente a causa de la vergüenza, la infelicidad y el remordimiento. Precisamente, se estaba dando la vuelta para pedirle perdón a Décima cuando, tomando el joyero en sus brazos, la cortesana saltó al río. Todos los presentes gritaron pidiendo ayuda, pero

涛滚滚，杳无踪影。可惜一个如花似玉的名姬，一旦葬于江鱼之腹。

三魂渺渺归水府，七魄悠悠入冥途。

当时旁观之人，皆咬牙切齿，争欲拳殴李甲和那孙富。慌得李孙二人，手足无措，急叫开船，分途遁去。李甲在舟中，看了千金，转忆十娘，终日愧悔，郁成狂疾，终身不痊。孙富自那日受惊，得病卧床月余，终日见杜十娘在傍诟骂，奄奄而逝。人以为江中之报也。

却说柳遇春在京坐监完满，束装回乡，停舟瓜步。偶临江净脸，失坠铜盆于水，觅渔人打捞。及至捞起，乃是个小匣儿。遇春启匣观看，内皆明珠异宝，无价之珍。遇春厚赏渔人，留于床头把玩。是夜梦见江中一女子，凌波而来，视之，乃杜十娘也。近前万福，诉以李郎薄幸之事。又道："向承君家慷慨，以一百五十金相助，本意息肩

había una espesa niebla sobre el río y la corriente era tan fuerte que no la pudieron encontrar.

¡Qué triste que una cortesana tan hermosa y famosa haya sido víctima mortal de las hambrientas olas!

Las profundas aguas engulleron su hermosa forma; el río se la llevó del mundo de los hombres.

Chirriando los dientes de la rabia, los espectadores quisieron caer sobre Li y Sun. Los dos jóvenes se alarmaron tanto que gritaron a los barqueros que levaran anclas y escaparon en direcciones opuestas. Mientras miraba los mil taels de plata, Li añoraba a Décima. Li sucumbió a la vergüenza y el dolor hasta que perdió la razón. La locura lo acompañó por el resto de la vida.

En cuanto a Sun, se enfermó del miedo y permaneció en cama durante más de un mes. Para infortunio suyo, fue perseguido día y noche por el fantasma de Décima, que lo maldijo hasta que murió. Todos los hombres decían que había sido una justa retribución por el crimen que cometió en el río.

Cuando Liu Yuchun terminó sus estudios en la capital y emprendió el viaje de regreso a casa, su barco también atracó en Guazhou. Mientras se lavaba la cara en el barco, su cuenco de latón cayó al río. Entonces le pidió a un pescador que echara su red al agua para recuperarlo. El hombre sacó un pequeño cofre. Cuando Liu lo abrió estaba lleno de joyas, perlas y otros tesoros de valor incalculable.

Liu recompensó al pescador muy bien y colocó el joyero en la cabecera de su cama. Esa noche soñó que veía una chica que venía sobre las olas del río, a la que reconoció como Décima. La joven se acercó a él y le hizo una reverencia, luego le contó lo infiel que había sido Li.

—Fuiste muy bondadoso al ayudarme con ciento cincuenta taels —le dijo—. Quise devolverle el favor después de llegar a nuestro des-

之后，徐图报答。不意事无终始。然每怀盛情，悒悒未忘。早间曾以小匣托渔人奉致，聊表寸心，从此不复相见矣。"言讫，猛然惊醒，方知十娘已死，叹息累日。

后人评论此事，以为孙富谋夺美色，轻掷千金，固非良士。李甲不识杜十娘一片苦心，碌碌蠢才，无足道者。独谓十娘千古女侠，岂不能觅一佳侣，共跨秦楼之凤，乃错认李公子，明珠美玉，投于盲人，以致恩变为仇，万种恩情，化为流水，深可惜也！有诗叹云：

不会风流莫妄谈，单单情字费人参；
若将情字能参透，唤作风流也不惭。

tino, y aunque no pude hacerlo, jamás olvidé tu gran bondad. Por eso, esta mañana te hice llegar este joyero con el pescador para expresarte mi agradecimiento. No nos volveremos a ver nunca más.

Al despertar, Liu se dio cuenta de que Décima estaba muerta y estuvo varios días suspirando por ella.

Las generaciones posteriores, al comentar el episodio, condenaron a Sun por su maldad al conspirar para obtener una hermosa chica por mil taels de plata. A Li lo consideraron despreciable porque, por tonto, no comprendió el valor de Décima. En cuanto a Décima, era una perla entre todas las mujeres. Fue lamentable que en vez de encontrar un marido digno de ella, desperdiciara su afecto en Li. Fue como si arrojara perlas brillantes o jade precioso a un ciego. Su gran amor se transformó en odio y toda su ternura se desvaneció con el flujo de la corriente.

Aquel que nunca ha amado es mejor que se calle;
No es fácil comprender el valor del amor;
Nadie más que el que atesora la constancia merece el nombre de amante en esta tierra.

NOTAS

LA VENGANZA DE LOS ZORROS

[1] El noveno día del noveno mes del calendario chino se celebra una fiesta durante la cual la gente va al campo, sube a las montañas o disfruta del paisaje.

EL TESTAMENTO ESCONDIDO

[1] Los chinos consideraban que el embarazo duraba diez meses.

[2] A los niños chinos se les ponía nombres de mascota o "nombres de leche" cuando eran pequeños.

[3] Cuando el niño cumplía su primer año de vida, se colocaba una bandeja llena de objetos diferentes delante de él y todo aquello que elegía se creía hacía alusión a su buena suerte.

LOS DOS HERMANOS

[1] Mulán es una heroína popular. Para evitar que su anciano padre fuera a la guerra, se vistió de hombre y se unió al ejército en su lugar.

EL HOMBRE JUSTO ES VENGADO

[1] Famoso estadista del Periodo de los Tres Reinos (220-280).

[2] Cao Cao (155-220), uno de los generales más capaces de la dinastía Han, era considerado un usurpador. Su hijo se convirtió en el primer rey de Wei.

El JOYERO DE LA CORTESANA DU

[1] De acuerdo con la mitología china, Zhong Kui era cazador de fantasmas.

大 中 华 文 库
BIBLIOTECA
DE CLÁSICOS CHINOS

大中华文库

汉西对照

BIBLIOTECA DE CLÁSICOS CHINOS

Chino-Español

宋明平话选

CUENTOS SELECTOS DE LAS DINASTÍAS SONG Y MING
II

〔明〕冯梦龙　凌濛初　编著

〔古巴〕奥尔加·玛丽亚·罗德里格斯·马雷诺　译

Compilados por Feng Menglong *y* Ling Mengchu

Traducidos al español por Olga María Rodríguez Marrero

外文出版社

Ediciones en Lenguas Extranjeras

钱秀才错占凤凰俦

Matrimonio por poder

卢太学诗酒傲王侯

El erudito orgulloso

转运汉遇巧洞庭红　波斯胡指破鼍龙壳

Las mandarinas y el carapacho de tortuga

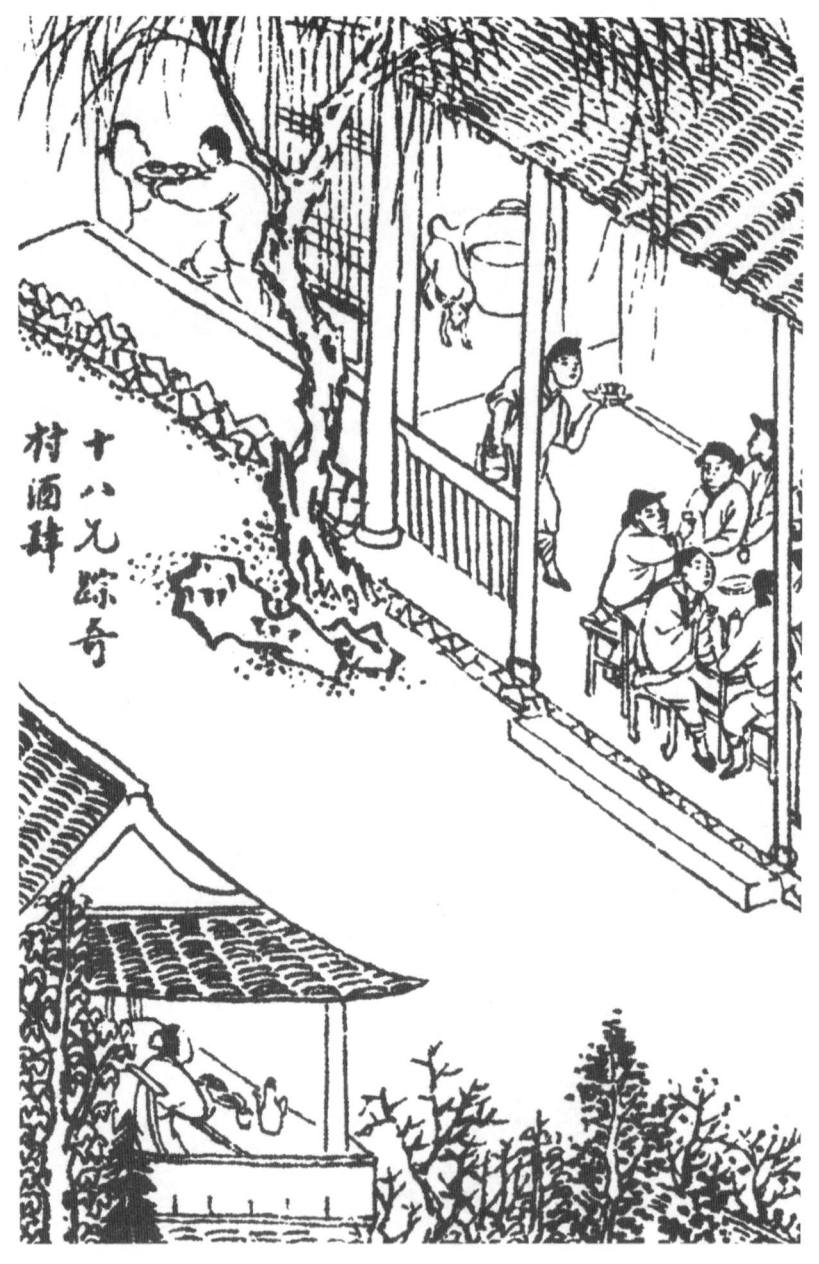

刘东山技夸顺城门　十八兄奇踪村酒肆

La historia del fanfarrón

丹客半黍九还　富翁千金一笑

El alquimista y la concubina

钱多处白丁横带　运退时刺史当艄

La prefectura comprada y perdida

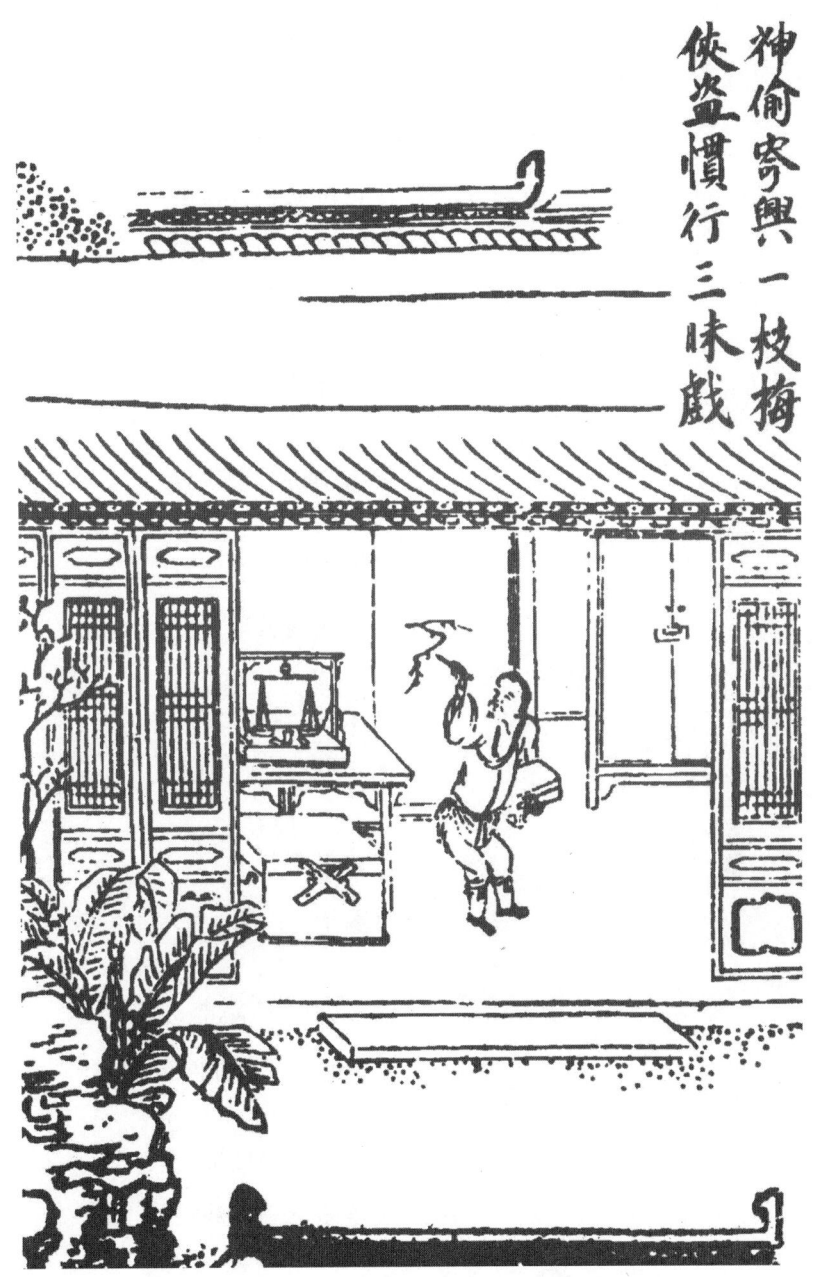

神偷寄兴一枝梅　侠盗惯行三昧戏

Las alegres aventuras del dragón perezoso

目 录

卖油郎独占花魁　　　　　　613

灌园叟晚逢仙女　　　　　　733

钱秀才错占凤凰俦　　　　　　813

卢太学诗酒傲王侯　　　　　　889

转运汉遇巧洞庭红
波斯胡指破鼍龙壳　　　　　　985

刘东山夸技顺城门
十八兄奇踪村酒肆　　　　　　1063

丹客半黍九还
富翁千金一笑　　　　　　1097

钱多处白丁横带
运退时刺史当艄　　　　　　1149

神偷寄兴一枝梅
侠盗惯行三昧戏　　　　　　1191

ÍNDICE

El vendedor de aceite y la cortesana	613
El viejo jardinero	733
Matrimonio por poder	813
El erudito orgulloso	889
Las mandarinas y el carapacho de tortuga	985
La historia del fanfarrón	1063
El alquimista y la concubina	1097
La prefectura comprada y perdida	1149
Las alegres aventuras del dragón perezoso	1191
Notas	1281

卖油郎独占花魁

**EL VENDEDOR DE ACEITE
Y LA CORTESANA**

年少争夸风月，场中波浪偏多。有钱无貌意难和，有貌无钱不可。

就是有钱有貌，还须着意揣摩。知情识趣俏哥哥，此道谁人赛我。

这首词名为《西江月》，是风月机关中最要之论。常言道："妓爱俏，妈爱钞。"所以子弟行中，有了潘安般貌，邓通般钱，自然上和下睦，做得烟花寨内的大王，鸳鸯会上的主盟。然虽如此，还有个两字经儿，叫做帮衬。帮者，如鞋之有帮；衬者，如衣之有衬。但凡做小娘的，有一分所长，得人衬贴，就当十分。若有短处，曲意替他遮护，更兼低声下气，送暖偷寒，逢其所喜，避其所讳，以情度情，岂有不爱之理。这叫做帮衬。风月场中，只有

A todos los jóvenes les gusta presumir de sus aventuras,
Porque no hay una navegación sencilla en el mar del amor;
El dinero sin buena apariencia no conquista corazones,
Tampoco la apariencia sin dinero es suficiente;
Y el dinero y la apariencia juntos se quedan cortos sin el deseo de agradar y la cortesía.
Sin embargo, el joven apuesto y considerado vence a todos los rivales en las listas del amor.

Estos versos escritos en la métrica de "A la luz de la Luna en el río Occidental" nos revelan el arte de ayudar a las mujeres atrapadas en una cáscara de nuez.

"A la cortesana le gusta la buena apariencia y a la dueña de la casa, el dinero", reza el proverbio. Por tanto, el joven apuesto y acaudalado debe procurar tanto a la mujer bonita como ser capaz de reinar en el salón de las cortesanas, saliendo victorioso en todos los combates amorosos.

Sin embargo, se necesita algo más y es consideración, de la que no se puede prescindir más que de la capellada de un zapato o el forro de una chaqueta. El amante considerado puede multiplicar por diez el encanto de una dama y reducir sus defectos. ¿Qué mujer se resistiría al hombre de suave voz que la colma de delicadas atenciones y estudia sus gustos y disgustos? Esto es lo que entendemos por consideración.

会帮衬的最讨便宜，无貌而有貌，无钱而有钱。假如郑元和在卑田院做了乞儿，此时囊箧俱空，容颜非旧，李亚仙于雪天遇之，便动了一个恻隐之心，将绣襦包裹，美食供养，与他做了夫妻。这岂是爱他之钱，恋他之貌？只为郑元和识趣知情，善于帮衬，所以亚仙心中舍他不得。你只看亚仙病中想马板肠汤吃，郑元和就把个五花马杀了，取肠煮汤奉之。只这一节上，亚仙如何不念其情！后来郑元和中了状元，李亚仙封为汴国夫人。莲花落打出万年策，卑田院只做了白玉堂。一床锦被遮盖，风月场中反为美谈。这是：

运退黄金失色，时来铁也生光。

话说大宋自太祖开基，太宗嗣位，历传真、仁、英、神、哲，共是七代帝王，都则偃武修文，民安国泰。到了徽宗道君皇帝，信任蔡京、高俅、杨戬、朱勔之徒，大兴苑囿，专务游乐，不以朝政为事。以致万民嗟怨，金虏乘之而起，把花锦般一个世界，弄得七零八落。直至二帝蒙尘，高宗泥马渡江，偏安一隅，天下分为南北，方得休

En los torneos del amor, el amante considerado ganará al final del día porque la consideración será su carta de triunfo en lugar de la buena apariencia y la riqueza.

Tomemos como ejemplo el caso de Zheng Yuanhe[1], quien perdió su dinero y buena apariencia y acabó siendo un mendigo. Cuando Li Yaxian lo conoció en la nieve se apiadó de él, lo cubrió con su vestido bordado, lo alimentó con ternura y lo hizo su esposo no por su dinero o su buen aspecto, sino porque Zheng era un joven tan atento que no podía apartarse de él. Considere hasta qué punto llegaban sus atenciones que cuando ella se enfermó y quiso sopa de entrañas de caballo, Zheng sacrificó su mejor equino. Una sola acción como esta es suficiente para conquistar el corazón de una dama. Cuando finalmente Zheng terminó el primero en los exámenes imperiales y ella, en calidad de su esposa recibió un título, el mendigo del badajo se convirtió en consejero de la corte, dejó su mísero tugurio para habitar en salones de mármol con sobrecamas de seda. Su romance se ha transmitido a través del tiempo.

Cuando la suerte frunce el ceño, el oro no arroja luz;
Pero cuando la suerte sonríe, hasta el hierro brilla.

Al ascenso al trono del primer emperador de la dinastía Song, le siguieron siete reinados de paz y seguridad. No obstante, después de que el emperador Hui Zong designó a unos ministros malvados y dedicó todo su tiempo al placer, la construcción de parques y jardines en vez de a la administración de los asuntos del Estado, produciendo muchos disturbios entre sus súbditos. Los Tártaros Dorados aprovecharon la coyuntura para interferir y el hermoso y floreciente imperio fue prácticamente destruido. El emperador y sus hijos fueron hechos prisioneros y llevados al Norte y la paz solo se restableció cuando el príncipe Kang[2] cruzó el río Changjiang en un caballo de

息。其中数十年，百姓受了多少苦楚。正是：

　　甲马丛中立命，刀枪队里为家。

　　杀戮如同戏耍，抢夺便是生涯。

内中单表一人，乃汴梁城外安乐村居住，姓莘，名善，浑家阮氏。夫妻两口，开个六陈铺儿。虽则粜米为生，一应麦豆茶酒油盐杂货，无所不备，家道颇颇得过。年过四旬，止生一女，小名叫做瑶琴。自小生得清秀，更且资性聪明。七岁上，送在村学中读书，日诵千言。十岁时，便能吟诗作赋。曾有《闺情》一绝，为人传诵。诗云：

　　朱帘寂寂下金钩，香鸭沉沉冷画楼。

　　移枕怕惊鸳并宿，挑灯偏恨蕊双头。

到十二岁，琴、棋、书、画，无所不通。若题起女工一事，飞针走线，出人意表。此乃天生伶俐，非教习之所能也。莘善因为自家无子，要寻个养女婿，来家靠老。只因女儿灵巧多能，难乎其配，所以求亲者颇多，都不曾许。不幸遇了金虏猖獗，把汴梁城围困，四方勤王之师虽多，宰相主了和议，不许厮杀，以致虏势愈甚，打破了京城，劫迁了二帝。那时城外百姓，一个个亡魂丧胆，携老扶幼，弃家逃命。

却说莘善领着浑家阮氏和十二岁的女儿，同一般逃难

arcilla y se autoproclamó emperador Gao Zong en el Sur. Desafortunadamente, durante estas tres décadas el pueblo padeció vicisitudes inefables.

En la aldea Anle, en las afueras de Kaifeng, la capital del imperio Norte, vivía un hombre llamado Xin Shan, cuya esposa llevaba el nombre de soltera de Ruan. El matrimonio tenía una tienda de comestibles que le permitía llevar una vida holgada, vendiendo harina, frijoles, té, vino, aceite, sal y otros productos. Xin Shan tenía algo más de 40 años, pero no tenía hijos varones, solo a —Yaoqin— una hermosa e inteligente hija. Luego de enviarla a la escuela de la aldea tan pronto como cumplió los siete años de edad, la niña se convirtió en una ávida lectora. A los diez años, era capaz de escribir poemas y a los 12 era todo un talento lírico, una gran jugadora de ajedrez, gran calígrafa y pintora. Por si fuera poco, la habilidad con la que manejaba la aguja asombraba a todos los que la veían. Todas estas artes emanaban de ella con naturalidad.

Como Xin no tenía hijos varones, se había propuesto procurar un yerno que velara por él en la vejez. Sin embargo, debido a la brillantez de su hija, no era tarea fácil encontrarle un esposo adecuado, por lo que rechazó todas las propuestas de matrimonio que le hicieron. En ese preciso momento, los Tártaros Dorados hicieron su aparición y sitiaron Kaifeng. Aunque podía haber pedido refuerzos para rescatar la capital, el primer ministro, empeñado en la rendición, les impidió avanzar. Como resultado, el poder enemigo aumentó, la capital fue tomada por sorpresa, el emperador y su hijo fueron capturados y el pueblo afuera de la ciudad —atemorizado hasta la médula de los huesos— abandonó sus hogares y escapó con sus ancianos y niños para salvar la vida.

Xin Shan siguió los pasos de los demás refugiados y puso pie

的,背着包裹,结队而走。

忙忙如丧家之犬,急急如漏网之鱼。担渴担饥担劳苦,此行谁是家乡;叫天叫地叫祖宗,惟愿不逢鞑虏。

正是:

宁为太平犬,莫作乱离人!

正行之间,谁想鞑子到不曾遇见,却逢着一阵败残的官兵。他看见许多逃难的百姓,多背得有包裹,假意呐喊道:"鞑子来了!"沿路放起一把火来。此时天色将晚,吓得众百姓落荒乱窜,你我不相顾。他就乘机抢掠,若不肯与他,就杀害了。这是乱中生乱,苦上加苦。

却说莘氏瑶琴,被乱军冲突,跌了一交,爬起来,不见了爹娘。不敢叫唤,躲在道傍古墓之中,过了一夜。到天明,出外看时,但见满目风沙,死尸横路,昨日同时避难之人,都不知所往。瑶琴思念父母,痛哭不已。欲待寻访,又不认得路径。只得望南而行。哭一步,捱一步。约莫走了二里之程,心上又苦,腹中又饥。望见土房一所,想必其中有人,欲待求乞些汤饮。及至向前,却是破败的空屋,人口俱逃难去了。瑶琴坐于土墙之下,哀哀而哭。自古道:无巧不成话。恰好有一人从墙下而过。那人姓卜名乔,正是莘善的近邻,平昔是个游手游食,不守本分,

en polvorosa con su esposa e hija de 12 años, llevando el equipaje a la espalda. Tan aterrorizados como los perros callejeros, tan rápidos como los peces que escapan de la red, se abrían paso entre el hambre y el frío presas de la desesperación. No fueron alcanzados por los Tártaros, sino por las tropas derrotadas del gobierno.

—¡Vienen los tártaros! —gritaron los soldados al ver a los refugiados con sus bultos a la espalda.

Acto seguido, empezaron a encender fuego para aterrorizar al pueblo. Caía la noche mientras los fugitivos despavoridos corrían en todas las direcciones, cada uno preocupado por salvar su propio pellejo. Los efectivos aprovecharon esta oportunidad para saquear y asesinar a todos los que se negaban a compartir con ellos sus bienes. Así se añadió más confusión al caos y más dolor a la pena.

Empujada y vapuleada por los soldados, Yaoqin cayó al suelo y para cuando logró ponerse en pie, sus padres habían desaparecido. Al no atreverse a llamarlos, pasó la noche en unas tumbas desiertas al lado del camino. A la mañana siguiente cuando salió de su escondite, no vio más que el polvo que arrastraba el viento y los cadáveres esparcidos por el camino. Todos los refugiados con los que habían viajado el día anterior habían desaparecido. Yaoqin lloraba desconsoladamente por sus padres sin saber cómo localizarlos. Todo lo que podía hacer era seguir avanzando hacia el Sur, sollozando mientras caminaba. Hambrienta y desdichada, había andado menos de una milla cuando vislumbró una cabaña de barro y decidió pedir un poco de agua para beber. Sin embargo, cuando llegó a la choza, la encontró desvencijada y abandonada. Sus ocupantes habían huido hacía mucho tiempo. Entonces, se sentó al lado de la pared de barro y empezó a llorar como si se le hubiese arrancado el corazón.

En ese momento, la suerte quiso que pasara por allí uno de los

惯吃白食，用白钱的主儿，人都称他是卜大郎。也是被官军冲散了同伙，今日独自而行。听得啼哭之声，慌忙来看。瑶琴自小相认，今日患难之际，举目无亲，见了近邻，分明见了亲人一般，即忙收泪，起身相见，问道："卜大叔，可曾见我爹妈么？"卜乔心中暗想："昨日被官军抢去包裹，正没盘缠。天生这碗衣饭送来与我，正是奇货可居。"便扯个谎，道："你爹和妈，寻你不见，好生痛苦。如今前面去了。分付我道：'倘或见我女儿，千万带了他来，送还了我。'许我厚谢。"瑶琴虽是聪明，正当无可奈何之际，君子可欺以其方，遂全然不疑，随着卜乔便走。正是：

情知不是伴，事急且相随。

卜乔将随身带的干粮，把些与他吃了，分付道："你爹妈连夜走的。若路上不能相遇，直要过江到建康府，方可相会。一路上同行，我权把你当女儿，你权叫我做爹。不然，只道我收留迷失子女，不当稳便。"瑶琴依允。从此陆路同步，水路同舟，爹女相称。到了建康府，路上又闻

vecinos de Xin, nada más y nada menos que Bu Qiao, un holgazán y derrochador. Los soldados del gobierno también lo habían separado del resto de los desplazados, así que viajaba solo. Cuando escuchó los sollozos se apresuró a ver de qué se trataba.

Yaoqin conocía al susodicho desde que era pequeña por lo que en medio de la soledad y la desesperación, cualquier vecino le parecería amigo. La niña se secó las lágrimas y se puso de pie para saludarlo.

—¿Ha visto a mis padres, tío? —preguntó Yaoqin.

"Ayer, esos soldados me robaron el equipaje y me queda muy poco dinero", pensó Bu. "¡El Cielo me ha mandado la salvación! Esta niña vale su peso en oro".

—Tus padres se amargaron mucho al perderte —mintió—. Y siguieron camino, pero me dijeron: "Si encuentras a nuestra hija, asegúrate de traérnosla de vuelta". Además, prometieron darme una buena recompensa.

Aunque Yaoqin era una niña inteligente, la angustia la había hecho demasiado crédula y con bastante confianza se apegó a Bu.

La persona con la que nunca debes relacionarte es muy amigable cuando estás en apuros.

—Tus padres viajan día y noche —le dijo a la niña, después de haber compartido con ella una parte de sus provisiones—. Si no podemos darles alcance en la carretera, tendremos que cruzar el río en dirección a Jiankang para encontrarlos. Mientras vayamos juntos te trataré como si fueras mi hija y tú me llamarás padre; de lo contrario, la gente puede pensar que secuestro a las niñas que se pierden por el camino y eso no se vería nada bien, ¿no es así?

Yaoqin estuvo de acuerdo y ya fuera viajando a pie o por barco se hicieron pasar por padre e hija. Al llegar a Jiankang se enteraron

得金兀术四太子，引兵渡江，眼见得建康不得宁息。又闻得康王即位，已在杭州驻跸，改名临安。遂趁船到润州，过了苏常嘉湖，直到临安地面，暂且饭店中居住。也亏卜乔，自汴京至临安，三千余里，带那莘瑶琴下来。身边藏下些散碎银两，都用尽了，连身上外盖衣服，脱下准了店钱，止剩得莘瑶琴一件活货，欲行出脱。访得西湖上烟花王九妈家要讨养女，遂引九妈到店中，看货还钱。九妈见瑶琴生得标致，讲了财礼五十两。卜乔兑足了银子，将瑶琴送到王家。原来卜乔有智，在王九妈前，只说："瑶琴是我亲生之女，不幸到你门户人家，须是软款的教训，他自然从愿，不要性急。"在瑶琴面前，又说："九妈是我至亲，权时把你寄顿他家。待我从容访知你爹妈下落，再来领你。"以此，瑶琴欣然而去。

可怜绝世聪明女，堕落烟花罗网中。

王九妈新讨了瑶琴，将他浑身衣服，换个新鲜，藏于曲楼深处，终日好茶好饭，去将息他，好言好语，去温暖他。瑶琴既来之，则安之。住了几日，不见卜乔回信。思

de que el Cuarto Príncipe de los tártaros estaba a punto de cruzar el río con sus tropas. Por tanto, temiendo que Jiankang no fuera seguro y sabiendo que el príncipe Kang había ascendido al trono en Lin'an, otrora Hangzhou, tomaron un barco rumbo a Runzhou y desde allí atravesaron Suzhou, Changzhou, Jiading y Huzhou hacia la capital del Sur, donde se alojaron en una pensión.

En el viaje de mil millas de Kaifeng a Lin'an, Bu había gastado todo su dinero. Incluso se había visto obligado a dar su abrigo para saldar la cuenta en la última posada. Para ese entonces, su única posesión era Yaoqin. Deseoso de vender esta mercancía humana muy pronto llegó a sus oídos que una mujer en el Lago Xihu, que se hacía llamar la señora Wang, estaba comprando niñas. Fue así como la llevó a la pensión para que inspeccionara su mercancía y le pusiera precio. Debido a la buena apariencia de Yaoqin, la señora Wang accedió a pagar 50 taels de plata por ella. Inmediatamente que Bu recibió el dinero, llevó a la niña a la casa de la señora.

—Ella es mi hija biológica y se me parte el corazón por tener que separarme de ella —le aseguró el estafador a la Sra. Wang—. Si la trata bien, hará todo lo que le pida, pero tiene que ser paciente con ella.

A la pobre niña le dijo:

—La Sra. Wang es familia mía. Te quedarás con ella de momento mientras yo busco a tus padres y luego vendré por ti.

De esta forma, Yaoqin fue feliz con la Sra. Wang.

¡Qué triste que una niña tan inteligente como ella caiga en semejante trampa!

La Sra. Wang le hizo ropa nueva a Yaoqin y la instaló en una habitación interior. Todos los días le daba buena comida y té y le hablaba con tanta ternura que muy pronto la jovencita se sintió como en casa. Sin embargo, al cabo de varios días sin tener noticias de Bu

量爹妈，噙着两行珠泪，问九妈道："卜大叔怎不来看我？"九妈道："那个卜大叔？"瑶琴道："便是引我到你家的那个卜大郎。"九妈道："他说是你的亲爹。"瑶琴道："他姓卜，我姓莘。"遂把汴梁逃难，失散了爹妈，中途遇见了卜乔，引到临安，并卜乔哄他的说话，细述一遍。九妈道："原来恁地，你是个孤身女儿，无脚蟹。我索性与你说明罢：那姓卜的把你卖在我家，得银五十两去了。我们是门户人家，靠着粉头过活。家中虽有三四个养女，并没个出色的。爱你生得齐整，把做个亲女儿相待。待你长成之时，包你穿好吃好，一生受用。"瑶琴听说，方知被卜乔所骗，放声大哭。九妈劝解，良久方止。自此九妈将瑶琴改做王美，一家都称为美娘，教他吹弹歌舞，无不尽善。长成一十四岁，娇艳非常。临安城中，这些富豪公子，慕其容貌，都备着厚礼求见。也有爱清标的，闻得他写作俱高，求诗求字的，日不离门。弄出天大的名声出来，不叫他美娘，叫他做花魁娘子。西湖上子弟编出一只

Qiao, Yaoqin empezó a echar de menos a sus padres de nuevo y con lágrimas en los ojos le preguntó a la Sra. Wang:

—¿Por qué el tío Bu no regresa?

—¿Qué tío Bu?

—El señor Bu, el que me trajo aquí.

—Pero él me dijo que era tu padre.

—Su apellido es Bu y el mío es Xin.

A continuación, le contó que tras haber perdido a sus padres cuando huían de la capital, se encontró con Bu, quien la tranquilizó y la trajo a Lin'an.

—¡Bueno, yo nunca...! —exclamó la Sra. Wang—. ¡Entonces eres huérfana, un cangrejo sin pinzas! Yo también tengo que decirte la verdad. Ese tal Bu te vendió por 50 taels de plata. Aquí nos dedicamos al negocio de las cortesanas y yo ya tengo unas tres o cuatro chicas, pero ninguna de ellas es digna de admirar. Por eso, como me he encaprichado contigo, te trataré como si fueras mi propia hija y te garantizo que no pasarás vicisitud en esta tierra.

Cuando Yaoqin se dio cuenta de que Bu la había engañado, comenzó a llorar y estaba inconsolable por un buen lapso de tiempo.

Después de las confesiones mutuas, la Sra. Wang le dio un nombre nuevo —Wang Mei— y todo el mundo en la casa empezó a llamarla por este nombre. Con conocimientos de música, danza y canto, muy pronto destacó en todas estas artes. Al cumplir los 14 años de edad, era tan encantadora que todos los caballeros ricos de Lin'an le traían regalos muy valiosos, maravillados con su belleza. En cambio, aquellos que admiraban a la mujer inteligente, al saber que era una talentosa calígrafa y escritora, se agolpaban en la puerta todos los días para pedir una caligrafía suya o sus poemas. Su fama fue creciendo hasta convertirse en la Reina de las Flores. Unos jóve-

《挂枝儿》，单道那花魁娘子的好处：

小娘中，谁似得王美儿的标致，又会写，又会画，又会做诗，吹弹歌舞都余事。常把西湖比西子，就是西子比他也还不如。那个有福的汤着他身儿，也情愿一个死。

又过了一年，王九妈来劝女儿接客。王美执意不肯，说道："要我会客时，除非见了亲生爹妈。他肯做主时，方才使得。"王九妈心里又恼他，又不舍得难为他。捱了好些时。偶然有个金二员外，大富之家，情愿出三百两银子，梳弄美娘。九妈得了这主大财，心生一计，与金二员外商议，若要他成就，除非如此如此。金二员外意会了。其日八月十五日，只说请王美湖上看潮。请至舟中，三四个帮闲，俱是会中之人，猜拳行令，做好做歹，将美娘灌得烂醉如泥。扶到王九妈家楼中，卧于床上，不省人事。

nes del Lago Xihu le dedicaron los siguientes versos:

¿Qué otra doncella puede compararse con La Reina de las Flores?
Es poetisa, pintora, hábil calígrafa,
Y sin igual también en el baile, el canto y la música.
A menudo comparamos el Lago Xihu con la belleza Xi Shi;
Pero ninguna belleza de antaño puede compararse con esta maravillosa muchacha.
¡Feliz el hombre que tenga la suerte de poseerla!
¿Quién no estaría dispuesto a morir por tal deleite?

Como Yaoqin era tan famosa, tan pronto cumplió los 14 años, los hombres acudían a negociar la primera noche con ella; sin embargo, la joven los rechazaba a todos. Por su parte, la Sra. Wang apreciaba a la chica como si estuviera hecha de oro y por eso, cuando vio que la Reina de las Flores no estaba dispuesta, no se atrevió a contrariarla.

Otro año transcurrió y la Sra. Wang le pidió a Yaoqin que recibiera clientes, pero la chica no transigía.

—Solo accederé a recibir clientes cuando haya visto a mis padres y ellos me den su consentimiento —declaró.

La Sra. Wang, quien ocultaba su indignación para no ofender a la muchacha, dejó pasar el asunto. Un día, no obstante, un hombre acaudalado llamado Jin ofreció 300 taels de plata por la primera noche con la Reina de las Flores. Semejante suma de dinero llevó a la Sra. Wang a idear un plan, al que Jin accedió. En la noche de la Fiesta de Medio Otoño, la Reina de las Flores estaba invitada al Lago Xihu para disfrutar de la marea desde una embarcación. Entonces, tres o cuatro cómplices de la señora jugaron a beber con la chica hasta que la embriagaron. En ese estado, la llevaron de regreso a la casa de la Sra. Wang y la dejaron en su cama.

此时天气和暖，又没几层衣服，妈儿亲手伏侍，欲待挣扎，争奈手足俱软，繇他轻薄了一回。

五鼓时，美娘酒醒，已知鸨儿用计，破了身子。自怜红颜命薄，遭此强横，起来解手，穿了衣服，自在床边一个斑竹榻上，朝着里壁睡了，暗暗垂泪。金二员外来亲近他时，被他劈头劈脸，抓有几个血痕。金二员外好生没趣。捱得天明，对妈儿说声："我去也。"妈儿要留他时，已自出门去了。从来梳弄的子弟，早起时，妈儿进房贺喜，行户中都来称贺，还要吃几日喜酒。那子弟多则住一二月，最少也住半月二十日，只有金二员外侵早出门，是从来未有之事。王九妈连叫诧异，披衣起身上楼，只见美娘卧于榻上，满眼流泪。九妈要哄他上行，连声招许多不是。美娘只不开口。九妈只得下楼去了。美娘哭了一日，茶饭不沾。从此托病，不肯下楼，连客也不肯会面了。

九妈心下焦燥。欲待把他凌虐，又恐他烈性不从，反冷了他的心肠。欲待繇他，本是要他赚钱。若不接客时，就养到一百岁也没用。踌躇数日，无计可施。忽然想起，

Al despertar en la madrugada del día siguiente, se percató de que la habían engañado para que perdiera su virginidad. Lamentando su infeliz destino, se levantó y se vistió para luego derrumbarse en el sofá de bambú cerca de su cama, con la vista fija en la pared y sollozando en silencio. Cuando el Sr. Jin se acercó a ella, le arañó el rostro hasta que corrió la sangre. Como esto era más de lo que esperaba, se marchó en cuanto amaneció. Cuando la señora Wang salió de su habitación para rogarle que se quedara, ya se había marchado.

Por entonces, era una tradición que los hombres que disfrutaban de la primera noche con una cortesana recibieran las felicitaciones de parte de la señora de la chica a la mañana siguiente, así como que el resto de las cortesanas lo congratularan también. Asimismo, se celebraba durante varios días y el caballero permanecía en la casa uno o dos meses o, al menos, veinte o quince días.

Por tanto, la partida del señor Jin tan temprano a la mañana siguiente era algo insólito. Lanzando exclamaciones de consternación, la señora Wang se vistió y subió a toda prisa las escaleras para encontrar a Yaoqin tumbada en el sofá bañada en lágrimas. La señora Wang se disculpó por haber querido inducirla a recibir más clientes. La Reina de las Flores no articuló una sola palabra y la Sra. Wang no tuvo más alternativa que dejarla sola. Yaoqin lloró durante todo un día sin probar bocado alguno y declaró que estaba demasiado enferma para bajar las escaleras o atender a las llamadas.

La señora Wang no tenía mucha paciencia con ese tipo de comportamiento y quería castigarla, pero temía aumentar la tozudez de la indoblegable muchacha. No obstante, si dejaba que se saliera con la suya, que Yaoqin no recibiera a nadie, jamás recibiría un solo centavo aunque la chica se quedara allí cien años.

Luego de devanarse los sesos durante varios días sin éxito, la

有个结义妹子，叫做刘四妈，时常往来。他能言快语，与美娘甚说得着。何不接取他来，下个说词。若得他回心转意，大大的烧个利市。当下叫保儿去请刘四妈到前楼坐下，诉以衷情。刘四妈道："老身是个女随何，雌陆贾，说得罗汉思情，嫦娥想嫁。这件事都在老身身上。"九妈道："若得如此，做姐的情愿与你磕头。你多吃杯茶去，省得说话时口干。"刘四妈道："老身天生这副海口，便说到明日，还不干哩。"

　　刘四妈吃了几杯茶，转到后楼，只见楼门紧闭。刘四妈轻轻的叩了一下，叫声："侄女！"美娘听得是四妈声音，便来开门。两下相见了。四妈靠桌朝下而坐，美娘傍坐相陪。四妈看他桌上铺着一幅细绢，才画得个美人的脸儿，还未曾着色。四妈称赞道："画得好！真是巧手！九阿姐不知怎生样造化，偏生遇着你这一个伶俐女儿。又好人物，又好技艺，就是堆上几千两黄金，满临安走遍，可寻出个对儿么？"美娘道："休得见笑。今日甚风吹得姨娘到

señora Wang se acordó de una compañera de oficio suya, la señora Liu, quien la visitaba con frecuencia en su casa. "La señora Liu tiene el don de la palabra y se lleva muy bien con Yaoqin", pensó. "Le pediré que hable con la muchacha. Si logra hacerla entrar en razón, mucho mejor".

Inmediatamente envió a una dama a invitar a la señora Liu a su casa. Tan pronto como su amiga llegó y se sentaron en la habitación del frente, la señora Wang le explicó cuál era el problema.

—Yo puedo hacer que hasta los ángeles y los dioses se enamoren —afirmó la señora Liu—. Déjamelo a mí.

—Si lo logras, —apuntó la señora Wang— me arrodillaré ante ti y tocaré el suelo con la frente con gusto. Bebe otra taza de té antes de ir a verla y así la conversación no te dará sed.

—Mi boca es como el mar —presumió la otra—. Puedo hablar todo un día que no me dará sed.

Luego de beber unas cuantas tazas de té, la señora Liu se dirigió a las habitaciones interiores y al llegar a la de Yaoqin vio que estaba cerrada con llave. Golpeó ligeramente y llamó:

—¡Sobrina!

Al reconocer la voz de la señora Liu, Yaoqin abrió la puerta y se saludaron. La señora Liu se sentó junto a la chica y se percató de que sobre la mesa había un retazo de seda con el rostro de una mujer dibujado, pero no coloreado.

—¡Qué dibujo más hermoso! —exclamó—. ¡Qué inteligente eres! ¡Qué suerte tiene la señora Wang de tener una chica tan inteligente, tan hermosa y tan perfecta como tú! Pueden pagar mil taels de oro y buscar en toda la capital que jamás encontrarán otra como tú.

—No se burle —protestó Yaoqin—. ¿Qué buen viento la ha traído hoy aquí?

来？"刘四妈道："老身时常要来看你，只为家务在身，不得空闲。闻得你恭喜梳弄了。今日偷空而来，特特与九阿姐叫喜。"美儿听得提起梳弄二字，满脸通红，低着头不来答应。刘四妈知他害羞，便把椅儿掇上一步，将美娘的手儿牵着，叫声："我儿！做小娘的，不是个软壳鸡蛋，怎的这般嫩得紧？似你恁地怕羞，如何赚得大主银子？"美娘道："我要银子做甚？"四妈道："我儿，你便不要银子，做娘的，看得你长大成人，难道不要出本？自古道：靠山吃山，靠水吃水。九阿姐家有几个粉头，那一个赶得上你的脚跟来？一园瓜，只看得你是个瓜种。九阿姐待你也不比其他。你是聪明伶俐的人，也须识些轻重。闻得你自梳弄之后，一个客也不肯相接。是甚么意儿？都像你的意时，一家人口，似蚕一般，那个把桑叶喂他？做娘的抬举你一分，你也要与他争口气儿，莫要反讨众丫头们批点。"美娘道："繇他批点，怕怎的！"刘四妈道："阿呀！批点是个小事，你可晓得门户中的行径么？"美娘道："行径便怎的？"刘四妈道："我们门户人家，吃着女儿，穿着

—Hace tiempo que quería verte, —respondió la señora Liu— pero siempre tengo mucho que hacer en casa. Hoy hice tiempo para venir a felicitarte porque supe que ya eres toda una mujer.

Yaoqin se ruborizó y bajó la cabeza sin pronunciar palabra alguna. Consciente de que estaba avergonzada, la señora Liu acercó su silla y tomó la mano de la joven.

—No eres un huevo de cascarón blando, mi niña —le dijo—. ¿Por qué eres tan remilgada? Si sigues con esa timidez, ¿cómo vas a ganar mucho dinero?

—¿Para qué quiero yo mucho dinero?

—Aun cuando no quieras dinero, hija, tu señora espera que le devuelvas todo lo que ella gastó en tu crianza. Los que viven en la montaña dependen de la montaña para ganarse la vida y los que viven junto al agua, dependen del agua. Ninguna de las otras chicas de la señora Wang supone un obstáculo para ti. Tú eres la mejor sandía de su huerta y ella te trata mejor que a las demás. Una joven inteligente como tú debería entender eso. Ahora, me dijeron que no quieres recibir a nadie desde que tuviste a tu primer cliente. ¿Qué pretendes con ese comportamiento? ¿Quién les dará hojas de morera a los gusanos de seda, si se niegan a hilar? De la misma forma en que tu señora te muestra consideración especial, tú tienes que hacer algo por ella también en vez de darles motivos a las otras chicas para que la culpen.

—Déjelas que la culpen. ¿A mí qué me importa?

—Sí, por supuesto, las habladurías no tienen importancia. Pero, ¿no conoces nuestros métodos?

—¿Qué quiere decir?

—Ustedes, muchachas, son alimento, vestido y dinero para la gente en nuestra profesión. Cuando tenemos la suerte suficiente de

女儿，用着女儿，侥幸讨得一个像样的，分明是大户人家置了一所良田美产。年纪幼小时，巴不得风吹得大。到得梳弄过后，便是田产成熟，日日指望花利到手受用。前门迎新，后门送旧，张郎送米，李郎送柴，往来热闹，才是个出名的姊妹行家。"美娘道："羞答答，我不做这样事！"刘四妈掩着口，格的笑了一声，道："不做这样事，可是繇得你的？一家之中，有妈妈做主，做小娘的若不依他教训，动不动一顿皮鞭，打得你不生不死。那时不怕你不走他的路儿。九阿姐一向不难为你，只可惜你聪明标致，从小娇养的，要惜你的廉耻，存你的体面。方才告诉我许多话，说你不识好歹，放着鹅毛不知轻，顶着磨子不知重，心下好生不悦，教老身来劝你。你若执意不从，惹他性起，一时翻过脸来，骂一顿，打一顿，你待走上天去！凡事只怕个起头。若打破了头时，朝一顿，暮一顿，那时熬这些痛苦不过，只得接客，却不把千金声价弄得低微了。还要被姊妹中笑话。依我说，吊桶已自落在他井里，挣不起了。不如千欢万喜，倒在娘的怀里，落得自己

encontrar a alguien bien parecido es como la familia rica que adquiere una buena parcela de tierra. Si la chica es demasiado joven, deseamos que crezca rápido porque una vez que tiene a su primer hombre es como la siembra lista para la cosecha, ya podemos esperar que el dinero empiece a correr. Tan pronto como se marcha un hombre por la puerta trasera, entra otro por la de enfrente. El señor Zhang envía arroz, el señor Li, combustible y los clientes se agolpan en nuestras puertas. Eso es lo que llamamos una casa exitosa.

—Hace que me ruborice —acotó Yaoqin—. No pienso hacer nada de eso.

Cubriéndose la boca con la mano, la señora Liu rió a carcajadas.

—¿Con qué no lo vas a hacer, no? —gritó—. No tienes la última palabra en este asunto, jovencita. La señora Wang es la dueña de esta casa y si no le obedeces puede matarte a golpes si así lo desea. Entonces, tendrás que hacer lo que ella quiera. Tu señora nunca te ha maltratado porque eres una joven inteligente, hermosa, bondadosa y ella quiere proteger tu reputación, así como dejarte algo de autoestima. Precisamente ahora, ella me estaba contando que tú no valoras tu propia suerte. No sabes que los plumones son ligeros y las piedras del molino, pesadas. Por lo tanto, está enojada y me pidió que hablara contigo. Si insistes con tu testarudez, ella perderá los estribos y te maldecirán y te pegarán. No puedes huir, pero tampoco empieces mal. Una vez que comiences a discutir lo harás el día entero e incluso todos los días hasta que no lo puedas soportar más y comenzarás a recibir hombres. Para ese entonces, ya habrás perdido tu privilegiada posición y las demás chicas se burlarán de ti. Toma mi consejo: Como estás en su poder, es mejor que hagas lo que te pide tu señora y descubrirás que la vida puede ser maravillosa.

—Yo soy hija de una buena familia —aseguró Yaoqin—. Me

快活。"美娘道:"奴是好人家儿女,误落风尘。倘得姨娘主张从良,胜造九级浮图。若要我倚门献笑,送旧迎新,宁甘一死,决不情愿。"

刘四妈道:"我儿,从良是个有志气的事,怎么说道不该!只是从良也有几等不同。"美娘道:"从良有甚不同之处?"刘四妈道:"有个真从良,有个假从良;有个苦从良,有个乐从良;有个趁好的从良,有个没奈何的从良;有个了从良,有个不了的从良。我儿耐心听我分说。如何叫做真从良?大凡才子必须佳人,佳人必须才子,方成佳配。然而好事多磨,往往求之不得。幸然两下相逢,你贪我爱,割舍不下,一个愿讨,一个愿嫁。好像捉对的蚕蛾,死也不放。这个谓之真从良。怎么叫做假从良?有等子弟爱着小娘,小娘却不爱那子弟。本心不愿嫁他,只把个嫁字儿哄他心热,撒漫银钱。比及成交,却又推故不就。又有一等痴心的子弟,晓得小娘心肠不对他,偏要娶他回去。拚着一主大钱,动了妈儿的火,不怕小娘不肯。勉强进门,心中不顺,故意不守家规。小则撒泼放肆,大则公然偷汉。人家容留不得,多则一年,少则半载,依旧放他出来,为娼接客。把从良二字,只当个撰钱的题目。这个谓之假从良。如何叫做苦从良?一般样子弟爱小娘,

engañaron para traerme a este burdel. Si me ayuda a encontrar un esposo adecuado, tía, harás una obra mejor que construir una pagoda de nueve pisos. Prefiero morir antes que prostituirme.

—Contraer nupcias es lo correcto, niña —acotó la señora Liu—. Por supuesto, eso es algo que no voy a negar, pero hay diferentes tipos de matrimonio.

—¿Qué quiere decir con diferentes tipos de matrimonio?

—Están el matrimonio verdadero, el matrimonio falso, el matrimonio triste y el matrimonio feliz. Hay matrimonios que son oportunos y otros por necesidad; matrimonios que acaban bien y matrimonios que acaban mal. Ahora, hija, ten paciencia mientras te explico esto. ¿Qué queremos decir con matrimonio verdadero? Bien, la unión ideal es entre un académico brillante y una joven hermosa, pero esos matrimonios son la rareza misma. Cuando dos personas se conocen y se enamoran, no pueden estar separados ni un solo instante y añoran casarse. Son como dos polillas que se aferran hasta la muerte. Ese es el matrimonio verdadero. ¿Cuál es el matrimonio falso? Es cuando un joven caballero ama a una chica que no quiere casarse con él y lo engaña para que gaste mucho dinero en ella. Cuando se pacta el día de la boda, ella se retracta. Aunque el tonto sabe que ella no lo ama, insiste en casarse con ella y le ofrece un soborno que no puede rechazar y los designios de la joven quedan anulados. Llevada en contra de su voluntad a su morada, ella viola deliberadamente las reglas de la familia, hace escenas o incluso se relaciona con otros hombres hasta que al esposo le es imposible retenerla. En seis meses o un año, él la deja regresar al burdel. Ese matrimonio es una forma de hacer dinero y es por esa razón por la que lo llamamos el matrimonio falso. ¿Cuál es el matrimonio triste? Es cuando un hombre ama a una mujer que no se preocupa por él

小娘不爱那子弟,却被他以势凌之。妈儿惧祸,已自许了。做小娘的,身不繇主,含泪而行。一入侯门,如海之深,家法又严,抬头不得。半妾半婢,忍死度日。这个谓之苦从良。如何叫做乐从良?做小娘的,正当择人之际,偶然相交个子弟。见他情性温和,家道富足,又且大娘子乐善,无男无女,指望他日过门,与他生育,就有主母之分。以此嫁他,图个日前安逸,日后出身。这个谓之乐从良。如何叫做趁好的从良?做小娘的,风花雪月,受用已勾,趁这盛名之下,求之者众,任我拣择个十分满意的嫁他,急流勇退,及早回头,不致受人怠慢。这个谓之趁好的从良。如何叫做没奈何的从良?做小娘的,原无从良之意,或因官司逼迫,或因强横欺瞒,又或因债负太多,将来赔偿不起,弊口气,不论好歹,得嫁便嫁,买静求安,藏身之法。这谓之没奈何的从良。如何叫做了从良?小娘半老之际,风波历尽,刚好遇个老成的孤老,两下志同道合,收绳卷索,白头到老。这个谓之了从良。如何叫做不

y aprovecha su posición para presionar a la dueña de la casa —que no quiere problema— para que dé su consentimiento para la unión. Con lágrimas en los ojos, la muchacha se ve obligada a irse con él. Sin embargo, una vez que llega a su casa, ella siente como si estuviera en el fondo del océano. Debido a las leyes estrictas de su familia, la chica no se atreve a levantar la cabeza y entonces lleva una vida miserable —mitad como concubina y mitad como criada—. Este es el matrimonio triste. ¿Cuál es el matrimonio feliz? El matrimonio en que la mujer puede elegir a su esposo y ha encontrado a alguien rico y gentil, cuya esposa es bondadosa también, pero no tiene hijos. El hombre se lleva a la mujer con la esperanza de que ella le dé un hijo y si lo logra, la tratan como a una de las señoras de la familia. Por tal motivo, vive una vida holgada y con buenas perspectivas. Ese es el matrimonio feliz. ¿Qué queremos decir con matrimonio oportuno? Pues nos referimos a la cortesana famosa y procurada por todos que ya ha tenido su dosis de amor y placer y elige un esposo verdaderamente bueno. Al detenerse en la cima de su éxito, puede asegurarse de que nadie la desprecie. Un matrimonio así es oportuno. ¿Cuál es el matrimonio por necesidad? Este es el matrimonio en el que la mujer no desea contraer nupcias, pero es obligada por las autoridades, chantajeada para que lo haga o incluso desposada como pago de una deuda. En esos casos, no tiene más alternativa que casarse, sea el hombre bueno o malo y a todo lo que puede aspirar es a paz y tranquilidad y a un techo sobre su cabeza. Este es el matrimonio por necesidad. ¿Qué quiero decir con el matrimonio que tiene un final feliz? Me refiero a que la cortesana que ya no es joven y ha tenido muchas experiencias se encuentra con un hombre honesto y sienten mutua atracción. Entonces, ella iza las velas y se marcha a vivir con él hasta que los sorprenda la vejez. Este es el matrimonio que tiene

了的从良？一般你贪我爱，火热的跟他，却是一时之兴，没有个长算。或者尊长不容，或者大娘妒忌，闹了几场，发回妈家，追取原价。又有个家道凋零，养他不活，苦守不过，依旧出来赶趁。这谓之不了的从良。"

美娘道："如今奴家要从良，还是怎地好？"刘四妈道："我儿，老身教你个万全之策。"美娘道："若蒙教导，死不忘恩。"刘四妈道："从良一事，入门为净。况且你身子已被人捉弄过了，就是今夜嫁人，叫不得个黄花女儿。千错万错，不该落于此地。这就是你命中所招了。做娘的费了一片心机，若不帮他几年，趁过千把银子，怎肯放你出门？还有一件，你便要从良，也须拣个好主儿。这些臭嘴臭脸的，难道就跟他不成？你如今一个客也不接，晓得那个该从，那个不该从？假如你执意不肯接客，做娘的没奈何，寻个肯出钱的主儿，卖你去做妾，这也叫做从良。那主儿或是年老的，或是貌丑的，或是一字不识的村牛，你却不肮脏了一世！比着把你料在水里，还有扑通的一声响，讨得旁人叫一声可惜。依着老身愚见，还是俯从人

un final de color rosa. ¿Qué quiero decir con el matrimonio que acaba mal? Es cuando una pareja se enamora apasionadamente y se les acaba el amor al poco tiempo, o cuando los padres del hombre son difíciles o su esposa es celosa y por tanto, tras varias discusiones, envía a la chica de vuelta y exige que le devuelvan su dinero. O cuando el hombre es demasiado pobre para mantenerla y como ella no puede soportar las vicisitudes, tiene que abandonarlo y retoma su vida anterior. Estos son los matrimonios que no acaban bien.

—¿Qué tengo que hacer ahora si quiero casarme? —interrogó Yaoqin.

—Escúchame bien, niña, te lo diré.

—Le estaré eternamente agradecida por su consejo.

—El matrimonio es un asunto serio —empezó diciendo la señora Liu—. Además, ya has pasado la noche con un hombre por lo que aunque te casaras esta misma noche no serías virgen. Definitivamente, fue un error venir aquí, pero ese era tu destino. Ahora, teniendo en cuenta todo el trabajo que se tomó tu señora para criarte, no te va a dejar ir así hasta que la hayas ayudado algunos años y le hagas ganar unos miles de taels de plata. Por si fuera poco, antes de casarte tienes que encontrar a un buen hombre. No querrás casarte con un hombre feo, maloliente, ¿cierto? Pero si no recibes clientes, ¿cómo vas a encontrar al hombre que deseas? Si te niegas a recibir a alguien, tu señora se verá obligada a buscar a un hombre rico que te compre para que seas su concubina. Ese es otro tipo de matrimonio. No obstante, tu esposo puede ser viejo o feo o un matón analfabeto del campo, en cuyo caso llevarías una vida desdichada. Lo mejor que te podría suceder es que te lanzarían a un río, así al menos habría un gran salpicadura y la gente sentiría lástima por ti. En resumen, te aconsejo que hagas lo que te pide tu señora y recibas clientes. Como

愿，凭着做娘的接客。似你恁般才貌，等闲的料也不敢相扳。无非是王孙公子，贵客豪门，也不辱莫了你。一来风花雪月，趁着年少受用；二来作成妈儿起个家事；三来使自己也积趱些私房，免得日后求人。过了十年五载，遇个知心着意的，说得来，话得着，那时老身与你做媒，好模好样的嫁去，做娘的也放得你下了。可不两得其便？"美娘听说，微笑而不言。刘四妈已知美娘心中活动了，便道："老身句句是好话。你依着老身的话时，后来还要感激我哩。"说罢，起身。

　　王九妈伏在楼门之外，一句句都听得的。美娘送刘四妈出房门，劈面撞着了九妈，满面羞惭，缩身进去。王九妈随着刘四妈，再到前楼坐下。刘四妈道："侄女十分执意，被老身右说左说，一块硬铁看看溶做热汁。你如今快快寻个覆帐的主儿，他必然肯就。那时做妹子的再来贺喜。"王九妈连连称谢。是日备饭相待，尽醉而别。后来西湖上子弟们又有只《挂枝儿》，单说那刘四妈说词一节：

eres tan hermosa e inteligente, los hombres comunes y corrientes no se atreverán a acercarse a ti, sino únicamente los hijos de familias ricas y aristocráticas que no te humillarán. Mientras disfrutas del amor y el placer en tu juventud, ayudas a tu señora en su negocio y ella deja siempre algo para ti para que no tengas que pedirle ayuda a nadie en el futuro. Luego, dentro de cinco o diez años, cuando encuentres a alguien que te guste, yo misma seré tu casamentera y me aseguraré de que hagas un buen matrimonio. Para ese entonces, la señora Wang ya estará dispuesta a dejarte ir. ¿No es esto lo mejor para ambas partes?

Cuando Yaoqin sonrió y no pronunció palabra alguna, la señora Liu supo que la había convencido.

—Te he dado un sabio consejo —concluyó—. Vivirás para agradecérmelo.

Entonces, se levantó para retirarse.

La señora Wang había escuchado toda la conversación detrás de la puerta y cuando la chica despidió a la señora Liu y vio la cara de su señora, se retiró de inmediato ruborizada a su habitación. Las dos amigas se dirigieron al frente de la casa y se sentaron.

—Es una chica muy testaruda —sentenció la señora Liu—. Pero gracias a mi poder de persuasión, el hierro se está derritiendo. Si no pierdes tiempo en buscarle otro cliente, ella estará de acuerdo y entonces regresaré, pero en esa ocasión será para felicitarte.

La señora Wang agradeció de corazón a su amiga y la invitó a comer y beber antes de marcharse. Poco después, los jóvenes del Lago Xihu escribieron la siguiente canción para describir el poder de persuasión de la señora Liu:

刘四妈，你的嘴舌儿好不利害！便是女随何，雌陆贾，不信有这大才。说着长，道着短，全没些破败。就是醉梦中，被你说得醒；就是聪明的，被你说得呆。好个烈性的姑姑，也被你说得他心地改。

再说王美娘才听了刘四妈一席话儿，思之有理。以后有客求见，欣然相接。覆帐之后，宾客如市。捱三顶五，不得空闲，声价愈重。每一晚白银十两，兀自你争我夺。王九妈赚了若干钱钞，欢喜无限。美娘也留心要拣个知心着意的，急切难得。正是：

易求无价宝，难得有情郎。

话分两头。却说临安城清波门外，有个开油店的朱十老，三年前过继一个小厮，也是汴京逃难来的，姓秦名重，母亲早丧，父亲秦良，十三岁上将他卖了，自己在上天竺去做香火。朱十老因年老无嗣，又新死了妈妈，把秦重做亲子看成，改名朱重，在店中学做卖油生意。初时父子坐店甚好，后因十老得了腰痛的病，十眠九坐，劳碌不得，另招个伙计，叫做邢权，在店相帮。光阴似箭，不觉四年有余。朱重长成一十七岁，生得一表人才，虽然已冠，尚未娶妻。那朱十老家有个侍女，叫做兰花，年已二

Oh, la Sra. Liu tiene una lengua tan rápida que supera a todos los oradores del pasado;

Porque puede discutir de negro a blanco o despertar a un borracho por la noche;

Puede dejar en ridículo a la persona inteligente,

¡La chica dijo sí! ¡La que una vez dijo nunca!

Después de la plática con la señora Liu, Yaoqin accedió a recibir clientes. Tantos acudían a ella que no tenía ni un momento para sí misma. Se hizo tan famosa que la señora Wang cobraba diez taels de plata por una noche con Yaoqin, pero incluso a ese precio los hombres se peleaban por ella.

La señora Wang estaba feliz de hacer mucho dinero y Yaoqin buscaba incansablemente al hombre que pudiera amar, pero sin suerte. Como reza el proverbio: "Es más fácil encontrar una joya preciosa que el amor verdadero".

Nuestra historia nos lleva ahora adonde el anciano Zhu, dueño de una tienda de aceite afuera de la puerta Qingbo, en Lin'an. Hacía tres años que había adoptado a un joven refugiado de Kaifeng llamado Qin Chong. La madre del joven murió cuando él era niño y a los trece años, su padre, Qin Liang, lo abandonó para hacerse monje del monasterio Tianzhu. Viudo y sin hijos, el viejo Zhu trataba a Qin Chong como si fuera su propio hijo. Le dio el nombre de Zhu Chong y le enseñó el oficio. A un principio, todo iba bien, pero luego el viejo Zhu se enfermó del riñón, padecimiento por el que tenía que mantenerse sentado o acostado todo el tiempo y lo obligó a dejar el trabajo. Así las cosas, contrató a un asistente llamado Xing Quan para que ayudara en el negocio.

Cuatro años pasaron volando y a sus 17 años de edad Chong era un apuesto joven que aún no había contraído nupcias. Lanhua,

十之外，存心看上了朱小官人，几遍的倒下钩子去勾搭他。谁知朱重是个老实人，又且兰花龌龊丑陋，朱重也看不上眼，以此落花有意，流水无情。那兰花见勾搭朱小官人不上，别寻主顾，就去勾搭那伙计邢权。邢权是望四之人，没有老婆，一拍就上。两个暗地偷情，不止一次。反怪朱小官人碍眼，思量寻事赶他出门。邢权与兰花两个，里应外合，使心设计。兰花便在朱十老面前，假意撇清说："小官人几番调戏，好不老实！"朱十老平时与兰花也有一手，未免有拈酸之意。邢权又将店中卖下的银子藏过，在朱十老面前说道："朱小官在外赌博，不长进，柜里银子，几次短少，都是他偷去了。"初次朱十老还不信，接连几次，朱十老年老糊涂，没有主意，就唤朱重过来，责骂了一场。朱重是个聪明的孩子，已知邢权与兰花的计较，欲待分辨，惹起是非不小，万一老者不听，枉做恶人。心生一计，对朱十老说道："店中生意淡薄，不消得二人。如今让邢主管坐店，孩儿情愿挑担子出去卖油。卖得

sirvienta de la casa y con más de 20 años, le había echado el ojo e intentado atraparlo en más de una ocasión, pero él era un hombre honesto. Además, ella era tan fea que él no estaba interesado. Un parte decía que sí, pero la otra decía que no.

Cuando Lanhua vio que no había conseguido llamar la atención del muchacho, empezó a sonsacar al asistente Xing Quan. Soltero con casi cuarenta años, Xing Quan mordió el anzuelo de inmediato y a menudo se acostaba con la criada en secreto. Más adelante, sentía que Chong estaba en su camino y juntos urdieron un plan para deshacerse de él.

Un día, imagen de la inocencia herida, Lanhua se quejó ante el viejo Zhu:

—El maestro Chong ha intentado seducirme varias veces. Es un joven malo.

Como el mismo viejo Zhu había coqueteado con la criada, no pudo evitar una punzada de celos.

A continuación, Xing Quan robó plata de la tienda.

—El maestro Chong ha estado jugando fuera —le dijo al anciano—. Ha sacado dinero varias veces de la caja.

A un principio, el viejo Zhu no les creyó, pero como se estaba volviendo senil, lograron convencerlo. Por tanto, llamó a Chong y lo reprendió fuertemente.

Chong era lo suficientemente inteligente como para percatarse de que tenía que agradecerles a Xing Quan y a Lanhua por la reprimenda. Sin embargo, el más mínimo intento para esclarecer el asunto acabaría causando más problemas y si el viejo Zhu no le creía, las cosas empeorarían. Así que decidió darle un giro a las cosas.

—No hay suficiente negocio para mantenernos ocupados al señor Xing y a mí —le explicó al viejo Zhu—. Permita que él se quede

多少,每日纳还,可不是两重生意?"朱十老心下也有许可之意。又被邢权说道:"他不是要挑担出去,几年上偷银子做私房,身边积趱有余了,又怪你不与他定亲,心下怨怅,不愿在此相帮,要讨个出场,自去娶老婆,做人家去。"朱十老叹口气道:"我把他做亲儿看成,他却如此歹意!皇天不祐!罢,罢,不是自身骨血,到底粘连不上,繇他去罢!"遂将三两银子,把与朱重,打发出门,寒夏衣服和被窝都教他拿去,这也是朱十老好处。朱重料他不肯收留,拜了四拜,大哭而别。正是:

孝己杀身因谤语,申生丧命为谗言。

亲生儿子犹如此,何怪螟蛉受枉冤。

原来秦良上天竺做香火,不曾对儿子说知。朱重出了朱十老之门,在众安桥下赁了一间小小房儿,放下被窝等件,买巨锁儿锁了门,便往长街短巷,访求父亲。连走几日,全没消息。没奈何,只得放下。在朱十老家四年,赤心忠良,并无一毫私蓄,只有临行时打发这三两银子,不

cuidando la tienda mientras yo salgo como vendedor de aceite. Con el dinero que haga todos los días duplicaremos nuestras ganancias.

El anciano habría estado de acuerdo de no ser por Xing Quan.

—No es que él quiera ser vendedor de aceite, —aseguró Xing— sino que después de robarle durante todos estos años, ya ha sacado una buena suma de dinero de aquí. Y como le guarda rencor por no haberle conseguido una esposa, ya no quiere trabajar aquí. A él le gustaría tener su propio negocio y poder casarse y tener una familia.

—Lo he tratado como a mi propio hijo, pero no lo agradece —suspiró el viejo Zhu—. ¡Qué el Cielo lo maldiga! Muy bien, como no es mi hijo y al parecer no nos llevamos bien, lo mejor es que lo deje irse.

Decidido, el viejo Zhu le dio a Chong tres taels de plata y le dijo que se marchara y le permitió llevar consigo su ropa y la lencería también, lo que demostraba que después de todo el anciano tenía buen corazón.

Cuando Chong vio que su padre adoptivo no lo retendría por más tiempo, se inclinó cuatro veces y se fue sollozando amargamente.

Cuando el padre de Chong se marchó al monasterio Tianzhu, no le dijo a su hijo adonde iba. Por tal motivo, tan pronto como abandonó la residencia del viejo Zhu, alquiló una habitación pequeña por el puente Zhongan, dejó sus pertenencias allí, compró un candado y cerró la puerta con llave, luego recorrió las carreteras y caminos en busca de su padre. Después de buscar varios días sin éxito, tuvo que desistir. Durante los cuatro años que vivió en casa del viejo Zhu, el muchacho le había sido tan leal a su padre adoptivo que jamás guardó un céntimo para él. De ahí que todas sus posesiones se redujeran a los tres taels que el anciano le dio al marcharse y esta cantidad no alcanzaba para empezar ningún tipo de negocio. Luego

勾本钱，做什么生意好？左思右量，只有油行买卖是熟间。这些油坊多曾与他识熟，还去挑个卖油担子，是个稳足的道路。当下置办了油担家火，剩下的银两，都交付与油坊取油。那油坊里认得朱小官是个老实好人，况且小小年纪，当初坐店，今朝挑担上街，都因邢伙计挑拨他出来，心中甚是不平，有心扶持他，只拣窨清的上好净油与他，签子上又明让他些。朱重得了这些便宜，自己转卖与人，也放些宽。所以他的的油比别人分外容易出脱。每日所赚的利息，又且俭吃俭用，积下东西来，置办些日用家业，及身上衣服之类，并无妄废。心中只有一件事未了，牵挂着父亲，思想："向来叫做朱重，谁知我是姓秦！倘或父亲来寻访之时，也没有个因由。"遂复姓为秦。

　　说话的，假如上一等人，有前程的，要复本姓，或具札子奏过朝廷，或关白礼部、太学、国学等衙门，将册籍改正，众所共知。一个卖油的，复姓之时，谁人晓得？他有个道理，把盛油的桶儿，一面大大写个秦字，一面写汴梁二字，将油桶做个标识，使人一览而知。以此临安市

de devanarse los sesos, decidió que como el negocio del aceite era el único que le era familiar y las tiendas de aceite lo conocían, ese sería el negocio más seguro para él. De esta forma, compró una vara y unos barriles y el dinero que le sobró lo invirtió en adquirir el aceite.

El comerciante que le vendía el aceite a Zhu sabía que Chong era un hombre honesto y lamentó que la calumnia de otro hombre le hubiese costado su trabajo como asistente de la tienda y dejado vendiendo aceite por las calles. Para ayudarlo, este comerciante eligió los aceites más puros y le dio mejor peso que a nadie más. Con estas ventajas, Chong fue capaz de darles a sus clientes mejores medidas también. Como resultado, vendía más aceite que otros vendedores y todos los días tenía ganancias. No obstante, llevaba una vida frugal, ahorrando su dinero y usándolo únicamente para cubrir sus necesidades. Lo único que le preocupaba era pensar en su padre.

"Mi padre adoptivo me cambió el apellido y me dio el de Zhu", reflexionaba el chico. "¿Cómo la gente va a saber que mi verdadero apellido es Qin? Si mi padre me busca, no podrá encontrarme".

Por tal motivo, el muchacho decidió utilizar una vez más su apellido de cuna.

Cuando un caballero de la clase alta con un futuro brillante quiere cambiarse el nombre, lo único que tiene que hacer es una petición al gobierno o informar al Ministerio de los Ritos o al Colegio Imperial para que entonces se incluya un anuncio en la lista del censo y todo el mundo se entere. ¿Pero qué podría hacer un vendedor de aceite para que todo el mundo estuviera al tanto de su cambio de apellido? A Chong se le ocurrió una forma. En uno de sus dos contenedores, escribió bien grande el carácter de "Qin" y en otro los caracteres de "Kaifeng". De esta forma, todos conocerían su apellido y su lugar de procedencia.

上,晓得他本姓,都呼他为秦卖油。时值二月天气,不暖不寒,秦重闻知昭庆寺僧人,要起个九昼夜功德,用油必多,遂挑了油担来寺中卖油。那些和尚们也闻知秦卖油之名,他的油比别人又好又贱,单单作成他。所以一连这九日,秦重只在昭庆寺走动。正是:

　　刻薄不赚钱,忠厚不折本。

这一日是第九日了。秦重在寺出脱了油,挑了空担出寺。其日天气晴明,游人如蚁。秦重绕河而行,遥望十景塘桃红柳绿,湖内画船箫鼓,往来游玩,观之不足,玩之有余。走了一回,身子困倦,转到昭庆寺右边,望个宽处,将担儿放下,坐在一块石上歇脚。近侧有个人家,面湖而住,金漆篱门,里面朱栏内,一丛细竹。未知堂室何如,先见门庭清整。只见里面三四个戴巾的从内而出,一个女娘后面相送。到了门首,两下把手一拱,说声请了,那女娘竟进去了。秦重定睛观之,此女容颜娇丽,体态轻盈,目所未睹,准准的呆了半晌,身子都酥麻了。他原是个老实小官,不知有烟花行径,心中疑惑,正不知是什么人家。方在疑思之际,只见门内又走出个中年的妈妈,同

Con el tiempo, todo el mundo en el mercado lo llegó a conocer por su nombre verdadero y lo llamaban Qin el vendedor de aceite.

Era principios de la primavera, época en la que no hacía ni demasiado frío ni demasiado calor. Al escuchar que habría una misa durante nueve días en el monasterio Zhaoqing y calculando que necesitarían una gran cantidad de aceite, hasta allí se fue Chong con sus barriles. Los monjes, que conocían su nombre y habían escuchado que su aceite era el mejor y que lo vendía más barato que nadie, le compraron solo a él. Durante nueve días seguidos, Chong llevó su mercancía al monasterio.

Los métodos corruptos no aportan beneficios;
La honestidad es la que siempre paga.

Todo iba muy bien el noveno día cuando Chong se marchaba con sus barriles vacíos del monasterio y había muchos visitantes. Caminando por la orilla del lago, el joven se deleitó con las flores de melocotón, los sauces y las barcazas pintadas con flautas y tambores que surcaban sus aguas. Enseguida dejó sus barriles y su pértiga en un claro a la derecha del monasterio y se sentó en una roca a descansar. Cerca de allí, con vistas al lago, había una casa con una valla y una puerta dorada detrás de la cual crecían unos bambúes enanos rodeados de una balaustrada bermellón. En tanto, el patio delantero, que era todo lo que se podía ver del interior, estaba ordenado y limpio. De la casa salieron varios hombres con gorro, acompañados de una chica. Cuando llegaron a la puerta, los hombres se inclinaron y se marcharon y la chica volvió a entrar. Los ojos de Chong se clavaron en la chica, pues nunca en su vida había visto una belleza tan delicada. Se quedó sentado como en un sueño, sin poder moverse. El sencillo muchacho no tenía experiencia con las cortesanas y se preguntaba de quién podía ser la casa, cuando de ella salían una mu-

着一个垂发的丫头，倚门闲看。那妈妈一眼瞧着油担，便道："阿呀！方才我家无油，正好有油担子在这里，何不与他买些？"那丫鬟同那妈妈出来，走到油担子边，叫声："卖油的！"秦重方才听见，回言道："没有油了！妈妈要用油时，明日送来。"那丫鬟也认得几个字，看见油桶上写个秦字，就对妈妈道："卖油的姓秦。"妈妈也听得人闲讲，有个秦卖油，做生意甚是忠厚。遂分付秦重道："我家每日要油用，你肯挑来时，与你做个主顾。"秦重道："承妈妈作成，不敢有误。"那妈妈与丫鬟进去了。秦重心中想道："这妈妈不知是那女娘的什么人？我每日到他家卖油，莫说赚他利息，图个饱看那女娘一回，也是前生福分。"正欲挑担起身，只见两个轿夫，抬着一顶青绢幔的轿子，后边跟着两个小厮，飞也似跑来。到了其家门首，歇下轿子。那小厮走进里面去了。秦重道："却又作怪，着他接什么人？"少顷之间，只见两个丫鬟，一个捧着猩红的毡包，一个拿着湘妃竹攒花的拜匣，都交付与轿夫，放

jer de mediana edad y su criada.

—¡Precisamente iba a mandar a buscar aceite! —exclamó la mujer al ver sus barriles—. Y aquí hay un vendedor de aceite. Vamos a comprarle.

Entonces la criada se acercó.

—¿Vendes aceite? —preguntó.

—No me queda ninguno, señora —respondió Chong—. Pero puedo traerle un poco mañana.

La criada sabía leer, así que cuando vio los caracteres en los barriles, le dijo a su ama:

—Este vendedor de aceite se llama Qin.

La mujer había escuchado hablar de este vendedor de aceite honesto.

—Necesitamos aceite todos los días —le explicó—. Si nos traes el aceite hasta aquí, te lo compraremos a ti.

—Muchas gracias, señora —respondió Chong—. Vendré sin falta.

Acto seguido la mujer y la muchacha entraron a la casa.

"Me pregunto qué relación habrá entre esa señora y la muchacha", reflexionó Chong. "No me importa si no me gano un céntimo cada vez que venga con tal poder de ver bien a esa chica".

Estaba recogiendo su vara para marcharse, cuando un palanquín con un dosel de seda azul y dos pajes corriendo detrás de él se detuvo ante la puerta dorada. El palanquín fue colocado en el suelo y los dos pajes entraron a la casa.

"¡Qué raro!", pensó Chong. "¿A quién vendrán a buscar?".

En ese preciso instante salieron de la casa dos sirvientas llevando un bulto en una alfombra carmesí y una caja de bambú con incrustaciones. Cuando ya habían entregado esto a los portadores del

在轿座之下。那两个小厮手中，一个抱着琴囊，一个捧着几个手卷，腕上挂碧玉箫一枝，跟着起初的女娘出来。女娘上了轿，轿夫抬起望旧路而去。丫鬟小厮，俱随轿步行。秦重又得亲炙一番，心中愈加疑惑，挑了油担子，洋洋的去。

　　不过几步，只见临河有一个酒馆。秦重每常不吃酒，今日见了这女娘，心下又欢喜，又气闷，将担子放下，走进酒馆，拣个小座头坐下。酒保问道："客人还是请客，还是独酌？"秦重道："有上好的酒，拿来独饮三杯。时新果子一两碟，不用荤菜。"酒保斟酒时，秦重问道："那边金漆篱门内是什么人家？"酒保道："这是齐衙内的花园，如今王九妈住下。"秦重道："方才看见有个小娘子上轿，是什么人？"酒保道："这是有名的粉头，叫做王美娘，人都称为花魁娘子。他原是汴京人，流落在此。吹弹歌舞，琴棋书画，件件皆精。来往的都是大头儿，要十两放光才宿一夜哩。可知小可的也近他不得。当初住在涌金门外，因楼房狭窄，齐舍人与他相厚，半载之前，把这花园借与他

palanquín para que los colocaran debajo del asiento, salió la chica maravillosa. Pisándole los talones iban los dos pajes, uno con una lira en un estuche, el otro con unos pergaminos y una flauta de jaspe colgada de la muñeca. La joven subió al palanquín y los portadores volvieron a llevarla por el camino que habían recorrido, mientras que las doncellas y los pajes lo seguían detrás. Luego de este segundo y más cercano vistazo, Chong seguía preguntándose quién podía ser la muchacha mientras se alejaba caminando lentamente con la pértiga sobre sus hombros.

Unos cuantos pasos lo condujeron a una taberna por el lago. Raramente bebía, pero hoy la visión de la chica le había hecho sentir una agradable melancolía; así que dejando a un lado su pértiga, entró a la taberna, eligió una mesa para una persona y se sentó.

—¿Le acompañará alguien más, señor? —preguntó el mesero—. ¿O beberá solo?

—Vengo solo —respondió Chong—. Tráigame su mejor vino y unas nueces frescas. No quiero ningún plato de carne.

Mientras el mesero le servía el vino, Chong interrogó:

—¿De quién es esa casa de allí con la puerta dorada?

—Esa es la residencia del señor Qi —fue la respuesta—. Ahora vive una tal señora Wang.

—¿Quién es la chica que acaba de salir en un palanquín?

—Esa es la famosa cortesana Yaoqin, a quien la gente llama la Reina de las Flores. Ella es de Kaifeng, pero quedó varada aquí. Tiene mucho talento para la música, el canto, el baile, el ajedrez, la lira, la caligrafía y la pintura y solo recibe a los grandes. Una noche con ella cuesta al menos diez taeles de plata, por lo que los ciudadanos corrientes no pueden entrar. Antes vivía fuera de la puerta Yongjin, pero el lugar era demasiado pequeño; y hace seis meses el señor Qi,

住。"秦重听得说是汴京人，触了个乡思之念，心中更有一倍光景。吃了数杯，还了酒钱，挑了担子，一路走，一路的肚中打稿道："世间有这样美貌的女子，落于娼家，岂不可惜！"又自家暗笑道："若不落于娼家，我卖油的怎生得见！"又想一回，越发痴起来了，道："人生一世，草生一秋。若得这等美人搂抱了睡一夜，死也甘心。"又想一回道："呸！我终日挑这油担子，不过日进分文，怎么想这等非分之事！正是癞蛤蟆在阴沟里想着天鹅肉吃，如何到口！"又想一回道："他相交的，都是公子王孙，我卖油的，纵有了银子，料他也不肯接我。"又想一回道："我闻得做老鸨的，专要钱钞。就是个乞儿，有了银子，他也就肯接了，何况我做生意的，青青白白之人。若有了银子，怕他不接！只是那里这几两银子？"一路上胡思乱想，自言自语。你道天地间有这等痴人，一个小经纪的，本钱只有三两，却要把十两银子去嫖那名妓，可不是个春梦？自古道：有志者事竟成。被他千思万想，想出一个计策来。他道："从明日为始，逐日将本钱扣出，余下的积趱上去。

que es amigo suyo, les prestó esta casa y el jardín.

Cuando Chong escuchó que la Reina de las Flores también era del Norte, recordó su antiguo hogar y se sintió aún más atraído por ella. Luego de beber unas copas, pagó la cuenta, recogió su vara y se marchó.

"¡Qué lástima que una chica tan hermosa se convierta en cortesana!", pensó. "Pero si no lo hubiera hecho", reflexionó con una sonrisa, "nunca la habría visto". "La vida es corta", —su imaginación se desbordaba— "y si pudiera tener a una chica tan hermosa en mis brazos durante una noche, moriría contento. Pero aunque venda aceite todo el día, apenas gano unos céntimos. Ella no es de las que se sienten atraídas por hombres como yo. Soy peor que el sapo del pozo negro que ansiaba comerse un cisne. Todos sus amigos son jóvenes nobles. Aunque ahorrara suficiente plata, me rechazaría porque solo soy un vendedor de aceite".

Pero luego pensó: "He oído que las dueñas de esas casas hacen cualquier cosa por dinero. Admitirían incluso a un mendigo si pudiera pagar, ¿así que por qué no a un respetable comerciante? Sí, si tuviera la plata, estoy seguro de que me aceptarían... La cuestión es: ¿cómo conseguirla?".

Así que murmuró para sí mismo todo el camino de vuelta, dando rienda suelta a su fantasía.

¿Habría alguna vez un loco así? Un comerciante insignificante, cuyo capital era de apenas tres taels de plata, ¿cómo podía soñar con gastar diez taels por una noche con una famosa cortesana? Pero donde hay voluntad, hay un camino.

Luego de mucho pensarlo llegó a la siguiente conclusión: "A partir de mañana, cuando haya recuperado mi inversión, separaré todo lo que sea pura ganancia", prometió. "Si me gano un céntimo al

一日积得一分，一年也有三两六钱之数。只消三年，这事便成了。若一日积得二分，只消得年半。若再多得些，一年也差不多了。"想来想去，不觉走到家里，开锁进门。只因一路上想着许多闲事，回来看了自家的睡铺，惨然无欢，连夜饭也不要吃，便上了床。这一夜翻来覆去，牵挂着美人，那里睡得着。

只因月貌花容，引起心猿意马。

捱到天明，爬起来，就装了油担，煮早饭吃了，匆匆挑了油担子，一径走到王九妈家去。进了门，却不敢直入，舒着头，往里面张望。王九妈恰才起床，还蓬着头，正分付保儿买饭菜。秦重认得声音，叫声："王妈妈。"九妈往外一张，见是秦卖油，笑道："好忠厚人！果然不失信。"便叫他挑担进来，称了一瓶，约有五斤多重，公道还钱，秦重并不争论。王九妈甚是欢喜，道："这瓶油，只勾我家两日用。但隔一日，你便送来，我不往别处去买油。"秦重应诺，挑担而出。只恨不曾遇见花魁娘子。

día, en un año tendré tres taels y 60 céntimos y en tres años, tendré suficiente. Si logro ganarme dos céntimos al día, solo necesitaré un año y medio. Si consigo hacer más dinero, lograré reunir la cantidad en aproximadamente un año".

Ocupado con sus pensamientos llegó a su casa, abrió la puerta y entró. Sin embargo, luego de las ensoñaciones a las que se había entregado en el camino, la vista de su cama lo llenó de melancolía y se acostó sin cenar para dar vueltas sin dormir durante la noche, pensando en la hermosa chica.

La belleza encendió su deseo,
Hizo arder su corazón inquieto.

Al amanecer, Chong se levantó para llenar sus barriles y desayunar, luego cerró la puerta con llave y llevó su aceite a la casa de la señora Wang. Cuando hubo llegado a la puerta, no se atrevió a entrar, sencillamente metió la cabeza para mirar alrededor. La señora Wang, quien se acababa de levantar, pero no se había ni peinado, le indicaba a la sirvienta que comprara provisiones. Al reconocer su voz, Chong la llamó por su nombre. Cuando la señora vio de quién se trataba, rió.

—Buen hombre, —gritó— cumpliste tu palabra.

Entonces, lo invitó a pasar y le compró una garrafa llena de aceite. Ella le ofreció un precio justo y al ver que Chong no puso reparos, quedó muy satisfecha con él.

—Esta garrafa no durará más de dos días —afirmó la dama—. Si vienes cada dos días, no le compraré a nadie más.

Chong asintió, volvió a colocar su carga sobre los hombros y se marchó lamentando que no hubiera visto a la joven. Sin embargo, estaba feliz porque había hecho a la señora Wang su cliente habitual y eso quería decir que aunque esta vez no hubiera visto a la Reina de

"且喜扳下主顾,少不得一次不见,二次见,二次不见,三次见。只是一件,特为王九妈一家挑这许多路来,不是做生意的勾当。这昭庆寺是顺路,今日寺中虽然不做功德,难道寻常不用油的?我且挑担去问他。若扳得各房头做个主顾,只消走钱塘门这一路,那一担油尽勾出脱了。"秦重挑担到寺内问时,原来各房和尚也正想着秦卖油,来得正好,多少不等,各各买他的油。秦重与各房约定,也是间一日便送油来用。这一日是个双日,自此日为始,但是单日,秦重别街道上做买卖;但是双日,就走钱塘门这一路。一出钱塘门,先到王九妈家里,以卖油为名,去看花魁娘子。有一日会见,也有一日不会见。不见时费了一场思想,便见时也只添了一层思想。正是:

天长地久有时尽,此恨此情无尽期。

再说秦重到了王九妈家多次,家中大大小小,没一个不认得是秦卖油,时光迅速,不觉一年有余。日大日小,只拣足色细丝,或积三分,或积二分,再少也积下一分。凑得几钱,又打做大块包。日积月累,有了一大包银子,零星凑集,连自己也不知多少。其日是单日,又值大雨,秦重不出去做买卖。积了这一大包银子,心中也自喜欢。"趁今日空闲,我把他上一上天平,见个数目。"打个油伞,走到对门倾银铺里,借天平兑银。那银匠好不轻薄,想着:"卖油的多少银子,要架天平?只把个五两头等子与

las Flores, podría verla la próxima vez o en cualquier otro momento.

Pero no era un buen negocio realizar todo ese recorrido por un solo cliente. "El monasterio Zhaoqing está cerca de aquí", pensó. "Aunque no están celebrando ninguna misa especial, igual puede necesitar aceite. Mejor voy y llevo mis barriles. Si consigo varios clientes, puedo vender todo mi aceite en un solo viaje".

Los monjes se pusieron muy contentos al verlo y todos le compraron aceite. Chong llegó al acuerdo con ellos de llevarles aceite cada dos días. Como ese día es un número par, decidió realizar ese recorrido los días pares y vender su aceite en la ciudad los días impares. Después de ese día, cada vez que Chong abandonaba la ciudad se dirigía a la casa de la señora Wang, aparentemente para vender aceite, pero en realidad para ver a la Reina de las Flores. Algunas veces la veía y otras, no. Cuando no la veía, se ponía triste y cuando la veía, triste también porque entonces la deseaba más.

Luego de varias visitas, todo el mundo en la casa de la señora Wang lo conocía como Qin el vendedor de aceite. Muy pronto había pasado algo más de un año y cada día Chong apartaba pura plata —en ciertas ocasiones tres céntimos, en otras dos, pero nunca menos de uno—. Cuando reunía determinada cantidad, la hacía en un paquete. Poco a poco acumuló un gran paquete de plata, cuya cantidad exacta desconocía.

Un día, de número impar, estaba lloviendo tan fuerte que Chong no pudo trabajar. Complacido al ver su gran fajo de plata, decidió hacer que lo pesaran y ver a cuánto ascendía. Así que tomando un paraguas, se dirigió a la platería de enfrente y preguntó si podía tomar prestadas sus balanzas.

"¿Cuánta plata podrá tener un vendedor de aceite?", pensaba el dueño de la platería mirándolo despectivamente. "La balanza peque-

他，还怕用不着头纽哩。"秦重把银子包解开，都是散碎银两，大凡成锭的见少，散碎的就见多。银匠是小辈，眼孔极浅，见了许多银子，别是一番面目，想道："人不可貌相，海水不可斗量。"慌忙架起天平，搬出若大若小许多法马。秦重尽包而兑，一厘不多，一厘不少，刚刚一十六两之数，上秤便是一斤。秦重心下想道："除去了三两本钱，余下的做一夜花柳之费，还是有余。"又想道："这样散碎银子，怎好出手！拿出来也被人看低了！见成倾银店中方便，何不倾成锭儿，还觉冠冕。"当下兑足十两，倾成一个足色大锭，再把一两八钱，倾成水丝一小锭。剩下四两二钱之数，拈一小块，还了火钱，又将几钱银子，置下镶鞋净袜，新褶了一顶万字头巾。回到家中，把衣服浆洗得干干净净，买几根安息香，薰了又薰。拣个晴明好日，侵早打扮起来。虽非富贵豪华客，也是风流好后生。

秦重打扮得齐齐整整，取银两藏于袖中，把房门锁了，一径望王九妈家而来。那一时好不高兴。及至到了门首，愧心复萌，想道："时常挑了担子在他家卖油，今日忽地去做嫖客，如何开口？"正在踌躇之际，只听得呀的一

ña para menos de cinco taels de plata te será más que suficiente".

Pero cuando Chong deshizo su fardo y mostró su plata —que al estar en pedazos parecía aún más de lo que era— el platero, que era un tipo mezquino y servil, lo miró de manera muy diferente.

"¡Es verdad que no puedes juzgar por las apariencias!", pensó.

Apresurándose a poner la balanza, sacó todas sus pesas, tanto las grandes como las pequeñas. Por su parte, Chong descubrió que tenía exactamente dieciséis taels, ni un centavo más, ni un centavo menos: en otras palabras, ¡500 gramos enteros!

"Si reservo tres taels como capital", pensó Chong, "aún tendré más que suficiente para una noche en la casa de las cortesanas. Pero si les entrego toda esta plata suelta, se reirán de mí. La haré fundir en lingotes mientras estoy aquí. Eso se verá mejor".

Pesó diez taels para un lingote grande y un tael y ocho centavos para uno pequeño, luego le pagó al platero con la pieza de cuatro taels y veinte céntimos que le quedaban. Acto seguido, invirtió una docena de céntimos en zapatos, medias y una capa nuevos, fue a casa a lavar y almidonar su ropa y por último compró incienso persa para aromatizar su ropa. Al siguiente día de buen tiempo, se vistió.

No era un señor rico y grande, sino un joven tan apuesto como podía serlo.

Colocó la plata en la manga de su traje, cerró la habitación con llave y se dirigió a la casa de la señora Wang, sintiendo como si caminara por el aire. No obstante, una vez que llegó a la puerta, le faltó valor.

"Normalmente vengo con mi equipo de vendedor ambulante de aceite. ¿Cómo voy a explicar que hoy he venido como cliente?", se preguntaba.

Mientras estaba parado allí titubeando, la puerta crujió y la señora Wang salió.

声门响,王九妈走将出来。见了秦重,便道:"秦小官今日怎的不做生意,打扮得恁般齐楚,往那里去贵干?"事到其间,秦重只得老着脸,上前作揖。妈妈也不免还礼。秦重道:"小可并无别事,专来拜望妈妈。"那鸨儿是老积年,见貌辨色,见秦重恁般装束,又说拜望,"一定是看上了我家那个丫头,要嫖一夜,或是会一个房。虽然不是个大势主菩萨,搭在篮里便是菜,捉在篮里便是蟹,赚他钱把银子买葱菜,也是好的。"便满脸堆下笑来,道:"秦小官拜望老身,必有好处。"秦重道:"小可有句不识进退的言语,只是不好启齿。"王九妈道:"但说何妨。且请到里面客坐里细讲。"秦重为卖油虽曾到王家准百次,这客坐里交椅,还不曾与他屁股做个相识,今日是个会面之始。王九妈到了客坐,不免分宾而坐,向着内里唤茶。少顷,丫鬟托出茶来,看时却是秦卖油,正不知什么缘故,妈妈恁般相待,格格低了头只是笑。王九妈看见,喝道:"有甚好笑!对客全没些规矩!"丫鬟止住笑,收了茶杯自

—¿Hoy no está vendiendo, amo Qin? — interrogó—. ¿Adónde se dirige vestido tan elegantemente?

Chong tuvo que armarse de valor para dar un paso adelante y saludar. La señora Wang le devolvió el saludo.

—He venido especialmente a verla, señora —murmuró.

La señora tenía la experiencia suficiente como para saber lo que estaba pensando.

"Aquí está Qin Chong muy bien vestido y haciéndome la visita", reflexionaba. "Debe haberse encaprichado con una de mis muchachas. Supongo que quiere pasar una noche o una hora con ella. Bien, no es millonario, pero todo lo que caiga en la cesta se traduce en comida. Podemos sacar lo suficiente de él como para comprar ajo".

Así que, radiante, preguntó:

—¿Nos está dando su patrocinio, maestro Qin?

—Quisiera hacerle un pedido muy atrevido, pero no sé por dónde empezar.

—No tenga miedo. Entre, tome asiento y entonces podremos conversar.

Aunque Chong había ido con frecuencia a la casa a vender aceite, esta era la primera vez que le ofrecían asiento. No obstante, como hoy acudía en calidad de cliente, la señora Wang lo condujo hasta la recepción, hizo que se sentara en el puesto de honor y pidió que le trajeran té.

Cuando la sirviente trajo el té, se sorprendió al ver allí a Qin el vendedor de aceite como un invitado y bajó la cabeza para reírse.

—¿De qué te ríes? —exigió la señora Wang—. ¿Dónde están tus modales?

De inmediato, recuperando la compostura, la sirvienta retiró las tazas usadas.

去。王九妈方才开言问道:"秦小官有甚话,要对老身说?"秦重道:"没有别话。要在妈妈宅上请一位姐姐吃一杯酒儿。"九妈道:"难道吃寡酒?一定要嫖了。你是个老实人,几时动这风流之兴?"秦重道:"小可的积诚,也非止一日。"九妈道:"我家这几个姐姐,都是你认得的。不知你中意那一位?"秦重道:"别个都不要,单单要与花魁娘子相处一宵。"九妈只道取笑他,就变了脸道:"你出言无度!莫非奚落老娘么?"秦重道:"小可是个老实人,岂有虚情。"九妈道:"粪桶也有两个耳朵,你岂不晓得我家美儿的身价!倒了你卖油的灶,还不勾半夜歇钱哩!不如将就拣一个适兴罢。"秦重把头一缩,舌头一伸,道:"恁的好卖弄!不敢动问,你家花魁娘子一夜歇钱要几千两?"九妈见他说要话,却又回嗔作喜,带笑而言道:"那要许多!只要得十两敲丝,其他东道杂费,不在其内。"秦重道:"原来如此,不为大事。"袖中摸出这秃秃里一大锭放光细丝银子,递与鸨儿道:"这一锭十两重,足色足数,请妈妈收着。"又摸出一小锭来,也递与鸨儿,又

—Ahora, maestro Qin, —retomó el diálogo la señora Wang y prosiguió— ¿qué era lo que quería decirme?

—Yo solo quería invitar a una de sus chicas a beber una copa conmigo.

—¿A una copa y nada más? Seguramente querrá hacer el amor también —subrayó la señora—. Usted es un hombre honesto, ¿quién puso esas ideas románticas en su cabeza?

—Hace mucho que sueño con ello.

—Bien, usted conoce a todas mis chicas. ¿De cuál está encaprichado?

—Quiero pasar la noche con la Reina de las Flores.

—¡No diga tonterías! —Se molestó la señora Wang porque no concebía que estuviera hablando en serio—. ¿Acaso intenta burlarse de mí?

—Quiero decir lo que sigo —protestó Chong—. Yo no le mentiría.

—Hasta un orinal tiene oídos, ¿acaso no ha escuchado cuál es su precio? ¡Todo tu aceite no podría comprar media noche con ella! Mejor elija una de las otras.

—¡Muy bien! ¡Las verdaderas ventas hablan por sí solas! —Chong sacó la lengua incrédulamente—. ¿Puedo saber cuántos miles de taels pide usted por una noche con la Reina de las Flores?

Cuando la señora Wang vio que estaba bromeando, relajó el rostro.

—¡No pido tanto! —dijo riendo—. Tan solo diez taels más otros gastos.

—Eso no es nada entonces —respondió Chong, quien acto seguido sacó de la manga un lingote largo de brillante plata—. Aquí tiene diez taels de plata para usted y aquí —dijo haciéndole entrega

道:"这一小锭,重有二两,相烦备个小东。望妈妈成就小可这件好事,生死不忘,日后再有孝顺。"九妈见了这锭大银,已自不忍释手,又恐怕他一时高兴,日后没了本钱,心中懊悔,也要尽他一句才好。便道:"这十两银子,你做经纪的人,积趱不易,还要三思而行。"秦重道:"小可主意已定,不要你老人家费心。"

九妈把这两锭银子收于袖中,道:"是便是了。还有许多烦难哩!"秦重道:"妈妈是一家之主,有甚烦难?"九妈道:"我家美儿,往来的都是王孙公子,富室豪家,真个是'谈笑有鸿儒,往来无白丁。'他岂不认得你是做经纪的秦小官,如何肯接你?"秦重道:"但凭妈妈怎的委曲宛转,成全其事,大恩不敢有忘!"九妈见他十分坚心,眉头一皱,计上心来,扯开笑口道:"老身已替你排下计策,只看你缘法如何。做得成,不要喜;做不成,不要怪。美儿昨日在李学士家陪酒,还未曾回。今日是黄衙内约下游湖。明日是张山人一班清客,邀他做诗社。后日是韩尚书的公子,数日前送下东道在这里。你且到大后日来看。还

del lingote más pequeño— unos dos taels más con los que le pido que prepare una comida. Si me ayuda, estaré en deuda con usted para siempre y no olvidaré mostrar mi gratitud.

La señora Wang no podía resistirse ante semejante lingote. Temiendo, sin embargo, que el vendedor de aceite estuviera actuando por un impulso del cual luego podría arrepentirse, sintió que debía sondearlo.

—No es fácil para un comerciante ahorrar diez taels de plata —señaló—. Es mejor que lo piense de nuevo.

—Ya estoy decidido —afirmó Chong—. No se preocupe señora.

—Aun así, —continuó la señora Wang mientras guardaba la plata en la manga de su túnica— existen otras dificultades.

—¿Qué dificultades puede haber si usted es la dueña de la casa?

—Los jóvenes caballeros que vienen a ver a la Reina de las Flores provienen todos de familias ricas y aristocráticas. Todos son académicos también. No hay un ciudadano común y corriente entre ellos. Si lo reconoce como al maestro Qin, el vendedor de aceite, nunca lo recibirá.

—Por favor, señora, piense en una forma para que no se entere —le imploró—. Si usted me ayuda, nunca olvidaré su bondad.

Cuando la señora Wang vio lo determinado que estaba, frunció el ceño pensativo.

—¡Lo tengo! —gritó al fin con una sonrisa—. Con suerte puede salirse con la suya, pero si fracasa no me culpe. La Reina de las Flores no ha regresado todavía de banquete al que acudió ayer en la residencia del académico Li. Hoy, Lord Huang la ha invitado a pasear en barco. Mañana, el señor Zhang, el poeta, y otros la solicitaron para una reunión de poesía y el día siguiente hace tiempo que lo reservó el hijo del ministro Han. Por tanto, venga mejor después

有句话,这几日你且不要来我家卖油,预先留下个体面。又有句话,你穿着一身的布衣布裳,不像个上等嫖客。再来时,换件绸缎衣服,教这些丫鬟们认不出你是秦小官。老娘也好与你装谎。"秦重道:"小可——理会得。"说罢,作别出门,且歇这三日生理,不去卖油,到典铺里买了一件见成半新半旧的绸衣,穿在身上,到街坊闲走,演习斯文模样。正是:

　　未识花院行藏,先习孔门规矩。

　　丢过那三日不题。到第四日,起个清早,便到王九妈家去。去得太早,门还未开。意欲转一转再来。这番装扮希奇,不敢到昭庆寺去,恐怕和尚们批点。且到十景塘散步。良久又踅转来。王九妈家门已开了。那门前却安顿得有轿马,门内有许多仆从,在那里闲坐。秦重虽然老实,心下到也乖巧,且不进门,悄悄的招那马夫问道:"这轿马是谁家的?"马夫道:"韩府里来接公子的。"秦重已知韩公子夜来留宿,此时还未曾别。重复转身,到一个饭店之中,吃了些见成茶饭,又坐了一回,方才到王家探信。只见门前轿马已自去了。进得门时,王九妈迎着,便道:"老身得罪,今日又不得工夫了。恰才韩公子拉去东庄赏早

de esa fecha y le causará una mejor impresión si no viene esta semana a vender aceite. Otra cosa: vestido así con esa tela no aparenta un cliente de la clase alta. Tiene que ponerse ropa de seda o satén la próxima vez que venga para que ni las sirvientas lo reconozcan. Así me será más fácil hilar algo sobre ti.

—Recodaré todo lo que me dijo —prometió Chong antes de marcharse.

Durante tres días, Chong no vendió aceite y recorrió las calles vistiendo un atuendo de seda de segunda mano que había adquirido en una tienda de empeño para practicar su comportamiento como un caballero y un académico.

Antes de conocer a su cortesana, pobrecillo,
Aprende los caminos de Institutos Confucio.

Al cuarto día, Chong fue tan temprano a la casa de la señora Wang que encontró la puerta cerrada aún. Así que decidió dar un paseo, pero sin atreverse a pasar por el monasterio por temor a que los monjes se rieran al verlo tan finamente ataviado. Por tanto, caminó en la dirección opuesta. A su regreso, la puerta ya estaba abierta. Sin embargo, afuera había un carruaje y varios lacayos sentados en el patio. Pese a que Chong era un hombre sencillo, era muy ingenioso por lo que en lugar de entrar, le hizo seña al cochero.

—¿De quién es este carruaje? —interrogó.

—Del ministro Han —fue la respuesta—. Hemos venido a recoger a nuestro joven amo.

Cuando Chong se percató de que el hijo del ministro no se había marchado, fue a la taberna a comer algo. A la hora que volvió, ya el carruaje se había marchado y tan pronto como pasó el umbral se encontró con la mismísima señora.

—Lo siento mucho, —le dijo— pero la Reina de las Flores no

梅，他是个长嫖，老身不好违拗。闻得说，来日还要到灵隐寺，访个棋师赌棋哩。齐衙内又来约过两三次了，这是我家房主，又是辞不得的。他来时，或三日五日的住了去，连老身也定不得个日子。秦小官，你真个要嫖，只索耐心再等几日。不然，前日的尊赐，分毫不动，要便奉还。"秦重道："只怕妈妈不作成。若还迟，终无失，就是一万年，小可也情愿等着。"九妈道："恁地时，老身便好张主！"秦重作别，方欲起身，九妈又道："秦小官人，老身还有句话。你下次若来讨信，不要早了。约莫申牌时分，有客没客，老身把个实信与你，倒是越晏些越好。这是老身的妙用，你休错怪。"秦重连声道："不敢，不敢！"这一日秦重不曾做买卖。次日，整理油担，挑往别处去生理，不走钱塘门一路。每日生意做完，傍晚时分就打扮齐整，到王九妈家探信，只是不得功夫。又空走了一月有余。

那一日是十二月十五，大雪方霁，西风过后，积雪成冰，好不寒冷。却喜地下干燥。秦重做了大半日买卖，如

está libre hoy. El maestro Han acaba de implorarle que lo acompañara a la Villa Oriental a disfrutar de las primeras flores del ciruelo y como es un viejo cliente, no pude decirle que no. Además, mañana quiere llevarla al monasterio Lingyin para un torneo de ajedrez. Igualmente, Lord Qi la ha solicitado varias veces y como él es el dueño del local, tampoco podemos negarnos. Generalmente, él pasa tres o cuatro días cuando viene y por eso no puedo decirle cuándo se marchará. Si realmente desea pasar una noche con ella, tendrá que esperar un poco más. De lo contrario, le puedo devolver el dinero que me dio el otro día.

—Lo único que temo es perder su ayuda, señora —respondió Chong—. No me importa esperar diez mil años, si la puede tener al final.

—Está bien entonces —aseveró la mujer—. Otra cosa, maestro Qin —agregó cuando él se iba—. La próxima vez venga sobre las cuatro de la tarde en vez de por la mañana y así podré decirle si ya está reservada o no. De hecho, mientras más tarde venga, mejor. No se ofenda si esto es todo lo que puedo hacer por usted.

—De ninguna manera —mantuvo.

Chong no trabajó ese día, pero a la mañana siguiente salió con su equipo de vendedor ambulante a vender aceite dentro de la ciudad, guardando siempre distancia con la puerta Qiantang. Todas las noches, al terminar su trabajo, se vestía elegante y se dirigía a casa de la señora Wang. Lamentablemente, la Reina de las Flores nunca estaba libre y esperó en vano algo más de un mes.

El día 15 del duodécimo mes nevaba fuertemente y cuando la nieve paró, el viento silbó sobre los ventisqueros hasta que se volvieron hielo. Hacía mucho frío, pero la tierra estaba seca. Después de ejercer su oficio durante la mayor parte del día, Chong se vistió

前妆扮,又去探信。王九妈笑容可掬,迎着道:"今日你造化,已是九分九厘了。"秦重道:"这一厘是欠着什么?"九妈道:"这一厘么?正主儿还不在家。"秦重道:"可回来么?"九妈道:"今日是俞太尉家赏雪,筵席就备在湖船之内。俞太尉是七十岁的老人家,风月之事,已是没分。原说过黄昏送来。你且到新人房里,吃杯烫风酒,慢慢的等他。"秦重道:"烦妈妈引路。"

　　王九妈引着秦重,弯弯曲曲,走过许多房头,到一个所在,不是楼房,却是个平屋三间,甚是高爽。左一间是丫鬟的空房,一般有床榻桌椅之类,却是备官铺的;右一间是花魁娘子卧室,锁着在那里。两旁又有耳房。中间客坐上面,挂一幅名人山水,香几上博山古铜炉,烧着龙涎香饼,两旁书桌,摆设些古玩,壁上贴许多诗稿。秦重愧非文人,不敢细看。心下想道:"外房如此整齐,内室铺陈,必然华丽。今夜尽我受用。十两一夜,也不为多。"九妈让秦小官坐于客位,自己主位相陪。少顷之间,丫鬟

como de costumbre y fue a ver qué noticias había para él. La señora Wang lo recibió con el rostro radiante.

—¡Hoy tiene 99 por ciento de probabilidad! —exclamó la señora Wang.

—¿Qué es lo que todavía no está claro? —preguntó.

—El hecho de que aún no ha regresado.

—¿Y regresará?

—Hoy, el mariscal Yu la invitó a su casa para disfrutar de la nieve y luego comieron en un barco en el lago. El mariscal tiene 70 años de edad y, por supuesto, no le hará el amor. Además, dijo que la mandaría de vuelta esta noche. ¿Por qué no va a su habitación y bebe una copa de vino para que se caliente mientras espera por ella?

—Por favor, señora, muéstreme usted el camino.

La señora Wang le condujo por varios pasillos sinuosos y salas hasta que llegaron a una edificación limpia y ventilada y dos pequeñas recámaras como alas. A la izquierda había una habitación para las sirvientas con muy pocas comodidades —tan solo una cama, una mesa y unas sillas—. A la derecha, se encontraba la habitación de la Reina de las Flores, que estaba cerrada con llave. En la sala de estar del centro colgaba un cuadro de un artista famoso, mientras el ámbar gris ardía en un viejo incensario de bronce sobre la mesa. Las mesas de escritura en ambos lados de la habitación estaban llenas de curiosidades y las paredes cubiertas de pergaminos con poemas escritos. Avergonzado de no ser un erudito, Chong no hizo más que echarles un vistazo.

"Si su sala de espera es tan elegante, su habitación debe ser sencillamente magnífica", pensaba. "Esta noche la disfrutaré al máximo. Diez taels por una noche realmente no es demasiado".

La señora Wang le ofreció asiento y actuaba como toda una an-

掌灯过来，抬下一张八仙桌儿，六椀时新果子，一架攒盒佳肴美酝，未曾到口，香气扑人。九妈执盏相劝："今日众小女都有客，老身只得自陪，请开怀畅饮几杯。"秦重酒量本不高，况兼正事在心，只吃半杯。吃了一会，便推不饮。九妈道："秦小官想饿了，且用些饭再吃酒。"丫鬟捧着雪花白米饭，一吃一添，放于秦重面前，就是一盏杂和汤。鸨儿量高，不用饭，以酒相陪。秦重吃了一碗，就放箸。九妈道："夜长哩，再请些。"秦重又添了半碗。丫鬟提个行灯来，说："浴汤热了，请客官洗浴。"秦重原是洗过澡来的，不敢推托，只得又到浴堂，肥皂香汤，洗了一遍。重复穿衣入坐。九妈命撤去肴盒，用暖锅下酒。此时黄昏已绝，昭庆寺里的钟都撞过了，美娘尚未回来。

玉人何处贪欢耍，等得情郎望眼穿！

常言道：等人心急。秦重不见婊子回家，好生气闷。却被鸨儿夹七夹八，说些风话劝酒。不觉又过了一更天

fitriona mientras las sirvientas traían una lámpara y preparaban una mesa cuadrada con seis cuencos de nueces, pasteles y una cesta de manjares. Incluso sin probar el vino podía oler su bouquet.

—Hoy todas mis chicas están ocupadas por lo que nadie más que yo puede hacerle compañía —aseguró la señora Wang mientras le ofrecía vino—. Por favor, beba unas cuantas copas y siéntase como en casa.

Sin embargo, Chong no era un buen bebedor y tenía demasiadas cosas en la cabeza como para acabarse una sola copa.

—Espero que tenga hambre —indicó la señora Wang—. Coma algo antes de que siga con el vino.

Una sirvienta trajo dos cuencos de arroz que dejó frente a él junto con un cuenco de sopa. La señora Wang era buena bebedora y no tocó el cuenco de arroz, pero sí acompañó al joven con el vino. Cuando terminó con un cuenco, dejó los palillos encima de la mesa.

—La noche es larga —sentenció la señora Wang—. Coma más.

Entonces, se comió otro medio cuenco.

Poco después, entró una sirvienta con una linterna.

—Su baño está listo, señor —le informó.

Aunque Chong se había bañado antes de salir, no se atrevió a negarse y se dirigió al baño para lavarse, enjabonarse y perfumarse de nuevo, y luego volvió a la mesa. La señora Wang había ordenado retirar la comida y dejar solo el vino y una pequeña hornilla para calentarlo. Había caído la noche, las campanas del monasterio Zhaoqing habían dejado de doblar y aún no había señales de regresar de la Reina de las Flores.

¿Qué puede ser pero que la espera? Como la chica no aparecía, Chong empezó a desanimarse. La señora en cambio continuó gastando bromas y le presionó para que bebiera hasta que pasaron dos o

气。只听得外面热闹闹的,却是花魁娘子回家。丫鬟先来报了,九妈连忙起身出迎。秦重也离坐而立。只见美娘吃得大醉,侍女扶将进来,到于门首,醉眼朦胧,看见房中灯烛辉煌,杯盘狼藉,立住脚问道:"谁在这里吃酒?"九娘道:"我儿,便是我向日与你说的那秦小官人。他心中慕你,多时的送过礼来。因你不得工夫,担阁他一月有余了。你今日幸而得空,做娘的留他在此伴你。"美娘道:"临安郡中,并不闻说起有什么秦小官人!我不去接他。"转身便走。九妈双手托开,即忙拉住道:"他是个至诚好人,娘不误你。"美娘只得转身,才跨进房门,抬头一看那人,有些面善,一时醉了,急切叫不出来,便道:"娘,这个人我认得他的,不是有名称的子弟。接了他,被人笑话。"九妈道:"我儿,这是涌金门内开段铺的秦小官人。当初我们住在涌金门时,想你也曾会过,故此面善。你莫识认错了。做娘的见他来意志诚,一时许了他,不好失信。你看做娘的面上,胡乱留他一晚。做娘的晓得不是了,明日却与你陪礼。"一头说,一头推着美娘的肩头向前。美娘拗妈妈不过,只得进房相见。正是:

千般难出虔婆口,万般难脱虔婆手。

饶君纵有万千般,不如跟着虔婆走。

tres horas. Entonces oyeron una conmoción afuera. La Reina de las Flores había vuelto. Cuando la criada anunció su regreso, la señora Wang se apresuró a salir a su encuentro y Chong se levantó. En ese momento, la sirvienta ayudaba a entrar a una Yaoqin ebria. Entonces, se detuvo en el umbral para contemplar con sus embriagados ojos las brillantes velas, tazones y platos en la habitación.

—¿Quién está bebiendo aquí? —preguntó.

—Hija, —dijo la señora Wang— este es el maestro Qin del que te hablé, quien te admira desde hace mucho tiempo y envía regalos. Como nunca estabas disponible, lo hemos tenido esperando durante más de un mes. Afortunadamente, esta noche no tienes ningún compromiso y por eso le pedí que viniera a conocerte.

—Nunca he oído hablar del maestro Qin, —replicó Yaoqin, dándose la vuelta—. No lo veré.

La señora Wang extendió ambas manos para detenerla.

—¡Es un buen hombre! —declaró—. No te estoy engañando.

Yaoqin se vio obligada a dar media vuelta. Sin embargo, en cuanto entró en la habitación y vio a Chong lo reconoció, pese a estar demasiado borracha para recordar su nombre.

—Yo conozco a este hombre, madre —señaló—. No es un caballero respetable. Si lo recibo, se burlarán de mí.

—¡Hija! —protestó la señora Wang—. Este es el maestro Qin, dueño de una tienda en el interior de la puerta Yongjin. Tienes que haberlo visto cuando vivíamos en esa parte de la ciudad; es por esa razón que lo conoces. ¡No lo confundas con otras personas! Me rogó tanto que le permití venir. No puedo faltar a mi palabra. Pasa con él esta noche, hazlo por mí. Sé que no debí haberlo hecho, pero te juro que te lo compensaré mañana.

Diciendo esto empujó a Yaoqin a la habitación y la muchacha

这些言语，秦重一句句都听得，佯为不闻。美娘万福过了，坐于侧首，仔细看着秦重，好生疑惑，心里甚是不悦，嘿嘿无言。唤丫鬟将热酒来，斟着大钟。鸨儿只道他敬客，却自家一饮而尽。九妈道："我儿醉了，少吃些么！"美儿那里依他，答应道："我不醉！"一连吃上十来杯。这是酒后之酒，醉中之醉，自觉立脚不住。唤丫鬟开了卧房，点上银釭，也不卸头，也不解带，踢脱了绣鞋，和衣上床，倒身而卧。鸨儿见女儿如此做作，甚不过意，对秦重道："小女平日惯了，他专会使性。今日他心中不知为什么有些不自在，却不干你事。休得见怪！"秦重道："小可岂敢！"鸨儿又劝了秦重几杯酒，秦重再三告止。鸨儿送入卧房，向耳傍分付道："那人醉了，放温存些。"又叫道："我儿起来，脱了衣服，好好的睡。"美娘已在梦中，全不答应。鸨儿只得去了。丫鬟收拾了杯盘之类，抹了桌子，叫声："秦小官人，安置罢。"秦重道："有热茶要

tuvo que saludar a Chong, quien fingió no haber escuchado una sola palabra.

Yaoqin hizo una reverencia al joven y se sentó a su lado; pero mientras más lo miraba, más molesta se sentía y más sospechaba.

Finalmente rompió el silencio para pedir vino, que sirvió en una copa grande, y en lugar de ofrecérsela al invitado, como esperaba la señora Wang, se la bebió ella misma.

—Hija, ya has bebido demasiado —le dijo la señora Wang—. No bebas más.

Pero Yaoqin hacía caso omiso.

—¡No estoy ebria! —protestó.

Entonces, bebió diez copas seguidas. Si antes estaba ebria, ahora lo estaba mucho más. Luego ordenó a una criada abrir su habitación y encender la lámpara para poder acostarse. Luego, sin soltarse el cabello ni quitarse la ropa, se quitó las zapatillas bordadas y se tiró en la cama a dormir.

—Es una niña mimada y obstinada —dijo la señora Wang, muy apenada—. Hoy debe haber ocurrido algo que la molestó, pero no tiene nada que ver con usted. Espero que la disculpe.

—No pasa nada —le aseguró Qin.

Después de beber unas cuantas tazas más, pidió que lo disculpara y la señora Wang lo acompañó al dormitorio de Yaoqin, susurrando:

—No sea demasiado brusco, está ebria.

A Yaoqin le llamó:

—Levántate, niña, y desvístete para poder dormir bien.

Pero Yaoqin estaba rendida y la señora los tuvo que dejar a solas.

Una criada recogió la mesa y luego sugirió:

—¿Por qué no se va a la cama ahora, señorito Qin?

一壶。"丫鬟泡了一壶浓茶,送进房里。带转房门,自去耳房中安歇。秦重看美娘时,面对里床,睡得正熟,把锦被压于身下。秦重想酒醉之人,必然怕冷,又不敢惊醒他。忽见阑干上又放着一床大红纻丝的锦被,轻轻的取下,盖在美娘身上。把银灯挑得亮亮的,取了这壶热茶,脱鞋上床,捱在美娘身边,左身抱着茶壶在怀,右手搭在美娘身上,眼也不敢闭一闭。正是:

  未曾握雨携云,也算偎香倚玉。

  却说美娘睡到半夜,醒将转来,自觉酒力不胜,胸中似有满溢之状。爬起来,坐在被窝中,垂着头,只管打干哕。秦重慌忙也坐起来。知他要吐,放下茶壶,用手抚摩其背。良久,美娘喉间忍不住了,说时迟,那时快,美娘放开喉咙便吐。秦重怕污了被窝,把自己的道袍袖子张开,罩在他嘴上。美娘不知所以,尽情一呕,呕毕,还闭着眼,讨茶嗽口。秦重下床,将道袍轻轻脱下,放在地平之上。摸茶壶还是暖的,斟上一瓯香喷喷的浓茶,递与美娘。美娘连吃了二碗,胸中虽然略觉豪燥,身子兀自倦怠,仍旧倒下,向里睡去了。秦重脱下道袍,将吐下一袖的腌臜,重重裹着,放于床侧,依然上床,拥抱似初。美娘那一觉直睡到天明方醒。覆身转来,见傍边睡着一人,问道:"你是那个?"秦重答道:"小可姓秦。"美娘想起夜来之事,恍恍惚惚,不甚记得真了,便道:"我夜来好

—Me gustaría una tetera de té caliente, si hay —dijo él.

La criada preparó una tetera de té fuerte y la trajo, luego cerró la puerta y se fue a su habitación. Al volverse para mirar a la Reina de las Flores, Chong vio que estaba profundamente dormida sobre su edredón de seda, con la cara hacia la pared. Aunque temía que se resfriara después de beber, no quiso molestarla. No obstante, al ver otro edredón de seda roja sobre el somier, la cubrió con este cuidadosamente. A continuación, apagó la lámpara, se quitó los zapatos y se acostó a su lado, con la tetera en la articulación del brazo izquierdo y el brazo derecho sobre su cintura. Chong no se atrevió a cerrar los ojos ni por un momento.

En mitad de la noche, Yaoqin se despertó con náuseas y se sentó temblando. Chong se apresuró a dejar su tetera y se sentó también para sostenerla mientras ella vomitaba, sosteniendo la manga de su túnica delante de ella para no ensuciar la ropa de cama. En ese momento, con los ojos aún cerrados, pidió una taza de té para enjuagarse la boca.

En ese momento, el joven se quitó la túnica con delicadeza y la tiró al suelo. Luego, feliz de encontrar el té aún caliente, le sirvió una taza de la fuerte y aromática infusión. Tras beber dos tazas se sintió mucho mejor y se volvió a acostar, demasiado exhausta como para dormir de cara a la pared. Chong, después de haber enrollado su bata sucia y haberla puesto en un rincón, se acotó una vez más a su lado.

Yaoqin no despertó hasta la mañana, cuando se dio la vuelta en la cama para descubrir que había alguien tumbado a su lado.

—¿Quién es usted? —preguntó.

—Me llamo Qin —respondió.

—¿Anoche estaba muy embriagada, cierto?

La joven tenía un vago recuerdo de lo sucedido.

醉！"秦重道："也不甚醉。"又问："可曾吐么？"秦重道："不曾。"美娘道："这样还好。"又想一想道："我记得曾吐过的，又记得曾吃过茶来，难道做梦不成？"秦重方才说道："是曾吐来。小可见小娘子多了杯酒，也防着要吐，把茶壶暖在怀里。小娘子果然吐后讨茶，小可斟上，蒙小娘子不弃，饮了两瓯。"美娘大惊道："脏巴巴的，吐在那里？"秦重道："恐怕小娘子污了被褥，是小可把袖子盛了。"美娘道："如今在那里？"秦重道："连衣服裹着，藏过在那里。"美娘道："可弄惜了你一件衣服。"秦重道："这是小可的衣服，有幸得沾小娘子的余沥。"美娘听说，心下想道："有这般识趣的人！"心里已有四五分欢喜了。

　　此时天色大明，美娘起身，下床小解。看着秦重，猛然想起是秦卖油，遂问道："你实对我说，是什么样人？为何昨夜在此？"秦重道："承花魁娘子下问，小子怎敢妄言。小可实是常来宅上卖油的秦重。"遂将初次看见送客，又看见上轿，心下想慕之极，及积趱嫖钱之事，备细

—No tanto —mintió él.

—¿Vomité?

—No.

—Bueno, entonces no fue tan grave.

Sin embargo, luego de una rápida reflexión apuntó:

—No, ahora recuerdo que estuve vomitando y que bebí té. Estoy segura de que no lo soñé.

—En realidad, —admitió Chong— tiene razón. Como vi que había bebido demasiado, traté de mantener la tetera caliente para usted. Después de vomitar, pidió té y yo le serví dos tazas.

—¿Vomité en la cama? —preguntó Yaoqin consternada—. ¡Qué asco!

—Como tenía miedo de que se ensuciara la ropa de cama, la cubrí con la manga de mi túnica.

—¿Dónde está su túnica?

—Allí.

—¡Qué vergüenza haber arruinado su ropa!

—Afortunada mi ropa de haberle servido.

"¡Qué hombre tan bueno y considerado!", pensaba Yaoqin, a quien le empezaba a agradar el vendedor de aceite.

Para entonces ya había amanecido y la chica se levantó. Súbitamente, reconoció al vendedor de aceite.

—Dígame sinceramente ahora —le dijo—. ¿Quién es y qué lo trajo aquí anoche?

—No le puedo mentir a la Reina de las Flores —fue su respuesta—. Soy Qin Chong, la persona que suele vender aceite en su puerta.

A continuación contó en detalle cómo la había visto la primera vez acompañando hasta la puerta a un invitado y subiendo al palanquín; cuánto la había admirado y cómo había ahorrado el dinero

述了一遍。"夜来得亲近小娘子一夜,三生有幸,心满意足。"美娘听说,愈加可怜,道:"我昨夜酒醉,不曾招接得你。你干折了多少银子,莫不懊悔?"秦重道:"小娘子天上神仙,小可惟恐伏侍不周,但不见责,已为万幸。况敢有非意之望!"美娘道:"你做经纪的人,积下些银两,何不留下养家?此地不是你来往的。"秦重道:"小可单只一身,并无妻小。"美娘顿了一顿,便道:"你今日去了,他日还来么?"秦重道:"只这昨宵相亲一夜,已慰生平,岂敢又作痴想!"美娘想道:"难得这好人,又忠厚,又老实,又且知情识趣,隐恶扬善,千百中难遇此一人。可惜是市井之辈。若是衣冠子弟,情愿委身事之。"正在沉吟之际,丫鬟捧洗脸水进来,又是两碗姜汤。秦重洗了脸,因夜来未曾脱帻,不用梳头,呷了几口姜汤,便要告别。美娘道:"少住不妨,还有话说。"秦重道:"小可仰慕花魁

para pasar una noche con ella.

—Como pude pasar la noche de ayer a su lado me considero el hombre más feliz —concluyó—. Estoy muy contento.

Yaoqin por su parte estaba profundamente conmovida.

—Anoche estaba demasiado ebria como para hacerle compañía y gastó todo su dinero en vano —subrayó la joven—. ¿No se siente mal por ello?

—Usted es mi diosa —respondió Chong—. Temo no haberle servido como merece y me siento muy afortunado de no haberla hecho enojar. ¿Qué más me atrevería a pedir?

—Usted es comerciante —señaló—. Cuando hace dinero, ¿por qué no lo guarda para su familia? No debería frecuentar un lugar como este.

—No tengo esposa ni hijos —fue su respuesta—. Estoy solo.

—¿Regresará de nuevo? —Inquirió la joven luego de permanecer en silencio unos minutos.

—Anoche, el sueño de mi vida se hizo realidad cuando pude estar cerca de usted. ¿Cómo atreverme a esperar más?

"¡Qué hombre tan maravilloso!", pensó Yaoqin. "¡Tan sincero y honesto! ¡Tan bondadoso y considerado también! Es uno entre mil. ¡Que lástima que sea un comerciante! Si fuera un caballero, me casaría con él".

En ese preciso instante su sirvienta trajo un cuenco con agua y otros dos con sopa de jengibre. Chong se lavó, pero como la noche anterior no se había quitado el gorro, no tenía necesidad de peinarse. Tras beber un poco de sopa, se incorporó dispuesto a marcharse.

—No se marche aún —expresó Yaoqin—. Quiero hablar con usted.

—La admiro tanto que me gustaría quedarme aquí más tiempo,

娘子，在傍多站一刻，也是好的。但为人岂不自揣？夜来在此，实是大胆。惟恐他人知道，有玷芳名。还是早些去了安稳。"美娘点了一点头，打发丫鬟出房，忙忙的开了减妆，取出二十两银子，送与秦重道："昨夜难为了你，这银两权奉为资本，莫对人说。"秦重那里肯受。美娘道："我的银子，来路容易。这些须酬你一宵之情，休得固逊。若本钱缺少，异日还有助你之处。那件污秽的衣服，我叫丫鬟湔洗干净了还你罢！"秦重道："粗衣不烦小娘子费心，小可自会湔洗。只是领赐不当。"美娘道："说那里话！"将银子揌在秦重袖内，推他转身。秦重料难推却，只得受了，深深作揖，卷了脱下这件龌龊道袍，走出房门。打从鸨儿房前经过，鸨儿看见，叫声："妈妈！秦小官去了。"王九妈正在净桶上解手，口中叫道："秦小官，如何去得恁早？"秦重道："有些贱事，改日特来称谢！"

不说秦重去了，且说美娘与秦重虽然没点相干，见他一片诚心，去后好不过意。这一日因害酒，辞了客在家将

—indicó— pero un hombre siempre tiene que saber cuál es su lugar. Me tomé la gran libertad de venir aquí anoche. Si la gente se entera, su reputación se verá afectada. Por eso, es mejor que me vaya cuanto antes.

Yaoqin asintió. Luego, al despedir a su sirvienta, abrió de prisa su joyero y sacó 20 taels de plata.

—Anoche me comporté muy mal —aseguró—. Tome esto para su negocio, pero no le diga a nadie que se lo di.

Chong, por supuesto, jamás aceptó el dinero.

—Hago dinero con mucha facilidad —insistió la muchacha—. Esto es solo para agradecerle por su bondad anoche. No debe rechazarlo. Si alguna vez necesita dinero, le ruego me deje ayudarlo. Será mejor que deje su túnica sucia aquí y yo le pediré a mi sirvienta que la lave.

—Por favor no se moleste —contestó—. Yo mismo me lavaré. ¿Cómo podría aceptar su dinero?

—¡No diga eso! —protestó, y metiendo la plata en su manga le dio un pequeño empujón.

Al ver que no podía negarse, Chong aceptó el dinero haciendo una profunda reverencia, luego se arremangó la sucia túnica y salió por la habitación de la señora Wang.

—El señor Qin se marcha, señora —dijo la sirvienta al verlo.

—¿Por qué se retira tan temprano, señor Qin? —preguntó desde su habitación la señora Wang.

—Tengo asuntos que atender —respondió mientras abandonaba la morada—. Vendré a agradecerle otro día.

Aunque Yaoqin no estaba realmente interesada en el vendedor de aceite, se sintió conmovida por su devoción. Aún sufriendo los efectos del vino, ese día descansó en lugar de recibir invitados y en

息。千个万个孤老都不想,倒把秦重整整的想了一日。有《挂枝儿》为证:

俏冤家,须不是串花家的子弟,你是个做经纪本分人儿,那匡你会温存,能软款,知心知意。料你不是个使性的,料你不是个薄情的。几番待放下思量也,又不觉思量起。

话分两头,再说邢权在朱十老家,与兰花情热,见朱十老病废在床,全无顾忌。十老发作了几场。两个商量出一条计策来,俟夜静更深,将店中资本席卷,双双的桃之夭夭,不知去向。次日天明,十老方知。央及邻里,出了个失单,寻访数日,并无动静。深悔当日不合为邢权所惑,逐了朱重。如今日久见人心,闻说朱重,赁居众安桥下,挑担卖油,不如仍旧收拾他回来,老死有靠。只怕他记恨在心。教邻舍好生劝他回家,但记好,莫记恶。秦重一闻此言,即日收拾了家伙,搬回十老家里。相见之间,痛哭了一场。十老将所存囊橐,尽数交付秦重。秦重自家又有二十余两本钱,重整店面,坐柜卖油。因在朱家,仍称朱重,不用秦字。不上一月,十老病重,医治不痊,呜呼哀哉。朱重捶胸大恸,如亲父一般,殡殓成服,七七做

vez de pensar en sus admiradores como de costumbre solo pensaba en Chong. A juzgar por estos versos:

Eres un comerciante decente, cariño, no un caballero refinado;

Sin embargo, te has mostrado tan gentil, que no puedo pensar que no seas amable.

Aunque lucho por olvidarte, no logro sacarte de mi cabeza.

Volvamos ahora al viejo Zhu. Cuando Xing Quan y Lanhua vieron que el anciano estaba postrado en la cama, empezaron a hablar abiertamente. Después de varias discrepancias con él decidieron renunciar. Una noche se dieron a la fuga llevándose consigo todo el dinero que había en la tienda.

A la mañana siguiente cuando el viejo Zhu descubrió el hurto, pidió ayuda a sus vecinos y, pese a que estos pusieron un aviso e investigaron durante varios días, no consiguieron pista alguna. Entonces, el anciano vio las cosas con claridad, se arrepintió de haber escuchado a Xing Quan y haber alejado a Chong. Al saber que el joven vivía cerca del puente Zhongan y se ganaba la vida vendiendo aceite, decidió pedirle que regresara a acompañarlo dada su vejez. Temiendo que el joven le guardara rencor, pidió a sus vecinos que le rogaran al joven para que regresara. Chong recogió todas sus cosas y volvió a la casa del viejo Zhu, donde los dos empezaron a llorar cuando se vieron.

El viejo Zhu confió todos sus bienes a su hijo adoptivo. En tanto, el muchacho destinó los 20 taels de plata que tenía para recuperar la tienda. Nuevamente, vendía aceite en el mostrador y se hacía llamar Zhu Chong.

Cuando transcurrido menos de un mes la enfermedad de Zhu empeoró, la medicina no pudo obrar el milagro y el anciano murió. Chong se apretaba el pecho y lloraba tan amargamente como si fuera

了些好事。朱家祖坟在清波门外，朱重举丧安葬，事事成礼。邻里皆称其厚德。

　　事定之后，仍先开店。原来这油铺是个老店，从来生意原好；却被邢权刻剥存私，将主顾弄断了多少。今见朱小官在店，谁家不来作成。所以生理比前越盛。朱重单身独自，急切要寻个老成帮手。有个惯做中人的，叫做金中，忽一日引着一个五十余岁的人来。原来那人正是莘善，在汴梁城外安乐村居住。因那年避乱南奔，被官兵冲散了女儿瑶琴，夫妻两口，凄凄惶惶，东逃西窜，胡乱的过了几年。今日闻临安兴旺，南渡人民，大半安插在彼。诚恐女儿流落此地，特来寻访，又没消息。身边盘缠用尽，欠了饭钱，被饭店中终日赶逐，无可奈何。偶然听见金中说起朱家油铺，要寻个卖油帮手。自己曾开过六陈铺子，卖油之事，都则在行。况朱小官原是汴京人，又是乡里，故此央金中引荐到来。朱重问了备细，乡人见乡人，不觉感伤。"既然没处投奔，你老夫妻两口，只住在我身边，只当个乡亲相处，慢慢的访着令爱消息，再作区

su propio padre. El funeral, las ofrendas de sacrificio y la inhumación del ataúd en el cementerio de la familia Zhu, frente a la puerta Qingbo, fueron como debían ser, actos que le valieron a Chong el elogio de sus vecinos.

Cuando todo acabó, Chong retomó el negocio. Su tienda era una empresa consolidada que había hecho buenos negocios hasta que los tratos mezquinos de Xing Quan ahuyentaron a los clientes. Sin embargo, ahora que Chong estaba a cargo, todos los viejos clientes volvieron y el negocio iba mejor que nunca.

Como Chong estaba al frente de todo y necesitaba urgentemente un ayudante honesto, un buen día un señor de mediana edad le presentó a un hombre de unos 50 años, que resultó nada más y nada menos que el padre de Yaoqin, Xin Shan. Solos y desamparados, él y su esposa habían ido de un sitio a otro durante años viviendo al día. Ahora, al escuchar que la capital meridional prosperaba y cada vez más refugiados del Norte se establecían allí, habían venido a Lin'an a buscar a su hija perdida. No obstante, no consiguieron noticias de la muchacha, muy pronto se les acabó el dinero y el dueño de la posada les presionaba día tras día para que le pagaran. Cuando supieron que buscaban un asistente para trabajar en una tienda de aceite, cuyo joven dueño, Zhu, también era originario de la capital del Norte, Xin Shan le pidió al señor de mediana edad que lo recomendara. El comercio no le era extraño a Xin Shan, quien en su momento tuvo una tienda de comestibles. Por su parte, Chong mostró gran simpatía al conocer la historia de su coterráneo.

—Como no tienen adónde ir, ¿por qué usted y su esposa no viven conmigo? —le sugirió Chong—. Después de todo, somos en teoría viejos vecinos. Además, pueden seguir haciendo averiguaciones sobre su hija aquí.

处。"当下取两贯钱把与莘善,去还了饭钱,连浑家阮氏也领将来,与朱重相见了,收拾一间空房,安顿他老夫妇在内。两口儿也尽心竭力,内外相帮。朱重甚是欢喜。光阴似箭,不觉一年有余。多有人见朱小官年长未娶,家道又好,做人又志诚,情愿白白把女儿送他为妻。朱重因见了花魁娘子十分容貌,等闲的不看在眼,立心要访求个出色的女子,方才肯成亲。以此日复一日,担搁下去。正是:

　　曾观沧海难为水,除却巫山不是云。

　　再说王美娘在九妈家,盛名之下,朝欢暮乐,真个口厌肥甘,身嫌锦绣。然虽如此,每遇不如意之处,或是子弟们任情使性,吃醋挑槽,或自己病中醉后,半夜三更,没人疼热,就想起秦小官人的好处来,只恨无缘再会。也是他桃花运尽,合当变更,一年之后,生出一段事端来。

　　却说临安城中,有个吴八公子,父亲吴岳,见为福州太守。这吴八公子,打从父亲任上回来,广有金银。平昔间也喜赌钱吃酒,三瓦两舍走动。闻得花魁娘子之名,未

Dicho esto, le dio dos sartas de monedas a Xin Shan para que saldara la cuenta en la posada. Xin trajo a su esposa a conocer a Chong, quien preparó una habitación para el matrimonio y estaba muy contento de tener en la pareja una verdadera ayuda para el negocio.

Tan rápido como una flecha otro año pasó. Ya era hora de que Chong se casara, y como tenía una buena posición económica y era un hombre honesto, muchas familias le ofrecían sus hijas a cambio de nada. Lamentablemente después de conocer a una hechicera como la Reina de las Flores, a Chong no le interesaban las chicas comunes y corrientes y estaba determinado a desposar a una belleza. Así fueron escurriéndose los días uno tras otro y Chong no contraía nupcias.

Quien ha visto el océano no piensa en ríos;
Quien ha escalado a la cima de una montaña no se deja impresionar por las nubes.

Mientras tanto, en la residencia de la señora Wang, Yaoqin disfrutaba de tal fama y placer que tenía toda la seda, el satín y toda la buena comida que podía desear. Sin embargo, cuando algo salía mal, cuando sus admiradores se ponían celosos y se peleaban o cuando despertaba en medio de la noche borracha o indispuesta y veía que no tenía quien la cuidara, recordaba las cualidades extraordinarias de Qin y se preguntaba si lo volvería a ver.

Sin embargo, un año después ocurrió algo que le cambió la vida.

Vivía en Lin'an un joven llamado Wu, el octavo hijo de Wu Yue, gobernador de Fuzhou. Gracias a la posición de su padre, el joven Wu tenía mucho dinero y le gustaba apostar, beber y divertirse con las cortesanas. El muchacho estaba al tanto de la reputación que gozaba la Reina de las Flores y, pese a que había enviado varias

曾识面，屡屡遣人来约，欲要嫖他。王美娘闻他气质不好，不愿相接，托故推辞，非止一次。那吴八公子也曾和着闲汉们亲到王九妈家几番，都不曾会。其时清明节届，家家扫墓，处处踏青。美娘因连日游春困倦，且是积下许多诗画之债，未曾完得，分付家中："一应客来，都与我辞去。"闭了房门，焚起一炉好香，摆设文房四宝，方欲举笔，只听得外面沸腾，却是吴八公子，领着十余个狠仆，来接美娘游湖。因见鸨儿每次回他，在中堂行凶，打家打伙，直闹到美娘房前，只见房门锁闭。原来妓家有个回客法儿，小娘躲在房内，却把房门反锁，支吾客人，只推不在。那老实的就被他哄过了，吴公子是惯家，这些套子，怎地瞒得。分付家人扭断了锁，把房门一脚踢开。美娘躲身不迭，被公子看见，不由分说，教两个家人，左右牵手，从房内直拖出房外来，口中兀自乱嚷乱骂。王九妈欲待上前陪礼解劝，看见势头不好，只得闪过。家中大小，躲得没半个影儿。吴家狠仆牵着美娘，出了王家大门，不

veces a contratarla para una noche, Yaoqin, quien había escuchado comentarios negativos sobre él, siempre se excusaba. En más de una ocasión, el muchacho y sus adinerados amigos acudieron a la casa de la señora Wang, pero Yaoqin se negó a recibirlo.

Muy pronto llegó la Fiesta de Qingming o Día de la Claridad Pura, fecha en que todo el mundo visitaba la tumba de sus seres queridos y salían de paseo. Luego de varios días de excursión, Yaoqin estaba agotada. Por si fuera poco, les había prometido poemas y pinturas a varios amigos. Por tanto, tras ordenarles a sus sirvientes decir a todo el que la procurara que no estaba en la ciudad, cerró la puerta de su habitación, encendió incienso de la mejor calidad y puso su escritorio en orden. Acababa de tomar su cepillo cuando de repente escuchó una gran algarabía afuera.

Se trataba nada más y nada menos que del señor Wu, quien acompañado por una docena de rufianes, exigía que ella lo acompañara a dar un paseo por el lago.

Rechazado una vez más por la señora Wang, empezó a destrozar los muebles del vestíbulo y luego se dirigió directamente a la puerta de la Reina de las Flores, solo para encontrarla cerrada.

Una forma de que una cortesana evitara a los invitados es que alguien cerrara su puerta por fuera y dijera que no se encontraba. El ardid funcionaba con el cliente ingenuo, pero no con alguien tan experimentado como Wu.

Así que ordenó a sus sirvientes romper el candado y abrir la puerta de una patada. A Yaoqin no le dio tiempo de esconderse y Wu, gritando maldiciones, ordenó a dos de sus hombres sacarla arrastras de la habitación. La señora Wang quiso intervenir y disculparse, pero el brutal giro de los acontecimientos hizo que se escabullera y toda su servidumbre se escondió. Entonces, sin ninguna consideración por

管他弓鞋窄小，望街上飞跑。八公子在后，扬扬得意。直到西湖口，将美娘攫下了湖船，方才放手。美娘十二岁到王家，锦绣中养成，珍宝般供养，何曾受恁般凌贱。下了船，对着船头，掩面大哭。吴八公子见了，放下面皮，气忿忿的像关云长单刀赴会，一把交椅，朝外而坐，狠仆侍立于傍。一面分付开船，一面数一数二的发作一个不住："小贱人，小娼根！不受人抬举！再哭时，就讨打了！"美娘那里怕他，哭之不已。船至湖心亭，吴八公子分付摆盒在亭子内，自己先上去了，却分付家人："叫那小贱人来陪酒！"美娘抱住了栏杆，那里肯去，只是嚎哭。吴八公子也觉没兴，自己吃了几杯淡酒，收拾下船，自来扯美娘。美娘双脚乱跳，哭声愈高。八公子大怒，教狠仆拔去簪珥。美娘蓬着头，跑到船头上，就要投水，被家童们扶住。公子道："你撒赖便怕你不成！就是死了，也只费得我几两银子，不为大事。只是送你一条性命，也是罪过。你住了啼哭时，我就放你回去，不难为你。"美娘听说放他

los diminutos pies atados de Yaoqin, los lacayos de Wu, la sacaron de la casa y la llevaron por las calles mientras su amo se pavoneaba detrás de ella. Únicamente cuando llegaron al Lago Xihu y la subieron a la embarcación de un empujón fue que la liberaron.

Vestida con ropa de seda y preciada como una joya, la Reina de las Flores había sido mimada y consentida desde que llegó a la señora Wang con 12 años de edad. Nunca antes había sido tratada de forma tan brusca y grosera. Una vez a bordo, la joven se volvió hacia la popa, escondió la cara entre las manos y empezó a sollozar. Pero en lugar de ceder, Wu estuvo a punto de estallar de rabia. Feroz como el Dios de la Guerra, giró su silla hacia la orilla, se sentó con sus matones a su lado y ordenó a los barqueros que soltaran amarras.

—Ramera —maldijo—. ¡No sabes apreciar el honor! ¡Si no dejas de llorar, ramera, haré que te azoten!

Para nada amedrentada por la amenaza, Yaoqin siguió llorando. Cuando la embarcación llegó al pabellón en el centro del lago, Wu bajó a tierra y ordenó servir la comida en el pabellón. Sin embargo, cuando dijo a sus hombres que trajeran a la Reina de las Flores para que le entretuviera, esta se aferró a la barandilla del barco, llorando amargamente, y no quiso soltarse. Esto arruinó el momento de placer planeado por Wu, quien tras beber unas cuantas copas de vino a solas, regresó al barco para arrancar de la barandilla a la muchacha. Yaoqin pataleó y gritó hasta que el enojado matón ordenó a sus sirvientes que la despojaran de sus horquillas y joyas.

Entonces, despeinada, Yaoqin corrió hasta el final de la barca para tirarse al agua. Pero los hombres la detuvieron.

—¿Intentas asustarme? —preguntó Wu—. Aunque te mates, solo me costará unos cuantos taels de plata. Por supuesto, no quiero que te mates aquí; así que si dejas de hacer ruido, te dejaré ir.

回去，真个住了哭。八公子分付移船到清波门外僻静之处，将美娘绣鞋脱下，去其裹脚，露出一对金莲，如两条玉笋相似。教狠仆扶他上岸，骂道："小贱人！你有本事，自走回家，我却没人相送。"说罢，一篙子撑开，再向湖中而去。正是：

焚琴煮鹤从来有，惜玉怜香几个知！

美娘赤了脚，寸步难行。思想："自己才貌两全，只为落于风尘，受此轻贱。平昔枉自结识许多王孙贵客，急切用他不着，受了这般凌辱。就是回去，如何做人？到不如一死为高。只是死得没些名目，枉自享个盛名，到此地位，看着村庄妇人，也胜我十二分。这都是刘四妈这个花嘴，哄我落坑堕堑，致有今日！自古红颜薄命，亦未必如我之甚！"越思越苦，放声大哭。事有偶然，却好朱重那日到清波门外朱十老的坟上，祭扫过了，打发祭物下船，自己步回，从此经过。闻得哭声，上前看时，虽然蓬头垢面，那玉貌花容，从来无两，如何不认得！吃了一惊，道："花魁娘子，如何这般模样？"美娘哀哭之际，听得声音厮熟，止啼而看，原来正是知情识趣的秦小官。美娘当此之际，如见亲人，不觉倾心吐胆，告诉他一番。朱重心

Cuando Yaoqin lo escuchó, dejó de llorar y Wu ordenó atracar el barco en un lugar tranquilo fuera de la puerta Qingbo. Una vez allí mandó romper las zapatillas bordadas de la chica.

—¡Camina a casa, si puedes ramera! —se burló mientras ordenaba a sus rufianes soltar las amarras—. Nadie te volverá a ver.

Entonces, la embarcación se dirigió al centro del lago.

¿Cómo podría Yaoqin caminar descalza con sus diminutos pies? "Aunque tenía talento y belleza", reflexionaba, "era una cortesana despreciada y ninguno de mis ricos y aristocráticos admiradores estaría dispuesto a ayudarme en este momento. ¿Cómo podré enfrentarme al mundo de nuevo aun cuando regrese? Sería mejor morir, pero, ¡qué muerte más en vano! Pese a toda mi reputación, una campesina es más afortunada que yo. Gracias a la señora Liu y sus envolventes palabras es que hoy estoy en este aprieto. ¿Acaso existe una mujer más infeliz que yo?".

Como cada vez se sentía más desgraciada, Yaoqin se derrumbó y empezó a llorar como si se le fuera a romper el corazón.

Mientras tanto, Chong había ido a presentar sacrificios ante la tumba del viejo Zhu frente a la puerta Qingbo. Después de enviar de vuelta a casa las vasijas de las ofrendas en barco, regresaba a casa caminando cuando escuchó a una joven llorando. A medida que se acercaba reconoció a la hermosa joven de inmediato pese a su pésima apariencia.

—¿Qué ha sucedido, Reina de las Flores? —le preguntó ansioso.

Tan pronto como Yaoqin oyó la voz familiar, dejó de llorar y levantó la vista para ver delante de ella al comprensivo y considerado maestro Qin.

¡He aquí una amiga necesitada! La chica le contó toda su triste historia y Chong, conmovido, derramó lágrimas de compasión. En-

中十分疼痛，亦为之流泪。袖中带得有白绫汗巾一条，约有五尺多长，取出劈半扯开，奉与美娘裹脚，亲手与他拭泪。又与他挽起青丝，再三把好言宽解。等待美娘哭定，忙去唤个暖轿，请美娘坐了，自己步送，直到王九妈家。九妈不得女儿消息，在四处打探，慌迫之际，见秦小官送女儿回来，分明送一颗夜明珠还他，如何不喜！况且鸨儿一向不见秦重挑油上门，多曾听得人说，他承受了朱家的店业，手头活动，体面又比前不同，自然刮目相待。又见女儿这等模样，问其缘故，已知女儿吃了大苦，全亏了秦小官。深深拜谢，设酒相待。日已向晚，秦重略饮数杯，起身作别。美娘如何肯放，道："我一向有心于你，恨不得你见面。今日定然不放你空去！"鸨儿也来扳留。秦重喜出望外。是夜，美娘吹弹歌舞，曲尽生平之技，奉承秦重。秦重如做了一个游仙好梦，喜得魄荡魂消，手舞足

tonces, se sacó de la manga un pañuelo blanco de seda de unos cinco pies de longitud, que rompió a la mitad y se lo dio a Yaoqin para que vendara sus pies. Luego le secó las lágrimas del rostro y le ató el cabello mientras la consolaba. Muy pronto dejó de sollozar, Chong llamó a un palanquín, le pidió que subiera y se sentara y la escoltó personalmente a la casa de la señora Wang.

En ese preciso instante, la señora Wang, presa del pánico, al no saber qué había pasado a la muchacha, estaba enviando a sus sirvientas a hacer averiguaciones por todas partes cuando llegó nada más y nada menos que el maestro Qin con la Reina de las Flores.

La señora Wang se alegró tanto como si alguien le hubiera devuelto una gema de la primera agua. Además, hacía tiempo que el joven había dejado de vender aceite en su puerta y ella sabía que se había hecho cargo de la tienda de la familia Zhu y que le iba bien.

Ahora que era un ciudadano importante, su actitud hacia él había cambiado naturalmente. Además, al ver el estado en que se encontraba Yaoqin, ponerse al tanto de la terrible experiencia por la que había pasado y saber que había sido el maestro Qin quien la había rescatado, la anciana no sabía cómo agradecerle lo suficiente. Por tanto, insistió en que se quedara a comer.

Avanzada la tarde, después de haber bebido unas cuantas copas, Chong se levantó para retirarse. Sin embargo, La Reina de las Flores no quería oír hablar de su partida.

—He pensado a menudo en ti y he anhelado volver a verte —dijo—. No voy a dejar que te vayas así.

La señora Wang también le pidió que se quedara.

Nunca Chong había sido tan feliz. Esa noche, Yaoqin tocó, cantó y bailó para él, utilizando todo su arte para complacerle, hasta que el joven se sintió en el paraíso y apenas podía contenerse por la

蹈。夜深酒阑，二人相挽就寝。

美娘道："我有句心腹之言与你说，你休得推托。"秦重道："小娘子若用得着小可时，就赴汤蹈火，亦所不辞，岂有推托之理。"美娘道："我要嫁你。"秦重笑道："小娘子就嫁一万个，也还数不到小可头上，休得取笑，枉自折了小可的食料。"美娘道："这话实是真心，怎说取笑二字！我自十四岁被妈妈灌醉，梳弄过了，此时便要从良。只为未曾相处得人，不辨好歹，恐误了终身大事。以后相处的虽多，都是豪华之辈，酒色之徒，但知买笑追欢的乐意，那有怜香惜玉的真心。看来看去，只有你是个志诚君子，况闻你尚未娶亲。若不嫌我烟花贱质，情愿举案齐眉，白头奉侍。你若不允之时，我就将三尺白罗，死于君前，表白我一片诚心，也强如昨日死于村郎之手，没名没目，惹人笑话。"说罢，呜呜的哭将起来。秦重道："小娘子休得悲伤。小可承小娘子错爱，将天就地，求之不得，岂敢推托。只是小娘子千金声价，小可家贫力薄，如何摆

alegría. Al caer la noche se fueron del brazo a la habitación de ella, donde pueden imaginar la felicidad de Chong.

—Quiero hablarte de corazón —indicó Yaoqin tarde esa noche—. ¡No puedes negarte a lo que te voy a pedir!

—Pasaría con gusto por el agua hirviendo o el fuego para servirte —declaró Chong—. ¿Cómo podría negarle algo?

—Quiero casarme contigo.

Chong rió:

—Ni aunque se casara diez mil veces, elegiría a un pobre hombre como yo —respondió él—. No bromee con algo así. Estoy muy por debajo de ti.

—Lo estoy diciendo en serio —insistió Yaoqin—. Cuando tenía 14 años y me embriagaron para iniciarme en esta vida, quería casarme, pero no conocía a nadie adecuado. Era incapaz de decir quién sería un buen esposo y tenía miedo de cometer un error del que me arrepintiera por el resto de mi vida. Luego, pese a que conocí muchos hombres, todos eran jóvenes ricos y apuestos que dedicaban su tiempo al vino y a las mujeres porque solo buscaban placer. Ninguno de ellos sentía nada por mí. No he conocido un hombre más fiel y verdadero que usted, señor. Además, entiendo que aún no ha contraído nupcias y, si no me desprecia por mi profesión, me gustaría servirle por el resto de mi vida. Si lo rehúsa, me ahorcaré aquí mismo con tres pies de seda blanca para demostrarle mi sinceridad. Eso es mejor que morir miserablemente ayer a manos de esos patanes y abucheada por todo el mundo.

Una vez dicho esto, la Reina de las Flores comenzó a sollozar.

—No se angustie tanto —le suplicó Chong—. Está más allá de mis sueños más locos que me ame. ¿Cómo me atrevería a rechazarle? Pero, ¿cómo puede un pobre hombre como yo pagar los miles de

布，也是力不从心了。"美娘道："这却不妨。不瞒你说，我只为从良一事，预先积趱些东西，寄顿在外。赎身之费，一毫不费你心力。"秦重道："就是小娘子自己赎身，平昔住惯了高堂大厦，享用了锦衣玉食，在小可家，如何过活？"美娘道："布衣蔬食，死而无怨。"秦重道："小娘子虽然，只怕妈妈不从。"美娘道："我自有道理。"如此如此，这般这般，两个直说到天明。

原来黄翰林的衙内，韩尚书的公子，齐太尉的舍人，这几个相知的人家，美娘都寄顿得有箱笼。美娘只推要用，陆续取到密地，约下秦重，教他收置在家。然后一乘轿子，抬到刘四妈家，诉以从良之事。刘四妈道："此事老身前日原说过的。只是年纪还早，又不知你要从那一个？"美娘道："姨娘，你莫管是甚人，少不得依着姨娘的言语，是个真从良，乐从良，了从良；不是那不真，不假不了，不绝的勾当。只要姨娘肯开口时，不愁妈妈不允。做侄女的别没孝顺，只有十两金子，奉与姨娘，胡乱打些钗子；是必在妈妈前做个方便。事成之时，媒礼在外。"刘四妈看见这金子，笑得眼儿没缝，便道："自家儿女，又

taels necesarios para redimirle? Por mucho que lo desee, no está en mis manos.

—Eso no tiene porqué ser un obstáculo —respondió ella—. De hecho, he ahorrado dinero y objetos de valor para mi matrimonio y los he dejado con amigos. No necesito molestarle por un centavo.

—Aunque pague su libertad por sus propios medios, está acostumbrada a vivir en una casa grande y a disfrutar de lo mejor de todo. ¿Cómo se las arreglará para vivir en mi casa?

—Con usted seré feliz vistiendo algodón y comiendo la comida más sencilla.

—¿Y si su dueña se opone?

—Sé cómo convencerla.

Así pasaron toda la noche conversando hasta el amanecer.

Yaoqin recogió los cofres que había depositado en manos de los hijos del académico Huang, el ministro Han, el mariscal Qi, entre otros, y le pidió a Chong que se los llevara a casa. Hecho esto, la muchacha fue en palanquín a casa de la señora Liu para comunicarle que quería casarse.

—Sí, ese fue el consejo que te di, ¿no fue así? —señaló la señora Liu—. Aún eres joven, por supuesto, pero, ¿quién es el hombre?

—No importa quién sea, tía. Como estoy siguiendo tu consejo, este va a ser un matrimonio verdadero y feliz que acaba bien, no un matrimonio falso e infeliz que termina mal. Si se pone de mi parte, mi señora estará de acuerdo. No tengo nada de valor que ofrecerle, pero como muestra de mi agradecimiento aquí tiene diez taels de oro para que los convierta en joyas. Por favor ayúdeme a convencer a mi ama. Si lo logra, le haré otro regalo por ser mi casamentera.

Cuando la señora Liu vio el oro, esbozó tal sonrisa que sus ojos parecían dos rendijas.

是美事，如何要你的东西！这金子权时领下，只当与你收藏。此事都在老身身上。只是你的娘，把你当个摇钱之树，等闲也不轻放你出去，怕不要千把银子？那主儿可是肯出手的么？也得老身见他一见，与他讲道方好。"美娘道："姨娘莫管闲事，只当你侄女自家赎身便了。"刘四妈道："妈妈可晓得你到我家来？"美娘道："不晓得。"四妈道："你且在我家便饭。待老身先到你家，与妈妈讲。讲得通时，然后来报你。"

刘四妈雇乘轿子，抬到王九妈家。九妈相迎入内。刘四妈问起吴八公子之事，九妈告诉了一遍。四妈道："我们行户人家，到是养成个半低不高的丫头，尽可赚钱，又且安稳。不论什么客就接了，倒是日日不空的。侄女只为声名大了，好似一块鲞鱼落地，马蚁儿都要钻他。虽然热闹，却也不得自在。说便许多一夜，也只是个虚名。那些王孙公子来一遍，动不动有几个帮闲，连宵达旦，好不费事。跟随的人又不少，个个要奉承得他好，有些不到之处，口里就出粗哩唓罗唓的骂人，还要弄损你家伙，又不

—Eres como una hija para mí y estás haciendo lo correcto —aseguró—. ¿Cómo podría aceptar un regalo tuyo? Me quedaré con este oro por el momento para cuidarlo por ti. Puedes confiar en mí, pero tu señora te considera un árbol de dinero que solo tiene que agitar para que caiga el oro. No querrá dejarte ir y seguramente pedirá al menos mil taels de plata por ti. ¿Está dispuesto él a pagar esa exuberante cantidad de dinero? Yo en tu lugar, hablaría primero con él.

—No se preocupe por eso, tía. Supongamos que soy yo quien se está redimiendo.

—¿Tu señora sabe que estás aquí?

—No.

—Muy bien, te quedarás a almorzar aquí mientras yo voy a conversar con la señora Wang. Tan pronto como regrese te dejaré saber si está de acuerdo o no.

Dicho esto, la señora Liu tomó un palanquín para ir a visitar a la señora Wang. Una vez allí al preguntarle por el incidente con el maestro Wu, la señora Wang le contó toda la historia.

—En nuestra profesión es más seguro y más rentable tener más chicas comunes y corrientes —aseveró la señora Liu—. Ellas no reparan en quién reciben y ven clientes todos los días. Esa Reina de las Flores tuya se ha hecho muy famosa y es como un trozo de pescado seco en el suelo y, ¡todas las hormigas quieren un bocado! Aunque es una gran atracción, tiene que causarte muchos desvelos. Y pese a que cobras diez taels una noche con ella, te reporta más fama que dinero porque cada vez que esos señoritos vienen traen a sus amigos que se quedan toda la noche y te dan demasiado trabajo. Además, vienen acompañados de su servidumbre a la que tienes que tratar bien también. Si no haces exactamente lo que quieren, empiezan a usar un lenguaje soez y a destrozar cosas; y tampoco puedes quejarte a sus

好告诉他家主，受了若干闷气。况且山人墨客，诗社棋社，少不得一月之内，又有几时官身。这些富贵子弟，你争我夺，依了张家，违了李家，一边喜，少不得一边怪了。就是吴八公子这一个风波，吓杀人的，万一失差，却不连本送了？官宦人家，与他打官司不成！只索忍气吞声。今日还亏着你家时运高，太平没事，一个霹雳空中过去了。倘然山高水低，悔之无及。妹子闻得吴八公子不怀好意，还要与你家索闹。侄女的性气又不好，不肯奉承人。第一是这件，乃是个惹祸之本。"九妈道："便是这件，老身好不担忧。就是这八公子，也是有名有称的人，又不是微贱之人。这丫头抵死不肯接他，惹出这场寡气。当初他年纪小时，还听人教训。如今有了个虚名，被这些富贵子弟夸他奖他，惯了他性情，骄了他气质，动不动自作自主。逢着客来，他要接便接。他若不情愿时，便是九牛也休想牵得他转！"刘四妈道："做小娘的略有些身分，都则如此。"王九妈道："我如今与你商议。倘若有个肯出钱的，不如卖了他去，到得干净，省得终身担着鬼胎过日。"刘四妈道："此言甚妙。卖了他一个，就讨得五六个。若凑巧撞得着相应的，十来个也讨得的。这等便宜

amos. Luego están los eruditos, los poetas y los jugadores de ajedrez, que exigen varios días de su tiempo cada mes. Todo esto sin contar a los hijos de las mejores familias que siguen peleándose por ella. Si ella acepta a Zhang, ofende a Li. Cuando un hombre está contento, el otro seguramente protestará. Tomemos el incidente con el maestro Wu como ejemplo. ¡Qué susto debes haber pasado! Si algo saliera mal, habrías perdido tu capital. No puedes demandar a una familia de funcionarios. Tienes que soportar lo que hagan. La suerte estuvo de tu lado esta vez y la tormenta se disipó, pero si algo desafortunado ocurriera, no harías más que retorcerte las manos. También he oído que el Wu es sinónimo de travesuras y es probable que te cause más problemas. Por otra parte, Yaoqin es una chica de temperamento volátil, que no adula a la gente. Ella está destinada a sufrir.

—Eso es precisamente lo que me preocupa —asintió la señora Wang—. Este joven Wu procede de una familia adinerada y poderosa que no es un cualquiera, y ella no quiso recibirlo. Así fue cómo empezó todo este problema. Cuando era más joven, era más fácil lidiar con ella, pero ahora que es tan famosa y los caballeros ricos le dan mucha importancia, se ha vuelto mimada e insiste en salirse con la suya. Ella solo recibe a los clientes que le gustan. Si ella no quiere, ni nueve toros logran moverla.

—La menor fama se les sube a la cabeza a estas chicas —coincidió la señora Liu.

—Quiero que me des tu consejo —sentenció la señora Wang—. Si encontráramos a un hombre capaz de pagar, ¿no sería mejor venderla? Esto simplificaría las cosas y me ahorraría muchas preocupaciones.

—Tienes toda la razón. Si la vendes, harás suficiente dinero para comprar cinco o seis chicas nuevas. De hecho, si haces un buen

事，如何不做！"王九妈道："老身也曾算计过来。那些有钱有力的不肯出钱，专要讨人便宜。及至肯出几两银子的，女儿又嫌好道歉，做张做智的不肯。若有好主儿，妹子做媒，作成则个。倘若这丫头不肯时节，还求你撺掇。这丫头做娘的话也不听，只你说得他信，话得他转。"刘四妈呵呵大笑道："做妹子的此来，正为与侄女做媒。你要许多银子便肯放他出门？"九妈道："妹子，你是明理的人。我们这行户例，只有贱买，那有贱卖？况且美儿数年盛名满临安，谁不知他是花魁娘子。难道三百四百，就容他走动？少不得要他千金。"刘四妈道："待妹子去讲。若肯出这个数目，做妹子的便来多口。若合不着时，就不来了。"临行时，又故意问道："侄女今日在那里？"王九妈道："不要说起，自从那日吃了吴八公子的亏，怕他还来淘气，终日里抬个轿子，各宅去分诉。前日在齐太尉家，昨日在黄翰林家，今日又不知在那家去了。"刘四妈道："有

negocio, puedes conseguir incluso hasta 10 chicas por el dinero. Merece la pena.

—Le he estado dando vueltas al asunto. Esos altos funcionarios nunca pagan mucho: esperan conseguir todo barato. Sin embargo, ella es tan particular que cuando aparezca alguien dispuesto a pagar el precio correcto, ella puede hacer una perreta y negarse. Así que si encuentras un buen cliente, querida, te pido que seas la intermediaria y nos ayudes. Y si la muchacha se niega, espero que la hagas entrar en razón. Ella no me escuchará a mí, pero en ti sí confía y tú puedes convencerla.

La señora Liu se echó a reír.

—¡Ahora estoy aquí como intermediaria! —gritó—. ¿Cuánto quieres por ella?

—Bueno, hermana, sabes perfectamente cómo son las cosas. En nuestra profesión, compramos barato, pero vendemos caro. Además, mira cuán famosa ha sido en los últimos años. ¿Existe alguien en la capital que no ha haya escuchado hablar de la Reina de las Flores? ¿Cómo voy a dejarla ir por unos míseros trescientos o cuatrocientos taels? No, quiero al menos mil.

—Déjame irme y se lo diré —dijo la señora Liu—. Si él está dispuesto a pagar tanto, regresaré. Si no, no vendré.

Entonces, cuando se incorporaba para marcharse preguntó:

—¿Dónde está la chica hoy?

La señora Wang suspiró.

—Desde que Wu la insultó aquel día, —dijo— tiene miedo de que vuelva a causar más problemas; por eso cada día va en el palanquín a diferentes casas a quejarse. Anteayer fue adonde vivía el mariscal Qi; ayer a casa del académico Huang. El Cielo sabe dónde está hoy.

—Si te decides y eres dura con ella, no le quedará más remedio

了你老人家做主，按定了坐盘星，也不容侄女不肯。万一不肯时，做妹子自会劝他。只是寻得主顾来，你却莫要捉班做势。"九妈道："一言既出，并无他说。"九妈送至门首。刘四妈叫声咭噪，上轿去了。这才是：

数黑论黄雌陆贾，说长话短女随何。

若还都像虔婆口，尺水能兴万丈波。

刘四妈回到家中，与美娘说道："我对你妈妈如此说，这般讲，你妈妈已自肯了。只要银子见面，这事立地便成！"美娘道："银子已曾办下，明日姨娘千万到我家来，玉成其事。不要冷了场，改日又费讲。"四妈道："既然约定，老身自然到宅。"美娘别了刘四妈，回家一字不题。次日午牌时分，刘四妈果然来了。王九妈问道："所事如何？"四妈道："十有八九，只不曾与侄女说过。"四妈来到美娘房中，两下相叫了，讲了一回说话。四妈道："你的主儿到了不曾？那话儿在那里？"美娘指着床头道："在这几只皮箱里。"美娘把五六只皮箱一时都开了，五十两一封，搬出十三四封来，又把些金珠宝玉算价，足勾千金之数。把个刘四妈惊得眼中出火，口内流涎，想道："小小年

que acceder —sentenció la señora Liu—. De lo contrario, yo la convenceré. Pero no dificultes las cosas ahora, si el hombre está dispuesto.

—Te he dado mi palabra —subrayó la señora Wang—. No me retractaré.

Acto seguido acompañó a su amiga hasta la puerta y la señora Liu tras despedirse apresuradamente subió al palanquín y se marchó.

Una vez en casa, la señora Liu le dijo a Yaoqin:

—Bueno, he convencido a tu señora. Ha dado su consentimiento. Tan pronto como reúnas la plata, el asunto quedará zanjado.

—La plata está lista —respondió Yaoqin—. ¿Me promete que irá a la casa mañana, tía, para sellar el acuerdo? Tenemos que golpear mientras el hierro está caliente.

—Como todo está arreglado sin duda alguna, allí estaré —prometió la señora Liu.

Entonces Yaoqin se despidió y volvió a casa, pero no le dijo una sola palabra de la conversación a nadie.

Al mediodía, el día siguiente llegó la señora Liu.

—¿Qué hay del asunto? —interrogó la señora Wang.

—Es casi un 90 por ciento seguro, pero no he hablado aún con la muchacha.

La señora Liu se dirigió a la habitación de Yaoqin y, luego de saludarse y conversar durante un buen rato, preguntó:

—¿Apareció tu hombre? ¿Dónde está el dinero?

—En esos cofres de piel.

Yaoqin señaló a la cabecera de su cama, luego abrió cinco o seis y sacó 13 o 14 paquetes con 50 taels de plata cada uno. Con el oro, las gemas y el jade que le mostró, no tenía menos de mil taels.

A la señora Liu le brillaban los ojos y la boca se le hacía agua.

"¡Qué inteligente es la joven para su edad!", pensaba. "¿Cómo

纪，这等有肚肠！不知如何设法，积下许多东西？我家这几个粉头，一般接客，赶得着他那里！不要说不会生发，就是有几文钱在荷包里，闲时买瓜子磕，买糖儿吃，两条脚布破了，还要做妈的与他买布哩。偏生九阿姐造化，讨得着，年时赚了若干钱钞，临出门还有这一主大财，又是取诸宫中，不劳余力。"这是心中暗想之语，却不曾说出来。美娘见刘四妈沉吟，只道他作难索谢，慌忙又取出四匹潞绸，两股宝钗，一对凤头玉簪，放在桌上，道："这几件东西，奉与姨娘为伐柯之敬。"刘四妈欢天喜地对王九妈说道："侄女情愿自家赎身，一般身价，并不短少分毫，比着孤老赎身更好。省得闲汉们从中说合，费酒费浆，还要加一加二的谢他！"

王九妈听得说女儿皮箱内有许多东西，到有个怫然之色。你道却是为何？世间只有鸨儿的狠，做小娘的设法些东西，都送到他手里，才是快活。也有做些私房在箱笼内，鸨儿晓得些风声，专等女儿出门，撅开锁钥，翻箱倒笼取个罄空。只为美娘盛名之下，相交都是大头儿，替做娘的挣得钱钞，又且性格有些古怪，等闲不敢触犯。故此卧房里面，鸨儿的脚也不挪进去。谁知他如此有钱。刘四

se las arregló para ahorrar tanto dinero? Las chicas de mi casa también reciben invitados y ninguna de ellas ha acercado a semejante cantidad. Tan pronto como tienen algo de dinero en el bolsillo, se lo gastan en nueces y dulces en vez de ahorrarlo. Si las vendas de los pies están desgastadas, yo tengo que comprarles nuevas. La señora Wang tuvo mucha suerte de tener una chica como ella. ¿Quién podría traer tanto dinero y ahorrar tanto para pagar su libertad? ¡Aquí está todo listo!".

Yaoqin adivinó lo que estaba pensando la señora Liu, y rápidamente sacó cuatro rollos de seda de Luzhou, dos horquillas enjoyadas y dos horquillas de fénix de jade.

—Aquí tiene unos regalos para usted, tía —apuntó la joven, colocándolos sobre la mesa—. Tengo que agradecerle por ser mi intermediaria.

Radiante de alegría, la señora Liu fue a ver a la señora Wang.

—Ella quiere redimirse por su cuenta por la cantidad que fijaste, ni un centavo menos —anunció—. Esto es mejor que si un hombre la compra porque significa que no hay intermediarios pidiendo vino y té, a quienes hay que pagarles el uno o dos por ciento del precio.

Sin embargo, la Sra. Wang se enfadó bastante al saber que la chica tenía tanto dinero en sus maletas. El hecho es que estas alcahuetas solo están contentas cuando todos los extras que hacen sus chicas llegan a su poder. Si sospechan que una chica tiene un tesoro privado, esperan hasta que salga, abren la puerta y saquean su habitación. Como Yaoqin era famosa y sus amigos eran todos hombres importantes y como ella le reportaba mucho dinero a su señora y tenía muy mal genio, la señora Wang habían intentado no ofenderla. Por esta razón, nunca había entrado a la habitación de Yaoqin y por eso ignoraba el hecho de que la chica hubiese reunido tanto dinero.

妈见九妈颜色不善，便猜着了，连忙道："九阿姐，你休得三心两意。这些东西，就是侄女自家积下的，也不是你本分之钱。他若肯花费时，也花费了。或是他不长进，把来津贴了得意的孤老，你也那里知道！这还是他做家的好处。况且小娘自己手中没有钱钞，临到从良之际，难道赤身赶他出门？少不得头上脚下都要收拾得光鲜，等他好去别人家做人。如今他自家拿得出这些东西，料然一丝一线不费你的心。这一主银子，是你完完全全鳌在腰胯里的。他就赎身出去，怕不是你女儿？倘然他挣得好时，时朝月节，怕他不来孝顺你？就是嫁了人时，他又没有亲爹亲娘，你也还去做得着他的外婆，受用处正有哩。"只这一套话，说得王九妈心中爽然。当下应允。刘四妈就去搬出银子，一封封兑过，交付与九妈，又把这些金珠宝玉，逐件指物作价。对九妈说道："这都是做妹子的故意估下他些价钱。若换与人，还便宜得几十两银子。"王九妈虽同是个鸨儿，到是个老实头儿，凭刘四妈说话，无有不纳。

　　刘四妈见王九妈收了这主东西，便叫亡八写了婚书，交付与美儿。美儿道："趁姨娘在此，奴家就拜别了爹妈出门，借姨娘家住一两日，择吉从良，未知姨娘允否？"刘

La señora Liu comprendía la ofuscación en el rostro de la señora Wang.

—¡Ahora, hermana, tienes que cumplir tu palabra! —le recordó—. Esos son sus propios ahorros, no es dinero que tuviese que llegar a tus manos. Ella pudo haberlo gastado todo. Incluso, si hubiese sido una chica mala, se lo habría dado a algún amante y tampoco te habrías percatado. Es muy bueno que lo haya ahorrado. Además, si no hubiese ahorrado ni un centavo, no la dejarías irse de tu casa desnuda, ¿o sí? Antes de que darla en matrimonio tienes que vestirla decentemente. Sin embargo, ahora que ella se encarga de todo esto, tengo la certeza de que no te pedirá ni un céntimo. Puedes quedarte con toda esa suma y, aunque se va a casar, seguirá siendo tu hija. Si le va bien, te mandará regalos en las fiestas y, como no tiene padres, serás la suegra de su esposo. Habrá muchas cosas buenas para ti.

Consolada por este razonamiento, la señora Wang dio su consentimiento. A continuación, la señora Liu trajo la plata y la pesó paquete por paquete y se la entregó a la señora Wang. Hecho esto, pasó a comprobar el valor de las piezas de oro y jade, así como de las joyas.

—Estoy apreciándolas a la baja intencionadamente —le comunicó a la señora Wang— para que cuando las venda le den unas docenas de taels más.

Pese a ser una alcahueta, la señora Wang era muy honesta y no puso ningún reparo a los cálculos que hacía su amiga. Cuando la Sra. Liu vio que ya la tenía de su parte, le pidió a la alcahueta que redactara un acuerdo matrimonial para Yaoqin.

—Será mejor que me despida de mi señora y me marche con usted, tía —dijo la chica—. ¿Podría quedarme con usted un par de días hasta que hayamos elegido una fecha de buen augurio para la boda?

四妈得了美娘许多谢礼,生怕九妈翻悔,巴不得美娘出了他门,完成一事,说道:"正该如此!"当下美娘收拾了房中自己的梳台拜匣,皮箱铺盖之类,但是鸨儿家中之物,一毫不动。收拾已完,随着四妈出房,拜别了假爹假妈,和那姨娘行中,都相叫了。王九妈一般哭了几声。美娘唤人挑了行李,欣然上轿,同刘四妈到刘家去。四妈出一间幽静的好房,顿下美娘行李,众小娘都来与美娘叫喜。是晚,朱重差莘善到刘四妈家讨信,已知美娘赎身出来。择了吉日,笙箫鼓乐娶亲。刘四妈就做大媒送亲,朱重与花魁娘子花烛洞房,欢喜无限。

　　次日,莘善老夫妇请新人相见,各各相认,吃了一惊。问起根由,至亲三口,抱头而哭。朱重方才认得是丈人、丈母。请他上坐,夫妻二人,重新拜见。亲邻闻知,无不骇然。是日,整备筵席,庆贺两重之喜,饮酒尽欢而散。三朝之后,美娘教丈夫备下几副厚礼,分送旧相知各宅,以酬其寄顿箱笼之恩,并报从良信息。此是美娘有始有终处。王九妈、刘四妈家,各有礼物相送,无不感激。

Luego de recibir tantos presentes de parte de Yaoqin, la señora Liu no quería que la señora Wang cambiara de parecer y se quedara con la chica. Así que ansiosa por cerrar el trato, accedió a la petición de la joven.

Yaoqin no tardó en empaquetar su neceser, sus joyeros, sus cofres, su cama y otras pertenencias, sin llevarse ni un solo objeto de la señora Wang. Al salir de su habitación con la señora Liu, se despidió de las demás chicas y de su señora, que derramó unas cuantas lágrimas convencionales.

Entonces Yaoqin hizo llevar su equipaje a la silla de manos y se marchó felizmente con la señora Liu, que despejó una buena y tranquila habitación para ella y sus pertenencias. Todas las chicas de la casa de la señora Liu acudieron a felicitarla.

Esa noche, cuando Chong envió a Xin Shan a casa de la señora Liu por noticias, se enteró de que el negocio estaba cerrado. Entonces, con la señora Liu como intermediaria, se eligió un día propicio, se celebró la boda con flautas y tambores y la felicidad de la joven pareja en su noche de bodas era sencillamente inefable.

Al día siguiente, cuando Xin Shan y su esposa fueron presentados a la novia, se asombraron al reconocer a su hija. Cuando hubieron intercambiado sus historias se abrazaron con lágrimas de alegría. Entonces Chong pidió a sus suegros que tomaran asiento para que él y Yaoqin pudieran presentar sus respetos. Todos sus amigos quedaron maravillados y se celebró un banquete para festejar esta doble felicidad.

Tres días después de su boda, Yaoqin le pidió a su esposo enviar regalos a los amigos que habían guardado sus cofres y hacerles saber que ahora estaba casada para demostrarles así su agradecimiento. Igualmente, les envió presents a las señoras Wang y Liu para sa-

满月之后，美娘将箱笼打开，内中都是黄白之资，吴绫蜀锦，何止百计，共有三千余金，都将匙钥交付丈夫，慢慢的买房置产，整顿家当。油铺生理，都是丈人莘公管理。不上一年，把家业挣得花锦般相似，驱奴使婢，甚有气象。

朱重感谢天地神明保佑之德，发心于各寺庙喜舍合殿香烛一套，供琉璃灯油三个月；斋戒沐浴，亲往拈香礼拜。先从昭庆寺起，其他灵隐、法相、净慈、天竺等寺，以次而行。就中单说天竺寺，是观音大士的香火，有上天竺、中天竺、下天竺，三处香火俱盛，却是山路，不通舟楫。朱重叫从人挑了一担香烛，三担清油，自己乘轿而往。先到上天竺来，寺僧迎接上殿，老香火秦公点烛添香。此时朱重居移气，养移体，仪容魁岸，非复幼时面目，秦公那里认得他是儿子。只因油桶上有个大大的秦字，又有汴梁二字，心中甚以为奇。也是天然凑巧，刚刚到上天竺，偏用着这两只油桶。朱重拈香已毕，秦公托出

tisfacción de ambas.

Concluida la luna de miel, Yaoqin abrió sus cofres llenos de oro, plata, finas sedas y bordados de Suzhou y Chengdu, valorados en más de tres mil taels. Yaoqin entregó las llaves de sus cofres a su esposo, quien compró casas y tierra paulatinamente y amplió su negocio, legando la administración de su tienda de aceite a su suegro. En menos de un año, la familia era lo suficientemente rica como para vivir rodeada de una gran servidumbre.

Un día, para expresar su agradecimiento a los dioses, Chong prometió abastecer de velas y aceite durante tres meses a todos los templos y monasterios de la ciudad. También se entregó a la quema de incienso, ofreció oraciones, ayunó y se purificó. Comenzando por el monasterio Zhaoqing, acudió por turno a los monasterios Lingyin, Faxiang, Jingci y Tianzhu.

Ahora, el monasterio Tianzhu, dedicado a la adoración de Guanyin, se compone de tres monasterios: Tianzhu Superior, Tianzhu Medio y Tianzhu Inferior, todos ellos centros de devoción importantes a los que solo se puede llegar escalando montañas y no por barco. Acompañado por un grupo de sirvientes, que transportaban una carga de velas y tres de aceite, Chong partió rumbo a la montaña en palanquín.

Primero, fue al monasterio Tianzhu Superior. Allí fue recibido por los monjes en el salón donde su padre encendía las velas y el incienso. Ahora que era rico y estaba bien alimentado, Chong era todo un hombre apuesto, que había cambiado tanto que el viejo Qin no lo reconoció. En una de las garrafas de aceite, sin embargo, el anciano vio escrita la palabra "Qin" y en la otra "Kaifeng", lo que lo puso a pensar. ¡Qué extraña coincidencia que estas dos garrafas de aceite hayan llegado a este monasterio! Luego de que Chong hubo ofrecido

茶盘，主僧奉茶。秦公问道："不敢动问施主，这油桶上为何有此三字？"朱重听得问声，带着汴梁人的土音，忙问道："老香火，你问他怎么？莫非也是汴梁人么？"秦公道："正是。"朱重道："你姓甚名谁？为何在此出家？共有几年了？"秦公把自己姓名乡里，细细告诉："其年上避兵来此，因无活计，将十三岁的儿子秦重，过继与朱家。如今有八年之远。一向为年老多病，不曾下山问得信息。"朱重一把抱住，放声大哭道："孩儿便是秦重。向在朱家挑油买卖。正为要访求父亲下落，故此于油桶上，写'汴梁秦'三字，做个标识。谁知此地相逢！真乃天与其便！"众僧见他父子别了八年，今朝重会，各各称奇。朱重这一日，就歇在上天竺，与父亲同宿，各叙情节。次日，取出中天竺、下天竺两个疏头换过，内中朱重，仍改做秦重，复了本姓。两处烧香礼拜已毕，转到上天竺，要请父亲回家，安乐供养。秦公出家已久，吃素持斋，不愿随儿子回

el incienso, el anciano Qin trajo una bandeja de té y el monje jefe le ofreció té de la casa. Entonces, el viejo Qin intervino:

—¿Le puedo hacer una pregunta, señor? ¿Por qué ha escrito esas dos palabras en sus garrafas?

—¿Por qué pregunta? —interrogó Chong, muy interesado al escuchar el acento norteño—. ¿Usted también es de Kaifeng?

El anciano respondió que así era. Acto seguido, Chong le preguntó:

—¿Cómo se llama? ¿Por qué se unió a esta orden? Y, ¿cuánto tiempo lleva aquí?

De inmediato, el viejo Qin le dijo su nombre y procedencia.

—Cuando llegué aquí luego de escapar del ejército, no tenía medios de subsistencia —explicó—. Entonces, le di a mi hijo de 13 años de edad en adopción al señor Zhu. Ocho años han pasado desde entonces, pero por mi vejez y mi enfermedad, nunca he dejado la montaña para saber de él.

Chong abrazó al anciano y se echó a llorar.

—¡Yo soy tu hijo! —exclamó—. Solía vender aceite para el señor Zhu y como quería encontrarte, padre, escribí esas dos palabras en las garrafas. ¡Quién habría imaginado que nos encontraríamos aquí! ¡Esto solo puede ser obra del Cielo!

Los monjes se hicieron eco de la exclamación maravillados.

Después de pasar ese día en el monasterio con su padre hablando del pasado, Chong cambió el nombre de sus invocaciones escritas a los dioses de Zhu Chong a Qin Chong. Tras ofrecer incienso en los monasterios Tianzhu Medio y Tianzhu Inferior, regresó para pedirle a su padre que fuera con él a casa. Desafortunadamente, el viejo Qin había vivido tanto tiempo como monje que ya estaba acostumbrado a la práctica de ayunar y no tenía deseos de abandonar el monasterio.

家。秦重道："父亲别了八年，孩儿有缺侍奉。况孩儿新娶媳妇，也得他拜见公公方是。"秦公只得依允。秦重将轿子让父亲乘坐，自己步行，直到家中。秦重取出一套新衣，与父亲换了，中堂设坐，同妻莘氏双双参拜。亲家莘公、亲母阮氏，齐来见礼。此日大排筵席，秦公不肯开荤，素酒素食。次日，邻里敛财称贺。一则新婚，二则新娘子家眷团圆，三则父子重逢，四则秦小官归宗复姓，共是四重大喜。一连又吃了几日喜酒。秦公不愿家居，思想上天竺故处清净出家。秦重不敢违亲之志，将银二百两，于上天竺另造净室一所，送父亲到彼居住。其日用供给，按月送去。每十日亲往候问一次。每一季同莘氏往候一次。那秦公活到八十余，端坐而化，遗命葬于本山。此是后话。

却说秦重和莘氏，夫妻偕老，生下两个孩儿，俱读书成名。至今风月中市语，凡夸人善于帮衬，都叫做"秦小官"，又叫"卖油郎"。有诗为证：

春来处处百花新，蜂蝶纷纷竞采春。
堪爱豪家多子弟，风流不及卖油人。

—Hemos estado separados durante ocho años, —protestó Chong— y durante todo ese tiempo no había podido buscarte. Además, acabo de contraer matrimonio y mi esposa quiere presentar sus respetos a su suegro.

Al viejo Qin no le quedó más remedio que acceder.

Chong llevó a su padre de vuelta en el palanquín mientras él marchaba a su lado a pie. Una vez en casa, le trajo ropa nueva al anciano y le pidió sentarse en la sala mientras él y Yaoqin rendían sus respetos. Los padres de la joven también fueron presentados.

Ese día, se preparó un gran banquete, pero el viejo Qin no tocó ni la carne ni el vino. Al día siguiente, todos sus vecinos trajeron regalos para felicitar a la familia por los cuatro acontecimientos como motivo de felicidad: el matrimonio de Chong, la reunión de la familia de Yaoqin, el reencuentro de Chong con su padre y la recuperación del nombre de la familia Qin. Por tal motivo, estuvieron celebrando durante varios días.

Posteriormente, el anciano Qin decidió regresar a su monasterio y Chong, que no se atrevió a contradecir los designios de su padre, destinó 200 taels para construirle una cabaña allí. Todos los meses, Chong le mandaba provisiones y dinero y cada diez días lo iba a visitar. Por su parte, Yaoqin le hacía la visita a su suegro cuatro veces al año. El viejo Qin vivió más de 80 años y murió en paz un día durante sus ejercicios de yoga. En cumplimiento de su última voluntad, fue enterrado en la montaña cerca del monasterio.

Por su parte, Chong y Yaoqin vivieron felices hasta muy avanzada edad. La pareja tuvo dos hijos que fueron académicos famosos.

Hasta el día de hoy, cuando las cortesanas desean elogiar a un hombre por su consideración, lo llaman "señor Qin" o "vendedor de aceite".

灌园叟晚逢仙女

EL VIEJO JARDINERO

连宵风雨闭柴门，落尽深红只柳存。

欲扫苍苔且停帚，阶前点点是花痕。

这首诗为惜花而作。昔唐时有一处士姓崔，名玄微，平昔好道，不娶妻室，隐于洛东。所居庭院宽敞，遍植花卉竹木。构一室在万花之中，独处于内。童仆都居花外，无故不得辄入。如此三十余年，足迹不出园门。

时值春日，院中花木盛开，玄微日夕徜徉其间。一夜，风清月朗，不忍舍花而睡。乘着月色，独步花丛中，忽见月影下一青衣冉冉而来。玄微惊讶道："这时节那得有女子到此行动？"心下虽然怪异，又说道："且看他到何处去。"那青衣不往东，不往西，径至玄微面前，深深道个

Avasallada por el viento y la torrencial lluvia anoche, mi puerta de madera cerrada permaneció;

Hoy las flores carmesí se han ido, dejando solo al verde sauce;

Cuando he venido a barrer el musgo, petrificado he quedado junto a mi escoba;

Al repasar todos mis pasos, veo cómo los pétalos carmesí que el viento arrastró yacen en el suelo.

Estos versos los escribió un amante de las flores. En la dinastía Tang, vivió en el este de Luoyang un caballero llamado Cui Xuanwei, devoto ferviente del taoísmo, quien nunca contrajo matrimonio y llevó vida de ermitaño. En la inmensa propiedad donde se encontraba su morada, sembrada de flores, bambú y árboles, construyó una cabaña donde vivía solo. Sus sirvientes, cuyas habitaciones estaban fuera de este jardín, no podían entrar sin una buena razón. Durante más de 30 años, Cui nunca salió de su jardín. En primavera, cuando los árboles estaban en flor, le gustaba pasear por allí noche y día.

Una fresca noche de luna, que no quería abandonar sus flores para irse a la cama, paseaba solo entre los botones cuando vio la oscura figura de una chica que se deslizaba entre las sombras.

"¿Quién será y qué hace a estas horas de la noche en mi jardín?", se preguntaba. "Veré adónde va".

La chica no se dirigió ni al este o el oeste, sino que fue derecho a donde estaba Cui e hizo una ligera reverencia.

万福。玄微还了礼，问道："女郎是谁家宅眷？因何深夜至此？"那青衣启一点朱唇，露两行碎玉道："儿家与处士相近。今与女伴过上东门，访表姨，欲借处士院中暂憩，不知可否？"玄微见来得奇异，欣然许之。青衣称谢，原从旧路转去。不一时，引一队女子，分花约柳而来，与玄微一一相见。玄微就月下仔细看时，一个个姿容媚丽，体态轻盈，或浓或淡，妆束不一。随从女郎，尽皆妖艳，正不知从那里来的。相见毕，玄微邀进室中，分宾主坐下。开言道："请问诸位女娘姓氏，今访何姻戚，乃得光降敝园？"一衣绿裳者答道："妾乃杨氏。"指一穿白的道："此位李氏。"又指一衣绛服的道："此位陶氏。"遂逐一指示。最后到一绯衣小女，乃道："此位姓石，名阿措。我等虽则异姓，俱是同行姊妹。因封家十八姨，数日云欲来相

Haciendo una reverencia también, Cui preguntó:

—¿De qué casa viene, jovencita? ¿Y qué la trae por aquí a tan altas horas de la noche?

Separando sus rojos labios en una deslumbrante sonrisa, la chica respondió:

—Vivo cerca. Voy con unos amigos a la puerta Este a ver a mi tía y nos gustaría descansar un rato en su patio. ¿Podemos?

Aunque le pareció extraña su repentina aparición, Cui dio su cordial consentimiento. Y la muchacha, después de darle las gracias, regresó por donde había venido, para volver en seguida conduciendo un grupo de muchachas a través de las flores y los sauces. Cuando cada una de ellas saludó a Cui, este vio a la luz de la luna que eran exquisitamente delicadas y de una belleza deslumbrante.

Algunas estaban magníficamente vestidas, mientras que otras iban simplemente vestidas; incluso las doncellas que las atendían eran también encantadoras. El hombre no podía imaginar de dónde habían venido. Después de intercambiar saludos, Cui les invitó a pasar a su habitación y se sentaron.

—¿Puedo preguntarles sus nombres? —interrogó—. ¿Y qué pariente van a visitar que las ha traído a mi humilde residencia?

—Me llamo Yang —declaró la chica vestida de verde—. Ellas son las señoritas Li y Tao —continuó señalando a otras dos chicas vestidas de blanco y rojo, respectivamente.

Así las presentó a todas hasta que llegó a la última y más joven de todas ellas vestida de rojo escarlata y que correspondía al nombre de Shi Acuo[1].

—Aunque llevamos apellidos diferentes, todas somos primas —apuntó la señorita Yang. Y prosiguió:

—Hace varios días, nuestra decimoctava tía Feng[2] aseguró que

看，不见其至。今夕月色甚佳，故与姊妹们同往候之。二来素蒙处士爱重，妾等顺便相谢。"玄微方待酬答，青衣报道："封家姨至。"众皆惊喜出迎。玄微闪过半边观看。众女子相见毕，说道："正要来看十八姨；为主人留坐，不意姨至；足见同心。"各向前致礼。十八姨道："屡欲来看卿等，俱为使命所阻。今乘间至此。"众女道："如此良夜，请姨宽坐，当以一尊为寿。"遂授旨青衣去取。十八姨问道："此地可坐否？"杨氏道："主人甚贤，地极清雅。"十八姨道："主人安在？"玄微趋出相见。举目看十八姨，体态飘逸，言词泠泠有林下风气。近其傍，不觉寒气侵肌，毛骨悚然。逊入堂中，侍女将桌椅已是安排停当，请十八姨居于上席。众女挨次而坐，玄微末位相陪。不一时，众青衣取到酒肴，摆设上来。佳肴异果，罗列满

nos haría la visita, pero aún no ha venido. Como la luna está tan brillante esta noche, decidimos ir nosotras a visitarla. Otra razón para venir es que queríamos aprovechar esta oportunidad para agradecerle su amabilidad.

Antes de que Cui pudiera responder, una de las chicas anunció:

—Ahí está la tía Feng.

Sorprendidas y contentas, salieron a su encuentro, mientras Cui se quedó a un lado observando.

—Íbamos a verte, tía —declararon las chicas cuando hubieron saludado a la recién llegada—. Pero nuestro anfitrión nos pidió que nos sentáramos unos minutos, ¡y ahora has venido! Esto demuestra cómo hemos estado pensando las unas en las otras.

Todas le hicieron una reverencia.

—He querido venir a verlas muchas veces, —respondió la tía— pero siempre me lo ha impedido algún que otro asunto. Hoy he aprovechado un momento libre.

—¡Hace una noche tan bonita! —exclamaron las muchachas—. ¿No quieres sentarte, tía, y dejarnos beber a tu salud?

Acto seguido, ordenaron a las criadas traer vino.

—¿Podemos sentarnos aquí? —preguntó la tía.

—Tenemos un magnífico anfitrión y el lugar es tranquilo —respondió la señorita Yang—. ¿Dónde está nuestro anfitrión?

Cuando Cui se adelantó para saludar a la tía Feng, notó que sus modales eran más bien frescos. Entonces, sintió un poco frío en su presencia. Seguidamente, la invitó a su cabaña, donde las criadas habían puesto la mesa y las sillas en orden, y le pidió que ocupara el asiento de honor. Las chicas se sentaron por orden de antigüedad y Cui ocupó el lugar del anfitrión.

En poco tiempo las doncellas habían traído vino y comida y lle-

案。酒味醇美，其甘如饴，俱非人世所有。此时月色倍明，室中照耀，如同白日。满坐芳香，馥馥袭人。宾主酬酢，杯觥交杂。酒至半酣，一红裳女子满斟大觥，送与十八姨道："儿有一歌，请为歌之。"歌云：

  绛衣披拂露盈盈，淡染胭脂一朵轻。
  自恨红颜留不住，莫怨春风道薄情。

歌声清婉，闻者皆凄然。又一白衣女子送酒道："儿亦有一歌。"歌云：

  皎洁玉颜胜白雪，况乃当年对芳月。
  沉吟不敢怨春风，自叹容华暗消歇。

其音更觉惨切。那十八姨性颇轻佻，却又好酒。多了几杯，渐渐狂放。听了二歌，乃道："值此芳辰美景，宾主正欢，何遽作伤心语！歌旨又深刺干，殊为慢客。须各罚以大觥，当另歌之。"遂手斟一杯递来。酒醉手软，持不甚

nado la mesa de frutas exóticas y otros manjares. El vino era fuerte y dulce como la miel: nada en aquel festín se parecía a la comida terrenal. La luna brillaba tan intensamente que la habitación estaba tan iluminada como si fuera de día y una fragancia embriagadora llenaba el aire. Las invitadas y el anfitrión brindaron entre sí y, después de haber bebido una gran cantidad de vino, la muchacha de rojo llenó una gran copa para su tía ...

—Me gustaría cantar para usted —aseveró.

Mis mejillas están ligeramente enrojecidas,
Mi túnica carmesí, manchada por el rocío cristalino;
Mi belleza se desvanece tan rápido,
Pero, viento cruel, ¡no hablo mal de ti!

Tierna y clara, esta canción entristeció a todos los que la escucharon. Entonces, la muchacha de blanco presentó otra copa a la tía Feng.

—Yo también tengo una canción —dijo.

Mi piel clara como el jade era más blanca que la nieve a la luz de la luna de la primavera pasada,
No me atrevo a culpar a la brisa por mi angustia, sino a lamentar que mi belleza se desvanece lentamente.

Esta canción, aún más triste que la primera, disgustó a la tía Feng, que había bebido unas cuantas copas más y estaba dispuesta a enfadarse por la más mínima tontería.

—En este hermoso entorno y en medio de un exquisito banquete como este, ¿por qué cantar canciones tan deprimentes? —preguntó—. ¡Si van dirigidas a mí, les pido que recuerden sus modales! Las dos cantantes deben beber una gran copa de vino a modo de castigo y cantar otra canción.

Llenó una copa y se dispuso a pasarla; pero como estaba tan

牢,杯才举起,不想袖在箸上一兜,扑碌的连杯打翻。这酒若翻在别个身上,却又罢了,恰恰里尽泼在阿措身上。阿措年娇貌美,性爱整齐,穿的却是一件大红簇花绯衣。那红衣最忌的是酒,才沾滴点,其色便改,怎经得这一大杯酒!况且阿措也有七八分酒意,见污了衣服,作色道:"诸姊妹有所求,吾不畏尔!"即起身往外就走。十八姨也怒道:"小女弄酒,敢与吾为抗耶?"亦拂衣而起。众女子留之不住,齐劝道:"阿措年幼,醉后无状,望勿记怀。明日当率来请罪!"相送下阶。十八姨忿忿向东而去。众女子与玄微作别,向花丛中四散而走。玄微欲观其踪迹,随后送之。步急苔滑,一交跌倒。挣起身来看时,众女子俱不见了。心中想道:"是梦却又未曾睡卧。若是鬼,又衣裳楚楚,言语历历。是人,如何又倏然无影?"胡猜乱想,惊疑不定。回入堂中,桌椅依然,摆设杯盘,一毫已

borracha no sujetó la copa con firmeza. La manga se le enganchó en los palillos y todo el vino se derramó. Si hubiera sido cualquier otra persona no habría importado, pero el vino cayó sobre Acuo, y Acuo era una joven hermosa a la que le gustaban los trajes finos y llevaba un vestido escarlata bordado.

Una sola gota habría dejado una marca en esta seda escarlata, así que ¡cuánto más una copa entera! A Acuo también se le había subido el vino a la cabeza, y al ver su vestido estropeado se sonrojó de ira.

—Puede que tengan que pedirle un favor —declaró—. ¡Pero yo no le tengo miedo!

Y se marchó.

—¡Cómo se atreve a desafiarme, la muy borracha! —replicó furiosa la tía Feng, quien se aprestó a salir corriendo también.

—Acuo es tan joven —suplicaron las otras muchachas, mientras seguían a su tía—. El vino le ha hecho olvidar sus modales, pero, por favor, no se ofenda. La traeremos mañana para que se disculpe.

Sin embargo, en vano instaron a la tía Feng a quedarse. Se marchó hacia el este. Las chicas se despidieron de Cui y se dispersaron entre las flores. Cui se apresuró a seguirlas, deseoso de ver adónde iban, pero resbaló en el suelo musgoso y se cayó, y cuando se puso en pie ya las chicas habían desaparecido.

"No puede haber sido un sueño", reflexionó, "porque aún no me he ido a la cama. Y no pueden haber sido fantasmas porque estaban vestidas apropiadamente y hablaban con claridad. Pero si eran humanos, ¿cómo pudieron desaparecer tan repentinamente?". En su desconcierto, especuló a lo loco.

En su habitación, la mesa y las sillas volvían a estar en sus lugares habituales. No quedaba ni una taza ni un plato del festín, pero el

无，惟觉余馨满室。虽异其事，料非祸祟，却也无惧。

到次晚，又往花中步玩。见诸女子已在，正劝阿措往十八姨处请罪。阿措怒道："何必更恳此老妪？有事只求处士足矣！"众皆喜道："妹言甚善。"齐向玄微道："吾姊妹皆住处士苑中，每岁多被恶风所挠，居止不安。常求十八姨相庇。昨阿措误触之，此后应难取力。处士倘肯庇护，当有微报耳。"玄微道："某有何力，得庇诸女？"阿措道："只求处士每岁元旦，作一朱幡，上图日月五星之文，立于苑东，吾辈则安然无恙矣！今岁已过，请于此月二十一日平旦，微有东风，即立之，可免本日之难。"玄微道："此乃易事，敢不如命。"齐声谢道："得蒙处士慨允，必不忘德！"言讫而别，其行甚疾。玄微随之不及。忽一阵香风过处，各失所在。玄微欲验其事，次日即制办朱幡。候至廿一日，清早起来，果然东风微拂，急将幡竖立

aire estaba lleno de fragancia. Mientras se maravillaba de esto, Cui se dio cuenta de que no podía presagiar ningún mal, así que no tuvo miedo. A la noche siguiente, paseando una vez más entre sus flores, se encontró de nuevo con las muchachas, que instaban a Acuo a ir a disculparse con la tía.

—¿Por qué le piden a esa vieja bruja? —preguntó Acuo, que seguía enfadada—. ¿Por qué no le piden al señor de aquí?

Encantadas con la idea, le dijeron a Cui:

—Todas vivimos en su jardín, señor. Todos los años nos molestan los malos vientos que no nos dejan en paz. En el pasado siempre le pedíamos a la tía Feng que nos protegiera, pero como Acuo la ofendió ayer, es posible que ya no esté dispuesta a ayudarnos. Si nos protege, le devolveremos su amabilidad con lo mejor que podamos.

—¿Qué poder tengo para protegerlas? —preguntó Cui.

—Todo lo que le pedimos —respondió Acuo— es que cada día de Año Nuevo coloque en el extremo este del jardín un estandarte carmesí pintado con el sol, la luna y las estrellas. Así estaremos a salvo. El día de Año Nuevo ya ha pasado, pero si coloca un estandarte el veintiuno de este mes al amanecer, cuando empiece a soplar el viento del este, no tendremos problemas ese día.

—Eso es muy fácil —señaló Cui—. No tengo ningún inconveniente en hacerlo.

—Muchas gracias —dijeron todas al unísono—. Jamás olvidaremos su bondad.

Dicho esto, con una ráfaga de fragancia se fueron tan rápido que Cui no pudo seguirlas.

Al día siguiente, presa de la curiosidad de saber lo que sucedería, Cui preparó el estandarte carmesí. Cuando se levantó temprano en la madrugada del veintiuno, primero corrió, sin duda, un ligero

苑东。少顷，狂风振地，飞沙走石，自洛南一路，摧林折树；苑中繁花不动。玄微方晓诸女者，众花之精也。绯衣名阿措，即安石榴也。封十八姨，乃风神也。到次晚，众女各裹桃李花数斗来谢道："承处士脱某等大难，无以为报。饵此花英，可延年却老。愿长如此卫护，某等亦可收长生。"玄微依其言服之，果然容颜转少，如三十许人，后得道仙去。有诗为证：

洛中处士爱栽花，岁岁朱幡绘采茶。

学得餐英堪不老，何须更觅枣如瓜。

列位莫道小子说风神与花精往来，乃是荒唐之语。那九州四海之中，目所未见，耳所未闻，不载史册，不见经传，奇奇怪怪，跷跷蹊蹊的事，不知有多多少少。就是张华的《博物志》，也不过志其一二；虞世南的行书厨，也包藏不得许多。此等事甚是平常，不足为异。然虽如此，又道是子不语怪，且阁过一边。只那惜花致福，损花折寿，乃见在功德，须不是乱道。列位若不信时，还有一段

viento del este por lo que se apresuró a colocar el estandarte en el lado este del jardín.

Casi inmediatamente, una tormenta de arena asoló la ciudad y muchos árboles en el sur de Luoyang fueron derribados; ¡solo las plantas del jardín de Cui salieron ilesas! Fue entonces cuando Cui se percató de que las chicas eran espíritus florales. Acuo, en su atuendo escarlata era la granada mientras la tía Feng era el espíritu del viento.

La noche siguiente, las hadas de las flores le llevaron flores de melocotón y ciruela para expresarle su agradecimiento.

—Gracias, señor, —afirmaron— por salvarnos. La única forma que tenemos de reciprocar su bondad es trayéndole estas flores. Si come sus pétalos, tendrá una vida prolongada y recuperará su juventud. Si continúa protegiéndonos de esta manera, nosotras también disfrutaremos de una larga vida.

Siguiendo sus consejos, Cui cada vez se veía más joven. Llegó a aparentar un hombre de treinta años. Posteriormente, se hizo inmortal.

El jardinero de Luoyang, que amaba sus flores, levantaba cada año un estandarte carmesí;

Comiendo los pétalos evitaba la muerte y las flores eran su elixir.

No imaginéis, queridos lectores, que este relato sobre los espíritus del viento y de las flores es pura fantasía. En los cuatro mares y los nueve continentes hay muchas maravillas que los ojos de los hombres nunca han visto, los oídos de los hombres nunca han escuchado y los eruditos nunca han registrado en las historias o en la sabiduría clásica.

Sin embargo, podríamos argumentar que, puesto que Confucio evitaba referirse a lo sobrenatural, haríamos bien en evitar también estos temas. Sin embargo, es un hecho que las personas que aman las flores gozan de buena fortuna, mientras que las que dañan las flores

《灌园叟晚逢仙女》的故事,待小子说与列位看官们听。若平日爱花的,听了自然将花分外珍重。内中或有不惜花的,小子就将这话劝他,惜花起来,虽不能得道成仙,亦可以消闲遣闷。

　　你道这段话文出在那个朝代?何处地方?就在大宋仁宗年间,江南平江府东门外长乐村中。这村离城只去三里之远。村上有个老者,姓秋名先,原是庄家出身,有数亩田地,一所草房。妈妈水氏已故,别无儿女。那秋先从幼酷好栽花种果,把田业都撇弃了,专于其事。若偶觅得种异花,就是拾着珍宝,也没有这般欢喜。随你极紧要的事出外,路上逢着人家有树花儿,不管他家容不容,便陪着笑脸,捱进去求玩。若平常花木,或家里也在正开,还转身得快。倘然是一种名花,家中没有的,虽或有,已开过了,便将正事撇在半边,依依不舍,永日忘归。人都叫他

acortan su propia vida.

Dado que la mano de la Providencia se manifiesta aquí, los cuentos sobre flores no pueden ser desechados como una tontería. Si no me cree, querido lector, permítame contarle otra historia sobre un jardinero que conoció a un hada en su vejez.

Los amantes de las flores mostrarán aún más respeto por ellas después de escuchar esta historia, mientras que si hay alguien en el público lector que no ama las flores, espero, por medio de este cuento, convertirlo también en amante de las flores. Pese a que no todo el mundo puede hacerse inmortal, cada uno de nosotros puede encontrar el disfrute en un jardín.

Se preguntará cuándo ocurrieron los acontecimientos narrados en este cuento. La respuesta es la siguiente: durante el reinado del emperador Ren Zong (1023-1063), en la aldea Changle, afuera de la puerta Este de Suzhou. En dicha aldea, que está tan solo a media milla de la ciudad, vivía un anciano llamado Qiu Xian. Descendiente de una familia campesina, tenía una pequeña parcela de tierra y un bohío de paja. Su esposa había muerto y no tenía hijos.

Desde su infancia, a Qiu le gustaba sembrar flores o árboles frutales. De hecho, había dejado de lado la agricultura para dedicarse a la jardinería y cada vez que encontraba una planta exótica era más feliz que si hubiera escogido una joya. Incluso, cuando salía por algún asunto urgente, si veía árboles en flor en una casa, se deslizaba con una sonrisa conciliadora, sin importar si era bienvenido o no. Si solo encontraba plantas comunes o árboles que en ese momento estaban floreciendo en su propio jardín, se marchaba rápidamente; pero si descubría alguna planta exótica que no poseía, o alguna planta que, aun poseyéndola, había dejado de florecer en su jardín, entonces dejaba de lado sus asuntos y se quedaba allí todo el día sin poder

是花痴。或遇见卖花的有株好花，不论身边有钱无钱，一定要买。无钱时便脱身上衣服去解当。也有卖花的知他僻性，故高其价，也只得忍贵买回。又有那破落户晓得他是爱花的，各处寻觅好花折来，把泥假捏个根儿哄他，少不得也买。有恁般奇事！将来种下，依然肯活。日积月累，遂成了一个大园。那园周围编竹为篱，篱上交缠蔷薇、荼䕷、木香、刺梅、木槿、棣棠、金雀，篱边遍下蜀葵、凤仙、鸡冠、秋葵、莺粟等种。更有那金萱、百合、剪春罗、剪秋罗、满地娇、十样锦、美人蕉、山踯躅、高良姜、白蛱蝶、夜落金钱、缠枝牡丹等类，不可枚举。遇开放之时，烂如锦屏。远离数步，尽植名花异卉。一花未谢，一花又开。向阳设两扇柴门，门内一条竹径，两边都结柏屏遮护。转过柏屏，便是三间草堂。房虽草覆，却高爽宽敞，窗槅明亮。堂中挂一幅无名小画，设一张白木卧

despegarse. Por esa razón, lo llamaban el maniático de las flores.

Si Qiu se encontraba con un vendedor de flores con una buena planta, insistía en comprarla tuviera dinero o no. Si no tenía dinero, empeñaba la ropa que llevaba a su espalda.

Algunos vendedores de flores que lo conocían siempre aumentaban el precio de las plantas cuando trataban con él porque sabían que no podía resistirse a comprarlas.

También los vagabundos, que habían perdido todo su dinero, conscientes de su pasión por las flores, rompían ramas de plantas exóticas que habían descubierto y las clavaban en el barro como si tuvieran raíces, para engañarle. Qiu siempre las compraba. Sin embargo, lo más extraño era que cuando Qiu sembraba esas ramas siempre crecían. Y así, día tras días, mes tras mes, construyó un hermoso jardín.

Alrededor de este jardín, Qiu había levantado una cerca de bambú en la que cultivaba rosas trepadoras, brezos, banksias, rosas caninas, hibiscos, cerezos y retamas; mientras que al pie de la cerca cultivaba malvarrosas, bálsamos, peines de gallo, malvas y amapolas, así como dulces de invierno, lirios, lychnis de primavera y otoño, ciclamen, anémonas, rododendro, jengibre silvestre, mariposa blanca, elecampane, convolvulus y otras flores. Parecían un brillante biombo de seda cuando florecían. A pocos pasos de la cerca colocó otras plantas exóticas, de modo que antes de que una flor se desvaneciera otra estaba en flor.

Dentro de la puerta doble del jardín, que daba al sur, había un camino rodeado de bambúes y cipreses que daban sombra. Este conducía a una cabaña de tres habitaciones que, aunque solo tenía un techo de paja, era alta y espaciosa, con grandes ventanas. En el vestíbulo colgaba un pequeño cuadro de un artista desconocido y el

榻。桌凳之类，色色洁净。打扫得地下无纤毫尘垢。堂后精舍数间，卧室在内。那花卉无所不有，十分繁茂，真个四时不谢，八节长春。但见：

梅标清骨，兰挺幽芳。茶呈雅韵，李谢浓妆。杏娇疏雨，菊傲严霜。水仙冰肌玉骨，牡丹国色天香。玉树亭亭阶砌，金莲冉冉池塘。芍药芳姿少比，石榴丽质无双。丹桂飘香月窟，芙蓉冷艳寒江。梨花溶溶夜月，桃花灼灼朝阳。山茶花宝珠称贵，蜡梅花磬口方香。海棠花西府为上，瑞香花金边最良。玫瑰杜鹃，烂如云锦，绣球郁李，点缀风光。说不尽千般花卉，数不了万种芬芳。

篱门外，正对着一个大湖，名为朝天湖，俗名荷花荡。这湖东连吴淞江，西通震泽，南接庞山湖。湖中景致，四时晴雨皆宜。秋先于岸傍堆土作堤，广植桃柳。每

sencillo sofá de madera, la mesa y las sillas estaban impecables. Tampoco había una mota de polvo en el suelo.

Detrás del vestíbulo había dos bonitas habitaciones, una de las cuales era el dormitorio del anciano. Tenía toda clase de flores bajo el sol y todas crecían bien, de modo que cada estación parecía la primavera.

El orgulloso ciruelo, tan arrogante y tieso,
Las tímidas y fragantes orquídeas queridas,
Las frescas y elegantes camelias en flor,
Y la ciruela oscura están aquí.
Crisantemo que desafía la escarcha,
Albarico dulce en la lluvia,
Narciso como jade translúcido,
Desdén de la peonía.
La magnolia brilla junto a los escalones con la exótica granada;
Y el loto dorado junto al estanque es fresco y hermoso.
El hibisco deslumbra junto al arroyo salpicado de perfumada casia;
El peral brilla en la noche,
Al amanecer el melocotón está alegre.
La ciruela de invierno es dulce al olfato,
Y brillante como la seda la rosa,
La primavera parece siempre presente mientras cada estación va y viene.

En ese jardín había más flores y hierbas aromáticas de las que se podían contar.

La puerta de mimbre de Qiu daba al gran lago Chaotian, que unía al río Wusong por el este, al lago Zhenze por el oeste y al lago Pangshan por el sur. Por tanto, la vista era impresionante en todas las estaciones del año, brillara el sol o lloviera.

Aquí Qiu construyó un terraplén que plantó con melocotoneros

至春时，红绿间发，宛似西湖胜景。沿湖遍插芙蓉，湖中种五色莲花。盛开之日，满湖锦云烂熳，香气袭人，小舟荡桨采菱，歌声泠泠。遇斜风微起，偎船竞渡，纵横如飞。柳下渔人，舣船晒网。也有戏鱼的，结网的，醉卧船头的，没水赌胜的，欢笑之音不绝。那赏莲游人，画船箫管鳞集，至黄昏回棹，灯火万点，间以星影萤光，错落难辨。深秋时，霜风初起，枫林渐染黄碧，野岸衰柳芙蓉，杂间白苹红蓼，掩映水际；芦苇中鸿雁群集，嘹呖干云，哀声动人。隆冬天气，彤云密布，六花飞舞，上下一色。那四时景致，言之不尽。有诗为证：

朝天湖畔水连天，不唱渔歌即采莲。
小小茅堂花万种，主人日日对花眠。

y sauces, cuyas flores rojas y hojas verdes en primavera rivalizaban con la belleza del famoso Lago Xihu de Hangzhou. Plantó hibiscos por toda la orilla y lotos de diferentes colores en el agua; cuando estos florecían, todo el lago parecía cubierto por un dosel de seda y el aire se llenaba de fragancia.

Los recolectores de castañas de agua cantaban mientras remaban en sus pequeñas embarcaciones. Los barcos de vela competían entre sí cuando había viento mientras que, bajo los sauces, los pescadores que habían anclado sus barcos extendían sus redes para que se secaran. Algunos pescaban, otros remendaban las redes, se tumbaban a beber en la proa o se retaban a concursos de natación. Sus risas se podían escuchar durante todo el día.

En barcazas pintadas venían los buscadores de placer, asistidos por músicos, para ver los lotos. Cuando volvían a casa al anochecer, miles de linternas se mimetizaban con la luz de las luciérnagas y el reflejo de las estrellas en el agua de tal forma que era imposible distinguir una de otra.

En las postrimerías de otoño, cuando soplaba el frío viento que volvía rojas o amarillas las hojas de los arces, los sauces y los hibiscos marchitos de la orilla contrastaban con la lenteja de agua blanca y la lenteja de agua roja. En tanto, los gritos lastimeros de los gansos salvajes entre los juncos atravesaban el cielo. En pleno invierno, cuando las nubes de nieve se agolpaban unas sobre otras y los copos de nieve caían, todo el paisaje se vestía de blanco. El espectáculo de las cuatro estaciones desafiaba cualquier descripción.

> *En la inmensa extensión del lago Chaotian,*
> *Mientras los niños arrancan los lotos los alegres pescadores cantan;*
> *Una hueste de flores envuelve una pequeña cabaña de paja, cuyo amo en medio de las flores duerme.*

按下散言，且说秋先每日清晨起来，扫净花底落叶，汲水逐一灌溉，到晚上又浇一番。若有一花将开，不胜欢跃。或暖壶酒儿，或烹瓯茶儿，向花深深作揖，先行浇奠，口称花万岁三声，然后坐于其下，浅斟细嚼。酒酣兴到，随意歌啸。身子倦时，就以石为枕，卧在根傍。自半含至盛开，未尝暂离。如见日色烘烈，乃把棕拂蘸水沃之。遇着月夜，便连宵不寐。倘值了狂风暴雨，即披蓑顶笠，周行花间检视。遇有欹枝，以竹扶之。虽夜间，还起来巡看几次。若花到谢时，则累日叹息，常至堕泪。又不舍得那些落花，以棕拂轻轻拂来，置于盘中，时尝观玩。直至干枯，装入净瓮，满瓮之日，再用茶酒浇奠，惨然若不忍释。然后亲捧其瓮，深埋长堤之下，谓之"葬花"。倘有花片，被雨打泥污的，必以清水再四涤净，然后送入湖中，谓之"浴花"。

　　平昔最恨的是攀枝折朵。他也有一段议论，道："凡花一年只开得一度，四时中只占得一时，一时中又只占数

Pero basta ya de esto. La primera tarea del viejo jardinero todos los días era barrer las hojas caídas debajo de sus flores y luego regar cada planta por turno. Por la noche las regaba una vez más. Su alegría era inmensa cuando un árbol estaba a punto de florecer. Calentaba vino o preparaba una tetera, hacía una reverencia y servía una libación mientras pronunciaba tres oraciones por la longevidad del árbol. Hecho esto, se sentaba bajo el árbol y bebía lentamente. Una vez presa de los efectos del vino, comenzaba a cantar. Cuando estaba cansado, se tumbaba bajo el árbol con una piedra como almohada, permaneciendo allí desde que los botones empezaban a abrirse hasta que el árbol estaba en plena floración. Si el sol era fuerte, rociaba las flores con el agua de un batidor. Si la luna brillaba, se quedaba despierto toda la noche. Si se desataba una tormenta, con su sombrero de paja y su capa de fibra, hacía un recorrido de inspección y allí, donde encontraba una rama abatida por el viento, la apuntalaba con bambú. Cuando hacía mal tiempo, se levantaba varias veces por la noche para inspeccionar a sus vástagos.

Cuando las flores se desvanecían, el anciano suspiraba o incluso lloraba, pero no queriendo desprenderse de los pétalos caídos, siempre los barría suavemente con su batidor y los ponía en un plato para poder disfrutarlos hasta que se marchitaban, momento en el que los colocaba en un jarrón limpio. En cuanto el jarrón se llenaba, con una mirada de inefable tristeza, volvía a ofrecer libaciones de té o vino y luego llevaba el jarrón para enterrarlo en el terraplén. A esto lo llamaba "enterrar las flores". Si algún pétalo se manchaba de barro durante un chaparrón, lo lavaba con cuidado y lo esparcía en el lago. A esto lo llamaba "bañar las flores".

El viejo jardinero no soportaba ver que la gente arrancara ramas o flores. Razonaba: "Una planta florece una vez al año y durante

日。他熬过了三时的冷淡，才讨得这数日的风光。看他随风而舞，迎人而笑，如人正当得意之境，忽被催残，巴此数日甚难，一朝折损甚易，花若能言，岂不嗟叹？况就此数日间，先犹含蕊，后复零残，盛开之时，更无多了。又有蜂采鸟啄虫钻，日炙风吹，雾迷雨打，全仗人去护惜他，却反咨意拗折，于心何忍！且说此花自芽生根，自根生本，强者为干，弱者为枝。一干一枝，不知养成了多少年月。及候至花开，供人清玩，有何不美，定要折他！花一离枝，再不能上枝，枝一去干，再不能附干，如人死不可复生，刑不可复赎，花若能言，岂不悲泣！又想他折花的，不过择其巧干，爱其繁枝，插之瓶中，置之席上，或供宾客片时侑酒之欢，或助婢妾一日梳妆之饰，不思客觞可饱玩于花下，闺妆可借巧于人工。手中折了一枝，鲜花就少了一枝。今年伐了此干，明年便少了此干。何如延其性命，年年岁岁，玩之无穷乎？还有未开之蕊，随花而

unos cuantos días en una de las cuatro estaciones. Soporta tres estaciones de abandono por esos mermados días de gloria en los que baila con la brisa y sonríe a todo lo que le rodea como una auténtica favorita de la fortuna.

Sin embargo, con mucha frecuencia la cortan en su mejor momento. Es muy difícil llegar a disfrutar de estos pocos días. Ahora, destruir una planta es demasiado fácil. Si las flores pudieran hablar, ¿no se quejarían? Las flores primero brotan, luego florecen y rápidamente se marchitan. Como resultado, su tiempo de floración es muy corto. Por otra parte, piense en las mariposas, las abejas, los pájaros y los insectos que atacan a la planta, así como en el sol caliente, el viento amargo y la lluvia torrencial. Los hombres deberían proteger las flores de todo esto, ¿cómo pueden tener corazón para arrancarlas? Piense en el tiempo que tarda una planta de semillero en echar raíces, ramas y brotes tiernos antes de poder florecer para el deleite de los hombres. ¿No es el árbol lo suficientemente hermoso? ¿Por qué hay que arrancar sus flores? Piense en que las flores arrancadas y los brotes rotos no pueden ser devueltos a la rama, como los muertos no pueden ser devueltos a la vida o los miembros amputados no pueden ser unidos al cuerpo. Si las plantas pudieran hablar, ¿no hablarían con lágrimas? Algunas personas cortan las hermosas flores solo para ponerlas en sus jarrones y distraer la atención de sus invitados por un momento mientras los festejan o recogen flores exóticas para que a sus concubinas las luzcan en el pelo durante todo el día. Nunca se les ocurre que los invitados pueden ser agasajados en el propio jardín y que las mujeres pueden adornar su cabello con flores artificiales. Un brote roto significa un brote menos en la rama y una rama cortada este año significa una rama menos el próximo año. Pero, ¿por qué no alargar la vida de una planta para poder disfrutarla año tras

去，此蕊竟槁灭枝头，与人之童夭何异？又有原非爱玩，趁兴攀折，既折之后，拣择好歹，逢人取讨，即便与之。或随路弃掷，略不顾惜。如人横祸枉死，无处申冤。花若能言，岂不痛恨？"

他有了这段议论，所以生平不折一枝，不伤一蕊。就是别人家园上，他心爱着那一种花儿，宁可终日看玩。假饶那花主人要取一枝一朵来赠他，他连称罪过，决然不要。若有傍人要来折花者，只除他不看见罢了；他若见时，就把言语再三劝止。人若不从其言，他情愿低头下拜，代花乞命。人虽叫他是花痴，多有可怜他一片诚心，因而住手者，他又深深作揖称谢。又有小厮们要折花卖钱的，他便将钱与之，不教折损。或他不在时，被人折损，他来见有损处，必凄然伤感，取泥封之，谓之"医花"。为这件上，所以自己园中不轻易放人游玩。偶有亲戚邻友要看，难好回时，先将此话讲过，才放进去。又恐秽气触花，只许远观，不容亲近。倘有不达时务的，捉空摘了一花一蕊，那老头便要面红颈赤，大发喉急。下次就打骂

año? También están los botones sin abrir que se arrancan con las flores y están condenados a marchitarse en la rama rota. ¿Acaso esto no es comparable con la muerte de los niños? Algunas personas no aman las flores, sino que las arrancan por capricho, dándolas a quien se las pide o tirándolas sin cuidado al borde del camino. ¿No es esto lo mismo que cuando los hombres son injustamente asesinados y no tienen a nadie que los vengue? Si las flores pudieran hablar, ¿no expresarían su odio?".

Con esta filosofía, Qiu nunca rompió una rama ni dañó una flor en su vida. Cuando admiraba las flores de otros jardines, se quedaba allí de buena gana todo el día; pero si el dueño de la casa se ofrecía a arrancar un ramo o una flor para él, se negaba con horror. Si veía a los hombres recogiendo flores, les rogaba que se detuvieran, y si no le hacían caso, se arrodillaba con gusto ante ellos para salvar la vida de una flor. Aunque la gente le llamaba "el maniático de las flores", a menudo su sinceridad les hacía desistir y, entonces, hacía una reverencia para expresar su agradecimiento.

A los chicos que recogían flores para venderlas, Qiu les pagaba para que dejaran de hacerlo. Pero si arrancaban una flor en su ausencia, se angustiaba mucho cuando lo descubría y sellaba el tallo con barro. A esto lo llamaba "curar a las flores".

Por las razones antes expuestas, Qiu trataba de mantener a la gente fuera de su jardín. Si sus familiares o amigos querían entrar y él no podía negarse, les dejaba bien claro todas sus condiciones antes de dejarlos pasar. También les advertía de que no le gustaba que el aliento humano contaminara las flores y, por tanto, no debían acercarse demasiado a las plantas.

Si por casualidad, algún zoquete cogía una flor o un botón a sus espaldas, el anciano se ponía tan furioso que le prohibía la entra-

他,也不容进去看了。后来人都晓得了他的性子,就一叶儿也不敢摘动。

大凡茂林深树,便是禽鸟的巢穴。有花果处,越发千百为群。如单食果实,到还是小事,偏偏只拣花蕊啄伤。惟有秋先却将米谷置于空处饲之,又向禽鸟祈祝。那禽鸟却也有知觉,每日食饱,在花间低飞轻舞,宛啭娇啼,并不损一朵花蕊,也不食一个果实。故此产的果品最多,却又大而甘美。每熟时就先望空祭了花神,然后敢尝。又遍送左近邻家试新,余下的方鬻,一年到有若干利息。那老者因得了花中之趣,自少至老,五十余年,略无倦意。筋骨愈觉强健。粗衣淡饭,悠悠自得。有得赢余,就把来周济村中贫乏。自此合村无不敬仰,又呼为秋公。他自称为灌园叟。有诗为证:

朝灌园兮暮灌园,灌成园上百花鲜。
花开每恨看不足,为爱看园不肯眠。

da por mucho que el sujeto lo maldijera o lo golpeara. Por eso, con el tiempo, cuando la gente tomó consciencia de cómo era, no se atrevía a tocar ni una sola hoja en su jardín.

Ahora bien, dondequiera que haya arbustos o plantaciones, los pájaros vienen a anidar, especialmente si se encuentran frutas o bayas. Si los pájaros se contentaran con darse un festín con la fruta, el daño sería mínimo, pero lamentablemente también dañaban los brotes y por eso el viejo jardinero esparcía cereales en el suelo para las aves y les rogaba que tuvieran piedad. Los pájaros eran lo suficientemente inteligentes, después de comer hasta saciarse, como para volar bajo, gorjeando entre las flores sin dañar un solo capullo ni tragarse una sola semilla. De ahí que el jardín de Qiu diera más frutos —más grandes y más dulces— que ningún otro.

Cuando la fruta maduraba, miraba al Cielo y ofrecía sacrificios al dios de las flores antes de atreverse a probarla. Igualmente, ofrecía una parte a todos sus vecinos antes de vender el resto de las frutas. Cada año ganaba suficiente dinero para vivir con la venta de las frutas.

Como el anciano habían encontrado la felicidad entre sus flores, cuidó de su jardín durante más de cincuenta años —desde la niñez hasta la vejez sin cansarse de él—. De hecho, con el paso de los años se volvió una persona más saludable y presumía de vestimenta y alimentación sencillas. Cuando le sobraba dinero, ayudaba a los pobres y a los indigentes de su aldea, por lo que todos los aldeanos le respetaban y trataban de él como Maestro Qiu, aunque él siempre se llamaba a sí mismo el Viejo Jardinero.

Desde el amanecer hasta el atardecer cavó, cavó y escardó,
Hasta que su jardín con mil flores resplandeció;
Tan amorosa vigilia mantenía,
Que separarse para dormir de sus plantas no podía.

话分两头。却说城中有一人姓张名委，原是个宦家子弟；为人奸狡诡谲，残忍刻薄。恃了势力，专一欺邻吓舍，扎害良善。触着他的，风波立至，必要弄得那人破家荡产，方才罢手。手下用一班如狼似虎的奴仆，又有几个助恶的无赖子弟，日夜合做一块，到处闯祸生灾，受其害者无数。不想却遇了一个又狠似他的，轻轻捉去，打得个臭死。及至告到官司，又被那人弄了些手脚，反问输了。因妆了幌子，自觉无颜，带了四五个家人，同那一班恶少，暂在庄上遣闷。那庄正在长乐村中，离秋公家不远。一日早饭后，吃得半酣光景，向村中闲走，不觉来到秋公门首。只见篱上花枝鲜媚，四围树木繁翳，齐道："这所在到也幽雅！是那家的？"家人道："此是种花秋公园上，有名叫做花痴。"张委道："我常闻得说庄边有什么秋老儿，种得异样好花。原来就住在此。我们何不进去看看？"家人道："这老儿有些古怪，不许人看的。"张委道："别人或

Llegamos ahora a la segunda parte de nuestra historia. Había en Suzhou un joven cruel, astuto y mezquino llamado Zhang Wei que, nacido en el seno de una familia de funcionarios, se aprovechaba de su posición para enseñorearse de sus vecinos y dañar a gente inocente. Y pobre de aquel que le ofendiera, porque Zhang no se contentaría hasta haber arruinado a la familia del desafortunado.

Sus ayudantes eran tan salvajes como los tigres o los lobos. Además, se hacía acompañar de jóvenes vagabundos siempre dispuestos a ayudarle en sus maldades. Provocaban problemas allá donde iban y los heridos por sus acciones eran incontables. Sin embargo, llegó el día en que Zhang se cruzó con un hombre más poderoso que él, que hizo que lo golpearan hasta casi matarlo. Cuando lo demandó, el enemigo movió los hilos en la corte para que Zhang perdiera el caso. Entonces, acompañado por cuatro o cinco sirvientes y su habitual grupo de jóvenes rufianes, se fue al campo a vivir su humillación. Casualmente, su casa de campo resultó estar en la aldea de Changle, no muy lejos de la vieja cabaña del jardinero.

Un día, paseando medio borracho por el pueblo después de desayunar, Zhang pasó por la puerta del viejo jardinero y le llamaron la atención las hermosas flores de la cerca y el frescor de la arboleda a su alrededor.

—Parece un lugar agradable —comentó—. ¿De quién es?

—Este es el jardín del viejo Qiu, el maniático de las flores —respondió su sirviente.

—¡Ah, sí! —dijo Zhang—. He oído que aquí hay un viejo loco llamado Qiu que cultiva lindas flores. Así que aquí es donde vive. ¿Supongamos que entramos a echar un vistazo?

—El viejo es bastante excéntrico —respondió su criado—. No deja que la gente mire sus flores.

者不肯，难道我也是这般？快去敲门！"那时园中牡丹盛开，秋公刚刚浇灌完了，正将着一壶酒儿，两碟果品，在花下独酌，自取其乐。饮不上三杯，只听得闹闹的敲门响，放下酒杯，走出来开门一看，见站着五六个人，酒气直冲。秋公料道必是要看花的，便拦住门口，问道："列位有甚事到此？"张委道："你这老儿不认得我么？我乃城里有名的张衙内。那边张家庄便是我家的。闻得你园中好花甚多，特来游玩。"秋公道："告衙内，老汉也没种甚好花，不过是桃杏之类，都已谢了。如今并没别样花卉。"张委睁起双眼道："这老儿恁般可恶！看看花儿打甚紧，却便回我没有。难道吃了你的？"秋公道："不是老汉说谎，果然没有。"张委那里肯听，向前叉开手，当胸一搂，秋公站立不牢，踉踉跄跄，直撞过半边。众人一齐拥进。秋公见势头凶恶，只得让他进去，把篱门掩上，随着进来，向花下取过酒果，站在旁边。众人看那四边花草甚多，惟

—Podrá rechazar a otros, —replicó Zhang— pero a mí no puede tratarme así. Ve y llama a la puerta. No me hagas esperar.

En ese preciso momento, las peonías estaban en plena floración y el viejo jardinero, que acababa de terminar de regarlas, se recreaba junto a las flores con una jarra de vino y dos platos de carne dulce. No había terminado su tercera copa cuando oyó que llamaban a la puerta y dejó su bebida para abrirla. Cuando vio a los cinco o seis hombres de pie que olían a licor, temió que quisieran ver las flores.

—¿Qué les trae por aquí, señores? —preguntó, de pie en el portal.

—¿No me conoces, viejo? —preguntó Zhang—. Soy el célebre señor Zhang. Esa finca de allí me pertenece. Al saber que tienes muchas y hermosas flores en tu jardín, hemos venido especialmente a echar un vistazo.

—Vaya, señor, —respondió Qiu— no tengo ningún árbol exótico, solo variedades comunes y corrientes como el melocotón y el ciruelo que han terminaron de florecer. No hay mucho más.

—¡Viejo sinvergüenza! —rugió Zhang con una mirada furiosa—. ¿Cómo puede hacerte daño que echemos un vistazo? ¿Cómo te atreves a decir que no tienes nada? ¿Tienes miedo de que nos comamos tus flores?

—Le estoy diciendo la verdad —insistió Qiu—. Verdaderamente, no hay mucho que ver.

Sin embargo, Zhang no le prestó atención, sino que se adelantó y empujó al anciano con tanta brusquedad que este se tambaleó. Entonces, todos se abalanzaron sobre él. Cuando Qiu vio lo brutales que eran, no pudo hacer otra cosa que cerrar la puerta y seguirlos. Recogió el vino y la carne dulce y se quedó observando a los intrusos.

Vieron que el jardín estaba bien provisto de plantas y que las peonías florecían en todo su esplendor. No se trataba solo de va-

有牡丹最盛。那花不是寻常玉楼春之类,乃五种有名异品。那五种?

黄楼子、绿蝴蝶、西瓜瓤、舞青猊、大红狮头。

这牡丹乃花中之王,惟洛阳为天下第一。有"姚黄"、"魏紫"名色,一本价值五千。你道因何独盛于洛阳?只为昔日唐朝有个武则天皇后,淫乱无道,宠幸两个官儿,名唤张易之、张昌宗,于冬月之间,要游后苑,写出四句诏来,道:

来朝游上苑,火速报春知。

百花连夜发,莫待晓风吹。

不想武则天原是应运之主,百花不敢违旨,一夜发蕊开花。次日驾幸后苑,只见千红万紫,芳菲满目,单有牡丹花有些志气,不肯奉承女主幸臣,要一根叶儿也没有。则天大怒,遂贬于洛阳。故此洛阳牡丹冠于天下。有一只《玉楼春》词,单赞牡丹花的好处。词云:

名花绰约东风里,占断韶华都在此。芳心一片可人怜,春色三分愁雨洗。

玉人尽日恹恹地,猛被笙歌惊破睡。起临妆镜似娇羞,近日伤春输与你。

riedades comunes como "Pabellón de Jade en Primavera", sino que incluían las cinco especies famosas: "Pabellón Amarillo", "Mariposa Verde", "Melón", "Bestia Oscura" y "León Rojo". La peonía es la reina de las flores y las peonías de Luoyang son las mejores del mundo. Una planta de "Amarillo Yao" o "Púrpura Wei" de esa ciudad costaba cinco mil taels en efectivo.

Se preguntará porqué Luoyang tiene las mejores peonías. Es porque Wu Zetian, la emperatriz de la dinastía Tang que tenía dos ministros favoritos llamados Zhang, pensó que les gustaría, un día de invierno, pasear por los terrenos del palacio y, en consecuencia, emitió el siguiente edicto:

Mañana voy a pasear por mi jardín;
Envío un mensaje de inmediato para que el Dios de la Primavera lo sepa.
Pido que todas las flores florezcan en la noche,
Antes de que el viento de la mañana tenga tiempo de soplar.

Como la emperatriz era una soberana designada por el Cielo, las plantas no se atrevieron a desobedecerla. Aquella noche todas empezaron a brotar y a florecer; y al día siguiente, cuando fue a su estancia de recreo, vio que las flores rojas y púrpuras florecían con toda su fragancia. Solo la peonía, demasiado orgullosa para halagar a la emperatriz y a sus favoritos, no había echado ni una hoja. Entonces la emperatriz Wu, muy enfadada, ordenó desterrar a la peonía a Luoyang, y desde entonces las peonías de Luoyang se han convertido en las mejores del mundo. El siguiente verso, ambientado en el "Pabellón de Jade en primavera", elogia a la peonía:

Esta flor, elegante en la brisa, ocupa un lugar de honor en mayo;
Pero teme que su belleza en la lluvia pronto se desvanezca.
La bella muchacha ha suspirado todo el día y ahora, ante su copa,
Se ruboriza al pensar que las peonías superan su belleza.

那花正种在草堂对面，周围以湖石拦之，四边竖个木架子，上覆布幔，遮蔽日色。花本高有丈许，最低亦有六七尺，其花大如丹盘，五色灿烂，光华夺目。众人齐赞："好花！"张委便踏上湖石去嗅那香气。秋先极怪的是这节，乃道："衙内站远些看，莫要上去！"张委恼他不容进来，心下正要寻事，又听了这话，喝道："你那老儿住在我庄边，难道不晓得张衙内名头么？有恁样好花，故意回说没有。不计较就勾了，还要多言，那见得闻一闻就坏了花？你便这般说，我偏要闻。"遂把花逐朵攀下来，一个鼻子凑在花上去嗅。那秋老在傍，气得敢怒而不敢言。也还道略看一回就去，谁知这厮故意卖弄道："有恁样好花，如何空过？须把酒来赏玩。"分付家人快去取。秋公见要取酒来赏，更加烦恼，向前道："所在蜗窄，没有坐处。衙内止看看花儿，酒还到贵庄上去吃。"张委指着地上道：

Las peonías, plantadas frente a la casa del viejo jardinero, estaban rodeadas por las rocas del lago. A su alrededor, había erigido un marco de madera con un toldo de tela para protegerlas del sol. Las plantas tenían entre dos y tres metros de altura y sus magníficas flores, grandes como platos y de colores variados, ofrecían un espectáculo deslumbrante. El grupo de Zhang exclamó con admiración mientras él subía a una roca para embriagarse mejor de la fragancia. Qiu era muy exigente al respecto.

—Apártese, señor —solicitó—. No se suba ahí.

Molesto como estaba con el viejo jardinero por no haberle dejado entrar, Zhang había estado esperando este momento.

—Vives tan cerca de mi casa, ¿y no sabes quién soy? —gritó—. Con este jardín lleno de bellas flores, me dijiste fríamente que no había ninguna. Y ahora, en lugar de agradecer que no me haya ofendido, ¡me dices lo que puedo hacer! ¿Acaso se estropea una flor por olerla? Solo para demostrarte quién es el amo, oleré algunas más.

Tirando de las flores hacia él una por una, empezó a enterrar su nariz en ellas.

El viejo Qiu estaba furioso, pero no se atrevió a decir nada. Pensó que Zhang se iría casi de inmediato; pero el canalla asumió intencionalmente el aire de un conocedor y dijo:

—Flores como estas invitan a una celebración. Bebamos un poco de vino y disfrutemos.

Acto seguido, ordenó a sus hombres traer vino de inmediato.

Cuando el anciano se percató de que Zhang tenían la intención de quedarse a beber allí, se enojó aún más.

—Mi casa es demasiado pequeña —dijo, dando un paso adelante—. No hay lugar para sentarse. Será mejor que mire las flores, señor, y luego beba su vino en su propia casa.

"这地下尽好坐。"秋公道:"地上龌龊,衙内如何坐得?"张委道:"不打紧,少不得有毡条遮衬。"不一时,酒肴取到,铺下毡条,众人团团围坐,猜拳行令,大呼小叫,十分得意。只有秋公骨笃了嘴,坐在一边。

那张委看见花木茂盛,就起个不良之念,思想要吞占他的。斜着醉眼,向秋公道:"看你这蠢老儿不出,到会种花,却也可取。赏你一杯酒。"秋公那里有好气答他,气忿忿的道:"老汉天性不会饮酒,衙内自请。"张委又道:"你这园可卖么?"秋公见口声来得不好,老大惊讶,答道:"这园是老汉的性命,如何舍得卖?"张委道:"什么性命不性命!卖与我罢了。你若没去处,一发连身归在我家,又不要做别事,单单替我种些花木,可不好么?"众人齐道:"你这老儿好造化,难得衙内恁般看顾,还不快些谢恩?"秋公看见逐步欺负上来,一发气得手足麻软,也

—Podemos sentarnos aquí —replicó Zhang, señalando el suelo.

—El suelo está sucio —protestó Qiu—. ¿Cómo puede sentarse ahí?

—No importa —fue la respuesta de Zhang—. Haré que tiendan una alfombra.

Así las cosas, trajeron comida y vino, extendieron una alfombra en el suelo y se sentaron en círculo para jugar al juego de los dedos y beber. Se divertían mucho, mientras Qiu estaba sentado a un lado echando humo.

La belleza de las flores hizo que Zhang concibiera un plan malvado. Estaba decidido a hacer suyo este jardín. Mirando de reojo a Qiu, dijo:

—Jamás pensé que un viejo tonto como tú pudiera cultivar flores. Eso es un mérito tuyo. Toma, bebe una copa de vino conmigo.

El viejo jardinero no estaba de humor para responder amablemente.

—Nunca bebo —gruñó—. Pero no lo detenga por mi culpa.

—¿Venderías el jardín? —preguntó Zhang.

Qiu se dio cuenta de que esto significaba un verdadero problema.

—Este jardín es mi vida —respondió temeroso—. ¿Cómo voy a venderlo?

—¡Tonterías! —gritó Zhang—. Simplemente véndemelo. Si no tienes adónde ir, puedes venir a mi casa. No te pediré nada más que sembrar flores para mí. ¿Qué dices?

—¡Estás de suerte, viejo! —corearon los seguidores de Zhang—. Su señoría está siendo muy bueno contigo. Date prisa y dale las gracias.

Cuando empezaron a presionarle, el viejo jardinero, entumecido por la rabia, volvió la cabeza.

不去睬他。张委道："这老儿可恶！肯不肯，如何不答应我？"秋公道："说过不卖了，怎的只管问？"张委道："放屁！你若再说句不卖，就写帖儿，送到县里去！"秋公气不过，欲要抢白几句，又想一想，他是有势力的人，却又醉了，怎与他一般样见识？且哄了去再处。忍着气答道："衙内总要买，也须从容一日，岂是一时急骤的事。"众人道："这话也说得是，就在明日罢。"此时都已烂醉，齐立起身，家人收拾家伙先去。秋公恐怕折花，预先在花边防护。那张委真个走向前，便要踹上湖石去采。秋先扯住道："衙内，这花虽是微物，但一年间不知废多少工夫，才开得这几朵。不争折损了，深为可惜。况折去不过二三日就谢，何苦作这样罪过！"张委喝道："胡说！有甚罪过！你明日卖了，便是我家之物。就都折尽，与你何干！"把手去推开。秋公揪住死也不放，道："衙内便杀了老汉，这花决不与你摘的。"众人道："这老儿其实可恶！衙内采朵

—¡Qué viejo tonto tan hosco! —gritó Zhang—. ¿Por qué no contestas?

—Le he dicho que no lo vendo. ¿Por qué sigue preguntando?

—¡Maldito seas! Si sigues negándote a vender, te enviaré al yamen con mi tarjeta.

El viejo Qiu, que estaba furioso, quiso responder. Entonces pensó: "Zhang es un hombre poderoso y está borracho. ¿Por qué debería tomarlo en serio? Mejor le doy una respuesta suave".

Así que, tragándose su ira, contestó:

—Debe darme un día para considerarlo, señor. ¿Cómo podría tomar una decisión como esta tan rápido?

—Tiene razón —afirmaron los demás—. Decida mañana.

Para ese entonces ya estaban muy embriagados. Zhang y sus hombres se levantaron para irse mientras los sirvientes recogían los restos del banquete.

Temiendo que pudieran arrancar las flores, Qiu se puso delante de las peonías para protegerlas; y cuando Zhang se adelantó para subir a las rocas, Qiu le tiró de la manga y le dijo:

—Aunque una flor es insignificante, hay que trabajar mucho cada año para ver estas pocas flores; así que es una pena hacerles daño. Y si las arrancas, se marchitan en un par de días. ¿Por qué comete semejante crimen?

—¿Crimen? Estás desvariando —gritó Zhang—. Mañana todo el jardín será mío, así que aunque recoja todas las flores, ¡no es asunto tuyo!

Intentó apartar al viejo jardinero, pero Qiu lo agarró y no lo dejó ir.

—¡Ni aunque me mate, —insistió— no dejaré que arranquen las flores!

—¡Maldito seas, viejo loco! —gritaron los demás—. ¿Qué im-

花儿，值什么大事，妆出许多模样！难道怕你就不摘了？"遂齐走上前乱摘。把那老儿急得叫屈连天，舍了张委，拚命去拦阻。扯了东边，顾不得西首，顷刻间摘下许多。秋老心疼肉痛，骂道："你这班贼男女，无事登门，将我欺负，要这性命何用！"赶向张委身边，撞个满怀。去得势猛，张委又多了几杯酒，把脚不住，翻筋斗跌倒。众人都道："不好了！衙内打坏也！"齐将花撇下，一赶过来，要打秋公。内中有一个老成些的，见秋公年纪已老，恐打出事来，劝住众人，扶起张委。张委因跌了这交，心中转恼，赶上前打得个只蕊不留，撒作遍地，意尤未足，又向花中践踏一回。可惜好花，正是：

老拳毒手交加下，翠叶娇花一旦休。
好似一番风雨恶，乱红零落没人收。

当下只气得个秋公怆地呼天，满地乱滚。邻家听得秋公园中喧嚷，齐跑进来。看见花枝满地狼籍，众人正在行凶，邻里尽吃一惊，上前劝住。问知其故，内中到有两三个是张委的租户，齐替秋公陪个不是，虚心冷气，送出篱

porta que su señoría coja una flor? ¿Por qué haces tanto ruido por nada? ¿Crees que puedes asustarnos para que no las recojamos?

Entonces empezaron a arrancar flores al azar. Gritando de desesperación, el anciano soltó a Zhang e hizo un intento desesperado por detener a los demás, pero cuando bloqueaba el camino por un lado, no podía proteger al otro. Muy pronto muchas de sus peonías habían sido arrancadas.

—¡Bandidos! —maldijo Qiu, cuyo corazón sangraba—. ¡Jugando al tirano aquí! Les haré sufrir por esto.

Qiu arremetió con tanta fuerza contra Zhang, quien estaba borracho, que el matón perdió el equilibrio y cayó de espaldas.

—¡Ayuda! —gritaron sus secuaces—. ¡Su señoría está herido!

Y arrojando sus flores se apresuraron a golpear al jardinero.

Sin embargo, uno de ellos estaba lo suficientemente sobrio como para darse cuenta de que, al ser Qiu un anciano, podrían matarlo fácilmente, así que detuvo a los demás y ayudó a Zhang a levantarse. Pero enfadado y avergonzado por su caída, Zhang empezó a arrancar todas las plantas para que no quedara ni un solo botón, esparciendo por el suelo las flores que luego pisoteó. ¡Infelices flores!

Derribadas y aplastadas por manos malvadas, las tiernas plantas yacen muertas,

Como si una tormenta hubiera dispersado todos sus suaves y rojos pétalos.

El viejo jardinero se revolcaba en el suelo, furioso, clamando al Cielo y la Tierra. Los vecinos que oyeron el alboroto se apresuraron a entrar y, conmocionados al ver el jardín destrozado, instaron a los crueles hombres a detenerse y preguntaron qué había pasado. Algunos de los vecinos que eran arrendatarios de Zhang le pidieron disculpas en nombre de Qiu y se inclinaron ante él obsequiosamente en la puerta.

门。张委道:"你们对那老贼说,好好把园送我,便饶了他。若说半个不字,须教他仔细着。"恨恨而去。邻里们见张委醉了,只道酒话,不在心上。覆身转来,将秋公扶起,坐在阶沿上。那老儿放声号恸。众邻里劝慰了一番,作别出去,与他带上篱门,一路行走。内中也有怪秋公平日不容看花的,便道:"这老官儿真是个忒煞古怪,所以有这样事,也得他经一遭儿,警戒下次。"内中又有直道的道:"莫说这没天理的话!自古道:种花一年,看花十日。那看的但觉好看,赞声好花罢了,怎得知种花的烦难。只这几朵花,正不知费了许多辛苦,才培植得恁般茂盛。如何怪得他爱惜!"

不题众人。且说秋公不舍得这些残花,走向前将手去捡起来看,见践踏得凋残零落,尘垢沾污,心中凄惨,又哭道:"花阿!我一生爱护,从不曾损坏一瓣一叶,那知今日遭此大难!"正哭之间,只听得背后有人叫道:"秋公为何恁般痛哭?"秋公回头看时,乃是一个女子,年约二

—Díganle a ese viejo sinvergüenza —ordenó Zhang— que si entrega el jardín tranquilamente, lo dejaré libre. Pero si se niega de nuevo, que tenga cuidado.

Y se marchó furioso.

Como Zhang estaba borracho, los vecinos no se tomaron en serio sus amenazas, sino que volvieron e hicieron que Qiu, que seguía llorando amargamente, se sentara en los escalones. Luego, tras intentar consolarlo, se marcharon, cerrando la puerta tras ellos. Algunos de ellos, que consideraban que Qiu se había equivocado en el pasado al no dejar entrar a la gente a ver sus flores, dijeron:

—El anciano está un poco mal de la cabeza y por eso pasó esto. Debería tomarlo como una lección.

Por su parte, los vecinos con sentido de la justicia protestaron:

—¿Cómo pueden decir semejante barbaridad? Conocen muy bien el proverbio: Pasa un año cultivando una flor y disfrútala durante diez días. La gente que sencillamente disfruta con ver las flores, ignora el trabajo que dedicó el jardinero. Solo el Cielo sabe el dolor que ha padecido cultivándolas. ¿Cómo lo van a culpar porque le gustan las flores?

Mientras tanto, el Viejo Qiu, aún afligido por sus plantas destrozadas, se puso a recogerlas. Pero al verlas, pisoteadas, esparcidas y manchadas de barro como estaban, sus lágrimas volvieron a brotar.

—¡Mis pobres flores! —gemía—. Las amo demasiado como para dañar un pétalo o una hoja de cualquier planta. ¿Quién iba a pensar que llegarían a esto?

Mientras lloraba, escuchó a alguien preguntar:

—¿Por qué lloras tan amargamente, maestro Qiu?

El anciano se dio la vuelta para ver a una hermosa chica de unos dieciséis años, vestida con sencillez pero con buen gusto. No

八,姿容美丽,雅淡梳妆,却不认得是谁家之女。乃收泪问道:"小娘子是那家?至此何干?"那女子道:"我家住在左近。因闻你园中牡丹花茂盛,特来游玩,不想都已谢了。"秋公题起牡丹二字,不觉又哭起来。女子道:"你且说有甚苦情,如此啼哭?"秋公将张委打花之事说出。那女子笑道:"原来为此缘故。你可要这花原上枝头么?"秋公道:"小娘子休得取笑!那有落花返枝的理?"女子道:"我祖上传得个落花返枝的法术,屡试屡验。"秋公听说,化悲为喜道:"小娘子真个有这术法么?"女子道:"怎的不真?"秋公倒身下拜道:"若得小娘子施此妙术,老汉无以为报,但每一种花开,便来相请赏玩。"女子道:"你且莫拜,去取一碗水来。"秋公慌忙跳起去取水,心下又转道:"如何有这样妙法?莫不是见我哭泣,故意取笑?"又想道:"这小娘子从不相认,岂有耍我之理。还是真

tenía ni idea de quién podía ser y se secó las lágrimas para preguntar:

—¿De dónde viene, jovencita? ¿Qué le trae por aquí?

—Vivo cerca de aquí —aseveró la chica—. He venido porque he oído que sus peonías estaban en flor. No esperaba encontrarlas marchitas.

Ante la mención de las peonías, Qiu se derrumbó de nuevo.

—¿Qué sucede? —preguntó la chica—. ¿Por qué llora así?

Entonces el viejo jardinero le contó cómo Zhang había destruido sus flores.

—Así que esa es la razón —subrayó la chica riendo—. ¿Quiere que las flores vuelvan a sus ramas?

—No se burle de mí, jovencita. ¿Cómo pueden las flores caídas volver a las ramas?

—En nuestra familia sabemos cómo devolver las flores a la rama. Nuestro método siempre tiene éxito.

—¿Realmente pueden hacer eso?

La pena de Qiu comenzó a convertirse en alegría.

—Por supuesto —dijo la muchacha.

—Si haces el milagro, —explicó Qiu con una reverencia— no tendré cómo agradecerle, pero le prometo que siempre que mis flores florezcan le invitaré aquí para que venga a disfrutarlas.

—Deje de inclinarse ante mí —respondió la joven— y traiga un cuenco de agua.

Mientras Qiu se apresuraba a buscar el agua, pensaba: "¿Cómo puede hacer semejante milagro? ¿Se estará burlando de mí porque me ha visto llorar?". Pero luego reflexionó: "No. Nunca he visto a esta joven antes, así que no hay razón por que se burle de mí. Debe ser verdad".

Al volver al jardín, tras llenar apresuradamente el cuenco con

的。"急舀了一碗清水出来。抬头不见了女子,只见那花都已在枝头,地下并无一瓣遗存。起初每本一色,如今却变做红中间紫,淡内添浓,一本五色俱全,比先更觉鲜妍。有诗为证:

　　曾闻湘子将花染,又见仙姬会返枝。
　　信是至诚能动物,愚夫犹自笑花痴。

当下秋公又惊又喜道:"不想这小娘子果然有此妙法。"只道还在花丛中,放下水,前来作谢。园中团团寻遍,并不见影。乃道:"这小娘子如何就去了?"又想道:"必定还在门口。须上去求他,传了这个法儿。"一径赶至门边,那门却又掩着。拽开看时,门首坐着两个老者,就是左右邻家,一个唤做虞公,一个叫做单老,在那里看渔人晒网。见秋公出来,齐立起身拱手道:"闻得张衙内在此无理,我们恰往田头,没有来问得。"秋公道:"不要说起,受了这班泼男女的殴气。亏着一位小娘子走来,用个妙法,救起许多花朵,不曾谢得他一声,径出来了。二位可看见往那一边去的?"二老闻言,惊讶道:"花坏了,有

agua, descubrió que la chica había desaparecido. Sin embargo, las flores estaban de nuevo en sus tallos y no quedaba ni un solo pétalo en el suelo. No obstante, mientras que antes una planta tenía un solo color, ahora el rojo y el púrpura se mezclaban y el pálido y el oscuro se entremezclaban también, con el resultado de que las peonías parecían más hermosas que nunca.

San Han, sabíamos que podías colorear las flores de nuevo,
El hada las devolvió a su rama;
Ya que la fe honesta es hacedora de milagros,
¡No desprecien al Maniático de las Flores ahora!

Sorprendido y encantado, Qiu exclamó:

—Nunca pensé que la joven pudiera hacer algo tan maravilloso.

Pensando que todavía estaba entre las flores, dejó el agua y se adelantó para darle las gracias; pero, aunque buscó por todo el jardín, no la encontró por ninguna parte.

"¿Adónde se habrá ido?", se preguntó. "Debe estar en la puerta. Le imploraré que me enseñe este arte". Corrió hacia la puerta, pero la encontró cerrada y cuando la abrió y miró hacia afuera, vio a dos ancianos sentados, sus vecinos Yu y Shan, quienes veían cómo los pescadores tendían sus redes al sol. Los dos ancianos se pusieron en pie para saludar al viejo jardinero.

—Hemos oído que Zhang Wei estuvo aquí causando problemas —indicaron—. Estábamos en el campo y por eso no pudimos venir a averiguar qué pasaba.

—Sí —señaló Qiu—. Tuve muchos problemas con esos sinvergüenzas. Por suerte, vino una joven que conocía una buena manera de salvar las flores, pero se marchó antes de que pudiera darle las gracias. ¿Vieron por dónde se fue?

—Si las flores están estropeadas, ¿cómo se pueden salvar? —pre-

甚法儿救得？这女子去几时了？"秋公道："刚方出来。"二老道："我们坐在此好一回，并没个人走动，那见什么女子？"秋公听说，心下恍悟道："恁般说，莫不这位小娘子是神仙下降？"二老问道："你且说怎的救起花儿？"秋公将女子之事叙了一遍。二老道："有如此奇事！待我们去看看。"秋公将门拴上，一齐走至花下，看了连声称异道："这定然是个神仙，凡人那有此法力！"秋公即焚起一炉好香，对天叩谢。二老道："这也是你平日爱花心诚，所以感动神仙下降。明日索性到教张衙内这几个泼男女看看，羞杀了他！"秋公道："莫要！莫要！此等人即如恶犬，远远见了就该避之，岂可还引他来？"二老道："这话也有理。"秋公此时非常欢喜，将先前那瓶酒热将起来，留二老在花下玩赏，至晚而别。二老回去，即传，合村人都晓

guntaron sorprendidos los dos ancianos—. ¿Hace cuánto tiempo salió esta chica?

—Hace poco —respondió Qiu.

—Llevamos un buen rato sentados aquí, —aseguraron sus vecinos— y no hemos visto salir a nadie. No puede haber habido ninguna chica.

Entonces Qiu se dio cuenta de la verdad.

—¡En ese caso, debe haber sido un hada! —gritó.

—Cuéntanos cómo salvó las flores —le pidieron los ancianos.

Cuando el viejo jardinero describió lo que había sucedido, declararon:

—¡Qué cosa tan sorprendente! Entremos a ver.

Entraron y Qiu cerró la puerta tras ellos.

—¡Esto debe ser obra de un hada! —exclamaron Yu y Shan tras ver las peonías—. ¡Ningún mortal podría hacer algo así!

Entonces, mientras Qiu quemaba su incienso más selecto y se inclinaba ante el Cielo para expresar su agradecimiento, los dos ancianos afirmaron:

—Tu amor incondicional por las flores debe haber conmovido al hada para bajar a la Tierra. Mañana deberías dejar que los rufianes de Zhang vieran esto para que se sientan completamente avergonzados.

—No, no —respondió el viejo jardinero—. Esos hombres son como perros rabiosos. Lo mejor es evitarlos. ¿Por qué iba a pedirles que volvieran?

Los dos vecinos coincidieron en que llevaba razón en lo que decía.

Como Qiu estaba tan feliz, calentó vino que había estado bebiendo e invitó a Yu y a Shan a disfrutar de las flores hasta el atardecer.

Cuando se fueron, difundieron la noticia y al día siguiente

得，明日俱要来看，还恐秋公不许。谁知秋公原是有意思的人，因见神仙下降，遂有出世之念，一夜不寐，坐在花下存想。想至张委这事，忽地开悟道："此皆我平日心胸褊窄，故外侮得至。若神仙汪洋度量，无所不容，安得有此！"至次早，将园门大开，任人来看。先有几个进来打探，见秋公对花而坐，但分付道："任凭列位观看，切莫要采便了。"众人得了这话，互相传开。那村中男子妇女，无有不至。

　　按下此处，且说张委至次早，对众人道："昨日反被老贼撞了一交，难道轻恕了不成？如今再去要他这园。不肯时，多教些人从，将花木尽打个希烂，方出这气。"众人道："这园在衙内庄边，不怕他不肯。只是昨日不该把花都打坏，还留几朵，后日看看便是。"张委道："这也罢了。少不得来年又发。我们快去，莫要使他停留长智。"众人

todos los habitantes del pueblo lo sabían y querían ver las peonías, pero temían que el viejo jardinero no les dejara. Sin embargo, Qiu era un hombre inteligente. La aparición de la diosa le había llenado de deseos de abandonar el mundo y buscar la verdad. Aquella noche no intentó dormir, sino que se sentó junto a sus flores, sumido en sus pensamientos, hasta que cayó en la cuenta de que él había sido el culpable del problema con Zhang.

"Me lo he buscado yo mismo por egoísmo", decidió. "Si fuera como los dioses, que son bondadosos con todo el mundo, esto nunca habría ocurrido".

Así que a la mañana siguiente abrió de par en par la puerta de su jardín para todos los que quisieran entrar. Los pocos aldeanos que se aventuraron a entrar primero lo encontraron sentado frente a las flores.

—Pueden venir a ver las flores cuando quieran —les dijo Qiu— siempre y cuando no las arranquen.

Tan pronto como se difundió la noticia, todos los hombres y mujeres de la aldea acudieron a su jardín.

A la mañana siguiente, Zhang Wei les comentó a sus lacayos:

—Ayer ese viejo rufián me derribó. ¿Creen que debería dejarlo así? Vayan ahora mismo a exigirle que entregue el jardín. Si se niega, conseguiremos más hombres para destrozar todo el lugar.

—Su jardín está al lado de su residencia —sentenciaron los amigos de Zhang—. No debe preocuparle su negativa, pero fue un error estropear las flores ayer. Debimos haber dejado algunas para disfrutarlas después.

—Eso no importa —señaló Zhang—. El año que viene volverán a crecer. Vayan de inmediato, antes de que se levante y se le ocurra una nueva estratagema.

一齐起身，出得庄门，就有人说："秋公园上神仙下降，落下的花，原都上了枝头，却又变做五色。"张委不信道："这老贼有何好处，能感神仙下降？况且不前不后，刚刚我们打坏，神仙就来？难道这神仙是养家的不成？一定是怕我们又去，故此诌这话来央人传说。见得他有神仙护卫，使我们不摆布他。"众人道："衙内之言极是。"顷刻，到了园门口，见两扇柴门大开，往来男女络绎不绝，都是一般说话。众人道："原来真有这等事！"张委道："莫管他，就是神仙见坐着，这园少不得要的。"湾湾曲曲，转到草堂前，看时，果然话不虚传。这花却也奇怪，见人来看，姿态愈艳，光采倍生，如对人笑的一般。张委心中虽十分惊讶，那吞占念头，全然不改。看了一回，忽地又起一个恶念，对众人道："我们且去。"齐出了园门。众人问道："衙内如何不与他要园？"张委道："我想得个好策在

No habían ido muy lejos cuando escucharon que un hada había aparecido en el jardín de Qiu para restaurar todas las flores rotas en las ramas y que todas sus peonías tenían ahora colores diferentes. Zhang no se lo creyó.

—¿Qué ha hecho ese viejo ladrón para merecer la visita de un hada? —inquirió—. Y esta hada apareció justo después de que le estropeáramos las flores, ¡como si fuera su ama de llaves! No cabe duda de que el viejo se ha inventado esta historia y la ha difundido porque tiene miedo de que volvamos. Quiere hacer creer que está protegido por un poder divino, para que lo dejemos en paz.

Los seguidores de Zhang coincidieron con él, pero al llegar al jardín se encontraron con las puertas dobles abiertas de par en par y hombres y mujeres que entraban a raudales, todos contando la misma historia.

—Al parecer es verdad —afirmaron los hombres de Zhang.

—¡No importa! —refunfuñó el malvado—. No me importa si el hada está sentada ahí, le voy a pedir el jardín.

Mientras caminaban por el sinuoso sendero hacia la cabaña de paja, vieron que las noticias eran ciertas. Además, las flores, por extraño que pareciera, tenían un aspecto más espléndido que nunca ahora que tanta gente había acudido a verlas, y parecían, de hecho, sonreír.

Aunque Zhang se sintió muy desconcertado, no abandonó su plan de hacerse con el jardín; sin embargo, después de mirar a su alrededor durante un breve periodo de tiempo, concibió otro plan malvado.

—Retirémonos ahora —les dijo a sus hombres.

Cuando salieron por la puerta, sus hombres preguntaron:

—¿Por qué no le arrebató el jardín?

—Tengo un plan magnífico —apuntó Zhang—. No hay nece-

此，不消与他说得，这园明日就归于我。"众人道："衙内有何妙算？"张委道："见今贝州王则谋反，专行妖术。枢密府行下文书来，天下军州严禁左道，捕缉妖人。本府见出三千贯赏钱，募人出首。我明日就将落花上枝为由，教张霸到府，首他以妖术惑人。这个老儿熬刑不过，自然招承下狱。这园必定官卖。那时谁个敢买他的？少不得让与我。还有三千贯赏钱哩！"众人道："衙内好计！事不宜迟，就去打点起来。"

当时即进城，写下首状。次早，教张霸到平江府出首。这张霸是张委手下第一出尖的人，衙门情熟，故此用他。大尹正在缉访妖人，听说此事，合村男女都见的，不繇不信。即差缉捕使臣带领几个做公的，押张霸作眼，前去捕获。张委将银布置停当，让张霸与缉捕使臣先行，自己与众子弟随后也来。缉捕使臣一径到秋公园上。那老儿还道是看花的，不以为意。众人发一声喊，赶上前一索捆翻。秋公吃这一吓不小，问道："老汉有何罪犯？望列位说

sidad de discutir con él: el jardín será mío mañana.

—¿Cuál es el plan?

—Wang Ze, el practicante de magia negra de Beizhou, se ha rebelado recientemente, —refirió Zhang— por eso el Ministerio de Asuntos Militares ha ordenado a todas las prefecturas y distritos prohibir la brujería y arrestar a todos los magos. Nuestro distrito ha ofrecido tres mil sartas de efectivo como recompensa a cambio de información sobre los brujos. Por tanto, mañana enviaré a Zhang Ba al yamen a acusar a Qiu de brujería por haber devuelto las flores a sus ramas. El anciano reconocerá su culpa bajo tortura y lo meterán a la cárcel. Luego el jardín se subastará públicamente y ¿quién se atreverá a comprarlo? Con toda certeza, quedará en mis manos y encima me echaré al bolsillo tres mil sartas de efectivo como recompensa también.

Así, fueron directamente a la ciudad para redactar la acusación y, a la mañana siguiente, Zhang Ba fue enviado al yamen de la prefectura a acusar al viejo jardinero. Zhang Ba era el lacayo más astuto de Zhang Wei y conocía muy bien a los funcionarios del yamen.

Como el prefecto de la ciudad estaba deseoso de encontrar magos, cuando se enteró de que toda la aldea había presenciado el milagro, naturalmente creyó la acusación y envió a funcionarios y alguaciles con Zhang Ba a arrestar a Qiu.

Zhang Wei, que había pagado todos los sobornos necesarios, le dijo a Zhang Ba y los alguaciles que fueran delante, que él y sus hombres los seguirían detrás.

Los alguaciles fueron directo al jardín, pero el viejo jardinero pensó que habían venido a ver sus flores y no les prestó atención. Entonces, se abalanzaron sobre él con un grito y lo ataron.

—¿Qué he hecho? —preguntó Qiu aterrorizado—. ¿Por qué me han arrestado?

个明白。"众人口口声声，骂做妖人反贼，不繇分诉，拥出门来。邻里看见，无不失惊，齐上前询问。缉捕使臣道："你们还要问么？他所犯的事也不小，只怕连村人都有分哩。"那些愚民，被这大话一吓，心中害怕，尽皆洋洋走开，惟恐累及。只有虞公、单老，同几个平日与秋公相厚的，远远跟来观看。

且说张委俟秋公去后，便与众子弟来锁园门。恐还有人在内，又检点一过，将门锁上，随后赶上府前。缉捕使臣已将秋公解进，跪在月台上，见傍边又跪着一人，却不认得是谁。那些狱卒都得了张委银子，已备下诸般刑具伺候。大尹喝道："你是何处妖人，敢在此地方上将妖术煽惑百姓？有几多党羽？从实招来！"秋公闻言，恰如黑暗中闻个火炮，正不知从何处起的。禀道："小人家世住于长乐村中，并非别处妖人，也不晓得什么妖术。"大尹道："前日你用妖术使落花上枝，还敢抵赖！"秋公见说到花上，情知是张委的缘故。即将张委要占园打花，并仙女下降之

Maldiciéndolo por mago y rebelde, se lo llevaron a rastras sin darle una explicación. Cuando los vecinos se reunieron consternados para preguntar qué había sucedido, los alguaciles declararon:

—¿Por qué preguntan? Es culpable de un gran delito. ¿Cómo sabremos si ustedes no participaron en él?

En ese momento, los aldeanos tuvieron miedo y se escabulleron para no verse involucrados. Solo Yu, Shan y algunos otros buenos amigos siguieron al viejo jardinero a distancia.

Tras el arresto de Qiu, Zhang vino con sus hombres a cerrar el jardín. Primero, echaron un buen vistazo para ver si quedaba alguien dentro, luego cerraron la puerta y volvieron al yamen. Los alguaciles ya habían ordenado a Qiu que se arrodillara en la plataforma. El viejo jardinero se dio cuenta de que había otro hombre arrodillado a su lado, pero no reconoció al informante. Los carceleros, todos ellos sobornados por Zhang, habían preparado los instrumentos de tortura.

—¿De dónde eres? —gritó el prefecto—. ¿Cómo te atreves a practicar la magia aquí para engañar al pueblo? ¿Cuántos seguidores tienes? ¡Di la verdad ahora!

Esto era como un cañonazo en la oscuridad: el viejo jardinero no sabía quién le había atacado.

—Mi familia ha vivido durante generaciones en la aldea de Changle —declaró—. No soy mago de ningún lugar. No sé nada de magia.

—El otro día, recurriendo a la magia negra, —afirmó el prefecto— hiciste que las flores caídas volvieran a sus ramas. ¿Puedes negar semejante hecho?

Entonces Qiu se dio cuenta de que su acusador debía ser Zhang Wei. Le contó al prefecto cómo el matón había exigido su jardín y pisoteado las flores y cómo había aparecido un hada. El prefecto, sin

事,细诉一遍。不想那大尹性是偏执的,那里肯信,乃笑道:"多少慕仙的,修行至老,尚不能得遇神仙;岂有因你哭,花仙就肯来?既来了,必定也留个名儿,使人晓得,如何又不别而去?这样话哄那个!不消说得,定然是个妖人。快夹起来!"狱卒们齐声答应,如狼虎一般,蜂拥上来,揪翻秋公,扯腿拽脚,刚要上刑。不想大尹忽然一个头晕,险些儿跌下公座,自觉头目森森,坐身不住,分咐上了枷杻,发下狱中监禁,明日再审。

狱卒押着,秋公一路哭泣出来。看见张委,道:"张衙内,我与你前日无怨,往日无仇,如何下此毒手,害我性命!"张委也不答应,同了张霸,和那一班恶少,转身就走。虞公、单老,接着秋公,问知其细,乃道:"有这等冤枉的事!不打紧,明日同合村人,具张连名保结,管你无事。"秋公哭道:"但愿得如此,便好。"狱卒喝道:"这死囚还不走!只管哭什么!"秋公含着眼泪进狱。邻里又寻

embargo, tenía demasiados prejuicios para creerle.

—Muchos hombres practican la religión durante toda su vida con la esperanza de alcanzar la divinidad, —se burló— y aun así no pueden encontrarse con un hada. ¿Por qué habría de aparecérsele un hada solo porque estaba llorando? Si un hada se materializara ante ti, dejaría su nombre para que la gente la conociera, en lugar de desaparecer sin decir nada. ¿A quién crees que engañas? No hay duda, ¡eres un mago! Llévenlo para que lo torturen.

Con un grito de asentimiento, los carceleros se abalanzaron como tigres o lobos, arrojaron a Qiu al suelo, lo agarraron de los tobillos y estaban a punto de torturarlo cuando el prefecto fue presa de tal mareo que casi se cayó de su asiento. Demasiado débil para presidir el tribunal, ordenó que Qiu fuera puesto en la picota y encarcelado hasta el día siguiente, cuando el juicio debía continuar.

Mientras los carceleros se llevaban a Qiu llorando, el anciano vio a Zhang Wei.

—Señor Zhang, —dijo— no le he hecho daño alguno. ¿Por qué hace algo tan cruel para destruirme?

Zhang no pronunció palabra alguna y se marchó con su lacayo Zhang Ba y otros vagabundos.

Para ese entonces, Yu y Shan habían llegado al yamen y estaban al tanto de la acusación.

—¡Esto es una gran injusticia! —exclamaron—. Pero no importa. Mañana, haremos que todos los aldeanos vengan a sacarlo del apuro.

—Eso espero —respondió un lloroso Qiu.

—¡Maldito seas, criminal! —gritaron los carceleros—. ¡Deja de lloriquear y muévete!

Con lágrimas en los ojos, Qiu fue a la cárcel, donde sus vecinos

些酒食，送至门上。那狱卒谁个拿与他吃，竟接来自去受用。到夜间，将他上了囚床，就如活死人一般，手足不能少展。心中苦楚，想道："不知那位神仙救了这花，却又被那厮借此陷害。神仙呵！你若怜我秋先，亦来救拔性命，情愿弃家入道。"一头正想，只见前日那仙女，冉冉而至。秋公急叫道："大仙救拔弟子秋先则个！"仙女笑道："汝欲脱离苦厄么？"上前把手一指，那枷杻纷纷自落。秋先爬起来，向前叩头道："请问大仙姓氏。"仙女道："吾乃瑶池王母座下司花女，怜汝惜花志诚，故令诸花返本。不意反资奸人谗口。然亦汝命中合有此灾，明日当脱。张委损花害人，花神奏闻上帝，已夺其算。助恶党羽，俱降大灾。汝宜笃志修行，数年之后，吾当度汝。"秋先又叩

enviaron vino y comida para él. Sin embargo, los carceleros no se lo dieron, sino que lo consumieron ellos mismos. Por la noche encadenaron al anciano a su jergón, de tal forma que parecía un cadáver viviente, incapaz de moverse ni una pulgada.

—Me pregunto qué hada fue la que salvó mis flores pero le dio a ese matón la oportunidad de calumniarme —suspiró—. ¡Ay, hada! Si te apiadas de mí y me rescatas, dejaré mi casa y entregaré a la religión.

Mientras reflexionaba, el hada que le había visitado el día anterior apareció de nuevo.

—¡Piedad, hada! —gritó Qiu desesperadamente—. ¡Sálveme!

El hada sonrió y le preguntó:

—¿Desea que ponga fin a su agonía?

Y dando un paso adelante lo señaló con un dedo, con lo que sus cadenas se soltaron y cayeron al suelo. El viejo jardinero se arrodilló e hizo una reverencia.

—¿Puedo saber su nombre, hada? —le pidió.

—Soy la Guardiana de las Flores y sirvo a la Emperatriz Celestial en el Paraíso del Oeste —respondió—. Como querías tanto a tus flores, las devolví a su estado anterior sin pensar que esto daría a ese matón la oportunidad de calumniarte. El destino debe haber decretado que sufras esta prueba; pero mañana quedarás en libertad. En cuanto a Zhang Wei, los espíritus de las flores informaron al Emperador Celestial de cómo el desgraciado perjudicó a las flores y conspiró para matarte, y ha muerto. Los lacayos que le ayudaron en sus malvadas acciones también recibieron la visita de las calamidades. Si en el futuro te dedicas a la religión, dentro de unos años vendré para llevarte al Cielo.

El viejo jardinero hizo otra reverencia.

—Por favor, diosa, dígame cómo practicar la religión —imploró.

首道："请问上仙修行之道。"仙子道："修仙径路甚多，须认本源。汝原以惜花有功，今亦当以花成道。汝但饵百花，自能身轻飞举。"遂教其服食之法。秋先稽首叩谢起来，便不见了仙子。抬头观看，却在狱墙之上，以手招道："汝亦上来，随我出去。"秋先便向前攀援了一大回，还只到得半墙，甚觉吃力。渐渐至顶，忽听得下边一棒锣声，喊道："妖人走了，快拿下！"秋公心下惊慌，手酥脚软，倒撞下来，撒然惊觉，元在囚床之上。想起梦中言语，历历分明，料必无事，心中稍宽。正是：

　　　　但存方寸无私曲，料得神明有主张。

且说张委见大尹已认做妖人，不胜欢喜。乃道："这老儿许多清奇古怪，今夜且请在囚床上受用一夜，让这园儿与我们乐罢。"众人都道："前日还是那老儿之物，未曾尽兴。今日是大爷的了，须要尽情欢赏。"张委道："言之有

—Hay muchas maneras —respondió el hada—. Depende de la naturaleza del hombre. Como empezaste amando las flores, alcanzarás la divinidad a través de ellas. Si te alimentas de flores, finalmente podrás volar.

Después de que ella le informara de cómo extraer el alimento de las flores, Qiu se inclinó de nuevo para darle las gracias, pero cuando se levantó ya había desaparecido. Al levantar la cabeza vio que el hada estaba de pie en lo alto del muro de la prisión, desde donde le hizo una seña diciendo:

—Sube y ven conmigo.

Pero cuando el anciano había subido hasta la mitad se sintió agotado. Luego, al llegar a la cima oyó el estruendo de los gongs abajo y los gritos de los hombres:

—¡El mago ha escapado!

El pánico le hizo perder el control y caer de cabeza para despertarse sudando frío en su jergón. Sin embargo, al recordar claramente lo que había pasado en el sueño, la convicción de que todo estaría bien le reconfortó.

El hombre libre de la imperfección egoísta puede estar seguro de la protección celestial.

Mientras tanto, Zhang Wei, que había visto que el prefecto estaba convencido de la culpabilidad de Qiu, estaba exultante.

—El jardinero es un viejo pícaro y astuto, —dijo— pero ahora dejemos que pase una noche en un jergón de la prisión, dejándonos su jardín para que lo disfrutemos.

—El otro día, cuando el jardín aún pertenecía al viejo jardinero, no lo pasamos tan bien —afirmaron sus hombres—. Ahora que es suyo, podemos disfrutarlo a gusto.

—Efectivamente —subrayó Zhang.

理!"遂一齐出城,教家人整备酒肴,径至秋公园上,开门进去。那邻里看见是张委,心下虽然不平,却又惧怕,谁敢多口。且说张委同众子弟走至草堂前,只见牡丹枝头一朵不存,原如前日打下时一般,纵横满地,众人都称奇怪。张委道:"看起来,这老贼果系有妖法的。不然,如何半日上倐尔又变了?难道也是神仙打的?"有一个子弟道:"他晓得衙内要赏花,故意弄这法儿来吓我们。"张委道:"他便弄这法儿,我们就赏落花。"当下依原铺设毡条,席地而坐,放开怀抱恣饮,也把两瓶酒赏张霸到一边去吃。看看饮至日色挫西,俱有半酣之意,忽地起一阵大风,那风好利害:

　　善聚庭前草,能开水上萍。
　　腥闻群虎啸,响合万松声。

　　那阵风却把地下这些花朵吹得都直竖起来,眨眼间俱变做一尺来长的女子。众人大惊,齐叫道:"怪哉!"言还

Así que salieron juntos de la ciudad y ordenaron a los sirvientes que prepararan vino y comida. Marcharon hasta el jardín de Qiu, abrieron la puerta y entraron. Aunque los vecinos se sintieron indignados, tenían demasiado miedo de Zhang como para protestar. Para sorpresa suya, cuando Zhang y sus hombres llegaron a la cabaña de paja, volvieron a encontrar todas las peonías esparcidas por el suelo: ¡no quedaba ni una sola flor en su tallo!

Los hombres quedaron estupefactos ante esta situación y Zhang declaró:

—Parece que el viejo sinvergüenza es mago de verdad. Si no, ¿cómo podrían estas peonías volver a cambiar de estado tan rápidamente? ¿Podría haber sido realmente un hada?

—Él sabía que Su Señoría quería disfrutar de las flores, —sugirió un joven— y por eso nos ha gastado este truco para hacernos sentir tontos.

—Bueno, —dijo Zhang— ya que ha hecho este truco, podemos disfrutar de las flores caídas.

Dicho esto, extendieron la alfombra y se sentaron en el suelo como antes. Bebieron con ganas y le dieron dos botellas más de vino a Zhang Ba como recompensa. Se divirtieron hasta que el sol se ocultó por el oeste y estaban medio borrachos, cuando se levantó un gran viento.

¡Arrojó el viento al césped del patio!
¡Enlodó y estropeó el estanque!
Lanzó al aire el rugido de las bestias,
¡Pinos desgarrados por la tempestad por doquier!

Atrapadas en el viento arremolinado, todas las flores del suelo se transformaron en un abrir y cerrar de ojos en niñas de unos 30 centímetros de alto. Pero antes de que los hombres terminaran de gritar

未毕，那些女子迎风一幌，尽已长大，一个个姿容美丽，衣服华艳，团团立做一大堆。众人因见恁般标致，通看呆了。内中一个红衣女子却又说起话来，道："吾姊妹居此数十余年，深蒙秋公珍重护惜。何意蓦遭狂奴，俗气熏炽，毒手摧残，复又诬陷秋公，谋吞此地。今仇在目前，吾姊妹曷不戮力击之！上报知己之恩，下雪摧残之耻，不亦可乎？"众女郎齐声道："阿妹之言有理！须速下手，毋使潜遁！"说罢，一齐举袖扑来。那袖似有数尺之长，如风翻乱飘，冷气入骨。众人齐叫有鬼，撇了家伙，望外乱跑，彼此各不相顾。也有被石块打脚的，也有被树枝抓番的，也有跌而复起，起而复跌的，乱了多时，方才收脚。点检人数都在，单不见了张委、张霸二人。此时风已定了，天色已昏。这班子弟各自回家，恰像检得性命一般，抱头鼠窜而去。家人喘息定了，方唤几个生力庄客，打起火把，

de asombro, las muchachas se agitaron en el viento hasta alcanzar el tamaño de seres humanos. Formaron un grupo de hermosas damas en magníficos vestidos que deslumbraron a los hombres con su espectacular belleza. De repente, la chica de rojo comenzó a hablar.

—Hemos permanecido aquí durante muchos años, —declaró— y hemos sido bien atendidas por el Maestro Qiu. Nunca imaginamos que llegaría el día en que los rufianes nos contaminarían con su aliento fétido, nos maltratarían con sus manos crueles, ni que presentarían una acusación falsa contra el maestro Qiu y conspirarían para apoderarse de este lugar. ¡Ahora tenemos a nuestros enemigos frente a nosotras! ¡Caigamos sobre ellos para retribuir la bondad de nuestro amigo y vengar el cruel insulto del que hemos sido víctimas!

—Tienes razón —respondió el resto—. No debemos perder tiempo, de lo contrario pueden huir.

Luego, levantando los brazos, se lanzaron hacia adelante y sus largas mangas, ondeando como banderines al viento, provocaron escalofríos en los hombres.

—¡Fantasmas! ¡Fantasmas!

Gritaron los hombres. Y arrojando sus copas huyeron confundidos sin pensar en los demás. Tropezaron con las rocas, las ramas de los árboles arañaron sus rostros, resbalaron, cayeron y se levantaron tambaleándose para volver a caer. Luego de varios minutos sumidos en la confusión, pasaron revista y descubrieron que Zhang Wei y su lacayo Zhang Ba habían desaparecido. El viento ya había amainado y, con la cabeza baja, corrieron a casa como conejos a través de la penumbra, agradecidos de haber escapado con vida. Cuando los criados se recuperaron de su alarma, pidieron a algunos jóvenes inquilinos audaces que volvieran con antorchas a buscar a los hombres desaparecidos. Al volver al jardín escucharon gemidos

覆身去抓寻。直到园上，只听得大梅树下有呻吟之声。举火看时，却是张霸被梅根绊倒，跌破了头，挣扎不起。庄客着两个先扶张霸归去。众人周围走了一遍，但见静悄悄的万籁无声。牡丹棚下，繁花如故，并无零落。草堂中杯盘狼籍，残羹淋漓。众人莫不吐舌称奇。一面收拾家火，一面重复照看。这园子又不多大，三回五转，毫无踪影。——难道是大风吹去了？女鬼吃去了？正不知躲在那里。延捱了一会，无可奈何，只索回去过夜，再作计较。

方欲出门，只见门外又有一伙人，提着行灯进来。不是别人，却是虞公、单老，闻知众人遇鬼之事，又闻说不见了张委，在园上抓寻，不知是真是假，合着三邻四舍，进园观看。问明了众庄客，方知此事果真，二老惊诧不已。教众庄客且莫回去，"老汉们同列位还去抓寻一遍。"众人又细细照看了一下，正是兴尽而归，叹了口气，齐出园门。二老道："列位今晚不来了么？老汉们告

que salían de debajo de un gran ciruelo. Cuando levantaron sus antorchas para mirar, descubrieron a Zhang Ba, tumbado contra el tronco del árbol, con una cabeza fracturada, incapaz de levantarse. Dos de los inquilinos le ayudaron a regresar a casa mientras el resto buscaba en el jardín. Paradójicamente, lo encontraron todo tranquilo y silencioso. Las peonías bajo su toldo florecían como antes —no había ni una sola flor destrozada—. Sin embargo, copas y platos ensuciaban la cabaña, donde habían derramado vino por todas partes. Con la boca abierta, recogieron los utensilios y comenzaron a buscar de nuevo. El jardín no era muy grande, así que lo recorrieron tres o cuatro veces sin encontrar ningún rastro alguno de Zhang Wei.

—¿Se lo habrá llevado el viento o se lo habrán comido las hadas? —se preguntaron—. ¿Qué habrá sido de él?

Después de dar vueltas durante un cierto tiempo, como no podían hacer nada, decidieron volver a casa para pasar la noche y hacer una nueva búsqueda al día siguiente. Sin embargo, al llegar a la puerta se encontraron con otro grupo de hombres con linternas que entraba al jardín. Eran el viejo Yu, Shan y otros vecinos que venían a comprobar si era cierto que Zhang Wei y sus hombres se habían encontrado con fantasmas, que Zhang Wei había desaparecido y que una partida de búsqueda estaba en marcha.

Cuando los arrendatarios les aseguraron que efectivamente ese era el caso, los ancianos quedaron sorprendidos.

—No se vayan todavía —imploraron—. Les ayudaremos a buscar una vez más.

Hicieron otra búsqueda cuidadosa, solo para decepcionarse de nuevo. Los arrendatarios se dirigían a la puerta, suspirando, cuando Yu y Shan indicaron:

—Si no van a volver esta noche, ¿podemos cerrar la puerta? Es

过,要把园门落锁。没人看守得,也是我们邻里的干系。"此时庄客们,蛇无头而不行,已不似先前声势了,答应道:"但凭,但凭。"两边人犹未散,只见一个庄客在东边墙角下叫道:"大爷有了!"众人蜂拥而前。庄客指道:"那槐枝上挂的,不是大爷的软翅纱巾么?"众人道:"既有了巾儿,人也只在左近。"沿墙照去,不多几步,只叫得声:"苦也!"原来东角转湾处,有个粪窖,窖中一人,两脚朝天,不歪不斜,刚刚倒插在内。庄客认得鞋袜衣服,正是张委。顾不得臭秽,只得上前打捞起来。虞、单二老暗暗念佛,和邻舍们自回。众庄客抬了张委,在湖边洗净。先有人报去庄上,合家大小,哭哭啼啼,置备棺衣入殓,不在话下。其夜,张霸破头伤重,五更时亦死。此乃作恶的见报,正是:

两个凶人离世界,一双恶鬼赴阴司。

nuestro deber vigilar aquí.

Para entonces, habiendo perdido a su líder, los hombres de Zhang parecían serpientes sin cabeza. Desaparecida toda su fanfarronería respondieron:

—Por supuesto, por supuesto.

Justo cuando se marchaban, un arrendatario llamó desde rincón este de la cerca:

—¡He encontrado al maestro!

Y todos se apresuraron a acercarse. El arrendatario señaló hacia arriba.

—¿No es ese el gorro de gasa de suaves solapas del maestro que cuelga de la rama del fresno? —interrogó.

—Si el gorro está aquí, su dueño debe estar cerca —gritaron los demás.

Pero no habían avanzado más que unos pocos pasos a lo largo de la cerca, cuando uno de ellos exclamó horrorizado.

De la fosa séptica en el rincón este, sobresalía un hombre boca abajo. Por los zapatos, los calcetines y las prendas inferiores pudieron saber que se trataba de Zhang. A pesar de la suciedad, los arrendatarios sacaron el cuerpo, mientras Yu y Shan, agradeciendo en secreto a los dioses, se marcharon con los demás vecinos.

Algunos de los hombres de Zhang llevaron su cadáver al lago para lavarlo mientras otros fueron a casa para informar a su familia, que lloró y se lamentó mientras preparaba la ropa para el funeral. Esa misma noche, la fractura en el cráneo de Zhang Ba resultó ser fatal y murió justo antes del amanecer. De esta forma, los dos malhechores fueron castigados.

> *Dos bribones se han despedido del mundo,*
> *¡Dos fantasmas malvados se han ido al infierno!*

次日，大尹病愈升堂，正欲吊审秋公之事，只见公差禀道："原告张霸同家长张委，昨晚都死了。"如此如此，这般这般。大尹大惊，不信有此异事。须臾间，又见里老乡民，共有百十人，连名具呈前事，诉说秋公平日惜花行善，并非妖人。张委设谋陷害，神道报应，前后事情，细细分剖。大尹因昨日头晕一事，亦疑其枉，到此心下豁然。还喜得不曾用刑。即于狱中吊出秋公，当堂释放。又给印信告示，与他园门张挂，不许闲人侵损他花木。众人叩谢出府。秋公向邻里作谢，一路同了虞单二老，开了园门，同秋公进去。秋公见牡丹茂盛如初，伤感不已。众人治酒，与秋公压惊。秋公又答席，一连吃了数日酒席。

闲话休题。自此之后，秋公日饵百花，渐渐习惯，遂谢绝了烟火之物。所鬻果实钱钞，悉皆布施。不数年间，

Al día siguiente, el prefecto se sintió lo suficientemente bien como para presidir el tribunal; y estaba a punto de volver a juzgar al viejo jardinero cuando un alguacil le contó que el informante, Zhang Ba, y su amo, Zhang Wei, habían muerto la noche anterior. El prefecto no podía creer este nuevo milagro hasta que llegaron más de cien campesinos y ancianos de la zona con una petición conjunta en la que se afirmaba que Qiu no era un mago, sino un amante de las flores que hacía buenas acciones, y que Zhang Wei había sido castigado por el Cielo por acusar falsamente al viejo jardinero. Ellos explicaron y dieron cuenta de todo el asunto.

El mareo del prefecto el día anterior le había hecho sospechar que se había cometido una injusticia, y ahora vio la verdad. Tras ordenar la liberación inmediata de Qiu, que afortunadamente aún no había sido torturado, le entregó un aviso con el sello oficial para que lo colgara en la puerta de su jardín, con el fin de evitar que la gente dañara sus plantas.

Los aldeanos expresaron su agradecimiento al prefecto y abandonaron la corte. Después de que Qiu hubo agradecido a todos sus vecinos, se fue a casa con ellos. Yu y Shan abrieron la puerta del jardín y entraron con su amigo. El viejo jardinero, al ver que sus peonías florecían como antes, se emocionó mucho. La alegría reinó durante varios días, pues los vecinos hicieron fiestas para celebrar el regreso de Qiu, y este preparó banquetes para agradecer a todos los que le habían ayudado.

Después de esto, el viejo jardinero se acostumbró a alimentarse de flores hasta que llegó el momento en que pudo prescindir de la comida elaborada. Además, daba como limosna todo el dinero que obtenía en la venta de frutas. Así, en pocos años, su pelo, que había sido blanco, volvió a ser negro y sus mejillas se volvieron tan rubi-

发白更黑,颜色转如童子。一日正值八月十五,丽日当天,万里无瑕。秋公正在花下跌坐,忽然祥风微拂,彩云如蒸,空中音乐嘹亮,异香扑鼻,青鸾白鹤,盘旋翔舞,渐至庭前。云中正立着司花女,两边幢幡宝盖,仙女数人,各奏乐器。秋公一见,扑翻身便拜。司花女道:"秋先,汝功行圆满,吾已奏闻上帝,有旨封汝为护花使者,专管人间百花。令汝拔宅上升。但有爱花惜花的,加之以福,残花毁花的,降之以灾。"秋公向空叩首谢恩讫,随着众仙,登时带了花木一齐冉冉升起,向南而去。虞公、单老和那合村之人都看见的,一齐下拜。还见秋公在云端延头望着众人,良久方没。此地遂改名升仙里,又谓之惜花村。

园公一片惜花心,道感仙姬下界临。
草木同升随拔宅,淮南不用炼黄金。

cundas como las de un joven.

Un año, en el decimoquinto día del octavo mes, Qiu estaba practicando yoga bajo sus flores, bajo un sol brillante y un cielo sin nubes, cuando se levantó una brisa sagrada y las nubes de colores se elevaron como el vapor.

Mientras una agradable música sonaba en el aire y un raro incienso se agitaba desde lo alto, fénix azules y cigüeñas blancas se posaron en su patio y la Guardiana de las Flores apareció en el cielo, rodeada de banderines, toldos y hadas haciendo música. Al divisarla, el viejo jardinero hizo una reverencia.

—Qiu Xian, ha llegado tu hora! —sentenció la diosa—. He solicitado al Emperador Celestial que te nombre Protector de todas las Flores en la Tierra, y debes ir al Cielo ahora con tu casa. Tu tarea será bendecir a los que aman y aprecian las flores y castigar a los que las descuidan y destruyen.

Cuando Qiu le dio las gracias inclinándose hacia el cielo, ascendió a las nubes con las hadas, mientras su casa de paja y su jardín se elevaban lentamente del suelo y flotaban hacia el sur. El viejo Yu, Shan y todos los aldeanos que presenciaron semejante acto se arrodillaron y vieron al viejo jardinero levantar la mano para despedirse de ellos desde las nubes, donde permaneció a la vista durante mucho tiempo. Después de esto, la aldea pasó a llamarse Aldea de las Hadas o Aldea de las Flores.

Fue el amor del jardinero por las flores lo que hizo aparecer a la diosa;
Su jardín se elevó con él al Cielo, ¡sin necesidad de ningún elixir!

钱秀才错占凤凰俦

MATRIMONIO POR PODER

渔船载酒日相随,短笛芦花深处吹。

湖面风收云影散,水天光照碧琉璃。

这首诗是宋时杨备游太湖所作。这太湖在吴郡西南三十余里之外。你道有多少大?东西二百里,南北一百二十里,周围五百里,广三万六千顷。那太湖中七十二峰,惟有洞庭两山最大。东洞庭曰东山,西洞庭曰西山。两山分峙湖中。其余诸山,或远或近,若浮若沉,隐见出没于波涛之间。有元人许谦诗为证:

周回万水入,远近数州环。

南极疑无地,西浮直际山。

三江归海表,一径界河间。

白浪秋风疾,渔舟意尚闲。

那东西两山在太湖中间,四面皆水,车马不通。欲游两山者,必假舟楫,往往有风波之险。昔宋时宰相范成大在湖中遇风,曾作诗一首:

白雾漫空白浪深,舟如竹叶信浮沉。

科头宴起吾何敢,自有山川印此心。

话说两山之人,善于货殖,八方四路,去为商为贾。所以江湖上有个口号,却做"钻天洞庭"。内中单表西洞庭有个富家,姓高名赞,少年惯走湖广,贩卖粮食。后来

Traigo vino aquí todos los días en mi barca de pescador;
Desde la profundidad de los juncos florecidos flotan mis suaves melodías;
El viento se calla en el lago y no navegan las sombras de las nubes,
Tan brillantes como el cristal verde son el agua y el cielo radiante.

Estos versos los escribió Yang Bei de la dinastía Song durante una visita al lago Taihu, a unos 16 km al suroeste de Suzhou. ¿Se preguntará cuán grande es el lago? Mide unos 100 km de este a oeste y aproximadamente 60 de norte a sur; tiene una circunferencia de 250 km y un área de 60.000 acres. Las islas más grandes de las 72 que alberga son Dongting Oriental y Dongting Occidental, que se alzan escarpadas sobre el agua; mientras que los demás islotes, cercanos y lejanos, parecen a veces flotar sobre el lago y a veces haber desaparecido bajo las olas. Dongting Oriental y Dongting Occidental se encuentran en el centro del lago por lo que es necesario tomar un barco y desafiar el viento y las olas para llegar hasta ellas. Sus habitantes son comerciantes hábiles, que venden sus mercancías en todas las partes del país; por eso los mercaderes tienen un dicho que reza: "Los hombres del lago Taihu podrían hacerse con un buen negocio hasta en el Cielo".

Nuestra historia trata de un hombre rico llamado Gao Zan, que vivía en Dongting Occidental. De joven comerciaba cereales en el Sur hasta que finalmente se hizo lo suficientemente rico como para abrir dos casas de empeño y contratar cuatro ayudantes para que las atendieran mientras él vivía cómodamente en su casa. Su esposa, hija

家道殷实了,开起两个解库,托着四个伙计掌管,自己只在家中受用。浑家金氏,生下男女二人,男名高标,女名秋芳。那秋芳反长似高标二岁。高赞请个积年老教授在家馆谷,教着两个儿女读书。那秋芳资性聪明,自七岁读书,至十二岁,书史皆通,写作俱妙。交十三岁,就不进学堂,只在房中习学女工,描鸾刺凤。看看长成十六岁,出落得好个女儿,美艳非常,有《西江月》为证:

面似桃花含露,体如白雪团成。眼横秋水黛眉清,十指尖尖春笋。

袅娜休言西子,风流不让崔莺。金莲窄窄瓣儿轻,行动一天丰韵。

高赞见女儿人物整齐,且又聪明,不肯将他配个平等之人,定要拣个读书君子,才貌兼全的配他,聘礼厚薄到也不论。若对头好时,就赔些妆奁嫁去,也自情愿。有多少豪门富室,日来求亲的。高赞访得他子弟才不压众,貌不超群,所以不曾许允。虽则洞庭在水中央,三州通道,况高赞又是个富家,这些做媒的四处传扬,说高家女子,美貌聪明,情愿赔钱出嫁,只要择个风流佳婿。但有一二分才貌的,那一个不挨风缉缝,央媒说合。说时夸奖得潘安般貌,子建般才。乃至访实,都只平常。高赞被这伙做媒的哄得不耐烦了,对那些媒人说道:"今后不须言三语

de la familia Jin, le dio un hijo al que llamaron Gao Biao, y una hija, Qiufang, que era dos años mayor que su hermano.

Gao Zan contrató a un longevo tutor con experiencia para que enseñara a sus dos hijos. Como Qiufang era una niña inteligente, después de estudiar desde los siete hasta los doce años había leído todos los clásicos y podía escribir excelentes ensayos y poemas. A los trece años abandonó el aula para dedicarse a labores femeninas como la costura y el bordado en su propia habitación. A los dieciséis años era una joven muy bella.

Al ser su hija tan encantadora y talentosa, Gao Zan decidió no casarla con un hombre cualquiera, sino con un caballero y un académico, que debía ser brillante y apuesto. A Gao Zan no le preocupaba la cuantía de los regalos de boda y estaba dispuesto a dar a su hija una buena dote con tal de encontrar la pareja adecuada. Muchos de los miembros de la alta burguesía local enviaron a pedir su mano, pero tan pronto como el señor Gao comprobaba que los pretendientes solo poseían habilidades medias y un aspecto indiferente, los rechazaba a todos.

Como Gao Zan era un hombre rico, las casamenteras difundieron la noticia de la belleza e inteligencia de su hija por todas partes, informando de que el padre estaba incluso dispuesto a perder dinero en el matrimonio con tal de que el yerno fuera guapo e inteligente.

El resultado fue que todos los jóvenes con la menor pretensión de talento o buena apariencia probaron suerte y pidieron a una casamentera que presentara su caso de la forma más favorable posible. Lamentablemente, la mayoría de ellos resultó ser bastante mediocre. Después de ser engañado una y otra vez por las casamenteras, Gao Zan finalmente perdió la paciencia.

—De ahora en adelante, no más conversaciones vacías —decla-

四。若果有人才出众的，便与他同来见我。合得我意，一言两决，可不快当！"自高赞出了这句言语，那些媒人就不敢轻易上门。正是：

> 眼见方为是，传言未必真。
> 试金今有石，惊破假银人。

话分两头。却说苏州府吴江县平望地方，有一秀士，姓钱名青，字万选。此人饱读诗书，广知今古，更兼一表人才。也有《西江月》为证：

> 出落唇红齿白，生成眼秀眉清。风流不在着衣新，俊俏行中首领。
> 下笔千言立就，挥毫四坐皆惊。青钱万选好声名，一见人人起敬。

钱生家世书香，产微业薄，不幸父母早丧，愈加零替。所以年当弱冠，无力娶妻，止与老仆钱兴相依同住。钱兴日逐做些小经纪供给家主，每每不敷，一饥两饱。幸得其年游庠，同县有个表兄，住在北门之外，家道颇富，就延他在家读书。那表兄姓颜名俊，字伯雅，与钱生同庚生，都则一十八岁，颜俊只长得三个月，以此钱生呼之为兄。父亲已逝，止有老母在堂，亦未曾定亲。

说话的，那钱青因贫未娶，颜俊是富家之子，如何一十八岁，还没老婆？其中有个缘故。那颜俊有个好高之病，立誓要拣个绝美的女子，方与他缔姻，所以急切不能成就。况且颜俊自己又生得十分丑陋。怎见得？亦有《西江月》为证：

> 面黑浑如锅底，眼圆却似铜铃。痘疤密摆泡头

ró—. Si encuentras a alguien sobresaliente, tráelo a verme. Entonces podré decir pronto si me conviene o no y nos ahorraremos todas estas molestias.

Después de esto, los intermediarios se lo pensaron dos veces antes de acercarse al Sr. Gao.

Pasemos ahora a un joven académico llamado Qian Qing que vivía en Wujiang, en la prefectura de Suzhou. El chico había estudiado los clásicos, poseía un amplio conocimiento de las cosas antiguas y modernas y era tan guapo como se podía desear. Procedía de una familia pobre de académicos y había tenido la desgracia de perder a sus dos padres cuando aún era un niño. Por lo tanto, estaba solo en este mundo y cuando tuvo edad para casarse no pudo permitirse tomar una esposa. En su lugar, vivía con su viejo sirviente, Qian Xing, que se dedicaba a la venta ambulante y ganaba lo justo como para mantenerse ambos con vida. De hecho, a menudo pasaban hambre. Sin embargo, por suerte, el año en que Qian Qing aprobó el examen del distrito, un primo rico suyo que vivía a las afueras de la puerta Norte de Wujiang le invitó a su casa para que continuara los estudios.

Este primo, Yan Jun, tenía la misma edad que Qian Qing, dieciocho años. No obstante, como Yan habían nacido tres meses antes, Qian se dirigía a él como su hermano mayor. El padre de Yan había muerto y solo le quedaba su anciana madre. Yan también era soltero.

¿Por qué, cuentacuentos? Podrás objetar. Qian Qing no se casó porque era pobre, pero ¿cómo es que Yan Jun, que estaba tan bien, seguía siendo soltero a los dieciocho años?

Existía una razón para ello, lector. Yan Jun tenía una opinión muy elevada de lo que se debía a sí mismo que había jurado no casarse con nadie más que con una belleza y aún no había logrado encontrar una esposa. Resulta que el joven era extraordinariamente

钉,黄发蓬松两鬓。

牙齿真金镀就,身躯顽铁敲成。楂开五指鼓锤能,柱了名呼颜俊。

那颜俊虽则丑陋,最好妆扮,穿红着绿,低声强笑,自己以为美。更兼他腹中全无滴墨,纸上难成片语,偏好攀今掉古,卖弄才学。钱青虽知不是同调,却也借他馆地,为读书之资,每事左凑着他。故此颜俊甚是喜欢,事事商议而行,甚说得着。

话休絮烦。一日,正是十月初旬天气,颜俊有个门房远亲,姓尤名辰,号少梅。为人生意行中,颇颇伶俐,也领借颜俊些本钱,在家开个果子店营运过活。其日在洞庭山贩了几担橙橘回来,装做一盘,到颜家送新。他在山上闻得高家选婿之事,说话中间偶然对颜俊叙述,也是无心之谈。谁知颜俊到有意了,想道:"我一向要觅一头好亲事,都不中意。不想这段姻缘却落在那里!凭着我这恁般才貌,又有家私,若央媒去说,再增添几句好话,怕道不成?"那日一夜睡不着。天明起来,急急梳洗了,到尤辰家里。尤辰刚刚开门出来,见了颜俊,便道:"大官人为何今日起得恁早?"颜俊道:"便是有些正事,欲待相烦。恐老兄出去了,特特早来。"尤辰道:"不知大官人有何事见

feo, pero siempre se vestía con rojos y verdes brillantes y se reía de pensar en la buena figura que tenía. Además, era tan ignorante que apenas podía escribir una frase completa. Pese a esto se empeñaba en incluir etiquetas clásicas y alusiones históricas en sus conversaciones para airear sus conocimientos.

Aunque Qian Qing se percataba de que no tenía nada en común con un hombre así, como este le posibilitaba continuar sus estudios, satisfacía los deseos de su primo en todo momento. Yan, por su parte, se encariñó tanto con Qian que le consultaba todo y se llevaban de maravilla.

Continuemos con nuestra historia. Un día, a principios del décimo mes, un pariente lejano llamado You Chen, un astuto comerciante que le había pedido prestado capital a Yan para abrir un puesto de frutas, regresó de las islas Dongting con varias cajas de naranjas y les regaló algunas a Yan como las primeras de la temporada. Durante su estancia en las islas, You había escuchado la historia de la búsqueda de un yerno por parte de Gao Zan y la compartió casualmente con Yan, quien enseguida aguzó el oído.

"Siempre he querido encontrar un buen partido, pero nunca lo he conseguido", pensó Yan. "Y ahora, se presenta esta chica. Con mi apariencia y mis logros, para no hablar de mi riqueza, si envío a una casamentera para que defienda mi caso, tendré el éxito asegurado".

Tras una noche de insomnio, se levantó al amanecer para lavarse y vestirse apresuradamente y luego llamó a You Chen, que acababa de abrir su puerta.

—¿Qué le trae por aquí tan temprano, señor? —preguntó You.

—Quiero pedirte un favor —respondió Yan—. He venido temprano para asegurarme de que te encontraría.

—¿Qué es lo que quiere que haga? —preguntó You—. Entre y

委？请里面坐了领教。"颜俊到坐启下，作了揖，分宾而坐。尤辰又道："大官人但有所委，必当效力，只怕用小子不着。"颜俊道："此来非为别事，特求少梅作伐。"尤辰道："大官人作成小子赚花红钱，最感厚意。不知说的是那一头亲事？"颜俊道："就是老兄昨日说的洞庭西山高家这头亲事，于家下甚是相宜。求老兄作成小子则个。"尤辰格的笑了一声道："大官人莫怪小子直言！若是第二家，小子也就与你去说了。若是高家，大官人作成别人做媒罢。"颜俊道："老兄为何推托？这是你说起的，怎么又叫我去寻别人？"尤辰道："不是小子推托。只为高老有些古怪，不容易说话，所以迟疑。"颜俊道："别件事，或者有些东扯西拽，东掩西遮，东三西四，不容易说话。这做媒乃是冰人撮合，一天好事，除非他女儿不要嫁人便罢休。不然，少不得男媒女妁。随他古怪，然须知媒人不可怠慢。你怕他怎的！还是你故意作难，不肯总成我这桩美事。这也不难，我就央别人去说。说成了时，休想吃我的喜酒！"说罢，连忙起身。

siéntese mientras me da sus instrucciones.

Yan Jun entró y, tras saludarse ceremoniosamente, tomaron asiento en los lugares de invitado y anfitrión.

—He venido a pedirte que actúes como mi intermediario —afirmó Yan Jun.

—Es muy bueno de su parte ponerme en posición de ganar dinero como intermediario, señor. ¿Qué familia tiene en mente?

—La familia Gao de la isla de Dongting Occidental que mencionaste ayer. Esa sería una pareja ideal y espero que consientas en arreglarlo para mí.

You se rió:

—Perdóneme si hablo con franqueza, señor —explicó—. Si se tratara de cualquier otra familia, iría con gusto, pero debe encontrar otro intermediario para hablar con el señor Gao.

—¿Por qué te niegas? —preguntó Yan—. Tú sacaste el tema en primer lugar; entonces, ¿por qué me pides que busque otro intermediario?

—No me estoy negando exactamente —aseveró You— pero el viejo Gao es una persona tan extraña que será difícil hablar con él. Por eso estoy dudando.

—En otros asuntos —replicó Yan— puede intentar engañarte y resultar un cliente difícil, pero todo lo que tiene que hacer un casamentero es unir a una joven pareja, y eso es una buena acción, siempre que su hija no esté en contra del matrimonio. Los hombres y las mujeres tienen que casarse y por muy raro que sea este Gao, no puede tratar a un intermediario con rudeza. Entonces, ¿a qué le tienes miedo? Me parece que estás creando dificultades deliberadamente porque no quieres ayudar. Tendré que buscar a otra persona, eso es todo. Pero no esperes que te invite a mi banquete de boda.

那尤辰领借了颜俊家本钱，平日奉承他的，见他有怫然不悦之意，即忙回船转舵道："大官人莫要性急，且请坐下，再细细商议。"颜俊道："肯去就去，不肯去就罢了。有甚话商量得！"口里虽则是恁般说了，身子却又转来坐下。尤辰道："不是我故意作难，那老儿真个古怪。别家相媳妇，他偏要相女婿。但得他当面看得中意，才将女儿许他。有这些难处，只怕劳而无功，故此不敢把这个难题目包揽在身上。"颜俊道："依你说，也极容易。他要当面看我时，就等他看个眼饱。我又不残疾，怕他怎地！"尤辰不觉呵呵大笑道："大官人，不是冲撞你说。大官人虽则不丑，更有比大官人胜过几倍的，他还看不上眼哩。大官人若是不把与他见面，这事纵没一分二分，还有一厘二厘。若是当面一看，便万分难成了。"颜俊道："常言无谎不成媒。你与我包谎，只说十二分人才，或者该是我的姻缘，一说便就，不要面看，也不可知。"尤辰道："倘若要看

Diciendo esto, se levantó enfadado para irse. You Chen, como le pedía dinero prestado a Yan, solía acceder a todos sus deseos. Ahora, al ver que su patrón estaba enfadado, se apresuró a cambiar de tono.

—No se ofenda —le pidió—. Por favor, siéntese y discutamos de nuevo el asunto.

—Si estás dispuesto a ir, dilo —replicó Yan—. Si no, ¿qué hay que discutir?

Pero mientras refunfuñaba así, se sentó una vez más.

—No estoy poniendo dificultades deliberadamente, pero ese viejo Gao es un auténtico excéntrico —explicó You—. Otras familias ponen condiciones a la novia, pero él se las impone al novio. No entregará a su hija a ningún hombre hasta que lo haya visto y esté satisfecho con él. En vista de todas estas dificultades, me temo que se tome muchas molestias para nada. Por eso no me atrevo a acometer un asunto tan peliagudo.

—Pero a juzgar por lo que dices, es lo más sencillo del mundo —respondió Yan—. Si quiere verme, que lo haga. No soy deforme. No tengo nada que temer.

You no podia dejar de reír.

—No lo tome como una ofensa ahora —le dijo—. Pero el hecho es que, aunque no sea feo, el señor Gao ha rechazado a muchos hombres más guapos que usted. Si no deja que lo vea, tiene una pequeña posibilidad de éxito. Pero si lo ve, no tendrá ni una posibilidad entre diez mil.

—El proverbio dice que los intermediarios deben saber mentir —aconsejó Yan—. Puedes asegurarle que soy un hombre muy guapo. Por lo que sabes, esta unión está predestinada, en cuyo caso te ganarás su consentimiento de inmediato sin que exija una entrevista.

时，却怎地？"颜俊道："且到那时，再有商量。只求老兄速去一言。"尤辰道："既蒙吩咐，小子好歹去走一遭便了。"颜俊临起身，又叮咛道："千万，千万！说得成时，把你二十两这纸借契，先奉还了。媒礼花红在外。"尤辰道："当得，当得！"颜俊别去。不多时，就教人封上五钱银子，送与尤辰，为明日买舟之费。

颜俊那一夜在床上睡不着，想道："倘他去时不尽其心，葫芦提回复了我，可不枉走一遭！再差一个伶俐家人跟随他去，听他讲甚言语。好计，好计！"等待天明，便唤家童小乙来，跟随尤大舍往山上去说亲。小乙去了，颜俊心中牵挂，即忙梳洗，往近处一个关圣庙中求签，卜其事之成否。当下焚香再拜，把签简摇了几摇，扑的跳出一签。拾起看时，却是第七十三签。签上写得有签诀四句，云：

忆昔兰房分半钗，而今忽把信音乖。

痴心指望成连理，到底谁知事不谐。

颜俊才学虽则不济，这几句签诀，文义显浅，难道好歹不知？求得此签，心中大怒，连声道："不准，不准！"

—¿Y si insiste en la entrevista?

—Eso podremos arreglarlo más adelante, si es necesario. Ve y habla por mí.

—Muy bien, lo haré para complacerlo.

—Asegúrate de hacer lo mejor posible —instó Yan mientras se levantaba para irse—. Si sacas esto adelante, te daré veinte taels de plata y te devolveré tu recibo de empeño además de pagarte los honorarios habituales del intermediario.

—Por supuesto que haré lo que pueda —respondió You.

En cuanto llegó a su casa, Yan Jun envió a un criado a entregarle quince centavos de plata a You, para que cubriera sus gastos en el barco al día siguiente. Esa noche, Yan Jun tampoco pudo pegar ojo.

"Si no hace lo que puede, sino que vuelve con más excusas, este viaje habrá sido en vano", pensó. "Será mejor que envíe a un criado inteligente con él para que escuche lo que dice. Sí, es una buena idea".

En cuanto amaneció, llamó a su criado, Xiaoyi, y le ordenó que acompañara a You Chen a las islas de Dongting. Ni después de que Xiaoyi se marchó, Yan lograba tranquilizarse, así que se lavó y peinó apresuradamente y se dirigió a un templo cercano para consultar su oráculo. Quemó incienso y se inclinó ante el santuario, luego agitó el recipiente que contenía las varillas de adivinación hasta que cayó una. Cuando la recogió, era el número setenta y tres. En la pared, bajo ese número, leyó:

Su promesa una vez hecha en la fragante enramada,
Ningún mensaje ella envió;
En vano espera unirse a su amor una vez más,
¡En fracaso todo terminará!

Aunque Yan Jun no era un erudito, el significado de estas líneas estaba bastante claro.

撒袖出庙门而去。回家中坐了一会，想道："此事有甚不谐！难道真个嫌我丑陋，不中其意？男子汉须比不得妇人，只是出得人前罢了。一定要选个陈平、潘安不成？"一头想，一头取镜子自照。侧头侧脑的看了一回，良心不昧，自己也看不过了。把镜子向桌上一撒，叹了一口寡气，呆呆而坐。准准的闷了一日。不题。

且说尤辰是日同小乙驾了一只二橹快船，趁着无风静浪，咿呀的摇到西山高家门首停舶，刚刚是未牌时分。小乙将名帖递了。高公出迎，问其来意。说是与令爱作伐。高赞问是何宅。尤辰道："就是敝县一个舍亲，家业也不薄，与宅上门户相当。此子年方十八，读书饱学。"高赞道："人品生得如何？老汉有言在前，定要当面看过，方敢应承。"尤辰见小乙紧紧靠在椅子后边，只得不老实扯个大谎，便道："若论人品，更不必言。堂堂一躯，十全之相；况且一肚文才，十四岁出去考童生，县里就高高取上

—¡Maldita sea! —juró, mientras sacudía las mangas con disgusto y salía del templo.

Al llegar a casa, se sentó a considerar la situación. "¿Por qué tiene que acabar en fracaso?", se preguntó. "¿Puede realmente poner reparos a mi apariencia? Los hombres no son como las mujeres en este aspecto —basta con que un hombre sea presentable—, ¿por qué iba a querer el señor Gao un segundo Pan An[1]?" Tomó un espejo y se estudió en él durante varios minutos, pero pronto la visión fue más de lo que podía soportar. Dejando el espejo sobre la mesa, suspiró con fuerza y permaneció sentado durante largo tiempo totalmente abatido.

Pero volvamos a You Chen y Xiaoyi, quienes habían alquilado una embarcación rápida con dos remeros. Aquel día no había viento y el lago permanecía en calma. Los remos crujían cuando los barqueros tiraban de ellos. A las dos de la tarde llegaron al embarcadero frente a la casa del señor Gao en Dongting Occidental. Xiaoyi presentó la tarjeta de visita y cuando el señor Gao les invitó a entrar y preguntó qué los había llevado allí, You respondió que iba como intermediario para pedir la mano de la señorita Gao.

—¿A quién representa? —interrogó Gao.

—A un familiar que vive en mi distrito. Es adinerado y su propiedad está a la altura de la suya, señor. Aunque solo tiene dieciocho años, es un buen académico.

—¿Qué aspecto tiene? He dejado bien claro que no aceptaré a nadie antes de verlo.

Sabiendo que Xiaoyi estaba detrás de su silla, You Chen tuvo que decir una mentira.

—No hay duda sobre su aspecto —aseguró—. ¡Es un hombre espléndido en todos los sentidos! También es un buen estudiante.

一名。这几年为丁了父忧,不曾进院,所以未得游庠。有几个老学,看了舍亲的文字,都许他京解之才。就是在下,也非惯于为媒的。因年常在贵山买果,偶闻令爱才貌双全,老翁又慎于择婿,因思舍亲,正合其选,故此斗胆轻造。"高赞闻言,心中甚喜:"便是令亲果然有才有貌,老汉敢不从命。但老汉未曾经目,终不放心。若是足下引令亲过寒家一会,更无别说。"尤辰道:"小子并非谬言。老翁他日自知。只是舍亲是个不出书房的小官人,或者未必肯到宅上。就是小子撺掇来时,若成得亲事还好,万一不成,舍亲何面目回转!小子必然讨他抱怨了。"高赞道:"既然人品十全,岂有不成之理。老夫生性是这般小心过度的人,所以必要着眼。若是令亲不屑下顾,待老汉到宅,足下不意之中,引令亲来一观,却不妥贴?"尤辰恐怕高赞身到吴江,访出颜俊之丑,即忙转口道:"既然尊意决要会面,小子还同舍亲奉拜,不敢烦尊驾动履。"说

Cuando hizo el examen preliminar a los catorce años, el examinador lo colocó primero en la lista. Como ha estado de luto por la muerte de su padre durante los últimos años, no ha entrado en una escuela, ni puede presentarse al examen del distrito, pero todos los académicos veteranos que han visto sus composiciones dicen que es lo suficientemente bueno como para presentarse a los exámenes provinciales y de palacio. No soy un casamentero profesional, pero como a menudo compro fruta en su honorable isla, oí por casualidad que estaba buscando un marido adecuado para su hermosa y talentosa hija. Entonces, me pareció inmediatamente que mi pariente sería un excelente partido para ella y por eso me he atrevido a visitarle.

—Si tu pariente es tan apuesto como talentoso, ¿cómo podría rechazarlo? —subrayó—. Sin embargo, no estaré satisfecho hasta que lo haya visto. Si lo traes a mi humilde casa, no habrá más dificultades.

—No estoy exagerando, señor, como podrá comprobar usted mismo más tarde —mantuvo You—. El problema es que mi pariente es un joven caballero que rara vez sale de su estudio, y puede que no esté dispuesto a venir. Si logro convencerle y conseguimos concertar una cita, todo saldrá bien. Ahora, si fracasamos, se avergonzará de volver a casa y seguro que me guardará rencor.

—Si es tan bueno como dices, —respondió Gao— estamos obligados a hacer un compromiso. Pero como nunca dejo nada al azar, debo verlo. Si él no quiere visitarme, yo puedo hacerle la visita y tú puedes presentármelo casualmente en tu casa. ¿Qué te parece?

A You Chen le daba miedo pensar qué pasaría si el señor Gao fuera a Wujiang y descubriera lo feo que era Yan Jun.

—Si se ha propuesto verle, señor, —se apresuró a decir— le traeré aquí para presentarle sus respetos. ¿Cómo permitiríamos que hiciera un viaje tan lejos?

罢，告别。高公那里肯放，忙教整酒肴相款。吃到更余，高公留宿。尤辰道："小舟带有铺陈，明日要早行。即今奉别。等舍亲登门，却又相扰。"高公取舟金一封相送。尤辰作谢下船。

次早顺风，拽起饱帆，不勾大半日就到了吴江。颜俊正呆呆的站在门前望信。一见尤辰回家，便迎住问道："有劳老兄往返，事体如何？"尤辰把问答之言，细述一遍。"他必要面会，大官人如何处置？"颜俊嘿然无言。尤辰便道："暂别再会。"自回家去了。颜俊到里面，唤过小乙来问其备细，只恐尤辰所言不实。小乙说来果是一般。颜俊沉吟了半晌，心生一计，再走到尤辰家，与他商议。不知说的是甚么计策？正是：

为思佳偶情如火，索尽枯肠夜不眠。

自古姻缘皆分定，红丝岂是有心牵。

颜俊对尤辰道："适才老兄所言，我有一计在此，也不打紧。"尤辰道："有何好计？"颜俊道："表弟钱万选，向

Dicho esto, se disponía a despedirse cuando el señor Gao se lo impidió ordenando de inmediato servir la comida. Bebieron juntos hasta casi las nueve, hora en que Gao Zhan exhortó a You a quedarse a pasar la noche allí.

—Tengo cama a bordo de mi barco, —respondió You— y debemos partir mañana temprano; así que me despediré de usted ahora. Cuando traiga a mi joven pariente a presentarle sus respetos, volveré a disfrutar de su hospitalidad.

Acto seguido, el señor Gao lo acompañó a la embarcación y le entregó un paquete de plata para su viaje en barco. You, después de darle las gracias, subió a bordo. A la mañana siguiente, You y Xiaoyi viajaron a toda vela con viento favorable, lo que les permitió llegar a Wujiang en menos de medio día.

Yan Jun estaba de pie en su puerta esperándolos, y se apresuró a recibirlos.

—¡Por fin estás aquí! —exclamó—. ¿Cómo te ha ido?

You Chen describió con lujo de detalle todo lo que había pasado entre él y el Sr. Gao.

—Él insiste en verlo, señor —concluyó—. ¿Qué vamos a hacer?

Al ver que Yan se quedó boquiabierto sin decir palabra alguna, You sugirió que lo discutieran más tarde y se fue a casa.

Yan Jun regresó a su casa y llamó a Xiaoyi para interrogarlo porque no estaba seguro de que You le hubiera dicho la verdad. Xiaoyi, sin embargo, confirmó la historia del intermediario. Después de devanarse los sesos, Yan Jun dio con la forma de salir de este imprevisto y fue a ver a You de nuevo.

—Después de escuchar lo que tenías que decirme, se me ha ocurrido un plan —apuntó.

—¿Cuál es su plan?

在舍下同窗读书。的才貌比我胜几分儿。明日我央及他同你去走一遭,把他只说是我,哄过一时。待行过了聘,不怕他赖我的姻事。"尤辰道:"若看了钱官人,万无不成之理。只怕钱官人不肯。"颜俊道:"他与我至亲,又相处得极好。只央他点一遍名儿,有甚亏他处!料他决然无辞。"说罢,作别回家。其夜,就到书房中陪钱万选夜饭,酒肴比常分外整齐。钱万选愕然道:"日日相扰,今日何劳盛设?"颜俊道:"且吃三杯,有小事相烦贤弟则个。只是莫要推故。"钱万选道:"小弟但可效劳之处,无不从命。只不知甚么样事?"颜俊道:"不瞒贤弟说,对门开果子店的尤少梅,与我作伐,说的女家,是洞庭西山高家。一时间夸了大口,说我十分才貌。不想说得忒高兴了,那高老定要先请我去面会一会,然后行聘。昨日商议,若我自去,恐怕不应了前言。一来少梅没趣,二来这亲事就难成了。故此要劳贤弟认了我的名色,同少梅一行,瞒过那

—Mi primo, Qian Qing, que está estudiando en mi casa, es más apuesto y más inteligente que yo. Así que le pediré que vaya contigo mañana y se haga pasar por mí. Si logramos engañar al señor Gao por el momento, no podrá echarse atrás una vez que hayamos intercambiado los regalos de compromiso.

—Si el señor Gao ve al señor Qian, —acotó You— no tendrá ninguna razón terrenal para negarse. Solo me preocupa que el señor Qian no esté dispuesto a colaborar.

—Es mi primo —replicó Yan— y nos llevamos muy bien. ¿Por qué no tomaría mi lugar por un tiempo si se lo pido? Estoy seguro de que no se negará.

Dicho esto, volvió a casa y esa noche cenó con Qian en el estudio. De hecho, preparó comida y vino a la altura de la ocasión.

—Me impongo a tu amabilidad todos los días —dijo Qian sorprendido—. ¿A qué se debe semejante festín hoy?

—Primero bebamos unas copas de vino —le pidió Yan—. Luego quiero pedirte un pequeño favor y que debes prometerme que no te negarás.

—No hay nada que no haga por ti, si puedo —respondió Qian—. ¿Pero en qué puedo servirte?

—El hecho es, primo, —prosiguió Yan— que You Chen, el dueño de la frutería de enfrente, está intentando arreglar mi matrimonio con la hija de la familia Gao de la isla de Dongting Occidental. You le dio al señor Gao una descripción tan halagadora de mis talentos y mi buena apariencia que el anciano insiste en que lo visite antes de intercambiar regalos. You me lo contó ayer. La cuestión es la siguiente. Si voy yo a la visita, puede que no esté a la altura de su descripción y entonces no solo se verá perjudicada la reputación de You, sino que no se llegará a concertar la unión. Por eso quiero que

高老，玉成这头亲事，感恩不浅。愚兄自当重报。"钱万选想了一想，道："别事犹可，这事只怕行不得。一时便哄过了，后来知道，你我都不好看相。"颜俊道："原只要哄过这一时。若行聘过了，就晓得也不怕他。他又不认得你是什么人。就怪也只怪得媒人，与你什么相干！况且他家在洞庭西山，百里之隔，一时也未必知道。你但放心前去，到不要畏缩。"钱万选听了，沉吟不语。欲待从他，不是君子所为；欲待不从，必然取怪，这馆就处不成了，事在两难。颜俊见他沉吟不决，便道："贤弟，常言道：天摊下来，自有长的撑住。凡事有愚兄在前，贤弟休得过虑。"钱万选道："然虽如此，只是愚弟衣衫褴褛，不称仁兄之相。"颜俊道："此事愚兄早已办下了。"是夜无话。

次日，颜俊早起，便到书房中，唤家童取出一皮箱衣服，都是绫罗绸绢时新花样的翠颜色，时常用龙涎庆真饼

tomes mi lugar y vayas con You a ver al señor Gao. Si me ayudas a engañarlo y a hacer posible la boda, te estaré muy agradecido y te recompensaré generosamente.

Qian Qing se lo pensó.

—Con gusto haría cualquier otra cosa por ti —señaló—. Pero me temo que esto no puede hacerse. Podríamos engañar al señor Gao por un tiempo, pero cuando descubra la verdad, tú y yo, los dos, nos veremos en una posición muy difícil.

—Todo lo que quiero es engañarlo por un tiempo —agregó Yan—. No temo que lo descubra después del intercambio de regalos. Como no sabe quién eres, solo puede culpar al intermediario; ¿y qué daño te hará eso? Además, vive a kilómetros de distancia, en Dongting Occidental, y le llevará algún tiempo descubrir la verdad. No te preocupes, sigue adelante. No hay nada que temer.

Qian no respondió de inmediato, pues necesitaba poner las ideas en orden. Cumplir con los deseos de su primo no sería muy honroso; sin embargo, negarse significaría ofender al hombre que lo apoyaba. Estaba en un dilema.

—Mi querido primo, —le dijo Yan al verlo dubitativo— sabes como reza el proverbio: El cielo no puede caerse porque siempre habrá alguien que lo apuntale. Yo asumiré toda la responsabilidad, no te preocupes.

—Bien —dijo Qian—. Me veo demasiado mal para hacerme pasar por ti.

—Sé cómo arreglarlo —aseguró Yan.

Esa noche no se habló más del asunto.

A la mañana siguiente, Yan se levantó temprano y se dirigió al estudio para ordenar a un criado que trajera un maletín de cuero con ropa de seda y satén brillantes de última moda, que había sido perfu-

熏得扑鼻之香，交付钱青行时更换，下面净袜丝鞋，只有头巾不对，即时与他换了一顶新的。又封着二两银子送与钱青道："薄意权充纸笔之用，后来还有相酬。这一套衣服，就送与贤弟穿了。日后只求贤弟休向人说，泄漏其事。今日约定了尤少梅，明日早行。"钱青道："一依尊命。这衣服小弟暂时借穿，回时依旧纳还。这银子一发不敢领了。"颜俊道："古人车马轻裘，与朋友共，就没有此事相劳，那几件粗衣奉与贤弟穿了，不为大事。这些须薄意，不过表情，辞时反教愚兄惭愧。"钱青道："既承仁兄盛情，衣服便勉强领下。那银子断然不敢。"颜俊道："若是贤弟固辞，便是推托了。"钱青方才受了。颜俊是日约会尤少梅。尤辰本不肯担这干纪，只为不敢得罪于颜俊，勉强应承。颜俊预先备下船只，及船中供应食物，和铺陈之类，又拨两个安童伏待，连前番跟去的小乙，共是三人。绢衫毡包，极其华整，隔夜俱已停当。又吩咐小乙和

mada con ámbar gris para que desprendiera un olor agradable. Yan le regaló a su primo un conjunto completo, que incluía calcetines nuevos y zapatillas de seda. Al comprobar que su gorro no le quedaba bien a Qian, le compró uno nuevo. También le regaló dos taels de plata.

—Por favor, acepta esta tontería por el momento —dijo—. Te mostraré mi agradecimiento de forma más sustancial más adelante. La ropa también es tuya. Todo lo que te pido es que no hables del asunto con nadie. Acordé con You Chen que viajarás mañana por la mañana.

—Como tú lo dispongas —respondió Qian—. Tomaré prestada la ropa por el momento y la devolveré cuando regrese. Pero no puedo aceptar la plata.

—Los hombres de antaño compartían caballos, carruajes y abrigos de piel con sus amigos —subrayó Yan—. Aunque no necesitara tu ayuda, no habría pensado nada en darte estas insignificantes prendas. Son solo una mínima expresión de mi gratitud y si no las aceptas, me sentiré mal.

—Puesto que eres tan bondadoso, aceptaré la ropa, pero la plata no.

—Si insistes en negarte, pensaré que no estás dispuesto a ayudar.

Entonces, Qian aceptó la plata.

Ese mismo día, Yan mantuvo otra reunión con You Chen, quien estaba reacio a realizar el viaje, pero como no quería ofender a Yan, finalmente accedió. Entonces, Yan alquiló un barco y preparó provisiones, ropa de cama, entre otras cosas para el viaje. También ordenó a tres criados que actuaran como asistentes, uno de ellos era Xiaoyi, quien había acompañado a You en su anterior viaje. Los tres iban elegantemente vestidos de seda, y Yan les pidió que se dirigieran

安童到彼,只当自家大官人称呼,不许露出个钱字。过了一夜,侵早起来催促钱青梳洗穿着。钱青贴里贴外,都换了时新华丽衣服,行动香风拂拂,比前更觉标致。

　　分明荀令留香去,疑是潘郎掷果回。

　　颜俊请尤辰到家,同钱青吃了早饭,小乙和安童跟随下船。又遇了顺风,片帆直吹到洞庭西山。天色已晚,舟中过宿。

　　次日,早饭过后,约莫高赞起身;钱青全柬写颜俊名字拜帖,谦逊些,加个晚字。小乙捧帖,到高家门首投下,说:"尤大舍引颜宅小官人特来拜见。"高家仆人认得小乙的,慌忙通报。高赞传言快请。假颜俊在前,尤辰在后,步入中堂。高赞一眼看见那个小后生,人物轩昂,衣冠济楚,心中已自三分欢喜。叙礼已毕,高赞看椅上坐。钱青自谦幼辈,再三不肯。只得东西昭穆坐下。高赞肚里暗暗欢喜:"果然是个谦谦君子。"坐定,先是尤辰开口,称谢前日相扰。高翁答言多慢,接口就问道:"此位就是令

a Qian como su amo —no por su propio nombre— cuando llegaran a la isla.

Los preparativos les llevaron casi toda la noche. A la mañana siguiente se levantaron temprano para ayudar a Qian con su aseo. Todo lo que se puso era nuevo. Cuando se movía, un delicioso perfume emanaba de sus espléndidas ropas. Estaba más elegante que nunca.

Yan invitó a You Chen a comer en su casa junto con su primo. Luego, You y Qian fueron escoltados al barco por Xiaoyi y los otros dos sirvientes. Una vez más tuvieron viento favorable y viajaron a toda vela hasta la isla de Dongting Occidental, donde llegaron al anochecer y decidieron pasar la noche en el barco.

Al día siguiente después de desayunar, cuando pensaron que el señor Gao ya estaría levantado, Qian escribió una tarjeta de visita formal, redactada en los términos más atractivos en nombre de Yan Jun. Xiaoyi llevó la tarjeta a la morada del señor Gao para anunciar que el señor You había traído a su joven maestro a presentar sus respetos. Los sirvientes del señor Gao, que reconocieron a Xiaoyi, se apresuraron a transmitir su mensaje, tras lo cual el señor Gao ordenó que los invitados fueran admitidos de inmediato.

Entonces, seguido por You, el falso Yan Jun entró en el salón de recepción y cuando el señor Gao vio lo digno, apuesto y bien arreglado que estaba el joven caballero, quedó muy impresionado.

Tras intercambiar saludos, el señor Gao le pidió a Qian que ocupara el asiento de honor. El chico rechazó la invitación poniendo como pretexto su juventud. Finalmente, se sentaron uno frente a otro, aplaudiendo Gao Zan para sus adentros la modestia del joven.

Una vez sentados, You Chen rompió el silencio para expresar su agradecimiento por la hospitalidad del señor Gao durante su visita anterior.

亲颜大官人？前日不曾问得贵表。"钱青道："年幼无表。"尤辰代言："舍亲表字伯雅。伯仲之伯，雅俗之雅。"高赞道："尊名尊字，俱称其实。"钱青道："不敢！"高赞又问起家世。钱青一一对答，出词吐气，十分温雅。高赞想道："外才已是美了，不知他学问如何？且请先生和儿子出来相见，盘他一盘，便见有学无学。"献茶二道，吩咐家人："书馆中请先生和小舍出来见客。"去不多时，只见五十多岁一个儒者，引着一个垂髫学生出来。众人一齐起身作揖。高赞一一通名："这位是小儿的业师，姓陈，见在府庠。这就是小儿高标。"钱青看那学生，生得眉清目秀，十分俊雅，心中想道："此子如此，其姊可知。颜兄好造化哩！"又献了一道茶，高赞便对先生道："此位尊客是吴江颜伯雅，年少高才。"那陈先生已会了

—¡En absoluto! —replicó el señor Gao—. ¡Así que este joven caballero es su pariente, señor Yan! El otro día no pregunté su honorable segundo nombre"[2].

—Realmente soy demasiado joven para tener derecho a un segundo nombre todavía —replanteó Qian amablemente.

—Su segundo nombre es Boya, que significa mayor y elegante —agregó You.

—¡Muy bien elegido! ¡Muy bien elegido! —declaró Gao entusiasmado.

—Me halaga, señor —respondió Qian.

Entonces el señor Gao hizo preguntas sobre la familia de Yan y Qian respondió a cada una de ellas de la manera más caballerosa.

"Bueno, parece bastante brillante por fuera", pensó el señor Gao. "Pero, ¿qué hay de su aprendizaje, me pregunto? Les pediré al tutor y a mi hijo que lo conozcan para ver qué clase de erudito es".

En consecuencia, cuando se sirvió el té por segunda vez, ordenó a su criado que fuera al estudio e invitara al tutor y al joven patrón a entrar para conocer a los invitados. Muy pronto entró un caballero de unos cincuenta años con aspecto de erudito, conduciendo a un muchacho que todavía llevaba el pelo sobre los hombros. Todos se pusieron de pie mientras intercambiaban saludos.

—Este es el tutor de mi hijo, el señor Chen, del colegio de la prefectura —dijo el señor Gao—. Y este es mi hijo, Gao Biao.

El chico era notablemente apuesto.

"Si el hijo es así, la hija debe ser digna de verse", reflexionó Qian. "Yan es un hombre con suerte".

Cuando trajeron el té por tercera vez, el señor Gao se dirigió al tutor.

—Nuestro digno invitado viene de Wujiang —le explicó—.

主人之意,便道:"吴江是人才之地,见高识广,定然不同。请问贵邑有三高祠,还是那三个?"钱青答言:"范蠡、张翰、陆龟蒙。"又问:"此三人何以见得他高处?"钱青一一分疏出来。两个遂互相盘问了一回。钱青见那先生学问平常,故意谭天说地,讲古论今,惊得先生一字俱无,连称道:"奇才,奇才!"把一个高赞就喜得手舞足蹈。忙唤家人,悄悄吩咐备饭,要整齐些。家人闻言,即时拽开桌子,排下五色果品。高赞取杯箸安席。钱青答敬谦让了一回,照前昭穆坐下。三汤十菜,添案小吃,顷刻间,摆满了桌子,真个咄嗟而办。你道为何如此便当?原来高赞的妈妈金氏,最爱其女,闻得媒人引颜小官人到来,也伏在遮堂背后张看。看见一表人才,语言响亮,自家先中意,料高老必然同心,故此预先准备筵席。一等吩

Aunque es joven, es un buen estudiante.

El señor Chen captó enseguida la indirecta.

—Wujiang destaca por sus hombres de letras —le comentó a Qian— y los hombres de ese distrito muestran un discernimiento excepcional. ¿Quiénes dirías que son los tres hombres más famosos de tu distrito y en qué se han distinguido?

Qian no tardó en nombrar a los tres hombres, tras lo cual él y el tutor se embarcaron en un debate. Al darse cuenta de que la erudición del señor Chen no era más que la media, el joven se dejó llevar. Introdujo citas clásicas y alusiones a acontecimientos de la historia antigua y moderna, hasta que el tutor se vio superado y solo pudo exclamar:

—¡Qué talento! ¡Qué genio extraordinario!

El señor Gao estaba tan encantado que apenas podía permanecer sentado. Enseguida envió a un criado con órdenes de que se preparara una comida especialmente buena. A continuación, los ayudantes dispusieron las mesas y colocaron sobre ellas toda clase de manjares. El señor Gao, inclinándose con la copa y los palillos en las manos, ofreció a Qian el asiento de honor. Sin embargo, Qian lo rechazó y se sentó frente a su anfitrión como antes. En un abrir y cerrar de ojos, las mesas estaban servidas con tres sopas, diez platos principales y varios platos de guarnición.

Se preguntarán cómo fue que organizaron todo esto con tanta rapidez. El hecho es que la señora Gao, quien adoraba a su hija, cuando se enteró de que el intermediario había traído al joven señor Yan, se escondió detrás del biombo para echarle un vistazo. En cuanto vio lo apuesto que era y lo bien que hablaba, se sintió satisfecha de él y supuso que su marido haría lo mismo. Así que tuvo el banquete listo tan pronto como fue ordenado y servido a la veloci-

咐,流水的就搬出来。宾主共是五位。酒后饭,饭后酒,直吃到红日衔山。钱青和尤辰起身告辞。高赞心中甚不忍别,意欲攀留数日。钱青那里肯住。高赞留了几次,只得放他起身。钱青先别了陈先生,口称承教,次与高公作谢道:"明日早行,不得再来告别!"高赞道:"仓卒怠慢,勿得见罪。"小学生也作揖过了。金氏已备下几色嘎程相送,无非是酒米鱼肉之类。又有一封舟金。高赞扯尤辰到背处,说道:"颜小官人才貌,更无他说。若得少梅居间成就,万分之幸。"尤辰道:"小子领命。"高赞直送上船,方才分别。当夜夫妻两口,说了颜小官人一夜。正是:

不须玉杵千金聘,已许红绳两足缠。

再说钱青和尤辰,次日开船,风水不顺,直到更深,方才抵家。颜俊兀自秉烛夜坐,专听好音。二人叩门而入,备述昨朝之事。颜俊见亲事已成,不胜之喜,忙忙的

dad de la luz. Los cinco hombres comieron arroz después del vino y bebieron más vino después del arroz, festejando hasta que el sol ocultó por el oeste, momento en que Qian y You se levantaron para despedirse. Gao Zan no podía soportar separarse de ellos y les rogó que fueran sus invitados durante varios días, pero Qian no accedió y finalmente el señor Gao tuvo que dejarle marchar.

Primero, Qian Qing se despidió del señor Chen, agradeciéndole su instrucción. Después, expresó su agradecimiento a su anfitrión.

—Mañana saldremos temprano, señor, —dijo— así que no volveré para despedirme.

—Tu visita ha sido tan breve que no he podido agasajarte como es debido —respondió el señor Gao—. Perdónenme si he sido negligente.

El hijo de Gao también se despidió de ellos, y la señora Gao les preparó comida y vino para el viaje, así como un paquete de plata para el alquiler del barco.

—Estoy muy satisfecho con los logros y la apariencia del joven señor Yan —indicó el señor Gao, apartando a You Chen a un lado—. Estaré encantado de que se encargue de todos los preparativos para la boda.

—Cumpliré sus deseos —prometió You.

Gao Zan los acompañó hasta su barco, donde se separaron, y luego él y su esposa pasaron toda la noche hablando de su futuro yerno.

A la mañana siguiente, Qian y You levaron anclas, pero como el viento estaba en contra, no llegaron a casa hasta bien entrada la noche. Yan Jun estaba sentado solo a la luz de las velas esperando ansiosamente noticias suyas. Ellos entraron para contarle todo lo que había sucedido. Al enterarse de que no hubo dificultades con el ma-

就本月中择个吉日行聘。果然把那二十两借契送还了尤辰，以为谢礼。就择了十二月初三日成亲。高赞得意了女婿，况且妆奁久已完备，并不推阻。日往月来，不觉十一月下旬，吉期将近。原来江南地方娶亲，不行古时亲迎之礼，都是女亲家和阿舅自送上门。女亲家谓之送娘，阿舅谓之抱嫁。高赞为选中了乘龙快婿，到处夸扬，今日定要女婿上门亲迎，准备大开筵宴，遍请远近亲邻吃喜酒。先遣人对尤辰说知。尤辰吃了一惊，忙来对颜俊说了。颜俊道："这番亲迎，少不得我自去走遭。"尤辰跌足道："前日女婿上门，他举家都看个勾，行乐图也画得出在那里。今番又换了一个面貌，教做媒的如何措辞？好事定然中变！连累小子必然受辱！"颜俊听说，反抱怨起媒人来道："当初我原说过来，该是我姻缘，自然成就。若第一次上门时，自家去了，那见得今日进退两难！都是你捉弄我，故意说得高老十分古怪，不要我去，教钱家表弟替了。谁知高老甚是好情，一说就成，并不作难。这是我命中注定，

trimonio, Yan se alegró mucho y se apresuró a elegir un día propicio ese mismo mes para el intercambio de regalos de esponsales.

Para expresar su gratitud, también devolvió el pagaré a You Chen por veinte taels de plata. Luego eligió el tercer día del duodécimo mes para la boda y como el señor Gao había encontrado un yerno según su corazón y la dote de su hija estaba lista desde hacía tiempo, no puso ningún reparo.

Pronto pasó el undécimo mes, y el feliz día se acercaba rápidamente. En aquellos lugares no se observaba la antigua costumbre de enviar al novio a buscar a la novia, sino que la madre de esta solía acompañarla hasta la casa de su esposo. Sin embargo, Gao Zan, tras haber elegido un yerno tan maravilloso y haber presumido de él ante todo el mundo, insistió en que Yan debía ir a su casa para celebrar un banquete de boda al que invitaría a todos sus amigos y parientes.

Cuando You Chen estuvo al tanto de las intenciones del señor Gao se horrorizó y no perdió tiempo en decirle a Yan.

—Bueno, —afirmó Yan— esta vez tendré que ir yo mismo.

You dio una patada en el suelo.

—¡El otro día, cuando el señor Qian fue, toda la familia y la servidumbre estuvieron mirándolo durante horas! —gritó—. Podrían pintar su retrato de memoria. ¿Cómo voy a explicar la aparición ahora de otra persona muy diferente? El matrimonio se romperá y yo caeré en desgracia.

Ante esto, Yan comenzó a maltratar a su intermediario.

—Te dije que este matrimonio estaba predestinado —refunfuñó—. Si me hubieras dejado ir la primera vez, hoy no estaríamos en este aprieto. Todo esto es culpa tuya por decirme lo difícil que era el viejo Gao y convencerme de que enviara a mi primo en mi lugar. Ahora parece que el señor Gao es muy dócil porque en cuanto se

该做他家的女婿，岂因见了钱表弟方才肯成！况且他家已受了聘礼了，他的女儿就是我的人了，敢道个不字么？你看我今番自去，他怎生发付我？难道赖我的亲事不成？"尤辰摇着头道："成不得！人也还在他家！你狠到那里去？若不肯把人送上轿，你也没奈何他！"颜俊道："多带些人从去，肯便肯，不肯时打进去，抢将回来。便告到官司，有生辰吉帖为证。只是赖婚的不是，我并没差处。"尤辰道："大官人休说满话！常言道：恶龙不斗地头蛇。你的从人虽多，怎比得坐地的，有增无减。万一弄出事来，缠到官司，那老儿诉说，求亲的是一个，娶亲的又是一个。官府免不得唤媒人诘问。刑罚之下，小子只得实说。连钱大官人前程干系，不是耍处。"颜俊想了一想道："既如此，索性不去了。劳你明日去回他一声，只说前日已曾会过了，敝县没有亲迎的常规，还是从俗送亲罢。"尤辰道："一发成不得。高老因看上了佳婿，到处夸其才貌。那些

lo propusimos aceptó el matrimonio. Esto se debe a que yo estaba destinado a casarme con su hija: no tiene nada que ver con que haya visto a Qian Qing. Además, ahora que ha aceptado mis regalos, su hija me pertenece. ¿Se atreverá a negarlo? ¿Qué podrá hacer si esta vez voy yo mismo? ¿Podrá impedir el matrimonio?

—¡Por supuesto que puede impedirlo! —You sacudió la cabeza—. La joven aún está en su casa. Si se niega a subirla a un palanquín, no hay nada que puedas hacer.

—Llevaré unos cuantos hombres extra conmigo —subrayó Yan—. Si está dispuesto, mejor. Si no, nos abriremos paso y nos la llevaremos. Entonces que lleve el caso a los tribunales si quiere. Tengo el horóscopo de la chica como prueba; así que si cancela la boda, ¡estará cometiendo un gran error!

—No debe pensar en nada tan imprudente —suplicó You—. Un poderoso dragón no es rival para una serpiente en su propia madriguera. Por muchos hombres que lleve, no podrá competir con una familia local que puede convocar a más y más gente en su ayuda. Y si surgieran grandes problemas y nos viéramos envueltos en un pleito, el viejo juraría que el hombre que vino a pedir la mano de su hija no era el mismo que el novio. Entonces el magistrado se verá obligado a interrogar al intermediario y bajo tortura tendría que reconocer la verdad. Incluso, podría hasta arruinar la carrera del señor Qian. ¡Eso no sería una broma!

—En ese caso, me mantendré alejado —dijo Yan después de pensarlo un momento—. Te molestaré para que vayas mañana a decirle al señor Gao que ya lo he visitado una vez, y que en esta parte del país no seguimos la costumbre de ir a buscar a la novia. Será mejor que envíen a la chica como se hace habitualmente.

—Eso no funcionará —respondió You—. El viejo Gao estaba

亲邻专等亲迎之时，都要来厮认。这是断然要去的。"颜俊道："如此，怎么好？"尤辰道："依小子愚见，更无别策，只得再央令表弟钱大官人走遭。索性哄他到底，哄得新人进门，你就靠家大了，不怕他又夺了去。结婚之后，纵然有话，也不怕他了。"颜俊顿了一顿口道："话到有理！只是我的亲事，到作成别人去风光。央及口时，还有许多作难哩。"尤辰道："事到其间，不得不如此了。风光只在一时，怎及得大官人终身受用！"

颜俊又喜又恼。当下别了尤辰，回到书房，对钱青说道："贤弟，又要相烦一事。"钱青道："不知兄又有何事？"颜俊道："出月初三，是愚兄毕姻之期。初二就要去亲迎。原要劳贤弟一行，方才妥当。"钱青道："前日代劳，不过泛然之事。今番亲迎，是个大礼，岂是小弟代得的！这个断然不可！"颜俊道："贤弟所言虽当，但因初番

tan impresionado por su futuro yerno que no ha dejado de presumir de su brillantez y su buen aspecto, así que todos sus parientes y vecinos están esperando a que el novio vaya a buscar a la novia para verlo con sus propios ojos. Alguien tiene que ir.

—¿Qué vamos a hacer entonces? —preguntó Yan.

—En mi humilde opinión, lo único que se hace es pedirle a Qian que vuelva a ocupar su lugar e interprete el papel del impostor hasta el final. Una vez que hayamos traído a su novia a casa, su familia es lo suficientemente poderosa como para impedir que el señor Gao se la lleve. Después de casarse, por supuesto, el viejo le maltratará con todo su corazón; pero eso no debe preocuparle.

—Tienes razón —aceptó Yan tras dudar un poco—. Pero esta es mi boda, y ahora otra persona va a disfrutar de la ceremonia en mi lugar. Es más, va a ser muy difícil convencerle de que vaya.

—Bueno, no tiene escapatoria —aseguró You—. El señor Qian solo disfrutará de la breve ceremonia de ir a buscar a la novia, mientras que usted serás feliz por el resto de su vida.

Entonces, con una mezcla de placer y exasperación, Yan Jun se despidió de You Chen y fue al estudio a ver a Qian.

—Mi querido primo, —le dijo— tengo que pedirte otro favor.

—¿Qué puedo hacer por ti esta vez?

—El día 3 del mes que viene es mi boda y el día 2 debo ir a buscar a la novia. Me temo que debo molestarte para que ocupes mi lugar de nuevo.

—Cuando ocupé tu lugar la última vez, —dijo Qian— la ocasión carecía relativamente de importancia. Sin embargo, ¿cómo voy a ocupar tu lugar en una ceremonia tan seria como la de ir a buscar a la novia? Eso es imposible.

—Por supuesto que tienes parte de la razón en lo que dices,

会面，他家已认得了。如今忽换我去，必然疑心，此事恐有变卦。不但亲事不成，只恐还要成讼，那时连贤弟也有干系。却不是为小妨大，把一天好事自家弄坏了？若得贤弟亲迎回来，成就之后，不怕他闲言闲语。这是个权宜之术。贤弟须知：塔尖上功德，休得固辞。"钱青见他说得情辞恳切，只索依允。颜俊又唤过吹手及一应接亲人从，都吩咐了说话，不许漏泄风声，取得亲回，都有重赏。众人谁敢不依。到了初二日侵晨，尤辰便到颜家相帮，安排亲迎礼物，及上门各项赏赐，都封得停停当当。其钱青所用，及儒巾圆领丝绦皂靴，并皆齐备。又分派各船食用，大船二只，一只坐新人，一只媒人共新郎同坐；中船四只，散载众人；小船四只，一者护送，二者以备杂差。十余只船，筛锣掌号，一齐开出湖去。一路流星炮仗，好不兴头。正是：

门阑多喜气，女婿近乘龙。

船到西山，已是下午。约莫离高家半里停泊，尤辰先到高家报信。一面安排亲迎礼物，及新人乘坐百花彩轿，

primo —respondió Yan—. Pero como tú fuiste la primera vez, su familia te conoce a ti. Si yo fuera ahora, levantaría muchas sospechas. No solo cancelarían el matrimonio, sino que incluso podrían interponer una demanda en mi contra en la que tú también estarías implicado. No debes dejar que tus escrúpulos lo arruinen todo. Una vez que hayas traído a mi novia a casa, no tendré miedo, diga el señor Gao lo que diga. Esta es la única salida, primo. Debes hacerme este último favor.

Toda vez que Qian hubo accedido a tan fervorosas súplicas, Yan contrató a los músicos y ayudantes necesarios, prometiéndoles una exuberante recompensa cuando volvieran con la novia si guardaban su secreto. Como habrá de imaginar, ninguno de ellos se atrevió a negarse.

Al amanecer del día 2, You Chen acudió a la casa de Yan para ayudar a ordenar los regalos para la familia de la novia y la gratificación que se distribuiría entre los sirvientes del señor Gao. Cuando todo estuvo listo, incluidos el gorro de erudito, el cuello redondo, el cinturón de seda y las botas negras para Qian, se llevó la comida y la ropa de cama a las embarcaciones.

Había dos barcos grandes —uno para la novia y otro para el novio y el intermediario—, cuatro más pequeños para los asistentes, así como otras cuatro embarcaciones rápidas para escoltar a estos navíos y llevar mensajes. Al son de los gongs y las trompetas, estas diez naves zarparon por el lago y su avance fue amenizado por la descarga continua de los fuegos artificiales. Bien entrada la tarde, los barcos llegaron a Dongting Occidental y atracaron a cientos de metros de la casa del señor Gao. Mientras You Chen se adelantaba para anunciar su llegada, se repartieron los regalos entre los diferentes portadores, se preparó y adornó el palanquín de la novia y se encen-

灯笼火把，共有数百。钱青打扮整齐，另有青绢暖轿，四抬四绰，笙箫鼓乐，径望高家而来。那山中远近人家，都晓得高家新女婿才貌双全，竞来观看，挨肩并足，如看神会故事的一般热闹。钱青端坐轿中，美如冠玉，无不喝采。有妇女曾见过秋芳的，便道："这般一对夫妻，真个郎才女貌！高家拣了许多女婿，今日果然被他拣着了。"

不题众人。且说高赞家中，大排筵席，亲朋满坐，未及天晚，堂中点得画烛通红。只听得乐声聒耳，门上人报道："娇客轿子到门了！"傧相披红插花，忙到轿前作揖，念了诗赋，请出轿来。众人谦恭揖让，延至中堂奠雁。行礼已毕，然后诸亲一一相见。众人见新郎标致，一个个暗暗称羡。献茶后，吃了茶果点心，然后定席安位。此日新女婿与寻常不同，面南专席，诸亲友环坐相陪，大吹大擂的饮酒。随从人等，外厢另有款待。

dieron cientos de antorchas y linternas. Luego, al son de las flautas y los tambores, Qian Qing, elegantemente vestido, fue llevado por ocho portadores en un palanquín con colgantes de seda a la casa del señor Gao.

Como todos los isleños, tanto de lejos como de cerca, habían escuchado hablar del maravilloso talento y la buena apariencia del futuro yerno del señor Gao, se agolparon para observar con tanta expectación como si se tratara de una procesión religiosa. Al ver la finura con la que Qian se mantenía en su silla, tan hermoso como una estatua de jade, exclamaron con admiración.

—¡Este brillante joven erudito y su hermosa novia harán una buena pareja! —gritaron algunas de las mujeres que conocían a la hija de Gao—. Indudablemente, el Sr. Gao ha elegido un buen yerno.

Mientras tanto, en la casa de Gao Zan, repleta de amigos y parientes, se había preparado un gran festín. Antes de que cayera la tarde, las velas rojas arrojaban una luz rojiza sobre el salón. Los invitados oyeron una música cuando un mensajero de los barcos anunció que el palanquín del novio ya estaba en la puerta. Los padrinos, con seda roja sobre los hombros y flores en los sombreros, se apresuraron a salir al patio para saludar a Qian y leerle un poema de bienvenida. Luego, con mucha ceremonia, se le hizo pasar a la sala, donde se le sirvió una libación de vino y se inclinó ante el ganso[3]. Después de esto, se le presentó a todos los parientes de Gao por turno, que se maravillaron de su exquista apariencia. A continuación se sirvió el té y se ofreció a los invitados fruta y dulces antes de sentarse a cenar. Como se trataba de una ocasión especial, el novio accedió a ocupar el asiento de honor con todos los invitados a su alrededor. Mientras él festejaba en el salón al compás de la música, sus acompañantes se entretenían en otro salón.

且说钱青坐于席上,只听得众人不住声的赞他才貌,贺高老选婿得人。钱青肚里暗笑道:"他们好似见鬼一般!我好像做梦一般!做梦的醒了,也只扯淡。那些见神见鬼的,不知如何结末哩。我今日且落得受用。"又想道:"我今日做替身,担了虚名,不知实受还在几时?料想不能如此富贵。"转了这一念,反觉得没兴起来,酒也懒吃了。高赞父子,轮流敬酒,甚是殷勤。钱青怕担误了表兄的正事,急欲抽身。高赞固留,又坐了一回。用了汤饭,仆从的酒都吃完了。约莫四鼓,小乙走在钱青席边,催促起身。钱青教小乙把赏封给散,起身作别。高赞量度已是五鼓时分,赔嫁妆奁俱已点检下船,只待收拾新人上轿。只见船上人都走来说:"外边风大,难以行船。且消停一时,等风头缓了好走。"

原来半夜里便发了大风。那风刮得好利害!只见:

　　山间拔木扬尘,湖内腾波起浪。

只为堂中鼓乐喧阗,全不觉得。高赞叫乐人住了吹

Mientras Qian estaba sentado en el asiento de honor escuchando el flujo de cumplidos sobre su apariencia y la buena suerte del señor Gao al encontrar un yerno como él, el joven sonrió irónicamente para sus adentros.

"Me miran como si fuera un ser de otro mundo", pensó. "Pronto despertaré de este delicioso sueño, pero ¿qué hará esta gente cuando descubra la verdad? Hoy estoy sustituyendo a Yan; me pregunto cuándo seré yo el novio de verdad. Me temo que mi boda no será ni de lejos tan espléndida como esta".

Estas deprimentes reflexiones arruinaron su disfrute del banquete.

El señor Gao y su hijo insistieron cortésmente al novio para que bebiera, pero como no quería hacer esperar a su primo, Qian se levantó enseguida para marcharse. El señor Gao persistió en que se quedara y comiera un poco más, pero cuando sus seguidores terminaron de festejar y se hizo tarde, Xiaoyi se acercó a Qian y le instó a despedirse. El joven ordenó a Xiaoyi que distribuyera los obsequios que habían traído y luego se levantó para despedirse.

Era pasada la medianoche y la dote de la novia ya había sido enviada al barco. El señor Gao estaba a punto de acompañar a la joven pareja a sus sillas, cuando los barqueros llegaron corriendo a la casa.

—Se avecina una tormenta, ¡no podemos navegar esta noche! —gritaron—. Hay que esperar a que baje el viento.

Lo cierto es que a medianoche se había desatado un gran vendaval.

Ese viento arrancó árboles, arremolinó el polvo en lo alto, y azotó el lago hasta que las olas llegaron al cielo.

Los tambores y las flautas habían ahogado el sonido de la tormenta, pero ahora que el señor Gao había ordenado a los músicos

打,听时,一片风声,吹得怪响,众皆愕然。急得尤辰只把脚跳。高赞心中大是不乐。只得重请入席,一面差人在外专看风色。看看天晓,那风越狂起来,刮得彤云密布,雪花飞舞。众人都起身看着天,做一块儿商议。一个道:"这风还不像就住的。"一个道:"半夜起的风,原要半夜里住。"又一个道:"这等雪天,就是没风也怕行不得。"又一个道:"只怕这雪还要大哩。"又一个道:"风太急了,住了风,只怕湖胶。"又一个道:"这太湖不愁他胶断,还怕的是风雪。"众人是恁般闲讲。高老和尤辰好生气闷。又捱一会,吃了早饭,风愈狂,雪愈大,料想今日过湖不成。错过了吉日良时,残冬腊月,未必有好日了。况且笙箫鼓乐,乘兴而来,怎好教他空去。事在千难万难之际,坐间有个老者,唤做周全,是高赞老邻,平日最善处分乡

que dejaran de tocar, podían escuchar el rugido del viento. Todo el mundo estaba asombrado, y You Chen dio una patada en el suelo de fastidio. El señor Gao también estaba muy disgustado, pero tuvo que invitar a todos sus invitados a ocupar de nuevo sus asientos, tras lo cual envió a un hombre al exterior para que vigilara el tiempo.

Al amanecer, el viento era más fuerte que nunca. Arrastró oscuras nubes de tormenta y pronto empezaría a nevar. Todo el mundo se reunió junto a las ventanas para observar el cielo y discutir lo que había que hacer.

—Este viento puede soplar durante algún tiempo más —comentó uno.

—Un viento que se levanta a medianoche no suele amainar hasta la medianoche siguiente —apuntó otro.

—Aunque baje el viento, la nieve impedirá navegar —añadió un tercero.

—Me temo que la nieve cae cada vez más rápido.

—Es un viento muy frío. Cuando pare, el lago puede congelarse.

—El lago nunca se ha congelado del todo, pero una tormenta de nieve puede ser muy peligrosa.

Mientras los invitados comentaban así sobre el tiempo, el señor Gao y You Chen estaban cada vez más ansiosos. Al cabo de un rato, se sirvió el desayuno, pero ahora soplaba un vendaval y la nieve caía con más fuerza que nunca. No era posible cruzar el lago ese día; no obstante, si dejaban pasar ese día propicio, tal vez no hubiera otro día adecuado ese mes. Además, para el novio que había llegado tan valientemente con flautas y tambores, volver sin su novia sería una gran pena.

Entre los invitados había un anciano llamado Zhou Quan, uno de los vecinos del señor Gao, que solía resolver las disputas locales.

里之事。见高赞沉吟无计,便道:"依老汉愚见,这事一些不难。"高赞道:"足下计将安在?"周全道:"既是选定日期,岂可错过!令婿既已到宅,何不就此结亲?趁这筵席,做了花烛。等风息,从容回去,岂非全美。"众人齐声道:"最好!"高赞正有此念,却喜得周老说话投机。当下便吩咐家人,准备洞房花烛之事。

却说钱青虽然身子在此,本是个局外之人。起初风大风小,也还不在他心上。忽见周全发此议论,暗暗心惊,还道高老未必听他。不想高老欣然应允,老大着忙,暗暗叫苦。欲央尤少梅代言,谁想尤辰平昔好酒,一来天气寒冷,二来心绪不佳,斟着大杯,只顾吃。吃得烂醉如泥,在一壁厢空椅子上,打盹去了。钱青只得自家开口道:"此百年大事,不可草草。不妨另择个日子,再来奉迎。"高赞那里肯依,便道:"翁婿一家,何分彼此!况贤婿尊人已

Al ver que Gao Zan estaba perdido, hizo una sugerencia.

—En mi humilde opinión, —declaró— hay una solución sencilla para esto.

—¿Qué me aconseja? —preguntó el señor Gao.

—Sería una pena dejar escapar este día auspicioso sin la boda. Así que, ya que su futuro yerno está aquí, ¿por qué no casar a la joven pareja de inmediato? Este banquete puede servir como su fiesta de boda y ellos pueden marcharse a casa en paz y armonía cuando el viento amaine. ¿No es este un buen plan?

—¡Es una idea excelente! —exclamaron todos los invitados.

El señor Gao ya había pensado en este plan y se sintió muy agradecido y aliviado de que el viejo Zhou lo hubiese expresado tan oportunamente. Inmediatamente ordenó a sus sirvientes preparar la boda.

Sin embargo, hablemos de Qian Qing. Aunque estaba en casa del señor Gao, no tenía ningún papel real en esta boda, y por eso, al principio, no le preocupó la tormenta. Luego, aunque le sorprendió la propuesta de Zhou Quan, no pensó ni por un momento que el señor Gao consintiera en ello. Cuando el señor Gao aceptó tan fácilmente, se sintió absolutamente horrorizado.

Buscó a You Chen para que protestara en su nombre, pero el hombre era un bebedor empedernido y, como hacía frío y estaba de mal humor, había apurado una copa tras otra hasta quedar completamente borracho. You estaba tumbado, roncando en su silla. Así que Qian se vio obligado a hablar por sí mismo.

—Una ceremonia tan importante como el matrimonio no debería realizarse de forma tan casual —indicó—. Será mejor que elijamos otro día propicio, en el que vendré de nuevo a buscar a la novia.

El señor Gao hizo caso omiso de su sugerencia.

不在堂，可以自专。"说罢，高赞入内去了。钱青又对各位亲邻，再三央及，不愿在此结亲。众人都是奉承高老的，那一个不极口赞成。钱青此时无可奈何，只推出恭。到外面时，却叫颜小乙与他商议。小乙心上也道不该，只教钱秀才推辞，此外别无良策。钱青道："我已辞之再四，其奈高老不从！若执意推辞，反起其疑。我只要委曲周全你家主一桩大事，并无欺心。若有苟且，天地不容！"主仆二人，正在讲话，众人都攒拢来道："此是美事，令岳意已决矣。大官人不须疑虑！"钱青嘿然无语。众人揖钱青请进。午饭已毕，重排喜筵。傧相披红喝礼，两位新人打扮登堂，照依常规行礼，结了花烛。正是：

百年姻眷今宵就，一对夫妻此夜新。

得意事成失意事，有心人遇没心人。

其夜酒阑人散，高赞老夫妇亲送新郎进房。伴娘替新

—Ya somos como familia —objetó—. Y como tu digno padre ha muerto, puedes decidir por ti mismo.

Dicho esto, se retiró a las habitaciones interiores. Pese a que Qian aseguró a los parientes y vecinos del señor Gao que no tenía ningún deseo de casarse allí, todos apoyaron al señor Gao. Al final, Qian se excusó y se retiró para consultar a Xiaoyi. Por su parte, Xiaoyi estuvo de acuerdo con que esa boda no podía efectuarse y aunque declaró que el señor Qian debía negarse a llevarla a cabo, no tenía ninguna solución alternativa que ofrecer.

—Ya me he negado una y otra vez —le aseguró Qian—. Pero el señor Gao no acepta un no por respuesta y si persisto en mi negativa, acabaré levantando sospechas. Quiero hacer lo mejor que puedo para tu señor en este importante asunto. ¡Juro por el Cielo y la Tierra que no tengo intenciones de traicionarle!

Mientras hablaban, los invitados salieron de masa a buscar al novio.

—El matrimonio es algo muy bonito y tu suegro ya está decidido —le informaron—. ¡No dude más, señor!

Entonces Qian, sin palabras por la consternación, sufriendo amargamente regresó al salón. Después del almuerzo, se ofreció el banquete de boda. Los padrinos, con sus fajas de seda roja, dirigieron la ceremonia y los novios, ataviados con sus trajes de boda, entraron al salón, cumplieron los ritos habituales y se convirtieron en marido y mujer.

Hoy celebran aquí un matrimonio;
La pareja recién casada debería estar alegre;
Pero mientras la novia está feliz, el novio está triste,
Y la felicidad de ella es la consternación de él.

Los invitados se marcharon cuando se acabó el vino y la señora

娘卸了头面，几遍催新郎安置，钱青只不答应，正不知什么意故。只得伏侍新娘先睡，自己出房去了。丫鬟将房门掩上，又催促官人上床。钱青心上如小鹿乱撞，勉强答应一句道："你们先睡。"丫鬟们乱了一夜，各自倒东歪西去打瞌睡。钱青本待秉灯达旦，一时不曾讨得几支蜡烛。到烛尽时，又不好声唤，忍着一肚子闷气，和衣在床外侧身而卧，也不知女孩儿头东头西。次早清清天亮，便起身出外，到舅子书馆中去梳洗。高赞夫妻只道他少年害羞，亦不为怪。是日雪虽住了，风尚不息。高赞且做庆贺筵席。钱青吃得酩酊大醉，坐到更深进房。女孩儿又先睡了。钱青打熬不过，依旧和衣而睡，连小娘子的被窝儿也不敢触着。又过一晚，早起时，见风势稍缓，便要起身。高赞定要留过三朝，方才肯放。钱青拗不过，只得又吃了一日酒。坐间背地里和尤辰说起夜间和衣而卧之事，尤辰口虽

y el señor Gao acompañaron a Qian a la recámara nupcial. La criada de la novia le quitó el tocado a la chica e instó al joven esposo a que se acostara. Sin embargo, para sorpresa suya, él se negó y tuvo que acostar primero a la novia y luego se retiró. Cuando las criadas cerraron la puerta, le dirigieron unas últimas palabras de ánimo a Qian.

—¡No me esperen despiertas! —murmuró el joven, cuyo corazón latía como el de un ciervo.

Las sirvientas, que habían trabajado duro toda la noche y estaban prácticamente adormecidas donde permanecían, se durmieron enseguida. Qian tenía la intención de sentarse a la luz de las velas hasta el amanecer; pero olvidó pedir velas y, cuando la que había en su habitación se apagó, no quiso molestar para que le trajeran otra. Por tanto, se limitó a tumbarse desconsolado en el borde de la cama completamente vestido, sin haber mirado siquiera a la novia.

A la mañana siguiente se levantó en cuanto amaneció y fue al estudio del hermano de la novia para lavarse y peinarse. A la pareja de ancianos, atribuyendo esto a la timidez juvenil, no le pareció extraño.

Aunque ya había dejado de nevar, el viento seguía soplaba muy fuerte. El señor Gao preparó un banquete de felicitación, en el que Qian se emborrachó a conciencia para que se hiciera muy tarde para ir a la habitación y la muchacha estuviera dormida ya.

Demasiado cansado para pasar la noche en vela, el joven volvió a tumbarse completamente vestido en el borde de la cama, sin atreverse a tocar ni siquiera la frazada de la novia.

A la mañana siguiente, el viento había amainado un poco y quiso marcharse, pero el señor Gao insistió en que se quedara un día más. De nuevo bebió mucho durante todo el día y se las arregló para susurrar a You Chen mientras estaban en la mesa cómo había pasado

答应，心下未必准信。事已如此，只索由他。

却说女孩儿秋芳，自结亲之夜，偷眼看那新郎，生得果然齐整，心中暗暗欢喜。一连两夜，都则衣不解带，不解其故。"莫非怪我先睡了，不曾等待得他？"此是第三夜了，女孩儿预先咐咐丫鬟，只等官人进房，先请他安息。丫鬟奉命，只等新郎进来，便替他解衣科帽。钱青见不是头，除了头巾，急急的跳上床去，贴着床里自睡，仍不脱衣。女孩儿满怀不乐，只得也和衣睡了。又不好告诉爹娘。到第四日，天气晴和，高赞预先备下送亲船只，自己和老婆亲送女孩儿过湖。娘女共是一船，高赞与钱青、尤辰又是一船。船头俱挂了杂彩，鼓乐振天，好生闹热。只有小乙受了家主之托，心中甚不快意，驾个小小快船，赶路先行。

话分两头。且说颜俊自从打发众人迎亲去后，悬悬而望。到初二日半夜，听得刮起大风大雪，心上好不着忙。也只道风雪中船行得迟，只怕挫了时辰。那想到过不得

las dos últimas noches completamente vestido. Aunque You expresó su aprobación, secretamente dudó de la veracidad de esta afirmación. Sin embargo, dadas las circunstancias, no podía hacer nada.

Por su parte, la hija de Gao, Qiufang, había mirado escurridizamente varias veces a su marido desde la boda y estaba encantada de fuera tan guapo. No obstante, no entendía por qué había pasado dos noches completamente vestido y se preguntaba si se había ofendido porque ella no le había esperado despierta. La tercera noche ordenó a sus criadas permanecer despiertas hasta que su marido entrara y le pidieran que se retirara primero. Las muchachas hicieron lo que se les dijo y cuando Qian entró, le desabrocharon el cinturón y le quitaron el gorro. El muchacho al ver esto se asustó y saltó apresuradamente sobre la cama para arrojarse completamente vestido sobre su borde más interno. Muy enojada, la novia se acostó también completamente vestida, pero no quiso mencionar el asunto a sus padres.

El cuarto día amaneció despejado y hermoso. El señor Gao alquiló una embarcación para, junto con su esposa, acompañar a su hija a través del lago —la señora Gao y Qiufang viajarían en un barco y el señor Gao, Qian Qing y You Chen en otro—. Las embarcaciones estaban engalanadas con serpentinas de colores y el alegre batir de flautas y tambores se oía a kilómetros de distancia. Sin embargo, Xiaoyi, que estaba muy inquieto por lo que su maestro le diría a su regreso, subió a uno de los botes más pequeños y se adelantó a los demás.

Ya ha llegado el momento de volver con Yan Jun, que había estado esperando ansiosamente desde que envió a Qian a buscar a su novia.

Cuando supo que se desató una gran tormenta en la medianoche del segundo día, se preocupó mucho, pues temía que el viento y

湖！一应花烛筵席，准备十全，等了一夜，不见动静，心下好闷。想道："这等大风，到是不曾下船还好。若在湖中行动，老大担忧哩。"又想道："若是不曾下船，我岳丈知道错过吉期，岂肯胡乱把女儿送来，定然要另选个日子。又不知几期吉利，可不闷杀了人！"又想道："若是尤少梅能事时，在岳丈前撺掇，权且迎来，那时我那管时日利与不利，且落得早些受用。"如此胡思乱想，坐不安席，不住在门前张望。到第四日风息，料道决有佳音。等到午后，只见小乙先回报道："新娘已取来了，不过十里之遥。"颜俊问道："吉期挫过，他家如何肯放新人下船？"小乙道："高家只怕挫过好日，定要结亲。钱大官人替东人权做新郎三日了。"颜俊道："既结了亲，这三夜钱大官人难道竟在新人房里睡的？"小乙道："睡是同睡的，却不曾动弹。那钱大官人是看得熟鸭蛋伴得小娘眠的。"颜俊骂

la nieve retrasaran a los viajeros y el día propicio pasara antes de que su novia pudiera ser llevada a casa. Nunca imaginó que no podrían cruzar el lago. Así que se prepararon velas decoradas y un banquete de boda, pero, aunque estuvo despierto toda la noche, no hubo señales de su novia y estaba más ansioso que nunca.

"Espero que no hayan zarpado con esta tormenta", pensó. "Si están en el lago ahora, deben estar en gran peligro".

Inmediatamente después pensó: "Si no han zarpado y mi suegro sabe que el día propicio ha pasado, probablemente no la envíe. Habrá que elegir otro día de buen augurio y a saber cuánto tiempo habrá que esperar. Este suspenso me está matando". Yan Jun siguió reflexionando: "Si You Chen tiene sentido común, persuadirá al señor Gao para que la envíe y de esta forma no necesitaré preocuparme de si el día es propicio o no y la haré mi esposa lo antes posible".

Preocupado por esos pensamientos inquietantes, no podía quedarse sentado con calma, sino que seguía paseando por la puerta para mirar hacia afuera.

Al cuarto día, cuando el viento amainó, supuso que pronto tendría noticias y, efectivamente, poco después del mediodía llegó Xiaoyi.

—La novia llegará muy pronto —informó Xiaoyi—. Está a solo unas millas de distancia.

—¿Cómo es que su padre la dejó venir pese a que el día auspicioso ya pasó?

—El Sr. Gao estaba tan ansioso por dejar pasar el día auspicioso que insistió en celebrar el matrimonio de inmediato. El Sr. Qian ocupó su lugar, señor, como novio durante tres días.

—¿Quiere decir que el señor Qian ha pasado las tres últimas noches en la cámara nupcial?

—Sí, señor, pero no tocó a su novia. Solo se quedó allí sin moverse.

道："放屁！那有此理！我托你何事？你如何不叫他推辞；却做下这等勾当？"小乙道："家人也说过来。钱大官人道：'我只要周全你家之事。若有半点欺心，天神鉴察。'"颜俊此时：怒从心上起，恶向胆边生，一把掌将小乙打在一边，气忿忿地奔出门外，专等钱青来厮闹。

恰好船已拢岸。钱青终有细腻，预先嘱付尤辰伴住高老，自己先跳上岸。只为自反无愧，理直气壮，昂昂的步到颜家门首。望见颜俊，笑嘻嘻的正要上前作揖，告诉衷情。谁知颜俊以小人之心，度君子之腹，此际便是仇人相见，分外眼睁，不等开言，便扑的一头撞去，咬定牙根，狠狠的骂道："天杀的！你好快活！"说声未毕，查开五指，将钱青和巾和发，扯做一把。乱踢乱打，口里不绝声的道："天杀的！好欺心！别人费了钱财，把与你见成受用！"钱青口中也自分辩。颜俊打骂忙了，那里听他半个字儿。家人也不敢上前相劝。钱青吃打慌了，但呼救命。船上人听得闹吵，都上岸来看。只见一个丑汉，将新郎痛打，正不知甚么意故，都走拢来解劝，那里劝得他开。高

—¡Perro! —lo increpó Yan—. ¿Esperas que me crea semejante cuento? ¿Para qué te envié allí? ¿Por qué no lo obligaste a rechazar el matrimonio? ¿Cómo pudiste dejarlo hacer una cosa así?

—Sí hablé con él, señor, pero el señor Qian dijo: "Solo quiero hacer lo que es mejor para tu señor. Juro por el Cielo y la Tierra que no tengo intención de traicionarle".

La rabia se apoderó del corazón de Yan Jun. Después de darle a Xiaoyi un golpe que le hizo tambalearse, salió como un bólido para ajustar cuentas con Qian. Por casualidad, los barcos acababan de llegar a la orilla. Tras tomar la precaución de pedirle a You Chen que le hiciera compañía al señor Gao, Qian saltó a tierra y, consciente de que no tenía nada que reprocharse, se dirigió con audacia y seguridad a la casa de Yan. Cuando vio a Yan, sonrió y se dispuso a saludarlo y a contarle todo lo sucedido.

Pero Yan era demasiado vil para entender el honor de otra persona. Mirando a Qian como si su primo fuera su peor enemigo, arremetió contra él sin darle la oportunidad de hablar.

—¡Maldito seas! —Hizo rechinar los dientes con rabia—. Te lo has pasado bien, ¿verdad?

Sin dejar de maldecir, agarró a Qian por el gorro y empezó a darle patadas y golpes.

—¡Maldito seas! —gritó—. ¡Traidor! Disfrutando a costa mía.

Qian intentó justificarse, pero Yan estaba demasiado ocupado golpeándole para prestarle atención y ninguno de los sirvientes se atrevió a intervenir.

Al final, presa del pánico, Qian gritó pidiendo ayuda y el grupo de Gao, al oír la conmoción, se apresuró a bajar a tierra para averiguar qué había pasado. Cuando vieron a este personaje de aspecto despiadado golpeando al novio, no supieron qué hacer más que apre-

赞盘问他家人，那家人料瞒不过，只得实说了。高赞不闻犹可，一闻之时，心头火起，大骂尤辰无理，做这等欺三瞒四的媒人，说骗人家女儿，也扭着尤辰乱打起来。高家送亲的人，也自心怀不平，一齐动手要打那丑汉。颜家的家人回护家主，就与高家从人对打。先前颜俊和钱青是一对厮打，以后高赞和尤辰是两对厮打，结末两家家人，扭做一团厮打。看的人重重叠叠，越发多了，街道拥塞难行，却似：

　　九里山前摆阵势，昆阳城下赌输赢。

事有凑巧，其时本县大尹，恰好送了上司回轿，至于北门，见街上震天喧嚷，却是厮打的，停了轿子，喝教拿下。众人见知县相公拿人，都则散了。只有颜俊兀自扭住钱青，高赞兀自扭住尤辰，纷纷告诉，一时不得其详。大尹都教带到公庭，逐一细审，不许搀口。见高赞年长，先叫他上堂诘问。高赞道："小人是洞庭山百姓，叫做高赞，为女择婿，相中了女婿才貌，将女许配。初三日，女婿上门亲迎，因被风雪所阻，小人留女婿在家，完了亲事。今

surarse a tratar de detener la pelea en vano. Entonces, el señor Gao interrogó a los sirvientes de Yan, y estos, al percatarse de que era imposible seguir ocultando los hechos, le dijeron la verdad. Inmediatamente Gao montó en cólera y se puso a maldecir al intermediario.

—¡Sinvergüenza! ¿Cómo te atreves a gastar semejante broma?

Dicho esto se abalanzó sobre You Chen y empezó a maltratarlo.

Cuando los sirvientes del señor Gao se dispusieron indignados a dar una buena paliza al feo forastero, la familia de Yan salió en defensa de su señor y se unió a las fuerzas del señor Gao en la batalla. Así, mientras que al principio Yan y Qian, Gao y You se peleaban entre ellos, ahora las dos partes protagonizaban un encarnecido combate.

Cada vez más personas se congregaban para observar, hasta que pronto la calle quedó bloqueada y el tráfico interrumpido. Justo en ese momento, afortunadamente, el magistrado local llegaba en su palanquín a la puerta Norte después de despedir a un funcionario de rango superior. Al oír el estruendo y ver que se estaba produciendo una pelea, se detuvo y ordenó a sus corredores que detuvieran a los alborotadores.

La multitud se dispersó de inmediato, dejando solo a Yan, que seguía agarrando a Qian y a Gao Zan, que no soltaba a You Chen. Como todos gritaban a la vez, el magistrado no podía entender lo que había sucedido y ordenó que los llevaran a su yamen para poder escucharlos sin interrupciones. Primero, interrogó a Gao Zan, por ser el mayor de los cuatro.

—Soy oriundo de la isla de Dongting Occidental, Su Señoría —declaró el señor Gao—. Mi nombre es Gao Zan. Elegí un marido apuesto y talentoso para mi hija y el día 3 de este mes vino a buscar a su novia, pero como la tormenta les impedía zarpar ese mismo día,

日送女到此。不期遇了这个丑汉,将小人的女婿毒打。小人问期缘故,却是那丑汉买嘱媒人,要哄骗小人的女儿为婚,却将那姓钱的后生,冒名到小人家里。老爷只问媒人,便知奸弊。"大尹道:"媒人叫做甚名字?可在这里么?"高赞道:"叫做尤辰,见在台下。"大尹喝退高赞,唤尤辰上来,骂道:"弄假成真,以非为是,都是你弄出这个伎俩!你可实实供出,免受重刑!"尤辰初还只含糊抵赖。大尹发怒,喝教取夹棍伺候。尤辰虽然市井,从未熬刑,只得实说。起初颜俊如何"央小人去说亲",高赞如何作难,要选才貌。后来如何央钱秀才冒名去拜望。直到结亲始末,细细述了一遍。大尹点头道:"这是实情了。颜俊这厮费了许多事,却被别人夺了头筹,也怪不得发恼。只是起先设心哄骗的不是。"便教颜俊,审其口词。颜俊

le convencí para que celebrara la boda en mi casa. Imagínese mi sorpresa hoy, al llegar aquí y ver a este feo rufián abalanzarse sobre mi yerno y golpearlo cruelmente. Cuando pregunté la razón, me dijeron que ese horrible desgraciado había sobornado al intermediario para que me engañara y le entregara a mi hija, enviando al joven Qian a mi casa para que se hiciera pasar por él. Si interroga al intermediario, Su Señoría, entenderá su vil complot.

—¿Cómo se llama el intermediario? —preguntó el magistrado—. ¿Está aquí?

—Su nombre es You Chen —respondió el señor Gao—. ¡Ahí está!

Entonces el magistrado mandó a retirar a Gao Zan y llamó a You Chen.

—Por tus ardides y mentiras eres responsable de este fraude —señaló el magistrado con severidad—. ¡Di la verdad ahora, si quieres evitar una fuerte condena!

You Chen intentó negar la acusación, hasta que el magistrado se enfadó y ordenó que le trajeran la prensa de tobillo. A pesar de ser un pícaro, el intermediario nunca antes había sido torturado y ahora estaba tan asustado que decidió contar la verdad. You Chen relató en detalle cómo Yan Jun le había enviado a proponer el matrimonio, cómo Gao Zan había insistido en que debía ser un yerno apuesto y talentoso, cómo Qian Qing había ido en lugar de Yan y cómo, finalmente, se había celebrado la boda. El magistrado asintió.

—Parece que dices la verdad —apuntó—. A pesar de que Yan Jun se tomó tantas molestias, al final otro se llevó su premio. No salió victorioso... ¡Estaba enfadado! Pero, para empezar, nunca debió haber hecho una broma así.

Entonces llamó a Yan Jun para interrogarle.

已听得尤辰说了实话，又见知县相公词气温和，只得也叙了一遍。两口相同。

　　大尹结末唤钱青上来。一见钱青青年美貌，且被打伤，便有几分爱他怜他之意。问道："你是个秀才，读孔子之书，达周公之礼，如何替人去拜望迎亲，同谋哄骗，有乖行止？"钱青道："此事原非生员所愿。只为颜俊是生员表兄，生员家贫，又馆谷于他家，被表兄再四央求不过，勉强应承。只道一时权宜，玉成其事。"大尹道："住了！你既为亲情而往，就不该与那女儿结亲了。"钱青道："生员原只代他亲迎。只为一连三日大风，太湖之隔，不能行舟，故此高赞怕误了婚期，要生员就彼花烛。"大尹道："你自知替身，就该推辞了。"颜俊从傍磕头道："青天老爷！只看他应承花烛，便是欺心。"大尹喝道："不要多嘴，左右扯他下去。"再问钱青："你那时应承做亲，难道

Después de escuchar el relato veraz de You Chen y ver que el magistrado estaba de buen humor, Yan decidió no ocultar pruebas. Por tanto, su relato coincidía con el del intermediario.

Por último, el magistrado llamó a Qian Qing y al ver lo malherido que estaba el apuesto joven, se compadeció de él.

—Eres un erudito y has aprobado el examen del distrito —señaló—. Deberías saber lo que es correcto. ¿Cómo es que accediste a buscar una novia para otro? ¿Cómo pudiste prestarte a semejante engaño?

—Lo hice contra mi voluntad —respondió Qian—. Yan Jun es mi primo mayor y, como soy pobre, me ha permitido vivir en su casa y continuar mis estudios allí. Además, me rogó con tanta insistencia que fuera que me vi obligado a aceptar. Entonces, parecía lo único que se podía hacer en ese momento.

—¡Espera un momento! —dijo el magistrado—. Si lo hiciste obligado por un familiar, ¿por qué te casaste con la chica?

—La idea era que yo simplemente fuera a buscar a su novia por él —argumentó Qian—. Pero la tormenta sopló durante tres días, haciendo imposible cruzar el lago. Entonces el señor Gao, no queriendo dejar pasar el auspicioso día, insistió en que la boda se celebrara de inmediato.

—Ya que solo eras un sustituto, deberías haberte negado.

En ese momento, Yan Jun dio un paso adelante para inclinarse.

—¡Su Señoría! —gritó—. ¡El mismo hecho de que consintiera la boda demuestra su doble trato!

—¡Silencio! —gritó el magistrado—. ¡Asistentes! Retiren a este hombre.

Los corredores empujaron a Yan de vuelta a su lugar, y el magistrado prosiguió examinando a Qian.

没有个私心？"钱青道："只问高赞便知，生员再三推辞，高赞不允。生员若再辞时，恐彼生疑，误了表兄的大事。故此权成大礼。虽则三夜同床，生员和衣而睡，并不相犯。"大尹呵呵大笑道："自古以来，只有一个柳下惠坐怀不乱。那鲁男子既自知不及，风雪之中，就不肯放妇人进门了。你少年子弟，血气未定，岂有三夜同床，并不相犯之理？这话哄得那一个！"钱青道："生员今日自陈心迹，父母老爷未必相信。只教高赞去问自己的女儿，便知真假。"大尹想道："那女儿若有私情，如何肯说实话。"当下想出个主意来，便教左右唤到老实稳婆一名，到舟中试验高氏是否处女，速来回话。不一时，稳婆来覆知县相公，那高氏果是处子，未曾破身。

颜俊在阶下听说高氏还是处子，便叫喊道："既是小的妻子不曾破坏，小的情愿成就。"大尹又道："不许多嘴！"再叫高赞道："你心下愿将女儿配那一个？"高赞道："小人初时原看中了钱秀才，后来女儿又与他做了花烛。虽然钱秀才不欺暗室，与小女即无夫妇之情，已定了

—¿Puedes probar que consentiste el matrimonio por motivos puramente desinteresados? —preguntó.

—Pregunte al señor Gao —respondió Qian—. Él le dirá que me negué una y otra vez. Pero cuando insistió, temí que una nueva negativa despertara sus sospechas y arruinara las posibilidades de éxito de mi primo. Por eso acepté que se realizara la ceremonia. Pero aunque pasé tres noches en la cámara nupcial, no me quité ni una sola vez la ropa y dejé a la novia sola.

El magistrado se echó a reír.

—Los jóvenes tienen sangre caliente y son inseguros —declaró—. ¿Quieres hacernos creer que pasaste tres noches en la misma habitación sin tocar a la novia? No puedes engañarnos así.

—Es la verdad, Su Señoría —respondió Qian—. Si no me cree, díganle al señor Gao que vaya a preguntarle a su hija. Pronto sabrá si miento o no.

"Si la muchacha está encariñada con él, no dirá la verdad", pensó el magistrado. Así que se le ocurrió un recurso mejor. Acto seguido, mandó a un asistente que enviara a una enfermera experimentada al barco donde estaba la hija del señor Gao para que hiciera averiguaciones discretas, ordenándole regresar lo antes posible.

En seguida, la enfermera volvió y confirmó lo que había dicho Qian.

—¡Entonces es mi esposa! —gritó Yan—. ¡Todavía estoy dispuesto a tomarla!

—¡Cállate! —rugió el magistrado, quien volvió a llamar a Gao Zan—. ¿Con cuál de ellos quieres casar a tu hija?

—Desde el primer momento me encapriché con el joven señor Qian —respondió Gao—. Y mi hija ha pasado por la ceremonia de boda con él. Aunque el comportamiento del joven fue estrictamente

夫妇之义。若教女儿另嫁颜俊，不惟小人不愿，就是女儿也不愿。"大尹道："此言正合吾意。"钱青心下到不肯，便道："生员此行，实是为公不为私。若将此女归了生员，把生员三夜衣不解带之意全然没了。宁可令此女别嫁，生员决不敢冒此嫌疑，惹人谈论。"大尹道："此女若归他人，你过湖这两番替人诓骗，便是行止有亏，干碍前程了。今日与你成就亲事，乃是遮掩你的过失。况你的心迹已自洞然，女家两相情愿，有何嫌疑？休得过让，我自有明断。"遂举笔判云：

　　高赞相女配夫，乃其常理；颜俊借人饰己，实出奇闻。东床已招佳选，何知以羊易牛；西邻纵有责言，终难指鹿为马。两番渡湖，不让传书柳毅；三宵隔被，何惭秉烛云长。风伯为媒，天公作合。佳男配了佳妇，两得其宜；求妻到底无妻，自作之孽。高氏断归钱青，不须另做花烛。颜俊既不合设骗局于前，

honorable, son marido y mujer al menos de palabra. Que mi hija se case ahora con Yan Jun no solo iría en contra de mis deseos, sino también de los suyos.

—Estoy completamente de acuerdo con usted —afirmó el magistrado.

Sin embargo, Qian no estuvo de acuerdo.

—Actué como me pareció mejor —protestó—. Ahora, si declara que la chica es mi esposa, mis tres noches de abnegación habrán sido en vano. Será mejor encontrarle a la joven un nuevo esposo. No quiero hacer nada que pueda despertar sospechas y dar de que hablar.

—Si la muchacha se casa con otro, —respondió el magistrado— tus dos viajes al otro lado del lago para engañar a su padre se tomarán en tu contra y pondrán en peligro tu carrera mientras que al tomarla como esposa puedes enmendar tu mala conducta. Además, tu buena fe ha quedado clara y la familia de la chica está dispuesta, así que ¿quién puede sospechar ahora de tus motivos? No seas terco. Mi decisión ya está tomada.

Luego tomó su pincel y escribió:

"Gao Zan desea encontrar un marido adecuado para su hija; esto es algo natural. Yan Jun convence a alguien para que se haga pasar por él, algo inaudito. Cuando el apuesto novio es aceptado, no saben que es un sustituto. Qian Qing cruzó el lago dos veces y pasó tres noches en la cámara nupcial, pero permaneció fiel a su primo. La tormenta lo ayudó porque el Cielo quería este matrimonio. De esta forma, un joven y brillante erudito se casó con una hermosa muchacha y formaron una pareja bien avenida. El intrigante solo tiene que culparse a sí mismo por su fracaso para conseguir una esposa. Como la chica se ha casado con Qian, no hay necesidad de una segunda ceremonia. Yan Jun hizo mal en urdir tal trama, así como

又不合奋老拳于后。事已不谐，姑免罪责。所费聘仪，合助钱青，以赎一击之罪。尤辰往来煽诱，实启衅端，重惩示儆。

判讫，喝教左右，将尤辰重责三十板，免其画供，竟行逐出，盖不欲使钱青冒名一事彰闻于人也。高赞和钱青拜谢。一干人出了县门。颜俊满面羞惭，敢怒而不敢言，抱头鼠窜而去。有好几月不敢出门。尤辰自回家将息棒疮不题。

却说高赞邀钱青到舟中，反殷勤致谢道："若非贤婿才行俱全，上官起敬，小女几乎错配匪人。今日到要屈贤婿同小女到舍下少住几时。不知贤婿宅上还有何人？"钱青道："小婿父母俱亡，别无亲人在家。"高赞道："既如此，一发该在舍下住了，老夫供给读书，贤婿意下如何？"钱青道："若得岳父扶持，足感盛德。"是夜开船离了吴江，随路宿歇。次日早到西山。一山之人闻知此事，皆当新闻

en golpear a su amigo. Sin embargo, como su plan ha fracasado no recibirá más castigo. Ahora, el dinero que ha preparado para la boda será entregado a Qian como recompensa por la paliza. You Chen, responsable de todo este problema, debe ser castigado severamente".

Una vez redactado este veredicto, el magistrado ordenó a sus corredores que le dieran a You treinta golpes con una vara pesada de bambú y luego lo expulsaran sin hacerle firmar una confesión, pues no quería que la suplantación de Qian Qing se hiciera pública.

Entonces, el señor Gao y Qian se inclinaron en señal de agradecimiento y todo el grupo abandonó el yamen. Yan Jun era la viva imagen de la vergüenza, pero no se atrevió a expresar su rabia y, agachando la cabeza, se escabulló furtivamente. Durante varios meses no se atrevió a aparecer de nuevo en las calles. En cuanto a You Chen, se fue a casa a curar sus heridas.

El Sr. Gao invitó a Qian a su barco y le dio las gracias.

—Si no fuera por tu brillante y honorable conducta, que se ganó el respeto del magistrado, —dijo— mi hija habría sido entregada casi con toda seguridad por ese rufián. Hoy debo rogarte que vuelvas a quedarte con nosotros unos días, pues no sé qué parientes te quedan en casa.

—Mis padres han muerto —fue la respuesta—. Y no tengo ningún otro pariente cercano.

—En ese caso, —respondió el señor Gao— espero que vivas con nosotros y me permitas mantenerte mientras continúas tus estudios. ¿Qué dices?

—Si lo hace, señor, —respondió Qian— le estaré más agradecido de lo que puedo decir.

Esa noche zarparon de Wujiang y llegaron a Dongting a la mañana siguiente. Cuando los isleños se enteraron de esta historia, se

传说。又知钱青存心忠厚,无不钦仰。后来钱青一举成名,夫妻偕老。有诗为证:

　　丑脸如何骗美妻,作成表弟得便宜。
　　可怜一片吴江月,冷照鸳鸯湖上飞。

maravillaron, y nadie dejó de admirar la integridad de Qian.

Posteriormente, Qian aprobó los exámenes más exigentes y se convirtió en funcionario. Tanto él como su esposa vivieron hasta una edad muy avanzada.

> *Aunque la belleza estuvo a punto de ser atrapada por el feo Yan,*
> *Su malvado plan resultó en ventaja para el joven Qian.*
> *La luna brilla fría y deslumbrante sobre el agua del lago,*
> *Y los amorosos patos vuelan a su hogar en la otra orilla.*

卢太学诗酒傲王侯

EL ERUDITO ORGULLOSO

卫河东岸浮丘高，竹舍云居隐凤毛。
遂有文章惊董贾，岂无名誉驾刘曹。
秋天散步青山郭，春日催诗白兔毫。
醉倚湛卢时一啸，长风万里破洪涛。

这首诗，系本朝嘉靖年间，一个才子所作。那才子是谁？姓卢名楠，字少楩，一字子赤，大名府浚县人也。生得丰姿潇洒，气宇轩昂，飘飘有出尘之表。八岁即能属文，十岁便娴诗律，下笔数千言，倚马可待。人都道他是李青莲再世，曹子建后身。一生好酒任侠，放达不羁，有轻财傲物之志。真个名闻天下，才冠当今。与他往来的，俱是名公巨卿。又且世代簪缨，家资巨富，日常供奉，拟于王侯。所居在城外浮邱山下，第宅壮丽，高耸云汉。后房粉黛，一个个声色兼妙；又选小奚秀美者数人，教成吹弹歌曲，日以自娱。至于僮仆厮养，不计其数。宅后又构一园，大可两三顷，凿池引水，叠石为山，制度极其精巧，名曰啸圃。大凡花性喜暖，所以名花俱出南方，那北地天气严寒，花到其地，大半冻死，因此至者甚少。设或

En el periodo JiaJing (1522-1566) hubo un talentoso erudito llamado Lu Nan, oriundo del distrito de Junxian, en la prefectura de Daming. Lu era un hombre de aspecto refinado y modales arrogantes, que se mantenía alejado del mundo polvoriento. Era capaz de escribir ensayos a los ocho años de edad y poemas a los diez. También podía escribir composiciones de mil caracteres en un momento. Como amaba la bebida y las acciones galantes, pero era descuidado en las pequeñas cosas y despreciaba todos los asuntos mundanos, llegó a ser muy conocido en todo el país como el mayor genio de aquella época.

Todos sus amigos eran conocidos eruditos y altos funcionarios. Además, como sus antepasados habían ocupado puestos importantes durante varias generaciones, Lu era muy rico y vivía como un príncipe. Poseía una mansión fina y majestuosa al pie de la montaña Fuqiu, en las afueras de la ciudad del distrito. Todas sus concubinas eran hermosas y cantaban divinamente. Por su parte, él se entretenía enseñando música a sus pajes que había seleccionado por su apariencia.

En cuanto al resto de la servidumbre, eran demasiados criados como para contarlos. Los terrenos detrás de la casa de Lu ocupaban varios acres. Allí hizo que los obreros más hábiles construyeran un parque de recreo con un lago y colinas artificiales, al que llamó el Jardín de los Cantos.

Ahora bien, como a todas las flores les gusta el calor, las variedades más conocidas proceden del Sur. Como en el Norte hace

到得一花一草，必为金珰大畹所有，他人亦不易得。这浚县又是个拗处，比京都更难，故宦家园亭虽有，俱不足观。偏卢楠立心要胜似他人，不惜重价，差人四外构取名花异卉，怪石奇峰，落成这园，遂为一邑之胜。真个景致非常！但见：

楼台高峻，庭院清幽。山叠岷峨怪石，花栽阆苑奇葩。水阁遥通行坞，风轩斜透松寮。回塘曲槛，层层碧浪漾琉璃；叠嶂层峦，点点苍苔铺翡翠。牡丹亭畔，孔雀双栖；芍药栏边，仙禽对舞。紫纡松径，绿阴深处小桥横；屈曲花岐，红艳丛中乔木耸。烟迷翠黛，意淡如无；雨洗青螺，色浓似染。木兰舟荡漾芙蓉水际，秋千架摇拽垂杨影里。朱槛画栏相掩映，湘帘绣幌两交辉。

卢楠日夕吟花课鸟，笑傲其闲，虽南面至乐，亦不过是！凡朋友去相访，必留连尽醉方止。倘遇着个声气相

tanto frío, la mayoría de las flores mueren a causa de las heladas y son pocas las plantas que se pueden cultivar, siendo las raras excepciones las cultivadas por los altos funcionarios y las familias acaudaladas. Como Junxian, donde vivía Lu Nan, era un distrito apartado, era más difícil comprar flores allí que en Beijing, y ninguno de los jardines de los altos funcionarios tenía mucho de que presumir. Sin embargo, no contento de ser como los demás, el erudito no escatimó gastos para comprar plantas raras y piedras curiosas de provincias lejanas, hasta que su jardín se convirtió en la maravilla del distrito. De hecho, era un jardín de una belleza extraordinaria.

Aquí hay terrazas y patios apacibles,
Y curiosos peñascos, sembrados con exóticas flores;
El pabellón del lago conduce al bosquecillo de bambú,
Una fresca casa de verano se erige junto a los pinos,
Entre estanques sinuosos tan verdes y claros como la hierba,
Y mogotes musgosos brillantes como la esmeralda;
Aquí los pavos reales reposan junto a las peonías,
Y las grullas caminan graciosamente entre las flores;
En la profunda sombra verde se ve un pequeño puente,
Entre las flores carmesí se eleva un árbol alto,
Mientras la niebla hace que todo sea etéreo como un sueño,
Y las laderas lavadas por la lluvia parecen recién teñidas.
Las barcazas de magnolia flotan entre los nenúfares,
Un columpio vuela hacia arriba y hacia abajo a través de las ramas de sauce;
Las balaustradas rojas enriquecen la belleza a las barandillas pintadas,
Y la estera de bambú a las cortinas bordadas.

Ningún emperador podría haber sido más feliz que Lu Nan, quien disfrutaba día y noche de las flores y los pájaros en su jardín de placer. Cuando los amigos le llamaban, los agasajaba hasta embo-

投,知音知己,便兼旬累月,款留在家,不肯轻放出门。若有人患难来投奔的,一一俱有赍发,决不令其空过。因此四方慕名来者,络绎不绝。真个是:

　　座上客常满,尊中酒不空。

卢楠只因才学高广,以为掇青紫如拾针芥。那知文福不齐,任你锦绣般文章,偏生不中试官之意,一连走上几次,不能勾飞黄腾达。他道世无识者,遂绝意功名,不图进取。惟与骚人剑客,羽士高僧,谈禅理,论剑术,呼卢浮白,放浪山水,自称浮丘山人。曾有五言古诗云:

　　逸翮奋霄汉,高步蹑天关。
　　褰衣在椒涂,长风吹海澜。
　　琼树系游镳,瑶华代朝餐。
　　恣情戏灵景,静啸喈鸣鸾。
　　浮世信淆浊,焉能濡羽翰!

话分两头。却说浚县知县,姓汪名岑,少年连第,贪酷无比,性复猜刻。又酷好杯中之物,若擎着酒杯,便直

rracharlos; cuando conocía a un hombre según su corazón, insistía en agasajarlo durante semanas y meses; nadie en apuros que llamara a su puerta era rechazado con las manos vacías. Así, a medida que su fama crecía, no cesaban los visitantes que acudían a él. Su salón estaba siempre lleno de invitados y su copa de vino nunca estaba vacía.

Como Lu era brillante y culto, imaginó que aprobar los exámenes imperiales era tan fácil como coger una aguja, pero experimentó una racha de mala suerte. Aunque sus ensayos eran magníficos, no gustaban a los examinadores. Tras fracasar varias veces y no encontrar a nadie que reconociera su inteligencia, abandonó la idea de una carrera oficial y dejó de presentarse a los exámenes para dedicar todo su tiempo a pasarlo con poetas, espadachines, taoístas o monjes eruditos, con los que discutía sobre filosofía y esgrima, o apostaba, bebía y exploraba las bellezas del campo. Por tanto, se autoproclamó el Ermitaño de Fuqiu y escribió los siguientes versos:

> *Me elevo en alas orgullosas, y camino a la puerta del Cielo,*
> *Levantando mi túnica piso el fragante sendero.*
> *Un gran viento barre el mar,*
> *Pero yo sujeto mis riendas a una rama de jade,*
> *Y me alimento de flores de jaspe,*
> *Disfrutando de la belleza celestial aquí,*
> *Y cantando la canción del fénix.*
> *Aunque el mundo de los hombres esté degradado,*
> *No puede manchar mi plumaje.*

Hablemos ahora de otro personaje de nuestro cuento, Wang Cen, el magistrado del distrito, quien tenía una gran opinión de sí mismo por haber superado los exámenes de palacio a una temprana edad.

Wang, hombre rapaz y desconfiado, amaba el vino y a menudo

饮到天明。自到浚县，不曾遇着对手。平昔也晓得卢楠是个才子，当今推重，交游甚广。又闻得邑中园亭，推他家为最，酒量又推尊第一。因这三件，有心要结识他，做个相知，差人去请来相会。你道有这般好笑的事么？别个秀才要去结交知县，还要捱风缉缝，央人引进，拜在门下，认为老师。四时八节，馈送礼物，希图以小博大。若知县肯来相请，便似朝廷征聘一般，便立刻动身，不俟驾而行的样子。若是这种人，是不肖者所为，有气概的未必如此。但知县相请，也没有不肯去的。偏有卢楠比他人不同，知县一连请了五六次，只当做耳边风，全然不睬，只推自来不入公门。你道因甚如此？那卢楠才高天下，眼底无人，天生就一副侠肠傲骨，视功名如敝蓰，等富贵犹浮云。就是王侯卿相不曾来拜访，要请去相见，他也断然不肯先施，怎肯轻易去见个县官？真个是天子不得臣，诸侯不得友，绝品的高人。这卢楠已是个清奇古怪的主人，撞着知县又是个耐烦琐碎的冤家，请人请到四五次不来，也

se sentaba a beber toda la noche. Sin embargo, desde que llegó a este distrito no había conocido a nadie que estuviera a su altura. Tan pronto como el magistrado se enteró de que este brillante erudito, Lu Nan, tan apreciado y bien relacionado, no solo poseía el mejor jardín del distrito, sino que también era un buen bebedor, deseó conocerlo y lo invitó al yamen. Lamentablemente, Lu no era como la mayoría de los eruditos que intentaban por todos los medios congraciarse con el magistrado local, rogándoles a sus amigos que los presentaran o haciéndose pasar por sus alumnos y enviándole regalos durante las fiestas por las ventajas que pudieran obtener.

Los más serviles, si el magistrado les invitaba a su yamen, se sentían tan honrados como si hubiesen recibido un regalo del emperador. Incluso pegaban la invitación en la pared para impresionar a sus amigos y parientes. Aunque los más valientes no se rebajan tanto, era muy cierto que aceptaban cualquier invitación que el magistrado les cursaba. Lu Nan ignoró cinco o seis invitaciones del magistrado Wang con el pretexto de que nunca entraría a un yamen.

Seguramente se estará preguntando por qué Lu se comportaba de esta forma. Pues como era tan brillante sencillamente despreciaba a todos los demás. En su orgullo desmedido consideraba que el rango y las riquezas no eran mejores que unos zapatos gastados. Si los príncipes o los ministros le hubieran invitado a un banquete sin avisar con anticipación para presentar sus respetos, bien podría haberse negado y ciertamente no les habría visitado primero. De un hombre así, demasiado altivo para ser súbdito de un emperador y demasiado arrogante para ser amigo de un barón, no podía esperarse que diera su brazo a torcer ante un simple magistrado.

Pues bien, ahora alguien tan extravagante como Lu se enfrentaba a un personaje cansino y difícil como el magistrado Wang. Cual-

只索罢了,偏生只管去缠帐。见卢楠决不肯来,却到情愿自去就教。又恐卢楠他出,先差人将帖子订期。差人领了言语,一直径到卢家,把帖子递与门公说道:"本县老爷有紧要话,差我来传达你相公,相烦引进。"门公不敢怠慢,即引到园上,来见家主。

差人随进园门,举目看时,只见水光绕绿,山色送青,竹木扶疏,交相掩映,林中禽鸟,声如鼓吹。那差人从不曾见这般景致,今日到此,恍如登了洞天仙府,好生欢喜,想道:"怪道老爷要来游玩,原来有恁地好景!我也是有些缘分,方得至此观玩这番,也不枉为人一世。"遂四下行走,恣意饱看。湾湾曲曲,穿过几条花径,走过数处亭台,来到一个所在,周围尽是梅花,一望如雪,霏霏馥馥,清香沁人肌骨。中间显出一座八角亭子,朱甍碧瓦,画栋雕梁,亭中悬一个扁额,大书"玉照亭"三字。下边坐着三四个宾客,赏花饮酒,旁边五六个标致青衣,调丝品竹,按板而歌。有高太史《梅花诗》为证:

琼姿只合在瑶台,谁向江南处处栽。
雪满山中高士卧,月明林下美人来。
寒依疏影萧萧竹,春掩残香漠漠苔。
自去渔郎无好韵,东风愁寂几回开!

quier hombre con sentido común renunciaría a invitar a alguien que lo ha ignorado cuatro o cinco veces. Este magistrado, en cambio, no sabía cuándo parar por lo que al ver que Lu no acudiría a él decidió ir a visitar a Lu en su lugar.

Para asegurarse de que el erudito estuviese en casa, envió un mensajero con su tarjeta para concertar una cita. El mensajero fue directamente a la residencia de Lu, y entregó la tarjeta al portero.

—Su Señoría tiene un mensaje importante para su señor —le dijo—. Por favor, anúncieme.

El portero no se atrevió a perder tiempo y llevó al mensajero directamente al jardín donde se encontraba Lu Nan. Cuando el mensajero vio a su alrededor sinuosos estanques de color esmeralda y verdes colinas, bambúes y árboles sombríos exhibiéndose con ventaja y los pájaros en sus ramas trinando en armonía, se quedó sin palabras. Nunca había visto nada igual. Sintió que había llegado al paraíso.

"No me extraña que mi amo quiera visitar este jardín", pensó. "¡Nunca he visto nada tan bonito! ¡Qué suerte que haya tenido la oportunidad de venir aquí! ¡Esta es una vista que nunca olvidaré!".

El mensajero se deleitó la vista mientras caminaba por senderos sinuosos, pasando por terrazas y pabellones, hasta que llegó a un lugar lleno de ciruelos cuya flor era como nieve perfumada y su fresca fragancia penetraba hasta el tuétano de los huesos. En medio de los árboles había un pabellón octogonal con tejas rojas y verdes y vigas talladas y pintadas. Un cartel horizontal de madera proclamaba en caracteres que se refería al Pabellón del Jade Brillante. Aquí tres o cuatro invitados bebían mientras disfrutaban de la flor del ciruelo; a su lado cinco o seis hermosas muchachas tocaban instrumentos de cuerda y viento o cantaban, marcando el tiempo con las claquetas.

门公同差人站在门外,候歌完了,先将帖子禀知,然后差人向前说道:"老爷令小人多多拜上相公,说既相公不屑到县,老爷当来拜访;但恐相公他出,又不相值,先差小人来期个日子,好来请教。二来闻府上园亭甚好,顺便就要游玩。"大凡事当凑就不起,那卢楠见知县频请不去,恬不为怪,却又情愿来就教,未免转过念头,想:"他虽然贪鄙,终是个父母官儿,肯屈己敬贤,亦是可取。若又峻拒不许,外人只道我心胸褊狭,不能容物了。"又想道:"他是个俗吏,这文章定然不晓得的。那诗律旨趣深奥,料必也没相干。若论典籍,他又是个后生小子,徼幸在睡梦中偷得这进士到手,已是心满意足,谅来还未曾识面。至于理学禅宗,一发梦想所不到了。除此之外,与他谈论,有甚意味,还是莫招揽罢。"却又念其来意惓惓,如拒绝了,似觉不情。正沉吟间,小童斟上酒来。他触境情生,就想到酒上,道:"倘会饮酒,亦可免俗。"问来人

El portero se quedó fuera con el mensajero hasta que terminó el canto, entonces entregó la tarjeta del magistrado mientras el mensajero se adelantaba.

—Su Señoría me pidió que le transmitiera sus mejores saludos, señor —le dijo al erudito—. Ya que no lo visita en la ciudad, le gustaría venir a visitarlo, pero como no quiere perder el viaje me ha enviado a averiguar qué día podría venir para recibir sus instrucciones. Su Señoría también ha escuchado hablar de la belleza de su jardín y está deseando verlo.

No se puede unir a dos personas por la fuerza. Sin embargo, cuando Lu Nan supo que el magistrado, en lugar de ofenderse por sus repetidos rechazos, tenía la intención de visitarlo, quedó muy impresionado.

"Aunque este hombre es un tipo mezquino y despreciable", pensó Lu, "es el magistrado y el respeto al talento es, después de todo, una virtud en un funcionario. Si me niego de nuevo, me estaré exponiendo a que me acuse de intolerancia.... Pero un vulgar advenedizo como él no puede entender los ensayos ni apreciar la poesía. Tampoco tiene conocimientos de los clásicos, pero tuvo la suerte de aprobar los exámenes de palacio y se siente engreído por su propia importancia. Dudo que haya leído muchos libros y la filosofía le debe superar con creces. Por tanto, ¿cuán interesante podrá ser conversar con él? Mejor no le llamo aquí".

Por otra parte, como el magistrado estaba ansioso de hacerle la visita, Lu sintió que sería una descortesía negarse. Mientras consideraba el asunto, un sirviente le trajo más vino y esto le dio una magnífica idea.

"Si bebe", se dijo para sus adentros el erudito, "eso compensará en cierta medida su vulgaridad".

道:"你本官可会饮酒么?"答道:"酒是老爷的性命,怎么不会饮?"卢楠又问:"能饮得多少?"答道:"但见拿着酒杯,整夜吃去,不到酩酊不止,也不知有几多酒量。"卢楠心中喜道:"原来这俗物,却会饮酒,单取这节罢。"随教童子取个帖儿,付与来人道:"你本官既要来游玩,趁此梅花盛时,就是明日罢。我这里整备酒盒相候。"差人得了言语,原同门公一齐出来,回到县里,将帖子回覆了知县。知县大喜,正要明日到卢楠家去看梅花;不想晚上人来报新按院到任,连夜起身往府,不能如意。差人将个帖儿辞了。知县到府,接着按院,伺行香过了,回到县时,往还数日,这梅花已是:

纷纷玉瓣堆香砌,片片琼英绕画栏。

汪知县因不曾赴梅花之约,心下怏怏,指望卢楠另来相邀。谁知卢楠出自勉强,见他辞了,即撇过一边,那肯又来相请。看看已到仲春时候,汪知县又想到卢楠园上去

Así que le preguntó al mensajero:

—¿Tu amo bebe?

—Claro que sí, señor. El vino es su vida.

—¿Cuánto puede beber?

—Todo lo que sé es que con mucha frecuencia pasa toda la noche bebiendo y no para hasta que ha bebido suficiente. Cuánto bebe exactamente, eso no sabría decírselo.

"Así que el patán puede beber", pensó Lu gratamente sorprendido. "Eso es una ventaja para él".

—Ya que el magistrado quiere ver el ciruelo en flor, que venga mañana —dijo, ordenando a un criado que le diera una de sus tarjetas al mensajero—. Prepararé vino y comida y le esperaré aquí.

Luego de recibir la respuesta, el mensajero se marchó junto con el portero y regresó al yamen donde le dio la tarjeta de Lu Nan al magistrado.

Sin embargo, esa misma noche, mientras el magistrado Wang estaba deseando ver a Lu y el ciruelo en flor, se enteró de que el nuevo comisario judicial de la provincia realizaría una inesperada visita y tuvo que partir rumbo a la ciudad de la prefectura sin antes disculparse con Lu. El magistrado tenía que esperar por la llegada del comisario y rendirle el debido respeto de manera que cuando pudo regresar a su distrito ya habían pasado varios días y las flores del ciruelo se habían caído.

Flores tan brillantes como el jaspe se amontonan en los escalones,
Pétalos como el jade rodean las barandillas pintadas.

Decepcionado por haberse perdido las flores del ciruelo, el magistrado esperaba que Lu lo invitara de nuevo, pero el erudito, quien había hecho su última invitación de mala gana, después de haberla rechazado, no pensó más en el asunto. ¿Por qué invitaría al magistra-

游春,差人先去致意。那差人来到卢家园中,只见园林织锦,堤草铺茵,莺啼燕语,蝶乱蜂忙,景色十分艳丽。须臾,转到桃蹊上,那花浑如万片丹霞,千重红锦,好不烂熳。有诗为证:

桃花开遍上林春,耀服繁华色艳浓。
含笑动人心意切,几多消息五更风。

卢楠正与宾客在花下击鼓催花,豪歌狂饮,差人执帖子上前说知。卢楠乘着酒兴对来人道:"你快回去与本官说,若有高兴,即刻就来,不必另约。"众宾客道:"使不得!我们正在得趣之时,他若来了,就有许多文来伺,怎能尽兴?还是改日罢。"卢楠道:"说得有理,便是明日。"遂取个帖子,打发来人,回复知县。

你道天下有这样不巧的事!次日汪知县刚刚要去游春,谁想夫人有五个月身孕,忽然小产起来,晕倒在地,血污浸渍身子。吓得知县已是六神无主,还有甚心肠去吃酒,只得又差人辞了卢楠。这夫人一病直至三月下旬,方才稍可。

那时卢楠园中牡丹开放,冠绝一县。真是好花,有《牡丹诗》为证:

洛阳千古斗春芳,富贵真夸浓艳妆。
一自《清平》三阕后,至今传诵说花王。

do de nuevo?

Pronto llegó la mitad de la primavera, y el magistrado envió otro mensajero para transmitir su deseo de ver el jardín de Lu en esta estación. El mensajero se encontró con un paisaje de exuberante belleza: flores brillantes como un bordado y hierba suave como una alfombra, donde las mariposas y las abejas revoloteaban de un lado a otro, mientras los orioles cantaban y las golondrinas trinaban. Al cabo de un rato llegó a una arboleda de melocotón, donde las flores eran como miríadas de nubes rosadas o miles de franjas de seda carmesí. Era un espectáculo magnífico.

Lu Nan y sus amigos estaban cantando y bebiendo profusamente entre los melocotoneros, cuando el mensajero presentó la tarjeta del magistrado Wang.

—Ve y dile al magistrado que puede venir ahora, si quiere —afirmó Lu—. No es necesario concertar otra fecha.

Sus invitados, sin embargo, protestaron.

—Estamos pasando un buen rato aquí, —aseveraron— pero si él viene, tendremos que rendirle honores y ya no nos divertiremos. Dígale que venga otro día.

—Tienen razón —apuntó Lu—. Que venga mañana.

Inmediatamente, le dio una tarjeta al mensajero y lo despidió.

Pero, por desgracia, justo cuando el magistrado se disponía a abandonar el yamen al día siguiente, su mujer sufrió un aborto y cayó al suelo sin sentido. Asustado casi hasta la médula, el magistrado no estaba de humor para un banquete, así que mandó cancelar de nuevo la invitación de Lu. La señora Wang no se recuperó hasta finales del tercer mes, momento en el que las peonías que florecían en el jardín del erudito eran la admiración de todo el distrito, pues eran unas flores preciosas.

汪知县为夫人这病，乱了半个多月，情绪不佳，终日只把酒来消闷，连政事也懒得去理。次后闻得卢家牡丹茂盛，想要去赏玩，因两次失约，不好又来相期，差人送三两书仪，就致看花之意。卢楠日子便期了，却不肯受这书仪。璧返数次，推辞不脱，只得受了。那日天气晴爽，汪知县打帐早衙完了就去，不道刚出私衙，左右来报："吏科给事中某爷告养亲归家，在此经过。"正是要道之人，敢不去奉承么？急忙出郭迎接，馈送下程，设宴款待。只道一两日就行，还可以看得牡丹，那知某给事，又是好胜的人，教知县陪了游览本县胜景之处，盘桓七八日方行。等到去后，又差人约卢楠时，那牡丹已萎谢无遗。卢楠也向他处游玩山水，离家两日矣。

不觉春尽夏临，倏忽间又早六月中旬，汪知县打听卢楠已是归家，在园中避暑，又令人去传达，要赏莲花。那差人径至卢家，把帖儿教门公传进。须臾间，门公出来说道："相公有话，唤你当面去分付。"差人随着门公，直到

El magistrado Wang había estado tan perturbado y deprimido por la enfermedad de su esposa que durante casi tres semanas había descuidado su trabajo y ahogado sus penas en la bebida. Cuando se enteró de que las peonías de Lu habían florecido, anhelaba verlas, pero después de cancelar su visita dos veces no quiso concertar otra. Por el contrario, le mandó a Lu tres taels de plata de regalo, mencionando su deseo de ver las flores. Lu designó un día para la visita del magistrado, pero rechazó el regalo, que, finalmente, se vio obligado a aceptar.

El día elegido era bueno, y el magistrado Wang estaba a punto de salir después de la sesión de la mañana cuando sus asistentes le anunciaron que uno de los secretarios del Ministerio de Asuntos Civiles pasaría por ahí de camino a casa para ver a sus padres. Como se trataba de un funcionario importante, ¿cómo iba a ignorarlo Wang? El magistrado tuvo que apresurarse a salir de la ciudad para recibir a este superior, agasajarlo con regalos y un suculento banquete. Wang esperaba que el hombre prosiguiera su viaje en un par de días, dejándole tiempo para ver las peonías. No obstante, resultó que al secretario le gustaba pasear y pasó allí cerca de una semana en la que le pidió al magistrado que le acompañara a todos los lugares bonitos de los alrededores.

Entonces Wang envió otro mensajero a la residencia de Lu solo para enterarse de que las peonías se habían marchitado y que el erudito se había ido hacía un par de días a las montañas.

Pronto la primavera dio paso al verano, y en un chasquido de dedos era mediados del sexto mes. Sabiendo que Lu Nan había regresado para el verano, el magistrado Wang envió una solicitud para ver el loto en flor. El portero que recibió la tarjeta del magistrado regresó enseguida para decirle al mensajero que su amo deseaba ha-

一个荷花池畔，看那池团团约有十亩多大，堤上绿槐碧柳，浓阴蔽日；池曲红妆翠盖，艳色映人。有诗为证：

凌波仙子斗新妆，七窍虚心吐异香。

何似花神多薄幸，故将颜色恼人肠。

原来那池也有个名色，唤做滟碧池。池心中有座亭子，名曰锦云亭。此亭四面皆水，不设桥梁，以采莲舟为渡，乃卢楠纳凉之处。门公与差人下了采莲舟，荡动画桨，顷刻到了亭边，系舟登岸。差人举目看那亭子：周围朱栏画槛，翠幔纱窗，荷香馥馥，清风徐徐，水中金鱼戏藻，梁间紫燕寻巢，鸥鹭争飞叶底，鸳鸯对浴岸旁。去那亭中看时，只见藤床湘簟，石榻竹几，瓶中供千叶碧莲，炉内焚百和名香。卢楠科头跣足，斜据石榻。面前放一帙古书，手中执着酒杯。旁边冰盘中，列着金桃雪藕，沉李浮瓜，又有几味案酒。一个小厮捧壶，一个小厮打扇。他便看几行书，饮一杯酒，自取其乐。差人未敢上前，在侧边暗想道："同是父母生长，他如何有这般受用！就是我本官中过进士，还有许多劳碌，怎及得他的自在！"卢楠抬头看见，即问道："你就是县里差来的么？"差人应道："小人正是。"卢楠道："你那本官到也好笑，屡次订期定日，

blar con él y lo llevó a un lago de loto de casi dos acres de extensión, rodeado de verdes sauces, sombreados fresnos y brillantes flores rosadas y hojas verdes de loto.

Este lago se llamaba Lago Turquesa. En el centro había un pabellón llamado el Pabellón de las Nubes de Seda, al que solo se podía llegar en barco porque no había ningún puente que condujera a él. Era aquí donde Lu encontraba el frescor en verano.

Cuando llegaron a la isla, aseguraron el bote y saltaron a tierra, el mensajero vio un pabellón con balaustradas rojas y ventanas de gasa verde. La brisa arrastraba el aroma del loto; los peces de colores se divertían entre las plantas acuáticas; las golondrinas anidaban bajo el alero del pabellón; las garzas volaban bajo los árboles y los patos salvajes nadaban cerca de la orilla. En el pabellón había una cama de mimbre cubierta con una esterilla, un sofá de piedra y un incensario raro junto a un jarrón de loto sobre una mesa de bambú.

Con la cabeza y los pies descubiertos, Lu estaba tumbado en el sofá de piedra con un viejo libro apoyado ante él y una copa de vino en la mano. A su lado había cuencos con melocotones y raíz de loto, ciruelas y melones, así como varios platos de vino. Un sirviente sostenía una vasija de vino mientras otro abanicaba al erudito, que escurría su copa después de leer unas cuantas líneas con apacible placer.

"Todos nacemos de padres", pensó el mensajero, situándose a un lado y sin atreverse a acercarse. "¿Qué ha hecho para merecer semejante comodidad? Nuestro magistrado, que ha aprobado los exámenes de palacio, tiene un sinnúmero de preocupaciones y no es ni la mitad de feliz que es él". Justo entonces Lu levantó la vista y lo vio.

—¿Eres del yamen? —preguntó.

—Sí, señor.

—Ese magistrado tuyo es un tipo peculiar. Hace tantas citas

却又不来。如今又说要看荷花，恁样不爽利，亏他怎地做了官！我也没有许多闲工夫与他缠帐，任凭他有兴便来，不奈烦又约日子。"差人道："老爷多拜上相公，说久仰相公高才，如渴思浆，巴不得来请教，连次皆为不得已事羁住，故此失约。还求相公期个日子，小人好去回话。"卢楠见来人说话伶俐，却也听信了他，乃道："既如此，竟在后日。"差人得了言语，讨个回帖，同门公依旧下船，挫到柳阴堤下上岸，自去回复了知县。那汪知县至后日，早衙发落了些公事，约莫午牌时候，起身去拜卢楠。谁想正值三伏之时，连日酷热非常，汪知县已受了些暑气，这时却又在正午，那轮红日犹如一团烈火，热得他眼中火冒，口内烟生。刚到半路，觉道天旋地转，从桥上直撞下来，险些儿闷死在地。从人急忙救起，抬回县中，送入私衙，渐渐苏醒。分付差人辞了卢楠，一面请太医调治。足足里病了一个多月，方才出堂理事，不在话下。

且说卢楠一日在书房中查点往来礼物，检着汪知县这

pero nunca aparece y ahora quiere ver mi loto. Ya aburre, ¿sabes? ¿Cómo llega un hombre así a ser funcionario? He perdido la paciencia con él. Si quiere venir, que venga; pero estoy cansado de concertar citas con las que nunca acude.

—Su Señoría le saluda, señor —apuntó el mensajero—. Siempre ha admirado su ingenio y ha anhelado recibir sus instrucciones cual hombre sediento que anhela un trago, pero asuntos urgentes le han impedido una y otra vez venir. Espero que diga otro día, para poder llevarle una respuesta a mi regreso.

Cuando Lu escuchó la verosimilitud del hombre, se dejó convencer.

—En ese caso, que venga pasado mañana —sentenció.

Tras obtener esta respuesta y pedir una tarjeta, el mensajero volvió a remar con el portero hasta la orilla sombreada por los sauces, y regresó al yamen para informar al magistrado.

Dos días más tarde, por lo tanto, cuando el magistrado Wang se ocupó de sus asuntos oficiales, salió al mediodía para visitar a Lu. Sin embargo, al magistrado Wang lo castigaba mucho el sol durante la parte más calurosa del verano. El sol del mediodía, como una bola de fuego carmesí, era demasiado para él.

Cuando iba en camino sintió que el cielo y la tierra le daban vueltas y se desmayó en el palanquín. Sus asistentes le ayudaron a incorporarse rápidamente y lo llevaron de vuelta al yamen, donde poco a poco fue reviviendo. Una vez más y muy a su pesar, el magistrado tuvo que ordenar a sus hombres que presentaran sus excusas a Lu y buscaran un médico. El magistrado Wang pasó más de un mes en casa antes de que pudiera cumplir con sus deberes oficiales.

Un día, cuando Lu estaba revisando en su estudio los obsequios que le habían enviado, vio el regalo del magistrado Wang.

封书仪，想道："我与他水米无交，如何白白里受他的东西？须把来消豁了，方才干净。"到八月中，差人来请汪知县中秋夜赏月。那知县却也正有此意。见来相请，好生欢喜。取回帖打发来人，说："多拜上相公，至期准赴。"那知县乃一县之主，难道刚刚只有卢楠请他赏月不成？少不得初十边，就有乡绅同僚中相请，况又是个好饮之徒，可有不去的理么？定然一家家捱次都到，至十四这日，辞了外边酒席，于衙中整备家宴，与夫人在庭中玩赏。那晚月色分外皎洁，比寻常更是不同。有诗为证：

玉宇淡悠悠，金波彻夜流。
最怜圆缺处，曾照古今愁。
风露孤轮影，山河一气秋。
何人吹铁笛？乘醉倚南楼。

夫妻对酌，直饮到酪酊，方才入寝。那知县一来是新起病的人，元神未复；二来连日沉酣糟粕，趁着酒兴，未免走了酒字下这道儿；三来这晚露坐夜深，着了些风寒：三合凑又病起来。眼见得卢楠赏月之约，又虚过了。调摄数日，方能痊可。那知县在衙中无聊，量道卢楠园中桂花必盛，意欲借此排遣。适值有个江南客来打抽丰，送两大坛惠山泉酒，汪知县就把一坛，差人转送与卢楠。卢楠见

"No hay amistad entre nosotros", pensó el erudito, "así que ¿cómo puedo aceptar un regalo suyo sin hacer algo a cambio? Debo devolverle el favor de una forma u otra".

Dicho esto, a mediados del octavo mes invitó al magistrado a ver la luna con él en la noche de la Fiesta del Medio Otoño. El magistrado Wang, que había estado esperando este momento, se alegró de recibir la invitación y envió inmediatamente un mensajero para que transmitiera sus saludos a Lu y le dijera que ciertamente iría.

Pero como el magistrado era el jefe del distrito, Lu no era el único que le invitaba a una fiesta. Una semana antes de la fiesta, algunos de los miembros de la alta burguesía local y los colegas de Wang empezaron a invitarle a comer, y como era aficionado a la bebida no rechazó ninguna de las invitaciones.

Entonces, la noche previo a la fiesta, rechazó todas las invitaciones y preparó un banquete en casa para disfrutarlo en el jardín con su esposa. Aquella noche la luna estaba más brillante que de costumbre y el matrimonio bebió hasta quedar achispados antes de ir a la cama.

El magistrado no se había recuperado del todo de su reciente enfermedad y durante los últimos días había estado bebiendo demasiado. Si a esto le sumamos que se resfrió por estar sentado afuera hasta tan tarde, no es de extrañar que volviera a enfermarse. Como resultado, se vio obligado nuevamente a cancelar la cita pactada con Lu para disfrutar de la luna y permanecer unos días en cama.

Llegó el momento de la floración de la casia, y un día, cuando no tenía ningún asunto que atender, Wang volvió a anhelar ver el jardín de Lu. La suerte quiso que justo en ese momento llegara un hombre del Sur para pedir dinero prestado, trayendo consigo dos grandes jarras de vino de Huishan; así que el magistrado envió una

说是美酒,正中其怀,无限欢喜,乃道:"他的政事文章,我也一概勿论,只这酒中,想亦是知味的了。"即写帖请汪知县后日来赏桂花。有诗为证:

灵鹫山前落月中,天香云外动秋风。

淮南何用歌《招隐》?自可淹留桂树丛。

自古道:一饮一啄,莫非前定。像汪知县是个父母官,肯屈己去见个士人,岂不是件异事。谁知两下机缘未到,临期定然生出事故,不能相会。这番请赏桂花,汪知县满意要尽竟日之欢,罄夙昔仰想之诚。不料是日还在眠床上,外面就传板进来报:"山西理刑赵爷行取入京,已至河下。"恰正是汪知县乡试房师,怎敢怠慢?即忙起身梳洗,出衙上轿,往河下迎接,设宴款待。你想两个得意师生,没有就相别之理,少不得盘桓数日,方才转身。这桂花已是:

飘残金粟随风舞,零乱天香满地铺。

却说卢楠素性刚直豪爽,是个傲上矜下之人,见汪知县屡次卑词尽敬,以其好贤,遂有俯交之念。时值九月末旬,园中菊花开遍,那菊花种数甚多,内中惟有三种为贵。那三种?鹤翎、剪绒、西施。每一种各有几般颜色,

jarra a Lu y el erudito quedó muy satisfecho, pues había pocas cosas que le gustaran más que el buen vino.

"Independientemente de sus dotes administrativas o literarias, es un gran conocedor de vino", pensó Lu. Así que invitó al magistrado Wang a venir dos días después para ver su casia. Como dice el proverbio: Todos los bocados y sorbos del hombre están predestinados. Que un magistrado, el jefe de un distrito, se dignara a visitar a un erudito local era bastante extraño; sin embargo, siempre ocurría algo que impedía el encuentro. Por tanto, cuando Lu le invitó a ver la casia, el magistrado Wang decidió que pasaría todo el día en el jardín del erudito para compensar cada una de las decepciones pasadas. Desafortunadamente, aún estaba en la cama esa mañana cuando un corredor anunció que el juez Zhao de Shanxi pasaba por allí de camino a la capital y como el juez era el antiguo tutor del magistrado, Wang tuvo que levantarse de inmediato, lavarse y vestirse apresuradamente, e ir en palanquín hasta el río para darle la bienvenida e invitarle a un banquete. Como eran tutor y alumno y se conocían muy bien, el juez se quedó naturalmente varios días. Para entonces las flores de la casia ya se habían caído.

Sus granos dorados danzanban en el viento,
Sus fragantes pétalos estaban esparcidos por el suelo.

Ahora bien, Lu era un hombre galante y franco, que no se rebajaba ante los superiores, sino que era amable con los inferiores; de manera que después de que el magistrado hiciera todas estas humildes y respetuosas insinuaciones, Lu creyó que Wang debía valorar el talento, y comenzó a verlo con otros ojos.

El novena mes del año ya se despedía y los crisantemos del jardín de Lu ya estaban afuera. El erudito tenía muchas variedades de crisantemos, pero las más raras eran Alas de Cigüeña, Terciopelo

花大而媚，所以贵重。有《菊花诗》为证：

不共春风斗百芳，自甘篱落傲秋霜。

园林一片萧疏景，几朵依稀散晚香。

卢楠因想汪知县几遍要看园景，却俱中止，今趁此菊花盛时，何不请来一玩？也不枉他一番敬慕之情。即写帖儿，差人去请次日赏菊。家人拿着帖子，来到县里，正值知县在堂理事，一径走到堂上跪下，把帖子呈上，禀道："家相公多拜上老爷，园中菊花盛开，特请老爷明日赏玩。"汪知县正想要去看菊，因屡次失约，难好启齿；今见特地来请，正是挖耳当招，深中其意。看了帖子，乃道："拜上相公，明日早来领教。"那家人得了言语，即便归家回覆家主道："汪老爷拜上相公，明日绝早就来。"那知县说明日早来，不过是随口的话，那家人改做绝早就来，这也是一时错讹之言。不想因这句错话上，得罪于知县，后来把天大家私弄得罄尽，险些儿连性命都送了。正是：

舌为利害本，口是祸福门。

当下卢楠心下想道："这知县也好笑，那见赴人筵席，有个绝早就来之理。"又想道："或者慕我家园亭，要尽竟日之游。"分付厨夫："大爷明日绝早就来，酒席须要早些

Cortado y Belleza, muy apreciadas por sus pétalos de muchos colores y sus grandes y hermosas flores. Al recordar que el magistrado había pedido ver su jardín varias veces pero nunca había podido venir, Lu decidió invitarle mientras los crisantemos estaban en flor para devolverle la gentileza, así que le hizo una invitación para el día siguiente. El sirviente de Lu llegó al yamen y al ver que el magistrado estaba en el tribunal entró, se arrodilló y presentó la invitación.

—Mi amo le rinde sus respetos a Su Señoría —declaró—. Los crisantemos de nuestro jardín ya están afuera y a él le gustaría que fuera mañana a disfrutarlos.

El magistrado había estado deseando ver los crisantemos, pero luego de faltar a su palabra tantas veces estaba demasiado avergonzado como para hablar del tema. Por tanto, esta invitación era todo lo que deseaba.

—Saluda a tu amo de mi parte —respondió—. Iré mañana temprano a recibir sus instrucciones.

El sirviente regresó con este mensaje para Lu.

—El magistrado Wang le saluda —informó—. Vendrá mañana por la mañana temprano.

Ahora bien, cuando el magistrado Wang dijo que iría temprano, esta era solo una manera de hablar. No obstante, el sirviente, por ese desliz de la lengua, le dio a entender que había dicho "temprano por la mañana". Este lapsus hizo que Lu ofendiera al magistrado, perdiera toda su gran fortuna y estuviera a punto de perder la vida.

"¡Qué ridículo es este magistrado!", pensó el erudito. "¿Quién llega a una fiesta a primera hora de la mañana? La única explicación posible es que ha oído hablar tanto de mi jardín que quiere pasar todo el día aquí".

Dicho esto, les dio instrucciones a sus cocineros:

完备。"那厨夫听见知县早来,恐怕临时误事,隔夜就手忙足乱收拾。卢楠到次早分付门上人:"今日若有客来,一概相辞,不必通报。"又将个名帖,差人去邀请知县。不到朝食时,酒席都已完备,排设在燕喜堂中。上下两席,并无别客相陪。那酒席铺设得花锦相似。正是:

富家一席酒,穷汉半年粮。

且说知县那日早衙投文已过,竟不退堂,就要去赴酌,因见天色太早,恐酒席未完,吊一起公事来问。那公事却是新拿到一班强盗事,专在卫河里打劫来往客商,因都在娼家宿歇,露出马脚,被捕人拿住。解到本县,当下一讯都招。内中一个叫做石雪哥,又扳出本县一个开肉铺的王屠,也是同伙,即差人去拿到。知县问道:"王屠,石雪哥招称你是同伙,赃物俱窝顿你家,从实供招,免受刑罚。"王屠禀道:"爷爷!小人是个守法良民,就在老爷马足下开个肉铺生理,平昔间就街市上不十分行走,那有这事。莫说与他是个同伙,就是他面貌,从不曾识认。老爷

—El magistrado vendrá mañana temprano. Tengan todo el banquete preparado a tiempo.

Los cocineros se afanaron en la cocina toda la noche para prepararlo. A la mañana siguiente, Lu mandó a llamar a su portero.

—Si hoy llama algún invitado, dile que no estoy en casa —le ordenó—. No tienes que anunciarlos.

Acto seguido, envió a un hombre con su tarjeta a invitar al magistrado.

A la hora del desayuno, el banquete estaba listo en el jardín del Salón de los Festejos. Solo había dos mesas, puesto que no se había invitado a nadie más. Las mesas estaban espléndidamente dispuestas.

Un solo banquete en la casa de un hombre rico basta para mantener a un hombre pobre durante medio año.

Cuando el magistrado Wang ocupó su asiento en el tribunal ese día, intentaría no alargar los casos para poder mantener su cita. Uno de los juicios, sin embargo, era el de nueve ladrones que habían sido capturados por los agentes del distrito con parte de su botín. Este caso, según los secuaces del magistrado, implicaba a una gran banda de ladrones en el río y no había nadie reclamando el botín, que era considerable.

El magistrado, cuya codicia se despertó, ordenó torturar a los ladrones. Uno de ellos, que era un pícaro muy astuto, confesó, en cuanto lo metieron en el calabozo, dónde había escondido plata y otros objetos de valor valorados en cientos de miles de taels. En su afán de echarle mano a semejante tesoro, el magistrado se olvidó del banquete. Escuchada la confesión, ordenó detener la tortura y envió a su mano derecha y a algunos hábiles corredores con el ladrón a recoger el tesoro escondido, mientras que el resto de los ladrones fue enviado de vuelta a la cárcel y el botín llevado a la tesorería.

不信，拘邻里来问平日所行所为，就明白了。"知县又叫石雪哥道："你莫要诬陷平人，若审出是扳害的，本时就打死你这奴才。"石雪哥道："小的并非扳害，真实是同伙。"王屠叫道："我认也认不得你，如何是同伙？"石雪哥道："王屠，我与你一向同做伙计，怎么诈不认得？就是今日，本心原要弄脱你的，只为受刑不过，一时间说了出来，你不可怪我！"王屠叫屈连天道："这是那里说起？"知县喝交一齐夹起来。可怜王屠夹得死而复苏，不肯招承。这强盗咬定是个同伙，虽夹死终不改口。是巳牌时分，夹到日已倒西，两下各执一词，难以定招。此时知县一心要去赴宴，已不耐烦，遂依着强盗口词，葫芦提将王屠问成死罪，其家私尽作赃物入官。画供已毕，一齐发下死囚牢里，即起身上轿，到卢楠家去吃酒不题。

El magistrado se retiró a un salón del fondo a esperar noticias. Estuvo esperando desde las ocho de la mañana hasta las dos de la tarde. El asistente de turno le sirvió vino y comida dos veces antes de que los corredores regresaran.

—Este asunto es muy extraño —informaron—. Hemos cavado por todas partes y no hemos encontrado ni rastro del tesoro.

El magistrado regresó al tribunal furioso y llamó a los prisioneros para torturarlos de nuevo a todos. Llegado el turno del ladrón que había llevado a los hombres del magistrado a buscar el tesoro, no pudo soportar más dolor. El infeliz ya había sido cruelmente torturado y, cuando los corredores descubrieron que mentía y que no existía el tesoro, lo golpearon y patearon salvajemente. En cuanto le volvieron a apretar los tornillos, cayó muerto.

El magistrado, un poco desconcertado al ver que el prisionero había muerto bajo tortura, ordenó a los carceleros que lo trajeran, pero por más que lo intentaron no pudieron reanimarlo. Entonces al magistrado Wang se le ocurrió una idea.

—Lleva a los prisioneros de vuelta a la cárcel —ordenó—. Los juzgaré de nuevo mañana.

Sus hombres comprendieron y llevaron al ladrón muerto junto con el resto de los rufianes a la cárcel, sin que ninguno se atreviera a decir una palabra sobre su muerte. Entonces, el carcelero extendió un certificado en el que se indicaba que el hombre había muerto de enfermedad en la cárcel para que el cadáver pudiera ser retirado al día siguiente.

Muy disgustado con todo este asunto, el magistrado Wang se acordó en ese preciso momento de la fiesta a la que le había invitado Lu y se puso en marcha. Sin embargo, ya eran las cuatro de la tarde cuando sus corredores le acompañaron a la casa de Lu.

闲话休题。且说卢楠早上候起,已至巳牌,不见知县来到,又差人去打听,回报说在那里审问公事。卢楠心上就有三四分不乐,道:"既约了绝早就来,如何这时候还问公事?"停了一回,还不见到,又差人去打听,来报说:"这件公事还未问完哩,"卢楠不乐有六七分了,想道:"是我请他的不是,只得耐这次罢。"俗语道得好,等人性急。略过一回,又差人去打听,这人行无一箭之远,又差一人前去,顷刻就差上五六个人去打听。少停一齐转来回覆:"正在堂上发激,想这事急切未得完哩。"卢楠听见这话,凑成十分不乐,心中大怒道:"原来这俗物,一无可取,却只管来缠帐,几乎错认了。如今幸尔还好。"即令家人撤开下面这桌酒席,走上前居中向外面坐,叫道:"快

Después de haber esperado desde temprano en la mañana hasta las diez, Lu Nan envió a un hombre para averiguar qué era lo que retrasaba a su invitado. Cuando el mensajero volvió para informar de que el magistrado seguía juzgando a los culpables, Lu se molestó bastante.

"Si había quedado en venir a primera hora de la mañana, ¿por qué sigue ocupado en el yamen?", se preguntó.

Lu esperó y esperó, pero sin señales del magistrado. Luego, bastante exasperado ya, mandó otro hombre con su tarjeta al yamen.

"No debí haberlo invitado", pensó. "Pero supongo que ahora tengo que soportarlo".

Nada es más difícil que la espera. Además, la espera se le hizo eterna mientras el mensajero no regresaba.

"¡Qué extraño!", pensó Lu.

Envió a otro hombre tras el primero y en seguida volvieron los dos juntos.

—Todavía están torturando a unos prisioneros —anunció el primer mensajero.

El portero dijo:

—Su Señoría está enfadado; será mejor que no lo moleste. Como no me dejó entrar, no pude entregar su tarjeta y no me atreví a volver antes.

Lu ya estaba de mal humor y cuando se enteró de que el magistrado estaba torturando a los ladrones para encontrar el botín escondido, montó en cólera.

—Este tonto cruel y avaricioso no tiene nada de bueno —declaró—. Pero ya sé cómo es. Es una suerte que no haya venido.

De inmediato ordenó a sus sirvientes retirar la mesa más baja y se sentó en el lugar de honor de la mesa del centro.

把大杯洒热酒来,洗涤俗气。"家人都禀道:"恐大爷一时便到。"卢楠睁起眼喝道:"嗐!还说甚大爷?我这酒可是与俗物吃的么?"家人见家主发怒,谁敢再言,只得把大杯斟上,厨下将肴馔供出。小奚在堂中宫商迭奏,丝竹并呈。卢楠饮了数杯,又讨出大碗,一连吃上十数多碗,吃得性起,把巾服都脱去了,跣足科头,踞坐于椅上,将肴馔撤去,止留果品案酒,又吃上十来大碗,连果品也赏了小奚,惟饮寡酒。又吃上几碗。卢楠酒量虽高,原吃不得急酒,因一时恼怒,连饮了几十碗,不觉大醉,就靠在桌上齁齁睡去。家人谁敢去惊动,整整齐齐,都站在两旁伺候。里边卢楠便醉了,外面管园的却不晓得。远远望见知

—¡Tráiganme vino caliente en grandes copas! —gritó—. ¡Mira bien! Quiero quitarme el mal sabor de boca que me ha dejado esto.

—Su Señoría puede llegar pronto —aseguraron los sirvientes.

—¿Y si llega? —replicó Lu—. ¿Es mi vino para un grosero codicioso y cruel como él? Además, ya ha faltado a su palabra seis o siete veces; tampoco vendrá hoy.

Al ver su enfado, los criados no se atrevieron a decir nada más, sino que le llenaron la copa y le sirvieron la comida, mientras los pajes tocaban instrumentos de cuerda y viento. Después de unas cuantas copas, Lu llamó a un sirviente:

—Ven y dame un masaje. Me he cansado de esperar a ese canalla.

Después de ordenar que cerraran la puerta del jardín, se quitó el gorro y las prendas exteriores, desnudó los pies y se soltó el cabello. Entonces un sirviente le dio un masaje mientras otros le cantaban. También les pidió que le cambiaran la copa de vino por un vaso grande y, después de escurrir varios tragos, se animó y bebió largo y tendido hasta quedar bastante achispado. A continuación hizo retirar la comida para que sus sirvientes comieran, dejando solo algunas frutas para acompañar el vino. Después de beber unas cuantas copas más, se emborrachó por completo. Dejó caer la cabeza sobre la mesa y comenzó a roncar, mientras sus sirvientes, sin atreverse a despertarlo, se colocaban respetuosamente a ambos lados.

El portero, mientras tanto, ignoraba que su amo estuviera embriagado. El erudito tenía muchas visitas, que entraban y salían a su antojo porque Lu nunca rechazaba a los visitantes como tampoco se preocupaba de cuándo se marchaban. Por ese motivo, la puerta siempre permanecía abierta de par en par. Aunque al portero le habían dicho que la cerrara ese día, hizo caso omiso de sus instrucciones. Además, sabía que si el magistrado se presentaba tendría que recibir-

县头踏来,急忙进来通报。到了堂中,看见家主已醉,到吃一惊道:"大爷已是到了,相公如何先饮得这个模样?"众家人听得知县来到,都面面相觑,没做理会,齐道:"那桌酒便还在,但相公不能勾醒,却怎好?"管园的道:"且叫醒转来,扶醉陪他一陪也罢。终不然特地请来,冷淡他去不成。"众家人只得上前叫唤,喉咙都喊破了,如何得醒?渐渐听得人声喧杂,料道是知县进来,慌了手脚,四散躲过,单单撇下卢楠一人。只因这番,有分教:佳宾贤主,变为百世冤家;好景名花,化作一场春梦。正是:

盛衰有命天为主,祸福无门人自生。

且说汪知县离了县中,来到卢家园门首,不见卢楠迎接,也没有一个家人伺候,从人乱叫:"门上有人么?快去通报,大爷到了。"并无一人答应。知县料是管门的已进去报了,遂吩咐:"不必呼唤。"竟自进去。只见门上一个

lo en cualquier caso. En ese momento, cuando el sol se ponía detrás de las colinas, vio que el magistrado se acercaba a lo lejos, y se apresuró a anunciarlo. Pero al llegar al Salón de los Festejos descubrió, para su consternación, que su amo estaba completamente borracho.

—¡Su Señoría está aquí! —exclamó—. ¿Por qué nuestro señor se ha emborrachado hasta quedar en ese estado?

Cuando los demás asistentes se enteraron de que el magistrado estaba allí, se miraron consternados, pero no supieron qué hacer.

—Aunque el banquete esté listo, no habrá quien despierte a nuestro amo —señalaron—. ¿Qué podemos hacer?

—Será mejor que lo despierten para que pueda entretener al magistrado aunque esté borracho —sentenció el portero—. ¿Cómo podríamos ignorar a alguien que ha sido invitado especialmente?

Entonces los criados se adelantaron y le gritaron a Lu a voz en cuello; pero, ¿creen que pudieron despertarlo? Cuando escucharon voces y pasos y supieron que el magistrado había entrado en el jardín, se dispersaron asustados, dejando a Lu allí solo.

Este incidente convirtió en enemigos mortales al buen anfitrión y a su distinguido huésped, provocando la ruina de la fortuna de Lu y haciendo que sus raras flores se desvanecieran como un sueño.

El destino decreta tanto la riqueza como la pobreza,
Toda fortuna o desastre es ordenado.

Al llegar a la puerta del erudito, el magistrado Wang se sorprendió al no ver a Lu Nan allí para darle la bienvenida como tampoco vio ni a un solo sirviente atento.

—¿Hay alguien aquí? —gritaron los corredores—. Vaya y anuncie que Su Señoría ha llegado.

Al ver que no había respuesta, el magistrado presumió que el portero había ido a anunciar su llegada. Luego de ordenarles a sus

扁额，白地翠书"啸圃"两个大字。进了园门，一带都是柏屏，转过湾来，又显出一座门楼，上书"隔凡"二字。过了此门，便是一条松径。绕出松林，打一看时，但见山岭参差，楼台缥缈，草木萧疏，花竹围环。知县见布置精巧，景色清幽，心下暗喜道："高人胸次，自是不同。"但不闻得一些人声，又不见卢楠相迎，未免疑惑。也还道是园中径路错杂，或者从别道往外迎我，故此相左。一行人在园中，任意东穿西走，反去寻觅主人。次后来到一个所在，却是三间大堂。一望菊花数百，霜英灿烂，枫叶万树，拥若丹霞，橙橘相亚，累累如金。池边芙蓉千百株，颜色或深或浅，绿水红葩，高下相映，鸳鸯𩿡鸭之类，戏狎其下。汪知县想道："他请我看菊，必在这个堂中了。"径至堂前下轿。走入看时，那里见甚酒席，惟有一人蓬头跣足，居中向外而坐，靠在桌上打鼾。此外更无一个人影。从人赶向前乱喊："老爷到了，还不起来！"汪知县举

hombres que dejaran de gritar entró a la propiedad. En la puerta interior había un cartel de madera blanco horizontal con el nombre del jardín en caracteres verdes. Al pasar por esta puerta vio avenidas de cipreses, y al doblar una esquina llegó a un arco con la inscripción: Lejos de la multitud polvorienta. Más allá de este arco había un camino bordeado de pinos, y mientras caminaba por el pinar el magistrado Wang vio a lo lejos colinas con pabellones envueltos en la niebla entre árboles, flores y bambúes. Le llamó la atención la ingeniosa disposición de estos terrenos y la belleza del paisaje.

"Aquí indiscutiblemente hay un hombre excepcional", pensó.

Desconcertado al no escuchar que nadie se acercaba y al no ver señales de Lu avanzando hacia él para saludarlo, el magistrado Wang llegó a la conclusión de que el académico debía haber tomado un sendero diferente para ir a recibirlo y por eso no se habían encontrado. Luego de deambular con sus asistentes por el jardín de este a oeste en busca de su anfitrión, llegó a un gran edificio de tres habitaciones entre cientos de crisantemos, que brillaban por la escarcha, y miríadas de arces, cuyas hojas relucían como seda roja reflejando las nubes del atardecer. También había racimos dorados de naranjas y cientos de flores rosas y de flores de hibisco carmesí junto al estanque. Las flores rojas contrastaban con el agua verde del lago, sobre la que los pájaros acuáticos se deslizaban.

"Ya que me invitó a disfrutar de los crisantemos, debe estar aquí", pensó el magistrado.

Así que se bajó de su palanquín ante el salón y entró. Sin embargo, no encontró ningún banquete, sino un hombre con el pelo enmarañado y los pies descalzos, con la cabeza apoyada en la mesa central en el lugar de honor y roncando. No había nadie más. Los criados del magistrado se adelantaron.

目看他身上服色不像以下之人，又见旁边放着葛巾野服，吩咐且莫叫唤，看是何等样人？那常来下帖的差人，向前仔细一看，认得是卢楠，禀道："这就是卢相公，醉倒在此。"汪知县闻言，登时紫涨了面皮，心下大怒道："这厮恁般无理！故意哄我上门羞辱。"欲得教从人将花木打个希烂，又想不是官体，忍着一肚子恶气，急忙上轿，分付回县。轿夫抬起，打从旧路，直至园门首，依原不见一人。那些皂快，没一个不摇首咋舌道："他不过是个监生，如何将官府恁般藐视？这也是件异事。"知县在轿上听见，自觉没趣，恼怒愈加，想道："他总然才高，也是我的治下，曾请过数遍，不肯来见，情愿就见，又馈送银酒，

—¡Su Señoría está aquí! —gritaron—. ¡Levántate!

El magistrado Wang miró de cerca al hombre que dormía y observó que no estaba vestido como un sirviente. Al ver el gorro y la toga a su lado, ordenó a sus hombres que no gritaran, sino que vieran de quién se trataba. Entonces, un corredor que había venido antes a traer una invitación escudriñó cuidadosamente al erudito y lo reconoció.

—Su Señoría, —informó— es el señor Lu quien yace aquí embriagado.

El magistrado se enrojeció de la ira.

—¡Qué insolencia la de este individuo! —gritó—. ¡Hacerme venir para insultarme!

El magistrado estuvo tentado de ordenarles a sus hombres que destruyeran el jardín, pero temiendo que sus actos fueran indignos, contuvo su ira, se subió al palanquín y le dijo a sus hombres que emprendieran la vuelta al yamen.

Los portadores del palanquín lo llevaron de vuelta por el mismo camino que lo habían traído, pero esta vez no se encontraron con ningún alma.

Ya era de noche y se habían encendido los faroles para alumbrar el camino. Los corredores sacudían la cabeza y sacaban la lengua asombrados.

—Es solo un erudito del colegio —afirmaron—. ¿Cómo se atreve a tratar a un magistrado con tal desprecio? ¿Quién ha escuchado semejante cosa?

Estos comentarios, que el magistrado escuchó desde su silla, no hicieron más que aumentar su indignación.

"Lu Nan será talentoso, pero está bajo mi jurisdicción", pensó muy enfadado. "Aunque rechazó varias invitaciones mías, estuve

我亦可为折节敬贤之至矣。他却如此无理，将我侮慢。且莫说我是父母官，即便平交，也不该如此！"到了县里，怒气不息，即便退入私衙不题。

且说卢楠这些家人、小厮，见知县去后，方才出头，到堂中看家主时，睡得正浓，直至更余方醒。众人说道："适才相公睡后，大爷就来，见相公睡着，便起身而去。"卢楠道："可有甚话说？"众人道："小人们恐难好答应，俱走过一边，不曾看见。"卢楠道："正该如此！"又懊悔道："是我一时性急，不曾分付闭了园门，却被这俗物直至此间，践污了地上。"教管园的明早快挑水，将他进来的路径扫涤干净。又着人寻访常来下帖的差人，将向日所送书仪，并那坛泉酒，发还与他。那差人不敢隐匿，遂即到县里去缴还，不在话下。

却说汪知县退到衙中，夫人接着，见他怒气冲天，问道："你去赴宴，如何这般气恼？"汪知县将其事说知。夫

dispuesto a visitarlo y le envié plata y vino; difícilmente podría haber sido más condescendiente. Sin embargo, ¡aún me insulta así! Incluso si yo fuera su igual en lugar de un magistrado, no debería haberse comportado de forma tan grosera". Todavía humeante de ira, llegó al yamen y se retiró a sus aposentos privados.

Solo cuando el magistrado se marchó, los criados y pajes de Lu se atrevieron a salir de su escondite. Encontraron a su amo aún profundamente dormido en el vestíbulo. Lu Nan no se despertó hasta pasadas las ocho de la tarde.

—Mientras dormía vino Su Señoría —le dijeron—. Pero al encontrarle dormido se marchó inmediatamente.

—¿Dijo algo?

—Teníamos miedo de no saber responderle, señor, así que nos mantuvimos al margen.

—Se lo merece —aseguró Lu.

Llamó al portero y le dio treinta golpes.

—¿Por qué no cerraste la puerta —preguntó— en lugar de dejar que ese vulgar advenedizo entrara a ensuciar mi propiedad?

Entonces llamó a su jardinero jefe.

—Mañana por la mañana haz que traigan agua para lavar el camino que ha profanado —le ordenó.

Por último, mandó llamar al mensajero que había venido antes a traerle la plata y el vino de Huishan. El mensajero, sin atreverse a ocultarlo, lo llevó todo de vuelta al yamen.

Cuando el magistrado Wang llegó a sus aposentos, su esposa le saludó y vio que estaba a punto de estallar de la ira.

—¿Qué puede haber pasado en un banquete para que estés tan enojado? —le preguntó.

Su marido le contó lo que había pasado.

人道:"这都是自取,怪不得别人!你是个父母官,横行直撞,少不得有人奉承;如何屡屡卑污苟贱,反去请教子民。他总是有才,与你何益?今日讨恁般怠慢,可知好么!"汪知县又被夫人抢白了几句,一发怒上加怒,坐在交椅上,气愤愤的半晌无语。夫人道:"何消气得,自古道:破家县令。"只这四个字,把汪知县从睡梦中唤醒,放下了怜才敬士之心,顿提起生事害人之念。当下口中不语,心下踌躇,寻思计策安排卢生:"必置之死地,方泄吾恨!"当夜无话。

汪知县早衙已过,次日唤一个心腹令史,进衙商议。那令史姓谭名遵,颇有才干,惯与知县通赃过付,是一个积年滑吏。当下知县先把卢楠得罪之事叙过,次说要访他恶端,拿之以泄其恨。谭遵道:"老爷要处他,却是甚难,请休了这个念头罢!"知县道:"我是一县之主,如何处他不得?"谭遵道:"要处他,若只此一节,恐未必了事,在老爷反有干碍。"汪知县道:"却是为何?"谭遵道:"卢楠与小人原是同里,晓得他多有大官府往来,且又家私豪富。平昔虽则恃才骄傲,却没甚违法之事。总然拿了,少

—Bueno, solo puedes culparte a ti mismo —le reprochó—. Tú eres el magistrado aquí y, hagas lo que hagas, habrá gente que te adule. ¿Por qué te rebajaste tantas veces para visitar a un ciudadano común y corriente? Aunque sea un genio, ¿de qué te sirve? Si te han insultado hoy, no es más de lo que te mereces.

Este sermón de su esposa enfureció aún más al magistrado, que durante un buen rato permaneció sentado en su butaca demasiado enfadado para decir una palabra.

—¿De qué sirve enfadarse? —le preguntó su mujer—. ¿No conoces el dicho: Un magistrado tiene poder para arruinar familias?

En ese momento, el magistrado vio la luz y, haciendo a un lado su previo respeto por el talento, se propuso a destruir a Lu Nan. Así que se quedó en silencio, reflexionando sobre la mejor manera de tratar al erudito. Nada menos que la muerte de Lu satisfaría su ira.

Al día siguiente, después de la sesión matutina, llamó a un empleado de confianza llamado Tan Zun para consultarle. Tan era un hombre hábil, que siempre había ayudado al magistrado a malversar los fondos del gobierno, pues era un viejo y astuto funcionario. Después de contarle la ofensa de Lu, el magistrado Wang declaró que pensaba vengarse condenando al erudito por algún delito.

—Para vengarse de Lu Nan, —explicó Tan— Su Señoría tendrá que ser muy cauto. Deberá imputarle algún delito grave, que no pueda ser perdonado antes de hacer que lo ejecuten. Me temo que un simple juicio político no servirá; de hecho, podría meter a Su Señoría en problemas.

—¿Cómo es eso? —preguntó Wang.

—Lu y yo pertenecemos al mismo distrito —contestó Tan— y sé que tiene muchos contactos oficiales de alto nivel y es muy rico. Aunque se comporta de forma descabellada porque se cree un genio,

不得有天大分上到上司处审问，决不致死的田地。那时怀恨挟仇，老爷岂不反受其累？"汪知县道："此言虽是，但他恁般放肆，定有几件恶端。你去细细访来，我自有处。"谭遵答应出来，只见外边缴进原送卢楠的书仪泉酒。知县见了，转觉没趣。无处出气，迁怒到差人身上，说道不该收他的回来，打了二十毛板，就将银酒都赏了差人。正是：

劝君莫作伤心事，世上应多切齿人。

那谭遵四处察访卢楠的事过，并无一件；知县又再三催促，到是个两难之事。这一日正坐在公廨中，只见一个妇人慌慌张张的走入来，举目看时，不是别人，却是家人钮文的弟妇。金氏向前道了万福，问道："请问令史，我家伯伯可在么？"谭遵道："到县门前买小菜就来，你有甚事恁般惊惶？"金氏道："好教令史得知：我丈夫前日与卢监

nunca ha infringido la ley; así que si hace que lo arresten, por muy grave que sea la acusación, apelará a un tribunal superior y no podrá condenarlo a muerte. Para entonces le odiará y tratará de vengarse. Puede ponerle las cosas difíciles a Su Señoría.

—Aunque hay algo de razón en lo que dices, —respondió el magistrado— un hombre que se comporta de forma tan imprudente como Lu debe haber hecho algo malo. Quiero que hagas una cuidadosa investigación para que pueda ocuparme de él.

Tan estuvo de acuerdo, y nada más marcharse vio que trajeron la plata y el vino que le habían regalado a Lu Nan. La devolución de estos regalos volvió a tocar la fibra sensible del magistrado Wang, quien, como no tenía otra forma de desahogar su ira, maldijo al mensajero, hizo que le dieran veinte golpes y lo obligó a llevarse la plata y el vino.

Si todos nos abstuviéramos de herir los sentimientos de los demás,
No haría falta que nadie crujiera los dientes de rabia.

Siguiendo las órdenes del magistrado Wang, Tan Zun se puso a trabajar para descubrir qué delitos había cometido Lu. Los días y los meses pasaron y a finales del año se encontraba en un dilema porque no había descubierto nada y el magistrado seguía exigiendo resultados. Un día estaba sentado desconsolado en su casa preguntándose cómo podrían atrapar a Lu Nan, cuando irrumpió una mujer. Tan Zun reconoció a la dama de inmediato como la cuñada de su criado Niu Wen, la esposa de Niu Cheng. La mujer, que tenía unos treinta años y no era nada fea, hizo una reverencia ante Tan.

—Perdone, señor, —dijo— pero, ¿puede decirme dónde está mi cuñado? He tenido la suerte de encontrarlo a usted.

—Está en el yamen. ¿Para qué lo buscas?

—Es así, señor. El año antes pasado mi marido le pidió pres-

生家人卢才费口,夜间就病起来,如今十分沉重,特来寻伯伯去商量。"潭遵闻言,不胜欢喜。忙问道:"且说为甚与他家费口?"金氏即将与卢才借银起,直至相打之事,细细说了一遍。谭遵道:"原来恁地。你丈夫没事便罢;有些山高水低,急来报知,包在我身上,与你出气。还要他一注大财乡,觳你下半世快活。"金氏道:"若得令史张主,可知好么。"正说间,钮文已回。金氏将这事说知,一齐同去。临出门时,谭遵又嘱付道:"如有变故,速速来

tados dos taels de plata a Lu Cai, que trabaja para el señor Lu el erudito. Estos dos últimos años le hemos pagado los intereses. Este año, mi esposo fue a trabajar como jornalero para el señor Lu, que siempre paga el sueldo del primer semestre del año que viene al final de este año. Cuando mi marido recibió el dinero y le dieron una buena comida con vino, se sintió muy satisfecho. Sin embargo, justo cuando salía por la puerta fue interceptado por Lu Cai, quien sabía perfectamente que le habían pagado su salario y le exigió que le devolviera sus dos taels. Mi marido le dijo que, como era fin de año, necesitaba el dinero y no podía pagarle. Lu Cai, no obstante, dijo que quería su plata y así empezaron a discutir. Entonces mi marido fue lo suficientemente tonto como para maldecir a Lu Cai como esclavo y por eso recibió una paliza de los hombres de Lu. Después de ser golpeado, volvió a casa furioso. Como se enfadó después de esa gran comida y se resfrió cuando se quitó la ropa para pelear, esa noche tuvo fiebre. Mi esposo ya lleva ocho días enfermo y ahora no puede ni tragar agua. El médico dijo que padece de indigestión y resfriado y que no tiene cura. Ahora que se está muriendo he venido a preguntarle a su hermano qué hacer.

Cuando Tan escuchó la historia, se alegró mucho.

—¡Con que así las cosas! —exclamó—. Bueno, si tu marido se recupera, mucho mejor; si no, avísame enseguida y te garantizo que te vengaré y te conseguiré dinero suficiente para que vivas cómodamente en el resto de tu vida.

—Es muy amable de su parte, señor, ayudarnos —acotó la mujer.

Mientras hablaban, Niu Wen regresó y cuando su cuñada le hubo explicado la situación, decidieron volver juntos a su casa.

—Si ocurre algo, —les recordó Tan mientras se marchaban— asegúrense de avisarme de inmediato.

报。"钮文应允。离了县中，不消一个时辰，早到家中。推门进去，不见一些声息。到床上看时，把二人吓做一跳。——元来直僵僵挺在上面，不知死过几时了。金氏便号淘大哭起来。正是：

夫妻本是同林鸟，大限来时各自飞。

那些东邻西舍听得哭声，都来观看。齐道："虎一般的后生，活活打死了。可怜！可怜！"钮文对金氏说道："你且莫哭，同去报与我主人，再作区处。"金氏依言，锁了大门，嘱付邻里看觑则个，跟着钮文就走。那邻里中商议道："他家一定去告状了。地方人命重情，我们也须呈明，脱了干系。"随后也往县里去呈报。其时远近村坊尽知钮成已死，早有人报与卢楠。那卢楠原是疏略之人，两日钮成不去领这银券，连其事却也忘了；及至闻了此信，即差人去寻获卢才送官。那知卢才听见钮成死了，料道不肯干休，已先逃之夭夭，不在话下。

且说钮文、金氏，一口气跑到县里，报知谭遵。谭遵

Niu Wen aceptó. En menos de una hora, él y su cuñada llegaron a la casa de Niu Cheng, abrieron la puerta y entraron. La habitación estaba en un silencio sepulcral, y cuando se acercaron a la cama se sorprendieron al encontrar a Niu Cheng desmadejado y frío puesto que llevaba algún tiempo muerto. Su mujer estalló en fuertes sollozos y los vecinos acudieron a ver qué había pasado.

—¡Era fuerte como un tigre! —exclamaron—. ¿Cómo pudo morir tan repentinamente? ¡Qué pena!

—Deja de llorar ahora —le dijo Niu Wen a su cuñada— y ven conmigo a ver a mi maestro. Veremos qué se puede hacer.

Así que la mujer cerró la puerta con llave y les rogó a los vecinos que vigilaran mientras ella se iba con Niu Wen.

—Deben haber ido a presentar una denuncia —aseveraron los vecinos—. Se trata de un asunto grave que compete a la vida de un hombre. Será mejor que lo denunciemos también para exculparnos.

Dicho esto, los vecinos también fueron al yamen.

Pronto la noticia de la muerte de Niu Cheng se extendió por todas partes, y alguien se lo comunicó a Lu Nan. El erudito había sido informado de la pelea entre Niu Cheng y Lu Cai varios días antes; y como se enfadó al ver que un sirviente suyo se convertía en prestamista y exprimía a los pobres, hizo dar a Lu Cai treinta golpes, le quitó la nota de mano de Niu y lo despidió. Estaba esperando a Niu Cheng para que le devolviera su nota de mano, cuando llegó a él la noticia de la muerte de Niu. Sin perder tiempo, envió a un grupo de hombres a apresar a Lu Cai y llevarlo a los tribunales. Sin embargo, Lu Cai, que también se había enterado del deceso de Niu, había huido para evitar problemas. Nadie sabía a dónde había ido.

Cuando Niu Wen y la esposa de su hermano irrumpieron en el yamen para anunciar la muerte de Niu Cheng, Tan Zun se alegró

大喜，悄悄的先到县中，禀了知县。出来与二人说明就里，教了说话，流水写起状词，单告卢楠强占金氏不遂，将钮成扭归打死，教二人击鼓叫冤。钮文依了家主，领着金氏，不管三七念一，执了一块木柴，把鼓乱敲，口内一片声叫喊："救命！"衙门差役，自有谭遵分付，并无拦阻。汪知县呼得击鼓，即时升堂，唤钮文、金氏至案前。才看状词，恰好地邻也到了。知县专心在卢楠身上，也不看地邻呈子是怎样情繇，假意问了几句，不等发房，即时出签，差人捉卢楠立刻赴县。公差又受了谭遵的叮嘱，道："大爷恼得卢楠要紧，你们此去，只除妇女孩子，其余但是男子汉，尽数拿来。"众皂快素知知县与卢监生有仇，况且是个大家，若还人少，进不得他家大门，遂聚起三兄四弟，共有四五十人，分明是一群猛虎。此时隆冬日短，天已傍晚，彤云密布，朔风凛冽，好不寒冷！谭遵要奉承知县，陪出酒浆，与众人先发个兴头。一家点起一根

enormemente. Después de entrar tranquilamente para informar al magistrado, volvió con ellos, les dijo lo que tenían que decir y tomó nota de sus declaraciones acusando al erudito Lu Nan de haber golpeado a Niu Cheng hasta la muerte porque Lu había querido apoderarse de la esposa de Niu pero no lo consiguió. Entonces Tan les dijo a Niu Wen y a su cuñada que golpearan el tambor en la puerta del yamen y exigieran venganza. Obedeciéndole implícitamente, golpearon el tambor violentamente y gritaron "¡Asesinato!". Los corredores del yamen, que habían recibido las instrucciones de Tan, no los detuvieron.

Cuando el magistrado Wang escuchó el tambor, tomó asiento en el tribunal y ordenó que se presentara a los demandantes. Estaba leyendo su alegato cuando llegaron también los vecinos de Niu Cheng; sin embargo, el magistrado ignoró a los vecinos para concentrarse en la acusación presentada contra Lu Nan. Después de hacer algunas preguntas para cumplir con las formalidades·y sin llevar a cabo ninguna otra investigación ordenó a sus hombres que trajeran a Lu Nan ante él de inmediato.

—Su Señoría está muy enfadado con Lu —le comunicó Tan a los corredores—. Así que cuando vayan a su residencia, arresten a todos los hombres de su casa y dejen únicamente a las mujeres y los niños.

Los corredores eran conscientes del rencor que el magistrado sentía por Lu. Como el erudito tenía una familia grande decidieron que necesitarían una fuerza fuerte para entrar, así que reunieron a unos 50 hombres que eran feroces como tigres. Los días de invierno son cortos y era una tarde fría con un cielo sobrecogedor y un amargo viento del Norte. Para complacer al magistrado, Tan invitó a la policía a una comida. Luego, llevando una antorcha cada uno,

火把，飞奔至卢家门首，发一声喊，齐抢入去，逢着的便拿。家人们不知为甚，吓得东倒西歪，儿啼女哭，没奔一头处。卢楠娘子正同着丫头们，在房中围炉向火，忽闻得外面人声鼎沸，只道是漏了火，急叫丫鬟们观看。尚未动步，房门口早有家人报道："大娘，不好了！外边无数人执着火把，打进来也。"卢楠娘子还认做强盗来打劫，惊得三十六个牙齿，紧紧咬着打战，急叫众丫鬟快闭上房门。言犹未了，一片火光，早已拥入房里。那些丫头们奔走不迭，只叫："大王爷饶命！"众人道："胡说！我们是本县大爷差来拿卢楠的，什么大王爷？"卢楠娘子见说这话，就明白向日丈夫怠慢了知县，今日寻事故来摆布，便道："既是公差，难道不知法度的？我家总有事在县，量来不过户婚田土的事罢了，须不是大逆不道；如何白日里不来，黑夜间率领多人，明火执杖，打入房帏，乘机抢劫，明日到

corrieron a la casa de Lu, irrumpieron con gritos y se apoderaron de todo lo que pudieron echar mano.

Los sirvientes del erudito, que no podían imaginar lo que había sucedido, corrían en todas las direcciones, los niños lloraban y toda la casa se sumía en la confusión.

La señora Lu estaba sentada junto a la estufa con sus criadas cuando escuchó gritos y forcejeos fuera. Pensando que se había producido un incendio, se apresuró a decir a sus sirvientas que averiguaran, pero antes de que dieran un solo paso un sirviente se acercó a la puerta.

—¡Cuidado, señora! —gritó—. ¡Una turba de hombres con antorchas ha entrado por la fuerza!

La señora Lu supuso que los bandidos estaban sobre ellos y sus dientes castañetearon de miedo mientras ordenaba a sus criadas que cerraran la puerta. Sin embargo, antes de que terminara de hablar, divisó un resplandor de antorchas y unos hombres extraños entraron a toda prisa en la habitación.

—¡Perdónenos! —gritaron las doncellas, incapaces de escapar.

—¡Tontas! —respondieron los hombres—. No somos bandidos, sino oficiales enviados por el magistrado para arrestar a Lu Nan.

Cuando la señora Lu escuchó esto, se dio cuenta de que su esposo estaba en problemas por la falta de respeto que había mostrado al magistrado.

—Si ustedes son la policía, ¿dónde están sus modales? —preguntó—. Aunque mi esposo tenga que comparecer en el yamen, debe ser por algún delito insignificante; no puede ser un caso de alta traición. ¿Por qué no vinieron de día, en lugar de irrumpir de noche como ladrones con tantos hombres portando antorchas y armas?

公堂上去讲，该得何罪？"众公差道："只要还了我卢楠，但凭到公堂上去讲。"遂满房遍搜一过，只拣器皿宝玩，取勾像意，方才出门。又打到别个房里，把姬妾们都惊得躲入床底下去。

各处搜到，不见卢楠，料想必在园上，一齐又赶入去。卢楠正与四五个宾客，在暖阁上饮酒，小优两傍吹唱，恰好差去拿卢才的家人，在那里回话，又是两个乱喊上楼报道："相公，祸事到也！"卢楠带醉问道："有何祸事？"家人道："不知为甚，许多人打进大宅抢劫东西，逢着的便被拿住，今已打入相公房中去了。"众宾客被这一惊，一滴酒也无了，齐道："这是为何？可去看来！"便要起身。卢楠全不在意，反拦住道："由他自抢，我们且自吃酒，莫要败兴。快斟热酒来。"家人跌足道："相公，外边恁般慌乱，如何还要饮酒！"说声未了，忽见楼前一派火光闪烁，众公差齐拥上楼。吓得那几个小优满楼乱滚，无处藏躲。卢楠大怒，喝道："甚么人，敢到此放肆！叫人快拿。"众公差道："本县大爷请你说话，只怕拿不得的！"

Mañana los denunciaremos en la corte y nos encargaremos de que sean debidamente castigados.

—Entréguenos a Lu Nan —replicaron los oficiales—. Puede denunciarnos si lo desea.

Después de saquear esta habitación, tomando todos los objetos más selectos que les agradaban, pasaron a las siguientes, asustando a las concubinas para que se escondieran debajo de las camas. Cuando los policías registraron toda la casa y no encontraron a Lu Nan, concluyeron que debía estar en el jardín y salieron a buscarlo allí. El erudito estaba bebiendo con algunos invitados en un pabellón de invierno, mientras los actores cantaban y tocaban para ellos. El mensajero que había enviado en busca de Lu Cai estaba informando de que no lo había encontrado, cuando otros dos sirvientes subieron corriendo.

—¡Señor! —gritaron—. ¡Tenemos un problema!

—¿Qué problema? —interrogó Lu medio borracho.

—No lo sabemos con exactitud, pero una turba ha irrumpido y está saqueando y apoderándose de todo lo que encuentra a su paso. Acaban de entrar en su habitación, señor.

Esta alarma devolvió la sobriedad a los invitados.

—¿Qué puede significar esto? —preguntaron, levantándose—. Vayamos a ver.

El erudito, sin embargo, parecía bastante despreocupado.

Entonces vieron antorchas parpadeantes y la policía que subía corriendo, mientras los aterrorizados actores se dispersaban en todas direcciones buscando algún lugar donde esconderse.

—¿Quién se atreve a comportarse de forma tan escandalosa aquí? —exigió Lu con furia—. ¡Haré que los arresten!

—Nuestro magistrado lo reclama —replicó uno de los oficiales—. Me temo que no puede arrestarnos.

一条索子，套在颈里，道："快走！快走！"卢楠道："我有何事？这等无礼！偏不去！"众公差道："老实说：向日请便请你不动，如今拿到要拿去的！"牵着索子，推的推，扯的扯，拥下楼来。家人共拿了十四五个，众人还想连宾客都拿。内中有人认得俱是贵家公子，又是有名头秀才，遂不敢去惹他。一行人离了园中，一路闹炒炒直至县里。这几个宾客，放心不下，也随来观看。躲过的家人，也自出头，奉着主母之命，将了银两，赶来央人使用打探，不在话下。

且说汪知县在堂等候，堂前灯笼火把，照辉如白昼，四下绝不闻一些人声。众公差押卢楠等，直至丹墀下，举目看那知县，满面杀气，分明坐下个阎罗天子；两行隶卒排列，也与牛头夜叉无二。家人们见了这个威势，一个个胆战心惊。众公差跑上堂禀道："卢楠一起拿到了。"将一干人带上月台，齐齐跪下。钮文、金氏另跪在一边。惟有卢楠挺然居中而立。汪知县见他不跪，仔细看了一看，冷

—¡Muévase! —gritó otro, poniendo una soga alrededor del cuello del erudito.

—¿Qué he hecho? —interrogó Lu—. ¿Cómo te atreves a tratarme así? ¿Y si me niego?

—Te negaste a venir cuando te invitaron, pero no puedes negarte esta vez porque estás arrestado, ¿entendido?

Entonces uno tiró de la cuerda, mientras otros empujaban y tiraban, y así consiguieron que el erudito bajara las escaleras. Igualmente, detuvieron a más de una docena de sirvientes y quisieron arrestar también a los invitados, pero algunos de los oficiales sabían que los invitados eran de familias nobles y eruditos de renombre, por lo que no se atrevieron a tocarlos. Abandonando el jardín, se dirigieron ruidosamente hacia el yamen. Los invitados, preocupados, los siguieron para ver qué sucedía. En tanto, los criados que se habían escondido salieron de sus escondites y, siguiendo las instrucciones de la señora Lu, llevaron plata para pedir noticias a algunos de los oficiales del yamen.

Las linternas y antorchas hacían que el tribunal donde esperaba el magistrado Wang estuviera tan iluminado como de día. Todas las voces se silenciaron. La policía condujo a Lu Nan al pie del estrado y, al mirar hacia arriba, vio al magistrado sentado allí como el Rey del Infierno con el asesinato reflejado en su rostro, mientras que los corredores estaban alineados a ambos lados cual demonios asistentes. Ante este despliegue de poderío, los sirvientes del erudito se estremecieron. Entonces los oficiales se adelantaron para informar:

—Hemos traído a Lu Nan, Su Señoría.

Arrastraron a sus prisioneros a la plataforma e hicieron que los sirvientes se arrodillaran a un lado, Niu Wen y la esposa de su hermano al otro. Solo Lu Nan permaneció de pie, desafiante, en el

笑道:"是一个土豪!见了官府,犹恁般无状!在外安得不肆行无忌。我且不与你计较,暂请到监里去坐一坐。"卢楠倒走上三四步,横挺着身子说道:"就到监里去坐也不妨。只要说个明白,我得何罪,昏夜差人抄没?"知县道:"你强占良人妻女不遂,打死钮成,这罪也不小!"卢楠闻言,微微笑道:"我只道有甚天大事情,原来为钮成之事。据你说止不过要我偿他命罢了,何须大惊小怪。但钮成原系我家佣奴,与家人卢才口角而死,却与我无干。即使是我打死,亦无死罪之律;若必欲借彼证此,横加无影之罪,以雪私怨,我卢楠不难屈承,只怕公论难泯!"汪知县大怒道:"你打死平人,昭然耳目,却冒认为奴,污蔑问官,抗拒不跪。公堂之上,尚敢如此狂妄;平日豪横,不问可知矣!今且勿论人命真假,只抗逆父母官,该得何

centro. Cuando el magistrado vio que el erudito no se arrodillaba, lo examinó detenidamente y soltó una pequeña carcajada.

—¡Aquí hay un pequeño tirano! —exclamó—. Tan poco educado en un tribunal público, ¡no me extraña que no temas ni al hombre ni al diablo! Pero te pediré que pases unos días en nuestra cárcel antes de ocuparme de tú.

Lu Nan dio unos pasos hacia adelante erguidamente.

—Envíeme a su cárcel si lo desea, —declaró— pero debe darme una razón. ¿Qué crimen he cometido para que sus hombres vengan de noche a arrestarme y confiscar mis bienes?

—Has intentado seducir a la mujer de otro hombre y has golpeado a Niu Cheng hasta la muerte. Estos son delitos graves.

Cuando el erudito escuchó los cargos que se le imputaban, no pudo más que sonreír.

—Me preguntaba a qué se debía tanta algarabía —apuntó—. Así que es por culpa de Niu Cheng. Supongo que quiere que pague con mi vida, pero ¿cuál es la razón de tanto ajetreo y tanta prisa? Niu Cheng era uno de mis fiadores, que murió tras una riña con mi sirviente, Lu Cai. Yo no fui en absoluto responsable de su muerte. Incluso si lo hubiera golpeado hasta la muerte, la ley no exige que un amo pague con su vida la muerte de un fiador. Si quiere acusarme de un crimen que nunca cometí para satisfacer su rencor, es fácil para usted dictar una sentencia infundada. Ahora, me temo que le será difícil acallar la opinión pública.

—¡Has matado a un hombre libre! —dijo el magistrado con retumbante voz—. El caso está muy claro, pero tú mantienes que era tu esclavo. Insultas al juez y te niegas a arrodillarte en el tribunal. Es fácil ver, por tu comportamiento insubordinado aquí, lo prepotente que debes ser en la vida diaria. Antes de que te juzgue por asesinato,

罪？"喝教拿下去打。众公差齐声答应，赶向前一把揪翻。卢楠叫道："士可杀而不可辱，我卢楠堂堂汉子，何惜一死！却要用刑？任凭要我认那一等罪，无不如命，不消责罚。"众公差那里繇他做主，按倒在地，打了三十。知县喝教住了，并家人齐发下狱中监禁。钮成尸首着地方买棺盛殓，发至官坛候验。钮文、金氏干证人等，召保听审。

卢楠打得血肉淋漓，两个家人扶着，一路大笑走出仪门。这几个朋友上前相迎，家人们还恐怕来拿，远远而立，不敢近身。众友问道："为甚事，就到杖责？"卢楠道："并无别事，汪知县公报私仇，借家人卢才的假人命，装在我名下，要加个小小死罪。"众友惊骇道："不信有此奇冤枉。"内中一友叫道："不打紧，待小弟回去，与家父说了，明日拉合县乡绅孝廉，与县公讲明，料县公难灭公论，自然开释。"卢楠道："不消兄等费心，但凭他怎地摆布罢了！只有一件紧事，烦到家间说一声，教把酒多送几

serás debidamente castigado por tal insolencia hacia tu magistrado.

Acto seguido, ordenó a sus hombres que golpearan al prisionero, y los corredores se adelantaron para atrapar a Lu.

—Se puede matar a un caballero, pero no humillarlo —gritó el erudito—. Soy un caballero y no tengo miedo a morir. Apresúrate y dicta sentencia. Haz que me rebanen o decapiten si quieres, ¡pero no soportaré la indignidad!

Ignorando su protesta, los corredores lo arrojaron al suelo y le dieron 30 golpes. Entonces, cuando el magistrado les ordenó parar, Lu fue llevado a la cárcel junto con sus sirvientes.

En tanto, las autoridades locales ofrecieron el ataúd adecuado para el cadáver de Niu Cheng, lo llevaron a la morgue para que se le practicara la autopsia y Niu Wen, su cuñada y los demás testigos fueron puestos en libertad bajo fianza a la espera de una nueva citación. Mientras dos sirvientes le ayudaban a salir del tribunal sangrando y magullado por la paliza, el erudito levantó la cabeza y gritó de la rabia.

Para ese entonces sus amigos ya habían llegado a la puerta del yamen para preguntarle:

—Por qué te han hecho esto?

—No es culpa mía —respondió Lu—. Mi criado Lu Cai causó la muerte de un hombre y el magistrado Wang quiere satisfacer su rencor personal haciéndome responsable. Quiere condenarme a muerte, eso es todo.

—¡Qué injusticia! —exclamaron sus amigos, atónitos—. Bueno, hemos decidido qué hacer: mañana haremos que toda la alta burguesía local hable con el magistrado. No puede ignorar la opinión pública y tendrá que liberarte.

—No se preocupen por mí —respondió Lu—. Que haga lo que quiera. Sin embargo, tengo una petición importante: por favor,

坛到狱中来。"众友道："如今酒也该少饮。"卢楠笑道："人生贵在适意，贫富荣辱，俱身外之事，于我何有。难道因他要害我，就不饮酒了？这是一刻也少不得的！"正在那里说话，一个狱卒推着背道："快进狱去，有话另日再说。"那狱卒不是别人，叫做蔡贤，也是汪知县得用之人。卢楠睁起眼喝道："嗃！可恶！我自说话，与你何干？"蔡贤也焦躁道："呵呀！你如今是个在官人犯了，这样公子气质，且请收起，用不着了。"卢楠大怒道："什么在官人犯，就不进去，便怎么！"蔡贤还要回话，有几个老成的，将他推开，做好做歹，劝卢楠进了监门，众友也各自回去。卢楠家人自归家回覆主母，不在话下。

原来卢楠出衙门时，谭遵紧随在后，察访这些说话，一句句听得明白，进衙报与知县。知县到次早只说有病，

díganle a mi familia cuando vuelvan que me mande mucho vino a la cárcel.

—Será mejor que no bebas tanto ahora —le advirtieron.

Lu se limitó a reír.

—Un hombre debe alegrarse mientras pueda —respondió—. La pobreza y la riqueza, la fama y la humillación, son cosas externas que no pueden hacer ninguna diferencia real en un hombre. ¿Por qué debería dejar de beber solo porque él quiere destruirme?

Mientras hablaban, un carcelero le dio un empujón por la espalda al erudito.

—¡Muévete! —dijo—. Puedes hablar en otro momento.

Este carcelero, Cai Xian, era uno de los hombres de confianza del magistrado. Lu lo fulminó con la mirada.

—¡Maldito seas! —gritó—. Ocúpate de tus asuntos mientras yo hablo.

—¡Eso me gusta! —replicó Cai Xian indignado—. Ahora eres un delincuente. Será mejor que dejes de hacerte el caballero aquí; no te llevará a ninguna parte.

—¿Quién es un delincuente? —rugió Lu—. ¿Qué puedes hacer si me niego a moverme?

Antes de que Cai Xian pudiera responder, algunos asistentes más experimentados lo apartaron y se las ingeniaron para meter al erudito en la cárcel. Luego, sus amigos se marcharon y sus sirvientes se fueron a casa para informar a la señora Lu de todo lo que había sucedido.

Cuando Lu Nan abandonó el tribunal, Tan Zun le siguió de cerca para escuchar lo que se decía; luego regresó al yamen e informó al magistrado de la conversación del erudito con sus amigos. Así que a la mañana siguiente, con el pretexto de estar enfermo, el magistrado

不出堂理事，众乡官来时，门上人连帖也不受。至午后忽地升堂，唤齐金氏一干人犯，并忤作人等，监中吊出卢楠主仆，径去检验钮成尸首。那忤作人已知县主之意，轻伤尽报做重伤，地邻也理会得知县要与卢楠作对，齐咬定卢楠打死。知县又哄卢楠将出钮成佣工文券，只认做假的，尽皆扯碎。严刑拷打，问成死罪。又加二十大板，长枷手扭，下在死囚牢里。家人们一概三十，满徒三年，召保听候发落。金氏、钮文干证人等，发回宁家。尸棺俟详转定夺。将招繇叠成文案，并卢楠抗逆不跪等情，细细开载在内，备文申报上司。虽众乡绅力为申理，知县执意不从。有诗为证：

县令从来可破家，冶长非罪亦堪嗟。
福堂今日容高士，名圃无人理百花。

且说卢楠本是贵介之人，生下一个脓窠疮儿，就要请医家调治的，如何经得这等刑杖？到得狱中，昏迷不醒。幸喜合监的人，知他是个有钱主儿，奉承不暇，流水把膏药末药送来。家中娘子又请太医来调治，外修内补，不勾

Wang no atendió los asuntos y su portero no aceptó la petición de la alta burguesía local. Sin embargo, por la tarde, el magistrado tomó repentinamente asiento en el tribunal, convocó a los demandantes, a los testigos y a los forenses, e hizo sacar a Lu y a sus sirvientes de la cárcel para examinar el cadáver de Niu Cheng.

Los forenses, sabiendo lo que se esperaba de ellos, describieron ligeras contusiones como lesiones graves. Por su parte, los testigos, que se dieron cuenta de que el magistrado le guardaba rencor a Lu, declararon que el erudito había golpeado a Niu Cheng hasta la muerte. Entonces, el magistrado Wang engañó a Lu para que presentara la escritura que acreditaba a Niu Cheng como su fiador y la rompió alegando que era una falsificación. Torturado y condenado a muerte, el erudito recibió veinte golpes y luego fue puesto en el cangue y enviado a la cárcel para condenados. Sus sirvientes, tras recibir treinta golpes cada uno y ser condenados a tres años de prisión, fueron puestos en libertad bajo fianza. En tanto, a la esposa del extinto, Niu Wen, y a los testigos se les ordenó retirarse de la corte y se pospuso la decisión final sobre el ataúd y el cadáver a la espera de órdenes superiores. Asimismo, se envió un informe detallado del caso a las autoridades superiores, en el que se describía cómo Lu había insultado al tribunal al negarse a arrodillarse y se exponían sus delitos. Aunque la alta burguesía local envió otra petición en nombre de Lu Nan, el magistrado la ignoró.

Lu, como debe suponer, estaba acostumbrado a una vida de lujo. Si tenía un simple flemón, llamaban a los médicos. Por consiguiente se preguntará cómo iba a soportar una fuerte paliza. En cuanto llegó a la prisión, el erudito cayó al suelo sin sentido. Por suerte, los guardias, como sabían que tenía mucho dinero, lo cuidaban bien y le proporcionaban hasta emplastos y polvos medicinales.

一月，平服如旧。那些亲友，络绎不绝，到监中候问。狱卒人等，已得了银子，欢天喜地，繇他们直进直出，并无拦阻。内中单有蔡贤是知县心腹，如飞禀知县主，魆地到监点闸，搜出五六人来，却都是有名望的举人秀士，不好将他难为，教人送出狱门。又把卢楠打上二十。四五个狱卒，一概重责。那狱卒们明知是蔡贤的缘故，咬牙切齿；因是县主得用之人，谁敢与他计较。那卢楠平日受用的高堂大厦，锦衣玉食，眼内见的是竹木花卉，耳中闻的是笙箫细乐；到了晚间，娇姬美妾，倚翠偎红，似神仙般散诞的人。如今坐于狱中，住的却是钻头不进半塌不倒的房子；眼前见的无非死犯重囚，言事嘈杂，面目凶顽，分明一班妖魔色怪；耳中闻的不过是脚镣手杻铁链之声。到了晚间，提铃喝号，击柝鸣锣，唱那歌儿，何等凄惨！他虽是豪迈之人，见了这般景象，也未免睹物伤情。恨不得肋下顷刻生出两个翅膀来，飞出狱中。又恨不得提把板斧，劈开狱门，连众犯也都放走。一念转着受辱光景，毛发倒

Su esposa, entretanto, envió un médico a la cárcel para que lo atendiera. Así, en menos de un mes, el erudito se recuperó. Como resultado, un flujo continuo de amigos y parientes comenzó a visitarlo y los carceleros, encantados con los sobornos que recibían, permitían a los visitantes entrar y salir a su antojo.

Entre los carceleros, sin embargo, se encontraba Cai Xian, uno de los lacayos del magistrado Wang. Cai Xian fue directamente a informar de la situación a su amo, quien inmediatamente se abalanzó sobre la cárcel y atrapó a cinco o seis hombres en la celda de Lu. Como todos eran eruditos de renombre, no se atrevió a castigarlos, sino que les ordenó abandonar la prisión. Lu, sin embargo, recibió otros veinte golpes y todos los carceleros fueron severamente castigados. Estos hombres, al darse cuenta de que todo había sido obra de Cai Xian, rechinaban los dientes de rabia. Desafortunadamente, como era el favorito del magistrado no se atrevieron a tocarlo.

Lu Nan estaba acostumbrado a las finas mansiones, la ropa de seda y la comida exquisita, con flores y árboles para deleitar sus vistas, dulce música para divertir sus oídos y hermosas concubinas para compartir su cama por las noches. Ahora, sin embargo, después de llevar una vida tan despreocupada como la de un inmortal, se encontraba repentinamente prisionero, confinado en una celda destartalada. No veía más que criminales condenados, que fruncían el ceño y se enfurecían como una manada de demonios o fantasmas. No escuchaba más que el tintineo de las cadenas y los grilletes, las campanas que anunciaban el pase de lista cada noche, los gongs que hacían sonar los guardias y las lúgubres cancioncillas de la prisión. Aunque Lu era un hombre de gran corazón, no podía evitar sentirse deprimido y anhelar unas alas que lo llevaran lejos, o un hacha que derribara la puerta y liberara a los cautivos. Cada vez que recordaba

竖，恨道："我卢楠做了一世好汉，却送在这个恶贼手里！如今陷于此间，怎能勾出头日子。总然挣得出去，亦有何颜面见人！要这性命何用？不如寻个自尽，到得干净。"又想道："不可，不可！昔日成汤文王，有夏台羑里之囚，孙膑、马迁有刖足腐刑之辱：这几个都是圣贤，尚忍辱待时，我卢楠岂可短见！"却又想道："我卢楠相知满天下，身列缙绅者也不少，难道急难中就坐观成败？还是他们不晓得我受此奇冤？须索写书去通知，教他们到上司处挽回。"遂写起若干书启，差家人分头投递那些相知。也有见任，也有林下，见了书札，无不骇然。也有直达汪知县，要他宽罪的，也有托上司开招的。那些上司官，一来也晓得卢楠是当今才子，有心开释，都把招详驳下县里。回书中又露个题目，教卢楠家属前去告状，转批别衙门开招出罪。卢楠得了此信，心中暗喜，即教家人往各上司诉

su humillación, se erizaba de ira.

"Aquí estoy yo", pensó, "que siempre me he creído un hombre fuerte, en las manos de este canalla. ¿Cómo voy a salir de aquí? Y aunque consiga salir, ¿cómo volveré a enfrentarme al mundo? ¿Qué sentido tiene seguir viviendo? Será mejor que encuentre la forma de quitarme la vida".

Pero, pensándolo mejor, decidió no suicidarse.

"El rey Wen de la dinastía Zhou sufrió prisión", reflexionó, "mientras que Sun Bin y Sima Qian soportaron la indignidad de la mutilación. Sin embargo, estos antiguos sabios soportaron la humillación y esperaron su momento. ¿Por qué debería suicidarme? Tengo amigos en todo el país, muchos de ellos funcionarios, que no se quedarán de brazos cruzados viendo mi angustia. Es posible que aún no se hayan enterado del grave abuso del que he sido víctima. Será mejor que les escriba y les pida que recurran a un tribunal superior para que me libren de mis males".

Entonces escribió un gran número de cartas, que su criado despachó.

Algunos de los amigos de Lu vivían retirados, otros ocupaban cargos, pero todos y cada uno se horrorizaron cuando recibieron sus misivas. Algunos se dirigieron directamente al magistrado Wang para rogarle que perdonara al erudito, mientras que otros solicitaron ayuda a las autoridades superiores. Estas autoridades superiores, que habían oído hablar del ingenio de Lu Nan y creían que debía ser liberado, enviaron los informes de vuelta al magistrado del distrito e insinuaron que la familia del erudito hiciera una apelación formal ante ellas, de manera que pudieran sugerir su traslado a un tribunal diferente para que fuera juzgado de nuevo.

Consolado por estos mensajes, Lu sugirió a su familia que ape-

冤，果然都批发本府理刑勘问。理刑官先已有人致意，不在话下。

却说汪知县几日间连接数十封书札，都是与卢楠求解的；正在踌躇，忽见各上司招详，又都驳转。隔了几日，理刑厅又行牌到县，吊卷提人。已明知上司有从宽放他之意，心下老大惊惧，想道："这厮果然神通广大，身子坐在狱中，怎么各处关节已是布置到了？若此番脱漏出去，如何饶得我过！一不做，二不休，若不斩草除根，恐有后患。"当晚差谭遵下狱，教狱卒蔡贤拿卢楠到隐僻之处，遍身鞭朴，打勾半死，推倒在地，缚了手足，把土囊压住口鼻，那消一个时辰，呜呼哀哉！可怜满腹文章，到此冤沉狱底。正是：

英雄常抱千年恨，风木寒烟空断魂。

话分两头。却说浚县有个巡捕县丞，姓董名绅，贡士出身，任事强干，用法平恕，见汪知县将卢楠屈陷大辟，十分不平；只因官卑职小，不好开口。每下狱查点，便与卢楠谈论，两下遂成相知。那晚恰好也进监巡视，不见了卢楠。问众狱卒时，都不肯说。恼动性子，一片声喝打，

lara en varios tribunales. Finalmente se decretó que su caso fuera investigado en el tribunal de la prefectura. El juez de la prefectura ya conocía el expediente, pues había recibido muchas cartas sobre el tema —especialmente del distrito de Lu—. En cuanto al magistrado Wang, a los pocos días recibió decenas de cartas instándole a indultar a Lu. El magistrado, mientras aún se preguntaba qué hacer, descubrió que las autoridades superiores le devolvían los informes. Unos días después, cuando el tribunal judicial notificó al distrito que Lu Nan debía ser trasladado para un nuevo juicio, el magistrado se dio cuenta de que sus superiores tenían la intención de liberar a Lu y su corazón sucumbió.

"¡El diablo astuto!", pensó. "Sentado aquí en la cárcel, ¿cómo ha conseguido interesar a todos los tribunales superiores en su caso? Una vez que se me escurra entre las manos, no descansará hasta que se haya vengado. Tengo que actuar con rapidez. La mala hierba volverá a crecer si no se arranca de raíz".

Aquella noche, el magistrado envió a Tan Zun a la cárcel para que le pidiera a Cai Xian que escribiera un certificado de enfermedad y llevara a Lu esa misma noche a un lugar tranquilo y lo matara.

El asistente del magistrado de este distrito, Dong Shen, era un licenciado de alto rango, administrador capaz y juez justo y misericordioso. Cuando el magistrado Wang condenó erróneamente a Lu Nan a muerte, Dong sintió una gran indignación, pero como subordinado no podía protestar. Sin embargo, cada vez que iba a inspeccionar la cárcel, conversaba con Lu y así se hicieron amigos. Aquella noche, por casualidad, fue a la cárcel y, al ver que Lu había desaparecido y que nadie le decía qué había pasado con el erudito, Dong se enfadó y amenazó con golpear a los carceleros. Entonces, los carceleros le susurraron:

方才低低说:"大爷差谭令史来讨气绝,已拿向后边去了。"董县丞大惊道:"大爷乃一县父母,那有此事?必是你们这些奴才,索诈不遂,故此谋他性命!快引我去寻来。"众狱卒不敢违逆,直引至后边一条夹道中,劈面撞着谭遵、蔡贤,喝教拿住。上前观看,只见卢楠仰在地上,手足尽皆绑缚,面上压个土囊。董县丞叫左右提起土囊,高声叫唤,也是卢楠命不该死,渐渐苏醒。与他解去绳索,扶至房中,寻些热汤吃了,方能说话,乃将谭遵指挥蔡贤打骂谋害情繇说出。董县丞安慰一番,随即别了卢楠,即唤蔡贤、谭遵三人到于厅上,思想:"这事虽然是县主之意,料今败露,也不敢承认。欲要拷问谭遵,又想他是县主心腹,只道我不存体面,反不为美。"单唤过蔡贤,要他招承与谭遵索诈不遂,同谋卢楠性命。那蔡贤初时只推县主所遣,不肯招承。董县丞大怒,喝教夹起来。那众狱卒因蔡贤向日报县主来闸监,打了板子,心中怀

—Su Señoría ordenó a Tan Zun matar a Lu Nan y lo han llevado a la parte de atrás.

—¡Cómo podría el magistrado de un distrito hacer semejante cosa! —exclamó Dong, muy sorprendido—. No, no. Ustedes, sinvergüenzas, deben haber decidido quitarle la vida porque no quiso pagarles todo lo que le exigieron. Llévenme allí ahora mismo.

No atreviéndose a desobedecerlo, los guardias lo condujeron a un callejón detrás de la cárcel, donde se encontraron de repente con Tan y Cai. Dong ordenó que los arrestaran y luego fue hasta donde Lu estaba tendido en el suelo, con todo el cuerpo negro y azul, las manos y los pies atados y un saco de arena en la cara para ahogarlo.

Cuando Dong ordenó a sus hombres que retiraran el saco de arena y llamó a Lu Nan por su nombre, el erudito, que no estaba destinado a morir, recuperó gradualmente la conciencia. No obstante, no pudo hablar hasta que lo desataron, lo llevaron adentro y le dieron una bebida caliente. Entonces les contó cómo Tan Zun había ordenado a Cai Xian que lo golpeara y habían intentado asesinarlo. Después de tranquilizar al erudito y pedirle al carcelero que lo ayudara a acostarse, el ayudante del magistrado se llevó a Tan y a Cai al salón. Aunque sabía que el magistrado estaba detrás de esto, ahora que el complot había sido descubierto Wang ciertamente no admitiría su complicidad. Si Dong le arrancaba una confesión a Tan Zun, que era la mano derecha de su superior, el magistrado vería acabada su reputación. Eso nunca servía de nada. Así que mandó a llamar a Cai Xian a solas y le instó a confesar que él y Tan, al no poder chantajear a Lu, habían intentado asesinarlo. Cai, sin embargo, insistía en que cumplía las instrucciones del magistrado hasta que finalmente Dong perdió la paciencia y ordenó que lo torturaran.

Ahora bien, recordará que los demás carceleros odiaban a Cai

恨，寻过一副极短极紧的夹棍，才套上去，就喊叫起来，连称："我招。"董县丞即便教住了。众狱卒恨着前日的毒气，只做不听见，倒务命收紧，夹得蔡贤叫爹叫娘，连祖宗十七八代尽叫出来。董县丞连声喝住，方才放了。把纸笔要他亲供。蔡贤只得依着董县丞说话供招。董县丞将来袖过，分付众狱卒："此二人不许擅自释放，待我见过大爷，然后来取。"起身出狱回衙，连夜备了文书。次早汪知县升堂，便去亲递。汪知县因不见谭遵回覆，正在疑惑；又见董县丞呈说这事，暗吃一惊。心中虽恨他冲破了网，却又奈何他不得。看了文书，只管摇头："恐没这事。"董县丞道："是晚生亲眼见的，怎说没有？堂尊若不信，唤二人对证便了。那谭遵犹可恕，这蔡贤最是无理，连堂尊也还污蔑；若不究治，何以惩戒后人！"汪知县被道着心事，满面通红，生怕传扬出去，坏了名声，只得把蔡贤问徒发遣。自此怀恨董县丞，寻两件风流事过，参与

Xian porque les había ganado una paliza al delatarlos ante el magistrado. En consecuencia, buscaron los grilletes más ajustados y, en cuanto se los pusieron, Cai empezó a chillar y a gritar que iba a confesar. Cuando Dong les ordenó que se detuvieran, los carceleros, deseosos de vengarse, fingieron no escuchar y apretaron aún más los tornillos hasta que Cai chilló y aulló, invocando a todos sus antepasados en su dolor. Solo después de que Dong repitiera su orden varias veces, los carceleros pararon. Entonces, le dieron papel y pincel a Cai, quien tuvo que escribir lo que le decían.

—No dejen marchar a estos hombres —ordenó Dong a los carceleros cuando tuvo la confesión en sus manos—. Volveré después de ver al magistrado.

Volvió al yamen y pasó toda la noche en vela preparando el informe que le entregaría al magistrado Wang en persona en la sesión a la mañana siguiente. El magistrado ya se preguntaba por qué Tan Zun no había vuelto, y cuando vio el informe de Dong se quedó atónito. Aunque odiaba a su subordinado por haber frustrado sus planes, no podía hacer nada al respecto. Después de leer el informe, sacudió la cabeza solemnemente varias veces.

—¿Acaso puede ser verdad? —exigió incrédulo.

—Lo vi con mis propios ojos —respondió Dong—. Si Su Señoría no me cree, puede llamar a los tres hombres para que los interrogue. Tan Zun no se comportó tan mal, pero la actitud de Cai Xian es imperdonable: incluso trató de desprestigiarlo. Su Señoría debería castigarlo como advertencia para los demás.

Ante esta insinuación de que su secreto había sido revelado, el magistrado se puso morado y, temiendo que de salir la verdad a la luz su reputación quedara arruinada, tuvo que condenar a Cai Xian a la servidumbre penal. Después de esto, sin embargo, le guardó

上司，罢官而去。此是后话不题。

再说汪知县因此谋不谐，遂具揭呈，送各上司，又差人往京中传送要道之人，大抵说：卢楠恃富横行乡党，结交势要，打死平人，抗送问官，营谋关节，希图脱罪。把情节做得十分利害，无非要张扬其事，使人不敢救援。又教谭遵将金氏出名，连夜刻起冤单，遍处粘帖，布置停当，然后备文起解到府。那推官原是没担当懦怯之辈，见汪知县揭帖并金氏冤单，果然恐怕是非，不敢开招，照旧申报上司。大凡刑狱，经过理刑问结，别官就不敢改动。卢楠指望这番脱离牢狱，谁道反坐实了一重死案。依旧发下浚县狱中监禁。还指望知县去任，再图昭雪。那知汪知县因扳翻了个有名富豪，京中多道他有风力，到得了个美名，行取入京，升为给事之职。他已居当道，卢楠总有通天摄地的神通，也没人敢翻他招案。有一巡按御史樊某，

rencor a Dong Cheng y, posteriormente, cuando descubrió que su subordinado era culpable de jugar con las mujeres, lo denunció sin demora a sus superiores y lo hizo destituir del cargo. Sin embargo, esa es otra historia.

Como el complot del magistrado había fracasado, envió informes a todos sus superiores y a muchos hombres influyentes de la capital declarando que Lu Nan era un déspota local que se enorgullecía de su riqueza, cortejaba a los poderosos, había golpeado a un ciudadano hasta la muerte y mostrado insolencia en la corte y que incluso ofrecía sobornos para librarse de la cárcel. Al agravar extremadamente el caso y darle tanta publicidad, el magistrado buscaba intimidar a todos los que podrían haber ayudado al erudito. También le dijo a Tan que mandara a imprimir volantes que denunciaran a Lu en nombre de la esposa de Niu Cheng y que los colocara por todas partes. Luego informó al gobierno de la prefectura. El juez de la prefectura era un cobarde que temía asumir cualquier responsabilidad. Así que cuando vio el informe del magistrado y el volante, para evitar problemas se limitó a remitirlos a sus superiores. Pero una vez que un caso ha pasado por el tribunal de la prefectura, al resto de los funcionarios no les gusta impugnar el veredicto; así que, aunque Lu Nan esperaba ser liberado, su sentencia fue confirmada y se le envió de nuevo a la cárcel del distrito.

Lu esperaba que cuando el magistrado dejara el puesto, su caso fuera reevaluado. Lamentablemente, las autoridades consideraban al magistrado Wang como un hombre audaz y fuerte que había derrocado a un notorio déspota local. Por tanto, su fama llegó a la capital y fue promovido a la Junta Imperial de Escrutinio. Toda vez que Wang consolidó su posición como funcionario poderoso nadie se atrevió a cuestionar su veredicto por muchos hilos que Lu moviera.

怜其冤枉，开招释罪。汪给事知道，授意与同科官，劾樊巡按一本，说他得了贿赂，卖放重囚，罢官回去。着府县原拿卢楠下狱。因此后来上司虽知其冤，谁肯舍了自己官职，出他的罪名。光阴迅速，卢楠在狱不觉又是十有余年，经了几个县官。那时金氏、钮文，虽都病故，汪给事却升了京堂之职，威势正盛，卢楠也不做出狱指望。不道灾星将退，那年又选一个新知县到任。只因这官人来，有分教：

此日重阴方启照，今朝甘露不成霜。

却说浚县新任知县，姓陆名光祖，乃浙江嘉兴府平湖县人氏。那官人胸藏锦绣，腹隐珠玑，有经天纬地之才，济世安民之术。出京时，汪公曾把卢楠的事相嘱，心下就有些疑惑，想道："虽是他旧任之事，今已年久，与他还有甚相干，谆谆教谕？其中必有缘故。"到任之后，访问邑中乡绅，都为称枉，叙其得罪之繇。陆公还恐卢楠是个富家央浼下的，未敢全信。又四下暗暗体访，所说皆同。乃

Una ocasión un censor llamado Fan se apiadó del erudito e hizo que lo liberaran. Cuando Wang se enteró del hecho, le comunicó a un colega suyo que Fan había aceptado sobornos y estaba tratando de liberar a un criminal importante. Como resultado, el censor fue destituido de su cargo y Lu encarcelado una vez más en la prisión del distrito. Así que en adelante, aunque algunos funcionarios sabían que se había cometido una injusticia, ninguno se atrevió a arriesgar su propio puesto para vindicar a Lu Nan.

El tiempo voló y Lu ya había pasado más de diez años en prisión, periodo durante el cual dos nuevos magistrados habían ido y venido. Niu Wen y la esposa de su hermano habían muerto, pero Wang había sido ascendido al puesto de censor jefe y era tan poderoso que Lu abandonó toda esperanza de ser liberado. Sin embargo, no sabía que su prueba estaba llegando a su fin cuando nombraron a un nuevo magistrado para ese distrito llamado Lu Guangzu, nativo de la provincia de Zhejiang. Este magistrado era un hombre sabio y culto, de mucho talento y gran capacidad administrativa. Justo antes de abandonar la capital, Wang lo desconcertó instándole a no dejarse engañar por Lu Nan.

"Aunque Lu Nan fue condenado durante el mandato del censor, han pasado muchos años desde entonces", pensó. "¿Por qué sigue interesado en el caso? ¿Y por qué me advierte de que esté alerta? Detrás de todo esto debe haber alguna razón".

Cuando llegó a su nuevo puesto, interrogó a algunos de los miembros de la alta burguesía local, y todos abogaron por Lu, diciendo que había sido castigado injustamente. Sospechando que, dado que el erudito era rico, podría haber sobornado a estos hombres, el nuevo magistrado no confió demasiado en lo que decían. No obstante, cuando hizo más averiguaciones recibió la misma respuesta.

道:"既为民上,岂可以私怨罗织,陷人大辟?"欲要申文到上司,与他昭雪。又想道:"若先申上司,必然行查驳勘,便不能决截了事;不如先开释了,然后申报。"遂吊出那宗卷来,细细查看,前后招繇,并无一毫空隙。反复看了几次,想道:"此事不得卢才,如何结案?"乃出百金为信赏钱,立限与捕役要拿卢才。不一月,忽然获到,将严刑究讯,审出真情。遂援笔批云:

> 审得钮成以领工食银于卢楠家,为卢才叩债,以致争斗,则钮成为卢氏之雇工人也明矣。雇工人死,无家翁偿命之理。况放债者才,叩债者才,厮打者亦才,释才坐楠,律何称焉?才遁不到官,累及家翁,死有余辜,拟抵不枉。卢楠久陷于狱,亦一时之厄也!相应释放云云。

当日监中取出卢楠,当堂打开枷扭,释放回家。合衙门人无不惊骇,就是卢楠也出自意外,甚以为异。陆公备

—¿Cómo puede un funcionario condenar a muerte a un hombre por rencor?

Dicho esto decidió informar de la verdad a sus superiores y enmendar el error. Luego pensó: "Cuando envíe mi informe, me ordenarán seguir investigando antes de poner el reo en libertad. Será mejor que lo libere primero y luego redacte mi informe".

Así que buscó los expedientes del caso y los estudió detenidamente, pero no encontró la forma de revocar la sentencia.

Después de estudiar los expedientes varias veces, llegó a la siguiente conclusión: "Para resolver este caso debo encontrar al verdadero culpable: Lu Cai".

Entonces ofreció a sus asistentes una recompensa de cien taels por la captura de Lu Cai en una fecha determinada. En menos de un mes, el hombre había sido arrestado. Consciente de que era imposible escapar, Lu Cai confesó sin ser torturado y el magistrado Lu Guangzu emitió el siguiente decreto:

"Teniendo en cuenta que Niu Cheng, después de cobrar su salario de la familia Lu, se peleó con Lu Cai, quien le exigió el pago de una deuda, está claro que Niu Cheng era un asalariado de la casa Lu. La ley no exige que el amo pague con su vida la muerte de un jornalero. Además, fue Lu Cai quien prestó dinero a Niu Cheng, exigió su devolución y se peleó con él. Por lo tanto, fue un error dejar libre a Lu Cai y condenar a Lu Nan. Como Lu Cai huyó de la justicia e involucró a su amo en grandes problemas, merece la muerte y será ejecutado. Lu Nan ha sido encarcelado injustamente durante muchos años y ahora será puesto en libertad".

Ese mismo día, Lu Nan fue sacado de la cárcel, liberado de su cangue y enviado a casa. Todo el yamen se sorprendió, incluso el propio Lu, maravillado por este inesperado giro de los acontecimien-

起申文，把卢才起衅根繇，并受枉始末，一一开叙，亲至府中，相见按院呈递。按院看了申文，道他擅行开释，必有私弊，问道："闻得卢楠家中甚富，贤令独不避嫌乎？"陆公道："知县但知奉法，不知避嫌。但知问其枉不枉，不知问其富不富。若是不枉，夷齐亦无生理。若是枉，陶朱亦无死法。"按院见说得词正理直，更不再问，乃道："昔张公为廷尉，狱无冤民，贤令近之矣。敢不领教！"陆公辞谢而出，不题。

且说卢楠回至家中，合门庆幸，亲友尽来相贺。过了数日，卢楠差人打听陆公已是回县，要去作谢，他却也素位而行，换了青衣小帽。娘子道："受了陆公这般大德大恩，须备些礼物去谢他便好！"卢楠说："我看陆公所为，是有肝胆的豪杰，不比那龌龊贪利的小辈。若送礼去，反轻亵他了！"娘子道："怎见得是反为轻亵？"卢楠道："我

tos. A continuación, el magistrado Lu redactó un informe detallado de cómo había comenzado el problema y cómo se había perjudicado al erudito y llamó al juez provincial para pedirle que entregara el informe. El juez, al recibir la noticia de que Lu Nan había sido liberado, comenzó a sospechar que el magistrado Lu había sido sobornado.

—Tengo entendido que la familia de Lu Nan es muy acaudalada —acotó—. ¿No le preocupa lo que pensará la gente?

—Solo me preocupa hacer cumplir la ley —respondió el magistrado quien prosiguió—. "No me interesa el chisme. Lo único que pregunto es si un hombre es inocente o culpable, no si es rico o pobre.

Al escuchar cuanto honorable era su discurso, el juez no hizo más preguntas, sino que declaró:

—En la antigüedad, cuando Zhang Shizhi era tribuno, no había un solo inocente en prisión. Le admiro por seguir sus pasos.

Entonces el magistrado se despidió respetuosamente.

Cuando Lu Nan regresó a casa, toda su familia se alegró mucho y todos sus amigos y parientes fueron a felicitarle. Al cabo de unos días, sus sirvientes trajeron la noticia de que el nuevo magistrado había regresado al yamen del distrito y Lu decidió hacerle una visita para darle las gracias. Para ello, se vistió completamente de negro y gorro de ciudadano.

—Le debes tanto a ese hombre —le dijo su esposa— que has de llevarle algunos regalos para demostrarle tu agradecimiento.

—A juzgar por sus acciones, es un hombre decente, —le respondió Lu— y no uno de esos hombres mezquinos que se dedican a robarle el dinero a la gente. Enviarle regalos sería ofenderlo.

—¿Por qué sería una ofensa?

沉冤十余载，上官皆避嫌不肯见原。陆公初莅此地，即廉知枉，毅然开释：此非有十二分才智，十二分胆识，安能如此！今若以利报之，正所谓故人知我，我不知故人也。如何使得？"即轻身而往。陆公因他是个才士，不好轻慢，请到后堂相见。卢楠见了陆公，长揖不拜。陆公暗以为奇，也还了一礼。遂教左右看坐。门子就扯把椅子，放在傍边。看官，你道有恁样奇事！那卢楠乃久滞的罪人，亏陆公救援出狱，此是再生恩人，就磕穿头，也是该的，他却长揖不拜。若论别官府见如此无礼，心上定然不乐了，那陆公毫不介意，反又命坐。可见他度量宽洪，好贤极矣！谁想卢楠见教他傍坐，倒不悦起来，说道："老父母，但有死罪的卢楠，没有傍坐的卢楠。"陆公闻言，即走下来，重新叙礼，说道："是学生得罪了。"即逊他上

—He sido agraviado durante más de diez años. En ese tiempo, todos los funcionarios de los niveles superiores tuvieron miedo de ponerse de mi parte. Sin embargo, tan pronto como el magistrado Lu llegó aquí, descubrió la verdad y me liberó audazmente. Sin una gran sabiduría y una gran valentía, nunca habría hecho algo así. Si ahora le devuelvo el favor con regalos, significará que, aunque él me entiende a mí, yo no le he entendido a él. Eso nunca lo permitiría.

Terminada su exposición, marchó rumbo al yamen con las manos vacías.

Como Lu Nan era un académico talentoso, el magistrado lo trató con respeto y lo invitó a pasar al salón interior. Cuando Lu se encontró con su benefactor, se inclinó pero no se arrodilló. El magistrado, muy impresionado, le devolvió la reverencia. Inmediatamente después ordenó a sus asistentes que trajeran una silla y la colocaran a un lado.

¿Ha imaginado semejante escena, lector? Lu Nan estuvo encarcelado durante años como un delincuente, por lo que el magistrado que lo liberó de la cárcel era su gran benefactor. Por tanto, ni golpearse la cabeza contra el suelo hasta hacerla sangrar habría sido suficiente para agradecerle al magistrado. Sin embargo, Lu Nan solo hizo una reverencia ante el magistrado. Cualquier otro funcionario se habría ofendido ante semejante insolencia, pero este magistrado hizo caso omiso y se limitó a pedir otra silla, mostrando así su magnanimidad y su gran respeto por el talento. ¿Quién iba a imaginar que cuando Lu vio que se sentaría a un lado del magistrado, iba a ser él el ofendido?

—Su Señoría puede condenarme a muerte, —declaró— pero no puede condenarme a sentarme en un asiento inferior.

El magistrado se levantó inmediatamente e hizo otra reverencia.

坐。两下谈今论古,十分款洽,只恨相见之晚,遂为至友。有诗为证:

昔闻长揖大将军,今见卢生抗陆君。
夕释桁阳朝上坐,丈夫意气薄青云。

话分两头,却说汪公闻得陆公释了卢楠,心中不忿,又托心腹,连按院劾上一本。按院也将汪公为县令时,挟怨诬人始末,细细详辩一本。倒下圣旨,将汪公罢官回去,按院照旧供职,陆公安然无恙。那时谭遵已省察在家,专一挑写词状。陆公廉访得实,参了上司,拿下狱中,问边远充军。卢楠从此自谓余生,绝意仕进,益放于诗酒;家事渐渐沦落,绝不为意。再说陆公在任,分文不要,爱民如子,况又发奸摘隐,剔清利弊,奸宄慴伏,盗贼屏迹,合县遂有神明之称,声名振于都下。只因不附权要,止迁南京礼部主事。离任之日,士民攀辕卧辙,泣声

—Le ruego que me disculpe —indicó antes de pedirle a Lu que ocupara su silla.

Entonces hablaron de asuntos del pasado y el presente y se llevaron tan bien que lamentaron no haberse conocido antes. De hecho, pronto se hicieron amigos. Cuando el censor jefe Wang se enteró de que el nuevo magistrado había dejado en libertad a Lu Nan, se enfadó y envió a un hombre de confianza para que presentara un memorando ante la corte acusando no solo al magistrado Lu, sino al juez provincial también.

Para exculparse, el juez provincial escribió un relato detallado de cómo Wang, cuando era magistrado, había acusado falsamente a Lu por una rencilla personal. En consecuencia, el emperador destituyó a Wang de su cargo, mientras que el juez provincial y el magistrado Lu permanecieron en sus puestos. Tan Zun había abandonado el yamen y se ganaba la vida participando en litigios injustos. Tan pronto como el magistrado conoció los hechos, lo denunció, lo hizo encarcelar y posteriormente lo condenó al exilio en la frontera. Lu Nan, consciente de que se había librado de la muerte por los pelos, abandonó toda idea de procurar una carrera oficial para dedicarse al vino y la poesía. Poco a poco, Lu Nan fue dilapidando toda su fortuna sin ningún reparo.

Lu Guangzu era un magistrado incorruptible, que amaba al pueblo como si fuera su hijo, buscaba a los malhechores y ponía fin a las prácticas viciosas. Por tanto, los hombres malvados temblaban ante él y ya no había bandidaje. La gente de su distrito lo veneraba y lo consideraba un sabio. Su fama llegó hasta la capital, pero como no tenía amigos en las altas esferas solo fue promovido al puesto de secretario en el Ministerio de los Ritos de Nanjing. Cuando se marchaba del distrito, la gente se aferraba a su carruaje e incluso se tum-

载道，送至百里之外。那卢楠直送五百余里，两下依依不舍，欷歔而别。后来陆公累迁至南京吏部尚书。卢楠家已赤贫，乃南游白下，依陆公为主，陆公待为上宾。每日供其酒资一千，纵其游玩山水。所到之处，必有题咏，都中传诵。一日游采石李学士祠，遇一赤脚道人，风致飘然，卢楠邀之同饮。道人亦出葫芦中玉液以酌卢楠。楠饮之，甘美异常，问道："此酒出于何处？"道人答道："此酒乃贫道所自造也。贫道结庵于庐山五老峰下，居士若能同游，当日日斟酌耳。"卢楠道："既有美酝，何惮相从！"即刻到李学士祠中，作书寄谢陆公，不携行李，随着那赤脚道人而去。陆公见书，叹道："翛然而来，翛然而去，以乾坤为逆旅，以七尺为蜉蝣，真狂士也！"屡遣人于庐山五老

baba ante él para impedir que se fuera. Los lamentos se escuchaban a lo largo de todo el camino. Los ciudadanos de a pie lo escoltaron durante varias docenas de millas. Lu Nan le acompañó durante casi doscientas millas y luego, aún reacio a separarse de él, se despidió con lágrimas en los ojos. Posteriormente, Lu Guangzu asumió la dirección del Ministerio de los Ritos y Lu Nan, que para ese entonces ya había dilapidado toda su fortuna, se marchó al Sur para vivir con su viejo amigo. El ministro Lu lo trataba como un huésped honorable, le daba mil centavos todos los días para que comprara vino y le permitía disfrutar de los mejores paisajes montañosos y fluviales. El erudito escribía poemas adondequiera que iba, que eran conocidos en toda la capital.

Un día, cuando Lu Nan visitaba el templo dedicado a Li Bai en la Roca Caishi, se encontró con un sacerdote con los pies descalzos que le pareció un hombre excepcional. Lu invitó al desconocido a beber con él. El sacerdote le ofreció un líquido blanco de su calabaza que el erudito encontró que tenía un sabor extrañamente delicioso.

—¿De dónde es este vino? —le preguntó.

—Yo mismo lo elaboro. Tengo una cabaña al pie del Picos de los Cinco Ancianos, en el monte Lushan. Si vienes conmigo, me encargaré de que tengas suficiente para beber.

—Si tienes tan buen vino, —respondió Lu— estaré encantado de acompañarte.

Escribió una carta en el acto al ministro Lu para despedirse de él y se fue con las manos vacías, ya que estaba con el sacerdote. Cuando el ministro vio la carta quedó impresionado.

—Ha venido a la deriva y ahora se ha ido a la deriva —dijo—. El universo no es más que un refugio temporal y la vida humana efímera como una cachipolla. Este hombre es un auténtico romántico.

峰下访之，不获。后十年，陆公致政归家，朝廷遣官存问，陆公使其次子往京谢恩，从人遇之于京都。寄问陆公安否。或云遇仙成道矣。后人有诗赞云：

命蹇英雄不自繇，独将诗酒傲公侯。
一丝不挂飘然去，赢得高名万古留。

后人又有一诗警戒文人，莫学卢公以傲取祸。诗曰：

酒癖诗狂傲骨兼，高人每得俗人嫌。
劝人休蹈卢公辙，凡理还须学谨谦。

El ministro envió a sus hombres una y otra vez a buscar a Lu Nan en el monte, pero sin poder encontrarlo. Sin embargo, unos diez años más tarde, cuando el ministro Lu se había retirado y el gobierno mandó a un funcionario a interesarse por su salud, envió a su segundo hijo a la capital para expresar su agradecimiento a la corte. En la capital, algunos de sus sirvientes se encontraron con Lu Nan, quien les pidió que enviaran sus saludos a su viejo amigo. Dicen que el erudito se convirtió en un ser inmortal. Pasado el tiempo, un poeta escribió sobre él:

Este erudito perdió su libertad por la desgracia,
Con el vino y la poesía desistió de los grandes nobles;
Aunque al final se distanció, sin llevarse nada consigo,
Su reputación perdurará por siempre.

转运汉巧遇洞庭红
波斯胡指破鼍龙壳

LAS MANDARINAS Y EL CARAPACHO DE TORTUGA

转运汉遇巧洞庭红
波斯胡指破鼍龙壳

日日深杯酒满,朝朝小圃花开。自歌自舞自开怀,且喜无拘无碍。

青史几番春梦,红尘多少奇才。不须计较与安排,领取而今见在。

这首词乃宋朱希真所作,词寄《西江月》,单道着人生功名富贵,总有天数,不如图一个见前快活。试看往古来今,一部十七史中,多少英雄豪杰,该富的不得富,该贵的不得贵。能文的倚马千言,用不着时,几张纸盖不完酱瓿;能武的穿杨百步,用不着时,几竿箭煮不熟饭锅。极至那痴呆懵董、生来有福分的,随他文学低浅,也会发科发甲;随他武艺庸常,也会大请大受。真所谓时也,运

Cada día lleno mi copa de vino;
Mi pequeño jardín florece alegremente;
Cada día canto y bailo de alegría,
Y me deshago de la tristeza y la preocupación.
El pasado no es más que un sueño vacío,
Los grandes hombres han muerto y se han convertido en arcilla;
No luches más por rango o fama,
Sino disfruta mientras puedas.

Este poema, ambientado al estilo de "A la luz de la Luna en el río Occidental" y escrito por Zhu Xizhen de la dinastía Song, afirma que como el Cielo se encarga de asignar fama y fortuna, los hombres deben disfrutar mientras puedan. Piense cuántos héroes de *Historias de las últimas diecisiete dinastías* no consiguieron ni la riqueza ni el rango que merecían.

Un erudito es capaz de escribir un despacho de mil palabras a caballo, pero cuando está fuera de la oficina sus escritos no se consideran aptos ni para cubrir una jarra de pepinillos. Un guerrero es capaz de partir un sauce a cien pasos, pero cuando está fuera de la oficina sus flechas no se consideran aptas ni para hervir una olla de arroz.

Sin embargo, los tontos y los idiotas que nacieron con suerte aprobaron los exámenes con muy pocos conocimientos o fueron nombrados para altos cargos militares pese a saber bien poco del arte de la guerra. Verdaderamente, todo depende del destino.

也，命也！俗语有两句道得好："命若穷，掘得黄金化作铜；命若富，拾着白纸变成布。"总来只听掌命司颠之倒之。所以吴彦高又有词云："造化小儿无定据。翻来覆去，倒横直竖，眼见都如许。"僧晦庵亦有词云："谁不愿黄金屋？谁不愿千钟粟？算五行不是，这般题目。枉使心机闲计较，儿孙自有儿孙福。"苏东坡亦有词云："蜗角虚名，蝇头微利，算来着甚干忙？事皆前定，谁弱又谁强？"这几位名人说来说去，都是一个意思，总不如古语云："万事分已定，浮生空自忙。"说话的，依你说来，不须能文善武，懒惰的也只消天掉下前程；不须经商立业，败坏的也只消天挣与家缘：却不把人间向上的心都冷了？看官有所不知，假如人家出了懒惰的人，也就是命中该贱；出了败坏的人，也就是命中该穷：此是常理。却又自有转眼贫

Bien reza el proverbio: Si estás destinado a ser pobre, el oro que saques se convertirá en cobre; si estás destinado a ser rico, el papel que recojas se convertirá en tela. Todo está determinado por el destino y como escribió Wu Yangao:

La suerte es muy astuta y te gasta muchas bromas,
No tiene en cuenta ni la maldición ni el agradecimiento de nadie,
Ahora aquí, ahora allá, ahora arriba, ahora abajo,
Reparte la ruina o la fama.

Según el monje Hui An: "¿Quién no quiere una recámara de oro? ¿Quién no quiere tener sus graneros llenos de granos? Pero ninguna planificación te procurará algo que no esté en tus estrellas como tampoco podrás determinar la suerte de tus hijos".

Por su parte Su Dongpo declaró: "¿Por qué luchar por la fama que es tan insignificante como un reino en el cuerno de un caracol o por qué luchar por un beneficio que puede equilibrarse en la cabeza de una mosca? No vale la pena. Todo está predestinado, el débil y el fuerte".

De hecho, lo que intentaron decir todos estos hombres famosos queda expresado con claridad en este viejo refrán: "El hombre propone y el destino dispone".

"¿Por qué, cuentacuentos?" se preguntará, "si lo que dices es verdad, el hombre no necesita estudiar las artes de la paz y la guerra, sino que se limita a esperar ociosamente que la buena fortuna le sonría sin mover un dedo y el despilfarrador puede vivir de lo que provee el Cielo o de la herencia de su familia? ¿Acaso no estaría impidiendo la lucha de los hombres para mejorar?".

No, lector, permítame explicarle. Solo cuando una familia está destinada a sucumbir en el mundo, aparece en ella un holgazán. La casa que está supuesto se derrumbe, produce un derrochador. Esta

富,出人意外,把眼前事分毫算不得准的哩!

且听说一人,乃宋朝汴京人氏,姓金,双名维厚,乃是经纪行中人。少不得朝晨起早,晚夕眠迟;睡醒来千思想,万算计,拣有便宜的才做。后来家事挣得从容了,他便思想一个久远方法:手头用来用去的,只是那散碎银子;若是上两块头好银,便存着不动,约得百两,便熔成一大锭,把一综红线结成一绦,系在锭腰,放在枕边,夜来摩弄一番,方才睡下。积了一生,整整熔成八锭。以后也就随来随去,再积不成百两,他也罢了。

金老生有四子。一日,是他七十寿旦,四子置酒上寿。金老见了四子跻跻跄跄,心中喜欢,便对四子说道:"我靠皇天覆庇,虽则劳碌一生,家事尽可度日。况我平日留心,有熔成八大锭银子永不动用的,在我枕边,见将绒线做对儿结着。今将拣个好日子,分与尔等,每人一对,做个镇家之宝。"四子喜谢,尽欢而散。

是夜,金老带些酒意,点灯上床,醉眼模糊,望去八

es la regla general. Pero también hay, por supuesto, reveses inesperados de la suerte, como cuando un pobre se hace rico de la noche a la mañana o un rico se queda sin dinero. Así que no podemos estar seguros de nada en absoluto.

Escuche ahora la historia de Jin Weihou, oriundo de Kaifeng, la capital de la dinastía Song del Norte. Jin era un comerciante que se levantaba temprano, se iba a la cama tarde y pasaba todas sus horas de vigilia pensando la mejor manera de hacer dinero. En cuanto tuvo una buena posición económica, ideó un plan para conservar lo que tenía: solo gastaba la plata suelta, guardaba cada tael de plata fina que conseguía y, cuando había reunido cien taeles, los fundía en un gran lingote. Luego, ataba el lingote con un cordón rojo y lo colocaba junto a la almohada para juguetear con él por la noche antes de dormir. Después de muchos años de escatimar y rascar, llegó a tener ocho lingotes como este, ni más ni menos. Sin embargo, el dinero iba y venía y, al no poder reunir otros cien taeles, dejó de ahorrar.

Jin tenía cuatro hijos, que organizaron un gran banquete para agasajarlo en su septuagésimo cumpleaños. El anciano estaba muy feliz al ver el respeto que le mostraron.

—El Cielo ha sido bueno conmigo —sentenció—. He trabajado duro toda la vida y ahora estamos bastante bien. Gracias a mi economía, he ahorrado ocho lingotes de plata que yacen junto a mi almohada, atados de dos en dos con un cordón rojo. Quiero elegir un día buen auspicio para entregarles dos lingotes a cada uno. Espero que los atesoren durante toda su vida.

Sus cuatro hijos se alegraron mucho. Después de expresarle su agradecimiento al padre, se levantaron de la mesa con el mejor de los ánimos.

El anciano estaba ligeramente borracho cuando encendió la

个大锭,白晃晃排在枕边,摸了几摸,哈哈地笑了一声,睡下去了。睡未安稳,只听得床前有人行走脚步响,心疑有贼,又细听着,恰象欲前不前相让一般。床前灯火微明,揭帐一看,只见八个大汉,身穿白衣,腰系红带,曲躬而前,曰:"某等兄弟,天数派定,宜在君家听令。今蒙我翁过爱,抬举成人,不烦役使,珍重多年,宴数将满,待翁归天后,再觅去向。今闻我翁目下将以我等分役诸郎君,我等与诸郎君辈原无前缘,故此先来告别,往某县某村王姓某者投托。后缘未尽,还可一面。"语毕,回身便走。金老不知何事,吃了一惊,翻身下床,不及穿鞋,赤脚赶去,远远见八人出了房门。金老赶得性急,绊了房槛,扑的跌倒,飒然惊醒,乃是南柯一梦。急起挑灯明亮,点照枕边,已不见了八个大锭。细思梦中所言,句句

lámpara y se dirigió a su habitación. Miró como los ocho lingotes grandes formaban una reluciente hilera blanca junto a su almohada y, tras acariciarlos varias veces, se acostó riendo entre dientes. Sin embargo, justo cuando se estaba quedando dormido, oyó pasos junto a su cama y temió que hubieran entrado ladrones. Escuchó atentamente y le pareció oír a unos hombres que dudaban en avanzar y se daban codazos unos a otros para hacerlo. La lámpara que había delante de la cama seguía ardiendo tenuemente, y cuando separó las cortinas de la cama y miró hacia fuera, vio a ocho hombres grandes con batas blancas y cinturones rojos, que se adelantaron e hicieron una reverencia.

—Somos hermanos enviados por el Cielo para servirle —le dijeron—. Fue bueno de su parte, señor, criarnos y cuidarnos todos estos años sin hacer uso de nuestros servicios. Su tiempo está a punto de terminar. Debíamos quedarnos con usted hasta que dejara este mundo, pero hoy nos hemos enterado de que piensa enviarnos con sus hijos y, como no estamos destinados a servirles, hemos venido a despedirnos. Ahora vamos a vivir con un tal señor Wang en una aldea vecina, pero nos volveremos a ver.

Luego de decirle el nombre y la dirección de su nuevo amo, se dieron la vuelta y se marcharon.

Sorprendido y desconcertado, el anciano saltó de la cama. Sin detenerse a ponerse los zapatos, persiguió descalzo a los ocho hombres, a los que veía dirigirse hacia la puerta. Sin embargo, en su precipitación tropezó con el umbral de la puerta y se cayó, y al despertar comprobó que todo había sido un sueño.

El viejo Jin se levantó inmediatamente, graduó la luz de la lámpara y miró junto a la almohada. Sus ocho lingotes habían desaparecido. Entonces pensó en todo lo que le habían dicho en el sueño y

是实。叹了一日气,哽咽了一会,道:"不信我苦积一世,却没分与儿子每受用,到是别人家的?明明说有地方姓名,且慢慢跟寻下落则个。"一夜不睡。

次早起来,与儿子们说知。儿子中也有惊骇的,也有疑惑的。惊骇的道:"不该是我们手里东西,眼见得作怪。"疑惑的道:"老人家欢喜中说话,失许了我们,回想转来,一时间就不割舍得分散了,造此鬼话,也不见得。"金老见儿子们疑信不等,急急要验个实话。遂访至某县某村,果有王姓某者。叩门进去,只见堂前灯烛荧煌,三牲福物,正在那里献神。金老便开口问道:"宅上有何事如此?"家人报知,请主人出来。主人王老见金老,揖坐了,问其来因。金老道:"老汉有一疑事,特造上宅来问消息。今见上宅正在此献神,必有所谓,敢乞明示。"王老道:"老拙偶因寒荆小恙买卜,先生道:'移床即好'。

se percató de que cada palabra era cierta. El anciano dejó escapar un suspiro y se le hizo un nudo en la garganta.

—No puedo creer que mis ahorros ganados con tanto esfuerzo no vayan a parar a mis hijos, sino a unos desconocidos —murmuró—. Aun así, me han dicho claramente el nombre del señor Wang y dónde vive. Haré unas averiguaciones.

Esa noche no logró conciliar más el sueño y a la mañana siguiente tan pronto como se levantó les contó a sus hijos lo que había pasado. Dos de ellos se mostraron sorprendidos y otros dos escépticos.

"Evidentemente, la plata no estaba destinada a ser nuestra", pensaron los primeros dos. "Esa debe ser la razón de este extraño suceso".

"El anciano seguramente se arrepintió de su generosidad", pensaron los dos hijos que estaban escépticos. "Pensándolo bien, no pudo soportar desprenderse de sus lingotes y por eso nos ha hecho esta historia".

Al Jin ver que dos de sus hijos no le creían, estaba aún más ansioso de saber la verdad. Así que se dirigió a la aldea de la que le habían hablado en el sueño y allí, en efecto, vivía un tal señor Wang. Al llamar a la puerta y entrar, Jin vio que había velas encendidas en el salón y que se habían preparado sacrificios para los dioses. Cuando preguntó el motivo, los sirvientes fueron a buscar a su amo. Al momento apareció el señor Wang, saludó al anciano y le invitó a sentarse. Luego le preguntó a Jin qué le había llevado a su casa.

—Hay algo que me desconcierta —comenzó diciéndole Jin—. Y he venido a ver si puede arrojar alguna luz sobre ello. Pero me he dado cuenta de que hoy estáis ofreciendo sacrificios. ¿Puedo preguntar la razón?

—Hace poco, mi mujer se enfermó —respondió Wang— y

昨寒荆病中，恍惚见八个白衣大汉，腰系红束，对寒荆道：'我等本在金家，今在彼缘尽，来投身宅上。'言毕，俱钻入床下。寒荆惊出了一身冷汗，身体爽快了。及至移床，灰尘中得银八大锭，多用红绒系腰，不知是那里来的。此皆神天福佑，故此买福物酬谢。今我丈来问，莫非晓得些来历么？"金老跌跌脚道："此老汉一生所积，因前日也做了一梦，就不见了。梦中也道出老丈姓名居址的确，故得访寻到此。可见天数已定，老汉也无怨处。但只求取出一看，也完了老汉心事。"王老道："容易！"笑嘻嘻地走进去，叫安童四人，托出四个盘来，每盘两锭，多是红绒系束，正是金家之物。金老看了，眼睁睁无计所奈，不觉扑簌簌吊下泪来。抚摩一番道："老汉直如此命薄，消受不得！"王老虽然叫安童仍旧拿了进去，心里见金老如此，老大不忍，另取三两零银封了，送与金老作

consulté a una adivina, que me dijo que mejoraría si cambiaba su cama de posición. Ayer, aún enferma, creyó ver a ocho hombres grandes ataviados con túnicas blancas y cinturones rojos que le dijeron: 'Antes éramos de la familia Jin. Pero ahora hemos terminado con ellos y venimos a ti'. Terminando la frase, se metieron debajo de la cama y mi mujer empezó a sudar frío, tras lo cual se sintió mejor. Cuando movimos la cama, encontramos entre el polvo ocho lingotes grandes de plata atados por el centro con un cordón rojo. No sabemos de dónde han salido, pero como el Cielo ha sido tan bondadoso con nosotros, hemos comprado ofrendas para sacrificar. Ahora que ha venido a interrogarme, ¿acaso sabe algo de esto?

Dando una patada en el suelo, Jin respondió:

—He pasado toda mi vida ahorrando ese dinero. Anoche también tuve un sueño y cuando me desperté la plata había desaparecido. En el sueño mis lingotes mencionaron tu nombre y tu dirección. Así fue como encontré el camino hasta aquí. Es la voluntad del Cielo y no puedo quejarme. Pero si pudiera verlos una vez más me sentiría mejor.

—Eso es muy fácil —aseveró el señor Wang.

Acto seguido, salió de la habitación, sonriendo y regresó con cuatro mozos de servicio, cada uno de los cuales llevaba una bandeja con dos lingotes atados con un cordón rojo, los mismos lingotes que Jin había atesorado.

Al anciano casi se le salen los ojos de la cara, pero no había nada que pudiera hacer. Grandes lágrimas rodaron por sus mejillas mientras acariciaba la plata.

—El destino debe estar en mi contra —afirmó— si no se me permite conservarlos.

Aunque Wang ordenó a los muchachos que volvieran a guardar los lingotes, se compadeció del anciano. Así que sacó tres taeles de

别。金老道:"自家的东西尚无福,何须尊惠!"再三谦让,必不肯受。王老强纳在金老袖中。金老欲待摸出还了,一时摸个不着,面儿通红;又被王老央不过,只得作揖别了。直至家中,对儿子们一一把前事说了,大家叹息了一回。因言王老好处,临行送银三两,满袖摸遍,并不见有,只说路中掉了。却元来金老推逊时,王老往袖里乱塞,落在着外面的一层袖中。袖有断线处,在王老家摸时,已自在脱线处落出在门槛边了。客去扫门,仍旧是王老拾得。可见一饮一啄,莫非前定。不该是他的东西,不要说八百两,就是三两也得不去;该是他的东西,不要说八百两,就是三两也推不出。原有的到无了,原无的到有了,并不由人计较。

而今说一个人,在实地上行,步步不着,极贫极苦的;却在渺渺茫茫做梦不到的去处,得了一主没头没脑的钱财,变成巨富。从来希有,亘古新闻。有诗为证。诗曰:

plata suelta, los puso en un paquete y se lo ofreció a Jin como regalo de despedida. Sin embargo, Jin no quiso aceptarlo.

—He tenido demasiada mala suerte para conservar mi plata —protestó el anciano—. ¿Cómo voy a aceptar la tuya?

Se negó una y otra vez, hasta que Wang le metió la plata en la manga. Deseando devolverla, Jin buscó a tientas el paquete, pero no lo encontró. Se sonrojó por la confusión. Y finalmente, como Wang insistió en que lo aceptara, hizo una reverencia y se marchó. Al llegar a casa les contó a sus hijos lo que había pasado, y ellos suspiraron. También mencionó la amabilidad del señor Wang al darle tres taeles como regalo de despedida; pero cuando buscó en su manga no pudo encontrar la plata, y se vio obligado a concluir que se le debió haber caído en el camino a casa.

De hecho, mientras Jin rechazaba modestamente la plata, Wang había metido el paquete por un agujero en el forro de su manga y cuando el anciano lo palpó para devolvérselo, ya se había caído y rodado bajo el umbral de la puerta. Más tarde, al barrer el suelo, Wang lo recuperó. Así que parece que cada bocado o cena que damos está predestinado. Jin, que no estaba destinado a poseer dinero, no podía guardar ni siquiera tres taeles, mucho menos ochocientos. Pero Wang, que estaba destinado a poseerlo, no podía deshacerse de tres taels. Así, independientemente de las intenciones de cualquiera de los dos, tener se convirtió en no tener y no tener se convirtió en tener.

Ahora les hablaré de un hombre que, a pesar de haber sufrido una y otra vez en tierra firme y haber tenido que vivir a duras penas, encontró un tesoro extraordinario en un distante lugar que jamás soñaría visitar y se hizo extremadamente rico. Pocas veces ha acontecido algo tan extraño. Pero, como reza el versículo:

分内功名匣里财，不关聪慧不关呆。
果然命是财官格，海外犹能送宝来。

话说国朝成化年间，苏州府长州县阊门外，有一人，姓文名实，字若虚，生来心思慧巧，做着便能，学着便会，琴棋书画，吹弹歌舞，件件粗通。幼年间，曾有人相他有巨万之富。他亦自恃才能，不十分去营求生产，坐吃山空，将祖上遗下千金家事，看看消下来。以后晓得家业有限，看见别人经商图利的，时常获利几倍，便也思量做些生意，却又百做百不着。

一日，见人说北京扇子好卖，他便合了一个伙计，置办扇子起来。上等金面精巧的，先将礼物求了名人诗画，免不得是沈石田、文衡山、祝枝山，拓了几笔，便值上两数银子。中等的，自有一样乔人，一只手学写了这几家字画，也就哄得人过，将假当真的买了，他自家也兀自做得来的。下等的，无金无字画，将就卖几十钱，也有对合利

Si el honor y la riqueza son tu suerte,
No importa si eres sabio o no;
Y si tu destino es ser rico sin límites,
Lejos en el océano encontrarás un tesoro.

Durante el periodo Chenghua (1465-1487) de nuestra dinastía, afuera de la Puerta Oeste de Suzhou vivía un hombre llamado Wen Shi, que era tan inteligente que podía dedicarse a cualquier cosa. Aprendió a jugar al ajedrez, caligrafía y pintura, a cantar y a bailar y a tocar la mayoría de los instrumentos musicales aceptablemente bien.

Cuando era pequeño, un adivino predijo que sería muy rico y, confiando en sus propios dones, en lugar de poner empeño en cualquier negocio, vivió en el ocio hasta que hubo agotado la mayor parte de su patrimonio. Cuando se dio cuenta de que no le quedaba mucho, y vio que otros hombres a menudo conseguían duplicar o triplicar su capital comerciando, decidió entrar también en el negocio. Pero, intentara lo que intentara, perdía dinero.

Un día, al enterarse de que los abanicos se vendían bien en Beijing, Wen encontró un socio y se hizo con un cargamento de abanicos. Compró algunos abanicos de la mejor calidad, hábilmente fabricados y recubiertos de papel de oro, que envió con regalos a eruditos de renombre, a quienes les pidió que escribieran unas líneas o hicieran un dibujo en el papel de estos abanicos, que para entonces se cotizarían a un tael de plata cada uno. También compró abanicos de menos calidad para pintarlos al estilo de los maestros y venderlos como el artículo genuino a los compradores desprevenidos. Esta falsificación, por cierto, la podía hacer el propio Wen. Por último, compró algunos de los abanicos de papel blanco más baratos, desprovistos de caligrafía o pintura, que apenas costaban unas docenas.

钱，是看得见的。拣个日子装了箱儿，到了北京。岂知北京那年自交夏来，日日淋雨不晴，并无一毫暑气，发市甚迟。交秋早凉，虽不见及时，幸喜天色却晴，有妆晃子弟，要买把苏做的扇子，袖中笼着摇摆。来买时，开箱一看，只叫得苦。元来北京历渗却在七八月，更加日前雨湿之气，斗着扇上胶墨之性，弄做了个合而言之，揭不开了。用力揭开，东粘一层，西缺一片，但是有字有画值价钱者，一毫无用。止剩下等没字白扇，是不坏的，能值几何？将就卖了做盘费回家，本钱一空。

  频年做事，大概如此。不但自己折本，但是搭他做伴，连伙计也弄坏了。故此人起他一个混名，叫做"倒运汉"。不数年，把个家事干圆洁净了，连妻子也不曾娶得，终日间靠着些东涂西抹，东挨西撞，也济不得甚事。但只是嘴头子诌得来，会说会笑，朋友家喜欢他有趣，游耍去处，少他不得，也只好趁口，不是做家的。况且他是大模大样过来的，帮闲行里又不十分入得队。有怜他的，要荐他坐馆教学，又有诚实人家嫌他是个杂板令。高不

Si embargo, Wen estaba convencido de que podría venderlos al doble de su valor original. Luego, eligió un día propicio, puso sus abanicos en una caja y partió rumbo a Beijing. ¿Cómo iba a adivinar que en Beijing iba a llover casi todos los días de ese verano? Hacía tanto frío que la venta de abanicos empezó tarde y el otoño se adelantó. Luego, finalmente, el tiempo se despejó y algunos dandis empezaron a buscar abanicos de Suzhou para llevarlos en las mangas de sus túnicas o exhibirlos mientras caminaban.

Sin embargo, cuando llegaron a comprar y Wen abrió su caja, exclamó horrorizado. Porque en Beijing las cosas se enmohecen en verano y la inusual humedad de ese año había hecho que la tinta y el pegamento de los abanicos se adhirieran fuertemente. Al abrirlos haciendo uso de la fuerza, el papel se rompía. Todos los abanicos de valor por la caligrafía y la pintura en ellos plasmadas estaban arruinados. Solo los blancos de calidad inferior estaban intactos. ¿Pero cuánto valían? Cuando los vendió a muy bajo precio para recaudar el dinero de su viaje de vuelta a casa, todo su capital se había esfumado.

Todas las empresas de Wen terminaban de manera similar. No solo perdía dinero él, sino que solía arruinar a sus socios. Por ello, sus amigos le apodaron Wen el "Desdichado".

En pocos años, todo su patrimonio se había esfumado sin conseguir siquiera una esposa. Llevaba una vida miserable haciendo trabajos ocasionales de copia y encargos extraños. Pero como era una persona ocurrente, que se sabía muchos chistes y anécdotas, era un compañero entretenido y ninguna fiesta estaba completa sin él. Por eso, aunque nunca pudo adquirir una propiedad, jamás pasó hambre.

Después de haber vivido en la opulencia y con estilo, Wen no se llevaba muy bien con los parásitos de la sociedad. Algunos amigos que le tenían lástima lo recomendaban como maestro particular,

凑，低不就，打从帮闲的、处馆的两项人见了他，也就做鬼脸，把"倒运"两字笑他，不在话下。

一日，有几个走海泛货的邻近，做头的无非是张大、李二、赵甲、钱乙一班人，共四十余人，合了伙将行。他晓得了，自家思忖道："一身落魄，生计皆无，便附了他们航海，看看海外风光，也不枉人生一世。况且他们定是不却我的，省得在家忧柴忧米的，也是快活。"正计较间，恰好张大踱将来。元来这个张大，名唤张乘运，专一做海外生意，眼里认得奇珍异宝，又且秉性爽慨，肯扶持好人，所以乡里起他一个混名，叫"张识货"。文若虚见了，便把此意一一与他说了。张大道："好！好！我们在海船里头，不耐烦寂寞，若得兄去，在船中说说笑笑，有甚难过的日子？我们众兄弟，料想多是喜欢的。只是一件，我们多有货物将去，兄并无所有，觉得空了一番往返，也可惜了。待我们大家计较，多少凑些出来助你，将就置些东西去也好。"文若虚便道："多谢厚情，只怕没人如兄肯周全小弟。"张大道："且说说看。"一竟自去了。

恰遇一个瞽目先生，敲着"报君知"走将来。文若虚

pero las familias respetables lo consideraban demasiado diletante. Definitivamente, no lograba complacer a nadie: tanto los ricos como sus allegados se burlaban de él por su falta de suerte. Sin embargo, esto no era así.

Un buen día, Wen se enteró de que más de cuarenta mercaderes del barrio —los habituales Zhangs, Lis, Zhaos y Qians— estaban a punto de zarpar en un viaje comercial a ultramar.

"No tengo nada que me ate aquí", pensó, "ni medios de subsistencia. Podría ir con ellos a ver los interesantes lugares del extranjero y así no habré vivido en vano. Seguramente no me rechazarán y haré un viaje agradable en lugar de preocuparme por la comida y el combustible en casa".

Mientras le daba vueltas al asunto, apareció Zhang Chengyun, mercader especializado en el comercio de ultramar. Como sabía reconocer las joyas raras, era generoso y estaba dispuesto a ayudar a los desafortunados, sus compañeros le llamaban Canny Zhang. Así que Wen le contó al mercader lo que pensaba.

—Nada podría ser mejor —aseguró Zhang—. A menudo encontramos estos viajes aburridos, pero si tú vienes, con tus bromas e historias los días pasarán rápidamente. Estoy seguro de que todos los miembros de nuestro grupo se alegrarán de tenerte. No obstante, todos llevamos bienes y tú no tienes nada. Sería una pena hacer el viaje con las manos vacías. Veré si podemos reunir lo suficiente para que compres un poco de mercancía para llevar.

—Es muy amable de tu parte sugerirlo, —respondió Wen— pero no creo que alguien más sea tan generoso como tú.

—Bueno, no puedo sino intentarlo —le comunicó Zhang mientras se marchaba.

Justo en ese momento pasó un adivino ciego, haciendo sonar

伸手顺袋里摸了一个钱,扯他一卦,问问财气看。先生道:"此卦非凡,有百十分财气,不是小可。"文若虚自想道:"我只要搭去海外耍耍,混过日子罢了,那里是我做得着的生意!要甚么赍助;就赍助得来,能有多少?便宜恁地财爻动?这先生也是混帐!"只见张大气忿忿走来,说道:"说着钱,便无缘。这些人好笑!说道你去,无不喜欢;说到助银,没一个则声。今我同两个好的弟兄,拼凑得一两银子在此,也办不成甚货,凭你买些果子船里吃罢。口食之类,是在我们身上。"若虚称谢不尽,接了银子。张大先行道:"快些收拾,就要开船了!"若虚道:"我没甚收拾,随后就来。"手中拿了银子,看了又笑,笑了又看,道:"置得甚货么!"信步走去,只见满街上篾篮内盛着卖的:

红如喷火,巨若悬星。皮未皱,尚有余酸;霜未降,不可多得。元殊苏并诸家树,亦非李氏千头奴。较广似曰难兄,比福亦云具体。

su gong. Wen, tras encontrar una moneda en su bolsillo, detuvo al hombre y le pidió que le adivinara la suerte.

—Tu suerte es increíble —declaró el ciego—. ¡No te llega una riqueza ordinaria, sino una fortuna!

"Solo voy a hacer este viaje por placer", pensó Wen, "para pasar el tiempo. ¿Qué negocios podré hacer en el extranjero? Aunque me consigan algo de dinero, no será mucho. Entonces, ¿cómo voy a hacer una fortuna? Este hombre debe estar mintiendo".

Justo entonces regresó Zhang muy decepcionado.

—Hablas de dinero y se acaba la amistad! —aseveró—. Esos mercaderes son un grupo extraño. Cuando les dije que venías, todos se alegraron, pero cuando les pedí que ayudaran, ninguno lo hizo. Por lo tanto, dos de mis mejores amigos y yo hemos reunido un tael de plata para ti. No es suficiente para adquirir ninguna mercancía, pero al menos puedes comprar algo de fruta para comer a bordo. Nosotros nos encargaremos de tu comida.

Wen le agradeció mientras aceptaba la plata.

—Apresúrate y empaca —le pidió Zhang, poniéndose en marcha—. Partiremos de inmediato.

—No tengo nada que empacar —respondió Wen—. Estaré contigo inmediatamente.

Pesando la plata en su mano, la miró con una sonrisa.

—¿Qué podré conseguir con esto? —se preguntó.

Pero a medida que avanzaba, vio a los vendedores con cestas en las calles.

> *Rojo como las llamas que arden a lo lejos,*
> *Brillante como la estrella recién nacida;*
> *Antes de la escarcha qué pocos encuentras:*
> *Jugo aún agrio, corteza sin arrugas.*

乃是太湖中有一洞庭山，地暖土肥，与闽广无异，所以广橘、福橘播名天下，洞庭有一样橘树，绝与他相似，颜色正同，香气亦同，止是初出时味略少酸，后来熟了，却也甜美，比福橘之价，十分之一，名曰"洞庭红"。若虚看见了，便思想道："我一两银子买得百斤有余，在船可以解渴，又可分送一二，答众人助我之意。"买成装上竹篓，雇一闲的，并行李挑了下船。众人都拍手笑道："文先生宝货来也！"文若虚羞惭无地，只得吞声上船，再也不敢提起买橘的事。

开得船来，渐渐出了海口。只见银涛卷雪，雪浪翻银，湍转则日月似惊，浪动则星河如覆。三五日间，随风漂去，也不觉过了多少路程。忽至一个地方，舟中望去，人烟凑聚，城郭巍峨，晓得是到了甚么国都了。舟人把船

Mejores que las del granjero Li;
Su no tiene ninguna tan buena como estas;
Tan buenas como las frutas de la cálida Swatow,
Que ahora rivalizan con las de la famosa Fuzhou.

En las dos islas Dongting en el lago Taihu, el sol es tan cálido y la tierra tan fértil como en Fujian o Guangdong, donde crecen las mundialmente famosas mandarina de Shantou y Fuzhou. Las mandarinas de Dongting tienen el mismo color y la misma fragancia que ellas. Cuando acaban de madurar son un poco agrias, pero muy pronto se transforman en almíbar y su precio es una décima parte el de la fruta de Fuzhou. A estas mandarinas se llaman las Rojas de Dongting.

"Con un tael de plata puedo comprar aproximadamente 100 mandarinas", pensó Wen. "Saciarán mi sed en el barco y podré compartirlas con mis amigos para mostrarles mi agradecimiento por su amabilidad".

Así que compró las mandarinas, las hizo empaquetar en una caja de bambú y contrató a un hombre para que las llevara con su equipaje hasta el barco.

—¡Ahí viene la preciosa mercancía del señor Wen! —gritaron.

A pesar de quedar como un tonto, Wen se tragó su resentimiento y subió al barco. Después de este incidente, no se atrevió a mencionar las mandarinas. Muy pronto el navío zarpó y llegó a mar abierto, donde todo lo que se divisaban eran olas plateadas que levantaban espuma nevada y los reflejos flotantes del Sol, la Luna y las estrellas.

Navegaron contra el viento durante varios días —cuán lejos habían ido no podían decir—. Entonces avistaron tierra y vieron desde el barco una poblada ciudad de altísimas murallas, que asumieron

撑入藏风避浪的小港内，钉了桩橛，下了铁锚，缆好了。船中人多上岸，打一看，元来是来过的所在，名曰吉零国。元来这边中国货物拿到那边，一倍就有三倍价；换了那边货物，带到中国，也是如此。一往一回，却不便有八九倍利息！所以人都拚死走这条路。众人多是做过交易的，各有熟识经纪、歇家、通事人等，各自上岸找寻，发货去了。只留文若虚在船中看船，路径不熟，也无走处。

　　正闷坐间，猛可想起道："我那一篓红橘，自从到船中不曾开看，莫不人气蒸烂了？趁着众人不在，看看则个。"叫那水手在舱板底下翻将起来，打开了篓看时，面上多是好好的。放心不下，索性搬将出来，都摆在艎板上面。也是合该发迹，时来福凑，摆得满船红焰焰的，远远望来，就是万点火光，一天星斗。岸上走的人都拢将来问

debía ser la capital de algún país. Tras atracar en el puerto donde estarían a salvo de las tormentas, los marineros tensaron la cuerda de amarre, echaron el ancla y lo hicieron todo muy rápido. Luego, la mayor parte de la tripulación y los pasajeros bajaron a tierra y descubrieron que se trataba de Killah[1], donde algunos de ellos habían estado antes.

En este país, las mercancías chinas podían alcanzar el triple de su coste original, y lo mismo ocurría con las mercancías transportadas de aquí a China. Transportando mercancía de un país a otro se podían obtener ganancias ocho o nueve veces mayor al desembolso original, por lo que los mercaderes arriesgaban la vida para realizar este viaje. Todos los amigos de Wen habían comerciado aquí antes y sabían dónde encontrar agentes, alojamiento e intérpretes, así que bajaron a tierra para disponer de sus mercancías, dejando a Wen atrás para que vigilara el barco. De hecho, como no conocía el lugar, no tenía a dónde ir. Mientras estaba sentado sin hacer nada, se acordó de repente de sus mandarinas.

"No he abierto la caja en todo el viaje", pensó. "Puede que la fruta esté estropeada. Ahora que los demás se han ido, puedo echarle un vistazo".

Dicho esto le pidió a un marinero que sacara la caja de la bodega. Cuando la abrió, la fruta en la parte arriba parecía estar bien, pero para asegurarse, sacó todas las mandarinas y las esparció por la cubierta. Fue precisamente en este instante que su suerte comenzaría a cambiar.

Las mandarinas brillaban como el fuego en la cubierta del barco, parecían desde la distancia miles de puntos de fuego o el cielo en una noche estrellada. Cuando los nativos en la orilla vieron esto, se acercaron.

道:"是甚么好东西呀?"文若虚只不答应。看见中间有个把一点头的,拣了出来,掐破就吃。岸上看的一发多了,惊笑道:"元来是吃得的!"就中有个好事的,便来问价:"多少一个?"文若虚不省得他们说话,船上人却晓得,就扯个谎哄他,竖起一个指头,说:"要一钱一颗。"那问的人揭开长衣,露出那兜罗绵红裹肚来,一手摸出银钱一个来,道:"买一个尝尝。"文若虚接了银钱,手中等等看,约有两把重。心下想道:"不知这些银子,要买多少,也不见秤秤,且先把一个与他看样。"拣个大些的,红得可爱的,递一个上去。只见那个人接上手,撅了一撅道:"好东西呀!"扑的就劈开来,香气扑鼻,连旁边闻着的许多人,大家喝一声采。那买的不知好歹,看见船上吃法,也学他去了皮,却不分囊,一块塞在口里,甘水满咽喉,连核都不吐,吞下去了。哈哈大笑道:"妙哉!妙

—¿Qué son estas cosas tan bonitas? —preguntaron.

Wen no respondió. Había notado unas manchas blancas en una o dos de sus mandarinas, que ahora cogió, peló y comió. Mientras tanto, más gente se había reunido en la orilla.

—Oh, son para comer, ¿verdad? —exclamaron, riendo.

Entonces uno más emprendedor que el resto preguntó:

—¿Cuánto cuesta una?

Wen no entendía su idioma, pero un marinero que sí lo hacía levantó un dedo en señal de diversión, y dijo:

—¡Una moneda cada una!

De inmediato, el hombre que había preguntado el precio se desabrochó la túnica, dejando ver un cinturón de algodón rojo del que sacó una moneda de plata.

—Déjeme probar una —pidió.

Wen sopesó la moneda en su mano y calculó que valía aproximadamente un tael.

"¿Cuántas esperará que le dé por esta moneda?", se preguntó. "No parece que haya una balanza aquí. Le daré una primero para ver".

Escogió una mandarina grande, de un rojo precioso y se la dio. El comprador la tomó y la tocó con curiosidad.

—¡Qué belleza! —exclamó.

En cuanto la abrió, quedó impresionado por su fragancia y todos los que estaban cerca gritaron de admiración porque olía muy bien.

Este extranjero no sabía cómo comer una mandarina, pero le quitó la piel tal y como había visto hacer a Wen. Sin embargo, en lugar de dividirla en cuartos, se la metió entera en la boca, dejó que el dulce jugo bajara por su garganta y luego se tragó las pepitas de la fruta y todo.

哉！"又伸手到裹肚里，摸出十个银钱来，说："我要买十个进奉去。"文若虚喜出望外，拣十个与他去了。那看的人见那人如此买去了，也有买一个的，也有买两个三个的，都是一般银钱。买了的，都千欢万喜去了。元来彼国以银为钱，上有文采。有等龙凤文的最贵重，其次人物，又次禽兽，又次树木，最下通用的是水草，却都是银铸的，分两不异。适才买橘的都是一样水草纹的，他道是把下等钱买了好东西去了，所以欢喜。也只是要小便宜肚肠，与中国人一样。

须臾之间，三停里卖了二停。有的不带钱在身边的，老大懊悔，急忙取了钱转来。文若虚已此剩不多了，拿一个班道："而今要留着自家用，不卖了。"其人情愿再增一个钱，四个钱买了二颗。口中晓晓说："悔气！来得迟了。"旁边人见他增了价，就埋怨道："我每还要买个，如何把价钱增长了他的？"买的人道："你不听得他方才说，兀自不卖了。"

—¡Maravilloso! —exclamó, riendo a carcajadas y luego sacó otras diez monedas de plata de su cinturón—. Compraré otras diez para regalárselas al jefe.

Encantado con su inesperada suerte, Wen sacó otras diez mandarinas para él. Cuando los espectadores lo vieron se acercaron a comprar también. Algunos compraron una mandarina, otros dos o tres, pero todos pagaron con monedas de plata y se fueron encantados.

Los habitantes de este país utilizaban monedas de plata con diferentes diseños. Las que llevaban dragones y fénix se consideraban las más valiosas, luego las que tenían figuras humanas, animales y árboles, y por último las que tenían algas acuáticas. Sin embargo, todas eran de plata pura y pesaban lo mismo. El primer hombre que compró las mandarinas pagó con monedas con diseño de algas acuáticas, feliz de pensar que estaba comprando tan excelente mercancía a un precio tan razonable porque eran tan aficionados a hacer un buen negocio como los chinos.

En poco tiempo, se vendieron dos tercios de las mandarinas. Los que no habían traído dinero lamentaban amargamente su falta de previsión y se apresuraban a ir a casa a buscar algunas monedas. Por su parte, Wen, al ver que no le quedaba mucha fruta, decidió subir el precio.

—Me guardo el resto para mí —anunció—. No están a la venta.

Entonces alguien se ofreció a pagar el doble.

—Qué mala suerte, llegar tan tarde —refunfuñó, mientras compraba dos mandarinas por cuatro monedas.

Al ver esto, los demás se quejaron:

—Todavía queremos comprar. ¿Por qué dejas que suba el precio?

—¿No lo habéis oído? —interrogó el último cliente—. Dijo que no iba a vender.

正在议论间,只见首先买十个的那一个人,骑了一匹青骢马,飞也似奔到船边,下了马,分开人丛,对船上大喝道:"不要零卖!不要零卖!是有的俺多要买。俺家头目要买去进克汗哩!"看的人听见这话,便远远走开,站住了看。文若虚是伶俐的人,看见来势,已瞧科在眼里,晓得是个好主顾了。连忙把篓里尽数倾出来,止剩五十余颗,数了一数,又拿起班来说道:"适间讲过要留着自用,不得卖了。今肯加些价钱,再让几颗去罢!适间已卖出两个钱一颗了。"其人在马背上拖下一大囊,摸出钱来,另是一样树木纹的,说道:"如此钱一个罢了。"文若虚道:"不情愿,只照前样罢了。"那人笑了一笑,又把手去摸出一个龙凤纹的来道:"这样的一个如何?"文若虚又道:"不情愿,只要前样的。"那人又笑道:"此钱一个抵百个,料也没得与你,只是与你要。你不要俺这一个,却要那等的,是个傻子。你那东西,肯都与俺了,俺再加你一个那等的,也不打紧。"文若虚数了一数,有五十二颗,

Mientras discutían, llegó nada más y nada menos que el hombre que había comprado las primeras diez mandarinas. Se acercó al galope en un caballo gris, desmontó y se abrió paso entre la multitud.

—¡No las vendas de una en una! —gritó—. ¡No las vendas de una en una! Quiero comprar el lote. Nuestro jefe las quiere para enviárselas al khan.

Al oírlo, los demás se apartaron para observar desde una distancia respetuosa. Wen era muy listo y enseguida se percató de que se trataba de un buen cliente. Sacando apresuradamente todas las mandarinas de la caja, las contó y vió que quedaban poco más de cincuenta.

—Hace un momento dije que me las iba a quedar —declaró—. No quiero venderlas. Pero si paga un poco más, le dejaré unas cuantas más. Ahora las estoy vendiendo a dos monedas cada una.

Entonces el comprador tomó la alforja que descansaba en el lomo del caballo y sacó unas monedas con el diseño del árbol.

—¿Qué tal una de estas para cada una?

—No —respondió Wen—. Quiero la misma de antes.

El comprador sonrió y sacó otra moneda con el diseño del dragón y el fénix.

—¿Qué tal una de estas?

Pero de nuevo Wen respondió:

—No, quiero la misma de antes.

El hombre rió.

—Una de estas vale más de cien de las otras —le explicó—. En cualquier caso, no te las habría dado: solo estaba bromeando. Si prefieres las monedas de algas acuáticas a éstas, debes ser un tonto. Pero si me vendes toda tu fruta, estoy dispuesto a añadir otra pequeña moneda al precio.

准准的要了他一百五十六个水草银钱。那人连竹篓都要了,又丢了一个钱,把篓拴在马上,笑吟吟地一鞭去了。看的人见没得卖了,一哄而散。

文若虚见人散了,到舱里把一个钱秤一秤,有八钱七分多重。秤过数个,都是一般。总数一数,共有一千个差不多。把两个赏了船家,其余收拾在包里了,笑一声道:"那盲子好灵卦也!"欢喜不尽,只等同船人来对他说笑则个。

说话的,你说错了!那国里银子这样不值钱,如此做买卖,那久惯漂洋的带去多是绫罗缎匹,何不多卖了些银钱回来?一发百倍了。看官有所不知,那国里见了绫罗等物,都是以货交兑。我这里人也只是要他货物,才有利钱。若是卖他银钱时,他都把龙凤、人物的来交易,作了好价钱,分两也只得如此,反不便宜。如今是买吃口东西,他只认做把低钱交易,我却只管分两,所以得利了。说话的,你又说错了!依你说来,那航海的,何不只买吃

Wen contó sus mandarinas y descubrió que le quedaban cincuenta y dos y por ellas recibió ciento cincuenta y seis monedas de algas. Su cliente quiso también la caja de bambú y le lanzó otra pieza de plata por ella. Luego, aseguró la caja en su caballo, hizo sonar su látigo y se marchó alegremente. El resto de la multitud se dispersó al ver que no había nada más en venta.

Cuando se fueron, Wen se dirigió al camarote y pesó una de las monedas —era casi nueve céntimos de tael y las otras que pesó también—. En total, tenía unas mil monedas y después de darles dos a los marineros como propina, envolvió el resto.

—El adivino ciego tenía razón —se rió.

Wen esperó alegremente el regreso de los mercaderes para contarles la broma.

"¡Vaya, cuentacuentos, debes estar equivocado! Me parece que escucho a alguien decir esto. Si la plata allí era tan barata y hacían negocio así de fácil, ¿por qué los mercaderes que llevaban regularmente seda y brocado a ultramar no vendían sus productos por monedas de plata? Así habrían obtenido cien veces más ganancias".

No, lector, no lo has entendido. Los habitantes de ese país gustaban de intercambiar mercancías por seda y brocado. Nuestros mercaderes solo obtenían ganancias si aceptaban mercancías. Si vendían sus productos por dinero, la gente de Killah siempre utilizaba las monedas con imágenes de dragones y fénix o figuras humanas. Por ende, aunque el precio fuera bueno la plata no pesaba mucho. Por lo tanto, estas transacciones no eran rentables. Cuando Wen vendía sus mandarinas le pagaban con sus monedas de menor valor, pero como éstas pesaban lo mismo que las monedas de mayor valor, aún así obtenía ganancias.

"No, cuentacuentos, eso tampoco tiene sentido", puede argu-

口东西，只换他低钱，岂不有利？反着重本钱置他货物怎地？看官，又不是这话。也是此人偶然有此横财，带去着了手。若是有心第二遭再带去，三五日不遇巧，等得希烂。那文若虚运未通时，卖扇子就是榜样。扇子还放得起的，尚且如此，何况果品？是这样执一论不得的。

　　闲话休题。且说众人领了经纪主人到船发货，文若虚把上头事说了一遍。众人都惊喜道："造化！造化！我们同来，到是你没本钱的先得了手也。"张大便拍手道："人都道他倒运，而今想是运转了！"便对文若虚道："你这些银钱，此间置货，作价不多。除是转发在伙伴中，回他几百两中国货物，上去打换些土产珍奇，带转去有大利钱，也强如虚藏此银钱在身边，无个用处。"文若虚道："我是倒运的，将本求财，从无一遭不连本送的。今承诸公挈带，做此无本钱生意，偶然侥幸一番，真是天大造化了，如何还要生利钱，妄想甚么？万一如前再做折了，难道再有'洞庭红'这样好卖不成？"众人多道："我们用得着的是

mentar. "Si ese fuera el caso, ¿por qué los mercaderes no vendían las frutas por monedas de algas acuáticas y obtenían mayores ingresos? ¿Por qué habrían de invertir tanto capital en otras mercancías?".

Esta no es la forma de verlo, lector. El éxito de Wen fue pura casualidad. Si hubiera llevado fruta por segunda vez y no hubiera tenido tanta suerte, pasados tres o cuatro días sus mandarinas se habrían estropeado. Antes de que su suerte cambiara, sus abanicos se echaron a perder, pese a ser mucho menos perecederos que la fruta. No se puede pensar así. Sin embargo, dejemos este tema a un lado.

Después de que los mercaderes encontraran a sus agentes y compradores y regresaran a la embarcación para deshacerse de sus mercancías, Wen les contó lo sucedido.

—¡Qué suerte! —exclamaron, sorprendidos y encantados—. Así que el que no tenía capital ha sido el primero en obtener ganancias.

—Todo el mundo le llama Wen el Desdichado —afirmó Zhang, aplaudiendo—. Ahora es evidente que su suerte ha cambiado.

De inmediato se dirigió a Wen.

—Estas monedas no te comprarán muchos bienes aquí —le advirtió—. Lo mejor será que compres a tus amigos unos cientos de taels de productos chinos para cambiarlos por algunos productos locales exóticos que se venderán por mucho dinero una vez que lleguemos a casa. Eso sería mejor que quedarse con esta plata sin usarla.

—Nunca tengo suerte —le respondió Wen—. Cada vez que he intentado hacer negocios he perdido todo lo que he invertido. Ahora, gracias a tu amabilidad, he podido venir aquí y generar ganancias sin apenas tener capital. Nunca he tenido tanta suerte en mi vida. ¿Cómo me atrevería a tentar a la providencia tratando de ganar más dinero? Si volviera a fracasar como siempre, no podría conseguir de nuevo ingresos como estos con mis rojas de Dongting.

银子，有的是货物，彼此通融，大家有利，有何不可？"文若虚道："一年吃蛇咬，三年怕草索。说着货物，我就没胆气了。只是守了这些银钱回去罢。"众人齐拍手道："放着几倍利钱不取，可惜！可惜！"随同众人一齐上去，到了店家，交货明白，彼此兑换。约有半月光景，文若虚眼中看过了若干好东好西，他已自志得意满，不放在心上。

众人事体完了，一齐上船，烧了神福，吃了酒，开洋。行了数日，忽然间天变起来。但见：

乌云蔽日，黑浪掀天。蛇龙戏舞起长空，鱼鳖惊惺潜水底。艨艟泛泛，只如栖不定的数点寒鸦；岛屿浮浮，便似没不煞的几双水鹅。舟中是方扬的米簸，舷外是正熟的饭锅。总因风伯大无情，以致篙师多失色。

—Nos vendría bien más plata —declararon los mercaderes—. Y tenemos muchos productos con nosotros. ¿No podríamos hacer un trato que beneficie a ambas partes?

Pero Wen se mostró inflexible.

—El hombre mordido por la serpiente se estremece al ver una cuerda de paja tres años después —señaló—. La sola mención de la mercancía me hace sudar frío. Me llevaré esta plata de vuelta a casa.

Los demás aplaudieron con asombro.

—¡Qué lástima no multiplicar varias veces esos ingresos —exclamaron— cuando son tuyos para que te los lleves!".

Los mercaderes regresaron a la orilla una vez más para canjear sus bienes por productos nacionales en los almacenes.

Durante los próximos 15 días, Wen vio muchas cosas bonitas y se sintió satisfecho puesto que no deseaba nada más. Terminado el comercio de los mercaderes, embarcaron y, luego de ofrecer sacrificios a los dioses y brindar por el éxito de su viaje, levaron anclas.

Varios días después el cielo cambió.

Entonces las nubes oscuras ocultaron el Sol del mediodía y las olas blancas bañaron el cielo;

Los peces huyeron a las profundidades, los dragones se retorcieron en lo alto;

Como un cuervo arrastrado por la tormenta, contemplé el barco tambaleante,

Las mismas islas, tan asaltadas, apenas podían mantenerse a flote.

Los marineros, golpeados cual paja, ante la tempestad volaron;

El océano hervía en el cielo como la pócima de un mago.

El dios de la tormenta cacareó fuerte y prolongadamente para mostrar su terrible poder;

Los desventurados marineros se estremecieron y sus rostros se pintaron de blanco mortal.

那船上人见风起了，扯起半帆，不问东西南北，随风势漂去。隐隐望见一岛，便带住篷脚，只看着岛边使来。看看渐近，恰是一个无人的空岛。但见：

树木参天，草莱遍地。荒凉径界，无非些兔迹狐踪；坦迤土壤，料不是龙潭虎窟。混茫内，未识应归何国辖；开辟来，不知曾否有人登。

船上人把船后抛了铁锚，将桩橛泥犁上岸去，钉停当了，对舱里道："且安心坐一坐，侯风势则个。"那文若虚身边有了银子，恨不得插翅飞到家里，巴不得行路，却如此守风呆坐，心里焦燥。对众人道："我且上岸，去岛上望望则个。"众人道："一个荒岛，有何好看！"文若虚道："总是闲着，何碍？"众人都被风颠得头晕，个个是呵欠连天，不肯同去。文若虚便自一个抖擞精神，跳上岸来。只因此一去，有分交：千年败壳精灵显，一介穷神富贵

Cuando se desencadenó la tormenta, los marineros acortaron las velas y navegaron sin rumbo definido empujados por el viento hasta que divisaron una isla. Entonces, arreciaron las velas y se acercaron a tierra, pero al aproximarse vieron que estaba desierta.

Exuberantes árboles se erguían hasta tocar el cielo,
La hierba se abría paso por todas partes;
La selva no daba señales de vida, sino huellas de zorro y liebre.
¿Quién gobernaba este dominio desolado?
¿Era ésta la guarida de algún dragón?
¿O quién podría decir si el hombre mortal se había aventurado allí alguna vez?

Los marineros soltaron el ancla de hierro por la popa del barco y luego desembarcaron con sus estacas de amarre para sujetar la embarcación.

—Pueden descansar aquí —dijeron a los mercaderes— hasta que pase la tormenta.

Wen con su plata, que había deseado que le salieran alas para así poder regresar a casa volando y no navegando, ahora estaba doblemente impaciente mientras esperaban que el viento amainara.

—Voy a desembarcar para echar un vistazo a esta isla —comunicó a los demás.

—¿Qué hay que ver en una isla desierta? —preguntaron.

—Bueno, de cualquiera forma no hay nada que hacer a bordo tampoco —replicó.

Aún mareados por las sacudidas de la tormenta, sus amigos, que no paraban de bostezar, se negaron a acompañarlo. Wen, haciendo acopio de su resolución, saltó a la orilla. Justo entonces:

Una antigua concha transformó su destino, e hizo rico y grande a un pobre hombre.

来。若是说话的同年生、并时长，有个未卜先知的法儿，便双脚走不动，也挂个拐儿随他同去一番，也不枉的。

却说文若虚见众人不去，偏要发个狠，板藤附葛，直走到岛上绝顶。那岛也苦不甚高，不费甚大力，只是荒草蔓延，无好路径。到得上边打一看时，四望漫漫，身如一叶，不觉凄然，吊下泪来。心里道："想我如此聪明，一生命蹇，家业消亡，剩得只身。直到海外，虽然侥幸，有得千来个银钱在囊中，知他命里是我的不是我的？今在绝岛中间，未到实地，性命也还是与海龙王合着的哩！"正在感怆，只见望去远远草丛中一物突高。移步往前一看，却是床大一个败龟壳。大惊道："不信天下有如此大龟！世上人那里曾看见？说也不信的。我自到海外一番，不曾置得一件海外物事，今我带了此物去，也是一件希罕的东西，与人看看，省得空口说着，道是苏州人会调谎。又且一件，锯将开来，一盖一板，各置四足，便是两张床，却不奇怪？"遂脱下两只裹脚接了，穿在龟壳中间，打个扣儿，拖了便走。

Si yo hubiese estado allí, lector, y fuera capaz de predecir el futuro, aunque fuera cojo, habría ido detrás de él con una vara porque habría valido la pena. Pero nadie más tuvo esa suerte: todos sus amigos eran demasiado perezosos. Como nadie le acompañó, Wen intentó impresionar a sus amigos escalando al punto más elevado de la isla, ayudándose de las enredaderas para subir. La colina no era muy alta, así que no fue una subida demasiado extenuante pese a que no había camino alguno entre las hierbas. Cuando llegó a la cima y contempló el vasto océano que le rodeaba, se sintió tan desamparado como una hoja flotante y derramó tristes lágrimas.

"A pesar de mi astucia, la mala suerte me ha perseguido toda la vida", pensó. "Todos mis bienes se han esfumado por lo que he tenido que venir con las manos vacías a este viaje. Aunque por un golpe de suerte he ganado más de mil monedas de plata, solo el Cielo sabe si estoy destinado a disfrutarlas o no. Me encuentro en una isla desierta, no en tierra firme y mi seguridad aún depende del rey dragón del océano".

En medio de estas melancólicas reflexiones, su vista se posó en un extraño objeto que sobresalía de la hierba silvestre en la distancia. Al acercarse descubrió que se trataba de un caparazón de tortuga vacío tan grande como una cama.

"No sabía que existieran tortugas tan grandes como esta", se maravilló. "Juro que nadie ha visto jamás algo así y que nadie me creería si se lo contara. No he comprado nada desde que viajé al extranjero, pero si me llevo esto a casa como curiosidad y la gente lo ve, no podrán decir que todos los hombres de Suzhou son unos mentirosos. Además, si separara la parte superior de la inferior y le pusiera cuatro patas a cada mitad, haría dos camas".

Quitándose las perneras de tela, anudó y ató el caparazón para

走至船边，船里人见他这等模样，都笑道："文先生那里又跎了纤来？"文若虚道："好教列位得知，这就是我海外的货了。"众人抬头一看，却便似一张无柱有底的硬脚床，吃惊道："好大龟壳！你拖来何干？"文若虚道："也是罕见的，带了他去。"众人笑道："好货不置一件，要此何用！"有的道："也有用处。有甚么天大的疑心事，灼他一卦，只没有这样大龟药。"又有的道："医家要煎龟膏，拿去打碎了，煎起来，也当得几百个小龟壳。"文若虚道："不要管有用没用，只是希罕，又不费本钱，便带了回去。"当时叫个船上水手，一抬抬下舱来。初时山下空阔，还只如此；舱中看来，一发大了。若不是海船，也着不得这样狼犺东西。众人大家笑了一回，说道："到家时有人问，只说文先生做了偌大的乌龟买卖来了。"文若虚

arrastrarlo. Cuando se acercó a la orilla y sus amigos lo vieron arrastrando algo tras de sí, lo aclamaron entre risas.

—¿Eso que trae ahí es otro barco, señor Wen? —preguntaron.

—Esta es mi mercancía extranjera, quiero que lo sepan —respondió Wen.

Cuando levantaron la vista y vieron un objeto parecido a una cama de dos capas sin patas, quedaron asombrados.

—¡Qué enorme caparazón de tortuga! —exclamaron—. Pero, ¿para qué lo has traído hasta aquí?

—Es una curiosidad, —respondió Wen— y pensé en llevarlo conmigo.

—No compraste nada bueno —se rieron—. Ahora, ¿qué piensas hacer con esto?

—Sé lo que puede hacer con él —aseguró uno—. Si alguien tiene un problema realmente grave que resolver, puede utilizar este caparazón para la adivinación. El único inconveniente es que no hay hierbas lo suficientemente grandes para calentarlo.

—Cuando los médicos necesiten caparazón de tortuga para su ungüento, pueden romper este —propuso otro—. Es tan grande como cientos de caparazones pequeños juntos.

—No me importa si es útil o no —indicó Wen—. Es una rareza y no me ha costado nada así que me lo llevo a casa.

Inmediatamente después llamó a un marinero y, entre los dos, subieron el caparazón a bordo. Si a la intemperie le había parecido grande, ahora en la cubierta, parecía enorme. Si ese no fuera un barco marinero, un objeto tan grande como este no habría cabido. Los mercaderes rieron a carcajadas.

—Cuando lleguemos a casa y nos interroguen sobre nuestra carga, —añadió uno— les diremos que el señor Wen ha estado trafi-

道:"不要笑,我好歹有一个用处,决不是弃物。"随他众人取笑,文若虚只是得意,取些水来,内外洗一洗净,抹干了,却把自己钱包、行李都摁在龟壳里面,两头把绳一绊,却当了一个大皮箱子。自笑道:"兀的不眼前就有用起了?"众人都笑将起来,道:"好算计!好算计!文先生到底是个聪明人。"

当夜无词。次日风息了,开船一走。不数日,又到了一个去处,却是福建地方了。才住定了船,就有一伙惯伺侯接海客的小经纪牙人,攒将拢来。你说张家好,我说李家好,拉的拉,扯的扯,嚷个不住。海船上众人拣一个一向熟识的跟了去,其余的也就住了。

众人到了一个波斯胡大店中坐定。里面主人见说海客到了,连忙先发银子,唤厨户包办酒席几十桌,分付停当,然后踱将出来。这主人是个波斯国里人,姓个古怪姓,是玛瑙的"玛"字,叫名玛宝哈,专一与海客兑换珍宝货物,不知有多少万数本钱。众人走海过的,都是熟主熟客,只有文若虚不曾认得。抬眼看时,元来波斯胡住得

cando con tortugas de gran tamaño.

—¡No te rías! —replicó Wen—. Podré hacerla valer. Estoy convencido de que me será útil.

Sin prestarle atención a sus risas, buscó agua alegremente, lavó la concha por dentro y por fuera y la secó, luego puso su bolso y su equipaje dentro y ató los dos extremos de la concha que acabó transformándose en una suerte de baúl.

—¡Miren! —exclamó radiante—. Aquí tienen un uso inmediato.

—¡Bien hecho! ¡Bien hecho! —Rugieron de risa—. ¡Siempre hemos dicho que el señor Wen era una persona inteligente!

A la mañana siguiente el viento amainó y volvieron a zarpar. En pocos días, llegaron a la costa de la provincia Fujian. Nada más atracar, subió a bordo un grupo de agentes y corredores que se dedicaban a vigilar a los comerciantes de ultramar e inmediatamente se apoderaron de los mercaderes, gritando: "¡Vayan a ver al señor Zhang!" "¡Vayan con el señor Li!" Los agentes se marcharon después de que los mercaderes partieron a ver a su comerciante habitual.

Wen y sus amigos fueron a una gran tienda de un negociante persa donde se sentaron a esperar. Cuando el negociante se enteró de que habían llegado comerciantes del extranjero, se apresuró a darle dinero a sus cocineros y les ordenó que prepararan un banquete para docenas de hombres. Tras dar sus instrucciones, regresó a su establecimiento.

El hombre de negocios persa se apellidaba Ma y respondía al nombre de Baoha[2]. Ma solo trataba con mercaderes marítimos, a los que cambiaba productos chinos por sus exóticas mercancías. El capital del persa ascendía a cientos de miles de taels de plata. Todos los comerciantes que navegaban por los mares lo conocían muy bien. Únicamente Wen, de su grupo, no lo había visto nunca.

在中华久了，衣服言动都与中华不大分别，只是剃眉剪须，深目高鼻，有些古怪。出来见了众人，行宾主礼，坐定了。两杯茶罢，站起身来，请到一个大厅上，只见酒筵多完备了，且是摆得济楚。元来旧规，海船一到，主人家先折过这一番款待，然后发货讲价的。主人家手执着一付法浪菊花盘盏，拱一拱手道："请列位货单一看，好定坐席。"

看官，你道这是何意？元来波斯胡以利为重，只看货单上有奇珍异宝值得上万者，就送在先席，余者看货轻重，挨次坐去，不论年纪，不论尊卑，一向做下的规矩。船上众人，货物贵的贱的，多的少的，你知我知，各自心照，差不多领了酒杯，各自坐了。单单剩得文若虚一个，呆呆站在那里。主人道："这位老客长不曾会面，想是新出海外的，置货不多了。"众人大家说道："这是我们好朋友，到海外耍去的，身边有银子，却不曾肯置货。今日没奈何，只得屈他在末席坐了。"文若虚满面羞惭，坐了末位。主人坐在横头。饮酒中间，这一个说道我有猫儿眼多

Este persa llevaba muchos años en China y, a juzgar por su vestimenta y comportamiento, no se diferenciaba mucho de los chinos. Sin embargo, llevaba las cejas afeitadas y la barba recortada, mientras que sus ojos hundidos y su nariz respingada le daban un aspecto extraño. Ma salió a saludar a los comerciantes y se sentó a compartir con ellos. Luego, tras dos rondas de té, se levantó y les invitó a pasar a un gran salón donde había preparado un suculento banquete.

Era una costumbre antigua que, cuando los comerciantes llegaban del extranjero, sus vendedores los agasajaran antes de hablar de negocios y disponer de sus mercancías. Ahora, con una bandeja de cloisonné con diseño de crisantemos, su anfitrión hizo una reverencia.

—¿Puedo ver la factura de sus mercancías, señores? —preguntó—. Entonces podremos decidir cómo sentarnos.

¿Conoce la razón de este proceder, lector? El hecho es que este negociante persa valoraba el dinero por encima de todo. Cuando veía una factura de mercancías por valor de decenas de miles de taeles, le pedía al propietario de la preciosa carga ocupar el asiento de honor y sentaba a los demás según el valor de sus bienes, sin tener en cuenta la edad o la situación familiar. Por tanto, cada mercader del barco, conocedor de la cantidad y el valor de las mercancías de sus amigos, tomó su copa de vino y se sentó, dejando a Wen de pie.

—Nunca antes he conocido a este caballero —afirmó el persa—. Supongo que es nuevo en el oficio y no ha comprado mucha mercancía.

—Se trata de un buen amigo nuestro, que nos acompañó por el bien del viaje —respondieron—. Tiene dinero pero no ha invertido en ninguna mercancía, así que tendremos que pedirle que ocupe el asiento más bajo hoy.

Sonrojado por la vergüenza, Wen se sentó y Ma ocupó el lugar

少,那一个说我有祖母绿多少,你夸我逞。文若虚一发嘿嘿无言,自心里也微微有些懊悔道:"我前日该听他们劝,置些货物来的是。今枉有几百银子在囊中,说不得一句说话。"又自叹了口气道:"我原是一些本钱没有的,今已大幸,不可不知足。"自思自忖,无心发兴吃酒。众人却猜掌行令,吃得狼藉。主人是个积年,看出文若虚不快活的意思来,不好说破,虚劝了他几杯酒。众人都起身道:"酒勾了。天晚了,趁早上船去,明日发货罢!"别了主人去了。

　　主人撤了酒席,收拾睡了。明日起个清早,先走到海岸船边,来拜这伙客人。主人登舟,一眼瞅去,那舱里狼狼犹犹这件东西早先看见了,吃了一惊道:"这是那一位客人的宝货?昨日席上并不曾说起,莫不是不要卖的?"众人都笑指道:"此敝友文兄的宝货。"中有一人衬道:"又是

del anfitrión y el festín comenzó. Un mercader se jactó de la cantidad de ojos de gato que había comprado y otro de la cantidad de esmeraldas. Mientras ellos presumían y alardeaban, Wen no tenía nada que decir. Justo entonces, empezó a lamentar no haber seguido su consejo y haber comprado algunos bienes porque ahora, aunque tenía varios cientos de taeles de plata en su bolsa, no podía participar en la conversación.

"Aun así", pensó suspirando, "no tenía ningún capital para empezar. He tenido más que mi cuota de suerte, así que debería estar contento".

Ocupado en estas reflexiones, no tenía ganas de beber, sino que miraba mientras sus amigos jugaban y festejaban alegremente. Su anfitrión, un hombre experimentado, se percató de que Wen parecía infeliz, pero como no pudo llamar su atención se limitó a invitarle a beber una o dos copas de vino. Entonces, los mercaderes se aprestaron a marcharse.

—Ya hemos bebido suficiente vino y es tarde —dijeron—. Será mejor que volvamos al barco. Mañana le traeremos nuestra mercancía.

Los marineros se despidieron y su anfitrión, tras comprobar que la mesa estaba limpia, se fue a la cama.

A la mañana siguiente, temprano, el persa se dirigió al puerto para visitar a los mercaderes. Nada más subir al barco, lo primero que vio Ma fue el enorme objeto que ocupaba la cubierta. El persa lo contemplaba con asombro.

—¿A quién de ustedes pertenece esta preciosidad? —preguntó—. No lo mencionaron ayer en la cena. ¿No está en venta?

Los mercaderes se rieron y señalaron a Wen.

—Este tesoro le pertenece a nuestro amigo aquí presente —indicaron.

滞货。"主人看了文若虚一看,满面挣得通红,带了怒色,埋怨众人道:"我与诸公相处多年,如何恁地作弄我?教我得罪于新客,把一个末座屈了他,是何道理!"一把扯住文若虚,对众客道:"且慢发货!容我上岸,谢过罪着。"众人不知其故,有几个与文若虚相知些的,又有几个喜事的,觉得有些古怪,共十余人,赶了上来,重到店中,看是如何。只见主人拉了文若虚,把交椅整一整,不管众人好歹,纳他头一位坐下了,道:"适间得罪!得罪!且请坐一坐。"文若虚也心中镁铎,忖道:"不信此物是宝贝,这等造化不成?"

主人走了进去,须臾出来,又拱众人到先前吃酒去处,又早摆下几桌酒,为首一桌,比先更齐整。把盏向文若虚一揖,就对众人道:"此公正该坐头一席。你每枉自一船的货,也还赶他不来。先前失敬!失敬!"众人看见,又好笑,又好怪,半信不信的,一带儿坐下了。酒过三杯,

—Y parece que lo tendrá en sus manos durante algún tiempo —añadió uno.

El persa miró a Wen y se sonrojó de consternación y de ira.

—Después de todos estos años en los que hemos hecho negocios juntos, ¿cómo han podido jugarme esta mala pasada? —les reprochó a los comerciantes—. ¿Por qué me han hecho ofender a un nuevo cliente dándole el asiento más bajo?.

Luego, tomando a Wen por el brazo, dijo a los demás:

—Dejemos sus mercancías por el momento. Primero, debo bajar a tierra para disculparme con el señor Wen.

Los mercaderes se quedaron perplejos. Alrededor de una docena de ellos, que conocían bien a Wen o eran curiosos por naturaleza, siguieron a Ma hasta su tienda para ver qué pasaba. El comerciante hizo entrar a Wen, colocó la silla del centro en el lugar de honor e, ignorando a todos los demás, instó a Wen a sentarse.

—He sido muy negligente, —aseguró— muy negligente. Por favor, siéntese.

Wen estaba consumido por la curiosidad.

"¿Será el viejo caparazón de tortuga realmente valioso?", se preguntó. "¿Es posible que tenga tanta suerte?".

El persa los dejó, para volver enseguida e invitarlos a la sala donde habían festejado el día anterior. De nuevo encontraron varias mesas dispuestas, pero la principal era aún más suntuosa que la última vez. El comerciante persa brindó por Wen.

—Este caballero debió ocupar el puesto de honor —manifestó al resto— porque todos los demás bienes de su barco no son nada comparados con lo que él posee. He sido muy negligente, muy negligente.

Divertidos y curiosos, sin saber qué hacer, los mercaderes se

主人就开口道："敢问客长，适间此宝可肯卖否？"文若虚是个乖人，趁口答应道："只要有好价钱，为甚不卖？"那主人听得肯卖，不觉喜从天降，笑逐颜开，起身道："果然肯卖，但凭分忖价钱，不敢吝惜。"文若虚其实不知值多少：讨少了，怕不在行；讨多了，怕吃笑。忖了一忖，面红耳热，颠倒讨不出价钱来。张大便与文若虚丢个眼色，将手放在椅子背后，竖着三个指头，再把第二个指空中一撇，道："索性讨他这些！"文若虚摇头，竖一指道："这些我还讨不出口在这里。"却被主人看见道："果是多少价钱？"张大捣一个鬼道："依文先生手势，敢像要一万哩。"主人呵呵大笑道："这是不要卖，哄我而已。此等宝物，岂止此价钱？"众人见说，大家目睁口呆，都立起了

sentaron. Después de tres copas de vino, el persa fue al grano.

—¿Puedo preguntarle, señor, —dijo dirigiéndose a Wen— si este tesoro suyo está en venta?

Wen no era tonto.

—Si me ofrecen un buen precio por él, ¿por qué no? —respondió con prontitud.

Al escuchar estas palabras, el comerciante estuvo a punto de caer rendido de alegría.

Sonriendo, se levantó de su asiento.

—Diga usted el precio —le exhortó—. No encontrará en mí un ser mezquino.

Wen, por supuesto, no sabía cuánto valía el caparazón y temía dejar al descubierto su ignorancia si pedía muy poco o provocar la burla si pedía demasiado. Se lo pensó tanto, que le ardían las mejillas y las orejas, pero sin conseguir decir el precio. En ese momento, Zhang le guiñó un ojo y, poniendo la mano detrás de su silla donde su anfitrión no pudiera verla, levantó tres dedos e hizo un gesto con el segundo.

—Pide eso —susurró, queriendo decir tres mil taels.

Pero Wen negó con la cabeza y levantó un dedo.

—Incluso esto me parece demasiado —respondió en voz baja.

—¿A cuánto te refieres? —preguntó el persa, que había observado el intercambio.

—A juzgar por la señal que acaba de hacer —dijo Zhang bromeando—. Supongo que el señor Wen quiere decir diez mil taels.

El persa se rió con ganas.

—Debe querer decir que no quiere vender y que solo está bromeando conmigo —sentenció—. ¿Cómo puede valer tan poco un objeto tan precioso?

身来,扯文若虚去商议道:"造化!造化!想是值得多哩,我们实实不知如何定价。文先生不如开个大口,凭他还罢。"文若虚终是碍口说羞,待说又止。众人道:"不要不老气。"主人又催道:"实说说何妨?"文若虚只得讨了五万两。主人还摇头道:"罪过,罪过,没有此话!"扯着张大私问他道:"老客长们海外往来,不是一番了,人都叫你'张识货',岂有不知此物就里的?必是无心卖他,莫落小肆罢了。"张大道:"实不瞒你说,这个是我的好朋友,同了海外玩耍的,故此不曾置货。适间此物,乃是避风海岛,偶然得来,不是出价置办的,故此不识得价钱。若果有这五万与他,勾他富贵一生,他也心满意足了。"主人道:"如此说,要你做个大大保人,当有重谢!万万不可翻悔。"遂叫店小二拿出文房四宝来,主人家将一张供单绵料纸折了一折,拿笔递与张大道:"有烦老客长做主,写个

Cuando los mercaderes escucharon esto, se quedaron boquiabiertos. Levantándose de sus asientos sacaron a Wen fuera.

—¡Qué suerte! —exclamaron—. ¡Debe valer una fortuna! Pero no tenemos ni idea de qué precio pedir. Será mejor que digas una cifra exorbitante y dejes que la regatee.

Todavía Wen dudaba, avergonzado de hablar.

—Continúa. Continúa —le instaron sus amigos.

—Puedes hablar con franqueza —le aseguró el persa.

Entonces Wen pidió cincuenta mil taels. El comerciante, sin embargo, siguió negando con la cabeza.

—¡Demasiado poco! ¡Demasiado poco!" —protestó—. No puedo permitirlo.

Dicho esto, se llevó a Zhang aparte y habló con él en privado.

—Has hecho muchos viajes al extranjero, —le comentó— y todo el mundo te llama Zhang el Generoso, ¿es posible que no sepas lo que significa este caparazón? No puedes estar tomando en serio la venta, creo que más bien quieres burlarte de mí.

—Seré franco contigo —respondió Zhang—. Wen es un buen amigo mío, que nos acompañó en este viaje por placer, pero no hizo ninguna compra. Se encontró este caparazón por casualidad cuando la tormenta nos arrastró a una isla. Al no haber pagado por ella no tiene idea del precio. Si le das cincuenta mil taels por ella, podrá vivir con todo el lujo que quiera por el resto de su vida y quedará muy satisfecho.

—En ese caso, —dijo el persa— quiero que seas el garante. Haré que valga la pena. Pero debes prometer que no te retractarás de nuestro trato.

Acto seguido pidió a su ayudante que trajera pincel y tinta, dobló un trozo de papel resistente especialmente diseñado para los

合同文书，好成交易。"张大指着同来一人道："此位客人褚中颖写得好。"把纸笔让与他。褚客磨得墨浓，展好纸，提起笔来写道：

立合同议单张乘运等。今有苏州客人文实，海外带来大龟壳一个，投至波斯玛宝哈店，愿出银五万两买成。议定立契之后，一家交货，一家交银，各无翻悔。有翻悔者，罚契上加一。合同为照。

一样两纸，后边写了年月日，下写张乘运为头，一连把在坐客人十来个写去。褚中颖因自己执笔，写了落末。年月前边空行中间，将两纸凑着，写了骑缝一行，两边各半，乃是"合同议约"四字。下写客人文实，主人玛宝哈，各押了花押。单上有名，从后头写起。写到张乘运，

contratos y entregó un pincel a Zhang.

—Te voy a molestar con la redacción de un acuerdo para que podamos arreglar este negocio —subrayó.

Zhang señaló a otro comerciante.

—Este caballero, Chu Zhongying, escribe bien —comentó, pasándole el papel y el pincel.

Chu molió la tinta en la piedra de tinta, extendió el papel y tomando el pincel escribió lo siguiente:

MEMORANDO DE ACUERDO CON
ZHANG CHENGYUN Y SU CONTRAPARTE

El comerciante de Suzhou, Wen Shi, habiendo traído, llevado y transportado desde el extranjero un gran caparazón de tortuga, y Ma Baoha, el persa, habiendo acordado y pactado comprar dicho caparazón de tortuga por cincuenta mil taels de plata, consienten por la presente que después de la firma de este contrato una parte entregará la mercancía y la otra parte el dinero. Si alguna de las partes intenta retractarse, perderá una décima parte de la suma aquí acordada.

Esto se escribió por duplicado, luego se puso la fecha y todos los presentes firmaron como testigos. El nombre de Zhang encabezaba la lista y Chu, como escribano, firmaba en último lugar. Después se juntaron los dos documentos y se escribió la fecha y la palabra "contrato" sobre la unión de las dos hojas, de modo que la mitad de los caracteres aparecieran en cada una. Hecho esto, Wen y el negociante persa en calidad de firmantes principales sellaron el pacto seguidos por el resto de los presentes.

道："我们押字钱重些，这买卖才弄得成。"主人笑道："不敢轻！不敢轻！"

写毕，主人进内，先将银一箱抬出来道："我先交明白了用钱，还有说话。"众人攒将拢来。主人开箱，却是五十两一包，共总二十包，整整一千两，双手交与张乘运道："凭老客长收明，分与众位罢。"众人初然吃酒、写合同，大家撺哄鸟乱，心下还有些不信的意思，如今见他拿出精晃晃白银来做用钱，方知是实。文若虚恰象梦里醉里，话都说不出来，呆呆地看。张大扯他一把道："这用钱如何分散，也要文兄主张。"文若虚方说一句道："且完了正事慢处。"只见主人笑嘻嘻的对文若虚说道："有一事要与客长商议。价银现在里面阁儿上，都是向来兑过的，一毫不少。只消请客长一两位进去，将一包过一过目，兑一

—La tarifa de nuestros intermediarios no debe ser baja —apuntó Zhang cuando llegó su turno—. No si quieres que el asunto salga bien.

—No tiene que preocuparse por eso —respondió el hombre de negocios persa con una sonrisa.

Una vez terminada la firma, el comerciante sacó un cofre con plata de una habitación interior.

—Permítanme pagar primero los honorarios de los intermediarios —sugirió— antes de pasar a lo que tengo que decir.

Los mercaderes se reunieron cuando abrió el cofre para mostrar los paquetes de plata que había en su interior. En total había veinte paquetes, cada uno de los cuales contenía cincuenta taels de plata, lo que hacía un total de mil taels. El persa presentó el cofre con ambas manos a Zhang.

—Podrían repartirse la plata mientras están todos aquí —sugirió.

El banquete y el contrato habían tomado a los mercaderes tan de sorpresa que dudaban de la autenticidad de la transacción. Sin embargo, ahora que el persa había sacado aquella reluciente plata blanca para cubrir el pago de la tarifa del intermediario se dieron cuenta de que iba en serio. Wen se sentía embriagado o como si estuviera soñando, incapaz de pronunciar palabra alguna. Así estuvo ensimismado hasta que Zhang le tiró de la manga.

—¿Cómo la vamos a repartir? —preguntó su amigo—. Eso lo tienes que decidir tú.

—Terminemos primero con el asunto principal —respondió Wen.

—De eso precisamente quiero hablarle —dijo el persa, esbozando una amplia sonrisa—. La plata está en una habitación interior, ya ha sido pesada y no falta ni un céntimo. Si uno o dos de ustedes

兑为谁,其余多不消兑得。却又一说:此银数不少,搬动也不是一时功夫,况且文客官是个单身,如何好将下船去?又要泛海回还,有许多不便处。"文若虚想了一想道:"见教得极是!而今却待怎样?"主人道:"依着愚见,文客官目下回去未得。小弟此间有一个缎匹铺,有本三千两在内。其前后大小厅屋楼房,共百余间,也是个大所在,价值二千两,离此半里之地。愚见就把本店货物及房屋文契,作了五千两,尽行交与文客官,就留文客官在此住下了,做此生意。其银也做几遭搬了过去,不知不觉。日后文客官要回去,这里可以托心腹伙计看守,便可轻身往来。不然,小店交出不难,文客官收贮却难也。愚意如此。"说了一遍,说得文若虚与张大跌足道:"果然是客纲客纪,句句有理。"文若虚道:"我家里元无家小,况且家业已尽了,就带了许多银子回去,没处安顿。依了此说,我就在这里立起个家缘来,有何不可?此番造化,一缘一会,都是上天作成的,只索随缘做去。便是货物房产价钱

entran y pesan un paquete, no tendrán que pesar el resto. Sin embargo, cincuenta mil taels es mucho dinero y no se puede transportar todo de una vez. Además, señor Wen, usted no tiene familia aquí y tampoco puede llevarse toda esa plata al extranjero. Si lleva tanta plata a casa será un gran inconveniente".

—Tiene razón —reconoció Wen luego de pensarlo un momento—. ¿Qué sugiere entonces?

—En mi humilde opinión, —comenzó diciendo el persa— es mejor que no se vaya a casa todavía. Tengo una tienda de seda en la que he invertido tres mil taels de plata. Es un establecimiento bastante grande que consta de más de cien habitaciones y las instalaciones están valoradas en otros dos mil taels. Esta tienda está a centenares de metros de aquí. He estado pensando en traspasar la tienda y el terreno donde se encuentra, que están valorados en cinco mil taeles, al señor Wen. De esta forma, se puede quedar aquí y hacerse cargo del negocio y yo transferir la plata en varios lotes a su tienda sin llamar demasiado la atención. Posteriormente, si el señor Wen desea regresar a Suzhou, puede dejarle encargada la tienda a un asistente de confianza y viajar con tranquilidad. De lo contrario, aunque para mí es muy fácil entregarle la plata, al señor Wen le será muy difícil disponer de ella. Esto es solo una sugerencia.

—¡Es una excelente propuesta! —exclamaron Zhang y Wen, mostrando su aprobación dando una patada en el suelo—. Hizo bien en recomendarlo.

"No tengo esposa ni familia esperándome en casa", pensaba Wen, "y mi patrimonio no existe. Si me llevara toda esa plata, no tendría dónde guardarla. ¿Por qué no seguir su consejo y establecerme aquí? Tal suerte está ordenada por el Cielo en cualquier caso, así que será mejor que acepte lo que propone. Aunque la tienda y los bienes

未必有五千，总是落得的。"便对主人说："适间所言，诚是万全之算，小弟无不从命。"

主人便领文若虚进去阁上看，又叫张、褚二人："一同来看看。其余列位不必了，请略坐一坐。"他四人进去。众人不进去的，个个伸头缩颈，你三我四，说道："有此异事！有此造化！早知这样，懊悔岛边泊船时节，也不去走走，或者还有宝贝也不见得！"有的道："这是天大的福气，撞将来的，如何强得！"正欣羡间，文若虚已同张、褚二客出来了。众人都问："进去如何了？"张大道："里边高阁，是个土库，放银两的所在，都是桶子盛着。适间进去，看了十个大桶，每桶四千；又五个小匣，每个一千。共是四万五千。已将文兄的封皮记号封好了，只等交了货，就是文兄的了。"主人出来道："房屋文书，缎匹帐目，俱已在此，凑足五万之数了。且到船上取货去。"一拥都到海船来。

文若虚于路对众人说："船上人多，切勿明言。小弟自

no valgan cinco mil taels, me los está regalando prácticamente".

—Su consejo es muy sabio —le dijo al persa—. Estoy absolutamente de acuerdo.

Entonces el persa les pidió a Wen, Zhang y Chu que le acompañaran a una habitación interior.

—No hay necesidad de que se molesten —comunicó a los demás—. Por favor, siéntense.

Cuando los cuatro hombres entraron, los mercaderes que quedaron atrás estallaron en exclamaciones de asombro y envidia.

—¡Qué hecho tan extraordinario! ¡Qué golpe de suerte! Si lo hubiéramos sabido, —comentó uno— habríamos desembarcado también cuando atracamos junto a esa isla. ¡Quizás hubiéramos encontrado otros tesoros!

—No, esa suerte la manda el Cielo —sentenció otro—. No puedes hacer que ocurran esas cosas.

Wen, Zhang y Chu regresaron al momento.

—¿Qué hay allí? —preguntaron los mercaderes.

—Un pabellón donde se almacena la plata en barriles —respondió Zhang—. Acabamos de ver diez barriles, cada uno con cuatro mil taels y cinco cofres, cada uno con mil taels. Eso hace un total de cuarenta y cinco mil taels. La carga ha sido sellada con un papel que lleva el nombre del señor Wen y después de la entrega de su caparazón de tortuga será suya.

Entonces entró el persa.

—Aquí tengo las escrituras de la propiedad y las cuentas de la sedería —explicó—. Como verá, esto completa los cincuenta mil taels. Vayamos ahora al barco a buscar la mercancía.

Mientras caminaban juntos hacia el barco, Wen advirtió a los demás:

有厚报。"众人也只怕船上人知道，要分了用钱去，各各心照。文若虚到了船上，先向龟壳中把自己包裹被囊取出了。手摸一摸壳，口里暗道："侥幸！侥幸！"主人便叫店内后生二人来抬此壳，分付道："好生抬进去，不要放在外边。"船上人见抬了此壳去，便道："这个滞货也脱手了，不知卖了多少？"文若虚只不做声，一手提了包裹，往岸上就走。这起初同上来的几个，又赶到岸上，将龟壳从头到尾细看了一遍，又向壳内张了一张，捞了一捞，面面相觑道："好处在那里？"

主人仍拉了这十来个一同上去。到店里，说道："而今且同文客官看了房屋铺面来。"众人与主人一同走到一处，正是闹市中间，一所好大房子。门前正中是个铺子。旁有一衖，走进转个湾，是两扇大石板门。门内大天井，上面一所大厅，厅上有一匾，题曰"来琛堂"。堂旁有两楹侧屋，屋内三面有橱，橱内都是绫罗各色缎匹。以后内

—Hay demasiada gente en el barco. Les pagaré bien si no dicen una sola palabra sobre el trato.

Los compañeros de Wen también temían que si todos los mercaderes a bordo se enteraban de lo sucedido, exigirían parte de los honorarios, por lo que acordaron no decir nada. Al llegar al navío, Wen sacó sus pertenencias del interior del caparazón, acariciándolo mientras se felicitaba por su suerte.

Entonces el persa ordenó a dos jóvenes de su tienda que se llevaran el caparazón.

—Llévenlo directamente adentro —les advirtió—. No lo dejen afuera de la casa.

Cuando los hombres que estaban en la embarcación vieron que se llevaban la concha, comentaron:

—Así que hasta esta basura la han vendido. Me pregunto cuánto le habrán dado por ella.

Wen, sin embargo, guardó silencio mientras llevaba su equipaje a tierra. Los que le habían acompañado la primera vez también se apresuraron a bajar a la orilla para examinar el caparazón con detenimiento, mirando en su interior y palpándolo por todas partes. Luego intercambiaron miradas desconcertadas.

—¿Qué tiene esto de maravilloso? —preguntaron.

Luego de invitarles a su tienda, el persa les propuso visitar la nueva propiedad del señor Wen. Todos se dirigieron al centro del barrio comercial, donde vieron una edificación imponente y bonita. Al frente estaba la tienda y al lado había un callejón que llevaba a una enorme puerta de piedra. Dentro había un gran patio y un gran salón en el que colgaba un cartel con la inscripción Salón del Advenimiento de las Joyas. Este salón estaba flanqueado por habitaciones llenas de armarios y estanterías que contenían toda clase de sedas y

房，楼房甚多。文若虚暗道："得此为住居，王侯之家不过如此矣！况又有缎铺营生，利息无尽，便做了这里客人罢了，还思想家里做甚！"就对主人道："好却好，只是小弟是个孤身，毕竟还要寻几房使唤的人才住得。"主人道："这个不难，都在小店身上。"

文若虚满心欢喜，同众人走归本店来。主人讨茶来吃了，说道："文客官今晚不消船里，就在铺中住下了。使唤的人，铺中现有，逐渐再讨便是。"众客人多道："交易事已成，不必说了。只是我们毕竟有些疑心：此壳有何好处，值价如此？还要主人见教一个明白。"文若虚道："正是，正是。"主人笑道："诸公枉了海上走了多遭，这些也不识得。列位岂不闻说龙有九子乎？内有一种是鼍龙，其皮可以幔鼓，声闻百里，所以谓之鼍鼓。鼍龙万岁，到底蜕下此壳成龙。此壳有二十四肋，按天上二十四气。每肋

brocados. En tanto, detrás del edificio principal había muchas otras habitaciones y pabellones.

"¡Una casa como esta es tan digna como la mansión de un príncipe!", pensó Wen. "Y con esta tienda de seda mis ganancias no deberían tener fin. Puedo establecerme aquí perfectamente. ¿Por qué querría volver a casa?".

—Esto está muy bien —le dijo a Ma—. Pero estoy solo. Tendré que buscar sirvientes y ayudantes antes de poder mudarme.

—Eso no es nada que no se pueda resolver —señaló el persa—. Puedo proporcionarle todo el personal que necesite.

Alborozado, Wen regresó con los demás a la tienda del persa, donde el comerciante les ofreció té.

—No es necesario que vuelva al barco esta noche, señor Wen —manifestó el persa—. Es mejor que se traslade directamente a sus nuevas dependencias. Ya tiene ayudantes y sirvientes en su tienda, cuyo número puede aumentar gradualmente.

—Ahora que el trato se ha llevado a feliz término —dijo uno de los comerciantes—. Realmente no hay nada más que decir. Pero hay una cosa que nos gustaría saber: ¿por qué el caparazón es tan valioso? ¿Podemos pedirle que nos ilumine?

Wen se hizo eco de la petición también.

—Es extraño que ustedes, caballeros, hayan cruzado los mares tantas veces y, sin embargo, no lo saben —rió el persa—. ¿No han oído que el dragón tiene nueve hijos, uno de los cuales es el Dragón de Tuo? Si usas su piel para hacer un tambor, el sonido puede escucharse a decenas de kilómetros de distancia y se llama tambor Tuo. Después de diez mil años, el Dragón Tuo abandona su caparazón y se convierte en un dragón propiamente dicho. Su caparazón tiene veinticuatro costillas que corresponden a los veinticuatro festiva-

中间节内有大珠一颗。若是肋未完全时节，成不得龙，蜕不得壳。也有生捉得他来，只好将皮幔鼓，其肋中也未有东西。直待二十四肋肋肋完全，节节珠满，然后蜕了此壳，变龙而去。故此是天然蜕下，气候俱到，肋节俱完的，与生擒活捉、寿数未满的不同，所以有如此之大。这个东西，我们肚中虽晓得，知他几时蜕下？又在何处地方守得他着？壳不值钱，其珠皆有夜光，乃无价宝也！今天幸遇巧，得之无心耳。"

众人听罢，似信不信。只见主人走将进去了一会，笑嘻嘻的走出来，袖中取出一西洋布的包来，说道："请诸公看看。"解开来，只见一团绵裹着寸许大一颗夜明珠，光彩夺目。讨个黑漆的盘，放在暗处，其珠滚一个不定，闪闪烁烁，约有尺余亮处。众人看了，惊得目睁口呆，伸了舌头，收不进来。主人回身转来，对众逐个致谢道："多蒙列位作成了。只这一颗，拿到咱国中，就值方才的价钱

les del año y, en la articulación de cada costilla, hay una gran perla. Antes de que las costillas estén completamente formadas, no puede desprenderse de su caparazón ni convertirse en dragón. Si se le atrapa antes, solo podrá disponer de su piel porque no encontrará nada dentro de las costillas. Pero cuando las veinticuatro costillas están completas con una perla en cada una de ellas, se transforma en dragón y vuela, dejando atrás el caparazón. Este caparazón del señor Wen fue desechado en la estación adecuada y las costillas están completas, por lo que es mucho más grande que los caparazones de los dragones Tuo encontrados antes de la metamorfosis. Aunque sabemos que tal cosa existe, ¿quién puede saber cuándo o dónde el dragón desechará su caparazón? La concha en sí no tiene valor, pero las perlas, que brillan por la noche, no tienen precio. Es pura suerte que esto haya llegado a mis manos hoy.

Pese a escuchar atentamente el relato, los mercaderes no conseguían superar su incredulidad. Entonces, el persa se dirigió a una habitación interior, donde permaneció un corto tiempo, para reaparecer sonriendo.

—Señores —llamó, sacando de su manga un envoltorio de tela extranjera—. ¡Miren esto!

Cuando deshizo el envoltorio, en un nido de hilos vieron una perla de brillo deslumbrante, de unos dos centímetros de diámetro. El persa puso la perla en una bandeja de laca negra que colocó en un lugar oscuro. Acto seguido, la perla empezó a rodar de un lado a otro sin parar, emitiendo rayos de luz de un pie de largo. Entonces, el anfitrión se dirigió a los mercaderes, que se quedaron boquiabiertos.

—Estoy en deuda con todos ustedes por su ayuda —declaró—. En mi país, solamente esta perla vale lo que he pagado por la concha. Eso significa que las restantes veintitrés son un regalo que ama-

了。其余多是尊惠。"众人个个心惊，却是说过的话，又不好翻悔得。主人见众人有些变色，收了珠子，急急走到里边，又叫抬出一个缎箱来。除了文若虚，每人送与缎子二端，说道："烦劳了列位，做两件道袍穿穿，也见小肆中薄意。"袖中摸出细珠十数串，每送一串道："轻鲜，轻鲜，备归途一茶罢了。"文若虚处另是粗些的珠子四串，缎子八匹，道是权且做几件衣服。文若虚同众人欢喜作谢了。

　　主人就同众人送了文若虚到缎铺中，叫铺里伙计后生们都来相见，说道："今番是此位主人了。"主人自别了去，道："再到小店中去去来。"只见须臾间，数十个脚夫拉了好些杠来，把先前文若虚封记的十桶五匣都发来了。文若虚搬在一个深密谨慎的卧房里头去处，出来对众人道："多承列位挚带，有此一套意外富贵，感谢不尽。"走进去把自家包裹内所卖洞庭红的银钱倒将出来，每人送他

blemente me han hecho.

Todos estaban extasiados. Sin embargo, habían firmado un acuerdo y no podían faltar a su palabra. Cuando el persa vio su consternación, se apresuró a guardar la perla y volvió a salir de la habitación para ordenar a sus sirvientes que trajeran una caja de brocados. A todos, excepto a Wen, les dio dos retazos de brocado a cada uno.

—Los he hecho pasar por una gran cantidad de problemas —explicó—. Me gustaría expresarles mi agradecimiento con estos retazos para que se hagan un par de túnicas.

Luego sacó de su manga más de una docena de pequeñas perlas y le dio una sarta a cada uno.

—Este es un pequeño regalo para que disfruten de un refrigerio ligero —acotó.

A Wen, el persa le dio cuatro sartas de perlas más grandes y ocho retazos de brocado. Wen y los mercaderes se alegraron y le dieron las gracias. A continuación, el persa y los mercaderes acompañaron a Wen a su tienda de seda, donde todos los ayudantes y aprendices habían sido convocados para presentarles a su nuevo maestro. Después de esto, Ma se despidió y volvió a su establecimiento. Al poco tiempo llegaron varias docenas de porteadores que llevaban los diez barriles y los cinco cofres de plata marcados con el sello de Wen. Una vez puestos a buen recaudo en un lugar seguro en su habitación, Wen se reunió con los mercaderes.

—Estoy profundamente en deuda con todos ustedes por haberme llevado a este viaje —les dijo—. Sin su ayuda nunca habría tenido esta inesperada suerte.

Inmediatamente después, fue a una habitación interior, sacó de su equipaje la plata que había recibido por la venta de las mandarinas y le dio diez monedas a cada uno de los mercaderes, incluido Zhang

十个,止有张大与先前出银助他的两三个,分外又是十个,道:"聊表谢意。"

此时文若虚把这些银钱看得不在眼里了,众人却是快活,称谢不尽。文若虚又拿出几十个来,对张大说:"有烦老兄将此分与船上同行的人,每位一个,聊当一茶。小弟在此间,有了头绪,慢慢到本乡来。此时不得同行,就此为别了。"张大道:"还有一千两用钱未曾分得,却是如何?须得文兄分开,方没得说。"文若虚道:"这到忘了。"就与众人商议,将一百两散与船上众人,余九百两照现在人数另外添出两股,派了股数,各得一股;张大为头的,褚中颖执笔的,多分一股。众人千欢万喜,没有说话。内中一人道:"只是便宜了这回回!文先生还该起个风,要他些不敷才是。"文若虚道:"不要不知足,看我一个倒运汉,做着便折本的,造化到来,平空地有此一主财爻。可见人生分定,不必强求。我们若非这主人识货,也只当得废物罢了。还亏他指点晓得,如何还好昧心争论?"众人都道:"文先生说得是。存心忠厚,所以

y los dos amigos que le habían ayudado con dinero al principio del viaje. A estas alturas, estas monedas de plata significaban muy poco para Wen, pero los mercaderes estaban encantados de tenerlas y le daban las gracias una y otra vez. Entonces, Wen sacó unas cuantas docenas de monedas más.

—Te pido que las repartas entre nuestros compañeros de viaje en el barco —señaló—. Dales una de mi parte a cada uno. Cuando me haya asentado, pienso regresar a casa. Pero como no voy a ir con ustedes ahora, me despido por el momento.

—Aún quedan por repartir los mil taels de los intermediarios —le recordó Zhang—. Tendrás que hacerlo para evitar una pelea.

Wen admitió que había olvidado este asunto. Tras discutirlo con los demás, entregó cien taels al resto de los hombres en el barco, repartió los novecientos restantes entre los presentes, pero le dio una parte extra a Zhang, quien había tomado la iniciativa en el asunto, y a Chu, por haber redactado el contrato. Luego, plenamente satisfechos, todos le dieron las gracias de corazón.

—Pero dejamos que ese mahometano se saliera con la suya fácilmente —afirmó uno de los mercaderes—. El señor Wen debería haber subido el precio y exigir más.

—No se puede ser tan avaricioso —respondió Wen—. Tuve una larga racha de mala suerte en la que, intentara lo que intentara, perdía mi capital. Ahora la fortuna me ha sonreído y me ha regalado esta riqueza de forma inesperada. Esto demuestra que todo es cuestión del destino y que es inútil esforzarse por conseguir más de lo que el Cielo nos da. Si el persa no hubiera reconocido el caparazón como un tesoro, no habría tenido ningún valor para nosotros. Estamos en deuda con él por haberlo hecho. ¿Cómo podría ser tan ingrato como para discutir el precio con él?

该有此富贵。"大家千恩万谢，各各赍了所得东西，自到舡上发货。

从此，文若虚做了闽中一个富商，就在那里取了妻小，立起家业。数年之间，才到苏州走一遭，会会旧相识，依旧去了。至今子孙繁衍，家道殷富不绝。正是：

运退黄金失色，时来顽铁生辉。

莫与痴人说梦，思量海外寻龟。

—El señor Wen tiene razón —coincidieron los demás mercaderes—. De hecho, la fortuna que ha recibido es una recompensa a su virtud.

Tras expresar profusamente su agradecimiento, los mercaderes regresaron al barco con sus diversos regalos para seguir con sus negocios.

De esta forma, Wen se convirtió en un rico comerciante de Fujian, donde se casó y se estableció. Pasaron muchos años antes de que pudiera regresar a Suzhou a visitar a sus viejos amigos. Wen tuvo muchos hijos y nietos y hoy en día su familia sigue siendo rica.

El oro fino perderá su brillo cuando la fortuna frunza el ceño,

El hierro áspero brillará como el oro cuando la fortuna sonría;

Pero no permitan que los tontos que escuchen un cuento como este vayan a buscar caparazones de dragones a islas remotas.

刘东山夸技顺城门
十八兄奇踪村酒肆

LA HISTORIA DEL FANFARRÓN

弱为强所制，不在形巨细。

蝍蛆带是甘，何曾有长喙？

话说天地间，有一物，必有一制，夸不得高，恃不得强。这首诗所言"蝍蛆"是甚么？就是那赤足蜈蚣，俗名百脚，又名百足之虫。这"带"又是甚么？是那大蛇，其形似带一般，故此得名。岭南多大蛇，长数十丈，专要害人。那边地方里居民，家家蓄养蜈蚣，有长尺余者，多放在枕畔或枕中。若有蛇至，蜈蚣便啧啧作声，放他出来，他鞠起腰来，首尾着力一跳，有一丈来高，便搭住在大蛇七寸内，用那铁钩也似一对钳来钳住了，吸他精血，至死方休。这数十丈长、斗来大的东西，反缠死在尺把长、指头大的东西手里，所以古语道"蝍蛆甘带"，盖谓此也。

汉武帝延和三年，西胡月支国献猛兽一头，形如五六十日新生的小狗，不过比狸猫般大，拖一个黄尾儿。那国使抱在手里，进门来献。武帝见他生得猥琐，笑道："此小物，何谓猛兽？"使者对曰："夫威加于百禽者，不必计其大小。是以神麟为巨象之王，凤凰为大鹏之宗，亦不在巨细也。"武帝不信，乃对使者说："试叫他发声来朕听。"

No es solo el tamaño de una criatura lo que la hace débil o fuerte;
Un ciempiés puede matar a una serpiente, pese a no ser tan largo.

Puesto que todas las criaturas en el mundo tienen rival, ninguna debe presumir de su tamaño o fuerza. En el Sur de China hay pitones enormes, de cientos de pies de largo, que se alimentan de carne humana. De ahí que todos los nativos de la zona tengan ciempiés, el mayor de ellos de más de un pie de longitud, encerrados dentro o al lado de sus almohadas duras y huecas porque cuando se acerca una pitón, el ciempiés emite un sonido áspero y estridente y, una vez que se suelta, arquea la espalda y salta tres metros para aferrarse al cuello de la gran serpiente como una mordaza y chupar su sangre vital hasta que la mata. Así, un monstruo de cientos de pies de largo y grueso como un barril muere víctima de una criatura de un pie de largo y no más gruesa que un dedo. Como reza el antiguo dicho: Un ciempiés puede matar a una pitón.

O bien, preste atención a la siguiente historia. En el tercer año del periodo Zhenghe de la dinastía Han (90 a.C.), un rey de los Massagetae en el Oeste obsequió al emperador Wu una bestia salvaje. Tenía una cola amarilla y era algo así como un cachorro de dos meses del tamaño de un gato salvaje. Cuando el enviado llevó el animal para obsequiarlo y el emperador vio su aspecto enclenque, se carcajeó.

—¿Llamas a esto una bestia salvaje? —preguntó—. Déjame escuchar su ladrido.

使者乃将手一指，此兽舐唇摇首一会，猛发一声，便如平地上起一个霹雳，两目闪烁，放出两道电光来。武帝登时颠出亢金椅子，急掩两耳，颤一个不住。侍立左右及羽林摆立仗下军士，手中所拿的东西，悉皆震落。武帝不悦，即传旨意，教把此兽付上林苑中，待群虎食之。上林苑令遵旨，只见拿到虎圈边放下，群虎一见，皆缩做一堆，双膝跪倒。上林苑令奏闻，武帝愈怒，要杀此兽。明日，连使者与猛兽皆不见了。猛悍到了虎豹，却乃怕此小物，所以人之膂力强弱，智术长短，没个限数。正是：

　　强中更有强中手，莫向人前夸大口。

　　唐时有一个举子，不记姓名地方。他生得膂力过人，武艺出众，一生豪侠好义，真正路见不平，拔刀相助。他进京会试，不带仆从，恃着一身本事，鞴着一匹好马，腰束弓箭短剑，一鞭独行，一路收拾些雉兔野味，到店肆中宿歇，便安排下酒。

　　一日，在山东路上，马跑得快了，赶过了宿头。至一村庄，天已昏黑，自度不可前进。只见一家人家开门在那里，灯光射将出来。举子下了马，一手牵着，挨近看时，只见进了门，便是一大空地，空地上有三四块太湖石叠着，正中有三间正房，有两间厢房，一老婆子坐在中间绩

El enviado levantó un dedo, con lo que la bestia se lamió las carrilleras, sacudió la cabeza y soltó un rugido como un trueno, con los ojos centelleando. El emperador se cayó de su trono de oro, mientras que su servidumbre y sus guardias imperiales cayeron de rodillas, dejando caer al suelo todas las armas que tenían en las manos. Muy molesto, el emperador Wu ordenó que la bestia fuera llevada al parque imperial y arrojada a los tigres. El guardián del parque la llevó allí y la dejó junto a la guarida de los tigres. Pero cuando los tigres la vieron, retrocedieron temerosos y cayeron de rodillas ante ella. Cuando el guardián informó de ello, el emperador se enfadó más que nunca y juró que mataría a la bestia. Al día siguiente, sin embargo, tanto el enviado como la bestia habían desaparecido.

En cuanto a los hombres, no hay límite para su fuerza o habilidad. Un hombre fuerte siempre puede encontrarse con otro más fuerte que él. Había una vez un erudito, cuyo nombre y lugar de procedencia he olvidado, que tenía una fuerza notable, sobresalía en las artes militares y siempre había defendido a los que estaban en apuros. Cuando fue a la capital para un examen, no llevó ningún sirviente con él, sino que confió en su propia fuerza y habilidad, cabalgó solo en un buen corcel, llevando su daga, arco y flechas en la cintura. Por el camino, cazaba animales para comer con su vino en las tabernas donde descansaba. Un día, mientras viajaba por Shandong, su caballo galopó tan rápido que se pasó de la parada habitual y, al llegar a una aldea al caer la noche, decidió detenerse allí. Al ver una casa con la puerta entreabierta y la luz de las lámparas, desmontó y condujo a su caballo al interior de un gran patio vacío, salvo por tres o cuatro rocas del lago Taihu, con tres habitaciones en el extremo y otra a cada lado.

La anciana que estaba sentada en el centro hilando lino se le-

麻。听见庭中马足之声，起身来问。举子高声道："妈妈，小生是失路借宿的。"那老婆子道："官人，不方便，老身做不得主。"听他言词中间带些凄惨。举子有些疑心，便问道："妈妈，你家男人多在那里去了？如何独自一个在这里？"老婆子道："老身是个老寡妇，夫亡多年，只有一子，在外做商人去了。"举子道："可有媳妇？"老婆子蹙着眉头道："是有一个媳妇，赛得过男子，尽挣得家住。只是一身大气力，雄悍异常，且是气性粗急，一句差池，经不得一指头，擦着便倒。老身虚心冷气，看他眉头眼后，常是不中意，受他凌辱的。所以官人借宿，老身不敢做主。"说罢，泪如雨下。举子听得，不觉双眉倒竖，两眼圆睁，道："天下有如此不平之事！恶妇何在？我为尔除之。"遂把马拴在庭中太湖石上了，拔出剑来。老婆子道："官人不要太岁头上动土，我媳妇不是好惹的。他不习女工针指，每日午饭已毕，便空身走去山里，寻几个獐鹿兽兔还家，腌腊起来，卖与客人得几贯钱，常是一二更天

vantó al escuchar los cascos del caballo y le preguntó al forastero a qué se dedicaba.

—Me he perdido, señora —aseveró el erudito—. Quiero pedirle que me deje pasar la noche aquí.

—No creo que pueda hospedarle, señor —respondió ella—. No me corresponde a mí tomar esa decisión.

Una nota de tristeza en la voz desconcertó al erudito.

—¿Dónde han ido los hombres de su casa, señora? —preguntó—. ¿Por qué está usted sola aquí?

—Soy una vieja viuda y mi único hijo es comerciante ambulante.

—¿No tiene usted nuera?

Una sombra pasó por el rostro de la anciana.

—Tengo una nuera que está a la altura de cualquier hombre y es muy capaz de administrar una casa —respondió—. Pero es una gran arpía con un temperamento muy fuerte. Lo más mínimo la hace montar en cólera y puede derribarme con un solo dedo. Aunque contengo la respiración y soy muy cuidadosa, siempre me está encontrando faltas y me intimida. Por eso, cuando me pidió que lo dejara quedar, le dije que no era yo quien podía decidir.

Cuando acabó de hablar, las lágrimas corrían como la lluvia y el académico frunció el ceño indignado.

—¿Cómo puede suceder algo así? —gritó—. ¿Dónde está esa arpía? Muy pronto le libraré de ella.

Ató su caballo a un peñasco y sacó su espada.

—No intente lo imposible, señor —rogó la anciana—. Mi nuera es una mujer despiadada desde que amanece el día. No sabe nada de costura, pero sale todos los días después de la comida del mediodía a cazar ciervos o conejos en las colinas con sus propias manos, luego cura la caza que trae y la vende por unas cuantas sartas de

气才得回来。日逐用度，只靠着他这些，所以老身不敢逆他。"举子按下剑入了鞘，道："我生平专一欺硬怕软，替人出力，谅一个妇女，到得那里？既是妈妈靠他度日，我饶他性命不杀他，只痛打他一顿，教训他一番，使他改过性子便了。"老婆子道："他将次回来了，只劝官人莫惹事的好。"举子气忿忿地等着。

只见门外一大黑影，一个人走将进来，将肩上叉口也似一件东西往庭中一摔，叫道："老嬷，快拿火来，收拾行货！"老婆子战兢兢地道："是甚好物事呀？"把灯一照，吃了一惊，乃是一只死了的斑斓猛虎。说时迟，那时快，那举子的马在火光里看见了死虎，惊跳不住起来。那人看见，便道："此马何来？"举子暗里看时，却是一个黑长妇人。见他模样，又背了个死虎来，忖道："也是个有本事的。"心里先有几分惧他。忙走去带开了马，缚住了，走向前道："小生是失路的举子，趱过宿头，幸到宝庄，见门尚未阖，斗胆求借一宿。"那妇人笑道："老嬷好不晓事，

dinero. A menudo no llega a casa hasta bien entrada la noche. Si no fuera por el dinero que trae, no podríamos llegar a fin de mes. Esa es la razón por la que no me atrevo a ofenderla.

En ese momento, el erudito volvió a envainar su espada.

—Toda mi vida he desafiado a los fuertes, defendido a los débiles y ayudado a los que estaban en apuros —declaró—. Una simple mujer debería ser fácil de tratar. Pero ya que depende de ella para apoyarla, señora, no la mataré. Solo le daré una buena paliza para que aprenda a enmendar su camino.

—Volverá muy pronto, señor —anunció la anciana—. Espero que tenga cuidado.

El erudito esperó con gran indignación hasta que una enorme y sombría silueta atravesó el umbral y arrojó su pesada carga al patio.

—¡Trae una luz, vieja! —gritó alguien—. Y lleva esto adentro.

—¿Qué buena bestia has atrapado esta vez? —interrogó la anciana.

Alumbró con la lámpara y se sobresaltó porque la presa era un enorme tigre de hermosas rayas. Cuando el caballo del erudito vio al tigre, se encabritó aterrorizado y la joven preguntó:

—¿De dónde ha salido ese caballo?

A pesar de la oscuridad, el erudito pudo ver que era alta y morena y que había llevado un tigre a casa sobre su espalda. "Parece ser una mujer muy fuerte", pensó consternado. Así que se apresuró a llevar su caballo a un lado y atarlo de nuevo, y luego dio un paso al frente.

—Soy un erudito que se ha perdido —le informó—. Después de pasar la parada habitual, tuve la suerte de llegar a su honorable pueblo. Cuando vi que su puerta no estaba cerrada, me atreví a pedir hospedaje por una noche.

既是个贵人,如何更深时候,叫他在露天立着?"指着死虎道:"贱婢今日山中遇此泼花团,争持多时,才得了当。归得迟些个,有失主人之礼,贵人勿罪。"举子见他语言爽恺,礼度周全,暗想道:"也不是不可化诲的。"连声道:"不敢,不敢。"妇人走进堂,提一把椅来,对举子道:"该请进堂里坐,只是妇姑两人都是女流,男女不可相混,屈在廊下一坐罢。"又掇张桌来放在面前,点个灯来安下,然后下庭中来,双手提了死虎,到厨下去了。须臾之间,烫了一壶热酒,托出一个大盘来,内有热腾腾的一盘虎肉,一盘鹿脯,又有些腌腊雉兔之类五六碟,道:"贵人休嫌轻亵则个。"举子见他殷勤,接了自斟自饮。须臾间酒尽肴完,举子拱手道:"多谢厚款。"那妇人道:"惶愧。惶愧。"便将了盘来,收拾桌上碗盏。

—Deberá disculpar a mi suegra —le pidió la joven riendo a carcajadas—. ¿Cómo pudo mantener a un invitado tan distinguido de pie fuera de casa tan tarde en la noche?

Luego señaló al tigre muerto.

—Hoy me tropecé con este gato salvaje en las colinas y estuve peleándome con él un buen rato antes de matarlo —explicó—. Por eso he llegado tarde. He sido muy negligente como anfitriona, pero espero que nuestro honorable invitado pase mi descuido por alto.

La mujer habló con tanta franqueza y cortesía que él pensó: "Esta mujer debe estar dispuesta a entrar en razón". Y en voz alta respondió:

—En absoluto, en absoluto.

Acto seguido, la mujer entró y sacó una silla.

—Lo invitaría a entrar, —aseguró— pero no es apropiado que los hombres y las mujeres se mezclen. Por tanto, debo pedirle que se siente en el pasillo.

Inmediatamente después, puso una mesa ante él, encendió una lámpara y la colocó sobre la mesa, luego recogió el tigre muerto en el patio y lo llevó a la cocina. Al poco tiempo reapareció con una olla de vino caliente, un enorme plato de carne de tigre humeante, otro de venado salado y varios platos de faisán, liebre y otras piezas de caza curadas.

—Por favor, no se ofenda, señor, —le pidió— por nuestra humilde comida.

Impresionado por su cortesía, el joven se sirvió vino y bebió. Tan pronto como terminó la comida, levantó las manos unidas en señal de saludo.

—Gracias por este banquete —indicó.

—Nos cubre de vergüenza —respondió ella.

举子乘间便说道:"看娘子如此英雄,举止恁地贤明,怎么尊卑分上觉得欠些个?"那妇人将盘一搠,且不收拾,怒目道:"适间老死魅曾对贵人说些甚谎么?"举子忙道:"这是不曾。只是看见娘子称呼词色之间,甚觉轻倨,不像个婆媳妇道理。及见娘子待客周全,才能出众,又不像个不近道理的,故此好言相问一声。"那妇人见说,一把扯了举子的衣袂,一只手移着灯,走到太湖石边来道:"正好告诉一番。"举子一时间挣扎不脱,暗道:"等他说得没理时,算计打他一顿。"只见那妇人倚着太湖石,就在石上拍拍手,道:"前日有一事,如此如此,这般这般,是我不是,是他不是?"道罢,便把一个食指向石上一划,道:"这是一件了。"划了一划,只见那石皮乱爆起来,已自抠去了一寸有余深。连连数了三件,划了三划,那太湖石便似锥子凿成一个"川"字,斜看来又是"三"字,足足皆有寸余,就像镌刻的一般。那举子惊得浑身汗出,满面通红,连声道:"都是娘子的是。"把一片要与他

Cuando la mujer trajo una bandeja para recoger los platos, el erudito aprovechó la oportunidad para hablarle.

—¿Cómo es posible que una persona tan valiente e inteligente como usted le falte el respeto a sus mayores?

Al oír esto, la joven hizo a un lado la bandeja y dejó de recoger la mesa.

—¿Qué le ha dicho esa vieja bruja? —preguntó enfadada.

—¡Nada, nada! —se apresuró a explicar el erudito—. Solo que me pareció que sus modales para con ella mostraban cierta falta de respeto y no son exactamente lo que uno esperaría de una nuera hacia su suegra. Al ver lo bien que trata a sus invitados y lo capaz y razonable que parece, me atreví a sacar el tema a colación.

Asiendo la solapa de su abrigo con una mano y la lámpara con la otra, la joven le hizo avanzar hacia las rocas.

—Póngase ahí —le ordenó—. Tengo algo que decirle.

El erudito no pudo escapar, pero se prometió a sí mismo: "Si no justifica su actitud, le daré una buena paliza".

Entonces la joven palmeó la roca contra la que se apoyaba.

—Escuche lo que pasó el otro día, —subrayó— y diga quién de las dos tenía la razón.

Entonces describió un desacuerdo que había tenido con su suegra.

—Ese es un caso —le comentó.

Mientras trazaba una línea con el dedo en la roca, salieron volando astillas de roca y apareció un surco de más de una pulgada de profundidad. La joven enumeró tres incidentes y trazó tres líneas, cada una de ellas de más de dos centímetros de profundidad, como si hubieran sido talladas con un cincel. El erudito se volvió carmesí y sudaba del miedo.

—Usted tenía la razón todas las veces, señora —tartamudeó—.

分个皂白的雄心，好像一桶雪水淋头一淋，气也不敢抖了。妇人说罢，擎出一张匡床来，与举子自睡，又替他喂好了马，却走进去与老婆子关了门，息了火睡了。举子一夜无眠，叹道："天下有这等大力的人，早是不曾与他交手，不然，性命休矣！"巴到天明，鞴了马，作谢了，再不说一句别的话，悄然去了。自后收拾了好些威风，再也不去惹闲事管，也只是怕逢着吽嚱似他的吃了亏。

今日说一个恃本事说大话的，吃了好些惊恐，惹出一场话柄来。正是：

虎为百兽尊，百兽伏不动。

若逢狮子吼，虎又全没用。

话说国朝嘉靖年间，北直隶河间府交河县一人姓刘名钦，叫做刘东山，在北京巡捕衙门里当一个缉捕军校的头。此人有一身好本事，弓马熟闲，发矢再无空落，人号他"连珠箭"。随你异常狠盗，逢着他便如瓮中捉鳖，手到拿来，因此也积攒得有些家事。年三十余，觉得心里不耐烦做此道路，告脱了，在本县去别寻生理。

Tenía la razón todas las veces.

Su valiente plan para corregirla se había desvanecido por completo, sentía como si lo hubieran mojado con un cubo de agua helada. Apenas se atrevía a respirar. Una vez que la joven hubo dicho lo que tenía que decir, sacó un sofá para el erudito y dio de comer a su caballo, luego entró, cerró la puerta de la habitación que compartía con la anciana y apagó la luz y se durmió. Sin embargo, el erudito no pudo pegar ojo en toda la noche.

—¡Qué fuerza! —se maravilló—. Menos mal que no llegué a los puños con ella, si no, habría sido mi fin.

Al amanecer, ensilló su caballo, dio las gracias a su anfitriona y se marchó sin decir palabra. Nunca más se atrevió a darse aires de grandeza ni a entrometerse en los asuntos de los demás por temor a que alguien más fuerte que él le diera una paliza.

Ahora les hablaré de otro hombre que, por presumir de su capacidad, recibió un buen susto y quedó en ridículo.

El tigre se enseñorea en el en el bosque,
Y las bestias salvajes ante él sucumben.
Pero si escucha el rugido de un león,
El tigre se amedrenta.

Durante el periodo Jiajing (1522-1566), vivió en el distrito de Jiaohe, provincia de Zhili, un hombre llamado Liu Dongshan, sargento de la fuerza de la policía de Beijing, quien dominaba todas las artes militares y era un magnífico arquero y jinete. Como sus flechas siempre daban en el blanco, era famoso por su destreza con el arco. Además, por muy feroz que fuera un bandido, Liu lo atrapaba tan fácilmente como a una tortuga en un frasco. Así, poco a poco, se fue convirtiendo en un hombre de renombre y cuando cumplió los treinta años renunció al servicio de policía, del que ya estaba harto,

一日，冬底残年，赶着驴马十余头到京师转卖，约卖得一百多两银子。交易完了，至顺城门（即宣武门）雇骡归家。在骡马主人店中，遇见一个邻舍张二郎入京来，同在店买饭吃。二郎问道："东山何往？"东山把前事说了一遍，道："而今在此雇骡，今日宿了，明日走路。"二郎道："近日路上好生难行，良乡、鄚州一带，盗贼出没，白日劫人。老兄带了偌多银子，没个做伴，独来独往，只怕着了道儿。放仔细些！"东山听罢，不觉须眉开动，唇齿奋扬。把两只手捏了拳头，做一个开弓的手势，哈哈大笑道："二十年间，张弓追讨，矢无虚发，不曾撞个对手。今番收场买卖，定不到得折本。"店中满座听见他高声大喊，尽回头来看。也有问他姓名的，道："久仰，久仰。"二郎自觉有些失言，作别出店去了。

东山睡到五更头，爬起来梳洗结束，将银子紧缚裹肚内，扎在腰间。肩上挂一张弓，衣外跨一把刀，两膝下藏矢二十簇。拣一个高大的健骡，腾地骑上，一鞭前走。走

para convertirse en comerciante de caballos.

Hacia finales de ese año, después de haber conducido una docena de burros y caballos a la capital y haberlos vendido por más de cien taels de plata, Liu fue a la puerta Xuanwu para alquilar un burro para volver a casa. En la hospedería anexa a los establos se encontró con un vecino llamado Zhang, que también había llegado a la capital y comieron juntos.

—¿Adónde vas? —le preguntó Zhang.

—He venido a alquilar un burro —respondió Liu, después de contarle a Zhang su exitosa operación—. Pasaré la noche aquí y volveré a casa mañana.

—Viajar se ha hecho difícil últimamente —señaló Zhang—. Hay salteadores de caminos cerca de Liangxiang y Mozhou que roban a los viajeros a plena luz del día. Como llevas una buena cantidad de plata y vas solo, será mejor que tengas cuidado.

Al oír esto, Liu sonrió, apretó los puños y se puso a tensar el arco.

—En veinte años no he conocido a ningún arquero que esté a mi altura —declaró con una sonrisa sincera—. No perderé mi dinero en este viaje, te lo prometo.

Habló en voz tan alta que todos los presentes en la taberna se volvieron para mirar, algunos hasta le preguntaron su nombre o susurraron su admiración. No obstante, Zhang, consciente de que había hablado con muy poco tacto, se marchó.

Liu durmió hasta la quinta guardia de la mañana siguiente, cuando se lavó y vistió, se ató bien fuerte la plata a la cintura bajo la chaqueta, se colgó el arco a la espalda, se ciñó la espada y guardó veinte flechas en sus botas altas. Luego eligió una mula robusta, se subió a su lomo y con un movimiento de su látigo se puso en mar-

了三四十里，来到良乡，只见后头有一人奔马赶来，遇着东山的骡，便按辔少驻。东山举目觑他，却是一个二十岁左右的美少年，且是打扮得好。但见：

黄衫毡笠，短剑长弓。箭房中新矢二十余枝，马额上红缨一大簇。裹腹闹装灿烂，是个白面郎君；恨人紧辔喷嘶，好匹高头骏骑。

东山正在顾盼之际，那少年遥叫道："我们一起走路则个。"就向东山拱手道："造次行途，愿问高姓大名。"东山答道："小可姓刘名钦，别号东山，人只叫我是刘东山。"少年道："久仰先辈大名，如雷贯耳，小人有幸相遇。今先辈欲何往？"东山道："小可要回本藉交河县去。"少年道："恰好，恰好！小人家住临淄，也是旧族子弟，幼年颇曾读书，只因性好弓马，把书本丢了。三年前，带了些资本往京贸易，颇得些利息。今欲归家婚娶，正好与先辈作伴，同路行去，放胆壮些，直到河间府城，然后分路。有幸，有幸。"东山一路看他腰间沉重，语言

cha. Al cabo de una docena de millas llegó a Liangxiang, donde fue alcanzado por un jinete que frenó su caballo tan pronto como alcanzó a Liu. El jinete era un joven apuesto y bien vestido de unos veinte años.

Iba armado con espada y arco,
Llevaba un sombrero de fieltro en la cabeza,
Tenía una veintena de astas nuevas en la espalda,
Mientras su caballo llevaba una borla de color rojo.
Su fina camisa era de seda amarilla brillante,
¡Era un joven jinete muy apuesto!
Su bestia, un corcel brioso,
Daba zarpazos en el suelo y relinchaba.

Mientras Liu lo observaba, el joven gritó:

—¿Viajamos juntos, señor?

Luego juntó las manos en señal de saludo e interrogó:

—¿Puedo preguntar su nombre?

—Liu Dongshan, a sus órdenes.

—Hace tiempo que he oído hablar de su gran fama, señor, y tengo la suerte de haberle conocido. ¿A dónde va?

—Voy a casa, a Jiaohe.

—¡Qué suerte la mía! Nací en el seno de una familia de eruditos de Linzi. Desde muy pequeño comencé a estudiar los clásicos, pero me gustaba tanto disparar y montar a caballo que dejé de aprender de los libros. Hace tres años me fui a la capital, Beijing, con algo de dinero para abrir un negocio, como no me fue tan mal, ahora vuelvo a casa para casarme. Si puedo contar con su compañía en el camino, señor, me sentiré mucho más seguro. Además, podremos viajar juntos hasta Hejian. El destino ha sido benévolo conmigo.

Como dicho joven tenía un bolso bien forrado y era un hombre

温谨，相貌俊逸，身材小巧，谅道不是歹人。且路上有伴，不至寂寞，心上也欢喜，道："当得相陪。"是夜一同下了旅店，同一处饮食歇宿，如兄若弟，甚是相得。

明日，并辔出涿州。少年在马上问道："久闻先辈最善捕贼，一生捕得多少？也曾撞着好汉否？"东山正要夸逞自家手段，这一问揉着痒处，且量他年小可欺，便侈口道："小可生平两只手，一张弓，拿尽绿林中人，也不记其数，并无一个对手。这些鼠辈，何足道哉！而今中年心懒，故弃此道路。倘若前途撞着，便中拿个把儿，你看手段。"少年但微微冷笑，道："元来如此！"就马上伸手过来，说道："借肩上宝弓一看。"东山在骡上递将过来。少年左手把住，右手轻轻一拽就满，连放连拽，就如一条软绢带。东山大惊失色，也借少年的弓过来看。看那少年的

con una conversación agradable, apuesto y delgado, Liu pensó que no podía tener un mal carácter. Así que se alegró mucho de tener un compañero de viaje.

—Estaré encantado de acompañarte —afirmó.

Aquella noche se alojaron en la misma posada, cenaron juntos, durmieron en la misma habitación y se sintieron tan cercanos como hermanos. Al día siguiente, mientras cabalgaban juntos fuera de Zhuozhou, el joven le dijo:

—Usted tiene una gran reputación en la captura de bandidos, señor. ¿Puedo preguntarle cuántos ha capturado y si ha conocido a algún valiente?

Liu estaba esperando una oportunidad para presumir de su destreza, así que la pregunta resultó una tentación irresistible, y como su compañero era joven y novato, empezó a presumir.

—Con este arco y estas dos manos he atrapado más bandidos de los que puedo contar —declaró—. Pero nunca he encontrado un oponente digno. Las ratas así no son nada para mí. Como ya he pasado mi juventud y prefiero una vida tranquila, he dejado mi antigua profesión, pero si nos cruzamos con algún salteador de caminos, atraparé a un par para enseñarte cómo se hace.

El joven esbozó una leve sonrisa.

—No diga eso —murmuró.

Luego, inclinándose desde su silla de montar, extendió la mano.

—¿Puedo ver su arco? —preguntó.

Cuando Liu se lo pasó desde su silla de montar en la mula, el joven tomó el arco con la mano izquierda y lo tensó en toda su extensión con la derecha, doblándolo varias veces seguidas con tanta facilidad como si fuera una cuerda suave. Liu cambió de color del asombro y luego pidió ver el arco del joven. Este arco pesaba unas

弓，约有二十斤重，东山用尽平生之力，面红耳赤，不要说扯满，只求如初八夜头的月，再不能勾。东山惺恐无地，吐舌道："使得好硬弓也！"便向少年道："老弟神力，何至于此！非某所敢望也。"少年道："小人之力，何足称神？先辈弓自太软耳。"东山赞叹再三，少年极意谦谨。晚上又同宿了。

　　至明日又同行。日西时过雄县，少年拍一拍马，那马腾云也似前面去了。东山望去，不见了少年。他是贼窠中弄老了的，见此行止，如何不慌？私自道："天教我这番倒了架也。倘是个不良人，这样神力，如何敌得！势无生理。"心上正如十五个吊桶打水，七上八落的，没奈何，迤迤行去。行得一二铺，遥望见少年在百步外，正弓挟矢，扯个满月。向东山道："久闻足下手中无敌，今日请先听箭风。"言未罢，飕的一声，东山左右耳根但闻肃肃如小鸟前后飞过，只不伤着东山。又将一箭引满，正对东山之面，大笑道："东山晓事人，腰间骠马钱快送我罢，休得

veinte libras y, aunque Liu tiró y se esforzó hasta ponerse morado, no pudo ni tan siquiera doblarlo en forma de luna creciente. Finalmente, sacó la lengua con consternación.

—¡Qué arco tan fuerte! —exclamó—. ¡Qué fuerza tan increíble debes tener! No puedo ni soñar con compararme contigo.

—No soy particularmente fuerte —respondió el joven—. Pero su arco es demasiado blando.

Liu se deshizo en elogios, mientras que el joven restaba importancia a sus cumplidos.

Después de alojarse en una posada esa noche, volvieron a partir juntos al día siguiente, pero cuando pasaban por Xiongxian y el Sol se ponía en el Oeste, el joven espoleó de repente su corcel y galopó hacia adelante como si tuviera alas, hasta que Liu no pudo verlo más. El otrora sargento de policía, que tenía mucha experiencia con los bandidos, se alarmó naturalmente.

"Ahora me toca a mí", pensó. "Si es un hombre malo, ¿cómo podré defenderme de una fuerza tan maravillosa? Jamás podré escapar con vida".

Pese a que el corazón le latía vertiginosamente, tuvo que seguir adelante. Después de haber cabalgado otras dos etapas, divisó al joven a unos cien metros de distancia, con una flecha en su arco que se doblaba cual luna llena.

—Dice que nunca ha conocido a su rival —gritó el joven—. ¡Escuche el silbido de mis flechas ahora!

Mientras hablaba, las flechas pasaban silbando muy cerca de las orejas de Liu, como si fueran pajaritos que pasaban rozando. Pero ninguna de ellas lo tocó. El joven tensó otra flecha en su arco y apuntó a la cabeza de Liu.

—Es un hombre inteligente —dijo riendo—. Dese prisa y

动手。"东山料是敌他不过,先自慌了手脚,只得跳下鞍来,解了腰间所系银袋,双手捧着,膝行至少年马前,叩头道:"银钱谨奉,好汉将去,只求饶命。"少年马上伸手,提了银包,大喝道:"要你性命做甚?快走!快走!你老子有事在此,不得同儿子前行了。"掇转马头,向北一道烟跑,但见一路黄尘滚滚,霎时不见踪影。

东山呆了半晌,捶胸跌足,起来道:"银钱失去也罢,叫我如何做人?一生好汉名头,到今日弄坏,真是张天师吃鬼迷了。可恨!可恨!"垂头丧气,有一步没一步的,空手归交河。到了家里,与妻子说知其事,大家懊恼一番。夫妻两个商量,收拾些本钱,在村郊开个酒铺,卖酒营生,再不去张弓挟矢了。又怕有人知道,坏了名头,也不敢向人说着这事,只索罢了。

过了三年,一日,正值寒冬天道,有词为证:

霜瓦鸳鸯,风帘翡翠,今年早是寒少。矮钉明窗,侧开朱户,断莫乱教人到。重阴未解,云共雪商量不少。青帐垂毡要密,红幕放围宜小。

却说冬日间,东山夫妻正在店中卖酒,只见门前来了一伙骑马的客人,共是十一个。个个骑的是自鞴的高头骏马,鞍辔鲜明;身上俱紧束短衣,腰带弓矢刀剑。次第下了马,走入肆中来,解了鞍辔。刘东山接着,替他赶马归

deme el dinero de la venta de los burros y caballos antes de que le dispare.

Consciente de que no era rival para el joven, Liu bajó de su silla de montar presa del pánico, desató la bolsa de plata que llevaba a la cintura y se arrodilló para ofrecerla con ambas manos.

—Toma mi dinero —dijo inclinándose—. ¡Pero perdóname la vida!

El joven bajó de su caballo para tomar la bolsa.

—¿Quién quiere su vida? —gritó—. ¡Lárguese ya! Tengo negocios que atender aquí y no puedo acompañarle, mi amiguito.

Acto seguido, dio la vuelta en su caballo y se alejó hacia el Norte como una estela de humo. Tras él se levantó una polvareda amarilla y pronto se perdió de vista. Después de permanecer un rato estupefacto, Liu empezó a golpearse en el pecho.

—No me importa perder la plata, pero ¿cómo podré mantener la frente en alto después de esto —se enfureció—. ¡Mi reputación está arruinada! ¡Maldita sea!

Totalmente cabizbajo, regresó con las manos vacías a su casa de Jiaohe, donde le contó a su esposa lo sucedido y ella se unió a sus lamentaciones. Como resultado, decidieron reunir suficiente capital para abrir una taberna en las afueras de la ciudad. Liu dejó de pasearse con arco y flechas y no se atrevió a mencionar su desventura, por miedo a que la historia se conociera y arruinara su buen nombre.

Un frío día de invierno, tres años después, Liu y su mujer estaban vendiendo vino en la taberna cuando once jinetes se detuvieron en la puerta. Montados en finos caballos ricamente enjaezados, iban vestidos con jubones y armados con arcos, flechas y espadas. Bajaron uno tras otro, desensillaron sus corceles y entraron en la taberna, mientras Liu se encargaba de las monturas y de llevar a los caballos

槽，后生自去刈草煮豆，不在话下。内中只有一个未冠的人，年纪可有十五六岁，身长八尺，独不下马。对众道："弟十八自向对门住休。"众人都答应一声道："咱们在此少住，便来伏侍。"只见其人自走对门去了。

　　十人自来吃酒，主人安排些鸡、豚、牛、羊肉来做下酒。须臾之间，狼飧虎咽，算来吃勾有六七十斤的肉，倾尽了六七坛的酒。又教主人将酒肴送过对门楼上，与那未冠的人吃。众人吃完了店中东西，还叫未畅。遂开皮囊，取出鹿蹄、野雉、烧兔等物，笑道："这是我们的东道，可叫主人来同酌。"东山推逊一回，才来坐下。把眼去逐个瞧了一瞧，瞧到北面左手那一人，毡签儿垂下，遮着脸不甚分明。猛见他抬起头来，东山仔细一看，吓得魂不附体，只叫得苦。你道那人是谁？正是在雄县劫了骡马钱去的那一个同行少年。东山暗想道："这番却是死也！我些些生计，怎禁得他要起？况且前日一人尚不敢敌，今人多如此，想必个个是一般英雄，如何是了？"心中忐忑的跳，真如小鹿儿撞，面向酒杯，不敢则一声。众人多起身与主人劝酒。坐定一回，只见北面左手坐的那一个少年把头上毡笠一掀，呼主人道："东山别来无恙么？往昔承挈同行周

al establo.

Uno de los jinetes, un muchacho de quince o dieciséis años que medía más de un metro ochenta, no desmontó.

—Iré a la casa de enfrente —le comunicó al resto.

—Nos encargaremos de que te atiendan— le respondieron.

Cuando el muchacho se marchó, los diez hombres empezaron a beber. Liu les preparó pollo, cerdo, carne de res y cordero. A los hombres les entró el apetito y muy pronto devoraron casi setenta libras de carne y siete jarras de vino. Luego, le pidieron a Liu que enviara vino y comida al muchacho de la casa de enfrente. Sin embargo, toda esta comida y el vino les pareció demasiado poco, así que abrieron sus bolsas de cuero y sacaron manitas de ciervo, faisán, liebre asada y otras piezas de caza.

—Esta es nuestra contribución —le dijeron riendo—. Siéntese con nosotros.

Liu rechazó la invitación, pero se sentó a la mesa para observarlos. Estaba mirando a un hombre con un sombrero de fieltro que ocultaba su rostro en la esquina izquierda, cuando éste de repente levantó la cabeza. Liu, poseído por el miedo, dejó escapar un gemido de terror porque éste era precisamente el joven que le había robado en Xiongxian.

"¡Este es el fin!", pensó. "¿Cómo el poco dinero que tengo va a satisfacerlos? La última vez un solo hombre resultó ser más que un rival para mí. Ahora estoy frente a diez de ellos, sin duda todos igual de poderosos. ¿Qué puedo hacer?".

El corazón le latía con fuerza y miraba con desdicha su copa de vino, sin atreverse a decir nada. Pero en seguida todos se levantaron y le pidieron que bebiera.

—¿Cómo ha estado desde la última vez que nos vimos, señor

旋，至今想念。"东山面如土色，不觉双膝跪下道："望好汉恕罪！"少年跳离席间，也跪下去，扶起来挽了他手道："快莫要作此状！快莫要作此状！羞死人。昔年俺们众兄弟在顺城门店中，闻卿自夸手段天下无敌，众人不平，却教小弟在途间作此一番轻薄事，与卿作耍，取笑一回。然负卿之约，不到得河间，魂梦之间，还记得与卿并辔任丘道上。感卿好情，今当还卿十倍。"言毕，即向囊中取出千金，放在案上，向东山道："聊当别来一敬，快请收进。"东山如醉如梦，呆了一晌，怕又是取笑，一时不敢应承。那少年见他迟疑，拍手道："大丈夫岂有欺人的事？东山也是个好汉，直如此胆气虚怯！难道我们弟兄直到得真个取你的银子不成？快收了去。"刘东山见他说话，说得慷慨，料不是假，方才如醉初醒，如梦方觉，不敢推辞。走进去与妻子说了，就叫他出来，同收拾了进去。

Liu? —preguntó el joven de la izquierda, echando hacia atrás su sombrero de fieltro—. Aprecié su compañía y ayuda la última vez que nos vimos y nunca le he olvidado.

Palideciendo, Liu cayó al suelo de rodillas.

—¡Perdóname! —gritó.

El joven saltó de su asiento, levantó a Liu y lo tomó de la mano.

—¡Esto no servirá de nada! —aseveró—. Cuando le escuchamos aquel día en la taberna junto a la puerta Xuanwu presumir de su habilidad y afirmar que nadie era rival para usted, nos sentimos indignados y mis amigos me dijeron que le gastara una broma. Sin embargo, incumplí mi promesa de ir a Hejian con usted y a menudo recuerdo cómo viajamos juntos y lo agradecido que le estaba por su amabilidad. Ahora debo pagarle diez veces más.

El joven sacó mil taels de plata de su bolsa y los puso sobre la mesa.

—Por favor, acepte esta minucia como muestra de mi alta consideración.

Seguro de que debía estar soñando, Liu pareció aturdido por un momento.

—Tiene que estar bromeando —subrayó al fin—. No puedo aceptarlo.

Al ver su desconcierto, el joven aplaudió para animarlo.

—¿Cómo puede mentir un caballero? —preguntó—. Usted también es un hombre fuerte, ¿a qué se debe tanta timidez? ¿Cree que realmente necesitamos su dinero? Dese prisa y tómelo.

Al escuchar esto, Liu se dio cuenta de que era sincero. Así, como quien despierta de un sueño, no se atrevió a seguir rechazando el dinero, sino que entró y le contó a su mujer, a quien le pidió que le ayudara a llevar la plata dentro. Hecho esto, discutió con ella lo que

安顿已了，两人商议道："如此豪杰，如此恩德，不可轻慢。我们再须杀牲开酒，索性留他们过宿，顽耍几日则个。"东山出来称谢，就把此意与少年说了。少年又与众人说了。大家道："即是这位弟兄故人，有何不可？只是还要去请问十八兄一声。"便一齐走过对门，与未冠的那一个说话。东山也随了去，看这些人见了那个未冠的，甚是恭谨；那未冠的待他众人，甚是庄重。众人把主人要留他们过宿顽耍的话说了，未冠的说道："好，好，不妨。只是酒醉饭饱，不要贪睡，负了主人殷勤之心。少有动静，俺腰间两刀有血吃了。"众人齐声道："弟兄们理会得。"东山一发莫测其意。

　　众人重到肆中，开怀再饮，又携酒到对门楼上。众人不敢陪，只是十八兄自饮。算来他一个吃的酒肉，比得店中五个人。十八兄吃阑，自探囊中取出一个纯银筅篱来，煽起炭火，做煎饼自啖。连啖了百余个。收拾了，大踏步出门去，不知所向。直到天色将晚，方才回来，重到对门住下，竟不到刘东山家来。众人自在东山家吃耍。走去对

debía hacer.

—Estos caballeros han sido tan generosos que debemos tratarlos bien —afirmó—. Matemos algunos cerdos, abramos más garrafas de vino y pidámosles que se queden aquí unos días.

Cuando Liu volvió a la habitación donde se encontraban los hombres para expresarles su gratitud, transmitió el deseo al joven, quien se lo comunicó al resto.

—Ya que se trata de un viejo amigo, ¿por qué no quedarse? —manifestaron agregando—. Pero antes debemos pedir permiso.

De inmediato cruzaron la calle para hablar con el muchacho que había ido a la casa de enfrente. Liu, quien les acompañaba, se percató de que trataban al muchacho con gran deferencia, mientras que él, por su parte, se comportaba con gran dignidad.

—Muy bien —declaró el muchacho, cuando le explicaron que el tabernero quería hospedarlos unos días—. Pero tengan cuidado de no dormir demasiado después del festín y muestren la debida consideración hacia su anfitrión. Si oigo la menor pelea, los dos puñales que tengo a mi lado probarán la sangre.

—Entendido —respondieron, aunque Liu estaba desconcertado.

Al regresar a su taberna, volvieron a beber con ganas y enviaron más vino a la casa de enfrente. Sin embargo, los diez hombres no le hicieron compañía al muchacho, sino que lo dejaron comer y beber solo y éste comía cinco veces más que cualquiera de ellos. Luego, sonriendo, el muchacho sacó un cucharón de plata de su bolsa, volvió a encender la estufa y se preparó panqueques.

Después de comer un centenar de panqueques, recogió la mesa y se marchó. Liu no supo adónde fue, pero regresó y esa noche se instaló en la casa de enfrente sin entrar a la taberna. Los otros hombres festejaron y se divirtieron con Liu y cada vez que cruzaron la

门相见,十八兄也不甚与他们言笑,大是倨傲。东山疑心不已,背地扯了那同行少年,问他道:"你们这个十八兄是何等人?"少年不答应,反去与众人说了,各各大笑起来。不说来历,但高声吟诗曰:"杨柳桃花相间出,不知若个是春风?"吟毕,又大笑。

住了三日,俱各作别了,结束上马,未冠的在前,其余众人在后,一拥而去。东山到底不明白。却是骤得了千来两银子,手头从容,又怕生出别事来,搬在城内另做营运去了。后来见人说起此事,有识得的道:"详他两句语意,是个'李'字;况且又称十八兄,想必未冠的那人姓李,是个为头的了。看他对众的说话,他恐防有人暗算,故在对门两处住了,好相照察;亦且不与十人作伴同食,有个尊卑的意思。夜间独出,想又去做甚么勾当来,却也没处查他的确。"

那刘东山一生英雄,遇此一番,过后再不敢说一句武艺上头的话,弃弓折箭,只是守着本分营生度日,后来善终。可见人生一世,再不可自恃高强。那自恃的,只是不曾逢着狠主子哩。有诗单说这刘东山道:

　　生平得尽弓矢力,直到下场逢大敌。
　　人世休夸手段高,霸王也有悲歌日。

又有诗说这少年道:

　　英雄从古轻一掷,盗亦有道真堪述。
　　笑取千金偿百金,途中竟是好相识。

calle para ver al muchacho, éste les hablaba muy poco y se comportaba con altanería. Para satisfacer su curiosidad, Liu interrogó en privado al hombre que había conocido antes.

—¿Quién es su joven jefe?

En lugar de responder, el joven hizo la pregunta a los demás, quienes rieron pero no respondieron. Al cabo de dos días, recogieron sus cosas, montaron en sus caballos y se marcharon al galope, con el muchacho al frente y los demás escoltándolo. Su partida, dejó a Liu tan desconcertado como siempre.

Ahora que estaba cómodamente instalado, gracias a los mil taels de plata, Liu se sintió inseguro en su taberna y se trasladó a la ciudad para establecer su negocio. Posteriormente, cuando contó su historia, algunos le dijeron que el muchacho era evidentemente el jefe de la banda, pero a juzgar por su comportamiento, seguramente tenía miedo de que hubiera un complot contra ellos y por eso se quedó en la casa de enfrente, desde donde podía vigilar mejor. El hecho de que no comiera con los demás demostraba simplemente que era su superior. Y cuando salió por la noche solo, era evidente que estaba en alguna misión secreta, pero, por supuesto, no había forma de saber de qué se trataba. Después de esto, Liu, quien siempre había presumido de su fuerza y habilidad, no habló jamás de las artes militares y dejó a un lado su arco y sus flechas para convertirse en un ciudadano respetable, viviendo hasta una avanzada edad.

La moraleja de la historia es que el hombre no debe dar demasiada importancia a su fuerza o a su capacidad porque su supuesta superioridad solo significa que aún no ha conocido a su maestro.

丹客半黍九还
富翁千金一笑

EL ALQUIMISTA
Y LA CONCUBINA

诗云：

　　破布衫中破布裙，逢人惯说会烧银。

　　自家何不烧些用？担水河头卖与人。

这四句诗乃是国朝唐伯虎解元所作。世上有这一伙烧丹炼汞之人，专一设立圈套，神出鬼没，哄那贪夫痴客，道能以药草炼成丹药，铅铁为金，死汞为银，名为黄白之术，又叫得炉火之事。只要先将银子为母，后来觑个空儿，偷了银子便走，叫做"提罐"。曾有一个道人将此术来寻唐解元，说道："解元仙风道骨，可以做得这件事。"解元贬驳他道："我看你身上蓝褛，你既有这仙术，何不烧些来自己用度，却要作成别人？"道人道："贫道有的是术法，乃造化所忌，却要寻个大福气的，承受得起，方好与他作为。贫道自家却没这些福气，所以难做。看见解元正是个大福气的人，来投合伙，我们术家，叫做'访外护'。"唐解元道："这等与你说过，你的法术施为，我一些都不管，我只管出着一味福气帮你。等丹成了，我与你平分便是。"

Aunque su ropa está hecha jirones para resguardarse del frío,
Te aseguran que convierte todos los metales en oro.
Entonces, ¿por qué no hacen oro para sus propios fines?
¿Por qué llevar la carga de otros todo el día?

Estos versos fueron escritos por Tang Yin, erudito de la dinastía Ming, para desenmascarar a los incontables alquimistas que engañan a los codiciosos y crédulos, afirmando que podían hacer una piedra filosofal con hierbas y convertir el plomo en oro o el mercurio en plata. Lo llaman el arte hermético. Piden plata para trabajar y luego aprovechan la ocasión para huir con ella, lo que llaman "fugarse con la caldera". Una vez un sacerdote se ofreció a practicar este arte con Tang Yin.

—Tiene usted un aire de santo, señor —afirmó—. Por usted lo voy a hacer.

—Me he dado cuenta de que estás en harapos —replicó Tang Yin—. Si ya dominas el arte hermético, ¿por qué no transmuta el oro para su propio beneficio? ¿Por qué solo lo hace para los demás?

—Como tengo este don, la naturaleza está en mi contra —respondió el sacerdote—. Solo puedo hacerlo cuando encuentro algún beneficiario bendecido por la suerte. Yo mismo no tengo esa suerte. Habiendo observado que ha nacido bajo una estrella afortunada, le pido que sea mi socio.

—Permítame hacerle una proposición —solicitó Tang Yin—. No interferiré en sus asuntos mientras practique su arte, sino que le ayudaré con mi buena suerte. Entonces, cuando tenga la piedra filo-

道人见解元说得蹊跷，晓得是奚落他，不是主顾，飘然而去了。所以唐解元有这首诗，也是点明世人的意思。

今小子说一个松江富翁，姓潘，是个国子监监生。胸中广博，极有口才，也是一个有意思的人。却有一件癖性，酷信丹术。俗语道："物聚于所好。"果然，有了此好，方士源源而来。零零星星，也弄掉了好些银子，受过了好些丹客的骗。他只是一心不悔，只说无缘，遇不着好的。"从古有这家法术，岂有做不来的事？毕竟有一日弄成了，前边些小所失，何足为念！"把这事越好得紧了。这些丹客我传与你，你传与我，远近尽闻其名，左右是一伙的人，推班出色，没一个不思量骗他的。

一日秋间，来到杭州西湖上游赏，赁一个下处住着。只见隔壁园亭上，歇着一个远来客人，带着家眷，也来游湖。行李甚多，仆从齐整；那女眷且是生得美貌，打听来是这客人的爱妾。日日雇了天字一号的大湖船，摆了盛酒，吹弹歌唱俱备，携了此妾下湖，浅斟低唱，觥筹交举。满桌摆设酒器，多是些金银异巧式样，层见迭出。晚上归寓，灯火辉煌，赏赐无算。潘富翁在隔壁寓所，看得

sofal podemos dividirnos el oro equitativamente entre los dos.

Cuando el sacerdote se dio cuenta de que el erudito se estaba burlando de él, supo que no podía ser su socio y se marchó rápidamente. Como resultado, Tang Yin escribió su poema denunciando a tales impostores. Sin embargo, todavía hay hombres inteligentes que caen en su trampa.

Permítanme contarles la historia de Pan, un hombre rico, oriundo de Songjiang y erudito del Colegio Imperial. Pan era una persona muy leída, elocuente y simpática, pero le apasionaba la alquimia. Como los pájaros se juntan, los alquimistas revoloteaban a su alrededor y, en su debido momento, le arrebataron una gran cantidad de plata. Sin embargo, incluso después de haber sido engañado una y otra vez, no se arrepentía, sino que se limitaba a decir que no había tenido la suerte de conocer a un auténtico alquimista porque un arte tan antiguo como éste debía ser finalmente coronado por el éxito y, entonces, todos sus fracasos anteriores habrían quedado en el olvido. Así que su obsesión creció y la noticia se difundió hasta que todos los alquimistas escucharon hablar de él y charlatanes de todos los rincones del país conspiraban para engañarlo.

Un otoño, cuando Pan alquiló una residencia en Hangzhou, le llamó poderosamente la atención el extravagante residente de la casa contigua que también había venido a ver el lago Oeste. Este hombre tenía muchos sirvientes y equipaje. Pan se enteró de que la hermosa mujer que lo acompañaba era su concubina. Todos los días, el sujeto alquilaba el barco más grande de Hangzhou, ordenaba un festín y contrataba varias cortesanas para que tocaran música mientras él bebía, cantaba y se divertía con su concubina en el lago. El hombre tenía muchas vasijas de oro y plata finamente gravadas para beber y, cada noche cuando regresaba a su morada escoltado por docenas de

呆了。想道："我家里也算是富的，怎能勾到得他这等挥霍受用？此必是个陶朱、猗顿之流，第一等富家了。"心里艳慕，渐渐教人通问，与他往来相拜。通了姓名，各道相慕之意。

富翁乘间问道："吾丈如此富厚，非人所及。"那客人谦让道："何足挂齿。"富翁道："日日如此用度，除非家中有金银高北斗，才能象意，不然也有尽时。"客人道："金银高北斗，若只是用去，要尽也不难，须有个用不尽的法儿。"富翁见说，就有些着意了，问道："如何是用不尽的法？"客人道："造次之间，不好就说得。"富翁道："毕竟要请教。"客人道："说来吾丈未必解，也未必信。"富翁见说得跷蹊，一发殷勤求恳，必要见教。客人屏去左右从人，附耳道："吾有九还丹，可以点铅汞为黄金。只要炼得丹成，黄金与瓦砾同耳，何足贵哉！"富翁见说是丹术，一发投其所好，欣然道："原来吾丈精于丹道。学生于此道，最为心契，求之不得。若吾丈果有此术，学生情愿倾

linternas, distribuía generosidad a escala principesca. Pan, que observaba desde la puerta contigua, estaba profundamente impresionado.

"Mi familia se considera rica", pensó, "pero yo no puedo gastar el dinero así. Este hombre debe ser extremadamente rico". Pronto convenció a un intermediario para que le transmitiera sus respetos, tras lo cual él y el desconocido se reunieron e intercambiaron saludos. En cuanto surgió la oportunidad, Pan comentó:

—Su riqueza supera todo lo que he visto, señor.

—Oh, esto no es nada —protestó amablemente el otro.

—En efecto, —insistió Pan— debe tener montañas de oro y plata. De lo contrario, viviendo como lo hace, muy pronto se habría agotado su fortuna.

—Las montañas de oro son fáciles de gastar —respondió el individuo—. Lo que se necesita es un suministro inagotable.

El comentario despertó la curiosidad de Pan.

—¿Qué quiere decir con un suministro inagotable? —preguntó.

—No puedo hablar de esas cosas cuando acabamos de conocernos.

—Debo rogarle para que me lo cuente.

—Aunque se lo diga, puede que no lo entienda ni me crea.

Al ver que las misteriosas insinuaciones provocaron que Pan suplicara con más ahínco que se lo contara, el desconocido ordenó a su servidumbre retirarse.

—Tengo la piedra filosofal que puede transmutar el plomo en oro —susurró—. El oro es como el suelo para mí.

Ante esta referencia a la alquimia, que era su pasión, Pan se sintió transportado por la alegría.

—¡Así que es experto en el arte hermético! —gritó—. Soy un apasionado de la alquimia, pero nunca he tenido la suerte de conocer

家受教。客人道:"岂可轻易传得?小小试看,以取一笑则可。"便教小童炽起炉炭,将几两铅汞熔化起来。身边腰袋里摸出一个纸包,打开来都是些药末,就把小指甲挑起一些来,弹在罐里。倾将出来,连那铅汞不见了,都是雪花也似的好银。

看官,你道药末可以变化得铜铅做银,却不是真法了?元来这叫得缩银之法。他先将银子用药炼过,专取其精,每一两直缩做一分少些。今和铅汞在火中一烧,铅汞化为青气去了,遗下糟粕之质,见了银精,尽化为银。不知原是银子的原分量,不曾多了一些。丹客专以此术哄人,人便死心塌地信他,道是真了。

富翁见了,喜之不胜,道:"怪道他如此富贵受用,原来银子如此容易。我炼了许多时,只有折了的。今番有幸,遇着真本事的了,是必要求他去替我炼一炼则个。"遂问客人道:"这药是如何炼成的?"客人道:"这叫做母银生子。先将银子为母,不拘多少,用药锻炼,养在鼎中。须要九转,火候足了,先生了黄芽,又结成白雪。启炉

a un verdadero maestro. Con gusto gastaría todo lo que tengo si me enseña su habilidad.

—Esto no puede enseñarse de manera casual —manifestó el desconocido—. Pero no está de más realizar algunos experimentos a modo de diversión.

Llamó a un criado para que encendiera la estufa y fundió unas onzas de plomo en una olla. Luego sacó del bolsillo un paquete de pólvora y vertió un parte en el metal fundido. Al instante, cuando vació el contenido de la caldera, todo el plomo se había convertido en plata fina y brillante.

Ahora, lector, no hay polvo en el mundo que pueda transmutar el plomo en plata. En realidad, esto no era más que lo que se conoce como la esencia de la plata, que el alquimista había destilado por un proceso químico de una onza de plata. Al fundirla en la olla, la escoria de plomo absorbe la esencia de la plata y toma un color plateado. No obstante, no había más plata que la que él mismo había puesto, ni una pizca más. Los alquimistas suelen engañar a la gente con este truco.

A Pan lo invadió la alegría. "No es de extrañar que gaste el dinero como el agua y dedique todo su tiempo al placer", pensó. "Aparentemente es fácil hacer plata. Siempre perdí dinero cuando lo intenté antes, pero esta vez tengo la suerte de haber conocido a un verdadero adepto. Debo rogarle que me ayude". Así que le preguntó al desconocido:

—¿Cómo se hace la piedra filosofal, señor?

—Este proceso se llama la concepción de la plata madre —respondió el desconocido—. Tome cualquier cantidad de plata como base, trátela con productos químicos y caliéntela en la caldera. Después de calentarla nueve veces y llevarla a la temperatura adecuada,

时，就扫下这些丹头来。只消一黍米大，便点成黄金白银。那母银仍旧分毫不亏的。"富翁道："须得多少母银？"客人道："母银越多，丹头越精。若炼得有半合许丹头，富可敌国矣。"富翁道："学生家事虽寒，数千之物，还尽可办。若肯不吝大教，拜迎到家下，点化一点化，便是生平愿足。"客人道："我术不易传人，亦不轻与人烧炼。今观吾丈虔心，又且骨格有些道气，难得在此联寓，也是前缘，不妨为吾丈做一做。但见教高居何处，异日好来相访。"富翁道："学生家居松江，离此处只有两三日路程。老丈若肯光临，即此收拾，同到寒家便是。若此间别去，万一后会不偶，岂不当面错过了？"客人道："在下是中州人，家有老母在堂。因慕武林山水佳胜，携了小妾到此一游。空身出来，游赏所需，只在炉火，所以乐而忘返。今遇吾丈知音，不敢自秘。但直须带了小妾回家安

se convertirá en *potate* de plata. Al destapar la olla, solo hay que extraer la piedra filosofal, una sola partícula suya transformará los metales comunes en oro o plata, mientras la plata madre permanece intacta.

—¿Cuánta plata se necesita? —preguntó Pan.

—Cuanta más plata, más potente es la piedra filosofal —fue la respuesta—. Con medio cofre de plata, será tan rico como un emperador.

—Aunque no soy rico, —explicó Pan— puedo reunir unos dos mil taels. Si está dispuesto a enseñarme y es mi invitado mientras hace un poco de esta piedra filosofal, el deseo de mi vida se hará realidad.

—Rara vez enseño mi arte a alguien —respondió el desconocido—. Tampoco suelo mostrar a nadie mis experimentos, pero me sorprendió su sinceridad y su aire de santidad, y el hecho de que seamos vecinos aquí demuestra que nuestro encuentro estaba predestinado. Haré lo que pueda por usted. Hágame saber dónde está su casa y lo visitaré.

—Vivo en Songjiang, a solo dos o tres días de viaje de aquí. Si se digna a venir, ¿por qué no hace las maletas y me acompaña ahora mismo a mi humilde hogar? Si nos separamos aquí, puede ocurrir algún imprevisto que me prive de este privilegio.

—Mi hogar está en la provincia de Henan, donde he dejado a mi madre —respondió el forastero—. Traje a mi concubina para que disfrutara del célebre paisaje de Hangzhou. El tiempo ha transcurrido de forma tan placentera que he ido posponiendo mi regreso. Aunque vine con las manos vacías, sufragué todos mis gastos con mi olla. Sin embargo, ahora que he encontrado un espíritu afín, no guardaré mi secreto para mí. Después de llevar a mi concubina a

顿，兼就看看老母，再赴吾丈之期，未为迟也。"富翁道："寒舍有别馆园亭，可贮尊眷。何不就同携到彼住下，一边做事，岂不两便？家下虽是看待不周，决不至有慢尊客，使尊眷有不安之理。只求慨然俯临，深感厚情。"客人方才点头，道："既承吾丈如此真切，容与小妾说过，商量收拾起行。"

富翁不胜之喜，当日就写了请帖，请他次日下湖饮酒。到了明日，殷殷勤勤，接到船上。备将胸中学问，你夸我逞，谈得津津不倦，只恨相见之晚。宾主尽欢而散。又送着一桌精洁酒肴，到隔壁园亭上去，请那小娘子。来日客人答席，分外丰盛，酒器家火，都是金银，自不必说。两人说得好着，游兴既阑，约定同到松江。在关前雇了两个大船，尽数搬了行李下去，一路相傍同行。那小娘子在对船舱中，隔帘时露半面。富翁偷眼看去，果然生得丰姿美艳，体态轻盈。只是：

盈盈一水间，脉脉不得语。

又裴航赠同舟樊夫人诗云：

同舟吴越犹怀想，况遇天仙隔锦屏。

但得玉京相会去，愿随鸾鹤入青冥。

casa y presentar mis respetos a mi madre, iré a verle. No será demasiado tarde, ¿verdad?

—Tengo una casa de campo donde puede hospedarse su señora —propuso Pan—. ¿No prefiere traerla consigo para que le haga compañía mientras trabaja? Aunque no podemos agasajarlo como se merece, haremos todo lo posible por complacerle y hacer que su señora esté cómoda. Le estaré más agradecido de lo que las palabras pueden expresar si viene.

El forastero asintió.

—Ya que se lo ha tomado tan en serio, —comentó— hablaré con mi concubina y luego prepárese para partir.

Pan estaba encantado. Inmediatamente escribió una tarjeta para invitar al alquimista a festejar con él al día siguiente en el lago. Un día después, lo acompañó muy respetuosamente hasta una barca, donde cada uno hizo un resumen de su vida. Hablaron sin pausa, lamentaron no haberse conocido antes y se despidieron muy satisfechos el uno del otro. Pan también había enviado comida y vino para la concubina. El tercer día, el alquimista lo invitó a un banquete mucho más exuberante en el que, huelga decir, toda la vajilla era de oro y plata. Como Pan ya no podía pensar en nada más que en la alquimia y había perdido todo el interés por los lugares pintorescos, no tardó en hacer los preparativos para viajar con el alquimista a Songjiang. Alquilaron dos embarcaciones grandes en el puerto, subieron su equipaje a bordo y zarparon juntos. La joven en el camarote del alquimista corría la cortina y se asomaba con frecuencia. Pan, lanzando miradas furtivas, vio que era de una belleza deslumbrante. Pero, ¡ay!

Un abismo sin puente los mantenía alejados;
Él no podía revelar todo lo que sentía su corazón.

此时富翁在隔船望着美人，正同此景，所恨无一人通音问耳。

话休絮烦，两只船不一日至松江。富翁已到家门首，便请丹客上岸。登堂献茶已毕，便道："此是学生家中，往来人杂，不便。离此一望之地，便是学生庄舍，就请尊眷同老丈至彼安顿，学生也到彼外厢书房中宿歇。一则清净，可以省烦杂；二则谨密，可以动炉火。尊意如何？"丹客道："炉火之事，最忌俗嚣，又怕被外人触犯。况又小妾在身畔，一发宜远外人。若得在贵庄住止，行事最便了。"富翁便指点移船到庄边来，自家同丹客携手步行。来到庄门口。门上一匾，上写"涉趣园"三字。进得园来，但见：

古木干霄，新篁夹径。榱题虚敞，无非是月榭风亭；栋宇幽深，饶有那曲房邃室。叠叠假山数仞，可藏太史之书；层层岩洞几重，疑有仙人之策。若还奏曲能招凤，在此观棋必烂柯。

丹客观玩园中景致，欣然道："好个幽雅去处！正堪为修炼之所，又好安顿小妾，在下便可安心与吾丈做事了。看来吾丈果是有福有缘的。"富翁就叫人接了那小娘子起来。那小娘子乔妆了，带着两个丫头，一个唤名春云，一个唤名秋月，摇摇摆摆，走到园亭上来。富翁欠身回避。丹客道："而今是通家了，就等小妾拜见不妨。"就叫那小娘子与富翁相见了。富翁对面一看，真个是沉鱼落雁之容，闭月羞花之貌。天下凡是有钱的人，再没一个不贪财好色

Pan lamentaba no tener la forma de enviarle un mensaje.

Para no hacer la historia tan larga, las dos embarcaciones llegaron muy pronto a Songjiang, donde Pan invitó al alquimista a bajar a tierra y acompañarlo hasta su casa.

—Aquí es donde vive mi familia —sentenció, ofreciendo té a su invitado—. Pero como hay demasiada gente aquí, me gustaría invitarlo a usted y a su dama a mi casa de campo que está cerca y en la que yo también me puedo quedar en el estudio frente al patio. Allí, nadie nos molestará y está tan apartada que nadie sabrá cuándo encienda el horno. ¿Qué le parece?

—No debo exponerme a la curiosidad ni al bullicio del vulgo cuando practico mi arte —convino el alquimista—. Ya que mi concubina está aquí, se me sobran razones para vivir en reclusión. Será muy conveniente que nos hospedemos en su residencia de campo.

Pan ordenó entonces a los barqueros que los llevaran a su casa de campo. Tanto él como el alquimista caminaron juntos alegremente hasta la puerta que llevaba la inscripción "Jardín del Placer".

—Este lugar apacible y elegante es perfecto para la alquimia —declaró el alquimista tras echar un vistazo—. También es un buen lugar para mi concubina. Aquí puedo trabajar con tranquilidad. Eres un hombre afortunado.

A continuación, Pan envió a sus sirvientas a escoltar a la joven desde el barco. Espectacularmente vestida y escoltada por sus dos doncellas, Chunyun y Qiuyue, se balanceaba con gracia hacia el jardín. Pan se puso de pie para marcharse mientras ella se acercaba, pero el alquimista lo detuvo.

—Somos muy amigos —aseguró—. Permítame presentársela.

Cuando Pan la miró a la cara, vio que era algo más que una belleza terrenal. Todos los hombres ricos anhelan el dinero y las

的。富翁此时，好像雪狮子向火，不觉软瘫了半边，炼丹的事，又是第二着了。便对丹客道："园中内室尽宽，凭尊嫂拣个像意的房子住下了。人少时，学生还再去唤几个妇女来伏侍。"丹客就同去看内房了。

富翁急急走到家中，取了一对金钗，一双金手镯，到园中奉与丹客，道："些小薄物，奉为尊嫂拜见之仪，望勿嫌轻鲜。"丹客一眼估去，见是金的，反推辞道："过承厚意。只是黄金之物，在下颇为易得，老丈实为重费。于心不安，决不敢领。"富翁见他推辞，一发不过意，道："也知吾丈不希罕此些微之物，只是尊嫂面上，略表芹意，望吾丈鉴其诚心，乞赐笑留。"丹客道："既然这等美情，在下若再推托，反是见外了。只得权且收下，容在下竭力炼成丹药，奉报厚惠。"笑嘻嘻走入内房，叫个丫头捧了进去。又叫小娘子出来，再三拜谢。富翁多见得一番，就破费这些东西，也是心安意肯的。口里不说，心中想道："这个人有此丹法，又有此美姬，人生至此，可谓极乐。且喜

mujeres hermosas. En ese momento, sintió que se derretía como un muñeco de nieve cerca del fuego y olvidó hasta la alquimia.

—Hay muchas habitaciones interiores en esta residencia —le explicó al alquimista—. Su señora puede elegir entre ellas y si no tiene suficientes sirvientas, puedo enviar a algunas chicas para que le sirvan.

Mientras el alquimista y su concubina recorrían la casa, Pan se apresuró a buscar un par de horquillas y pendientes de oro, que entregó al alquimista.

—¿Puedo ofrecerle estas baratijas a su señora? —le preguntó—. Por favor, no se ofenda por la pobreza de los regalos.

Sin embargo, cuando el alquimista vio que las baratijas eran de oro, se negó.

—Me rinde demasiados honores —respondió—. Puedo hacer oro fácilmente, pero le costará mucho dinero. Por ese motivo no puedo aceptar estos regalos.

—Sé que no le interesan esas nimiedades —declaró Pan, bastante avergonzado—. Pero le ruego que las acepte como muestra de mi sincero respeto por su señora.

—Ya que es tan bondadoso con nosotros, no estaría bien negarse —respondió el alquimista—. Permítame entonces aceptarlas. Cuando haya fabricado la piedra filosofal le devolveré su amabilidad.

Inmediatamente, salió de la habitación con una sonrisa para ordenar a una doncella que llevara los regalos a su concubina y le pidiera que saliera a agradecer a su anfitrión. Mientras tanto, Pan pensaba que el tan solo hecho de verla una vez más bien valía el coste de las baratijas.

"Este hombre no solo domina el arte de la alquimia, sino que posee esta maravillosa belleza", reflexionó. "¿Qué más le puede pedir

他肯与我修炼，丹成料已有日。只是见放着这等美色在自家庄上，不知可有些缘法否？若一发钩搭得上手，方是心满意足的事。而今拼得献些殷勤，做工夫不着，磨他去，不要性急，且一面打点烧炼的事。"便对丹客道："既承吾丈不弃，我们几时起手？"丹客道："只要有银为母，不论早晚，可以起手。"富翁道："先得多少母银？"丹客道："多多益善，母多丹多，省得再费手脚。"富翁道："这等，打点将二千金下炉便了。今日且偏陪在家下料理，明日学生搬过来，一同做事。"是晚，就具酌在园亭上款待过，尽欢而散。又送酒肴内房中去，殷殷勤勤，自不必说。

次日，富翁准准兑了二千金，将过园子里来。一应炉器家伙之类，家里一向自有，只要搬将来。富翁是久惯这事的，颇称在行，铅汞药物，一应俱备，来见丹客。丹客道："足见主翁留心。但在下尚有秘妙之诀，与人不同，炼起来便见。"富翁道："正是秘妙之诀，要求相传。"丹客道："在下此丹，名为九转还丹。每九日火候一还，到九九八十一日开炉，丹物已成。那时节主翁大福到了。"富翁

a la vida? Por suerte, ha accedido a perfeccionar la piedra filosofal para mí y muy pronto podré transmutar el oro yo mismo. Me pregunto si podré llegar a un entendimiento con esta hermosa mujer ahora que está aquí. Tener éxito en este sentido también sería maravilloso. No debo precipitarme y estropearlo todo. Será mejor que me ocupe primero de la alquimia". Así que le preguntó al alquimista:

—¿Cuándo les parece bien comenzar?

—Podemos empezar tan pronto como nos proporcione la plata.

—¿Cuánto se necesita?

—Cuanto más, mejor porque cuanta más plata, más piedra filosofal. De esta forma, si tiene suficiente no necesitará repetir el proceso.

—En ese caso, —mantuvo Pan— proporcionaré dos mil taels de plata para la olla. Hoy, iré a casa a buscarla y mañana me trasladaré aquí para trabajar con ustedes.

Esa noche invitó al alquimista a un banquete y fueron felices en su mutua compañía. No hace falta decir que también envió vino y manjares a la habitación interior.

Al día siguiente, Pan llevó a su casa de campo dos mil taels de plata, todos los aparatos —moldes, destiladores, pelícanos, cabezas de pernos— y demás que tenía en su casa. Con su vasta experiencia en alquimia, sabía todo lo que se necesitaba y pronto tuvo listos el plomo, la amalgama y otros ingredientes necesarios.

—Aprecio las molestias que se toma —aseguró el alquimista—. Pero descubrirá que mi método es diferente a los que está acostumbrado.

—Eso es precisamente lo que le ruego me enseñe.

—Mi piedra filosofal es el *lapis novenarius*. Nueve días completan un ciclo. Cuando hayan pasado nueve periodos de nueve días, la olla podrá abrirse y la piedra filosofal se perfeccionará. Ese día tendrá

道："全仗提携则个。"丹客就叫跟来一个家僮，依法动手，炽起炉火，将银子渐渐放将下去。取出丹方，与富翁看了，将几件希奇药料放将下去。烧得五色烟起，就同富翁封住了炉。又唤这跟来几个家人，分付道："我在此将有三个月日担搁，你们且回去，回复老奶奶一声再来。"这些人只留一二个惯烧炉的在此，其余都依话散去了。

从此，家人日夜烧炼，丹客频频到炉边看火色，却不开炉。闲了，却与富翁清谈，饮酒下棋。宾主相得，自不必说。又时时送长送短，到小娘子处讨好。小娘子也有时回敬几件知趣的东西，彼此致意。

如此二十余日，忽然一个人，穿了一身麻衣，浑身是汗，闯进园中来。众人看时，却是前日打发去内中的人。见了丹客，叩头大哭道："家里老奶奶没有了，快请回去治丧！"丹客大惊失色，哭倒在地。富翁也一时惊惶，只得从旁劝解道："令堂天年有限，过伤无益，且自节哀。"家人催促道："家中无主，作速起身。"丹客住了哭，对富翁

una gran fortuna.

—¡No puedo decirle lo agradecido que estoy! —gritó Pan.

Entonces el alquimista ordenó a su paje que encendiera el horno y colocara la plata en la caldera poco a poco. Hecho esto, le mostró a Pan su fórmula, vertió algunos productos químicos extraños sobre el metal para que provocaran humos de diferentes colores y selló la olla con un sello hermético. Por último, despidió a sus sirvientes.

—Me quedaré aquí unos tres meses —les dijo—. Vuelvan a casa e informen a mi madre.

Todos se fueron, excepto el muchacho del horno.

A partir de entonces, el alquimista inspeccionaba el horno para ver el color de la llama, pero nunca abría la caldera. En su tiempo libre charlaba, bebía o jugaba al ajedrez con Pan, hasta que se hicieron los mejores amigos. Pan también enviaba muchos regalos a la concubina para ganarse su favor y ella le devolvía algunas baratijas con sus saludos. Habían pasado así más de veinte días cuando un hombre vestido de luto llegó sudando a la casa de campo. Se trataba de uno de los sirvientes que habían sido enviados a casa y que ahora se inclinaba ante el alquimista.

—¡La anciana ha muerto! —gritó—. Por favor, vaya a casa de inmediato, señor, para asistir al funeral.

El alquimista quedó petrificado y luego cayó al suelo llorando.

—Ya que su madre ha llegado al final de su ciclo de vida natural, no es necesario que se aflija demasiado —le aseguró Pan muy consternado—. Por favor, no se ponga así.

—No hay nadie a cargo en casa, señor —comunicó el sirviente al alquimista—. Será mejor que no pierda tiempo.

El alquimista se secó las lágrimas y se volvió hacia Pan.

道："本待与主翁完成美事，少尽报效之心。谁知遭此大变，抱恨终天。今势既难留，此事又未终，况是间断不得的，实出两难。小妾虽是女流，随侍在下已久，炉火之候，尽已知些底，留他在此看守丹炉才好。只是年幼，无人管束，须有好些不便处。"富翁道："学生与老丈通家至交，有何妨碍？只须留下尊嫂在此。此炼丹之所，又无闲杂人来往，学生当唤几个老成妇女，前来陪伴。晚间或是接到拙荆处，一同寝处。学生自在园中安歇看守，以待吾丈到来，有何不便？至于茶饭之类，自然不敢有缺。"丹客又踌躇了半晌，说道："今老母已死，方寸乱矣！想古人多有托妻寄子的，既承高谊，只得敬从，留他在此看看火候。在下回去料理一番，不日自来启炉。如此方得两全其事。"

富翁见说肯留妾，心里恨不得许下了半般的天，满面笑容应承道："若得如此，足见有始有终。"丹客又进去与小娘子说了来因，并要留他在此看炉的话，一一分付了。

—Tenía la intención de hacerle un favor para demostrarle mi gratitud, pero ahora me ha ocurrido esta gran desgracia que nunca dejaré de lamentar. La piedra filosofal no está perfeccionada aún y como el proceso no debe interrumpirse me encuentro ahora en un gran dilema. Aunque mi concubina es solo una mujer, lleva conmigo el tiempo suficiente para conocer la temperatura adecuada del fuego. Por tanto, he pensado que podría quedarse aquí para vigilar el horno. Sin embargo, como es joven y no tiene a nadie que la cuide, no me gusta la idea de dejarla aquí sola.

—¿Qué escrúpulos puede tener cuando somos tan amigos? —preguntó Pan—. Por supuesto, deje a su señora aquí. Ningún entrometido se acercará al laboratorio. Además, puedo enviar unas cuantas mujeres respetables para que le hagan compañía. O si lo prefiere, puede dormir con mi esposa mientras yo me quedo aquí. De esta manera, vigilaremos la olla hasta que usted regrese. ¿Qué reparos podría poner a mi propuesta?

El alquimista dudó unos instantes.

—La noticia de la muerte de mi madre me ha dejado muy confundido —afirmó al fin—. Sé que los hombres de antaño a veces confiaban sus esposas e hijos a los amigos y, ya que usted es tan amable, acepto dejarla aquí para que cuide el horno mientras yo asisto al funeral de mi madre. Volveré pronto para abrir la caldera y así habré cumplido con mi deber para con ambas partes.

Cuando Pan tuvo la certeza de que la concubina se quedaría vigilando el horno, estaba dispuesto a aceptar cualquier término en medio de su alegría.

—Si lo hace, —respondió, radiante— podremos llevarlo a buen puerto.

El alquimista entró para explicar el asunto a su concubina y

就叫小娘子出来，再见了主翁，嘱托与他了。叮咛道："只好守炉，万万不可私启。倘有所误，悔之无及。"富翁道："万一尊驾来迟，误了八十一日之期，如何是好？"丹客道："九还火候已足，放在炉中，多养得几日，丹头愈生得多，就迟些开也不妨的。"丹客又与小娘子说了些衷肠密语，忙忙而去了。

　　这里富翁见丹客留下了美妾，料他不久必来，丹事自然有成，不在心上。却是趁他不在，亦且同住园中，正好勾搭，机会不可错过。时时亡魂失魄，只思量下手。方在游思妄想，可可的那小娘子叫个丫头春云来道："俺家娘请主翁到丹房看炉。"富翁听得，急整衣巾，忙趋到房前来，请道："适才尊婢传命，小子在此伺候尊步同往。"那小娘子啭莺声，吐燕语，道："主翁先行，贱妾随后。"只见袅袅娜娜，走出房来，道了万福。富翁道："娘子是客，小子岂敢先行？"小姐子道："贱妾女流，怎好僭妄？"推

luego la hizo salir para ver a Pan.

—Tu tarea es sencillamente vigilar la olla —le encargó—. No debes abrirla bajo ningún concepto. Si haces algo mal, lo lamentarás después.

—¿Y qué pasará si no puede volver dentro de ochenta y un días? —interrogó Pan.

—Después de que la plata haya estado expuesta al calor lo suficiente, unos días más en la olla solo producirán más piedra filosofal —respondió el alquimista—. Un pequeño retraso no tiene importancia.

Tras hablar en privado con su concubina, se despidió. Como el alquimista había dejado a su concubina, a Pan ya no le preocupaba que no regresara en mucho tiempo o que la piedra filosofal no estuviera perfeccionada. Su único pensamiento era que ahora tenía una espléndida oportunidad para seducir a la joven que no debía dejar escapar. Se preguntaba distraídamente cómo hacerlo, cuando en eso entraba Chunyun.

—Mi señora quiere echarle un vistazo al horno del laboratorio, señor —informó.

Pan se arregló apresuradamente y se dirigió a la puerta de la habitación de la joven.

—Su doncella me comunicó su intención de que la acompañe al horno, señora —afirmó.

—Por favor, muéstreme el camino —contestó dulcemente— y le seguiré.

La concubina salió de su habitación balanceándose graciosamente para saludarle.

—Usted es mi invitada, señora —protestó Pan—. ¿Cómo podría precederla?

逊了一回，单不扯手扯脚的相让，已自觑面谈唾相接了一回，有好些光景。毕竟富翁让他先走了，两个丫头随着。富翁在后面看去，真是步步生莲花，不由人不动火。来到丹房边，转身对两个丫头道："丹房忌生人，你们只在外住着，单请主翁进来。"主翁听得，三脚两步跑上前去，同进了丹房。把所封之炉，前后看了一回。富翁一眼估定这小娘子，恨不得寻口水来吞他下肚去，那里还管炉火的青红皂白，可惜有这个烧火的家僮在旁，只好调调眼色，连风话也不便说得一句。直到门边，富翁才老着脸皮道："有劳娘子尊步。尊夫不在，娘子回房须是寂寞。"那小娘子口不答应，微微含笑。此番却不推逊，竟自冉冉而去。

富翁愈加狂荡，心里想道："今日丹房中若是无人，尽可撩拨他的，只可惜有这个家僮在内。明日须用计遣开了他，然后约那人同出看炉，此时便可用手脚了。"是夜即分付从人："明日早上备一桌酒饭，请那烧炉的家僮，说道：一向累他辛苦了，主翁特地与他浇手。要灌得烂醉方住。"分付已毕，是夜独酌无聊，思量美人只在内室，又

—Solo soy una mujer —respondió ella—. ¿Cómo me atrevería a presumir?

Gracias a este intercambio de cortesías, aunque no se tocaron, permanecieron frente a frente durante varios minutos. Finalmente, Pan la convenció de ir delante con sus dos criadas y la visión de sus pequeños pies, cual lotos dorados, le encendió la sangre mientras la seguía. Cuando llegó al laboratorio, se dirigió a sus criadas.

—Las personas no autorizadas no pueden entrar aquí —les explicó—. Espérennos afuera.

Pan se apresuró a entrar tras ella en el laboratorio para inspeccionar el caldero, pero la verdad es que solo tenía ojos para la joven, a quien deseaba poder tragársela viva. Pan había perdido todo el interés por la alquimia. Desafortunadamente, el muchacho que atendía el fuego estaba allí, así que Pan solo pudo lanzar miradas de admiración a la bella dama sin hacerle ningún cumplido. Solo cuando se marchaban se armó de valor para decir:

—Gracias por acompañarme, señora. Debe sentirse muy sola en su habitación sin su esposo.

La joven no dijo nada, pero sonrió para sí misma y caminó sin disentir. A esas alturas, Pan ardía de pasión.

"Si no hubiera nadie más allí, podría tener éxito con ella", pensó. "¡Ese chico que se queda en el laboratorio es un inconveniente! Si puedo quitármelo de en medio mañana antes de pedirle a la concubina que visite el horno, podré salirme con la mía".

Acto seguido, ordenó a un criado:

—Llévale mañana algo de comida y vino al muchacho que atiza el fuego y dile que lo estoy tratando bien porque ha trabajado muy duro. Asegúrate de emborracharlo bien.

Esa noche bebió desconsoladamente a solas, pensando en la

念着日间之事,心中痒痒,彷惶不已。乃吟诗一首道:

  名园富贵花,移种在山家。

  不道栏杆外,春风正自赊。

走至堂中,朗吟数遍,故意要内房里听得。只见内房走出一个丫头秋月来,手捧一盏茶来送道:"俺家娘听得主翁吟诗,恐怕口渴,特奉清茶。"富翁笑逐颜开,再三称谢。秋月进得去,只听得里边也朗吟道:

  名花谁是主,飘泊任春风。

  但得东君惜,芳心亦自同。

富翁听罢,知是有意,却不敢造次闯进去。又只听里边关门响,只得自到书房睡了,以待天明。

  次日早上,从人依了昨日之言,把个烧火的家僮请了去。他日逐守着炉灶边,原不耐烦,见了酒杯,那里肯放?吃得烂醉,就在外边睡着了。富翁已知他不在丹房了,却走到内房前,自去请看丹炉。那小娘子听得,即便

hermosa concubina en la habitación interior y en todo lo que había ocurrido ese día. Luego, paseando inquieto de un lado a otro, recitó:

Hoy han trasplantado una magnífica y hermosa flor en el jardín de mi humilde casa;

Pero suspiro en vano junto a mi modesta terraza, porque la primavera se aleja rápidamente.

Pan caminó hasta el salón y recitó los versos una y otra vez con la esperanza de que la joven lo escuchara. En ese momento, salió Qiuyue con una taza de aromático té para él.

—Mi señora le ha escuchado recitar la poesía, señor, —indicó y agregó— y pensando que pudiera tener sed, le invita a tomar una taza de té.

Radiante de alegría, Pan se lo agradeció profusamente. Apenas se había retirado la criada, cuando Pan escuchó también los cánticos en la habitación interior.

¿Nadie se compadecerá de la flor, el deporte del áspero viento de primavera? Si tan solo la amas, ella no será cruel.

De inmediato Pan supo que la hermosa joven sentía algo por él, sin embargo, no se atrevió a entrar en su habitación. En cuanto oyó que la puerta se cerraba, se fue a la cama a esperar el amanecer. A la mañana siguiente, su sirviente invitó a comer al muchacho que atizaba el horno. Cansado de permanecer todos los días junto al fuego, el muchacho aceptó de buena gana y no dejó su copa de vino hasta que estuvo completamente embobado y luego se quedó profundamente dormido.

Tan pronto como Pan supo que el muchacho había salido del laboratorio, se dirigió a la puerta de la concubina para pedirle que le acompañara a inspeccionar la caldera. La concubina salió como el día anterior y se adelantó hasta la puerta del laboratorio, donde les

移步出来,一如昨日在前先走。走到丹房门边,丫头仍留在外,止是富翁紧随入门去了。到得炉边看时,不见了烧火的家僮,娘子假意失惊道:"如何没人在此,却歇了火?"富翁笑道:"只为小子自家要动火,故叫他暂歇了火。"小娘子只做不解道:"这火须是断不得的!"富翁道:"等小子与娘子坎离交媾,以真火续将起来。"小娘子正色道:"炼丹学道之人,如何兴此邪念,说此邪话!"富翁道:"尊夫在这里,与小娘子同眠同起,少不得也要炼丹,难道一事不做,只是干夫妻不成?"小娘子无言可答,道:"一场正事,如此歪缠!"富翁道:"小子与娘子夙世姻缘,也是正事。"一把抱住,双膝跪将下去。小娘子扶起道:"拙夫家训颇严,本不该乱做的。承主翁如此殷勤,贱妾不敢自爱,容晚间约着相会一话罢。"富翁道:"就此恳赐一欢,方见娘子厚情,如何等得到晚?"小娘子道:"这

pidió a sus criadas que la esperaran. Únicamente Pan la siguió dentro. Al llegar al horno y descubrir que el chico había desaparecido, ella fingió estar sorprendida.

—¿Cómo es que no hay nadie aquí? —preguntó—. ¿Por qué ha dejado que se apague el fuego?

—Porque yo estoy en llamas, —respondió Pan con una carcajada— le dije que dejara el fuego solo un momento.

—No debió dejar que el fuego se apagara —protestó ella, fingiendo no haberle entendido.

—Encendámoslo con nuestro propio fuego —pidió Pan.

La joven parecía asustada.

—¿Cómo puede alguien que estudia alquimia hablar y pensar en esas cosas? —interrogó ella.

—Su esposo compartió la cama con usted aquí —replicó Pan—. ¿Acaso no es lo mismo?

La concubina no supo dar una buena respuesta a esa interrogante.

—Era lo correcto y apropiado, —murmuró— pero usted está sugiriendo algo malo.

—Estamos destinados a amarnos —declaró Pan—. Esto es correcto y apropiado también.

Y abrazándola se arrodilló ante ella.

—¿Qué diría mi esposo? —preguntó ella, ayudándole a levantarse—. No me atrevo a hacer nada malo, pero ha sido tan bueno conmigo que me resulta difícil rechazarle. Encontrémonos esta noche.

—¿Por qué no ahora? —rogó Pan—. La noche está demasiado lejos.

—Puede venir alguien y eso nunca estaría bien.

里有人来，使不得！"富翁道："小子专为留心要求小娘子，已着人款住了烧火的了，别的也不敢进来。况且丹房邃密，无人知觉。"小娘子道："此间须是丹炉，怕有触犯，悔之无及，决使不得。"富翁此时兴已勃发，那里还顾什么丹炉不丹炉？只是紧紧抱住道："就是要了小子的性命，也说不得了！只求小娘子救一救！"不由他肯不肯，掼到一只醉翁椅上，扯脱裤儿。此时快乐，何异登仙。

两下云雨已毕，整了衣服。富翁谢道："感谢娘子不弃，只是片时欢娱，晚间愿赐通宵之乐。"扑的又跪下去。小娘子急抱起来道："我原许下你晚间的，你自喉急等不得，那里有丹鼎旁边就弄这事起来？"富翁道："错过一时，只恐后悔无及，还只是早得到手一刻，也是见成的了。"小娘子道："晚间还是我到你书房来，你到我卧房来？"富翁道："但凭娘子主见。"小娘子道："我处须有两个丫头同睡，你来不便。我今夜且瞒着他们，自出来罢。待我明日叮嘱丫头过了，然后接你进来。"是夜，果然人静后，小娘子走出堂中来，富翁也在那里伺候。接至书房，极尽衾枕之乐。以后或在内，或在外，总是无拘无管。

富翁以为天下奇遇，只愿得其夫一世不来，丹炼不成也罢了。绸缪了十数宵，忽然一日，门上报说："丹客到

—He tenido la precaución de mantener al joven alejado y no vendrá nadie. Este laboratorio está tan apartado que nadie se enterará.

—Pero el horno está aquí —protestó ella—. Si estropeamos el trabajo, lo lamentará. Esto no servirá.

Para entonces, Pan había perdido todo interés en la piedra filosofal, así que la tomó en sus brazos.

—No me importa si me va la vida en ello —juró.

Pan no esperó más por su consentimiento porque se sentía en el paraíso.

—Nuestra felicidad ha sido demasiado corta —declaró—. Debe concederme una noche.

Pan se arrodilló de nuevo ante la concubina y ella se apresuró a levantarlo una vez más.

—Prometí recibirlo esta noche, pero no quiso escuchar —le reprochó ella—. ¿Cómo ha podido actuar así junto al horno?

—No me atreví a desperdiciar semejante oportunidad —respondió Pan—. No pude evitarlo.

—¿Voy a su habitación esta noche o viene a la mía?

—Como lo desee.

—Mis dos criadas duermen conmigo, así que mi habitación no es apropiada. Esta noche iré a su habitación y mañana les hablaré a mis criadas de usted para que pueda venir a hacerme la visita.

Aquella noche, cuando todos dormían, la concubina llegó al vestíbulo donde la esperaba Pan, quien la condujo a su habitación. A partir de ese momento, disfrutaban sin freno en su habitación o en la de ella. Pan nunca había tenido una aventura tan espectacular. Ya no le importaba si el alquimista regresaba o si la piedra filosofal no se perfeccionaba. Habían disfrutado de esta manera durante más de diez noches, cuando un día el portero anunció que el alquimista

了。"富翁吃了一惊。接进寒温毕,他就进内房来,见了小娘子,说了好些说话。出外来,对富翁道:"小妾说丹炉不动,而今九还之期已过,丹已成了,正好开看。今日匆匆,明日献过了神,启炉罢。"富翁是夜虽不得再望欢娱,却见丹客来了,明日启炉,丹成可望。还赖有此,心下自解自乐。到得明日,请了些纸马福物,祭献了毕。丹客同富翁刚走进丹房,就变色沉吟道:"如何丹房中气色恁等的?有些诧异!"便就亲手启开鼎炉一看,跌足大惊,道:"败了,败了!真丹走失,连银母多是糟粕了。此必有做交感污秽之事,触犯了的。"富翁惊得面如土色,不好开言。又见道着真相,一发慌了。丹客懊怒,咬得牙齿格格的响,问烧火的家僮道:"此房中别有何人进来?"家僮道:"只有主翁与小娘子,日日来看一次,别无人敢进来。"丹客道:"这等如何得丹败了?快去叫小娘子来

había regresado. Muy sorprendido, Pan tuvo que darle la bienvenida. El alquimista entró a ver a su concubina y, después de hablar con ella durante algún tiempo, se reunió con su anfitrión.

—Mi concubina dice que el sello ha permanecido intacto y que el ciclo del tiempo se ha completado —manifestó—. Como estoy acabado de llegar, le pido que abramos la caldera mañana después de haber presentado sacrificios a los dioses.

Aunque se vio privado de su habitual placer nocturno, Pan encontró cierto consuelo en el hecho de que el alquimista había regresado y en breve le entregaría la piedra filosofal. Al día siguiente, tras comprar amuletos de papel y ofrecer sacrificios, entraron al laboratorio. Sin embargo, una vez cruzado el umbral, el rostro del alquimista se descompuso.

—¿Qué ha provocado este extraño ambiente? —murmuró para sí mismo.

Abrió la olla y miró en su interior, luego dio una patada en el suelo.

—¡Todo está perdido! ¡Todo está perdido! —exclamó—. La piedra filosofal se ha esfumado y hasta la base de plata se ha transformado en escoria. Alguien ha arruinado el proceso al entregarse al vicio y la lujuria aquí.

Pan se puso pálido y no pudo responder, pues sabía que todo lo que decía era cierto. El alquimista, mientras tanto, rechinaba los dientes de rabia.

—¿Quién más ha estado aquí? —le preguntó al muchacho.

—Solo el señor Pan y la señora, que venían todos los días. Nadie más se atrevió a entrar.

—¿Cómo se estropeó entonces la piedra filosofal? —gritó el alquimista—. Trae a tu señora de inmediato para que me dé una res-

问!"家僮走去,请了出来。丹客厉声道:"你在此看炉,做了甚事?丹俱败了!"小娘子道:"日日与主翁来看,炉是原封不动的,不知何故。"丹客道:"谁说炉动了封?你却动了封了!"又问家僮道:"主翁与娘子来时,你也有时节不在此么?"家僮道:"止有一日,是主翁怜我辛苦,请去吃饭,多饮了几杯,睡着在外边了。只这一日,是主翁与小娘子自家来的。"丹客冷笑道:"是了!是了!"忙走去行囊里,抽出一根皮鞭来,对小娘子道:"分明是你这贱婢做出事来了!"一鞭打去,小娘子闪过了,哭道:"我原说做不得的,主人翁害了奴也!"富翁直着双眼,无言可答,恨没个地洞钻了进去。丹客怒目直视富翁道:"你前日受托之时,如何说的?我去不久,就干出这样昧心的事来!元来是狗彘不值的。如此无行的人,如何妄思烧丹炼

puesta.

El muchacho salió corriendo a buscarla.

—¿Qué has hecho aquí mientras inspeccionabas el horno? —preguntó el alquimista iracundo—. ¿Cómo se estropeó la piedra filosofal?

—He venido una vez al día con el señor Pan a supervisar la caldera —respondió ella—. El sello hermético nunca fue manipulado. No sé cómo puede haberse estropeado.

—Nunca dije que el sello hubiera sido manipulado —replicó el alquimista—. ¡Eres tú quien debe haber sido manipulada!

Inmediatamente le preguntó al muchacho:

—¿Abandonaste en algún momento este lugar cuando el señor Pan y tu señora estaban aquí?

—Solo una vez —respondió el chico—. Un día, en que el señor Pan me invitó a comer porque había trabajado mucho, bebí unas copas de más y me quedé dormido afuera. Esa fue la única vez que estuvieron solos aquí.

—Con que eso fue lo que sucedió —se mofó el alquimista.

Acto seguido corrió hacia su equipaje y sacó un látigo.

—¡Te voy a dar una lección, zorra! —vociferó.

—¡He dicho que no! —gritó ella, esquivando los golpes—. El señor Pan tiene la culpa de todo.

Pan, bastante aturdido, deseaba que la tierra se abriera y se lo tragara.

—¿Qué dijiste cuando te la confié? —exigió el alquimista con mirada iracunda—. Sin embargo, en los pocos días que he estado fuera has hecho esta vileza. ¡Eres peor que una bestia! ¿Cómo puede un bribón como tú esperar perfeccionar la piedra filosofal? He estado demasiado ciego y será mejor que la mate a golpes. ¡De nada sirve

药？是我眼里不识人。我只是打死这贱婢罢，羞辱门庭，要你怎的！"拿着鞭一赶赶来，小娘子慌忙走进内房。亏得两个丫头拦住，劝道："官人耐性。"每人接了一皮鞭，却把皮鞭摔断了。

富翁见他性发，没收场，只得跪下去道："是小子不才，一时干差了事。而今情愿弃了前日之物，只求宽恕罢。"丹客道："你自作自受！你干坏了事，走失了丹，是应得的，没处怨怅。我的爱妾，可是与你解馋的？受了你点污，却如何处？我只是杀却了，不怕你不偿命！"富翁道："小子情愿赎罪罢。"即忙叫家人到家中拿了两个元宝，跪着讨饶。丹客只是佯着眼不瞧，道："我银甚易，岂在乎此？"富翁只是磕头，又加了二百两，道："如今以此数，再娶了一位如夫人也勾了。实是小子不才，望乞看平日之面，宽恕尊嫂罢！"丹客道："我本不希罕你银子，只是你这样人，不等你损些己财，后来不改前非。我偏要拿了你的，将去济人也好。"就把三百金拿去，装在箱里了。叫齐了小娘子与家僮、丫头等，急把衣装行李尽数搬

mantener a una desvergonzada como ella!

El alquimista se lanzó a golpear a su concubina, que huyó aterrorizada a su habitación mientras sus dos criadas, que le rogaban que la perdonara, recibían un golpe cada una por sus penas. Al ver la furia del alquimista, Pan se arrodilló ante él.

—Me he comportado de manera imperdonable —subrayó—. Estoy dispuesto a no decir nada de mi pérdida, si me perdonas.

—Solo puedes culparte a ti mismo —replicó el alquimista—. Fue tu maldad la que hizo que la piedra filosofal se esfumara, pero, ¿por qué debería darte mi concubina favorita, perro lascivo? ¿Cómo vas a enmendar el daño que le hiciste? Tengo ganas de matarla y hacerte pagar con tu vida.

—Permítame expiar mi pecado —suplicó Pan, quien se apresuró a ordenar a un sirviente que trajera dos lingotes de plata grandes por valor de cien taels.

Luego, le imploró de rodillas al alquimista que lo perdonara, pero el alquimista ni siquiera se dignó a mirarlo.

—Puedo hacer plata fácilmente —se burló—. ¿Por qué iba a querer la tuya?

Pan se inclinó de nuevo y añadió otros doscientos taels.

—Con esto puedes comprar otra concubina —dijo—. Estuvo muy mal de mi parte lo que hice. Por favor, perdónala por los viejos tiempos.

—No quiero tu plata —gruñó el alquimista—. Pero si un canalla como tú no pierde dinero, nunca aprenderá la lección. Me la llevaré y la donaré a una obra de caridad.

El alquimista guardó los trescientos taels de plata en su maletín, llamó a su concubina y a sus sirvientes y les hizo trasladar todo el equipaje al barco en el que había llegado el día anterior.

出，下在昨日原来的船里，一径出门。口里喃喃骂道："受这样的耻辱，可恨！可恨！"骂詈不止，开船去了。

富翁被他吓得魂不附体，恐怕弄出事来，虽是折了些银子，得他肯去，还自道侥幸。至于炉中之银，真个认做触犯了他，丹鼎走败。但自悔道："忒性急了些。便等丹成了，多留他住几时，再图成此事，岂不两美？再不然，不要在丹房里头弄这事，或者不妨，也不见得。多是自己莽撞了，枉自破了财物也罢，只是遇着真法，不得成丹，可惜！可惜！"又自解自乐道："只这一个绝色佳人受用了几时，也是风流话柄，赏心乐事，不必追悔了。"却不知多是丹客做成圈套。当在西湖时，原是打听得潘富翁上杭，先装成这些行径来炫惑他的。及至请他到家，故意要延缓，却像没甚要紧。后边那个人来报丧之时，忙忙归去，已自先把这二千金提了罐去了，留着家小，使你不疑。后来勾搭上场，也都是他教成的计较，把这堆狗屎堆在你鼻头上。等你开不得口，只好自认不是，没工夫与他算账了。那富翁是破财星照，堕其计中。先认他是巨富之人，必有真丹点化，不知那金银器皿都是些铜铅为质，金银汁

—¡Nunca me habían insultado tanto en mi vida! —juró mientras se marchaba—. ¡Esclavo insolente!

El alquimista fue jurando y perjurando todo el camino hasta el barco, que zarpó en cuanto estuvieron a bordo.

Pan, por su parte, había estado tan aterrado de que el alquimista pudiera matar a su concubina, que ahora, a pesar de todo el dinero que había perdido, consideraba que había salido bien librado. Pan creía sinceramente que había sido culpa suya que la plata de la olla se hubiera esfumado.

"Fui demasiado impaciente", reflexionó. "Si hubiera esperado a que la piedra filosofal estuviera lista y la hubiera conservado aquí un poco más, o si nos hubiéramos mantenido alejados del laboratorio, probablemente todo habría salido bien. Fue mi precipitación la que me hizo perder la plata. ¡Qué lástima conocer a un auténtico alquimista y no conseguir la piedra filosofal! Aun así, fue una aventura maravillosa mientras duró".

Pan no tenía la más mínima idea de lo bien que lo habían engañado. Lo cierto es que cuando este estafador se enteró de que Pan llegaría a Hangzhou, se hizo pasar por alquimista para engañarlo. Primero, se quedó con él durante un tiempo para inspirarle confianza y, cuando un criado le comunicó que su madre había fallecido y se marchó a toda prisa, llevándose consigo los dos mil taels de plata, dejó allí a la joven para disipar las sospechas de Pan. La seducción también era parte del plan para que toda la culpa recayera sobre Pan, quien tendría que disculparse y no podría exigir indemnización alguna. El desdichado cayó en la trampa, convencido de que aquel rico forastero debía tener la piedra filosofal. Pan ignoraba que los supuestos utensilios de oro y plata eran de cobre y plomo chapados. Por supuesto, a nadie que bebe a la luz de una lámpara se le ocurriría

粘裹成的。酒后灯下，谁把试金石来试？一时不辨，都误认了。此皆神奸诡计也。

富翁遭此一骗，还不醒悟。只说是自家不是，当面错了，越好那丹术不已。一日，又有个丹士到来，与他谈着炉火，甚是投机，延接在家。告诉他道："前日有一位客人，真能点铁为金，当面试过。他已此替我烧炼了。后来自家有些得罪于他，不成而去，真是可惜。"这丹士道："吾术岂独不能？"便叫把炉火来试，果然与前丹客无二：些少药末，投在铅汞里头，尽化为银。富翁道："好了！好了！前番不着，这番着了。"又凑千金与他烧炼。丹士呼朋引类，又去约了两三个帮手来做。富翁见他银子来得容易，放胆大了，一些也不防他。岂知一个晚间，提了罐走了。次日又捞了个空。

富翁此时连被拐去，手内已窘，且怒且羞道："我为这事，费了多少心机，弄了多少年月！前日自家错过，指望今番是了，谁知又遭此一闪。我不问那里，寻将去。他不

realizarle pruebas al metal para comprobar su denominación. Así fue como Pan se dejó engañar astutamente.

Lamentablemente, incluso después de ser engañado de esta manera, Pan no perdió la esperanza. Simplemente se culpó de haber perdido una oportunidad de oro y se volvió más adicto que nunca a la alquimia. Un día conoció a otro alquimista que debatió con él sobre el arte hermético. Pan encontró a este extraño tan agradable que lo invitó a su casa.

—El otro día, —refirió Pan—. Me encontré con un hombre que realmente podía transmutar los metales comunes en oro, me mostró cómo lo hacía y luego comenzó a fabricar la piedra filosofal para mí. Pero desgraciadamente le ofendí, de modo que se marchó sin terminarla.

—Yo también puedo hacerlo —declaró el forastero, quien procedió a hacer la misma demostración, añadiendo una pizca de pólvora al plomo para convertirlo en plata.

—¡Bien! —exclamó Pan—. ¡La última vez fallé, pero esta vez seguro que tendré éxito!

Así que reunió otros mil taels de plata para este alquimista, que llamó a dos o tres de sus hombres para que le ayudaran. Después de verle hacer plata con tanta facilidad, Pan confió en él ciegamente y no le vigiló en absoluto. Una noche, el desconocido se largó con el contenido de la caldera y al día siguiente no aparecía por ninguna parte. Estos dos fraudes dejaron a Pan en bancarrota, además de enfadado y avergonzado.

—¡Y pensar en todo el tiempo y el esfuerzo que he perdido por este asunto! —se lamentó—. La última vez tuve la culpa de lo que pasó, pero esta vez, cuando creía que todo iba bien, ¡me engañaron! Veré si puedo localizar a estos alquimistas porque deben estar ha-

过又往别家烧炼，或者撞得着也不可知。纵不然，或者另遇着真正法术，再得炼成真丹，也不见得。"自此收拾了些行李，东游西走。

忽然一日，在苏州阊门人丛里，劈面撞着这一伙人。正待开口发作，这伙人不慌不忙，满面生春，却像他乡遇故知的一般，一把邀了那富翁。邀到一个大酒肆中，一副洁净座头上坐了，叫酒保烫酒，取嘎饭来，殷勤谢道："前日有负厚德，实切不安。但我辈道路如此，足下勿以为怪。今有一法，与足下计较，可以偿足下前物，不必别生异说。"富翁道："何法？"丹士道："足下前日之银，吾辈得来，随手费尽，无可奉偿。今山东有一大姓，也请吾辈烧炼，已有成约。只待吾师到来，才交银举事。奈吾师远游，急切未来。足下若权认作吾师，等他交银出来，便取来先还了足下前物，直如反掌之易。不然，空寻我辈也无干。足下以为何如？"富翁道："尊师是何人物？"丹士道："是个头陀。今请足下略剪去了些头发，我辈以师礼事奉，径到彼处便了。"富翁急于得银，便依他剪发，做一齐了。彼辈殷殷勤勤，直侍奉到山东，引进见了大姓，说

ciendo los mismos trucos en otra parte o quizás me encuentre con un auténtico alquimista que me enseñe a fabricar la piedra filosofal.

Dicho esto, empacó algunas mudas de ropa y comenzó a recorrer el país.

Un día, en una multitud junto a la puerta Oeste de Suzhou, se encontró con la misma banda, pero justo cuando iba a denunciarlos, le saludaron alegremente como si fuera un viejo amigo, le invitaron a una mesa limpia en una gran taberna y ordenaron vino y comida.

—El otro día nos aprovechamos de su amabilidad, —se disculparon— pero esta es nuestra forma de actuar, así que, por favor, no se ofenda. Ahora nos gustaría hablar de cómo devolverle lo que le debemos y zanjar el asunto.

—¿Qué tienen en mente? —preguntó.

—Hemos gastado su plata en cuanto la hemos recibido, así que no podemos devolvérsela. Sin embargo, hay un hombre rico en Shandong que también nos ha pedido que hagamos la piedra filosofal para él. Ya hemos llegado a acuerdo con él y en cuanto llegue nuestro amo nos dará la plata. Sin embargo, nuestro maestro está realizando un largo viaje y no volverá hasta pasado un tiempo. Si usted ocupa su lugar, en cuanto este hombre rico nos entregue la plata le devolveremos la suya. Es muy sencillo. Pero si se niega, no podremos pagarle por mucho que insista. ¿Qué tiene que decir al respecto?

—¿Qué clase de hombre es tu maestro?

—Es un monje y por eso tendremos que pedirle que se corte el cabello. Entonces viajaremos con usted en calidad de sus discípulos a Shandong.

Ansioso por recuperar su plata, Pan aceptó y se cortó el cabello. Luego lo trataron con respeto y lo llevaron a Shandong, donde lo presentaron como su maestro al hombre rico. Este último le invitó

道是他师父来了。大姓致敬迎接,到堂中略谈炉火之事。富翁是做惯了的,亦且胸中原博,高谈阔论,尽中机宜。大姓深相敬服。是夜即兑银二千两,约在明日起火。只管把酒相劝,吃得酩酊,扶去另在一间内书房睡着。到得天明,商量安炉。富翁见这伙人科派,自家晓得些,也在里头指点。当日把银子下炉烧炼,这伙人认做徒弟守炉。大姓只管来寻师父去请教,攀话饮酒,不好却得。这些人看个空儿,又提了罐各各走了,单撇下了师父。大姓只道师父在家不妨,岂知早晨一伙都不见了,就拿住了师父,要去送在当官,捉拿余党。富翁只得哭诉道:"我是松江潘某,元非此辈同党。只因性好烧丹,前日被这伙人拐了,路上遇见他,说道在此间烧炼,得来可以赔偿。又替我剪发,叫我妆做他师父来的。指望取还前银,岂知连宅上多骗了,又撇我在此。"说罢大哭。大姓问其来历详细,说

con mucha deferencia a sentarse en el salón y debatir sobre alquimia. Como Pan sabía mucho sobre el tema y era un hombre educado, habló erudita y exhaustivamente hasta dejar a su anfitrión muy impresionado. Esa misma noche, el hombre acaudalado les hizo entrega de dos mil taels de plata y lo dispuso todo para que el trabajo comenzara al día siguiente. Inmediatamente después, invitó a Pan a beber y cuando estaba completamente embriagado lo llevó a una habitación interior para que durmiera. Al amanecer, los embaucadores discutían cómo poner en marcha el horno. Dado que Pan conocía algo de la rutina, se unió al debate e incluso les dio ciertas instrucciones. Seguidamente, colocaron la plata en la olla para que se fundiera y los hombres que se hacían pasar por alumnos de Pan vigilaban el horno mientras su anfitrión se llevaba a Pan a un lado para consultarle y ofrecerle bebidas para que no pudiera escapar. En tanto, los bribones aprovecharon la oportunidad para huir con la plata, dejando a su amo atrás. El señor acaudalado no tenía reparos porque el monje seguía allí. No obstante, a la mañana siguiente, al descubrir que toda la banda había desaparecido, aprendió a Pan y lo amenazó con llevarlo ante el magistrado para que detuviera al resto de la pandilla.

—Soy natural de Songjiang —confesó Pan entre lágrimas—. No pertenezco a ninguna banda, pero me interesa la alquimia y no hace mucho me estafaron dinero. Después me encontré con ellos en el camino y prometieron devolverme el dinero una vez que produjeran la piedra filosofal para usted, si me cortaba el cabello y fingía ser su maestro. Vine aquí esperando recuperar mi dinero, sin pensar que ellos también le engañarían a usted y me dejarían a mí de rehén.

Pan lloró largo y tendido. El hombre rico le interrogó exhaustivamente y, tras descubrir que Pan era, en efecto, un ciudadano acaudalado de Songjiang que había tenido tratos con su familia y

得对科，果是松江富家，与大姓家有好些年谊的。知被骗是实，不好难为得他，只得放了。一路无了盘缠，倚着头陀模样，沿途乞化回家。

到得临清码头上，只见一只大船内，帘下一个美人，揭着帘儿，露面看着街上。富翁看见，好些面熟，仔细一认，却是前日丹客所带来的妾，与他偷情的。疑道："这人缘何在这船上？"走到船边，细细访问，方知是河南举人某公子，包了名娼，到京会试的。富翁心里想道："难道当日这家的妾毕竟卖了？"又疑道："敢是面庞相象的？"不离船边，走来走去，只管看。忽见船舱里叫个人出来，问他道："官舱里大娘问你，可是松江人？"富翁道："正是松江。"又问道："可姓潘否？"富翁吃了一惊道："怎晓得我的姓？"只见舱里人说："叫他到船边来。"富翁走上前去，帘内道："妾非别人，即前日丹客所认为妾的便是。实

que había sido engañado, decidió no continuar con el asunto y lo dejó marchar. Mientras tanto Pan, que no tenía dinero para el viaje y estaba vestido de monje, tuvo que empezar a mendigar por todo el camino a casa como un fraile mendicante.

Cuando llegó al puerto de Linqing, vio que una hermosa mujer se asomaba detrás de la cortina de un barco grande. Su rostro le resultaba familiar y, al observarla más de cerca, Pan se dio cuenta de que se parecía a la concubina del alquimista que había sido su amante.

"¿Será ella?", se preguntó.

Cuando se acercó a la embarcación e hizo averiguaciones, se enteró de que era una famosa cortesana, que había sido contratada por un joven erudito de Henan en camino a la capital para los exámenes de palacio.

"¿En serio habrá vendido a su concubina?", se maravilló Pan. "Puede no sea más que un sorprendente parecido".

Pan paseó muelle arriba y muelle abajo cerca del barco observando a la mujer, hasta que una criada salió del camarote.

—Nuestra señora pregunta si es usted nativo de Songjiang —le dijo.

—Lo soy —afirmó Pan.

—¿Se llama Pan?

—Sí. ¿Cómo lo sabes?

Entonces la mujer en el camarote gritó:

—Pídele que venga aquí.

Pan fue hasta el camarote y la mujer se dirigió a él desde detrás de la cortina.

—Soy la mujer que el alquimista llamó su concubina —le confesó—. En realidad soy una cortesana de Henan, pero él me dijo lo que tenía que hacer y tuve que cumplir sus instrucciones y ayudarle a

是河南妓家。前日受人之托，不得不依他嘱咐的话，替他捣鬼，有负于君。君何以流落至此？"富翁大恸，把连次被拐，今在山东回来之由，诉说一遍。帘内人道："妾与君不能无情，当赠君盘费，作急回家。此后遇见丹客，万万勿可听信。妾亦是骗局中人，深知其诈。君能听妾之言，是即妾报君数宵之爱也。"言毕，着人拿出三两一封银子来，递与他，富翁感谢不尽，只得收了。自此方晓得前日丹客美人之局，包了娼妓做的，今日却亏他盘缠。到得家来，感念其言，终身不信炉火之事。却是头发纷披，亲友知其事者，无不以为笑谈。奉劝世人好丹术者，请以此为鉴。

　　丹术须先断情欲，尘缘岂许相驰逐？
　　贪淫若是望丹成，阴沟洞里天鹅肉。

engañarlo. Me temo que le he hecho una mala jugada. Sin embargo, ¿cómo ha llegado a este estado?

Pan le contó con tristeza que había sido engañado de nuevo y que ahora se disponía a mendigar por el camino de regreso a casa.

—No puedo evitar sentir pena por usted —indicó la mujer—. Le daré algo de dinero para el camino y será mejor que vuelva a casa tan rápido como pueda. Si se encuentra con más alquimistas, no se deje llevar. Después de haber sido su cómplice, conozco muy bien sus trucos y, si sigue mi consejo, sentiré que le he pagado por aquellas noches de amor.

De inmediato, le ordenó a su criada que le diera un paquete con tres taels de plata, que Pan aceptó de buena gana. Aunque había resultado ser una cortesana, le estaba tan agradecido por haberle ayudado a llegar a casa que siguió su consejo y no volvió a confiar en los alquimistas. Sin embargo, Pan se había cortado el cabello y se había cubierto de vergüenza, por lo que todos sus amigos que se enteraron de sus desventuras se burlaban de él. Espero que esto sirva de lección a todos los que se obsesionan con la alquimia.

钱多处白丁横带
运退时刺史当艄

**LA PREFECTURA COMPRADA
Y PERDIDA**

钱多处白丁横带
运退时刺史当艄

诗云：

> 菀枯本是无常数，何必当风使尽帆？
> 东海扬尘犹有日，白衣苍狗刹那间。

话说人生荣华富贵，眼前的多是空花，不可认为实相。如今人一有了时势，便自道是万年不拔之基；傍边看的人也是一样见识。岂知转眼之间，灰飞烟灭。泰山化作冰山，极是不难的事。俗语两句说得好："宁可无了有，不可有了无。"专为贫贱之人，一朝变泰，得了富贵，苦尽甜来，滋味深长。若是富贵之人，一朝失势，落魄起来，这叫做"树倒猢狲散"，光景着实难堪了。却是富贵的人，只据目前时势，横着胆，昧着心，任情做去，那里管后来有下梢没下梢？

这本话文就是唐僖宗朝，江陵有一个人，叫做郭七郎。父亲在日，做江湘大商，七郎长随着船上去走的。父

¿Quién puede predecir si la fortuna perdurará?
Cuando se tiene riqueza, ¿por qué hay que esforzarse por conseguir más?
Cada segundo que pasa las nubes cambian de forma en el cielo,
Y hasta los océanos pueden secarse.

La pompa y la gloria humanas no son más que vanidad y no deben considerarse auténticas ni duraderas. Sin embargo, hoy en día, cuando los hombres tienen una racha de suerte creen que durará por siempre y los espectadores piensan lo mismo. En la vida real, esa racha de suerte puede desvanecerse en un abrir y cerrar de ojos como el humo o las cenizas. Con demasiada frecuencia la montaña de oro se convierte en montaña de hielo.

El proverbio dice: "Más vale empezar pobre y acabar rico que empezar rico y acabar pobre". ¡Cómo debe saborear el pobre lo dulce después de lo amargo cuando de repente se sabe rico y respetado! Pero si los otrora ricos y poderosos experimentan días malos, sus seguidores se dispersan como monos cuando su árbol es derribado. Una caída es difícil de soportar. Ahora, mientras prosperan, los ricos y poderosos se comportan exactamente como quieren, sin ningún reparo de conciencia, sin importarles si tienen un final bueno o malo.

La historia que leerá a continuación es la de un hombre oriundo de Jiangling llamado Guo Qilang, que también vivió durante el reinado del emperador Xi Zong. El padre de Guo era un comerciante rico del centro de China. A menudo, Guo le acompañaba en sus via-

亲死过，是他当家了。真个是家资巨万，产业广延，有鸦飞不过的田宅，贼扛不动的金银山，乃楚城富民之首。江淮河朔的贾客，多是领他重本，贸易往来。却是这些富人，惟有一项不平心，是他本等：大等秤进，小等秤出。自家的，歹争做好；别人的，好争做歹。这些领他本钱的贾客，没有一个不受尽他累的。各各吞声忍气，只得受他。你道为何？只为本钱是他的，那江湖上走的人，拚得陪些辛苦在里头，随你尽着欺心真帐，还只是仗他资本营运，毕竟有些便宜处。若一下冲撞了他，收拾了本钱去，就没蛇得弄了。故此随你克剥，只是行得去的，本钱越弄越大。所以富的人只管富了。

那时有一个极大商客，先前领了他几万银子，到京都做生意，去了几年，久无音信。直到乾符初年，郭七郎在家，想着这注本钱没着落。他是大商，料无所失，可惜没个人往京去一讨。又想一想道："闻得京都繁华去处，花柳之乡，不若借此事由，往彼一游。一来可以索债，二来买

jes en barco. Tras la muerte de su padre, Guo se convirtió en el jefe de la familia y en dueño de una gran fortuna y de miles de hectáreas de tierra. Sus propiedades eran tan vastas que ningún cuervo podía atravesarlas. Además, tenía tanto oro y tanta plata que ningún ladrón podía robar toda su riqueza. Guo, el hombre más rico del valle superior del río Changjiang, prestaba dinero a todos los mercaderes de la zona y se relacionaba únicamente con hombres acaudalados.

Guo tenía también una debilidad natural: cuando aceptaba el pago pesaba con sus balanzas, pero cuando prestaba dinero utilizaba pesas inferiores. Además, para él su plata era de la mejor calidad y la de los demás, de la peor. Así que todos los comerciantes que le pedían prestado siempre salían perdiendo en la transacción. Como Guo poseía el capital, los prestatarios tenían que soportar este injusto tratamiento. Guo tenía el privilegio de manipular las cuentas a su antojo porque era el dueño del capital. Los mercaderes en cambio, pese a padecer las vicisitudes del viaje en carne propia, dependían del capital de Guo para generar ingresos. De hecho, si lo ofendían y él les exigía la devolución del préstamo, quedaban fuera de juego. Así cedían a sus apretones porque valía la pena. De esta forma, la fortuna de Guo crecía día tras día porque dinero genera dinero.

Un mercader muy rico, que había pedido prestados miles de taels de plata a Guo para hacer negocio en la capital, había permanecido fuera durante varios años y no había enviado ningún mensaje de vuelta. A principios del periodo Qianfu (874-879), Guo recordó que esta deuda no había sido pagada aún y, pese a que su deudor era un mercader tan próspero que nada podía salir mal, deseaba poder enviar a alguien a la capital a cobrar el préstamo.

"He oído que la capital es un lugar maravilloso en el que un hombre puede divertirse con las cortesanas", pensó Guo. "Puedo

笑追欢,三来觑个方便,觅个前程,也是终身受用。"算计已定。七郎有一个老母,一弟、一妹在家,奴婢下人无数,只是未曾娶得妻子。当时分付弟妹承奉母亲,着一个都管看家,余人各守职业做生理。自己却带几个惯走长路、会事的家人在身边,一面到京都来。七郎从小在江湖边生长,贾客船上往来,自己也会撑得篙,摇得橹,手脚快便,把些饥餐渴饮之路,不在心上。不则一日到了。

元来那个大商,姓张名全,混名"张多宝"。在京都开几处解典库,又有几所缣缎铺,专一放官吏债,打大头脑的。至于居间说事,卖官鬻爵,只要他一口担当,事无不成。也有叫他做"张多保"的,只为凡事都是他保得过,所以如此称呼。满京人无不认得他的,郭七郎到京,一问便着。他见七郎到了,是个江湘债主,起初进京时节,多亏他的几万本钱做桩,才做得开,成得这个大气概。一见了欢然相接,叙了寒温,便摆起酒来。把轿去教

aprovechar esta oportunidad para hacer el viaje. En primer lugar, cobraré la deuda; en segundo lugar, me divertiré con las cortesanas y, en tercer lugar, puede que tenga la oportunidad de conseguir un puesto oficial que me establezca de por vida". Tras esta reflexión, decidió ir a la capital.

Guo no estaba casado, pero tenía una madre anciana, un hermano y una hermana menores en casa, así como muchos sirvientes y criados. Previo al viaje, le pidió a su hermano y a su hermana cuidar bien de su madre, nombró a un mayordomo jefe para que se encargara de mantener el orden en la casa y asignó diferentes tareas al resto de la servidumbre. Luego, llevando consigo a unos cuantos criados acostumbrados a recorrer largas distancias por negocios para él, partió rumbo a la capital. Desde muy pequeño, Guo estaba acostumbrado a navegar en embarcaciones mercantes y era un buen conocedor de las travesías y el remo, por lo que el viaje no le resultó difícil y en poco tiempo llegó a su destino.

El rico comerciante al que Guo había prestado dinero era Zhang Quan, también conocido como Zhang "la bolsa de dinero". Zhang era dueño de varias casas de empeño y tiendas de seda en la capital y prestaba dinero a funcionarios y peces gordos. También era muy buen negociante y, si aceptaba actuar como intermediario o comprar a alguien un rango o título oficial, siempre cumplía su palabra. Como todos los ciudadanos de la capital conocían a Zhang, Guo dio con su paradero tan pronto preguntó por él.

Cuando llegó su acreedor, Zhang recordó que había sido el dinero de Guo el que le había permitido venir a la capital, establecerse en el negocio y prosperar y de inmediato le prodigó una cordial bienvenida. Tras el habitual intercambio de cumplidos, Zhang ordenó un preparar un banquete y envió varios palanquines a buscar a

坊里，请了几个有名的衚衕，前来陪侍，宾主尽欢。酒散后，就留一个绝顶的妓者，叫做王赛儿，相伴了七郎，在一个书房里宿了。富人待富人，那房舍精致，帷帐华侈，自不必说。

次日起来，张多保不待七郎开口，把从前连本连利一算，约该有十来万了，就如数搬将出来，一手交兑。口里道："只因京都多事，脱身不得。亦且挈了重资，江湖上难走，又不可轻易托人，所以迟了几年。今得七郎自身到此，交明了此一宗，实为两便。"七郎见他如此爽利，心下喜欢。便道："在下初入京师，未有下处。虽承还清本利，却未有安顿之所。有烦兄长替在下寻个寓舍何如？"张多保道："舍下空房尽多，闲时还要招客，何况兄长通家，怎到别处作寓？只须在舍下安歇，待要启行时，在下周置动身，管取安心无虑。"七郎大喜，就在张家间壁一所大客房住了。当日取出十两银子送与王赛儿，做昨日缠头之费。夜间七郎摆还席，就央他陪酒。张多保不肯要他

varias cortesanas famosas para que hicieran compañía a Guo. Tanto el invitado como el anfitrión se divirtieron mucho. Después del banquete, Zhang se quedó con una hermosa chica llamada Wang Saier para que durmiera con Guo en la biblioteca. Como se trataba de un hombre rico que recibía a otro hombre rico, no hace falta decir que la habitación y el mobiliario eran de lo más selecto.

A la mañana siguiente, antes de que Guo se levantara o tuviera tiempo de mencionar el propósito de su visita, Zhang calculó su deuda y constató que el capital y los intereses ascendían a varios cientos de miles de taels. Zhang entregó dicha suma a Guo.

—He estado demasiado ocupado para salir de la capital —explicó—. Además, no sería muy seguro viajar con tanto dinero y tampoco podía confiárselo a nadie. Esa es la razón de los años de retraso en el pago. Me alegro mucho de que hayas venido tú mismo para así saldar cuentas.

Guo se alegró de la buena fe de Zhang.

—Nunca he estado aquí antes y no tengo dónde quedarme —comentó—. Has tenido la bondad de devolverme el capital con intereses y me pregunto si puedo molestarte ahora para que me busques un lugar donde hospedarme.

—Tengo muchas habitaciones vacías, —respondió Zhang— y a menudo invito a amigos a quedarse. ¿Cómo puede un viejo amigo como tú pensar en irse a otra parte? Debo insistir en que seas mi invitado. Cuando quieras marcharte, podrás organizar tu viaje de regreso aquí. Te aseguro que no será ningún problema.

Guo quedó encantado y se instaló en una gran casa de huéspedes junto a la propia residencia de Zhang. Ese mismo día, le dio a Saier diez taels de plata por sus servicios de la noche anterior y le pidió le acompañara la siguiente cuando ofrecería un banquete en ho-

破钞,自己也取十两银子来送,叫还了七郎银子。七郎那里肯?推来推去,大家都不肯收进去,只便宜了这王赛儿,落得两家都取了,两人方才快活。是夜宾主两个与同王赛儿,行令作乐饮酒,愈加熟分有趣,吃得酩酊而散。

王赛儿本是个有名的上厅行首,又见七郎有的是银子,放出十分擒拿的手段来。七郎一连两宵,已此着了迷魂汤。自此同行同坐,时刻不离左右,径不放赛儿到家里去了。赛儿又时常接了家里的姊妹,轮递来陪酒插趣,七郎赏赐无算。那鸨儿又有做生日、打差买物事、替还债许多科分出来。七郎挥金如土,并无吝惜。才是行径如此,便有帮闲钻懒一班儿人,出来诱他去跳槽。大凡富家浪子,心性最是不常,搭着便生根的,见了一处,就热一处。王赛儿之外,又有陈娇、黎玉、张小小、郑翩翩,几处往来,都一般的撒漫使钱。那伙闲汉又领了好些王孙贵戚好赌博的,牵来局赌,做圈做套,赢少输多,不知骗去了多少银子。

七郎虽是风流快活,终久是当家立计好利的人。起初

nor a Zhang. Al no querer que su invitado incurriera en ningún gasto, Zhang le dio a Saier diez taels de plata y le pidió que le devolviera los otros diez a su huésped. Guo, sin embargo, no aceptó. El dinero pasaba de una mano a otra y, cuando ninguno de los dos quiso aceptarlo, la muchacha tuvo la suerte de hacerse con las dos partes para satisfacción de ambos.

Aquella noche, los dos mercaderes se entregaron a la bebida con la muchacha y se divirtieron mucho. Disfrutaron tanto de la compañía del otro que no se separaron hasta estar embriagados. Saier, cortesana de renombre, al percatarse de cuan rico era Guo, recurrió todas sus artimañas para seducirlo. Después de dos noches con ella, Guo quedó completamente hechizado. Como Guo no le permitía apartarse de su lado ni volver a su burdel, de vez en cuando invitaba a otras cortesanas a beber con Guo y divertirle. Mientras tanto, él les hacía innumerables regalos. En tanto, la chica inventaba todo tipo de excusas para pedirle dinero: cumpleaños que había que celebrar, compras que había que hacer, deudas que había que pagar, etc.

Como Guo era espléndido y gastaba el dinero como si fuera agua, una banda de parásitos pululaba a su alrededor y lo persuadía para que visitara a otras cortesanas. Estos despilfarradores de familias acaudaladas nunca son constantes en su amor, sino que van de flor en flor y cortejan a cada nueva belleza que encuentran a su paso. Como resultado, aparte de Saier, Guo conoció a muchas otras chicas. Dondequiera que iba, Guo gastaba el dinero imprudentemente. Luego, sus despreciables compañeros le presentaron a algunos jóvenes nobles aficionados al juego, que le engañaron de tal manera que casi siempre perdía y la mayor parte de su plata fue a parar a sus bolsillos.

Aunque a Guo le gustaban los placeres, después de todo era un hombre con propiedades y la mirada siempre puesta en la opor-

见还的利钱都在里头，所以放松了些手。过了三数年，觉道用得多了，捉捉后手看，已用过了一半有多了。心里猛然想着家里头，要回家，来与张多保商量。张多保道："此时正是濮人王仙芝作乱，剽掠郡县，道路梗塞。你带了偌多银两，待往那里去？恐到不得家里。不如且在此盘桓几时，等路上平静好走，再去未迟。"七郎只得又住了几日。偶然一个闲汉，叫做包走空包大，说起朝廷用兵紧急，缺少钱粮，纳了些银子，就有官做；官职大小，只看银子多少。说得郭七郎动了火。问道："假如纳他数百万钱，可得何官？"包大道："如今朝廷昏浊，正正经经纳钱，就是得官，也只有数，不能勾十分大的。若把这数百万钱拿去，私下买嘱了主爵的官人，好歹也有个刺史做。"七郎吃一惊道："刺史也是钱买得的？"包大道："而今的世界，有甚么正经？有了钱，百事可做。岂不闻崔烈五百万买了个司徒么？而今空名大将军告身，只换

tunidad. Al principio, gastó a manos llenas porque había recibido cuantiosos intereses además de su capital, pero después de dos o tres años sintió que había despilfarrado lo suficiente y descubrió, al hacer cuentas, que había gastado más de la mitad de su dinero. En ese instante, pensó en su casa y decidió regresar. Fue así como le planteó el tema a Zhang.

—Ahora que Wang Xianzhi se ha rebelado en las provincias, —le comunicó Zhang— los caminos están bloqueados. No debes pensar en viajar con tanto dinero porque nunca llegarías a casa. Te aconsejo que te quedes aquí un poco más hasta que las cosas se calmen.

De esta manera, Guo se quedó unos días más. Entonces, un vagabundo amigo suyo llamado Bao Da mencionó por casualidad que, debido a la emergencia militar y a la falta de financiación, el Gobierno estaba vendiendo puestos oficiales y explicó que el rango dependía de la cantidad pagada. A Guo se le hizo la boca agua al escucharlo.

—Por unos cuantos millones en efectivo, ¿qué tipo de puesto podría conseguir? —preguntó.

—El Gobierno es muy corrupto —aseveró Bao—. Si pagas de la forma habitual, solo conseguirás un puesto insignificante, pero si das unos cuantos millones en efectivo en secreto al oficial a cargo, deberías conseguir un puesto de prefecto como mínimo.

Guo se sorprendió.

—¿Quieres decir que se puede comprar una prefectura? —preguntó.

—¿Qué honestidad hay hoy en día en el mundo? —replicó Bao—. Con dinero se puede comprar cualquier cosa. ¿No te has enterado de que Cui Lie compró el puesto de ministro de Asuntos Civiles por cinco millones? Si un título de comandante vale el precio

得一醉。刺史也不难的。只要通得关节,我包你做得来便是。"

正说时,恰好张多保走出来。七郎一团高兴,告诉了适才的说话。张多保道:"事体是做得来的,在下手中也弄过几个了。只是这件事,在下不撺掇得兄长做。"七郎道:"为何?"多保道:"而今的官,有好些难做。他们做得兴头的,多是有根基,有脚力,亲戚满朝,党羽四布,方能勾根深蒂固,有得钱赚,越做越高。随你去剥削小民,贪污无耻,只要有使用,有人情,便是万年无事的。兄长不过是白身人,便弄上一个显官,须无四壁倚仗,到彼地方,未必行得去。就是行得去时,朝里如今专一讨人便宜,晓得你是钱换来的,略略等你到任一两个月,有了些光景,便道勾你了,一下子就涂抹着,岂不枉费了这些钱?若是官好做时,在下也做多时了。"七郎道:"不是这等说。小弟家里有的是钱,没的是官。况且身边现有钱财,总是不便带得到家,何不于此处用了些?博得个腰金衣紫,也是人生一世,草生一秋。就是不赚得钱时,小弟家里原不希罕这钱的。就是不做得兴时,也只是做过了一番官了。登时住了手,那荣耀是落得的。小弟见识已定,

de una copa, una prefectura tampoco será difícil de conseguir. Siempre que vayas por los canales adecuados, te garantizo que no tendrás problemas.

Mientras hablaban, entró Zhang y Guo le contó con alegría lo que habían estado conversando.

—Sí, se puede hacer —aseguró Zhang—. En efecto, lo he hecho para muchas personas, pero no te aconsejo que lo hagas.

—¿Por qué no? —preguntó Guo.

—Es difícil ser funcionario en la actualidad —le explicó Zhang—. Para que te vaya bien tienes que tener partidarios y gente que te apoye, parientes en la corte y seguidores en todas partes. Solo entonces podrás echar raíces, ganar dinero, subir cada vez más alto y exprimir a la gente tan descaradamente como quieras. Con el apoyo y las conexiones puedes salirte con la tuya. Pero tú estás solo. Supongamos que consigues un buen puesto, si no tienes a nadie que te apoye cuando llegues allí, puede que las cosas no salgan demasiado bien. Incluso si te las apañas bien, recuerda que el Gobierno está a la caza de todo lo que pueda. Como las autoridades saben que has comprado tu puesto, esperarán a que lleves uno o dos meses allí y te vaya bien para entonces abalanzarse sobre ti y mancharte de barro. Al final, verás que te has gastado todo ese dinero para nada. Si fuera bueno ser funcionario, hace mucho tiempo que yo lo sería.

—Esa no es la forma de verlo —replicó Guo—. Tengo mucho dinero en casa, pero no tengo rango oficial. Ya que no sería fácil llevar de vuelta a casa la suma que tengo conmigo, ¿por qué no gastar una parte de ella aquí? Si consigo un cinturón de oro y una túnica púrpura, no habré vivido en vano. Aunque no gane nada con ello, ¿qué más da? De todos modos, no necesito el dinero extra. No me importa si no lo hago bien, habré sido funcionario. Aunque mi man-

兄长不要扫兴。"多保道:"既然长兄主意要如此,在下当得效力。"

当时就与包大两个商议,去打关节。那个包大走跳路数极熟,张多保又是个有身家、干大事惯的人,有什么弄不来的事?元来唐时使用的是钱,千钱为缗。就用银子准时,也只是以钱算帐。当时一缗钱,就是今日的一两银子,宋时却叫做一贯了。张多保同包大将了五千缗,悄悄送到主爵的官人家里。那个主爵的官人,是内官田令孜的收纳户,百灵百验。又道是"无巧不成话"。其时有个粤西横州刺史郭翰,方得除授,患病身故,告身还在铨曹。主爵的受了郭七郎五千缗,就把籍贯改注,即将郭翰告身,转付与了郭七郎。从此改名做了郭翰。张多保与包大接得横州刺史告身,千欢万喜,来见七郎称贺。七郎此时头轻脚重,连身子都麻木起来。包大又去唤了一部梨园子弟,张多保置酒张筵,是日就换了冠带。那一班闲汉,晓得七郎得了个刺史,没一个不来贺喜撮空,大吹大擂,吃了一日的酒。又道是:"苍蝇集秽,蝼蚁集膻,鹁鸽子旺边

dato sea corto, seguiré teniendo la gloria. Ya estoy decidido, amigo. No intentes disuadirme.

—Bueno, si estás decidido, —respondió Zhang— te ayudaré.

En ese instante, Zhang y Bao Da debatieron sobre los pasos a seguir. Bao Da tenía mucha experiencia en ese tipo de cosas y Zhang era un ciudadano importante acostumbrado a los grandes negocios: entre los dos podían arreglar el asunto fácilmente.

En la dinastía Tang se utilizaba dinero en efectivo de cobre y una sarta contenía mil piezas. Incluso cuando se utilizaba la plata, las sumas se calculaban en términos de efectivo, siendo una sarta de efectivo equivalente a un tael de plata.

Zhang y Bao Da enviaron cinco mil sartas al oficial encargado de los rangos —el tesorero del eunuco, Tian Lingzi, un hombre tan capaz como se podía encontrar—. El destino quiso que Guo Han, a quien se le iba a notificar su nombramiento para la prefectura de Hengzhou, en Guangxi, enfermara y muriera y sus cartas credenciales estuvieran todavía en la oficina. Cuando el funcionario encargado recibió las cinco mil sartas de dinero en efectivo, cambió el lugar de domicilio en los documentos y se los entregó a Guo, quien se convirtió así en Guo Han.

Una vez asegurada la prefectura de Hengzhou, Zhang y Bao vinieron con gran alegría a felicitar a Guo, que se sintió bastante mareado y embriagado de grandeza. Seguidamente, Bao Da contrató una compañía de actores y Zhang ofreció un banquete. Guo se puso el traje de funcionario y todos sus allegados, al enterarse de que se había convertido en prefecto, acudieron también a felicitarle. Con trompetas y tambores festejaron durante todo un mes.

Como dice el proverbio: "Las moscas se juntan en la mugre y las hormigas en la grasa, mientras las palomas vuelan a las casas

1165

飞。"七郎在京都，一向撒漫有名，一旦得了刺史之职，就有许多人来投靠他做使令的。少不得官不威牙爪威，做都管，做大叔，走头站，打驿吏，欺估客，诈乡民，总是这一干人了。

郭七郎身子如在云雾里一般，急思衣锦荣归，择日起身。张多保又设酒饯行。起初这些往来的闲汉、姊妹，多来送行。七郎此时眼孔已大，各各赍发些赏赐，气色骄傲，傍若无人。那些人让他是个见任刺史，胁肩谄笑，随他怠慢，只消略略眼梢带去，口角惹着，就算是十分殷勤好意了。如此撺哄了几日，行装打迭已备，齐齐整整起行，好不风骚！一路上想道："我家里资产既饶，又在大郡做了刺史，这个富贵不知到那里才住。"心下喜欢，不觉日逐卖弄出来。那些原跟去京都家人，又在新投的家人面前，夸说着家里许多富厚之处。那新投的一发喜欢，道是投得着好主了，前路去耀武扬威，自不必说。无船上马，有路登舟，看看到得江陵境上来。七郎看时吃了一惊。但见：

de los ricos". Como Guo había sido conocido por sus costumbres pródigas en la capital, ahora que era prefecto muchos le rogaron que fuera su patrón y estos seguidores se volvieron más agresivos que su amo. Cual mayordomos y corredores, anunciaban la llegada de Guo allá donde fuera, intimidaban a los funcionarios locales y engañaban a los comerciantes y a la gente del campo. Guo sentía que caminaba por el aire y, ansioso por hacer alarde de su esplendor en casa, eligió una fecha para su partida. Zhang organizó el banquete de despedida y sus amigos buenos para nada acudieron con las cortesanas a despedirse también. A estas alturas, Guo ya era un alto funcionario y un hombre muy poderoso. Mientras repartía regalos con altanería como si toda esa gente fuera muy inferior a él, ellos lo adulaban y soportaban sin chistar toda su insolencia porque era prefecto. Si solo miraba a uno de ellos o mencionaba su nombre, el hombre en cuestión se sentía abrumado por el honor.

Esta situación duró varios días hasta que se hicieran los preparativos para el viaje. Guo partió con gran estilo, con el aspecto de un alto funcionario. Por el camino iba pensando: "Ahora no solo tengo una gran propiedad en casa, sino que también soy prefecto de una importante prefectura. ¿En el futuro, quién sabe a dónde podré llegar?".

Con el prefecto tan complacido que no pudo resistirse a hacer un desfile, los sirvientes que lo acompañaron a la capital presumiendo ante los nuevos seguidores de la riqueza de Guo y los nuevos súbditos exultantes de pensar qué maravilloso amo habían encontrado, no hace falta decir que se dieron aires durante todo el trayecto hasta Jiangling viajaran a caballo o en barco.

Cuando Guo llegó a su lugar de origen, se sorprendió al ver el panorama porque...

人烟稀少，闾井荒凉。满前败宇颓垣，一望断桥枯树。乌焦木在，无非放火烧残；赭白粉墙，尽是杀人染就。尸骸没主，乌鸦与蝼蚁相争；鸡犬无依，鹰隼与豺狼共饱。任是石人须下泪，总教铁汉也伤心。

元来江陵渚宫一带地方，多被王仙芝作寇残灭，里闾人物，百无一存。若不是水道明白，险些认不出路径来。七郎看见了这个光景，心头已自劈劈地跳个不住。到了自家岸边，抬头一看，只叫得苦。元来都弄做了瓦砾之场。偌大的房屋，一间也不见了。母亲、弟妹、家人等，俱不知一个去向。慌慌张张，走头无路，着人四处找寻。找寻了三四日，撞着旧时邻人，问了详细，方知地方被盗兵炒乱，弟被盗杀，妹被抢去，不知存亡。止剩得老母与一两个丫头，寄居在古庙傍边两间茅屋之内。家人俱各逃窜，囊橐尽已荡空。老母无以为生，与两个丫头替人缝针补线，得钱度日。七郎闻言，不胜痛伤，急急领了从人，奔

No había humo, ni señales de vida humana,
El campo desierto estaba muerto,
Con ruinas carbonizadas y destripadas bajo los pies,
Y ramas marchitas y moribundas en lo alto.
Las paredes blancas estaban manchadas con la sangre de los abatidos,
Las vigas rojas estaban ennegrecidas por las llamas de la guerra;
Los cadáveres yacen sin enterrar donde cayeron,
Para que las hormigas los desgarren,
Para que los cuervos los picoteen y los arañen.
Las gallinas y los perros que quedaron sin hogar
Presa fácil eran de los lobos salvajes y los milanos.
Un hombre de piedra o de hierro que viera este espectáculo,
Una lágrima debería derramar antes de seguir su camino.

Esta región había sido asolada por los rebeldes y apenas quedaba uno de cada cien habitantes. Si no fuera por el río que se erigía como punto de referencia, nadie habría podido reconocer la localidad. Cuando Guo vio semejante desolación, su corazón empezó a latir con fuerza. Cuando llegó a su casa y miró a su alrededor, no pudo evitar dar un grito de desesperación. Todo el lugar estaba en ruinas, su gran mansión había sido allanada y desconocía qué había sido de su madre, de su hermano y su hermana, de toda su familia.

Atemorizado y desconcertado, buscó durante varios días hasta que encontró a un viejo vecino y se enteró de que, cuando el lugar fue saqueado por los rebeldes, su hermano fue asesinado y su hermana raptada... ¡Cuál había sido su destino nadie podía saberlo! Su madre vivía con dos criadas en un bohío de paja cerca de un antiguo templo, pero como los demás miembros de la familia habían huido y el dinero también había desaparecido, para vivir dependían de lo que ella y sus criadas ganaban cosiendo. Cuando Guo se enteró de esto,

至老母处来。母子一见,抱头大哭。老母道:"岂知你去后,家里遭此大难。弟妹俱亡,生计都无了。"七郎哭罢,拭泪道:"而今事已到此,痛伤无益。亏得儿子已得了官,还有富贵荣华日子在后面,母亲且请宽心。"母亲道:"儿得了何官?"七郎道:"官也不小,是横州刺史。"母亲道:"如何能勾得此显爵?"七郎道:"当今内相当权,广有私路,可以得官。儿子向张客取债,他本利俱还,钱财尽多在身边,所以将钱数百万,勾干得此官。而今衣锦荣归,省看家里,随即星夜到任去。"

七郎叫众人取冠带过来穿着了。请母亲坐好,拜了四拜。又叫身边随从旧人,及京中新投的人,俱各磕头,称太夫人。母亲见此光景,虽然有些喜欢,却叹口气道:"你在外边荣华,怎知家丁尽散,分文也无了。若不营勾这官,多带些钱归来用度也好。"七郎道:"母亲诚然女人家

se sintió conmovido. Rápidamente condujo a sus seguidores hasta donde estaba su progenitora y madre e hijo se abrazaron y lloraron.

—¡Cómo predecir el desastre que ocurrió después de tu partida! —sollozó su madre—. Ahora tu hermano y tu hermana están perdidos y nosotros sin dinero.

En seguida, Guo se secó las lágrimas.

—Es inútil lamentarse —sentenció—. Por suerte tengo un puesto oficial, así que nos llegarán riquezas y esplendor. No debes preocuparte, madre.

—¿Qué puesto oficial tienes? —preguntó la señora.

—No es uno malo —respondió él—. La prefectura de Hengzhou.

—¿Cómo has podido conseguir un puesto tan importante?

—Ahora que los eunucos están en el poder, no hay que pasar los exámenes para ser funcionario. Cuando fui a cobrar la deuda de Zhang, me pagó con intereses, así que tenía mucho dinero allí y pagué unos cuantos millones por este puesto. Volví a casa para ver a la familia y ahora debo viajar a toda prisa a Hengzhou.

Luego ordenó a sus sirvientes que trajeran su gorro y su cinturón de funcionario y tras ponerse el traje oficial, pidió a su madre que se sentara mientras él le hacía una reverencia. A continuación, ordenó a sus antiguos sirvientes y a los nuevos de la capital que se inclinaran también ante la anciana. Su madre se sintió un poco reconfortada, pero aun así suspiró.

—Mientras te iba tan bien en la capital, hijo, —se lamentó— ignorabas que la familia estaba destrozada y que nos habían robado hasta el último céntimo. Si no hubieras comprado este puesto, podrías haber traído más dinero a casa.

—Está hablando como una mujer, madre —protestó Guo—.

识见。做了官，怕少钱财？而今那个做官的家里，不是千万百万，连地皮多卷了归家的？今家业既无，只索撇下此间，前往赴任。做得一年两年，重撑门户，改换规模，有何难处！儿子行囊中，还剩有二三千缗，尽勾使用。母亲不必忧虑。"母亲方才转忧为喜，笑逐颜开，道："亏得儿子峥嵘有日，奋发有时，真时谢天谢地！若不是你归来，我性命只在目下了。而今何时可以动身？"七郎道："儿子原想此一归来，娶个好媳妇，同享荣华。而今看这个光景，等不得做这个事了。且待上了任，再做商量。今日先请母亲上船安息。此处既无根绊，明日换个大船，就做好日开了罢。早到得任一日，也是好的。"

当夜请母亲先搬在来船中了。茅舍中破锅、破灶、破碗、破罐，尽多撇下。又分付当直的，雇了一只往西粤长行的官船。次日搬过了行李，下了舱口停当，烧了利市神福，吹打开船。此时老母与七郎俱各精神荣畅，志气轩昂。七郎不曾受苦，是一路兴头过来的，虽是对着母亲，觉得满盈得意，还不十分怪异。那老母是历过苦难的，真是地下超升在天上，不知身子几都大了。

¿No voy a tener dinero ahora que soy prefecto? Hoy en día todos los funcionarios ganan millones exprimiendo al pueblo. Como ya no tenemos propiedades, será mejor que nos vayamos de aquí y partamos a mi puesto. Dentro de un año o dos, podremos recuperar fácilmente nuestra fortuna familiar. Aún tengo dos o tres mil sartas de dinero en efectivo conmigo, suficiente para nuestras necesidades actuales, así que no se preocupe.

Entonces el dolor de su madre se transformó en regocijo.

—Qué suerte que te haya ido tan bien, hijo —manifestó radiante—. ¡Alabado sea el Cielo! Si no hubieras vuelto, no habría vivido mucho más. ¿Cuándo podemos partir?

—Pensaba buscar una buena esposa para compartir mi auge antes de ir a mi puesto —señaló Guo—. Pero no parece que debamos esperar a eso. Será mejor que vayamos directamente a mi puesto. Me gustaría que fuera a mi barco para descansar hoy, madre. Como no hay nada que nos retenga aquí, mañana alquilaré una embarcación grande, elegiré un día propicio y partiremos. Cuanto antes lleguemos, mejor.

Esa noche Guo acompañó a su madre al barco, dejando todos sus cacharros rotos en la cabaña de paja. Inmediatamente, ordenó a sus hombres alquilar una embarcación grande que los llevara hasta Guangxi, hizo llevar su equipaje al día siguiente hasta la nueva nave, quemó papeles de sacrificio para la buena suerte y zarpó entre el retumbar de trompetas y tambores.

Tanto Guo como su madre parecían ahora alegres, prósperos y altivos. Guo no había sufrido penurias, sino que había vivido bien todo el tiempo. Por tanto, no era nada nuevo para él mostrarse orgulloso y complaciente. Su madre, en cambio, había pasado por tales dificultades que ahora parecía transportada del infierno al cielo. La

一路行去，过了长沙，入湘江，次永州。州北江漂有个佛寺，名唤兜率禅院，舟人打点泊船在此过夜。看见岸边有大楠树一株，围合数抱，遂将船缆结在树上，结得牢牢的，又钉好了桩橛。七郎同老母进寺随喜，从人撑起伞盖跟后。寺僧见是官员，出来迎接送茶，私问来历。从人答道："是见任西粤横州刺史。"寺僧见说是见任官，愈加恭敬，陪侍指引，各处游玩。那老母但看见佛菩萨像，只是磕头礼拜，谢他覆庇。天色晚了，俱各回船安息。

黄昏左侧，只听得树梢呼呼的风响。须臾之间，天昏地黑，风雨大作。但见：

封姨逞势，巽二施威。空中如万马奔腾，树杪似千军拥沓。浪涛澎湃，分明战鼓齐鸣；圩岸倾颓，恍惚轰雷骤震。山中虓虎啸，水底老龙惊。尽知巨树可维舟，谁道大风能拔木。

众人听见风势甚大，心下惊惶。那艄公心里道："是江风虽猛，亏得船系在极大的树上，生根得牢，万无一

anciana se sentía hinchada al doble de su tamaño normal.

Los viajeros pasaron por Changsha y navegaron río abajo por el Xiang hasta Yongzhou. Al Norte del río estaba el monasterio budista Doulüchan. Allí, los barqueros amarraron para pasar la noche. En la orilla había un enorme árbol de higuera de bengala, tan grande que se necesitaban varios hombres para rodear su tronco. Los barqueros sujetaron la cuerda de amarre a este árbol y luego la clavaron en el suelo con una estaca.

Guo desembarcó con su madre para visitar el monasterio, acompañado por los asistentes que llevaban paraguas oficiales. Cuando los monjes vieron que se trataba de un funcionario, salieron a darle la bienvenida y le sirvieron té. Al enterarse, tras discretas averiguaciones, de que se trataba del nuevo prefecto de Hengzhou, se mostraron aún más respetuosos y le dieron un recorrido a Guo y a su madre por todo el monasterio, deteniéndose ante cada imagen de Buda para que la anciana pudiera inclinarse ante ellas y agradecerles por su protección. Al anochecer volvieron a la embarcación.

Aquella noche, un fuerte viento azotó los árboles, el cielo y la tierra se oscurecieron y se desató una gran tormenta.

> *Entonces el viento y la lluvia hicieron gala de su poderío,*
> *Como diez mil veloces jinetes que galopan de noche;*
> *El estruendo de las olas evocaba los golpes de tambor de la guerra y las riberas se desplomaban ante el rugir de los truenos.*
> *El aullido de los tigres aterrorizó el aire y los dragones se replegaron en su guarida acuática;*
> *Aunque la barca estaba sujeta al poderoso tronco del árbol,*
> *¡El árbol de raíz al suelo cayó y la embarcación se hundió!*

Cuando se desencadenó el vendaval, los barqueros se alarmaron, pero pensaron que como su nave estaba sujeta a un árbol tan

失。"睡梦之中,忽听得天崩地裂价一声响亮。元来那株槠树年深月久,根行之处,把这些帮岸都拱得松了。又且长江巨浪,日夜淘洗,岸如何得牢?那树又大了,本等招风,怎当这一只狼犺的船,尽做力生根在这树上?风打得船猛,船牵得树重,树趁着风威,底下根在浮石中绊不住了,豁刺一声,竟倒在船上来,把只船打得粉碎。船轻树重,怎载得起?只见水乱滚进来,船已沉了。舱中碎板,片片而浮。睡的婢仆,尽没于水。说时迟,那时快,艄公慌了手脚,喊将起来。郭七郎梦中惊醒,他从小原晓得些船上的事,与同艄公竭力死拖住船缆,才把个船头凑在岸上,搁得住。急在舱中水里,扶得个母亲,搀到得岸上来,逃了性命。其后艄人等,舱中什物行李,被几个大浪泼来,船底俱散,尽漂没了。其时,深夜昏黑,山门紧闭,没处叫唤,只得披着湿衣,三人捶胸跌脚价叫苦。

　　守到天明,山门开了,急急走进寺中,问着昨日的主

grande y arraigado estarían a salvo por muy fuerte que fuera el viento. Sin embargo, mientras dormían, se produjo un gran estruendo. La higuera de bengala era muy vieja y sus raíces habían comenzado a desprenderse del suelo, bañadas día y noche por el río. Por tal motivo, la higuera de bengala no estaba firmemente arraigada. Además, el árbol era grande, soportaba todo el peso del viento y, por si fuera poco, la pesada embarcación estaba sujeta a su tronco. Cuando el viento azotaba, el navío tiraba del árbol, víctima de las sacudidas de la tormenta. En el momento en que las raíces no pudieron aferrarse más a las rocas sueltas, el árbol cayó estrepitosamente sobre el barco.

El árbol era pesado y la embarcación ligera, por lo que el agua se abrió paso y el navío se hundió. En el río flotaban los tablones de los camarotes, mientras los sirvientes, entregados al sueño, eran arrastrados por la borda.

En menos tiempo del que se tarda en contar, los barqueros, presas del pánico, lanzaron un grito y Guo se despertó. Como había aprendido a navegar cuando era joven, ayudó a los barqueros a tirar de la cuerda hasta que consiguieron llevar la proa del barco a la orilla. Luego, ayudó a su madre a bajar a la orilla. Su madre salvó la vida, pero los hombres del camarote del fondo habían sido engullidos con todo el equipaje de Guo por varias olas grandes y, cuando el barco se rompió, se ahogaron.

En ese momento estaba muy oscuro y las puertas del monasterio estaban firmemente cerradas, por lo que sus gritos de auxilio no fueron escuchados en el ruido de la tormenta. Enfundados en sus ropas mojadas, solo podían darse puñetazos en el pecho y patadas en el suelo mientras lamentaban su suerte. Así esperaron hasta el amanecer. Cuando por fin se abrió la puerta del monasterio, se apresuraron a entrar para preguntar por el abad que habían conocido el día

僧。主僧出来，看见他慌张之势，问道："莫非遇了盗么？"七郎把树倒舟沉之话，说了一遍。寺僧忙走出看，只见岸边一只破船沉在水里，岸上大楠树倒来压在其上，吃了一惊。急叫寺中火工道者人等，一同艄公到破板舱中，遍寻东西，俱被大浪打去，没讨一些处；连那张刺史的告身，都没有了。寺僧权请进一间静室，安住老母。商量到零陵州州牧处陈告情由，等所在官司替他动了江中遭风失水的文书，还可赴任。计议已定，有烦寺僧一往。寺僧与州里人情厮熟，果然叫人去报了。谁知：

浓霜偏打无根草，祸来只奔福轻人。

那老母原是兵戈扰攘中，看见杀儿掠女，惊坏了再苏的。怎当夜来这一惊，可又不小。亦且婢仆俱亡，生资都尽，心中转转苦楚，面如腊查，饮食不进，只是哀哀啼哭，卧倒在床，起身不得了。七郎愈加慌张，只得劝母亲道："留得青山在，不怕没柴烧。虽是遭此大祸，儿子官职还在，只要到得任所便好了。"老母带着哭道："儿，你娘

anterior.

—¿Te han robado? —preguntó el abad al ver el estado en que se encontraba Guo.

El recién designado prefecto le contó cómo el árbol había caído y hundido su barco. Los monjes se dirigieron rápidamente a la orilla y se sorprendieron al encontrar la maltrecha embarcación medio sumergida, con el árbol de higuera de bengala atravesándolo. De inmediato, ordenaron a los asistentes del monasterio que ayudaran a los barqueros a rescatar lo que pudieran de los restos del naufragio. Lamentablemente y por desgracia, las olas se lo habían llevado todo. No quedó nada, ni siquiera las credenciales de prefecto. Tan pronto como el abad le dio a Guo una habitación tranquila donde su madre pudiera descansar, el último decidió informar del accidente al prefecto de Lingling, solicitando a las autoridades que emitieran una declaración escrita de su pérdida en la tormenta para que pudiera continuar camino a ocupar su puesto. Una vez tomada la decisión, pidió al abad que lo hiciera saber al yamen. El abad, que era amigo del prefecto, envió a un mensajero informar del naufragio.

Como todo el mundo sabe, las tragedias nunca vienen solas. La madre de Guo, que acababa de recuperarse de la conmoción que supuso perder a su hijo y su hija menores en la revuelta, no pudo soportar esta segunda pérdida. Ahora que todos los sirvientes y el dinero se habían perdido, su rostro se tornó céreo del dolor. La anciana rehusaba comer y beber y permanecía en cama llorando tristemente negada a levantarse. Muy alarmado, Guo trató de consolarla.

—Mientras nos quede el bosque, no debemos temer la falta de combustible —declaró—. Aunque hemos sido tan desafortunados, aún conservo mi puesto. Cuando lleguemos a Hengzhou, todo saldrá bien.

心胆俱碎，眼见得无那活的人了，还说这太平的话则甚！就是你做得官，娘看不着了！"七郎一点痴心，还指望等娘好起来，就地方起个文书，前往横州到任，有个好日子在后头。谁想老母受惊太深，一病不起。过不多两日，呜呼哀哉，伏维尚飨。七郎痛哭一场，无计可施。又与僧家商量，只得自往零陵州哀告州牧。州牧几日前曾见这张失事的报单过，晓得是真情。毕竟官官相护，道他是隔省上司，不好推得干净身子。一面差人替他殡葬了母亲，又重重赍助他盘缠，以礼送了他出门。七郎亏得州牧周全，幸喜葬事已毕，却是丁了母忧，去到任不得了。

　　寺僧看见他无了根蒂，渐渐怠慢，不肯相留。要回故乡，已此无家可归。没奈何，就寄住在永州一个船埠经纪人的家里，——原是他父亲在时，走客认得的。却是囊橐中俱无，止有州牧所助的盘缠，日吃日减，用不得几时，看看没有了。那些做经纪的人，有甚情谊？日逐有些怨咨起来，未免茶迟饭晏，箸长碗短。七郎觉得了，发话道："我也是一郡之主，当是一路诸侯。今虽丁忧，后来还有

—Hijo, —respondió su madre, sollozando— tengo el corazón partido. Nunca superaré este susto. No hace falta que intentes consolarme. Aunque te conviertas en funcionario, no viviré para verlo.

Guo seguía esperando que su madre se recuperara y que las autoridades locales le dieran una declaración por escrito para que pudiera ir a su prefectura en Hengzhou y vivir bien allí. Pero la conmoción había sido, en efecto, demasiado para la anciana, pues su enfermedad resultó mortal y en dos días falleció. Guo se lamentó amargamente, pero no podía hacer nada. Tras consultar con el abad, se presentó en el yamen para solicitar ayuda. El prefecto de Lingling había leído el informe del accidente unos días antes y sabía que era cierto. Por otra parte, como Guo era el prefecto de otro distrito, él, como compañero de oficio, estaba obligado a ayudarle. No podía lavarse las manos. Así que envió hombres a enterrar a la anciana, le dio a Guo una generosa suma para el viaje y lo despidió cordialmente.

Gracias al prefecto de Lingling, la madre de Guo había recibido respetable sepultura, pero como Guo tenía que guardar luto durante tres años, no podía continuar en su puesto. Los monjes, al ver que no tenía poder, se volvieron gradualmente insolentes e intentaron deshacerse de él. Al no tener un hogar al que acudir, Guo se vio obligado a alojarse en la casa del jefe del muelle de Yongzhou, a quien su padre había conocido durante sus viajes. Guo no tenía más dinero que el que le había dado el prefecto y dicha suma disminuía con el paso de los días hasta que pronto se agotó. Pero, ¿qué compasión tienen los mercachifles? Los estibadores empezaron a quejarse y cada vez estaban menos dispuestos a suministrarle té, comida y utensilios. Guo, por su parte, era consciente de su resentimiento.

—Como jefe de una prefectura tengo el mismo rango que un

日子。如何恁般轻薄？"店主人道："说不得一郡两郡，皇帝失了势，也要忍些饥饿，吃些粗粝。何况于你是未任的官！就是官了，我每又不是什么横州百姓，怎么该供养你？我们的人家不做不活，须是吃自在食不起的。"七郎被他说了几句，无言可答，眼泪汪汪，只得含着羞耐了。

再过两日，店主人的寻事炒闹，一发看不得了。七郎道："主人家，我这里须是异乡，并无一人亲识可归。一向叨扰府上，情知不当，却也是没奈何了。你有甚么觅衣食的道路，指引我一个儿？"店主人道："你这样人，种火又长，拄门又短，郎不郎，秀不秀的。若要觅衣食，须把个官字儿阁起，照着常人佣工做活，方可度日。你却如何去得？"七郎见说到佣工做活，气忿忿地道："我也是方面官员，怎便到此地位？"思想零陵州州牧前日相待甚厚，不免再将此苦情告诉他一番，定然有个处法，难道白白饿死一个刺史在他地方了不成？写了个帖，又无一个人跟随，

barón —protestó—. Aunque estoy de luto, mi día llegará. ¿Cómo pueden tratarme tan mal?

—¿Qué es una prefectura? —replicó su anfitrión—. Incluso un emperador que pierde el poder pasa hambre o se enferma. Todavía no has ido a tu puesto y, aunque lo hubieras hecho, no vivimos en Hengzhou, ¿por qué habríamos de cuidarte? La gente como nosotros tiene que trabajar para vivir. No podemos permitirnos mantener a los holgazanes.

Guo no tenía respuesta a esto. Se le llenaron los ojos de lágrimas, pero tuvo que tragarse su humillación. Un par de días después, su anfitrión se peleó deliberadamente con él y su situación se hizo aún más insoportable.

—Amigo mío, —le dijo Guo al jefe del muelle— estoy solo en un lugar extraño y sin nadie a quien recurrir. Sé que está mal haberte causado tantas molestias, pero no tengo otra opción. Si sabes de alguna manera en la que pueda ganarme la vida, por favor, dímelo.

—La gente como tú, con alto rango y poca capacidad, no sirve para nada —respondió su anfitrión—. Si quieres encontrar trabajo, debes dejar a un lado tus aires de funcionario y trabajar como un obrero común y corriente. Esa es la única salida que tienes. ¿Pero estás dispuesto a hacerlo?

La sugerencia de que debía trabajar para otro hizo que Guo se enfadara.

—Sigo siendo un funcionario local —afirmó indignado—. ¿Cómo voy a caer tan bajo?

Entonces pensó: "El prefecto me ha tratado muy bien. Si le cuento mi dificultad, seguro que encuentra una salida. ¿Cómo puede permitir que un prefecto se muera de hambre en su distrito?". Escribió una tarjeta, pero como no tenía asistentes, tuvo que llevarla él

自家袖了，葳葳蕤蕤，走到州里衙门上来递。

那衙门中人见他如此行径，必然是打抽丰没廉耻的，连帖也不肯收他的。直到再三央及，把上项事一一分诉，又说到替他殡葬厚礼赆行之事，——这却衙门中都有晓得的，——方才肯接了进去，呈与州牧。州牧看了，便有好些不快活起来，道："这人这样不达时务的。前日吾见他在本州失事，又看上司体面，极意周全他去了，他如何又在此缠扰？或者连前日之事，未必是真，多是神棍假装出来骗钱的，未可知。纵使是真，必是个无耻的人，还有许多无厌足处。吾本等好意，却叫得引鬼上门。我而今不便追究，只不理他罢了。"分付门上不受他帖，只说"概不见客"，把原帖还了。七郎受了这一场冷淡，却又想回下处不得，住在衙门上守他出来时，当街叫喊。州牧坐在轿上问道："是何人叫喊？"七郎口里高声答道："是横州刺史郭翰。"州牧道："有何凭据？"七郎道："原有告身，被大风

mismo al yamen.

Cuando los corredores vieron su mal aspecto, lo tomaron por un desvergonzado que venía a pedir dinero y no aceptaron su tarjeta. Solo después de haberles suplicado, de haberles contado toda su historia y de haberles descrito la generosidad con la que el prefecto le había tratado y había asistido al funeral de su madre —lo que los corredores sabían que era cierto—, consintieron en aceptar su tarjeta. Desafortunadamente, cuando el prefecto vio la tarjeta de Guo se enfadó.

—¿Cómo puede ser tan tonto? —exclamó—. Cuando me enteré de que había tenido ese accidente en mi distrito y supe que era un alto funcionario, lo traté muy bien. ¿Por qué viene a molestarme de nuevo? Es muy probable que la historia que me contó antes fuera falsa y que sea un granuja que estafa a la gente. Incluso si su historia fuera cierta, debe ser un sinvergüenza descarado que nunca estará satisfecho. Actué por bondad, pero parece que me he expuesto a los problemas. Bueno, no lo arrestaré, pero tampoco le prestaré atención a partir de ahora.

Por tanto, ordenó a sus asistentes que le devolvieran la tarjeta a Guo y le dijeran que el prefecto no lo recibiría.

Después de perder su reputación de esta manera, Guo no estaba dispuesto a marcharse. Se sentó frente al yamen y esperó a que saliera el prefecto, para luego empezar a gritar y que lo escuchara toda la calle.

—¿Quién está haciendo tanto ruido? —preguntó el prefecto desde su palanquín.

—¡El prefecto Guo de Hengzhou! —gritó Guo.

—¿Qué pruebas tienes?

—Tenía mis credenciales, pero se perdieron en la gran tormen-

飘舟,失在江里了。"州牧道:"既无凭据,知你是真是假?就是真的赍发已过,如何只管在此缠扰?必是光棍。姑饶打,快走!"左右虞侯看见本官发怒,乱棒打来,只得闪了身子开来,一句话也不说得。有气无力的,仍旧走回下处闷坐。

店主人早已打听他在州里的光景,故意问道:"适才见州里相公,相待如何?"七郎羞惭满面,只叹口气,不敢则声。店主人道:"我教你把官字儿阁起,你却不听我,直要受人怠慢。而今时势,就是个空名宰相,也当不出钱来了。除是靠着自家气力,方挣得饭吃。你不要痴了!"七郎道:"你叫我做甚勾当好?"店主人道:"你自想身上有甚本事?"七郎道:"我别无本事,止是少小随着父亲涉历江湖,那些船上风水,当艄拿舵之事,尽晓得些。"店主人喜道:"这个却好了!我这里埠头上来往船只多,尽有缺少执艄的。我荐你去几时,好歹觅几贯钱来,饿你不死了。"七郎没奈何,只得依从。从此,只在往来船只上替他执艄度日。去了几时,也就觅了几贯工钱,回到店家来。永州市上人认得了他,晓得他前项事的,就传他一个名,叫他做"当艄郭使君"。但是要寻他当艄的船,便指

ta que causó el naufragio de mi barco.

—Ya que no puedes presentar ninguna prueba, —respondió el prefecto— ¿cómo puedo saber que dices la verdad? Y aunque tu historia sea cierta, ya te he dado dinero para el camino. ¿Por qué sigues causando problemas aquí? Es evidente que eres un granuja. Si no te alejas rápidamente, haré que te golpeen.

Cuando los asistentes vieron que el prefecto estaba enojado, empezaron a golpear a Guo con sus varas y éste tuvo que ponerse en marcha. Guo volvió abatido al lugar donde se quedaba, donde su anfitrión ya estaba enterado de lo acontecido en el yamen.

—¿Cómo te ha tratado el prefecto? —preguntó sarcásticamente el jefe del muelle.

Muy avergonzado, Guo suspiró, pero no se atrevió a decir nada.

—¿No te dije que dejaras a un lado tus aires de funcionario? —continuó su anfitrión—. Pero como no me escuchaste, fuiste avergonzado. Hoy en día, ni el título de primer ministro vale nada. Debes dejar de soñar y trabajar para vivir.

—¿Qué me aconsejas que haga? —preguntó Guo.

—Piensa: ¿para qué sirves?

—Lo único que sé es remar o dirigir un barco —reflexionó Guo—. Lo aprendí cuando viajaba con mi padre de niño.

—¡Bien! —respondió su anfitrión, encantado—. En este muelle atracan muchos barcos y a menudo necesitan barqueros. Si te presento, podrás ganar suficiente dinero para alimentarte.

Guo tuvo que aceptar forzosamente. A partir de entonces, trabajó en los barcos que pasaban por allí y, con el paso del tiempo, ahorró unas cuantas sartas de efectivo. Cuando los comerciantes del mercado lo conocieron y se enteraron de su historia, lo apodaron el Prefecto Guo el Barquero. Asimismo, cuando lo buscaban en un

名来问郭使君。永州市上编成他一只歌儿道：

> 问使君，你缘何不到横州郡？元来是天作对，不作你假斯文，把家缘结果在风一阵。舵牙当执板，绳缆是拖绅。这是荣耀的下梢头也！还是把着舵儿稳。

在船上混了两年，虽然挨得服满，身边无了告身，去补不得官。若要京里再打关节时，还须照前得这几千缗使用，却从何处讨？眼见得这话休题了。只得安心塌地，靠着船上营生。又道是："居移气，养移体。"当初做刺史，便像个官员。而今在船上多年，状貌气质，也就是些篙工水手之类，一般无二。可笑个一郡刺史，如此收场。可见人生荣华富贵，眼前算不得账的。上覆世间人，不要十分势利。听我四句口号：

> 富不必骄，贫不必怨。
> 要看到头，眼前不算。

barco, preguntaban por el Prefecto Guo. Esta canción también se cantaba sobre él en el mercado:

¿Qué le impidió, Sr. Prefecto, ir a Hengzhou?
El destino así lo quiso.
Tu puesto fue comprado, tu cargo breve,
Pues pronto el destino te hizo caer.
Tu timón es ahora el estandarte de tu cargo,
Tus yamens están a flote;
Y este es el fin de un funcionario señorial,
¡Porque ahora rema en un barco!

Después de trabajar durante dos años como barquero, el periodo de luto de Guo terminó. No obstante, sin credenciales no podía ocupar su puesto y para obtener nuevas credenciales en la capital, habría tenido que gastar de nuevo unos cuantos miles de sartas de efectivo. ¿Cómo podría reunir tanto dinero? Así que se resignó a su vida de barquero. Es innegable que el modo de vida de un hombre marca su apariencia. Cuando Guo era prefecto tenía el aspecto de un funcionario, pero ahora que había trabajado varios años en los barcos tenía el aspecto y el comportamiento de un barquero. ¿Es divertido, no es cierto, pensar que un prefecto termine de esta manera? Y como al parecer la riqueza y la opulencia humanas no cuentan para nada, les advierto, buenas personas todas, que no le den demasiada importancia al poder y las ganancias.

El pobre no debe lamentar su destino,
Ni el rico hacer alarde de orgullo;
Lo que cuenta es el final de la vida,
Y no el presente.

神偷寄兴一枝梅
侠盗惯行三昧戏

**LAS ALEGRES AVENTURAS
DEL DRAGÓN PEREZOSO**

诗曰：

　　剧贼从来有贼智，其间妙巧亦无穷。
　　若能收作公家用，何必疆场不立功？

自古说孟尝君养食客三千，鸡鸣狗盗的多收拾在门下。后来被秦王拘留，无计得脱。秦王有个爱姬传语道："闻得孟尝君有领狐白裘，价值千金。若将来送了我，我替他讨个人情，放他归去。"孟尝君当时只有一领狐白裘，已送上秦王，收藏内库，那得再有？其时狗盗的便献计道："臣善狗偷，往内库去偷将出来便是。"你道何为狗偷？乃是此人善做狗嗥。就假做了狗，爬墙越壁，快捷如飞，果然把狐白裘偷了出来。送与秦宫爱姬，才得善言放

Los grandes ladrones tienen inteligencia y astucia,

Y practican muchos trucos y artimañas;

¡Registra estos dones, mi príncipe, para la ley y el orden, y vencerán al enemigo en nuestra frontera!

Cuentan que en la antigüedad, el señor Meng Chang tenía tres mil protegidos, muchos de los cuales eran cazadores nocturnos y ladrones. Cuando fue detenido contra su voluntad por el rey de Qin, una de las concubinas favoritas de Su Majestad le envió el siguiente mensaje:

—A mis oídos ha llegado que el señor Meng Chang tiene un abrigo de piel de zorro blanco valorado en mil piezas de oro —indicó—. Si me lo da, hablaré bien de él para que le permitan volver a casa.

El señor Meng Chang ya había obsequiado el único abrigo de piel de zorro blanco que poseía al rey de Qin, quien lo guardaba en la tesorería de palacio. ¿De dónde iba a sacar otro? Uno de sus protegidos de dedos ligeros le hizo una propuesta.

—Puedo robar como un perro —dijo el sujeto—. Se lo traeré del palacio.

¿Qué quería decir con esto? Quería decir que podía imitar el ladrido de un perro. Así que, haciéndose pasar por un perro, saltó los muros del palacio con tanta facilidad como si tuviera alas y robó el abrigo de piel para la concubina, quien luego suplicó con éxito su

脱，连夜行到函谷关。孟尝君恐怕秦王有悔，后面追来，急要出关。当得关上直等鸡鸣才开。孟尝君着了急，那时食客道："臣善鸡鸣，此时正用得着。"就曳起声音，学作鸡啼起来，果然与真无二。啼得两三声，四下群鸡皆啼，关吏听得，把关开了，孟尝君才得脱去。

孟尝君平时养了许多客，今脱秦难，却得此两小人之力。可见天下寸长尺技，俱有用处。而今世上只重着科目，非此出身，纵有奢遮的，一概不用。所以有奇巧智谋之人，没处设施，多赶去做了为非作歹的勾当。若是善用人材的收拾将来，随宜酌用，未必不得他气力，且省得他流在盗贼里头去了。

且如宋朝临安有个剧盗，叫做"我来也"。不知他姓甚名谁，但是他到人家偷盗了物事，一些踪影不露出来，只是临行时壁上写着"我来也"三个大字。第二日人家看见了字，方才简点家中，晓得失了贼。若无此字，竟是神不知鬼不觉的，煞好手段。临安中受他蒿恼不过，纷纷告状。府尹责着缉捕使臣，严行挨查，要获着真正写"我来

liberación ante su amo. Esa misma noche, el señor Meng Chang se apresuró a ir al paso de Hangu y, temiendo que el rey cambiara de opinión y fuera tras él, estaba ansioso por cruzar la frontera cuanto antes. Al saber que no abrirían la puerta hasta que los gallos cantaran, se puso frenético. Entonces, otro de sus protegidos le dijo:

—Puedo cantar como un gallo. Eso es lo que se necesita ahora.

Así reprodujo un largo quiquiriquí exactamente igual al de un gallo. Cuando lo hubo repetido dos o tres veces, todos los gallos de la vecindad empezaron a cantar, el portero al escucharlos abrió la puerta y el señor Meng Chang logró escapar.

Este señor tenía muchos protegidos, pero fueron estos dos imitadores los que le ayudaron a escapar del rey de Qin. Así que al parecer todas las artes, por humildes que sean, tienen su utilidad. Hoy en día, sin embargo, solo el éxito en los exámenes imperiales conduce a una carrera oficial, no se reconocen otros logros. Cuando a los hombres de gran ingenio y astucia no se les da cabida, muchos de ellos toman rumbos perversos. Sin embargo, si se les empleara de acuerdo con su capacidad, podrían ser útiles y así se evitaría que se convirtieran en ladrones y forajidos.

En la dinastía Song vivía en Hangzhou un famoso ladrón llamado Aquí Estoy Yo. Este no era su verdadero nombre, por supuesto, pero cuando robaba no dejaba ningún rastro tras de sí, salvo estas tres palabras escritas en grande en la pared. Solo después de ver esta inscripción al día siguiente, los inquilinos de la casa miraban a su alrededor y notaban su pérdida. De no ser por esta inscripción, nadie habría sabido de su presencia. Así de habilidoso era.

Los ciudadanos de la capital se sentían tan acosados por este ladrón de casas que muchos de ellos apelaron al Gobierno. Entonces, el magistrado de la ciudad ordenó a sus alguaciles que hicieran una

也"三字的贼人。却是没个姓名,知是张三李四?拿着那个才肯认帐?使臣人等受那比较不过,只得用心体访。元来随你巧贼,须瞒不过公人,占风望气,定然知道的。只因拿得甚紧,毕竟不知怎的缉着了他的真身,解到临安府里来。府尹升堂,使臣禀说缉着了真正"我来也",虽不晓得姓名,却正是写这三字的。府尹道:"何以见得?"使臣道:"小人们体访甚真,一些不差。"那个人道:"小人是良民,并不是甚么'我来也'。公人们比较不过,拿小人来冒充的。"使臣道:"的是真正的,贼口听他不得!"府尹只是疑心。使臣们禀道:"小人们费了多少心机,才访得着。若被他花言巧语脱了出去,后来小人们再没处拿了。"府尹欲待要放,见使臣们如此说,又怕是真的,万一放去了,难以寻他,再不好比较缉捕的了,只得权发下监中收监。

那人一到监中,便好言对狱卒道:"进监的旧例,该有

búsqueda minuciosa de Aquí Estoy Yo. Como no sabían su nombre, no tenían idea de a quién arrestar, pero como les habían dado un ultimátum para la detención, tuvieron que redoblar sus esfuerzos. No obstante, ningún ladrón, por muy astuto que sea, puede ocultarse para siempre. Tarde o temprano, las autoridades le siguen la pista. Así que, a fuerza de buscar con ahínco, los agentes atraparon al hombre y lo llevaron ante el juez, informando de que habían arrestado a "Aquí Estoy Yo". Aunque no sabían su nombre, se trataba sin duda del culpable.

—¿Qué pruebas tienen? —preguntó el magistrado.

—Hemos hecho una investigación exhaustiva, Su Señoría —respondió uno de los alguaciles—. No puede haber ningún error.

—Soy un buen ciudadano —protestó el detenido—. Yo no soy Aquí Estoy Yo. Los agentes estaban tan desesperados por arrestar a alguien que me han convertido en su chivo expiatorio.

—Este es el hombre —insistió el alguacil—. No escuche lo que dice un ladrón, Su Señoría.

—Hemos tenido muchos problemas para encontrar a este sujeto —declararon los demás al ver que el magistrado seguía dudando—. Si Su Señoría se deja engañar por sus mentiras y lo pone en libertad, no podremos volver a atraparlo.

Aunque el magistrado quería liberar al prisionero, pensó que podía haber algo de cierto en lo que decían sus subordinados. Por tanto, si ponía en libertad al verdadero ladrón, difícilmente podría ordenar a sus hombres que lo detuvieran de nuevo. Así que envió al hombre a la cárcel, donde el prisionero se puso a engatusar a su carcelero.

—Sé que la costumbre dicta que un hombre debe ofrecer dinero al carcelero cuando entra en la cárcel —señaló—. pero todo

使费。我身边之物，尽被做公的搜去。我有一主银两，在岳庙里神座破砖之下，送与哥哥做拜见钱。哥哥只做去烧香，取了来。"狱卒似信不信，免不得跑去一看，果然得了一包东西，约有二十余两。狱卒大喜，遂把那人好好看待，渐加亲密。一日，那人又对狱卒道："小人承蒙哥哥盛情，十分看待得好，小人无可报效。还有一主东西在某处桥垛之下，哥哥去取了，也见小人一点敬意。"狱卒道："这个所在，是往来之所，人眼极多，如何取得？"那人道："哥哥将个筐篮，盛着衣服，到那河里去洗。摸来放在篮中，就把衣服盖好，却不拿将来了？"狱卒依言，如法取了来，没人知觉。简简物事，约有百金之外，狱卒一发喜谢不尽，爱厚那人，如同骨肉。晚间买酒请他。酒中那人对狱卒道："今夜三更，我要到家里去看一看，五更即来。哥哥可放我出去一遭。"狱卒思量道："我受了他许多东西，他要出去，做难不得。万一不来了怎么处？"那人见狱卒迟疑，便道："哥哥不必疑心。小人被做公的冒认做

lo que llevaba encima me lo quitaron esos alguaciles. Sin embargo, tengo algo de plata escondida bajo un ladrillo roto en el santuario del Templo del Dios de la Montaña y me gustaría dártela, hermano, para mostrarte mi respeto. Puedes fingir que ofreces incienso para conseguirla.

Sin estar seguro de creerle o no, el carcelero corrió a echar un vistazo. Para sorpresa suya, encontró un paquete que contenía más de veinte taels de plata. ¡Cuál fue su alegría! A partir de entonces, trató muy bien a su prisionero y, poco a poco, se hicieron los mejores amigos.

—No tengo nada aquí para demostrar mi agradecimiento por tu amabilidad —dijo un día el prisionero—. Pero tengo otro paquete bajo el puente. Me gustaría que lo aceptaras como muestra de mi respeto.

—El puente está siempre atestado de transeúntes —objetó el carcelero—. ¿Cómo voy a tomar algo con tanta gente mirando?

—Coge un cesto de ropa, hermano, y finge que estás lavando en el río —sugirió el otro—. Cuando tengas el paquete, solo tienes que ponerlo en la cesta y cubrirlo con la ropa. ¿Acaso no es fácil?

Siguiendo estas instrucciones, el carcelero aseguró el paquete sin ser visto y descubrió que contenía más de cien taels de plata. Su alegría y gratitud no tenían límites y, empezando a considerar al prisionero como su propio pariente, esa noche compró vino para beber con él.

—Me gustaría ir a casa esta noche —comentó el preso mientras bebían—. Prometo volver antes del amanecer. ¿Me dejarás salir?

"No puedo decirle que no", pensó el carcelero, "después de haber aceptado tanto de él. Pero, ¿qué pasará si no regresa?".

—No te preocupes, hermano —le dijo el reo al verlo titu-

'我来也'，送在此间。既无真名，又无实迹，须问不得小人的罪，小人少不得辨出去，一世也不私逃的。但请哥哥放心，只消两个更次，小人仍旧在此了。"狱卒见他说得有理，想道："一个不曾问罪的犯人，就是失了，没甚大事。他现与了我许多银两，拚得与他使些，好歹糊涂得过。况他未必不来的。"就依允放了他。

那人不繇狱门，竟在屋檐上跳了去。屋瓦无声，早已不见。到得天未大明，狱卒宿酒未醒，尚在朦胧，那人已从屋檐跳下，摇起狱卒道："来了，来了。"狱卒惊醒，看了一看道："有这等信人！"那人道："小人怎敢不来，有累哥哥？多谢哥哥放了我去，已有小小谢意留在哥哥家里，哥哥快去收拾了来。小人就要别了哥哥，当官出监去了。"狱卒不解其意，急回到家中。家中妻子说："有件事，正要你回来得知。昨夜更鼓尽时，不知梁上甚么响，

bear—. Esos alguaciles me trajeron aquí como sustituto de Aquí Estoy Yo, pero el magistrado no pudo condenarme porque no tienen pruebas contundentes en mi contra. Estoy destinado a ser liberado tarde o temprano, así que ¿por qué debería intentar escapar? Por favor, tranquilízate, en menos de cuatro horas estaré de vuelta.

El carcelero vio que llevaba razón en lo que decía. "Es cierto que no ha sido declarado culpable", pensó. "Aunque desaparezca, no debería ser demasiado grave. Además, puedo gastar parte de la plata que me ha dado para silenciar el asunto. Por otra parte, siempre existe la posibilidad de que vuelva". Así acabó aceptando dejar ir al prisionero.

En lugar de salir por la puerta, el prisionero subió al tejado sin hacer ruido en las tejas y desapareció. Antes del amanecer, mientras el carcelero estaba todavía aturdido por el vino que habían bebido la noche anterior, el hombre bajó de nuevo del tejado, sacudió al carcelero y le dijo:

—¡Aquí estoy! Aquí estoy.

—¡Así que cumpliste tu palabra! —exclamó el carcelero, poniéndose en marcha.

—¿Cómo me atrevería a arriesgarme a meterte en problemas por no volver? —le preguntó su amigo—. Te estoy muy agradecido por haberme dejado salir y, de hecho, he dejado una pequeña muestra de mi agradecimiento en tu casa. Puedes ir por ella ahora y volver enseguida. Seguramente me despediré de ti en un breve lapso de tiempo porque espero ser liberado pronto.

Aunque no lograba entenderlo, el carcelero se apresuró a volver a casa.

—Estaba pensando en enviarte un mensaje —le comentó su esposa—. Esta mañana, antes del amanecer, escuché un ruido en el

忽地掉下一个包来。解开看时,尽是金银器物。敢是天赐我们的?"狱卒情知是那人的缘故,急摇手道:"不要露声!快收拾好了,慢慢受用。"狱卒急转到监中,又谢了那人。

须臾府尹升堂,放告牌出。只见纷纷来告盗情事,共有六七纸,多是昨夜失了盗,墙壁上俱写得有"我来也"三字,恳求着落缉捕。府尹道:"我元疑心前日监的未必是真'我来也',果然另有这个人在那里。那监的岂不冤枉?"即叫狱卒来吩咐,快把前日监的那人放了,另行责着缉捕使臣,定要访个真正"我来也"解官,立限比较。岂知真的却在眼前放去了!只有狱卒心里明白,伏他神机妙用,受过重贿,再也不敢说破。

看官,你道如此贼人智巧,可不是有用得着他的去处么?这是旧话,不必说。只是我朝嘉靖年间,苏州有个神

techo y un paquete cayó en la habitación. Cuando lo abrí, descubrí que estaba lleno de placas de oro y plata. Los dioses deben habernos enviado esto.

Al darse cuenta de que se trataba del regalo de su prisionero, el carcelero le hizo una señal a su mujer para que se callara.

—¡Silencio! —dijo—. Guárdalas. Ya recaudaremos el dinero de las placas más adelante.

Luego se apresuró a darle las gracias a su amigo.

Al poco tiempo, cuando el magistrado tomó asiento en el tribunal, muchas personas acudieron a denunciar casos de robo. Seis o siete familias habían sido asaltadas durante la noche y, en la pared de cada casa, el ladrón había escrito "Aquí Estoy Yo". Dichos ciudadanos indignados rogaron a las autoridades que detuvieran al delincuente.

—No creo que el hombre que enviamos a la cárcel el otro día sea el verdadero ladrón —manifestó el magistrado—. Por lo visto, Aquí Estoy Yo sigue absuelto y hemos perjudicado a un hombre inocente.

De inmediato, ordenó al carcelero poner en libertad a su prisionero y a los alguaciles, apresar al verdadero ladrón en un plazo de tiempo determinado. Aunque el magistrado no se dio cuenta de que estaba dejando ir al verdadero Aquí Estoy Yo, el carcelero sí estaba consciente de ello. Al mismo tiempo, estaba tan impresionado por la extraordinaria habilidad del ladrón y tan bien sobornado que mantuvo la boca cerrada.

Pero diga, lector, cuando un ladrón es tan astuto, ¿no podría emplearse para fines más dignos? Bueno, pongamos fin a las historias de las dinastías previas.

Durante el periodo Jiajing de nuestra propia dinastía, vivió en

偷懒龙，事迹颇多。虽是个贼，煞是有义气，兼带着戏耍，说来有许多好笑好听处。有诗为证：

　　谁道偷无道？神偷事每奇。

　　更看多慷慨，不是俗偷儿。

话说苏州亚字城东玄妙观前第一巷，有一个人，不晓得他的姓名，后来他自号懒龙，人只称呼他是懒龙。其母村居，偶然走路遇着天雨，走到一所枯庙中避着，却是草鞋三郎庙。其母坐久，雨尚不住，昏昏睡去，梦见神道与他交感。归来有妊，满了十月，生下这个懒龙来。懒龙生得身材小巧，胆气壮猛，心机灵变，度量慷慨。且说他的身体行径：

　　柔若无骨，轻若御风。大则登屋跳梁，小则扪墙摸壁。随机应变，看景生情。撮口则为鸡犬狸鼠之声，拍手则作箫鼓弦索之弄。饮啄有方，律吕相应。无弗酷肖，可使乱真。出没如鬼神，去来如风雨。果然天下无双手，真是人间第一偷。

懒龙不但伎俩巧妙，又有几件希奇本事，咤异性格。自小就会着了靴在壁上走，又会说十三省乡谈。夜间可以连宵不睡，日间可以连睡几日，不茶不饭，像陈抟一般。

Suzhou un maravilloso ladrón llamado Dragón Perezoso, de quien se cuentan muchas historias. Aunque era un ladrón, era fiel a sus amigos y le gustaban las bromas, por lo que muchas de sus aventuras constituyen divertidas historias.

¿Cree que a los ladrones solo les gusta hurtar?
Este atrevido ladrón era una maravilla.
Su amabilidad y sus maneras principescas le aseguraron gran renombre y alabanza.

En la primera calle después del templo de Xuanmiao, en el barrio oriental de Suzhou, vivía este hombre cuyo verdadero nombre desconocemos, pero que se hacía llamar Dragón Perezoso y era generalmente conocido por este apodo. Desde su infancia, Dragón Perezoso era pequeño pero valiente, astuto y dadivoso.

Sus extremidades eran suaves como si no tuviera huesos,
Su paso era ligero como si cabalgara la brisa;
Subía a los tejados o las vigas de un salto,
Y trepaba por los muros y parapetos con facilidad.
Cambiaba de táctica según el momento,
Podía planear como un relámpago dónde esconder su botín;
Podía imitar a una rata o a un gato o a un gallo,
Así como el sonido del tambor o la flauta.
Hacía imitaciones de la vida,
De manera que todos los que las veían jurarían que eran verdaderas.
Iba y desaparecía como una tormenta repentina.
Jamás se conoció un ladrón más elegante que él.

Además de su gran destreza, Dragón Perezoso tenía algunas habilidades y hábitos notables. Desde niño podía subir una pared con sus botas e imitar los acentos de trece provincias. Podía pasar noches sin descansar ni dormir y días enteros sin comer ni beber. A

有时放量一吃，酒数斗，饭数升，不够一饱；有时不吃起来，便动几日不饿。鞋底中用稻草灰做衬，走步绝无声响。与人相扑，掉臂往来，倏忽如风。想来《剑侠传》中白猿公，《水浒传》中鼓上蚤，其矫捷不过如此。

自古道："性之所近。"懒龙既有这一番哄嚷，便自藏埋不住，好与少年无赖的人往来，习成偷儿行径。一时偷儿中高手，有芦茄茄（骨瘦如青芦枝，探丸白打最胜）、刺毛鹰（见人辄隐伏，形如蚕茧，能宿梁壁上）、白搭膊（以素练为腰缠，角上挂大铁钩，以钩向上抛掷，遇冒挂，便攀缘腰缠上升，欲下亦藉钩力，梯其腰缠，翩然而落）。这数个多是吴中高手，见了懒龙手段，尽皆心伏，自以为不及。懒龙原没甚家缘家计，今一发弃了，到处为家，人都不晓得他歇在那一个所在。白日行都市中，或闪入人家，但见其影，不见其形。暗夜便窃入大户朱门寻宿处，玳瑁梁间、鸳鸯楼下、绣屏之内、画阁之中，缩做刺猬一团，没一处不是他睡场，得便就做他一手。因是终日会睡，变幻不测如龙，所以人叫他懒龙。所到之处，但得了手，就画一枝梅花在壁上，在黑处将粉写白字，在粉墙将煤写黑字，再不空过。所以人又叫他做一枝梅。

嘉靖初年，洞庭两山出蛟，太湖边山崖崩塌，露出一古冢朱漆棺，宝物无数，尽被人盗去无遗。有人传说到

veces consumía varios tazones de arroz y varios galones de vino de una sola vez, sin sentirse satisfecho. Otras veces pasaba días enteros sin comer y no sentía hambre. Cubría las suelas de sus zapatos con paja y caminaba sin hacer ruido. Cuando peleaba, se movía tan rápido como el viento. Dios los cría y el diablo los junta. Como Dragón Perezoso no podía ocultar su talento, naturalmente se mezclaba con otros jóvenes holgazanes y se dedicaba a robar. En aquel tiempo, había varios ladrones astutos, quienes en cuanto vieron la destreza de Dragón Perezoso fueron conscientes de que los superaban.

Dragón Perezoso nunca había tenido muchas propiedades y, después de convertirse en ladrón, dejó su casa para vagar de un lugar a otro, de forma tal que nadie supiera dónde encontrarlo.

Cuando deambulaba a plena luz del día en público o entraba en alguna casa, solo se podía ver su sombra pasando velozmente, nunca al hombre en sí mismo. A menudo pasaba la noche en la casa de un hombre rico, acurrucado para dormir como un erizo entre las vigas, bajo el piso elevado de un pabellón, detrás de una mampara o en un pasillo pintado, según le apeteciera. Siempre que se le presentaba la oportunidad, robaba.

Las constantes transformaciones de Dragón Perezoso y su hábito de dormir todo el día le valieron su apodo. Sin embargo, también se le conocía como Flor de Ciruelo porque, después de robar, siempre dibujaba una flor de ciruelo en la pared, con tiza blanca si era una pared oscura y con carbón si la pared era blanca.

A principios del periodo Jiajing se desató una gran tormenta que provocó el rugir de las serpientes marinas entre las colinas cerca del lago Dongting y un acantilado junto al lago Taihu se derrumbó para revelar una tumba antigua y un ataúd lacado en rojo que contenía muchas joyas, todas las cuales fueron rápidamente sustraí-

城，懒龙偶同亲友泛湖，因到其处。看见藤蔓缠棺，已被斩断；开发棺中惟枯骸一具；冢旁有断碑模糊。懒龙道是古来王公之墓，不觉恻然，就与他掩蔽了。即时出些银两，顾本处土人聚土埋藏好了，把酒浇奠。奠毕将行，懒龙见草中一物碍脚，俯首取起，乃是古铜镜一面。急藏袜中，不与人见。及到城中，将往僻处，刷净泥滓细看。那镜小小，只有四五寸，面上精光闪烁，背上鼻钮四傍，隐起穷奇、饕餮、鱼龙、波浪之形，满身青绿，尽蚀朱砂水银之色。试敲一下，其声泠然。晓得是件宝贝，将来佩带身边。到得晚间，将来一照，暗处皆明，雪白如昼。懒龙得了此镜，出入不离，夜行更不用火，一发添了一助。别人怕黑时节，他竟同日里行走，偷法愈便。

却是懒龙虽是偷儿行径，却有几件好处：不肯淫人家妇女；不入良善与患难之家；与人说了话，再不失信。亦且仗义疏财，偷来东西，随手散与贫穷负极之人；最

das. Cuando la noticia del suceso llegó a Suzhou, Dragón Perezoso estaba navegando con unos amigos en el lago, así que se dirigió al lugar. Las enredaderas que sujetaban el ataúd habían sido cortadas y no quedaba nada en su interior excepto un esqueleto, mientras que junto a la tumba había una tablilla de piedra rota con una inscripción vieja y borrosa. Dragón Perezoso se dio cuenta de que debía ser el ataúd de algún antiguo noble y, por compasión por los muertos, lo volvió a sellar, contrató a unos trabajadores locales para que apilaran la tierra y vertió una libación de vino sobre la nueva tumba. Hecho esto, se disponía a marcharse cuando tocó algo en la hierba con el pie. Al agacharse, descubrió un viejo espejo que escondió apresuradamente en la media sin que nadie lo viera. A su regreso a la ciudad, lo primero que hizo fue buscar un lugar tranquilo y limpiar el espejo. Su superficie reluciente tenía solo diez o doce centímetros de largo y el pomo en su reverso estaba rodeado de monstruos, peces marinos, dragones y olas. El conjunto estaba incrustado con una pátina verde teñida de cinabrio y azogue y, cuando lo golpeaba, emitía un claro tintineo. Consciente de que el espejo era una rareza, Dragón Perezoso decidió llevarlo siempre encima. Al caer la noche, descubrió que emitía una luz que iluminaba todo a su alrededor como el día. Después de eso, lo llevaba siempre consigo a donde quiera que fuese y resultó ser una gran bendición porque ahora ya no necesitaba una luz por las noches. Mientras los demás temían a la oscuridad, él podía caminar como si fuera de día. Indudablemente, esto le facilitó aún más los robos.

Aunque era ladrón de profesión, Dragón Perezoso tenía una serie de virtudes: nunca violó a las mujeres, nunca robó a las personas buenas ni a los que estaban en apuros y nunca faltó a su palabra. De hecho, era justo y generoso y regalaba todo lo que robaba a los

要薅恼那悭吝财主、无义富人,逢场作戏,做出笑话。因此到所在,人多倚草附木,成行逐队来皈依他,义声赫然。懒龙笑道:"吾无父母妻子可养,借这些世间余财,聊救贫人,正所谓损有余补不足,天道当然。非关吾的好义也。"

一日,有人传说一个大商下千金在织人周甲家,懒龙要去取他的。酒后错认了所在,误入了一个人家,其家乃是个贫人,房内止有一张大几。四下一看,别无长物。既已进了房中,一时不好出去,只得伏在几下。看见贫家夫妻对食,盘餐萧瑟。夫满面愁容,对妻道:"欠了客债要紧,别无头脑可还,我不如死了罢!"妻子道:"怎便寻死?不如把我卖了,还好将钱营生。"说罢,夫妻泪如雨下。懒龙忽然跳将出来,夫妻慌怕。懒龙道:"你两个不必怕我,我乃懒龙也。偶听人言,来寻一个商客,错走至此。今见你每生计可怜,我当送二百金与你,助你经营。

pobres. Toda su aversión era por los avaros ricos y los hombres adinerados que se habían enriquecido por medios injustos, de quienes disfrutaba burlarse con sus bromas. Así, dondequiera que iba, la gente acudía en masa a él y su fama aumentaba.

—No tengo ni padres ni familia que mantener —decía entre risas—. Así que tomo prestado de aquellos con una riqueza superflua para ayudar a los pobres. Es la voluntad del Cielo que los que tienen ayuden a los que no tienen. No se trata sencillamente de mi ideal de justicia.

Un día, Dragón Perezoso se enteró de que un mercader famoso le había entregado mil taels a un tejedor llamado Zhou y había decidido poner las manos sobre esa plata. Sin embargo, como ese día estaba un poco embriagado, perdió el camino y fue a parar por error en la morada de un pobre donde prácticamente el único mueble que había era una mesa grande. Una vez allí, Dragón Perezoso no quería irse de inmediato, por lo que se escondió debajo de la mesa. Luego, el dueño de la casa se sentó a comer con su esposa, pero su comida era pobre y la preocupación se apoderaba de su rostro.

—La deuda ha vencido, —le dijo a su esposa— y no tengo forma de pagarla. No veo otra salida que el suicidio.

—¡No debes quitarte la vida! —protestó su esposa—. Será mejor que me vendas y con el dinero que te den empieza un pequeño negocio.

Sus lágrimas caían como lluvia cuando se sorprendieron al ver a Dragón Perezoso saltar de debajo de la mesa.

—No tengan miedo —dijo—. Soy Dragón Perezoso. Estoy aquí por error. Realmente estaba buscando a un comerciante del que había oído hablar. Parece que está en aprietos, así que le daré doscientos taels con los que puede empezar un negocio. Anímese, y no

快不可别寻道路,如此苦楚。"夫妻素闻其名,拜道:"若得义士如此厚恩,吾夫妻死里得生了。"懒龙出了门去。一个更次,门内铿然一响,夫妻走起看时,果然一个布囊,有银二百两在内,乃是懒龙是夜取得商人之物。夫妻喜跃非常,写个懒龙牌位,奉事终身。

有一贫儿,少时与懒龙游狎,后来消乏。与懒龙途中相遇,身上褴褛,自觉羞惭,引扇掩面而过。懒龙掣住其衣,问道:"你不是某舍么?"贫儿踟蹰道:"惶恐,惶恐。"懒龙道:"你一贫至此,明日当同你入一大家,取些来付你,勿得妄言。"贫儿晓得懒龙手段,又是不哄人的。明日傍晚,来寻懒龙,懒龙与他共至一所,乃是士夫家池馆。但见:

  暮鸦缭乱,碧树蒙笼。
  万籁凄清,四隅寂静。

懒龙吩咐贫儿止住在外,自己竦身攀树,逾垣而入。许久

haga nada desesperado.

La infeliz pareja, que lo conocía por su reputación, hizo una reverencia.

—Si es tan amable, le deberemos la vida —afirmaron.

Dragón Perezoso puso pie en polvorosa. Dos horas más tarde, el matrimonio escuchó un ruido sordo junto a la puerta cerrada. Al mirar, encontraron una bolsa de tela que contenía doscientos taels de plata, dinero que Dragón Perezoso le había quitado al comerciante. La pareja casi baila de la alegría. Luego escribieron en una tablilla el nombre Dragón Perezoso, ante la cual hicieron reverencia por el resto de sus días.

Un hombre que había jugado con Dragón Perezoso de niño perdió todo su dinero de adulto y andaba en harapos cuando se encontró con su viejo amigo en la calle. Por vergüenza, escondió su rostro con un abanico intentando pasar desapercibido, pero Dragón Perezoso lo reconoció.

—¿No nos conocemos? —preguntó el ladrón.

El otro admitió avergonzado quién era.

—¡Has llegado a esto! —exclamó Dragón Perezoso—. Mañana te llevaré a casa de un hombre rico para que te dé algo de dinero, pero no digas ni una palabra a nadie al respecto.

El otro conocía la habilidad de Dragón Perezoso y sabía, además, que siempre cumplía su palabra. Por tanto, la noche siguiente lo buscó y lo acompañó a la mansión del funcionario.

> *Los cuervos volaban en el crepúsculo,*
> *Una niebla envolvía los frondosos árboles,*
> *Ninguna criatura se movía, no se escuchaba ruido alguno,*
> *Los bosques y praderas al silencio sucumbían.*

Al pedirle a su amigo que esperara fuera, Dragón Perezoso

不出。贫儿屏气吞声,蹲踞墙外。又被群犬嚎吠,赶来咋啮,贫儿绕墙走避。微听得墙内水响,倏有一物,如没水鸬鹚,从林影中堕地。仔细看看,却是懒龙,浑身沾湿,状甚狼狈。对贫儿道:"吾为你几乎送了性命!里面黄金无数,可以斗量,我已取到了手。因为外边犬吠得紧,惊醒里面的人,追将出来,只得丢弃道旁,轻身走脱。此乃子之命也。"贫儿道:"老龙平日手到拿来,今日如此,是我命薄。"叹息不胜。懒龙道:"不必烦恼,改日别作道理。"贫儿怏怏而去。

过了一个多月,懒龙路上又遇着他,哀告道:"我穷得不耐烦了。今日去卜问一卦,遇着上上大吉,财爻发动。先生说:'当有一场飞来富贵,是别人作成的。'我想不是老龙,还那里指望?"懒龙笑道:"吾几乎忘了,前日那家金银一箱,已到手了。若竟把来与你,恐那家发觉,你藏不过,做出事来。所以权放在那家水池内,再看动静。今

saltó a un árbol y luego saltó el muro. Pasó mucho tiempo antes de que regresara. Agazapado con la respiración contenida al otro lado del muro, el pobre hombre esperó hasta que los perros empezaron a ladrar y se abalanzaron sobre él con los colmillos desnudos. Mientras corría alrededor del muro para escapar, oyó un débil chapoteo al otro lado. Entonces, algo parecido a un pájaro acuático se posó en un árbol y vio a Dragón Perezoso, completamente mojado y cabizbajo.

—¡Por ti casi pierdo la vida! —exclamó jadeando Dragón Perezoso—. Hay montones de oro ahí dentro, ¡montañas! Pero nada más coger el oro, los perros afuera empezaron a ladrar y despertaron a la gente de la casa, que salió a por mí. Así que tuve que tirar el oro y ponerme en marcha. Lo siento mucho por ti.

—Normalmente consigues lo que quieres —le dijo su amigo—. Si las cosas han salido así hoy, debe ser debido a mi mala suerte.

El hombre suspiró y se sintió muy apenado.

—No te preocupes —le dijo Dragón Perezoso—. Ya haré algo por ti otro día.

Y su amigo se marchó desconsolado.

Había pasado más de un mes cuando Dragón Perezoso se encontró de nuevo con su compañero en el camino.

—Realmente no puedo seguir adelante —se lamentó el pobre hombre—. Hoy me han echado la suerte y he recibido un buen augurio. El adivino dijo que me haría rico de repente gracias a un amigo. Creo que ese amigo debes ser tú, ¿quién más podría ser?

—Efectivamente —afirmó Dragón Perezoso sonriendo—. Casi lo había olvidado. Aquel día robé una caja de oro y plata para ti, pero temía que si te la daba en ese momento y la familia del funcionario armaba un escándalo, no pudieras ocultarla. Así que, para asegurarme, dejé la caja en el estanque de su patio. Ahora ha pasado más de

已个月期程，不见声息，想那家不思量追访了，可以取之无碍。晚间当再去走遭。"贫儿等到薄暮，来约懒龙同往。懒龙一到彼处，但见：

度柳穿花，捷若飞鸟。

驰波溅沫，矫似游龙。

须臾之间，背负一箱而出。急到僻处开看，将着身带宝镜一照，里头尽是金银。懒龙分文不取，也不问多少，尽数与了贫儿，吩咐道："这些财物可够你一世了，好好将去用度。不要学我懒龙混帐，半生不做人家。"贫儿感激谢教，将着做本钱，后来竟成富家。懒龙所行之事，每多如此。

说话的，懒龙固然手段高强，难道只这等游行无碍，再没有失手时节？看官听说：他也有遇着不巧，受了窘迫，却会得逢急智生，脱身溜撒。曾有一日走到人家，见衣橱开着，急向里头藏身，要取橱中衣服。不匡这家子临上床时，将衣橱关好，上了大锁，竟把懒龙锁在橱内了。

un mes sin ningún problema, el funcionario debe haber perdido la esperanza de recuperarla y debería ser seguro ir a buscarla. Regresemos allí esta noche.

En cuanto oscureció, el pobre hombre fue a reunirse con Dragón Perezoso y, en poco tiempo, llegaron al lugar.

Veloz como un pájaro al vuelo,
Se lanzó a través del matorral florido;
Audaz como un dragón en las olas,
Hendió las aguas del lago.

En un instante, Dragón Perezoso regresó con una caja a cuestas. Apresurándose a ir a un lugar tranquilo, abrieron la caja, la iluminaron con el espejo y vieron que estaba repleta de oro y plata. Sin embargo, Dragón Perezoso no tomó nada. Sin preocuparse siquiera de averiguar cuánto había, le hizo entrega de la caja a su pobre amigo.

—Este tesoro debería durarte toda la vida —sentenció—. Haz buen uso y no hagas como el tonto Dragón Perezoso, que nunca ha sido capaz de conservar ninguna propiedad.

El pobre hombre le dio las gracias y siguió su consejo. Utilizó el dinero para establecerse en un negocio y posteriormente se convirtió en un hombre rico. Tal generosidad era típica de Dragón Perezoso.

Usted dirá: sin duda, Dragón Perezoso era muy habilidoso, pero ¿nunca se vio en problemas?

Bueno, lector, es cierto que a veces la suerte le era adversa y se encontraba en algún que otro aprieto, pero gracias a su ingenio podía salir de apuros.

Un día, por ejemplo, cuando entró en una casa y encontró un armario abierto, se metió dentro con la intención de robar algo de ropa. Antes de que los habitantes de la casa se fueran a la cama, cerraron el armario con un candado, de modo que quedó prisionero. En

懒龙出来不得，心生一计，把橱内衣饰紧缠在身，又另包下一大包，俱挨着橱门，口里就做鼠咬衣裳之声。主人听得，叫起老妪来道："为何把老鼠关在橱内了？可不咬坏了衣服？快开了橱，赶了出来。"老妪取火开橱，才开得门，那挨着门口包儿，先滚了下地。说时迟，那时快，懒龙就这包滚下来头里，一同滚将出来，就势扑灭了老妪手中之火。老妪吃惊，大叫一声。懒龙恐怕人起难脱，急取了那个包，随将老妪要处一拨，扑的跌倒在地，望外便走。房中有人走起，地上踏着老妪，只说是贼，拳脚乱下。老妪喊叫连天，房外人听房里嚷乱，尽奔将来，点起火一照，见是自家人厮打。方喊得住，懒龙不知已去过几时了。

有一织纺人家，客人将银子定下绸罗若干。其家夫妻收银箱内，放在床里边，夫妻同寝在床，夜夜小心谨守。懒龙知道，要取他的。闪进房去，一脚踏了床沿，挽手进床内掇那箱子。妇人惊醒，觉得床沿上有物，暗中一摸，晓得是只人脚，急用手抱住不放，忙叫丈夫道："快起来，吾捉住贼脚在这里了！"懒龙即将其夫之脚，用手抱住一

cuanto vio que no podía salir, ideó un plan. Envolviéndose con algunas prendas de vestir y haciendo un gran fardo con otras prendas que colocó contra la puerta, imitó el ruido de una rata royendo la ropa.

Al oírlo, el dueño de la casa llamó a la criada.

—¿Por qué has encerrado una rata en el armario? —gritó—. ¿Quieres arruinar toda nuestra ropa? Date prisa y abre el armario para sacarla.

La criada trajo una antorcha y abrió el armario. Pero en el momento en que abrió la puerta, el fardo de ropa cayó al suelo y, tan rápido como el pensamiento, Dragón Perezoso salió rodando tras él, arrancando la antorcha de la mano de la doncella, que dio un grito. Temiendo que se reuniera más gente y le dificultaran la huida, agarró el fardo, hizo tropezar a la criada y se marchó. Cuando el amo se levantó y pisó a la criada, creyendo que era ella la ladrona, empezó a darle patadas y golpes. La criada gritó con todas sus fuerzas hasta que el resto de la casa escuchó la algarabía y acudió corriendo. Al encender una antorcha, descubrieron que el amo estaba peleando con su propia sirvienta. Para cuando se restableció la paz, Dragón Perezoso ya estaba muy lejos.

En otra ocasión, había un tejedor que recibió un anticipo por un gran pedido de seda. El hombre guardó la plata en una caja que colocó por la parte interior de la cama que compartía con su mujer y así poder custodiarla de noche. Cuando Dragón Perezoso se enteró de la existencia de este dinero, decidió hacerse con él. Entró en la habitación, puso un pie en el borde exterior de la cama y alcanzó la caja del otro lado. En ese momento, la esposa del tejedor se despertó y se dio cuenta de que había algo en el borde de la cama. Buscando a tientas en la oscuridad, agarró la pierna del ladrón y la sujetó.

—¡Rápido! —llamó a su marido—. ¡Levántate! Tengo al ladrón

掐。其夫负痛，忙喊道："是我的脚！是我的脚！"妇人认是错拿了夫脚，即时把手放开。懒龙便掇了箱子，如飞出房，夫妻两人还争个不清，妻道："分明拿的是贼脚，你却教放了。"夫道："现今我脚掐得生疼，那里是贼脚？"妻道："你脚在里床，我拿的在外床，况且吾不曾掐着。"夫道："这等，是贼掐我的脚。你只不要放那只脚便是。"妻道："我听你喊将起来，慌忙之中，认是错了，不觉把手放松，你便抽得去了，着了他贼见识，定是不好了。"摸摸里床，箱子果是不见。夫妻两个，我道你错，你道我差，互相埋怨不了。

懒龙又走在一个买衣服的铺里，寻着他衣库，正要拣好的卷他。黑暗难认，却把身边宝镜来照。又道是：

隔墙须有耳，门外岂无人？

谁想隔邻人家，有人在楼上做房，楼窗看见间壁衣库亮光一闪，如闪电一般，情知有些尴尬。忙敲楼窗，向铺里叫

atrapado por una pierna.

En ese mismo instante, Dragón Perezoso agarró la pierna del tejedor y le dio un fuerte pellizco.

—¡Es mi pierna! ¡Es mi pierna! —El tejedor gritó del dolor.

Pensando que había agarrado la pierna de su esposo por error, la mujer la soltó inmediatamente. Mientras el matrimonio discutía, Dragón Perezoso tomó la caja y salió corriendo de la habitación.

—Era la pierna del ladrón —dijo ella—. Pero me hiciste soltarla.

—Todavía me duele la pierna del pellizco que me diste —le dijo su marido—. ¿La pierna del ladrón? ¡Tonterías!

—Tu pierna está por dentro, —insistió su mujer— y la que yo sostenía estaba por fuera. Además, no la pellizqué.

—Entonces, —replicó su marido— fue el ladrón quien me pellizcó la pierna. En ese caso, no debiste haberla soltado.

—Me confundiste cuando gritaste —replicó ella—. Naturalmente, pensé que había cometido un error, lo solté y por eso escapó. Bueno, nos ha engañado muy bien. Debe de haberse robado nuestro dinero.

Cuando buscaron la caja en el lado interior de la cama y descubrieron que no estaba, volvieron a acusarse mutuamente y siguieron con la misma actitud durante horas.

En otra ocasión, Dragón Perezoso se coló en el almacén de una tienda de ropa de segunda mano y, como estaba oscuro, sacó su espejo para elegir las mejores prendas. Pero...

¡Las paredes tienen oídos! ¡Cuidado!

¡Los vigilantes secretos están por todas partes!

En la casa contigua había una pareja de enamorados despierta que, al ver a través de su ventana un brillante parpadeo de luz en el almacén, empezó a sospechar que algo sucedía. La pareja llamó a la

道："隔壁仔细，家中敢有小人了！"铺中人惊起，口喊"捉贼"。懒龙听得在先，看见庭中有一只大酱缸，上盖篷箪。懒龙慌忙揭起，蹲在缸中，仍复反手盖好。那家人提着灯各处一照，不见影响，寻到后边去了。懒龙在缸里想道："方才只有缸内，不曾开看。今后头寻不见，此番必来。我不如往看过的所在躲去。"又思身上衣已染酱，淋漓开来，掩不得踪迹，便把衣服卸在缸内，赤身脱出来。把脚踪印些酱迹在地下，一路到门，把门开了，自己翻身进来，仍入衣库中藏着。那家人后头寻了一转，又将火到前边来，果然把酱缸盖揭开看时，却有一套衣服在内，认得不是家里的。多道："这分明是贼的衣裳了。"又见地下脚迹，自缸边直到门边，门已洞开。尽皆道："贼见我们寻，慌躲在酱缸里面。我们后边去寻时，他却脱下衣服逃走了。可惜看得迟了些个，不然，此时已被我们拿住。"店主人家道："赶得他去也罢了。关好了门，歇息罢！"一

ventana y despertó al dueño:

—¡Cuidado, vecino! Parece que hay ladrones en su casa.

La gente de la tienda se levantó alarmada, gritando:

—¡Un ladrón! ¡Un ladrón!

Dragón Perezoso, que había visto en el patio delantero un enorme tarro de pepinillos cubierto con una esterilla, levantó la tapa y se ocultó en su interior, tirando de la esterilla para devolverla a su sitio. Los empleados de la tienda encendieron las linternas, registraron todo el local sin encontrarlo y luego se dirigieron al patio del fondo.

"Este tarro es lo único que les falta por revisar", pensó Dragón Perezoso. "Cuando no me encuentren en la parte de atrás, seguro que buscarán aquí. Será mejor que me esconda en algún lugar que ya hayan registrado".

Al darse cuenta de que su ropa estaba empapada de pepinillos y que dejaría un rastro por donde pasara, se quitó la ropa y salió del tarro desnudo para dejar un rastro de pepinillos con los pies hasta la puerta. Luego, dejó la puerta entreabierta, regresó y se escondió en el almacén.

Después de que la gente de la tienda revisó el patio del fondo, volvió con sus linternas al frente. Esta vez, para estar seguros, destaparon el tarro y encontraron dentro una ropa que no era de ellos.

—¡Debe ser del ladrón! —gritaron.

Pero entonces vieron las huellas desde la tinaja hasta la puerta que estaba abierta de par en par.

—El ladrón debió de asustarse y esconderse en la tinaja —acordaron—. Cuando fuimos a la parte de atrás, se quitó la ropa y huyó. Es una pena que se nos haya escapado.

—Bueno, ya nos hemos librado de él —declaró el dueño de la tienda—. Cerremos la puerta y vayamos a dormir.

家尽道贼去无事,又历碌了一会,放倒了头,大家酣睡,讵知贼还在家里。懒龙安然住在锦绣丛中,把上好衣服绕身系束得紧峭,把一领青旧衣外面盖着,又把细软好物装在一条布被里面,打做个包儿。弄了大半夜,寂寂负了,从屋檐上跳出。这家子没一人知觉。

跳到街上,正走时,天尚黎明,有三四一起早行的人,前来撞着。见懒龙独自一个,负着重囊,侵早行走,疑他来路不正气,遮住道:"你是甚么人?在那里来?说个明白,方放你走。"懒龙口不答应,伸手在肘后摸出一包,团圞如球,抛在地下就走。那几个人多来抢看,见上面牢卷密扎,道他必是好物,争先来解。解了一层又有一层,就像剥笋壳一般。且是层层捆得紧,剥了一尺多,里头还不尽,剩有拳头大一块。疑道:"不知裹着甚么!"众人不肯住手,还要夺来解看。那先前解下的,多是敝衣破絮,零零落落,堆得满地。正在闹嚷之际,只见一伙人赶来道:"你们偷了我家铺里衣服,在此分赃么!"不由分

Confiando en que el ladrón se había ido, después de arreglar las cosas volvieron a la cama y se quedaron profundamente dormidos.

Durante todo ese tiempo, en cambio, Dragón Perezoso se recostó cómodamente sobre los fardos de ropa fina que había en el almacén. Ahora eligió las mejores prendas, se envolvió en ellas y se puso encima un viejo abrigo oscuro. Luego hizo otro bulto de ropa que cubrió con un cobertor de tela. Al acercarse el amanecer —habiendo pasado la mayor parte de la noche en este trabajo—, recogió su botín, saltó al tejado sin despertar a ningún alma en la tienda y salió a la calle. El Sol aún no había salido. Mientras caminaba, se encontró con tres o cuatro hombres, que sospecharon al ver su figura solitaria cargando un pesado fardo a tan temprana hora.

—¿Quién eres tú? —le preguntaron, impidiéndole el paso—. ¿De dónde vienes? Debes dar cuenta de ti mismo antes de que te dejemos pasar.

Sin pronunciar palabra, Dragón Perezoso alcanzó un paquete redondo que llevaba a la espalda y lo arrojó al suelo. Mientras los hombres se lo arrebataban, Dragón Perezoso siguió su camino. El paquete estaba tan bien envuelto que estaban seguros de que debía contener algo valioso. Por tanto, se reunieron para desvelar su contenido. Como si se tratara de pelar brotes de bambú, fueron quitando capa tras capa para descubrir más capas debajo, cada una de ellas fuertemente unida a la siguiente. Incluso después de haber deshecho cantidades de guata de 30 centímetros de grosor, todavía quedaba un bulto tan grande como un puño.

"¿Qué será?", se preguntaban mientras intentaban desenvolverlo y esparcían por el suelo los trapos y el algodón que ya habían retirado. En ese justo momento, se acercó otro grupo de hombres.

—¡Así que nos han robado la ropa y se están repartiendo el bo-

说，拿起器械蛮打将来。众人呼喝不住，见不是头，各跑散了。中间拿住一个老头儿，天色黯黑之中，也不来认面庞，一步一棍，直打到铺里。老头儿口里乱叫乱喊道："不要打！不要打！你们错了！"众人多是兴头上，人住马不住，那里听他？看看天色大明，店主人仔细一看，乃是自家亲家翁，在乡里住的。连忙喝住众人，已此打得头虚面肿。店主人忙陪不是，置酒请罪。因说失贼之事，老头儿方诉出来道："适才同两三个乡里人作伴到此，天未明亮，因见一人背驮一大囊行走，正拦住盘问，不匡他丢下一件包裹，多来夺看，他乘闹走了。谁想一层一层，多是破衣败絮。我们被他哄了，不拿得他，却被这里人不分皂白，混打这番，把同伴人惊散。便宜那贼骨头，又不知走了多少路了。"众人听见这话，大家惊悔。邻里闻知某家捉贼，错打了亲家公，传为笑话。原来那个球就是懒龙在衣橱里把闲工结成，带在身边，防人尾追，把此抛下做缓兵

tín aquí! —gritaron los recién llegados.

Sin esperar por una explicación, blandieron sus palos y se abalanzaron sobre ellos. Los hombres acusados intentaron en vano detenerlos y luego huyeron, todos menos un anciano al que apresaron. Aún estaba demasiado oscuro para verle el rostro, pero lo fueron maltratando durante todo el camino de vuelta a la tienda, ignorando sus protestas poseídas por la ira. Sin embargo, pronto amaneció y el tendero vio que el anciano no era otro que el suegro de su hijo que vivía en el campo. Aunque ordenó a sus ayudantes detenerse de inmediato, el anciano ya había sido golpeado hasta la saciedad. Lo único que pudo hacer el pañero fue disculparse y ofrecerle vino para expresar su arrepentimiento. También le contó lo del robo.

—Estaba caminando con dos o tres amigos de nuestra aldea antes del amanecer, —refirió el anciano— cuando vimos a un individuo con un gran bulto a la espalda acercarse a nosotros. Lo detuvimos para preguntarle qué hacía, pero dejó caer un bulto y, mientras lo recogíamos, se escabulló. ¿Quién iba a imaginar que no era más que una capa tras otra de trapos y algodón? Después de que nos engañara para que le dejáramos marchar, sus hombres se acercaron y, sin averiguar lo que era correcto o incorrecto, empezaron a golpearnos y asustaron a mis amigos al punto que salieron huyendo. A estas alturas, por suerte para él, el ladrón debe estar a kilómetros de distancia.

Al enterarse de esto, los empleados de la tienda se reprocharon amargamente. Cuando los vecinos supieron que en lugar de atrapar al ladrón, el pañero había golpeado a su pariente, pensaron que era una gran broma. En cuanto al fardo, Dragón Perezoso debió haberlo hecho mientras esperaba para salir del almacén, de manera que si alguna vez lo perseguían pudiera utilizarlo para retrasar a sus captores.

之计的。这多是他临危急智,脱身巧妙之处。有诗为证:

　　巧技承蜩与弄丸,当前卖弄许多般。
　　虽然贼态何堪述,也要临时猝智难。

懒龙神偷之名,四处布闻。卫中巡捕张指挥访知,叫巡军拿去。指挥见了,问道:"你是个贼的头儿么?"懒龙道:"小人不曾做贼,怎说是贼的头儿?小人不曾有一毫赃私犯在公庭,亦不曾见有窃盗贼伙扳及小人。小人只为有些小智巧,与亲戚朋友作耍之事间或有之。爷爷不要见罪小人,或者有时用得小人着,水里火里,小人不辞。"指挥见他身材小巧,语言爽快,想道无赃无证,难以罪他。又见说肯出力,思量这样人有用处,便没有难为的意思。正说话间,有个阊门陆小闲将一只红嘴绿鹦哥来献与指挥。指挥教把锁镫挂在檐下,笑对懒龙道:"闻你手段通神,你虽说戏耍无赃,偷人的必也不少。今且权恕你罪,我只要看你手段。你今晚若能偷得我这鹦哥去,明日送来还我,凡事不计较你了。"懒龙道:"这个不难,容小人出去,明早送来。"懒龙叩头而出。指挥当下吩咐两个守夜

Estas historias muestran su astucia en las emergencias y su habilidad para salir de los apuros.

La fama de Dragón Perezoso, el maravilloso ladrón, se extendió por todas partes hasta que el comandante Zhang, del cuartel general de la guarnición de Suzhou, oyó hablar de él y ordenó a sus sargentos que le trajeran a ese hombre.

—¿Eres el jefe de los ladrones? —preguntó.

—No soy un ladrón y mucho menos su jefe —respondió Dragón Perezoso—. Nunca he sido condenado en un tribunal ni he participado en un solo caso de robo. Resulta que sé algunos trucos y a veces hago bromas a mis parientes y amigos, pero si he hecho algo malo, le ruego a Su Señoría que lo pase por alto. Si alguna vez me necesita, puede estar seguro de que pasaré con gusto por el fuego o el agua para complacerle.

El comandante quedó impresionado por su aspecto ágil y su discurso franco. Igualmente, consideró que sin pruebas sería difícil condenar a este ladrón y ahora que había prometido trabajar para él podría resultarle útil. En consecuencia, decidió no arrestarlo. Mientras hablaban, un hombre llamado Lu, que vivía cerca de la Puerta Oeste, le obsequió una cacatúa de pico rojo y plumaje verde al comandante Zhang, quien le ordenó que atara la cadena del ave al alero.

—He oído que tienes unos dedos muy ligeros —manifestó el comandante a Dragón Perezoso esbozando una sonrisa—. Pese a que afirmas que solo has hecho bromas, pero nunca has robado, debes haber robado a mucha gente. Aunque quiero perdonarte, me gustaría ver tu habilidad. Si eres capaz de llevarte mi cacatúa esta noche y devolvérmela mañana, prometo dejarte en paz.

—Eso no debería ser difícil —replicó Dragón Perezoso—. Permítame que me despida ahora y le devolveré su pájaro mañana por la

军人:"小心看守架上鹦哥,倘有疏失,重加责治。"两个军人听命,守宿在檐下,一步不敢走离。虽是眼皮压将下来,只得勉强支持。一阵盹睡,闻声惊醒,甚是苦楚。

夜已五鼓,懒龙走在指挥书房屋脊上,挖开椽子,溜将下来。只见衣架上有一件沉香色潞绸披风,几上有一顶华阳巾,壁上挂一盏小行灯,上写着"苏州卫堂"四字。懒龙心思有计,登时把衣巾来穿戴了,袖中拿出火种,吹起烛煤,点了行灯,提在手里,装着老张指挥声音步履,仪容气度,无一不像。走到中堂壁门边,把门耸然开了,远远放住行灯,踱出廊檐下来。此时月色蒙胧,天光昏惨,两个军人大盹小盹,方在困倦之际。懒龙轻轻踢他一下道:"天色渐明,不必守了,出去罢。"一头说,一头伸手去提了鹦哥锁镫,望中门里面摇摆了进去。两个军人闭眉刷眼,正不耐烦,听得发放,犹如九重天上的赦书来了,那里还管甚么好歹,一道烟去了。

须臾天明,张指挥走将出来,鹦哥不见在檐下。急唤

mañana.

Dragón Perezoso hizo una reverencia y se marchó.

El comandante ordenó a dos vigilantes nocturnos vigilar la cacatúa con extrema atención y los amenazó con darles un castigo severo si le pasaba algo al pájaro. Los dos guardias no se movieron del lugar. Aunque les pesaban los párpados, se esforzaban para no quedarse dormidos. Mientras las horas pasaban penosamente, los vigilantes dormitaban, pero se despertaban de nuevo al menor ruido. En la quinta guardia, justo antes del amanecer, Dragón Perezoso abrió un hoyo en el techo y bajó por él al estudio del comandante. En una percha vio una capa de seda marrón oscura, sobre la mesa un gorro y en la pared un pequeño farol con el título inscrito: Comandante de la Guarnición de Suzhou. Al instante se le ocurrió una idea. Poniéndose la capa y el gorro, sacó la antorcha humeante que llevaba, sopló la llama y encendió el farol. Luego, sujetando el farol de forma tal que la luz no iluminara su rostro e imitando la voz, el andar y los modales del viejo comandante, abrió la puerta del salón y salió caminando debajo del alero. Como la luz de la Luna era escasa, estaba bastante oscuro y los dos guardias, agotados, cabeceaban en su puesto.

—Está amaneciendo —declaró Dragón Perezoso, dándoles una palmadita en el hombro—. No hace falta que sigan vigilando. Se pueden retirar.

Mientras hablaba, levantó el brazo para coger la cacatúa por la cadena y luego volvió a entrar en el salón. Para los dos vigilantes, que lo estaban pasando tan mal intentando mantener los ojos abiertos, esta repentina orden de retirada fue tan bienvenida como una amnistía imperial para un condenado. Sin sospechar por un momento que algo andaba mal, se alejaron como una columna de humo.

Pronto amaneció y el comandante salió. Al ver que la cacatúa

军人问他,两个多不在了。忙教拿来,军人还是残梦未醒。指挥喝道:"叫你们看守鹦哥,鹦哥在那里?你们倒在外边来?"军人道:"五更时,恩主亲自出来,取了鹦哥进去,发放小人们归去的,怎么反问小人要鹦哥?"指挥道:"胡说!我何曾出来?你们见鬼了?"军人道:"分明是恩主亲自出来,我们两个人同在那里,难道一齐眼花了不成?"指挥情知尴尬,走到书房,仰见屋椽有孔道,想必在这里着手去了。正持疑间,外报懒龙将鹦哥送到。指挥含笑出来,问他何由偷得出去。懒龙把昨夜着衣戴巾假装主人、取进鹦哥之事,说了一遍。指挥惊喜,大加亲幸。懒龙也时常有些小孝顺,指挥一发心腹相托,懒龙一发安然无事了。普天下巡捕官偏会养贼,从来如此。有诗为证:

猫鼠何当一处眠?总因有味要垂涎。

由来捕盗皆为盗,贼党安能不炽然?

虽如此说,懒龙果然与人作戏的事体多。曾有一个博

no estaba, llamó a gritos a los guardias, pero no los vio por ninguna parte. El comandante ordenó que los trajeran ante él. Unos minutos más tardes, llegaron los vigilantes todavía medio dormidos.

—Les he dicho que vigilaran a la cacatúa —gritó el comandante—. ¿Dónde está ahora? ¿Por qué han abandonado su puesto?

—En la quinta guardia usted mismo salió, señor —protestaron los guardias—. Llevó el pájaro adentro y nos dijo que nos fuéramos. ¿Por qué nos pregunta dónde está?

—¡Tonterías! —rugió el comandante—. ¿Cuándo he salido? Habrán visto un fantasma.

—Realmente era usted, señor. Los dos estábamos aquí. ¿Cómo pudimos ver los dos algo que no estaba allí?

El comandante empezó a sospechar. Al volver al estudio, miró por casualidad hacia arriba y vio el agujero en el techo. Entonces, supo cómo había entrado el ladrón. Mientras estaba intrigando sobre el asunto, le dijeron que Dragón Perezoso había venido a devolver la cacatúa. El comandante Zhang salió sonriente a preguntar cómo lo había hecho y se sorprendió y alegró cuando Dragón Perezoso le explicó cómo se había disfrazado con la capa y el gorro de comandante de la guarnición y se había llevado la cacatúa al estudio. El comandante Zhang trató bien a Dragón Perezoso a partir de entonces y el ladrón, por su parte, le llevó varios regalos a cambio de su confianza y protección. Es, por desgracia, demasiado común que los oficiales de la policía protejan a los ladrones.

> *¿Qué hace que un gato se conforme con dormir con los ratones?*
> *Pues que ambos desean la misma comida deliciosa.*
> *Si los que capturan a los ladrones son ladrones también,*
> *No es de extrañar que los ladrones proliferen por todas partes.*

Dragón Perezoso siempre estaba tramando trucos. Un día, un

徒在赌场得了采，背负千钱回家。路上撞见懒龙，博徒指着钱戏懒龙道："我今夜把此钱放在枕头底下，你若取得去，明日我输东道。若取不去，你请我吃东道。"懒龙笑道："使得，使得。"博徒归到家中，对妻子说今日得了采，把钱藏在枕下了。妻子心里欢喜，杀了一只鸡，盪酒共吃。鸡吃不完，还剩下一半，收拾在厨中。上床同睡，又说了与懒龙打赌赛之事，夫妻相戒，大家醒觉些个。岂知懒龙此时已在窗下，一一听得。见他夫妇惺憁，难以下手，心生一计。便走去灶下拾根麻骨放在口中，嚼得膈膊有声，竟似猫儿吃鸡之状。妇人惊起道："还有老大半只鸡，明日好吃一餐，不要被这亡人拖了去。"连忙走下床来，去开厨来看。懒龙闪入天井中，将一块石头抛下井里，"洞"的一声响。博徒听得，惊道："不要为这点小小口腹，失脚落在井中了，不是耍处！"急出门来看时，懒

jugador que había ganado mil monedas en la casa de juegos iba de camino a su morada cuando se encontró con el ladrón.

—Esta noche lo pondré debajo de mi almohada —le dijo a Dragón Perezoso, señalando su dinero—. Si consigues hacerte con él, mañana te invito a beber vino. Si no lo consigues, invitas tú.

—¡Hecho! —respondió Dragón Perezoso con una carcajada.

Cuando el jugador regresó a casa le dijo a su esposa:

—Hoy me ha ido bastante bien. Pondré el dinero bajo la almohada.

Su mujer estaba tan contenta que mató un pollo y calentó un poco de vino para un pequeño festín. Sin embargo, no terminaron el pollo y la buena mujer guardó lo que quedaba en la cocina. Cuando se fueron a la cama, su marido le habló de su apuesta con Dragón Perezoso y cada uno instó al otro a mantenerse despierto, sin saber que Dragón Perezoso ya estaba al otro lado de la ventana y podía escuchar todo lo que decían. Cuando se dio cuenta de que estarían despiertos y tomar el dinero resultaría difícil, se le ocurrió un plan. Fue a la cocina, cogió un tallo de cáñamo y lo masticó para imitar el sonido de un gato comiendo pollo. La mujer se incorporó sobresaltada.

—Todavía queda medio pollo, ¡suficiente para una comida mañana! —afirmó—. ¡No voy a permitir que ese maldito gato se lo lleve!

La mujer salió de la cama de un salto y corrió a la cocina. Dragón Perezoso se dirigió inmediatamente al patio y dejó caer una piedra grande en el pozo. El gran chapoteo que provocó sobresaltó al jugador.

—¡Seguro que no ha caído en el pozo solo por medio pollo! —exclamó—. Eso no es ninguna broma.

Mientras se apresuraba a ver lo que sucedía, Dragón Perezoso

龙已隐身入房，在枕下挖钱去了。夫妇两人黑暗里叫唤相应，方知无事，挽手归房。到得床里，只见枕头移开，摸那钱时，早已不见。夫妻互相怨怅道："清清白白两个人，又不曾睡着，却被他当面作弄了去，也倒好笑。"到得天明，懒龙将钱来还了，来索东道。博徒大笑，就勒下几百放在袖里，与懒龙前到酒店中买酒请他。两个饮酒中间，细说昨日光景，拍掌大笑。

　　酒家翁听见，来问其故。与他说了。酒家翁道："一向闻知手段高强，果然如此。"指着桌上锡酒壶道："今夜若能取得此壶去，我明日也输一个东道。"懒龙笑道："这也不难。"酒家翁道："我不许你毁门坏户，只在此桌上，凭你如何取去。"懒龙道："使得，使得。"起身相别而去。

　　酒家翁到晚，吩咐牢关门户，自家把灯四处照了，料道进来不得。想道："我停灯在桌上了，拚得坐着，守定这

se coló en la habitación y sacó el dinero de debajo de la almohada. Cuando marido y mujer se llamaron en la oscuridad y se cercioraron de que todo estaba bien, volvieron de la mano a su dormitorio. Sin embargo, al ver que la almohada se había movido y que el dinero había desaparecido, maldijeron su estupidez.

—Los dos estábamos despiertos y en guardia, y aun así dejamos que nos engañara. Es una vergüenza.

Al amanecer, Dragón Perezoso vino a devolver el dinero y a exigir que el perdedor pagara su apuesta. Con una carcajada, el jugador se guardó en la manga unos cientos de billetes de sus ganancias e invitó a Dragón Perezoso a una taberna cercana.

Mientras bebían debatieron sobre el robo, dando palmas y riendo estruendosamente. Cuando el tabernero les preguntó cuál era la broma, se lo contaron.

—Siempre he oído hablar de tu gran habilidad, —le dijo el tabernero a Dragón Perezoso— pero nunca he podido creerlo.

Acto seguido, señaló la vasija de peltre que había sobre la mesa.

—Si puedes llevarte esta vasija esta noche, mañana te invito yo —subrayó.

—¡Hecho! —respondió Dragón Perezoso con una carcajada—. Eso es fácil.

—¡No permitiré que estropees la puerta ni las ventanas! —agregó el tabernero—. ¡Lo dejaré sobre esta mesa y veremos cómo lo consigues!

—¡Está bien, está bien! —respondió Dragón Perezoso y se marchó.

Aquella noche, el tabernero hizo cerrar bien la puerta y registró el local con una lámpara para asegurarse de que no había forma de que Dragón Perezoso pudiera entrar. "Pondré la lámpara sobre la

壶，看他那里下手！"酒家翁果然坐至夜分，绝无影响。意思有些不耐烦了，倦怠起来。瞌睡到了，起初还着实勉强。支撑不过，就斜靠在桌上睡去，不觉大鼾。懒龙早已在门外听得，就悄悄的扒上屋脊，揭开屋瓦，将一猪脬紧扎在细竹管上。竹管是打通中节的，徐徐放下，插入酒壶口中。酒店里的壶，多是肚宽颈窄的，懒龙在上边把一口气从竹管里吹出去，那猪脬在壶内涨将开来，已满壶中。懒龙就掐住竹管上眼，便把酒壶提将起来。仍旧盖好屋瓦，不动分毫。酒家翁一觉醒来，桌上灯还未灭，酒壶已失。急起四下看时，窗户安然，毫无漏处，竟不知甚么神通，摄得去了。

又一日，与二三少年同立在北潼子门酒家。河下船中有个福建公子，令从人将衣被在船头上晒曝，锦绣璨烂，观者无不啧啧。内中有一条被，乃是西洋异锦，更为奇特。众人见他如此炫耀，戏道："我们用甚法取了他的，以

mesa y me sentaré aquí a observar la vasija", decidió. "¡Me gustaría ver lo que puede hacer entonces!".

El tabernero se sentó allí hasta la medianoche, pero no pasó nada. Luego, entre el aburrimiento y el cansancio se descubrió dormitando. Al principio luchó por mantenerse despierto, pero pronto no pudo resistir más y apoyando la cabeza en la mesa empezó a roncar.

Cuando Dragón Perezoso oyó los ronquidos desde el exterior, trepó sin hacer ruido por el tejado y retiró unas cuantas tejas. Luego sujetó la vejiga de un cerdo a una caña de bambú delgada y hueca, y la bajó lentamente hasta la vasija. Las garrafas de vino de estas tabernas eran anchas en la base pero estrechas en el cuello, de modo que cuando sopló a través del bambú la vejiga se infló hasta ocupar todo el espacio del recipiente. Luego comenzó a tirar de la vara de bambú y así fue como subió la garrafa, tras lo cual volvió a colocar las tejas exactamente como estaban antes. Cuando el tabernero se despertó, la lámpara de la mesa seguía encendida, pero la vasija había desaparecido. Al mirar a su alrededor y ver que ninguna de las ventanas había sido forzada, no podía imaginar por medio de qué magia se la habían llevado.

En otra ocasión, Dragón Perezoso estaba con unos cuantos compinches parado en una taberna en la Puerta Norte, cuando un joven caballero fujianés, cuyo barco había atracado en la orilla del río, ordenó a sus ayudantes que airearan sus prendas de vestir y su ropa de cama en la cubierta. Las brillantes sedas y satenes deslumbraron a todos los que los vieron, pero lo que más les maravilló fue un cobertor de un exótico material poco visto en Occidente. Cuando los amigos de Dragón Perezoso vieron cómo el caballero hacía alarde de su riqueza, dijeron:

—Si pudiéramos quitarle ese cobertor, sería más bien una bro-

博一笑才好。"尽推懒龙道:"此时懒龙不逞技俩,更待何时?"懒龙笑道:"今夜让我弄了他来,明日大家送还他,要他赏钱,同诸公取醉。"懒龙说罢,先到混堂把身子洗得洁净,再来到船边看相动静。守到更点二声,公子与众客尽带酣意,潦倒模糊,打一个混同铺,吹灭了灯,一齐藉地而寝。懒龙倏忽闪烁,已杂入众客铺内,挨入被中,说着闽中乡谈,故意在被中挨来挤去。众客睡不像意,口里和啰埋怨。懒龙也作闽音说睡话,趁着挨挤杂闹中,扯了那条异锦被,卷作一束,就作睡起要泻溺的声音,公然拽开舱门,走出泻溺,径跳上岸去了。船中诸人一些不觉。

及到天明,船中不见锦被,满舱闹嚷。公子甚是叹惜,与众客商量。要告官,又不直得;要住了,又不舍得。只得许下赏钱一千,招人追寻踪迹。懒龙同了昨日一

ma. Aquí tienes la oportunidad de demostrar tus habilidades, Dragón Perezoso. ¿A qué esperas?

—No me importaría conseguírtelo esta noche —rio Dragón Perezoso—. Mañana puedes devolvérselo y pedirle dinero para beber unas copas.

Después de visitar una casa de baños y lavarse, volvió a la orilla del río para esperar la oportunidad. Esperó hasta las diez, cuando el caballero fujianés y sus amigos, soñolientos y medio embriagados, extendieron su ropa de cama juntos en el suelo del camarote, apagaron la lámpara y se acostaron. Rápido como un relámpago, Dragón Perezoso subió a bordo, se metió debajo de los edredones y, charlando en el dialecto de Fujian, empezó a moverse de un lado a otro hasta provocar las quejas del personal por no poder dormir. Todavía murmurando soñoliento en fujianés, Dragón Perezoso empujó a sus compañeros de cama y creó tal alboroto que pudo apoderarse del cobertor. Entonces, enrollándolo, abrió la puerta del camarote, salió y saltó a tierra sin que ninguno de los pasajeros se diera cuenta de lo ocurrido.

Cuando amaneció y notaron la pérdida del valioso cobertor, se armó un gran alboroto a bordo. El caballero, muy afectado, discutió el asunto con sus amigos. Aunque no valía la pena ir a los tribunales por un cobertor, tampoco quería quedarse de brazos cruzados, por lo que ofreció una recompensa de mil monedas a quien lo recuperara.

Entonces, Dragón Perezoso y sus amigos fueron al barco.

—Hemos encontrado el cobertor —informaron—. Si nos da la recompensa para comprar vino, le garantizamos que se lo devolveremos.

El caballero ordenó que le trajeran inmediatamente las mil monedas en efectivo y prometió que serían suyas tan pronto como le

干人下船中，对公子道："船上所失锦被，我们已见在一个所在。公子发出赏钱与我们弟兄买酒吃，包管寻来奉还。"公子立教取出千钱来放着，待被到手即发。懒龙道："可叫管家随我们去取。"公子吩咐亲随家人，同了一伙人，走到徽州当内，认着锦被，正是元物。亲随便问道："这是我船上东西，为何在此？"当内道："早间一人拿此被来当。我们看见此锦不是这里出的，有些疑心，不肯当钱与他。那个人道：'你每若放不下时，我去寻个熟人来保着，秤银子去就是。'我们说：'这个使得。'那人一去竟不来了。我元道必是来历不明的，既是尊舟之物，拿去便了。等那个来取时，小当还要捉住了他，送到船上来。"众人将了锦被，去还了公子，就说当中说话。公子道："我们客边的人，但得元物不失罢了，还要寻那贼人怎的？"就将出千钱送与懒龙等一伙报事的人。众人收受，俱到酒店里破除了。元来当里去的人，也是懒龙央出来，把锦被卸脱在那里，好来请赏的。如此作戏之事，不一而足。正是：

  胪传能发冢，穿窬何足薄？

  若托大儒言，是名善戏谑。

懒龙固然好戏，若是他心中不快意的，就连真带耍，

devolvieran su cobertor.

—Podría mandar un sirviente con nosotros a buscarlo —sugirió Dragón Perezoso.

El caballero ordenó a su mayordomo que les acompañara y se dirigieron a una casa de empeños de Huizhou, donde encontraron el cobertor.

—Esto estaba en nuestro barco —aseguró el mayordomo—. ¿Cómo ha llegado hasta aquí?

—Alguien lo trajo esta mañana —respondió el prestamista—. Cuando vimos que no era un producto local, nos dijimos que había gato encerrado y no quisimos darle el dinero. "Si no se fían de mí", afirmó, "me buscaré un amigo que me avale. Ya puedes ir pesando la plata por mí mientras lo busco". Cuando llegamos a un acuerdo se marchó y esa fue la última vez que lo vimos. Por tanto, confirmamos que debía ser robado. Ya que pertenece a su barco, tómelo. Si ese sujeto vuelve, lo atraparemos y lo enviaremos también a su embarcación.

Inmediatamente, llevaron la ropa de cama al fujianés y le contaron lo que había dicho el prestamista.

—No somos de aquí —indicó el joven caballero—. Estoy contento de haber recuperado mi cobertor, ¿por qué deberíamos buscar al ladrón?

El fujianés le dio la recompensa prometida a Dragón Perezoso y sus amigos, quienes la gastaron en la taberna. El hombre que fue a empeñar la manta había recibido, por supuesto, instrucciones de Dragón Perezoso de dejarla allí mientras iban a reclamar la recompensa. Este era uno más de sus muchos trucos.

Un bromista como Dragón Perezoso sabía cómo ponerle las cosas difíciles a cualquiera que lo molestara. Una vez, un grupo de

必要扰他。有一伙小偷置酒邀懒龙游虎丘，船经山塘，暂停米店门口河下。穿出店中，买柴沽酒。米店中人嫌他停泊在此，出入搅扰，厉声推逐，不许系缆。众偷不平，争嚷。懒龙丢个眼色道："此间不容借走，我们移船下去些，别寻好上岸处罢了，何必动气！"遂教把船放开，众人还忿忿。懒龙道："不须角口，今夜我自有处置他所在。"众人请问，懒龙道："你们去寻一只站船来，今夜留一樽酒，一个槛及暖酒家火、薪炭之类，多安放船中。我要归途一路赏月色到天明。你们明日便知，眼下不要说破。"是夜虎丘席罢，众人散去。懒龙约他明日早会，止留得一个善饮的为伴，一个会行船的持篙，下在站船中回来。经过米店河头，店中已扃闭得严密。其时河中赏月、归舟吹唱过往的甚多。米店里头人，安心熟睡。懒龙把船贴米店板门

ladrones lo invitó a ir en barco a las colinas Huqiu para beber y disfrutar del paisaje. En Shantang, atracaron detrás de una tienda de arroz y pasaron por ella para comprar combustible y vino. El comerciante de arroz, que se oponía a que el barco estuviera amarrado en su puerta trasera y a que estos buscadores de placer entraran y salieran, les insultó e incluso intentó echarlos.

Los ladrones protestaban indignados cuando Dragón Perezoso les guiñó un ojo.

—Ya que no quiere que pasemos por su tienda, vayamos más abajo y busquemos otro lugar donde atracar —sugirió—. ¿Por qué perder los nervios?

Acto seguido, les ordenó a los barqueros que soltaran amarras, pero los ladrones seguían enfadados.

—No vale la pena discutir con esta gente —declaró Dragón Perezoso—. Esta noche me la desquitaré.

Enseguida le preguntaron qué tenía en mente.

—Búsquenme un bote esta noche —pidió Dragón Perezoso— y déjenme una garrafa de vino, una cesta de comida y una estufa, así como combustible para calentar el vino. Quiero remar y disfrutar de la Luna toda la noche. Mañana entenderán mi plan, no hay necesidad de revelarlo ahora.

Aquella noche, después del banquete en Huqiu, tomaron caminos diferentes, habiendo acordado reunirse con Dragón Perezoso a primera hora de la mañana. Dragón Perezoso solo se hizo acompañar de un buen bebedor y un hábil jugador para regresar en la pequeña barca a la tienda de arroz. El establecimiento ya estaba cerrado y, como esa noche había muchas embarcaciones en el río con pasajeros a bordo que cantaban y disfrutaban de la Luna, el personal del local de arroz se fue a dormir sin la más mínima sospecha de nada. Dra-

住下。日间看在眼里,有米一囤在店角落中,正临水次近板之处。懒龙袖出小刀,看板上有节处一挖,那块木节囫囵的落了出来,板上老大一孔。懒龙腰间摸出竹管一个,两头削如藕披,将一头在板孔中插入米囤,略摆一摆,只见囤内米簌簌的从管里泻将下来,就如注水一般。懒龙一边对月举杯,酣呼跳笑,与泻米之声相杂,来往船上多不知觉。那家子在里面睡的,一发梦想不到了。看看斗转参横,管中没得泻下,想来囤中已空。看那船舱也满了,便叫解开船缆,慢慢的放了船去。到一僻处,众偷皆来。懒龙说与缘故,尽皆抚掌大笑。懒龙拱手道:"聊奉列位众分,以答昨夜盛情。"竟自一无所取。那米店直到开囤,才知其中已空,再不晓得是几时失去,怎么样失了的。

　　苏州新兴百柱帽,少年浮浪的,无不戴着装幌。南园侧东道堂白云房一起道士,多私下置一顶,以备出去游

gón Perezoso amarró su embarcación cerca de la puerta trasera de la tienda.

Durante el día había observado un cajón de arroz en una esquina de la tienda, encima del agua, junto a la puerta del fondo. Entonces, sacó de la manga un pequeño cuchillo, abrió un hoyo en la puerta de madera, buscó en su bolsillo una vara de bambú que introdujo por el agujero hasta el cajón y le dio una suave sacudida. Inmediatamente, el arroz empezó a caer en cascada por la vara como si fuera agua. La algarabía de Dragón Perezoso brindando por la Luna, gritando y riendo como si estuviera embriagado ahogaba el chapoteo del arroz. Los barcos que pasaban no se enteraban de lo que estaba ocurriendo y mucho menos la gente de la tienda que dormía adentro.

A primera hora de la mañana, cuando el arroz dejó de correr por la vara de bambú, Dragón Perezoso supo que el contenedor estaba vacío. Para entonces su camarote también estaba lleno, así que ordenó al barquero que soltara las amarras y se alejaron lentamente. En seguida llegaron a un lugar apacible donde todos los ladrones se habían reunido según lo acordado y Dragón Perezoso les explicó lo que había hecho. Todos aplaudieron y rieron estruendosamente mientras él hacía una reverencia.

—Repartan el arroz entre ustedes —les dijo— como muestra de mi agradecimiento por la fiesta de anoche.

Dragón Perezoso no se quedó con un solo grano. No fue hasta que los dependientes de la tienda abrieron el contenedor que se percataron de que estaba vacío. Ante dicha realidad, no podían concebir cuándo ni cómo había desaparecido el arroz.

Hubo una época en Suzhou en la que los gorros de cien pilares se pusieron de moda y todos los jóvenes se pavoneaban con ellos. Los sacerdotes taoístas del Monasterio de la Nube Blanca, cerca de

耍,好装俗家。一日夏月天气,商量游虎丘,已叫下酒船。有个纱王三,乃是王织纱第三个儿子,平日与众道士相好,常合伴打平火。众道士嫌他惯讨便宜,且又使酒难堪,这番务要瞒着了他。不想纱王三已知道此事,恨那道士不来约他,去寻懒龙商量,要怎生败他游兴。懒龙应允,即闪到白云房,将众道常戴板巾尽取了来。纱王三道:"何不取了他新帽,要他板巾何用?"懒龙道:"若他失去了新帽,明日不来游山了,有何趣味?你不要管,看我明日消遣他。"纱王三终是不解其意,只得繇他。

　　明日,一伙道士轻衫短帽,装束做少年子弟,登舟放浪。懒龙青衣相随下船,蹲坐舵楼。众道只道是船上人,船家又道是跟的侍者,各不相疑。开得船时,众道解衣脱帽,纵酒欢呼。懒龙看个空处,将几顶新帽卷在袖里,腰

Nanyuan, también los compraban en secreto para usarlos cuando salían a divertirse disfrazados de laicos.

Un día de verano, tras decidir que a la mañana siguiente irían a las colinas Huqiu, reservaron un barco y encargaron un banquete. El tercer hijo de Wang el tejedor era amigo de los mencionados taoístas. A menudo, el muchacho acompañaba en sus excursiones, en las que cada uno pagaba lo suyo. Sin embargo, como siempre esperaba a que los demás lo invitaran y después de beber siempre provocaba disturbios, los sacerdotes decidieron no decirle nada esta vez. El joven Wang acabó enterándose de su plan y se sintió molesto por haber sido excluido. En represalia, le pidió a Dragón Perezoso que le ayudara a estropear su diversión. Dragón Perezoso aceptó, se coló en el Monasterio de la Nube Blanca y robó los gorros taoístas de los sacerdotes.

—¿Por qué no tomaste sus gorros nuevos? —preguntó Wang—. ¿Para qué sirven estos gorros sacerdotales?

—Si pierde sus gorros nuevos, no van a las colinas Huqiu mañana —respondió Dragón Perezoso—. ¿Cuán divertido sería eso? No te preocupes. Solo espera a ver la maldad que les haré mañana.

Poseído por la intriga, Wang no tuvo más alternativa que permitir que Dragón Perezoso se saliera con la suya.

Al día siguiente, los sacerdotes se vistieron cual jóvenes caballeros con ropa ligera y gorros y partieron en barco en su viaje de placer. Vestido de negro, Dragón Perezoso les siguió a bordo y se puso en cuclillas en el timón, de forma tal que los taoístas lo tomaron por uno de los tripulantes y los barqueros, por ayudante de los caballeros. Cuando la embarcación se puso en marcha, los sacerdotes se desabrocharon la ropa y se quitaron los gorros para beber y divertirse. Dragón Perezoso aprovechó la ocasión para recoger los gorros

头摸出昨日所取几顶板巾,放在其处。行到斟酌桥边,拢船近岸,懒龙已望岸上跳将去了。一伙道士正要着衣帽登岸潇洒,寻帽不见,但有常戴的纱罗板巾,压折整齐,安放做一堆在那里。众道大嚷道:"怪哉!怪哉!我们的帽子多在那里去了?"船家道:"你们自收拾,怎么问我?船不漏针,料没失处。"众道又各处寻了一遍,不见踪影,问船家道:"方才你船上有个穿青的瘦小汉子走上岸去,叫来问他一声,敢是他见在那里?"船家道:"我船上那有这人?是跟随你们下来的。"众道嚷道:"我们几曾有人跟来?这是你串同了白日撞偷了我帽子去了。我们帽子几两一顶结的,决不与你干休!"扭住船家不放。船家不伏,大声嚷乱。岸上聚起无数人来,蜂拥争看。人丛中走出一个少年子弟,扑的跳下船来道:"为甚么喧闹?"众道与船

nuevos, guardarlos en sus mangas y sustituirlos por los gorros sacerdotales que había robado el día anterior y guardado en su bolsillo. Cuando llegaron al puente y atracaron, Dragón Perezoso saltó a la orilla y desapareció. Los sacerdotes estaban a punto de ponerse las capas y los gorros para pasear por la orilla cuando descubrieron que sus gorros de cien pilares habían desaparecido y en su lugar estaban prolijamente doblados y apilados los gorros sacerdotales de gasa que solían llevar.

—¡Qué extraño! —exclamaron—. ¿Dónde están nuestros gorros?

—No nos pregunten —dijeron los barqueros—. Ustedes mismos los pusieron ahí.

—No hay agujeros en el barco. No pueden haberse perdido.

Los taoístas volvieron a mirar a su alrededor, pero no encontraron rastro de sus gorros.

—Había un hombre a bordo, de baja estatura y vestido de negro, que acaba de bajar a tierra —explicaron los barqueros.

—Llámenlo, por favor, puede que haya visto nuestros gorros.

—No es uno de los nuestros —aseveraron los barqueros—. Venía con ustedes.

—¡No venía con nosotros! —gritaron los sacerdotes—. Deben haberse confabulado con el ladrón para robar nuestros gorros. Esos gorros cuestan varios taels cada uno. No crean que pueden salirse con la suya.

Los sacerdotes agarraron a los barqueros y no los dejaban ir. La protesta indignada y a voz en cuello de los hombres llamó la atención de la multitud se congregó en la orilla para presenciar la trifulca. En ese preciso instante, un joven se adelantó y saltó a bordo.

—¿A qué se debe este escándalo? —preguntó.

家各各告诉一番。众道认得那人，道是决帮他的。不匡那人正色起来，反责众道道："列位多是羽流，自然只戴板巾上船。今板巾多在那里，再有甚么百柱帽？分明是诬诈船家了。"看的人听见，才晓得是一伙道士，板巾见在，反要诈船上赔帽子，发起喊来。就有那地方游手好闲几个揽事的光棍来出尖，伸拳捋手道："果是贼道无理！我们打他一顿，拿来送官。"那人在船里摇手，止住道："不要动手，不要动手，等他们去了罢。"那人忙跳上岸。众道怕惹出是非来，叫快开了船。一来没了帽子，二来被人看破，装幌不得了，不好登山，怏怏而回。枉费了一番东道，落得扫兴。你道跳下船来这人是谁？正是纱王三。懒龙把板巾换了帽子，知会了他，趁扰攘之际，特来证实道士本相，扫他这一场。道士回去，还缠住船家不歇。纱王

Los sacerdotes y los barqueros contaron sus diferentes versiones de la historia. Como los sacerdotes conocían al hombre, pensaron que les ayudaría, sin embargo, con mirada severa comenzó a reprocharles.

—Todos ustedes son sacerdotes taoístas —sentenció—. Naturalmente, han subido a bordo con gorros taoístas. Sus propios gorros están aquí. ¿Qué gorros de cien pilares podrían tener? Es evidente que están chantajeando a estos barqueros.

Cuando los curiosos se enteraron de que se trataba de sacerdotes taoístas que tenían allí sus gorros, pero que acusaban a los barqueros de haber hurtado otros, lanzaron un grito de indignación. Algunos lugareños ociosos y entrometidos se adelantaron agitando los puños.

—¡Malditos sean estos curas ladrones! —gritaron—. ¡Démosles una paliza y enviémoslos ante el magistrado!

—¡No les peguen! —gritó el joven, agitando la mano para detener a la muchedumbre—. ¡Déjenlos ir!

Y saltó a la orilla.

Temiendo mayores problemas si se demoraban un segundo más, los sacerdotes instaron a los barqueros a soltar amarras de inmediato. Sin sus bonitos gorros y ya desvelada su identidad, no podían recorrer las colinas en ningún caso, por lo que emprendieron el camino de vuelta con desgano, el dinero malgastado y el placer estropeado.

¿Quién era el hombre que saltó a bordo? Nada más y nada menos que el joven Wang. Dragón Perezoso lo había puesto al tanto del ardid tan pronto como cambió los gorros. Mientras los sacerdotes armaban el alboroto, Wang se adelantó para ponerlos en evidencia y estropearles la diversión. Al llegar a su destino, los taoístas seguían

三叫人将几顶帽子送将来还他，上复道："已后做东道，要洒浪那帽子时，千万通知一声。"众道才晓得是纱王三耍他。又曾闻懒龙之名，晓得纱王三平日与他来往，多是懒龙的做作了。

其时邻境无锡有个知县，贪婪异常，秽声狼藉。有人来对懒龙道："无锡县官衙中金宝山积，无非是不义之财，何不去取他些来？分惠贫人也好。"懒龙听在肚里，即往无锡地方，晚间潜入官舍中，观看动静。那衙里果然富贵，但见：

连箱锦绮，累架珍奇。元宝不用纸包，叠成行列；器皿半非陶就，摆满金银。大象口中牙，蠢婢将来揭火；犀牛头上角，小儿拿去盛汤。不知夏楚追呼，拆了人家几多骨肉；更嫌苞苴混滥，卷了地方到处皮毛。费尽心，要传家里子孙；腆着面，且认民之父母。

negándose a dejar marchar a los barqueros cuando Wang envió a un hombre a devolverles los gorros y decirles:

—La próxima vez que decidan hacer una fiesta y lucir estos gorros, asegúrense de avisar al maestro Wang.

Cuando los sacerdotes recibieron el mensaje, se dieron cuenta de que el joven Wang les había tomado el pelo y adivinaron que todo había sido obra de Dragón Perezoso porque habían escuchado hablar de su fama y sabían que era amigo de Wang.

En aquella época, en el distrito vecino de Wuxi, vivía un magistrado que era famoso por su rapacidad.

—El magistrado de Wuxi tiene montones de oro y joyas en su yamen —le comentó alguien a Dragón Perezoso—. Todos sus tesoros son ganancias mal habidas. ¿Por qué no le privas de una parte de ellos y la repartes entre los pobres?

A Dragón Perezoso le pareció una buena idea y decidió ir de visita a Wuxi. Una noche, entró sigilosamente en la mansión del magistrado, donde quedó impresionado por el lujo que encontró ante sus ojos.

Los cofres estaban repletos de seda y telas,

Y las estanterías, de piedras preciosas,

Lingotes de plata esparcidos por los suelos.

Las ollas no eran de barro,

Sino de oro o plata;

Cada atizador era de marfil,

Cada cuchara de cuerno precioso.

La ruina de muchos hogares, en efecto,

Causada era por la codicia de este funcionario;

Explotó a toda la zona con su gestión malvada;

Pero mientras se esforzaba por explotar aún más,

Se autoproclamaba el protector de los pobres.

懒龙看不尽许多奢华，想道："重门深锁，外边梆铃之声不绝，难以多取。"看见一个小匣，十分沉重，料必是精金白银，溜在身边。心里想道："官府衙中之物，省得明日胡猜乱猜，屈了无干的人。"摸出笔来，在他箱架边墙上，画着一枝梅花，然后轻轻的从屋檐下望衙后出去了。

过了两三日，知县简点宦囊，不见一个专放金子的小匣儿，约有二百余两金子在内，价值一千多两银子。各处寻看，只见旁边画着一枝梅，墨迹尚新。知县吃惊道："这分明不是我衙里人了。卧房中谁人来得，却又从容画梅为记？此不是个寻常之盗，必要查他出来。"遂唤取一班眼明手快的应捕，进衙来看贼迹。众应捕见了壁上之画，吃惊道："复官人，这贼小的们晓得了，却是拿不得的。此乃苏州城中神偷，名曰懒龙，身到之处，必写一枝梅在失主家为认号。其人非比等闲手段，出有入无；更兼义气过人，死党极多，寻他要紧，怕生出别事来。失去金银还是

Allí había más riqueza de la que Dragón Perezoso podía contar. "Las puertas están cerradas", reflexionó, "y los vigilantes siguen haciendo sonar las claquetas y las campanas afuera. Será difícil llevarse mucho".

Entonces vio un pequeño barril tan pesado que debía contener oro o plata. Se estaba apoderando del cuando se le ocurrió: "Ya que esto es el yamen, será mejor que me asegure de que el magistrado no castigue mañana a gente inocente". Sacando su pincel, pintó una flor de ciruelo en la pared junto a la estantería, y luego se marchó tranquilamente por el alero.

Pasados dos o tres días, el magistrado estaba revisando su tesoro cuando descubrió la pérdida del pequeño barril que contenía más de doscientos taels de oro, equivalentes a más de mil taels de plata. Entonces, descansó su mirada en la flor de ciruelo dibujada, que parecía recién dibujada, y quedó muy afectado.

"Es evidente que no es obra de ninguno de mis hombres", pensó. "¿Pero quién podría entrar en esta habitación y dibujar fríamente esta flor de ciruelo como su signo? Este no es un ladrón común. Debo atrapar a este sujeto". Por tanto, llamó a unos avispados policías para que vieran la marca que había dejado el ladrón y los agentes se asombraron al verla.

—Sabemos quién es, Su Señoría, —le comunicaron— pero no se le puede atrapar. Es obra de Dragón Perezoso, el maravilloso ladrón de Suzhou, quien dondequiera que va dibuja una flor de ciruelo como su marca. No es un hombre con una habilidad ordinaria, puesto que puede ir y venir de la manera más milagrosa. Además, es tan leal a sus amigos que tiene muchos seguidores devotos. Tratar de atraparlo provocaría problemas mayores que la pérdida de un poco de oro o plata. Será mejor que lo olvide, Su Señoría. No es nada bue-

小事，不如放舍罢了，不可轻易惹他。"知县大怒道："你看这班奴才！既晓得了这人名字，岂有拿不得的？你们专惯与贼通同，故意把这等话党庇他，多打一顿大板才好。今要你们拿贼，且寄下在那里。十日之内不拿来见我，多是一个死！"应捕不敢回答。知县即唤书房写下捕盗批文，差下捕头两人，又写下关子，关会长、吴二县，必要拿那懒龙到官。

应捕无奈，只得到苏州来走一遭。正进阊门，看见懒龙立在门口，应捕把他肩胛拍一拍道："老龙，你取了我家官人的东西罢了，卖弄甚么手段？画着梅花？今立限与我们，必要拿你到官，却是如何？"懒龙不慌不忙道："不劳二位费心，且到店中坐坐细讲。"懒龙拉了两个应捕一同到店里来，占副座头吃酒。懒龙道："我与两位商量：你家县主果然要得我紧，怎么好累得两位？只要从容一日，待我送个信与他，等他自然收了牌票，不敢问两位要我，何如？"应捕道："这个虽好，只是你取得他的忒多了，他说

no ofenderlo.

—¡Sinvergüenzas! —espetó el magistrado enojado—. Si saben quién es, ¿por qué no pueden atraparlo? Se han aliado con los ladrones y tratan de protegerlos. Me dan ganas de ordenar que les den una paliza a todos, pero los dejaré libre de momento para que puedan ir a detenerlo. Les advierto que si no me lo traen dentro de diez días, lo pagarán con su vida.

Como la policía no se atrevió a responder, el magistrado ordenó a su secretario que redactara una orden para que dos de los alguaciles la llevaran, informando a los magistrados de Suzhou y Changzhou de que quería que se detuviera a ese delincuente.

En contra de su voluntad, los dos alguaciles viajaron a Suzhou y, nada más entrar por la Puerta Oeste, vieron a Dragón Perezoso de pie. Los alguaciles le dieron una palmadita en el hombro.

—¡Amigo! —dijeron—. No nos importa que hayas robado a nuestro magistrado, pero, ¿por qué has tenido que alardear dibujando la flor del ciruelo? Ahora nos ha ordenado que te arrestemos en un plazo de tiempo determinado. ¿Qué tienes que decir al respecto?

—No se preocupen, amigos —respondió fríamente Dragón Perezoso—. Acompáñenme a la taberna, allí podremos sentarnos y hablar.

Dragón Perezoso los llevó a una taberna donde eligieron una mesa y comenzaron a beber.

—Esta es mi propuesta —indicó Dragón Perezoso—. Ya que su magistrado tiene tanto interés en arrestarme, no les pondré las cosas difíciles. Ahora, si me dan un día de gracia, le enviaré un mensaje que le hará cancelar la orden de arresto. ¿Qué les parece?

—Nos parece bien lo que pides —replicaron los alguaciles—. Pero si le robaste tanto oro como él dijo, ¿cómo crees que va a pasar

多是金子，怎么肯住手？我们不同得你去，必要为你受亏了。"懒龙道："就是要我去，我的金子也没有了。"应捕道："在那里了？"懒龙道："当下就与两位分了。"应捕道："老龙不要取笑。这样话，当官不是耍处。"懒龙道："我平时不曾说诳语，原不取笑。两位到宅上去，一看便见。"扯着两个人耳朵说道："只在家里瓦沟中去寻就有。"应捕晓得他手段，忖道："万一当官这样说起来，真个有赃在我家里，岂不反受他累？"遂商量道："我们不敢要老龙去了，而今老龙待怎么吩咐？"懒龙诈道："两位请先到家，我当随至。包管知县官人不敢提起，决不相累就罢了。"腰间摸出一包金子，约有二两重，送与两人道："权当盘费。"从来说公人见钱，如苍蝇见血。两个应捕看见赤艳艳的黄金，怎不动火？笑欣欣接受了。就想："此

por alto el asunto? Si volvemos sin ti, nos meteremos en problemas.

—Aunque insistan en que vaya con ustedes, —explicó Dragón Perezoso— ya no tengo el oro.

—¿Dónde está entonces?

—Lo compartí con ustedes tan pronto como lo tomé.

—¡Deja de bromear, viejo amigo! —protestaron—. En el juzgado no te vas a reír de esto.

—Jamás he mentido en mi vida —replicó Dragón Perezoso— y tampoco estoy bromeando. Solo tienen que ir a casa y comprobarlo.

Entonces, bajó la voz para susurrar:

—Encontrarán el oro en sus alcantarillas.

Los agentes eran conscientes de su extraordinaria habilidad. "Si hace una declaración como ésta en el tribunal", reflexionaron, "y si es cierto que hay bienes robados en nuestras casas, seremos considerados sus cómplices".

—Muy bien, aceptaron. No nos atreveremos a pedirte que nos acompañen. ¿Qué propones que hagamos?

—Regresen ustedes primero que yo les seguiré inmediatamente después —afirmó Dragón Perezoso—. Les garantizo que el magistrado no se atreverá a seguir adelante con el asunto. Nunca haría nada que los metiera en problemas.

Acto seguido, sacó dos taels de oro de su cinturón y se los entregó.

—Esto es para los gastos del viaje —apuntó.

Como las moscas a la sangre, los funcionarios se sienten atraídos por el dinero. Los ojos de los alguaciles brillaron al ver aquel oro rubicundo y reluciente, que se embolsaron con amplias sonrisas. La sospecha de que ese oro probablemente procedía del barril del magistrado les llevó a oponerse más que nunca a detener a Dragón

金子未必不就是本县之物。"一发不敢要他同去了。两下别过。

懒龙连夜起身，早到无锡，晚来已闪入县令衙中。县官有大、小孺人，这晚在大孺人房中宿歇，小孺人独自在帐中。懒龙揭起帐来，伸手进去一摸，摸着顶上青丝髻，真如盘龙一般。懒龙将剪子轻轻剪下，再去寻着印箱，将来撬开，把一盘发髻塞在箱内，仍与他关好了。又在壁上画下一枝梅。别样不动分毫，轻身脱走。次日小孺人起来，忽然头发纷披，觉得异样。将手一摸，顶髻俱无，大叫起来。合衙惊怪，多跑将来问缘故。小孺人哭道："谁人使促掐，把我的头发剪去了！"忙报知县来看。知县见帐里坐着一个头陀，不知那里作怪起。想着平日绿云委地，好不可爱，今却如此模样，心里又痛又惊，道："前番金子失去，尚在严提未到，今番又有歹人进衙了！别件犹可，县印要紧。"亟取印箱来看，看见封皮完好，锁钥俱在。

Perezoso.

Cuando se marcharon, Dragón Perezoso viajó de noche a Wuxi. A la mañana siguiente ya había llegado y esperó hasta el anochecer para entrar en la casa del magistrado. Dicho magistrado tenía una esposa y una concubina y como esa noche estaba durmiendo con su esposa, su concubina estaba sola en su habitación. Levantando la cortina de su lecho, Dragón Perezoso tanteó hasta encontrar su lustroso cabello enroscado en forma de dragón, que cortó con la mayor delicadeza posible. Luego encontró la caja del sello oficial del magistrado, la abrió, colocó el cabello enrollado en su interior y volvió a cerrarla. Hecho esto, dibujó otra flor de ciruelo en la pared y se escabulló sin tocar nada más.

A la mañana siguiente, al despertarse, la concubina se sorprendió al sentir que el cabello le caía sobre el cuello. Cuando levantó la mano y descubrió que su larga cabellera había desaparecido, dio un grito que despertó a toda la mansión. Todo el mundo se apresuró a averiguar lo que había sucedido.

—¿Quién me ha cortado el cabello? —preguntó la concubina entre sollozos.

Inmediatamente se informó al magistrado, quien se apresuró a ir a verla. Cuando encontró a su concubina trasquilada como una monja en su cama y sin poder imaginar lo que había sucedido, se sintió apenado y horrorizado por la pérdida de su hermosa cabellera que caía al suelo como nubes oscuras.

"La última vez robaron oro y el ladrón aún no ha sido atrapado", reflexionó. "Ahora que ha venido otro hombre malo lo demás es irrelevante. ¡Pero qué pasaría si se ha llevado mi sello oficial!".

Inmediatamente ordenó le trajeran la caja del sello oficial, que estaba cerrada como de costumbre. Al abrirla, se sintió aliviado al

随即开来看时,印章在上格不动,心里略放宽些。又见有头发缠绕,掇起上格,底下一堆鬓发,散在箱里。再简点别件,不动分毫。又见壁上画着一枝梅,连前凑做一对了。知县吓得目睁口呆,道:"原来又是前番这人!见我追得急了,他弄这神通出来,报信与我。剪去头发,分明说可以割得头去;放在印箱里,分明说可以盗得印去。这贼直如此利害!前日应捕们劝我不要惹他,原来果是这等。若不住手,必遭大害。金子是小事,拚得再做几个富户不着,便好补填了,不要追究的是。"连忙掣签,去唤前日差往苏州下关文的应捕来销牌。

两个应捕自那日与懒龙别后,来到家中。依他说话,各自家里屋瓦中寻,果然各有一包金子,上写着日月封记,正是前日县间失贼的日子,不知懒龙几时送来藏下的。应捕老大心惊,嚼着指头道:"早是不拿他来见官。他一口招出,搜了赃去,浑身口洗不清。只是而今怎生回得官人的话?"叫了伙计,正自商量踌躇,忽见县里差签来

encontrar que el sello seguía en el compartimento superior, pero entonces se dio cuenta de que había un mechón de cabello. Al quitar la división superior quedó al descubierto una gruesa madeja de cabello. Examinó el resto de sus tesoros, pero no faltaba nada. Entonces vio otra flor de ciruelo en la pared, que hacía pareja con la primera.

—¡Otra vez! —exclamó el magistrado, consternado—. Por ordenar su captura, me ha hecho una advertencia con este nuevo ardid. Al cortarle el cabello a mi concubina, quiere demostrar que puede cortarme la cabeza. Al poner el cabello en la caja del sello, quiere decir que puede tomar mi sello. ¡Este hombre es alguien muy peligroso! Los alguaciles tenían razón el otro día al aconsejarme que no lo ofendiera. Si no me detengo, me meteré en un gran problema. El oro es una bagatela y puedo recuperarlo exprimiendo a unos cuantos ricos. Será mejor que olvide este asunto.

El magistrado ordenó apresuradamente que los dos oficiales enviados a Suzhou regresaran cuanto antes y que la orden fuera cancelada.

Luego de despedirse de Dragón Perezoso, los dos agentes habían ido directamente a casa para registrar sus alcantarillas tal y como el ladrón les había pedido. Efectivamente, cada uno encontró un paquete de oro sellado con la fecha del robo en el yamen del magistrado. Sin saber cuándo Dragón Perezoso había dejado el dinero allí, solo pudieron chuparse los dedos de asombro.

—Menos mal que no lo arrestamos —afirmaron—. Si confesaba y encontraban aquí la riqueza robada, nunca habríamos podido exculparnos, ni aunque tuviéramos cien lenguas. Pero, ¿qué le vamos a decir al magistrado?

Los alguaciles debatían preocupados el asunto con sus asistentes cuando llegó un mensajero del yamen. De tan solo pensar que

到。只道是拿违限的,心里慌张,谁知却是来叫销牌的。应捕问其缘故,来差把衙中之事一一说了,道:"官人此时好不惊怕,还敢拿人?"应捕方知懒龙果不失信,已到这里弄了神通去了,委实好手段。

嘉靖末年,吴江一个知县治行贪秽,心术狡狠。忽差心腹公人,赍了聘礼,到苏城求访懒龙,要他到县相见。懒龙应聘而来,见了知县,禀道:"不知相公呼唤小人那厢使用。"知县道:"一向闻得你名,有一机密事要你做去。"懒龙道:"小人是市井无赖,既蒙相公青目,要干何事,小人水火不避。"知县屏退左右,密与懒龙商量道:"叵耐巡按御史到我县中,只管来寻我的不是。我要你去察院衙里,偷了他印信出来,处置他不得做官了,方快我心。你成了事,我与你百金之赏。"懒龙道:"管取手到拿

había traído una orden de arresto porque no habían conseguido atrapar al ladrón a la hora prevista, se alarmaron mucho más. Sin embargo, resultó que había traído una contraorden. Cuando los alguaciles preguntaron el motivo, el mensajero les contó lo que había ocurrido en el yamen.

—¡El magistrado se ha llevado el susto de su vida! —dijo—. ¿Cómo pudo ordenar el arresto de Dragón Perezoso?

Los dos alguaciles se dieron cuenta de que Dragón Perezoso había cumplido su promesa al volver al yamen para hacer esta notable jugarreta.

En las postrimerías del periodo Jiajing, el magistrado de Wujiang era un funcionario astuto y cruel, cuya codicia y corrupción eran notorias. Un día envió a un corredor de confianza con regalos a Suzhou para pedirle a Dragón Perezoso que lo visitara en el distrito de Wujiang. Dragón Perezoso aceptó los regalos y acudió a la cita.

—¿En qué puedo servir a Su Señoría? —preguntó.

—Hace tiempo que he oído hablar de tu fama —respondió el magistrado—. Y quiero confiarte una misión secreta.

—No soy más que un vagabundo —respondió Dragón Perezoso—. Ya que muestras tanta consideración por mí, atravesaré el fuego y el agua para cumplir tus deseos.

El magistrado despidió a sus asistentes para poder hablar francamente.

—El inspector imperial ha llegado a mi distrito y quiere encontrar fallas en mi gestión —le confesó—. Quiero que vayas a su yamen y robes su sello oficial, pues así podré hacer que pierda su trabajo. Eso me complacería, te lo aseguro. Si lo consigues, te recompensaré con cien taels de plata.

—Le traeré el sello sin falta —prometió Dragón Perezoso.

来，不负台旨。"果然去了半夜，把一颗察院印信弄将出来，双手递与知县。知县大喜道："果然妙手！虽红线盗金盒，不过如此神通罢了。"急取百金赏了懒龙，吩付他快些出境，不要留在地方。懒龙道："多谢相公厚赐。只是相公要此印怎么？"知县笑道："此印已在我手，料他奈何我不得了。"懒龙道："小人蒙相公厚德，有句忠言要说。"知县道："怎么？"懒龙道："小人躲在察院梁上半夜，偷看巡按爷烛下批详文书，运笔如飞，处置极当。这人敏捷聪察，瞒他不过的。相公明日，不如竟将印信送还，只说是夜巡所获，贼已逃去。御史爷纵然不能无疑，却是又感又怕，自然不敢与相公异同了。"县令道："还了他的，却不依旧让他行事去？岂有此理！你自走你的路，不要管我！"懒龙不敢再言，潜踪去了。

却说明日察院在私衙中开印来用，只剩得空匣。叫内

El ladrón se ausentó durante media noche y regresó con el sello del inspector, que presentó cortésmente con ambas manos al magistrado.

—¡Qué astuto eres! —exclamó el magistrado, exultante.

Apresurándose a recompensar a Dragón Perezoso con cien taels, le ordenó que se marchara rápidamente a otro condado.

—Gracias, Su Señoría, por su regalo —dijo Dragón Perezoso—. Pero, ¿puedo preguntar qué piensa hacer con el sello?

—Con este sello en mis manos, —rió el magistrado— evitaré que tome cualquier acción en mi contra.

—Le estoy tan agradecido por su amabilidad —explicó Dragón Perezoso— que me gustaría darle un consejo.

—¿De qué se trata?

—Permanecí oculto durante media noche encima de las vigas en el despacho del inspector y lo vi revisando los informes oficiales a la luz de las lámparas, escribiendo con rapidez y endosando documentos. Esto demuestra que es un hombre rápido, capaz y para nada fácil de engañar. Le aconsejo a Su Señoría que le devuelva el sello mañana, diciendo que un vigilante lo encontró durante la noche, pero que el ladrón ha escapado. Aunque tenga sus sospechas, le estará agradecido y hasta asombrado por lo que seguro no le buscará ninguna falla.

—¿Cómo podré impedir que se salga con la suya si le devuelvo el sello? —preguntó el magistrado—. No, no, eso no tiene sentido. Vete ahora y no te preocupe por mí.

Dragón Perezoso no se atrevió a decir nada más y se marchó en silencio.

Al día siguiente, cuando el inspector abrió su caja del sello, la encontró vacía. De inmediato ordenó a todos los presentes en su

班人等遍处寻觅，不见踪迹。察院心里道："再没处去。那个知县晓得我有些不像意他，此间是他地方，奸细必多，叫人来设法过了。我自有处。"吩咐众人不得把这事泄漏出去，仍把印匣封锁如常。推说有病，不开门坐堂，一应文移，权发巡捕官收贮，一连几日。知县晓得这是他心病发了，暗暗笑着，却不得不去问安。察院见传报知县来到，即开小门请进。直请到内衙床前，欢然谈笑，说着民风土俗、钱粮政务，无一不剖胆倾心，津津不已。一茶未了，又是一茶。知县见察院如此肝鬲相待，反觉跼蹐，不晓是甚么缘故。正絮话间，忽报厨房发火，内班门皂、厨役纷纷赶进，只叫："烧将来了，爷爷快走！"察院变色，急走起来，手取封好的印匣，亲付与知县道："烦贤令与我护持了出去，收在县库。就拨人夫快来救火！"知县慌忙

casa que hicieran una búsqueda exhaustiva, pero no encontraron nada. "El magistrado sabe que tengo una mala opinión de él", pensó. "Como este es su territorio, debe tener sus espías por todas partes y ha mandado a alguien a robarme el sello. Bueno, ya sé cómo tratar con él".

El inspector ordenó a sus asistentes que no dijeran nada de su pérdida y selló la caja como antes. Luego, con el pretexto de que estaba enfermo, dejó de asistir a la oficina, ordenando que todos los documentos oficiales fueran enviados al jefe de policía por el momento. El magistrado sabía que no se trataba de una verdadera enfermedad y se reía de la misma, pero al cabo de varios días la etiqueta exigía que se interesara por el estado de salud de su superior. Cuando el inspector se enteró de que el magistrado estaba en la puerta, ordenó a sus ayudantes que abrieran la puerta lateral e hicieran pasar a su invitado a la recámara interior, donde yacía en la cama. Allí charló agradablemente sobre las costumbres locales, cuestiones de administración, impuestos y derechos, con absoluta franqueza y cordialidad y ofreciendo a su visitante una taza de té tras otra. Desconcertado por estas muestras de amabilidad, el magistrado empezaba a sentirse avergonzado. Mientras conversaban, llegó la repentina noticia de que la cocina se había incendiado y los asistentes, corredores y cocineros se apresuraron a entrar.

—¡El fuego viene hacia aquí! —gritaron—. ¡Corra, Su Señoría!

La cara del inspector se descompuso. Levantándose apresuradamente, recogió su caja del sello, que estaba cerrada y sellada y se la entregó al magistrado.

—¿Puedo molestarle para que me guarde esto en su despacho por el momento? —le pidió—. ¿Podría enviar hombres a apagar el fuego inmediatamente? Prosiguió.

失错,又不好推得,只得抱了空匣出来。此时地方水夫俱集,把火救灭,只烧得厨房两间,公廨无事。察院吩咐把门关了。这个计较,乃是失印之后,察院预先吩咐下的。

知县回去思量道:"他把这空匣交在我手,若仍旧如此送还,他开来不见印信,我这干系须推不去。"展转无计,只得润开封皮,把前日所偷之印仍放匣中,封锁如旧。明日升堂,抱匣送还。察院就留住知县,当堂开验印信,印了许多前日未发放的公文。就于是日发牌起马,离却吴江,却把此话告诉了巡抚都堂。两个会同,把这知县不法之事参奏一本,论了他去。知县临去时,对衙门人道:"懒龙这人是有见识的,我悔不用其言,以至于此。"正是:

枉使心机,自作之孽,
无梁不成,反输一帖。

懒龙名既流传太广,未免别处贼情也有疑猜着他的,

El magistrado entró en pánico, pero no se atrevió a negarse y tuvo que marcharse con la caja vacía. Para entonces, ya se habían reunido todos los bomberos locales y el incendio estaba extinguido. Únicamente, se quemaron las dos cocinas. Tras comprobar que ninguna de las habitaciones sufrió daños, el inspector ordenó cerrar las puertas. Todo había sucedido de acuerdo con las instrucciones que había dado tras la pérdida de su sello.

Cuando el magistrado llegó a su casa pensó: "El inspector ha puesto esta caja vacía en mis manos. Si la devuelvo así, cuando la abra y descubra que falta el sello me hará responsable".

Por mucho que reflexionó, no se le ocurrió ninguna solución. Finalmente, tuvo que humedecer y quitar el papel de precinto, volver a colocar el sello robado en la caja y sellarla de nuevo. A la mañana siguiente, cuando el inspector tomó asiento en el tribunal, el magistrado le devolvió la caja, el inspector le pidió que se quedara mientras la abría y estampaba su sello en todos los documentos que había dejado sin firmar. Ese mismo día, el inspector anunció su partida y abandonó Wujiang. El inspector le contó al gobernador de la provincia el robo y juntos denunciaron al Gobierno las malas acciones del magistrado y lo hicieron destituir.

Después de que Dragón Perezoso ganó tanta fama, a veces le hacían responsable de robos que no cometía. Cuando una docena de lingotes de plata desapareció del tesoro del Gobierno de la prefectura de Suzhou, los funcionarios dijeron:

—El ladrón no ha dejado rastro, solo puede ser obra de Dragón Perezoso.

Dragón Perezoso, de hecho, no tuvo nada que ver con este robo, pero cuando vio que se le consideraba responsable, decidió llegar al fondo del asunto. Sospechando del guardián del tesoro, se

时时有些株连着身上。适遇苏州府库失去元宝十来锭，做公的私自议论道："这失去得没影响，莫非是懒龙？"懒龙却其实不曾偷。见人错疑了他，反要打听明白此事。他心疑是库吏知情，夜藏府中公廨黑处，走到库吏房中静听。忽听库吏对其妻道："吾取了库银，外人多疑心懒龙，我落得造化了。却是懒龙怎肯应承？我明日把他一生做贼的事迹，纂成一本送与府主，不怕不拿他来做顶缸。"懒龙听见，心里思量道："不好，不好。本是与我无干，今库吏自盗，他要卸罪，官面前暗栽着我。官吏一心，我又不是没一点黑迹的，怎辨得明白？不如逃去了为上着，免受无端的拷打。"连夜起身，竟走南京，诈妆了双盲的，在街上卖卦。

　　苏州府太仓夷亭有个张小舍，是个有名极会识贼的魁首。偶到南京街上，撞见了，道："这盲子来得蹊跷！"仔细一相，认得是懒龙诈妆的，一把扯住，引他到僻静处，道："你偷了库中元宝，官府正在追捕你，你却遁来这里，妆此模样躲闪么？你怎生瞒得我这双眼过？"懒龙挽了小舍的手道："你是晓得我的，该替我分剖这件事，怎么也如

escondió una noche en un rincón oscuro del yamen para luego ir a espiar en la habitación del hombre.

—Desde que tomé esa plata, —escuchó que el guardián le confesaba a su mujer— todo el mundo ha empezado a sospechar de Dragón Perezoso. Esto es un golpe de suerte. Sin embargo, Dragón Perezoso nunca se declarará culpable y por eso mañana voy a redactar un informe detallado de sus robos y lo enviaré al prefecto. Puedes tener la absoluta certeza de que será arrestado y tendrá que asumir la culpa.

"¡Esto tiene mala pinta!", pensó Dragón Perezoso. "Yo no tuve nada que ver con esto, pero ahora el guardián que robó la plata quiere exculparse inculpándome del robo. Como todos los funcionarios aúnan filas y mi historial no está impoluto, nunca podré probar mi inocencia. Será mejor que me desaparezca. No quiero ser torturado por algo que no he hecho".

Esa misma noche se marchó a Nanjing, donde recorrió las calles haciéndose pasar por un adivino ciego. Pasado un tiempo, un hombre llamado Zhang, de la prefectura de Suzhou, que era muy bueno detectando ladrones, visitó por casualidad Nanjing y se tropezó con Dragón Perezoso en la calle.

"Este ciego tiene un aspecto extraño", pensó Zhang. Una observación más detallada le permitió comprobar que se trataba de Dragón Perezoso disfrazado. Lo llevó a un lugar tranquilo y le dijo:

—Hay una orden de arresto en tu contra —le comentó Zhang— por la plata que robaste al tesoro. Ya entiendo por qué estás aquí disfrazado así, pero a mí no puedes engañarme.

Dragón Perezoso tomó la mano de Zhang.

—Usted me conoce, —le dijo— y debería ser capaz de aclarar este asunto en lugar de adoptar la misma postura que el resto. Esa

此说？那库里银子，是库吏自盗了，我曾听得他夫妻二人床中私语，甚是的确。他商量要推在我身上，暗在官府处下手。我恐怕官府信他说话，故逃亡至此。你若到官府处，把此事首明，不但得了府中赏钱，亦且辨明了我事，我自当有薄意孝敬你。今不要在此处破我的道路。"

小舍原受府委，要访这事的。今得此的信，遂放了懒龙，走回苏州出首。果然在库吏处，一追便见，与懒龙并无干涉。张小舍首盗得实，受了官赏。过了几时，又到南京，撞见懒龙，仍妆着盲子在街上行走。小舍故意撞他一肩道："你苏州事已明，前日说的话怎么忘了？"懒龙道："我不曾忘，你到家里灰堆中去看，便晓得我的薄意了。"小舍欣然道："老龙自来不掉谎的。"别了回去，到得家里，便到灰中一寻，果然一包金银，同着白晃晃一把快刀埋在灰里。小舍伸舌道："这个狠贼！他怕我只管缠他，故虽把东西谢我，却又把刀来吓我。不知几时放下

plata se la robó el propio guardián del tesoro y le oí confesárselo a su esposa cuando estaban en la cama. Le juro que digo la verdad. Lamentablemente, él estaba tramando echarme la culpa y yo temía que el prefecto le creyera. Por esa razón, escapé y vine aquí. Si va al yamen a denunciar el asunto, recibirá la recompensa del Gobierno y me exculpará al mismo tiempo. Entonces yo también le haré un regalo. Ahora le pido que no arruine mi negocio aquí.

Como Zhang había recibido la orden del Gobierno de la prefectura de investigar el robo, ahora que tenía una pista fiable dejó a Dragón Perezoso y regresó a Suzhou para redactar el informe. Cuando se analizó al guardián del tesoro y se encontró la plata en su casa, se probó la inocencia de Dragón Perezoso. Después de recibir la recompensa del Gobierno por resolver el caso, Zhang volvió a Nanjing, donde encontró a Dragón Perezoso caminando aún por las calles fingiendo ser ciego. Zhang se acercó a él y le dio un codazo.

—Tu problema de Suzhou ha sido solucionado —le dijo—. ¿Has olvidado la promesa que me hiciste el otro día?

—No la he olvidado —respondió Dragón Perezoso—. Busque en la basura en su casa y encontrará una pequeña muestra de mi agradecimiento.

Zhang, muy satisfecho porque sabía que Dragón Perezoso nunca mentía, se despidió del ladrón y fue directamente a su casa, donde encontró un paquete de oro y plata enterrado en las cenizas de un montón de basura junto a una daga reluciente. Al ver el regalo, Zhang quedó impactado.

—¡Este hombre es realmente peligroso! —murmuró—. Ha dejado esta daga aquí con su obsequio para que no me atreva a interferir con él jamás. Solo Dios sabe cuándo escondió esto aquí, ¡su habilidad es asombrosa! Desde luego, no me arriesgaré a ofenderle

的，真是神手段。我而今也不敢再惹他了。"

懒龙自小舍第二番遇见，回他苏州事明，晓得无碍了。恐怕终久有人算他，此后收拾起手段，再不试用，实实卖卜度日。栖迟长干寺中数年，竟得善终。虽然做了一世剧贼，并不曾犯官刑，刺臂字，至今苏州人还说他狡狯耍笑事体不尽。似这等人，也算做穿窬小人中大侠了。反比那面是背非、临财苟得、见利忘义一班峨冠博带的不同。况兼这番神技，若用去偷营劫寨，为间作谍，那里不干些事业？可惜太平之世，守文之时，只好小用伎俩，供人话柄而已。正是：

世上于今半是君，犹然说得未均匀。
懒龙事迹从头看，岂必穿窬是小人！

de nuevo.

Cuando Dragón Perezoso se enteró por Zhang de que había sido absuelto en Suzhou, supo que no corría ningún peligro inmediato. Sin embargo, temía que si seguía su vida de ladrón acabaría siendo arrestado, así que decidió dejar de robar y ganarse el sustento honestamente como adivino. Dragón Perezoso permaneció varios años en el templo de Changgan, donde finalmente murió a una avanzada edad. A pesar de ser un ladrón tan célebre, nunca fue castigado ni se le tatuó el brazo como castigo. Hoy en día, los ciudadanos de Suzhou gustan de relatar sus interminables travesuras y artimañas. Un príncipe de los ladrones como él es infinitamente superior a esos hombres vestidos de funcionarios que dicen una cosa pero en realidad quieren decir otra y cometen cualquier injusticia en su codiciosa búsqueda del beneficio personal. Con sus extraordinarias habilidades, si Dragón Perezoso hubiera sido capaz de espiar detrás de las líneas enemigas o de dirigir un ataque sorpresa en plena noche, habría firmado extraordinarias hazañas. Desafortunadamente, vivió en una época de paz, en la que los logros literarios eran muy apreciados y sus escapadas no hacían más que ofrecer material a los cotillas. La mitad del mundo son ladrones hoy en día.

> *Es cierto, pero esto no lo podemos negar:*
> *Uno como él, tan justo y valiente,*
> *Debe ser apodado el bribón honesto.*

NOTAS

EL VENDEDOR DE ACEITE Y LA CORTESANA
[1] La historia de Zheng Yuanhe y Li Yaxian fue muy popular en la dinastía Tang.
[2] Miembro de la casa imperial del Imperio Song del Norte que fundó la dinastía Song del Sur.

EL VIEJO JARDINERO
[1] Yang significa sauce, Li, ciruela y Tao, durazno. Shi y Acuo son dos términos utilizados para referirse a la granada.
[2] Feng significa viento.

MATRIMONIO POR PODER
[1] Erudito de la antigüedad celebrado por su buena apariencia.
[2] Al joven erudito con frecuencia se le daba un segundo nombre cuando crecía. Este era el nombre que generalmente empleaba en el discurso culto.
[3] En la antigüedad, el novio sacrificaba un ganso salvaje en su boda. El ganso siguió figurando en las ceremonias nupciales.

LAS MANDARINAS Y EL CARAPACHO DE TORTUGA
[1] Según los relatos chinos y árabes, Killah o Kalah era un importante centro comercial en la Edad Media, pero no sabemos si se encontraba en el Sur de la India o en el archipiélago malayo.
[2] Ma, abreviatura de Mahoma, era el apellido que se daba a la mayoría de los extranjeros de los países islámicos. Baoha podría ser una transliteración de algún nombre como Abu Hassan o Abu Hamid.

图书在版编目(CIP)数据

宋明平话选：汉西对照 / (明)冯梦龙, (明)凌濛初编著；
(古)奥尔加·玛丽亚·罗德里格斯·马雷诺译
. —北京：外文出版社, 2021.12
(大中华文库)
ISBN 978-7-119-12901-3

Ⅰ.①宋… Ⅱ.①冯…②凌…③奥… Ⅲ.①西班牙语—汉语—对照读物②话本小说—小说集—中国—明代 Ⅳ.① H349.4：I

中国版本图书馆 CIP 数据核字 (2021) 第 224643 号

出版策划：胡开敏
责任编辑：熊冰頔
西文审定：欧阳嫒
西文编辑：顾枢垚　魏俊雅

大中华文库
宋明平话选

〔明〕冯梦龙　凌濛初　编著
〔古巴〕奥尔加·玛丽亚·罗德里格斯·马雷诺 译

© 2021 外文出版社有限责任公司
出 版 人：胡开敏
出版发行：
　　外文出版社有限责任公司（中国北京西城区百万庄大街24号　100037）
　　http://www.flp.com.cn
　　电话：008610-68320579（总编室）
　　　　　008610-68996144（编辑部）
　　　　　008610-68995852（发行部）
制　　版：北京维诺传媒文化有限公司
印　　刷：深圳市碧兰星印务有限公司
开　　本：960mm × 640mm　1/16　印　张：85.5
2021 年 12 月第 1 版第 1 次印刷
（汉西对照）
ISBN 978-7-119-12901-3
（精装）
定价：350.00 元（全 2 卷）

版权所有　侵权必究